U0635999

本書出版得到國家古籍整理出版專項經費資助

本項目榮獲國家社會科學研究基金、教育部人文社會科學研究基金、黑龍江省社會科學研究基金資助，謹此致謝。

——著者

金代藝文叙録

上

薛瑞兆 編著

中華書局

圖書在版編目(CIP)數據

金代藝文敘録/薛瑞兆編著. —北京:中華書局,2014.10
ISBN 978 -7 -101 -10107 -2

Ⅰ.①金… Ⅱ.①薛… Ⅲ.①藝文志 - 研究 - 中國 - 金代 Ⅳ.①Z812.464

中國版本圖書館 CIP 數據核字(2014)第 080480 號

責任編輯:張　耕

金代藝文敘録
(全二册)
薛瑞兆 編著
*
中 華 書 局 出 版 發 行
(北京市豐臺區太平橋西里 38 號　100073)
http://www.zhbc.com.cn
E-mail:zhbc@zhbc.com.cn
北京市白帆印務有限公司印刷
*
850 × 1168 毫米 1/32 · 51 印張 · 4 插頁 · 1300 千字
2014 年 10 月第 1 版　2014 年 10 月北京第 1 次印刷
印數:1 - 2000 册　　定價:198.00 元

ISBN 978 -7 -101 -10107 -2

自序

這部《金代藝文敘録》是我重返院校執教以來完成的基金資助項目。所謂藝文，亦作經籍，指百科群書。如將一代圖書典籍區分類例，彙編成卷，稱之藝文志，始於班固《漢書》。入清後，一些學者鑒於《金史》缺志藝文，遂紛紛補修，有開創之功，也留下了教訓。如此之志，看似簡單，甚至枯燥，却是瞭解那段歷史的重要基礎。如去除表層浮土，深入挖掘，就會發現那些書目後面隱藏的一個個令人或振奮或感傷的故事，並由此展現一代文化的獨特燦爛畫卷。因此，以一代藝文作爲研究對象，我以爲應當遵循以下原則：

一、將藝文置於當時社會文化的發展之中，深入揭示它的興衰及原因，使著録的信息具有思維嚴謹的邏輯性；

二、全面釐清藝文同其所涉人物、事件與制度的種種關係，考察盡量周詳，使著録的信息呈現視野寬闊的系統性；

三、以書目與著者結合的個案研究爲基礎，杜絶似是而非，使著録的信息達到細節的準確性。

然而，由于一代藝文包羅萬象，極爲複雜，而自身的理論修養、知識儲備或有不足，結果不甚令人滿意。儘管如此，我爲有機會在這個領域留下自己步履艱難的探索足跡而感到欣慰，因爲已經盡力了。

薛瑞兆

二〇一一年十二月於哈爾濱

凡例

一、本項目包括「金代藝文敍論」、「金代藝文考訂」、「金代藝文新編」及「附録」等，相輔相成，體例各異。

二、本項目敍録部分，分爲女真、士林、醫學、佛教、道教及附録等類别。每部分先冠以序引，概括有關歷史背景及藝文狀况，然後著録作者與書目，以作者爲經、書目爲緯，逐一考訂。

三、本項目所收斷限，自金太祖收國元年至金哀宗天興三年。易代之際，由遼、宋入金者，凡有著述，一併輯入，如遼之韓昉、宋之宇文虚中等。金亡後，以遺民自居，或入元雖仕而在金已名聲藉藉，所著亦酌情輯入，如元好問、楊奂、李俊民、李治、杜仁傑等。

四、本項目所收書目一律説明存佚，未標「存」者歸入「佚」。引用文獻均注明年代、作者、書名、卷數、篇目、版本及頁碼。如著者與書目出處相同，則注一處。

五、本項目於僞金書目，不存疑著録，如「張師顔」《南遷録》、「元好問」《續古今考》等。

六、本項目著者小傳，一般包括姓名字號、籍里科第、仕履封贈、交遊生卒、名家評語等。如取自《金史》、《中州集》等，則扼要概括；比較罕見者，能詳則詳，以提供更多信息。凡涉疑難，略加考證；因讀書不到，亦告以待考。

七、本項目所涉著者鄉貫，一般採用原歷史地名，並加括號注以現今相應地名。個别古稱俗名，或加注説明。一些比較籠統的記載，如吴人、燕人、陜人等，不注。至於女真人鄉貫，比較複雜，多爲當時漢語音譯，時代久遠，且限於資料，難以鑒別，如夾谷衡「山東西路三土猛安（今山東東平縣）人」，僅注「山東西路」治所，而未注「三土猛安」，僅供參考。

八、本項目所收書目儘量附以原著序跋，一般以通行易見版本爲主。如個别文字明顯訛誤脱漏，逕自補正，不出校記。

九、本項目以著者生卒年爲序，參考其登第、仕履、交遊、著述等有關年代編次。一無可考者，或列於各類卷末。

十、本項目於一人多集者，如當時已編爲總集，則諸集同時著録，如郝大通《太古集》及《周易參同契》、王若虚《滹南遺老集》及《滹南詩話》、《論語辨惑》等。

十一、本項目「金代藝文新編」歸入「醫家」、「釋家」、「道家」者，按書隨人走、人以類分的原則編輯。如王翼以著《素問疑難注》、《本草歌括》、《傷寒歌括》而定爲醫家，雖有《算術》、《王輔之文集》，不再另入「算術類」、「集部類」。

十二、本項目於元及其後輯録的有關金代文獻匯編，不予著録。如元房祺《河汾諸老詩集》、清張金吾《金文最》等。

十三、本項目所涉各朝年號，如論述中交錯互見，則金之年號加括號注明相應宋之年號，反之亦然。金亡之際及蒙古時期文獻，一般以干支紀年，注以當朝帝王年次及公元紀年。

十四、本項目著録一代文獻書目，涉及問題廣泛，凡藉助前輩時賢研究成果，一律説明來源。

十五、本項目各章體例不同，引用文獻注釋亦有别。凡引録書目序跋，一般於文末加括號注明出處，其餘則於當頁欄下加注。

目録

第一章　金代藝文敘論

第一節　金代藝文的文化特徵

金代文化以中原傳統封建文化爲基礎，融入北方少數民族的風習，由此涵養了一代風流人物，也造就了一代燦爛藝文。《金史》卷一二五《文藝傳序》云：

太祖既興，得遼舊人用之，使介往復，其言已文。太宗繼統，乃行選舉之法，及伐宋，取汴經籍，宋士多歸之。熙宗款謁先聖，北面如弟子禮。世宗章宗之世，儒風丕變，庠序日盛，士繇科第位至宰輔者接踵。當時儒者雖無專門名家之學，然而朝廷典策、鄰國命書，燦然有可觀者矣。金用武得國，無以異於遼，而一代製作能自樹立唐、宋之間，有非遼世所及，以文而不以武也。

一　金代藝文的創新精神

女真在部落社會的基礎上建立起一代封建王朝，較少思想禁忌，注重實用，從而激發了人們的探索熱情。因此，不唯傳統、敢於創新，成爲那個時代的社會風氣。

一、數學研究成果卓著。金代兩修天文曆法，比較先進，與當時社會具有良好的數學氛圍有關。如義州耶律履①、女真僕散忠義②、真定韓孝彦與韓道昭父子③、欒平楊雲翼④、易州麻九疇⑤、房山劉伯熙⑥、宿州武禎等等⑦，俱見涉足數學，造詣精通。同時，也推出了一批卓越的數學研究成果，如李文一的《照膽》；石道信的《鈐經》；劉汝諧的《如積釋鎖》，「絳人元裕細草之，後人始知有天元也」⑧。天元，指北宋以來形成的天元方程法，以天元設定未知數，相當於現代「設x爲某某」，先立「元」、後列「式」，以適應方程運算的需要；細草，即通過設問和演算來闡述天元

① 《金史》卷九五《移剌履傳》，中華書局一九七五年，第二一〇一頁。
② 《金史》卷八七《僕散忠義傳》，中華書局一九七五年，第一九三五頁。
③ 金韓道升《重編改併五音篇序》，見金韓道昭《重編改併五音篇》卷首，文淵閣四庫全書本。
④ 《金史》卷一一〇《楊雲翼傳》，中華書局一九七五年，第二四二一頁。
⑤ 《金史》卷一二六《文藝傳》，中華書局一九七五年，第二七四〇頁。
⑥ 元郝經《陵川集》卷三五《房山先生墓銘》，文淵閣四庫全書本。
⑦ 《金史》卷一三一《方伎傳》謂武禎「深數學」，中華書局一九七五年，第二八一四頁。
⑧ 元祖頤《四元玉鑒後序》，見元朱世傑《四元玉鑒》卷末，宛委別藏本，江蘇古籍出版社一九八八年。今按元裕，當作元裕之，即元好問，忻州人。所謂絳人，或記誤，或筆誤。

術原理。其中，李治集諸家之大成①，先後完成了《測圓海鏡》、《益古演段》，把以「天元術」爲標誌的數學研究推向當時世界的高峰。

二、醫學開創了百家争鳴局面。金代醫家在繼承傳統的基礎上，破除了彌漫已久的因循守舊習氣，以新的思維探索理論研究與臨床實踐中的諸多矛盾問題，建立起適應社會需要的辨證施治理論與方法。如劉完素的「火熱論」、張元素的「臟腑辨證論」、張從正的「攻邪論」、李杲的「脾胃論」、王好古的「陰證論」等，競創新説，各樹一幟，開創了中醫藥學領域百家争鳴的局面，即所謂「醫之門户分於金元」②。這對中醫理論的發展起到推動作用，迄今仍具積極的啓發意義。相比之下，南方醫家卻把功夫下在詮釋經典上，沉潛於篩選與套用局方。蒙古統一南北後，在北方醫學

① 清施國祁《吉貝居雜記》：「遺山集《寄庵碑》：先生子男三人，長曰澈，方山抽分窯冶官，劉出也；次曰治，自幼有文章重名，正大中收世科，徵事郎高陵主簿，王出也；次曰滋，崔出也。按碑文，兄澈弟滋，則仁卿名『治』無可疑者，且與字義正合。自此碑外，所見諸書無不作『冶』者，不知其訛自何始。考仁卿生於大定二十年庚子，至正大七年庚寅登收世科，已五十有一歲矣。同榜自詞賦李塘，經義孟德淵外，有劉從禹虞卿、孟攀鱗駕之、任亨甫嘉言、龐漢茂宏，見於記序碑文者數人。金亡北渡，能以道德文章確然自守，至老不衰。且觀其中統拜職後，與翰林諸公書云：『翰林非病叟所處，寵禄非庸夫所食，官謗可畏，幸而得斂跡深山，木石與居，鹿豕與遊，斯亦老朽無用者之所便。』其本意大可見矣。蓋在金則爲收世科之後勁，入元則占改麻之先機，生則與王滹南、李莊靖同爲一代之遺民，死則與楊文獻、趙閑閑並列四賢祠祀，而後人不察，錯稱其名。吁！可悲已。余曰：近刻仁卿所著《測圓海鏡》、《益古衍段》二書，前題爲『翰林學士知制誥同修國史』，雖仍舊刻，亦失於改正。」見民國羅振玉《雪堂叢刻》，北京圖書館出版社二〇〇〇年，第一册七〇二頁。

② 清紀昀等《四庫全書總目》卷一〇三《子部醫家類》，中華書局一九九七年，第一三二九頁。

的影響下，南方才逐漸趕了上來。

三、諸宮調講唱空前繁榮。金代前期的《劉知遠》已應用「纏令」，金代中期的《西廂記》則更爲普遍，標誌北曲構套形式成熟了。北曲包括「小令」與「纏令」。小令亦名「葉兒」；纏令後來稱「套數」，是由同一宫調内的若干小令聯綴而成，有引子、尾聲。「諸宫調」集合不同宫調的套曲敷演傳奇故事，爲院本向北曲雜劇蜕變提供了經驗。金代後期，一些社會名流也染指於此，如商道嘗改編南宋張五牛的《雙漸蘇卿》。而《劉知遠》與《西廂記》作爲中國文藝發展史僅存的諸宫調作品，具有不可替代的藝術價值與文獻價值。

四、北曲雜劇乘勢崛起。北曲雜劇是院本與諸宫調結合而發展形成的。金院本即金雜劇，元陶宗儀《輟耕録》記録的七百多個名目，反映出這種藝術曾經歷過的輝煌。自北宋春秋聖節三大宴，樂次十九盞。伎樂、菜肴隨盞更易，次第而進。盞與伎樂聯在一起時，則離開宴飲而指樂次。其中，有兩「盞」雜劇，分爲前後場，互不相聯。一盞即一場，每場由「兩段」組成。瓦舍演出也如此。入金後，宴外國使，禮數「九盞」。其中，「六、七兩盞雜劇」①，則是前後之「盞」相聯，連續演出四段。由於每「盞」的時間不長，它的音樂組織應是單一宫調的套曲形式，而一個複雜的故事需要幾個「套曲」來完成，兩盞四段的規制既爲之提供了可能，也受到制約。金代後期，由四段

① 《金史》卷三八《禮志》，中華書局一九七五年，第八七五頁。

院本或四個宫調套數敷演故事的形式固定下來，催生了北曲雜劇，並成爲它的重要格律之一。

需要强調的是，諸宫調、院本及北曲雜劇等通俗文藝的蓬勃發展，改變了當時文壇的走向。這些敘事樣式被賦予新的生活内容；社會下層的「才人」打破了封建士大夫把持的文壇；市民大衆、鄉村百姓成爲新文藝的欣賞與支持者；那些社會小人物的生活與命運、歡樂與痛苦，既是「才人」的創作源泉，也是文藝作品表現的重要内容，甚至當作正面形象來歌頌。因此，這些新興通俗文藝以突出的歷史貢獻而贏得長久的生命力。

五、語言學與時俱進。宋金時期，漢語文字、音韻等方面的研究也在努力貼近社會生活，以滿足現實的需要。當時，新興通俗文藝使用的白話俗語，及儒、釋、道各以白話俗語傳經授業，以争取更多的觀衆與信徒，正成爲一種時尚、一場競争、一股潮流，並在民間形成新的漢語語言體系。邢準、韓孝彦、韓道昭、王文鬱等，相繼推出《增修累音引證群籍玉篇》、《四聲篇海》、《五音集韻》、《改併五音集韻》、《新刊韻略》等優秀著作，無論數量或是質量，都十分可觀。這些學者對字書編纂、音韻改併等發起全面改革，創造出「平水韻」①，爲漢語言學的發展做出了重要貢獻。

---

① 自隋《切韻》分韻二六〇部，至金代後期定格爲一百零六部，稱之「平水韻」。金王文鬱的《新刊韻略》是其中的傑出代表。不久，金人張天錫的《草書韻會》問世，彙編金及金以前歷代草書家筆跡，收單字五千五百多，按平水韻「一〇六部」分類，每部以同音字群（小韻）次第。由此可見，品第書法也是按「平水韻」編纂的。

六、北方儒學不唯傳統。金代後期，以朱熹爲代表的南宋理學傳入北方。「趙承旨秉文、麻徵君九疇始聞而知之，於是自稱爲道學門弟子」①。同時，士人的深層意識也呈現出多元化思維的趨勢。屏山李純甫嘗言：「自莊周後，惟王績、元結、鄭厚與吾。」② 其中，鄭厚「敢爲異論而無忌憚，湯、武、伊、周，至於孟子，皆在所非，或至詆罵」③。那樣的見解難以爲理學盛行的南宋所容，而傳入北方後卻找到了知音。屏山不滿理學家辟佛，遂著《鳴道集説》，揭發兩宋諸儒陰取浮屠之説「以證吾書」④，「就伊川（程頤）、横渠（張載）、晦庵（朱熹）諸人所得者而商略之，毫髮不相貸。且恨不同時，與相詰難也」⑤。又著《楞嚴外解》、《金剛經別解》等，援儒入佛，宣示理學與佛學在方法論方面的一致性，倡導三教合一。

新思潮自南而北湧動過程中，舊説與新説並陳，良莠雜蕪。北方學者指陳弊陋，有所揚棄；也闡揚精華，有所吸取。金王若虚《論語辨惑序》云：

嘗謂宋儒之議論，不爲無功，而亦不能無罪焉。彼其推明心術之微，剖析義利之辨，而斟酌時

① 元郝經《陵川集》卷二六《太極書院記》，文淵閣四庫全書本。
② 《歸潛志》卷一，中華書局一九八三年，第一頁。
③ 《滹南遺老集》卷三《論語辨惑序》，叢書集成初編本，中華書局一九八五年，第一七頁。
④ 李純甫《諸儒鳴道集序》，見《諸儒鳴道集》卷首，中國子學名著集成珍本初編本，中國子學名著集成編印基金會印行。
⑤ 《中州集》卷四《屏山李純甫》，中華書局上海編輯所一九六二年，第二一九頁。

中之權，委曲疏通，多先儒之所未到，斯固有功矣。至於消息過深，揄揚過侈，以爲句句必涵氣象，而事事皆關造化，將以尊聖人，而不免反累，名爲排異端，而實流於其中，亦豈爲無罪也哉！至於謝顯道、張子韶之徒，迂談浮誇，往往令人發笑。噫！其甚矣。永嘉葉氏曰：「今之學者，以性爲不可不言，命爲不可不知，凡六經孔子之書，無不牽合其論，而上下其詞，精深微妙，茫然不可測識，而聖賢之實，猶未著也。昔人之淺，不求之於心也；今世之妙，不止之於心也。不求於心，不止於心，皆非所以至聖賢者。」可謂切中其病矣。晦庵删取衆説，最號簡當，然尚有不安及未盡者①。

尹川程頤嘗言：「婦人夫没，雖貧窮無以自存，亦不可再適人。餓死事小，失節事極大。」王氏評曰：「此迂儒執方之論也。先王制禮，雖曲爲之防，亦須約以中道而合乎通情，故可以萬世常行，而人不爲病。若程氏者，刻覈已甚矣。」②

上蔡謝良佐解「學而優則仕」云：「學與仕一也。學優則仕，亦優；仕優則學，亦優，何必讀書，然後爲學？」王氏評曰：「此論甚新，人亦多喜之者。以予觀之，不唯於語法不順，而義亦未完也。夫學之優者，雖不涖官，而施於德業，是亦爲政，强名曰仕，猶或可也。不知仕之所以見

①《滹南遺老集》卷三，叢書集成初編本，中華書局一九八五年，第一七頁。

②《滹南遺老集》卷三一《雜辨》，叢書集成初編本，中華書局一九八五年，第二〇〇頁。

理明白，灼知千古之治亂者，何從而得之？故有天資通敏暗合古人者，要不可恃之以爲足也。而曰是以爲學，何必讀書，可乎？此説果行，則學有時而廢矣。予不得不辨。」①

這位滹南遺老還猛烈抨擊北宋以來偏執形式的文風。特别是「四六」文體，必謹四字六字律令，類俳可鄙。有云：「四六，文章之病也。而近世以來，制誥表章，率皆用之。君臣上下之相告語，欲其誠意交孚，而駢麗浮辭，不啻如俳優之鄙，無乃失體邪？有明王賢大臣一禁絶之，亦千古之快也。」②

應當指出的是，當時南宋不乏有識之士，而囿於師承、親友、同僚種種關係，往往沉默不語，即使有所反映，也多爲含蓄委婉所掩没。相比之下，北方學者冷静思考和評價宋人學説得失，實屬難能可貴。而金人以新的思維爲學界注入活力，令人耳目一新。元好問《題中州集》詩云：「陶謝風流到百家，半山老眼浄無花。北人不拾江西唾，未要曾郎借齒牙。」③則略顯激動，流露出詩論之外的情緒。

另外，釋、道兩家圍繞「心性論」展開討論，各自發力，生氣勃勃。貞祐南渡後，中原遭遇了

---

① 《滹南遺老集》卷七《論語辨惑》，叢書集成初編本，中華書局一九八五年，第五一頁。
② 《滹南遺老集》卷三七《文辨》，叢書集成初編本，中華書局一九八五年，第二三五頁。
③ 《遺山先生文集》卷一三，四部叢刊本。

前所未有的喪亂，令各族士人陷入茫然，釋、道二教乘勢崛起。如全真教王嚞的《重陽全真集》、丘處機的《磻溪集》，曹洞宗釋行秀的《從容庵録》、《拈古請益録》等等，同儒家學説相互影響、競争，極大豐富了一代人文思想的内涵。釋氏規模浩大的「趙城藏」，道家搜羅宏富的「玄都藏」，各成爲金代藝文的重要標誌。而教派之林立、思想之混沌，也藴育了那個特殊時代的思想解放，激發了當時社會探索新事物的熱情，爲金代文化增添了不同尋常的光彩。

七、詞創作取得新成就。金代詞家輩出，如「借才異代」之吴激①、蔡松年，「國朝文派」之蔡珪、党懷英，「貞祐南渡」之趙秉文、元好問，氣藴不同，各領風騷，把一代文學樣式發揮得淋漓盡致。特别是海陵與章宗兩位女真帝王的創作，或豪邁，或婉約，極盡文華，爲金詞增輝。有金一代崇尚蘇軾，反映在詞的創作領域，多意境開闊，格調爽朗，透出雄渾之氣。因此，後人以「清勁能樹骨」概括金詞特質②。實際也如此。金詞較少受柳永、秦觀、周邦彦等婉約詞風的影響，即使吟詠兒女之情，冶遊之事，亦寓剛健於婀娜。譬如燕趙佳人，風韻與越女吴姬有别。以「詞」言志抒懷，多骨重神清，猶蒼巖掛樹，鷹擊長空，意境蒼涼深邃。

---

① 金趙秉文《滏水集》卷一〇《參知政事李蹊授左丞誥》：「君不借才於異代，所資者當世之英豪。」叢書集成初編本，中華書局一九八五年。

② 清況周頤《蕙風詞話》卷三，人民文學出版社一九八二年，第五七頁。

八、女真及其他北方民族的學者和作家成批湧現。如女真完顔勖、完顔宗憲、完顔永成、徒單鎰及契丹耶律履、渤海王庭筠、鮮卑元好問等，前後相望，競争風流。海陵完顔亮《南征維揚望江左》云：「萬里車書盡會同，江南豈有別疆封。屯兵百萬西湖上，立馬吴山第一峰。」骨力遒勁，自然明快，充分抒發了這位年輕女真君主追求「混一天下」的情懷。筆鋒之恣肆，氣勢之豪邁，使無數文人騷客自愧不如。章宗完顔璟《宫中絶句》云：「五雲金碧拱朝霞，樓閣峥嶸帝子家。三十六宫簾盡捲，東風無處不揚花。」典雅精工，瓌麗纖巧，反映出女真人在封建化過程中已脱去質樸粗獷的氣質，而融入唐宋韻律之中，被稱爲「真帝王詩」①。密國公完顔璹生當國祚危亡之際，以皇室傾軋而遭牽連，不得不把自己的視野轉向大自然。其《北郊散步》云：「陂水荷凋晚，茅簷燕去涼。遠林明落景，平麓淡秋光。群牧歸村巷，孤禽立野航。自諳閑散樂，園圃意猶長。」詩作的情境猶如一幅水墨畫，文華落盡，瀟灑淡遠，深得唐人山水田園詩真諦。這三位女真貴族分別代表了大金帝國從創業、守成到衰亡的不同時期的詩風，彰顯出女真人在文學創作上深受中原文化影響的軌跡。

①《歸潛志》卷一，中華書局一九八三年，第三頁。

二　金代藝文的正統意識

女真有國百餘年，同以往鮮卑、渤海、契丹相比，對中原文化更加認同，接受更加自覺。特别是太祖阿骨打的三個孫子熙宗完顔亶、海陵王完顔亮、世宗完顔雍相繼登位，治理大金帝國長達半個世紀，實行了一系列改革，消除舊法，建立新政，「大率制度與中國等」①，實現了女真社會的封建化，使各領域都發生了深刻而顯著的變化。

一、**自覺追求封建正統地位。** 熙宗自幼師從名儒韓昉，「解賦詩翰，雅歌儒服，分茶焚香，奕棋戰象」，「宛然一漢家少年子」。即位後，身邊聚攏了一批儒士，授之儒家經典和封建禮制，「教以宫室之壯，禁衛之嚴，禮儀之尊，府庫之限，以盡中國爲君之道」，使這位年輕的女真君主與舊有觀念、風習漸疏漸遠，「徒失女真之本態」②。他學習中原文化，崇奉以文治國，嘗言：「太平之世，當尚文物，自古致治，皆由是也。」③ 力圖將女真融入華夏文明之中。

海陵少時「嗜習經史」，頗具文學修養。篡立後，不滿足於京師僻處東北之一隅，同南宋、高

---

① 宋張棣《金圖經·儀衛》，見李澍田等《金史輯佚》，吉林文史出版社一九九〇年，第七九頁。
② 宋張匯《金節要》，見李澍田《金史輯佚》，吉林文史出版社一九九〇年，第六〇頁。
③ 《金史》卷四《熙宗紀》，中華書局一九七五年，第七七頁。

麗、西夏分治的格局。他以「燕京乃天地之中」①，力排衆議，將京師從會寧遷至燕京，改稱中都。他反對重夏輕夷，爲女真「夷」之身份辯護，嘗言：「朕每讀《魯論》，至於『夷狄雖有君，不如諸夏之亡也』，朕竊惡之。豈非渠以南北之區分，同類之比周，而貴彼賤我也。」② 正隆元年，命修復汴京大内，爲再次遷都、兵伐江左作準備，云：「自古帝王混一天下，然後可以爲正統。」③ 明確表達了統一南北、嗣承正統的宏偉目標。

世宗通曉中原文化，「常慕古之帝王，虚心受諫」，鼓勵臣下「有言即言，毋緘默以自便」，以汲取歷史教訓；踐行任人唯賢，「止取實才用之」；倡導節省，有曰：「大凡資用當務節省，如其有餘，可周親戚，勿妄費也。」同時，他也不忘女真傳統，嘗言：「會寧乃國家興王之地，自海陵遷都永安，女直寖忘舊風。朕昔時嘗見女直舊俗，迄今不忘。今之燕飲音樂，皆習漢風，蓋以備禮也，非朕心所好。」他以爲，「女真舊風最爲純直，雖不知書，然其祭天地，敬親戚，尊耆老，接賓客，信朋友，禮意款曲，皆出自然，其善與古書所載無異」。因此，他告誡諸王：「汝輩自幼惟習漢人風俗，不知女直純實之風，至於文字語言，或不通曉，是忘本也。」④ 遂多次詔令，禁止女真

① 宋宇文懋昭《大金國志》卷一三《海陵煬王》，中華書局一九八六年，第一八七頁。
② 宋張棣《正隆事蹟》，見李澍田《金史輯佚》，吉林文史出版社一九九〇年，第二一三頁。
③ 《金史》卷八四《耨盌温敦思忠傳》，中華書局一九七五年，第一八八三頁。
④ 《金史》卷七《世宗紀》，中華書局一九七五年，第一五八頁、第一六四頁。

人改稱漢姓，不得學南人裝束，犯者抵罪，以保持女真的民族個性。

章宗以皇太孫即位，繼續貫徹祖父制定的方針，甚至命女真策論選舉加試騎射，以發揚尚武精神。在金朝諸帝中，章宗的漢化程度最高，懂得從深層意識形態鞏固政權的重要性，嘗謂宰臣曰：「凡言女真進士，不須稱女真字。卿等誤作回避女真、契丹語，非也。今如分別户名，則女真言本户，漢户及契丹，餘謂之雜户。」①所謂本户，即正宗之户，與其「國人」、「種人」的身份一致。略去「女真」二字，以凸顯「本户」進士的地位。至於漢人及其它民族及第者稱「詞賦進士」、「經義進士」，不過「雜户」而已。苦心思慮，無以復加。這位女真君主才華卓著，詩詞「多有可稱」②。亦通音律，爲「帝王知音者」③。

這幾位女真守成君主無不仰慕中原文化，追求封建正統地位，在以文治國方面均有所建樹。追求之執著，幾乎無處不在。

一是實行中原禮儀。金之禮儀大率依唐宋制度，也保留了自己的舊有禮俗。大定中，女真宰執皆行舊禮，獨唐括安禮依中原規矩禮拜，受到世宗責備。承安時，禮官奏：「周官九拜，一曰稽

① 《金史》卷四六《食貨志》，中華書局一九七五年，第一〇三六頁。
② 金劉祁《歸潛志》卷一，中華書局一九八三年，第三頁。
③ 元陶宗儀《輟耕録》卷二七《燕南芝庵先生唱論》，中華書局一九八〇年，第三三五頁。

首，拜中至重，臣拜君之禮也。乞自今，凡公服則用漢拜，若便服則各用本俗之拜。」①章宗乃命公裳則「朝拜」，諸色人便服則「本朝」拜，諸人衽髮皆從「女真」制。

世宗嘗曰：「本國拜天之禮甚重。今汝等言依古制築壇，亦宜。我國家絀遼、宋主，據天下之正，郊祀之禮豈可不行。」②强調了大金王朝對於契丹、趙宋的合法代替。因此，女真功臣依中原禮制受祭，如秦王宗翰同子房配武成王，而降管仲以下；又躋楚王宗雄、宋王宗望、梁王宗弼侍武成王坐，韓信而下降立於廡。又黜王猛、慕容恪等二十餘人，而增遼王斜也等③。此外，金源内地的山川也都依例封謚，立祠受祭。這與契丹之分「南北」、僅在「南面」實行封建禮制不同。而女真禮制的封建化，使之擺脱了部落社會「無知夷狄」的狀態④。

封建禮制的本質在於別尊卑、貴賤、親疏，而女真的觀念有所變化。「其立法初意，欲以同疏戚、壹大小，使之咸就繩約於律令之中，莫不齊手並足以聽公上之所爲，蓋秦人强主威之意也。是以待宗室少恩，待士大夫少禮」⑤。不僅如此，世宗還重儒輕吏，以爲「儒者操行清潔，非禮不行。

① 《金史》卷三五《禮志》，中華書局一九七五年，第八二七頁。
② 《金史》卷二八《禮志》，中華書局一九七五年，第六九四頁。
③ 《金史》卷三五《禮志》，中華書局一九七五年，第八一六頁。
④ 宋徐夢莘《三朝北盟會編》卷一六六引《金節要》，上海古籍出版社二〇〇八年，第一一九七頁。
⑤ 《金史》卷四五《刑志》，中華書局一九七五年，第一〇一四頁。

以吏出身者，自幼爲吏，習其貪墨，至於爲官，習性不能遷改。政道興廢，實由於此。」①在這位女真君主看來，儒與吏的任用，關係政道興廢的大問題，當以禮義廉恥作爲職官受刑與否的標準。「杖者所以罰小人也。既爲職官，當先廉恥，既無廉恥，故以小人之罰罰之。」②

二是崇奉傳統德運。有金一代，由章宗發起的「德運」之議，標誌着大金統治者已將自己的發跡納入華夏封建文明序列。所謂德運，指古人將王朝的興衰，與木、火、土、金、水等五行相生相剋之説相聯繫。自漢以降，每朝都以某「德」興運，代代相承。終金之世，雖多次集議，衆説紛紜，卻從未改變「土」德之運③，以此上承北宋「火」德。實際上，德運之説「不可據爲典要。後代泥於其説，多侈陳五行傳序之由，而牽合遷就，附會支離，亦終無一當」④。但是，這種觀念已深入當時社會。大金皇帝所以崇奉德運之説，無非藉以宣示女真入主中原的正統合法性。

金代名士趙秉文撰《蜀漢正名論》，論證「中國」與「夷狄」之間的發展關係，以爲「春秋諸侯用夷禮，則夷之；夷而進於中國，則中國之」⑤。當時，晉、鄭、宋、魯、衛等國視秦、楚爲

① 《金史》卷八《世宗紀》，中華書局一九七五年，第一八五頁。
② 《金史》卷四五《刑志》，中華書局一九七五年，第一〇一六頁。
③ 《金史》卷一一《章宗紀》：泰和二年，「更定德運爲土，臘用辰」。中華書局一九七五年，第二五九頁。
④ 清紀昀等《四庫全書總目》卷八二《大金德運圖説》，中華書局一九九七年，第一〇九〇頁。
⑤ 《滏水集》卷一四，叢書集成初編本，中華書局一九八五年，第一九七頁。

「夷狄」；至秦漢，秦、楚則成爲「中國」一部分。南北朝期間，南朝稱北朝爲「索虜」，北朝稱南朝爲「島夷」，各以「中國」自居。隋唐統一後，彼此都是「中國」了。趙氏還提出「漢」與「非漢」、「正統」與「非正統」的區别，在於是否有「公天下之心」，而不在於所居之地僻陋與否。「西蜀，僻陋之國，先主、武侯，有公天下之心，宜稱曰『漢』。漢者，公天下之言也。自餘則否」。這些論述從封建歷史觀出發，重點是爲女真「夷」之身份辯護，抵禦來自南宋的攻擊，目的是將大金王朝置於傳統道德的制高點。

三是以繼統者修史。女真君主注重修史，以同前代封建王朝開創的傳統接軌，是其標榜嗣承正統地位的重大行動之一。皇統中，耶律固、蕭永祺等奉旨修成《遼史》。章宗朝，或以前修未善，又命党懷英、陳大任等重修。《遼史》修成而未刊行，與女真不願同契丹發生繼統聯繫有關。此外，有金一代亦設「國史院」，由執政首輔監修，領修、修撰等職官俱由著名詞臣充任，人才濟濟。太宗朝已有「起居注」，熙宗朝始修「實録」，而且，各朝「實録」比較完備，元人賴以修成《金史》，「迥出宋、元二史之上」，稱爲「良史」①。

應當指出的是，女真君主熟悉歷史故事，往往具有獨到的見解。世宗推崇《資治通鑑》，以爲

---

① 清趙翼《廿二史劄記》卷二七，遼寧教育出版社二〇〇〇年，第四七六頁。

「編次累代興廢，甚有鑑戒，司馬光用心如此，古之良史無以加也」①。大定十一年，世宗幸東宮，謂皇太子曰：

吾兒在儲貳之位，朕爲汝措天下，當無復有經營之事。汝惟無忘祖宗純厚之風，以勤修道德爲孝，明信賞罰爲治而已。昔唐太宗謂其子高宗曰：「吾伐高麗不克終，汝可繼之。」如此之事，朕不以遺汝。如遼之海濱王，以國人愛其子，嫉而殺之，此何理也？子爲衆愛，愈爲美事，所爲若此，安有不亡！唐太宗有道之君，而謂其子高宗曰：「爾於李勣無恩。今以事出之，我死，宜即授以僕射，彼必致死力矣。」君人者，焉用僞爲？受恩於父，安有忘報於子者乎？朕御臣下，惟以誠實耳。②

在女真君主的內心深處，大金是承祧中原封建王朝而來，應當從中吸取治國的經驗教訓。

二、全面接受中原傳統文化。自金初，女真竭力推行「本朝之制」③。滅遼國，命契丹按「猛安謀克」編制。入中原，則「禁民漢服，及削髮不如法者死」④。然而，由於女真同漢、契丹在經濟文化方面存在明顯差距，這些行徑遭到强烈抵制。海陵王執政後，被迫停止以女真之制同化天下

① 《金史》卷七《世宗紀》，中華書局一九七五年，第一七五頁。
② 《金史》卷六《世宗紀》，中華書局一九七五年，第一五〇頁。
③ 《金史》卷七一《斡魯傳》，中華書局一九七五年，第一六三三頁。
④ 宋徐夢莘《三朝北盟會編》卷一三二引《金虜節要》，上海古籍出版社二〇〇八年，第九六〇頁。

的政策。具有諷刺意味的是，諸猛安謀克移居關内後，紛紛改易姓名，從語言、飲食、起居、節序、婚喪等方面，無不「强效華風」①。因此，女真君主不得不轉而遏制「漢化」傾向，以重振女真民族精神。然而，令女真君主意想不到的是，他們制定與推行的政策反而加速了那種「漢化」傾向。

一是推行女真民族文化教育。女真崛起後，即抓緊建立自己的民族文化教育。天會元年，選諸路子弟習學女真字，拔其優者送上京，由女真字專家教授，學成後派往各地教授生徒，爲女真學的發展奠定了基礎。世宗執政，又「擇猛安謀克内良家子弟爲學生，諸路至三千人」②。經過幾代女真君主的努力，終於建立起京師「六學」的漢、女真兩個文化教育體系。京師之外，還有府學。其中，女真府學二十二處，遍及中原、燕雲、東北、西北各地，推進了少數民族地區的經濟文化建設，消彌或縮小了女真同其他民族之間的文化差距。例如，皇宫后妃也都知書達禮。顯宗孝懿皇后徒單氏、章宗之母，「好《詩》、《書》，尤喜《老》、《莊》學，純淡清懿，造次必於禮」③。章宗欽

① 宋范成大《攬轡録》，叢書集成初編本，中華書局一九八五年，第五頁。

② 《金史》卷五一《選舉志》，中華書局一九七五年，第一一四〇頁。

③ 《金史》卷六四《后妃傳》，中華書局一九七五年，第一五二五頁。

懷皇后蒲察氏，「風儀粹穆，知讀書爲文」①。章宗元妃李師兒，「能作字，知文義」②。南渡後，諸猛安謀克好文之風日盛。「妻母報嫂」的婚俗猶如明日黄花，「丁憂廬墓」之制則爲越來越多的女真人奉行。至於婦人，「一遇不幸，卓然能自樹立，有烈丈夫之風」③。由此可見，所謂女真民族文化教育，其内容不過是由女真語言文字包裹的中原傳統文化。

二是創立女真策論進士科。先是女真君主在中原、燕雲恢復科舉選士，企圖以中原、燕雲之人治理中原、燕雲之地。繼之經過長期藴釀，於大定十三年創立女真策論進士科，詔令猛安謀克子弟赴試，得徒單鎰等二十七人，開闢了少數民族科舉選士的新紀元。此後，女真舉子奥屯忠孝④、納蘭胡魯剌⑤、夾谷中孚⑥、完顔素蘭⑦、斡勒業德⑧、孛术論長河等等⑨，繼之登第奪魁，競争風流。

① 《金史》卷六四《后妃傳》，中華書局一九七五年，第一五二七頁。

② 《金史》卷六四《后妃傳》，中華書局一九七五年，第一五二七頁。

③ 《金史》卷一三〇《列女傳》，中華書局一九七五年，第二七九八頁。

④ 金靳玉《滑州重修學記》，見《（民國）重修滑縣志》卷六《金石》，中國方志叢刊本，臺北成文出版社一九七〇年。

⑤ 《（民國）新絳縣志》卷四《名宦傳》，中國方志叢刊本，臺北成文出版社一九七〇年。

⑥ 《（民國）順義縣志》卷五《行政志》、卷一四《藝術志》，中國方志叢刊本，臺北成文出版社一九七〇年。

⑦ 元王鶚《汝南遺事》卷四，叢書集成初編本，中華書局一九八五年。

⑧ 《金史》卷五一《選舉志》，中華書局一九七五年，第一一四三頁。

⑨ 《金史》卷一七《哀宗紀》，中華書局一九七五年，第三七五頁。

金代科舉制度的發展，深深吸引了漢、女真、渤海、契丹、奚等各族士人，促進了當時社會的文化教育。「文治既洽，教育亦至，名氏之舊與鄉里之彦，率由科舉之選。父兄之淵源、師友之講習，義理益明，利禄益輕，一變五代、遼季衰陋之俗」①。一大批經由科舉培養的人才脱穎而出，躋身津要，徹底改變了金初「借才異代」的局面。

三是將漢語經典譯成女真文字。大定四年，世宗詔設譯經所，「頒行女真大小字所譯經書，每謀克選二人習之」②，如《論語》、《孟子》、《孝經》及《史記》等等。章宗時，又「置弘文院」③，加强譯經力量。實際情況是，女真君主在建立封建王朝的過程中，亟需從意識形態方面鞏固政權。世宗鑒於熙宗與海陵王相繼被臣下所弑，有意識地把儒家的忠孝觀念作爲調整君臣、宗族和家庭關係的準則，嘗言：「朕所以令譯五經者，正欲女真人知仁義道德所在耳。」④章宗遵循祖訓，「詔親軍三十五以下，令習《孝經》、《論語》」⑤，企圖以儒家思想馴伏女真人的野性。幾位女真貴族關於「仁」的討論提供了生動例證：

① 《遺山先生文集》卷一八《内相文獻楊公神道碑銘》，四部叢刊本。
② 《金史》卷五一《選舉志》，中華書局一九七五年，第一一四〇頁。
③ 《金史》卷一〇《章宗紀》，中華書局一九七五年，第二三二頁。
④ 《金史》卷八《世宗紀》，中華書局一九七五年，第一八四頁。
⑤ 《金史》卷一二《章宗紀》，中華書局一九七五年，第二七〇頁。

寢殿小底駝滿九住問匡曰：「伯夷、叔齊何如人？」匡曰：「孔子稱夷、齊求仁得仁。」九住曰：「汝輩學古，惟前言是信。夷、齊輕去其親，不食周粟，餓死首陽山，仁者固如是乎？」匡曰：「不然，古之賢者行其義也，行其道也。伯夷思成其父之志以去其國，叔齊不苟從父之志亦去其國。武王伐紂，夷、齊叩馬而諫。紂死，殷爲周，夷、齊不食周粟，遂餓而死。正君臣之分，爲天下後世慮至遠也，非仁人而能若是乎？」是時，世宗如春水，顯宗從，二人者馬上相語遂後。顯宗遲九住至，問曰：「何以後也？」九住以對，顯宗歎曰：「不以女真文字譯經史，何以知此？主上立女真科舉，教以經史，乃能得其淵奥如此哉！」稱善者良久，謂九住曰：「《論語》『知之爲知之，不知爲不知，是知也』。汝不知不達，務辯口以難人。由是觀之，人之學、不學，豈不相遠哉！」①

女真如此全面系統地將漢語經典譯成本民族文字，而成爲人類文明史上的首創之舉。這些旨在重振民族精神的舉措引發了女真意識形態的重大變化，使儒家學説成爲這個北方少數民族普遍的文化思想。而這樣的變化强化了大金統治者的正統意識及其對封建正統地位的追求。

需要説明的是，歷史上不同民族之間的文化影響是相互的。如燕雲漢人先是遭遇契丹二百年

---

① 《金史》卷九八《完顔匡傳》，中華書局一九七五年，第二一六四頁。今按，顯宗指完顔允恭，世宗太子、章宗之父，未及即位而逝，後追謚廟號曰顯宗；所謂寢殿小底，即近侍局奉御，隸點檢司，屬親軍官員。

「胡風」薰染，原有習俗已經異化；繼之經歷女真百餘年統治，「胡化」特徵愈益突出。大定九年（宋乾道五年、一一六九年），南宋名士樓鑰從使金國，沿途所見，感受頗深。河南故地已「改變衣裝」，或跪或喏，雜用「胡禮」；「語音亦微帶燕音」。一過白溝，「男子多露頭，婦人多耆婆。把車人云：『只過白溝，都是北人，人便別也。』」①「風聲氣俗頓異，寒暄亦不齊」②。白溝亦稱拒馬河，原是宋、遼分界處。

具體講，女真人的語言、樂曲、舞蹈，以及一些適應環境的生活習俗，如便於騎射和勞動的服飾，飲豆漿、吃葱韭、燒火炕等等，當時正成爲時髦，即使不用政令推行，也爲中原漢人接受。這樣，北方各族人民在長期的共同社會生活中，彼此的語言障礙消失了，生活習俗接近了，甚至民族心理也趨於一致。因此，女真在接受中原文化的同時，也將自己的文明與習俗帶入中原，豐富了中原文化的內涵。

同時，這些變化也促進了各民族之間的融合。例如，女真初入中原即與漢族通婚，而在社會下層是受限制的。後來出於緩和民族矛盾、增殖人口的目的，轉而鼓勵那些遷入內地的猛安謀克「與

---

①《攻媿集》卷一一一《北行日録》上，叢書集成初編本，中華書局一九八五年，第一五七八頁、一五八〇頁、一五八八頁。

② 宋周煇《清波雜誌》卷三《朔北氣候》，宋元筆記小説大觀本，上海古籍出版社二〇〇一年，第五〇四〇頁。

契丹、漢人婚姻，以相固結」①。因此，女真同漢、契丹、渤海之間的血緣關係漸次融合，民族畛域日益沖淡。金亡後，中原女真人即被劃入「漢人」范疇。

凡此種種説明，金代文化同中原文化具有內在的一致性，是中華民族文化的重要組成部分。或謂金初發生過「文字獄」，濫殺宇文虛中、高士談等無辜士人，以此證明女真政權對於文化的摧殘。而那個事件與清人的「文字獄」不同，主要表明女真反對利用書籍詆毀大金王朝，並未藉此鉗錮士人的思想。至於嚴禁以「番」相稱，以其同女真追求正統地位相悖，不得不頒佈禁令，不構成文化管制的主動措施。

實際上，同南宋相比，女真的意識形態禁忌不多，漢人及其它民族士人所處的環境比較寬鬆，有利於破除因循守舊觀念。如諸宮調講唱文藝源自北宋，入金後獲得長足發展，而在南方卻日漸衰落。這與北方士人較少鄙視或非難通俗文藝有關。另外，注重實用的風氣激發了學術領域競創新説的熱情。數學、醫學及音韻學的突出成就，是金代學者努力探索、與時俱進的結果。從這樣的意義説，金代藝文具有突出的多樣性與包容性，體現了通俗實用的特點與富於創新的精神。

---

①《金史》卷四四《兵志》，中華書局一九七五年，第九九一頁。

三 金代藝文的歷史局限

女真崛起後，開創了北方少數民族入主中原的先例，無論武功或是文治，在中華民族歷史上都留下了光輝篇章。然而，由於女真自身及封建傳統觀念的種種局限，那一代人所創造的藝文竟倍受摧殘，以至於所存無幾了。

一、**自身的狹隘民族意識束縛。**女真以落後的生産方式入主中原，不得不聽任那裏先進的生産方式繼續存在，並最終融入那種生産方式所代表的文化。因此，女真在接受中原優秀文化的同時，也沾染了腐朽没落的東西。如避諱制度，一招一式，學得酷似。金太祖族名阿骨打，漢名完顔旻，其法僅避漢名，諱之尤嚴。「嘗有一武弁，經西元帥投牒，誤斥其諱，杖背流遞。武元初，只諱旻，後有申請云：旻，閔也。遂並閔諱之」①。泰和中，避諱已臻極至，講究之繁多，規定之嚴峻，「不勝曲避」②，造成了諸多消極影響。如張元素嘗試進士，以犯廟諱下第，去而學醫③。宗端修以

① 宋洪皓《松漠紀聞·補遺》，文淵閣四庫全書本。
② 《金史》卷九九《孫即康傳》，中華書局一九七五年，第二一九六頁。
③ 《金史》卷一三一《方伎傳》，中華書局一九七五年，第二八一二頁。

「衛紹王避世宗諱」，而「改宗爲姬」①。正大初，有李守節者以哀宗守緒即位而去「守」字。哀宗謂侍臣曰：「吾不欲人避上一字，李守節何故避之？」良久曰：「臣子敬君，避之亦可。」②如此等等，不一而足。

由此可見，女真由部落社會實現封建化，卻無法跳出歷史的局限。女真入主中原，以「國人」、「種人」自居，形成或明或暗的民族等級。「有兵權錢穀，先用女真，次渤海，次契丹，次漢兒」③。漢兒指燕雲漢人；中原漢人稱「南人」，處境卑微。天會間，選舉以詞賦爲主，優遇燕雲漢族士人，而對中原漢族士人卻百般歧視，甚至命主文者不予録取。這與當時金國與南宋之間的激烈衝突有關。後來，隨着雙方媾和，及南北選舉、釋褐授官等制度的統一，女真同其他民族之間的矛盾緩和了。但是，女真同其他民族之間的不平等問題卻不可能消失。世宗强調「天下一家」，而一旦涉及民族利益，則變得激動、偏狹。例如，爲救濟女真屯田軍户，世宗欲簽漢人佃户入軍籍，而以其所佃官田分給女真人。尚書右丞唐括安禮提出異議：「猛安人與漢户，今皆一家，彼此耕種，皆是國人，即日簽軍，恐妨農作。」世宗斥曰：「卿習漢字，讀漢書，姑置此以講本朝之法。前日宰臣

① 《中州集》卷八《宗御史端修》，中華書局上海編輯所一九六二年，第四一二頁。今按，《金史》卷一一《章宗紀》：承安四年二月，「赦姬端修罪，令居家俟命。」則章宗朝已改姬姓。中華書局一九七五年，第二四九頁。
② 《中州集》卷七《李扶風節》，中華書局上海編輯所一九六二年，第三五三頁。
③ 宋徐夢莘《三朝北盟會編》卷九八引宋趙子砥《燕雲録》，上海古籍出版社二〇〇八年，第七二五頁。

皆女真拜，卿獨漢人拜，是邪非邪？所謂一家者，皆一類也，女真、漢人，其實則二。朕即位東京，契丹、漢人皆不往，惟女真偕來，此可謂一類乎？」①世宗治國被譽爲「小堯舜」②，稱爲一代明君，而其内心深處的民族意識如此狹隘，不惟缺少「明君」應有的度量，也暴露出自己的小家子氣。因此，「偏私族類，疏外漢人」③，成爲那個時代的政治特徵之一。

同時，漢人爲維護自身生存，不得不靈活對待滄桑變化。一方面，他們在驅爲大金臣民的過程中，固有的民族意識趨於淡化；另一方面，客觀存在的民族矛盾又使彼此之間的隔閡難以徹底消融。貞祐南渡後，大金國力愈益衰敗，那種隔閡也愈益深重。漢族及其他民族士人的思想、情感與心理都發生了複雜而微妙的變化，深藏内心的民族血緣關係的種子或因事萌發。金劉祁有云：

李丈欽止爲余言：「宋制，省曹有檢正，皆士大夫，其堂吏主行移文字也。」且問余以宋制與金制孰優？余以爲宋制善。欽止曰：「此議與吾合也。」④

這些私下議論反映了女真「分别蕃漢」造成的惡果，導致大金王朝在中原喪失了「多數」民族的支持。因此，蒙古初入中原推行「戊戌選舉」，即吸引了楊奂等金末名士紛紛進入考場，及第者

①《金史》卷八八《唐括安禮傳》，中華書局一九七五年，第一九六四頁。
②《金史》卷八《世宗紀》，中華書局一九七五年，第二〇四頁。
③金劉祁《歸潛志》卷一二，中華書局一九八三年，第一三七頁。
④《歸潛志》卷七，中華書局一九八三年，第七七頁。

達四千餘人。一大批前進士競相出仕新朝，如王鶚、劉肅、敬鉉、楊果、商挺、王磐、徐世隆、王昶等等。一大批士人爲避兵禍而湧入南宋境内，如李俊民、楊弘道、王元粹、房皥等等。即使隱居鄉里者也不拒絶在一定層面同蒙古汗王合作，如元好問、李治、段成己等等。而且，那些金朝降叛臣子，除少數爲虎作倀者，多未在道德節操層面背負苟且偷生之類的罵名。這些有别於以往封建王朝更迭時的士庶心態。

需要强調的是，女真全面接受中原文化，不可避免地被「漢化」，但是，其自身的狹隘民族意識也不可避免地同「漢化」對立。至金末，女真由於强行屯田撥地而引發的同漢人及其他民族之間的衝突，已達空前尖鋭地步。各地「紅襖」紛紛揭竿而起，契丹、渤海也相繼反叛。以往作威作福的女真人不僅慘遭蒙古鐵騎的屠戮，而且，還面臨中原、燕雲、東北、西北等地受壓迫民族的復仇攻擊。「讎撥地之酷，睚眥種人，期必殺而後已。若營壘，若故居，若僑寓、托宿，群不逞哄起而攻之，尋蹤捕影，不遺餘力。不三二日，屠戮浄盡，無復噍類。至於發掘墳墓，蕩棄骸骨，在所悉然」①。

二、沉重的封建傳統觀念制約

女真以「夷虜」入主中原，追求封建正統地位，而「夷虜」不可爲正統的傳統觀念竟使女真人的追求成爲悲劇。女真王朝覆亡後，仍被斥爲「夷虜」，擯棄於

---

①《遺山先生文集》卷二八《臨淄縣令完顏公神道碑》，四部叢刊本。

「正統」之外。自元初詔修遼、宋、金三史，即歧議紛出。或主張依《晉書》例，以北宋爲正統，立「帝紀」，遼、金爲僭竊，入「載記」；或主張依《南史》、《北史》例，以遼、金爲「北史」，建隆至靖康爲「宋史」，建炎以後爲「南史」。由於争論不休，三史修纂陷入停頓。至元末再次詔修三史，各方意見依然相左。其時大元江山已是風雨飄搖，朝廷顧不得士人們的陳詞爛言，以丞相脱脱總裁，力排衆議，定「三國各與正統，各系其年號」①。三史雖得以修成，而歧見遠未結束。元楊維楨《正統辨》云：

今日之修宋、遼、金三史者，宜莫嚴於正統與大一統之辨矣。自我世祖皇帝立國史院，嘗命承旨百一王公修遼、金二史矣。宋亡，又命詞臣通修三史矣。延祐、天曆之間，屢勤詔旨，而三史卒無成書者，豈不以三史正統之議未決乎？夫其議未決者，又豈不以宋渡於南之後，拘于遼、金之抗於北乎？吾嘗究契丹之有國矣，自灰牛氏之部落始廣。其初，枯骨化形，戴豬服豕，荒唐怪誕，中國之人所不道也。八部之雄，至於阿保機披其黨而自尊，迨耶律光而其勢浸盛。契丹之號，立於梁貞明之初；大遼之號，復改於漢天福之日。自阿保機訖於天祚，凡九主，歷二百一十有五年。夫遼，固唐之邊夷也，乘唐之衰，草竊而起。石晉氏通之，且割幽燕以與之，遂得窺覦中夏，而石晉氏不得不亡矣。而議者以遼乘晉統，吾不知其何統也？再考金之有國矣，始于完顔氏，實又臣

① 明權衡《庚申外史》，叢書集成初編本，中華書局一九八五年，第一〇頁。

屬於契丹者也。至阿骨打苟逃性命于道宗之世，遂敢萌人臣之將而篡有其國，僭稱國號於宋重和之元，相傳九主，凡歷一百一十有七年。而議者又以金之平遼克宋，帝有中原，而謂接遼、宋之統，吾又不知其何統也？議者又謂完顔氏世爲君長，保其肅慎，至太祖時，南北爲敵國，素非君臣，遼祖神册之際，宋祖未生，遼祖比宋前興五十餘年，而宋嘗遣使卑辭以告和，結爲兄弟，晚年且遼爲翁而宋爲孫矣。此又其説之曲而陋也。漢之匈奴，唐之突厥，不皆興於漢、唐之前乎？而漢、唐又與之通和矣。吴、魏之於蜀也，亦一時角立而不相統攝者也。而秉史筆者，必以匈奴、突厥爲紀傳，而以漢、唐爲正統；必以吴、魏爲分系，而以蜀漢爲正統。何也？天理人心之公，閲萬世而不可泯者也。……天之歷數自有歸，代之正閏不可紊，千載歷數之統，不必以承先朝續亡主爲正，則宋興不必以膺周之禪、接漢接唐之閏爲統也。宋不必膺周接漢接唐以爲統，則遂謂歐陽子不定五代爲南史，爲宋膺周禪之張本者，皆非矣。當唐明宗之祝天也，自以夷虜不任社稷生靈之主，願天早生聖人，以主生靈。自是天人交感，而宋祖生矣。天厭禍亂之極，使之君主中國，非欺孤弱寡之所致也。朱氏《綱目》於五代之年，皆細注於歲之下，其餘意固有待於宋矣。有待於宋，則直以宋接唐統之正矣，而又何計其受周禪與否乎？中遭陽九之厄，而天猶不泯其社稷，瓜瓞之系，在江之南，子孫享國又凡百五十有五年。金泰和之議，以靖康爲游魂餘魄，比之昭烈在蜀，則泰和之議，固知宋有遺統在江之左矣。而金欲承其絶爲得統，可乎？好黨君子，遂斥紹興爲僞宋。

吁！吾不忍道矣。①

這篇著名的論辯充滿偏見，反映了元末南方士人的歷史觀，影響了明清兩代封建王朝。在楊氏眼里，契丹與女真乃天生「夷虜」，即使接受中原文化洗禮，也不能入列華夏「正統」，從而暴露出那些論辯的狹隘與虚僞，表明封建士大夫超越歷史局限的複雜艱巨性。

元亡後，明人舊話重提。王洙《宋史質》强調，以兩宋爲正統、遼金爲僭越，力主將遼、金事蹟併入宋，明則承宋祚等等。明代後期，女真後裔之滿人在東北重新崛起，建立「後金」政權，屢次打敗明朝軍隊，克取遼東。明朝皇帝惑於陰陽家之説，以爲大房山金陵王氣旺盛所致，遂罷金陵之祀，拆毁陵墓，挖斷地脈，構築關帝廟，以爲「厭勝之術」②。然而，這些舉措未能延緩大明王朝覆亡的歷史命運。

滿人入關，以「夷虜」居華夏，且與女真淵源相親，似乎心虚，未能擺脱傳統觀念的束縛。乾隆以「遼金雖稱帝，究屬偏安。元雖統一，而主中華才八十年。其對漢人之爲臣僕者，心意終未浹洽」③，諭曰：「昔楊維楨著《正統辨》，謂正統在宋不在遼、金、元，其説甚當。今《通禮》祀

---

① 元陶宗儀《輟耕録》卷三《正統辨》，中華書局一九八〇年，第三四頁。

② 清于敏中等《日下舊聞考》卷一三〇《京畿》「乾隆十八年御製望大房山作歌」注引清世祖《御製金太祖世宗陵碑》，北京古籍出版社一九八三年，第二〇九〇頁。

③ 《清高宗實録》卷一一五四，中華書局一九八五年。

遼、金，黜兩晉諸代，使後世疑本朝區南北，非禮意也。」① 因此，有清一代態度曖昧，既未撤銷遼金諸帝祀禮，也未承認兩朝的正統地位②。

綜上所述，宋、遼、金三史在紛爭與匆忙中修成，不可避免地留下了諸多缺撼。除《宋史》外，《遼史》與《金史》未設「藝文」，明人修《元史》亦如之。豈遼、金、元三代無「藝文」？實際上，這不過是那些秉史筆的南宋士人後裔的狹隘心理作祟，北方之「夷虜」似不應享有創造藝文的地位。因此，金代文獻「一任散佚」③，也就不奇怪了。入清後，乾嘉學者紛紛爲金之藝文補志，或附之於元，雖爲私家著述，多草草從事，謬誤百出，令人不能卒讀。由此可見，金代藝文之立世，何其艱也！

但是，有金一代創造的藝文是客觀的存在，即使南宋士人也予以認同，真德秀謂「金國有天下，典章法度，文物聲名，在元魏右」④，元人以爲不刊之論，稱之「文風振而人才輩出，治具張

① 《清史稿》卷八四《禮志》，吉林人民出版社一九九五年，第一七二九頁。

② 《清史稿》卷四《世祖紀》：順治二年春正月，「命房山縣歲乙太牢祭金太祖、世宗陵」；又，順治二年三月：「始祀遼太祖、金太祖、世宗、元太祖於歷代帝王廟，以其臣耶律曷魯、完顏粘没罕、斡離不、木華黎、伯顏、徐達、劉基從祀」。吉林人民出版社一九九五年，第六二頁。

③ 清黄廷鑑《金文最序》，見《金文最》卷首，中華書局一九九〇年。

④ 元郝經《陵川集》卷三〇《删注刑統賦序》，文淵閣四庫全書本。

而紀綱不紊，有國雖餘百年，典章文物，至比隆唐宋之盛」①。

特別是金元易代之際留下的遺産璀燦奪目。蒙古滅金是以異常殘酷的方式實現的：「天綱絶，地軸折，人理滅」②，社會文明幾近摧毁。這使中原各族士人不僅面臨自身的生存問題，還有如何傳承中原文化的問題。於是，「中州元氣」成爲那個時代的特定用語、一部分士人的精神寄託。在金人及其後裔眼里，中州即中原，元氣指中原之道統文脈。元好問《博州重修廟學記》云：「先王之時，治國治天下以風俗爲元氣。庠序黨術無非教，太子至於庶人無不學。」③ 正是在這樣的意義上，元氏稱趙秉文「人知爲五朝之老臣，不知其爲中國百年之元氣」④。而且，元氏本人也被奉爲文宗，「俾學者歸仰，識詩文之正而傳其命脈，系而不絶」⑤。

當時，「中州」漸次脱離地理範疇而成爲一個文化概念。元好問裒輯金代之詩，名之《中州集》。這種稱名與女真帝國無關，也不涉及蒙古新貴，避開了令金末士人頗爲尷尬的民族歸屬與國家認同問題，而且，還將自己置於中原文化正統傳人的地位。南宋名儒家鉉翁被驅北上，閲《中州

① 元王惲《秋澗集》卷五八《渾源劉氏世德碑》，四部叢刊本。

② 《陵川文集》卷三七《與宋兩淮制置使書》，文淵閣四庫全書本。

③ 《遺山先生文集》卷三二，四部叢刊本。

④ 《遺山先生文集》卷三八《趙閑閑真贊》，四部叢刊本。

⑤ 《陵川集》卷三五《遺山先生墓銘》，文淵閣四庫全書本。

集》後，以同是天涯淪落人，擯棄了因南北對峙而產生的偏狹，贊曰：

世之治也，三光五嶽之氣，鍾而爲一代人物。其生乎中原，奮乎齊魯汴洛之間者，固中州人物也。亦有生於四方，奮於遐外，而道學文章爲世所宗，功化德業被於海內，雖謂之中州人物可也。蓋天爲斯世而生斯人，氣化之全，光岳之英，實萃於是，一方豈得而私其有哉？迨夫宇縣中分，南北異壤，而論道統之所自來，必曰宗於某；言文脈之所從出，必曰派於某。又莫非盛時人物範模憲度之所流衍。故壤地有南北，而人物無南北，道統文脈無南北。雖在萬里外，皆中州也，況於在中州者乎？余嘗有見於此。自燕徙而河間，稍得與儒冠縉紳遊。暇日獲觀遺山元子所裒《中州集》者，百年而上，南北名人節士、巨儒達官所爲詩，與其平生出處，大致皆採録不遺。而宋建炎以後，銜命見留，與留而得歸者，其所爲詩，與其大節始終，亦復見紀，凡十卷，總而名之曰《中州集》。盛矣哉！元子之爲此名也。廣矣哉！元子之用心也。夫生於中原而視九州四海之人物，猶吾同國之人；生於數十百年後而視數十百年前人物，猶吾生並世之人。片言一善，殘編佚詩，搜訪惟恐其不能盡，余於是知元子胸懷卓犖，過人遠甚。彼小智自私者，同室藩籬，一家爾汝，視元子之宏度偉識，溟涬下風矣。嗚呼！若元子者，可謂天下士矣。數百載之下，必有謂予言爲然者。①

---

① 宋家鉉翁《題中州詩集後》，見元蘇天爵《元文類》卷三八，上海古籍出版社一九九三年，第四六七頁。

需要指出的是，遺山先生爲保存與弘揚中原文化，嘔心瀝血，鞠躬盡粹。他不僅創作了大量優秀的文學作品，如《遺山樂府》、《遺山先生文集》、《續異堅志》；編纂了一批當代歷史作品，如《壬辰雜編》、《金源君臣言行録》；整理出一代文獻，如《中州集》、《中州樂府》，而且，還言傳身教，影響了當時文壇湧現的年輕俊秀，如商挺、王磐、徐世隆、王昶、郝經、白樸、王博文、王惲、胡紫遹、劉因、魏初、姚燧等等。這些金人的子弟陸續進入政壇後，如群星般嶄露頭角，具體參與了元世祖忽必烈倡導的變革蒙古舊法、建立中原新制的浩大社會工程，爲扭轉當時社會的文化危機不遺餘力地鼓而倡之。郝經《再送常山劉道濟序》云：「中國之勢不振，正大之道不明，禮樂之治不興，天地一元之氣湮淪茫昧，杳然廓然者，豈無所自而然乎？」① 王惲《西巖趙君文集序》云：「異時有大辭伯出，如王臨川、元新興，纂李唐之英華、續中州之元氣、序文章之宗派者，則於是集恐亦有所取焉。」② 這些俊秀甚至以「中州元氣」作爲衡量士人品格高下的尺度③、以「中州氣象」作爲評價詩作意韻優劣的準繩④。

① 《陵川集》卷三〇，文淵閣四庫全書本。
② 《秋澗集》卷四三，四部叢刊本。
③ 元魏初《青崖集》卷二《寄答雷按察》：「中州元氣文章伯，四海今知有使君。」文淵閣四庫全書本。
④ 《青崖集》卷二詩題云：「徽州學正胡泳子遊，自京都來過予於維揚，以士常中郎長詩見示。又省掾王約彦博謂子遊文筆有中州氣象，用是不敢以常書生遇之。」

由此可見，「中州元氣」是那個時代文人自覺弘揚的文化精神，也成爲一代文化的魂魄，並漸次化作各民族共同的文化思想。因此，從這樣的意義上説，由女真與漢、渤海、契丹、奚等各族人民創造的金代藝文，爲中華民族文化的發展做出過卓越貢獻。

第二節 金代藝文的歷史淵源

女真是以種養漁獵爲生的民族，質樸粗獷，蠻勇好鬥，社會文化長久處於原始的蒙昧狀態。自肅慎、挹婁、勿吉、靺鞨等先世的不斷繁衍和開拓，至公元十二世紀開始崛興。

女真「本國舊音」以《鷓鴣》最著名，分「高下長短」兩種，用「鼓笛」伴奏①。這種《鷓鴣》見諸唐代文獻。許渾《聽吹鷓鴣》云：「金谷歌傳第一流，鷓鴣清怨碧雲愁。夜來省得曾聞處，萬里月明湘水流」②。女真也有自己的民族詩歌，如巫歌、詛咒歌、自度曲及謠諺等。一些作品因當時被譯成漢語而保存下來，句頭押韻，通俗流暢。立國後，女真詩歌發展爲「本曲」。大定二十五年，世宗率諸王回上京體驗傳統生活，在皇武殿宴宗室弟子及群臣故老，曰：「吾來數月，

---

① 宋徐夢莘《三朝北盟會編》卷三，上海古籍出版社二〇〇八年，第一八頁。

② 《全唐詩》卷五三八，中華書局一九八五年，第六一四〇頁。

未有一人歌本曲者，吾爲汝等歌之。」歌詞述王業之艱難，至「慨想祖宗，宛然如睹」①，歌畢泣下。幸好，這支「本曲」保存在《金史·樂志》中，題爲《本朝樂曲》：

猗歟我祖，聖矣武元。誕膺明命，功光於天。拯溺救焚，深根固蒂。克開我後，傳福萬世。無何海陵，淫昏多罪。反易天道，荼毒海内。自昔肇基，王於繼體。積累之業，淪胥且墜。望戴所歸，不謀同意。宗廟至重，人心難拒。勉副樂推，肆予嗣緒。二十四年，兢業萬幾。億兆庶姓，懷保安綏。國家閒暇，廓然無事。乃眷上都，興帝之第。屬兹來遊，惻然予思。風物減耗，殆非昔時。於鄉於里，皆非初始。雖非初始，朕自樂此。雖非昔時，朕無異視。瞻戀慨想，祖宗舊宇。屬屬音容，宛然如睹。童嬉孺慕，歷歷其處。壯歲經行，恍然如故。舊年從遊，依稀如昨。歡誠契闊，旦暮之若。于嗟闊别兮，云胡不樂。②

這首「本曲」應是通俗流暢的女真創業史詩，惟其如此，才會引起慷慨悲激的感情共鳴，而被譯成漢語古體詩，語言艱澀，韻味索然，失去了女真詩歌的原始風貌。這首「本曲」由民間質樸之聲演爲廟堂高雅之音，成爲女真從原始部落向封建社會轉變的縮影。

同時，女真還創製了自己的民族文字，歷經百餘年苦心經營，培養出一大批女真文化人才，使

---

① 《金史》卷八《世宗紀》，中華書局一九七五年，第一八九頁。

② 《金史》卷三九《樂志》，中華書局一九七五年，第八九二頁。

女真文字成爲交流思想、傳播信息的工具。二十世紀五十年代，在山東蓬萊發現的泰和間奧屯良弼女真文字題詩。其中，一、二、四、六、八等句押韻，三與四、五與六，各自對仗。譯成漢文：

在朝賞心笑談求，稚返蓬瀛長住留。五馬載車無比貴，一旗出導惠及流。筆柳喜高□□柳，琴瑟□□心月□。小城雖僻於菟遠，南衙大授夏非秋。①

這首詩體現了漢語詩歌的思維定勢，從形式到內容不過是傳統律詩的譯本，而徒具女真文字的外殼。但是，儘管如此，這首詩反映了女真爲建立民族文化所進行的努力。

那麽，金代文化源自那裏？歷史上，女真同渤海、契丹共同生活在中國的東北區域，彼此影響，相互競爭。先是渤海人同大唐王朝建立起隸屬關係，爲自身發展帶來動力，成爲契丹與女真效仿的榜樣。契丹同北宋王朝既交流又競爭的經驗，促進了遼朝社會的封建化，也爲女真所借鑒。因此，女真崛起後，不僅繼承了渤海、契丹與北宋的文化遺産，而且，還通過種種渠道從南宋那里汲取有益的東西。歷史表明，金代文化是由女真同漢、渤海、契丹等各族人民以中原文化爲基礎，相互學習、共同發展的結果。

---

① 金啓琮《論金代的女真文學》，《內蒙古大學學報》一九八四年第四期。

一　渤海文化

渤海出自粟末靺鞨，民俗開朗純樸。「每歲時聚會作樂，先命善歌舞者數輩前行，士女相隨，更相唱和，迴旋宛轉」①。唐初時，大祚榮率渤海崛起，「地方五千里，户十餘萬，勝兵數萬，頗知書契，盡得扶餘、沃沮、弁韓、朝鮮海北諸國」②。中宗朝，祚榮遣子入唐。睿宗時，册祚榮左驍衛大將軍、渤海郡王，以所統轄區域爲忽汗州，加授都督。自是去「靺鞨」之名，稱「渤海」之號，設五京③、十五府、六十二州，時譽「海東盛國」④。

一、發展同唐朝的親睦關係。渤海諸王接受唐朝的宗主地位，恪守藩臣之禮。老王去世，即遣使告哀，請求册封新王。册封之前，新王暫稱「知國務」或「權知國務」。册封之後，「承詔赦其國内」⑤，遣使拜謝納貢。同樣，唐朝也尊重渤海的自治權力，派駐的長史僅履行象徵性監控，而不

① 清徐松《宋會要輯稿·蕃夷》二之七，中華書局二〇〇六年，第七六九五頁。

② 《新唐書》卷二一九《北狄傳》，中華書局一九八六年，第六一八〇頁。

③ 金毓黼《渤海國志長編》卷一四《地理考》：「南海府之所在有二説：一在今咸興之德源，亦即高句麗之泉井郡；一在今咸鏡北道之鏡城。……今朝鮮北青郡新昌有渤海古都之遺址，南距海岸約數里，其地在鏡城之南，或謂此南京南海府之所在也。」黑龍江人民出版社一九九六年，第五一六頁。

④ 《新唐書》卷二一九《北狄傳》，中華書局一九八六年，第六一八二頁。

⑤ 《舊唐書》卷一九九下《北狄傳》，中華書局一九八六年，第五三六二頁。

干預其内部事務。如渤海有所請求，則儘量予以滿足。然而，渤海在積極「靠近」中原的過程中，或偶爾露出峥嶸。開元二十年，渤海分别經海、陸向幽州、登州發起進攻，導致嚴重的軍事衝突。後來雙方從大局出發，息事寧人，以求和解。渤海王大武藝上表「悔過輸誠」①，唐玄宗則宣示「棄人之過」②，維繫了雙方關係。

渤海「頻遣使來朝，或間歲而至，或歲内二三至者」③。此外，還有王室子弟入侍，宿衛唐朝皇帝；或求學賓貢，「習識古今制度」④，代代相承。大唐皇帝對這些使節、子弟，往往親自召見宴賜，禮遇有加。所謂賓貢，指唐朝允許渤海子弟參加科舉考試，及第者授以功名，因而有機會同中原士流交往，結下了深情厚誼。唐張喬《送朴充侍御歸海東》云：

天涯離二紀，闕下歷三朝。漲海雖然闊，歸帆不覺遥。驚波時失侶，舉火夜相招。來往尋遺事，秦皇有斷橋。⑤

---

① 民國黄維翰《渤海國記》上篇引《張曲江文集》，《渤海國志長編》外九種本，黑龍江人民出版社一九九六年，第一〇六頁。

② 《渤海國記》下篇引《張曲江文集》，黑龍江人民出版社一九九六年，第一五三頁。

③ 《舊唐書》卷一九九下《北狄傳》，中華書局一九八六年，第五三六二頁。

④ 《新唐書》卷二一九《北狄傳》，中華書局一九八六年，第六一八二頁。

⑤ 清彭定求等《全唐詩》卷六三八，中華書局一九八五年，第七二三〇頁。

那位朴充御入侍大唐三朝皇帝「二紀」，臨別之際，依依不捨。唐温庭筠《送渤海王子歸本國》云：

疆理雖重海，車書本一家。盛勳歸舊國，佳句在中華。定界分秋漲，開帆到曙霞。九門風月好，回首是天涯。①

那位王子以自己的卓越品學贏得了友情和尊重。在這裏，詩人以敏鋭的視角和真摯的情感，揭示了唐朝與渤海「疆理雖重海，車書本一家」的親睦關係。而且，唐朝及邊州督府派往渤海的使者多爲飽學之士，以利於文化交流。如鴻臚卿崔訢奉使，嘗於途中鑿「井兩口，永爲紀念」，稱爲「鴻臚井」②。張建章以幽州節度府司馬報聘，在上京龍泉（今黑龍江寧安縣渤海鎮）廣交各界人士，詩賦唱和，「凡所箋、啓、賦、詩，盈溢緗帙」。其時年僅二十八歲，英姿勃發，博通經史，頗受禮遇。所著《渤海記》，「備盡島夷風俗、宮殿、官品，當代傳之」③。

---

① 《全唐詩》卷五八三，中華書局一九八五年，第六七五六頁。

② 明畢恭《遼東志》卷一《金州衛》：「敕持節宣勞靺鞨使鴻臚卿崔忻，鑿井兩口，永爲記驗，開元二年五月十八日造。」遼海叢書本，遼沈書社一九八五年，第三六二頁。今按，《舊唐書》卷一九九《渤海傳》謂「遣郎將崔訢往册拜祚榮」，與井欄題名合。崔訢即崔忻，當以忻爲是；「靺鞨」當作「靺羯」；「鑿」、「造」二字似衍；凡二十九字。民國羅福頤《滿洲金石志》卷一亦録：「敕持節宣勞靺羯使鴻臚卿崔忻，井兩口，永爲記念，開元二年五月十八日。」凡三十一字。二十世紀初，「鴻臚井碑石」被日本駐旅順海軍强行運至該國，現存東京皇宫建安府前院。

③ 徐自强《張建章墓誌考》，《文獻》一九七九年第二期。

同時，渤海積極同中原開展經濟文化交流。自唐初，渤海「朝貢」地方物産，唐朝「回賜」渤海所需。開元元年，渤海王子入唐奏請「就市交易」①。此後，登州「貨市渤海名馬，歲歲不絶」②；青州則交易渤海熟銅；營州（今遼寧朝陽）、幽州（今北京西南）也成爲雙方互市之地，開啓了榷場貿易先河。渤海納貢和交易的物品主要有毛皮、牲畜、鷹鶻、人參、蜂蜜、松子、金銀、銅材、魚蟹、布匹。唐朝回賜和交易的物品主要有絹帛、絲綢、糧食、茶、藥材、金銀器皿、圖書及文化用品。唐朝還在登州設館，以接待渤海貢使和客商。當時，唐朝規定銅鐵等物資「不得與諸蕃互市」，出於照顧，淄青節度使向朝廷奏請對渤海熟銅「請不禁斷」③。

這樣的經貿關係促進了渤海經濟的發展。如鐵材被普遍用於製造各種生産、生活用具與兵器等；銅材自給有餘，多銷往中原；廣泛應用窯制磚瓦，加速了長白山以東以北的建設；自行生産輪制陶器，滿足了社會生活的需要；渤海人織造的「龍州之綢」，質地優良，構圖精美，標誌渤海的紡織技術已達到較高水平。

此外，渤海還注重收集中原圖書，遣使「求寫《唐禮》及《三國志》、《晉書》、《三十六國春

① 宋王若欽等《册府元龜》卷九七一《外臣部朝貢》，中華書局一九九四年，第一一四〇五頁。
② 《舊唐書》卷一二四《李正己傳》，中華書局一九八六年，第三五三五頁。
③ 宋王若欽等《册府元龜》卷九九九《外臣部互市》，中華書局一九九四年，第一一七二七頁。

秋》」等①。當時的詩歌作品屢見涉及，如「渤海歸人將集去」②、「誰把芻蕘過日東」③，留下了那段往事的真實寫照。後來，渤海人的姓名漸次漢化，所用詩律及内涵也都透出盛唐氣象的影響，由「遠慕華風」④演爲「與華夏同風」⑤。

二、應用漢字，重儒興學。史稱渤海「頗有文字及書記」⑥，如出土的《貞惠公主墓誌》、《貞孝公主墓誌》，由序、銘組成，序爲駢體，記述生平行狀，銘則讚頌悼念⑦，皆漢字楷書。清張縉彦《寧古塔山水記》云：渤海上京遺址，「敗瓦斷磚，雖野燒之餘，尚有存者。丹碧琉璃，間有夷漢字號，土人拾取爲玩。」其中，多爲「漢字」，而所謂「夷字」，數量甚少，「奇詭難識」，已無法讀音釋義。以其仍屬漢語體系的方塊字，當是渤海人爲適應社會發展需要而自造的新字，即所謂

---

① 宋王溥《唐會要》卷三六「蕃夷請經史」，叢書集成初編本，中華書局一九八五年，第六六七頁。
② 清彭定求等《全唐詩》卷三六一，中華書局一九八五年，第四〇七六頁。
③ 唐徐寅《贈渤海賓貢高元鼓詩序》，見《全唐詩》卷七〇九，中華書局一九八五年，第八一六二頁。今按，芻蕘，文人自謙之辭，喻著述淺陋。
④ 宋李昉《文苑英華》卷四七一《翰林制詔》引唐封敖《與渤海王大彝震書》，中華書局一九九五年，第二四〇六頁。
⑤ 金毓黼《渤海國志長編》卷一八《文徵》引《元氏長慶集·穆宗授青州道渤海授金吾將軍等放還番制》，黑龍江人民出版社一九九六年，第六一八頁。
⑥ 《舊唐書》卷一九九《渤海傳》，中華書局一九八六年，第五三六〇頁。
⑦ 閻萬章《渤海貞惠公主墓碑的研究》，《考古學報》一九五六年第二期。

「渤海人特製之字，以表特有之音」①。此外，一些出土的磚文、陶文、官印等，俱見使用漢字，與兩位公主墓誌的情況一致。

這些考古發現説明，渤海無「本字」，而以漢字爲通用文字。契丹統治時期如此，女真統治時期也如此。天眷二年，熙宗完顔亶製成女真小字後，「詔百官誥命，女真、契丹、漢人各用本字，渤海同漢人」②。以渤海無「本字」，且通用漢字，故「同漢人」。

渤海上京古城遺址原有「國學碑」。清張賁《東京記》云：「在榛莽中，時有丹碧琉璃錯出，間雜存漢字款識，土人取以爲玩。掘地得斷碑，有『下瞰臺城，儒生盛于東觀』十字，皆漢字，字畫莊楷，蓋國學碑也。想像當時建國荒漠，重學崇儒如是。」③這塊碑石證實了渤海嘗設「胄子監」

① 金毓黻《渤海志長編》卷二〇《餘録》。又，《餘録》引［日］稻葉巖吉《滿州發達史》，謂日籍學者白鳥庫吉博士於一九〇八年赴上京城考察，「曾於東京城附近採得一種瓦片，其上有類似文字之記號，大略似女真文，而頗有不同之點。是否爲渤海之文字，固不敢斷言也」。黑龍江人民出版社一九九六年，第七四五頁。另，一九三一年，前蘇聯學者也來渤海上京調查，採集到不少文字瓦，多數文字符號是可辨識的漢字，而有些在漢語辭書中查無出處，不能釋讀。參見朱國忱等《渤海遺迹》引［俄］B·包諾索夫《關於調查東京城遺址的初步通報》，文物出版社二〇〇二年，第二三七頁。另，李强《論渤海文字》將這些字分爲「正楷」、「殊異」和「符號」三類，以爲殊異字是漢字的別體，多因形似致誤。見《學習與探索》一九八二年第五期。

② 《金史》卷四《熙宗紀》，中華書局一九七五年，第七三頁。

③ 清施國祁《金史詳校》卷三引張賁《東京記》，二十四史訂補本，書目文獻出版社一九九六年，第一三册八四一頁。

及「文籍院」等教育管理機構與藏書處所①。

因此，渤海歷經二百餘年的發展，湧現出一批聲播遐邇的士人。如楊師泰出使日本有《奉和紀朝臣公詠雪詩》：「昨夜龍樓上，今朝鶴雪新。只看花發樹，不聽鳥驚春。回影疑神女，高歌似郢人。」王孝廉出使日本有《出雲州書情寄兩敕使》詩：「南風海路連歸思，北雁長天引旅情。賴有鏘鏘雙鳳伴，莫愁多日住邊亭」②。這些詩作的內涵與韻律同中原別無二致。

三、信仰佛教。渤海使節來長安，往往「入寺禮拜」③。一些僧人也紛紛負笈求學，將中原優秀的佛教文化藝術帶回渤海。「老別關中寺，禪歸海外峰」④。當時，寺廟建築幾乎遍及渤海各地。僅上京龍泉（今黑龍江寧安縣渤海鎮）遺址已發現十餘座寺廟故基與衆多佛教文物。特別是渤海石燈幢，造形凝重別致；銅佛金佛及泥塑佛像，工巧端莊，處處透出盛唐風範。而且，渤海僧人也多具有較高的文化修養。如釋仁貞東渡日本有《七日禁中陪宴》詩：「入朝貴國慚下客，七日承恩作上賓。更見凰聲無妓態，風流變動一園春。」釋貞素在唐所作《哭日本國內供奉大德靈仙和尚詩

①《新唐書》卷二一九《北狄傳》，中華書局一九八六年，第六一八三頁。
②《渤海國志長編》卷一八《文徵》，黑龍江人民出版社一九九六年，第六四〇頁。
③宋王若欽等《册府元龜》卷九七一《外臣部朝貢》，中華書局一九九四年，第一一四〇五頁。
④唐張喬《送僧雅覺歸海東》，見《全唐詩》卷六三八，中華書局一九八五年，第七三一二頁。

並序》，詩文並茂①。

凡此種種説明，渤海文化是唐代文化融入當地民俗而形成的。後來，遼太祖耶律阿保機滅亡渤海，命太子耶律倍爲東丹王，統領渤海軍政事務。遼太宗耶律德光即位後，將東丹國從上京龍泉遷至東京遼陽（當時稱東平，今遼寧遼陽），渤海人從此失去了復興基礎。但是，渤海人創造的文化却深深影響了契丹與女真，激勵了這兩個民族相繼走向强大。

女真起兵反遼時，完顏阿骨打以渤海源於粟末靺鞨、女真出自黑水靺鞨，族源相近，風習相通，都倍受契丹壓迫，遂以「女真渤海本同一家」爲號召②，争取渤海人站到自己一邊。建國後優遇渤海人，「有兵權、錢穀，先用女真，次渤海，次契丹，次漢兒」③。這樣的環境有利於渤海人釋放自己的聰明才智。如楊樸，遼東鐵州人。「本渤海大族，少第進士，累官校書郎」④。歸附女真後，勸完顔氏首領稱帝，國號大金。嘗建言：「自古英雄開國受禪，先求大國封策。」⑤阿骨打從

① 金毓黼《渤海國志長編》卷一八《文徵》引日本僧人圓仁《入唐求法巡禮行記》，黑龍江人民出版社一九九六年，第六四一頁。
② 《金史》卷二《太祖紀》，中華書局一九七五年，第二五頁。
③ 宋徐夢莘《三朝北盟會編》卷九八引宋趙子砥《燕雲録》，上海古籍出版社二〇〇八年，第七二五頁。
④ 宋宇文懋昭《大金國志》卷一《太祖武元皇帝》，中華書局一九八六年，第一五頁。
⑤ 宋葉禮隆《契丹國志》卷一〇《天祚皇帝》，上海古籍出版社一九八五年，第一一二頁。

之。遼天祚帝遣使備袞冕之服，册爲東懷皇帝。楊樸受命檢驗，以物儀不合天子之制而拒之。天輔三年，知樞密院，定朝儀，建典章，參與謀劃聯宋攻遼之策①；大㚖本名大撻不野，遼陽渤海人，爲阿骨打「收養」②，屢立戰功。天會四年，率渤海猛安渡江南伐。海陵時，擢右副元帥，拜尚書右丞相；李石字子堅，遼陽渤海人③，世宗完顔雍之舅。「敦厚寡言，而器識過人」④。後佐世宗奪帝位，拜參知政事，官至尚書令；張浩字浩然，遼陽渤海人。歷仕五朝，頗受眷顧，官至太傅、尚書令，封南陽郡王⑤。其子侄汝弼、汝霖，亦先後官至宰執，等等。

這些渤海人有意無意地將本民族的治國理念與經驗帶入女真社會。同時，他們多與完顔氏聯姻。如海陵王生母永寧太后，出自遼陽渤海大氏⑥；大㚖三女，均嫁入皇家，成爲海陵元妃⑦、世

---

① 宋馬擴《茅齋自敘》，見李澍田等《金史輯佚》，吉林文史出版社一九九〇年，第一二三頁。

② 《金史》卷八〇《大㚖傳》，中華書局一九七五年，第一八〇七頁。

③ 《金史》卷八六《李石傳》未涉李氏族屬問題，日本學者外山軍治《世宗的即位與遼陽渤海人》考證爲渤海人。見劉浦江《遼金史論・渤海世家與女真皇室的聯姻》，遼寧大學出版社一九九九年，第九七頁。

④ 《金史》卷八六《李石傳》，中華書局一九七五年，第一九一一頁。

⑤ 《金史》卷八三《張浩傳》，中華書局一九七五年，第一八六二頁。

⑥ 《金史》卷九〇《高衎傳》有「大奉國臣者，遼陽人，永寧太后族人」。中華書局一九七五年，第二〇〇五頁。

⑦ 《金史》卷七六《宗義傳》：「左副元帥撒離喝在汴京與撻不野有隙，撻不野女爲海陵妃，海陵陰使撻不野圖撒離喝。」中華書局一九七五年，第一四〇頁。又《金史》卷六三《后妃傳》：海陵即位之初，封貴妃，後「進封惠妃，貞元元年進封姝妃，正隆二年進封元妃」。第一五〇八頁。

宗柔妃①，及遼王完顏杲幼子之妻②；遼陽渤海李氏有二，一是潞王宗輔側室，即李石之姊、世宗之母，後追謚貞懿皇后③；二是世宗元妃，李石之女；遼陽渤海張氏，世宗側室，父玄征與張浩同族。這種聯姻使金朝一些帝王具有了渤海血緣，如海陵王、世宗、衛紹王等。此外，宣宗生母劉氏，亦遼陽人，或出自渤海世家④。這種母子關係潛移默化地把渤海文化基因傳給自己的下一代，并延續了渤海人在金代政壇的影響。

需要指出的是，女真同渤海長期共處於白山黑水之間。人類社會的發展經驗表明，相鄰民族之間的示範效應是巨大的。自唐代，女真效仿渤海，試圖發展同中原的關係，《册府元龜》記載了那些朝貢事件，透露出女真對先進文明的渴求。唐亡後，仍保持同中原交往⑤。這説明，渤海的成功經驗長久銘刻在女真人心裹，成爲他們奮力崛起的榜樣。

---

① 《金史》卷六四《后妃傳》：大定「二十八年九月，與賢妃石抹氏、德妃徒單氏、柔妃大氏俱陪葬於坤厚陵。」又《金史》卷八〇《大臭傳》：大定初，大臭之子磐以事得罪，「有妹在宫中爲賓林」，因使之向世宗説項。今按，金代后宫制度，妃凡十二位，柔妃爲其中之一，其下有九嬪、婕妤、美人、才人、賓林等。大磐妹初入宫時當爲賓林，後進柔妃。中華書局一九七五年，第一八一〇頁。

② 《金史》卷七六《宗義傳》：「其妻撻不野女，海陵妃大氏女兄。」中華書局一九七五年，第一七四一頁。

③ 鄒寶庫《遼陽市發現金代〈通慧圓明大師塔銘〉》，《考古》一九八四年第二期。

④ 《金史》卷六四《后妃傳》，中華書局一九七五年，第一五二六頁。

⑤ 《新五代史》卷一二《周本紀》：顯德六年春正月，「女真使阿辨來」。中華書局一九八六年，第一二三頁。

二　契丹文化

契丹原是鮮卑餘部，初不知桑麻稼穡，亦無村舍城郭，逐水草而居。至北魏，繁衍爲八部。貞觀中，唐朝以其歸順，遂置松漠都督府，改八部爲九州，各命爲刺史。唐末動亂，太祖耶律阿保機乘勢統一諸部，奪取渤海。會同十年（九四七年），太宗率軍攻克汴梁，建國號大遼。統和二十二年（一〇〇四），與北宋締結「澶淵盟約」，弭兵修好。此後百餘年間，雙方聘使往來，增强了政治、經濟與文化方面的交流，促進了契丹社會的封建化。

一、創製契丹文字，接受中原文化。遼自太宗佔有燕雲十六州後，因地域風俗有異，「乃用唐制，復設南面三省、六部、臺、院、寺、督、諸衛、東宮之官」①，「以國制治契丹，以漢制待漢人」；「契丹人授漢官者從漢儀，聽與漢人婚姻」②。遼朝延續渤海之制，亦設五京：上京臨潢、東京遼陽、西京大同、北京大定、南京析津。上京名西樓，遠離中原。上京以南，契丹及其他北方民族受中原文化影響較深；上京以北，仍保持舊有風習。

同時，又承唐制，實施科舉選士。聖宗朝，「止以詞賦、法律取士，詞賦爲正科，法律爲雜

---

① 《遼史》卷四七《百官志》，中華書局一九八三年，第七七二頁。

② 《遼史》卷四《太宗紀》，中華書局一九八三年，第四九頁。

科」。後受北宋影響，「程文分兩科，一曰詞賦，一曰經義，魁各分焉」①。當時，每年舉行考試選舉，僅放進士一兩名。澶淵結盟後，及第人數增加。至天祚執政，往往百數十人。

需要説明的是，遼朝選舉僅限於燕雲與遼東地區的漢人與渤海人，是其推行南面官制度的需要，目的在於利用中原機制治理漢人與渤海人，因而嚴禁契丹人應試。將軍庶箴嘗令其子舉進士，有違國制，被「鞭二百」②。但是，契丹實施南面官制、選舉考試，爲其他民族士人提供了參政機遇，維繫了社會穩定，推動了北方經濟文化的發展。

契丹文化的重大建樹之一，是創製了本民族文字。太祖神册五年，「詔頒行之」③，是爲「契丹大字」，系突吕不、耶律魯不古等人借漢字之形④，增減筆劃而成，爲表意文字⑤。由於契丹語屬阿勒泰語系，單詞爲多音節，使用粘着詞尾，因此，以一個漢字表示一個音節的方法套用契丹語，往往不合。後來，契丹人從回鶻語受到啓發。太祖以其弟迭剌「聰敏」，命之迎伴回鶻使，「相從二

① 宋葉隆禮《契丹國志》卷二三《試進士科》，上海古籍出版社一九八五年，第二二七頁。
② 清紀昀等《續通典》卷一八《選舉》，浙江古籍出版社一九八八年，第一二一九頁。
③《遼史》卷二《太祖紀》，中華書局一九八三年，第一六頁。
④ 參見《遼史》卷七五《耶律突吕不傳》、卷七六《耶律魯不古傳》。
⑤ 劉鳳翥《契丹大字與契丹小字的區別》，《内蒙古社會科學》一九八一年第五期。

句，能習其言與書，因製契丹小字，數少而該貫」①。這種小字是耶律迭剌等在大字基礎上，結合契丹語音特點，參照回鶻語及漢字的反切原理而創製的拼音文字。

契丹大小字頒行後，實際應用不廣。如詔令奏議及同北宋、西夏、高麗等國的交聘文書等，多使用漢字。帝后哀册、貴戚墓誌之類，也爲漢、契丹兩種文字對照刻寫。當時，契丹文字屬專門學問，《遼史》涉及通曉者，僅耶律倍、耶律庶成、蕭韓家奴、耶律大石等十餘人。遼亡後，契丹文字繼續延用，至金章宗明昌二年，方退出官方序列。但是，契丹文字的創立，使契丹人成爲首先擁有自己文字的北方少數民族，對後來女真文字、西夏文字、蒙古文字及滿語文字的問世，起到示範作用，具有積極的歷史文化意義。

不僅如此，契丹人還全面接受了中原文化。自遼初，太祖耶律阿保機「建孔子廟」，詔「春秋釋奠」②，崇奉儒家觀念。阿保機通曉漢語，頗仰慕中原文化，自比「漢高皇帝，故耶律兼稱劉氏，以乙室、拔里比蕭相國，遂爲蕭氏」③。因此，契丹王公貴族多取漢名，遂成風氣。太宗耶律德光克汴，盡收後晉「諸司僚吏、嬪御、宦寺、方技、百工、圖籍、曆象、石經、銅人、明堂刻漏、太

① 《遼史》卷六四《皇子表》，中華書局一九八三年，第九六八頁。
② 《遼史》卷七二《義宗倍傳》，中華書局一九八三年，第一二〇九頁。
③ 《遼史》卷七一《后妃傳》，中華書局一九八三年，第一一九八頁。

常樂譜、諸宮縣、鹵簿、法物及鎧仗」①，漸次融入中原文明之中。聖宗耶律隆緒「好讀唐《貞觀政要》」②，命侍臣「録其行事可法者進之」③，以《易》、《詩》、《書》、《春秋》、《禮記》賜部屬④。興宗耶律宗真「好儒術，通音律」⑤，常與國戚、臣僚及宋使酌酒賦詩。道宗耶律洪基召名儒講《五經》大義，命皇孫「寫《尚書五子之歌》」⑥，以加强對皇位繼承人的教育。

后妃也如此。如蕭觀音，道宗宣懿皇后。姿容冠絶，工詩，尤善琵琶⑦。從道宗獵秋山，至伏虎林，命賦詩，應曰：「威風萬里壓南邦，東去能翻鴨緑江。靈怪大千俱破膽，那教猛虎不投降」⑧。自然流暢，豪氣逼人，不讓鬚眉，透出「馬上樂」的北歌特質⑨。蕭瑟瑟，天祚文妃。聰慧閑雅，工文墨，善歌詩。時女真興起，而帝遊畋不恤，寵任奸佞，疏斥忠良，乃作歌諷諫云：「勿

---

① 《遼史》卷三《太宗紀》，中華書局一九八三年，第五九頁。

② 宋葉隆禮《契丹國志》卷七《聖宗天輔皇帝》，上海古籍出版社一九八五年，第七一頁。

③ 《遼史》卷八〇《馬得臣傳》，中華書局一九八三年，第一二七九頁。

④ 《遼史》卷一五《聖宗紀》，中華書局一九八三年，第一七一頁。

⑤ 《遼史》卷一八《興宗紀》，中華書局一九八三年，第二一一頁。

⑥ 《遼史》卷二五《道宗紀》，中華書局一九八三年，第二九六頁。

⑦ 《遼史》卷七一《后妃傳》，中華書局一九八三年，第一二〇五頁。

⑧ 陳述《全遼文》卷三《伏虎林應制》，中華書局一九八二年，第六二頁。

⑨ 《舊唐書》卷二九《音樂志》：北狄樂，「皆馬上樂也。鼓吹本軍旅之音，馬上奏之，故自漢以來，北狄樂總歸鼓吹署。後魏樂府始有北歌。」中華書局一九八六年，第一〇七一頁。

嗟塞上兮暗紅塵，勿傷多難兮畏夷人；不如塞奸邪之路兮，選取賢臣。直須臥薪嘗膽兮，激壯士之捐身；可以朝清漠北兮，夕枕燕雲。」① 蕭氏，秦晉國王妃。博覽經史，歌詩賦詠，落筆成章，尤嗜書傳，著有《見志集》②。這些遼國君主及后妃的好尚，反映出中原文化已爲契丹人所接受。道宗嘗曰：「吾修文物，彬彬不異中華」③。

契丹人頗崇尚唐宋名家。東丹王耶律倍效仿白居易詩作，自然質樸，不加雕琢，自號「樂地」。聖宗耶律隆緒自稱「樂天詩集是吾師」④，嘗以契丹大字譯其《諷諫集》，令群臣閲讀。唐人詩歌甚至被編入啓蒙課本，以俗語顛倒其文而習之。如賈島「鳥宿池邊樹，僧敲月下門」詩句，改爲「月明裏和尚門子打，水底裏樹上老鴉坐」⑤。這樣的教材頗具創意，通俗易解，朗朗上口，饒有趣味，適於小兒閲讀。

宋人魏野詩作爲遼人喜愛。祥符中，「契丹使至，因言本國喜誦魏野詩，但得上帙，願求全

① 《遼史》卷七一《后妃傳》，中華書局一九八三年，第一二〇六頁。
② 陳述《全遼文》卷八《秦晉國妃墓誌》，中華書局一九八二年，第一九四頁。
③ 宋葉隆禮《契丹國志》卷九《道宗天福皇帝》，上海古籍出版社一九八五年，第九五頁。
④ 蔣祖怡、張滌雲《增訂遼詩話》卷上引《古今詩話》：「雄州安撫都監稱宣事云：遼人好樂天詩，聞遼主有詩云『樂天詩集是吾師』。」全遼詩話本，岳麓書社一九九二年，第九頁。
⑤ 宋洪邁《夷堅志》丙志卷一八《契丹誦詩》，中華書局一九八一年，第五一四頁。

部」。真宗遂命「搜其詩，果得《草堂集》十卷，詔賜之」①。有故事云：「寇準出入宰相三十年，不營私第。處士魏野贈詩曰：『有官居鼎鼐，無地起樓臺。』洎准南遷時，北使至，内宴，宰執預焉。使者歷視諸相，語譯導者曰：『孰是無地起樓臺相公？』」②從中透出契丹對魏詩的熟悉程度。

蘇軾兄弟的作品尤受歡迎。蘇轍奉使遼國，燕京副留守邢希古傳語曰：「令兄内翰《眉山集》已到此多時，内翰何不印行文集，亦使流傳至此？」③東坡詩集傳入遼國後，爲范陽書坊翻刻，張芸叟奉使契丹見之，題其後曰：「誰題佳句到幽都，逢著胡兒問大蘇。」④這些詩壇軼事反映出唐宋文學名家在北方的深遠影響。

二、同北宋等開展經濟文化交流。契丹從渤海人那裏受到啓發，「起榷務以通諸道市易」⑤，换取自己所需要的生産與生活資料。如寧江（今吉林扶餘）、龍州（今吉林農安）榷場，與混同江流域生女真等互市；鴨緑江南岸保州（今朝鮮義州與新義州之間）榷場，與高麗交易；西北羊城

---

① 宋釋文瑩《玉壺清話》卷七，中華書局一九八四年，第六六頁。

② 宋王君玉《國老談苑》卷二，叢書集成初編本，中華書局一九八五年，第二頁。

③ 宋蘇轍《欒城集》卷四二《北使還論北邊事劄子》之一，唐宋八大家全集本，國際文化出版公司一九九八年，第五〇四頁。

④ 宋王辟之《澠水燕談録》卷七《歌詠》，中華書局一九八一年，第八九頁。今按，《欒城集》卷一六《神水館寄子瞻兄四絶》作「誰將家集過幽都，逢著胡人問大蘇」。

⑤ 《遼史》卷六〇《食貨志》，中華書局一九八三年，第九二九頁。

（今内蒙古集寧）、振武軍（今内蒙古和林格爾）榷場，與阻卜（蒙古）、西夏互通有無。甚至與「吴越、南唐航海輸貢」①。其間，同北宋貿易發展迅速，雙方先後在涿州新城（今河北新城）、朔州（今山西朔縣）、霸州（今河北霸縣）、雄州（今河北雄縣）、安静軍（今河北徐水）、廣信軍（今河北徐水東）、順安軍（今河北高陽）等處設榷場。從北宋輸入的物産有茶、藥材、繒帛、糧穀、瓷器、漆器等；從遼國輸出的物産有羊、馬、駝牲畜。其中，「河北榷場博買契丹羊歲數萬」②，數量頗爲可觀。

此外，契丹人還注重收集中原圖籍，特别是「朝廷大臣之奏議、臺諫之章疏、内外之封事、士子之程文、機謀密畫」，俱涉機要，而「書坊刊行，流布四遠」③，從中可以「周知山川險要、邊防利害」④。因此，北宋規定：「自非九經書疏，悉禁之。違者按罪，其書没官」，甚至訂立「賣書北界告捕之法」⑤。所謂北界，防範的重點在遼，對夏國與高麗比較寬鬆。然而，由於那些禁書「販

①《遼史》卷三七《地理志》，中華書局一九八三年，第四三七頁。
②宋李燾《續資治通鑒長編》卷二一一，中華書局二〇〇四年，第五一三六頁。
③《宋會要輯稿·刑》二，中華書局二〇〇六年，第六五五八頁。
④《蘇軾文集》卷六三《論高麗買書利害劄子》之三，唐宋八大家全集本，國際文化出版公司一九九八年，第三八七九頁。
⑤《宋史》卷一八六《食貨志》，中華書局一九七七年，第四五六三頁。

入虜中，其利十倍」①，儘管法令嚴峻，「射利之徒，殊不知畏」②，以至於「中國書籍山積於高麗，而雲布於契丹」③。

三、佞佛成風。有遼一代，皇帝后妃無不尊崇佛教，大造寺宇；庶民百姓禮敬有加，捐施不斷，以期脱去劫難，獲得福佑。統和二年（九八四），聖宗以先父景宗忌日，詔「諸道京鎮遣官行香飯僧」④。統和四年，因對宋作戰勝利，詔「上京開龍寺建佛事一月，飯僧萬人」⑤。皇太后亦「每歲正月輒不食葷茹，大修齋會及造寺」⑥。在這樣的社會氛圍中，僧尼活躍，名釋輩出，佛學著作相繼問世，由此形成更大的影響力。道宗「御書《華嚴經五頌》」，又命皇太子「寫佛書」，甚至在內殿設壇，召高僧講經⑦。

契丹人如此崇佛，引發了剃度者猛增，「一歲而飯僧三十六萬，一日而祝髮三千」⑧。那些碩德

---

①《欒城集》卷四二《北使還論北邊事劄子》之一，唐宋八大家全集本，國際文化出版公司一九九八年，第五〇四四頁。

②《宋會要輯稿·刑》二，中華書局二〇〇六年，第六五五八頁。

③《蘇軾文集》卷六三《論高麗買書利害劄子》之二，唐宋八大家全集本，國際文化出版公司一九九八年，第三八七八頁。

④《遼史》卷一〇《聖宗紀》，中華書局一九八三年，第一一四頁。

⑤《遼史》卷一一《聖宗紀》，中華書局一九八三年，第一二三頁。

⑥《宋會要輯稿》卷五二五七《蕃夷》，中華書局二〇〇六年，第七六七七頁。

⑦《遼史》卷二四《道宗紀》，中華書局一九八三年，第二八四頁。

⑧《遼史》卷二六《道宗紀》，中華書局一九八三年，第三一四頁。

尊宿們也使出種種手段，賣弄法力，蠱惑人心，邀功争寵。如沙門昭教，景宗授以「三京諸道僧尼都總管，加兼侍中」①。興宗常與海山和尚對榻切搓詩藝。海山俗姓郎，名思孝，登進士第，後受戒爲僧，賜「司空輔國大師」號，嘗著有《海山文集》傳世②。當時，「僧有正拜三公、三師兼政事令者，凡二十人」③，成爲煊赫天下的剃度新貴。各地寺院還坐擁大片土地，佔有衆多寺户。如中京蘭陵郡夫人建静安寺，「凡巨細之費，餘於二萬緡」，又施「地三千頃，粟一萬石，錢二千貫，人五十户，牛五十頭，馬四十匹，以爲供億之本」④。這個由寺院經濟支撑並享有政治特權的寄生群體，嚴重敗壞了社會風氣，以致「遼以釋廢」⑤。

綜上所述，與渤海相比，契丹在接受中原文化方面走得更遠。一是同北宋比鄰而居，且佔有燕雲漢地與漢民，形成了更爲緊密而複雜的關係；二是擁有比較强大的軍事力量，迫使北宋及周邊王朝向其納貢。這些因素有利於縮小北方同中原的經濟文化差距。至於實施「番漢分治」，限制契丹人參加科舉考試等等，則爲女真趕超留下空間。女真也崇奉佛教，却有所克制，避免了契丹由佞

①《遼史》卷八《景宗紀》，中華書局一九八三年，第九四頁。
② 金王寂《遼東行部志》，遼海叢書本，遼沈書社一九八五年，第二五三二頁。
③ 宋葉隆禮《契丹國志》卷八《興宗文成皇帝紀》，上海古籍出版社一九八五年，第八二頁。
④ 遼耶律興公《創建静安寺碑銘》，見陳述《全遼文》卷八，中華書局一九八二年，第二〇〇頁。
⑤ 元蘇天爵《元朝名臣事略》卷一〇《宣慰張公》，中華書局一九九六年，第二〇六頁。

佛而導至的政治愚昧。

女真長期隸屬於遼，深受契丹文化的影響。女真崛起後，創製自己的民族文字；實行選舉取士；以中原之制治理中原與雲燕地區；建立開國功勳紀念碑；與南宋及周邊鄰國互派使者交聘、開展榷場貿易等等，無一不留有契丹經驗的印記。天輔五年，金太祖阿骨打詔曰：「若克中京，所得禮樂儀仗圖書文籍，並先次津發赴闕。」① 盡收遼國的文化人才與文物圖籍。一些遼朝漢官如劉彦宗、時立愛、韓企先、韓昉、張浩、程寀等等，各以自己的學識與經驗爲新朝展土開疆、制定典章制度效力；一些契丹士人如耶律固、蕭永祺、移剌子敬、耶律迪越、耶律紹文、移剌温等等，先後預修前朝《遼史》與當代「國史」，爲新朝總結治理國家的經驗教訓。因此，遼、金文化是一脈相承的。女真人儘管經歷了更爲深刻的封建化進程，而以《敕勒歌》爲代表的馬上之歌傳唱不衰。「慷慨歌謠絶不傳，穹廬一曲本天然」②，依然是那个時代北方民族文化的深層積淀与象徵。

三 北宋文化

一、北宋文化的發展。北宋在文化建設方面開創了新局面，取得了新成就。

① 《金史》卷二《太祖紀》，中華書局一九七五年，第三六頁。
② 金元好問《遺山先生文集》卷一一《論詩絶句》之七，四部叢刊本。

一是注重文治，優禮儒士。太祖趙匡胤制定了「興文教、抑武事」的國策①，以根除唐五代以來的藩鎮割據之患，加强中央集權。爲此，他立下「家法」，告誡子孫不得輕殺大臣和言官②。因此，「終宋之世，文臣無歐刀之辟」③。太宗即位，繼續貫徹重文治、禮儒士的方針，嘗言：「王者雖以武功克定，終須用文德致治。」④由此形成尊重翰林學士、優待館閣侍從、禮遇儒臣學官的風氣。經太祖、太宗近四十年的努力，確立了北宋的文官政治。至仁、英兩朝，仕宦者多以「文詞進」，無論宰輔大臣、皇帝近侍，或是錢穀之司、邊鎮之帥，及各路轉運使、郡縣守令，幾乎無不出自士人，以至於脱離實際，演爲時弊，被譏爲「與士大夫治天下，非與百姓治天下也」⑤。

二是興辦學校，革新科舉。建隆元年，開科選舉，太祖親臨講武殿命題，是爲「殿試」之始，及第者一躍而爲「天子門生」。此後，選舉制度不斷改進，録取名額逐年增加。一旦金榜題名，即授以官職。吕蒙正於太平興國二年及第，歷十二年官至宰相；蘇易簡於太平興國五年登科，歷十四年拜參知政事。此外，又設制科、雜科、特奏名等，以廣開選才之路。由於兩宋選科舉士，爲中

① 宋司馬光《稽古録》卷一七，四部叢刊本。
② 徐規《宋太祖誓約辨析》，《歷史研究》一九八六年第四期。
③ 清王夫之《宋論》卷一《太祖》四，中華書局一九九八年，第六頁。
④ 宋李燾《資治通鑑長編》卷二三，中華書局二〇〇四年，第五二八頁。
⑤ 《資治通鑑長編》卷二二一，中華書局二〇〇四年，第五三七〇頁。

小地主出身的士人打開了通往仕途之門。「朝爲田舍郎，暮登天子堂」，成爲那個時代寒門士人競相效仿的故事。

這樣的選舉制度激發了社會辦學的熱情，促進了文化教育的普及。自京師设國子監，各地鄉校書院大批湧現，名流學者紛紛聚徒講學，至仁宗慶曆四年、神宗熙寧四年、徽宗崇寧元年，又陸續發起興學運動，改革科舉考試，以教養人材爲治世之急務。於是，京師太學、國子學之外，府州軍縣亦競相建學。崇寧三年，天下生員二十一萬人，經費三百四十萬緡，供給糧米五十五萬餘石。

三是收藏典籍，倡導讀書。北宋初，昭文館、史館、集賢院「三館」藏書達一萬三千餘卷。統一西蜀、江南，收圖籍近四萬卷①。太宗嘗言：「夫教化之本，治亂之源，苟無書籍，何以取法。」② 太平興國間，又擴建三館，别置崇文院，藏書正副本八萬餘卷。慶曆元年，王堯臣、歐陽修等奉敕修纂《崇文總目》，著録典籍三萬零六百六十九卷。嘉祐五年，「開購賞之科，廣獻書之路」③。北宋末，新收圖籍驟然增加，遂再編《秘書總目》。

宋代皇帝熱衷訪書、藏書、編書、刻書，也倡導讀書。太祖「雖在軍事，手不釋卷」，以求

① 《宋大詔令集》卷一五七《興學校詔》，中華書局一九九七年，第五九一頁。
② 《資治通鑑長編》卷二五，中華書局二〇〇四年，第五七一頁。
③ 《宋大詔令集》卷一五八《求遺書詔》，中華書局一九九七年，第五九七頁。

「廣聞見，增智慮」①。太宗也如此。《太平御覽》修成，日進三卷覽之，曰：「此書千卷，朕欲一年讀遍，因思學者讀萬卷書亦不爲勞耳。」② 此後，趙宋諸帝及臣僚俱重讀書，以資治世之鑒，蔚然成風。

因此，兩宋在人文思想與自然科學方面均有重大發明建樹。如儒學流派紛呈，已有「門户」之分③。其中，程朱理學脱穎而出，影響深遠；在自然科學領域，火藥的發明與使用、雕版印刷技术的成熟與普及，俱超越前古；自唐發起的古文運動，至宋發揚光大，促進了文學創作的全面發展，催生了以宋詞爲標誌的一代文學，等等。這些使兩宋成爲繼盛唐之後又一個文化時代的開始。由此吸引女真延續了同中原王朝交往的傳統。

二、北宋同女真的交往。北宋初，女真有生、熟之分：遼東女真稱熟女真，「居於東京三面，皆僑立州名，民籍每州千户至百户餘」，已歸順契丹；而「依山林不服從者，謂之生女真」④，生活在白山黑水之間，仍保持部落社會的形態。另外，生女真又有東、西之别。大中祥符八年，「東

① 宋李燾《資治通鑒長編》卷七，中華書局二〇〇四年，第一七一頁。

② 《資治通鑒長編》卷二四，中華書局二〇〇四年，第五五九頁。

③ 清紀昀等《四庫全書總目》卷一〇三《子部醫家類》：「儒之門户分於宋，醫之門户分於金元」。中華書局一九九七年，第一三二九頁。

④ 宋曾公亮等《武經總要·前集》卷一六下《邊防》，文淵閣四庫全書本。

女真首領何盧太」附高麗使團來貢：「高麗主表求賜曆日及尊號，且言契丹於其國西鴨緑江頭創浮橋，又於江東築寨，欲發兵焚毀，則慮衆寡不敵，邊民殊不安，乃西女真爲之鄉導也」①。其中，東部落「三十」，即所謂「首領三十，分領其衆」②。當時，生女真諸部尚未統一，各自獨立。遼聖宗統和四年（九八六），「討女直所獲生口十餘萬、馬二十餘萬及諸物」③。據此推斷，其人口應遠多於以上所涉數目。

建隆二年（九六一）八月，女真「來貢名馬」④，由此展開了同北宋的朝貢貿易。宋朝出於對馬匹的需求，頒佈了相應的鼓勵措施：

登州沙門島土居人户深在海嶠，皆出王租。比聞自備舟船，般載女真鞍馬。眷言勞役，宜示矜蠲。應所納夏税曲錢及沿納泛配諸雜物色並州縣差徭，今後並與放免。其渡馬回般上木植，自前州司多令抽納，亦並除之⑤。

這些優惠政策激發了女真的積極性，東西各部落紛紛遣使來貢，絡繹不絕。所貢方物包括馬匹

---

①《續資治通鑒長編》卷八五「大中祥符八年十一月癸酉」，中華書局二〇〇四年，第一九五七頁。
②《宋會要輯稿・蕃夷》三之二，中華書局二〇〇六年，第七七一二頁。
③《遼史》卷一一《聖宗紀》二，中華書局一九七四年，第一一九頁。
④《續資治通鑒長編》卷二「建隆二年八月辛亥」，中華書局二〇〇四年，第五二頁。
⑤《宋會要輯稿・食貨》一七之一〇繫於「乾德元年（九六三年）八月」，中華書局二〇〇六年，第五〇八八頁。

以及海東青、貂麝、紫青貂鼠皮、金犀帶、烏漆甲、金飾長刀、匕首、雕羽鳴鏑、紵布等等。至淳化二年，雙方的馬匹交易「歲不下萬匹」①，成爲宋朝戰馬的重要來源之一。而宋朝以賞賜形式對價支付，互惠互利，「女真歲以市馬於中國而資富」②。

其間或有衝突發生。開寶五年（九七二年），「女真侵白沙寨，略官馬三匹，民百二十八口。既而遣使以馬來貢，詔止之。於是，首領渤海那等三人復來貢，言已令部落送先所掠白沙寨民及馬，詔切責其前侵略之罪，而嘉其效順之意，放還貢馬使者」③。當是女真少數人藉渡海朝貢之機搶掠。「未幾，首領渤海那三人入貢，奉木該言：三十東部落令送先被爲惡女真所虜白沙寨人馬」④，希望盡快化解矛盾。而宋朝似餘怒未消，令「自今登州有女真貢馬，其隨行物色仰給牒，所在勘驗，牒外物並没入之」⑤。或是女真使者藉朝貢挾帶違禁物品，而宋朝藉故收緊交往。這個事件暴露出女真民族性格的消極方面，也預示了崛起後的行爲徵兆。

不久，雙方淡化了那個事件的影響，並發展政治關係。太平興國六年（九八一），宋將伐遼，

① 《續資治通鑑長編》卷五一「咸平五年三月癸亥」，中華書局二〇〇四年，第一一二二頁。
② 宋晁以道《景迂生集》卷三《負薪對》，文淵閣四庫全書本。
③ 《續資治通鑑長編》卷一三「開寶五年六月戊申」，中華書局二〇〇四年，第二八五頁。
④ 《宋會要輯稿·蕃夷》三之二，中華書局二〇〇六年，第七七一二頁。
⑤ 宋李燾《續資治通鑑長編》卷二〇「太平興國四年十二月庚申」，中華書局二〇〇四年，第四六六頁。

「乃以詔書賜定安國王，令張犄角之勢。其王烏元明亦怨契丹侵侮不已，欲依中國，以攄宿憤，得詔大喜。於是女真遣使朝貢，道出定安，烏元明托使者附表來上，且言『扶餘府昨叛契丹歸其國，此契丹災禍大至之日也』，表稱『元興六年（九八一）十月』。上復優詔答之，仍付女真使者，令齎以賜焉」①。

當時，女真同遼國、高麗及定安國、渤海部落相鄰，又有鐵勒等五國「與女真接境」②，關係錯綜複雜。特別是女真長期遭受契丹壓迫與掠奪，內心積澱的仇恨與恐懼難以消除。雍熙三年（九八六），契丹借道高麗國圍剿女真，「壓背追捕」，不少兵丁被「俘擒而去」③。因此，女真積極接近宋朝，以尋求支援與庇護。雍熙四年，女真遣使登州，通報「本國爲契丹以書招誘，今遣使持書詣州」④。淳化二年（九九一），又遣使通報契丹沿海置兵，禁其與宋朝交往。

是歲，女真首領野里雞等上言，契丹怒其朝貢中國，去海岸四百里立三柵，柵置兵三千，絶其朝貢之路。於是航海入朝，求發兵與三十首領共平三柵。若得師期，即先赴本國，願聚兵以俟。上

① 《續資治通鑒長編》卷二二「太平興國六年十一月甲辰」，中華書局二〇〇四年，第五〇四—五〇五頁。
② 《宋會要輯稿·蕃夷》三之三，中華書局二〇〇六年，第七七一二頁。
③ 《宋史》卷四八七《高麗傳》，中華書局一九七七年，第一四〇三八—一四〇三九頁。
④ 《宋會要輯稿·蕃夷》三之二，中華書局二〇〇六年，第七七一二頁。

但降詔撫諭，而不爲出師①。

實際情況是，宋朝因北伐失利，不願與契丹再次交惡，因而拒絶了女真請求，遂導致交往中斷。淳化五年，「高麗國王治遣使元鬱來乞師，言契丹侵掠其境故也。上以夷狄相攻蓋常事，而北邊甫寧，不可輕動干戈」②。同樣，高麗也不來朝貢了。

當時，契丹據有燕雲以北的廣袤區域，控制了西夏、回鶻、高麗、女真、渤海、室韋、韃靼、步奚等，「弱者盡有其土，强者止納其貢賦」③，使宋朝北部安全面臨嚴重威脅。大中祥符二年（一〇〇九），登州報告：「女真國人錫喇卜等遇風飄船至州」。宋朝抓住時機，「詔給其資糧，候風便遣還」④，企圖同女真重建關係。

宋朝因此加强了情報蒐集。大中祥符三年，知雄州李允則上疏：「頃年契丹加兵女真。女真衆才萬人，所居有灰城，以水沃之，凝爲堅冰，不可上，距城三百里，焚其積聚，設伏於山林間以待之。契丹既不能攻城，野無所取，遂引騎去，大爲山林之兵掩襲殺戮。今契丹趨遼陽伐高麗，且涉女真之境，女真雖小，契丹必不能勝也。」不久，高麗「與女真合兵拒之，契丹大敗，帳族卒乘罕

---

①《續資治通鑒長編》卷三二「淳化二年十二月末」中華書局二〇〇四年，第七二八頁。

②《續資治通鑒長編》卷三六「淳化五年七月庚戌」，中華書局二〇〇四年，第七八九——七九〇頁。

③《續資治通鑒長編》卷一五〇「慶曆四年六月戊午」引宋富弼《河北守禦十二策》，中華書局二〇〇四年，第三六五〇頁。

④《續資治通鑒長編》卷七一「大中祥符二年三月丙辰」，中華書局二〇〇四年，第一五九七頁。

有還者，官屬戰没大半」①。慶曆五年（一〇四五），河北都轉運按察使歐陽修奏云：「今春女真、渤海之類，所在離叛攻劫，近才稍定。」②熙寧五年（一〇七二），河東經略司報曰：「契丹大點集，云防托漢界，至召女真、渤海首領。自來點集，未嘗如此。」③

這些變化引起了宋朝注意，「令登州於八角鎮海口治官署，以待高麗、女真使者」④。後來，女真附高麗使團入貢，「館餼、宴賜之禮，並與高麗使同」⑤。元豐初，重新審定諸蕃儀制⑥，包括《大遼令式》、《高麗入貢儀》、《女真排辦儀》等，已將女真同遼國、高麗並列，凸顯了對女真的重視。大中祥符中，裁減軍中「疲老者」，仍給俸糧之半，使歸農業。至於合留者，逐營定編役數，别爲營舍處之。「内契丹、渤海、女真，本外國人，停之慮無所歸，可如其舊」⑦。天聖間，「女真國晏端等百八十四人内附」，朝廷令「送濠州給田處之」⑧。濠州在淮南，地廣人稀，便於墾殖。此

---

① 《續資治通鑑長編》卷七四「大中祥符三年十一月壬辰」，中華書局二〇〇四年，第一六九四——一六九五頁。
② 《續資治通鑑長編》卷一五六「慶曆五年閏五月癸丑」，中華書局二〇〇四年，第三七八一頁。
③ 《續資治通鑑長編》卷二三五「熙寧五年七月甲午」，中華書局二〇〇四年，第五七〇九頁。
④ 《續資治通鑑長編》卷八四「大中祥符八年二月甲戌」，中華書局二〇〇四年，第一九一八頁。
⑤ 元馬端臨《文獻通考》卷三二七《四裔考》四，浙江古籍出版社一九八八年，第二五七一頁。
⑥ 《宋史》卷九八《禮志》一，中華書局一九七七年，第二四二三頁。
⑦ 《續資治通鑑長編》卷七七「大中祥符五年四月辛丑」，中華書局二〇〇四年，第一七六一頁。
⑧ 《續資治通鑑長編》卷一一〇「天聖九年二月丙午」，中華書局二〇〇四年，第二五五五頁。

外，命鴻臚寺禮賓院「掌回鶻、吐蕃、黨項、女真等國朝貢館設，及互市譯語之事」①，以促進彼此溝通。元豐四年（一〇八一），有司建言「募慣習航海之人，因其商販踏行海道之通塞遠近，開諭女真入馬之利」②，神宗皇帝當即批準，且令「與高麗遣使往還，可降詔國王諭旨，女真如願以馬與中國爲市，宜許假道」③。然而，其時女真正忙於統一各部落，且已「役屬契丹，不復入貢」了④。

總之，女真在交往中收獲頗豐。經濟之外，也促進了自身的文化進步。天聖間，以「女真素無差降」⑤，著作佐郎集賢校理陳寬奉敕修成《高麗女真風土朝貢事儀》二卷⑥，使之講究禮儀、區別尊卑。天禧中，東、西女真首領來朝，「乞佛經一藏，詔賜之」⑦。這説明，生女真如同渤海、契丹一樣信仰佛教。至於「女真使上表」云云⑧，反映出這個僻居東北的少數民族已經應用漢字了。最

① 《宋史》卷一六五《職官志》五，中華書局一九七七年，第三九〇三頁。
② 《續資治通鑒長編》卷三一一「元豐四年二月乙酉」，中華書局二〇〇四年，第七五四七頁。
③ 宋李燾《續資治通鑒長編》卷三二一「元豐五年正月丙午」，中華書局二〇〇四年，第七七六八頁。
④ 元馬端臨《文獻通考》卷三二七《四裔考》四，浙江古籍出版社一九八八年，第二五七一頁。
⑤ 《宋會要輯稿・蕃夷》三之一，中華書局二〇〇六年，第七七一二頁。
⑥ 《續資治通鑒長編》卷九一「天禧二年二月癸未」，中華書局二〇〇四年，第二一〇一頁。
⑦ 《續資治通鑒長編》卷九四「天禧三年十一月己卯」，中華書局二〇〇四年，第二一七二頁。
⑧ 《宋史》卷四九一《定安國傳》，中華書局一九七七年，第一四一二九頁。

爲重要的變化是，女真不再將自己的命運寄托於他人，而是學會了韜晦與忍耐。他們表面臣伏契丹，向其納貢，暗地則爲崛起而積蓄力量。

與女真相比，北宋得到的卻是沉重教訓。自太祖以降，由於過度追求文治而造成軍威不立，致使對外用兵屢屢潰敗。同相鄰民族交往，缺乏切實有效的政策。如重視女真的向背立場，卻又顧及契丹的淫威，畏首畏尾，關鍵時刻不敢出手，以至於女真棄之而去。至政和間，阿骨打嗣承父兄之志，統一生女真諸部，「境土之廣，南北不知幾千里」①，同契丹的關係發生了逆轉。「是時匈奴方苦女真侵擾，故帖然自守，不敢爲中國患」②。從此，女真不再是遼國欺壓的對象或是宋朝把玩的棋子了。而宋人在未經充分思想動員與軍事準備的情況下，竟貿然同女真達成「海上之盟」，實際是依賴女真奪取燕雲，再以銀絹贖買方式收復故土。可以説，宋人的渾噩腐朽狀態，成爲女真後來南下的誘因。

與漢唐相比，兩宋文化雖具特色，成就卓著，卻長久處於内積貧弱、外患頻仍的境地，加之崇文風氣彌漫，其社會審美心理趨向細膩而不雄闊，深斂而不張揚。建炎南渡後，一方面，女真爲中原文化注入原始的野性異質，賦予新的勃勃活力，由南北分治而導致的文化差異愈益突出的原因，

① 宋孔平仲《孔氏談苑》卷一《女真國》，中華書局一九八五年，第九頁。
② 宋孔平仲《孔氏談苑》卷一《女真國》，中華書局一九八五年，第九頁。

北雄南秀的風格特徵分外鮮明；另一方面，女真囿於兩宋文化的影響，企圖藉封建傳統觀念馴服自身的野性，也漸次丟掉了賴以崛起的尚武精神。

需要説明的是，女真所以能夠超越渤海與契丹，實現後來居上，有兩點比較突出的原因：一是以更加開放的姿態吸納中原文化。如竭力網羅遼宋一切有用人才，「借才異代」，使自己站在一個較高的文化起點向前發展；二是繼承渤海、契丹與北宋遺産的同時，也注重向南宋學習。貞元中，宋國賀正旦使將歸，海陵遣使問之曰：「宋國幾科取士？對曰：詩賦、經義、策論兼行。」①正隆間，「海陵愛宋使人山呼聲，使神衛軍習之」②。敬嗣暉以左宣徽使奉使南宋，「盡記朝儀以歸，國中典禮文，多出其手」③。由於不固步自封，遂使一代科舉辦得有聲有色，禮儀制度也形成了新的特點。

這説明，有金一代建立的文化具有突出的多様性與包容性，文華斑斕，燦然可觀。因此，金文化有别於遼朝，也不同於兩宋。清代學者張金吾畢一生精力整理金源文獻，感悟亦深，以爲金人秉「雄深渾厚之氣」，習「峻厲嚴肅之俗」，發爲文章，「類皆華實相扶，骨力遒上」，以此見出「北地

① 清畢沅《續資治通鑒》卷一三〇《高宗紹興二十四年》，中華書局一九七九年，第三四四五頁。
② 《金史》卷一二五《文藝傳》，中華書局一九七五年，第二七一六頁。
③ 宋樓鑰《攻媿集》卷一一一，叢書集成初編本，中華書局一九八五年，第一五九二頁。

之堅强，絶勝江南之柔弱」①，突出强調了民族特質、地理風習對於文化的影響。

應當指出的是，女真的崛起不能證明部落社會的優越性。恰恰相反，以落後的生産方式入主中原，就不得不聽任那裏先進的生産方式繼續存在，並最終融入那種生産方式所代表的文化，甚至喪失了自己的民族個性。因此，從這樣的意義説，女真實現了從野蠻到文明的歷史跨越，建立起一代封建王朝，却無法逃脱那種社會制度的興衰週期。其興也生機勃發，其衰也腐朽不堪。壬辰之亂如同天祚之亡、靖康之難，成爲女真王朝氣數已盡的末日，爲後人留下了説不完的教訓。

第三節 金代城鎮文明的發展

金初時，女真尚無城郭，多星散而居。阿骨打起兵反遼，攻城略地，文獻或記爲「寨」，會寧即所謂「皇帝寨」。靖康前，北宋人尊之爲「御寨」；建炎後，南宋人斥之爲「虜寨」。女真寨以生聚設防，「依山谷而居，聯木爲柵」②，與猛安謀克制度及其習俗相適應，遍及東北各地。明昌元年，王寂巡按遼東刑獄，所經之地有南州寨、松瓦千户寨、叩畏千户營、和魯奪徒千户等。營亦稱

① 清張金吾《金文最序》，見《金文最》卷首，中華書局一九九〇年。

② 宋徐夢莘《三朝北盟會編》卷三，上海古籍出版社二〇〇八年，第一七頁。

寨，即猛安駐地，承擔戍邊職能。

自晚唐五代，城鎮功能漸趨完善，成爲區域經濟交流的平臺、文化教育的中心。入宋後，商品經濟的發展促進了城鎮建設。如汴京開封，店鋪商販、作坊工匠、搬運人夫等非農業人口急劇增加，各種餐飲、娛樂、租賃、典當等服務業應運而生。北宋張擇端《清明上河圖》反映了那裏商品經濟與市民文化的繁榮景象。

無獨有偶，五臺山巖上寺文殊殿金代壁畫，生動而細緻地描繪出當時城鎮的模式，及街市、酒樓、磨坊、民居等社會生活的場面。酒樓熱鬧，簾望高挑，上寫「野花攢地出，村酒透瓶香」①。樓内座無虚席，或品茶飲酒，或説唱賣藝。樓外則人頭攢動，小商小販或手提，或肩挑，或推車，或擺攤，從事各種經營，使盡解數叫賣。樓前街市還有算卦的盲人、遊方的和尚，以及被熱鬧場面引得流連忘返的婦女兒童。這幅壁畫的史料價值與藝術價值都是極爲珍貴的，爲考察金代城鎮文明提供了可資參照的微觀圖象。

女真崛起後，從中原、燕雲到東北、西北，以遼與北宋二百餘年的城鎮建設爲基礎，實現了全面發展，各類城鎮已是星羅棋布。金設五京、十四總管府，共十九路，各轄節鎮、防禦、州縣等。京府州一百七十九個，與遼接近；縣六百八十三個，爲遼之三倍。燕南州縣，多爲北宋所置。燕

① 山西省古建築保護研究所《巖山寺金代壁畫》圖三，文物出版社一九八三年。

北城鎮，遼時已具規模，入金後又有新的發展。如上京路十三座，咸平路十座，東京路二十六座，北京路一百十八座，西京路十五座，計一百八十二座，少於遼，系省廢舊時州縣所致。至於界壕要塞、長城邊堡等猛安謀克及諸乣軍屯駐地，約六百餘座，其中大型軍屯約占十分之一。

其中，燕雲、東北城鎮的發展尤爲突出。一是充分利用了契丹及渤海的歷史積澱。如遼之上京西樓，自周廣順中（九五一至九五三年），「有綾錦諸工作，宦者、翰林、伎術、教坊、角抵、儒、僧尼、道士，中國人并、幽、薊爲多」。遼滅周，設「國子監」，立「孔子廟」。寺院道觀，比鄰而設。市肆貿易則有南城，亦名漢城，「下列井肆」，燕雲及中原漢人來此經商。而「回鶻商販留居上京」，「置營居之」；城西南同文驛，「諸國信使居之」。驛西南臨潢驛，「以待夏國使者」①。入金後，改臨潢府，仍爲北方大都市之一；遼之中京大定，契丹「擇良工於燕薊，董役二歲，郛郭、宮掖、樓閣、府庫、市肆、廊廡，擬神都之制」②，並建有祖廟宮殿。那裏設「大同驛」待宋使、「朝天館」待新羅使、「來賓館」待夏使。入金後，改爲北京大定；遼之東京遼陽，契丹滅渤海後遷渤海人與漢人實之。「外城謂之漢城，分南、北市，中爲看樓。晨集南市，夕集北市」③。名刹林

① 《遼史》卷三七《地理志》，中華書局一九八三年，第四四一頁。
② 《遼史》卷三九《地理志》，中華書局一九八三年，第四八一頁。
③ 《遼史》卷三八《地理志》，中華書局一九八三年，第四五六頁。

立，人文薈萃，是當時東北經濟文化最爲發達的所在。入金後，仍爲東京。以其爲世宗起兵發跡之地，老母也葬於此，這使他對東京别有一番夢魂牽繞的深情；遼之西京大同，自遼「非親王不得主之」①，設有國子監及州學、縣學，人才輩出。上、下華嚴寺、普恩寺等，俱名聞天下。入金後，仍爲西北重地。頒行女真字後，「立學官」②，選諸部女真貴族子弟入學。

二是特殊的歷史機緣。一方面，會寧與燕京先後成爲一代封建王朝的京師，曠古未有，這使傳統政治中心驟然遠離中原而北移，也必然拉動經濟文化的北移。另一方面，女真滅遼克宋，勢如摧枯拉朽，瞬間佔據了兩大王朝的全部資源，爲燕雲與東北的城鎮建設提供了所必須的人力、財力與物力。

例如人力。天輔六年，定山西諸州，移其民以實上京腹地。天輔七年，取燕京路六州，遷其家業一百五十貫以上者三萬户。遼之燕雲富豪大户、工匠技藝，盡遷入會寧及其周邊地區。至於諸軍所掠民户，無可計數。天會五年，攻克汴京，又取各類專業人才。如六部官吏③，包括太常寺、秘書省書庫、後苑作、五寺三監、合臺、左司、鴻臚寺、太醫局、市易務官吏若干④，内侍、司天

① 《遼史》卷四一《地理志》，中華書局一九八三年，第五〇六頁。
② 《金史》卷八三《納合椿年傳》，中華書局一九七五年，第一八七二頁。
③ 崔文印《靖康稗史箋證·甕中人語》，中華書局一九八八年，第八三頁。
④ 宋徐夢莘《三朝北盟會編》卷七八「靖康二年正月三十日」，上海古籍出版社二〇〇八年，第五八七頁。

臺、少傅監官吏等若干，並其家屬什物①；各類工匠，包括木匠五十人，竹瓦泥匠、石匠各三十人，鞍作十人，玉匠一百人，金銀匠八十人，八作務五十人，後苑作五十人，修內司並文思院、後苑作工匠若干，及冠子帽子裁縫、染作、鐵工、酒匠、陰陽伎術若干；畫工百人，及諸色待詔；醫人若干，包括醫官二百人及家屬，「稍有名者皆不得脱」②；「學官十人，明經學生三十人」③，「招聘太學秀才六經各五人，以爲北方師資」④，並其家屬什物；各類百戲藝人，如「露臺弟子千人」⑤，鈞容班一百人⑥，教坊四百人，諸般百戲一百人，走馬打毬弟子七人，内臣五十人，街市弟子五十人，築毬供奉五人，弟子簾前小唱二十人，雜戲一百五十人，舞旋弟子五十人，唱探營人若干；女童六百人，影戲、傀儡、小唱等若干，並其家屬什物⑦，及童貫、蔡京、梁師成、王用等

① 宋佚名《靖康要録》卷一六「靖康二年二月十四日」，叢書集成初編本，中華書局一九八五年，第三一九頁。
② 《靖康要録》卷一五「靖康二年二月三日」，叢書集成初編本，中華書局一九八五年，第三〇七頁。
③ 《靖康要録》卷一六「靖康二年二月十四日」，叢書集成初編本，中菏書局一九八五年，第三一七頁。
④ 《靖康要録》卷一六「靖康二年二月二十日」，叢書集成初編本，中華書局一九八五年，第三二三頁。
⑤ 《靖康朝野僉言》，叢書集成初編本，中華書局一九八五年，第二頁。
⑥ 《三朝北盟會編》卷七八「靖康二年正月三十日」，上海古籍出版社二〇〇八年。
⑦ 《靖康要録》卷一六「靖康二年二月十四日」，叢書集成初編本，中華書局一九八五年，第三一九頁。

「家聲樂」①；「僧道各四百人」②；宗室近屬、後宫才人及「三十六州守臣家屬」等等③。至於其他被驅之北上的各類生口，如戰俘、民户，難以統計。這些來自遼國與北宋的移民，各類專業技術人才濟濟，爲會寧經濟文化的發展帶來新的活力。

再如金銀。女真滅遼之繳獲，史無詳載，而較之北宋當更酷烈。天會四年，金兵圍汴，索要犒軍之銀一千萬兩④。次年克汴，大規模掠取金銀凡四次：初時「御路輦置金銀出南薰門不可數計」⑤；繼之「開封府報納虜營金十六萬兩、銀六百萬兩」⑥；又命「再納金七萬五千八百餘兩、銀一百一十四萬五千餘兩」⑦；並掠内藏庫「金三百萬錠，銀八百萬錠」⑧。當時，「金每兩價錢二

---

① 宋丁特起《靖康紀聞》，叢書集成初編本，中華書局一九八五年，第二六頁。今按，《三朝北盟會編》卷七七亦涉，繫於二十六日。實際上，汴京陷落後，此類事無日不有。

② 《靖康要録》卷一六「靖康二年二月十四日」，叢書集成初編本，中華書局一九八五年，第三二二頁。

③ 《靖康要録》卷一五「靖康二年二月一日」，叢書集成初編本，中華書局一九八五年，第三〇六頁。

④ 宋徐夢莘《三朝北盟會編》卷三六「靖康元年二月十日」，上海古籍出版社二〇〇八年。

⑤ 宋佚名《靖康要録》卷一五「靖康二年正月四日」，叢書集成初編本，中華書局一九八五年，第二九三頁。今按，宋丁特起《靖康紀聞》又繫於五、六日。

⑥ 《靖康稗史箋證·甕中人語》繫於「靖康二年正月十九日」，中華書局一九八八年，第七八頁。

⑦ 《靖康要録》卷一六「靖康二年二月二十三日」，叢書集成初編本，中華書局一九八五年，第三三四頁。

⑧ 宋宇文懋昭《大金國志》卷三二《金國檢視大宋庫藏》，中華書局一九八六年，第四五五頁。

十貫，銀每兩一貫五百文」①。

再如絹帛。先是索絹一千萬匹，「如數應副，皆内藏元豐、大觀庫，河北積歲貢賦爲之掃地」②。凡十餘日，搬運未盡；又「來取絲綿凡數萬斤，送之軍前」③；又「盡取府庫絹四百餘萬」④；再取「表段四萬八千四百匹」⑤。

再如馬匹、車輛、兵器及其他物資。「金人移文開封府，索良馬一萬匹」⑥。得七千餘匹，汴京之馬群遂空矣；「碩大牛車一千」⑦，後加「車牛千兩」⑧；又命開封府索軍器，「凡甲仗、軍器，

① 宋徐夢莘《三朝北盟會編》卷三二「靖康元年正月二十七日」，上海古籍出版社二〇〇八年，第二三六頁。

② 《三朝北盟會編》卷七二「靖康元年十二月十五日」，上海古籍出版社二〇〇八年，第五四五頁。今按，《靖康要録》卷一四繫於「十三日」；宋宇文懋昭《大金國志》卷三二《金國檢視大宋庫藏》謂掠内藏庫「絹五千四百萬疋，大物段子一千五百萬疋」。

③ 《靖康要録》卷一五「靖康二年二月二日」，叢書集成初編本，中華書局一九八五年，第三〇七頁。

④ 《靖康要録》卷一六「靖康二年二月十八日」，叢書集成初編本，中華書局一九八五年，第三二三頁。

⑤ 《靖康要録》卷一六「靖康二年二月二十三日」，叢書集成初編本，中華書局一九八五年，第三二四頁。

⑥ 《三朝北盟會編》卷七二「靖康元年十二月五日」，上海古籍出版社二〇〇八年，第五四一頁。

⑦ 《三朝北盟會編》卷七八「靖康二年二月一日」，上海古籍出版社二〇〇八年，第五八七頁。

⑧ 《靖康要録》卷一六「靖康二年二月十八日」，叢書集成初編本，中華書局一九八五年，第三二三頁。

以車輦去，或用搬擔，數日方盡」①。又取油衣庫什物，並太醫局生藥等②。

再如各色禮器珍寶。如玉册、冠冕，金輅玉輦法物、法駕、儀仗、駕頭，皇后玉車，諸王法服，百官朝服，皇后衣服，御駕御鞍，御塵拂子，御前法服儀仗，内家樂女樂器，大晟府樂器，鈞容班樂器，景靈宫陳設神御及宗廟等什物，銅古器二萬五千，司天臺渾儀及銅人、刻漏，景陽鍾並簴，内廷珍寶器皿，《秘書録》及所藏古器，等等。

以上所述，爲女真滅遼克宋戰利品的不完全統計，且不包括諸軍所下各地府州之搜刮。當時，女真尚未打算定居中原，凡可以帶走的東西，無不根括攫取，搬往金源内地。

一 以上京爲代表的東北城鎮迅速崛起

金之京師名會寧，女真語意「城」，「即海古之地，金之舊土也。國言『金』曰『按出虎』，以按出虎水源於此，故名金源，建國號蓋取諸此」③。按出虎水，今松花江之支流阿什河，以那裏産金而獲名。遼於生女真完顔部設節度使，治所會寧州。

① 《三朝北盟會編》卷七二「靖康二年二月六日」，上海古籍出版社二〇〇八年。

② 《靖康要録》卷一六「靖康二年二月二十九日」，叢書集成初編本，中華書局一九八五年，第三二六頁。

③ 《金史》卷二四《地理志》，中華書局一九七五年，第五五〇頁。

阿骨打先是利用節使名分，統一諸部，然後建立金國，起兵反遼。其時，會寧尚未脱去女真寨規制。太宗即位，「方營大屋數千間，日役萬人，規模亦巨集侈矣」①。其中，著名者爲乾元殿，威嚴壯觀。四外栽柳，以爲禁圍。人之往來，無甚限制，女真君民怡然相處的遺風猶在。熙宗執政，「以京師爲上京，府曰會寧」②。當時，大金對外交聘頻繁，而會寧規模「才如郡治」，與新的形勢不相適應，「遂役五路工匠，撤而新之」③。

一、上京的新城建設。會寧新城由盧彦倫統領設計與施工。盧氏臨潢人，由遼入金，授夏州觀察使。天會二年，知會寧新城事。「城邑初建，彦倫爲經畫，民居、公宇皆有法」④。天眷初，行少府監兼都水使者，充提點京城大内所，嘗奉使南宋賀歲元。其性機巧，將遼都臨潢與宋京開封的建築經驗融入會寧新城的建設。

上京新城包括南北二城，分兩批建成。先是「朝殿」（敷德殿），系皇宫主殿，兩側各有朵殿及行廊。其中，稽古殿聚集了遼國與北宋的皇家書籍，是塞外最大的藏書處所。繼之「涼殿」，規模

---

①《大金國志》卷三《太宗文烈皇帝》，中華書局一九八六年，第四〇頁。
②《金史》卷四《熙宗紀》，中華書局一九七五年，第七三頁。
③宋宇文懋昭《大金國志》卷一二《熙宗孝成皇帝》，中華書局一九八六年，第一七四頁。
④《金史》卷七五《盧彦倫傳》，中華書局一九七五年，第一七一六頁。

超過敷德殿。「門曰延福，殿曰重明，樓曰五雲」①。重明殿亦名東華，五雲樓或名廣仁；廡殿兩座，名西清、明義，所謂「東華」對「西清」，「廣仁」對「明義」。重明殿後之東西兩廂也建有殿宇，東爲龍壽殿，西爲奎文殿。以主殿爲軸心，前後兩廂建殿，東西對稱。五樓翔向而立，飛橋欄檻，明暗相通，錯綜變化，色彩繽紛。

會寧分南城與北城，兩城之間有干道相聯，縱横交錯，構成「十」字或「井」字形，各與城門相通。南城西爲皇城，不辟里坊。其東、南里坊多居宗室貴族，北城爲庶民及商業市肆雜處。里坊之間以街道區隔，劃分若干「坊」。路面鋪以方形磚、石板。兩側排水溝與城外護城河相接，流入按出虎水。皇統二年四月，新城竣工；五月，「宴群臣於五雲樓，皆盡醉而罷」②。由是會寧以嶄新的面貌聳立於白山黑水之間，成爲十二世紀東北亞規模宏大的都城。

二、上京的農牧業。女真崛起後，從原遼宋地區引入先進的生産技術，普遍應用鐵製農具，加之土地廣袤而肥沃，農業發展迅速。在這方面，黑龍江與吉林兩地金代遺址出土的鐵製農具、交通

① 《金史》卷二四《地理志》，中華書局一九七五年，第五五〇頁。

② 《金史》卷四《熙宗紀》，中華書局一九七五年，第七八頁。

器具及生活用具，種類齊全，分佈廣泛，數量衆多，提供了充分的考古調查證據①。明昌時，耕地面積擴大，糧食産量提高，已是「收多支少」②。

另外，女真從事畜牧業的傳統悠久。遼太祖來伐時，一次「獲馬二十餘萬」③。女真建國後更加重視飼養馬、牛等大牲畜，「因遼諸『抹』而置群牧」④，所謂抹，指無蚊蚋、水草美之地。金源内地的渤野澱（今黑龍江省賓縣枷板河與松花江交匯地區）、緑野澱（今黑龍江省五常縣牤牛河與拉林河交匯地區），是當時兩大著名牧場，養馬至少二十萬匹⑤。天德時群牧所五處，大定間增至七處，主要分佈在松花江下游及以東地區。當時，群牧所「馬至四十七萬，牛十三萬，羊八十七

① 參見肇東縣博物館《黑龍江肇東縣八面城清理簡報》，《考古》一九六〇年第二期；吉林市博物館《吉林市郊發現金代窖藏文物》，《文物》一九八二年第一期；姚鶱、穆·依淩阿《五常發現金代窖藏鐵器》，《黑龍江文物叢刊》一九八二年第三期；李英奎、鄭秀山《談談依蘭出土的金代鐵農具》，《黑龍江省文物博物館學成立紀念文集》；劉景文《吉林省前郭出土的金代犁鏵銅範》，《東北考古與歷史》一九八二年第一輯；田華《黑龍江省五常縣窯藏金代文物》，《北方文物》一九八九年第二期。

② 《金史》卷五〇《食貨志》：「（明昌）四年十月，尚書省奏，『今上京、蒲與、速頻、曷懶、胡里改等路，猛安謀克民户計一十七萬六千有餘，每歲收税粟二十萬五千餘石，所支者六萬六千餘石，總其見數二百四十七萬六千餘石。臣等以爲此地收多支少，遇災足以賑濟。』」中華書局一九七五年，第一一二二頁。

③ 《遼史》卷六〇《食貨志》，中華書局一九八三年，第九三一頁。

④ 《金史》卷四四《兵志》，中華書局一九七五年，第一〇〇四頁。

⑤ 王禹浪《金代黑龍江述略》，哈爾濱出版社一九九三年，第九〇頁。

萬，駝四千」①。這些數字不包括各猛安謀克户及漢人的飼養。

群牧所由「烏魯古」統轄，字亦作「漚魯抹」。一九七八年，吉林省汪清縣羅子溝古城出土一面金代銅鏡，鏡後鐫刻「漚魯抹官」字樣②。「漚魯」，女真語之漢語音譯，意爲牧馬。羅子溝古城當是群牧所的行政管理所在。上京畜牧業的蓬勃發展，爲當地農業開發、交通運輸、戰事軍需提供了不可或缺的動力。

三、上京的手工業商業。上世紀六十年代，考古工作者在阿城五道嶺發現金代鐵礦井遺址十餘處，煉鐵遺址五十餘處③。據礦井規模估計，已采鐵礦石四、五十萬吨。礦井附近還分佈許多煉鐵爐，由爐門、煉膛、爐箆、煙囱組成④。經化驗分析，那些器具的金相組織屬於碳鋼，以生鐵冶煉而成，工藝比較簡單，成本低，產量高，適於製造需求極大的兵器與農具⑤。

會寧的陶瓷貿易活躍。當地古城遺址與墓葬出土的陶瓷器具，多來自遼寧撫順大官窯、遼陽江

---

① 《金史》卷四四《兵志》，中華書局一九七五年，第一〇〇五頁。
② 文工《漚魯抹銅鏡》，《文物》一九八二年第六期。
③ 王永祥《黑龍江阿城縣小嶺地區金代冶鐵遺址》，《考古》一九六五年第三期。
④ 張泰湘《黑龍江古代簡志》，黑龍江人民出版社一九八九年，第一一〇頁。
⑤ 李士良、田華《黑龍江出土金代鐵器的初步研究》，《黑河學刊》一九九〇年第四期。

官屯窯、河北觀台窯①、承德隆化窯、河南鈞窯②、陝西耀州窯等③。金代陶瓷業是在遼宋基礎上發展起來的。特别是「砂圈疊燒法」的發明與應用，大幅提高了産量。這種燒法是在碗、盤等瓷胎施釉入窯燒製前，先在瓷胚底部刮去一圈釉，使之露胎疊置，以免粘結。因此，瓷器底部留下無釉的砂圈痕跡。這種工藝生産的瓷器一般無紋飾，成本較低，屬於普通民用瓷器，即使今天仍在沿用。

另外，黑龍江金代遺址及墓葬出土的銀金器比較普遍，如金耳墜、金帶銙、金腰牌、金項圈、金串珠、金佩飾、金牌、金鼻環、金鈴、金雙鹿、金玉樹等等；銀馬鞍、銀帶銙、銀釧、銀簪、銀壺、銀碗、銀盤、銀盃、銀牌等等④。這些文物反映了上京金銀器加工與貿易的繁榮。女真人的金銀器物或來自戰爭掠奪及南宋、西夏、高麗納貢，更多的則是會寧當地所産。

會寧是當時北方最大的消費城市之一，天下商賈聚集，各類市肆繁榮。如女真好茶，「上下競啜，農民尤甚，市井茶肆相屬，商旅多以絲絹易茶，歲費不下百萬」⑤。上流人家或「分茶」，或

① 今河北省磁縣觀台鎮。中國歷史博物館藏有金代磁州窯白釉黑花罐，腹部墨書「佛光普渡，大安二年張泰造」字樣。此外，遼吉黑三省金代遺址都有這種白釉黑花瓷器的出土發現。參見李偉茹《金代磁州窯瓷器》，《北方文物》一九八九年第二期。

② 參見關松房《金代瓷器和鈞窯的問題》，《文物參考資料》一九五八年第二期。

③ 今陝西銅川黄堡嘗出土題有「大安二年」款識瓷片。參見王長啓《金元時期的耀州瓷器》，《文博》一九八八年第二期。

④ 林秀貞等《黑龍江畔綏濱中興古城和金代墓群》，《文物》一九七七年第四期。

⑤ 《金史》卷四九《食貨志》，中華書局一九七五年，第一一〇八頁。

「點茶」，有種種講究，以爲風雅。女真亦喜絲綢，多爲權貴富豪所用。哈爾濱市阿城區巨源城子村發掘的金初齊國王墓，經勘察，墓主夫婦穿戴絲綢服飾達三十三件之多，用料考究，加工精湛①。金源故地不産茶葉與絲綢，當是南宋貢品或經榷場販運而來。

女真以「稷」釀酒，色清澈，味醇美，性濃烈，當時譽爲「金泉」，經榷場貿易輸往江南，稱之「虜酒」或「新酒」。陸游賦詩云：「燈前耳熱顛狂甚，虜酒誰言不醉人。」② 楊萬里則稱贊新酒「來自太虚」，飲之能「换君仙骨」③。這種新酒即民間所謂「燒酒」，是當時釀酒工藝的新産物。河北省青龍縣西山嘴村金代遺址發現的燒酒銅鍋，命名爲「青龍蒸餾酒器」④。考古專家用這套酒鍋驗證，出酒順利。這説明，金代釀酒已實現從温水法到蒸餾法的飛躍⑤。

當時，商賈已有「引領」之説⑥，或即行會頭目。如上京遺址發現刻有「行人王林」、「行人唐公源」、「行人張德温」等字樣的銀錠，説明也有類似南宋臨安的商行組織，那些「行人」當是某

① 黑龍江省文物考古研究所《金源故地發現齊國王墓》，《北方文物》一九八九年第一期。
② 《劍南詩稿》卷一六《偶得北虜金泉酒小酌》，文淵閣四庫全書本。
③ 《誠齋集》卷三三《新酒歌》，四部叢刊本。
④ 林榮貴《金代蒸餾器考略》，《考古》一九八〇年第五期。
⑤ 郭長海《中國蒸餾酒史探源》，見《金史研究論叢》，哈爾濱出版社二〇〇〇年，第二二六頁。
⑥ 張泰湘《黑龍江古代簡志》，黑龍江人民出版社一九八九年，第一一五頁。

「行」成員，通過「行」之「引領」，應對官府「科索」、「和買」等課捐雜税，以維護本行業户的利益，如商定價格，均衡「科索」、「和買」負擔等。此外，在金源故地的肇東、五常及俄羅斯一些地區，相繼發現金代衡器，如手提桿秤、銅權、鐵權、戥子等等。這些文物反映出上京及周邊地區商品經濟的發展程度。

四、上京的水陸交通。金之尚書省工部掌修造「道路橋梁」等事①，都水監「掌川澤、津梁、舟楫、河渠」②，四方館「掌提控諸路驛舍、驛馬並陳設器皿等事」③，官吏多用女真人。驛舍亦稱驛鋪，鋪有鋪頭，管領鋪兵，各備車馬。臨江驛鋪還備有舟船。這些驛鋪負責傳遞朝廷詔令文書、運送物資、招待過往使節等。所需費用由民間承擔，稱爲「鋪馬錢」。

通往燕京的交通，「始自京師至南京每五十里置驛」④。南京，指平州（今河北盧龍）；後延至燕京，連接中原；通往五國部及吉列迷諸野人的交通，由五國城抵黑龍江入海口，沿途建有不少驛站；通往恤品路的交通，至上京一千五百七十里。恤品路治所在俄羅斯境内的烏蘇里斯克雙城

① 《金史》卷五五《百官志》，中華書局一九七五年，第一二三七頁。
② 《金史》卷五六《百官志》，中華書局一九七五年，第一二七六頁。
③ 《金史》卷五五《百官志》，中華書局一九七五年，第一二八五頁。
④ 《金史》卷三《太宗紀》，中華書局一九七五年，第四九頁。

子附近；通往胡里改路的交通，「西至上京六百三十里」①。胡里改路治，遺址爲今黑龍江依蘭縣北土城子古城；通往蒲與路及火魯火疃謀克的交通，「南至上京六百七十里，東南至胡里改一千四百里，北至北邊界火魯火疃謀克三千里」②。蒲與路治所，遺址在今黑龍江克東縣金城鄉古城，曾出土金代「蒲裕路印」③。火魯火疃謀克在外興安嶺，是金朝北部最遠的城鎮；通往肇州、宜春及界壕邊堡的交通。肇州，今黑龍江省肇東縣八里城；宜春，上京會寧屬地，大定七年置縣，今吉林省松源東南小城子古城。經肇源縣北行，可達界壕邊堡；通往合懶路的交通，「西北至上京一千八百里，東南至高麗界五百里」④。合懶路治所，今朝鮮咸興⑤；通往泥厖古部的交通。泥厖古部，女真部落之一，生活在今哈爾濱呼蘭河流域，當時稱忽剌渾水，湧現出許多重要人物；通往遼陽、冷山與長春州、泰州的交通⑥。冷山，完顔希尹故鄉，今黑龍江省五常市沖河鄉大禿頂子山，南宋使臣洪皓嘗流放於此。長春州，今吉林前郭縣白臺子屯他虎城古城。泰州，今吉林洮安縣四家子古

① 《金史》卷二四《地理志》，中華書局一九七五年，第五五三頁。
② 《金史》卷二四《地理志》，中華書局一九七五年，第五五二頁。
③ 原印下落不明，印樣存黑龍江省博物館。
④ 《金史》卷二四《地理志》，中華書局一九七五年，第五五二頁。
⑤ 李健才《金代東北的交通路線》，見《遼金史論集》第二輯，書目文獻出版社一九八七年，第二八四頁。
⑥ 《金史》卷三《太宗紀》，中華書局一九七五年，第五〇頁。

城。

此外，還有漕運河道。今哈爾濱西南郊有一條古河道，俗稱「金兀朮運糧河」，上接松花江，下通阿什河。當時，從中原向上京運送物資，進入吉林後經松花江順流而下，至阿什河口再溯流而上，繞路費時，空耗人力。女真爲縮短運距，曾大興工役，開鑿了這條漕運河道。

同時，各府路州之間也修路相通。如肇州通往蒲與路、蒲與路通往胡里改路、胡里改路通往合里賓忒千户與恤品路，等等。自阿骨打稱帝至海陵王遷都的三十八年期間，形成了東瀕日本海、西連西夏、北達外興安嶺、南接中原的交通網絡，促進了以會寧爲中心的金源內地經濟文化的發展。

後來，海陵以「上京僻在一偶，轉漕艱而民不便，惟燕京乃天地之中」①，遷都至燕，並「命會寧府毁舊宫殿、諸大族第宅及儲慶寺，仍夷其址而耕種之」②，以消除野心之輩反叛的基礎。至世宗，爲重振女真民族精神，命修復部分建築。但是，會寧的輝煌已經成爲過去，由燕京取而代之了。它的滄桑變化符合歷史規律，反映了中國社會中心的調整過程。

---

① 宋宇文懋昭《大金國志》卷一三《海陵煬王》，中華書局一九八六年，第一八七頁。

② 《金史》卷五《海陵紀》，中華書局一九七五年，第一〇八頁。

二　以中都爲中心的北方文明空前進步

金之中都乃亡遼之南京，人文薈萃，商賈聚集，「坊市、廨舍、寺觀，蓋不勝書」①。入金後，雖無陪都名號，卻是女真王朝的經濟文化中心。海陵篡立後，重定燕城宫室制度，倍加增擴。貞元元年，由會寧遷都於此，改稱中都。「以天下之力培植之，風土爲人氣所移，物産豐潤」②，已非遼時可比。遷都燕京之舉，顯示出女真獨具慧眼，奠定了元明清三代封建王朝以此作爲政治中心的基礎，爲後世留下了寶貴的文化遺産。例如蘆溝橋，長二六六・五米、寬七・五米、高約十米，有十一孔洞。橋面用石板鋪砌，兩側各豎石柱一百四十根，高約一・四米，内嵌石板爲欄。橋下石墩逆流呈尖鋭形，以利於分水破冰。孔洞爲圓拱形，以橋墩爲軸，左右相鄰，使橋面的承重經圓拱分導至橋墩，由各拱共同負擔，科學而先進。柱頭石獅雕琢精美，或大或小，或動或静，神態各異，總計四百八十六尊。石橋建成後，中都對外交通聯繫更爲便捷通暢，也成爲著名的「蘆溝曉月」，令騷人墨客吟詠不絶。這座石橋歷經八百餘年的滄桑歲月，仍堅固耐用，不愧爲世界橋梁建筑史中的傑作。它就象一座不朽的豐碑，記録下當時橋梁建築家及無數工匠力夫付出的心血與汗水，宣揚着

---

①《遼史》卷四〇《地理志》，中華書局一九八三年，第四九四頁。

②《遺山先生文集》卷三三《臨錦堂記》，四部叢刊本。

那個時代的創新精神。

當時，從京師到郡縣，注重經濟與文化功能的建設，體現在學校廟堂、佛教寺院、道教宮觀、市肆樓宇等方面。以這些文化元素構建的城鎮網路覆蓋了中原、燕雲、東北及隴右的廣袤區域，承載和傳播當時社會不可或缺的政治、經濟、文化信息。

一、儒學廟宇。漢以降，儒學漸次獨尊。至唐代，詔「州縣學皆作孔子廟」①，以奉歲祀。於是，「州縣莫不有學，則凡學莫不有先聖之廟矣」②。

由於傳統的影響，女真重視儒學教育。天會五年，金軍進駐燕京，「戎馬未息，首建太學，修國子監」。天會七年，兵臨曲阜，「登杏壇，望殿火，奠拜迄，詣聖林」③。不久，「詔頒新格，具載學宮」④。

熙宗時，「立孔子廟於上京」⑤。天眷三年，重修曲阜孔廟，授孔子四十九代孫孔璠爲承奉郎、襲封衍聖公。皇統元年，又駕臨燕京，「親祭孔子廟」，嘗言：「孔子雖無位，其道可尊，使萬世景

---

① 《新唐書》卷一五《禮樂志》，中華書局一九八六年，第三七三頁。

② 元馬端臨《文獻通考》卷四三《學校》四，浙江古籍出版社一九八八年，第四一一頁。

③ 金孔元措《祖庭廣記》卷三，叢書集成初編本，中華書局一九八五年，第二九頁。

④ 金張僖《冀州創建文廟學校碑》，見《金文最》卷六五，中華書局一九九〇年。

⑤ 《金史》卷一〇五《孔璠傳》，中華書局一九七五年，第二三一一頁。

仰，大凡爲善，不可不勉。」①海陵朝，繼續推行崇儒政策，令天下州縣「許破系省錢，修蓋文宣王廟。舊有贍學田産，緣兵火没官者，許給還之」②。同時規定：「凡職官到任，並先謁奠先聖廟庭」③。

大定中，社會穩定，經濟發展，遂「詔京府設學養士」④，促進了廟學建設。章宗即位，又詔天下興學，州郡之上官爲修建，「諸縣聽從士庶自願建立」⑤，由是廟學在處興起。如曲周下邑，有顧氏兄弟解囊助學⑥。潞城豪族王備、李格等出資創建鄉校，殿廡規制一如官學⑦。萬全主簿劉祖謙罄己所有，倡議修學。「邑中之民，如棟宇楹杙之資，既塗赬堊之用，則富民大家之所樂輸也。如持畚荷鍤之勞，赴工服役之事，則閭巷少年之所樂爲也」⑧。因此，「自承平以來，文治猥興，下

① 《金史》卷四《熙宗紀》，中華書局一九七五年，第七六至七七頁。
② 金傅慎威《威縣建廟學碑》，見《金文最》卷六七，中華書局一九九〇年。
③ 金王堪《密州修學碑》，見清朱學海《諸城金石續考》，石刻史料新編本，臺灣新文豐出版公司一九八六年，第三輯二八册五五頁。
④ 《金史》卷七《世宗紀》，中華書局一九七五年，第一六四頁。
⑤ 金趙秉文《滏水集》「補遺」《郏縣文廟創建講堂記》，叢書集成初編本，中華書局一九八五年，第二五一頁。
⑥ 金靳子昭《曲周縣重修學記》，見《金文最》卷二七，中華書局一九九〇年。
⑦ 金高不愚《李莊宣聖廟碑》，見清胡聘之《山右石刻叢編》卷二三，歷代碑誌叢書本，江蘇古籍出版社一九九八年，第一五册八八八頁。
⑧ 金張邦彦《萬全縣重修宣聖廟碑》，見《金文最》卷六六，中華書局一九九〇年。

至僻邑，莫不有廟學以爲教」①。即使僻遠東北，讀書之聲朗朗，幾與中原相等。如咸平「先師宣聖廟」，「程考諸生月課」②。

金代學校教育包括兩個系統：一是漢語教學。由京師「六學」與地方官學組成。大定十六年，置府學十七處，生員千人。章宗朝，又置節鎮、防禦州學六十處，生員已達二千餘人。二是女真語教學。天會初，立女真字學館於西京，選女真子弟入學，然後拔其優者送上京深造。世宗時，又建京師女真「六學」，諸路設女真府學二十二處，遍及各地。

於是，經長期策劃與充分醞釀，自大定十三年，詔開女真策論進士科，按漢人選舉程式應試，至大定二十一年，策論府試地所增至七處：中都、會寧、咸平、東平、北京、西京、益都。此外，遼陽、大定亦設詞賦、經義考場。這些府試地所反映出選舉制度已覆蓋大金版圖各區域，促進了中原文化的北移。燕雲、東北士子應運而起，登第奪魁。如雲中劉撝、宛平劉仲淵、大定鄭子聃、大興呂忠嗣、會寧徒單鎰、遼陽張甫、懿州奧屯忠孝等等，前後相望，競爭風流。

二、佛教寺院。會寧建爲都城後，寺院因之興起。如大儲慶寺。皇統二年，熙宗得太子濟安，「詔海惠大師於上京宮側創造大儲慶寺，普度僧尼百萬，大赦天下」。次年，「詔海惠、清慧二禪師

① 金王若虛《行唐縣重修學記》，見《金文最》卷二八，中華書局一九九〇年。

② 金王寂《遼東行部志》，遼海叢書本，遼沈書社一九八五年，第二五三九頁。

住儲慶寺，迎瑞像於本寺積慶閣供養」。皇統六年，海惠圓寂，「帝偕后親奉舍利，五處立塔，特謚「佛覺佑國大禪師」①。寶勝寺寶嚴大師，臨潢保和人，俗姓于氏，年十一出家，從臨潢興圓寺講律沙門覺宗爲師，訓名裕超。皇統元年試經受戒。天德三年，居上京，爲海陵所重。大定中，賜紫衣及詮圓大德號②。興王寺。海陵嫡母東宫太后徒單氏崇佛，重建興王寺。天德三年，寶嚴大師奉太后懿旨住持興王寺，「開演《大華嚴經》講，聚徒二百餘人，詞鋒鋭博，學者慕之」③。當時會寧亦有尼庵，名釋迦院④。

上京之外，寺院遍及東北各地。王寂巡按遼東，嘗親歷目睹。如遼陽靈巖寺⑤，乃世宗之母

① 元釋念常《佛祖通載》卷三〇，江蘇廣陵古籍刻印社一九九三年，第三五一頁。今按，所謂普度僧尼百萬，乃夸飾之辭，不當爲實數之據。

② 金佚名《上京寶勝寺前管内都僧録寶嚴大師塔銘誌》，見民國羅福頤《滿州金石誌》卷四，歷代碑誌叢書本，江蘇古籍出版社一九九八年，第二三册七三頁。

③ 金釋廣明《寶嚴大師塔銘》，見民國羅福頤《滿洲金石志》卷三，歷代碑誌叢書本，江蘇古籍出版社一九九八年，第二三册七四頁。

④ 二十世紀八十年代，哈爾濱市阿城區建築施工時，發現二塊《上京釋迦院尼臨壇首座賜紫宣微大師法性瓦葬記》，現存金上京歷史博物館，墨跡如新。瓦文中有「尼」字，當是「比丘尼」之省略，證明上京會寧也建有尼庵。見許子榮《金上京釋迦牟尼臨壇首座宣徽大師法性葬記考釋》，《北方文物》一九八九年第三期。

⑤ 《金史》卷二四《地理志》：「興定三年九月，以縣之靈巖寺爲巖州，名其倚郭縣曰東安，置行省。」中華書局一九七五年，第五五五頁。

「落髮披緇」幽隱之地①；熊岳興教寺，京師名公多有題詠，「玉照老人劉南鵬爲之序」②；熊岳龍門山雲峰院，佛堂、僧舍、鐘閣、經樓，「無不具焉」③；復州寶嚴寺，冰溪魚叟張仲文題詩壁間云：「七年重到舊招提，影轉南窗日轉西。粗飯滿匙才脱粟，藜羹供箸欲吹齏。城邊草木驚搖落，山下風煙正慘淒。欲覓前詩拂塵壁，已煩侍者掃黄泥」④；望平縣佛寺建有窣堵波，皇儲允恭嘗題辭其上，系「從世宗自遼之燕，於此駐蹕時所書也」⑤；胡土虎寨蕭寺，乃「水邊野寺，舊無名額，殿宇寮舍，雖非壯麗，然蕭灑可愛」⑥；咸平西塔寺，建九曜閣，「有蔡正甫所撰弘理大師碑」⑦。他如析木法雲寺、湯池縣護國寺、辰州興教寺⑧、宜民縣福嚴院、同昌蕭寺、懿州寶嚴寺及

① 金王寂《鴨江行部志》，黑龍江人民出版社一九八四年，第五頁。
② 《鴨江行部志》，黑龍江人民出版社一九八四年，第二八頁。
③ 《鴨江行部志》，黑龍江人民出版社一九八四年，第三一頁。
④ 《鴨江行部志》，黑龍江人民出版社一九八四年，第四六頁。
⑤ 金王寂《遼東行部志》，遼海叢書本，遼沈書社一九八五年，第二五三一頁。今按，望平，廣寧府倚郭之山東縣，後改望平，治梁魚務。
⑥ 賈敬顔《五代宋金元人邊疆行記十三種疏證稿·遼東行部志》按曰：「胡土虎寨，即胡土虎猛安所在之寨。《金史》卷一〇三《石抹仲温傳》、卷一〇四《奥屯忠孝傳》、卷一二八《石抹元傳》三傳皆言：懿州胡土虎猛安人。此渾河，殆謂饒陽河無疑。」中華書局二〇〇四年，第二七四頁。
⑦ 《遼東行部志》，遼海叢書本，遼沈書社一九八五年，第二五三九頁。
⑧ 《鴨江行部志》，黑龍江人民出版社一九八四年，第一七頁、一九頁、二三頁。今按，辰興，今之蓋縣。

返照庵、靈山縣佛寺、榮安縣蕭寺、歸仁縣道院、柳河縣澄心庵、韓州大明寺、咸平府西山崇壽寺等等①。此外，見諸文獻，還有懿州佑先院，明昌時重建，釋善塋住持五十餘年②，以及宜州奉國寺、廣勝寺、藥王廟、娘娘殿、望海觀；顯州崇興寺、北白山院等等③。至於碑記塔銘，鐫於石板者不勝枚舉。

當時，信男信女「崇祠宇，佞佛老，捐所甚愛以求非道之福」④。於是，土木之役歲月不絶，釋道廟宇遍及郡邑，遠超學校廟堂。明昌五年，章宗與宰執論及此事，道出個中原由：

上問輔臣曰：「孔子廟諸處何如？」平章政事守貞曰：「諸縣見議建立。」上因曰：「僧徒修飾宇像甚嚴，道流次之，惟儒者於孔子廟最爲滅裂。」守貞曰：「儒者不能長居學校，非若僧道久處寺觀。」上曰：「僧道以佛、老營利，故務在莊嚴閎侈，起人施利自多，所以爲觀美也。」⑤

三、道教宫觀。自遼時，東北及金源内地已有道教活動。如臨潢嘗建道教庵宇天長觀⑥。太宗

① 《遼東行部志》，遼海叢書本，遼沈書社一九八五年，第二五三二頁、二五三三頁、二五三四頁、二五三五頁、二五三九頁。
② 李品清《遼寧彰武發現金代佑先院碑》，見《遼金史論集》第九輯，中州古籍出版社一九九五年，第三〇〇頁。
③ 李品清《金代白狼水東佛教文化初考》，見《金史研究論叢》，哈爾濱出版社一九九五年，第二三五頁。
④ 《遺山先生文集》三二《壽陽縣學記》，四部叢刊本。
⑤ 《金史》卷一〇《章宗紀》，中華書局一九七五年，第二三四頁。
⑥ 《遼史》卷三七《地理志》，中華書局一九八三年，第四四一頁。

吴乞買少時嘗遇奇異道人，「以所佩劍授之，光彩殊常，曰：『佩此可辟惡兵，除不祥。』受迄，道人不見，遂寶秘之」①。靖康中，女真取汴京道士北上。如張虚白，「初得之，肩輿至南薰門，諸番争肩輿以行，悉以神仙事之。既陷虜四年，金人再至睢揚，遊騎入城，天慶觀道士皆奔走，金人止之曰：『汝輩多異人，無敢傷也。』因問道衆識張虚白先生否」②。

樊倫字正大，中山武定人。自幼慕老子之道，「皇統間於上京會寧府遇一方外士，授以虚寂玄言，深得其秘」③。

蕭抱珍諱元升，河南衛郡人，創立太一教。皇統三年，赴上京大儲慶寺請度牒，其「靈異之迹，上動至尊，敕賜觀名太一」④，後世尊爲「一悟真人」⑤。遼陽道士孫明道，嘗爲染業。「年三十餘，自厭塵緣，舍俗爲道士。初不識字，後因夢羽師見教，且付之詩云云。自爾篆、隸、行、草，無所不通，落筆盡得其妙，此額蓋天書雲篆也。自前歲

① 宋宇文懋昭《大金國志》卷三《太宗文烈皇帝》，中華書局一九八六年，第三七頁。
② 元趙道一《歷世真仙體道通鑒》卷五一《張虚白傳》，明正統《道藏》本，文物出版社等一九九四年，第五册三九五頁。
③ 金趙時中《遊封龍山記》，見清沈濤《常山金石志》卷一四，歷代碑誌叢書本，江蘇古籍出版社一九九八年，第一二册七〇〇頁。
④ 金王若虚《滹南遺老集》卷四二《太一三代度師蕭公墓表》，叢書集成初編本，中華書局一九八五年，第二七二頁。
⑤ 元王惲《秋澗集》卷四七《太一二代度師贈嗣教重明真人蕭公行狀》，四部叢刊本。

被召赴京師，特賜紫衣師號，令主大天長觀事」①，大定明昌間奉敕修纂《大金玄都寶藏》。

會寧乳峰山（今松峰山），峰巒峭拔，林木蒼鬱，環境清幽。臨潢曹道士來此創立「海雲觀」。正殿三間，供奉三清聖像、玉皇大帝和慈航道人觀世音。殿西建有藏經樓。曹道士名道清，承安四年卒。東安進士劉傑遺所撰《曹道士碑》，是金源故地僅存的道教碑刻，史料價值與藝術價值都極爲珍貴。

與佛教相比，道教進入金源内地較晚，勢力難與之匹敵。然而，在中原與燕雲却是另外一番天地。太一道教、真大道教、全真道教競相興起，建立宫觀，傳經佈道。章宗朝，已成燎原之勢，「燕南燕北皆有之」②。貞祐南遷後，全真獨樹一幟，風靡天下。

四、里坊市肆。金代里坊市肆因文藝演出與商品流通交織而繁榮。如説話，極爲活躍。有張仲軻者，「説傳奇小説，雜以俳優詼諧語爲業」③。貞祐初，蒙古鐵騎圍中都甚急，詔天下官庶皆可議事。有賈耐兒者，「本路歧小説人，俚語詼嘲以取衣食」④，挺身建言退兵之策。時人尤鍾愛那些英

① 金王寂《鴨江行部志》，黑龍江人民出版社一九八四年，第一頁。
② 宋宇文懋昭《大金國志》卷三六《道教》，中華書局一九八六年，第五一八頁。
③ 《金史》卷一二九《佞幸傳》，中華書局一九七五年，第二七八〇頁。
④ 《金史》卷一〇四《完顔寓傳》，中華書局一九七五年，第二三〇一頁。

雄傳奇故事。「皓叟黄童，樵夫走卒，聞譚三國時戰争之事，則猶皆鼓譟踴躍，以爲公（關羽）之助」①。再如院本，乃金之雜劇。元陶宗儀《輟耕録》記録的七百多個名目，與金代舞臺戲俑與雜劇磚雕等出土文物相印證，反映了這種文藝曾經歷過輝煌。再如諸宫調講唱，自金爲後世留存了《劉知遠》、《西廂記》等一批宏篇巨制。這些通俗文藝均爲敘事樣式，具有突出的傳奇色彩，爲城鄉大衆喜聞樂見。

金代城鎮的娱樂場所，一是廟會。從京師到地方，無不即會設市，伴以各種演藝活動。廟會娱樂源於先秦巫覡祈祝歌舞。漢魏時，寺院「常設女樂」，「呈伎寺内」②。至唐代，則於廟内辟「戲場」③。這使廟宇成爲名曰酬神、實際爲人而設的娱樂之地。入金後，「廟祝、田主争香火之利」④，樂此不疲。如平陽祠廟林立，香火興旺。其中，龍子祠建於平水畔，神祗誕日，例有慶會。陳賡《遊龍祠》詩云：「是時三月遊人繁，男女雜遝簫鼓喧。騫菱沉玉答靈祝，割牲釃酒傳巫言」⑤。洪

① 金田特秀《重修壽亭侯廟碑》，見《金文最》卷八三，中華書局一九九〇年。
② 後魏楊衒之《洛陽伽藍記》卷一，四部叢刊本。
③ 唐張固《幽閑鼓吹》，見元陶宗儀《説郛》卷五二，説郛三種本，上海古籍出版社一九八八年，第五册二四〇二頁。
④《金史》卷八三《張浩傳》，中華書局一九七五年，第一八六二頁。
⑤ 元房祺《河汾諸老詩集》卷三，文淵閣四庫全書本。

洞東岳廟露臺，大定八年重修①。洪洞明應王廟舞臺，泰和間補修，每歲「簫鼓香檔駢集，來享者甚重」②。臨汾聖母祠，興定二年建舞臺一座，以酬神獻藝③。

他如雲陽城隍廟，大定二十四年「創修樂臺」④。澤州沁水崔府君廟「舞樓」，大定二十七年重修。陽城白龍祠，明昌三年創建「舞庭」。陽城東岳廟，承安四年修築戲臺⑤。河南中牟關聖廟，大安元年建「樂樓」⑥。北京西郊關帝廟，金時嘗建戲臺⑦。芮城岳廟露臺原系土建，泰和三年「創用磚石，坤大其基」，「時祭月享，當奏樂於其上」⑧。嵩山中岳廟「露臺」⑨，規制雄偉，以中岳所

① 《（民國）洪洞縣誌》卷八，中國方志叢刊本，臺北成文出版社一九七〇年。
② 元劉茂實《重修明應廟碑》，現存洪洞縣明應廟。
③ 參見丁夷明《山西中南部的宋元舞臺》，《文物》一九七二年第四期。
④ 金武臣《雲陽縣城隍廟創修樂台碑》，見蔣湘南《涇陽金石略》，石刻石料新編本，臺北新文豐出版公司一九八六年，第三輯三一册六二八頁。
⑤ 寒聲等《澤州三座宋金戲臺的調查》，見《中華戲曲》第四輯，山西人民出版社一九八七年。
⑥ 《（同治）中牟縣志》卷二，中國方志叢刊本，臺北成文出版社一九七〇年。
⑦ 《國劇畫報》，民國二一年七月第一卷二七期。
⑧ 金李鑒《岳廟新修露臺記》，現存芮城縣博物館。
⑨ 參見張家泰《〈大金承安重修中岳廟圖碑〉試析》，《中原文物》一九八三年第一期；黄維若《宋元明三代中國北方農村廟宇舞臺的沿革》，《戲劇》一九八六年第一期。

在，河南各地皆「崇祠宇，嚴象設，刲羊豕，具儀衛，巫覡倡優，雜陳而前」①。陝西三原后土廟，泰和三年建「樂臺」，「每當季春中休前二日，張樂祀神。遠近之人不期而會，居街坊者傾市而來，處田里者捨農而至，肩摩踵接，塞於廟下」②。

二是瓦舍。遼之宫帳、部族皆設「瓦里」。宗室、外戚、大臣犯罪者，「家屬没入於此」③。凡承應事類及「伶官之屬」④，皆充之。北宋時，已發展成城鎮固定的演藝場所，「通謂之勾欄」⑤。入金後，各地城鎮或建有瓦舍，以供「樂人作場」⑥。而瓦舍勾欄多置於城鎮熱鬧之處，易於引聚人衆，即所謂「市有優樂」⑦。金末名士杜仁傑《莊家不識勾欄》套數，以詼諧歡快的筆調，調侃了一個初識勾欄的農民，重現了勾欄上演院本的火爆場面⑧。例如真定，「城中一萬户」⑨，是當時的

---

①《遺山先生文集》卷三二《葉縣中岳廟記》，四部叢刊本。
②金王希哲《三原縣后土廟碑》，見《金文最》卷八〇，中華書局一九九〇年。
③《遼史》卷一一六《國語解》，中華書局一九八三年，第一五四四頁。
④《遼史》卷三一《營衛志》，中華書局一九八三年，第三七一頁。
⑤明方以智《通雅》卷三八，文淵閣四庫全書本。
⑥宋徐夢莘《三朝北盟會編》卷九八引《燕雲録》，上海古籍出版社二〇〇八年，第七二五頁。
⑦《金史》卷三九《樂志》，中華書局一九七五年，第八八六頁。
⑧隋樹森《全元散曲》，中華書局一九八一年，第三一頁。
⑨金趙秉文《滏水集》卷六《雪中登真定閣》，叢書集成初編本，中華書局一九八五年，第九〇頁。

繁華所在之一。南門名陽和，「左右挾二瓦市，優肆娼門，酒爐茶竈，豪商大賈，並集於此」①。再如順天，金季爲兵火破壞，稍後重建時，仍按舊制設「樂棚二」②。

當時，中都燕京娼優之盛，不亞於北宋汴京。「清明谷雨香山道，脆管繁弦平樂樓」③。上元觀燈，結綵山、搭棚臺，集妓樂雜劇及歌舞百戲，所謂「綵樓深處電光凝，白玉闌干夜共憑。笑指六街人似蟻，踏歌齊鬧上元燈」④。節序之外，還有慶典盛會。正隆二年，適皇子光英生日，「宴百官於神龍殿，賜京師大酺一日」⑤。所謂大酺，猶言大慶，指因事賜酺，吏民會飲，或伴有演藝活動，過則禁之。

各地州府也如此。濟南「繁華富環奇」⑥，士人相聚，往往召歌兒舞女獻伎。「豔歌相勸十分飲，優戲能供一笑咍」⑦。咸寧則有胭脂坡、翡翠坡，青樓交錯，娼優聚集。「梨園法曲懷奴舞，月

---

① 元葛羅乃賢納新《河朔訪古記》卷上，叢書集成初編本，中華書局一九八五年，第五頁。
② 《遺山先生文集》卷三二《順天府營建記》，四部叢刊本。
③ 金楊宏道《小亨集》卷四《中都》，四庫全書珍本叢刊本。
④ 清陸長春《三朝宮詞・金宮詞》，吳興叢書本。
⑤ 《金史》卷八二《海陵諸子》，中華書局一九七五年，第一八五三頁。
⑥ 金雷淵《濟南珍珠泉》，見清郭元釪《全金詩增補中州集》卷二〇，上海古籍出版社一九九四年，第三一三頁。
⑦ 《小亨集》卷三《記所見》，四庫全書珍本叢刊本。

寵新聲倩女歌」，「薄遊却憶開元日，常逐春風醉兩坡」①。汴京爲金之南部重鎮。大定九年，南宋樓鑰從使金國賀正旦，路過此地，「倡優尚有五百餘，亦有旦望接送禮數」②，代代相傳，保持了演藝傳統。

總之，以上京會寧與中都燕京爲代表的金代城鎮建設進入新的歷史發展時期，極大改變了東北與燕雲以往的荒蕪景象，並由那個時代形成的城鎮文明孕育了一代藝文。

第四節　金代板刻印刷的繁榮

五代以降，雕版印刷的發展使文化傳播、信息交流方式發生了革命性變化。入金後，國家治理中心前所未有地北移，對於文化傳播走向與雕板印刷格局產生了重要影響。然而，由於種種原因，金代文獻傳世甚少，幾無典章巨册、名家文編。如以傳統眼光審視，似「淺陋」無足稱，甚至落入「夷狄」無藝文的陳腐觀念中。其實，金代板刻印刷發達，所刊書籍不僅在北方傳播，也爲南方歡迎，稱之「北本」、「北方刊本」，多寶而重之。

① 金李汾《州北》，見清郭元釪《全金詩增補中州集》卷四三，上海古籍出版社一九九四年，第五四九頁。

② 《攻媿集》卷一一一《北行日録》上，叢書集成初編本，中華書局一九八五年，第一五七九頁。

一　金代刻書地所

一、上京會寧。自金初，女真以會寧爲京師，由此頒佈詔令，制定法條。以往，那裏的文化基礎薄弱，通過滅遼克宋而獲取了所需要的一切。如靖康中，金人索要「做腰帶、帽子；打造金銀；系筆、和墨、雕刻、圖畫工匠三百餘家，令開封府押赴軍前」①。其中，「系筆」、「和墨」、「雕刻」、「圖畫」等工匠，均爲雕板印刷不可或缺的技術人才。而那些法令制條、女真《字書》，以及稍後的《天眷新官制》②、《皇統制》等等③，當是在會寧雕板。

海陵簒立後，改革科舉，實行鄉、府、省、御四試。會寧因舉子備考需要，印賣書籍隨之興起。如天德二年，劉仲遊「在會寧隨先兄讀書」④。仲遊字景文，大興宛平人。皇統黨籍案首田瑴內侄，名士仲淵、仲洙之弟，後仕爲同知京兆府尹兼本路都總管府事⑤。

① 宋徐夢莘《三朝北盟會編》卷七七「金人求索諸色人」，上海古籍出版社二〇〇八年，第五八三頁。
② 《金史》卷四《熙宗紀》，中華書局一九七五年，第七三頁。
③ 《金史》卷四五《刑志》，中華書局一九七五年，第一〇一三頁。
④ 金劉仲遊《宋米元章虹縣詩跋》，見清吴榮光《辛丑銷夏記》卷二，叢書集成續編本，上海書店出版社一九九四年，第八四册三五八頁。
⑤ 清王昶《金石萃編》卷一五七《劉仲遊詩刻》，歷代碑誌叢書本，江蘇古籍出版社一九九八年，第七册五 四七頁。

天德三年，上京「置國子監」①，轄國子學、太學。同時，原遼宋京師故地仍保留國子監。如「汴京國子監博士」楊用道撰就《附廣肘後方》，「下監俾更加讎次，且爲之序而刊行之」②。國子學職官包括：博士二員、助教二員，及國子校勘，「掌校刊文字」；國子書寫官，「掌書寫實録」③。此外，還有雕字印刷「作」隸之，雇用若干雕字匠人，歲俸分别等次：「作頭六貫石，副作頭四貫石，春秋衣絹各二匹。長行三貫石」。所謂長行，指長期雇用的工匠。初學匠者，「錢六百，米六斗，春秋絹各一匹，布各一匹」。至於民匠，多爲臨時聘用，「日支錢一百八十文」④。

二、中都燕京。自遼以燕京爲陪都，名刹如林，高僧薈萃，著述亦多，促進了佛教典籍的刻印與傳播。二十世紀七十年代，山西應縣發現一批遼代佛教文獻，如《上生經疏科文》，統和八年燕京仰山寺前楊家印造；《稱讚大乘功德經》，統和二十一年燕京穆咸寧等人雕造；《妙法蓮華經》，太平五年燕京檀州街顯忠坊門南頰住馮家印造；《釋摩訶衍論通贊疏》、《釋摩訶衍論通贊疏科》，

① 《金史》卷五《海陵紀》，中華書局一九七五年，第九六頁。
② 金楊用道《附廣肘後方序》，見《附廣肘後方》卷首，文淵閣四庫全書本。
③ 《金史》卷五六《百官志》，中華書局一九七五年，第一二七一頁。
④ 《金史》卷五八《百官志》，中華書局一九七五年，第一三五一頁。

咸雍七年燕京弘法寺奉宣校勘雕印①。這些文物反映了那裏板刻印刷的發展情況。

海陵遷都後，燕京成爲金朝的政治、經濟與文化中心，雕板印刷愈益發達。大定中，國子監嘗刊行《東坡奏議》②。明昌間，翰林院又刻印「唐杜甫、韓愈、劉禹錫、杜牧、賈島、王建，宋王禹偁、歐陽修、王安石、蘇軾、張耒、秦觀等集二十六部」③。

見諸文獻，金人著述雕板亦多。如完顔勗爲女真才子，著述甚富。大定二十二年，詔「太師勖諫表詩文，甚有典則，朕自即位，所未嘗見。其諫表可入實録，其《射虎賦》詩文等篇什，可鏤板行之」④；劉迎「有詩文樂府號《山林長語》，章宗即位後，「詔國學刊印」⑤。豫王永成，世宗之

---

① 鄭恩淮《應縣木塔所發現的北京早期印刷品》：「一九七四年，在山西應縣木塔發現了世所罕見的遼代珍品，絶大部分爲遼代印刷品。計有《遼藏》十二卷，遼零刻經三十五件，刻書一件，雜刻七件，版刻佛畫六件。這批印刷品，雕版工整，字體雋秀，紙墨精良，印刷優美；更爲可貴的是紙質堅韌、光潔，秘藏木塔近千年，無一蟲蛀痕跡，可見入潢避蠹之功效。《遼藏》和零刻經中均有題記，標明其雕印年代地點、書手、雕工、校者、督造等，彌足珍貴，爲刻書史研究者提供了重要的參考資料。」《文獻》一九八八年第一期。

② 《中州集》卷九《右相文獻公耶律履》，中華書局上海編輯所一九六二年，第四五七頁。

③ 《金史》卷九《章宗紀》，中華書局一九七五年，第二一八頁。

④ 《金史》卷六六《完顔勖傳》，中華書局一九七五年，第一五六〇頁。

⑤ 《中州集》卷三《劉記室迎》，中華書局上海編輯所一九六二年，第一〇九頁。

子，著有《樂善老人集》，泰和四年，「命購豫王永成遺文」①，雕板「行於世」②。泰和六年，壽州魏全死節，詔贈宣武將軍、蒙城縣令，「仍以全死節送史館，鏤版頒諭天下」③。章宗好謎，「選蜀人楊圃祥爲魁，有《百斛珠》刊行」④。這些欽命雕版當在中都印行。至於民間書坊所刻，則不知凡幾。

大定中，世宗命設譯經所，將諸子、史部等漢語經典文獻譯成女真文字，刊印流佈。章宗即位，又「置弘文院，譯寫經書」⑤，設知院、同知院、校理等，「掌校譯經史」⑥。其間，著名者如粘合珪，泰和間以上騎都尉知弘文院⑦；烏古論榮祖，明昌二年進士，仕爲弘文院校理⑧。

三、南京開封。原北宋京師，商業繁盛，手工業發達，官私刻印書籍亦多。如宋初名士穆修屢

① 《金史》卷一二《章宗紀》，中華書局一九七五年，第二六七頁。
② 金劉祁《歸潛志》卷一，中華書局一九八三年，第四頁。
③ 《金史》卷一二一《忠義傳》，中華書局一九七五年，第二六四一頁。
④ 明郎瑛《七修類稿》續稿卷五《謎序文》，上海書店出版社二〇〇一年，第五八五頁。
⑤ 《金史》卷一〇《章宗紀》，中華書局一九七五年，第二三三頁。
⑥ 《金史》卷五六《百官志》，中華書局一九七五年，第一二七九頁。
⑦ 明殘抄本《順天府志》，北京大學出版社一九八三年，第五六頁。
⑧ 《金史》卷一二一《忠義傳》，中華書局一九七五年，第二六五〇頁。

遭挫折，衣食窘困，「晚年得《柳宗元集》，募工鏤板，印數百帙，攜入相國寺，設肆鬻之」①。相國寺廟會稱「瓦市」，書商聚集，販賣「書籍玩好圖畫」②。宋張擇端《清明上河圖》描繪出那裏繁華而生動的景象。畫中集賢堂書鋪高掛「兑客書坊」招牌，或以「發兑古今書籍」爲標榜③。甚至以書爲博彩：買者下注，勝者贏書④。入金後，定爲陪都，自北宋形成的傳統得以延續。貞祐南遷，汴京的雕板印刷與書籍交易仍然活躍，元好問嘗於相國寺書肆購得《笠澤叢書》⑤。

四、平水書籍。平水指平陽，以平水源自平陽壺口山而獲名。平陽毛麾自號平水老人，以平水名其集；平陽王文鬱改併古韻爲一百〇六部，謂之平水韻。當時，平陽「有書籍」⑥，爲官設機構，以强化對民間坊刻的管理。如《銅人腧穴針灸圖經》三卷，原系北宋王惟一奉詔纂作，入金後補注，增至五卷，有平水書軒陳氏刻板⑦；《道德寶章》爲北宋葛長庚撰，「金正大戊子平水中和

① 宋魏泰《東軒筆録》卷三，宋元筆記小説大觀本，上海古籍出版社二〇〇一年，第二七〇一頁。
② 孟元老《東京夢華録》卷三《相國寺内萬姓交易》，東京夢華録外四種本，上海古典文學出版社一九五八年，第六四頁。
③ 羅福旼《清明上河圖》重摹本，故宫博物院藏，轉引自張秀民《中國印刷史》，上海人民出版社一九八九年，第六四頁。
④ 宋蘇象先《丞相魏公譚訓》卷八，四部叢刊本。
⑤《遺山先生文集》卷三四《校笠澤藂書後記》，四部叢刊本。
⑥《金史》卷二六《地理志》，中華書局一九七五年，第六三四頁。
⑦ 清葉德均《書林清話》卷四，中華書局一九八七年，第八九頁。

軒王宅重刊」①。正大戊子，正大五年。

值得提及的是，平水書坊晦明軒主張存惠，字魏卿，精於星曆，亦通醫學，爲元好問所知，與麻革、劉祁交往。嘗刻《重修證類本草》，跋文自署「泰和甲子下己酉歲小寒初日」②。所謂「下己酉」，下者後也，指「泰和甲子」後之「己酉」，即蒙古定宗海迷失后稱制元年（一二四九）。其時金亡十五載，而晦明軒張氏刻板仍署前朝年號，以遺民自居，不忘故國也。

五、洨川雕板。洨川亦稱洨水，出獲鹿西南井陘山，東流至寧晉。洨川雕板以荆氏爲著名。荆氏幾代從事刻印，所刊書籍流布河朔。皇統間，「洨川荆璞字彦寶，善達聲韻幽微，博覽群書奥旨，特將三十六母添入韻中，隨母取切，致使學流取之易也」③，所撰《五音集韻》爲時人推崇。貞祐間，有荆祐字伯祥者，爲避兵亂，將《五經》、《泰和律義篇》、《廣韻》等書板藏於廢墟，亂後修補復完，繼續刊印。荆氏印模精，取值廉，銷路廣，積而能散，鄉里稱爲善人④。流傳至今的書籍，

① 清楊紹和《楹書偶録》卷三著録：「昔得諸京師市肆……，作歐虞體，古秀遒勁，鎸刻極精。卷首有木記，題『金正大戊子平水中和軒王宅重刊』，蓋即竹汀居士潛研堂跋尾中所謂平水書局本也。」訂補海源閣書目五種本，齊魯書社二〇〇二年，第一九三頁。

② 林申清《宋元書刻牌記圖録》，北京圖書館出版社一九九九年，第八一頁。

③ 金韓道升《改併五音集韻序》，見張金吾《金文最》卷四一，中華書局一九九〇年，第五九二頁。

④ 元王惲《秋澗先生大全文集》卷六〇《故趙州寧晉縣善士荆君墓碣銘》，四部叢刊本。

有荆珍所刊《崇慶新雕改併五音集韻》十五卷。

他如中都路之玉田；河北西路之真定、邢臺、保定、濬州；大名府路之大名；河東北路之太原、榆次、五臺山；河東南路之曲沃、絳州、隰州、蒲州、澤州、山陽、河内；山東西路之東平、曲阜；山東東路之濟南、東萊、寧海州、棲霞；南京路之亳社、嵩州、少林寺、唐州；京兆府路之京兆、同州、朝邑、醴州等九路三十處，均有刻書①。

六、私家刊印。著名者如《孔氏祖庭廣記》。孔子四十九代孫、祥符主簿孔瓌「考諸傳記，證以舊聞，重加編次，僅成完書」。正隆元年，「鏤版流傳」②。五十一世孫、襲封衍聖公兼曲阜縣令孔元措，「因家譜《庭記》之舊，質諸前史，參以傳記，并録林廟累代碑刻，兼述皇統、大定、明昌以來崇奉先聖故事，博采詳考，正其誤，補其闕，增益纂集，共成一書，凡一十二卷，名曰《孔氏祖庭廣記》」③。正大四年刊行。壬寅歲（蒙古太宗乃馬真后稱制元年、一二四二年），又「增補校正，重開以廣其傳」④。

又，北宋陶叔獻所撰《兩漢策要》。大定中，有常彦修者取「舊本」摹寫刊行於世，以應科舉

---

① 參見張秀民、韓琦增訂《中國印刷史》，浙江古籍出版社二〇〇六年，第一七五頁。

② 金孔瓌《續編祖庭廣記跋》，見《孔氏祖庭廣記》卷三，叢書集成初編本，中華書局一九八五年。

③ 金張行信《孔氏祖庭廣記序》，見《孔氏祖庭廣記》卷首，叢書集成初編本，中華書局一九八五年。

④ 《孔氏祖庭廣記》卷一二「後跋」，叢書集成初編本，中華書局一九八五年。

之需。後二孫皆擢進士第，又校正添補，命工鋟木，岳陽令王大鈞以同鄉之誼爲序①。

又，《如庵小槁》。正大間，密國公完顔璹僑居南京，將其詩三百首、樂府一百首釐爲五卷，自行刊印，閑閑老人趙秉文爲序，「汴梁鬻書家有之」②。金亡後，再刻於大名，已是書賈所爲了。

值得提及的是，二十世紀七十年代，山西發現的《成唯識論了義燈鈔科文》一卷，「卷尾有『阜昌丁巳，醴州乾明院比丘道溥願心勸緣，校勘重雕記』和『鳳翔府吴光澤雕』字樣」③。丁巳，齊阜昌八年、金天會十五年；醴州，今陝西乾縣。阜昌板刻，以往未見官私書目著録。另外，當時榷場亦印書，取其流通快，成本低，易於獲利。如宋張端義《貴耳集》卷下所見《李師師小傳》。

二　金代刻書内容

金代刊印的書籍極爲豐富，可考者達數百種，經史子集，無所不包，反映出一代雕板印刷的繁

① 清錢泰吉《曝書雜記》卷一著録「十二卷」，前漢五卷續添一卷，後漢五卷續添一卷，即《汲古閣秘書目》所謂元鈔本，云：「今兩漢具有續添之卷，其即彦修二孫所補歟？後有景祐二年六月、丹陽從事阮逸序，謂進士陶叔獻得漢聖之學，稽合衆作，去繁取衷，撮數萬言，編成十卷。王序所謂舊本《兩漢策要》者，當即陶氏叔獻之書也。然阮氏序前已標重雕補注《兩漢策要》，序則彦修所摹者，非陶氏原本矣。」續修四庫全書本，上海古籍出版社影印，第一三頁。

② 《遺山先生文集》卷三六《如庵詩文序》，四部叢刊本。

③ 趙冬生《六十年來山西新發現的我國古代印刷品綜述》，《山西大學學報》一九九四年第四期。

榮。

一、**經部著述。**以國子監所刻爲多。如三國魏王弼、西晉韓康伯注《易》；西漢孔安國注《書》；西漢毛萇傳、東漢鄭玄箋《詩》；西晉杜預注《春秋左氏傳》；東漢鄭玄注、唐孔穎達疏《禮記》；東漢鄭玄注、唐賈公彦疏《周禮》；三國魏何晏集注、北宋邢昺疏《論語》；東漢趙岐注、北宋孫奭疏《孟子》；唐玄宗注《孝經》①，及唐陸淳《春秋纂例》等等②。現僅存「金刻本」

① 《金史》卷五一《選舉志》，中華書局一九七五年，第一一三一頁。

② 元柳貫《柳待制文集》卷一八《記舊本〈春秋纂例〉後》云：元延祐五年，柳氏客京師，得平陽刊本十卷，裝褫猶用宋紹聖間故門狀紙，末有識云：「泰和三年五月十三日，秉文置」。按曰：「金章宗之十二年改元泰和，其三年則癸亥歲也。於時北學稱趙閑閑公，秉文即公名，知爲趙氏所藏無疑。後癸亥七年，章宗復土中原，癉於兵，又二十五年而金亡矣。是書免於灰殘蹦滅，以萬毀一存於壁藏瓿覆之餘，傳閲幾姓幾室，而至於余。逆而計之，亦一百一十六年物也。況今無板本，豈不尤可珍也哉。」四部叢刊本。今按，當是泰和間刊印。

《尚書注疏》二十卷①、漢鄭玄《周禮》十二卷等②。

金代重科舉，也湧現出一批字書韻書。如《新修累音引證群籍玉篇》，大定二十八年付梓③；韓孝彦《四聲篇海》十五卷，泰和八年刊印④；韓道昭《改併五音集韻》十二卷，崇慶元年刻

---

① 清瞿鏞《鐵琴銅劍藏書樓目録》卷二《經部》著録「金刻本」，云：「此刻時代較前，合之足利宋板互相參證，則考文所稱『今本注疏錯雜紛亂殊甚』者，猶足以祛其弊而復其舊焉。每半葉十三行，行大字廿六至廿九不等，小字皆卅五，蠅頭小楷，雕鏤極工，雖南宋精槧不能及也。」續修四庫全書本，上海古籍出版社影印，第七〇頁。今按，地理圖中有款一行曰：「平水劉敏仲編。蓋即校刻之人。」劉敏仲，金末名士劉祖謙之子。則刊印當在金亡之後。《北京圖書館古籍善本書目・經部》亦著録，作「蒙古刻遞修本」。

② 《北京圖書館古籍善本書目・經部》著録「金刻本」，包括唐陸德明《釋音》一卷。書目文獻出版社一九八七年，第六一頁。

③ 清潘祖蔭《滂喜齋藏書記》卷一著録：「金刻《增修累音引證羣籍玉篇》三十卷二函十二册。金滄州清池縣邢准編。初汝陽王太取《玉篇》益以諸書，增加三萬九千三百六十四字，號曰《增廣類玉篇海》。」續修四庫全書本，上海古籍出版社影印，第四二五頁。

④ 清紀昀等《四庫全書總目》卷四三《子部小學類》著録：「其書成於明昌、承安間，迨泰和戊辰，孝彦之子道昭又改併爲四百四十四部……。刻是書者又記其後云：『崇慶己丑，新集雜部。至今成化辛卯，删補重編。』考崇慶元年壬申，明年即改元至寧，曰己丑者亦誤。道昭又因《廣韻》改其編次，爲《五音集韻》十五卷。」中華書局一九九七年，第五七五頁。

板①；王文鬱《新刊韻略》五卷，正大六年刊行②；張天錫《草書韻會》五卷，正大八年雕印③。

二、史部著述。亦以國子監刊印爲多，如南朝宋裴駰注《史記》；唐顔師古注《前漢書》；唐李賢注《後漢書》；南朝宋裴松之注《三國志》；唐房喬等奉敕修《晉書》；梁沈約《宋書》；梁蕭子顯《齊書》；唐姚思廉《梁書》、《陳書》；北齊魏收《後魏書》；唐李百藥《北齊書》；唐令狐德棻《周書》；唐魏徵等《隋書》；後晉劉昫等《舊唐書》、《新唐書》；宋薛居正《舊五代史》；宋歐陽修《新五代史》等④。

① 金韓道昭《改併五音集韻序》：「已前印行音韻，既增加三千餘字。兹韻也，方之於此，又以《龍龕》訓字，增加五千餘字焉。是以再命良工，謹鏤佳板。」見《金文最》卷四一，中華書局一九九〇年。另，北京圖書館《中國版刻圖録》著録：「此書以守温三十六字母各分四等排比漢字。所收之字，多以《廣韻》爲藍本；增入之字，則以《集韻》爲藍本。崇慶元年改併編成，汶川荆珍爲之開版。」文物出版社一九六〇年，第一册第五〇頁。

② 金許古序云：「精加校讎，又少添注語，既詳且當。」該書以一百〇六韻部編纂，刊於平水，因稱平水韻。見《新刊韻略》卷首，續修四庫全書本，上海古籍出版社影印。

③ 金張天錫《草書韻會》亦以平水韻編類，趙秉文爲序、完顔璹題跋。正大八年，「見住燕京縣角頭鄭州王家雕印」。明洪武二十九年再刊，上元羅振玉「題記」述之甚詳。大連市圖書館藏日本覆刻明洪武本。

④ 《金史》卷五一《選舉志》，中華書局一九七五年，第一一三一頁。另，《金史》卷一二《章宗紀》：泰和七年，「詔新定學令内削去薛居正《五代史》，止用歐陽修所撰」。第二八二頁。

此外，見諸文獻，還有《貞觀政要》①、《資治通鑑》② 及承安四年南京路都轉運司所刊《舊五代史》等③，或存於世。值得慶幸的是，郭明如《新編詔告章表機要》四卷流傳至今④。

三、子部著述。國子監嘗以所刻唐玄宗注《老子》，楊倞注《荀子》，李軌、宋咸、柳宗元、吳秘注《揚子》等，授諸學校⑤。金趙秉文《揚子法言微旨》，古澤陳氏於元光元年「購工板行，以廣其傳」⑥。此外，金代選舉考試從《荀子》、《揚子》、《老子》出題，爲後世所無，現存北宋呂惠

---

① 清于敏中《天禄琳琅書目》卷三著録，引宋晁公武《郡齋讀書志》云：「書前有大定己丑（九年）八月進士唐公弼序，稱南京路都轉運使梁（肅）公出公府之資命工鏤板。……此本字宗顔體，刻印精良，與宋版之佳者無異。藏書家知崇宋本而金版多未之及，蓋緣流傳實少，耳目罕經。似此吉光片羽，真爲希世之寶也。」清人書目題跋叢刊本，中華書局一九九五年，第六七頁。今按，此書不知藏處，待訪。

② 清楊紹和《海源閣藏書目・史部》著録「金本《資治通鑑》百廿卷、五十册一函」。訂補海源閣書目五種本，齊魯書社二〇〇二年，第六四〇頁。

③ 張秀民《中國印刷史》：「明謝在杭、陳第曾藏原本。解放前商務印書館重價徵求未得。」上海人民出版社一九八九年，第二五〇頁。

④ 續修四庫全書本，上海古籍出版社影印。

⑤《金史》卷五一《選舉志》，中華書局一九七五年，第一一三二頁。

⑥ 金王若虚《滹南遺老集》卷四四《揚子法言微旨序》，叢書集成初編本，中華書局一九八五年，第二九二頁。

卿《壬辰重改證吕太尉經進莊子全解》「金刻本」①。

又，筆記小説。北宋李獻民《雲齋廣録》十卷，南宋周密嘗向友人借閲「北本」②。現存金刻《新雕雲齋廣録》八卷、後集一卷③；金元好問《續夷堅志》傳於世，元宋無《續夷堅志跋》云：「遺山「所續《夷堅志》，豈但過洪景盧而已，其自序可見也。惡善懲勸，纖細必録，可以知風俗而見人心，豈南北之有間哉？北方書籍，率金所刻，罕至江南。友人王起善見之，亟鈔成帙」④。

又，堪輿陰陽。當時，司天臺學生須經選舉，考試推步、合婚安葬、三命五星之術，爲此類書籍的刊行帶來活力。如《新雕注疏珞琭子三命消息賦》、《新雕李燕陰陽三命》等⑤。另，宋王洙

① 北京圖書館《中國版刻圖録》著録：「覩紙墨版式刀法，當是金時平水重翻北宋本。壬辰，爲金世宗大定十二年……。此書除張掖黑水城出北宋殘本外，此爲傳世最古之本。」文物出版社一九六〇年，第四九頁。

② 《志雅堂雜抄》卷下，叢書集成初編本，中華書局一九八五年，第四二頁。

③ 北京圖書館編《中國版刻圖録》著録《南豐曾子固先生集》，謂「版式、刀法、紙墨，與潘氏滂喜齋舊藏《雲齋廣録》如出一轍，蓋同爲金中葉平水坊本」。文物出版社一九六〇年，第一册四九頁；另，張麗娟、程有慶《宋本》亦著録：「宋李獻民撰，藏臺灣省中央圖書館。十五行二十五字，後集十四行二十五字，白口，單黑魚尾，左右雙邊。潘氏滂熹齋舊藏本。」江蘇古籍出版社二〇〇二年，第一五七頁。

④ 《續夷堅志》卷末，中華書局一九八六年，第九八頁。

⑤ 《北京圖書館古籍善本書目・子部術數類》著録《新雕注疏珞琭子三命消息賦》三卷，宋李仝注、東方 明疏；《新雕李燕陰陽三命》二卷，均爲「金刻本」。書目文獻出版社一九八七年，第一三二〇頁。

《地理新書》十五卷，專述宅葬。大定中有畢履道者重校，「藏之於家」①。明昌時，張謙訪得之，補完遺闕，校讎差互，再行刊印②，成爲當時印量可觀的書籍之一。此外，宋司馬光《潛虛》亦有金刊本，朱熹嘗得之，跋云：「好事者於北方互市，得板本焉。」③

又，類林撮要。各地皆有編印，以應科舉之需。名士路伯達幼時，「賦學家有類書名《節事》者，新出價數十金。大家兒有得之者，輒私藏之。母爲伯達買此書，擣衣節食，累年而後致」④。現存平陽王朋壽《增廣分門類林雜説》，大定二十九年刊行⑤；佚名《重編補添分門字苑撮要》金

① 金畢履道《新校正地理新書序》，見《金文最》卷三八，中華書局一九九〇年。

② 清莫友芝《宋元舊本書經眼録》卷二著録「金刻」《圖解校正地理新書》十五卷，云：「宋初因唐吕才陰陽書中之地理八篇，分類增輯爲《乾坤寶典》。景祐初，又命修正舛盭，别成三十五篇，賜名《地理新書》。皇祐三年，復詔王洙等勾管刪修，事具洙進書序。金世宗大定甲辰，平陽畢履道爲圖解；章宗明昌壬子，古戴鄗夫張謙復爲精校補完以行。此本殆即謙所刻也。每半葉十七行，行三十字。王洙詳注則十三行，行二十六字。」續修四庫全書本，上海古籍出版社影印。

③ 《晦庵朱文公集》卷八一《書張氏所刻潛虛圖後》，四部叢刊本

④ 《中州集》卷八《路冀州仲顯》，中華書局上海編輯所一九六二年，第四〇五頁。

⑤ 清張蓉鏡《增廣類林跋》：「《類林》十五卷。金大定間，平陽王朋壽取舊録增廣至一百門。某篇各繫以贊，遺文舊典，紀載繁富，不獨《敏求記》所舉眉間尺一事也。按《新唐書·藝文志》云：『于立政《類林》十卷，《崇文總目》同。』《中興書目》云：『唐于立政《類林》十卷，分五十目，記古人事迹。』觀此，則朋壽此書實以于氏爲藍本，原書十卷，此十五卷，序稱多至三倍。蓋實多至三分之一耳。」見《重刊增廣分門類林雜説》卷末，續修四庫全書本，上海古籍出版社影印。

刻本等①。

四、集部著述。明昌中，翰林學士院嘗刊印唐宋集部二十六種，實際不止於此。如曾鞏《南豐曾子固先生集》②、文同《丹淵集》③、南宋王十朋《集注分類東坡先生詩》等④，尚有「金刻」本存世。

金之名士見於《中州集》者，不下百數十人，所著或刻板「行於世」。以集部言之，流傳至今者，僅蔡松年《明秀集》、王寂《拙軒集》、趙秉文《滏水集》等寥寥數種。

---

① 北京圖書館編《中國板刻圖録》著録「金刻本」，云：「全書分類編次，從各書中摘録歷代事實，後附散對，備科場獺祭之用。原書卷數與編輯人均無考。存十卷。觀紙墨刀法與刻工稱謂，知是平水刻本。」文物出版社一九六〇年，第一册五〇頁。

② 北京圖書館《中國版刻圖録》著録：「此書版式、刀法、紙墨，與潘氏滂喜齋舊藏《雲齋廣録》如出一轍，蓋同爲金中葉平水坊本。」文物出版社一九六〇年，第一册四九頁。

③ 清楊紹和《楹書偶録》卷五《集部》下著録《明修金本丹淵集》四十卷、拾遺二卷、附録一卷，云：「《丹淵集》明刊者已不易得，此本爲金泰和間從宋慶元四年戊午家誠之邛州本重梓，卷末木記云：『金泰和丙辰晦明軒張宅記』。惟卷中版號有注『大德』、『至正』、『正統』者，蓋經元明補修之本也。」訂補海源閣書目五種本，齊魯書社二〇〇二年，第二六九頁。

④ 西安市文物管理委員會藏「金刻」殘本，存卷第十五至二十，共六頁。

五、醫學著述。金代醫學發達，刊印的著述亦多。如《黄帝内經素問》①；《聖濟總録》②、《續附經驗奇方》③、《經史證類大全本草》三十一卷附《本草衍義》二十卷④、《本草集方》等⑤。又，劉完素《素問玄機原病式》。大定二十二年，有孫執中者「欲爲之開板，廣傳於世，庶幾普救生民夭横之厄，兼證醫家從來所傳相習之非」⑥；《傷寒直格》，大定二十六年，「太原書坊劉生鋟梓以廣其傳」⑦；《素問病機氣宜保命集》初刻於大定中，辛亥歲（蒙古憲宗元年、一二五一

① 唐王冰注、宋林億等校正、孫兆改誤。北京圖書館《中國版刻圖録》著録「金刻本」：「觀紙墨刀法，知是平水坊本，存十三卷。」北京國家圖書館藏。文物出版社一九六〇年，第一册五〇頁。

② 元焦養直《大德重校聖濟總録序》云：「始成於政和，重刊於大定。既綿歷百年之久，不能無三豕之訛。」［日］杉本良《醫家聚珍版聖濟總録序》云：「元大德間重校，莫詳姓氏。意此書刊版未遍行於世。靖康之變，隨内府圖籍而北行。元之滅金也，復爲元人之有。是以刊於金大定，三刊於元大德，而南宋諸家未能睹此書也。」見《聖濟總録》卷首，日本文化癸酉《醫家聚珍版》活字本，北京國家圖書館藏。

③ 張秀民《中國印刷史》，上海人民出版社一九八九年，第二五四頁。今按，大定十二年重刻，遼寧圖書館藏。

④ 清瞿鏞《鐵琴銅劍樓藏書目録》卷一四著録「金刊本」，云：「《郡齋讀書志》及《玉海》俱作三十二卷，合目録並數也。金泰和中，晦明軒所刻並爲三十卷，已改大觀之舊，第此本未經竄亂……。後來元大德壬寅宗文書院刊本，當從此本出，而明萬曆丁丑本又依元本刊也。」續修四庫全書本，上海古籍出版社影印。

⑤ 民國張允亮《故宫善本書目》卷二「天禄琳琅録外書目」著録「八卷八册」，不著撰人，謂「金刻本」。故宫博物院民國二十三年鉛印本。今按，存卷一至卷三、卷五至卷九，臺北故宫博物院藏。

⑥ 金程道濟《素問玄機原病式序》，見《金文最》卷三七，中華書局一九九〇年。

⑦ 金佚名《傷寒直格序》，見《金文最》卷三六，中華書局一九九〇年。

年）再刻①；《素問要旨論》，入清後尚有金板影寫本流傳②。

又，張元素《醫學啓源》。金亡之際，弟子李杲刊行，邀蘭泉老人張建爲序③；《注叔和脈訣》，金時刻版，入元後重刊，元吴駿《潔古老人注王叔和脈訣序》云：「余友虞兄成夫，近得斯本，乃江南前所未有者。不欲珍襲，爰鋟諸梓，以與學醫者共之」④。

六、釋氏著述。金代社會，崇奉佛教典籍，或寫或刊，趨之若鶩。一是以寺院爲中心，雕造大藏經。如大同華嚴寺《薄伽藏教》「通制爲五百七十九帙」⑤，趙城廣勝寺金藏「陸千九百八十爲卷」⑥，陝西扶風法門寺「轉輪法藏瑯琅函並諸賢聖集記」萬餘卷⑦，等等。寺院之外，民間檀越亦倡議刊印。如宜州廳峪道院原藏有《遼藏》一部，金初毁於兵火。郡人馬祐等集千人立爲一社，

① 金楊威《保命集序》，見《金文最》卷四二，中華書局一九九〇年。
② 張秀民《中國印刷史》，上海人民出版社一九八九年，第二五五頁。
③《醫學啓源》卷首，人民衛生出版社一九七八年。
④《潔古老人注王叔和脈訣》卷首，海外回歸中醫善本古籍叢書本，人民衛生出版社二〇〇二年。
⑤ 金段子卿《大金國西京大華嚴寺重修薄伽藏教記》，見《山右石刻叢編》卷二〇，歷代碑誌叢書本，江蘇古籍出版社一九九八年，第一五册七八四頁。
⑥ 金趙渢《最初敕賜弘教大師雕藏經板院記》，見李際寧《佛經版本》，中國版本文化叢書本，江蘇古籍出版社二〇〇二年，第一〇九頁。
⑦ 李發良《金「法門寺大藏經」鈎沉》，《文博》一九九六年第五期。

「募錢易經，鳩工構藏，隨其卷帖，貯以櫃匣」①。

二是刊印佛學著述。如唐釋宗密《華嚴原人論》一卷。所謂原人，指依内外教理，究其本源，取之名經，既吸納禪宗思想，也融入儒、道理念，力主禪、教一致，以心性論闡明萬物之本源，見解新穎。李純甫爲重印撰序②；唐釋從梵《釋書品次録》一卷。大定二十七年重刊，黎陽張翬爲之跋③。前代之外，也刊印當代釋徒著述。如居士王子成《禮念彌陀道場懺文》十卷，刊於崇慶二年，趙秉文作贊、李純甫爲序④；釋志明《禪苑蒙求瑤林》三卷，初刊於正大三年，完顔璹題記、趙秉文爲引。乙卯歲（蒙古憲宗五年、一二五五年），燕京大萬壽寺德諫作注再刊；宋釋本嵩著、金釋宗湛集解《華嚴經題法界觀門頌》，正大元年刊行。

三是釋徒爲士人著述鋟板。貞祐南渡後，趙秉文爲佛、老二家所作之文，並葛藤詩句，名《閑閑外集》，少林寺長老木庵英上人爲之鏤板；李純甫爲釋徒作碑記傳贊，「諸僧翕然歸向，因集以

---

① 金徐卓《宜州廳峪道院復建藏經千人邑碑》，見《金文最》卷六六，中華書局一九九〇年。

② 《中華大藏經》本，中華書局一九九六年，第九八册四七〇頁。今按，清董誥等《全唐文》卷九五五誤收李純甫序。序謂「後三百歲，白衣弟子李純甫又作《睡語》，題其端云」，以會昌元年計，後三百歲已入金。

③ 宋陳振孫《直齋書目解題》卷八《目録類》著録：「唐僧從梵集，末有大定丁未黎陽張翬跋。稱『大定丁未』，蓋北方板本也。」叢書集成初編本，中華書局一九八五年，第二三〇頁。

④ 日本《續藏經》卷七四，臺灣白馬精舍印經會刊本。

板之，號《屏山翰墨佛事》」①。

此外，釋俗仍以寫經相尚。宇文虚中《予寫〈金剛經〉與王正道，正道與朱少章復以詩來，輒次二公韻》云：「前世曾爲粥飯僧，此生隨處且騰騰。經中因認人我相，教外都忘大小乘。寫去欲云居士頌，信來如續祖師燈。他年辱贈茅庵句，誰謂因緣昔未曾。」②大定中，鳳臺琵琶寺惠銓和尚歷盡千辛萬苦，「寫真經總計六百七十九萬七千字」③。王寂《書金剛經後》則道出寫經之真諦，云：

先大夫歸德君，夙植善根，奉佛謹甚。年二十七登第後，誦《金剛經》，至春秋八十有三，中間雖大寒暑風雨不廢也。易簀之際，操浴振衣，置經於首，合手加額，跏趺以終，香聞滿室，信宿乃滅，人以謂戒定之報。某追念考妣去世久矣，無以伸罔極之痛，乃啓誠心，手書金銀字《金剛經》，受持誦讀，以余散施諸善知識，歡喜奉行，成就第一希有之法，庶可感通佛祖升濟幽明，一切有情，同沾勝利。先有發願疏文，亦恐久之湮滅，今並附於卷末云。④

七、道教著述。以全真爲代表的新教派崛起，人才濟濟，著述頗富，多由道觀自行刊印。如

① 金劉祁《歸潛志》卷一〇，中華書局一九八三年，第一一九頁。
② 《中州集》卷一《宇文大學虚中》，中華書局上海編輯所一九六二年，第五頁。
③ 《（光緒）山西通志》卷九七《金石記》，中華書局一九九〇年，第六九〇四頁。
④ 《拙軒集》卷六，叢書集成初編本，中華書局一九八五年，第六八頁。

《重陽全真集》，「門人已嘗編集，分卷命名，印施陜右」①；靈真子朱抱一等再次編集，詳加讎正，重新雕造，以「傳於山東」②。譚處端《水雲集》，在金先後鋟梓四次：大定中，先是濬州全真庵主王琉輝等鏤板；繼之同門劉處玄以刻板亡佚，命工重刊③；後經兵火，殘缺不全，山陽信徒爲之刻印④；正大六年，弟子張志全再次刊行⑤。劉處玄《黄帝陰符經注》，濟南畢守真於明昌中刊印⑥。其《長生真人至真語録》嘗「雕鏤以流傳」，泰和間重刻印行⑦；丘處機《磻溪集》。大定時初刻，胡光謙、毛麾序；泰和中再刻，移剌霖、陳大任序⑧；泰和八年，棲霞太虚觀門徒再次鋟木刊行⑨。郝大通《太古集》，大定間初刻；天興二年，弟子范圓曦「重鋟木以傳」，計十五卷，

① 金劉孝友《重陽教化集序》，見《重陽教化集》卷首，明正統《道藏》本，第二五册七七一頁。
② 金趙抗《重陽教化集序》，見《重陽教化集》卷首，明正統《道藏》本，第二五册七七〇頁。
③ 金范懌《水雲集序》，見《水雲集》卷首，明正統《道藏》本，第二五册八四五頁。
④ 金范某《水雲集後序》，見《水雲集》卷末，明正統《道藏》本，第二五册八六五頁。
⑤ 金佚名《水雲集後序》，見《水雲集》卷末，明正統《道藏》本，第二五册八六五頁。
⑥ 金范懌《黄帝陰符經注序》，見《黄帝陰符經注》卷首，明正統《道藏》本，第二册八一七頁。
⑦ 金韓士倩《長生真人至真語録序》，見《長生真人至真語録》卷首，明正統《道藏》本，第二三册七〇六頁。
⑧ 《磻溪集》卷首，明正統《道藏》本，第二五册八〇八頁。
⑨ 民國傅增湘《金刊磻溪集跋》，見《磻溪集》卷末，北京圖書館古籍珍本叢刊本，書目文獻出版社影印，第九一册六〇頁。

馮璧、劉祁爲序①。

金代道教經典，以官修道藏最著名。世宗晚年，詔天長觀沖和大師孫明道修藏，並以南京開封所藏《政和萬壽道藏》經板付之，以爲基礎。明昌改元，章宗敕遣中使，諭旨度支，拓展宫觀，「俾構屋列楹，以貯經板。仍署文臣二員，與明道經書參訂」，遂勒成一藏，凡六千四百五十五卷，題曰《大金玄都寶藏》②，次年刊畢。金亡之際，經板毀於兵火，全真披雲宋德方遵長春師遺囑，校訂補遺，歷經八載，刻於平陽，亦名《玄都寶藏》。「首製三十藏，藏之名山洞府。既而諸方附印者，有百餘家」③。

三　金代刻書條件

金代雕板印刷的繁榮，是當時社會文化發展的結果，也與具備相應的條件密不可分。

一是刻工。如《趙城藏》卷帙浩大，所需工匠衆多。見於題記者，有劉性湛、劉繕福、劉海慶、李洪智、趙圓榮、王普慈、任瑄、郭浦、洪深、洪元及太原府祁縣侯城、張福佑、陽谷縣樊明

① 《太古集》卷首，明正統《道藏》本，文物出版社等一九九四年，第二五册八六五頁。

② 金魏摶霄《十方大天長觀玄都寶藏碑銘》，見《宫觀碑誌》，明正統《道藏》本，文物出版社等一九九四年，第一九册七一八頁。

③ 元商挺《玄都至道崇文明化真人道行碑》，見陳垣等《道家金石略》，中華書局一九八八年，第六一三頁。

政、張七居士等等。張七當是在家奉佛者，因稱居士。

韓道昭《崇慶新雕改併五音集韻》目録銜名後有「雲中李玉刊」，當是受雇於寧晉書坊的刻工。板心又有「後學小曹雕」、「賈小二雕」等字樣，説明一部著述轉爲雕板，非個别工匠所能完成。孔元措《孔氏祖庭廣記》即有太學生馬天章爲之畫像，張一、浮光季肅鏤板。張一，金亡後仍從事刻書業。

各地寺院還有「雕經僧」，或稱「雕字僧」、「雕造僧」。如太原府「雕經僧」元濟、廣定；潞州潞城縣常村洪濟院「雕字僧」洪宗；汾州西河縣石塔崇真院「雕字僧」圓朗，深州「雕經僧」廣超，萊州掖縣丈八佛寺「補雕字僧」德興等等。此外，又有「學者」，當是釋之初學徒工。見於文獻，這些從事雕版和尚分佈於太原、潞州、汾州、深州、萊州、寧海、莫州、滕州、臨淄、福山、即墨、壽光、膠水等地①。一部大藏經的刊印，往往需要聯合其他寺院的刻字僧來完成。可見，釋徒也爲金代雕板印刷業的發展作出過重要貢獻。

二是紙張。金代造紙業比較發達。特别是晉南造紙傳統悠久，自南北朝已有經紙。唐代的「白薄」、「重抄」②，及以野麻爲原料製作的斑石紋紙等，譽滿天下。北宋時，經紙依然是當地的重要

---

① 張秀民《中國印刷史》轉引劉福春《金藏題記資料》，上海人民出版社一九八九年，第七四〇頁。

② 唐李肇《唐國史補》卷下，上海古籍出版社一九八三年，第六〇頁。

土産貢品之一①。此外，燕京自遼以「白紙坊」所産最著名。入金後，仍爲造紙重地，以滿足中都作爲一代封建王朝京師的需求。

三是板材。平陽、河朔等地盛産梨木、棗木，質地堅硬，紋理細密，爲雕板所必須的上等材料。因此，所刻書板優良，傳入南方或稱「北地棗本」②，冠絶當時。

四是墨料。太原有官置「造墨場」③，以供印鈔、印書之用。當時，也湧現出一批製墨名家，如「程尚書」，王寂嘗賦詩詠之：

書生短燈檠，業苦孔之卓。百巧出寒餓，輕煤收紙幄。魚胞杵萬計，得此昆侖璞。墜溝終不變，良質信堅確。摩挲等肘印，肝腎要雕琢。是中自有樂，未許兒輩覺。堂堂地官伯，胸次吞河岳。隃麋優月給，拜次豈不數。人生幾量屐，迅景驚飛雹。胡爲事細碎，刻意追古樸。得非遊戲耳，一笑供掌握。區區張與李，小道安足學。何當獻天子，毛楮同甄擢。增新漢文物，潤色周禮樂。天章貺詞臣，宛彼雲漢倬。但恐醉常侍，狂登御床角。④

劉法，字彦矩，常山人。「善博物，自製墨數品，銘曰棲神巖造者，佳品也。楊邦基爲畫墨史

① 宋樂史《太平寰宇記》卷四六，文淵閣四庫全書本。
② 元王東《題續夷堅志》，見《續夷堅志》卷首，中華書局一九八六年，第四頁。
③ 《金史》卷二六《地理志》，中華書局一九七五年，第六二九頁。
④ 《拙軒集》卷一《程尚書油煙墨》，叢書集成初編本，中華書局一九八五年，第三頁。

圖：一曰入山，二曰起竈，三曰采松，四曰發火，五曰取煤，六曰烹膠，七曰和劑，八曰成造，九曰入灰治刷，十曰磨試。彦矩云：『初無入山、磨試二事，而成造、入灰、出灰、治刷本四事，楊合爲二，復增入山、磨試，總成十圖云。』」①

楊文秀，字伯達，江左人。善製墨，後入金。「其法不用松炬，而用燈煤。子彬得其遺法以授耶律楚材。楚材授其子鑄，使造一萬丸，銘曰玉泉萬笏」②。元好問《賦南中楊生玉泉墨》贊曰：「萬竈玄珠一唾輕，客卿新以玉泉名。御團更覺香爲累，冷劑休誇漆點成。涴袖秦郎無藉在，畫眉張遇可憐生。晴窗弄筆人今老，孤負松風入硯聲。」③

嵩山道士李元老，亦以墨聞，稱之生計蒼煙。「松下讀道經，窗前寫周易。相看斗南北，不見十年餘」④。

與此相關的是，金代諸京府運司提刑司節鎮防刺等處吏人薪俸外，還有其他優待：「月支大紙

① 元陸友《墨史》卷下，叢書集成初編本，中華書局一九八五年，第六三頁。今按，元葛羅乃賢納新《河朔訪古記》卷上亦涉：「真定路府學尊經閣下，有劉法墨史圖石刻，及楊秘監邦基畫，及金諸賢詩，極精妙也。舊在墨史堂，今龕閣壁。」

② 元陸友《墨史》卷下，叢書集成初編本，中華書局一九八五年，第六四頁。

③ 《遺山先生文集》卷九，四部叢刊本。今按，題下注曰：「墨不用松煙而用燈煤。」詩末注曰：「宫中以張遇麝香小團爲畫眉墨。」

④ 金趙秉文《滏水集》卷三《送墨李道士元老》，叢書集成初編本，中華書局一九八五年，第四〇頁。

五十張，小紙五百張，筆二管，墨兩錠」①。後來，由於大量發行紙幣鈔引，又置交鈔庫抄紙坊，如上京、西京、北京、東平、大名、益都、咸平、真定、河間、平陽、太原、京兆、平涼、廣寧等府，及瑞、蔚、平、清、通、順、薊等州，以供印造鈔引之用②，反映出當時社會對於紙張、墨材需求之巨。

如上所述，衆多的刻印裝褙工匠、豐富的鏤板紙墨材料，爲金代雕板印刷業的發展提供了保障。因此，從京師到郡縣，官刻、坊刻與私刻，板片層出不窮，各具特色，傳之久遠。在當時歷史條件下，雕板印刷的發展爲一代藝文的繁榮提供了必要條件。特别是平水書坊，刻書之盛不亞於南宋建安。清葉昌熾有詩贊云：「三輔黄圖五色描，别風松脂望嶕嶢。尹家鋪子臨安市，平水書籍正大朝。」③

① 《金史》卷五八《百官志》，中華書局一九七五年，第一三四九頁。
② 《金史》卷五六《百官志》，中華書局一九七五年，第一二八四頁。
③ 《藏書紀事詩》卷七，上海古籍出版社一九九九年，第七三六頁。

第五節　金與南宋的藝文交流

建炎南渡後，金國與南宋劃淮分治，時戰時和，相峙百餘年。其間，雙方出於各自發展的需要，在政治、經濟、文化等方面進行過廣泛交往，如互派使節，絡繹不絶；通過陸路榷場與市舶口岸而開展的貿易活動頻繁。其中，包括文獻書籍交流，對於南北文化消彌差異、共同發展，都産生過重要影響，具有積極的歷史意義。

一　南北藝文交流的形式

金國與南宋之間的藝文交流，主要是通過移民攜帶、諜人竊取、榷場買賣等渠道進行的，大致經歷了三個階段。金代前期，移民往來帶動了藝文交流。自宇文虚中以所藏圖書獲罪，金朝士人對南來著述晦莫如深，鮮有論及。大定明昌，社會安定，經濟發展，與江南交流漸多，由於餘悸猶存，仍罕見記載。泰和後，隨着女真統治權威的動摇，那些禁忌的陰影漸次消散了，人們公開談論南來之書，竟相從中吸取營養，甚至成爲啓發靈感、從事創作、建立新説的重要源泉。金代後期，由官方主辦的榷場貿易走向衰落，而邊境兩側的走私活動，以利之驅動，從未消停。

一、移民攜帶。皇統初，宋金達成和議，各按「誓書」遣返使者及「歸明」人等。皇統元年

（紹興十一年、一一四一年）十二月，金人「以書來索北人之在南者，因趣割陝西餘地」①。宋人答書云：

諭早發遣北人過界，敢不承稟？但中間嘗以北人畏罪之意上聞，欲得上國降一放罪文字，使之釋然無疑，即可發遣，免致艱難。……又論發遣張中孚及其弟中彦，並張孝純、宇文虛中、王進等家屬，謹當一一依稟。爲各人居處遠邇不一，已令所在津遣，候到即發去次。惟杜充家口，自充離江南以來，其家分散，久經歲月，親故絶少，故難根刷。②

文中涉及的張中孚，字信甫，嘗從名將吴玠抗金。建炎四年（天會八年、一一三〇年），率部降金。天眷初，以陝西歸宋，又隨陝入宋。皇統中，再定陝西，詔歸金，官至尚書左丞。弟中彦字才甫，再歸後，累遷臨洮尹兼熙秦路兵馬都總管。史稱張氏兄弟，「金以地與齊則甘心臣齊，以地歸宋則忍恥臣宋，金取其地則又比肩臣金」云③。

金國索要淮北人之在南者，宋依「誓書」發遣，名曰「取其情願」④。實際是，執政者秦檜欲

---

① 宋李心傳《建炎以來繫年要録》卷一四三「紹興十一年十二月」，中華書局一九八八年，第二二九六頁。今按，此書即《金文最》卷五三《上宋高宗第四書》。

② 《建炎以來繫年要録》卷一四五「紹興十二年六月」，中華書局一九八八年，第二三二〇頁。

③ 《金史》卷七九《張中彦傳》，中華書局一九七五年，第一七九一頁。

④ 宋李心傳《建炎以來繫年要録》卷一五一「紹興十四年三月」，中華書局一九八八年，第二四三三頁。

「盡發前後所得大金、契丹及歸明人五萬，還於大金。内弱兵勢，絶後來歸降之心」①。這裏的「五萬」人及其家眷，與攜帶的細軟、書籍等生活資料，形成一股巨大的移民潮流，在雙方當局的安排下，由南向北湧動。其中，包括宇文虚中家眷，以其孤身仕金，此次亦被指名索取。皇統六年，宇文氏因嘲弄權貴，積怨甚深，乃羅織罪名，「鍛煉所藏圖書爲反具。叔通歎曰：『南來士大夫家例有之，喻如高待制士談，圖書尤多於我家，豈亦反邪？』有司承風旨，並置士談極刑」②。所藏圖書何以爲反具？蓋建炎南渡，宋人受侮已極，「朝野冤聲尤多，著録土印活版，濫刻甚重。傳本之入北者，大率叫囂怒罵慢侮北人之語」③。而「移民」攜帶應是重要的傳入途徑之一。

與「合法」移民相比，雙方各有不少偷渡者。北上代表人物酈瓊、李成、杜充等，皆南宋著名將領，先後率部北上，少則幾萬人，多則十幾萬，封賜甚厚。這種「移民」在一方屬於「反叛」，在另一方則受到歡迎。南下代表人物辛棄疾，「壯歲旌旗擁萬夫」④，南渡歸宋。綏德李世輔揭榜反金，率衆南下，宋高宗賜名「顯忠」⑤。如此規模的武裝「移民」，必然經過周密策劃與長期準備，

① 《建炎以來繫年要録》卷一五三引《林泉野記》，中華書局一九八八年，第三四六七頁。
② 《中州集》卷一《宇文大學虚中》，中華書局上海編輯所一九六二年，第三頁。
③ 清施國祁《史論五答》之三，《金史詳校》卷末，二十四史訂補本，書目文獻出版社一九九六年，第二六七頁。
④ 金劉祁《歸潛志》卷八，中華書局一九八三年，第八四頁。
⑤ 《宋史》卷三六七《李顯忠傳》，中華書局一九七七年，第一一四二九頁。

攜帶家眷及包括文物圖籍在内的資財。

有金一代因戰爭引發的「移民」從未止息。大定至泰和，南北雙方屢以兵戎相見，互有勝負，終以使者交聘而議和。其間，各有被俘軍民被驅往對方。以貞祐南渡爲標誌，在蒙古鐵騎的打擊下，金國陷入動蕩，士庶奔竄，或流落宋境。金亡後，蒙古統治者頒行一系列招撫政策，一些人輾轉回到北方。同時，南宋也採取了相應措施：「中原、淮南流寓士人，听所在州郡附試」①；「遺民來歸，置隘使屯田」②。一些人則長久留居南方了。

二、諜人竊取。宋金各遣「諜人」刺探情報，史書不乏記載。這是兩國關係中的特點之一。宋李心傳《建炎以來繫年要録》卷一四八：紹興十三年（皇統三年、一一四三年），「蒙古復叛，金主亶命將討之。初，魯國王昌既誅，其子星哈都郎君者，率其父故部曲以叛，與蒙古通。蒙古由是强，取二十餘團寨，金人不能制」。原注：「此據王大觀《行程録》」。大觀，金保義校尉，嘗從元帥完顔宗弼北征蒙古。又，《建炎以來繫年要録》卷一五四：紹興十五年，「宗弼且死，語其徒以本朝軍勢强盛，宜益加和好。俟十餘年後，南軍衰老，然後可爲寇江之計云。」原注：「此以李大諒《征蒙記》修入。其詞雖俚，然足以見金人急於就和與秦檜養寇遺患之罪，故俱載之。」大諒，

① 《宋史》卷二六《高宗紀》，中華書局一九七七年，第四七八頁。
② 《宋史》卷八八《地理志》，中華書局一九七七年，第二一八二頁。

南宋降金將領李成之子。這些著述俱涉金國軍政機要，當是諜人竊取而傳入南宋。

女真改葬熙宗事，《金史》及《大金集禮》未載詔制，而淳熙十五年（大定二十八年、一一八八年），「諜報金人」《改葬熙宗思陵制》，竟録全文①。可見，南宋通過諜人及時掌握了金國的軍政信息。大定十年，參知政事宗敘「與上論南邊事，宗敘曰：『南人遣諜來，多得我事情。我遣諜人，多不得其實。蓋彼以厚賞故也。』上曰：『彼以厚利資諜人，徒費其財，何能爲也。』」②世宗强調處理邊事須靠實力，不過是對諜戰不力的無奈托詞。其實，大金境内的中原、燕雲漢民，與南宋具有天然的血緣關係，成爲宋人獲取情報的深厚社會基礎。

從「藝文」角度看，宋人諜報成果累累。一是使者充當「諜人」。當時，雙方欽命使者稱行人，名目繁多，如正旦使、生日使，告哀使等等。這些名目之外，還負有瞭解對方國情的任務。如洪皓的《松漠紀聞》、范成大的《攬轡録》、樓鑰的《北行日録》，各從不同方面反映金國的社會狀況，不無刺探情報作用。宋洪適《盤洲文集》卷七四《先君述行狀》云：

先君間行廛市，物色諜者，得趙德，書機事數萬言，藏故絮中以歸，曰順昌之役，敵震懼喪魂，燕之珍器重寶悉徙以北，意欲捐燕以南棄之。王師亟還，自失機會。雖再躪河南，後必更成，

① 宋周必大《文忠集》卷一七三《思陵録》，文淵閣四庫全書本。
② 《金史》卷七一《宗敘傳》，中華書局一九七五年，第一六四五頁。

具以烏舍問答語，並兩宫諸王主所居報上。是歲紹興十年也，明年夏，求得皇太后書，遣邵武男子李微來上，大喜，因御經筵，謂講讀官曰：「不知太母寧否幾二十年，雖遣使百輩，不如此一書。」遂官李微。其冬復以書曰：「敵已厭兵，勢不能久。異時以婦隨軍，今不敢攜。朝廷不知虚實，卑辭厚幣，未有成約。不若乘勝進擊，再造猶反掌爾；所取投附人民，欲保守江南，歸之可也。獨不鑒侯景之禍乎？若欲復故疆、報世仇，不宜與胡銓封事。此或有之，知中國有人，益生懼心。」……凡四年中，以文書至者九，數陳軍國利疚，謂施行之則宗社生靈之福，留中皆莫得聞。所謂「書機事數萬言」，無疑於文獻著述。紹興中，韓元吉奉使金國，所著《朔行日記》毫無隱諱地道出行人應負的使命：

吾嘗念之，中原陷没滋久，人情向背，未可測也。傳聞之事，類多失實。朝廷遣偵伺之人，捐費千金，僅得一二。異時使者率畏風埃、避嫌疑，緊閉車内，一語不敢接，豈古之所謂覘國者哉？故自渡淮，凡所以覘敵者，日夜不敢忘，雖駐車乞漿，下馬盥手，遇小兒婦女，率以言挑之。又使親故之從行者，反復私焉，往往遂得其情，然後知中原之人怨敵者故在，而每恨吾人之不能舉也。①

金國使者也如此。正隆元年（紹興二十六年、一一五六年），敬嗣暉以左宣徽使奉使南宋賀生

① 宋韓元吉《南澗甲乙稿》卷一六《書〈朔行日記〉》，叢書集成初編本，中華書局一九八五年，第三二二頁。

日。「盡記朝儀以歸。國中典章禮文，多出其手」①。正隆四年，海陵欲南侵，命施宜生以翰林侍講學士奉使南宋賀正旦。「隱畫工於中，使圖臨安之城邑，及吴山、西湖之勝以歸」②。這些活動催生了一批反映對方國情的著述，客觀上促進了彼此在特殊歷史條件下的文化交流。

此外，南宋使者或攜書籍歸國，如洪皓「有書萬餘卷，名畫數百卷，皆厄兵燼。居窮絶域，復訪求，捆載以歸」③。或攜書輸入金國。當時，「中原學者不知有所謂四書也。宋行人有篋至燕者，時有館伴使得之，乃不以公於世，時出一論，聞者竦異，訝其有得也」④。所謂「四書」，當指朱熹的《四書集注》。

二是「歸正人」提供的情報。如南宋酈瓊降於劉豫後，「條具《南宋將欲進取事跡》，聞於金師」⑤。而自金南下者亦多。如齊之楊克弼、楊載歸正後，上《二楊歸朝録》，「末有探報金事數十條」⑥。淳熙中，張棣從北而南，所著《金圖經》、《正隆事跡記》，「記金事頗詳」⑦。宇文懋昭自謂

① 宋樓鑰《北行日録》上，叢書集成初編本，中華書局一九八五年，第二四頁。
② 宋岳珂《桯史》卷八《逆亮辭怪》，中華書局一九八一年，第九五—九六頁。
③ 宋洪適《盤洲文集》卷七四《先君述行狀》，文淵閣四庫全書本。
④ 元許有壬《圭塘小稿》卷六《雪齋書院記》，文淵閣四庫全書本。
⑤ 宋宇文懋昭《大金國志》卷三一《齊國劉豫傳》，中華書局一九八六年，第四四〇頁。
⑥ 宋陳振孫《直齋書目解題》卷五《僞史類》，叢書集成初編本，中華書局一九八五年，第二一〇頁。
⑦《直齋書目解題》卷五《僞史類》，叢書集成初編本，中華書局一九八五年，第一三五頁。

「偷生淮浦，竊禄金朝」。歸正後進《大金國志》，「跡其所以興亡，是以可爲鑒戒」①。如此「藝文」，南宋書志屢見著録，如《金國大定官制》、《金馬統志》、《金國刑統》、《金國須知》、《女真實録》、《評議虜中録》、《雜記金國事》、《虜都驛程圖》、《燕北金疆地里記》、《北虜方言》、《金國世系》②、《明昌事實》等等③，或出自金人之手，或爲南宋使者及歸正官所記。紹興中，鄭樵「請修金正隆官制，比附中國秩序，因求入秘書省繙閲書籍」④，説明皇家書閣藏有不少那樣的著述。

三、榷場買賣。南北達成和議後，金國「許宋人之請，遂各置於兩界」，開啓榷場貿易。榷場者，「與敵國互市之所也。皆設場官，嚴厲禁，廣屋宇，以通二國之貨，歲之所獲亦大有助於經用焉」⑤。商人出境前，受己方當局轄制，繳納税費；出境後，則受對方當局轄制，亦繳納税費，大略遥相對應。

宋金之間的榷場貿易或因局勢變化，時置時罷。南宋先後設榷場五處：襄陽鄧城鎮、壽春花

① 《大金國志》卷首《經進大金國志表》，中華書局一九八六年。
② 宋尤袤《遂初堂書目·地理類》，叢書集成初編本，中華書局一九八五年，第一六頁。
③ 宋李心傳《建炎以來繫年要録》卷一九六，中華書局一九八八年，第三三一三頁。
④ 《宋史》卷四三六《儒林傳》，中華書局一九七七年，第一二九四四頁。
⑤ 《金史》卷五〇《食貨志》，中華書局一九七五年，第一一一三頁。

䧟鎮、光州光山縣中渡市、盱眙軍、天水軍，「與北商博易」①。金之榷場略多些，泰和八年經調整，尚有八處：唐州、鄧州、壽州、泗州、息州、潁州、秦州西子城場、鳳翔場。同時，南宋還於榷場外許金國使者與民貿易，或令接引送伴使代爲買賣。所過州軍，縱其爲市。相比之下，金國却不那麽寬鬆。後來，南宋也有所調整。紹興十四年（金皇統四年、一一四四年），「詔北使所過州軍，如要收買物色，令接引送伴所應副，即不得縱令百姓與北使私相交易，可立法禁」②。臨安杭州國信所回易旋亦罷之。

當時，無論戰和，雙方都把涉及國家安全的物資列爲禁品，如糧食、軍器、銅幣、馬牛、書籍等等。而且，制裁措施嚴厲。嘉定十一年（興定二年、一二一八年），宋因商人循海運米，透入虜界，「不可勝計」，遂下令：凡違戾之人，「處以軍法」③。金國也如此。大定二十二年（淳熙九年、一一八二年），壽州刺史、同知、軍事判官及「榷場副使韓仲英等，以受商賂，縱禁物出界，皆處死」④。泰和六年（開禧二年、一二〇六年），「詔賣馬入外境，但至界欲賣而爲所捕即論死」⑤。

① 《宋史》卷一八六《食貨志》，中華書局一九七七年，第四五六五頁。
② 《宋會要輯稿·食貨》三八，中華書局二〇〇六年，第五四八五頁。
③ 《宋會要輯稿·刑法》二，中華書局二〇〇六年，第六五六六頁。
④ 《金史》卷八《世宗紀》，中華書局一九七七年，第一八二頁。
⑤ 《金史》卷一二《章宗紀》，中華書局一九七七年，第二七七頁。

自北宋，防範的重點在遼，禁止有關國家事體的書籍出境。「自非九經書疏悉禁止，違者案罪，其書没官」①。建炎南渡後，防范的重點在金，規定具體，如舉子程文、地理圖籍、諸臣奏議等，凡涉軍政機要，皆不許過淮販賣。嘉泰二年（泰和二年、一二〇二年），嚴令「諸路帥憲司行下諸州軍應有書坊去處，將事干國體及邊機軍政利害文籍，各州委官看詳，如委是不許私下雕印，有違見行條法指揮，並仰拘收繳申國子監。所有板本，日下並行毁劈，不得稍有隱漏，及憑籍騷擾，仍仰江邊州軍常切措置關防。或因事發露，即將興販經由地分及印造州軍不覺察官吏根究，重作施行。委自帥憲司嚴立賞牓，許人告捉，月具有無違戾奏聞。以盱眙軍獲到戴十六等，輒將本朝事實等文字欲行過界故也」②。

儘管宋、金各有禁令，由於邊界漫長，巡邏不力，特别是在經濟利益的驅動下，商賈不惜以身試法，走私猖獗，甚至官吏、軍士也紛紛參與，遂屢禁而不能絶。「邊人多盜販者，往往十百爲群，遇巡尉出邏，則踏開生路以避之，有司亦不敢問，第遙護之出境而已」③。因此，榷場禁令鮮能奏效。

①《宋會要輯稿·食貨》三八，中華書局二〇〇六年，第五四八〇頁。
②《宋會要輯稿·刑法》二，中華書局二〇〇六年，第六五六一頁。
③ 宋李心傳《建炎以來朝野雜記》甲集卷一四，叢書集成初編本，中華書局一九八五年，第一九六頁。

從金國流入的南宋文獻，涉及「靖康」的内容比較突出。宋張端義《貴耳集》卷下云：「道君北狩，在五國城，或在韓州，凡有小小凶吉喪祭節序，北虜必有賜賚，一賜必要一謝表。北虜集成一帙，刊在榷場中博易，四五十年，士大夫皆有之。」所謂「北虜集成一帙」，當指《大金吊伐録》，「載破宋滅遼廢齊諸詔令書檄，及徽欽二帝在北地謝金主諸表文甚備」①。南宋史家徐夢莘《三朝北盟會編》嘗大量引用這部集成②，與金國詔令、文書、牒榜，及其他金人著述，如完顏勖《太祖實録》③、李大諒《征蒙記》等等④。

南宋私家纂述靖康事件，重視參考來自北方的文獻。如宋人確庵《同憤録》，亦名《靖康稗史》，收《開封府狀》、《南征録彙》、《宋俘記》、《青宫譯語》、《呻吟語》等宋、金人著述，加之《南征録彙》所引劉同壽《聖院劄記》、克錫《青城秘録》、高有功《行營隨筆》、趙士先《毳幕閑

① 明沈德符《萬曆野獲編》卷六，中華書局一九八〇年，第一五五頁。

② 宋徐夢莘《三朝北盟會編》録文四十九篇，與《大金吊伐録》頗異。余嘉錫《四庫提要辨證》卷四謂「會編」所載非出自金刻《吊伐録》，必采之案牘及宋人著作。「蓋金人崛起氈裘之中，庶事草創，典章未備，不知保存文獻。宋人雖播遷之餘，而衣冠文物，盡歸江左，故府圖書猶有存者，士大夫亦網羅放失，著作如林，故夢莘得而録之耳」。此説似過。當是金人刊在榷場者，徐氏展轉得之。「會編」涉及私家著述百餘種，幾無完整流傳，而「會編」却免遭厄運，甚至「帝聞而嘉之」。或徐氏心存忌諱，對那些著述有所删削，已無甚違礙，清紀昀等《四庫全書總目》卷四九《史部紀事本末類》有説。

③ 《三朝北盟會編》卷一〇八，上海古籍出版社二〇〇八年，第七九五頁。

④ 《三朝北盟會編》卷一九七，上海古籍出版社二〇〇八年，第一四二二頁。

談》、阿嬾《大金武功記》、佚名《雛鳳清聲》、《宋遺民憤談》、《屯翁日録》、李東賢《辛齋筆記》，及《呻吟語》引《燕人麈》，計十五種之多。咸淳丁卯歲（至元四年、一二六七年），宋耐庵序云：《開封府狀》、《南征録彙》、《宋俘記》、《青宮譯語》、《呻吟語》各一卷，封題「《同憤録》下帙，甲申重午確庵訂」十二字，藏臨安顧氏已三世。甲申當是隆興二年，上册已佚，確庵姓氏亦無考。所採皆虜中書，絶筆於梓宫南返，當是奉迎諸老手筆。高宗朝蒐禁私家紀述。《南征録彙》間有傳本，余僅見上帙，當是靖康元年閏月前事，補以《宣和奉使録》、《甕中人語》各一卷，靖康禍亂始末備已。①

所謂「所採皆虜中書」，當是經榷場從北方傳入。高宗朝所以蒐禁《靖康稗史》那樣的私家著述，無非是涉及的問題與披露的見聞有損趙宋王朝形象，影響其脆弱的統治根基，遂以禁令來鉗制士人。紹興十四年（皇統四年、一一四四年），「秦檜奏乞禁野史。上曰：『此尤爲害事，如靖康以來私記，極不足信。上皇有帝堯之心，禪位淵聖，實出神斷。而一時私傳，以爲事由蔡攸、吴敏。上皇曾諭宰執，謂當時若非朕意，誰敢建言，必有族滅之禍。』樓炤曰：『上皇聖諭亦嘗報行，天下所共知也。』檜曰：『近時學者不知體。人謂司馬遷作謗書，然《武紀》但盡記時事，豈敢自立議論？』」後來，這部《靖康稗史》流入朝鮮，引起鄰國鑒戒，再從那裏傳回本土。

① 崔文印《靖康稗史箋證》卷首，中華書局一九八八年。

金人詩文别集亦流入南宋。宋趙與時《賓退録》卷三引金毛麾《過龍德宫》詩云：「麾字牧達，平陽府人，有《平水老人詩集》十卷行於虜境。榷商或攜至中國，余偶得一帙，可觀者頗多。」宋李心傳《建炎以來繫年要録》卷一五八引金人趙可「文集」《宣德軍判劉某墓誌》、卷一九二引《户部郎中王基墓誌》、卷一九三引《喬扆墓誌》、卷一九六引《魏子平墓碑》等，從中採用了許多重要資料。至金末，一些北方士人如劉昂次霄①、吕之鵬、王予可等人的詩詞作品也在南宋流傳②。

北方文學以格調雄渾而爲宋人關注。如海陵王詩詞，「語出輒崛彊，憝憝有不爲人下之意，境内多傳之。……觀其所存，寓一二於十百，其桀驁之氣，已溢於辭表」③。同時，一些降金者的作品也具有特殊吸引力，如蔡松年《蕭閑集》、吴激《東山集》，書商販於榷場，爲南宋藏書家著録④。張孝純所題《張叔夜挽詩》，爲南宋士人不恥⑤。宇文虚中奉使被留所賦之詩，卻受到南宋士

① 金劉祁《歸潛志》卷四録劉昂次霄《上平西》詞，中華書局一九八三年，第三二頁。另，宋周密《齊東野語》卷二〇亦録，歸女真將領紇石烈子仁名下，中華書局一九八三年，第三六八頁。今按，劉祁爲金末名士，去泰和南征不遠，所記當可信。

② 宋周密《浩然齋雅談》卷下，叢書集成初編本，中華書局一九八五年，第三三頁、三七頁。

③ 宋周密《桯史》卷八《逆亮辭怪》，中華書局一九八一年，第九五頁。今按，宋洪邁《夷堅志》支景卷四、宋徐夢莘《三朝北盟會編》卷二三一亦見引録，等等。

④ 宋陳振孫《直齋書録解題》卷二一《歌詞類》，叢書集成初編本，中華書局一九八五年，第五九六頁。

⑤ 宋趙彦衛《雲麓漫鈔》卷四謂張氏「本朝舊臣，視忠文公，自當愧死，何顔面復爲此詩？故書之以戒爲臣之不忠者」。中華書局一九九六年，第五八頁。

人稱頌①。施宜生「少時」所作《失題》、「奉使本朝時」《題將臺》等等，也在南宋傳播②。

建炎南渡後，北方文物書籍爲宋人所重，需求强勁。紹興九年（天眷二年、一一三九年），河南地復歸南宋。「陝賈往來，攜長安秦漢間碑刻，求售於士大夫，多得善價」③。朱熹通過「北方互市」而獲司馬光《潛虚》金刻本④。宋趙與時《賓退録》卷三論及《南遷録》之僞，以金國文獻爲據：「卷首題『通直郎秘書省著作郎騎都尉賜緋張師顔編』。虜之官制，具於《士民須知》，獨無『通直』一階，其僞一也。」⑤《士民須知》爲章宗承安間纂定，《金史》屢見涉及，内容極爲豐富，如官制、法條等等，以便士民周知遵守，因而成爲南宋窺見金國制度的重要途徑。

北方釋道著述也販運過江。宋陳振孫《直齋書目解題》卷八《地理類》著録「《華山記》一卷，不知名氏」，當指《西岳華山志》，著者王處一，字子淵，號金蓮逸士，大定中黄冠。另，卷八《目録類》著録《釋書品次録》一卷，云：「唐僧從梵集，末有大定丁未黎陽張翬跋，稱『大定丁未』，蓋北方板本也。」

---

① 宋施彦執《北窗炙輠録》卷上，宋元筆記小説大觀本，上海古籍出版社二〇〇一年，第三册三三〇八頁。
② 宋陳鵠《西塘集耆舊續聞》卷六，宋元筆記小説大觀本，第四八三一——四八三二頁。
③ 宋周輝《清波雜誌》卷七，宋元筆記小説大觀本，上海古籍出版社二〇〇一年，第五册五〇八八頁。
④《朱文公文集》卷八一《書張氏所刻潛虚圖後》，四部叢刊本。
⑤ 宋元筆記小説大觀本，上海古籍出版社二〇〇一年，第四一六七頁。

北方醫學著述尤爲歡迎。開禧元年（泰和五年、一二五〇年），荆門守張孝忠獲成無己著述，跋云：「無己此二集自北而南，先以紹興庚戌得《傷寒論注》十卷於醫士王光廷家，後守荆門，又於襄陽訪得《明理論》四卷，因爲刊板於彬山」①。襄陽，南宋設立的榷場所在之一。

二　南北藝文交流的内容

與北方書籍流入南方的情況相比，由南而北則更多些。金代後期，閑閑趙秉文、屏山李純甫、滹南王若虛、遺山元好問、神川劉祁及蒙古中書令耶律楚材等人的著述俱見涉及。

一、經部著述。南宋當局不禁榷場販賣「九經書疏」，表明以「華」意識形態影響「夷」之企圖。明昌後，南宋理學著述傳入金國，打破了北方儒學的沉寂局面，即所謂「金源氏之衰，其書侵淫而北」②。王若虛積數十年之功撰就「雜著」，對兩宋諸儒學説有所繼承，有所批判；李純甫用力近二十載而成《鳴道集説》，從佛學角度審視理學源淵，縱横捭闔，鞭闢入裏，體現了北方儒學的後發生機。

如尹焞《論語解》。焞字彦明，世爲洛人。少師事程頤，不爲科舉，以薦授秘書郎兼説書，累

---

① 金成無己《傷寒明理論》卷末，文淵閣四庫全書本。

② 元郝經《陵川集》卷二六《太極書院記》，文淵閣四庫全書本。

遷徽猷閣待制兼侍講，紹興十二年卒①。今按，李純甫《鳴道集説》「鳴道遺説」涉及；王若虚《滹南遺老集》卷四《論語辨惑》引尹彦明曰：「孔子于曾子不待其問而告之。曾子亦深喻曰：唯。至於子貢，不足以知之。」

又，葉夢得《禮記解》。夢得字少藴，蘇州吴縣人。紹聖四年進士，累遷翰林學士，紹興十八年卒②。今按，《滹南遺老集》卷四《論語辨惑》引葉少藴曰：「古者凡言三年之喪，素冠刺不能喪三年是也。」

又，張九成《孟子解》。九成字子韶，錢塘人。紹興二年狀元，累遷禮部侍郎兼侍講。因得罪秦檜，屢遭貶竄，檜死復官。其説宗程門理學，「亦本之佛氏」③。今按，《滹南遺老集》卷八《孟子辨惑》：「張九成最號深知者，而復不能盡。如論行仁政而王，王者之不作，曲爲護諱，不敢正言，而猥曰：王者王道也。此尤是鄭厚輩所見。」

又，朱熹《論語集注》。熹字元晦，號晦庵，徽州婺源人。紹興十八年進士，累遷焕章閣待制兼侍講④。今按，《滹南遺老集》卷七《論語辨惑》解「當仁不讓於師」，引「晦庵云：『言當勇而

① 《宋史》卷四二八《道學傳》，中華書局一九七七年，第一二七三八頁。
② 《宋史》卷四四五《文苑傳》，中華書局一九七七年，第一三一三六頁。
③ 《宋元學案》卷四〇《横浦學案》，海王邨古籍叢刊本，中國書店一九九〇年，第六一七頁。
④ 《宋史》卷四二九《道學傳》，中華書局一九七七年，第一二七六四頁。

必爲，雖師亦無所讓』。斯得之矣」；另，《孟子集注》。李純甫《鳴道集説》「鳴道遺説」涉及；另，《小學》。《遺山先生文集》卷三八《良佐鏡銘》：「讀新安朱氏《小學》，以爲治心之要。」

又，鄭厚《六經雅言圖辨》。厚字直厚，莆田人。紹興中舉進士第一，坐臺評廢於家①。今按，劉祁《歸潛志》卷一引李純甫曰：「自莊周後，惟王績、元結、鄭厚與吾。」王若虚《滹南遺老集》卷三〇《議論辨惑》引「鄭厚曰：『王道備而帝德消，史法盡而經意遠。』予謂王道不殊於帝德，史法無害于經意。直厚之鄙見如是耳。」

又，吕祖謙《春秋左氏博議》。祖謙字伯恭，婺州人。隆興元年進士，復中博學宏詞科，官至著作郎兼國史院編修②。今按，《滹南遺老集》卷四《論語辨惑》：「吕東萊自謂《左氏博議》乃少年場屋所作，淺狹偏暗，皆不中理。」

史部著述。夏少曾《靖康僉言》。夏氏始末未詳，自謂「余生值靖康丙午之難於都城」③。今按，《遺山先生文集》卷八有《讀〈靖康僉言〉》詩。

又，李燾《續資治通鑒長編》。燾字仁父，丹稜人。紹興八年進士，官至敷文閣學士，《宋史》

---

① 宋晁公武《郡齋讀書志》卷四，文淵閣四庫全書本。

② 《宋史》卷四三四《儒林傳》，中華書局一九七七年，第一二八七四頁。

③ 宋徐夢莘《三朝北盟會編》卷九七引，作《朝野僉言》，上海古籍出版社二〇〇八年，第七一三頁。

卷三八八有傳。今按，金元好問《漆水郡侯耶律公墓誌銘》論及。

又，吕祖謙《通鑑節要》。《宋史》卷二〇三《藝文志》著録，作《吕氏家塾通鑑節要》二十四卷。今按，《遺山先生文集》卷三六《集諸家通鑑節要序》：「汝下弋唐佐集諸家《通鑑》成一書，以東萊吕氏《節要》爲斷。」

又，陳季雅《兩漢博議》。季雅字彦章，宋晁公武《郡齋讀書志》卷五著録。今按，《滹南遺老集》卷三〇《論語辨惑》：「蘇武不降匈奴，名重千古。而當時止得典屬國，世皆恨之。陳季雅曰：『臣子合當事，不當受重賞。』此論雖高，在臣子自處可也，施於國家則不可。」

又，王偁《東都事略》。偁字季平，眉州人。淳熙間修成「事略」，特授直秘閣①。今按，《滹南遺老集》卷三九《詩話》：「近讀《東都事略·山谷傳》云：『庭堅長於詩，與秦觀、張耒、晁補之遊蘇軾之門，號四學士。』」

又，陸唐老《增節音注資治通鑑》。唐老，會稽人，淳熙中進士。所著以備科舉策論之用，「然淺陋頗甚，亦寥寥不詳」②。今按，《遺山先生文集》卷三六《陸氏通鑑節要序》：「歷亭州將張侯晉亨知好此書，取陸氏《詳節》，且以外記及諸儒精義附益之。」

---

① 清紀昀等《四庫全書總目》卷五〇《史部別史類》，中華書局一九九七年，第六九二頁。

② 《四庫全書總目》卷四八《史部編年類》，中華書局一九九七年，第六六六頁。

三、子部著述。如胡寅《崇安聖傳論》二卷。寅字明仲，崇安人。北宋進士，學者稱致堂先生。南渡後，仕爲禮部侍郎，遭秦檜猜忌而貶官①。今按，李純甫《鳴道集説》「鳴道遺説」涉及，王若虚《滹南遺老集》卷四《論語辨惑》亦見。

又，張九成《横浦日新》二卷。今按，《鳴道集説》「鳴道遺説」涉及，《滹南遺老集》卷三六《文辨》引其説：「歐公五代史論多感歎，又多設疑，蓋感歎則動人，設疑則意廣，此作文之法也。」

又，吕祖謙《吕氏家塾》及《讀詩記》、《大事記》。今按，《滹南遺老集》卷四《論語辨惑》論及《吕氏家塾》，卷三一《著述辨惑》又論及後兩種：「終身刻意者，《讀詩記》、《大事記》二書而已。」《滏水集》卷九《和楊尚書子美韻》亦涉：「東萊兩本不朽計，讀書原委有本因。傷哉絶筆《大事記》，讀經未了已亡身。」

又，葉適《學習記言》。適字正則，温州永嘉人。淳熙五年進士，累遷知建康府兼沿江制置使，終於寶文閣學士、通議大夫②。今按，《滹南遺老集》卷二《五經辨惑》引葉氏曰：「少正卯之誅，果於察奸，非先王之正刑不治父子訟，以待其心之自回。」

① 《宋史》卷四三五《儒林傳》，中華書局一九七七年，第一二九二二頁。
② 《宋史》卷四三四《儒林傳》，中華書局一九七七年，第一二八九四頁。

此外，還有筆記雜考。如邵伯温《邵氏聞見録》。伯温字子文，洛陽人。建炎南渡後，官至利州路轉運副使①。藉其父邵雍之緒，猶及見元祐諸耆舊，故於當時朝政具悉端委。今按，《滹南遺老集》卷三〇《議論辨惑》論及。

又，釋惠洪《冷齋夜話》。惠洪字覺範，俗姓彭，筠州人。與丞相張商英交往。政和初，因張氏得罪而受牽連，流放海南崖州，約卒於建炎二年。「論詩實多中理解」②。今按，《滹南遺老集》卷三六《文辨》論及。

又，邵博《邵氏聞見後録》。博字公濟，伯温子。紹興八年，賜同進士出身，以朝散大夫知眉州，以誣降職。所著續其父之書，故曰後録③。今按，《滹南遺老集》卷三四《文辨》：「邵公濟嘗言：『遷史杜詩，意不在似，故佳。』此繆妄之論也。」

又，吴曾《能改齋漫録》。曾字虎臣，崇仁人。秦檜當國，累遷工部郎中，出知嚴州。「當時雖惡其人，而諸家考證之文，則不能不徵引其説，幾與洪邁《容齋隨筆》相埒」④。今按，王若虚《滹南遺老集》卷三三《謬誤雜辨》引録。

---

① 《宋史》卷四三三《儒林傳》，中華書局一九七七年，第一二八五三頁。
② 《四庫全書總目》卷一二〇《雜家類》，中華書局一九九七年，第一六一〇頁。
③ 《四庫全書總目》卷一四一《子部小説家類》，中華書局一九九七年，第一八六二頁。
④ 《四庫全書總目》卷一一八《子部雜家類》，中華書局一九九七年，第一五八〇頁。

又，曾慥《類説》六十卷。慥字端伯，晉江人。官至尚書郎，直寶文閣。是書「成於紹興六年」①。今按，王若虛《滹南遺老集》卷四〇《詩話》：「此江西之餘派，欲益反損，政堪一笑。而曾端伯以喬年爲點化精巧，茆荆産以叔夷爲文婉而意尤長。」

又，葛立方《西疇筆耕》。立方字常之，丹陽人，徙吴興。紹興八年進士，官至吏部侍郎②。今按，王若虛《滹南遺老集》卷三〇《議論辨惑》引葛立方曰：「君命之於前，衆驅之於後，三良雖欲不死，得乎？」

又，洪邁《容齋隨筆》。邁字景盧，鄱陽人。紹興十五年進士，歷官端明殿學士③。今按，《滹南遺老集》卷三四《文辨》引石駘仲卒後喪事，評曰：「邁論固高，學者不可不知。然古今互有短長，亦當參取，使繁省輕重得其中。」

又，程大昌《北邊備對》。大昌字泰之，休寧人。紹興二十一年進士，學術湛深，以龍圖閣直學士致仕④。淳熙中，孝宗問以塞外山川，未能詳對。後摭史傳舊聞，補撰此書。今按，元好問

---

① 《四庫全書總目》卷一二三《子部雜家類》，中華書局一九九七年，第一六四一頁。
② 清厲鶚《宋詩紀事》卷四五，上海古籍出版社一九八三年，第一一四二頁。
③ 《宋史》卷三七三《洪邁傳》，中華書局一九七七年，第一一五七四頁。
④ 《宋史》卷四三三《儒林傳》，中華書局一九七七年，第一二八六〇頁。

《漆水郡侯耶律公墓誌銘》論及①。

此外，還有禪學頌古。建炎南渡後，禪學之臨濟宗、曹洞宗，以「公案頌古」崛起。如《天童正覺禪師廣録》。正覺出隰州李氏，自幼讀書通經史，落髮出家，建炎南渡後，主明州天童寺。紹興二十七年圓寂②。今按，元耶律楚材《萬松老人評唱天童覺和尚頌古從容庵録序》涉及③。

又，釋守賾《古尊宿語録》。守賾，福州鼓山寺藏經執事。紹興八年，採唐宋諸禪宗語録，成書四卷。今按，耶律楚材《萬松老人評唱天童覺和尚頌古從容庵録序》：「嘗訪以祖道，屢以《古昔尊宿語録》中所得者扣之澄公。」澄公指釋徽澄，金哀宗正大元年住陳留東林寺，「道價隱然於東南」④。

又，釋克勤《佛果圓悟禪師碧巖録》，成於宣和七年，刊於建炎二年。克勤字無著，賜號圓悟，亦號佛果，自幼出家，師從臨濟宗法演⑤。今按，金釋行秀《寄湛然居士書》：「竊比佛果《碧巖

①　元蘇天爵《元文類》卷五一，上海古籍出版社一九九三年，第六六〇頁。
②　民國喻謙《新續高僧傳》四集卷一二，高僧傳合集本，上海古籍出版社一九九五年，第八二二頁。
③　金釋行秀《從容庵録》卷首，見日本《續藏經》卷六七，臺灣白馬精舍印經會刊本。
④　金元好問《徽公塔銘》，見李修生主編《全元文》，江蘇古籍出版社一九九七年，第一册六九六頁。
⑤　宋釋普濟《五燈會元》卷一九《昭覺克勤禪師》，中華書局一九八四年，第一二五三頁；元釋念常《佛祖歷代通載》卷三〇，江蘇廣陵古籍刻印社一九九三年，第三四九頁。

集》，則篇篇皆有示衆爲備」①。耶律楚材《評唱天童和尚拈古請益録後序》：「雪竇拈古，佛覺唱評之，擊節《碧巖録》在焉。」

又，釋寶鑒《禪宗頌古聯珠集》。寶鑒號法應，池州報恩光孝禪寺沙門，採摭燈録語録，去取校訂三十餘年，成於淳熙二年。今按，耶律楚材《評唱天童覺和尚拈古請益録後序》：「今佛鑒、佛果《拈八方珠玉集》具在，愈可疑焉。」②所謂《拈八方珠玉集》，即寶鑒《禪宗頌古聯珠集》。

四、集部著述。如孫覿《鴻慶居士集》。覿字仲益，晉陵人。靖康初，專附和議，遷翰林學士。建炎中，連遭貶謫，斥提舉鴻慶宫。詩文頗工，「與汪藻、洪邁、周必大聲價相埒」③。今按，《滹南遺老集》卷三七《文辨》引其《求退表》云云。

又，胡銓《胡忠簡奏議》。銓字邦衡，廬陵人。以賢良方正薦，除樞密院編修官，累遷資政殿學士④。今按，宋羅大經《鶴林玉露》甲編卷六《斬檜書》：「胡澹庵上書乞斬秦檜，金虜聞之，以千金求其書。三日得之，君臣失色曰：『南朝有人。』」所謂三日云云，乃誇誕之詞。

又，張九成《横浦文集》。今按，《滹南遺老集》卷三六《文辨》引張九成云：「歐公五代史論

---

①《從容庵録》卷首，見日本《續藏經》卷六七，臺灣白馬精舍印經會刊本。
②《湛然居士文集》卷八，中華書局一九八六年。
③清紀昀等《四庫全書總目》卷一五七《集部别集類》，中華書局一九九七年，第二一七〇頁。
④《宋史》卷三七四《胡銓傳》，中華書局一九七七年，第一一五九〇頁。

多感歎，又多設疑，蓋感歎則動人，設疑則意廣，此作文之法也。」

又，吕本中《江西宗派詩集》。本中字居仁，壽州人。紹興六年，特賜進士出身，累遷中書舍人兼權直學士院①，年六十二卒②。今按，《滏水集》卷二〇《題學易先生詩》：「未可以江西詩派論也。」《遺山先生文集》卷二四《蘧然子墓碣銘》：「晝入能品，詩學江西詩派。」

又，劉子翬《屏山集》。子翬字彦沖，號病翁，崇安人。以父蔭出仕，後辭歸武夷山。學者稱屏山先生③。今按，李純甫《鳴道集説》「鳴道遺説」涉及。另，《滹南遺老集》卷二七《臣事實辨》引劉子翬曰：「廣德誠太過，然非先發此言以激上心，則猛之言未必見聽也。」

又，曾慥《宋百家詩選》。今按，《滹南遺老集》卷四〇《滹南詩話》：「予嘗病近世《墨梅》二詩以爲過，及觀《宋詩選》陳去非云云、曹元象云云，乃知此弊有自來矣。」

又，張栻《南軒文集》。栻字敬夫，號南軒，漢州綿竹人。南渡名將張浚之子，以蔭入仕，嘗主岳麓書院教事，從學者衆④。今按，李純甫《鳴道集説》「鳴道遺説」；《滹南遺老集》卷三《論語辨惑總論》、卷二八《臣事實辨》俱涉及。

---

① 《宋史》卷三七六《吕本中傳》，中華書局一九七七年，第一一六三七頁。
② 《宋元學案》卷三六《紫微學案》，海王邨古籍叢刊本，中國書店一九九〇年，第五八一頁。
③ 《宋史》卷四三四《儒林傳》，中華書局一九七七年，第一二八七一頁。
④ 《宋元學案》卷五〇《南軒學案》，海王邨古籍叢刊本，中國書店一九九〇年，第七六〇頁。

又，辛棄疾《稼軒詞》。今按，金劉祁《歸潛志》卷八引《鷓鴣天》詞「壯歲旌旗擁萬夫，錦韉突騎渡江初」云云，謂辛退閑後，「紀其少時事也」。

又，林之奇《拙齋集》。之奇字少穎，福州侯官人。紹興二十一年進士，累遷宗正丞提舉閩舶，參帥議。淳熙三年卒①。今按，《滹南遺老集》卷七《論語辨惑》引林少穎曰：「去者仁之清，奴者仁之和，死者仁之任。」另，林之奇輯、吕祖謙注《觀瀾集》。今按，《滹南遺老集》卷三六《文辨》：「其辭蕪陋，讀之可笑，而林少穎《觀瀾集》顧選取之，何其濫也。」

又，吕祖謙《皇朝文鑒》。今按，《滹南遺老集》卷三七《文辨》「張伯玉以《六經閣記》折困曾子固」，云：「予嘗於《文鑒》見其全文，冗長汗漫，無甚可嘉。」

又，魏齊賢、葉棻《播芳大全文粹》。魏氏字仲賢，鉅鹿人。葉氏字子實，南陽人。是編題曰五百家，網羅宏富，亦失之冗濫。今按，《滹南遺老集》卷三六《文辨》論及。

又，徐宅《集千家注分類杜工部詩》。宅字居仁，東萊人②。今按，《滹南遺老集》卷三八《詩話》：「世所傳《千家注杜詩》，其間有曰新添四十餘篇」，「鮑文虎、杜時可閒爲注説，徐居仁復加編次，甚矣世之識真者少也。」

---

① 《宋史》卷四三三《儒林傳》，中華書局一九七七年，第一二八六一頁。

② 宋陳振孫《直齋書録解題》卷一九《詩集類》，叢書集成初編本，中華書局一九八五年，第五二九頁。

又，李石《方舟集》。石字知幾，號方舟，資陽人，進士及第。紹興末爲太學學録，終於成都轉運判官。爲人有氣節，好學善屬文①。今按，《遺山先生文集》卷五《癸卯歲杏花》：「今年閏年好寒節，花開不妨遲一月。」自注：「『留船買魚作寒節』，宋方舟先生李知幾語。」

又，楊萬里《誠齋集》。萬里字廷秀，號誠齋，吉水人。紹興二十四年進士，官至寶謨閣學士。開禧間，聞北伐啓釁，憂憤不食卒②。今按，金劉祁《歸潛志》卷八：李純甫「晚甚愛楊萬里詩，曰：『活潑刺底，人難及也』。」

又，徐似道《竹隱集》。似道字淵子，號竹隱，黄巖人。乾道二年進士。歷官權直學士院，終於提點江西刑獄③。今按，元好問《又解嘲》之二：「詩卷親來酒盞疏，朝吟竹隱暮南湖。袖中新句知多少，坡谷前頭敢道無。」④南湖，指張鎡《南湖集》。鎡字功甫，號約齋，西秦人，居臨安，循王諸孫。官奉議郎、直秘閣。

文集之外，還有詩文評論。如胡舜陟《三山老人語録》。舜陟字汝明，號三山老人，徽州績溪

① 宋李心傳《建炎以來朝野雜記》乙集卷一二《李知幾豪邁》，叢書集成初編本，中華書局一九八五年，第四八二頁。

② 《宋史》卷四三三《儒林傳》，中華書局一九七七年，第一二八七〇頁。

③ 錢鍾書《宋詩紀事補正》卷五三，遼寧人民出版社等二〇〇三年，第三七七九頁。

④ 《遺山先生文集》卷一三，四部叢刊本。

人。大觀三年進士。建炎南渡，以功擢徽猷閣待制，充淮西制置使。後與秦檜交惡，死獄中①。今按，《滹南遺老集》卷三八《滹南詩話》引三山老人曰：「唐人忌重疊用字，如此二説，何其相反歟？」

又，洪興祖《韓文辨正》。興祖字慶善，鎮江丹陽人。政和中，登上舍第，官宣教郎。建炎南渡，累遷知真州，徙饒州。事跡具《宋史》卷四三三《儒林傳》。今按，《滹南遺老集》卷三五《文辨》：「丹陽洪氏注韓文有云：『字字有法，法左氏、司馬遷也。』」

又，阮閱《詩話總龜》。閱字閎休，舒城人。元豐中進士。建炎初，以中奉大夫知袁州，累官户部員外郎②。今按，《滹南遺老集》卷三九《詩話》：「盧延讓有『栗爆燒氈破，貓跳觸鼎翻』之句，楊文公深愛，而或者疑之。予謂此語固無甚佳，然讀之可以想見明窗温爐間閑坐之適。」其中「或者疑之」云云，見於《詩話總龜》卷五。

又，葉夢得《石林詩話》。今按，《滹南遺老集》卷三八《詩話》：「謝靈運夢見惠連而得『池塘生春草』之句，以爲神助。《石林詩話》云：『世多不解此語爲工，蓋欲以奇求之耳。』」

又，黄徹《䂬溪詩話》。徹字常明，莆田人。宣和六年進士，數任縣令，以忤權貴，棄官歸鄉。

① 《宋史》卷三七八《胡舜陟傳》，中華書局一九七七年，第一一六七〇頁。
② 清紀昀等《四庫全書總目》卷一九五《集部詩文評類》，中華書局一九九七年，第二七四二頁。

「其論詩大抵以風教爲本，不尚雕華」①。今按，《滹南遺老集》卷三九《詩話》：「東坡《章質夫惠酒不至》詩有『白衣送酒舞淵明』之句，《砦溪詩話》云：『或疑舞字太過，及觀庾信《答王褒餉酒》云：「未能扶畢卓，猶足舞王戎。」乃知有所本。』」

又，鄭厚《藝圃折衷》。今按，《滹南遺老集》卷三八《詩話》：「郊寒白俗，詩人類鄙薄之。然鄭厚評詩，荆公、蘇、黄輩，曾不比數，而云：『樂天如柳陰春鶯，東野如草根秋蟲，皆造化中一妙。』何哉？哀樂之真，發乎情性，此詩之正理也。」出自《藝圃折衷》。

又，吕本中《紫微詩話》。今按，《滹南遺老集》卷四〇《詩話》：「吕居仁稱其善詠物，而曲當其理，不亦異乎？」

又，葛立方《韻語陽秋》。今按，《滹南遺老集》卷三八《詩話》：「荆公《金牛洞六言詩》，初亦常語，而晁無咎附之《楚辭》，以爲二十四字而有六籍群言之遺味。書生之口，何所不有哉？」晁無咎之論，出自葛立方《韻語陽秋》卷一三。

又，鮑彪論杜詩。彪字文虎，縉雲人，官尚書郎。紹興間撰《戰國策注》。宋黄鶴《杜詩補注》、宋郭知達《集注九家杜詩》皆「引彪之語」②。今按，《滹南遺老集》卷三八《詩話》論及。

① 《四庫全書總目》卷一九五《集部詩文評類》，中華書局一九九七年，第二七四六頁。
② 《四庫全書總目》卷五一《史部雜史類》，中華書局一九九七年，第七一四頁。

又，杜田《注杜詩補遺正繆》。《宋史》卷二〇八《藝文志》著録。田字時可。今按，《滹南遺老集》卷三八《詩話》：世所傳杜詩輯本，「鮑文虎、杜時可間爲注説，徐居仁復加編次，甚矣，世之識真者少也。」

又，趙次公《杜詩證誤》。宋晁公武《郡齋讀書志》卷四著録。今按，《遺山先生文集》卷三六《杜詩學引》：「蜀人趙次公作《證誤》，所得頗多。」

又，嚴有翼《藝苑雌黄》。有翼，建安人①。今按，《滹南遺老集》卷三八《詩話》：「柳公權『殿閣生微涼』之句，東坡罪其有美而無箴，乃爲續成之。其意固佳，然責人已甚矣。吕希哲曰：『公權之詩，已含規諷，蓋謂文宗居廣廈之下而不知路有暍死也。』洪駒父、嚴有翼皆以爲然。」

又，胡仔《苕溪漁隱叢話》。仔字元任，績溪人。官奉議郎知常州晉陵縣，後卜居湖州，自號苕溪漁隱。今按，《滹南遺老集》卷三八《滹南詩話》涉及。

何汶《竹莊詩話》。汶，處州龍泉人。慶元二年進士，官德安府學教授②。今按，《滹南遺老集》卷四〇《滹南詩話》：「《竹莊詩話》載法具一聯云：『半生客裏無窮恨，告訴梅花説到明。』不知何消得如此。」

---

① 宋陳振孫《直齋書録解題》卷一〇《雜家類》，叢書集成初編本，中華書局一九八五年，第三〇〇頁。

② 余嘉錫《四庫提要辨正》卷二四，中華書局一九八六年，第一五九四頁。

同時，諸宫調通俗文藝作品也傳入北方。元楊立齋［般若調·哨遍］序云：「張五牛、商正叔編《雙漸小卿》，趙珍卿善歌。立齋見楊玉娥唱其曲，因作《鷓鴣天》及《哨遍》以詠之。」曲云：「張五牛創製似選石中玉，商正叔重編如添錦上花」①。張五牛，南宋臨安著名藝人。紹興間，「因聽動鼓板中有《太平令》，或賺鼓板，即今拍板大節抑揚處是也，遂撰爲賺」②。商道字正叔，曹州濟陰人。與元好問年輩相若，交誼甚厚，稱之「滑稽豪爽，有古人風」③。

需要説明的是，宋金之間的交流是雙向的，幾乎涉及以藝文爲載體的所有領域，對於彼此拓寬眼界，相互借鑒，促進南北文化的共同發展，都起過積極作用。然而，由於南北分治帶來的種種消極因素，致使這種交流存在諸多限制，不能同步進行，也就難以相互理解了。

因此，各自社會因長期阻隔而造成的文化差異成爲歷史的客觀存在。即使後來統一，這種差異也未能完全消失。清人施國祁以畢生精力研究金代文獻，發現自趙宋播遷江表，南北分隔百餘年，經書文字已有所不同，當「據中原古注本，以定南方本傳寫之誤」，云：

按孫奭《孟子疏》亡於南宋，其存者乃邵武士人纏擾趙注之僞作。史選志所載《孟子》，用趙

---

① 隋樹森《全元散曲》，中華書局一九八一年，第一二七一頁。

② 宋吴自牧《夢粱録》卷二〇《妓樂》，《東京夢華録》外四種本，上海古典文學出版社一九五八年，第三頁。

③ 《遺山先生文集》卷三九《曹南商氏千秋録》，四部叢刊本。

注孫疏，或不過即僞爲真耳。趙秉文有删集《論語》、《孟子》解各十卷。范氏本（吴中范檢討必英藏元刊本《孟子》）又云：「以中原本定南本之誤，則古本猶存，豈金源人尚及見孫疏乎？不可考也。」余曰：曩於暝琴山館見宋槧張九成《孟子注》本，内作「有大人之事，有小民之事」。一字之閒，足知舊刊可貴。①

由此可見，經典文獻的本源也出現了差異。但是，這種差異不過是兩地文化匯聚而成的壯闊波瀾之支流。而那波瀾具有天然的淵源關係，成爲避免永久分裂的切實保障和最終走向統一的堅實基礎。

第六節　金代社會的藏書風尚

女真重視蒐集典藏圖書，當作弘揚文治、鞏固統治基業的大事，努力程度不遜於以往中原封建王朝。世宗論及古今興廢，嘗曰：「經籍之興，其來久矣，垂教後世，無不盡善。」②

① 清施國祁《吉貝居雜記》，雪堂叢刻本，北京圖書館出版社二〇〇〇年，第一册七一九頁。

② 《金史》卷七《世宗紀》，中華書局一九七五年，第一六三頁。

自金初，女真權貴多選遼宋名士教授子弟。如徽州朱弁奉使見留，「金國名王貴人多遣子弟就學」①。鄱陽洪皓亦奉使見留，陳王希尹敬之，「使教其八子」②。熙宗少時，「燕人韓昉及中國儒士教之」③。臨潢張用直以學行稱，「海陵與其兄充皆從之學」④。篡立後，又委之輔導太子。後來，一些名進士相繼被命以「太子諭德」、「太子詹事」或「王府文學」，教授宗室子弟。

至於民間，普遍把「父兄淵源、師友講習、國家教養」當作育人成才的條件⑤、選舉入仕的途徑、振興家族的希望。路伯達幼時，「賦學家有類書名《節事》者，新出價數十金。大家兒有得之者，輒私藏之。母爲伯達買此書，撙衣節食，累年而後致。戒伯達言：『此書當置學舍中，必使同業者皆得觀。少有靳固，吾即焚之矣。』」⑥後來，伯達登第，成爲一代名臣，與母親樹立的賢惠榜樣、給予的良好教育是分不開的。

再如順聖魏德元，嘗謂諸子曰：「我家貲可約五萬餘貫。渾有幾，不若供汝輩讀書。泰則登

---

① 《宋史》卷三七三《朱弁傳》，中華書局一九七七年，第一一五五三頁。

② 《宋史》卷三七三《洪皓傳》，中華書局一九七七年，第一一五五九頁。

③ 宋宇文懋昭《大金國志》卷一二《熙宗孝成皇帝》，中華書局一九八六年，第一七九頁。

④ 《金史》卷一〇五《張用直傳》，中華書局一九七五年，第二三一四頁。

⑤ 《遺山先生文集》卷三六《鳩水集序》，四部叢刊本。

⑥ 《中州集》卷八《路冀州仲顯》，中華書局上海編輯所一九六二年，第四〇五頁。

第，不登第猶足以學自守。」①於是重金館請名師，子弟多有達者：魏琦，擢進士第，官至户部郎中，歿於河南郟城之役；魏玠，中神童科，仕爲延安府司獄；魏璠，登進士第，授翰林修撰；魏笏，屢赴殿試，恩榜賜第。

再如冀州趙榮，臨終援其孫璧手而語之曰：「來，吾畀汝以志。吾令爾父讀書，欲大吾門閭，不幸蚤卒。成吾志者，惟汝而已，其惟勉之。弟不見聳壑昂霄爲恨耳！」璧感奮，泣血力學，泳今茹古，蹬踴群倫，擢興定五年進士第，累遷權尚書户部主事，金末歿於國難②。

再如陵川郝思温，天挺之子，與遺山同從父學。天興元年，河南亡，攜子經北渡，寓居保州，處境貧寒。元郝經《先妣行狀》云：

經年十有六，欲以幹蠱自任。先妣謂家君曰：「郝氏業儒四世矣。名士如元遺山者，我自出之。故家淵源，當益浚之，可自我而涸乎？今宗族之在河南者皆盡矣，惟吾獨在，有三子焉，豈非天也？使是子也而有成，不墜家聲，吾儕凍餒無憾。其或不成，亦云命矣，于吾擇何有。若以利責之子而不教，是廢先世也。先世之靈，照之在上，質之在傍，將於誰而責也？」故家君感泣，爲之賦詩，有「日月儻隨天地在，詩書終療子孫貧」之句。於是命經就學，欲其先經也，乃命之曰

① 元魏初《青崖集》卷五《先君墓碣銘》，四庫全書珍本叢刊本。
② 元郝經《陵川集》卷三五《許鄭總管趙侯述先碑銘》，文淵閣四庫全書本。

「經」。經亦感奮，以夜繼日，或冠衣不釋，如是者有年。①

這種將讀書視爲改變人生與家族命運的普遍認知，激發了當時社會士庶的讀書藏書熱情。

一 金代的藏書機構

有金一代，各類藏書機構林立，遍及各地，成爲當時社會生活的重要組成部分。

一、皇家藏書。 自西周的「守藏室之史」，西漢的「内書」與「外書」，至東漢的「秘書監」，經籍典藏制度逐漸形成。蒐集、整理、典藏圖書，已成爲盛世文治的象徵與需要。入唐後，除秘書省，又設弘文館、崇賢館、司經局、史館、翰林院、集賢院等機構藏書。北宋時，昭文館、集賢院、史館與秘閣爲國家藏書處所。同時，國子監、學士院、司天監等亦各有收藏，宫廷大内的龍圖閣、太清樓和玉宸殿等，所藏尤爲精緻。

女真滅遼與北宋後，注重接收兩國的文化遺産。天輔五年，太祖詔曰：「若克中京，所得禮樂儀仗圖書文籍，並先次津發赴闕。」② 攻陷汴京，則盡取圖籍，包括國子監官書③；三館文籍國書、

① 《陵川集》卷三六，文淵閣四庫全書本。

② 《金史》卷二《太祖紀》，中華書局一九七五年，第三六頁。

③ 宋佚名《靖康要録》卷一四：靖康元年十二月二十五日，「虜人入國子監取官書，凡王安石説皆棄之」。叢書集成初編本，中華書局一九八五年，第二八五頁。今按，《三朝北盟會編》卷七三繫於二十六日。

監本印版，太清樓書「皆黄帕牙籤」①；秘閣書籍，宋人文集，陰陽醫卜之類②，以及「監書藏經，蘇、黄文及古文書、《資治通鑑》諸書」，並「蘇文墨跡」③；「藏經、道經等書板」④。此外，還有各類圖書牒譜，如大内圖，夏國圖，天下州府、尚書省圖，百王圖，寶籙宫圖，隆德宫圖，相國寺圖，五岳觀圖，神霄宫圖，天寧寺圖，宋朝開國登寶位赦書舊本，夏國奏舉書本等⑤；古聖賢圖像，明堂辟雍圖，皇城宫闕圖，四京圖，大宋百司並天下州府職貢令應⑥；及「宗正玉牒」⑦。

同時，又命「開封府披撥見錢收買」，甚至「直取於書籍鋪」⑧。即使私家藏書也指名索取，不

① 《靖康要録》卷一五「靖康二年二月二日」，叢書集成初編本，中華書局一九八五年，第三〇七頁。
② 《靖康要録》卷一五「靖康二年正月二十六日」，叢書集成初編本，中華書局一九八五年，第三〇三頁。
③ 宋徐夢莘《三朝北盟會編》卷七三，上海古籍出版社二〇〇八年，第五四八頁。
④ 《靖康要録》卷一五「靖康二年二月四日」，叢書集成初編本，中華書局一九八五年，第三〇七頁。
⑤ 《三朝北盟會編》卷七八「靖康元年十二月三十日」，上海古籍出版社二〇〇八年，第五八七頁。
⑥ 《靖康要録》卷一五「靖康二年正月二十六日」，叢書集成初編本，中華書局一九八五年，第三〇三頁。
⑦ 崔文印《靖康稗史箋證·甕中人語》，中華書局一九八八年，第八四頁。
⑧ 宋徐夢莘《三朝北盟會編》卷七三，上海古籍出版社二〇〇八年，第五四八頁。

令放過①。然後命汴京留守司「差兵八千人」②，將這些書籍、印版載之太平車③，搬往金兵大營，再運回京師會寧。

女真南征中，仍以圖書文籍爲重要戰利品。天會五年，攻同州，以官守請降，「入州學，取書籍而去，餘無秋毫之擾」④。陷毗陵，北宋詞家賀鑄《慶湖遺老集》稿本尚未刊行，爲「酋攜去」⑤。赤盞暉以洺州刺史從宗弼伐宋至餘杭，及還，「載《資治通鑑》版以歸」⑥。自江南至東北，翻山越

① 宋佚名《靖康要録》卷一六：「虜遣使入普浄寺，取朱勔家書畫」。叢書集成初編本，中華書局一九八五年，第三二六頁。

② 《三朝北盟會編》卷七八，上海古籍出版社二〇〇八年，第五八七頁。

③ 宋孟元老《東京夢華録》卷三《般載雜賣》：「東京般載車，大者曰太平，上有箱無蓋，箱如構欄而平，板壁前出兩木，長二三尺許，駕車人在中間，兩手扶捉鞭鞍駕之，前列騾或驢二十餘，前後作兩行；或牛五七頭拽之。車兩輪與箱齊，後有兩斜木腳拖夜；中間懸一鐵鈴，行即有聲，使遠來者車相避。仍於車後繫驢騾二頭，遇下峻險橋路，以鞭唬之，使倒坐緾車，令緩行也。可載數十石。」上海古典文學出版社一九五八年，第二一頁。

④ 《三朝北盟會編》卷一一四，上海古籍出版社二〇〇八年，第八三四頁。

⑤ 宋寇翼《慶湖遺老集序》，見《慶湖遺老集》卷首，文淵閣四庫全書本。今按，賀鑄嘗寓居毗陵，卒於宣和七年。

⑥ 《金史》卷八〇《赤盞暉傳》，中華書局一九七五年，第一八〇六頁。

嶺，渡江跨河，成爲一次頗爲壯觀的書版流動①。

天眷元年，上京建「稽古」殿以藏書②。遷都燕京後，則有「蓬萊院」、「賁文館」等③。先是女真人利用原北宋書庫人才管理藏書④，繼之設秘書監，「通掌經籍圖書」，「校勘在監文籍」⑤。秘書監置監、少監、丞，各有所職。至於吏員，則有「楷書」若干，年俸「六貫石」⑥，專事抄寫文獻典籍。秘書監亦編纂經籍。大定十二年，詔有司：「凡陳言文字，皆國政利害，自今言有可行，以其本封送秘書監，當行者録副付所司」⑦。

① 北宋元祐七年，《資治通鑑》雕畢於杭州，全書二百九十四卷，四百餘萬字。以每頁十四行、行二十字計，每塊雕版五百七十六字，約七千塊。按序裝箱，用車五十餘輛，加上馭馬車夫、押運護衛，翻山越嶺，防水防火，極爲艱難。參見解生祥、孫麗萍《〈資治通鑑〉在金朝的歷史地位》，《北方文物》一九九七年第二期。

② 《金史》卷二四《地理志》，第五五〇頁。

③ 宋宇文懋昭《大金國志校證》卷二四《宣宗皇帝》，中華書局一九八六年，第三三一頁。

④ 《三朝北盟會編》卷七八：靖康中，女真索汴京各色官吏、匠人等專業技術人才，其中包括「國子監書庫官」、「秘書省書庫官」。上海古籍出版社二〇〇八年，第五八七頁。

⑤ 《金史》卷五六《百官志》，第一二六九頁。

⑥ 《金史》卷五八《百官志》，第一三四七頁。

⑦ 《金史》卷七《世宗紀》，第一五五頁。

自金初至貞祐，授秘書監職官者多爲皇戚貴族，或飽學之士，或近侍寵幸。如張綱①、蕭肄②、蕭裕③、蕭賾④、高守元⑤、完顔文⑥、孫九鼎⑦、納合椿年⑧、張仲軻⑨、田與信⑩、郭長倩⑪、王可

---

① 金李端謀《大金涿州智度寺邑人供塔碑銘並序》，天會十年仕爲「涿州軍事判官文林郎試秘書監校書郎」。見清陸耀煇《八瓊室金石補正續編》卷六一，續修四庫全書本，上海古籍出版社影印。今按，「監」原作「省」，抄誤或刊誤。

② 蕭肄，《金史》「佞幸」有傳。皇統七年，以秘書監拜參知政事，見《金史》卷四《熙宗紀》，第八三頁。

③ 蕭裕，《金史》「佞幸」有傳。天德二年，以秘書監擢尚書左丞，見《金史》卷五《海陵紀》，第九五頁。

④ 宋李心傳《建炎以來繫年要録》卷一六一，中華書局一九八八年，第二六二五頁。今按，原作「蕭頤」，當是刊誤。頤，賾之弟，見《金史》卷九一《蕭懷忠傳》，大定三年仕爲安州刺史。

⑤ 天德中，高守元以校書郎與司天臺馬貴中「奏天象災異忤旨」。見《金史》卷一三一《方伎傳》，第二八一三頁。

⑥ 完顔文，宗望子，貞元元年除秘書監。見《金史》卷七四《完顔文傳》，第一七一〇頁。

⑦ 孫九鼎，天會六年擢經義狀元。嘗仕爲秘書少監，見宋洪邁《夷堅甲志》卷一《孫九鼎》，中華書局一九八一年，第二頁。

⑧ 納合椿年，海陵時，除秘書監，見《金史》卷八三《納合椿年傳》，第一八七二頁。

⑨ 張仲軻，本以俳優詼諧語爲業。海陵即位，爲秘書郎，遷秘書丞，轉少監。見《金史》卷一二九《佞幸傳》，第二七八一頁。

⑩ 田與信，海陵朝仕爲校書郎，見《金史》卷一二九《佞幸傳》，中華書局一九七五年，第二七八二頁。

⑪ 郭長倩，皇統六年進士，官秘書少監。見《金史》卷一二五《文藝傳》，第二七二〇頁。

道①、完顔爽②、趙興祥③、楊邦基④、任倜⑤、鄭子聃⑥、張大節⑦、賈少沖⑧、大穎⑨、石抹頤⑩、

① 王可道，正隆四年以秘書監奉命爲賀宋生日使。見《金史》卷五《海陵紀》，第一一〇頁。

② 完顔爽，太祖子。大定初，封温王，授秘書監。見《金史》卷六九《太祖諸子》，第一六〇五頁。

③ 趙興祥，世宗即位後除秘書監。見《金史》卷九一《趙興祥傳》，第二〇二六頁。

④ 楊邦基，大定初，仕爲秘書少監，遷翰林直學士，再遷秘書監兼左諫議大夫、修起居注。見《金史》卷九〇《楊邦基傳》，第二〇〇七頁。

⑤ 任倜，世宗時，除秘書少監。見宋張棣《金圖經·族帳部曲録》，載李澍田等《金史輯佚》，吉林文史出版社一九九〇年，第九七頁。

⑥ 鄭子聃，大定初仕爲秘書少監。見《金史》卷一二五《文藝傳》，第二七二六頁。

⑦ 張大節，世宗時擢秘書郎。見《金史》卷九七《張大節傳》，第二一四五頁。

⑧ 賈少沖字若虚，通州人。大定二年除秘書少監，十七年遷太常卿，仍兼秘書少監。見《金史》卷九〇《賈少沖傳》，第二〇〇一頁。

⑨ 大穎，大定二年，起爲秘書丞。見《金史》卷六《世宗紀》，第一二六頁。

⑩ 石抹頤，大定三年仕爲秘書少監。見《金史》卷八九《移剌子敬傳》，第一九八八頁。

移剌子敬①、王彦潛②、豫王永成③、毛麾④、李晏⑤、康元弼⑥、徒單繹⑦、張汝方⑧、温迪罕締

① 移剌子敬，大定七年以秘書監奉詔經略北邊。見《金史》卷六《世宗紀》，第一三九頁。

② 王彦潛，大定十六年，以「翰林直學士中大夫知制誥兼行秘書少監虞王府文學」，奉命撰《貞憲王完顔希尹神道碑》，見民國羅福頤《滿洲金石志》卷三，歷代碑誌叢書本，江蘇古籍出版社一九八八年，第二三册六〇頁。

③ 豫王永成，大定十六年，判秘書監。見《金史》卷八五《世宗諸子》，第一九〇六頁。

④ 毛麾，大定十六年，特賜進士出身，授校書郎。見《中州集》卷七《毛宫教麾》，中華書局上海編輯所一九六二年，第三三八頁。

⑤ 李晏字致美，澤州高平人。金邊元忠《西京副留守李公德政碑》謂，大定二十二年，「自秘書少監」出佐西京。見《金文最》卷七三，中華書局一九九〇年。

⑥ 康元弼，大定末遷大理少卿，轉秘書少監，兼著作郎。見《金史》卷九七《康元弼傳》，第二一五九頁。

⑦ 徒單繹，明昌元年除秘書丞，見《金史》卷一〇〇《孟鑄傳》，第二二〇一頁。

⑧ 張汝方，明昌三年仕爲秘書郎。見《金史》卷一二六《文藝傳》，第二七三一頁。

達⑲、耿端義②、呂貞幹、趙泌③、李遹④、霍王從彝⑤、蒲察思忠⑥、遂王守禮⑦、蒲察合住等等⑧。另外，尚書省各部也都藏有圖書文籍。天德四年，趙安時「因任太常職事，於寺扃檢討舊書，偶見仙墨碑」⑨。

女真君主爲加强皇子的文化教育，又設太子司經，或稱「太子校書郎」，「掌經史圖籍筆硯等

---

① 温迪罕締達，嘗仕爲國史院編修官，遷秘書丞。見《金史》卷一〇五《温迪罕締達傳》，第二三二一頁。

② 耿端義，嘗仕爲太常丞兼秘書郎。見《金史》卷一〇一《耿端義傳》，第二二三四頁。

③ 清張金吾《金文最》卷五六《集議德運省劄》，中華書局一九九〇年。

④ 李遹，明昌二年詞賦進士，嘗以太常博士兼秘書監校書郎。今按，「監」原作「省」，當是刊誤。見《遺山先生文集》卷一七《寄庵先生墓碑》，四部叢刊本。

⑤ 霍王從彝，承安四年除秘書監。見《金史》卷九三《顯宗諸子》，第二〇五七頁。

⑥ 蒲察思忠，貞祐二年以過失降秘書監兼同修國史。見《金史》卷一〇四《蒲察思忠傳》，第二三〇〇頁。

⑦ 遂王守禮，即太子守緒，是爲哀宗。貞祐初授秘書監。見《金史》卷一七《哀宗紀》，第三七三頁。

⑧ 蒲察合住，正大元年仕爲秘書監。見《金史》卷一七《哀宗紀》，第三七四頁。

⑨ 金趙安時《重修真澤二仙廟碑》，見《金文最》卷六七，中華書局一九九〇年。

事」①。見於記載，劉敏行②、王韶③、郭宗益④、劉迎⑤、梁襄⑥、徐孝美⑦、路伯達⑧、奥屯忠孝⑨、王彪⑩，俱歷此職。

後宫嬪妃亦學習文化，聘博學老儒任宫教之外，並設「司籍二人、典籍二人、掌籍二人、女史十人，掌經籍教學紙筆几案之事」⑪。皇后位下女職還有「秉儀」、「丞儀」各一員，「掌左右給事、

① 《金史》卷五七《百官志》，中華書局一九七五年，第一三〇〇頁。

② 劉敏行，天會三年進士，除太子校書郎。見《金史》卷一二八《循吏傳》，第二七六二頁。

③ 王韶，天會六年以「太子校書郎守安次縣丞」爲《重建十方大悲禪院記》篆額。見金釋如智《重建十方大悲禪院記》，載清陸耀煇《八瓊室金石補正續編》卷六一，續修四庫全書本，上海古籍出版社影印。

④ 郭宗益，天會十五年以「文林郎太子校書郎守獲鹿縣丞」，爲《奇石山磨崖記》篆額，見金鞏伯壎《奇石山磨崖記》，《八瓊室金石補正續編》卷六一，續修四庫全書本，上海古籍出版社影印。

⑤ 劉迎，大定十三年進士，「除豳王府文學，改太子司經，顯宗特親重之」。見《中州集》卷三《劉記室迎》，中華書局上海編輯所一九六二年，第一〇九頁。

⑥ 梁襄，以諫世宗幸金蓮川擢禮部主事、太子司經。見《金史》卷九六《梁襄傳》，第二一三七頁。

⑦ 徐孝美，大定十八年以司經爲皇太孫侍讀。見《金史》卷九《章宗紀》，第二〇七頁。

⑧ 路伯達，大定二十五年改秘書郎，兼太子司經。見《金史》卷九六《路伯達傳》，第二一三八頁。

⑨ 《金史》卷一〇四《奥屯忠孝傳》，第二二九八頁。

⑩ 王彪，興定二年經義魁。「宣宗喜其文，以爲似古人，特授太子副司經，國史院編修官，進司經」。見金劉祁《歸潛志》卷五，中華書局一九八三年，第四三頁。

⑪ 《金史》卷五七《百官志》，第一二九七頁。

宣傳啓奏、經籍紙筆之事」①。

從上京會寧到中都燕京，經籍文物，蓄積宏富，燦然可觀，而女真仍不遺餘力蒐求。明昌五年，「詔購求《崇文總目》内所闕書籍」②。泰和元年，「敕有司，購遺書宜尚其價，以廣搜訪。藏書之家有珍惜不願送官者，官爲謄寫，畢復還之，仍量給其值之半」③。購求之殷切，規定之合理，反映出女真已完全融入中原文明之中了。

貞祐二年五月，在蒙古鐵騎的打擊下，宣宗倉惶逃離中都，「廟社、陵寢、宫室、府庫，至於圖籍、重器，百年積累，一朝棄之」④。隨駕物品包括「三省及禁中存留文書，並秘書監、蓬萊院、賁文館書籍，計用三萬車；犀玉、瑪瑙等器，計用駱駝三千頭」⑤。實際上，那些由燕至汴的圖書、寶器，不過「千之一耳」⑥。大金秘書監從此失去了昔日的輝煌。

需要指出的是，由於封建統治的局限性，皇家及官藏經籍，既不向社會公衆開放，難以發揮藏

---

①《金史》卷五七《百官志》，第一二九九頁。
②《金史》卷一〇《章宗紀》，第二三一頁。
③《金史》卷一一《章宗紀》，第二五七頁。
④《金史》卷一〇九《許古傳》，第二四一二頁。
⑤宋宇文懋昭《大金國志》卷二四《宣宗皇帝》，中華書局一九八六年，第三三一頁。今按，「監」原作「省」。
⑥《遺山先生文集》卷三六《如庵詩文敘》，四部叢刊本。

書作用，也多因王朝更疊而遭受兵火厄運。吴晗《兩浙藏書家史略序》云：

大抵政府收藏，多隨政治局面之隆替而興廢，且其采掇，僅憑官司，無論精校丹黄，即鑒别真贋，品評得失，亦絶不可得。甚或深幽瓊閣，徒飽蠹魚，日蝕月消，終歸湮滅。其不爲學者所重也固宜。①

因此，金代學校、寺廟、道觀等處所藏典籍，以其存在普遍、允許士庶閲覽，而成爲覆蓋當時社會的藏書網絡，起到傳播文化與交流信息的作用。

二、學校藏書。金代國子監轄國子學、太學，「分掌教授生員、考藝業」②。同時，亦藏書校書。皇統四年，楊用道爲「汴京國子博士」，以行省「乾統間所刊《肘後方》善本」，校訂附廣，「下監俾更加讎次，且爲之序而刊行之」③。

各地亦設官學。大定十六年，府學十七處。章宗大定二十九年，又置節鎮、防禦州學六十處。此外，還有女真府學二十二處，如中都、上京、胡里改、合懶、蒲與、婆速、咸平、泰州、臨潢等。這些府州官學各有藏書。如太原府學，「講學談經，既有堂與齋矣；儲粟藏書，既有庫矣；

① 《江浙藏書家史略》卷首，中華書局一九八一年。

② 《金史》卷五六《百官志》，中華書局一九七五年，第一二七一頁。

③ 金楊用道《附廣肘後方序》，見《金文最》卷三六，中華書局一九九〇年。

飲食有庖，祭祀有器。秀茂之士，其至如歸」①。曲阜廟學，尤爲講究。「廟有層閣，以備庋書」②。而且，府學州學之規制，均整齊劃一。「從祀畫像之廡，經籍、祭器之庫，肄業之館，庖廚之室，高下相對，凡四十楹，皆創建而一新之。壯麗宏敞，合禮應圖。以至階序之佈列，垣墉之環繞，水竇之濬治，花木之栽植，一一如式」③。

地方府學以京兆最著名。漢唐古都，人才薈萃，文化傳統底蘊深厚。明昌中，劉仲遊《觀京兆府學》詩云：「一覽古碑辭翰，頓還舊觀神明。」④自正隆迄正大，土木翻修，迤邐不斷。「殿宇翬飛，石經堵立。齋廚廊廡，煥然一新。濟濟乎，洋洋乎，聚秀異而誨焉。《易》以經之，《禮》以緯之，《詩》、《書》以成之，《春秋》以斷之。標準《語》、《孟》，鼓吹《韓》《柳》，博採於歷代史氏，日漸月滋，作爲文章，華國藩身，厥跡茂矣」⑤。及第進士亦以長安爲多，刻諸貞石⑥。學官教授以訓導之職爲榮，有如「修木異幹，始自枝葉扶疎，至於拂雲蔽日，其長養培植，必有贊造化之功

---

① 金趙渢《太原府學文廟碑》，見《金文最》卷七六，中華書局一九九〇年。
② 金党懷英《曲阜重修至聖文宣王廟碑》，見《金文最》卷七〇，中華書局一九九〇年。
③ 金王去非《博州重修廟學碑》，見《金文最》卷六九，中華書局一九九〇年。
④ 清王昶《金石萃編》卷一五六，歷代碑誌叢書本，江蘇古籍出版社一九九八年，第七册五四六頁。
⑤ 金劉渭《重修府學教養碑》，見《金文最》卷八二，中華書局一九九〇年，第一一九四頁。
⑥ 清王昶《金石萃編》卷一五八《進士題名記》、卷一五九《改建題名記》，歷代碑誌叢書本，江蘇古籍出版社一九九八年，第七册五七一頁、五九〇頁。

者，閲之以春秋，歷之以寒暑，風雨之所散潤，雪霜之所堅實而已」①。

至於縣學，系「士庶自願建立」，藏書情况千差萬别。肥鄉廟學，「講經有堂，肄業有齋，貯書有庫，修膳有廚，壯偉閎敞，焕然一新」②。而夏邑儒學，就讀士人不過「釋耒耜而挾書册」③。由於經費所限，未能享受廟學藏書的益處。

官學之外，還有鄉塾。當時，以教授生徒而名聞天下者，各地皆有。如渾源翠屏書院，爲金初詞賦狀元劉撝講學處④。平陰王去非，學問博贍，貫穿融會，鄉鄰咸尊師之。「有請焉，無賢不肖，必爲之盡言。或怪其不擇，曰：善者吾獎之，不善者吾勉之，誠均入于善，奚必擇？故受業於門者，人皆以爲獨厚於己也」⑤。這些書院鄉塾也都藏有一定數量的圖籍。

遺山先生嘗描繪金之盛時的文化教育：「鄉校、家塾，弦誦之音相聞。上黨、高平之間，士或帶經而鋤，有不待風厲而樂爲之者」⑥。以「鄉校家塾，弦誦之聲相聞」，概括政治昌明、文教繁

① 金孫通祥《京兆府學教授題名記》，中國西北地區歷代石刻彙編本，天津古籍出版社二〇〇〇年，第七册一〇四頁。

② 金龐雲《肥鄉縣創建文宣王廟碑》，見《金文最》卷七九，中華書局一九九〇年。

③ 金左容《夏邑縣重修儒學碑》，見《金文最》卷七五，中華書局一九九〇年。

④ 《（光緒）山西通志》卷五五《古跡考》，中華書局一九九〇年，第九册三九九七頁。

⑤ 金党懷英《醇德先生墓表》，見《金文最》卷八九，中華書局一九九〇年。

⑥ 《遺山先生文集》卷三二《壽陽縣學記》，四部叢刊本。

榮，文獻不乏記載，而「士或帶經而鋤」，却是獨特而生動的現象。此外，一些地方還建有書樓文庫，如潞州①、洪洞等等。金孔天監《洪洞縣藏書記》云：

每三歲大比，秀造輩出，取數居多。故遈能西府，則老鄭爲之魁；較藝上都，則二郭取其乙。祖慶以妙齡馳譽，居善以老成擢試。濟濟藹藹，前後相望。吾見其進，未見其止也。雖家置書樓，人畜文庫，尚慮夫草萊貧乏之士，有志而無書，或未免借覯手録之勤，不足於采覽，無以盡發後生之才分。吾友承慶先輩，奮爲倡首，以贖書是任。邑中之豪從而和之，歡喜施捨，各出金錢。於是得爲經之書有若干，史之書有若干，諸子之書有若干，以至類書字學，凡繫於文運者，粲然畢修。噫！是舉也，不但便於己，蓋以便於衆；不特用於今，亦將傳於後也，顧不偉哉！將見濡沫涸轍者，游泳於西江之水；糊口四方者，厭飫乎太倉之粟。書林學海，覽華實而探源流，給其無窮之取，而盡讀其所未見之書，各足其才分之所當得，莫不推本於此。則房山之藏，不得專美於李氏；閱市之區區，無勞於漢人也。以是義風率先他邑，使視而仿之，慕而效之，一變而至於齊、魯，蔚然禮義之鄉，其爲善利，豈易量哉！承慶，同舍友也，累書索仆爲記。仆寓居鄉里，人事

① 清吴式芬《金石彙目分編》卷一一《潞安府》著録《金藏書樓記》，大定中知州蓋善倡議修建。見石刻史料新編本，臺北新文豐出版公司一九七七年，第一輯二八册二一二五六頁。

袞袞，不惟不敏，蓋亦不暇。然勉强爲之者，兹不朽之善事，亦冀得一託名於其上也。①洪洞隸平陽，與刻書重地毗鄰，既方便求書，也爲之熏染，遂有「家置書樓，人畜文庫」的景象。因此，一經有識者倡議贖書，邑中之豪從而和之，扶助那些有志而無書的「草萊貧乏之士」，「不但便於己，蓋以便於衆；不特用於今，亦將傳於後」。這樣的思想舉措，不僅當時難能可貴，即使今天也具有積極的啓發意義。

三、佛寺藏書。 自東漢，佛教寺院已有藏書，僧俗譯經寫經，漸成傳統。這與佛教宣揚的功德觀念密不可分。如《法華經》「法師功德品」的説法令人心動：善男善女受持是經，「若讀、若誦、若解説、若書寫」，當獲功德，與一切的過去、未來及其之間的因果報應具有密切關係。這種觀念引發了從帝王到釋俗對佛教經典的崇拜，成爲寺院寫（刻）經、藏經的内在動力。

六朝前，寺院藏書多爲譯經。隋唐時，佛教經歷了本土化改造，南北佛學開始融合，並形成諸多宗派，也推出諸多著述。後來，隨着雕板印刷術的發明，寺院藏書進入新的階段。另外，當時書志排斥釋道文獻，一般不予著録，這迫使釋徒不得不自行整理藏書，從而促進了寺院藏書體系的獨立與完善。至唐代，佛教目録學已超越世俗。入宋後，寺院藏書由寫本轉爲刻本，並向雕版大藏發展。

① 《金文最》卷二八，中華書局一九九〇年。

金代寺院也如此。如實坻大覺寺自遼置有「藏經之所」，貞元間，「又建内經一藏，漆函金飾，工制瓌瑋」①；正隆間，晉陽重修天龍寺「復修經藏一所」②；明昌時，濟州普照寺智照和尚用錢二百餘萬，從京師弘法寺所藏經板印製，「得金文二全藏以歸」③，一部爲黄卷赤軸卷子本，藏之寳輪，一部爲摺疊梵册本，漆板金字，藏之於壁。

寺院藏書處名經樓書閣。如新蔡開元寺經樓④、熊岳縣興教寺經閣⑤、臨洮觀音院書閣等等⑥，屢見當時文人墨客來此遊覽題詠。至於古刹名寺，或建在山水幽静處，加之富有藏書，常引來士人

① 金張瓚《大覺寺記》，見《金文最》卷二三，中華書局一九九〇年。

② 金智允迪《重修天隆寺碑》，見《金文最》卷六七，中華書局一九九〇年。

③ 金趙諷《濟州普照禪寺照公禪師塔銘》，見《金文最》卷一一一，中華書局一九九〇年。

④ 金王寂《拙軒集》卷二《至新蔡寓居開元寺暇日與文伯起登經樓賦詩》，叢書集成初編本，中華書局一九八五年，第二〇頁。

⑤ 金王寂《甲辰次熊岳縣宿興教寺晚登經閣亦漫繼兩詩》，見羅繼祖、張博泉《鴨江行部志注釋》，黑龍江人民出版社一九八四年，第二八頁。

⑥ 金李著《觀音院書閣》詩：「門巷蓬蒿一尺深，小軒岑寂似山林。鳥聲落枕有高下，山色閱人無古今。客裏三年侵老境，床頭一易浣塵襟。晚涼癡坐忘言裏，滿地西風白玉簪。」著字彦明，真定人。承安二年進士，嘗以户部員外郎坐大中黨事，謫臨洮府判官，量移西京路按察司判官，遷彰德府治中。詩中「客裏三年」云云，當作於貶官臨洮時。見《中州集》卷九《李治中著》，中華書局上海編輯所一九六二年，第四七二頁。

就讀。如順天抱陽巖寶教院之顯濟寺，趙攄「嘗讀書於此」①，後奪詞賦狀元。隆慮黄華山慈明、覺仁二寺，相去不半里。王庭筠來此卜居，前後十年，悉力經史，「旁及釋老家，尤所精詣」②。永平西山寺，李有之、高唐卿、趙廷玉嘗讀書寺中，「後三人皆登上第」③。

寺院藏書也使一批能詩善文的釋徒脱穎而出。如釋覺悟，探道覩奥，經律論説，人莫能濟其畔岸，皇統二年賜紫及崇辯大師號④。釋政言，大定中「舉揚宗旨，脱落窠臼，如鶻起長空，駿騰平野，奔逸絶塵，難爲覬附」⑤。少林長老木庵英粹中，趙秉文稱之「書如東晉名流，詩有晚唐風骨」，元好問譽之「百年以來爲詩僧家第一代者」⑥。

值得提及的是，除佛教典籍，寺院還藏有醫籍。金初時，辯才大師開堂仰山，得醫者度爲僧，俾主藥局，「病者亦安之」。興定末，東林隆住少林，「取世所必用療疾之功博者百餘方以爲藥，使病者自擇焉。僧德、僧浹靖深而周密，又廉於財，衆請主之」⑦。度醫者爲僧，也將世俗醫籍藥典

---

① 金元好問《續夷堅志》卷三《抱陽二龍》，中華書局一九八六年，第六一頁。
② 《遺山先生文集》卷一六《王黄華墓碑》，四部叢刊本。
③ 《續夷堅志》卷三《三秀軒》，中華書局一九八六年，第六一頁。
④ 金范楫《崇辯大師塔銘並序》，見清陸耀煇《八瓊室金石補正續編》卷五八，續修四庫全書本，上海古籍出版社影印。
⑤ 民國喻謙《新續高僧傳四集》卷一六《釋政言傳》，高僧傳合集本，上海古籍出版社一九九五年，第八三一頁。
⑥ 《遺山先生文集》卷二一《木庵詩集序》，四部叢刊本。
⑦ 《遺山先生文集》卷三五《少林藥局記》，四部叢刊本。

帶入寺院。

四、道觀藏書。自道教形成後，其著述與典藏日漸豐富。東晉葛洪《抱樸子内篇·遐覽篇》著録道書一千二百餘卷，南朝劉宋陸修静所編《三洞經書目録》，創立了「三洞」（洞真部、洞玄部、洞神部）、「四輔」（太玄部、太平部、太清部、正一部）分類法。後來，又按内容分爲十二子類：本文、神符、玉訣、靈圖、譜録、戒律、威儀、方法、衆術、記傳、讚頌、章表等，便於庋存檢索，至今仍在沿用。

道觀藏經，重在宣揚神之啓示，自稱上天所授。因此，有無藏經與藏經多寡，成爲道觀地位的象徵。如亳縣太清宫，乃老子故鄉，大定中創修「太極殿，並轉輪大藏，仍印經以實之」①。其時，沁源卜師中度爲道士，施地購書，「置六經、諸子、道家之書，以遺後之人，使藏而讀之，庶幾有所發明，而爲入道之漸」②；中都天長觀，「尊雄深靖，爲天下壯觀」。世宗詔以南京開封《道藏經》板付之，起藏經處名「飛玄閣」。明昌初，章宗敕遣使諭旨度支，拓展宫觀，「俾構屋列楹，以貯經板」，「列庫四區，爲楹三十有五，以架計者百有四十」③；中都太極宫，亦當時名觀，藏有

①　金胡筠《續修太清宫碑》，見《金文最》卷七六，中華書局一九九〇年。

②　金喬扆《太清觀記》，見《金文最》卷二四，中華書局一九九〇年。

③　金魏摶霄《十方大天長觀玄都寶藏碑銘》，見《宫觀碑誌》，明正統《道藏》本，文物出版社等一九九四年，第一九册七一八頁。

《道藏》。泰和間，太一教三代度師蕭志沖應詔赴京作醮。時逢大蝗，上遣使問禳治法。提點宫事命其徒閲《道藏》求之，度師從傍曰：「《道藏》如海，豈易討尋？就使有之，亦未敢必其應。吾祖真人嘗留經籙三百餘階，内有秘章，今可用也。」遂取以進。度師博覽群籍，「老莊之外，兼通經史諸書，而尤長於《左氏春秋》」①。

全真丘處機晚居燕京長春宫，「方丈西有堂曰萃玄，側有小樓，積書萬卷」②。金亡之際，大批士人遁入全真教，如張本、秦志安、王元粹、辛願等等。其中，王元粹奉命爲重陽祖師作傳，「遂居萃玄堂，研精致思，旁求遠索，紬繹而編緝之」③。當時，全真諸真人多與達官顯宦、文學名流交往，論古談今，詩詞唱和，涉獵甚廣，説明道觀所藏不惟六經、諸子、道家之書。

京師之外，「保定、真定、太原、平陽、河中府，王祖師庵頭、關西等處」④，亦藏有《道藏》。其中，棲霞太虚觀藏書豐富，尤爲著名。時任縣令李惠《詠棲霞》云：「蕭灑棲霞縣，靈宫蔽太

---

① 《滹南遺老集》卷四二《太一三代度師蕭公墓表》，叢書集成初編本，中華書局一九八五年，第二七五頁。

② 元王磐《玄門掌教宗師誠明真人道行碑》，見元李道謙《甘水仙源録》卷五，明正統《道藏》本，文物出版社等一九九四年，第一九册七五八頁。

③ 元李道謙《甘水仙源録》卷七《恕齋王先生事跡》，明正統《道藏》本，文物出版社等一九九四年，第一九册七八四頁。

④ 元釋念常《佛祖歷代通載》卷三二，江蘇廣陵古籍刻印社一九九三年，第三八三頁。

虛。壇埸天地府，松竹道人廬。一點無塵跡，千函有藏書。何當扣真寂，重整舊藍輿。」①而且，道觀亦藏有醫藥典籍，一些黄冠「雅好醫術，病者來以藥請，賴以全濟者甚衆」②。

二　金代的藏書文化

自金初，一些女真有識之士惟書所好。如金兵克汴後，完顔勖奉敕慰勞。統軍宗翰問所欲，曰：「惟好書耳。」③載數車而還。其他軍中士人如宗憲，「衆人争趨府庫取財物，宗憲獨載圖書以歸」④。范承吉，遼進士，入金爲御前承應文字，「及還，犢車載書史而已」⑤。

後來，隨着社會封建化的深入，越來越多的女真權貴「惟喜讀書」，「延引儒士」⑥。如參知政事蒲散公，「平生無所嗜好，獨於法書名刻，寶之不啻珠玉，千金購求，必得之而後已。自公壯時，馳驛往來於燕秦齊晉之間，聞有石刻，雖深山曠澤，必命賫藤楮，作墨本以歸。以是裒金石遺文僅

①《（康熙）棲霞縣志》卷八《藝文志》，國家圖書館藏清代孤本地方志選本，北京圖書館出版社二〇〇一年，第八三三頁。
②《遺山先生文集》卷三一《藏雲先生袁君墓表》，四部叢刊本。
③《金史》卷六六《完顔勖傳》，中華書局一九七五年，第一五五七頁。
④《金史》卷七〇《完顔宗憲傳》，中華書局一九七五年，第一六一五5頁。
⑤《金史》卷一二八《循吏傳》，中華書局一九七五年，第二七五九頁。
⑥《金史》卷一〇二《完顔弼傳》，中華書局一九七五年，第二二五五頁。

千餘卷，兵火散亡幾三之二，猶攗拾而不已也」①；密國公完顏璹，世宗之孫，有俊才，藏書頗富。貞祐南遷，「諸王公貴主至有脱身而去者，公家書法、名畫連箱累篋，寶惜固護，與身存亡，故他貨一錢不得著身」②。正大間，劉祁寓汴，嘗造其第，「一室蕭然，琴書滿案，諸子環侍無俗談，可謂賢公子矣。乃出其所藏書畫數十軸，皆世間罕見者」③；漆水郡夫人耶律氏，乃契丹女流，「藏書萬卷」。每日「雜閲諸書，涉獵傳記。或時評議古今得失，切當事理」④。這些「夷虜」的雅好，反映了北方民族已經深深融入中原文化之中。

當時，藏書讀書已成爲士人的普遍好尚。如范季霑，家許昌，北宋名相范仲淹四世孫，「聚書萬餘卷」⑤；吴永，石州人，「廣蓄書籍，榜堂曰萬卷，以爲家塾」⑥。子希尹、孫章，俱擢進士

---

① 金趙秉文《滏水集》卷一三《寳墨堂記》，叢書集成初編本，中華書局一九八五年，第一八五頁。今按，金王若虚《滹南遺老集》卷四五《寳墨堂記跋》：趙翰林「嘗爲故參政蒲散公作《寳墨堂記》，仍親繕寫，尤爲奇特」。叢書集成初編本，中華書局一九八五年，第二九八頁。

② 《遺山先生文集》卷三六《如庵詩文敘》，四部叢刊本。

③ 金劉祁《歸潛志》卷一，中華書局一九八三年，第四頁。

④ 金劉長言《大金漆水郡夫人耶律氏墓誌銘》，梅寧華等《北京遼金史跡圖志》，北京燕山出版社二〇〇四年，下册第一八二頁。

⑤ 《明秀集》卷一［水調歌頭］之五魏道明注，四印齋所刻詞本，上海古籍出版社一九八九年，第六六九頁。

⑥ 《（成化）山西通志》卷九《人物》，四庫全書存目叢書本，齊魯書社一九九六年，第三二四頁。

第，史公奕，大名人。行高而學博，能文翰，善談論。「遭益都之喪亂，孑身渡河。平生所藏書，掃地無餘」①；寧知微，宿州人，博學識廣，詩文敏贍可喜，「家積書萬卷」②；劉祖謙，安邑人，承安五年進士。「家多藏書，金石遺文略備」③；宗道，山陰人，以足疾不仕。有詩云：「家藏千卷富，身得一生閑。茅屋經年補，柴門盡日關」④；武伯英，崞縣人，少以詩名。家故饒財，「貯書有萬卷樓」。當時汾晉衣冠家「法書、名畫及藏書之多，亦有伯英相上下者」⑤；曹恒，應州人。少讀書，不喜爲科舉計。南渡後，「好收古人書畫器物，藹然有士君子風」⑥；商衡，曹州人。崇慶二年詞賦進士，累官左右司員外郎，天興元年歿於國難。「性嗜學，藏書數千卷，古今金石遺文人所不能致者，往往有之」⑦；雷淵，渾源人。崇慶二年詞賦進士，仕爲翰林修撰。博學有雄氣，爲文法昌黎，詩則喜新奇。「好收古人書畫、碑刻，藏於家，甚富」⑧；許國，懷州人。少擢第，

① 金趙秉文《滏水集》卷一二《贈少中大夫開國伯史公神道碑》，叢書集成初編本，中華書局一九八五年，第一六七頁。
② 《歸潛志》卷三，中華書局一九八三年，第二九頁。
③ 《中州集》卷五《劉鄧州祖謙》，中華書局上海編輯所一九六二年，第二五九頁。
④ 《中州集》卷九《宗道》，中華書局上海編輯所一九六二年，第四四三頁。
⑤ 《遺山先生文集》卷四《雲巖詩序》，四部叢刊本。
⑥ 《歸潛志》卷三，中華書局一九八三年，第二九頁。
⑦ 《遺山先生文集》卷二一《商平叔墓銘》，四部叢刊本。
⑧ 《歸潛志》卷一，中華書局一九八三年，第一〇頁。

有能名。「敝衣糲食，環堵蕭然」，而「傾家貲市書」①，當時名流多重之；安全廣，離石人。「以貲雄鄉閭，買書萬餘卷」②，惠及後人。

一些大型典籍亦有所藏。「中州文明百年，有經學，有《史》、《漢》之學、《通典》之學，而《通鑑》則不能如江左之盛，唯蔡內翰伯正甫珪、蕭户部真卿貢、宗室密國公子瑜璹之等十數公，號稱專門而已」。以其「卷帙既多，艱於傳寫」，「通都大邑，好事家所藏不過三五本而止，其餘願見而不可得者多矣」③。從中透出，即使不如江左之盛的《通鑑》之學，「號稱專門」者尚有十數人之多。

與普遍的藏書活動相適應，圖籍目録也結出碩果。如房山西城寺所造石經即有《鐫葬藏經目録》，系「按總經題字號」編纂④；大同華嚴寺所藏《薄伽藏教》，卷帙浩瀚，因兵火而遺失過半。大定初補修刊就，「卷軸式樣，新舊不殊；字號詮題，先後如一」⑤；明昌間，官修道藏即先行編

① 《歸潛志》卷五，中華書局一九八三年，第四六頁。
② 元蘇天爵《滋溪文稿》卷二二《默庵先生安君行狀》，中華書局一九九七年，第三六二頁。
③ 《遺山先生文集》卷三六《陸氏通鑑詳節序》，四部叢刊本。
④ 清陸耀煇《八瓊室金石補正續編》卷六一，續修四庫全書本，上海古籍出版社影印。
⑤ 金段子卿《大金國西京大華嚴寺重修薄伽藏教記》，見《山右石刻叢編》卷二〇，歷代碑誌叢書本，江蘇古籍出版社一九九八年，第一五册七八四頁。

目。金李鼎《玄都至道披雲真人宋天師祠堂碑銘並引》云：「若夫三洞三十六部之零章，四輔一十二義之奥典，仁卿藏經碑文云：真人參校政和、明昌目録之始，至工墨裝褾之畢手，其於規度旋斡，靡不編録，讀之一過，見其間補完亡缺，搜羅遺逸，直至七千卷焉」①。所謂政和、明昌目録，指《政和萬壽道藏》與《明昌玄都寶藏》兩部道藏目録。

私家藏書亦如此，書志目録相伴而生。漆水郡夫人耶律氏「藏書萬卷，部居分别，各有倫次」②。元好問藏書處稱讀書山。金亡後，嘗自編《故物譜》，除文籍之外，亦涉文房四寶，因稱「故物」。自序云：

予家所藏書，宋元祐以前物也；法書，則唐人筆跡及五代寫本爲多；畫，有李、范、許、郭諸人高品，就中薛稷《六鶴》最爲超絶，先大父銅山府君官汲縣時，官賣宣和内府物也。銅碌兩小山，以酒沃之，青翠可摘，府君部役時物也。風字大硯，先東巖君教授鄉里時物也。銅雀硯，背有大錢、天禄一，堅重緻密，與石無異，先隴城府君官冀州時物也。貞祐丙子之兵，藏書壁間得存。兵退，予將奉先夫人南渡河，舉而付之太原親舊家。自餘雜書及先人手寫《春秋》、三史、《莊子》、

① 陳垣等《道家金石略》，文物出版社一九八八年，第五四七頁。

② 金劉長言《大金漆水郡夫人耶律氏墓誌銘》，見梅寧華等《北京遼金史跡圖志》，北京燕山出版社二〇〇四年，下册第一八二頁。

《文選》等，尚千餘册，並畫百軸，載二鹿車自隨。三研則瘞之鄭村别墅。是歲，寓居三鄉。其十月，北兵破潼關，避於女幾之三潭。比下山，則焚蕩之餘，蓋無幾矣！今此數物，多予南州所得，或向時之遺也。往在鄉里，常侍諸父及兩兄燕談。每及家所有書，則必枚舉而問之。如曰某書買於某處，所傳之何人，藏之者幾何年，則欣然志之。今雖散亡，其綴緝裝褙、簽題印識猶夢寐見之。①

王天鐸，字振之，晚號思淵老人，汲縣人，元初名士王惲之父。正大元年，「以律學中首選，仕至户部主事」②。金亡後，隱於鄉，編有藏書目録。其子王惲序云：

河南房扈王氏，爲衛之著姓，百有餘年。祖宗以孝友相傳，略無長物。逮先君思淵子北渡後，亦不治生産，怡然以閉户讀書爲業，聞一異書，惟恐弗及，其弱冠時，先君氣志精强，目覽手筆，日且萬字，不十年得書數千卷。或者曰：「藏書如是，尚爾爲？」先子曰：「吾老矣，爲子孫計耳。有能受而行之，吾世其庶矣乎！世人知榮保其爵禄，不知一跌足赤吾之族；知富寶其金玉，不知一慢藏已爲盜所目也，何若保書之爲寶乎！若子若孫由是而之焉，爲卿相，爲牧守，爲善人，爲君子，上以致君澤民，下以立身行道，道其在於是矣。」由是而觀，先君立世之志，貽厥之謀，

① 《遺山先生文集》卷三九，四部叢刊本。
② 《元史》卷一六七《王惲傳》附，中華書局一九八三年，第三九三二頁。

何其遠且大哉！嗚呼，先君去世將近二紀，不肖某今年四十有一，遺言在耳，遺書在櫝，感念平昔，不覺泣下。因復慨歎仕不爲進，退足自樂，蓋所恃者此爾。然置之而不力其讀，讀之而不踐其道，與無書等矣。《傳》曰：「遺子黄金滿籯，不如教之一經。」此誠先君之志也，可不懋敬之哉。至元四年秋七月，曝書於庭，與兒子孺校而帙之，則各從其類也，述書傳目録敘。①

此外，士人多重書齋命名，或藉以明志，或聊充風雅。如高士談「所居之南，下臨短壑，因鑿壁開窗，規爲書室。坐獲山林之趣，榜曰野齋」，且爲詩云：「一室亦何有，狼藉書與琴」②；王寂以拙軒命名，賦詩云：「拙軒少也絶交朋，閉門坐斷藜床繩。據梧手卷挑青燈，目力自足誇秋鷹。一行作吏負且乘，簡書夜下催晨興」③；田秀實僑寓汴梁，自號雪巖老人，嘗佐南臺惠民局。「構書齋榜曰小眠」④。善鼓琴，音節抑揚，爲當時第一手；史肅則命名爲「復齋」，有詩云：「居士年來一復齋，馴庭鳥雀絶驚猜。雨添窗下硯池滿，風揭床頭書卷開。身似臥輪無伎倆，心如明鏡不塵埃。紛紛寵辱人間世，付與浮雲任去來」⑤；任子山書齋曰適安，與趙秉文爲友。嘗曰：「手

① 《秋澗集》卷四一《王氏藏書目録序》，四部叢刊本。
② 《中州集》卷一《高内翰士談》，中華書局上海編輯所一九六二年，第四二頁。
③ 《拙軒集》卷一《拙軒》，叢書集成初編本，中華書局一九八五年，第九頁。
④ 金蔡松年《明秀集》卷一［念奴嬌］注，四印齋所刻詞本，上海古籍出版社一九八九年，第六七六頁。
⑤ 《中州集》卷五《史御史肅》，中華書局上海編輯所一九六二年，第二三三頁。

執《周易》一卷，與佛老養性之書數册，以適吾性而已」①；高思誠，王若虚之友，「葺其所居之堂，以爲讀書之所，擇樂天絶句之詩，列之壁間，而榜以詠白」②；蘭子野，馮延登之友，致仕後名書齋晚節軒。「几有琴書樽有酒，却愁兒輩覺清歡」③，等等。

士人與書籍的不解情緣，或入詩畫，透出一種看似淡雅實則癡迷的趣味。如馬雲卿爲仲晦甫寫真，「燕坐蕭然，六籍在旁，目曰讀經圖」④。行旅雖辛苦，仍以書相隨。蘭泉張建《送王主簿還鄉》云：「笑君習氣只書生，薄有歸裝亦自清。瘦仆擔詩雙籠重，羸牛引軛一車輕。長亭已過那知遠，别酒猶多未忍傾。記取明年斷腸處，玉梨花底月三更」⑤。

士人之間交往，或以書爲紐帶，各有癡情。大定中，孟宗獻謁全真王嚞。適「師閲書而不爲禮。問讀何書，亦不答，就視，《樂章集》也。問：『全乎？』師曰：『止一帙爾。』友之曰：『家有全集，可觀也。』即爲送至師」⑥；王寂《客中戲用龍溪借書韻》云：「平生拙宦失快捷，蘭蕙

① 金趙秉文《滏水集》卷一三《適安堂記》，叢書集成初編本，中華書局一九八五年，第一七七頁。
② 《滹南遺老集》卷四三《高思誠詠白堂記》，叢書集成初編本，中華書局一九八五年，第二八三頁。
③ 《中州集》卷五《馮内翰延登》，中華書局上海編輯所一九六二年，第二五九頁。
④ 《遺山先生文集》卷三八《介山馬雲卿漢爲仲晦甫寫真燕坐蕭然六籍在旁目曰讀經圖欣然有會予心者爲作贊云》，四部叢刊本。
⑤ 《中州集》卷七《蘭泉先生張建》，中華書局上海編輯所一九六二年，第三三八頁。
⑥ 元趙道一《歷代真仙體道通鑑續編》卷一《王嚞傳》，明正統《道藏》本，文物出版社等一九九四年，第五册四一八頁。

當門爲誰覆。文章既不一錢直，五經安用窗前讀」①；丘處機《虢縣銀張五秀才處借書》云：「顧我微才宏道晚，知君博學貫心靈。嘲吟不用多披覽，續借閑書混杳冥」②；劉昂霄自幼好學，博聞强記，「中羅列世間書，泛異窮奇無不至。嘗借《莊周》十日還，成誦未嘗遺一字」③。當時亦有借書不還之事，民間遂「以『有書借人』、『借書還人』爲二癡」④。

士人無論貧富，或以抄書爲樂。如張莘卿，日照人。天德三年進士，累遷鎮西節度副使。「家多藏書，部帙完潔，蠅頭細字，往往手自抄寫。觀者已倦，而公終日伏紙揮翰而已。或謂之曰：『人生當行樂，何至自苦如此？』笑而答曰：『人各有所好，吾好在是，它樂不能易也』」⑤；王啓，大興人。正隆二年進士，累官絳陽軍節度使。「南渡後，隱居嵩山，時年已六十餘，經傳子史，皆手自抄之，如健舉子結夏課然」⑥；王琢，平陽人。「酷嗜讀書，往往手自抄寫。家素貧乏，而能以剛介自持，未嘗有所丐貸」⑦；吴庭秀，交城人。「博覽强記，九經傳注率手自抄寫，且諷誦

---

①《拙軒集》卷一，叢書集成初編本，中華書局一九八五年，第九頁。
②《磻溪集》卷一，明正統《道藏》本，文物出版社等一九九四年，第二五册八一二頁。
③ 元郝經《陵川集》卷八《讀鄉先生劉景玄碑》，文淵閣四庫全書本
④ 金李冶《敬齋古今黈》卷五，中華書局一九九五年，第六四頁。
⑤ 金黄久約《朝散大夫鎮西軍節度副使張公神道碑》，見《金文最》卷八六，中華書局一九九〇年。
⑥《中州集》卷八《王吏部啓》，中華書局上海編輯所一九六二年，第三九八頁。
⑦《中州集》卷七《姑汾漫士王琢》，中華書局上海編輯所一九六二年，第三四一頁。

不去口。史書又其專門之學。文賦華贍，有聲場屋間。教授生徒，必使知己之所知，能己之所能。時議以此歸之」①；元好問自謂：「予家舊所藏多醫書，往往出於先世手澤。喪亂以來，寶惜固護，與身存亡，故卷帙獨存。」②

值得提及的是，金代藏書器具與時而進，實用機巧。名士楊奂《臂僮記》云：經史插架，濈濈如蠶，二三僮子，備朝夕檢閲，奈何索甲而得乙，語東而應西，能盡如己意耶？夫器利則事善，固也。獨無知者乎？方皇皇間，會黄冠宋魯班志明爲予創圓轉書廚，以便觀覽。其級也三，象三才也；其隙也六，象六虚也。頂末有樞紐，常居其所而不移，象極星也。擬諸體用之妙，則與天行健無異也。是以正襟危坐，聚所用書，圜而帙之，終日左探右取，迴圈而無端，既息呼叫之煩，又絶奔走之冗，或疾或徐，或作或止，不過一引臂而已。因命之曰「臂僮」，所謂用力少而見功多也。今而後吾書其完乎！③

這篇文字展示了一種新穎、靈巧、實用的「旋轉書廚」，以「臂僮」爲喻，生動形象，稱頌了黄冠創造的功效，表達了因「器利」而「事善」的愉悦心情，是一篇頗具創意的書廚革新記。

① 《遺山先生文集》卷三六《十七史蒙求序》，四部叢刊本
② 《遺山先生文集》卷三七《元氏集驗方序》，四部叢刊本。
③ 《還山遺稿》卷上，叢書集成續編本，上海書店一九九四年，第一〇七册七〇六頁。

金亡之際，戰亂頻仍，一些士人竭力保存書籍。張正倫柴車北歸，結廬洹水之上，不以世務縈懷。「左右圖書，以亂思遺老而已」①。元遺山輾轉飄零，攜「雜書及先人手寫《春秋》、三史、《莊子》、《文選》等，尚千餘册，並畫百軸，載二鹿車自隨」②。後來，他所珍愛的那些故物再遭兵火，化作灰燼。不難想象，這位爲發揚金源文獻而奔走呼號的老人是何等悲傷：「女幾三潭憶避兵，遺簪敗履不勝情。金源文獻空山在，野史亭前夜哭聲。」③

需要説明的是，金代藏書亦有所限制。《中州集》卷一《宇文大學虛中》：皇統中，「上京諸虜俘謀奉叔通爲帥，奪兵仗南奔，事覺繫詔獄。諸貴先被叔通嘲笑，積不平，必欲殺之。乃鍛煉所藏圖書爲反具。」鍛煉者，嚴刑拷問也。奪兵仗南奔云云，雖經「鍛煉」，卻無法證實。至於所藏圖書，當包括一些由南宋傳入怒駡慢侮女真的謗書，以此構成反具。這與《金史》的説法一致：「唐括酬斡家奴杜天佛留告虛中謀反，詔有司鞠治無狀，乃羅織虛中家圖書爲反具。虛中曰：『死自吾分。至於圖籍，南來士大夫家家有之，高士談圖書尤多於我家，豈以反耶？』」④究其實，宇文虛中之死不在於書。或者説，這樁冤案不能證明女真人實施過文字獄之類的法令，那不過是女真内部

① 《遺山先生文集》卷二一《資善大夫吏部尚書張公神道碑銘》，四部叢刊本。
② 《遺山先生文集》卷三九《故物譜序》，四部叢刊本。
③ 清葉昌熾《藏書紀事詩》卷二《元好問裕之》，上海古籍出版社一九九九年，第七八頁。
④ 《金史》卷七九《宇文虛中傳》，中華書局一九七五年，第一七九二頁。

政治鬥争及宇文氏孤傲性格的犧牲品罷了。

另，《金史》卷四五《刑志》云：「舊禁民不得收制書，恐滋告訐之弊。章宗大定二十九年，言事者乞許民藏之，平章張汝霖曰：『昔子産鑄刑書，叔向譏之者，蓋不欲預使民測其輕重也。今著不刊之典，使民曉然知之，猶江河之易避而難犯，足以輔治，不禁爲便。』以衆議多不欲，詔姑令仍舊禁之。」而張汝霖本傳作「詔從之」，與此完全不同。所謂制書，指律令制條，不欲使民知之，以維護統治者愚民而馭民的權威。

綜上所述，金代各民族士人廣泛而持久的藏書活動，爲一代藝文的繁榮提供了良好的氛圍與堅實的基礎。

第七節　金代藝文的歷史遭遇

金代藝文曾經歷過輝煌，僅《金史》、《中州集》、《歸潛志》等所涉金人著述即達百餘種，多雕板「傳於世」。然而，迄今存者寥寥，原因何在？

南宋周密《齊東野語》卷一二《書籍之厄》云：「世間凡物未有聚而不散者，而書爲甚。隋牛弘請開獻書之路，極論興廢，述五厄之説，則書之厄也久矣。」明胡應麟繼之有「十厄」之論。其《經籍會通》之一云：「牛弘所論五厄，皆六代前事。隋開皇之盛極矣，未幾皆燼於廣陵；唐開元之盛極矣，俄頃悉灰於安史。肅代二宗，洊加鳩集，黄巢之亂復致蕩然。宋世圖史，一盛於慶曆，再盛於宣和，而女真之禍成矣；三盛於淳熙，四盛於嘉定，而蒙古之師至矣。然則書自六朝之後，復有五厄：大業一也，天寶二也，廣明三也，靖康四也，紹定五也，通前爲十厄矣。」①可見，歷代封建王朝苦心聚集的文獻典籍，幾乎無一例外地遭受過兵燹厄運。

一　金末喪亂重創了一代藝文

貞祐中，女真在蒙古鐵騎的打擊下，倉惶逃離中都，南遷汴京。蒙古所到之處，稍遇抵抗即屠城②。一些文獻記録了當時的慘烈情況：「貞祐南渡，河朔喪亂者餘二十年，趙爲兵沖，焚毀尤甚，民居官寺，百不存一」③。「順天焚毁之後，爲空城者十五年矣」④。太行破，「烈炎所焚，蕩然一空」⑤。河南陷，「逋亡累累，無所於托，僵屍爲之蔽野」⑥。「壬辰之亂，侯王家世之舊、忠賢名

---

① 《少室山房筆叢》卷一，上海書店出版社二〇〇一年，第六頁。

② 元宋子貞《中書令耶律公神道碑》：蒙古之制，「凡敵人拒命，矢石一發，則殺無赦。」見元蘇天爵《元文類》卷五七，上海古籍出版社一九九三年，第七五四頁。

③ 《遺山先生文集》卷三二《趙州學記》，四部叢刊本。

④ 《遺山先生文集》卷二六《順天萬户張公勳德第二碑》，四部叢刊本。

⑤ 金李俊民《重修廟學記》，見李修生主編《全元文》，江蘇古籍出版社一九九七年，第一册五五頁。

⑥ 《遺山先生文集》卷二六《東平行臺嚴公神道碑》，四部叢刊本。

士之裔，不顛仆於草野，則流離于道路者多矣」①。總之，屠戮之殘酷，掠奪之强暴，焚蕩之洶烈，前所未聞。詩人元好問親歷喪亂，悲憤不已，無奈哀歎：「呼天天不聞，感諷復何補！」等等②。

由外患引發的内亂更爲嚴重。「兵興以來，俗狃於惡，以强淩弱，以衆暴寡，以勇苦怯，怙終自若。當是時也，未有不嗜殺人者」③。此外，病疫也相伴而生。汴京圍城間，因饑寒、病疫、驚悸而歿者，「將百萬人」④。泰和七年，金國人口四千五百餘萬⑤；乙未歲（蒙古太宗七年、一二三五年）「籍民」時，僅得四百七十餘萬⑥。當時，山河破碎，人民塗炭，一代文獻典籍也就不可避免地遭到毀滅命運。如：

党懷英《竹溪先生文集》，「近歲寇攘，喪亡幾盡」。趙秉文「裒次遺文，僅成十卷，藏之翰苑」⑦；周昂《常山集》，「喪亂後不復見，從之能記三百餘首，因得傳之」⑧；杜佺《錦溪集》，

① 《遺山先生文集》卷四〇《毛氏家訓後跋語》，四部叢刊本。
② 清施國祁《元遺山詩集箋注》卷二《雁門道中書所見》，四部精要本，上海古籍出版社一九九三年，第四二頁。
③ 金李俊民《莊靖集》卷八《重修佛堂記》，叢書集成續編本，上海書店一九九四年，第六八四頁。
④ 金元好問《李氏脾胃論序》，見金李杲《脾胃論》卷首，文淵閣四庫全書本。
⑤ 《金史》卷四六《食貨志》，中華書局一九七五年，第一〇三六頁。
⑥ 《元史》卷五八《地理志》，中華書局一九八三年，第一三四五頁。
⑦ 《滏水集》卷一五《竹溪先生文集引》，叢書集成初編本，中華書局一九八五年，第二〇五頁。
⑧ 《中州集》卷四《常山周先生昂》，中華書局上海編輯所一九六二年，第一六六頁。

「亂後不復見矣」①；姚孝錫《雞肋集》，「喪亂以來，止存律詩五卷而已」②，等等。貞祐南渡，「圖籍散逸既莫可尋，而其宰相韓企先等之所論列，禮官張暐與其子行簡所私著《自公紀》，亦亡其傳」③。孔子舊里，「比因兵災，闕里家廟半爲灰燼，中朝士大夫家藏文籍多至散没」④，等等。

因此，元魏初云：「金國百有餘年，以文章名家者，如党竹溪、王黄華、趙黄山，楊、趙二禮部，雷、李、王、麻諸公，不啻百數十人。其餘爲兵亂磨滅者不可勝計」⑤。元蘇天爵亦云：「金儒士蔡珪、鄭子聃、翟永固、趙可、王庭筠、趙渢，皆有文集行世，兵後往往不存」⑥。

與此同時，民間發起了搶救行動。一些士人以爲國亡史作，己所當爲。元好問往來魏晉、燕趙、齊魯間幾三十年，遊歷故國山川，尋訪遺逸，有所得輒以寸紙細字記録，積至百餘萬言，完成《壬辰雜編》、《金源君臣言行録》。同時，以爲百年金詩往往可傳，而「兵火散亡，計所存者才什一耳。不總萃之，則將遂湮滅而無聞」⑦，乃編就《中州集》、《中州樂府》。

---

①《中州集》卷八《杜佺》，中華書局上海編輯所一九六二年，第三九三頁。
②《中州集》卷一〇《醉軒姚先生孝錫》，中華書局上海編輯所一九六二年，第五〇六頁。
③《金史》卷二八《禮志》，中華書局一九七五年，第六九二頁。
④金孔元措《祖庭廣記》卷首自序，叢書集成初編本，中華書局一九八五年。
⑤《青崖集》卷三《遯齋先生詩集序》，四庫全書珍本叢刊本。
⑥《滋溪文稿》卷二五《三史質疑》，中華書局一九九七年，第四二三頁。
⑦《中州集》卷首，中華書局上海編輯所一九六二年。

劉祁「念昔所與交遊，皆一代偉人，人雖物故，其言論談笑，想之猶在目。且其所聞所見可以勸戒規鑒者，不可使湮没無傳，因暇日記憶，隨得隨書」①，以劫後餘生撰成《歸潛志》。

馮渭以蔭入仕，官南京右廂機察。金亡後，北渡歸鄉里，讀書爲文，不廢風雨寒暑，節録經史，細及箋訓。「裒集金代文章凡若干百卷」②。

趙侃學識該貫，尤長於音律儀制。貞祐南遷，禮樂散失不完，受命詳定，官至大樂署直長、權知太廟署事。「壬辰北渡，隱居鄉里，編集郊祀所記憶者，爲《祀典樂志辨》凡三十卷」③。

金亡之際，明昌《玄都寶藏》雕版損毀殆盡，全真道士宋德方遵長春遺囑，乃購求遺經，設局修纂。「置通經之士，典其讎校」④。自丁酉（蒙古太宗九年、一二三七年）至甲辰（蒙古太宗乃馬真后稱制三年、一二四四年），歷時近八載，「補完亡缺，搜羅遺逸，直至七千卷焉」⑤。

一些金代士人後裔不忘根本，悉心整理前輩著述。如李之翰《漆園集》⑥，其曾孫德元於戰亂

---

① 金劉祁《歸潛志》自序，中華書局一九八三年。
② 元姚燧《牧庵集》卷三《馮氏三世遺文序》，四部叢刊本。
③ 元王惲《秋澗集》卷四八《盧龍趙氏家傳》，四部叢刊本。
④ 元商挺《玄都至道崇文明化真人道行碑》，見陳垣《道家金石略》，文物出版社一九八八年，第六一三頁。
⑤ 金李鼎《玄都至道披雲真人宋天師祠堂碑銘並引》，見陳垣《道家金石略》，文物出版社一九八八年，第五四七頁。
⑥ 《中州集》卷八《李寧州之翰》，中華書局上海編輯所一九六二年，第三九四頁。

中負之，輾轉數千里，「無所失墜」，又「勘校揀選，然後刻之」①，易名《窺豹集》。

王元節《遯齋先生詩集》。其孫振，仕元爲江南浙西道提刑按察司經歷，收集先世遺文，鏤板刊印，「其意亦有足嘉者」②。

馮子翼及其子孫皆當時名士。金亡後，其曾孫馮岵嘗僉河南北憲事，將先人文集板行於世，名曰《馮氏三世遺文》，即曾祖子翼《白雲集》、祖璧《松庵集》、父渭《常山集》③。

李元佐精專新律，泰和間試吏者皆出其門。元好問譽之「爲人寬博疏通，精於吏事」，所著《删注刑統賦》「傳於世」④。癸丑歲（蒙古憲宗三年、一二五三年），其外孫劉敬之爲之刊行⑤。

趙思文《耐辱居士集》二十卷，金時已鏤板「傳於世」⑥。入元後，其孫趙維弘重刊，名之《禮部尚書趙公文集》⑦。

---

① 金楊宏道《小亨集》卷六《窺豹集後序》，文淵閣四庫全書本。

② 元魏初《青崖集》卷三《遯齋先生詩集序》，四庫全書珍本叢刊本。

③ 《牧庵集》卷三《馮氏三世遺文序》，四部叢刊本。

④ 《青崖集》卷五《故鎮國將軍太原李公墓誌銘》，四庫全書珍本叢刊本。

⑤ 元郝經《陵川集》卷三〇《删注刑統賦序》，文淵閣四庫全書本。

⑥ 《遺山先生文集》卷一八《通奉大夫禮部尚書趙公神道碑》，四部叢刊本。

⑦ 《秋澗集》卷四二《禮部尚書趙公文集序》，四部叢刊本。

孟澤民《雲巖先生文集》。子攀鱗，金末名士，雖「在羈旅困厄中，孜孜不忘揚其親之善」①。局勢稍穩，即將先父文集鏤板以行。

曹之謙《兑齋曹先生文集》。汴京破，徙居平陽，隱居教授。至元中，其子曹子輤爲之刊印②，等等。

然而，更多的却是子孫無力或無心作爲。如任詢，「平生詩數千首，君謨殁後皆散失」③；蔡珪，一生著述涉及經史子集，而存世無幾。李純甫嘗曰：「正甫文字全散失不傳，以是知士大夫貴有良子弟也。」④

應當指出的是，耶律楚材爲保存一代文獻作出了重要貢獻。楚材字晉卿，號湛然居士，遼東丹王之後、金尚書右丞耶律履之子。中都陷落，歸附蒙古，官至尚書令。嘗屢諫蒙古汗王嗜殺，並解救了一批金末名士，刊印了一批重要著述。如：

張居中，出金之司天臺世家，通經史百家之學，嘗寫災異事若干，「藏在史館」⑤。所著《六壬

① 《寓庵集》卷四《雲巖先生文集後序》，藕香零拾本，中華書局一九九九年，第三三一頁。
② 《秋澗集》卷四二《兑齋曹先生文集序》，四部叢刊本。
③ 《中州集》卷二《任南麓詢》，中華書局上海編輯所一九六二年，第八七頁。
④ 金劉祁《歸潛志》卷一〇，中華書局一九八三年，第一一八頁。
⑤ 《金史》卷一三一《衛紹王紀》，中華書局一九七五年，第二九八頁。

祛惑鈐》六卷。癸巳歲（金天興二年、蒙古太宗五年、一二三三年），楚材撰序鼓吹：「引式明例，皆有所據。或有隱奥，人所未通者，釋以新説。蓋採諸經之所長，無所矛盾者，取其折衷，爲一家之書，近代未之有也。」①

苗秀實，號棲巖，少時從鄉先生喬扆學琴。章宗朝，以伎藝精妙而授翰林待詔。壬辰歲（天興元年、一二三二年），汴京破，楚材命北上，卒於范陽。所著《琴辨》，「凡四十餘曲」，皆爲「絶聲」②，亦爲之鏤板。

孔元措，孔子五十一世孫，襲封衍聖公，兼曲阜縣令，著有《祖庭廣記》。金亡之際，楚材指名索取，令歸闕里奉祀，重刊其記③。

李純甫，號屏山居士，著有《鳴道集説》五卷。臨終出此書付敬鼎臣曰：「此吾末後把交之作也，子其秘之，當有賞音者。」④敬鼎臣聞楚材求屏山書甚切，徒步數百里，赴燕獻書稿，甲午歲（蒙古太宗六年、一二三四年）爲之刊行。

《趙城金藏》因遭兵火，經版缺失近半。丙申歲（蒙古太宗八年、一二三六年），楚材倡議補

① 《湛然居士文集》卷八《司天判官張居中六壬祛惑鈐序》，中華書局一九八六年，第一八三頁。
② 《湛然居士文集》卷八《苗彦實琴譜序》，中華書局一九八六年，第一八四頁。
③ 清陸心源《皕宋樓藏書志》卷二六《祖庭廣記》，續修四庫全書本，上海古籍出版社影印，第二八四頁。
④ 《湛然居士文集》卷一四《屏山居士鳴道集序》，中華書局一九八六年，第三〇八頁。

雕：「欲析微塵出經卷，隨緣須出世間財。」

然而，這些文獻不過滄海一粟。不久，連那些搶救成果也多散佚了。元末詔修遼、金、宋三史，購求遺書已頗艱難。元危素《史館購求書目録序》云：

至正三年，詔修遼、金、宋史，遣使旁午，購求遺書，而書之送官者甚少。素以庸陋，備數史官，中書復命往河南、江淛、江西。素承命恪共，不遑寧處，諭以皇上仁明，鋭志删述，於是藏書之家稍以其書來獻。驛送史館，既採擇其要者書諸策矣。暇日因發故櫝，録其目録焉。其間宋東都盛時所寫之書，世無他本者，今亦有之。朝廷之購求，民間之上送，皆至公之心也。素之跋涉山海，心殫力勞，有不足言。後之司筦鑰者誠慎守之，不至於散亡可也。有志于稽古者，豈不有所增廣其學問云爾。至於人情之險阻，事物之轇轕，别爲一録，以示兒子，俾知生乎今之世，雖事之小者，奉公盡職之爲難。①

這説明，元末蒙古汗王的權威日薄西山，雖以詔令徵集而響應者「甚少」；當時遼金文獻已存世寥寥。因此，危素「别爲一録，以示兒子，俾知生乎今之世，雖事之小者，奉公盡職之爲難」，反映出序者内心深處的良多感慨。如深入考察，問題不止於此，還存在其他一些複雜因素。

清紀昀等《四庫全書總目》卷一九〇《御定全金詩》論及金詩存世稀少原因，云：「特北人質

① 《危太僕文集》卷八，元人文集珍本叢刊本，臺灣新文豐出版公司影印。

樸，性不近名，不似江左勝流，動刊梨棗。迨汝陽板蕩，散佚遂多。」此説多少有些道理。如喬扆工詩詞，兼通音律，有集藏於家①。劉中長於古文，典雅雄放，有韓柳氣象，「有文集藏於家」②。楊雲翼博通經傳，善天文律曆醫卜之學，所著《句股機要》、《象數雜説》等「皆藏于秘府」③。馮延登「集前人章句爲一書，目曰《學易記》，藏於家」④。董文甫「於六經、《論》、《孟》諸書，凡一章一句，皆深思而有得」⑤，所著論道一編，後歸劉祁，藏於家。張正倫所著詩文箋奏，簡重典雅，「爲集若干卷，藏於家」⑥。曹珏「有《卷瀾集》三卷，藏於家」⑦。王無咎「生平得古律若干，目曰《青峰詩集》，傳於家」⑧，等等。

這些「藏於家」著述均遺佚，或社會動亂，無法付梓；或囊中羞澀，無力雕版；或子孫無

---

① 陳垣等《道家金石略》録《蓮峰真逸》二首之《題興慶池》，末句「曾伴寧王玉笛吹」注云：「家集中『伴』作『照』。」文物出版社一九八八年，第一〇四二頁。

② 《中州集》卷四《劉左司中》，中華書局上海編輯所一九六二年，第二〇〇頁。

③ 《遺山先生文集》卷一八《内相文獻楊公神道碑銘》，四部叢刊本。

④ 《遺山先生文集》卷一九《國子祭酒權刑部尚書内翰馮君神道碑銘》，四部叢刊本。

⑤ 金劉祁《歸潛志》卷五，中華書局一九八三年，第四五頁。

⑥ 《遺山先生文集》卷二一《資善大夫吏部尚書張公神道碑銘》，四部叢刊本。

⑦ 《遺山先生文集》卷二三《曹徵君墓表》，四部叢刊本。

⑧ 元張之翰《西巖集》卷一九《故昭義軍節度副使王公碑銘》，文淵閣四庫全書本。

德，無人經營。其中，楊奂的遭遇尤爲典型。在金，才學出衆而累舉不第。金亡，年五十餘，以儒生就試東平，兩中賦論第一，授河南路課税所長官兼廉訪使。乙卯歲（蒙古憲宗五年、一二五五年）卒，年七十。元好問稱之「白首見招，日暮途遠。有才無命，可爲酸鼻」①。其一生著述豐富，「兵火流離中，僅存《還山前集》八十一卷、《後集》二十卷；《近鑒》三十卷；《韓子》十卷；《概言》二十五篇；《硯纂》八卷；《北見記》三卷；《正統書》六十卷，蓋起於唐虞，訖於五代也」②。然而，這些著述歷盡厄運，迄今所存不過《還山遺稿》二卷。元姚燧《紫陽先生文集序》云：

歲乙卯，卒乾州。四女，長適張篪者，相失兵間；次王亨，皆前夫人劉出。且卒，執亡妻手，語夫人吴曰：「他日無醮他門，必歸姚氏。」後是四年，燧婿其家，得觀《還山集》者于夫人所。夫人襲先生遺集，寶有甚至，不以付三婿。夫人卒，亡室在蘇門，其書歸王氏，亨亦不得而有，次姨自櫝之。燧後爲秦邸文學，亡室求之百至，不可，恚而與其姊絶，尋卒。刺膠州子、子監江州路位總管上者晦，求板之，亦不可。季姨適任良，及主荆門長林簿，求先生書與俱，十一帙中，止校其四。時晦已卒，弟曙也，自江州來長林省其姑，録四帙歸。後亨子某，婿昭文館大學士楊元父，

① 《遺山先生文集》卷二三《故河南路課税所長官兼廉訪使楊君神道碑》，四部叢刊本。

② 明宋廷佐輯《還山遺稿》卷上《臂僮記》，叢書集成續編本，上海書店一九九四年，第一〇七册七〇六頁。

其母亦卒得疾喪心。燧持憲節使江之東之三年，當大德癸卯，昭文子寅由爲南臺監察御史，過華陰，於王氏敗笥故書間得其七帙。寅橐以遺燧。思四帙在季姨所者，他日必合而一。會季姨終良喪，攜其子某親迎吾家，舟及齊安，亦卒。燧傷之曰：「嗚呼，何是書之多艱哉！」今年四月，曙滿秩南劍録事，將西入秦，求七帙板之建寧書坊。過宣，燧以寅所授授之。因慨晦始受學，先生常面命之。曙後先生卒一年而生，顧能成其兄志而文其祖書，行今與後，亦弟弟而慈孫哉。若先生鄺國世家傳次，及平生嗜學、述作之富，與一世之士服爲「關西夫子」者，有遺山、江漢、西庵三先生之碑銘之集序言。故燧著是五十年間幽鬱於昔、將昭章於今者於篇終云。①

姚燧爲元初翰林詞臣、楊奂之婿，所言當不誣。

二　元明兩代肆意竊取金人著述

如果説金末喪亂重創了一代藝文，不過是兵火與搶掠，猶如外傷，那麽，金人著述在元明兩代的遭遇雖無刀光劍影，卻是摧殘尤甚，不啻爲内傷。

金亡後，北方社會持續動亂，道德淪喪，斯文掃地，以至於士流剽竊盛行。金末王若虚嘗言：「吾平生頗好議論，向所雜著，往往爲人竊去。」元初王鶚亦以自嘲針砭時弊云：「予以剽竊之學，

① 《牧庵集》卷三，四部叢刊本。

由白衣入翰林。」①

金代名醫劉完素《素問病機氣宜保命集》，初刻於大定間。辛亥歲（蒙古憲宗元年、一二五一年）再刻，楊威爲序云：「惜哉先生卒，書世不傳，使先生之道竊入小人口，以爲己書者有之。予憫先生之道，屏翳於茅茨荆棘中，故存心精校，今數年矣。命工鏤板，擬廣世傳，使先生之道出於茅茨荆棘中，亦起世膏肓之一端也。」②以劉氏之德高名重，雖有小人竊取，終未得逞。

而太醫趙庸奉敕所編《風科集驗名方》卻没有那樣幸運。趙庸字大中，與名士元好問、張緯文等俱有交往③。值金末喪亂隱遁，不知所終。由於「名方」頗具臨床價值與社會影響，有心者遂藉「增訂」之機而「續添」己名。如金末士人趙素，爲避兵禍，遁入全真教，南下漂泊荆湖，得此「名方」。北歸後，獲賜虛白處士號。癸丑歲（蒙古憲宗三年、一二五三年），將「名方」付梓，爲序曰：「醫非細事，可知五行萬物之數之氣之味之性，用方劑始可爲據也。故將耳聞目見得效作驗者，書爲十集，目之曰《風科經驗名方》，實非利禄之學，以備國家無疆之地，資醫藥夭横之急爾」。這篇序文隱去原創者姓名，字裏行間完全以撰者自居了。

① 元王鶚《滹南遺老集序》，見《滹南遺老集》卷首，叢書集成初編本，中華書局一九八五年。

② 清張金吾《金文最》卷四二，中華書局一九九〇年。

③ 元王惲《玉堂嘉話》卷四：「趙大中庸説，嘗見遺山與張緯文相謔，見碑文過俞曰：『遺山又貨了一平天冠也。』」叢書集成初編本，中華書局一九八五年，第四九頁。

大德間，湖廣官醫提舉劉君卿發起重刊，「命廬陵左辰叟校讎增定」①。「譌者正之，脱者補之，復者削之，舛者竄之，略者增之，疑者缺之。」由「十集」增至「二十八卷」②，鏤板以行。而劉君卿乃趙素弟子，刻意將「名方」著作權歸其師，並廣邀名流爲之鼓吹，自己則以「嫡傳」繼承。如：

安慶序曰：丙申歲（蒙古太宗八年、一二三六年），虚白處士「挾策歸明大元，復居恒山。仕宦名家，凡中風者治之，不逾月而痊愈矣，奚可數焉。予憐其編緝諸風未備者，補綴完美，不揆荒蕪，而序其筆汗之勞，使疾人不置拐杖而復登車上馬，天下萬世有賴，不爲細事矣。」③

杜道堅序曰：「湖廣官醫提舉劉君卿，少事河中趙才卿學。才卿既被召賜還，以皇極道院老焉。遺山元先生實銘之。晚出二書以授君卿，一曰《風科集驗方》，一曰《心庵爲政九要》。君卿既以醫道遊公卿間，屢爲當路推挽，則所謂集驗方者，無不試矣。」④

狄思聖序曰：「虚白趙公，儒而醫，醫而良者也。裒集風科名方，簡而出之，號專門學，惜乎人亡道息。提舉劉公君卿識高才博，研精難素，家傳心法，獲是方知其妙契玄通，默潛真訣，乃方

---

① 清陸心源《皕宋樓藏書續志》卷四，續修四庫全書本，上海古籍出版社影印，第七一三頁。
② 《皕宋樓藏書續志》卷四，第七一四頁。
③ 《皕宋樓藏書續志》卷四，第七一三頁。
④ 《皕宋樓藏書續志》卷四，第七一四頁。

藝之淵源，誠醫經之機括，重爲演微素隱，收遺補漏，芟晻昧，除混淆，增修讎校，理明義備，亦猶荆巖珍璞遇和氏，價倍者乎？」

臧夢解序曰：虚白處士「家世業儒，而通於岐黄之學，洞究病證之本源，裒集古今之治法，以風爲百病之長，編爲《風科經驗名方》。凡中風者，百試百效。又有《爲政九要》，述經世之法，惜其不及見用，悉以授之頤齋劉君卿，乃鋟諸梓，以廣其師經濟之志，可尚也已。」①

如此鼓吹，清水攪混了，離事實越來越遠了。入明後，焦竑《國史經籍志》卷四《醫家》著録，「驗」作「論」，歸「佚名」。當時書目罕見著録，而實際流傳頗廣，人們競相據爲己有。明孫雲翼《風科集驗名方跋》即透露出這樣的故事：

先大夫曲水翁篤嗜古書，所藏甚富。是書雖刻于勝國時，以繕鏤精緻，又爲醫家言，特珍惜之。嘉靖中，遭島夷兵燹，避亂金壇，百物皆棄，獨攜此書。會先慈抱疴，延京老醫錢霽山者，灼艾無以娱之，因出此書相示，遂不告攜去，耿耿往來於懷。後從叔德輿出先祖石雲翁所藏遺書，亦有是編，亟購得之。時外弟王宇泰方留心醫學，復被豪奪，意此書已矣，終不可見矣。後遊陽羨市中，復購得是編于周孝侯廟。辛丑上公交車，又爲不肖子賣去，訪而贖還，迄今又十五年矣。後之

① 清陸心源《皕宋樓藏書續志》卷四，續修四庫全書本，上海古籍出版社影印，第七一六頁。

子孫其永保之。①

至清代，雖經乾嘉學者考訂，仍殘存那些不實鼓吹的影響。如錢大昕《補元史藝文志·子部醫家類》曰：「趙大中《風科集驗名方》二十八卷，趙素訂補。」而所訂補者爲何？

再如《新刊惠民御藥院方》。元初高鳴序云：「太醫提點榮禄許公暨二三僚友，取御藥院壬寅所刊方書板，正其訛，補其缺，求其遺亡，而附益之，將宏肆流傳，俾人人如在良醫左右」②。榮禄許公指許國楨，字文進，中統元年授榮禄大夫提點太醫院事，《元史》卷一六八有傳。壬寅，蒙古太宗乃馬真后稱制元年（一二四二年）。至至元四年（一二六七年），「許公暨二三僚友」以「壬寅書板」爲基礎增補重刊。後來，諸書志竟歸許國楨名下。實際上，「壬寅書板」不過是金人方書的翻刻。其卷五「檳榔圓」下注：「泰和五年，御直馮元童傳奉聖旨，降到檳榔丸方一道，便交合者」；卷七「半夏利膈圓」下注：「崇慶元年，改作檳榔利膈圓」；卷九「兩炒圓」下注：「大安三年，本院劉仲玨改用姜湯送下」；卷一〇「酸棗仁煎」下注：「興定五年，權直長張古以藥稠難濾，添酒半升」；卷一六載明昌、貞祐間醫驗二事③，等等。這説明，雖經整理，仍未消除金板痕

---

①《皕宋樓藏書續志》卷四，第七一七頁。

②《皕宋樓藏書志》卷四七《子部醫家類》，第五一八頁。

③《皕宋樓藏書志》卷四七《子部醫家類》，第五一九頁。

跡，露出了元人竊取前代醫家成果的馬腳。

然而，同明人相比，元人的剽竊行徑不過是小巫見大巫。清顧炎武嘗言：「若有明一代之人，其所著書無非竊盜而已。」①如修纂《永樂大典》而徵書時，金人文獻「捆載滿前，汗牛塞棟。在局者稍識文字，皆驚爲無主之奇貨。中間諸家小集，大可假裝門面，於是相互没入，没入不已，競相盜販。至所存經史釋道醫律各種，實無取而備數者也。韻學演算法尤不解，而無用者也。惟党、趙、王、元諸集，畏其大名，不敢公肆攘竊。自餘可以全偷者没之，可以抽取者缺之。諸人既已各飽所欲，視閣藏反爲棄物，不過按部計册，草草録目，隨著翰林一員，典籍了事。是以雜著十亡其七，詩文十亡其八，豈非金源文士之不幸，遭此狗鼠之奇禍耶？」②這種看法不無根據。施國祁先生以「燕京八景」題詠爲例云：

趙正夫所寄北平舊志載金明昌遺事，有燕京八景，元人或作爲古風，或演爲小曲。所謂八景者，「居庸疊翠」、「玉泉垂虹」、「太液秋風」、「瓊島春陰」、「薊門飛雨」、「西山積雪」、「盧溝曉月」、「金臺夕照」是也。至永樂間，館閣諸公相集倡和，更薊門「飛雨」爲「煙樹」，和者相屬。《元一統志》八景作「太液秋波」。《中州集》七卷朱宫教瀾《宫詞》：「太液芙蓉上下天，秋波淡淡

① 《日知録》卷一八《竊書》，文淵閣四庫全書本。

② 清施國祁《吉貝居雜記》，見羅振玉《雪堂叢刻》，北京圖書館出版社二〇〇〇年，第一册七〇九頁。

白生煙」。此明昌作「秋波」之證。又「積雪」應作「晴雪」。遺山《新樂府·浣溪紗》詞曰：「日射雲間五色芝，鴛鴦宫瓦碧參差，西山晴雪入新詩。」注：「往年宏詞御題有《西山晴雪詩》」，則作「晴雪」無疑。按八景詩，金源詞人無一語及，其題字遂莫得詳。趙僅取北平志所云，而「秋波」、「晴雪」亦藉《一統志》、《新樂府》可以訂正。至若明人，又作「晴波霽雪」矣。而「瓊島春陰」，明人作「春雲」；「薊門飛雨」作「煙樹」矣。明初徵天下書，文淵閣舊集靡不搜採，值閣諸人覬得諸家小本有此詩，而《中州集》一語不及，因以没入，塗去名氏，改易題目，紛紛掠爲己有。一時楊榮、金幼孜、黄淮、邵緝、梁潛、林環、曾棨、王洪等十餘人，詞林盛集，大放厥詞，不知皆從剽奪中來者。此明人偷書之祖。余曰：顧亭林先生有言，故明一代之人所著書，無非盗竊，蓋已先爲君言矣。至「秋風」，無可爲景，作「秋波」無疑，而明人改作「晴波」，亦足爲「波」字之證，北平志誤也。①

清初的《人海詩區》是一部歷代吟詠北京詩篇的結集，卷帙頗巨。如對照檢閲，則可以印證，施先生所言不虚矣。

另外，明人喜編類書，卻使所聚原著删削割裂，多有廢棄。特别是《永樂大典》，名爲盛世之舉，實若焚書之害。而且，先後僅抄成兩部，高束宫廷館閣，天下士人難得一見。因此，隨着斗轉

---

① 清施國祁《吉貝居雜記》，見羅振玉《雪堂叢刻》，北京圖書館出版社二〇〇〇年，第一册七一〇頁。

星移，大典漸次散佚，一些包括金代在内的文獻從此絶跡了。如大典殘帙所引郝俣《郝内翰俣集》①；耶律履《耶律文獻公集》②；楊雲翼《續資治通鑒》③；白華《寓齋集》④；劉祁《泰山雅詠》⑤；王元粹《王元粹詩集》⑥，等等。

再如《中州元氣集》，入明後尚存。孫能傳等《内閣藏書目録》卷五《樂律部》、楊士奇等《文淵閣書目》卷一〇《詩詞》、錢溥《秘閣書目·詩辭》、葉盛《菉竹堂書目》卷四《詩詞集》、董其昌《玄賞齋書目》卷七、佚名《近古堂書目》卷下俱見著録。此外，《永樂大典》亦屢見引録，使得些許詩文作品有幸保存下來。這部大典殘帙僅爲原書百分之幾，而引録金人著述如此之多，一併成爲它的殉葬品。

再如《詩淵》，輯入不少金人詩作，却一律題作「元」。如蔡珪《洞庭》⑦；朱自牧《高郵橋

① 《永樂大典》卷二二六五湖字韻引《郝内翰俣集·奉陪太守遊南湖同郭令賦》，中華書局一九九八年，第一册七九八頁。
② 《永樂大典》卷二五三六齋字韻引《耶律文獻公集·和德秀道濟詠李仲茂自得齋詩韻》七律二首，爲各家金詩結集失收，第二册一一七三頁。另，明孫能傳等《文淵閣書目》卷九《文集》著録「六册」、「十五卷」。
③ 《永樂大典》卷二九四九神字韻、卷一〇八一三母字韻等引《續資治通鑒》，第二册一五二八頁、第五册四四四〇頁。
④ 《永樂大典》卷二五三五齋字韻引《寓齋集》之《題何天衢安常齋》，第一册一一六〇頁。
⑤ 《永樂大典》卷三五二七門字韻引劉祁《泰山雅詠》之《素景門》，第二册二〇三九頁。
⑥ 《永樂大典》卷一一三一三館字韻引《王元粹詩集》之《再到秦館》，第五册四八二三頁。
⑦ 明佚名《詩淵》，書目文獻出版社一九九三年，第三册第三一五八頁。

下》、《江樓晚望》①；劉彧《山居苦》②；郝俣《題五丈原武侯廟》③；任詢《遊謝氏山亭》④；馮子翼《登岳陽樓》⑤；史肅《村居》二首⑥；王良臣《種梅》、《山寺》、《春遊宿山館》⑦；邊元鼎《和》、《沁水山寺》⑧等等，多爲《中州集》失收，當從金人詩集或别集輯入。而那些集部幾乎消失得無影無蹤了。

再如《天機餘錦》，輯有一些金代詞作，其中包括馮延登十六首⑨，《中州樂府》未見，當是據金人詞籍輯入，而原書早已廢棄埋没了。

---

① 《詩淵》，書目文獻出版社一九九三年，第三册五八頁、第五册三五六二頁。

② 《詩淵》，書目文獻出版社一九九三年，第五册三一六四頁。

③ 《詩淵》，書目文獻出版社一九九三年，第三册一六九八頁。

④ 《詩淵》，書目文獻出版社一九九三年，第五册三四七八頁。

⑤ 《詩淵》，書目文獻出版社一九九三年，第五册三五六五頁。

⑥ 《詩淵》，書目文獻出版社一九九三年，第五册三一五四頁。

⑦ 《詩淵》，書目文獻出版社一九九三年，第四册二五二八頁、第五册三七一六頁、三六二六頁。

⑧ 《詩淵》，書目文獻出版社一九九三年，第三册二〇〇二頁、第五册三七二六頁。

⑨ 明程敏政《天機餘錦》卷一、卷二、卷四，遼寧教育出版社二〇〇〇年，第七三頁、第九六——九八頁；第一〇九頁；二八〇頁、三〇四頁、三〇五頁。今按，該書新版《説明》有云：「《天機餘錦》既不是元初人所輯，也不是書中所署的程敏政（一四四五—一四九九年）編選，應該是嘉靖年間的書商或牟利的士人所編，而託名於程敏政。」

三　封建正統意識抑制了金代文獻的傳播

清黄廷鑒《金文最序》云：「夫金之立國，元既相仇，明人又視同秦越，其文一任散佚。」①自南宋，士人自持正統，歧視女真，致使北方著述難以在江南立足，即所謂「北方書籍，率金所刻，罕至江南」②。即使傳入，也多遭改竄。如金初名醫成無己所著《傷寒論注》、《傷寒明理論》及《論方》等，《宋史·藝文志》竟歸入宋③。入明再刻，亦如之。清代藏書家錢曾以博洽聞名，仍謂「北宋時人」④。成氏蒙冤何其久也。

金亡後，蒙古沿用女真治國機制，文壇仍是前金士人的天下，如王鶚、王磐、宋子貞、張德輝、楊果、徐世隆、高鳴、李昶、商挺等等。當時南北阻隔，這些人的影響所及僅限於北方。如檢索元代「集部」，不難發現，金人著述幾無涉及。元末修宋、遼、金三史，僅《宋史》設「藝文」，而遼、金兩朝俱無。何以如此？這不過是那些秉史筆的南宋文人後裔的狹隘心理在作祟，北方「夷虜」似不應享有創造藝文的地位。入明後，女真被列爲「四夷」之一，不甚重之。寧獻王朱權

---

① 清張金吾《金文最》卷首，中華書局一九九〇年。
② 元宋無《續夷堅志跋》，見金元好問《續夷堅志》卷末，中華書局一九八六年，第九八頁。
③ 《宋史》卷二〇七《藝文志》，中華書局一九七七年，第五三一六頁。
④ 《讀書敏求記》卷三《子部醫家》，叢書集成初編本，中華書局一九八五年，第五三一六頁、五三一五頁。

重刻金代名醫劉完素《保命集》，爲序曰：

是書者，金世宗大定二十六年，守真所撰之書也，時在宋孝宗淳熙十三年焉。始守真靳惜無傳，至胡元憲宗元年，乃宋理宗淳祐十一年也。相去六十五年矣。大鹵楊震亨謂天下之寶，當與天下共之，不可私也，乃鋟諸梓。惜乎古板於兵燹不存久矣，世無其傳。今命工重刊既完，必用序以紀其實，姑書于篇端云。或曰：不書中國之正朔，而用金虜之正者何？當宋季也，河間爲金虜所有而用之故也。①

在這位大明宗室眼裏，「金虜」不配「中國之正朔」，即使不得不用，也要標明與之相應的「中國之正朔」。這種「創造」竟成爲明清兩代的傳統，至今仍在延用。

金代文獻一部分毀於元，前文已述；一部分佚於明，舉例如下：

完顔勖《先朝實録》。明陳第《世善堂藏書目録》卷上著録，作「《金實録抄》三本」，云：「內多奇聞異事，正史所未載者；亦有與正史相矛盾者，不可不知。約而抄之，其四十五本。」此外，還有《女真郡望姓氏譜》「二卷」，明代猶存。

党懷英《党學士詩集》，明錢溥《秘閣書目·詩辭》、明葉盛《菉竹堂書目》卷四《詩詞集》均著録「一册」。亦見明李廷相《濮陽蒲汀李先生家藏目録》。

---

① [日] 丹波元胤《中國醫籍考》卷五〇《方論》，人民衛生出版社一九八三年，第六五三頁。

《新定泰和律令敕條格式》五十三卷，包括《泰和律令》二十卷，《新定敕條》三卷，《六部格式》三十卷。明楊士奇《文淵閣書目》卷一四《刑書》、明葉盛《菉竹堂書目》卷五《刑書》均著録「《泰和律令格式》九册」、「《泰和新定律義》十六册」。

《龜鑒萬年録》，趙秉文、楊雲翼奉詔撰。明孫能傳等《内閣藏書目録》卷八《雜部》著録，作「《萬年龜鏡録》二册」，云：「採摘經史，分上中下三卷，因萬年節撰進者。」明楊士奇等《文淵閣書目》卷四《經濟》、明葉盛《菉竹堂書目》卷二《經濟》亦著録。

趙秉文《百里指南》，明楊士奇等《文淵閣書目》卷一四《政書》、明葉盛《菉竹堂書目》卷五《刑書》均著録「二册」。

楊雲翼《勾股機要》，明陳第《世善堂藏書目録》卷下著録「一卷」。

韓玉《元勳傳》，明陳第《世善堂藏書目録》卷上著録「《金元勳傳》十卷」。

楊奂《紫陽先生東遊記》，明孫能傳等《内閣藏書目録》卷八《雜部》著録「一册」，云：「内有《魯國圖》、《防山圖》、《顔母山圖》、《尼山圖》，總記一首。」今文存而圖佚；明葉盛《菉竹堂書目》卷六《古今通志》亦著録。

元好問《壬辰雜編》。明葉盛《菉竹堂書目》卷二《經濟》著録「三册」；元氏《杜詩學》。明楊士奇《文淵閣書目》卷一〇《詩詞》、明葉盛《菉竹堂書目》卷四《詩詞集》著録「三册」。

張珍《疊代世範》。明楊士奇等《文淵閣書目》卷四《經濟》、明葉盛《菉竹堂書目》二《經濟》均著録「張珍《疊代世範纂要》一册」。

劉祁等《渾源劉氏傳家集》。明楊士奇等《文淵閣書目》卷九《文集》著録，作「《渾源劉氏集》二册」，明葉盛《菉竹堂書目》卷三亦著録。

王萬慶《澹遊集》。明楊士奇《文淵閣書目》卷一〇《詩詞》、明葉盛《菉竹堂書目》卷四《詩詞集》均著録「一册」。

敬鉉《明三傳例》八卷、《春秋備忘》三十卷。明葉盛《菉竹堂書目》卷一《春秋》著録「敬鉉《春秋傳例説略》三册」；明孫能傳等《内閣藏書目録》卷二《經部》著録，云：「《敬先生春秋備忘》八册，鈔本，宋敬鉉著，集《春秋》家諸儒之説而折衷之者。」

趙素《虚白處士爲政九要》。明楊士奇等《文淵閣書目》卷四《經濟》、明葉盛《菉竹堂書目》卷二《經濟》均著録「一册」。

楊鵬《陶然集詩》。明葉盛《菉竹堂書目》卷四《詩詞集》著録「一册」。這些文獻均傳至明代而佚於明代，且涉及的書目不過是九牛一毛。

綜上所述，一代藝文的興衰是與一代王朝的命運緊密聯在一起的。女真崛起時，所向披靡，取北宋於青城受降。北宋長久的文化積累幾乎全部爲女真人所得，經過吸納與消化，迅速跨越結繩計數的蠻荒階段，以華夏文明繼承者的姿態入主中原。然而，曾幾何時，女真鋭氣喪盡，也走向覆亡，向蒙古鐵騎降伏之地仍在青城。大金經營百餘年的文物圖籍，隨着帝國大廈的坍塌而散落飄零，化作塵埃。歷史的滄桑是説不盡的，誠如元好問《癸巳四月二十九日出京》所云：「興亡誰識天公意，留著青城閲古今。」①

① 清施國祁《元遺山詩集箋注》卷八，四部精要本，上海古籍出版社一九九三年，第一〇四頁。

第二章　金代藝文敘録

第一節　女真藝文

女真崛起前，尚未創立自己的民族文字。與遼國往來，使用契丹字；與北宋交聘，則用漢字。傳遞軍政機要，皆口授心記，有名思忠者，嘗司其職。「凡軍事當中覆而應密者，諸將皆口授思忠，思忠面奏受詔，還軍傳致詔辭，雖往復數千言，無少誤」①。當時，「凡聚會處，諸國人語言不能相通曉，則各以漢語爲證，方能辨之」②。漢語成爲北方各族人民的通用語。

一　女真文字的創立

女真崛起後，太祖完顔阿骨打爲維護民族尊嚴、鞏固大金政權，命完顔希尹等「依仿漢人楷

① 《金史》卷八四《耨盌温敦思忠傳》，中華書局一九七五年，第一八八一頁。

② 崔文印《靖康稗史箋證·宣和乙巳奉使金國行程録》，中華書局一九八八年，第三一頁。

字，因契丹字制度，合本國語，製女真字」①。天輔三年，「《字書》成，太祖大悦，命頒行之」②。是爲女真大字，保持了漢字的表意特徵，兼具部分複合表音。但是，一個女真字不完全對應一個漢字。上世紀七十年代，西安碑林發現《女真字書》殘頁十一件③，經學者考證復原，得女真大字約一千二百九十六個④。

《金史·太祖紀》與《金史·希尹傳》俱將造字歸於希尹名下。希尹出自女真完顔部，本名谷神，官至左丞相，封貞憲王。「性尤喜文墨，征伐所獲儒士，必禮接之，訪以古今成敗。諸孫幼學，聚之環堵中，鑿圜竇，僅能過飲食，先生晨夕教授」⑤。因此，自乾嘉學者補修遼金元三史藝文志，凡涉《女真字書》，俱謂希尹撰。

然而，實際並非如此。當時，希尹從太祖伐遼，戎馬倥傯，無暇設計筆劃，敲定字形，分別門類，不過領銜總揆其事罷了。而真正的造字專家應是耶魯，亦作葉魯，《金史》僅兩處簡略提及：

---

① 清畢沅《續資治通鑑》卷九三「徽宗宣和元年」，中華書局一九七九年，第二四一二頁。
② 《金史》卷七三《完顔希尹傳》，中華書局一九七五年，第一六八四頁。
③ 劉最長、朱捷元《西安碑林發現女真文書、南宋拓全幅集王〈聖教序〉及版畫》，《文物》一九七九年第五期。
④ 烏拉熙春《〈女真文字書〉的復原》，西安博物館編《碑林集刊》第七輯，陝西美術出版社二〇〇一年。
⑤ 金王彥潛《左丞相貞憲王完顔希尹神道碑》，見清陸耀輝《八瓊室金石補正續編》卷六三，續修四庫全書本，上海古籍出版社影印，第九六頁。

一是天會三年，「召耶魯赴京師教授女真字」①；二是明昌五年，「以葉魯、谷神始制女真字，詔加贈封，依倉頡立廟盩厔例，祠於上京納里渾莊，歲時致祭」②。從這寥寥數字看，耶魯的政治地位不高，却名列希尹之前，透露出創製女真文字的「第一把手」。

在中華文明發展史中，契丹是第一個創立自己文字的北方少數民族，對女真的影響很大，即使造字過程也極爲相似。女真大字頒行後，皇孫合剌加以改進，删繁就簡，稱爲女真小字。合剌爲熙宗完顏亶本名，父宗峻系太祖嫡子，天會二年薨，後以子貴追謚景宣皇帝。天會八年，女真諸帥建言立合剌爲皇儲，太宗不得已從之。其時年僅十三歲。天會十三年正月，太宗駕崩，合剌即位，仍沿用天會年號，至十五年。次年正月，改元天眷，「頒女真小字」③。

所謂熙宗造字，當是女真諸王受契丹迭剌改造契丹大字的啓發，組織專家參與，以使這位少年新君有所成就，爲日後執政奠定基礎。另外，熙宗自身也多少具備相應的條件。他自幼師從亡遼名儒韓昉，「解賦詩翰，雅歌儒服，分茶焚香，奕棋戰象」，「宛然一漢家少年子」。即位後，身邊聚攏了一批儒士，「教以宫室之壯，禁衛之嚴，禮儀之尊，府庫之限，以盡中國爲君之道」④。

① 《金史》卷三《太宗紀》，中華書局一九七五年，第五三頁。
② 《金史》卷一〇《章宗紀》，中華書局一九七五年，第二三一頁。
③ 《金史》卷四《熙宗紀》，中華書局一九七五年，第七二頁。
④ 宋張匯《金節要》，見李澍田《金史輯佚》，吉林文史出版社一九九〇年，第六〇頁。

女真小字推出後，與女真大字並行使用。由於創製日近，義理尚淺，仍以漢字與契丹字爲主。大定間，女真文字應用漸廣，與漢字、契丹文字並行使用。明昌二年，朝廷規定：「自今女真字直譯爲漢字，國史院專寫契丹字者罷之」①。同時，「罷契丹編修三員，添女真一員」，只設「女真、漢人各四員」②。承安二年，「親王宣敕始用女真字」③。四年，「罷契丹同修國史」④。契丹文字從此退出金朝官方語言系列，而完全由女真文字取代，成爲具有交流思想與傳播信息功能的工具。

現存女真大字文獻著名者，如吉林省扶餘縣《大金得勝陀頌碑》，刻於大定二十五年，是爲紀念太祖阿骨打於寧江州破遼之戰而立。正面漢文三十行、八百一十五字，背面女真文三十二行、一千五百餘字，系兩種文字對照鐫刻。民國羅福頤《滿洲金石志》卷三摹録比較完整；中國歷史博物館所藏《奥屯良弼餞飲碑》，刻有漢文楷書大字四行：「奥屯良弼自泗上還都，心友餞飲是溪，泰和六年二月十有一日也。」左下方系女真文對譯，三行六十餘字，時在衛紹王大安二年七月二十日。奥屯良弼字舜卿，正大間官禮部尚書，《金史》稍見記載；上世紀五十年代，山東蓬萊還發現了他的女真字題詩：

① 《金史》卷九《章宗紀》，中華書局一九七五年，第二一八頁。
② 《金史》卷五五《百官志》，中華書局一九七五年，第一二四五頁。
③ 《金史》卷一〇《章宗紀》，中華書局一九七五年，第二四一頁。
④ 《金史》卷五五《百官志》，中華書局一九七五年，第一二四五頁。

千刈、桒床刮、来車、为呑旦、伏女、矣岑肏友币，
平申、式包口、口市求、弛脊吏、厍灭処、羔奎，
赵灵代、女戍佚、应得乇、幸妥、羔、先未、舟，
手庆、挙交史、一迬仔、卖支佅、奂、本刣外肩，
早弋、禾早亥、笋半千角、库卟方、㐿代申、币戍、禾屖
手南、戍左右、付斗芳、太太方、庆光雨光、月，
务炎、杀佧笋、口叏走、向史、炏戈马、艮、佞乐，
余友圤、金床交、夅友、为臾芳、礼、尤来奥。

譯成漢文：「在朝賞心笑談求，稚返蓬瀛長住留。五馬載車無比貴，一旗出導惠及流。筆柳喜

高□□柳，琴瑟□□心月□。小城雖僻於菟遠，南衙大授夏非秋。」① 這首詩的形式與内容是按漢語律詩的思維定勢創作的，徒具女真文字的外殼。但是，這種情況反映出女真人爲建立本民族文化所做的努力。

二 女真文字的應用

一、興辦女真學校。 天會初，立女真學館於西京，選女真子弟入學，並拔其優者送上京深造。如紇石烈良弼，本名婁室，年十四授北京教授，學徒常二百人。時人語曰：「前有谷神，後有婁室。」年十七補尚書省令史，「簿書過目，輒得其隱奥。雖大文牒，詞理皆到。時學希尹之業者稱爲第一」②。他如完顏兀不喝、温蒂罕締達、孛魯朮阿魯罕、納合椿年、温敦兀帶、曹望之、徒單鎰等等③，以少年俊秀入選，日後各成爲大金王朝的棟樑之臣。

大定十三年，設京師女真「六學」，諸路女真府學二十二處，中都、上京、胡里改、恤頻、合懶、蒲與、婆速、咸平、泰州、臨潢、北京、冀州、開州、豐州、西京、東京、蓋州、隆州、東

① 金啓孮《論金代的女真文學》，《内蒙古大學學報》一九九四年第四期。今按，女真字詩爲金先生摹寫並譯成漢語文字。
② 《金史》卷八八《紇石烈良弼傳》，第一九四九頁。
③ 《金史》卷八八《紇石烈良弼傳》、卷九〇《完顏兀不喝傳》、卷一〇五《温蒂罕締達傳》、卷九一《孛魯朮阿魯罕傳》、卷八三《納合椿年傳》、卷八四《温敦兀帶傳》、卷九二《曹望之傳》、卷九九《徒單鎰傳》等。

平、益都、河南、陝西等，覆蓋了中原、燕雲、東北（包括俄羅斯遠東、朝鮮北部）等廣袤區域。官學之外，還有私塾，弦誦之聲相聞。乾道五年（大定九年、一一六九年），南宋樓鑰從使金國賀正旦，途經保州親見之①。

女真文化教育的發展，造就了一大批兼通女真、契丹、漢字的人才。如完顏仲、阿鄰、獨吉義、夾谷查剌、僕散忠義、移剌道、移剌慥、移剌成、徒單克寧、斡勒忠、趙重福、徒單繹、蒲察鼎等等②，爲大定明昌盛世的到來提供了重要的人才支撑。

同時，世宗也重視皇子的民族文化教育。如鄆王琮，機警清辯，性寛厚，好學。「世宗選進士之有名行者納坦謀嘉教之，女真小字及漢字皆通習」。及長，善吟詠，至於騎射繪塑之藝，皆造精妙。瀛王瓌，「重厚寡言，内行修飭，工詩，精於騎射、書藝、女真大小字」③。原王璟，判大興府時，「女真人訴事，以女真語問之，漢人訴事，以漢語問之」④。

---

① 宋樓鑰《攻媿集》卷一一二《北行日録》上：「宿保州崇積倉道西，有小門榜曰：教女真學。」叢書集成初編本，中華書局一九八五年，第一五八八頁。

② 《金史》卷七二《完顏仲傳》；卷七三《阿鄰傳》；卷八六《獨吉義傳》；卷八六《夾谷查剌傳》；卷八七《僕散忠義傳》；卷八八《移剌道傳》；卷八九《移剌慥傳》；卷九一《移剌成傳》；卷九二《徒單克寧傳》；卷九七《斡勒忠傳》；卷一二八《循吏傳》，第二七七一頁；卷一二〇《世戚傳》，第二六二三頁；卷一二〇《世戚傳》，第二六二一頁。

③ 《金史》卷九三《顯宗諸子》，中華書局一九七五年，第二〇五六頁。

④ 《金史》卷八《世宗紀》，第一九一頁。

可見，這位女真君主是將女真文化教育當作發揚民族精神的重要舉措。大定二十六年，「制猛安謀克皆先讀女真字經史，然後承襲」。世宗曰：「但令稍通古今，則不肯爲非」①。又詔諭宰執曰：「諸王小字未嘗以女真語命之，今皆當更易，卿等擇名以上」②。並屢頒詔令，「禁女真人毋得譯爲漢姓」③，以保持女真民族的文化傳統。

二、將漢語經典譯成女真文字。大定四年，命設譯經所，「頒行女真大小字所譯經書，每謀克選二人習之」④。當時的譯經程序是，先以契丹小字譯之，「成則以女真字傳之」。譯經著名者如耶律履，「素善契丹大小字，譯經潤文旨，辭達而理得」⑤，受命主其事。翰林侍講學士徒單子温譯成多部史籍，「詔頒行之」⑥。著作佐郎温蒂罕締達、編修官宗璧、尚書省譯史阿魯、吏部令史楊克忠等，奉詔「譯解」諸經，翰林修撰移剌傑、應奉翰林文字移剌履則「講究其義」⑦。

①《金史》卷八《世宗紀》，中華書局一九七五年，第一九二頁。
②《金史》卷七《世宗紀》，中華書局一九七五年，第一六五頁。
③《金史》卷七《世宗紀》，中華書局一九七五年，第一五九頁。
④《金史》卷五一《選舉志》，中華書局一九七五年，第一一四〇頁。
⑤金元好問《故金尚書右丞耶律公神道碑》，見元蘇天爵《元文類》卷五七，上海古籍出版社一九九三年。
⑥《金史》卷九九《徒單鎰傳》，中華書局一九七五年，第二一八五頁。
⑦《金史》卷九九《徒單鎰傳》，中華書局一九七五年，第二一八六頁。

章宗時，又「置弘文院」①，當是譯經所的擴充，以加强譯經力量。其間，上騎都尉粘合珪嘗知院事，亦女真能文之士②。金代後期，譯者馬慶祥的事蹟廣爲傳頌。慶祥字瑞寧，臨洮狄道人，資稟聰悟，「通六國語，並與其字書識之」。泰和中，試補尚書省譯史，屢從使報聘高麗、西夏。大安初，通問蒙古，以「談吐辨捷」，爲成吉思汗賞識，欲留不遣，而慶祥「百計自解，竟獲復命」③。

因此，金代譯成了一大批女真文字文獻。如經部之《易經》、《書經》、《孝經》、《詩經》、《禮經》等④；史部之《貞觀政要》、《白氏策林》、《史記》、《西漢書》、新舊《唐書》等⑤；子部之

---

① 《金史》卷一〇《章宗紀》，中華書局一九七五年，第二三二頁。

② 明殘鈔本《順天府志》卷七：「十方觀音院，金泰和年間寺記述其創建之由，知弘文院上騎都尉粘合珪之文也。」北京大學出版社一九八三年，第五六頁。

③ 《遺山先生文集》卷二七《恒州刺使馬君神道碑》，四部叢刊本。

④ 《金史》卷五一《選舉志》：大定二十八年，「諭宰臣曰：『女真進士惟試以策，行之既久，人能預備。今若試以經義可乎？』宰臣對曰：『《五經》中《書》、《易》、《春秋》已譯之矣，俟譯《詩》、《禮》畢，試之可也。』」中華書局一九七五年，第一一四二頁。

⑤ 《金史》卷九九《徒單鎰傳》：大定五年，「翰林侍講學士徒單子温進所譯《貞觀政要》、《白氏策林》等書。六年，復進《史記》、《西漢書》，詔頒行之。」今按，徒單子温，平章政事合喜之侄，《金史》卷八六《李石傳》涉及；大定初，仕爲翰林侍講學士兼同修國史，官至安化軍節度使。大定十年，「以贓罪伏誅」，《金史》卷六《世宗紀》有載。

《論語》、《孟子》、《老子》、《揚子》、《文中子》、《劉子》①、《莊子》等等。這些書目不過是當時宏大譯書工程之部分而已。

值得提及的是《女真字國史》。所謂國史，即金代歷朝「實録」。遺山《南冠録引》有云：「京師之圍，予爲東曹都事，知舟師將有東狩之役，言於諸相，請小字書《國史》一本，隨車駕所在，以一馬負之。時相雖以爲然，而不及行也。崔子之變，歷朝實録皆滿城帥所取。百年以來明君賢相，可傳後世之事甚多。」②所謂小字，當指女真小字；所謂一本，當是一部或一套，因「以一馬負之」。這説明，金朝實録是用漢與女真兩種文字寫就的，與章宗的諭旨吻合③。

綜上所述，如此大規模地將漢語文獻譯成其他民族文字，在人類文明史上尚屬首次，反映了女真的創造精神，爲發展多元民族文化，促進各民族的融合，曾經發揮過積極作用。

三、推行女真策論選舉。 大定九年，諸路擇猛安謀克子弟之異等者百人，薦於京師，官給食宿，命温蒂罕締達教之古書，習作詩、策，經復試得三十餘人。自十一年，議行策選，至十三年，定每場策一道，以五百女真字以上成，免鄉試府試，待行之久、學者衆，實行三年一試制度。

① 《金史》卷八《世宗紀》，中華書局一九七五年，第一八四頁。
② 《遺山先生文集》卷三七，四部叢刊本。
③ 《金史》卷九《章宗紀》：明昌二年，章宗「諭有司，自今女真字直譯爲漢字，國史院專寫契丹字者罷之」。中華書局一九七五年，第二一八頁。

女真策選，前所未有。世宗亦頗謹慎，屢咨臣下：「契丹文字年遠，觀其所撰詩，義理深微，當時何不立契丹進士科舉？今雖立女真字科，慮女真字創製日近，義理未如漢字深奧，恐爲後人議論。」宰執對曰：「漢文字恐初亦未必能如此，由歷代聖賢漸加修舉也。聖主天姿明哲，令譯經教天下，行之久亦可同漢人文章矣。」世宗遂命女真選舉依照中原模式考試，並實行二審：先是女真考官審閲，然後譯作漢字程文，「俾漢官覽之」①，以防偏袒，以示與漢進士同例，以免後人議論。

策論進士爲女真而設，亦稱女真進士。所謂策，是用以闡述時政見解的文體，比較詞賦與經義兩科相對簡單，易於掌握。大定十三年八月，首屆策論選舉試於中都憫忠寺。寺有雙塔，考生入院後，夜半東塔之上有聲如音樂，預兆得賢之祥。女真由此開創了中國古代少數民族科舉考試的新紀元。

這些新進士受命教授女真學，從京師到地方，學者漸多，選舉制度也逐步完善了。一是定策、詩試三場，策用女真大字，詩用女真小字；二是試期比照漢人選舉，即三月二十日鄉試，八月二十日府試，次年正月二十日會試，三月十二日御試。以女真免鄉試，自八月二十五日分别試於大興、會寧、咸平、東平等地；會試、御試與其他士人同制。後來，策論府試地所又增處：北京、

① 《金史》卷五一《選舉志》，中華書局一九七五年，第一一四二頁。

西京、益都。其中，會寧、合懶、速頻、胡里改、蒲與、東北招討司，試於會寧府；咸平、隆州、婆速、東京、蓋州、懿州，試於咸平府；北京路、臨潢府路、宗州、興州、全州，試於大定府。此外，遼陽、大定還亦詞賦、經義考場。

章宗即位後，對策論選舉有所調整：一是大定二十九年，許諸色人試策論進士，以擴大生源；二是「詩」與「策」作一日，「論」作一日，以「詩」、「策」合格爲中選，以「論」高下定名次；三是明昌元年，取消猛安謀克直赴御試的特權，而改五品散階或官職俱至五品者直赴御試；四是承安二年，敕策論科限丁習學。内外官員、諸局承應人、武衛軍、猛安謀克女真及諸色人，户一丁者不許應試，兩丁者一人，四丁者二人，六丁以上許三人；五是加試騎射。當時，太傅徒單克寧就中原女真人習染文弱、才武漸疏的狀況，上疏曰：「今之猛安謀克其才武已不及前輩，萬一有警，使誰禦之？」①因規定女真進士及第後，「試以騎射，中選者升擢之」②，以重振尚武精神。

四、因應多民族語言的國情施政。熙宗時，女真小字頒行後，「詔百官誥命，女真、契丹、漢人各用本字，渤海同漢人」③。宋樓鑰從使金國，親眼所見：「彼中有三等官：漢官、契丹、女

①《金史》卷九二《徒單克寧傳》，中華書局一九七五年，第二〇五二頁。
②《金史》卷一〇《章宗紀》，中華書局一九七五年，第二二九頁。
③《金史》卷四《熙宗紀》，中華書局一九七五年，第七三頁。

真。三者雜居，省部文移、官司榜示，各用其字。吏人及教學者亦以此爲别」①。

實際情況是，自京師至地方，皆設有員額不等的漢、女真、契丹「令史」、「譯人」、「通事」。所謂通事，即譯者，自遼「置通事以主中國人，以知華俗、通華言者爲之」②。當時，尚書省左右司「女真省令史三十五人，左二十人，右十五人」，「漢令史三十五人，左二十一人，右十四人。省譯史十四人，左右各七人。女真譯史同。通事八人，左右各四人。高麗、夏國、回紇譯史四人，左右各二人」③。

六部也如此。吏部「譯史五人，通事二人」。架閣庫管勾「以識女真、契丹、漢字人充」④；户部譯史五人，通事二人。泰和八年，置户部勸農、鹽鐵、度支等三司，「譯史二人，通事二人」⑤；禮部「譯史二人，通事一人」⑥；兵部「譯史三人，通事二人」；刑部「譯史五人，通事

① 《攻媿集》卷一一一《北行日記》上，叢書集成初編本，中華書局一九八五年，第一五八五頁。
② 宋司馬光《資治通鑑》卷二八一「後晉天福二年二月」元胡三省注，中華書局一九八六年，第九一七〇頁。
③ 《金史》卷五五《百官志》，中華書局一九七五年，第一二一八頁。
④ 《金史》卷五五《百官志》，中華書局一九七五年，第一二三二頁。
⑤ 《金史》卷五五《百官志》，中華書局一九七五年，第一二四五頁。
⑥ 《金史》卷五五《百官志》，中華書局一九七五年，第一二三四頁。

二人」①；工部「譯史二人，通事一人」②。

國史院監修、修國史之外，同修國史二員，「女真、漢人各一員。承安四年更擬女真一員，罷契丹同修國史」；編修官，「女真、漢人各四員。明昌二年罷契丹編修三員，添女真一員」；檢閲官之下設書寫，「女真、漢人各五人」③。翰林學士院通設漢人十員，女真、契丹各七員④。

審官院設掌書四人，女真、漢人各二人⑤；御史臺譯史四人，通事三人；大理寺，自少卿至評事，漢人六員，女真、契丹各四員。知法十一員，女真司五員，漢人司六員⑥；登聞鼓院知法二員，女真、漢人各一員。登聞檢院亦如之⑦。

此外，都元帥府設「譯史三人，女真譯史一人，承安二年二人。通事，女真三人，後作六人，承安二年復作三人，漢人二人」。泰和六年伐宋，又「置令譯史八十人」⑧。各路府統軍司、轉運

①《金史》卷五五《百官志》，中華書局一九七五年，第一二三六頁。
②《金史》卷五五《百官志》，中華書局一九七五年，第一二三七頁。
③《金史》卷五五《百官志》，中華書局一九七五年，第一二四五頁。
④《金史》卷五五《百官志》，中華書局一九七五年，第一二四六頁。
⑤《金史》卷五五《百官志》，中華書局一九七五年，第一二四七頁。
⑥《金史》卷五六《百官志》，中華書局一九七五年，第一二七八頁。
⑦《金史》卷五六《百官志》，中華書局一九七五年，第一二八〇頁。
⑧《金史》卷五五《百官志》，中華書局一九七五年，第一二三八頁。

司、提刑司、按察司、安撫司、兵馬司、招討司，諸京留守司、警巡院，諸總管府及諸府、節鎮、防禦州、刺史州，諸縣，山東鹽使司，諸猛安，諸部族節度使，諸移里董司，諸禿里，諸群牧所等等，各以職能定員。

這樣的制度與大金王朝多民族的國情相適應。但是，女真文字在應用過程中却發生了種種始料不及的問題。皇統九年，大内火災，「帝徙别殿避之，欲下罪己詔，翰林學士張鈞視草。鈞意欲奉答天戒，當深自貶損，其文有曰：『惟德弗類，上干天威』及『顧兹寡昧眇予小子』等語。（蕭）肄譯奏曰：『弗類是大無道，寡者孤獨無親，昧則於人事弗曉，眇則目無所見，小子嬰孩之稱，此漢人托文字以詈主上也。』帝大怒，命衛士拽鈞下殿，榜之數百，不死，以手劍剺其口而醢之」①。由於佞幸之人把持了女真譯語的解釋權，惡意篡改原意，致使無辜被肆恣濫殺。

尤其嚴重的是，「法寺斷獄，以漢字譯女真字，會法又復各出情見，妄生穿鑿，徒致稽緩」②。因此，大定二十五年，世宗不得不親自干預，詔罷「情見」。所謂情見，意猶感情用事，以致亂法。至於州縣，更爲普遍。承安五年，翰林修撰楊廷秀上疏指陳時弊，抨擊官場的醜陋行徑：「州官往往以權勢自居，喜怒自任，聽訟之際，鮮克加審。但使譯人往來傳詞，罪之輕重，成於其口，貨賂

① 《金史》卷一二九《佞幸傳》，中華書局一九七五年，第二七八〇頁。
② 《金史》卷四五《刑志》，中華書局一九七五年，第一〇二〇頁。

公行。寃者至有三、二十年不能正者」①。宋使洪皓《松漠紀聞》卷上記載的事件甚爲典型：

金國之法，夷人官漢地者皆置通事，上下重輕皆出其手，得以舞文招賄，二三年皆致富，民俗苦之。有銀珠哥大王者，以戰多貴顯，而不熟民事。嘗留守燕京，有民數十家，負富僧金六七萬緡，不肯償，僧誦言欲申訴，逋者大恐，相率賂通事，祈緩之。通事曰：「汝輩所負不貲，今雖稍遷延，終不能免。苟能厚謝，我爲汝致其死。」皆欣然許諾。僧即陳牒，跪聽命，通事潛易他紙，譯言曰：「久旱不雨，僧欲焚身動天，以蘇百姓。」銀珠笑，即書牒尾，稱「塞痕」者再。庭下已有牽攏官二十輩，驅之出，僧莫測所以，扣之，則曰：「塞痕，好也，狀行矣。」須臾出郭，則逋者已先期積薪，擁僧於上，四面舉火，號呼稱寃不能脱，竟以焚死。

由此可見，以語言文字翻譯害命，竟成爲金代社會的消極重大因素之一。

三　女真文字的衰落

金亡後，女真文字在中原迅速衰落，生活在那裏的女真人徹底融入中原傳統文化之中。因此，蒙古當局規定：「女真生漢地，同漢人。」② 這些女真人甚至改變了自己的姓氏。如高闊兒，原是

① 《金史》卷四五《刑志》，中華書局一九七五年，第一〇二三頁。
② 《元史》卷一三《世祖紀》，中華書局一九八三年，第二六八頁。

女真人，「事太祖，從征西域」①，以功授金符，管領山前十路匠軍；李庭，「本金人蒲察氏，金末來中原，改稱李氏」②。至元中，選隸軍籍伐宋，以功授虎符、漢軍都元帥，官至平章政事；劉國傑，「本女真人也，姓烏古倫，後入中州，改姓劉氏」③。以破襄陽之役，加懷遠大將軍，賜號「霸都」。

至於未改姓氏的女真人，亦完全接受了儒家觀念，同中原漢人別無二致。至元六年，元世祖忽必烈命太保劉秉忠等訪前代知禮儀者肄習朝儀，「從亡金故老烏古倫居貞、完顔復昭、完顔從愈、葛從亮、于伯儀及國子祭酒許衡、太常卿徐世隆，稽諸古典，參以時宜，沿情定制，而肄習之」④。當時，女真名士前後相繼，不絶於史傳。

烏古遜良楨，字幹卿，臨潢人，其先女真烏古部⑤。以蔭補江陰州判官，累遷左丞兼大司農，同知經筵事。以蒙古禮「無夏制」，建言「綱常皆出於天而不可變，議法之吏乃言國人不拘此例，諸國人各從本俗。是漢、南人當守綱常，國人、諸國人不必守綱常也。名曰優之，實則陷之；外若尊之，内實侮之。推其本心所以待國人者，不若漢、南人之厚也。請下禮官有司及右科進士在朝

---

① 《元史》卷一五一《高鬧兒傳》，中華書局一九八三年，第三五六四頁。
② 《元史》卷一六二《李庭傳》，中華書局一九八三年，第三七九五頁。
③ 《元史》卷一六二《劉國傑傳》，中華書局一九八三年，第三八〇七頁。
④ 《元史》卷六七《禮樂志》，中華書局一九八三年，第一六六五頁。
⑤ 《元史》卷一六三《烏古孫澤傳》，中華書局一九八三年，第三八三一頁。今按，澤，良楨之父。

者會議，自天子至於庶人，皆從禮制，以成列聖未遑之典，明萬世不易之道」①。

夾谷之奇，字士常，其先出女真夾谷部，徙於滕州。少孤，舅杜氏攜至東平，受業於名儒康曄。以薦授濟寧教授，累遷吏部尚書。「慮識精審，明於大體，而不忽於細微，爲政卓卓可稱。雖老於吏學者，自以爲不及。爲文章尤簡嚴有法，多傳於世云」②。

孛术魯翀，字子翬，其先隆安人。金泰和間定女真姓氏，屬望廣平。自幼家境敗落，而進修益力。後薦授汴之學官，累遷中憲大夫、禮部尚書，拜浙江行省參知政事。「爲學一本於性命道德，而記問宏博，異言僻語，無不淹貫。文章簡奥典雅，深合古法。用是天下學者，仰爲表儀」③。可見，這些生活在中原的女真人已經成爲中原文化的傳人。

一、女真文字在東北地區的應用與消亡。入元後，東北各部女真人繼續使用自己的民族文字。因此，蒙古當局規定：若女真、契丹「不同漢語者，同蒙古人」④，並於遼陽等處設行中書省，「撫肅愼之故墟」⑤，以防範與治理女真及其他民族。同時，又置會同館，「掌接伴引見諸番蠻夷峒

① 《元史》卷一八七《烏古孫良楨傳》，中華書局一九八三年，第四二八八頁。
② 《元史》卷一七四《夾谷之奇傳》，中華書局一九八三年，第四〇六二頁。
③ 《元史》卷一八三《孛术魯翀傳》，中華書局一九八三年，第四二二二頁。
④ 《元史》卷一三《世祖紀》，中華書局一九八三年，第二六八頁。
⑤ 元歐陽玄《圭齋文集》卷一三《進金史表》，文淵閣四庫全書本。

官之來朝貢者」①。「至元六年，「以新製蒙古字頒行天下」②，設蒙古翰林院，「掌譯寫一切文字，及頒降璽書，並用蒙古新字，仍各以其國字副之」③。那些「諸番蠻夷峒官」當包括女真人，那些「國字」當包括女真文字。

明代也如此。永樂初，設遼東都司，置衛所，對女真各部採取懷柔政策，自酋長以下封都督、都指揮、指揮、千户、百户、鎮撫等官爵，授印信，允許定期朝貢。見諸文獻，明成祖招撫敕諭即用女真文字④，女真木牌文告亦以漢、女真兩種文字對照寫就⑤。同時，明王朝同邊地各族部落使聘往來頻繁，遂設「四夷館」，其中包括「女真館」，是爲女真文字教習與女真文書翻譯的機構。

當時，皇家文淵閣藏有不少女真文字書籍，如《盤古書》、《孔夫子書》、《孔夫子游國章》、《家語賢能言語傳》、《姜太公書》、《伍子胥書》、《十八國門寶傳》、《孫臏書》、《善御書》、《海錢公書》、《武子受書》、《黄氏女書》、《百家姓》、《哈答咩兒于》、《女真字母》等等⑥。這些文獻反映出女真

① 《元史》卷八五《百官志》，中華書局一九八三年，第二一四〇頁。
② 《元史》卷六《世祖紀》，中華書局一九八三年，第一二一頁。
③ 《元史》卷八七《百官志》，中華書局一九八三年，第二一九〇頁。
④ 《李朝太宗實録》卷五：「（永樂）皇帝敕諭女真兀都里、兀良哈、兀狄哈等，招撫之，使獻貢……其敕諭用女真書字，不可解，使女真説其意，譯之而議。」韓國首爾大學奎章閣藏本，第三五頁。
⑤ 《李朝太宗實録》卷六四：女真木牌文告，一面爲漢文，另一面「以女真書書之，辭則同」。第四四頁。
⑥ 明楊士奇等《文淵閣書目》卷一八，叢書集成初編本，中華書局一九八五年。

文字仍在東北地區流行使用。

女真館生徒選自國子監，後改從世業子弟中擇録，稱爲譯字生。自永樂五年（一四〇七）至崇禎三年（一六三〇），計選生徒十次[1]。譯字生入館，須經禮部考試，「止泛考漢文數字，待收館之後方習番文」[2]。各館每日抽查背書情況，月考由教師出題，季考由提督出題。先是學制一兩年，至弘治三年（一四九〇）改爲九年：滿三年可參加食糧考試，又滿三年許參加冠帶考試，再滿三年方參加授職考試。

女真館及其他館各以「雜字」、「來文」爲教學内容。所謂雜字，指四夷館所編「譯語」，即漢語同「諸番語」對譯語彙，以漢字音譯表示。所謂來文，指「四夷」朝貢表文。《華夷譯語》中的女真館「譯語」、「雜字」、「來文」等，均以女真文字書寫，用作教習女真語。

現存女真館「來文」約七十九篇[3]，先用漢語文字寫成，然後依漢語文序堆砌女真辭彙，幾乎

---

① 烏雲高娃《明四夷館「韃靼館」研究》，《中央民族大學學報》二〇〇二年第四期。

② 明呂維琪輯、清曹溶增、錢綎補《四譯館則增訂館則》卷一二《文史題奏類·嘉靖四十五年正月題選譯字生稿》，上海古籍出版社影印本，第五八八頁。

③ 柏林本《華夷譯語》收二十篇；東洋文庫本《華夷譯語》收二十九篇，其中十篇與柏林本相同；日本内藤湖南本《華夷譯語》收五十篇，其中十篇與柏林本相同。這三種版本除部分重疊外，目前約可見到七十九篇：「永樂」一篇；「正統」三篇；「景泰」一篇；「天順」十一篇；「成化」二十四篇；「弘治」三篇；「正德」四篇；「嘉靖」五篇；未載年代二十六篇。

千篇一律①。當時規定，藩屬進納貢品，無表文不收。這些「來文」或爲進貢者賄賂四夷館人代擬②，而非完全出自女真人之手。

明代中期，生活在松花江流域的女真部落因受蒙古影響而漸習蒙古文字。正統九年（一四四四），「玄城衛指揮撒升哈、脱脱木答魯等奏：『臣等四十衛無識女真字者，乞自後敕文之類第用韃靼字。』從之。」③其進貢表文用蒙古字，朝廷亦由「韃靼館」代譯④。而生活在長白山地區的女真部落仍使用「野人書契」⑤。這説明，蒙古文字的影響是局部的，並未完全取代女真文字。

入清後，女真文字徹底衰落了。順治元年（一六四四），「四夷館」改爲「四譯館」，女真館被裁減。康熙六年（一六六七），「女真語學改爲清學」⑥。從此，滿語代替了女真語，女真語言文字

① 參見金光平、金啓孮《女真語言文字研究》，文物出版社一九八〇年，第三二頁。

② 明吕維琪輯、清曹溶增、錢綎補《四譯館增定館則》卷七《屬官·十館官職名》，續修四庫全書本，上海古籍出版社影印本，第五六二頁。

③《四譯館則增訂館則》卷二二《文史題奏類·嘉靖四十五年正月題選譯字生稿》，第五八八頁。玄城衛，今松花江流域哈爾濱市附近。

④ 金光平、金啓孮《女真語言文字研究》，文物出版社一九八〇年，第三三頁。

⑤《燕山君日記》卷二二：燕山君三年（明弘治十年、一四九七年）「四月丁酉，兵曹啓：『建州左右衛野人書契內，年前童清禮之來，期以明春會于滿浦。』」韓國首爾大學奎章閣藏本，第三二頁。

⑥《通文館志》卷一，韓國民昌文化社一九九一年。

退出了社會生活。

二、女真文字在朝鮮半島的應用與消亡。 自金初，女真與高麗交聘往來，雙方俱使用漢字。金亡之際，始見教習女真文字。高麗鄭麟趾《高麗史》卷二二：高宗十二年（金正大二年、一二二五年）六月辛卯，「東真人周漢投瑞昌鎮，漢解小字文書，召致於京使人傳習，小字之學始此」。所謂東真，指金末女真蒲鮮萬奴擁兵自立於遼東，僭號東真國。

元明時，東北女真各部亦向半島納貢，而解譯女真文字者甚少，擬書譯書或用女真人。後來，朝鮮王朝設司譯院「女真語學」，教習女真文字並譯解女真文書。《經世大典》卷二《禮典生徒》：「女真學訓導二員，爲正九品」。在京生徒八十名，其中「女真學爲二十人」。外方女真學生徒四十名：「義州五、昌城五、北青十、碧潼五、渭源五、理山五、滿浦五」①。

司譯院通過考試選拔譯官。「譯科」考試由禮曹主持②，分初試與復試，包括「寫字」、「譯語」。寫字，以女真字默寫課文；譯語，將女真字譯成朝鮮文。取才，有臨文和寫字兩種形式。所謂「臨文」，當是以女真字摹寫應用程文。後來一些女真部落改用蒙古語，朝鮮王朝發給女真的文

① 《經世大典》卷一「典吏京官」，韓國亞細亞文化社一九八三年。
② 鄭光《從試卷看朝鮮王朝的譯科制度——以滿語、蒙古語、漢語考試答案用紙爲中心》，二〇〇一年日本京都「翻譯與文化史」研究會論文。

書不得不譯成女真、蒙古兩種文字①。

司譯院女真語學與漢、蒙、倭學相同，通過「譯科」初試和複試選拔生徒。「譯科」考試所用書籍包括《千字文》、《天兵書》、《小兒論》、《三歲兒》、《自侍衛》、《八歲兒》、《去化》、《七歲兒》、《仇難》、《十二諸國》、《貴愁》、《吴子》、《孫子》、《太公尚書》等十四種②。後來，那些教科書因戰亂多有亡佚。入清後，「始用《新翻老乞大》、《三譯總解》，而前册中《仇難》、《去化》、《尚書》訛於時話，故並去之」③。女真語學也改爲「清學」，經歷了在中國本土相似的遭遇。但是，朝鮮王朝司譯院培養的女真文字人才爲發展同明朝女真部落之間的政治、貿易關係，曾經發揮過重要作用。

總之，女真文字的興衰是同女真民族的命運緊密聯繫在一起的。歷史表明，一個民族的語言文字只有承載自身足夠的文化積累，才能形成並保持自己的傳統。否則，以模仿造就的文字缺乏生命

① 《李朝實録》卷二六一「成宗二十三年正月庚寅」（明弘治五年、一四九二年）：右承旨權景禧向朝廷請示：「諭都骨兀狄哈之書，已用蒙古、女真字翻譯，何以處之。」日本東京學習院東洋文化研究所刊本，昭和三十一年（一九五六年）。今按，都骨，當指姓；兀狄哈，女真部落之一，明朝稱海西女真，居於牡丹江上游及綏芬河流域。以上轉引自烏雲高娃《明四夷館「韃靼館」研究》，《中央民族大學學報》二〇〇二年第四期。

② 《經國大典》卷三「禮典諸科譯科」，韓國亞細亞文化社一九八三年。

③ 《通文館志》卷二「科舉」，韓國民昌文化社一九九一年。

力，必然在民族政權覆滅、或融入先進文明過程中而走向消亡。在這方面，女真文字同契丹文字、西夏文字的結局是相似的。至於元代蒙古文字，以其脱離了漢字的表意範疇，進入中原内地不久即退回北方草原，才有幸得以存續。

阿離合懑

阿離合懑，景祖第八子。健捷善戰，從世祖統一部落，佐阿骨打伐遼，屢建功勳。嘗建言「以時建號」，阿骨打稱帝，命爲國論乙室勃極烈。天輔三年卒，年四十九。熙宗時，追封隋國王。大定間，配饗太祖廟廷，謚剛憲。①

《女真譜牒》。《金史》卷七三《阿離合懑傳》：「爲人聰敏辨給，凡一聞見，終身不忘。始未有文字，祖宗族屬時事並能默記，與斜葛同修本朝譜牒。見人舊未嘗識，聞其父祖名，即能道其部族世次所出。或積年舊事，偶因他及之，人或遺忘，輒一一辨析言之，有質疑者皆釋其意義。世祖嘗稱其强記，人不可及也。」

①《金史》卷七三《阿離合懑傳》，中華書局一九七五年，第一六七一頁。

完顏斜葛

完顏斜葛，跋黑子①，世祖從弟。女真立國前，嘗聘使高麗，繼之受命經正與高麗疆界②。天輔元年，從阿骨打伐遼③。

《女真譜牒》。《金史》卷七三《阿離合懣傳》：「始未有文字，祖宗族屬時事並能默記，與斜葛同修本朝譜牒。」

完顏希尹

完顏希尹本名谷神，宋人譯作「悟室」、「兀室」。完顏部歡都之子。自太祖舉兵，常在行陣，比有戰功。及大舉伐宋，爲元帥右監軍。再伐宋，與宗翰、宗望等執徽、欽二帝歸。熙宗即位，拜尚書左丞相兼侍中。天眷三年，以忌者譖之，賜死。皇統三年，以死非罪，贈邢國公，改葬。④

《女真大字書》。《金史》卷七三《完顏希尹傳》：「金人初無文字，國勢日强，與鄰國交好，迺

① 《金史》卷六七《烏春傳》，中華書局一九七五年，第一五七八頁。

② 《金史》卷一三五《外國傳》，中華書局一九七五年，第二八八二頁、二八八三頁。

③ 《金史》卷二《太祖紀》，中華書局一九七五年，第三〇頁。

④ 《金史》卷七三《完顏希尹傳》，中華書局一九七五年，第一六八四頁。

用契丹字。太祖命希尹撰本國字，備制度。希尹乃依仿漢人楷字，因契丹字制度，合本國語，製女真字。天輔三年八月，《字書》成，太祖大悦，命頒行之」。是爲女真大字。今按，上世紀七十年代，西安碑林發現《女真字書》殘頁十一件①，經學者考證復原，得「天文門」、「地理門」、「時令方隅門」、「人物門」、「身體門」、「鳥獸門」、「田禾門」、「車帳門」、「花木門」、「果實門」、「飲食門」、「宫室門」、「器用門」、「珍寶門」、「衣服門」、「毛髮」、「書信」、「邊塞」、「一齊」、「靈聖」、「收覆」、「俊醜」、「移動」、「宫京」、「地名門」、「數字門」等二十七類，字約一千二百九十六個②。

耶魯

耶魯，亦作葉魯，始末未詳。天會三年，奉詔赴京教授女真字。③

《女真大字書》。《金史》卷一〇《章宗紀》：明昌五年春正月，「以葉魯、谷神始製女真字，詔加贈封，依倉頡立廟盩厔例，祠於上京納里渾莊，歲時致祭。」

① 劉最長、朱捷元《西安碑林發現女真文書、南宋拓全幅集王〈聖教序〉及版畫》，《文物》一九七九年第五期。
② 烏拉熙春《〈女真文字書〉的復原》，西安博物館編《碑林集刊》第七輯，陝西美術出版社二〇〇一年。
③ 《金史》卷三《太宗紀》，中華書局 1975 年，第五三頁。

訛離剌

訛離剌，始末未詳。天會中，奉詔教授女真字。

《女真大字書》。《金史》卷一〇五《温迪罕締達傳》：「初，丞相希尹製女真字，設學校，使訛離剌等教之。」今按，女真字頒行後，奉詔教授者，見諸文獻僅耶魯、訛離剌二人，當預製女真字。

完顔亶

完顔亶本名合剌，太祖嫡孫。幼從韓昉學，雅歌儒服，宛然漢家子①。天會十三年，即皇帝位，史稱熙宗。禮敬宗室大臣，委以國政，繼體守文之治，有足觀者。末年酗酒妄殺，人懷危懼。皇統九年，爲完顔亮所弑，年僅三十一。大定初，謚廟號閔宗，二十七年，改熙宗。②

《女真小字書》。《金史》卷七三《完顔希尹傳》：「其後熙宗亦製女真字，與希尹所製字俱行用。希尹所撰謂之女真大字，熙宗所撰謂之小字。」今按，清金門詔《補遼金元藝文志·小學類》著録，以爲希尹撰，未是。

---

① 宋徐夢莘《三朝北盟會編》卷一六六引《金虜節要》，上海古籍出版社二〇〇八年，第一一九七頁。

② 《金史》卷三《熙宗紀》，中華書局一九七五年，第八七頁。

圓福奴

圓福奴，始末未詳。貞元元年，海陵王殺弟西京留守蒲家。時圓福奴爲編修官，以與蒲家善，亦並殺之。①

《太祖實録》。熙宗朝修畢《太祖實録》，海陵、世宗兩朝各有校訂補修。以圓福奴爲海陵時編修官，當預修太祖實録。

完顔勖

完顔勖字勉道，本名烏野，穆宗第五子。好學問，女真秀才。年十六，從太祖征伐。太宗嗣位，自軍中召還，與謀政事。天會十五年，拜尚書左丞。皇統八年，出領行臺尚書事。召拜太保，封魯國王。海陵篡立，朝臣多附之，而勖敢面責；宗本無罪被誅，勖髭鬚頓白，上章請老。以剛正寡言聞。正隆二年薨，年五十九。②

《始祖實録》三卷。或稱《先朝實録》、《祖宗實録》。《金史》卷六六《完顔勖傳》：「天會六

① 《金史》卷五《海陵紀》，中華書局一九七五年，第一〇〇頁。
② 《金史》卷六六《完顔勖傳》，中華書局一九七五年，第一五五七頁。

年，詔書求訪祖宗遺事，以備國史，命勖與耶律迪越掌之。勖等採摭遺言舊事，自始祖以下十帝，綜爲三卷。凡部族，既曰某部，復曰某水之某，又曰某鄉某村，以別識之。凡與契丹往來征伐諸部，其間詐謀詭計，一無所隱。事有詳有略，咸得其實。」另，《金史》卷四《熙宗紀》：皇統元年十二月，「左丞勖進《先朝實録》三卷，上焚香立受之。」今按，《始祖實録》涉及女真起源問題。《金史》卷一〇七《張行簡傳》：貞祐四年二月，「尚書省奏：『遼東宣撫副使完顔海奴言，參議官王澮嘗言，本朝紹高辛，黄帝之後也。昔漢祖陶唐，唐祖老子，皆爲立廟。我朝迄今百年，不爲黄帝立廟，無乃愧於漢、唐乎？』又云：『本朝初興，旗幟尚赤，其爲火德明矣。主德之祀，闕而不講，亦非禮經重祭祀之意。臣聞於澮者如此，乞朝廷議其事。』詔問有司，行信奏曰：『按《始祖實録》止稱自高麗而來，未聞出於高辛。今所據欲立黄帝廟，黄帝高辛之祖，借曰紹之，當爲木德，今乃言火德，亦何謂也？況國初太祖有訓，因完顔部多尚白，又取金之不變，乃以大金爲國號，未嘗議及德運。近章宗朝始集百僚議之，而以繼亡宋火行之絶，定爲土德，以告宗廟而詔天下焉。顧澮所言特狂妄者耳。』上是之。」另，明陳第《世善堂藏書目録》卷上著録：「《金實録抄》三本，完顔勖撰。内多奇聞異事，正史所未載者；亦有與正史相矛盾者，不可不知。約而抄之，其四十五本。」明代猶存。

《太祖實録》二十卷。《金史》卷六六《完顔勖傳》：皇統八年，「奏上《太祖實録》二十卷，賜黄金八十兩，銀百兩，重綵五十端，絹百匹，通犀、玉鈎帶各一。」另，《金史》卷四《熙宗紀》：皇統八年，「宗弼進《太祖實録》」。《金史》卷七七《宗弼傳》：「皇統二年二月，宗弼朝京師，兼監修國史。」清倪燦《補遼金元藝文志·史部國史類》著録，歸「宗弼」。今按，《金史·熙宗紀》及兩傳所記差舛互異，一是時間，當以八年爲是。二是修纂人。宗弼以執政首輔監修國史，而非修纂；勖「同監修國史」，仍爲「修國史」，必親預修纂事。所謂「宗弼進《太祖實録》」，當是與勖共同「奏上」。

清施國祁《吉貝居雜記》：

元王盤《大定治績》序：金有天下凡九主，共百二十年。葉隆禮《契丹國志》：天慶八年秋，是時楊朴用事，勸阿骨打稱皇帝，改元天輔，以王爲姓，以旻爲名，以其國産金，號大金。苗耀《神麓記》：劾里孛第二子兀古達，乃太祖。武元皇帝太祖，契丹咸雍四年歲在戊申生，自遼國天慶四年甲午，年四十七，於寧江府拜天，册立改元稱帝，侍中韓企先訓名曰旻，改收國三年爲天輔元年，共在位九年。《中興禦侮録》：主自立爲大金大聖皇帝，建元天輔。時本朝政和八年，契丹亦天慶八年也。宇文懋昭《大金國志表》：臣懋昭上言，金國志起自武元天輔至於義帝九主，凡百一十七年，哀集成編，卷分條列。《太祖紀贊》：金有天下百十有九年。蘇天爵《元文類·許衡奏議》：金完顔氏都上京遷燕，九帝百十有八年。按百十有九年者，元史官削去哀宗天興甲午十日，《太祖紀贊》是也；百十有八年者，以丁酉爲元，《遼天祚紀》、《許衡奏議》是也；百十有七年者，以戊戌爲元，《契丹志》、《禦侮録》、《大金志》、《剡源》、《鐵崖》等集是也。自紀贊外諸書，並以收國入遼。若《攬轡録》爲庚寅年作，云四十八歲以前無年號，則併天輔亦屬遼矣。（羅振玉校補《雪堂叢刻》，北京圖書館出版社二〇〇〇年，第二册七〇七頁）

《女真郡望姓氏譜》二卷。《金史》卷六六《完顔勖傳》：「撰定《女真郡望姓氏譜》及其他文甚衆。」今按，泰和間定女真姓氏，分白、黑二號。《金史》卷五五《百官志》：「凡白號之姓，完顔、温迪罕、夾谷、陁滿、僕散、朮虎、移剌答、斡勒、斡準、把、阿不罕、卓魯、回特、黑罕、會蘭沈谷、塞蒲里、吾古孫、石敦、卓陀、阿斯準、匹獨思、潘朮古、諳石剌、石古苦、綴罕、光吉剌，皆封金源郡；裴滿、徒單、温敦、兀林答、阿典、紇石烈、納闌孛朮魯、阿勒根、納合、石盞、蒲鮮、古里甲、阿迭、聶摸欒、抹撚、納坦、兀撒惹、阿鮮、把古、温古孫、耨盌、撒合烈、吾塞、和速嘉、能偃、阿里班、兀里坦、聶散、蒲速烈，皆封廣平郡；吾古論、兀顔、女奚烈、獨吉、黄摑、顔盞、蒲古里、必蘭、斡雷、獨鼎、尼厖窟（窟亦作古）、拓特、盍散、撒答牙、阿速、撒剗、準土谷、納謀魯、業速布、安煦烈、愛申、拿可、貴益昆、温撒、梭罕、霍域，皆封隴西郡。黑姓之號，唐括（舊作同古）、蒲察、朮甲、蒙古、蒲速、粘割、奥屯、斜卯、準葛、諳蠻、獨虎、朮魯、磨輦、益輦、帖暖、蘇孛輦，皆封彭城郡。」另，元陶宗儀《輟耕録》卷一《氏族》載「金人姓氏」僅三十一種，且譯爲漢姓，如：「完顔漢姓曰王，烏古論曰商，紇石烈曰高，徒單曰杜，女溪烈曰郎，兀顔曰朱，蒲察曰李，顔盞曰張，温迪罕曰温，石抹曰蕭，奥屯曰曹，孛朮魯曰魯，移剌曰劉，斡勒曰石，納剌曰康，夾谷曰仝，裴滿曰麻，尼忙古曰魚，斡准曰趙，阿典曰雷，阿里侃曰何，温敦曰空，吾魯曰惠，抹顔曰孟，都烈曰强，散答曰駱，呵不哈曰田，烏林答曰蔡，仆散曰林，朮虎曰董，古里甲曰汪。」明陳第《世善堂藏書目録》卷上著録「二卷」，明代尚存。

《完顔太師集》。《金史》卷六六《完顔勖傳》：大定二十年，詔曰：「太師勖諫表詩文，甚有典則，朕自即位，所未嘗見。其諫表可入實録，其《射虎賦》詩文等篇什，可鏤板行之。」今按，清金門詔《補三史藝文志·集部表類》著録《金源郡王完顔勖諫表》，未得史載要領。

納和椿年

納和椿年，本名烏野。以習女真字警悟，自西京選送上京，從耶魯學。學成補尚書省令史，累遷監察御史。皇統中，授右司員外郎，編定新制。海陵時，拜參知政事。正隆二年薨。①

《海陵起居注》。《金史》卷八三《納和椿年傳》：海陵篡立，爲諫議大夫，「改秘書監，修起居注」。

① 《金史》卷八三《納和椿年傳》，中華書局一九七五年，第一八七二頁。

完顏宗憲

宗憲，本名阿𡤡，景祖後裔，國相撒改之子、宗翰之弟。頒行女真字書，年方十六，選入學。進止恂雅，語音清亮，善應對，兼通契丹、漢字。未冠，從宗翰伐宋。後佐希尹，遠引前古，因時制宜，成一代之法。熙宗時，以功授昭武大將軍，累官尚書左丞。海陵朝，封鉅鹿郡王。大定初，拜右丞相。六年，薨，年五十九。①

《太祖實録》。

《太宗實録》。《金史》卷七〇《宗憲傳》：熙宗時，「修國史，累官尚書右丞」。當預修《太祖實録》、《太宗實録》。

《大金武功記》。金李天民《南征彙録》引録。②

① 《金史》卷七〇《宗憲傳》，中華書局一九七五年，第一六一五頁。
② 崔文印《靖康稗史箋證·南征彙録》，中華書局一九七五年，第一〇頁。

完顔思敬

思敬本名撒改，押懶河（今俄羅斯濱海邊疆區東北塔烏黑龍流域）人①，金源郡王神土懣之子。天會中，從宗翰伐宋，以功領謀克，充護衛。天眷二年，遷顯武將軍，官吏部尚書。海陵朝，進尚書右丞。大定二年，授西南路招討使，封濟國公，兼天德軍節度使。七年，召爲平章政事。九年，拜樞密使。十三年，薨。史稱「治國家，定社稷，尊立太祖，深謀遠略，爲一代宗臣」。②

《太祖實録》。

《太宗實録》。

《熙宗實録》。《金史》卷七〇《完顔思敬傳》：大定中，「上謂思敬曰：『朕欲修《熙宗實録》，卿嘗爲侍從，必能記其事跡。』對曰：『熙宗時，内外皆得人，風雨時，年穀豐，盜賊息，百姓安，此其大概也，何必餘事。』」當是監修國史。

《海陵實録》。《（民國）陵川縣志》卷九《士女録》所載武明甫傳：世宗立，「詔起復，以覃恩

---

① 所謂押懶河，指押懶路，亦作耶懶路，隸上京路會寧府。《金史》卷二四《地理志》：「恤品路，節度使。遼時，爲率賓府，置刺史。本率賓故地，太宗天會二年，以耶懶路都孛堇所居地瘠，遂遷於此。」注：「『耶懶』又書作『押懶』。」中華書局一九七五年，第五五二頁。

② 《金史》卷七〇《完顔思敬傳》，中華書局一九七五年，第一六二四頁。

特晉徵仕郎，敕公從宰執完顏思敬修太祖、太宗、熙宗、海陵實録成，直史館，遷翰林修撰。」

完顏宗敘

宗敘，本名德壽，太祖從孫。天德三年，仕爲翰林待制，兼修起居注。累遷咸平尹，兼本路兵馬都總管。世宗即位，授寧昌軍節度使。大定十年，拜參知政事。次年卒，年四十六。世宗曰：「宗敘勤勞國家，他人不能及也。」①

《海陵起居注》。孫德謙《金史藝文略·史部》著録《天德朝起居注》：「天德三年，翰林待制宗敘修」。今按，天德間與修起居注者非宗敘一人，見於記載，尚有高懷貞②、納合椿年③、敬嗣暉④、蕭彭哥⑤、高藥師等⑥。所謂起居注，以帝王爲主體，而非紀年。海陵紀年，天德之外，還有貞元、正隆。

① 《金史》卷七一《宗敘傳》，中華書局一九七五年，第一六四五頁。
② 《金史》卷一二九《佞幸傳》，中華書局一九七五年，第二七八九頁。
③ 《金史》卷八三《納合椿年傳》，中華書局一九七五年，第一八七二頁。
④ 《金史》卷九一《敬嗣暉傳》，中華書局一九七五年，第二〇二八頁。
⑤ 《金史》卷五《海陵紀》，中華書局一九七五年，第九八頁。
⑥ 《金史》卷一二九《佞幸傳》，中華書局一九七五年，第二七九三頁。

紇石烈良弼

紇石烈良弼本名婁室，世居回怕川（今吉林永吉縣北）①，父徙宣寧（今内蒙古凉城縣）。天會中，選諸路女真字學生，良弼方童丱就選。希尹詢之，曰：「此子他日必爲國之令器。」海陵朝，拜參知政事、尚書右丞。大定中，進平章政事、尚書右丞相，監修國史。十八年薨，年六十，謚誠敏。②

《太宗實録》。《金史》卷六《世宗紀》：大定七年七月，「尚書右丞相監修國史紇石烈良弼進《太宗實録》，上立受之。」良弼以宰執監修國史，實際編修則另有他人。《金史》卷八八《紇石烈良弼傳》：「《太宗實録》成，賜良弼金帶、重彩二十端，同修國史張景仁、曹望之、劉仲淵以下賞賜有差。」

《睿宗實録》。《金史》卷六《世宗紀》：大定十一年十月，「尚書左丞相紇石烈良弼進《睿宗實録》」。另，《金史》卷八八《紇石烈良弼傳》：「以進《睿宗實録》，賜通犀帶。重綵二十端。」另，

---

① 所謂回怕，川名，女真語，亦譯作「晦發」，見於《金史》卷八二《紇石烈胡剌傳》。另，《金史語解》卷四《地理》謂「今吉林烏拉南」。烏拉，自金爲紇石烈部所在；至明演爲女真扈倫四部之一駐地，在今吉林省吉林市永吉縣。建州女真努爾哈赤崛起後，重新統一女真諸部，嘗設打牲烏拉總管、協領等官駐防，遺址尚存。

② 《金史》卷八八《紇石烈良弼傳》，中華書局一九七五年，第一九四九頁。

《金史》卷九八《完顔匡傳》：大定二十三年萬春節，顯宗命章宗歌《睿宗功德歌》侑觴，世宗愕然曰：「汝輩何因知此？」顯宗奏曰：「臣伏讀《睿宗皇帝實録》，欲使兒子知創業之艱難，命侍讀撒速（完顔匡）作歌教之。」今按，睿宗即宗輔，世宗之父，未嘗登帝位，以子貴而入世系；顯宗，世宗之子、章宗之父，未嘗登帝位，亦以子貴而入世系。

徒單子温

徒單子温，上京速蘇（今松花江中上游流域）海水人①，平章政事合喜之侄②。大定初，仕爲翰林侍講學士兼同修國史，官至安化軍節度使。大定十年，「以贓罪伏誅」③。

《太宗實録》。《金史》卷一二八《循吏傳》：大定初，傅慎微「與翰林侍講學士徒單子温、翰林待制移剌熙載俱兼同修國史」。《太宗實録》成於大定七年，當以同修國史預修。

---

① 《金史》卷八七《徒單合喜傳》，中華書局一九七五年，第一九四一頁。今按，子温乃合喜之姪，籍里當從之。所謂速蘇，水名，女真語，亦譯作「蜀束」。《金史語解》卷四《地理》釋爲「高粱」，改作「舒舒」，指混同江中上游流域。《金史》卷一《世紀》：「生女真地有混同江、長白山，混同江亦號黑龍江，所謂白山黑水是也。」混統江原名鴨子河，遼聖宗太平四年（一〇二四年）改，今稱松花江，乃金源腹地。至於「海水」者，當是流域内地名，未詳所在，俟考。

② 《金史》卷八六《李石傳》，中華書局一九七五年，第一九一三頁。

③ 《金史》卷六《世宗紀》，中華書局一九七五年，第一四六頁。

《女真字貞觀政要》。

《女真字白氏策林》。

《女真字史記》。

《女真字西漢書》。《金史》卷九九《徒單鎰傳》：「大定四年，詔以女真字譯書籍。五年，翰林侍講學士徒單子温進所譯《貞觀政要》、《白氏策林》等書。六年，復進《史記》、《西漢書》，詔頒行之。」

孛术魯阿魯罕

孛朮魯阿魯罕，隆州（今吉林農安縣）人。年八歲，選習契丹字，再選習女真字。海陵時，擢尚書省令史。大定初，從僕散忠義平契丹叛亂，掌邊關文字。復從南伐，累遷陝西路統軍使兼京兆尹，拜參知政事，以北京留守卒。①

《海陵實録》。大定中，以功遷勸農副使，兼同修國史，當與修前朝實録。

《天德陝西行事》。《金史》卷九一《孛朮魯阿罕傳》：大定中，「召爲參知政事，命條上《天德陝西行事》，上稱善。」

① 《金史》卷九一《孛术魯阿罕傳》，中華書局一九七五年，第二〇二四頁。

完顔宗璧

宗璧，亦作崇璧，始末未詳。嘗官耀州縣令，書《唐太宗賜孫真人頌碣》①。後召入京。大定中，爲國史院編修官，遷修起居注。明昌二年，以豳王傅奉使宋國賀正旦。②

《熙宗實録》。《金史》卷一〇五《温迪罕締達傳》：「（大定）十五年，締達遷著作佐郎，與編修官宗璧、尚書省譯史阿魯、吏部令史張克忠譯解經書。」當預修《熙宗實録》。

《世宗起居注》。《金史》卷八《世宗紀》：二十六年十一月，「上顧修起居注崇璧曰：『斯人孱弱，付之以事，未必能辦，以其謹厚長者，故置諸左右，欲諸官效其爲人也。』」

完顔烏者

完顔烏者，始末未詳。大定二十九年，爲修起居注。

《章宗起居注》。《金史》卷九《章宗紀》：大定二十九年六月，「修起居注完顔烏者、同知登聞檢院孫鐸皆上書諫罷圍獵，上納其言。」

---

① 《（嘉靖）耀州志》卷五《官師志》，中國方志叢書本，臺北成文出版社一九七〇年，第一四七頁。
② 《金史》卷九《章宗紀》，中華書局一九七五年，第二一九頁。

完顔金紫公

完顔氏，名佚，金宗室，完顔從郁之父。官至金紫大夫①。

《中庸集》。金元好問《中州樂府・宗室文卿》：「父金紫公，有《中庸集》。」

完顔守道

完顔守道，本名習尼列，陳王左丞相希尹之孫。以蔭擢應奉翰林文字，累遷薊州刺史。大定中，拜左丞相，監修國史，授世襲謀克。明昌四年卒，年七十四。②

《熙宗實録》。《金史》卷八八《完顔守道傳》：大定二十年，「修《熙宗實録》成，帝因謂曰：『卿祖谷神，行事有未當者，尚不爲隱，見卿直筆也。』」今按，所謂直筆，非執筆，守道以首輔大臣監修國史，所修稱旨，因有是語。

---

① 金元好問《中州樂府・宗室文卿》，見《中州集》卷末附，中華書局上海編輯所一九六二年，第五六三頁。

② 《金史》卷八八《完顔守道傳》，中華書局一九七五年，第一九五六頁。

温迪罕締達

温迪罕締達，該習經史，以女真字出身，最號精深。嘗爲秘書丞，累遷國史院編修官。改左贊善，轉翰林待制。明昌中卒，謚文成。①

《太宗實録》。

《睿宗實録》。《金史》卷七二《彀英傳》：大定中，「史臣上太宗、睿宗實録，上曰：『當時舊人親見者，惟彀英在。』詔温迪罕締達往北京就其家問之，多更定焉。」

尼厖古鑑

尼厖古鑑，本名外留，隆州（今吉林農安縣）人。識女直小字及漢字。大定十三年，登策論進士第，調隆安教授，累遷知大興府事。明昌五年，拜參知政事，薨，謚文肅。②

《明昌律義》及**《敕條》**。《金史》卷四五《刑志》：明昌五年，詳定官言：「若依重修制文爲式，則條目增減，罪名輕重，當異於律。既定復與舊同頒，則使人惑而易爲奸矣。臣等謂，用今制

① 《金史》卷一〇五《温迪罕締達傳》，中華書局一九七五年，第二三二一頁。

② 《金史》卷九五《尼厖古鑑傳》，中華書局一九七五年，第二一一九頁。

條，參酌時宜，準律文修定，歷採前代刑書宜於今者，以補遺闕，取《刑統》疏文以釋之，著爲常法，名曰《明昌律義》。别編榷貨、邊部、權宜等事，集爲《敕條》。」遂以知大興府事尼厖古鑑等爲校定官，重修新律。

完顏撒剌

完顏撒剌，始末未詳。明昌五年，與張暐、董師中、賈守謙、路鐸等諫章宗幸景明宮，語多激切，以至於章宗不能堪，以詔責之「頗失君臣之體」①。

《明昌律義》及《敕條》。《金史》卷四五《刑志》：明昌五年，完顏撒剌以翰林修撰受命爲校定官，重修新律。

粘割斡特剌

粘割斡特剌，蓋州猛安謀克（今遼寧蓋州）人。貞元初，以習女真字試補户部令史。大定中，累遷昌武軍節度使兼河南路統軍都監，入爲刑部尚書，拜參知政事，進尚書右丞。明昌二年致仕。承安初，起復東京留守。二年，拜平章政事，封芮國公。尋薨，年六十九。史稱性温厚醖藉，甚見

---

① 《金史》卷一〇〇《路鐸傳》，中華書局一九七五年，第二二〇五頁。

寵遇。①

《世宗起居注》。《金史》卷九五《粘割斡特剌傳》：「大定七年，選授吏部主事，歷右補闕，修起居注。」

夾谷衡

夾谷衡本名阿不里，山東西路（今山東東平）三土猛安人。大定十三年試策論進士，以第四人中第，授東平府學教授，擢翰林應奉文字。章宗朝，累官拜平章政事，封英國公。承安四年薨，年五十一。②

《熙宗實録》。《金史》卷九四《夾谷衡傳》：「調范陽簿，選充國史院編修官。」當預修熙宗實録。

《世宗起居注》。《金史》卷九四《夾谷衡傳》：「世宗嘗謂宰臣曰：『女真進士中才傑之士蓋亦難得，如徒單鎰、夾谷衡、尼厖古鑑皆有用材也。』遷修起居注。」

---

① 《金史》卷九五《粘割斡特剌傳》，中華書局一九七五年，第二一〇七頁。

② 《金史》卷九四《夾谷衡傳》，中華書局一九七五年，第二〇九二頁。今按，三土猛安，未詳所在，俟考。

蒙括仁本

蒙括仁本，始末未詳。承安二年，以禮部員外郎奉使夏國賀生日①。泰和三年，官至國子司業。②

《儀禮》。《金史》卷一一《章宗紀》：泰和三年四月，「命吏部侍郎李炳、國子司業蒙括仁本、知登聞檢院喬宇等再詳定《儀禮》。」

内族襄

襄本名唵，昭祖五世孫。善騎射，多謀略，年十八襲世爵。大定初，以平契丹叛亂功居第一，特授亳州防禦使。二十三年，拜平章政事，封蕭國公。章宗即位，以顧命大臣屢有建樹，進左丞相，封常山郡王。泰和二年薨，年六十三，謚武昭。③

《世宗實録》。《金史》卷一〇《章宗紀》：明昌四年八月，「國史院進《世宗實録》，上服袍帶，

① 《金史》卷一〇《章宗紀》，中華書局一九七五年，第二四三頁。
② 《金史》卷一一《章宗紀》，中華書局一九七五年，第二六〇頁。
③ 《金史》卷九四《内族襄傳》，中華書局一九七五年，第二〇八五頁。

御仁政殿，降座，立受之。」今按，《金史》卷九四《襄傳》：明昌初，以左丞相「監修國史」。

元王磐等《大定治績序》：

臣聞假器莫便於比鄰，取法莫宜於近代。殷有天下，監於夏；周有天下，監於殷。漢之論事者，每借秦以爲喻；唐之進言者，多引隋以爲比。豈不以時代相接，耳目見聞，有以關其慮而動其心乎？金有天下，凡九帝，共一百二十年。其守成之善者，莫如世宗，故大定三十年間，時和歲豐，民物阜庶，鳴雞吠犬，煙火萬里，有周成康、漢文景之風。夫有以致之，必有所以致之者，蓋不徒然也。謹就《實録》中摭其行事一百八十餘件，名曰《大定治績》，以備乙夜之覽。其於聖天子稽古之方，不無萬分之一助云。至元二年春二月十一日，翰林直學士朝請大夫知制誥同修國史臣王磐、翰林侍講學士太中大夫知制誥同修國史兼太常卿臣徐世隆、翰林學士承旨資善大夫知制誥兼修國史臣王鶚等上進。（李修生主編《全元文》卷六一，江蘇古籍出版社一九九七年，第二册二四七頁）

《新定泰和律令敕條格式》五十三卷。《金史》卷四五《刑志》：泰和元年十二月，「所修律成，凡十有二篇：一曰名例，二曰衛禁，三曰職制，四曰户婚，五曰廄庫，六曰擅興，七曰賊盜，八曰鬥訟，九曰詐僞，十曰雜律，十一曰捕亡，十二曰斷獄。實唐律也，但加贖銅皆倍之，增徒至四年、五年爲七，削不宜於時者四十七條，增時用之制百四十九條，因而略有所損益者二百八十有二條，餘百二十六條皆從其舊；又加以分其一爲二、分其一爲四者六條，凡五百六十三條，爲三十卷，附注以明其事，疏義以釋其疑，名曰《泰和律義》。自官品令、職員令之下，曰祠令四十八條，户令六十六條，學令十一條，選舉令八十三條，封爵令九條，封贈令十條，宫衛令十條，軍防令二十五條，儀制令二十三條，衣服令十條，公式令五十八條，禄令十七條，倉庫令七條，廄牧令十二條，田令十七條，賦役令二十三條，關市令十三條，捕亡令二十條，賞令二十五條，醫疾令五條，假寧令十四條，獄官令百有六條，雜令四十九條，釋道令十條，營繕令十三條，河防令十一條，服制令十一條，附以年月之制，曰《律令》二十卷。又定制敕九十五條，榷貨八十五條，蕃部三十九條，曰《新定敕條》三卷、《六部格式》三十卷。司空襄以進，詔以明年五月頒行之。」今按，襄以左丞相進律令，實際預修者多人。原作「五十二卷」，而内含《泰和律令》二十卷、《新定敕條》三卷、《六部格式》三十卷，計五十三卷。金亡後仍沿用，至蒙古建國方「禁行金《泰和律》」①。另，明楊士奇等《文淵閣書目》卷一四《刑書》、明葉盛《菉竹堂書目》卷五《刑書》俱著録「《泰和新定律義》一部十六册」、「《泰和律令格式》一部九册」，明代尚存。

完顔守貞

守貞本名左靨，號冷巖，陳王左丞相希尹之孫。貞元二年，襲謀克。大定中，以才能稱，官同

---

①《元史》卷七《世祖紀》，中華書局一九八三年，第一三八頁。

知西京留守事。明昌初，召爲刑部尚書，兼右諫議大夫。後進尚書左丞，終於知濟南府事。史稱「喜推轂善類，接援後進，朝廷正人，多出門下」①。泰和中卒。

《明昌律義》及**《敕條》**。《金史》卷七三《完顔守貞傳》：「讀書通法律，明習國朝故事。時金有國七十年，禮樂刑政因遼宋舊制，雜亂無貫。章宗即位，乃更定修正，爲一代法。其儀式條約，多守貞裁訂，故明昌之治，號稱清明。」

完顔允成

完顔允成本名鶴野，又名婁室，世宗子。博學，善屬文，爲世宗愛重。大定七年，封沈王，以太學博士王彦潛爲王府文學，永成師事之。自十五年，或判諸府路，或入朝任職，爲世宗及章宗寵信。泰和四年薨，謚忠獻。②

《樂善老人集》。《金史》卷一二《章宗紀》：泰和四年二月，「命購豫王永成遺文」。《金史》卷八五《完顔永成傳》：「永成自幼喜讀書，晚年所學益醕，每暇日引文士相與切磋，接之以禮，未嘗見驕色。自號曰樂善居士，有文集行於世云。」金劉祁《歸潛志》卷一：永成「好文，善歌詩，

① 《金史》卷七三《完顔守貞傳》，中華書局一九七五年，第一六八九頁。
② 《金史》卷八五《完顔永成傳》，中華書局一九七五年，第一九〇六頁。

有《樂善老人集》行於世。」

完顔匡

完顔匡本名撒速，始祖九世孫。初事豳王允成，爲王府教讀。後事顯宗，充太子侍讀，教授章宗、宣宗兄弟。大定二十八年，賜策論進士及第。章宗朝，除近侍局長，累遷翰林直學士，拜平章政事，兼左副元帥，封定國公。衛紹王即位，進尚書令，封申王，是年卒。①

《顯宗實録》十八卷。《金史》卷一一《章宗紀》：泰和三年十月，「尚書左丞完顔匡等進《世宗實録》，上降座，立受之。」今按，清錢大昕《補元史藝文志·史部正史類》著録，改「世宗」爲「顯宗」，云：「泰和三年，左丞完顔匡等進。」清施國祁《金史詳校》卷二「進《世宗實録》」條校曰：「『世』當作『顯』。案《考異》云『一事重出』，非也。」② 頗是，從之。所謂顯宗，世宗之子、章宗之父，一生爲太子儲君，未及登位而薨。章宗效世宗修《睿宗實録》例，亦爲之修實録。元蘇天爵《滋溪文稿》卷二五《三史質疑》：「當正大末，義宗東幸，元好問爲史官，言於宰相，請以九朝小本實録馱以一馬隨駕。豈以太祖、太宗、睿宗世宗父實録十卷，熙宗、海陵、世宗、顯

① 《金史》卷九八《完顔匡傳》，中華書局一九七五年，第二一六三頁。
② 二十四史訂補本，書目文獻出版社一九九六年，第一三册八〇九頁。

宗 章宗父實録十八卷，章宗、宣宗爲九朝乎？」

女奚烈守愚

女奚烈守愚字仲寧，真定猛安（今河北正定縣）人。六歲知讀書，中明昌二年進士。歷州縣，召爲秘書郎，累官保大軍節度使，改翰林學士。大安三年，卒。①

《衛紹王起居注》。《金史》卷一三《衛紹王紀》：「衛紹王政亂於內，兵敗於外，其滅亡已有徵矣。身弑國蹙，記注亡失，南遷後不復紀載。」所謂記注亡失，則原本有之。《金史》卷一二八《循吏傳》：女奚烈守愚，「大安元年，除修起居注。」

完顔綱

完顔綱本名元奴，字正甫。泰和初，累遷工部郎中。官至尚書左丞。至寧中，胡沙虎作亂，羅織罪名殺綱。貞祐四年平反，追復原官。②

《陳言文字》二十卷。《金史》卷九八《完顔綱傳》：泰和四年，「詔綱與喬宇、宋元吉編類陳

---

① 《金史》卷一二八《循吏傳》，中華書局一九七五年，第二七六八頁。
② 《金史》卷九八《完顔綱傳》，中華書局一九七五年，第二一七四頁。

言文字，綱等奏，『凡關涉宫庭及大臣者摘進，其餘以省臺六部各爲一類』，凡二十卷。」今按，《金史》卷一二《章宗紀》作「各以類從，凡二千卷」，當是刊誤。所謂陳言文字，指政務處理之案例經驗，以文獻浩瀚，不便檢索，因加以編類。

夾谷守中

夾谷守中本名阿土古，咸平（今遼寧開原）人。大定二十二年策論進士，累遷通遠軍節度使。至寧末，西夏兵數萬入鞏州，城陷被俘，殁於國難。①

《章宗起居注》。《金史》卷一二一《忠義傳》：明昌中，守中「修起居注」。

奥屯忠孝

奥屯忠孝字全道，懿州胡土虎猛安（今遼寧阜新蒙古族自治縣）人。大定二十二年策論進士

---

① 《金史》卷一二一《忠義傳》，中華書局一九七五年，第二六四二頁。

魁①，累官參知政事。貞祐中，終於知中山府事，年七十，謚惠敏。②

《明昌律義》及《敕條》。《金史》卷四五《刑志》：明昌五年，以翰林待制受命爲校定官，重修新律。

《直解孝經注》。金靳玉《滑縣重修學記》：泰和中，奥屯忠孝守是郡。「公以謂王道之基，莫先教化；教化之源，始於學校；學校不立，何以化人？乃與屬僚議興郡學以育人材，仍各出己俸以爲修學之資。又將公自注《直解孝經》，令人□□□□本，四方好事者競市而持去」③。

徒單鎰

徒單鎰本名按出，上京路猛安（今黑龍江哈爾濱）人。大定十三年，奪策論進士魁。累官左丞相，封廣平郡王。史稱「明敏方正，學問該貫，一時名士皆出其門，多至卿相。嘗歎文士委頓，雖

---

① 金靳玉《滑州重修學記》，見《（民國）重修滑縣志》卷六《金石録》，中國方志叢刊本，臺北成文出版社一九七〇年，第二二六八頁。

② 《金史》卷一〇四《奥屯忠孝傳》，中華書局一九七五年，第二二九八頁。今按，所謂胡土虎，女真語。金王寂《遼東行部志》：「戊申，次胡土虎寨。胡土虎，漢語渾河也。」即今吉林西北、内蒙古東北之霍林河。

③ 《（民國）重修滑縣志》卷六《金石録》，中國方志叢刊本，臺北成文出版社一九七〇年。

巧拙不同，要以仁義道德爲本，乃著《學之急》、《道之要》二篇」①。貞祐二年，薨。

《熙宗實録》。《金史》卷九九《徒單鎰傳》：大定十五年，「起復國史院編修官」，當預修熙宗實録。

《世宗起居注》。《金史》卷九九《徒單鎰傳》：大定中，「兼修起居注」。

《弘道集》六卷。《金史》卷九九《徒單鎰傳》：「有《弘道集》六卷」。

蒲察鄭留

蒲察鄭留字文叔，東京路猛安（今遼寧遼陽）人。大定二十二年進士，調高苑主簿，累官東京留守。貞祐四年，卒。

《蒲察鄭留奏稿》。《金史》卷一二八《循吏傳》：「鄭留重厚寡言笑，人不見其喜愠，臨終取奏稿盡焚之。」

納坦謀嘉

納坦謀嘉，上京猛安（今黑龍江哈爾濱）人。初習策論進士。大定二十六年，選入東宮，教皇

① 《金史》卷九九《徒單鎰傳》，中華書局一九七五年，第二一八五頁。

子讀書。承安五年，特賜同進士出身，調東京教授。後除翰林修撰。貞祐初，遷吏部員外郎、翰林待制、侍御史。興定五年，卒。①

《衛紹王起居注》。《金史》卷一〇四《納坦謀嘉傳》：衛紹王時，「累除翰林修撰，兼修起居注、監察御使。」

《章宗實録》。《金史》卷一〇四《納坦謀嘉傳》：興定四年，「召爲翰林侍講學士兼兵部侍郎，同修國史。」當與修《章宗實録》。今按，章宗實録凡兩修，一在衛王朝，一在宣宗朝。元蘇天爵《滋溪文稿》卷二五《三史質疑》：「章宗之事，方分撰述，而衛王被弑，國亦南徙。宣宗怨其捨己立叔，棄其稿于燕曰：『俟還都爲之未晚。』在汴諸公復以爲請，始撰述之。時中原新經大亂，文籍化爲灰燼，故其書尤踈略。諸大臣子孫多死于兵，僅著數十傳而已。」

完顏孛迭

完顏孛迭，始末未詳。宣宗時，仕爲翰林學士②。致政後，以其經練國事，遇有利害，仍遣侍

---

① 《金史》卷一〇四《納坦謀嘉傳》，中華書局一九七五年，第二二八七頁。

② 《金史》卷一〇八《胥鼎傳》：「元光元年五月，上敕宰臣曰：『前平章胥鼎、左丞賈益謙、工部尚書札里吉、翰林學士孛迭，皆致政老臣，經練國事，當邀赴省與議利害。』仍遣侍官分詣四人者諭意焉。」中華書局一九七五年，第二三八三頁。

官就第延問。①

《中興事跡》。《金史》卷一四《宣宗紀》：貞祐四年，「翰林學士完顔孛迭進《中興事跡》。」

蒲散毅夫

蒲散毅夫，始末未詳。貞祐四年，以尚書右司郎中爲賀宋正旦副使②。興定元年，官左司諫③，後除太子詹事。五年，拜參知政事④。

《金石遺文》千餘卷。金趙秉文《寶墨堂記》：

法書不必嗜，不必不嗜。嗜書近乎僻，不嗜近乎隘。人不能無所嗜，寧僻無隘。今夫文於天：日有圜，月有缺。東龍西虎，南箕北斗。雷霆風雨，霹靂霜雪。冰轟震耀，縱横森列。文於地：山錯峙，爲掌爲崒。水相薄，爲大淵爲洄。乍起而伏，欲斷而連。崖崩而石泐，木腐而蟲蝕。似洼者，似臼者，似口者，似鼻者。文於人：肥瘠長短，騎跌戰鬭。山有夔，水有罔象。恢詭譎怪，

① 《金史》卷一四《宣宗紀》，中華書局一九七五年，第三一九頁。
② 《金史》卷六二《交聘表》下，中華書局一九七五年，第一四八四頁。
③ 《金史》卷一五《宣宗紀》中，中華書局一九七五年，第三三一頁。
④ 《金史》卷一六《宣宗紀》下，中華書局一九七五年，第三五六頁。今按，金代後期，女真蒲散氏官至宰執者，見著文獻惟毅夫一人。

千態萬狀，一接吾前，皆吾書之全也。又何待歷秦原、經洛汭，求之於蒼烟寂寞之濱，得之於敗楮蠹簡之末，然後爲快哉？雖然，山石土木之形，風雲月露之狀，凡可喜可愕者，一旦移之於佔畢之間，與夫商盤、周鼓、秦銘、漢刻，横陳于前，及夫崔、蔡、鍾、王、歐、虞、褚、陸，九原唤起，抵掌談笑，明窗棐几，如見其人。此亦閑中之一樂也。夫公平生無所嗜好，獨於法書名刻，寶之不啻珠玉，千金購求，必得而後已。自公壯時，馳驛往來於燕、秦、齊、晉之間，聞有石刻，雖深山曠野，必命資藤楮，作墨本以歸。以是裒金石遺文，僅千餘卷。兵火散亡，幾三之二，猶攟拾而不已也。暇日築堂於私第，榜之曰寶墨。竊惟古者有功德則銘之。公方以經綸器業，光依日月。異日元勳茂德，光於竹帛，銘於鐘鼎。僕雖老矣，尚能爲公一書再書，三而屢書之也。（《滏水集》卷一三，叢書集成初編本，中華書局一九八五年。）

金王若虚《寶墨堂記跋》：

趙翰林以文章字畫名天下，片辭寸紙，人争求之。嘗爲故參政蒲散公作《寶墨堂記》，仍親繕寫，尤爲奇特。自經喪亂，散落不存，而近入田君信之之手，方且什襲深藏，以爲珍玩。既而，聞公子祐在，因復歸之。噫！渠家獲所亡，不失舊物，固幸甚矣；而田君能捐己之愛，以成此美事，亦灑落可嘉也。（《滹南遺老集》卷四五，叢書集成初編本，中華書局一九八五年。）

石盞尉忻

石盞尉忻字大用，上京（今黑龍江哈爾濱）人。明昌五年，登策論進士第。由監察御史外放，累遷息州刺史。元光二年，召爲户部侍郎，擢户部尚書，拜參知政事。正大元年，進尚書右丞。五年，致仕。崔立以汴京降蒙古，自縊殉國，史稱「足爲良臣」。①

《宣宗實録》。正大元年，石盞尉忻以「通奉大夫尚書右丞兼修國史」②。當與修前朝實録。

完顔璹

完顔璹本名壽孫，越王永功子。祖世宗賜名璹，字仲寶，一字子瑜，號樗軒。累封密國公。少時學詩於朱瀾，學書於任詢，有出藍之譽。資雅重，薄於世味，好賢樂善。與趙秉文、楊雲翼、雷淵、元好問、李汾等相友善。鑒賞法書名畫，商略品第，風流藴藉，有承平時王家故態。元好問稱之百年以來宗室中第一流人物。天興元年卒，年六十一。③

① 《金史》卷一一五《石盞尉忻傳》，中華書局一九七五年，第二五三二頁。
② 金光平、金啓孮《女真語言文字研究·女真進士題名碑譯釋》，見《内蒙古大學學報》一九六四年第一期。
③ 《遺山先生文集》卷三六《如庵詩文序》，四部叢刊本。另，《金史》卷八五《世宗諸子》亦涉，中華書局一九七五年，第一九〇四頁。

《寶章小集》。金元好問《題密公寶章小集》：

天東長白大寶幢，天河發源導三江。有木蔽映山朝陽，雲誰巢者雛鳳凰。雲間吐氣日五色，百鳥不敢言文章。名都盤盤魏大梁，黄金甲第羅康莊。王家書絶畫亦絶，欲與中秘論低昂。密公書院無絲簧，窗明几潔凝幽香。元光以後門鑰廢，文士稍得連壺觴。客來喜色浮清揚，典衣置酒餘空箱。生平俊氣不易降，眼中俗物都茫茫。淵明素琴嵇阮酒，妙意所寄誰能量。在昔武元握乾綱，扶桑爲弓射八荒。獵取大國如驅羊。民風樸魯資鷙强，文治未及武魁剛。興陵之孫越王子，天以人瑞歸明昌。十三執經侍帝旁，十八健筆淩《阿房》。撑腸文字五千卷，靈臺架構森鋪張。高陽苗裔襲衆芳，胡不置之頁玉堂。袖中正有活國手，地下才得修文郎。悲風蕭蕭吹白楊，丘山零落可憐傷。承平故態眇猶在，拂拭寶墨生輝光。恰似如庵連榻坐，一甌春露澹相忘。（《元遺山詩集》卷三，四部叢刊本。）

金元好問《密公寶章小集跋》：

「明昌寶玩」、「群玉中秘」，内府圖書印也。越邸有柳公權《紫絲鞋》、歐率更《海上》、楊凝式《乞花》等帖，然獨推元章《華佗》爲古今絶筆。《宋畫譜》山水以李成爲第一，國朝張太師浩然、王内翰子端奉旨評第書畫，謂成筆意繁碎，有畫史氣象，次之荆、關、范、許之下。密公識賞超詣，亦以此論爲公。郭乾暉《雀棘》，公以爲當在太古無上，唐以來諸人，筆虚筆實，皆非其比，故予詩及之。樗軒，公自號也。又所居有如庵，詩集號《如庵小稿》。越王諸子，惟樗軒貧甚，「典衣沽酒」之句，蓋實録云。甲午三月二十有一日，爲輔之書於聊城至覺寺之寓居。（《元遺山詩集》卷三，四部叢刊本。今按，明昌初，王庭筠與張汝方奉敕品第法書名畫，而非汝方之父、太師張浩浩然，遺山誤記。另，甲午指蒙古太宗六年、一二三四年，是年金亡。）

《如庵小稿》。《中州集》卷五《密國公璹》：所居有樗軒，又有如庵。自號樗軒老人，其詩號《如庵小稿》。金劉祁《歸潛志》卷一云：「晚自刊其詩三百首、樂府一百首，號《如庵小稿》，趙閑閑序之，行於世。」今按，現存《滏水集》未載此序。

金元好問《如庵詩文敘》：

密國公諱璹，字子瑜，越王長子而興陵之諸孫也。明昌初已授封，公以例授金紫光禄大夫。衛紹王時，除開府儀同三司。宣宗南渡後，封胙國公。哀宗正大初，進封密。自明昌初，鎬、厲等二王得罪後，諸王皆置傅與司馬、府尉、文學，名爲王府官屬，而實監守之。府門啓閉有時，王子若孫及外人不得輒出入。出入皆有籍，訶問嚴甚。金紫若國公，雖大官，無所事事，止於奉朝請而已。密公班朝著者，如是四十年。初，燕都遷而南，危急存亡之際，凡車輅、宫縣、寶玉、秘器，所以資丕天之奉者，舟車輦運，國力不贍，至汴者千之一耳。而諸王公貴主，至有脱身而去者。公家法書名畫連箱累篋，寶惜固護，與身存亡，故他貨一錢不得著身。方遷革倉卒，朝廷止以乏軍興爲憂，百官俸給減削幾盡。歲日所入，大官不能贍百指，而密公又宗室之貧無以爲資者，其落薄失次爲可見矣。元光以後，王薨，門禁緩，文士稍遂款謁，然亦不過三數人而止矣。公資稟簡重，而至誠接物，不知名爵爲何物。少日，師三川朱巨觀學詩、龍巖任君謨學書。真積之久，遂擅出藍之譽。於書無所不讀，而以《資治通鑑》爲專門。馳騁上下千有三百餘年之事，其善惡是非、得失成敗，道之如目前。穿貫他書，考證同異，雖老於史學者，不加詳也。名勝過門，明窗棐几，展玩圖籍，商略品第顧、陸、朱、吴筆虚筆實之論，極幽眇。及論二王筆墨，推明草書學究之説，窮高妙，而一言半辭皆可紀録。典衣置酒，或終日不聽客去。爐熏茗椀，或橙蜜一杯，有承平時王家故態，使人愛之而不能忘也。字畫得於蘇、黄之間。參禪於善西堂，名曰祖敬。自題寫真有「枯木寒灰亦自神，應緣來現乍公身。只緣苦愛東坡老，人道前身趙德麟」之句。舊制，國公祭山陵，則佩虎符、乘傳，號曰嚴祭。若上清儲祥宫，若太乙宫、五岳觀設醮，上方相藍大道場，則國公代行香。公多預焉。又有詩自戲云：「借來羸馬鈍於牆，馬上官人病且尪。無用老臣還有用，一年三五度燒香。」蓋實録云。公詩五卷，號《如庵小稿》者，汴梁鬻書家有之。樂府云：「夢到凰鳳臺上，山圍故國周遭。」又云：「咫尺又還秋也，不成長似雲間。」識者聞而悲之。予竊謂古今愛作詩者，特晉人之自放於酒耳。吟詠情性，留連光景，自當爲緩憂之一物。在公則又以之遯世無悶，獨立而不懼者也。使公得時行所學，以文武之材，當顓面正朝之任，長轡遠馭，何必減古人？顧與槁項黄馘之士，争一日之長於筆硯間哉！朝家疎近族而倚疏屬，其敝乃至於此，可爲浩歎也。天興壬辰，曹王出質。公求見於隆德殿。上問：「叔父欲何言？」公奏：「聞孛德雖議和，孛德不苦諳練，恐不能辨大事者。臣請副之，或代其行。」上慰之曰：「南渡後，國家比承平時有何奉養？然叔父亦未嘗沾丐。無事則置之冷地，無所顧藉，緩急則置於不測。叔父盡忠固可，天下其謂我何？叔父休矣！」於是君臣相顧泣下。未幾，公感疾，以其夏五月十有二日薨，春秋六十一。後二十有六年，此集再刻於大名。門下士河東人元某爲之引。（《遺山先生文集》卷三六，四部叢刊本。）

元王惲《跋樗軒壽安宮賦西園雜詩後》：

余生長汴梁，八歲而北渡河，當時風物有能記憶者，但如隔世夢寐中見爾。及讀如庵《西園雜詩》，何殊趙家老樹遺臺，令人對之有足悲者。故孫樵《雜報》云：「生恨不爲承平時人」，良有以哉。收卷奉還，題其後。（《秋澗集》卷七二，四部叢刊本。）

紇石烈通甫

紇石烈通甫，始末未詳。金末女真貴族。

《怡閑吟稿》。元袁桷《書紇石烈通甫詩後》：

言詩者以《三百篇》爲宗主，論固善矣。然而鄙淺直致，幾如俗語之有韻者，或病之，則曰：「是性情之真，奚以工爲?」千士一律，迄莫敢議其非是。紇石烈堯臣示其先府君《怡閑吟稿》一編，玩其詞旨，藻繪融液，一本於大曆、貞元之盛，而幽深婉順，則幾於《國風》之正矣。府君舊貴族，遺言雅聞，得於先朝之故老。壯歲轍跡半天下，富盛羈愁，感慨歡悦之事，目受而心會，冥蒐遠想，不極其摹寫不止。用意若是，故成就實足以自見。桷舊得拜府君於堂下，聆其議論，明潔而簡易。讀其詩，如親見之焉。泰定元年三月某日，袁桷書。（《清容居士集》卷四九，四部叢刊本。）

佚名

《女真字易經》。
《女真字書經》。
《女真字孝經》。
《女真字論語》。
《女真字孟子》。
《女真字老子》。
《女真字揚子》。
《女真字文中子》。
《女真字劉子》。《金史》卷九九《徒單鎰傳》：大定十五年，「詔譯諸經，著作佐郎溫迪罕締達、編修官宗璧、尚書省譯史阿魯、吏部令史楊克忠譯解，翰林修撰移剌傑、應奉翰林文字移剌履講究其義。」①。另，《金史》卷八《世宗紀》：大定二十三年九月，「譯經所進所譯《易》、《書》、《論語》、《孟子》、《老子》、《揚子》、《文中子》、《劉子》及《新唐書》。上謂宰臣曰：『朕所以令譯《五經》者，正欲女真人知仁義道德所在耳。』命頒行之。」② 今按，自大定四年設譯經所，多由女真士人充任，如徒單子温、温迪罕締達、宗璧、阿魯等，《金史》或立傳，或稍見記載。此外，也吸納了部分契丹、渤海士人。其間，或人事變遷，參與譯解諸經者亦有改易，不惟以上數人，如契丹士人耶律固嘗「奉詔譯書」③。限於文獻資料，現已無法確指這些女真字經書的譯解人，姑列於此，俟考。

《女真字詩經》。

《女真字禮經》。

《女真字春秋》。《金史》卷五一《選舉志》：大定二十八年，世宗諭宰臣曰：「女真進士惟試以策，行之既久，人能預備。今若試以經義可乎？」宰臣對曰：「《五經》中《書》、《易》、《春秋》已譯之矣，俟譯《詩》、《禮》畢，試之可也。」其中《詩》、《禮》等，當於此後不久譯畢。

① 此段文字亦見於《金史》卷一〇五《温迪罕締達傳》，惟「楊克忠」作「張克忠」，中華書局一九七五年，第二三二一頁。

② 《金史》卷八《世宗紀》，中華書局一九七五年，第一八四頁。

③ 《金史》卷一二五《文藝傳》，中華書局一九七五年，第二七二〇頁。

《女真字莊子》。《金史》卷六四《后妃傳》：顯宗孝懿皇后徒單氏，章宗之母。「好《詩》、《書》，尤喜《老》、《莊》，學純淡清懿，造次必於禮」。則《莊子》已有女真字譯本。

《女真字新唐書》。《金史》卷八《世宗紀》：大定二十三年九月，「譯經所進所譯《易》、《書》、《論語》、《孟子》、《老子》、《揚子》、《文中子》、《劉子》及《新唐書》。」

《女真字諸葛孔明傳》。《金史》卷九二《徒單克寧傳》：大定二十六年，克寧請立原王完顏璟爲皇太孫。世宗以其忠實明達，喻以「漢之周勃」。璟即位後，是爲章宗，「詔譯《諸葛孔明傳》賜之」。

《女真字國史》。金元好問《南冠録引》：「京師之圍，予爲東曹都事，知舟師將有東狩之役，言於諸相，請小字書《國史》一本，隨車駕所在，以一馬負之。時相雖以爲然，而不及行也。崔子之變，歷朝實録，皆滿城帥所取。百年以來明君賢相，可傳後世之事甚多」①。今按，所謂小字，當是女真小字；所謂國史，當指金代各朝「實録」。這説明，自明昌中國史院停止使用契丹字後，金之國史是用漢、女真兩種文字寫就的。

① 《遺山先生文集》卷三七，四部叢刊本。

附録一　明代女真字譯著

《女真字盤古書》一册。

《女真字孔夫子書》一册。

《女真字孔夫子遊國章》一册。

《女真字家語賢能言語傳》一册。

《女真字姜太公書》一册。

《女真字伍子胥書》一册。

《女真字十八國鬥寶傳》一册。

《女真字孫臏書》一册。

《女真字善御書》一册。

《女真字海錢公書》一册。

《武子受書》一册。

《女真字黄氏女書》一册。

《女真字百家姓》一册。

《女真字哈答咩兒于》一册。

《女真字母》一册。

以上明楊士奇等《文淵閣書目》卷一八著録。

附録二　朝鮮女真字譯著

《千字》。

《天兵書》。

《小兒論》。

《三歲兒》。

《自侍衛》。

《八歲兒》。

《去化》。

《七歲兒》。

《仇難》。

《十二諸國》。

《貴愁》。

《吴子》。

《孫子》。

《太公尚書》。

以上《經國大典》卷三「禮典諸科譯科」著録①。

《新翻老乞大》。

《三譯總解》。

以上《通文館志》卷二「科舉」著録②。

附録三　現存女真字文獻及研究

《西安碑林女真字文書殘頁》。一九七三年八月，陝西省文管會整修西安碑林唐《石臺孝經》時，在碑身中心石柱南側卯眼内發現十一件墨書女真字文書殘頁③。每頁大小不一，最大者長二十一厘米、寬四十五厘米，竪書二十一行，行約二十五字；最小者長十七厘米、寬二十三厘米，竪書十四行，行約十八字。其中七頁一面書寫，四頁兩面書寫。合計二百三十七行、二千三百〇三

① 韓國亞細亞文化社一九八三年。

② 韓國民昌文化社一九九一年。

③ 《文物》一九七九年第五期。

字，其中字跡完整者一千七百五十七個。從筆跡看，當出自兩人之手。文書内容是分類編排的女真文字啓蒙讀物，從頭到尾反復抄寫，可能是初學者的書寫練習。金啓孮先生以爲出自世宗大定之前，或即完顔希尹《女真字書》①。烏拉熙春則認定爲《女真字書》，並考證復原，得門類二十七，字數約一千二百九十六②。

《海龍女真國書摩崖》。在吉林省海龍縣（今梅河口市）北楊樹林山，亦稱「楊樹林山女真國書摩崖」。刻女真字八行，行四、五字至十餘字不等，計八十四字，筆跡拙劣，大小不一。内容記金太祖收國二年（一一一六）設謀克事，後有「大定七年（一一六七）三月」字樣，當是刻石時間。清光緒中，楊同桂《瀋故》卷三録文，訛誤較多。一九一二年，［日］鳥居龍藏考察時，以爲自己首次發現③。一九二九年，奉天通志館再次考察，始廣爲人知。羅福頤《滿洲金石志》、［日］安馬彌一郎《女真文金石志稿》均録文。羅福成《女真國書碑跋尾》④、《女真國書碑考釋》⑤、《女真國

---

① 金啓孮《陝西碑林發現的女真字文書》，《内蒙古大學學報》一九七九年第一、二期合刊。
② 烏拉熙春《〈女真文字書〉的復原》，西安博物館編《碑林集刊》第七輯，陝西美術出版社二〇〇一年。
③ 鳥居龍藏《女真文之碑》，載《朝鮮及滿洲》第六九號，一九一三年。
④《國立北平圖書館月刊》第三卷四號，一九二九年十月。
⑤《支那學》第五卷四號，一九二九年十二月。

書摩崖》①等俱有考釋，金光平、金啓孮《女真語言文字研究》附録三，則逐字解讀。孫進己《海龍女真摩崖石刻》録文與前述頗有出入②。

《半截山女真國書摩崖》。一九三四年，古董商邢玉人首先發現。同年九月，［日］山下泰藏《關於新女真國書碑》予以公佈③。摩崖右漢文三行十五字，作「大金太祖大破遼軍於節山，息馬立石」；左女真文四行二十餘字，爲漢文對譯。山下泰藏未親臨摩崖所在地，僅據邢氏介紹，竟謂摩崖在吉林省海龍縣西南一百四十里之半截山，與楊樹林山相距數十里。後來，孫進己等人經實地調查，發現摩崖也在楊樹林山，與「楊樹林山女真國書摩崖」同在一處，一在山崖陽面，一在山崖陰面。孫氏《海龍女真摩崖石刻》披露了有關情況④，並加以考釋，以爲刻於天會二年（一一二四）後。另，《（民國）奉天通志》卷二五五《金石》描摹收録，題下注：「金，柳河縣拓本」；文末注：「旁綴女真國書」；跋尾云：「按此摩崖所在名半截山，在海龍柳河之間，去海龍約一百二十里。其地又稱溝屯，距楊木林山女真國書摩崖約三十里。考《金史·太祖紀》，不見節山之名。天輔元年十二月甲子，斡魯古等敗耶律捏里兵於蒺藜山。『蒺藜』二字短書之，音近『節』。然此役

①《東北叢刊》第五期，一九三〇年五月。
②《社會科學戰綫》一九七九年第二期。
③《滿蒙》第十五年九月號。
④《社會科學戰線》一九七九年第二期。

非金太祖統軍自戰，不得云『息馬立石』也。《遼史·天祚紀》：『天慶七年，上自燕至陰涼河置怨軍。又有乾顯大營、巖州營，凡二萬八千人，屯衛州蒺藜山。十二月，都元帥秦晉國王淳與女真軍戰於蒺藜山，敗績。』據此，則是役爲大戰。金太祖即未親蒞戰陣，亦以特筆紀之，故曰太祖大破遼軍，此亦事理之所宜有也。《契丹國志》：『天慶七年十一月，到衛州蒺藜山，大軍就糧。八年春正月，怨軍過於徽州之東，未陣而潰。燕王退保長泊魚務，女真入新州。五月，女真破黄龍府、咸信、蘇復、辰海、同銀、通韓、烏遂、泰靖等五十餘城，據遼東、長春兩路。』蓋金太祖於蒺藜山擊破怨軍之後，遂據有全遼，不久而建帝號。此役與得勝陀之戰，同爲勝負興亡之關鍵，故其後代勒石於此，以紀戰蹟。文内稱曰太祖，則非太祖在日所立。亦如得勝陀碑之建於世宗大定時也。然則以蒺藜山當節山，雖不能定，已近似矣。」①

《大金得勝陀頌碑》。此碑刻於大定二十五年（一一八五），現存吉林省扶餘縣。碑身高一百七十七厘米，寬八十五厘米，四周雕飾蔓草花紋。此碑遭兩次破壞：一在清末，碑斷爲兩截，民國四年（一九一五）接合復原時，誤將碑額正反面顛倒；一在文化大革命期間，碑折爲三段，一九七七年修復。此碑爲紀念金太祖於收國元年（一一一五）在寧江州破遼之戰而立。正面刻漢文三十行、八百一十五字，背面刻女真字三十二行、一千五百餘字。女真字第二十二行頌詞比漢文少四

① 沈陽古舊書店一九八三年。

句。正面碑額刻篆體漢字「大金得勝陀頌」六字，背面碑額刻女真字三行十二字，是現存女真文字石刻中字數最多者，加之與漢文對譯，對於研究女真字頗具價值。道光七年（一八二七），薩英額《吉林外記》摹録女真字碑文十二行，由於原碑字跡漫漶，各家摹本多殘闕不全。羅福頤《滿洲金石志》卷三摹録比較完整，［日］安馬彌一郎《女真文金石志稿》①，劉鳳翥、于寶林《女真文字〈大金得勝陀頌〉校勘記》②，道爾吉、希格《女真文〈大金得勝陀頌〉碑校勘釋讀》③，［日］田村實造《〈大金得勝陀頌碑〉研究》④等，也都各有研究與收獲。

《昭勇大將軍同知雄州節度使墓碑》。此碑刻於金世宗大定二十六年（一一八六）。一九七九年六月出土於吉林省舒蘭縣小城鄉完顔希尹家族墓地第四區一號墓，爲昭勇大將軍同知雄州節度使完顔氏夫妻合葬墓。出土墓碑兩方，其中一方高六十八厘米、寬二十七厘米，額寬三十二厘米，呈半圓形，刻女真字一行、楷體漢文五行。墓碑中間一行大字爲「昭勇大將軍同知雄州節度使墓」，左款「大金大定廿六年四月廿六日長男廣威將軍襲濟州路合孛懶崖猛安開國伯完顔躊選山禮葬」；右

① 日本京都碧文堂油印本一九四三年。
② 《民族語文論集》，中國社會科學出版社一九八一年。
③ 《内蒙古大學學報》一九八四年第四期。
④ 《東洋史研究》第二卷五、六號，一九三七年六、八月；劉鳳翥譯，載《民族史譯文集》第八期，中國社會科學院民族研究所編譯一九八〇年。

側第一行刻女真文二十一字，可譯爲「昭勇大將軍同知雄州永定軍節度使之墓」。墓主名字不詳，據該墓另一方墓碑，生於天會十二年（一一三四），卒於大定十六年（一一七六），可能是完顔希尹的孫輩。這是金代墓葬首次發現女真文字，字數雖不多，對了解女真字在金代使用情況仍具一定的參考價值，徐翰煊、龐治國《金代左丞相完顔希尹家族墓調查試掘簡報》有説明①。至於墓碑女真字考釋，可參見《舒蘭文物志》。

《九峰石壁紀功碑》。此碑系「大金開府儀同三司尚書右丞任國公宗室襄奉帝命，帥師討北术孛背叛」，捷後所建，包括女真字與漢字兩碑，俱刻於明昌七年。一九八六年，先於蒙古國烏蘭巴托肯特縣巴彦霍特克郡九峰山南中部發現女真字碑，豎刻女真文九行，一百四十字；一九九一年，在其附近又發現漢字碑，豎刻漢字九行，八十六字。經日本學者加藤晉平考訂，以爲這兩處碑文的内容一致，系女真字與漢字對照鐫刻。②

《慈雲寺女真文鐘銘》。民國張維《隴右金石録》卷五著録：「在慶陽縣城，今存」。並描摹女真字，引《慶陽縣志稿》云：「慈雲寺大鐵鐘，高丈，周一丈五尺。金泰和元年鑄，重數千觔，有

① 《中國考古集成》東北卷「金」，北京出版社一九九七年，第一八册。
② 穆鴻利、孫伯君《蒙古國女真文漢文〈九峰石壁紀功碑〉初釋》，《世界民族》二〇〇四年第四期。

女真文銘五十六字，及『皇帝萬歲、臣佐千秋』八字。鐘耳有女真文二字。」①

《奥屯良弼餞飲碑》。亦稱《泰和題名殘石》。羅振玉得自天津古董商，原出地不詳，現藏中國歷史博物館。碑中刻漢文楷書大字四行：「奥屯良弼自泗上還都，心友餞飲是溪，泰和六年二月十有一日也。」左下方有小字女真文題跋三行六十餘字，刻於衛紹王大安二年（一二一〇）七月二十日，稱沼水主簿卜修洪（譯音）將友人奥屯舜卿之墨跡摹刻於石。奥屯良弼字舜卿，正大間仕爲禮部尚書，《金史》稍見記載。羅福成《金泰和題名殘石》、《金源國書石刻題名跋》②，島田好《女真文字奥屯良弼餞飲碑》③，羅福頤《遼金三石刻考》④，及金光平、金啓孮《女真語言文字研究》附録二等，均有考釋。

《奥屯良弼詩碑》。原在山東省蓬萊縣佑德觀，後移至蓬萊閣天后宫。二十世紀五十年代，山東農學院曲培謨先生將此碑拓片寄贈《文物》編輯部，始爲學界所知。拓本長六十厘米、寬七十厘米，刻女真字七言律詩一首，詩題三行，詩八行，行書。前後各有女真字楷書一行，系刻碑者所加，上款謂此詩係「侍御史奥屯舜卿所作」，奥屯舜卿即奥屯良弼；下款稱立石者爲蓬萊主簿雷牙

① 歷代碑誌叢書本，江蘇古籍出版社一九九八年，第一六册五九六頁。
② 《東北叢刊》第一七期，一九三一年五月。
③ 《書香》第五九號，一九三四年四月。
④ 《滿洲史學》第三卷二號，一九四〇年三月。

古太。全碑計一百九十字左右。據羅福頤、金啓孮、賈敬顔、黄振華《女真字奥屯良弼詩刻石初釋》結論①，此詩系奥屯良弼贈友人張煒之作，約在金章宗承安五年（一二〇〇）。

《女真進士題名碑》。亦稱《宴臺女真進士題名碑》、《宴臺女真國書碑》，刻於金哀宗正大元年（一二二四），原立於開封曹門外宴臺河村關帝廟，現存河南省開封市博物館。北宋時爲春耕藉田宴享百官之所，因名「宴臺」。貞祐南渡後，改作學宫。碑高一百九十厘米、寬六十厘米。正面刻漢文，背面刻女真字，明宣宗宣德二年（一四二七），修河神廟時磨去碑陽漢字，改刻《新創順河廟碑記》，今僅存碑陰女真字二十三行、一千一百餘字。碑額篆體女真字三行十二字，可譯爲「進士名録碑」。宋周密《癸辛雜識》别集卷上《汴梁雜事》涉及「女真進士題名」；清王昶《金石萃編》卷一五九摹録，作「國書碑」。道光九年（一八二九），劉師陸作《女真字碑考》、《續考》，斷碑文爲女真小字。近人羅福成《宴臺金源國書碑考》②、《宴臺金源國書碑釋文》③，王静如《宴臺女真文進士題名碑初釋》④，均有考訂釋讀。金光平、金啓孮《女真語言文字研究》附録一《〈女真進士題名碑〉譯釋》，則集諸家考釋之大成。

---

①《民族語文》一九八二年第二期。
②《國學季刊》第一卷四期，一九二三年十二月；《支那學》第三卷一〇號，一九二四年。
③考古學社《考古》第五期，一九三六年十二月。
④《史學集刊》第三期，一九三七年四月。

《女真譯語》。此系《華夷譯語》之《女真館雜字》、《女真館來文》合稱。《華夷譯語》有三種版本：一是洪武《華夷譯語》。洪武十五年（一三八二），翰林侍講火源潔、編修馬沙亦黑奉敕編纂。此本僅有蒙古語，與女真文字無關。二是永樂《華夷譯語》，亦稱四夷館《華夷譯語》。永樂五年（一四〇七），置四夷館，初設韃靼、女真、西番、回回、百夷、高昌、西天、緬甸等八館，後陸續增八百、暹羅，計十館。各館分别編輯本館「譯語」，用作對這些民族及國家往來文書的翻譯。各館譯語多由「雜字」和「來文」組成。其中，《女真館雜字》包括八百多個詞彙。每詞以女真字與漢字對照，用漢字注女真字讀音；《女真館來文》收進貢表文，依照漢文語法、以女真字的對譯漢字拼湊而成。有紀年可考者，上起永樂十二年（一四一四），下至嘉靖十九年（一五四〇），約成於明中期後。四夷館《女真譯語》主要有以下幾種版本：一、德國柏林國立圖書館藏明抄本，二十四册，中國國家圖書館藏有縮微膠卷。此本「雜字」八百七十一條詞彙，「來文」二十篇，內容比較完備，而錯誤較多。二、日本東洋文庫藏明抄本，中國國家圖書館藏有縮微膠卷。此本內容不全，「雜字」僅有續添、新增兩門一百五十八條詞彙，比柏林本多出四十六個詞彙；「來文」共二十九篇，其中十篇與柏林本相同。三、日本內藤湖南氏藏抄本。此本「雜字」情況不詳，「來文」五十篇，其中十篇與柏林本相同。四、羅福成編次《女真譯語》正編、二編，一九三三年，由清宮大庫舊檔整理處刊印。正編爲「雜字」，與柏林本「雜字」約略相同，門類與詞序有異；二編收「來文」七十九篇，即將柏林本、東洋文庫本、內藤湖南本「來文」除去重複，全部收入。五、今人賈敬顏、朱風在繼承前人研究成果的基礎上，輯成《蒙古譯語女真譯語彙編》①。四夷館《女真譯語》是女真語文化研究的基礎與工具。有關整理成果，以下三部比較著名：［德］葛魯貝（Wil— helm Grube）《女真語言文字考》②；美籍日本學者清瀨義三郎則府《女真語言和文字研究》③；中國蒙古族學者道爾吉、希格《女真譯語研究》④。三是會同館《女真譯語》。僅録女真語彙的漢字注音，對於研究女真語言文字具有重要參考價值。常見版本：一、日本阿波國文庫本《華夷譯語》，包括十三國譯語，其中，日本學者山本守整理的《阿波文庫本〈女真譯語〉》，收語彙一千一百六十四條，内容比較完備。一九四四年，由僞滿建國大學研究院滿蒙文化研究班研究報告第十五號刊行。二、静嘉堂文庫本《華夷譯語》，包括除朝鮮、琉球之外的十一國譯語。其中，《女真譯語》收語彙一千一百零九條，僅一條爲阿波國文庫本未載。一九三〇年，石田幹之助輯《女真語研究的新資料》⑤，將静嘉堂本《女真譯語》全文發表，山本守曾用阿波國文庫本校訂⑥。

① 天津古籍出版社一九九〇年。
② 原爲德文，題作 Die Spracheund Schrift der Juvc cen，一八九六年刊於萊比錫，一九三六年北平文殿閣書莊影印。
③ 原爲英文，題作 A Study 〇f the Jurchen Language and script，一九七七年日本京都法律文化社出版。
④《内蒙古大學學報》一九八三年十月（增刊）。
⑤《桑原博士還曆紀念東洋史論叢》，京都弘文堂書房，一九三〇年十二月。
⑥《静嘉堂本女真譯語考異》，載滿鐵圖書館報《書香》一五卷一〇號，一九四三年十月。

《明代女真字墨跡》。明王世貞《弇州山人四部稿》卷一六八「説部」《宛委餘編》載有八個女真字，系僞古文《尚書》之《周書·旅獒》「明王慎德，四夷咸賓」的直譯。同書卷一三一「文部」《墨跡跋》「外國書旅獒卷」條略有説明：萬歷二年（一五七四），「余於燕中邂逅王太常汝文，談諸譯人多精於其國書者，乃以《旅獒》『明王慎德』至『所寶惟賢則邇人安』百六十五字，令書之，得九紙，爲西天、女直、韃靼、高昌、回回、西番、百夷、緬甸、八百媳婦。大約多類籀草，而西天獨雄整，女直有楷法而小繁複，不知其爲陳王谷神所製否也。」①另，明方于魯《方氏墨譜》卷一所載墨錠圖案，亦有「明王慎德，四夷咸賓」女真字譯文②，分列兩行，與王世貞《弇州山人四部稿》所録相同。［日］石田幹之助《女真語雜俎》以爲移録王氏稿③。

《奴兒干永寧寺碑》。原在俄羅斯境内黑龍江下游東岸之特林，即元、明時期之奴兒干。一八五四年，俄國地理學協會西伯利亞分會學術調查團首先發現。清光緒十一年（一八八五），曹廷傑前往考察拓印，始廣爲人知。一九〇四年，此碑遷入符拉迪沃斯托克博物館，現藏該市國立聯合地方志博物館。特林是明朝奴兒干都司衙署所在地，永樂十一年（一四一三）建永寧寺立碑，記明朝派

---

① 明萬曆世經堂刊本。今按，文淵閣四庫全書本删去其中女真字。
② 明萬曆方氏美蔭堂刻本。
③ 同氏《東亞文化史叢考》，東洋文庫一九七三年。

遣太監亦失哈等人招撫奴兒干及東海苦夷（庫頁島）事件。碑額題「永寧寺記」，正面刻漢文三十行，行六十四字，計一千九百餘字。背面右半刻女真文十五行，左半刻蒙古文十五行，碑額爲蒙古字。左右兩側刻有漢、蒙、藏、女真四體文字的六字真言。碑陰女真文和蒙古文爲碑陽漢文的節譯。其中，女真碑文脱字誤字較多，每行下部漫漶嚴重。此碑是迄今發現時代最晚的女真字石刻，字形、詞彙和語法均與金代女真字石刻有所不同，一些詞彙和語法更接近於滿文。羅福成《明奴兒干永寧寺碑女真國書圖釋》①，[日] 安馬彌一郎《女真文金石志稿》，[日] 長田夏樹《奴兒干永寧寺碑蒙古女真文釋稿》②，金光平、金啓孮《女真語言文字研究》③，鍾民巖、那森柏、金啓孮《明代奴兒干永寧寺碑記校釋》④，黄振華《明代女真文奴兒干永寧寺碑記新釋》⑤等，都有研究。

《朝鮮北青郡女真國書摩崖》。在朝鮮咸鏡南道北青郡，亦稱《北青碑》。一九一一年，[日] 烏居龍藏首先發現。刻有女真文五行、四十餘字，筆跡拙劣。内容記高麗國人來送彌勒佛，末署戊寅

---

① 《滿洲學報》第五號，一九三七年十二月。
② 《石濱先生古稀紀念東洋學論叢》，關西大學文學部東洋史研究室，一九五八年十一月。
③ 《考古學報》一九七五年第二期。
④ 《中央民族學院學報》一九七六年第一期。
⑤ 《中國地方史志》一九八二年第二期。

（黄虎）年七月。烏居龍藏《女真文之碑》①首次介紹了摩崖石刻情況。《朝鮮金石綜覽》（一九一九）刊有拓本照片。［日］稻葉巖吉《北青城串山城女真字摩崖考釋》②逐字考釋，以爲女真小字，刻於元順帝至元四年、高麗忠肅王戊寅年（一三三八）。後來，稻葉氏《（吾妻鏡）女直字的新研究》③修正了上述結論，以爲戊寅年應指元世祖至元十五年（一二七八）。金光平、金啓孮《女真語言文字研究》謂是金宣宗興定二年（一二一八）。此外，［韓］金東昭《北青女真字石刻的女真文研究》④，愛新覺羅·烏拉熙春《朝鮮北青女真字石刻新釋》⑤，也加入討論。實際上，石刻内容未涉年代，如何認定，有待繼續研究。

《朝鮮慶源郡女真國書碑》。原在朝鮮咸鏡北道慶源郡東原面禾洞的佛寺舊址中，最早見於佚名的朝鮮文獻《北路紀略》（約成書於十九世紀）。一九一八年，［日］谷川濟一、今西龍發現後，移至朝鮮京城總督府博物館，現存漢城景福宫勤政殿回廊。碑身上段已折斷缺失，僅存下段。碑爲方

---

① 《朝鮮及滿洲》第六九號，一九一三年。

② 《青丘學叢》第二號，一九三〇年十一月。

③ 《青丘學叢》第九號，一九三二年八月。

④ 韓國漢城國語國文學會《國語國文學》第七六號，一九七七年；黄有福譯，載《女真語滿語研究》，北京新世界出版社，一九九〇年。

⑤ 《立命館文學》第五六一號，一九九九年。

柱形，四面皆刻女真字，計二十三行，頗多漫漶，存約五百七十八字，爲修建佛寺的功德題名碑，紀年部分已殘闕。據金光平、金啓孮考證，當刻於金熙宗朝；［韓］金東昭認爲在海陵正隆元年（一一五六）。碑文拓本最早刊於《朝鮮金石綜覽》（一九一九），後來，安馬彌一郎《女真文金石志稿》亦録文，並略加考釋。兩書均誤以第三面爲第一面，第四面爲第二面，第一面爲第三面，第二面爲第四面。金光平、金啓孮《女真語言文字研究》附録四所載摹本予以更正，並詳加考證。此外，［韓］閔泳珪《慶源女真字碑考釋》①、金東昭《慶源女真字碑的女真文研究》②，也各有研究成果。

《俄羅斯聖彼得堡藏女真文抄本殘頁》。一九六八年二月，蘇聯漢學家E·M·克恰諾夫在保存於蘇聯科學院東方學研究所列寧格勒分所的西夏字文書中發現兩張手抄女真字殘頁，編號爲三七七五——一、三七七五——二。前者有墨書草體女真字七行，上部完整，下端殘闕；後者有墨書草體女真字六行，下部完整，上端殘損。從字體判斷，系出自同一人之手。後者背面左側寫有漢字「大定七年七月十六日」，可判斷其大致年代。兩張殘頁約存女真字一百三十三個。由於草體女真字

---

① 韓國延世大學東方學研究所《東方學志》第八輯，一九七六年。

② 原載韓國大邱曉星女大《研究論文集》第三六輯，一九八八年；黄有福譯，載《女真語滿語研究》，北京新世界出版社，一九九〇年。

的辨認及還原爲楷體比較困難，目前尚無法解讀其中内容。［俄］卡拉、E・H・克恰諾夫、［俄］B・C・斯塔里科夫《紙抄女真文的首次發現》①將部分女真字還原爲楷體。

《吾妻鏡》。日本鐮倉幕府歷史的實録體著述，撰者名佚。該書卷二四「貞應三年（金哀宗正大元年、一二二四年）二月二十九日丙申」條：貞應二年冬，一艘高麗船漂流至日本越後國寺泊浦，式部大夫繳進船上什物，其中有帶一條，綴長七寸、寬三寸之銀簡，上刻四字銘文。白鳥庫吉《契丹女真西夏文字考》謂《吾妻鏡》「銀簡銘」當是契丹字或女真小字②。内藤湖南《日本與滿洲的古代交通》則定爲女真字，並加考釋③。此後，稻葉巖吉《〈吾妻鏡〉女直字的新研究》④、和田清《關於〈吾妻鏡〉所見女真字的性質》⑤、秋山謙藏《鐮倉時代女真船的來航——《〈吾妻鏡〉女真文字和〈華夷譯語〉女真文字的比較研究》⑥、村山七郎《關於〈吾妻鏡〉所見之女真文》等⑦，均

---

① 《一九六九年東方文獻遺存・歷史語言研究》第二一三至二一八頁，莫斯科，一九七二年，姚鳳漢譯，見《北方文物》一九八五年第二期。
② 《史學雜誌》第九編第十一、十二號，一八九八年十一、十二月。
③ 《叡山講演集》，大阪朝日新聞社一九〇七年。
④ 朝鮮京城青丘學會《青丘學叢》第九號，一九三二年八月。
⑤ 《史學雜誌》四六編第七號，一九三五年七月。
⑥ 《歷史地理》六五卷第一號，一九三五年一月。
⑦ 《東洋學報》三三卷第三、四號合刊，一九五一年十月。

有考釋。一九七六年，出土於前蘇聯濱海邊區蘇昌城以北賽加古城遺址的「國之誠」銀牌，其形制及銘文與《吾妻鏡》所載「銀簡」相同，可據以訂正《吾妻鏡》對女真字的描摹失真之處。①

第二節　士林藝文

金代藝文的發展與當時社會的演進相仿佛，經歷了太祖太宗的初創期，熙宗海陵的發展期，世宗章宗的繁榮期，貞祐南渡至壬辰之變的衰落期，金亡至遺山逝世的遺響期。

女真崛起之初，太祖與太宗以開明務實的姿態，大力網羅遼宋士人。先是遼國的楊樸、劉彦宗、韓企先、韓昉、虞仲文、時立愛、張通古、任熊祥等歸附聽命，繼之宋國的張孝純、宇文虚中、高士談、吴激、王競、蔡松年、施宜生等成爲臣民。這些士人將遼宋治國理念與經驗潛移默化地帶入女真社會，造就了「借才異代」的新氣象。同時，女真在戎馬倥偬之際，創製了女真文字，推行女真文化教育。而且，自天會初開科取士，以原遼宋之人治理原遼宋之地。於是，典章制度從無到有，文人著述紛紛湧現，使一代文化站在較高的起點向前發展。

① 以上關於女真文字的研究情況，劉浦江《女真語言文字資料總目提要》述之甚詳，本節多所參考，見《文獻》二〇〇二年第三期。

熙宗完顔亶與海陵王完顔亮，自幼皆受儒家教育。熙宗即位，在上京會寧首建孔廟，嘗言：「孔子雖無位，其道可尊，使萬世景仰。」① 他遵循中原封建王朝模式，統一官制，詳定禮儀。而且，還創製了女真小字，詔令頒行。海陵篡立，雖忌恨熙宗，但在接受中原文化方面却走得更遠，甚至將京師從會寧遷至燕京，以實現統一天下的宏偉目標。這兩位年輕君主相繼變革舊俗，建立新政，力圖將女真融入華夏文明之中。當時，一批新科進士脱穎而出，陸續步入政壇，施展才華。詔册文書，多簡潔持重，透出大國氣度；詩詞吟詠，亦凝煉華瞻，競呈風流，形成了以文治國的新局面。

大定明昌，女真社會實現了封建化。「文治既洽，教育亦至，名士之舊與鄉里之彦，率由科舉之選。父兄之淵源，師友之講習，義理益明，利禄益輕，一變五代遼季衰陋之俗」②。其間，文壇形成了「中州文派」，湧現出蔡珪、張景仁、王彦潛、李晏、劉迎、鄭子聃、耶律履、王寂、王庭筠、趙渢、党懷英等一大批新秀。這些新秀多爲遼宋入金者的後裔。如果説這些人的前輩難以擺脱固有的民族意識，各自著述或明或暗流露出無奈仕金的哀怨，滯留北方的牢騷，以及對故國家園的思念，那麽，這些新秀早已成爲大金帝國的忠實臣民，思想感情同女真王朝融爲一體了。例如散

① 《金史》卷四《熙宗紀》，中華書局一九七五年，第七七頁。
② 《遺山先生文集》卷一八《内相文獻楊公神道碑銘》，四部叢刊本。

文，各自發揚唐宋古文的優良傳統，或上接昌黎，或力追東坡，氣韻各異，格調多姿，文壇面貌爲之一新。元好問嘗言：「國初文士如宇文大學、蔡丞相、吴深州等，不可不謂之豪傑之士，然皆宋儒，難以國朝文派論之，故斷自正甫爲正傳之宗，党竹溪次之，禮部閑閑公又次之。自蕭户部真卿倡此論，天下迄今無異議云。」①

金代後期，歷衛紹王、宣宗、哀宗三朝，計二十餘年。大安後，蒙古鐵騎挺進燕雲，所向披靡，而女真節節敗退，日漸衰微。以貞祐南渡爲契機，「文風一變，文多學奇古，詩多學風雅。由趙閑閑、李屏山倡之」②。其時，文學批評異常活躍，理論思辨能力達到了新的高度，不事雕琢、重在達意的文藝思想佔據了主導地位，從而促成審美傾向的轉變，一掃虚飾浮豔風氣，湧現出一批關心社會民生的作家和作品。如周昂、趙秉文、楊雲翼、李純甫、完顔璹、雷淵、麻九疇、王若虚、劉祁等等。

趙秉文號閑閑，仕五朝，官六卿，南渡後掌文炳二十年，著有《滏水集》等多種著述。時人論曰：「公之文出於義理之學，故長於辨析，極所欲言者而止，不以繩墨自拘。七言長詩筆勢縱放，不守一律，律詩壯麗，小詩精絶，多以近體爲之。至五言古詩，則沉鬱頓挫似阮嗣宗，真淳簡淡似

① 《中州集》卷一《蔡太常珪》，中華書局上海編輯所一九六二年，第三三頁。
② 金劉祁《歸潛志》卷八，中華書局一九八三年，第八五頁。

陶淵明」，被譽爲「挺身穨波，爲世砥柱」①。

王若虚仕爲翰林學士，金亡北歸鄉里，以滹南遺老自居。論文評詩，提倡「真」，反對「僞」；注重「似」，輕視「奇」；主張隨物賦形、意盡言止；贊同「以意爲主，字語爲之役」，「辯達理順」，「渾然天成」；推崇白居易、蘇軾，而批評南宋江西詩派，爲遏制文壇彌漫已久的形式主義文風竭力鼓吹。其「文以歐、蘇爲正脈，詩學白樂天，作雖不多，而頗能似之」②。所撰「雜著」推動了文學理論的發展。

劉祁在繼承緣情而發的詩歌創作理論基礎上，提出一代有一代之文學的審美思想：「唐以前詩在詩，至宋則多在長短句，今之詩在俗間俚曲也」③。他以少見的理論勇氣超越了封建士大夫的偏狹，揭示了俗間俚曲以其見真情，故能蕩人血氣，具有强烈的審美感染力，代表了文藝發展的方向。

需要指出的是，金代士人在遵循儒家傳統觀念的同時，也保持了自由放逸的個性。如趙秉文爲金之大儒，遵循「詩文之意，當以明王道，輔教化爲主」④，而思想深處却崇奉佛學。「晚年自擇其

① 《遺山先生文集》卷一七《閑閑公墓銘》，四部叢刊本。
② 《遺山先生文集》卷一九《内翰王公墓表》，四部叢刊本。
③ 《歸潛志》卷一三，中華書局一九八三年，第一四五頁。
④ 《滏水集》卷一九《答李天英書》，叢書集成初編本，中華書局一九八五年，第二三一頁。

文，凡主張佛老二家者皆削去，號《滏水集》，首以中和誠諸説冠之，以擬退之原道性，楊禮部之美爲序，直推其繼韓、歐。然其爲二家所作文，並其葛滕詩句另作一編，號《閑閑外集》，以書與少林寺長老英粹中使刊之，故二集皆行於世」①。李純甫亦金之大儒，中年度其道不行，「惟以文酒爲事，嘯歌袒裼，出禮法外」②，爲浮屠作碑記傳贊，往往詆訾儒家。「諸僧翕然歸向，因集而板之，號《屏山翰墨佛事》。傳至京師，士大夫覽之多慍怒，有欲上章劾之者」③。其實，這樣的反應不算激烈，不過「慍怒」而已，如發生在南方，後果則不堪設想。

與此同時，南宋理學傳入北方。兩宋學者從《孟子》、《中庸》等儒家經典尋求依據，在道德層面討論心性問題，其心體、性體是道德的實體，討論的目的是由内聖開出外王、獨善其身推及兼善天下。這同禪宗「不思善，不思惡」的超道德心體、性體有着根本區别。理學大師們在構建理學體系時，謹慎避開「異端」風險，或明或暗地從禪宗理念中汲取營養，即使家風濃重的程朱學派也如此，從而建立起新的道德本位心性論，實現後來居上，可以同禪宗一較短長了。這種情况引起北方學者的關注與思考。趙秉文、王若虚、李純甫等相繼著述，闡揚發明，形成新的北方儒學。

---

① 《歸潛志》卷九，中華書局一九八三年，第一〇六頁。

② 《歸潛志》卷一，中華書局一九八三年，第六頁。

③ 《歸潛志》卷一〇，中華書局一九八三年，第一一九頁。

此外，數學、醫學、漢語音韻學、史學、女真語學，及諸宫調講唱、院本雜劇等新興通俗文藝，都取得了突出成就，爲一代藝文增輝。釋道二家也乘勢而起，或語録評唱，或詩詞酬答，或整理刊印教派經典，竭力傳播各自的理念，以争取更多的信徒。

金亡後，文壇發出嘹亮遺響。金元易代之際是一個特殊歷史時期，女真統治雖然已經結束，而北方社會仍處於動亂之中，蒙古幾乎完全襲用金朝制度及其人才，自己則忙於爲統一南北而進行戰争。如順天史天鐸、保州張柔、東平嚴實、澤州段直等等，俱以依附蒙古、倒戈女真而各爲一方「藩鎮」。這些新貴爲收買人心，擴充實力，千方百計籠絡士人。特別是耶律楚材，金國尚書右丞耶律履之子，貞祐中歸附蒙古，官至中書令。汴京陷落，他指名索取和保護著名士人，如音樂家苗彦實、衍聖公孔元措。局勢稍定，即建議開科選舉，取士達四千餘人。及第者如系戰俘，一律釋放爲良。同時，在燕京、平陽設譯經所、經籍所，召名儒梁陟、趙著、王萬慶等爲之。這使燕京與平陽的雕版人才與設施免遭毁滅。這位中書令以自己的地位與影響積極搶救佛教藏經；支持一些著述的刊行，如釋行秀的《請益録》、李純甫的《鳴道集説》、張居正的《六壬祛惑鈐》等等。可以説，由於耶律氏等人的努力，亡金的部分士人與文化遺産有幸得以存續。

當時，一些文士或隱居鄉里教授生徒，或依附新貴而爲幕僚。這些人的作品從不同方面反映了動亂社會的民生。如燕薊之趙著、吕鯤、趙衍、劉百熙、楊鵬飛、撒彦舉等，尊崇唐人李賀尚奇之詩風，推波助瀾，競領風騷。河汾之曹之謙、麻革、張宇、房皞、段克己、段成己、陳賡、陳庾等，「以達之辭著，而憂之意微」①。同時，東平地區在嚴實父子的治理下，實施開明政治，「四方之士聞風而至」②，如張特立、康曄、杜仁傑、徐之綱及劉肅、王昶、徐世隆、王磐等等，使當地的經濟文化保持了一定程度的繁榮。此外，奉天楊奂、澤州李俊民、真定李治、淄川楊弘道、華州李庭等等，爲唱響金之挽歌不遺餘力，開啓了元代文化的新篇章。

元好問號遺山，是其中傑出的代表。元氏生長雲朔，爲拓跋魏氏諸孫，天稟多豪邁英傑之氣。登興定五年詞賦進士第，嘗爲縣令，供職史院，橐筆翰林。由於親身經歷了山河破碎的慘痛遭遇而寫下大量愍時傷亂的篇章，用情既深，内涵愈豐，加之才力富健，精思鋭筆，其廉悍沉摯之處尤爲突出，使金源詩歌放出奪目的光輝。正如後人所云：「國家不幸詩家幸，賦到滄桑句便工。」③

遺山一生筆耕不輟，著述甚富。元徐世隆《遺山集序》云：「詩祖李杜，律切情深，而有豪放邁往之氣；文宗韓歐，正大明達，而無奇纖晦澀之語；樂府清雄頓挫，閑婉瀏亮，體制最備。又能用俗爲雅，變故作新，得前輩不傳之妙，東坡、稼軒之下不論也」④。元郝經推許遺山爲一代宗

① 元吳澄《二妙集序》，見元房琪《二妙集》卷首，文淵閣四庫全書本。
② 《元史》卷一五九《宋子貞傳》，中華書局一九八三年，第三七三六頁。
③ 清趙翼《題遺山詩》，見清施國祁《元遺山詩集箋注》卷末「補載」引《甌北詩鈔》，四部精要本，上海古籍出版社一九九三年，第一九四頁。
④ 《遺山先生文集》卷首，四部叢刊本。

匠，以文章伯獨步幾三十年。一是挾幽并之氣，高視一世，獨以詩鳴。上薄風雅，中規李杜，直配蘇黄。二是「銘天下功德者，盡趨其門，有例有法，有宗有趣」。三是「爲《杜詩學》、《東坡風雅》、《錦機》、《詩文自警》等集，指授學者。「方吾道壞爛，功於世又大也」。四是以著作自任。金源氏有天下，典章法度，幾及漢唐，國亡史興，己所當爲。乃作《中州集》、《壬辰雜編》、《金源君臣言行録》等。金亡後，遺山先生保持了民族氣節，在兵荒馬亂、食不果腹的極端困境中，爲保存金源文獻而鞠躬盡瘁。因此，郝經由衷發出讚歎：「嗚呼，先生可謂忠矣！」①

一、以天元術爲標誌的數學研究達到新水平。當時，不少士人與數學結下不解之緣。如義州耶律履，「精曆算書繪事。先是，舊《大明曆》舛誤，履上《乙未曆》，以金受命於乙未也，世服其善」②；真定韓孝彦、韓道昭父子，「俱通韻算術」③；樂平楊雲翼，「精術數」④，召授提點司天臺，著有《五星聚辨》、《大象賦》、《句股機要》、《象數雜説》、《積年雜説》等⑤；易州麻九疇，「喜邵

① 《陵川集》卷三五《遺山先生墓銘》，文淵閣四庫全書本。
② 《金史》卷九五《移剌履傳》，中華書局一九七五年，第二一〇一頁。
③ 金韓道升《重編改併五音篇序》，見金韓道昭《重編改併五音篇》卷首，文淵閣四庫全書本。
④ 《金史》卷一一〇《楊雲翼傳》，中華書局一九七五年，第二四二一頁。
⑤ 《遺山先生文集》卷一八《内相文獻楊公神道碑銘》，四部叢刊本。

堯夫《皇極書》，因學算數」①；房山劉伯熙，「性理象數，經學文章，皆能道其抵要」②。

其中，金末李治的《測圓海鏡》與南宋秦九韶的《數術大略》，遥相輝映，共同把「天元術」爲標誌的中國數學推向高峰。天元術是將未知數作爲運算對象引入數學，列方程時，「立天元一爲某某」，相當於現代設 x 爲某某。古代之「元」，內涵豐富，如首、始、大等等，引入數學後，或取「始」義，以適應方程設定未知數的需要，即先立「元」，後列「式」。中國古代高次方程及其解法，源自開平方和開立方，用「實」、「方」、「廉」、「隅」等表示常數項、一次項系數、二次項系數和三次項系數。當時，四次方程系數也有解法：「開方除之，所得，又開方」③，即開兩次平方。至於系數名稱，已有任意表示方法，在「廉」字前加以區别之字，如「上廉」、「下廉」，或「一廉」、「二廉」等等。所謂「廉」，僅相當於二項式展開的系數，這裏被用作一般方程系數的稱名。

自北宋，以蔣周《益古集》爲代表的數學研究，在不受幾何直觀的影響下，給各項系數重新命名，以新方法表示未知數，具有創新意義。入金後，一些數學家相繼研究方程列法。如李文一的

① 《金史》卷一二六《文藝傳》，中華書局一九七五年，第二七四〇頁。
② 元郝經《陵川集》卷三五《房山先生墓銘》，文淵閣四庫全書本。
③ 唐王孝通《緝古算經》，文淵閣四庫全書本。

《照膽》；石道信的《鈐經》；劉汝諧的《如積釋鎖》，「絳人元裕細草之，後人始知有天元也」①。元裕即元好問②。鄉貫作「絳人」，當是誤記。所謂細草，即通過設問和演算來闡述天元術的原理。

就多項式或方程而言，「立天元」僅僅解决了起點問題，尚不足以把一個多項式系數按次數高低排列出來，還需要一個次序和各項的名稱。而天元術形成之初，各家的表示方法不盡相同。李治嘗言：「予至東平，得一《算經》，大概多明如積之術。以十九字識其上下層，曰：仙、明、霄、漢、壘、層、高、上、天、人、地、下、低、減、落、逝、泉、暗、鬼。」這裏透出的重要信息是，「如積」爲劉汝諧《如積釋鎖》的主要内容，而「釋鎖」應是闡釋「如積」的解法，元裕爲之「細草」。由此推測，《算經》應是劉汝諧、元裕等人的著述。以十九字表示多項式各項的名稱，而不是用一個未知數列出其餘各項，尚比較晦澀笨拙。

宣宗朝，李治之父遹，除東平府治中。所謂「予至東平」，當在其時；所得「算經」，必然成於此前。又云：

予遍觀諸家如積圖式，皆以天元在上，乘則升之，除則降之。獨太原彭澤彦材法，立天元在

---

① 元祖頤《四元玉鑒序》，見元朱世傑《四元玉鑒》卷首，宛委别藏本，江蘇古籍出版社一九八八年。

②《元史》屢見如是稱名，如卷一七四《郝經傳》：「祖天挺，元裕嘗從之學」，「元裕每語之曰：子貌類汝祖，才器非常，勉之」；卷一六〇《高鳴傳》：「河東元裕上書薦之」；卷一六三《張德輝傳》：嘗舉薦李治、元裕等人。

下。凡今之印本《復軌》等書，俱下置天元者，悉踵習彦材法耳。彦材在數學中，亦入域之賢也，而立法與古相反者，其意以爲天本在上，動則不可復上，而必置於下，動則徐上。亦猶易卦，乾在在下，坤在在上，二氣相交而爲太也。故以乘則降之，除則升之。求地元則反是。①

所謂「諸家如積圖式」，説明相類著述不止一種，而圖式俱用「天在上，地在下」的「古法」表示。彭澤字彦材，太原人。辛卯歲（蒙古太宗三年、金正大八年，一二三一年），耶律楚材有詩涉及：「丁年彭澤解官去，遨遊三徑真三友」②。丁年指壯年。其時，耶律楚材從蒙古西征而歸，路經太原，因有機會與故人相聚。彭澤就天元式表述方法進行了兩項改造，一是據《易經》，將表示常數項的「人」字改爲「太」，二是調换上下次序。彭氏新法頗具影響，引發了《復軌》等一批著述。而李治的《測圓海鏡》又使彭氏新法得以完善。

李治對數學有獨特的感悟，以爲數之奥妙「難窮」而能窮。道理是，儘管「數」藏於「冥冥之中」，且「神情鬼狀」，如能「推自然之理，以明自然之數」，仍有「昭昭者存」③，從中獲得合乎客觀的認識。可見，這裏的「數」包含了數量關係的意義，是數學研究的對象。

---

① 金李治《敬齋古今黈》卷三，中華書局一九九五年，第三二頁。
② 元耶律楚材《湛然居士文集》卷一《和黄華老人題獻陵吴氏成趣園詩》，中華書局一九八六年，第一頁。
③ 金李治《測圓海鏡》自序，《測圓海鏡》卷首，文淵閣四庫全書本。

李治以「考圓之術，例出於牽强，殊乖於自然」，不能令人滿意，「及反復研究」，著成《測圓海鏡》。其自序云：「覽吾之編，察吾苦心，其憫我者當百數，其笑我者當千數。乃若吾之所得，則自得焉耳，寧復爲人憫笑計哉？」臨終囑其子曰：「吾平生著述，死後可盡燔去，獨《測圓海鏡》一書，雖九九小數，吾常精思致力焉，後世必有知者，庶可布廣垂永乎？」①

實際也如此。《測圓海鏡》傾注了這位數學家的畢生心血，當時頗具影響。元初名士王惲《算學主善説》云：「眷言六藝，數之先訓彼群蒙，業必專門之者。伏惟宜之先術，窺《海鏡》心洞神機，以勾股而測高深，極乘除而盈縮，挾此《九章》之妙，釐爲一卷之師。」②

同時，李治從《益古集》受到啓示，而「猶恨其閟匿而不盡發，遂再爲移補條段，細翻圖式」③。條段，指按項説明由天元術得到方程的系數及各系數的來源，應比蔣周之説複雜、新穎、進步。李治爲每問設立條段，有助於解題。然而，如離開天元術，則難以弄清所涉系數的來源及所畫條段的意義。因此，那些條段不能獨立存在，而且，所用幾何圖形尚處於代數的直觀表示狀態。

這使李治在完成另一部數學著述《益古演段》時，仍沿用《測圓海鏡》的處理方法，也是先求

① 元王德淵《測圓海鏡》後序，《測圓海鏡》卷末，文淵閣四庫全書本。
② 《秋澗集》卷六九，四部叢刊本。
③ 金李治《益古演段》自序，《益古演段》卷首，文淵閣四庫全書本。

出兩個多項式，以其值相等，得到一個方程；然後解方程，求出所求結果。然而，僅用「開平方除之」了之，過於簡單，不夠清晰。或許在他看來，那已是數學家熟知的事情了。

李治的天元術可以表達任意次一元多項式或方程（有理的），及系數的正負、小數和次數等，却未能將多項式同方程相互區分。如以特殊符號處理，就會成爲完整的方程表示法。因此，以現代數學衡量，天元術是一種不完全的半符號式的代數。但是，李治對每問設題嚴謹，所用「方田」、「直田」、「圓池」等，都是常見的傳統説法、理想的幾何圖形。他的天元術及條段在推理與演算的整體上是正確的，爲後人留下了不可多得的思想方法，具有創新意義。

在《測圓海鏡》奪目的光彩下，《益古演段》不免減色，人們只是由於它對「天元術」作了入門的介紹，才也承認它的重要性。然而《益古演段》本身就應該在歷史上占有一定的位置，因爲它以清晰而獨特的方式，闡述了「條段」這樣一個錯綜而「閟匿」的題目。當時「天元術」形成不久，李治抓住時機，從相對應的傳統幾何意義出發，對它的代數意義作了辯解。然而對這一點也存在反對的看法：説正是由於「舊術」通過「條段」概念得出方程式的過程不甚瞭解，李治才利用「天元術」來講清「條段」的來龍去脈，並且用清晰的幾何圖形加以解釋。不管同意哪種看法，都得毫無疑問地承認《益古演段》爲數學史家提供了更深刻的觀察力，和一個瞭解全部歷史過程時所欠缺的環節，使他們得以弄清在造方程式方面中國人早期的思想過程。①

因此，李治以完成《測圓海鏡》、《益古演段》等不朽的數學著作而成爲中國歷史上傑出的數學家，並躋身於世界數學精英之列。

二、音韻學取得里程碑式的成果。有金一代，韓孝彦、韓道昭、王文鬱等一批傑出學者，相繼推出《四聲篇海》、《改併五音集韻》、《四聲等子》、《新刊韻略》等優秀著作，爲漢語言學的發展做出了重要貢獻。

《四聲篇海》。以梁顧野王《玉篇》爲代表的字書，隨着語言的演變，局限愈益突出。部目文繁，排列無序，難以檢索，被斥爲「擇而不善，缺而不備」。大定間，有王太者先將《玉篇》的單字「分其畫段」②，按筆劃編輯字書，撰就《篇海》。繼之韓孝彦按五音（牙、舌、唇、齒、喉）四聲（平、上、去、入）排列部首，編成《五音篇》。泰和末，韓孝彦次子道昭重編《五音篇》，改併部首，調整單字部居，增加字數，成就《改併五音類聚四聲篇》，簡稱《四聲篇海》。

古代漢語字典的代表作品包括：《説文解字》（九千三百五十三字），《玉篇》（二萬二千九百八十字），《龍龕手鑒》（二萬六千四百三十字），《四聲篇海》（五萬四千五百九十五字），《字彙》（三

① 藍麗蓉、洪天錫《李治和〈益古演段〉》，孟憲福譯，《科學史譯叢》一九八五年第四期。

② 金韓道昇《重編改併五音篇海序》，見《金文最》卷四一，中華書局一九九〇年，第五九一頁。

萬三千一百七十九字），《康熙字典》（四萬七千零三十五字）。其中，《四聲篇海》收字最多，而且，還輯入「減筆俗傳之字」，有些至今仍具活力，對漢字簡化不無啓發意義。

從《玉篇》到《字彙》，部首的創立、删併與完善，經歷了由繁而簡的過程，即《玉篇》（五百四十二部首），《四聲篇海》（四百四十四部首），《字彙》（二百十四部首）。其中，《四聲篇海》是重要環節。如「廾」部，現代字典不再作爲一個字。《字彙》「廾」部的三十一個單字，幾乎全部來自《四聲篇海》「廾」部。《玉篇》「廾」部計二十六字，韓氏將「弇」等十九字留下立「廾」部，其餘分别歸入「八」、「一」、「大」、「又」諸部。這説明，金代學者已初具漢字筆劃符號性的意識，試圖擺脱「從義歸部」的傳統。

漢語字典的筆劃排字法是一項重要發明。王太《篇海》、韓孝彦《五音篇》，都進行過探索。韓道昭集前人之大成，選擇收字較多的部首，「區其畫段」七十一、所收單字四萬四千二百五十九。部首僅佔全書百分之十六，而單字竟占百分之八十二。在《字彙》裏，這些部首收字二萬八千零九十二個，占全書百分之八十五。也就是説，《字彙》多數單字的筆劃早已由王太與韓孝彦父子排定，梅氏不過稍加調整，再把前人未曾「區其畫段」的五千多字，按「區其畫段」方法排定而已。

金人筆劃排字法的創立有其社會歷史原因。自公元三、四世紀，楷書成爲漢字的標準字體，使計算筆劃成爲可能。宋金時，象數學迅速發展，數字觀念深入人心，而韓氏父子「俱通韻算術」①。《四聲篇海》所立四百四十四部，也是從象數學獲得靈感：「取周易三百八十四爻，六十甲子二數相合」②。數學是抽象的科學，語言學與自然科學相通，「通韻算術」有助於發展筆劃排字法。

需要指出的是，韓氏的改革遠未盡善，如《四聲篇海》以聲母爲綱，將四百四十四個部首字按三十六字母和四聲編排，同時，又以筆劃爲目，將部屬字按筆劃列序。因此，部首字與部屬字未能按相同的數筆劃方法排列，缺乏統一，不便使用。儘管如此，《四聲篇海》仍不失爲漢語字典史上的傑出作品。

《五音集韻》。晚唐五代，漢語進入新的發展時期，而《廣韻》、《集韻》等傳統韻書因脱離實際，無法滿足社會需求。宋金時，隨着等韻學的進步，人們審音能力的提高，爲創造新的音韻學理論方法提供了可能。同時，由於科舉考試涉及律賦用韻，有關規範問題愈益突出。這些因素呼唤新的韻書問世。宋人的《禮部韻略》是一次初步探索，對單字數量進行了簡單壓縮。入金後，那樣的探索加深了。

皇統中，荆璞以三十六字母次第，重編《廣韻》、《集韻》二百零六韻的各小韻，名之《五音集

① 金韓道昇《重編改併五音篇海序》，見《金文最》卷四一，中華書局一九九〇年。
② 金韓道昇《重編改併五音篇海序》，見《金文最》卷四一，中華書局一九九〇年。

韻》。泰和間，韓道昭「引諸經訓，正諸訛舛，陳其字母，序其等第」，「增添俗字廣，改正違門多，依開合等第之聲音，棄一母復張之切腳」①，併二百零六韻爲一百六十韻，撰就《改併五音集韻》，簡稱《五音集韻》。

《五音集韻》目録後所附《入册檢韻術》，是該書各卷所含韻部歸攝綱目表，計「十六攝」。金佚名《四聲等子》、元劉鑒《切韻指南》的「十六攝」名稱，與之完全相同，各攝所含韻部也幾乎相同。這説明，後兩書的「十六攝」名稱出自《五音集韻》；「十六攝」最遲形成於泰和年間。

宋人重修《廣韻》，由於墨守陳規，導致重韻問題突出。「開合無異，等第俱同」，「同聲同韻兩處安排」，極爲不妥。「山删、獮銑、賺檻、耕、支脂之，本是一家；怪卦夬，何分三類？」②有鑒於此，韓道昭參證活的語言，引入等韻理論，合併《廣韻》韻部四十六個，使多數重韻得以解決。然而，由於陳規未能完全破除，《五音集韻》的合併不夠徹底，中古韻母一等三等重韻的全部合併，純四等韻完全併入三等，只能留待後來的《四聲等子》完成。

《五音集韻》一百六十個韻部有一百零五個韻母，其中，陰聲二十八個，陽聲三十九個，入聲三十八個。從中古音韻向近代轉變的過程中，韻母擬音的代表著作有《廣韻》（一百四十二韻母）、

① 金韓道昇《改併五音集韻序》，見張金吾《金文最》卷四一，中華書局一九九〇年。
② 《改併五音集韻序》，見《金文最》卷四一，中華書局一九九〇年。

《五音集韻》（一百零五韻母）、《四聲等子》（七十七韻母）、《中原音韻》（四十六韻母）。可見，韻母擬音的進步也是由繁而簡體現的。在這方面，《五音集韻》反映了北方語音系統的變化，開啓了從語音實際合併舊韻的先河。同時，引入等韻理念，使之兼有表韻與表音的功能，富於創新精神，產生了深遠影響。

《四聲等子》。這部韻書的三十六字母次第及排列方法、十六攝名稱及各韻（「元」韻例外）歸攝、二十圖標記的韻部等，與《五音集韻》完全一致。此外，它所標記的韻部數目，去除重見，也是一百六十個，而且，韻部名稱除五個有異外，其餘均與《五音集韻》相同。《四聲等子》著者尊重韓氏之説，對於再度合併的韻部不是逕自删去，而是加注説明。如「冬鐘」二韻合併於「東」韻，圖上仍標出「冬腫宋沃鐘腫用燭」，注曰：「東冬鐘相助」。他如「魚虞相助」，「祭廢借用」，「江陽借形」等等。可見，著者或爲韓門弟子，其著述當完成於金代。

《四聲等子》的語音系統注重選取常用字與通俗字。其第二、六、七、十三、十四諸圖有五條標注：「蕭併入宵類」、「幽併入尤韻」、「佳併入皆韻」、「删併入山韻」、「先併入仙韻」。這些都是「平水韻」的韻部名稱。金末《新刊韻略》一百零六韻的韻部名稱，與《五音集韻》不同者僅七個。這些標注反映出《四聲等子》應用「平水韻」的程度。

《四聲等子》合併「曾」、「梗」二攝，是《中原音韻》「庚」、「清」韻的前身；合併「江」、「宕」二攝，是「江」、「陽」韻的雛型。《中原音韻》的「東鐘」、「江陽」、「真文」、「庚清」、「侵尋」、「魚模」、「蕭豪」、「尤侯」等八韻，《四聲等子》已經定型；「歌戈」、「家麻」、「車遮」三韻，已有眉目。《四聲等子》保存二等韻與入聲韻，「皆來」、「齊微」、「支思」三韻尚未從「蟹止」二攝裏分化出來，「山咸」二攝也未分化。這是同《中原音韻》的最大差異。可以説，在《四聲等子》裏，《中原音韻》的十九個韻部已具雛形。

元代學者周德卿以「南人」研究中原語音，困難程度可想而知。然而，由於親眼目睹了北曲雜劇的繁榮碩果，在金人《四聲等子》、《新刊韻略》等著述的啓發下，他終於完成了那部傑出的漢語音韻學著作①。

《新刊韻略》。自隋《切韻》分韻二百六十部，至金定格爲一百十六部，稱之「平水韻」。王文鬱的《新刊韻略》是其中的傑出代表。金末名士許古爲序，此書由「舊本」「私韻」增訂而成云云，又留下懸念。但是，無論「舊本」何人何時所作，可以肯定的是，「平水韻」至遲形成於金代後期。不久，張天錫的《草書韻會》問世，彙編金及金以前歷代草書家真跡，收單字五千五百多，按「平水韻」一〇六部分類，每部内以同音字群（小韻）次第。可見，當時品第書法也是按「平水韻」編

---

① 關於金代音韻學的發展問題，寧忌浮先生有深入研究，並取得了卓越成果，如《校訂五音集韻》，中華書局一九九二年；《字典史上的一塊豐碑——〈四聲篇海〉》，《辭書研究》一九八七年第一期；《金代漢語語言學評述》，《社會科學戰綫》一九八七年第一期。本節多所參考，特此聲明。

纂的。

需要指出的是，學界對這部「韻略」的認識緩慢，或者説不夠瞭解。如高等院校教材《古代漢語》仍採用「舊説」：二〇六韻太繁細，「南宋時代，平水劉淵索性把同用的韻合併起來，成爲一〇七韻，後人又減爲一〇六韻，這一〇六韻被稱爲平水韻」①。由於教材的權威性，使得相關研究不能不受到影響。但是，問題不止於此，金人邢準所著《增修累音引證羣籍玉篇》，刊於大定間，流傳至今，而學界毫無反映。這説明，客觀評價金代學者的貢獻尚有艱難的路程。

三、詞創作形成新的特色。金初詞壇由吴激、蔡松年等人主盟。吴之詞哀婉，蔡之詞雄健，迥然異趣，却都力追東坡，開創了一代詞風。其間，海陵王完顏亮的立馬横槊之作，氣勢恢弘，抒發了女真人統一天下的梟雄之志。如［喜遷鶯］：

旌麾初舉，正駃騠力健，嘶風江渚。射虎將軍，落雕都尉，繡帽錦袍翹楚。怒磔戟髯，争奮卷地。一聲鼙鼓，笑談頃，指長江齊楚，六師飛渡。此去無自墮，金印如斗，獨在功名取。斷鎖機謀，垂鞭方略，人事本無今古。試展卧龍韜韞，果見成功朝莫。問江左，想雲霓望切，玄黄迎路。②

① 王力主編《古代漢語》，中華書局一九七八年，第三册一四三八頁。

② 金李大諒《煬王江上録》，見李澍田等《金史輯佚》，吉林文史出版社一九九〇年，第二四二頁。

當時，御前都統驃騎大將軍韓夷耶率軍南下，海陵賦詞激勵，「出語倔强，真是咄咄逼人」①。大定明昌，詞壇呈現出欣欣向榮的氣象。蔡珪、王寂諸人含英咀華於前，党懷英、王庭筠等新秀脱穎於後，群星璀燦，熠熠生輝。這些人的修養、氣質不同，作品格調也多姿多彩，大抵心師東坡而每能各具面目，透出灑脱與遒勁，彙聚而成「中州文派」。

需要指出的是，一些士人加入軍旅，爲詞壇帶來新的氣象。如折元禮的「望海潮·從軍舟中作」，以渾厚筆調描繪了山河的雄壯和軍壘的威嚴，意境宏闊：

地雄河岳，疆分韓晉，潼關高壓秦頭。山倚斷霞，江吞絶壁，野煙縈帶滄州。虎旆擁貔貅。看陣雲截岸，霜氣横秋。千雉嚴城，五更殘角月如鉤。西風曉入貂裘，恨儒冠誤我，却羡兜鍪。六郡少年，三明老將，賀蘭烽火新收。天外岳蓮樓。想斷雲横曉，誰識歸舟？剩着黄金换酒，羯鼓醉《涼州》。②

鄧千江的「望海潮·上蘭州守」，氣勢磅礴，語意豪邁，展現出守土將士鏖戰沙場的悲壯情懷，令人魂夢牽繞：

雲雷天塹，金湯地險，名藩自古皋蘭。營屯繡錯，山形米聚，喉禁百二秦關。鏖戰血猶殷，見

① 清徐釚《詞話叢談》卷三《品藻》，上海古籍出版社一九八一年，第五九頁。

② 《中州樂府·折治中元禮》，《中州集》卷末，中華書局上海編輯所一九六二年，第五六九頁。

陣雲冷落，時有鵰盤。静塞樓頭，曉月依舊玉弓彎。看看定遠西還，有元戎闖令，上將齋壇。區脱晝空，兜零夕舉，甘泉又報平安。吹笛虎牙間。且宴陪珠履，歌按雲鬟。未拓興靈，醉魂長繞賀蘭山。①

劉次霄的［上平西·泰和南征作］，骨力遒勁，格調明快，字裏行間透出所向披靡的豪情：

蠆鋒搖，螳臂振，舊盟寒。恃洞庭、彭蠡狂瀾。天兵小試，百蹏一飲楚江幹。捷書飛上九重天。春滿長安。　舜山川，周禮樂，唐日月，漢衣冠。洗五州、妖氣關山。已平全蜀，風行何用一泥丸。有人傳喜，日邊路，都護先還。②

值得提及的是，章宗完顔璟亦擅長填詞，婉約輕盈，别具一格。如［蝶戀花·聚骨扇］，雕琢細膩，頗似南唐李後主風韻：

幾股湘江龍骨瘦，巧樣翻騰，疊作湘波皺。金縷小鈿花草鬥，翠條更結同心扣。金殿日長承宴久，招來暫喜清風透。忽聽傳宣須急奏，輕輕褪入香羅袖。③

此外，還有末代皇叔完顔璹，時人譽爲「俊才」，是金代女真文學家的傑出代表。其［朝中措］

① 《中州樂府·鄧千江》，見《中州集》卷末，中華書局上海編輯所一九六二年，第五四五頁。
② 金劉祁《歸潛志》卷四，中華書局一九八三年，第三二頁。
③ 《歸潛志》卷一，中華書局一九八三年，第三頁。

使事用典，馳騁古今，縱横捭闔，寄悲憤於蒼涼，幾近唐宋韻味：

襄陽古道灞陵橋，詩興與秋高。千古風流人物，一時多少雄豪。霜清玉塞，雲飛隴首，楓落江皋，夢到鳳凰臺上，山圍故國周遭。①

金亡之際，蒙古鐵騎挾大漠風沙，長驅直入。一時中原破碎，人民塗炭，詞調亦爲之而變。中州巨擘元遺山秉承蘇詞之豪放不羈，兼蓄諸家婉約藴藉，以「神州陸沉之痛，銅駝荆棘之傷，往往寄託於詞」②。老淚縱横，筆力渾厚，時而如泣如訴，時而疾聲吶喊，使人彷彿聽到那段喪亂歲月中最爲悲壯的樂章。如「水調歌頭·汜水故城登眺」：

牛羊散平楚，落日漢家營。龍如手虎擲何處，野蔓罥荒城。遥想朱旗回指，萬里風雲奔走，慘澹五年兵。天地入鞭箠，毛髮懍威靈。　一千年，成皋路，幾人經。長河浩浩東注，不盡古今情。誰謂麻池小豎，偶解東門長嘯，取次論韓彭。慷慨一尊酒，胸次若爲平。③

金亡後，李俊民、段克己、段成己等人發黍離之悲，與遺山共同唱響了大金帝國的挽歌。金詞獨特風格的形成是北方文化薰陶的結果。其中，有兩點需要强調：一是金與兩宋交錯相

---

① 《中州樂府·密國公子瑜》，見《中州集》卷末，中華書局上海編輯所一九六二年，第五五五頁。

② 清況周頤《蕙風詞話》卷三，人民文學出版社一九八二年，第六五頁。

③ 《遺山樂府》卷上，彊村叢書本，上海古籍出版社一九八九年。

鄰，深受中原文化影響，尤喜司馬光、蘇軾，「褒崇元祐諸正人」①，蔚然成風。特别是蘇軾，爲北方各族士人崇敬，詩詞文章，書法畫論，乃至政治主張、哲學思想、人格精神，無不推崇備至，即所謂「程學行於南，蘇學行於北」②。例如完顔承暉，貞祐初進平章政事，兼都元帥，守中都，死社稷。其「生而富貴，居家類寒素，常置司馬光、蘇軾像於書室，曰：『吾師司馬而友蘇公。』」③衛文仲，承安二年進士，官至文登令。「臨終沐浴易衣冠，與家人訣，怡然安坐，誦東坡赤壁樂府。又歌『人間如夢』以下二句，歌闋而逝」④。高憲，遼陽渤海人。泰和三年進士，遼陽破，殁於國難。「自言於世味淡無所好，唯生死文字間而已。使世有東坡，雖相去萬里，亦當往拜之」⑤，等等。

元袁桷《樂侍郎詩集序》云：「方南北分裂，（遼金）兩帝所尚，唯眉山蘇氏學。」⑥蘇學上承唐之元、白、韓、柳文脈，以儒家學説爲主，兼蓄釋道思想，追求自然豪放的文風，「如行雲流水，

① 《歸潛志》卷一二，中華書局一九八三年，第一三六頁。
② 明彭汝寔《中州樂府序》，見《中州樂府》卷首，學苑出版社二〇〇〇年。
③ 《金史》卷一〇一《承暉傳》，中華書局一九七五年，第二二二七頁。
④ 《中州集》卷七《衛承慶》，中華書局上海編輯所一九六二年，第三六六頁。
⑤ 《中州集》卷五《高博州憲》，中華書局上海編輯所一九六二年，第二六〇頁。
⑥ 《清容居士集》卷二一，文淵閣四庫全書本。

初無定質，但常行於所當行，常止於所不可不止。文理自然，姿態横生」①，故能「出新意於法度之中，寄妙理於豪放之外」②。這樣的審美思想同北方各族士人的好尚相近。

詞原爲民間曲辭，多吟詠兒女離别相思之情，適宜抒發那種藴藉委婉的心聲，尤爲秦樓楚館、公私宴聚等娱樂場所歡迎，雅俗共賞，無關宏旨。文人介入後，逐漸雅化，有了種種講究。而蘇軾開創的詞風，獨樹一幟，令人耳目一新。其「江城子·密州出獵」，「令東州壯士抵掌頓足而歌之，吹笛擊鼓以爲節」③；「念奴嬌·赤壁懷古」，「須關西大漢，執鐵板唱」④，凸顯出雄健豪邁的格調，成爲具有北方文化意義的象徵。元好問《新軒樂府引》云：「唐歌詞多宫體，又皆極力爲之。自東坡一出，情性之外不知有文字，真有『一洗萬古凡馬空』氣象。」其《遺山樂府序》亦云：「樂府以來，東坡爲第一，以後便到辛稼軒。」反映出北方重豪放雄健之風，而輕婉約香豔之作。因此，後人或稱金詞多爲慷慨之音，有「深裘大馬之風」⑤。或不以爲然，如明王世貞《藝苑

①《蘇軾集》卷七五《與謝民師推官書》，唐宋八大家全集本，國際文化出版公司一九九八年，第三九八六頁。
②《蘇軾文集》卷九三《書吴道子畫後》，第四一八五頁。
③《蘇軾文集》卷七九《與鮮于子駿》三首之二，第四〇三〇頁。
④ 宋俞文豹《吹劍續録》，見元陶宗儀《説郛》卷二四，説郛三種本，上海古籍出版社一九八八年，第一册四二九頁。
⑤ 唐圭璋《詞話叢編》，中華書局一九九六年，第一册七〇三頁。

卮言》卷四謂金詞「大旨不出蘇、黄之外。要之，直於宋而傷淺，質於元而少情也」①。清厲鶚《論詞絶句》之八云：「《中州樂府》鑒裁别，略仿蘇黄硬語爲。若向詞家論風雅，錦袍翻是讓吴兒」②。這些評論褒貶不一，却一致認爲金詞受東坡風格影響，自有其客觀存在的審美價值。

二是金詞屬於「可歌」的文學樣式，與「北曲」的韻味風調相通。北宋時，「北曲」指燕雲以北少數民族的歌曲。宋吴曾《能改齋漫録》卷一《禁蕃曲氈笠》云：「崇寧、大觀以來，内外街市鼓笛拍板，名曰『打斷』。至政和初，有旨立賞錢五百千。若用鼓板改作北曲子，並著北服之類，並禁止支賞。」這説明，北曲傳入内地後頗受歡迎，朝廷不得不頒佈禁令來抑制，以維護中原雅樂的尊嚴。

入金後，北曲更加繁榮，内涵也擴大了，包括淮河以北流行的各民族曲調。由於山川氣候、民俗風習不同，遂有「中州調」、「冀州調」、「渤海令」、「阿忽令」等等。曲分南北，由來已久。南人之歌，南人聞之則喜，北人之歎，北人聞之則悲。「夫歌者所以發其歡訴，而嘻歎者所以泄其憂憤也。然或聞之而喜，或聞之而悲，或聞之而莫之悲喜，非人情固不同也，其所居者然也」③。北曲

① 清賀裳《皺水軒詞筌》，見丁福保《歷代詩話續編》，中華書局二〇〇一年，中册第一〇二一頁。
② 《樊謝山房集》卷七，四部叢刊本。
③ 宋許景衡《横塘集》卷一五《代趙征上太守書》，永嘉叢書本。

所以爲北曲，是由曲調、曲式、音韻等方面的北方文化特徵顯示的。因此，北曲的激越旋律、高亢格調，不能不影響詞樂的情境與語言。

北曲興起後，占盡了言情敘事功能的優勢，詞的「雙迭」無法同曲之「套數」競争。因此，金以降，「詞」同「曲」漸次分離，猶如「詩」不再配樂唱之而成爲案頭文學。明王世貞《曲藻序》云：「曲者，詞之變。自金、元入主中國，所用胡樂嘈雜淒緊，緩急之間，詞不能按，乃更爲新聲以媚之。」①此説似是而非。「曲」從「詞」汲取營養，而非「詞」之變。女真入主中原，使「華樂」更多地融入了「胡樂」元素，帶上了「胡樂」音色，却從未改變「華樂」的基調。

金詞的語言質樸自然。當時，全真領袖爲宣揚教義而創作了大量詞篇，表現出「通俗」特點。道士們甚至自行造字，用以記録方言俗語。今天讀來晦澀難懂，而在當時却是耳熟能詳，迎合了社會大衆的審美情趣。士人們從中受到啓發，在保持「文」的味道的同時，遣詞造句很少生僻怪異，施之於「唱」，當給人以清爽淳真之感。

四、諸宫調講唱文藝呈現繁榮。金代前期的《劉知遠》，已應用套曲「纏令」，源於北宋的「舊有形式」②。金代中期的《西廂記》，套曲更爲普遍，標誌着北曲構套形式成熟了。北曲包括「小

---

① 明王世貞《曲藻》，中國古典戲曲論著集成本之四，中國戲劇出版社一九八〇年，第二五頁。

② 《王國維戲曲論文集·宋元戲曲考》，中國戲劇出版社一九八四年，第六〇頁。

令」與「纏令」。小令爲只曲，也稱「葉兒」。纏令即後來的「套數」，由同一宫調内的若干小令聯綴而成，有引子、尾聲。金代後期，一些社會名流也染指於此，如商道嘗改編南宋張五牛的《雙漸蘇卿》諸宫調。商道字正叔，曹南人。兄衡字平叔，崇慶二年詞賦進士，金末歿於國難。元好問與商道有通家之誼，年輩相若，稱其「滑稽豪爽，有古人風」①。

從音樂角度看，諸宫調吸收了當時流行的各種曲調、曲式與曲牌。《劉知遠諸宫調》單曲十一支（雙迭）；「一曲帶尾」六十三種；「纏」三套。在單曲、一曲帶尾、纏套之間或夾有説白。其中，「一曲帶尾」是應用普遍的形式，而「纏」標誌諸宫調已有「套曲」結構。《西廂記諸宫調》單曲五十二支（雙迭）；「一曲帶尾」九十三種；「纏」（賺）四十四套。可見，「纏」已是諸宫調的重要形式。

金代諸宫調的意義在於它所包括的各種「套曲」，如「賺」、「纏達」、「纏令」。「賺」是一種曲體，「古謂之道賺」，「但唱樂道山居水居清雅之詞」，當源自北宋道教「道情」之曲，因此，「社條不賽，筵會吉席」②，不在此限。以其兼諸家腔，富於表現力，改造後爲教坊、勾欄吸收。所唱内容已是「風情花柳」，與「道賺」大不相同了。「賺」與「唱」相聯爲「唱賺」，則指依「賺」體填

① 《遺山先生文集》卷三九《曹南商氏千秋録》，四部叢刊本。
② 宋陳元靚《事林廣記》戊集卷二《遏雲致語》，中華書局一九九九年，第三七〇頁。

詞而歌的曲藝。同時，也是一種唱法。「賺」既配歌辭以「唱」，也入管樂而「吹」①，又可加弦索「彈」之②。

在《西廂記》諸宫調裏，「賺」是以「曲牌」形式出現的，王國維先生命名爲「賺詞」，是指套曲中插入「賺」的唱段，即所謂「唱賺」。如宋陳元靚《事林廣記》戊集卷二「圓社市語」所載「中吕宫」《圓裏圓》：「紫蘇丸」、「縷縷金」、「好孩兒」、「大夫娘」、「好孩兒」、「賺」、「越恁好」、「鶻打兔」、「尾」。這種「賺」本是纏體之一，「因聽動鼓板中又有四片「太平令」，或賺鼓板」，最爲「美聽」，充分體現了「賺」的唱法。而在套曲裏往往靠近「尾」部，如「賺尾」、「賺煞」、「賺煞尾」等。這説明，「賺」的作用在於强化「套曲」尾聲階段的音樂高潮。宋人謂臨安瓦舍藝術家張五牛「撰爲「賺」」，而北方早已在實踐中應用了。

唱賺包括纏達、纏令。纏達的特點是，「引子後只以兩腔互迎，循環間用者」③，當源自唐宋的「轉踏」。唐代轉踏爲聯章曲體，宋初演爲一詩一詞，「循環間用」，與隊舞表演配合，稱爲「纏聲」。

---

① 宋耐得翁《都城紀勝·瓦舍衆伎》：「吹賺動鼓板」。《東京夢華録》外四種本，上海古典文學出版社一九五八年，第九六頁。

② 宋吴自牧《夢粱録》卷二〇《妓樂》：「加以弦索賺曲」。《東京夢華録》外四種本，第三〇九頁。

③ 《都城紀勝·瓦舍衆伎》，第九七頁

宋劉攽《貢父詩話》云：「近世樂府，爲繁聲加重迭，謂之纏聲，促數尤甚，固不容一唱三歎也。」①靖康後，在北方爲諸宫調吸收。如《西廂記》［仙吕調·六幺實催］、［六幺遍］、［哈哈令］、［瑞蓮兒］、［哈哈令］、［瑞蓮兒］、［尾］，以［六幺］爲「引子」，［哈哈令］、［瑞蓮兒］「兩腔互迎，循環間用」，附［尾］而成套，已是典型的「纏達」；再如［黄鐘宫·間花啄木兒第一］、［整乾坤］、［第二］、［雙聲迭韻］、［第三］、［刮地風］、［第四］、［柳葉兒］、［第五］、［賽兒令］、［第六］、［神仗兒］、［第七］、［四門子］、［第八］、［尾］，曲中「第一」至「第八」均爲［啄木兒］，屬於變體，省略引子，僅以一「腔」［啄木兒］「循環」，另一「腔」易以不同曲子，與「纏達」大同小異。再如《劉知遠諸宫調》［安公子纏令］、［柳青娘］、［酸棗兒］、［柳青娘］、［尾］，不夠完整，却符合「纏達」的基本特徵。這説明，「賺」體中的「纏達」在流傳過程中，通過「賺」而演爲北曲的構套形式之一。

諸宫調每套首曲均標以「纏令」或「纏」，説明「纏令」已是「套曲」的稱名。宋耐得翁《都城紀勝》云：「有引子、尾聲者爲纏令」。問題在於，僅有引子、尾聲，還不能構成完整意義的纏令。也就是説，在引子與尾聲之間，還必須有其他的「令」被「纏」住。

「套數」的名稱産生於金末。燕南芝庵《唱論》云：「成文章曰樂府，有尾聲名套數，時行小

①　叢書集成初編本，中華書局一九八五年，第一〇頁。

令唤葉兒。套數當有樂府氣味，樂府不可似套數。」可見，套數的特徵是「有尾聲」，而且，芝庵也論及「尾聲」：「歌聲變件有：慢、滚、序、引、三台、破子、遍子、攧落、實催。全篇尾聲有：賺煞、隨煞、隔煞、羯煞、本調煞、拐子煞、三煞、七煞。」所謂歌聲變件，指歌曲聲調變化的樣式。件者，樣式、調式也。「歌聲變件」的形式豐富，其項下的名目在宋大曲裏全部可以覓見。至於「全篇尾聲」項下的名目，除「羯煞」、「拐子煞」外，亦俱可考。

這説明，「『尾聲』之有多種體式，也是對不同的『全篇』而言。故全篇雖或指其並非一個段節，但『尾聲』實因全篇有宫調的不同，或聯套上的曲牌不同，始有各種不同的『尾聲』」①。以其中的「變件」之一，綴以相應的「尾聲」，組成「全篇」，也就是由不同曲調聯綴而成的完整樂章。《中原音韻》、《陽春白雪》俱將這樣的曲體標爲「套數」。從這樣的意義説，「尾聲」成爲套數的標誌，也就産生了「有尾聲」即套數的説法。

諸宫調的「一曲帶尾」，指一隻曲帶「尾」而成的曲式，一般爲雙迭長調，多者可達六迭。或以爲，無論幾迭，原則上都應視爲「一曲」。「尾」的句式通常「三句兒」，少數爲四句，是前詞名符其實的「尾」。因此，「一曲一尾」並非「套」，而是一支曲、一首詞云。

應該承認，「一曲帶尾」與「套數」尚有距離。但是，「一曲帶尾」畢竟不同於一隻曲或一首

① 周貽白《戲曲演唱論著輯釋》，中國戲劇出版社一九八〇年，第四一頁。

詞。早期諸宫調《劉知遠》普遍應用「一曲帶尾」，並特别標示［尾］，明確表現出「一曲」向「套曲」過渡的趨勢。金代中期，「一曲帶尾」大爲減少，與「纏達」、「纏令」幾乎參半使用。而且，多爲「二曲」或「多曲」帶尾，以至於「尾」也發生了變化。如［南吕・瑶臺月］之［三煞］，由三迭構成，一、二迭各五句，三迭則是個「三句兒」。在這裏，［三煞］不應簡單地當作「一曲」之「尾」，它是「歌聲變件」的「全篇尾聲」的名目之一。這樣的「尾」作爲「曲牌」，已透出明顯的獨立性。如將［三煞］分迭標之，則是［瑶臺月］、［三煞］、［二煞］、［尾］，也就具有「篇」的味道，與北曲套數接近了。這説明，諸宫調從《劉知遠》到《西廂記》，爲滿足社會需要，也在與時俱進，不斷豐富自身的藝術手段。

需要指出的是，《西廂記》的部分曲牌與以纏令爲代表的構套方式，不僅爲「北曲」吸收，而且，也與北曲的「音韻近之」①。例如：

辣浪相如，薄情卓氏，因循墮了題橋志。錦箋本傳自吟詩，張張寫遍鶯鶯字。　沈約一般，潘郎無二，算來都爲相思事。鶯鶯，你還知道我相思，甘心爲你相思死。

這支曲子除末句多「鶯鶯」兩襯字，其牌名及雙迭句式與詞相同。然而，以詞韻按之，多有不叶。詞之［踏莎行］用去聲韻，而諸宫調之「詩」、「思」屬「支」韻（上平聲）；「死」屬「紙」

①　明張羽《古本董解元西廂記序》，上海古籍出版社一九八四年。

韻（上聲），其他爲「寘」韻（去聲），涉韻三部，却與《中原音韻》甚叶。曲韻「四聲通押」，加之口語入曲，這首［踏莎行］已經「曲」化了。《劉知遠》、《西廂記》使用的曲子多具有這種性質。就音韻而言，《中原音韻》是「北曲」的總結，與《劉知遠》、《西廂記》幾乎一致。

需要强調的是，自北宋孔三傳首創諸宫調，至董解元《西廂記》問世，風行百餘年，爲戲曲的發展積累了寶貴經驗。諸宫調綴合不同宫調的曲式敷演故事，使其「名」與「實」相符。這種曲體集「諸」宫調之優勢，極大提升了「一」宫調的音樂表現力。同雜劇一折一套相比，諸宫調的套曲之間夾有數量不等的詞式迭曲（一曲帶尾）、隻曲小令，顯得鬆散、枝蔓、雜蕪，不夠規則，然而，不可否認的是，諸宫調是現存唯一可見的聯套曲體，爲雜劇「四」宫調的形成提供了範例、開闢了途徑，從「諸」宫調簡約爲「四」宫調，成爲不可或缺的重要環節。這種「簡約」不單是曲體自身的發展問題，還涉及院本的演出結構。可以説，新的雜劇樣式誕生，取決於這種曲體的發展以及同院本的有機結合。同時，諸宫調爲新雜劇演唱體制的形成準備了模式，使之從「一人説唱」的「敘事」形式，蜕變爲「一腳主唱」的「代言」形式。

另外，諸宫調的豐富作品，如《崔韜逢雌虎》、《鄭子遇妖狐》、《井底引銀瓶》、《離魂倩女》、《謁漿崔護》、《雙漸豫章城》、《柳毅傳書》①，及《七國龐涓》、《六臂那吒》、《三國志》、《五代史》、

① 金董解元《西廂記》卷一［柘枝令］，淩景埏校注，人民文學出版社一九七八年，第二頁。

《八陽經》等等①，無論題材内容，或是情節語言，都爲北曲雜劇提供了營養。王實甫《西廂記》雜劇是以董解元《西廂記》諸宮調爲基礎創作的，成爲不同文藝樣式之間移植改編的範例；諸宮調因敷演故事而稱傳奇，與北曲雜劇同屬於敘事文藝，而講唱藝人刻劃人物性格，亦不乏惟妙惟肖的「代言」表演。總之，「諸宮調」對戲曲發展的影響是多方面的。

因此，元人將董解元置於「前輩已死名公，有樂府行於世者」之首②。從「名公」編寫《西廂記》諸宮調，到「才人」創作北曲雜劇，兩者的樣式雖不相同，却有緊密的嗣承關係。可以説，北曲雜劇之「曲」源於金代的諸宮調。而《劉知遠》與《西廂記》，以其作爲中國文藝發展史上僅存的諸宮調作品，具有不可替代的文獻價值。

五、院本雜劇發生了質的飛躍。關於院本之得名，王國維《宋元戲曲考》云：院本者，行院之本也。「行院者，大抵金元人謂倡伎所居。其所演唱之本，即謂之院本云爾」③。如此詮釋，或失之臆測。

實際上，院本之「院」指的是教坊。金代教坊設提點、使、使副，「掌殿廷音樂，總判院

① 元石君寶《諸宮調風月紫雲亭》雜劇第一折，見隋樹森《元曲選外編》第二册，中華書局一九八〇年，第三四五頁。

② 元鍾嗣成《録鬼簿》卷上，中國古典戲曲論著集成本之二，中國戲劇出版社一九八〇年，第一〇三頁。

③ 《王國維戲曲論文集·宋元戲曲考》，中國戲劇出版社一九八四年，第八四頁。

事」①。可見，教坊亦稱「院」。院本即教坊之本，含院體風範意。南宋九山書會才人自詡：「真個梨園院體，論詼諧除師怎比？」②臨安燈戲舞隊也標榜「按京師格範，舞院體詼諧」③。院體者，「學官樣之謂也」④，意爲正宗、當行，與外道、戾家相對而言，猶如宋雜劇之稱「官本」。其實，不論官本，或是院本，既祗應宫廷大宴，也在瓦舍做場，藝人不過以此招徠觀衆罷了。爾後元人也如此，或稱古本，或謂新編，未聞以出自娼門爲榮耀。教坊色長魏武劉「鼎新編輯」院本，與此意相符。因此，儘管院本與娼妓關係緊密，仍爲宫廷「教坊」之「院本」，而非娼妓「行院」之「院本」。

金院本的脚色與排場大略如宋雜劇，每場四五人。除末泥、副末、孤、浄、旦、節級及竹竿子，又增出鴇、狚。鴇，妓之假母；狚，妓之總稱，皆當時市語。其中，副浄佔有突出位置。山西稷山縣金代墓葬群出土的大量雜劇磚雕顯示，每組脚色幾乎都有扮以巾裹、穿衫、束帶者，或作怪相，或裝癡呆，或打口哨，形象滑稽，表情生動，神態各異，當爲副浄⑤。這些脚色的面部化妝

① 《金史》卷五六《百官志》，中華書局一九七五年，第一二六一頁。
② 《張協狀元》戲文第二出［燭影摇紅］，見錢南揚《永樂大典戲文三種校注》，中華書局一九七九年，第一三頁。
③ 宋朱玉《燈戲圖》，見周華斌《南宋〈燈戲圖〉説》，《中華戲曲》第一輯，山西人民出版社一九八六年。
④ 宋趙升《朝野類要》卷二《院體》，叢書集成初編本，中華書局一九八五年，第二〇頁。
⑤ 山西考古研究所《山西稷山金墓發掘簡報》，《文物》一九八三年第一期。

無不帶有濃鬱的誇張色彩。稷山馬村一號墓的副浄，鼻樑、眼框及下頦俱塗以白粉，眼部還用濃墨上下畫一斜道，即所謂「抹䟫」①。

在市語行話裏，「院本」與「浄」俱稱之「嗟末」②，説明「浄」的滑稽表演已構成院本的特徵。因此，《輟耕録》與《青樓集》都特地拈出，加以强調：「副浄有散説，有道念，有筋斗，有科泛。」散説指無韻説白，以其無韻，故謂之散；道念指有韻説白，「道」引伸爲格律。科泛當是科範，指程式化的表演動作。筋斗則是「以頭委地，用手代足，憑虚而行，或縱或跳，旋起旋側，其捷如猿，其疾如鳥」③，指人體朝不同方向所作的倒跟爲頭、翻身旋轉等快捷動作，屬於武伎範疇，自唐代爲梨園伎藝之一。宋時歸入百戲，亦祗應御前：「一紅巾者，手執兩白旗子，跳躍旋風而舞，謂之撲旗子」④。南渡後，臨安百戲踢弄家「兼之百戲，能打筋斗、踢拳、踏蹺、上索」⑤。後來與散説、道念、科範等成爲金院本「浄」的表演伎藝。如《三戰吕布》、《燕青搏魚》、《黄花

① 宋孟元老《東京夢華録》卷七《駕登寶津樓諸軍呈百戲》：「有一擊小銅鑼，引百餘人，或巾裹，或雙髻，各着雜色半臂，圍肚看帶，以黄白粉塗其面，謂之抹䟫。」上海古典文學出版社一九五八年，第四三頁。

② 明佚名《墨娥小録》卷一四《行院聲嗽》「人物」：「浄，嗟末」；又「伎藝」：「院本，嗟末。」北京中國書店影印一九五九年。

③ 清焦循《劇説》卷一，中國古典戲曲論著集成本之八，中國戲劇出版社一九八〇年，第八八頁。

④ 《東京夢華録》卷七《駕登寶津樓諸軍呈百戲》，上海古典文學出版社一九五八年，第四二頁。

⑤ 宋吴自牧《夢粱録》卷二〇《百戲伎藝》，《東京夢華録》外四種本，上海古典文學出版社一九五八年，第三一〇頁。

峪》、《襄陽會》、《氣英布》等北曲雜劇，俱與搏鬥爭戰相關，屢涉「武會打筋斗」。

後人稱院本「大率不過謔浪調笑」①，或「扮演戲跳而不唱」②。這些見解僅各涉一端。而院本已是綜合表演藝術，不止説白與科範，還有「曲」的因素。如稷山馬村四、五號墓地金代雜劇磚雕都有樂隊伴奏的形象，由大鼓、腰鼓、横笛、拍板、觱篥組成。樂隊在後面伴奏，优伶於前面表演③。如同洪洞廣勝寺元代壁畫「大行散樂」作場一樣，構成同臺演出的形式。這説明，當時爲適應「曲」的要求，已具音樂伴奏了。

從院本名目看，大曲有「和曲院本」之《上墳伊州》、《燒花新水》、《熙州駱駝》、《列良瀛府》、《賀貼萬年歡》、《摒廩降黄龍》、《列女降黄龍》；「諸雜大小院本」之《進奉伊州》。法曲有「和曲院本」之《月明法曲》、《鄆王法曲》、《燒香法曲》、《送香法曲》。詞曲有「和曲院本」之《病鄭逍遥樂》、《四皓逍遥樂》、《四酸逍遥樂》；「上皇院本」之《春從天上來》、《金明池》；「題目院本」之《楊柳枝》；「諸雜大小院本」之《似娘兒》、《醜奴兒》、《馬明王》、《鬥鵪鶉》、《滿朝歡》、《花前飲》、《賣花聲》、《隔簾聽》、《擊梧桐》、《海棠春》、《更漏子》、《紅娘子》等。這些曲名多爲唐宋

① 元夏庭芝《青樓集・志》，中國古典戲曲論著集成本之二，中國戲劇出版社一九八〇年，第七頁。
② 明徐允《暖姝由筆》，見明陶珽《説郛續》卷一九，説郛三種本，上海古籍出版社一九八八年，第九册九三九頁。
③ 《中國大百科全書》「戲曲曲藝卷」彩圖插頁第五《山西稷山馬村金段氏墓群雜劇磚雕（三號墓、四號墓）》、第六《山西稷山馬村金段氏墓群雜劇磚雕（五號墓、六號墓）》，中國大百科全書出版社一九八三年。

大曲詞調，或與之相類，古樸典雅，較少民間新鮮活潑的音樂成分。金代院本以曲命名者較少，「曲」的體系或是單一宮調的詞式樂章，仍爲宋雜劇的遺緒。

二十世紀五十年代，胡忌先生發現了「諸雜大小院本」的《雙鬥醫》①，成爲認識院本的重要依據。在雜劇裏，《雙鬥醫》因「請醫看病」情節的需要而被嵌入，由兩「浄」色扮演，以散説爲主，「歌」的成分較少，僅合唱一支曲子，具有鮮明的滑稽調笑特徵。此外，還有一個「外呈答」。這個「外」是劇外人物，却通過「呈答」引導劇內脚色表演，當是宋雜劇的引戲色，亦所謂「竹竿子」。這個形象從金代雜劇磚雕中得到證實。山西稷山縣馬村二號墓有一組磚雕由四個脚色組成，有坐有站，前後雜錯，目光與手勢比較集中，恰似一幅劇照。其中，左邊的脚色巾裹，圓領長衫，窄袖挽起，腰束帶，左手執長竿，竿首繫繩，下結繡球，即竹竿拂子，屈身仰頭向右看，保持着古劇遺風②。由於《雙鬥醫》的科諢精彩，爲雜劇吸收，成爲戲中之戲。王實甫《西廂記》三本四折張生相思成病時，「潔（長老和尚）引太醫上，《雙鬥醫》科範了」，即爲這種形式的體現。另外，《錯立身》戲文與《太和正音譜》也各有涉及。北曲雜劇是以院本爲基礎形成的，必然遺存由此脱胎的痕跡。

---

① 元佚名《降桑椹蔡順奉母》雜劇第二折，見隋樹森《元曲選外編》，中華書局一九八〇年，下册第四二八頁。

② 參見郭桃《戲曲文物的奇珍異寶——稷山新絳金元墓雜劇磚雕之研究》，《戲劇學習》一九八四年第四期。

金之院本即金之雜劇，它的發展與金代社會的演進相仿佛，大致經歷了三個階段：自天會初至海陵王，滅遼克宋，燕雲與中原的百工伎藝、文物精華盡歸之。大宴用樂，仍用遼宋教坊藝人、露臺弟子祗應；經世宗至章宗，社會安定，經濟繁榮，文化的發展也呈現出「金源」特色。其中，雜劇成爲宫廷大宴、瓦舍勾欄的重要表演項目，並結出新的碩果——金院本。如「上皇院本」，多以北宋大内冶遊場所及節令賞玩爲背景，演繹上皇徽宗趙佶的故事。明昌二年，「禁伶人不得以歷代帝王爲戲」①，説明此類劇目已産生影響；迄衛紹王至哀宗，院本經過積累與發展，與「北曲」結合，以嶄新的樣式脱穎而出。元初胡祗遹《贈宋氏序》云：

音樂與政通，而伎樂亦隨時尚而變。近代教坊院本之外，再變而爲雜劇。既謂之雜，上則朝廷君臣政治得失，下至閭里市井父子兄弟夫婦朋友之厚薄，以至醫藥卜筮釋道商賈之人情物理，殊方異域風俗語言之不同，無一物不得其情，不窮其態。②

從叙述的文意看，「近代教坊院本之外，再變而爲雜劇」，時代未遠，當在金代後期。

金院本源自宋雜劇。自北宋，春秋聖節三大宴，樂次十九盞。所謂盞，指宴飲所用酒盞。宫廷大宴，伎樂、菜肴隨盞更易，次第而進。盞與伎樂聯在一起時，則離開宴飲而指樂次。因此，一盞

① 《金史》卷三九《樂志》，中華書局一九七五年，第八八九頁。

② 《紫山先生大全集》卷八，三怡堂叢書本。

即一場。其中，有兩「盞」雜劇，分爲前後場，即前場的第十盞，後場的第十五盞。宴契丹使，「惟無後場雜劇及女弟子舞隊」①。大宴不同，盞數或有變化。宋孟元老《東京夢華録》卷九《宰執親王宗室百官入内上壽》載樂次九盞，其第五盞，「小兒班首入致語，勾雜劇入場，一場兩段」；第七盞，「女童進致語，勾雜劇入場，亦一場兩段訖」。無論怎樣變化，都有兩「盞」雜劇，每「盞」由兩段組成。而且，瓦舍演出也如此。宋耐得翁《都城紀勝·瓦舍衆伎》云：「雜劇中，末泥爲長。每四人或五人爲一場。先做尋常熟事一段，名曰豔段；次做正雜劇，通名兩段。」

金代仍如此，宴外國使，禮數「九盞」。其中，第六、七兩盞爲「雜劇」②，而且前後之「盞」相聯，則是連續演出四段。其間，或插入一些「雜爨」、「衝撞」、「院么」、「豔段」之類，有的在劇外「斷送」，有的在劇内「拴搐」，有的在劇後「打散」。由於每「盞」的時間不長，這種雜劇的音樂組織應是單一宫調的套曲形式，而一個複雜的故事需要幾個「套曲」完成，兩盞四段的規制既爲之提供了可能，同時也受到制約。久而久之，由四個宫調套數敷演一個故事的形式固定下來，成爲北曲雜劇的重要格律之一。這與「近代教坊院本之外，再變而爲雜劇」的説法契合。

北曲與院本結合而形成的藝術樣式，後來稱之「元曲」，定名爲「元雜劇」，竟成共識。實際

① 《宋史》卷一四二《樂志》，中華書局一九七七年，第三三四八頁。
② 《金史》卷三八《禮志》，中華書局一九七五年，第八七五頁。

上，「元曲」是「金曲」的繼續，也是「金曲」的反映。因此，與以往稱名相比，「北曲雜劇」如實反映了它所具有的「北曲」與「雜劇」特徵，也使時代歸屬問題趨於客觀。正是在這樣的意義上，院本成爲北曲雜劇的源頭。

綜上所述，金代藝文如此繽紛絢爛，是由漢、女真、渤海、契丹、奚等民族共同創造的，充分體現了這些民族的聰明才智與創新精神。可以説，金代藝文以自己獨特而輝煌的成就爲中華民族文化的發展做出了重要貢獻。

楊　級

楊級，始末未詳。金初官司天臺。

《大明曆》。《金史》卷二一《曆志》：「天會五年，司天楊級始造《大明曆》，十五年春正月朔始頒行之。其法，以三億八千三百七十六萬八千六百五十七爲曆元，五千二百三十爲日法。然其所本，不能詳究。或曰因北宋紀元曆而增損之也。」另，《元史》卷五三《曆志》：「金天會五年丁未楊級造，行五十三年，至大定庚子，合。」明焦竑《國史經籍志》卷四《子類正曆》著録，作《金虜大明曆》十卷。似明代尚存。

蕭慶

蕭慶，始末未詳，遼職官。天輔五年，與耶律余睹降金①。從宗翰伐汴，「極桀黠，有口才」②，宋人稱虜之大滑者③。以功累遷平陽尹，進右丞。天眷三年，以涉嫌謀逆被殺④，皇統三年平反⑤。弟廉，特賜進士及第⑥。

《雜録》。宋佚名《呻吟語》跋：「先君子北守時，就親見確聞之事，徵諸某公《上京劄記》、鈍者《燕山筆記》、虜酋蕭慶《雜録》，編年紀事，屢筆屢删，以期傳信。」⑦

可恭

可恭，始末未詳。

---

① 《金史》卷一三三《叛臣傳》，中華書局一九七七年，第二八四七頁。
② 《三朝北盟會編》卷六八靖康元年十一月，上海古籍出版社二〇〇八年，第五一五頁。
③ 宋徐夢莘《三朝北盟會編》卷二五宣和七年十二月，上海古籍出版社二〇〇八年，第一八四頁。
④ 《金史》卷四《熙宗紀》，中華書局一九七七年，第七〇頁、七六頁。
⑤ 《金史》卷七三《完顔希尹傳》，中華書局一九七七年，第一六八六頁。
⑥ 宋張棣《金圖經·族帳部曲録》，見李澍田等《金史輯佚》，吉林文史出版社一九九〇年，第九五頁。
⑦ 崔文印《靖康稗史箋證·呻吟語》，中華書局一九八八年，第二四二頁。

《宋俘記》四卷，殘存。金可恭《宋俘記序》：

大金應天順人，鞭撻四方，汴宋一役，振古鑠今。自來戰伐，必乘衰微，宋當靖康，猶稱極盛。我軍所至，如摧枯拉朽，匪宋之微翳，我兵力實冠三古，國雖備武孰克。當斯幕府，仰體聖意，不屋其社，頓兵城闉，冀得悔禍。彼昏闇昧，寡信輕諾，父子君臣，若合一轍。五千萬金，信口漫承，實負富强，謂可踐諾。不計財力，致質妻孥。猶有奸奄，媵説幕府，標其豔冶，獻媚居功。坐令宫闈，辱甚石晉。是雖人事，亦有天道。翳彼太祖，上欺孤寡，得國之始，已非正道。繼乙太宗，勘平十國，陽示寬厚，不俘妻孥。時假内朝，盡遭淫辱。居心刻惡，歷古所無。天鑒不遠，禍延後嗣。授人以柄，使括其囊。盡室偕行，實相爲報。用紀其詳，爲世金鑒。有國家者，庸有取焉。可恭撰。（崔文印《靖康稗史箋證·宋俘記》，中華書局一九八八年，第二四三頁）

王昌遠

王昌遠，一名成棣，始末未詳。其父王宗沔，爲女真「醫官」①、「都管」②。靖康中，純福帝姬初歸女真貴族，後嫁昌遠③。金天會五年三月，昌遠受命以譯員從女真押解宋高宗趙構之母韋后等赴上京。④

《青宫譯語》一卷，存。今按，靖康中，韋后等拘於青城齋宫，因以名之。

鈍　者

鈍者，始末未詳。

---

① 宋徐夢莘《三朝北盟會編》卷九九引《靖康皇族陷虜記》「見在公主純福帝姬」下注：「尚醫官王宗沔男昌遠。」當是亡遼「漢兒」。上海古籍出版社二〇〇八年，第七三一頁。

② 崔文印《靖康稗史箋證·呻吟語》：「初七日，次湯陰，館伴阿林葛思美盗後宫曹氏，太上令肅王傳諭後宫，不得離次取辱。虜酋亦令王宗沔、王慎、李常爲都管，馳騎照料。」今按，從敘述的文意看，宗沔似亡遼燕地漢人。中華書局一九八八年，第一九四頁。

③ 《靖康稗史箋證·呻吟語》：「純福帝姬歸真珠大王設野馬。後嫁王昌遠，一名成棣。」中華書局一九八八年，第二二六頁。

④ 《靖康稗史箋證·青宫譯語》，中華書局一九八八年，第一七六頁。

《燕山筆記》。宋佚名《呻吟語》跋著録。

劉同壽

劉同壽，始末未詳。

《聖院劄記》。

克　錫

克錫，始末未詳。

《青城秘録》。

高有功

高有功，始末未詳。

《行營隨筆》。

趙士先

趙士先，始末未詳。

《毳幕閑談》。

李東賢

李東賢，始末未詳。

《辛齋隨筆》。

李天民

李天民，始末未詳。

《南征録彙》，存。以上崔文印《靖康稗史箋證·南征録彙》引録。①

耶律迪越

耶律迪越，始末未詳。亡遼契丹士人。

《始祖實録》三卷。《金史》卷六六《完顔勖傳》：「天會六年，詔書求訪祖宗遺事，以備國史，命勖與耶律迪越掌之。勖等採摭遺言舊事，自始祖以下十帝，綜爲三卷。凡部族，既曰某部，復曰

① 《靖康稗史箋證·南征録彙》，中華書局一九八八年，第一二五頁、一二六頁、一三〇頁、一三五頁。

某水之某，又曰某鄉某村，以别識之。凡與契丹往來征伐諸部，其間詐謀詭計，一無所隱。事有詳有略，咸得其實。」今按，《始祖實録》屬正史，由國史院編修，預修者非一人。

耶律固

耶律固，出處不詳。遼天祚時，官總知翰林院事①，遼亡仕金。天會三年，奉命使宋報謝②。皇統間，奉詔譯書，官至廣寧尹。修《遼史》未及成而卒，弟子蕭永祺③、移剌子敬等成就其業④。

《遼史》。《金史》卷四《熙宗紀》：皇統八年四月，「《遼史》成」。另，《金史》卷八九《移剌子敬傳》：「子敬讀書好學，皇統間，特進移剌固修《遼史》，辟爲掾屬，《遼史》成，除同知遼州事。」

① 《遼史》卷五〇《禮志》，中華書局一九八三年，第八三九頁。
② 《金史》卷三《太宗紀》，中華書局一九七七年，第五二頁。
③ 《金史》卷一二五《文藝傳》，中華書局一九七七年，第二七二〇頁。
④ 《金史》卷八九《移剌子敬傳》，中華書局一九七七年，第一九八八頁。

耶律紹文

耶律紹文，始末未詳。天祚時職官，遼亡降金。天會十五年，受命編修國史①。天眷二年，以翰林待制爲宣勘官②。皇統元年，以「建威將軍翰林待制同知制誥兼右諫議大夫修國史」③，奉敕致祭遼祖廟。

《太祖實録》。《金史》卷四《熙宗紀》：「命韓昉、耶律紹文等編修國史」。今按，《太祖實録》爲正史，由國史院編修，預修者非一人。初以韓昉、耶律紹文等編修，後人事更迭，完顏勖等成之。

吴激

吴激字彦高，號東山，建州（今福建建甌）人。宋相吴拭之子、書畫家米芾之婿。靖康末（金天會五年、一一二七年）使金被留，仕爲翰林待制。天會十四年，奉使高麗王賀生日④。皇統二

---

① 《金史》卷四《熙宗紀》，中華書局一九七七年，第七二頁。

② 宋宇文懋昭《大金國志》卷一〇《熙宗孝成皇帝》，中華書局一九八六年，第一五二頁。

③ 明殘鈔本《順天府志》卷七，北京大學出版社一九八三年，第六一頁。

④ 《金史》卷四《熙宗紀》，中華書局一九七五年，第七一頁。

年，出知深州，到官三日卒①。史稱「工詩能文，字畫俊逸得芾筆意。尤精樂府，造語清婉，哀而不傷」。②

《東山樂府》。金劉祁《歸潛志》卷八：「彦高詞集篇數雖不多，皆精微盡善。雖多用前人詩句，其剪裁點綴若天成，真奇作也。」另，宋陳振孫《直齋書録解題》卷二一《歌詞類》著録。今按，清劉毓盤《輯校東山樂府跋》云：「朱彝尊作《詞綜》，猶見《東山詞》，今亦不傳矣，惜哉。」③清朱彝尊《詞綜發凡》云：「藏書家編目録，詞集多未見收，惟莆田陳氏《書録解題》論其大略，鄱陽馬氏採入《通考》。志中所載……吴激《東山集》、蔡松年《蕭閑公集》，舊本散失，未經寓目。或詩集雖在，而詞則闕如，僅於選本中録其一二。」④

《東山集》十卷。《中州集》卷一《吴學士激》：「有《東山集》十卷並樂府行於世。東山其自號也。」另，金趙秉文嘗云：「今日見吴彦高《東山集》，有贈李東美詩引云云。」⑤

金劉迎《題吴彦高詩集後》：

---

①《中州集》卷二《吴學士激》，中華書局上海編輯所一九六二年，第一一二頁。
②《金史》卷一二五《文藝傳》，中華書局一九七五年，第二七一八頁。
③施蟄存《詞籍序跋萃編》，中國社會科學出版社一九九四年，第四四〇頁。
④《詞綜》卷首《發凡》，上海古籍出版社一九七八年，第一〇頁。
⑤《中州集》卷二《祝太常簡》，中華書局上海編輯所一九六二年，第五五頁。

片雲蹤跡任飄然，南北東西共一天。萬里山川悲故國，十年風雪老窮邊。名高冀北無全馬，詩到西江別是禪。頗憶米家詩畫否，夢魂應逐過江船。（《中州集》卷三《劉記室迎》，中華書局上海編輯所一九六二年，第一〇九頁。）

宇文虚中

宇文虚中字叔通，號濟陽①，别號龍溪②，成都廣都（今四川雙流縣）人③。北宋大觀三年進士，累官資政殿大學士、河北河東路宣諭使。靖康元年，汴京被圍，受命赴金營交涉。建炎二年，奉使金國迎二帝④。初，被拘雲中，幽囚五年。天會十三年，始受官爵，與韓昉共掌詞命。書《太祖睿德神功碑》，進金紫光禄大夫。皇統四年，除翰林學士承旨，拜禮部尚書。六年，以涉嫌謀反

---

① 《中州集》卷一〇《朱奉使弁》詩題：「李任道編録濟陽公文章，與僕鄙制合爲一集，且以雲館二星名之」。遺山注：「濟陽公謂宇文叔通」。中華書局上海編輯所一九六二年，第五二四頁。

② 《中州集》卷一《宇文大學虚中》所載《涇王許以酒餉龍溪老人，幾月不至，以詩促之》，注曰：「龍溪，叔通别號也。」中華書局上海編輯所一九六二年，第七頁。

③ 周惠泉《金代文學發凡》考證宇文虚中爲成都廣都人。見東北師範大學出版社一九九四年，第一七〇頁。

④ 《宋史》卷三七一《宇文虚中傳》，中華書局一九七七年，第一一五二六頁。

被殺①，年六十七。

《春秋紀詠》三十卷。《宋史》卷二〇二《藝文志》著録。另，宋洪皓《春秋紀詠序》云：「前執政宇文公大名鏗鍧，英辭温潤，喜《易》而作傳。南紀宗師，采魯史以立言；北方矜式，纔聞後進之詠。亟辨先朝之誣，制序訓名，殆將托於不朽；斷疑傳信，固可則之無窮。請俟他年別爲集解。」②

《天眷新官制》。《金史》卷五四《選舉志》：「凡吏部選授之制，自天會十二年，始法古立官，至天眷元年，頒《新官制》。」韓昉、宇文虚中、韓企先等奉敕修纂。另，宋宇文懋昭《大金國志》卷九《熙宗孝成皇帝》：天會十三年，「升所居曰會寧府，建爲上京，仍改官制。初，宋使宇文虚

---

① 《金史》卷七九《宇文虚中傳》，中華書局一九七五年，第一七九一頁。今按，宇文氏被誅事，宋金兩史各有記載，而結論頗不同。《宋史》：以忠被誣死。《金史》：以才負謗死。元蘇天爵《滋溪文稿》卷二五《三史質疑》云：「金初一切制度皆虚中所裁定，如册宋高宗爲帝文，亦虚中在翰林時所撰。第以譏訕慢侮權貴被殺。今宋史史書曰『欲因虜主郊天舉事』，果可信乎？甚至比爲蘇武、顔真卿，而又録用其宗人，固曰激勸臣下，然亦何爲飾詐矯誣如是乎！」清施國祁《史論五答》之三云：「宇文虚中輩止領閑職，不假重權，何自有國師之命、陰結死士、謀挾故主南奔之事？」其疑實當辯之處頗多，施先生亦一一辯之，結論是：「宋事無征，而《金史》之言訕謗則可據。蓋宋人南渡，受侮已極，朝野寃聲尤多，著録土印活版，濫刻甚重。傳本之入北者，大率叫囂怒罵慢侮北人之語。宇文家籍良必有之，即謗書爲反具，抑復何疑？」見《金史詳校》卷末，二十四史訂補本，書目文獻出版社一九九六年，第一四册二六七頁。

② 宋佚名《國朝二百家名賢文粹》卷一五二，續修四庫全書本，上海古籍出版社影印，第五九三頁。

中留其國，至是受北朝官，爲之參定其制。」

《綸言集》三十一卷。宋陳振孫《直齋書録解題》卷五《詔令類》著録：「宇文粹中、虚中兄弟所編集」。

《濟陽雜記》。金李治《敬齋古今黈》卷二引「宇文叔通《濟陽雜記》云云」。

《濟陽文集》。《金史》卷七九《宇文虚中傳》：「有文集行於世」。當係自編，以號名。

《宇文肅愍公文集》。明曹學佺《蜀中廣記》卷九九《著作記》：「《宇文肅愍公文集》，贈開府儀同三司宇文虚中撰，後溪劉氏序。」

宋劉光祖《宇文肅愍公文集序》：公覊絶域者十五年，而朝廷悉發其家人北去。後四年，父子謀覺，而闔門被禍矣。公弟兄早以才奮，皆致位二府，公之文章又最見稱於當世。余讀其爲館職時所與開封尹論事書而壯之，使充是書以往，足以追古人而並駕。公既亟見用於尚文之日，潤色太平，黼藻休烈，則余之所謂繫一時所遇而作，非公之所欲充而不已者也。故公《答曾晦之書》云：「僕長而遊太學，爲科舉所使，及得一官，又屢爲應制代言之文，皆非得已而爲者。去歲得罪，杜門於此，間取篋中書史臥而讀之，日盡數卷，乃知古人之未嘗爲文也。惟其無意於爲文，而遇事乃言，則其優游舒泰、奮迅豪蕩，蓋無施而不可。昔嘗謂西漢制詔妙絶於元、成間，而章疏奏對至谷子雲而工極，無以復加矣，迨今思之則不然。惟高帝立長沙王、令諸吏善遇高爵，及省賦、舉賢等詔，吕后、孝文賜匈奴單于書，楚王信以下上尊號，相國何等議天子所服，此等數篇，卓然渾成，非司馬相如、王褒輩冥搜巧繪所能至也。」公之此書，至論古之人成德爲行，隱然出處之大致，亦非有意於其間。又觀所與趙慶長論文書，亦曰「不若清明寥邈之爲愈也」。挺臣欲表出其先大父之文，即二書所言，余又何加焉。（元馬端臨《文獻通考》卷二三八，浙江古籍出版社一九八八年，第一八九五頁。今按，此序爲節略。文中「挺臣」乃紹節字，虚中之孫。此集應是紹節編輯，書名冠以南宋朝廷謚號，當收虚中在宋所著詩文，與入金後編輯者係兩書。）

宋劉克莊《再跋宇文肅愍公詩》：

余七十歲時爲肅愍公跋此詩，後六年，詩與跋歸肅愍公之孫提管君陞祖。身膏穹廬而手澤返於中國，不歸他姓而歸賢孫，天也。（《後村先生大全集》卷一〇九，四部叢刊本）

高士談

高士談字子文，一字季默，號蒙城居士①，亳州蒙城（今安徽蒙城縣）人，高瓊後裔②。北宋

① 金蔡松年《明秀集》卷二［漢宫春・次高子文韻］魏道明注，四印齋所刻詞本，上海古籍出版社一九八九年，第六八二頁。

② 《宋史》卷二八九《高瓊傳》，中華書局一九七七年，第九六九一頁。

宣和末，仕爲忻州户曹參軍。入金官至翰林直學士①。皇統六年，因宇文虚中案牽連被殺②。

《蒙城集》。《中州集》卷一《高内翰士談》：「有《蒙城集》行於世。」

趙　晦

趙晦字光道，號睡軒，管城（今河南鄭州）人③。北宋末官代州法曹、秀容主簿，入金後不復仕。聞宇文虚中來使羈留平城，以世交之故，前往探望④。

《睡軒先生詩集》。《中州集》卷一《宇文大學虚中》與趙晦詩附注云：「善篆隸，詩筆高雅。有集傳河東。今不復見矣。」當以號名。

李任道

李任道，始末未詳。

《雲館二星集》。《中州集》卷一〇《朱奉使弁》詩題云：「李任道編録濟陽公文章，與僕鄙制

① 《中州集》卷一《高内翰士談》，中華書局上海編輯所一九六二年，第四一頁。
② 《金史》卷七九《宇文虚中傳》，中華書局一九七五年，第一七九二頁。
③ 《中州集》卷九《睡軒先生趙晦》，中華書局上海編輯所一九六二年，第四四〇頁。
④ 《中州集》卷一宇文虚中詩題，中華書局上海編輯所一九六二年，第三頁。

合爲一集，且以『雲館二星』名之。僕何人也，乃使與公抗衡，獨不慮公是非紛紜於異日乎？因作詩題於集後，俾知吾心者不吾過也。庚申六月丙辰江東朱弁書。」

劉豫

劉豫字彦游，景州阜城（今河北阜城縣）人。北宋元符間進士①。宣和中，除河北西路提刑。建炎二年，知濟南府。建炎三年（金天會七年、一一二九年）降金，爲安撫使，知東平府，兼諸路馬步軍都統管。天會八年，册爲齊國皇帝，建元阜昌，都大名，後遷汴。十五年，金廢齊，降爲蜀王，遷黄龍府。皇統二年，改封曹王。六年，卒，年七十一。②

《齊國文集》十卷。《中州集》卷九《劉曹王豫》：「有集十卷行於世」。

金楊弘道《劉倉副家讀其祖廢齊文集》：

西職閑曹六十春，掛冠歸守塚前麟。試評八載齊皇帝，何似終身宋大臣。白霫哀章俄在殯，鵲山珠玉不成塵。百年事往陳編在，愛惜留傳屬後人。（《小亨集》卷四，文淵閣四庫全書本）

---

① 《宋史》卷四七四《叛臣傳》，中華書局一九七七年，第一三七九三頁。

② 《金史》卷七七《劉豫傳》，中華書局一九七七年，第一七五九頁。

張孝純

張孝純，字永錫，滕陽（今山東滕縣）人。北宋宣和末知太原，金兵圍城，守踰年，慘戰乃下。女真敬其忠，優遇之，後以相齊致仕。汴京建行臺，起爲左丞相，踰年請歸鄉里。皇統四年卒①，謚安簡。②

《張安簡文集》。《中州集》卷九《張丞相孝純》：「子公藥字元石，昌武軍節度副使致仕；孫觀字彦國，世爲文章家；曾孫厚之字茂弘，承安二年進士。」所謂世爲文章家，當有文集。今存《遺人赴闕奏太原被圍書》（靖康元年）、《與男灝書》（靖康元年）、《上大宋皇帝書》（天會十二年）、《高尚處士修真記》（皇統四年）等，足可成卷。

荆璞

荆璞字彦實，寧晉（今河北寧晉縣）人。③

① 《金史》卷四《熙宗紀》：皇統四年九月癸酉，「行臺左丞相張孝純薨」。中華書局一九七五年，第八〇頁。

② 《中州集》卷九《張丞相孝純》，中華書局上海編輯所一九六二年，第四五五頁。

③ 金韓道昇《改併五音集韻序》，見寧忌浮《校訂五音集韻》卷首，中華書局一九九二年。今按，洨川即洨水，在寧晉，金時隸真定。

《五音集韻》。金韓道昇《改併五音集韻序》：「大金皇統年間，有洨川荆璞，字彦寶，善達聲韻幽微，博覽群書奥旨，特將三十六母添入韻中，隨母取切，致使學流取之易也。詳而有的，檢而無謬，美即美矣，未盡其善也。」①今按，寧忌浮《校訂五音集韻前言》：荆璞「最先用三十六字母重新編排《廣韻》、《集韻》二百零六韻的各小韻，完成《五音集韻》一書，按字母次第排列小韻是韻書編纂向科學化邁進的重要一步。到十三世紀初，韓道昭在荆氏基礎上重新編纂。他做了大量的增、改、併工作，『引諸經訓，正諸訛舛，陳其字母，序其等第』，『增添俗字廣，改正違門多，依開合等第之聲音，棄一母復張之切腳』②，將二百零六韻併爲一百六十。公元一二〇八年，金泰和戊辰，韓氏將重編的《五音集韻》名之曰《改併五音集韻》雕版印行，卷首題：『真定府松水昌黎郡韓孝彦次男韓道昭改併重編』。韓書刊行後，荆書被取代，被忘却，後來人們竟把《改併五音集韻》簡稱爲《五音集韻》。」③

① 金韓道昇《改併五音集韻序》，見寧忌浮《校訂五音集韻》卷首，中華書局一九九二年。
② 同上。
③ 同上，第五頁。

韓昉

韓昉字公美，燕京（今北京）人。遼天慶二年，中進士第一，累遷少府少監、乾文閣待制，充高麗國信使。入金後，擢翰林侍講學士，改禮部尚書，拜參知政事，除汴京留守，封鄆國公。與宇文虚中俱掌詞命，善屬文，尤長於詔册。天德初，加開府儀同三司，薨，年六十八。①

《太祖實録》。《金史》卷四《熙宗紀》：天會十五年，「命韓昉、耶律紹文等編修國史」。當與修《太祖實録》。

《天眷新官制》。《金史》卷五四《選舉志》：「凡吏部選授之制，自天會十二年，始法古立官，至天眷元年，頒《新官制》。」韓昉、宇文虚中、韓企先等奉敕修纂。宋宇文懋昭《大金國志》卷九《熙宗孝成皇帝》：天會十三年，「升所居曰會寧府，建爲上京，仍改官制。初，宋使宇文虚中留其國，至是受北朝官，爲之參定其制：

以太師、太傅、太保爲三師，太尉、司徒、司空爲三公。

尚書省置令一人。次左右丞相，皆平章事。左右丞，皆參知政事。侍中、中書令，皆居丞相之下爲兼職。

---

① 《金史》卷一二五《文藝傳》，中華書局一九七七年，第二七一四頁。

元帥府置都元帥，左右副元帥，左右監軍，左右都監。

樞密院置使、副，簽書院事。

大宗正府置判、同簽書書。

宣徽院置左右使、同知、簽書使。

六部初置吏、户、禮三侍郎，後置三尚書，仍兼兵、刑、工。既而六曹皆置尚書、郎官，左右司及諸曹皆備。

國史院置監修，以宰相兼領。次修史，同修史。

御史臺置大夫、中丞、侍御史以下，而大夫不除。中丞惟掌訟牒及斷獄會法。

諫院置左右諫議大夫，補闕、拾遺，並以他官兼之，與臺官皆充員而已。

翰林學士院置承旨學士，侍讀、侍講學士、直學士、待制、修撰，而承旨不除。殿前司置都點檢，左、右副點檢，左、右衛軍。

勸農司置使副。

記注院置修注。

太常寺置卿、少。

秘書省置監、少，以下皆備。

國子監官不設。

外道置轉運使而不刺舉，故官吏無所憚，都事、令史用登進士第者預其選。官無磨勘之法，每一任轉一官，此其大略也。」

《奏請定官制劄子》：

竊以設官分職、創制立法者，乃帝王之能事，而不可闕者也。在昔致治之主，靡不皆然。及世之衰也，侵冒放紛，官無常守，事與言戾，實由名喪，至於不可復振。逮聖人之作也，剗弊救失，乘時變通，致治之具然後焕然一新。九變復貫，知言之選，其此之謂矣。太祖皇帝聖武經略，文物度數，曾不遑暇。太宗皇帝嗣位之十二載也，威德暢洽，萬里同風，聰明自用，不凝於物。始下明詔，建官正名，欲垂範於將來，以爲民極。聖謨弘遠，可舉而行。克成厥終，正在今日。伏惟皇帝陛下天性孝德，欽奉先猷，爰命有司，用精詳訂。臣等謹按當唐之治朝，品位爵秩、考覈選舉，其法號爲精密，尚慮拘牽，故遠自開元所記，降及遼宋之傳，參用講求，有便於今者不必泥古，取正於法者亦無狥習。今先定到官號、品次、職守，上進御府，以塵乙覽，恭俟聖斷，曲加是正。言順事成，名賓實舉，興化阜民，於是乎在。凡新書未載，並乞姑仍舊貫，徐用討論，繼此奏請。臣等顧惟虚薄，講究不能及遠，以塞明命是懼。儻涓埃有取，伏乞先次頒降施行。（宋洪皓《松漠紀聞》卷下：「天眷二年，奏請定官制劄子云云。」遼海叢書本，遼瀋書社一九八五年。）

《答奏請定官制詔》：

朕聞可則循，否則革，事不憚於改爲；言之易，成之難，政或譏於欲速。審以後舉，示將不刊。爰自先皇，已頒明命，順考古道，作新斯民。欲端本於朝廷，首建官於臺省。豈止百司之職守，必也正名；是將一代之典章，無乎不在。能事未畢，眇躬嗣承，懼墜先猷，惕增夕厲，勉圖繼述，申命講求。雖曰法唐，宜後先之一揆；至於因夏，固損益之殊途。務折衷以適時，肆於今而累歲。庶同乃繹，僅至有成；掇所先行，用敷衆聽。作室肯構，第遵底法之良；若網在綱，庶弭有條之紊。自餘條款，繼此祇陳。已革乃孚，行取四時之信；所由適治，揭爲萬世之常。凡在見聞，共思遵守。（宋洪皓《松漠紀聞》卷下，遼海叢書本，遼瀋書社一九八五年。）

《更定官制詔》：

皇祖有訓，非繼體者所敢忘；聖人無心，每立事於不得已。朕丕承洪緒，一紀於兹，祇遹先猷，百爲不越。故在朝廷之上，其猶草昧之初，比以大臣力陳懇奏，謂紀綱之未舉，在國家之何觀。且名可言而言可行，所由集事；蓋變則通，而通則久，故曰裕民。宜法古官以開政府，正號以責實效，著儀而辨等威。天有雷、風，辭命安得不作；人皆顔、閔，印符然後可捐。凡此數條，皆今急務。禮樂之備，源流在兹。祈以必行，斷宜有定。仰維先帝，亦鑒微衷。神豈可誣，方在天而對越；時由偶異，若易地則皆然。是用載維，殆非相反，何必改作。蓋嘗三復於斯言，皆曰可行，庶將一變而至道，乃從所議，用創新規。維兹故土之風，頗尚先民之質，性成于習，遽易爲難，政有所因，姑宜仍舊。漸祈胥效，翕致大同。凡在遐邇，當體朕意。其所改創事件，宜令尚書省就便從宜施行。（宋洪皓《松漠紀聞》卷下：「翰林學士韓昉撰詔書云云。」遼海叢書本，遼瀋書社一九八五年。）

《韓公美文集》。元郝經《陵川集》卷二九《原古録序》：「金源之韓昉、蔡珪、党世傑、趙渢、王庭筠、趙秉文、李純甫、雷淵、麻九疇，則鼓吹風雅，鋪張篇什，藻飾綸緯，列上書疏，敷陳利害，詰竟論議，雕繪華采，垍琢章句，掐抉造化，窮極筆力，精嚴義理，照耀竹帛，剸刻金石，撼搖天地，陵轢河山，剴切星斗，推蕩風雲，震疊一世。作爲文章，皆有書有集，有簡有策，名家傳後。」

史願

史願字仲修，燕人。遼亡之際入宋，仕爲朝議大夫添差通判衢州，遷直秘閣。紹興十五年（皇統五年、一一四五年），金人索北客之在南者，因遣還。①

《北遼遺事》二卷，殘存。或名《金人亡遼録》、《遼國遺事》。宋陳振孫《直齋書録解題》卷五著録：「《金人亡遼録》二卷，燕山史願撰，或稱《遼國遺事》。」另，明陳第《世善堂藏書目録》卷上亦著録，卷數相同，「記女真滅遼」，佚名。另，宋徐夢莘《三朝北盟會編》屢見引録。另，李

---

① 宋李心傳《建炎以來系年要録》卷一五三，中華書局一九八八年，第二四六七頁。

澍田等拾綴殘篇輯入《金史輯佚》，題作《亡遼録》。①

佚名《北遼遺事序》：

遼國自阿保機創業於其初，德光恢廓於其後，吞併諸蕃，割據漢界。南北闊疆五千里，東西四千里。戎器之備，戰馬之多，前古未有，子孫繼統二百三十餘年。迨至天祚失御，女真稱兵，十三年間，舉國土崩。古人謂得之難、失之易，非虚言也。（陳述《全遼文》卷十二，中華書局一九八二年，第三四七頁）

程　寀

程寀字公弼，析津（今北京）人。父祖皆進士。寀篤學，中進士甲科，累遷殿中丞。後入金，累遷翰林侍講學士。皇統八年末，出爲横海軍節度使，移彰德軍節度使，卒官，年六十二。史稱「剛直耿介，不諂奉權貴以希苟進，有古君子之風云」。②

《太宗起居注》。《金史》卷一〇五《程寀傳》：「天輔七年，太祖入燕，授尚書都官員外郎、錦州安昌令，累加起居郎，爲史館修撰，以從軍有勞，加少府少監。」今按，太祖崩於天輔七年八月，

① 長白叢書本，吉林文史出版社一九九〇年，第一六六頁。
② 《金史》卷一〇五《程寀傳》，中華書局一九七五年，第二三〇七頁。

其時程寀入金未久，加起居郎當在太宗朝。有金一代設起居注，於此始見。

《太祖實録》。以其爲太宗朝史館修撰，當預修太祖實録。

寧獬

寧獬，始末未詳。天會十年，仕爲中散大夫起居郎同知涿州軍州事。①

《太宗起居注》。

蕭仲恭

蕭仲恭，本名朮里者，出於遼勳戚之家。遼亡之際，授護衛太保，領軍事，從天祚西奔，爲女真俘獲。太宗以仲恭忠於其主，特加禮待。累官尚書右丞相，拜太傅，領三省事，封曹王。天德二年薨，年六十一。

《太祖實録》。《金史》卷八二《蕭仲恭傳》：「皇統初，封蘭陵郡王，授世襲猛安，進拜平章政事，同監修國史，封濟王。」當與修太祖實録。

---

① 《（同治）畿輔通志》卷一四〇《金石》引金李端謀《智度寺邑人供塔銘》，上海古籍出版社一九九一年，第五四五四頁。

蕭裕

蕭裕，本名遙折，奚人。初以猛安居中京，海陵爲中京留守，與裕相結。海陵爲左丞，除裕兵部侍郎，改北京留守。海陵篡立，爲平章政事，監修國史。後失信，謀反，被誅。①

《太祖實録》。《金史》卷一二九《佞幸傳》：海陵篡立後，以裕为平章政事，監修國史，曰：「太祖以神武受命，豐功茂烈，光於四海，恐史官有所遺脱逸，故以命卿。」今按，太祖實録於皇統中修畢，海陵篡立後，委託親信，有所增修，即所謂「恐史官有所遺脱逸」。

蕭賾

蕭賾字顯之，契丹人。天德二年，以正奉大夫秘書監兼左諫議大夫奉使南宋賀正旦②。四年，

① 《金史》卷一二九《佞幸傳》，中華書局一九七五年，第二七九〇頁。

② 宋李心傳《建炎以來繫年要録》卷一六一「紹興二十年十二月己巳」，中華書局一九八八年，第二六二五頁。今按，原作蕭頤，賾之弟，《金史》卷九一《蕭懷忠傳》稍見記載。大定三年仕爲安州刺史，正五品。而秘書監正三品，當是「要録」記誤。

官吏部尚書①。貞元二年，拜參知政事，進右丞②；正隆六年，以北京留守平契丹之叛，無功坐誅③。大定三年，追復官爵④。

《西湖行記》。金王競《奉使江左讀同官蕭顯之〈西湖行記〉因題其後》：雲煙濃淡費臨摹，行記看來即畫圖。雲夢不妨吞八九，筆頭滴水了西湖。（《中州集》卷八《王禮部競》，中華書局上海編輯所一九六二年，第三九二頁。）

《河南北官通制格》。《金史》卷五四《選舉志》：「天德四年，始以河南、北選人並赴中京，吏部各置局詮注。又命吏部尚書蕭賾定《河南北官通制格》，以諸司横班大解、並大將軍合注差人，依年例一就詮注，餘求仕人分四季擬注，遂爲定制。」

高藥師

高藥師，遼薊州（今天津薊縣）漢人。政和七年（遼天慶七年、金天輔元年）七月，以舟浮海

---

① 《金史》卷五四《選舉志》，中華書局一九七五年，第一一九三頁。
② 《金史》卷五《海陵紀》，中華書局一九七五年，第一〇三頁。
③ 《金史》卷八七《紇石烈志寧傳》，中華書局一九七五年，第一九二九頁。
④ 《金史》卷九一《蕭懷忠傳》，中華書局一九七五年，第二〇二三頁。

至山東文登，建言通好女真，夾攻契丹①。靖康後，仕金，與平章政事蕭裕善。裕嘗以海陵密語告之，而藥師以其言奏海陵，且曰「裕有怨望心」。後裕以謀反被殺，藥師遷修起居注，進顯武將軍。②

《海陵起居注》。

蕭彭哥

蕭彭哥，始末未詳。天德三年九月，以修起居注爲夏國生日使。③

《海陵起居注》。

酈瓊

酈瓊字國寶，相州臨漳（今河北臨漳縣）人。宣和間，隸宗澤軍。建炎南渡後，累遷武泰軍宣承使。未幾，率所領步騎十餘萬附齊，授静難軍節度使，知拱州。齊廢，除博州防禦使。從宗弼伐

① 宋徐夢莘《三朝北盟會編》卷一「政和七年」，上海古籍出版社二〇〇八年，第一、三、一四頁。
② 《金史》卷一二八《佞幸傳》，中華書局一九七五年，第二七九三頁。
③ 《金史》卷五《海陵紀》，中華書局一九七五年，第九八頁。

宋，以其素知南方山川險易，召與計事。官至歸德尹。貞元元年卒，年五十。①

《南宋欲進取事跡》。宋宇文懋昭《大金國志》卷三一《齊國劉豫傳》：「及酈瓊來歸，又令馮長寧以酈瓊等條具《南宋欲進取事蹟》，聞於金師。」

蔡松年

蔡松年字伯堅，真定（今河北正定縣）人。天會中從父降金。初辟行臺尚書省令史，兩從宗弼伐宋，師還，除刑部員外郎。天德初，擢吏部侍郎、户部尚書。海陵謀伐宋，命爲賀宋正旦使。使還，改吏部尚書，拜參知政事。累官右丞相，封衛國公。以鎮陽別業有蕭閑堂，自號蕭閑老人②。正隆四年卒，年五十三。史稱文詞清麗，尤工樂府，與吴激齊名，時號「吴蔡體」。③

《貞元鈔引法》。《金史》卷一二五《文藝傳》：「俄遷户部尚書。海陵遷中都，徙榷貨務以實都城，復鈔引法，皆自松年啓之。」另，《金史》卷四八《食貨志》：「貞元二年遷都之後，户部尚書蔡松年復鈔引法，遂製交鈔，與錢並用。……既行鈔引法，遂設印造鈔引庫及交鈔庫，皆設使副

---

① 《金史》卷七九《酈瓊傳》，中華書局一九七五年，第一七八一頁。

② 《中州集》卷一《蔡丞相松年》，中華書局上海編輯所一九六二年，第二二頁。

③ 《金史》卷一二五《文藝傳》，中華書局一九七五年，第二七一五頁。

判各一員，都監二員，而交鈔庫副則專主書押、搭印合同之事。印一貫、二貫、三貫、五貫、十貫五等謂之大鈔，一百、二百、三百、五百、七百五等謂之小鈔，與鈔並行，以七年爲限，納舊易新，猶循宋張詠四川交子之法而紓其期爾，蓋亦以銅少，權制之法也。時有欲罷之者，至是二監既罷，有司言：交鈔舊同見錢，商旅利於致遠，往往以錢買鈔，蓋公私俱便之事，豈可罷去？止因有釐革年限，不能無疑，乞削七年釐革之法，令民得常用。若歲久字文磨滅，許於所在官庫納舊换新，或聽便支錢。遂罷七年釐革之限，交鈔字昏方换，法自此始，而收斂無術，出多入少，民寖輕之。厥後其法屢更，而不能革，弊亦始於此焉。交鈔之制，爲外闌，作花紋，其上衡書貫例，左曰『某字料』，右曰『某字號』。料號外，篆書曰『僞造交鈔者斬，告捕者賞錢三百貫』。料號衡闌下曰『中都交鈔庫，准尚書户部符，承都堂劄付，户部覆點勘，令史姓名押字』。又曰：『聖旨印造逐路交鈔，於某處庫納錢换鈔，更許於某處庫納鈔换錢，官私同見錢流轉。』其鈔不限年月行用，如字文故暗，或鈔紙擦磨，許於所屬庫司納舊换新。若到庫支錢，或倒换新鈔，每貫量尅工墨錢若干文。庫掐、攢司、庫副、副使、使各押字，年月日。印造鈔引庫庫子、庫司、副使各押字，上至尚書户部官亦押字。其搭印支錢處合同，餘用印依常例。」

《蕭閑雜録》。《(乾隆)河間府志》卷一七《識餘》：「兀术擒豫如蹋腐鼠，不廢一夫之力。豫惟叩頭乞哀，則不如猘犬之尚能囓噬也。蔡松年《雜録》：『兀术幽豫古寺中。金將有素恨豫者，牽其妻妾至豫所，裸衣虐之，逼豫僕使以馬棰打其首曰：宋何負汝而汝叛？我國册汝爲帝，又何負汝，而汝復思與宋通乎？豫伏地不能聲。』」

《蕭閑老人文集》。清黄虞稷《千頃堂書目》卷二九《集部别集類》著録，作《蔡松年文集》。

《明秀集》六卷，殘存前三卷。《金史》卷一二五《文藝傳》：「文詞清麗，尤工樂府，與吴激齊名，時號吴蔡體，有集行於世。」另，宋陳振孫《直齋書録解題》卷二一《歌詞類》著録：「《蕭閑集》六卷，蔡伯堅撰。靖之子，陷金者。」

元王惲《跋〈蔡蕭閑醉書風箸梨雪瑞香樂府二篇贈王尚書無競〉》：如樂府尚豪華，然非紈綺中人，未免鄰女效顰耳。《明秀》一集，以崇高之餘，發而爲詞章，如飲内府酒，金沙霧散，六府爲之醺酣，方之逢麴車而口流涎者，固有問矣。（《秋澗集》卷七二，四部叢刊本）

清張金吾《金槧殘本〈明秀集注〉跋》：

金有天下百十年所傳，惟趙秉文、王若虛、李俊民、元好問等别集數種。《絳雲樓書目》載有律耶履集，遍覓未睹其書。詞曲惟毛刻《中州樂府》一卷所採，如恒河中一沙耳。《明秀集》者，蕭閑老人蔡松年撰。松年字伯堅，少負奇才，名滿天下。仕金由行臺尚書省令史，至尚書右丞相加儀同三司，封衛國公，謚文簡。因鎮陽别業有蕭閑堂，自號蕭閑老人。當時樂府推伯堅與吴彦高，號吴蔡體。讀其［念奴嬌］一闋，激昂慷慨，宜乎遺山稱爲集中壓卷之作。注出魏道明手，徵引博洽。集中酬贈諸君，俱爲詳注始末，俾一代人文得所考核，未可以滹南、遺山微有不滿，而忽視之也。原集六卷，著録《直齋書録解題》。元明以來，久無傳本。此三卷陳君子準得之郡城周氏。金源舊槧，古色盎然，一時詫爲奇秘。月霄以鉅資倩名手影鈔，行間小楷，毫髮不差。余更從愛日精廬假歸摹寫，精益求精，不覺青過於藍。惟其中「堯」、「恭」等字，俱系金諱，刊板並缺末筆，今間爲鈔者添補，稍失本來面目耳。甲申七月付裝，漫記於卷尾，後之藏弆者，其尚知所寶愛焉。道光甲申七月下浣，芙川張蓉鏡識於小嫏嬛閣。（《金槧殘本明秀集注》卷末，四印齋所刻詞本，上海古籍出版社一九八九年，第七〇一頁。）

清孫原湘《金槧殘本〈明秀集注〉跋》：

蔡松年字伯堅，本杭人，長於汴都，從父靖除真定府判官，遂籍真定，累官吏部尚書、參知政事，進右丞相，封吴國公，謚文簡。明秀峰在汴梁，公與梁愼修、許師聖、田唐卿輩觴詠處，集以是名。蕭閑老人，其退居後自號也。原集六卷，魏道明注。今存一至三卷。金人專集傳世者，自元遺山外，惟滹南、滏水數家。兹集久不著録，陳子準得之吴門周氏，月霄芙川輾轉傳録，出以見示。松年辭與吴彦高齊名，稱吴蔡體。朱竹垞《詞綜》僅録「尉遲杯」一闋，萬紅友《詞律》祗存「月華清」一闋。按全集目録，「月華清」在第四卷，「尉遲杯」在第五卷，俱在此三卷之外，後三卷尚有百餘闋，今所存者七十二闋耳。零璣賸璧，彌足珍愛。即雷溪之注，雖失之繁冗，而於當時酬贈諸君，俱一一詳其仕履，亦足以補《中州集》之未備也。道光四年歲在甲申閏七月，昭文孫原湘跋。（《金槧殘本明秀集注》卷末，四印齋所刻詞本，上海古籍出版社一九八九年，第七〇一頁。）

清黄丕烈《金槧殘本〈明秀集注〉題識》：

琉璃廠裏兩書淫，蕘友蕘翁是素心。我羨小嫏嬛福地，子孫世守到於今。

作宧遊仙事渺茫，故交零落感滄桑。傳家祖印分明在，添得新詩媲舊藏。

卅年前見兩奇書，覿面相逢付子虛。小讀書堆藏弆久，雲煙化去已無餘。原注：宋槧續顔氏家訓、金槧蔡松年詞，皆郡城故家物。先攜示余時，因次兒病危，無心緒及此，後歸顧明經抱沖。及今散出，余未之知，故不及收。

琴川好古有專家，秘笈儲藏富五車。一取蔡詞一顔訓，兩人勍敵相互誇。原注：顔訓歸張月霄，蔡詞歸陳子準。

顔訓曾經借我鈔，蔡詞相示又誰教。收書不惜黄金盡，珍重相期屬世交。原注：余向收書，不惜多金，今芙川亦頗類此。

詞山曲海費搜羅，宋刻元雕幾許多。只有金源明秀集，錯教當日眼前過。原注：李中麓家詞山曲海，余藏詞曲甚夥，名其所曰學山海居。

集雖剩半目猶全，宵雅時風次第編。好事詞山數朱萬，衹將兩闋世間傳。

中州文獻問遺山，樂府諸家見一斑。四庫但登天籟集，蕭閑兀自在人間。原注：金人詞專集登諸四庫者，止白樸。

道光四年歲在甲申九月大盡日，蕘翁爲芙川世譜書于百宋一廛，聊以記事而已。（《金槧殘本明秀集注》卷末，四印齋所刻詞本，上海古籍出版社一九八九年，第七〇二頁。）

清王鵬運《金粟殘本〈明秀集注〉跋》：

金蔡松年《蕭閑老人明秀集》，魏道明注，三卷。按目共六卷，今僅存前半矣。是書向惟見於《直齋書録解題》。乾嘉間，藏書家得金粟殘本遞相影寫，始顯於世。元遺山《中州樂府》、王從之《滹南遺老集》，昔於此注有微詞。從之指摘尤夥，想當時固盛行也。金人撰述流傳最罕，此注雖穿鑿冗複，皆在所不免。然於蕭閑同時賡和諸人，如陳沂、范季霑、粱兢、曹治、杜伯平、吴傑、田秀實、高廷鳳、李彧、李舜臣、趙松石、陳唐佐、趙伯玉、許採、楊仲亨、趙愿恭、張子華輩，《中州集》俱未載。道明一一詳其仕履始末。又遺聞軼事、零章斷句，往往而有，足與劉祁《歸潛志》並爲金源文獻之徵。且蕭閑詞與吴激並稱，時號吴蔡體，尤爲風尚所宗。因校付手民，以永其傳。蓋自金源至今，越五百餘年，始再登梨棗也。獨是屢經影寫，字多形近之譌，與萬英生水部再三校讎，始可卒讀。其引用詩文字句，與今本間有異同，與可疑而無從校正者，皆仍之。至引《禮記》「疇昔之夜」作「宿昔」，《文選·南都賦》「堤塍相輆」之「輆」作「箬」。此類不乏，恐所本如是，亦仍其舊焉。光緒二十一年乙未上燈日，臨桂王鵬運跋。（《金粟殘本明秀集注》卷末，四印齋所刻詞本，上海古籍出版社一九八九年，第七〇二頁。）

田秀實

田秀實字唐卿，潯陽（今江西九江）人。僑寓汴梁，嘗監杞縣酒，又佐南臺惠民局。構書齋榜曰小眠，蓄湖石，名雪崮，自號雪崮老人，又號東岫種玉翁。善鼓琴，音節抑揚，爲當時第一手。喜作梅詩，積數百篇。以其喜梅琴，又稱雙清道人。①與蔡松年爲友。

《雪崮老人集》。《蕭閑老人明秀集》卷一［念奴嬌］魏道明注：「有集行於世。」當以號名。

何宏中

何宏中字定遠，號通理，先世居雁門（今山西代縣），後徙忻州（今山西忻州）。北宋宣和元年，中武舉，廷對第二名，調滑州韋城尉。汴京被圍，州郡多避走，獨韋城不下。金天會五年，城破被擒，授以官，投牒於地曰：「我嘗以此物誘人出死力，若輩乃欲以此嚇我邪！」因囚西京獄，終不降。後放歸，請爲黄冠，起紫微殿，遷徽宗像事之。正隆四年卒，年六十三。②

① 金蔡松年《蕭閑老人明秀集》卷一［念奴嬌］魏道明注，四印齋所刻詞本，上海古籍出版社一九八九年，第六七六頁。

② 《中州集》卷一〇《通理何先生宏中》，中華書局上海編輯所一九六二年，第五〇四頁。另，宋周密《齊東野語》卷一一亦有説，中華書局一九八三年，第一九三頁。

《成真集》。

《通理集》。《中州集》卷一〇《通理何先生宏中》：「所著《成真》、《通理》二集藏於家。」傳慎微贈詩云：「故人何定遠，造物不虛生。骨骼稜稜瘦，詩篇字字清。世皆尊道藝，我獨見忠誠。樽酒分攜後，何時蓋復傾。」

張中孚

張中孚字信甫，其先涇州（今甘肅涇川縣），後徙鎮戎州張義堡（今寧夏固原縣）。北宋末，父歿於太原之戰，因從吴玠、張浚抗金。天會八年，率部降，授臨洮軍節度使知渭州，兼涇原路經略安撫使。天眷初，以陝西歸宋，遂入宋。再定陝西，又歸金。累遷尚書左丞，封崇王。喜讀書，能書翰。御軍嚴而有恩，西人畏愛之。正隆間卒，年五十九。①

《長谷集》。金党懷英《棲閑居士張仲偉墓表》：「中孚自號長谷老人，弟中彦字才甫，號野谷，季弟某（中偉字充甫）義谷，有『三谷集』傳於世。」②

① 《金史》卷七九《張中孚傳》，中華書局一九七五年，第一七八七頁。

② 清張金吾《金文最》卷一一四，中華書局一九九〇年。今按，原署「沈英」，當是碑版闕泐而識誤，實即党懷英撰。

蕭永祺

蕭永祺字景純，本名蒲烈，契丹人。少好學，通契丹大小字。皇統中，廣寧尹耶律固奉詔譯書，辟置門下，盡傳其業。《遼史》成，加宣武將軍，除太常丞。海陵朝，累遷翰林學士承旨。年五十七卒。①

《遼史》七十五卷。《金史》卷一二五《文藝傳》：「固作《遼史》未成，永祺繼之，作紀三十卷、志五卷、傳四十卷，上之。」

《太祖實録》。《金史》卷一二五《文藝傳》：「天德初，擢左諫議大夫，遷翰林侍講學士，同修國史。」當預修《太祖實録》。

劉元真

劉元真，始末未詳。正隆間爲修起居注。②

《海陵起居注》。

---

① 《金史》卷一二五《文藝傳》，中華書局一九七五年，第二七二〇頁。
② 宋徐夢莘《三朝北盟會編》卷二四二引張棣《正隆事跡》，上海古籍出版社二〇〇八年，第一七四二頁。

馮長寧

馮長寧，始末未詳。建炎四年，官南宋順昌府蔡州鎮撫使兼知淮寧府，改陳州。後叛附齊國劉豫，授尚書省户部郎中權侍郎給事中。阜昌七年（天會十四年、一一三六年），豫之子麟領東南道行臺尚書令，馮爲行臺户部侍郎、行軍參謀①。齊廢，進行臺户部尚書，除南京留守②。海陵朝，擢參知政事，受命經畫修汴京大内。未幾，以宫室悉爲大火所焚，免爲庶人，尋杖之，死③。

《什一税法條式》三十二件、**《隨法申明》**二十二件。宋徐夢莘《三朝北盟會編》卷一八一引楊堯弼《僞豫傳》：阜昌四年五月，「户部侍郎馮長寧、監察御史許伯通，删修《什一税法》條式三十二件，隨法申明二十二件。《諸律刑統疏議》、《阜昌敕令格式》與《什一法》兼行。文意相妨者，從税法」。

齊馮長寧《進删修什一税法疏》：

臣等准尚書省劄子，奉聖旨删修《什一税法》，令檢點前後指揮，削去繁冗，類成條式共三十

---

① 宋宇文懋昭《大金國志》卷三一《齊國劉豫傳》，中華書局一九八六年，第四三五、四三六頁。
② 宋楊堯弼《僞齊録》卷上《僞齊牒官删修什一税法》、卷下《金虜廢齊後差除》，藕香零拾本，中華書局一九九九年。
③ 宋李心傳《建炎以來繫年要録》卷一七〇「紹興二十五年」，中華書局一九八八年，第二七九九頁。

二件，並隨有税法申明二十二件。竊謂夏后氏五十而貢，殷人七十而助，周人百畝而徹，其實皆什一也。龍子謂「莫善於助，莫不善於貢」。貢者，校數歲之中以爲常。樂歲，粒米狼戾，多取之不爲虐，則寡取之；凶年，糞其田而不足，則必取盈焉。以此見三代皆行什一之法，又無若助之善者。周之亂，已不能守法，秦、漢而下，隨時更變，其間雖或輕於什一而取税，然更賦之數其目亦繁，弊亦隨生，所以仲長統極言其陋。今通肥磽之地，率計稼穡之入，斛取一斗，未爲甚多，一歲之間有數年之儲。不循古法，視爲輕税，及一方有警，一面被災，坐視戰士之疏食，立望餓殍之滿道，如之何爲君行此政也？惟唐租庸調法，號爲近古，貞觀之際，行之甚備。而其後稍紛更之，卒變其法，總無名之賦，立爲定規，名曰「兩税」。陸贄嘗言，兩税新制，耗竭編氓，日日滋甚。當時行之未久，而其弊已如此。迨宋之季世，遂爲民之大蠹。權要豪右之家，交通州縣，欺侮愚弱，恃其高貲，擇利兼併，售必膏腴，減落税數，至有入其田宅而不承其税者。貧民下户，急於貿易，俯首聽之。間有陳詞，官吏附勢，不能推割，至有田産已盡而税籍猶在者，監錮拘囚，至於賣妻鬻子死徙而後已。官司攤逃户之賦，則牽連邑里，歲使代輪，無有窮已。折變之法，小估大折，銘曰手實，直巧詐欺民，十倍掊取，捨其所有，而責其所無。至於檢災之蠲放，分數方田之高下，土色不公不實，率皆大姓享其利，而小民被其害。暴君汙吏，貪虐相資，誅求百出，朝行寬恤之詔，夕下割剥之令。元元窮蹙，群起爲盜，滅亡之田，可爲龜鏡。昔魯哀以年饑二猶不足，問孔子高弟有若，有若對以「盍徹乎」，又曰：「百姓足，君孰與不足？」則見什一乃足百姓之法，不可以加重也。自白圭欲二十而取一，孟子對以「子之道，貉道也」，又曰：「欲輕之於堯、舜之道者，大貉小貉也。」則見什一乃堯、舜之道，不可以加輕也。自古在上能行治民之道者，無若堯、舜，夏、殷、周而下能知治民之道者，無若孔、孟之徒。其所行所言皆如此，則後有天下國家以安養生靈爲意者，其可忽諸？《春秋公羊傳》曰：「什一者，天下之中正也，什一行而頌聲作。」豈傷其法廢而不復，故諄諄言之以示後世與？恭惟陛下受天明命，拯民於塗炭之中，慈儉爲寶，勤勞庶務，革貪饕爲循良，化呻吟爲謳歌，爰自節制諸路，深鑒前弊，而欲盡革之。乃酌先帝、聖賢所行所言，爲什一之税，多寡升降，官不定籍，惟據民户所供歲入之實數而要其出入。弊無緣生，無地不授，無田不井，與助法同，賢於夏后氏之貢遠矣。所以張太平之紀綱，立至化之基址，行之數年，稍得法，公私兼利。獨權要豪右不逞之徒，病其不能容奸，因州縣奉行間有乖方，或煩苛減裂，致百姓之疑惑，厭苦者乘之肆爲浮言，力圖沮壞。按周制，田不耕、宅不毛、民無職事者，罰以裏布、屋粟、夫家之徵。今法請佃官田，兩科之後，有虚佔不耕、妨人請佃者，令比附輸税，議者乃非之，以爲太刻。按律，應輸課税及入官之物，而回避詐匿不輸，計所闕，准盜論，歷代行之，未嘗增損。今壞法隱税者，准盜斷罪，議者乃非之，云所隱系己物，豈可謂盜？紛紛藉藉，類此者多，扇惑衆聽，惟冀幸衆情之不安，因之得以搖動成法。況自昔有税，惟今之税尤合樂輸。蓋國家既無池臺、苑囿、樓觀之役，又無聲色、玩好、宴遊之侈，外無佛寺、道宫之修崇，内無嬖人、幸臣之賜予。惟是禄官吏者，所以爲民圖治；安養軍兵武人、置鞍馬甲器者，所以爲民平禍亂；完城池樓櫓者，唯要緩急保民；備河防邊郡者，唯恐倉卒害民。凡民所輸之税，一粒一錢一絲一縷，更無妄用，儘是還以爲民。民能知此，豈忍有隱？豈復爲異議所惑？伏望聖慈特降睿旨，付所司鏤版行下，杜絶浮言，戒敕官吏，示以行法之意必堅必信，庶幾斯民咸受實惠。取進止，奏聖旨，依牒請恭依聖旨指揮施行故牒。阜昌四年五月十五日牒。（宋楊堯弼《僞齊録》卷上，藕香零拾本，中華書局一九九九年，第三〇〇頁。）

許伯通

許伯通，始末未詳。阜昌中，官齊國監察御史。

《什一税法條式》三十二件、**《隨法申明》**二十二件。宋徐夢莘《三朝北盟會編》卷一八一引楊堯弼《僞豫傳》：阜昌四年五月，「户部侍郎馮長寧、監察御史許伯通，删修《什一税法》條式三十二件，隨法申明二十二件。《諸律刑統疏議》、《阜昌敕令格式》與《什一法》兼行。文意相妨者，從税法」。

朱之才

朱之才字師美，號慶霖居士，洛西三鄉（今河南洛寧縣）人。北宋崇寧二年進士。入金仕齊諫官，坐直言黜泗水令。尋乞閑退，寓居嵫陽。①

《霖堂集》。《中州集》卷二《朱諫議之才》著録。

馬定國

馬定國字子卿，自號薺堂先生，茌平（今山東茌平縣）人。北宋宣和間，題詩酒家壁，坐譏訕得罪，亦因之知名。齊國阜昌初，遊歷下亭，以詩撼劉豫，授監察御史，官至翰林學士。②

《大戴禮辨》一卷。

《春秋傳》。

《六經考》。以上《（民國）茌平縣志》卷一〇《藝術志》著録。今按，《金史》卷一二五《文藝傳》、《中州集》卷一《馬御史定國》皆未載，姑録之，俟考。

《石鼓辨》。《中州集》卷一《馬御史定國》："「石鼓自唐以來無定論。子卿以字畫考之，云是宇文周時所造，作辯萬餘言，出入傳記，引據甚明。學者以比蔡正甫《燕王墓辨》。」另，元陸友仁《研北雜誌》卷上："「金人馬定國嘗考石鼓字畫，以爲宇文周時所造，作辯萬餘言。余按，元魏景

① 《中州集》卷二《朱諫議之才》，中華書局上海編輯所一九六二年，第六〇頁。

② 《中州集》卷一《馬御史定國》，中華書局上海編輯所一九六二年，第四八頁。

明三年，帝躬御弧矢，射遠及一百五十步。羣臣勒銘射所。此《北史·宣武本紀》所載，今世尚有碑刻。其詞有云『慨岐陽之末訓』，又有『彼岐陽』。由此觀之，石決非宇文周之物也。」

《薺堂集》。《中州集》卷二《張子羽》：「馬定國《薺堂集》載其師友六人云云。」

祝簡

祝簡字廉夫，單父（今山東單縣）人。北宋末登科，仕爲洺州教官。入齊，爲州倅，遷朝奉郎太常丞，兼直史館。①

《詩説》。《中州集》卷二《祝太常簡》：「嘗著《詩説》，於杜甫詩注有確論。」

《嗚嗚集》。《中州集》卷二《祝太常簡》：「詩甚工，有《嗚嗚集》行於世。」

王樞

王樞字子慎，良鄉（今北京房山）人。遼時登科，官儒林郎②。遼亡之際，從郭藥師降宋。天

①《中州集》卷二《祝太常簡》，中華書局上海編輯所一九六二年，第五五頁。

②《中州集》卷九《王内翰樞》，中華書局上海編輯所一九六二年，第四四〇頁。

會三年，宗望奉命伐宋，復歸金①，直史館。嘗奉使高麗②，仕至翰林學士，出爲成德軍節度使，卒③。

《太祖實録》。王樞直史館，當在太宗時，與修太祖實録。

劉　跡

劉跡，東平（今山東東平縣）人。劉長言之父，工詩能文。年三十五，終於儀真令。④

《南榮集》。金元好問《題學易先生劉斯立詩帖後》：「儀真令諱跡者，皇統宰相宣叔之父，是先生弟昆行，有詩文二册，號《南榮集》。」⑤

---

① 宋徐夢莘《三朝北盟會編》卷二三引許采《陷燕記》，上海古籍出版社二〇〇八年，第一七三頁。

② 《三朝北盟會編》卷九八引趙子砥《燕雲録》，上海古籍出版社二〇〇八年，第七二六頁。

③ 明殘鈔本《順天府志》卷一三，北京大學出版社一九八三年，第三八一頁。今按，卒年未詳，原引《析津志》作「殁於貞祐之變」。金初至貞祐，幾近百年，有悖實際，當是記誤。

④ 《中州集》卷九《劉右相長言》，中華書局上海編輯所一九六二年，第四五六頁。

⑤ 《遺山先生文集》卷四〇，四部叢刊本。

張斛

張斛字德容，漁陽（今天津薊縣）人。遼時入宋，爲武陵守。金初，理索北歸，官秘書監著作郎。元好問稱其「文筆字畫，有前輩風調」。①

《南遊集》。

《北歸集》。《中州集》卷一《張秘書斛》：「有《南遊》、《北歸》等詩行於世。」

鍾離修

鍾離修，東阿（今山東陽穀縣）人。仕齊國，官萊蕪縣丞。爲人孝心精誠，時所稱焉②。

《萊蕪圖經》。《（康熙）萊蕪縣志・凡例》：「萊志始於宋尉鍾離修，弗可考也。」③今按，鍾離氏嘗爲齊國萊蕪丞，圖經當纂於阜昌間。

① 《中州集》卷一《張秘書斛》，中華書局上海編輯所一九六二年，第一八頁。
② 宋洪邁《夷堅志・三志己》卷三《鍾離丞》：「東平府東阿關山鍾離修，仕僞齊，爲萊蕪丞。」中華書局一九八一年，第一三二二頁。
③ 《（康熙）萊蕪縣志》卷首，康熙十二年刊本。

李大諒

李大諒，雄州歸信（今河北雄縣）人①。建炎巨寇李成之子，從父降金，官至明威將軍登州刺使。

《征蒙記》一卷。宋陳振孫《直齋書録解題》卷五《僞史類》：「所記家人跳梁，自其全盛時已不能制矣。」另，宋徐夢莘《三朝北盟會編》卷一九二、卷二一五等亦見引録。今按，明陳第《世善堂藏書目録》卷上著録，作《征蒙古記》。

王大觀

王大觀，始末未詳。皇統中，官保義校尉，從元帥完顔宗弼北征蒙古。

《蒙古行程録》。宋李心傳《建炎以來繫年要録》卷一四八「紹興十三年四月」（皇統三年、一一四三年）：「蒙古復叛，金主亶命將討之。初，魯國王昌既誅，其子星哈都郎君者，率其父故部曲以叛，與蒙古通。蒙古由是强，取二十餘團寨，金人不能制。」原注：「此據王大觀《行程録》。」

① 《金史》卷七九《李成傳》，中華書局一九七五年，第一七六三頁。

吕　恭

吕恭字敬之，燕京（今北京）人，世爲大家。燕歸宋後，遇饑饉，以散財濟衆，授左班殿直。金軍入燕，换授修武校尉。自幼好學，頗涉獵經史，亦工詩。

《荆山集》。金劉璣《大金故修武校尉吕公墓誌銘並序》：「其遺稿多遺逸。平昔所作存者百餘篇，□□□之，目曰《荆山集》。」①

張　浩

張浩字浩然，遼陽渤海（今遼寧遼陽）人。天會八年，賜進士第，爲女真君主信用，累封秦國公。世宗即位於遼陽，上賀表。明年入朝，拜太師、尚書令，封南陽郡王。大定三年薨，謚文康。②

《皇制》。金劉祁《歸潛志》卷七：「省吏，前朝止用胥吏，號後堂官。大定初，張太師制《皇制》，袒免親宰執子試補外，雜用進士。凡登第歷三任至縣令，以次召補。充一考，三十月出，得

① 梅寧華主編《北京遼金史跡圖志》下册，北京燕山出版社二〇〇四年，第一八八頁。

② 《金史》卷八三《張浩傳》，中華書局一九七五年，第一八六二頁。

六品州倅；兩考六十月，得五品節度副使、留守判官。或就選爲知除知案，由之以漸，得都事、左右司員外郎、郎中。故仕進者，以此途爲捷徑。如不爲省令史，即循資級得五品甚遲，故有『節察令推何日了，鹽度户勾幾時休』之語。浩初定制時，語人曰：『省庭天下儀表，如用胥吏，定行貨賂混淆。用進士，清源也。且進士受賕，如良家子女犯奸也；胥吏公廉，如倡女守節也。』議者皆以爲當。」

《華表山人集》。明李賢《大明一統志》卷二五《遼東都指揮使司》：「浩博通經史，尤長於詩。以策謁太祖，即命承應御前文字，官至太師、南陽郡王。浩好賢樂善，所著有《華表山人集》。」

傅慎微

傅慎微字幾先，先世秦州（今甘肅天水）人，後徙建昌（今甘肅文縣），慎微遷居長安（今陝西西安）。北宋末進士，官至河東路經制使。金軍定陝西，兵敗被俘，仕金累遷定武軍節度使。大定初，官至禮部尚書，兼修國史。年七十六卒官，一生博學喜著書。①

《太宗實録》。《金史》卷一二八《循吏傳》：大定初，傅慎微「與翰林侍講學士徒單子温、翰林待制移剌熙載俱兼同修國史」。今按，《太宗實録》成於大定七年，當以同修國史預修。

①《金史》卷六《世宗紀》，中華書局一九七五年，第一三八頁。

《興亡金鏡録》一百卷。《金史》卷一二八《傅慎微傳》著録。今按，明陳第《世善堂藏書目録》卷上著録，「鏡」作「鑑」，撰者失考。

移剌熙載

移剌熙載，始末未詳。大定初，官翰林待制，兼同修國史。六年，以本職爲夏國生日使①。

《太宗實録》。《金史》卷一二八《循吏傳》：大定初，傅慎微「與翰林侍講學士徒單子温、翰林待制移剌熙載俱兼同修國史」。當預修《太宗實録》。

施宜生

施宜生字明望，號三住老人②，原名逵，字必達，邵武（今福建邵武）人。北宋政和四年進士，仕爲潁州教官。嘗從范汝爲反，兵敗被執，亡命淮甸間③。後北走齊，爲大總管府議事官。金廢齊，除太常博士，累官翰林直學士。正隆元年，出知深州，召爲尚書禮部侍郎，遷翰林侍講學

① 《金史》卷一二八《循吏傳》，中華書局一九七五年，第二七六三頁。
② 《中州集》卷二《施内翰宜生》，中華書局上海編輯所一九六二年，第七〇頁。
③ 宋陳鵠《西塘集耆舊續聞》卷六，叢書集成初編本，中華書局一九八五年，第三九頁。

士。四年冬，奉使南宋。五年，除翰林學士。大定三年卒，年七十三①。

《三住老人集》。《中州集》卷二《施内翰宜生》：「有集行於世。」當以號名。

王兢

王兢字無兢，彰德（今河南安陽）人。北宋末兩試太學合格，調屯留主簿。入金後，歷州縣，有能聲。皇統初，以參政韓昉薦，召爲權應奉翰林文字，兼太常博士。後遷禮部員外郎。海陵朝，官至禮部尚書。大定初，復禮部尚書，兼翰林學士承旨。四年，卒。②

《太祖實録》。

《太宗實録》。《金史》卷一二五《文藝傳》：海陵朝，官至禮部尚書，「同修國史」。大定初，復禮部尚書，兼翰林學士承旨，「修國史」。當與修太祖與太宗實録。

---

① 《金史》卷七九《施宜生傳》：「（正隆）四年冬，爲宋國正旦使。宜生自以得罪北走，恥見宋人，力辭，不許。宋命張燾館之都亭，因間以首丘風之。宜生顧其介不在旁，爲庾語曰：『今日北風甚勁。』又取幾硯間筆扣之曰：『筆來，筆來。』於是宋始警。其副使耶律辟離喇使還以聞，坐是烹死。」今按，此説謬誤。元蘇天爵《滋溪文稿》卷二五《三史質疑》：「正隆四年冬，（施宜生）偕移剌辟離剌使宋。宜生自陳：『昔逃難脱死江表，義難復往。』力辭，不許。蓋是時海陵謀伐宋，故以宜生往使，以繫南士之心，與用蔡松年爲相之意同。宜生既歸，以辟離剌至宋不遜，不即以聞，被杖。五年，除翰林學士。次年，中風疾。大定二年，致仕。三年六月卒，年七十三。此見於世宗實録及蔡珪所述宜生行狀可考。」中華書局一九七五年，第二七二二頁。

② 《金史》卷一二五《文藝傳》，中華書局一九九七年，第四二四頁。

《王無競文集》。《金史》卷一二五《文藝傳》稱其「警敏好學」、「博學能文」，當有文集。

劉　瞻

劉瞻字巖老，號攖寧居士，亳州（今安徽亳州）人。天德三年進士。大定初召爲史館編修，卒官。党承旨世傑、酈著作元與、魏内翰飛卿，皆從之學。①

《太宗實録》。大定初，爲史館編修，當預修太宗實録。

《攖寧居士集》。《中州集》卷二《劉内翰瞻》：「有集行於世。作詩工於野逸，如『廚香炊豆角，井臭落椿花』之類爲多。」當以號名。

王　太

王太，寧晉（今河北寧晉）人。

《重修增廣類玉篇海》。金韓道昇《重編改併五音篇海序》：「又至大朝甲辰歲，先有後陽王公與祕詳等，以人推而廣之，以爲《篇海》，分其畫段，使學人取而有準。其間疏駁，亦以頗多。」②

① 《中州集》二《劉内翰瞻》，中華書局上海編輯所一九六二年，第八〇頁。
② 《成化丁亥重刊改併五音類聚四聲篇海》卷首，續修四庫全書本，上海古籍出版社影印。

今按，此書由「王太」等人撰著，名《重修增廣類玉篇海》，即韓氏序所謂《篇海》。其書已佚，有佚名《重修增廣類玉篇海序》，以刊於金邢準《增修累音引證群籍玉篇》卷首而被保存下來，揭示了音韻與字典史上一位埋没已久的人物，即洨陽王太。序後「編集校勘人」列「祕祥、趙卞、周胤、張宗古、楊景、張衡、范詢、李温」等八人姓名。邢氏自序云：「逮我聖朝，彌文焕著，韻學尤工，是以洨陽王太集上數家篇韻，總之爲一，庶乎詳而不雜，條然不紊。抑又祕祥等八人校讎編類，以成一家之書。」這與韓氏序「先有後陽王公與祕詳等，以人推而廣之，以爲《篇海》」的説法吻合。差異是「祥」作「詳」，或刊誤，當以「祥」爲是。入明後，那位王公被稱作「王與祕」，始作甬者爲成化間「賜進士出身通議大夫禮部左侍郎兼翰林院學士同修國史知制誥經筵官眉山萬安」。他應邀爲大隆福寺和尚「重刊」《重編改併五音篇海》撰序，有云：「金王與秘推廣《玉篇》，區其畫段爲《篇海》。」①所謂王與秘，在人之命名頗爲講究的封建時代有些不倫不類。如仔細品味韓氏序「先有後陽王公與祕詳等」那段話，問題顯然出在萬氏的理解上。「王公」不是名，而是時人對王太的尊稱，萬氏也是這樣認識的。錯誤之處在於他分解了「王公與祕祥等」，並重新組合成「王與祕」，爲王公造了個新名。可以理解的是，政務繁忙之際，抽空爲自己並不十分熟悉領域的著述撰序，一時疏忽看走了眼。由於身份顯赫，他的説法誤導了世人，以爲金代曾經有過一位漢語語言

① 同上。

學者「王與秘」。另外，韓氏序將「大定甲申」誤記爲「大定甲辰」，時差二十年。至於韓氏序稱「後陽王公」與佚名序稱「汶陽王公」，實爲寧晉地域的不同稱名而已。

金佚名《重修增廣類玉篇海序》：

夫字之所興，其來遠矣。自河圖呈象，伏羲則之，以畫八卦；鳥跡分形，蒼頡體之，以製六書。聖作明述，同源異流，所致文籍生焉。以此觀造字之理、天人之意，相合而成也。可謂道有妙用，因人以示；人有上智，見道以明。其有成功垂於永世，從太昊及三代相襲，其文未嘗改作。周宣王時，史籀改以爲大篆，秦因奏事繁劇，難用其篆，故程邈隨便適宜，易爲隸書。而後增損者非一，不可其述。以致沈休文、鍾誠明之性知聲韻之微，辨其清濁，分其清重，方立字之音釋，亦罕明其義。及有《字統》、《字林》、《説文》之類，時則音義雖全，而衆言淆亂，文徒浩博，莫能盡理。洎梁顧野王作《玉篇》，窮六經之文，達百氏之旨，縷分點畫，區别偏旁，分其篇爲五百四十二部，字之釋文，庶其詳矣。殆宋賢特編《集韻》，而比於《玉篇》，字增之愈多。有陰佑者，取其韻有篇無者編之以爲《餘文》。其《省塌》、《川篇》、《龕玉》、《奚韻》，收字頗有不同。又《龍龕手鏡》、《會玉篇》，唯明梵語，而餘無所載。然而詳其數家篇韻，皆以包函音訓，陳發秘藏，輝耀千古，而義其不朽，實賢哲之能事。唯各司一端，篇秩衆異，終無統紀，難以撿尋，故索一字，有終朝而不能得者。儻能集而爲一，不亦宜乎？王太，汶陽人也。幼習音韻，常有心於此。時請諸明公，相與言曰：「篇韻者，分文析字之樞筈，立訓申義之津涉，可使統之有宗，會之有元，多而不亲，詳而不雜，無眩於目耳，故日以聚居，潛精勉志，歷乎數載。類八家《篇》《韻》，校其相犯者芟除之，考其當用者收採之。及諸家篇中隱注，盡立爲大字。凡自來諸篇中有闕者，今具言之。雖三教經書廣大，而一無脱漏。其如積塵之山，納川之海，成其大，就其深，靡有遺焉。《玉篇》元數，大字二萬二千八百七十二言。又八家篇內，增加大字三萬九千三百六十四言，經及音訓，計六十萬餘字，集成一書，號曰《增廣類玉篇海》，大要仿顧野王《玉篇》分部。又於每部以下字畫分爲二十段，每段內列八家名頭。假如尖、厶、之字，立爲二畫；四、角、口字，立爲三畫。舉此二字，以爲其例，可從而推之，以類附字，以畫分段。有若葉之從條，珠之在貫，燦燦然，使覽者無昧於字，而音義俱明矣。有《龍龕》、《會玉》、《類篇》中數部難以編次，列於卷末。」觀王公之用心，非爲貨利，而圖有益於人心也。故不自善謹，募工鏤板，以示四方。幸希後學君子，審詳其理，豈小補哉！大定甲申季秋望日。（金邢準《增修累音引證群籍玉篇》卷首，中華再造善本叢書本，北京圖書館出版社二〇〇五年。）

翟永固

翟永固字仲堅，中都良鄉（今北京房山）人。在宋以經義兼策中第一，授開德府儀曹參軍。金破宋，北歸，中天會六年詞賦進士，累遷翰林學士承旨，拜尚書左丞，以真定尹致仕。大定六年卒。①

《翟永固文集》。元蘇天爵《滋溪文稿》卷二五《三史質疑》：「金儒士蔡珪、鄭子聃、翟永固、趙可、王庭筠、趙渢，皆有文集行世，兵後往往不存。」

范　拱

范拱字青叔，濟南（今山東濟南）人。宋末登進士第，調廣濟軍曹。後爲劉豫所用，官奉議郎中書舍人直學士院。齊廢，累遷淄州刺史，以通議大夫致仕。大定七年，召赴闕，除太常卿。九年，復致仕，年七十四卒。②

《初政録》。《金史》卷一〇五《范拱傳》：「齊國建，累擢中書舍人。上《初政録》十五篇：一曰得民、二曰命將、三曰簡禮、四曰納諫、五曰遠圖、六曰治亂、七曰舉賢、八曰守令、九曰延問、十曰畏慎、十一曰節祥瑞、十二曰戒雷同、十三曰用人、十四曰御將、十五曰御軍。豫納其説

① 《金史》卷八九《翟永固傳》，中華書局一九七五年，第一九七五頁。

② 《金史》卷一〇五《范拱傳》，中華書局一九七五年，第二三一二頁。今按，宋楊堯弼《僞齊録》卷上《僞齊牒官删修什一税法》署名作「范恭」，藕香零拾本，中華書局一九九九年，第三〇一頁。

而不能盡用也。」

移剌温

移剌温本名阿撒，遼横帳人[①]。工契丹小字。遼亡仕金，從宗弼伐宋，以常在行間，益親信之。大定中，官至武定軍節度使。以老致仕，卒。[②]

《熙宗起居注》。《金史》卷八二《移剌温傳》：熙宗時，「累遷左諫議大夫兼修起居注」。

王天祺

王天祺，始末未詳。大定七年，官修起居注。[③]

《世宗起居注》。

① 遼之所謂横帳，學界歧説不少。簡而言之，意猶皇族。參見陳述《契丹舍利横帳考釋》，《燕京學報》第八輯，二〇〇〇年五月；葛華廷《遼代横帳淺考》，《北方文物》二〇〇〇年第四期；劉浦江《遼朝横帳考兼論契丹部族制度》，《北大史學》第八輯，北京大學出版社二〇〇一年，等等。

② 《金史》卷八二《移剌温傳》，中華書局一九七五年，第一八四七頁。

③ 《金史》卷六《世宗紀》，中華書局一九七五年，第一四〇頁。

李之翰

李之翰字周卿，號默軒，濟南（今山東濟南）人。宣和末擢第。洺州破，被俘仕金，官寧州守。皇統七年，陷田瑴黨籍除名，流徙上京①。後遇赦復官，終於東平倅。

《漆園集》。章宗時，汾陽軍節度使許安仁嘗爲序。金亡後，曾孫德元爲之付梓②。兵燹流離之際，以原著浩繁，生活艱難，不得以減省，因稱「窺豹」。

金楊弘道《窺豹集後序》：

前朝起艮維，據華夏，進用南北豪傑之士，以致太平。百餘年間，民物殷富。漢唐而下，良法善政，班班舉行。原其始，必有啓之者也。余生淄川，不與前輩接。山城非大都會，無所考究。年二十九，避地逾河關。五十有二，東歸鄉里。親戚故舊無在者，熟視田園，不敢爲己有。居歲餘，移家濟南。初識李善長，嘗出一巨編，題曰《窺豹集》，細書滿紙，乃其曾祖東平府君疇昔之所著撰也。其祖靈石府君求序于節使許公，公爲作序，其説甚詳。就閲之，並若望大水不見涯涘。一日

① 《金史》卷八九《孟浩傳》附，中華書局一九七五年，第一九七九頁。

② 《中州集》卷八《李寧州之翰》，中華書局上海編輯所一九六二年，第三九四頁。今按，小傳謂「子靈石尉謙，孫德元，今在鄉里」。由北宋末迄金亡，歷時百餘年，當是子靈石尉某、孫謙、曾孫德元，遺山或記誤。

攜其編來訪，曰：「某將版行先君文集，旅次乏力，罔克備舉。請先生勘校揀選，然後刻之，餘俟他日。」余辭以才識淺薄，且老眼不能看小字。間歲復以中字謄録數册來請，往反三四無懈色，懇告余曰：「先子欲以是集傳世，居平世而易之，故因循至今。某流寓隱約，閉眼不見後事，若不竭力爲之，恐終泯泯也。故不恤出息假貸以僦工，幸先生勿辭。」余曰：「句之脱漏頗能爲子注，字之顛倒頗能爲子乙。至於擇而先之，置而後之，子當自爲也。」因得盡讀其所編録。《上皇帝書》幾萬言，所以立太平之基，如太學、登聞院、提刑司、常平倉、兵衛、屯田之類，皆載於書中。前朝號稱多士，綱紀法度固非出於一人，而府君亦南北多士中數之一也。《感應論》謂善惡生於心，心知則天知。《儒論》謂秦不能使之，《刑名》漢不能使之。《雜霸》以下數節，其言凜凜純正，能悚惕警覺於人。立言如此，又逢時頗宦達，然未嘗聞人有道其名氏者，乃知孝友才俊之士，潛德亂世，沉寂其行實、文藝者多矣。可勝歎哉！可勝歎哉！既畢，還其集，又請爲後序，因以余之所見並感而欲言者書之。善長遭大變革，負《窺豹集》跋涉數千里，無所失墜，蓋痛其曾大父之事業曖昧無聞，而常欲顯揚之也。客居歷下，母夫人在堂，授小學以奉甘旨。其弟早世，有妻有子。母夫人之兄殁，亦有妻子。合孤嫠數十指，皆收養之。當此時，又能版行其文集，以成父志。若善長者可謂孝矣，若李氏可謂有後矣。善長名德元，善長其字也，嘗補父蔭。父諱謙，亦以任子入官。昭陽單閼二月序。（《小亨集》卷六，文淵閣四庫全書本。）

孫九鼎

孫九鼎字國鎮，忻州定襄（今山西定襄縣）人。北宋政和三年，與洪皓同爲太學生①。天會六年，奪經義魁，弟九疇、九億同榜及第。吴彦高贈詩云：「孫郎有重名，談笑取公卿。清廟瑟三歎，齋房芝九莖。」累遷翰林修撰。皇統元年，爲考官②，後除秘書少監。大定中卒，年八十餘。③

《孫氏小説》。李劍國《宋代志怪小説敘録》著録，作《孫九鼎小説》，歸入「志怪小説集」，云：「洪邁《夷堅甲志》卷一《寶樓閣咒》條末注云：『二事皆孫九鼎言，孫亦有書紀此事甚多，皆近年事。』孫書不見著録，書名亦失考。洪邁父洪皓建炎三年（金天會七年、一一二九年）使金，被扣留十五年，紹興十三年（金皇統三年、一一四三年）方歸。洪皓在金與孫九鼎屢相見，孫書當曾寓目。且洪皓亦喜『稗官小説』，在金訪求書籍，『捆載以歸』，孫書可能帶回。歸國後對洪邁述北方聞見，洪邁於紹興十三年撰寫《夷堅志》而載入首卷，中即有取資於孫書者。但《寶樓閣咒》爲紹興三年袁可久事，前條《柳將軍》爲北宋饒州安仁令蔣静事，皆不類孫書。據嚴元照、張元濟

---

① 宋洪邁《夷堅甲志》卷一《孫九鼎》，中華書局一九八一年，第一頁。

② 宋洪適《盤州集》卷七四《先君述》云：「考官孫九鼎者有太學舊，爲以疾聞，得回燕。」另據洪汝奎《洪忠宣公年譜》，時在宋紹興十一年、金皇統元年（一一四一年）。

③ 《中州集》卷二《孫内翰九鼎》，中華書局上海編輯所一九六二年，第七五頁。

校，今本《甲志》多有殘闕，元人以《夷堅》他志補之，《寶樓閣咒》『始篤奉之』之下接末句『秘其事』，不相連屬，蓋因中缺一頁，因此注語所云『二事』必非《寶樓閣咒》與《柳將軍》。考《夷堅志補》卷一一《盧忻悟前生》末云『孫九鼎説』，而『李員外女』末云『李氏亦秘其事。孫九鼎説，有書記』，與《甲志》卷一正合，因知二事者即此（原注：《志補》共二十五卷，乃張元濟輯自南宋葉祖榮重編之《分類夷堅志》）。卷一首條《孫九鼎》記孫九鼎政和癸巳居太學遇鬼事，末云『（孫九鼎）舊與家君同爲通類齋生，至北方屢相見，自説兹事』，亦出孫九鼎，但非『近年事』，恐非孫書佚文。《盧忻悟前生》記代州崞縣盧忻三歲自言前生乃趙氏子，《李員外女》記忻州定襄縣李員外女三歲自言前生乃秀容張二老、五臺劉家子，皆佛家輪回轉世之説，事則發生於作者故里及附近州縣，顯然是作者自述聞見。元好問《續夷堅志》卷一《神哥》記孫國鎮内翰族婦爲山魈所汙事，疑亦出本書。」①

《孫内翰集》。《（光緒）定襄縣補志》卷八《著述》著録：「孫狀元鼎著。元遺山敘云：『吾州之派，先生指授爲多。』」

---

① 《宋代志怪小説敘録》南開大學出版社一九九七年，第四一一頁。

孫九疇

孫九疇，九鼎弟，與兄同榜及第。

《詞林體驗》。《（光緒）定襄縣補志》卷八《著述》著録：「孫狀元弟九疇著。亂離之後，喪失無存。」

張中彦

張中彦字才甫，中孚之弟。從兄降金，授招撫使，征西伐宋，屢建戰功，累遷臨洮尹兼熙秦路兵馬都總管。大定中，以疾卒官，年七十五。①

《野谷集》。金党懷英《棲閑居士張仲偉墓表》：中孚號長谷老人，弟中彦字才甫，號野谷，季弟某義谷，有「三谷集」傳於世。②

---

① 《金史》卷七九《張中彦傳》，中華書局一九七五年，第一七八九頁。

② 清張金吾《金文最》卷一一四，中華書局一九九〇年，第一二七六頁。今按，原署撰者「沈英」，當歸党懷英。

吕宗禮

吕宗禮，平定（今山西平定縣）人。元代名臣吕思誠六世祖。天會中進士，仕爲遼州司户。①

《沾山集》。《（光緒）山西通志》卷八八《經籍志》著録。

邊元鼎

邊元鼎，豐州（今内蒙古呼和浩特）人，後遷雲中（今内蒙古托克托縣），嘗仕爲翰林供奉。祖貫道，遼狀元。兄元勳，天會十年進士，終於河間路轉運使。弟元恕，亦有時名。②

《邊供奉集》。《（光緒）山西通志》卷八八《經籍志》著録。

張公藥

張公藥字元石，滕陽（今山東滕縣）人。孝純之子，以蔭入仕，官郾城令，以昌武軍節度副使

---

① 《元史》卷一八五《吕思誠傳》，中華書局一九八三年，第四二四七頁。今按，《（光緒）山西通志》卷一五《貢舉譜》作「吕崇禮」，天會九年進士。中華書局一九九〇年，第一五六九頁。

② 《中州集》卷八《邊轉運元勳》，中華書局上海編輯所一九六二年，第三九三頁。

致仕。①

《竹堂集》。《中州集》卷二《張偃城公藥》著録。

晁　會

晁會字公錫，高平（今山西高平）人。宣和末，中武舉，仕爲太子洗馬，後入金。天眷二年，經義進士及第，歷虞鄉、猗氏、臨晉三縣令，以興平軍節度副使致仕。終年七十八。爲人美風儀，器量弘博。能詩，多有佳句傳誦。②

《泫水集》。《中州集》卷八《晁洗馬會》著録。

楊興宗

楊興宗，高陵（今陝西高陵）人。③

《龍南集》。《中州集》卷八《楊興宗》：「有《龍南集》，予同舍郎關中楊君美嘗見之。」

---

① 《中州集》卷二《張郾城公藥》，中華書局上海編輯所一九六二年，第八五頁。

② 《中州集》卷八《晁洗馬會》，中華書局上海編輯所一九六二年，第三九九頁。

③ 《中州集》卷八《楊興宗》，中華書局上海編輯所一九六二年，第三九五頁。

劉仲淵

劉仲淵字介石，宛平（今北京宛平）人。皇統二年詞賦進士魁。海陵朝，仕爲翰林待制。大定中，遷直學士①、禮部侍郎。後以國書字誤，失覺察，降爲石州刺史。②

《太宗實録》。《金史》卷八八《紇石烈良弼傳》：「《太宗實録》成，賜良弼金帶、重綵二十端，同修國史張景仁、曹望之、劉仲淵以下賞賜有差。」

李信道

李信道，忻州（今山西忻州）人。幼喪父，事母至孝。與人遊處，動持規矩，卑意謹慎，當世士人多與之接。大定十一年卒，年七十二。③

《金山牧河蘭若集》二卷。金賈圻《隴西郡李公墓誌銘》：「公平昔文章有集二卷，目曰《金山牧河蘭若》，傳於當世士人之口。」

---

① 宋張棣《金圖經·族帳部曲録》，見李澍田等《金史輯佚》，吉林文史出版社一九九〇年，第九六頁。

② 《金史》卷八四《張景仁傳》，中華書局一九七五年，第一八九二頁。

③ 金賈圻《隴西郡李公墓誌銘》，見《金文最》卷九〇，中華書局一九九〇年。

裴再興

裴再興，聞喜（今山西聞喜縣）人。仕爲潞州知事。大定中，倡議發其家乘，刻之貞石。

《聞喜裴氏家譜》，存。河東裴氏盛於隋唐，自後綿延不絶。其譜牒家記，各朝「經籍志」不乏著録，如隋裴松之《裴氏家傳》、唐裴守貞《裴氏家牒》等等。而《聞喜裴氏家譜》是流傳至今的金代石刻譜牒，現存聞喜裴柏村。《（乾隆）聞喜縣志》卷二《斠人物》云：「劉若虛文詞典覈，與同里潞州知事裴再興善。再興發其家乘，與職方氏互參考訂，作爲裴氏世譜，若虛爲之序，甚有筆云。裴之英案：『序云元潞州知事裴再興，而末書大定十一年，爲金世宗年號，殆不可解。劉若虛既云里人，則彭城但指郡望，非彭城人也。』案：再興的系金人。如以序中『元』字而疑之，是不知元之潞州已改隆德府矣。至裴再興，應入例仕。以唐世系表，裴氏仕宦過多，補不勝補，故從略説『已見前』。若唐世枝派，唐表但稱中眷、東眷、西眷。洗馬南來吴五支，而實三支也。劉序又稱辟地同州者，有白水之族遷華州者，有下邽之族、二十七代孫晉國公度，又治第京兆之萬年，爲萬年之族，是並唐表五枝爲八族矣。而劉序又有云河東八裴一十二族，其四族又在何地耶？因補劉傳而附志此，以諗當代博雅君子。明吕涇野撰《解州志》，有裴氏志傳，亦未詳悉及此也。」

金劉若虛《聞喜裴氏家譜序》：

嘗謂木之植也，根深則葉茂；水之疏也，源浚則流長。物理如是，在人奚獨不然？河東聞喜裴氏，先乃伯翳之後，至秦封姓爲裴，自後宗族繁衍昌大，迄於近代。其間豪傑俊邁、名卿賢相，摩肩接踵，輝耀前史，茂鬱如林，世不乏人，非祖宗積善累德且深且厚，曷能若此而慶流綿遠乎？昔春秋時，王侯卿大夫舊有世譜，先儒所載者甚博。今裴氏家藏族譜則而象之，始自一宗，次分三眷，詳列支派，千載間縉紳聲跡，可謂簡而易究、炳而易知也。裴柏乃裴氏祖莊，自來耆舊相傳祖先家譜，珍藏秘寶，未易示人。奈何先因兵火，繼緣寇盜，常慮遺墜。一日，遠孫裴再興與衆議曰：「祖塋畔舊有碑一座，並無一字鐫刻。次後遷移村下，立在道左，積有年矣。好事者過之，睹其闕文，莫不再三歎惜焉。今欲將家譜模勒是碑，非徒爲遠近榮觀，又且爲不朽之計，顧不韙歟？」族人聞者悉皆悦從，乃相與鳩工聚費，再加磨礱，用記於後云。大定十一年八月晦日，里人彭城劉若虚序。（清胡聘之《山右石刻叢編》卷二〇，歷代碑誌叢書本，江蘇古籍出版社一九九八年。）

李　霖

李霖字宗傅，饒陽（今河北饒陽縣）人。性喜恬淡，自幼而老，研精《道德經》。

《道德真經取善集》十二卷，存。續修四庫全書收，誤歸宋人著述。

金劉允升《道德真經取善集序》：

老氏當周之季，憫其世道衰微，由乎文弊，於是思復太古之純，載暢玄風，以激其流俗。至於輕蔑仁義，屏斥禮樂，蓋非過直無以矯枉，仲尼所以欽服。既見，則歎其猶龍，惟聖知聖，始雲其然也。關尹睹紫氣之瑞，識其真人度關，虔誠叩請，方垂至言。議者咸謂五經浩浩，不如二篇之約，良有以也。莊周、列禦寇羽翼其教，亦猶鼓大浪於滄溟，聳奇峻於喬嶽。此尚擬其跡而未盡其意，要在忘言而後識其指歸也。漢文、景間，治尚清静，世治隆平，率自曹參宗蓋公之訓，足知道德範世之驗，果不虚云。惜乎晉朝流爲浮誕，王衍清談，反壞淳風，阮籍倡狂，又隳名教，失其本而循其末，可不哀哉！賴隋之王仲淹譏其故，以謂虚玄長而晉室削，非老莊之罪，以其用之不善也。唐韓愈猶譏其小仁義，如坐井觀天。嗚呼！愈負其才而昧於道，是亦聾盲於心，而不知太山雷霆可以驚其耳而駭其視也。一言以爲不智，每貽君子之歎息焉！篤信之士，代不乏人，各隨其意爲之注解，殆數十家，不惟觀覽之煩，抑亦集之不易。饒陽李霖字宗傳，性喜恬淡，自幼而老，終身確然，研精於五千之文，可謂知堅高之可慕，忘鑽仰之爲勞，會聚諸家之長，並敘己見，成六卷。譬若八音不同，均適於耳；五味各異，皆可於口。庶廣其見，而博其知。以斯而資同道，爲功豈小補哉！王賓乃先生之舊友也，賞其勤而成其志，命工鏤版，俾好事者免繕寫之勞。推而用心，可不謂之仁乎！時大定壬辰重午日，河間劉允昇序。（《道德經取善集》卷首，明正統《道藏》本，文物出版社等一九九四年，第一三册八四三頁。今按，大定壬辰即大定十二年。）

金李霖《道德真經取善集序》：

物之共由者道也，道之在我者德也。道妙無形，變化不測；德顯有體，同焉皆德。自其異者視之，則有兩名；自其同者視之，其實一致。末學之人，言道者，每不及德；言德者，罔及於道。此道德所以分裂，不見其純全也。猶龍上聖，當商末世，歎性命之爛熳，憫道德之衰微，著書九九篇，以明玄玄之妙。言不逾於五千，義實貫乎三教，内則修心養命，外則治國安民，爲群言之首，萬物之宗，大無不該，細無不遍，其辭簡，其義豐，洋洋乎大哉！自有書籍以來，未有如斯經之妙也。後之解者甚多，得其全者至寡，各隨所見，互有得失。通性者，造全神之妙道，於命或有未至；達命者，得養生之要訣，於性或有未盡，不知性命兼全，道德一致爾。霖自幼及壯，謹誦玄言，以待有司之問。今已老矣，欲討深義，以修自己之真。自度耄荒，難測聖意，今取諸家之善，斷以一己之善，非以啓迪後學，切要便於檢閲，目之曰《取善集》，覽者幸勿誚焉。饒陽居士李霖序。（《道德經取善集》卷首，明正統《道藏》本，文物出版社等一九九四年，第一三册八四四頁。）

郭用中

郭用中字仲正，平陽（今山西臨汾）人。大定七年進士。歷浮山簿、陝州録事。卒年三十一。元好問稱其「殊有詩人思致」。①

---

①《中州集》卷八《郭録事用中》，中華書局上海編輯所一九六二年，第四〇八頁。

《寂照居士集》。《中州集》卷八《郭録事用中》著録，郝子玉（俣）、毛牧達（麾）、鄭仲康（時昌）爲之引。

蔡珪

蔡珪字正甫，號無可居士，真定（今河北正定縣）人。蔡松年之子。天德三年進士，調澄州軍事判官，遷三河主簿。正隆三年，以博物多識辟爲鐘鼎彝器編類官。丁父憂，起復翰林修撰，同知制誥，改户部員外郎，太常丞。朝廷稽古禮文之事，取其議論爲多①。大定十六年，由禮部郎中出守潍州，卒②。元好問嘗言：「國初文士如宇文大學、蔡丞相、吴深州等，不可不謂之豪傑之士。然皆宋儒，難以國朝文派論之，故斷自正甫爲正傳之宗，党竹溪次之，禮部閑閑公又次之。」③

《補南北史志書》六十卷。《中州集》卷一《蔡太常珪》著録，大定中刊印。今按，《金史》卷一二五《文藝傳》：「合沈約、蕭子顯、魏收『宋』、『齊』、『北魏』志，作《南北史志》三十卷。」

《晉陽志》十二卷。《中州集》卷一《蔡太常珪》著録。另，《永樂大典》卷五二〇〇原字韻引

---

① 《金史》卷一二五《文藝傳》，中華書局一九七五年，第二七一七頁。

② 金蔡珪《文慧禪師塔銘》署「大定十六年丙申三月朔日」、「中憲大夫前潍州刺史」。見清董濤《曲陽金石録》，《石刻史料新編》本，臺北新文豐出版公司一九八六年，第三輯二四册四五七頁。今按，「潍州」原作「淄州」，當以形近刊誤。

③ 《中州集》卷一《蔡太常珪》，中華書局上海編輯所一九六二年，第三三頁。

《太原志》涉及①。明代尚存。

《續金石遺文集録》六十卷。《中州集》卷一《蔡太常珪》著録。

《金石遺文跋尾》十卷。《中州集》卷一《蔡太常珪》著録。今按，《金史》卷一二五《文藝傳》作《續金石遺文跋尾》十卷。

《古器類編》三十卷。《中州集》卷一《蔡太常珪》著録。今按，金元好問《續夷堅志》卷四《古鼎》涉及，可略見其内容：「燕都廟學，有夾銅鼎焉，高二尺，受數斛，篆有『離明神鼎養火』六字，後歸裕陵，竟不曉古人作何用也。郭太傅舜俞説：『博平路氏一鼎，無款識，無文章，而黄金丹碧，絢爛溢目，受五升許，高三尺。其一稍大，路氏用之煮茶，以少火燎其足，則水隨沸。大定中，銅禁行，不敢私藏，摧大足折送之官，足中虛，折處銅楂作火焰上騰之狀。』天壤間神物奇寶，成壞俱有數，特見毁於庸人之手爲可惜耳。蔡内翰正夫《古器類編》記二鼎云：『其一，大定三年二月②，藍田玉山鄉農民李興穿地得之，高二尺，兩耳有字一十行，文曰：王四月初吉丁亥。以長曆考之，魯莊公十二年四月丁亥，即周安釐王初立之歲，未改元，故不稱年而僅以月數焉。又

---

①《永樂大典》卷五二〇〇原字韻引《太原志》云：「皇統中，又以鄜延路、晉寧軍隸汾燕節度，則總府之所統，西踰河外矣。」注曰：「已上出金大定《晉陽志》。」中華書局一九九七年，第三册二二四八頁。

②「大定」原作「明昌」。蔡珪卒於大定十六年，其著述無涉及明昌可能，當是傳録有誤。

有一百二字，必周侯伯所作之器也。其一，太原三交西南，大定九年，汾水壞東岸古墓，有鼎及鐘磬之屬，鼎小者五寸許，大幾三尺，中作黄金色，所實牛羹尚可辨。鐘磬小者不及二尺，幾十六等，蓋音律之次也。雖無款識，皆周物也。』」

《補正水經》三卷。《中州集》卷一《蔡太常珪》著録，作「《水經補亡》四十篇」，《金史》卷一二五《文藝傳》則謂「五篇」。今按，入元後，蔡氏《補正水經》重刊。元末明初王褘《王忠文公文集》卷六《水經序》謂「金蔡正甫氏嘗作《補正》三卷，而亦不傳」。當佚於元明易代之際。

元蘇天爵《題〈補正水經〉後》：

《補正水經》者，金禮部郎中蔡公珪所述也。蔡氏世家真定，父祖皆仕於金。公生長富貴，雅好著述。予自髫歲訪公遺書，得其文集五十五卷，《晉陽志》十二卷，《燕王墓辨》一卷，《補正水經》三卷。其他《補南北史志》六十卷，《古器類編》三十卷，《續歐陽公金石遺文》六十卷，並跋尾十卷，皆已不存。而文集乃高丞相汝礪模本，《晉陽志》、《墓辨》、《水經》皆寫本也。至順三年春，予爲江南行臺御史，橐《水經》將板行之。適奉詔録囚湖北，七月歸至岳陽，與郡教授于欽止覽觀山川。欽止言：洞庭西北爲華容，而縣尹楊舟方校《水經》，念其文多訛闕，予因以《補正》示之，今所刻者是也。夫以蔡公問學之博，考索之精，著述文字之富，兵難以來散失無幾。余酷好訪求前代古文遺事，而僅得此，則知世之君子善言懿行泯没而無聞者多矣，可勝惜哉！予與公同居鄉郡，潭西故宅已爲釋氏所廬，丘隴在滹沱之西太保莊者，翁仲石獸猶存。昔嘗過之，有懷賢不勝之感。公之行事，則具秘書少監郭長倩所述墓誌云。（《滋溪文稿》卷二九，中華書局一九九七年，第四八三頁。）

元歐陽玄《補正水經序》：

金禮部郎中蔡正甫作《補正水經》三卷，翰林應奉蘇君伯修購得其書，將版行之，屬余序其篇端。案隋《經籍志》有兩《水經》，一本三卷，郭璞注；一本四十卷，酈善長注，善長即道元也。然皆不著撰人姓名。唐杜佑作《通典》時，尚見兩書，言郭璞疏略，於酈注無所言，撰人則概未之考也。《舊唐志》始云郭璞作。宋《崇文總目》亦不言撰人爲誰，但云酈注四十卷，亡其五。然未知兩《水經》之一在一亡，已見於斯時否也？《新唐志》乃謂漢桑欽作《水經》，一云郭璞作，今人言桑欽者本此也。《崇文總目》作於宋景祐，與新志書同時，又未知新志何所據以爲説也？余嘗參訂之，説者疑欽爲東漢順帝以後人，以毚一縣疑之也。今經言江水東徑永安宮南。永安宮，昭烈托孤於孔明之地也。今特著於斯，又若因其人而重者，得非蜀漢間人所爲乎？不寧惟是也，其言北縣名多曹氏置，南縣名多孫氏置，余又未暇一二數也，斯則近代宇文氏以爲經傳相淆者，此説近之也。然必作經、作傳之人定，而後可分也。或者又曰：「豈非欽作於前，二氏附益於其後。」他書或然也，而此未必也。西漢《儒林傳》言，塗惲授河南桑欽君長《尚書》。晁氏言欽成帝時人。使古有兩桑欽則可，審爲成帝時欽，則是書不當見遺於漢《藝文志》也。抑余又有疑於斯。水經述作，往往見於南北分裂之時，借曰《舊唐志》可據，則作者南人，注者北人，在當時皆有此疆彼界之殊，又焉知其詳略異同，不限於一時聞見之所逮也？嗟夫！古今有志之士，思皇極之不足，傷同風之無時，又焉知其不寓深意於是書也？然則景純也，道元也，正甫也，是或一道也。然以余觀正甫之博洽多識，其見於他著作者，蓋有劉原父、鄭漁仲之風，中州士之巨擘也。是書雖因宇文氏之感發，而有以正蜀版遷就之失，其詳于趙、代間水，此固景純之所難。若江自潯陽以北，吴淞以東，則又能使道元之無遺恨者也。伯修生車書混一之代，身爲史官，年學俱富，於金人放失舊聞，多所收攬。而是書又有關於職方之大者，故余亦願附著其説焉，而不自知其妄也。（元蘇天爵《元文類》卷三六，上海古籍出版社一九九三年，第四五三頁。）

《燕王墓誌辨》一卷。《中州集》卷一《蔡太常珪》著録。今按，《金史》卷一二五《文藝傳》、元蘇天爵《滋溪文稿》卷二九《題〈補正水經〉後》俱作《燕王墓辨》。

《無可居士文集》五十五卷。《中州集》卷一《蔡太常珪》、《金史》卷一二五《文藝傳》俱稱有文集行世，當以號名。另，元蘇天爵《滋溪文稿》卷二九《題〈補正水經〉後》：「予自蚤歲訪公遺書，得其文集五十五卷，《晉陽志》十二卷，《燕王墓辨》一卷，《補正水經》三卷。」元代尚存。

元郝經《書蔡正甫集後》：

哀哉蕭閑蔡丞相，崔浩倖免門房誅。文采風流今尚存，筆力矯矯踵遺孤。中朝尚文屬安治，儒雅柄用敦詩書。揚厲偉跡加潤色，鋪張鴻休尊典謨。共推小蔡燕許手，金石瓌奇近世無。森森凡例本六經，貫穿百代恢規模。追琢山嶽礱琬琰，郊廟祠宇神鬼墟。斷鼇立極走四夷，銘功頌德流八區。煎膠續絃復一韓，高古勁欲摩歐蘇。幾回細看聖安碑，區別二代張吾儒。車輪眼孔斗大膽，突兀正論搖天樞。滔滔更辯燕王墓，證據古今攄恰誣。瑣屑芥蔕一無遺，有似爾雅編蟲魚。不肯蹈襲抵自作，建瓴一派雄燕都。昨從張公借書讀，文府武庫渾不殊。堆山疊岸亂策中，煙煤一書纏網蛛。爲讀忽見文正宗，歸來撫卷爲嗟吁。規矩準繩有大匠，自視所作何麤疎。乃今政須日一通，深探海底尋驪珠。更書卷尾記年月，龍集己酉八月初。（《陵川集》卷九，文淵閣四庫全書本。）

王礎

王礎字鎮之，號退翁，薊州玉田（今河北玉田縣）人。遼保大二年進士，仕爲奉聖州市判。入金後，除太子洗馬，知縣事。大定四年，以歸德府判官致仕。大定十七年卒，壽八十三。① 子寂，名著當時。

《退翁詩集》。金王寂《先君行狀》：「性嗜書卷，未嘗去手。有詩百篇，平淡簡古，如其爲人。」當以號名詩集。

---

① 金王寂《拙軒集》卷六《先君行狀》，叢書集成初編本，中華書局一九八五年，第六九頁。

移剌傑

移剌傑，始末未詳。大定十五年，仕为翰林修撰，奉詔譯諸經，講究其義①。

《世宗起居注》。《金史》卷七《世宗紀》：十八年正月，「移剌傑修起居注上書言：『每屏人議事，雖史官亦不與聞，無由紀録。』上以問平章政事石琚、左丞唐括安禮，對曰：『古者，天子置史官於左右，言動必書，所以儆戒人君，庶幾有所畏也。』」今按，《金史》卷八八《石琚傳》繫此事於「大定十七年」。

曹望之

曹望之字景蕭，宣德（今河北宣化縣）人。天會間，以秀民子選充女真字學生。年十四業成，授西京教授，累遷行臺吏部員外郎。海陵時，賜進士及第，累遷絳陽軍節度使、户部郎中。大定間，除户部侍郎，兼同修國史。出爲德州防禦使，召拜户部尚書，卒。②

《太宗實録》。《金史》卷八八《曹望之傳》：「《太宗實録》成，監修國史紇石烈良弼賜金帶一、

① 《金史》卷九九《徒單鎰傳》，中華書局一九七五年，第二一八六頁。
② 《金史》卷九二《曹望之傳》，中華書局一九七五年，第二〇三五頁。

重綵二十端。同修國史張景仁、劉仲淵、曹望之皆賜銀幣有差。」

《曹户部詩集》三十卷。《金史》卷八八《曹望之傳》：「及貴，稍知讀書，遂刻苦自致，有詩集三十卷。」今按，明王圻《續文獻通考》卷一八三《經籍考》著録，作《曹户部詩集》，從之。

楊伯雄

楊伯雄字希雲，真定藁城（今河北藁城）人。皇統二年進士。海陵朝，官至翰林待制、右諫議大夫。大定中，累遷沁南軍節度使、平陽尹，有惠政，百姓稱之。年六十五卒，謚莊獻。①

《海陵起居注》。《金史》卷一〇五《楊伯雄傳》：「海陵篡立數月，遷右補闕，改修起居注。」又，「丁父憂，起復翰林待制，兼修起居注。遷直學士，再遷右諫議大夫，兼著作郎，修起居注如故。」又，「海陵議征江南，伯雄奏：『晉武平吴皆命將帥，何勞親總戎律？』不聽。乃落起居注，不復召見。」

《瑶山往鑒》。《金史》卷一〇五《楊伯雄傳》：大定初，丁母憂，起復少詹事。「集古太子賢不肖爲書，號《瑶山往鑒》，進之。」

---

① 《金史》卷一〇五《楊伯雄傳》，中華書局一九七五年，第二三一七頁。

劉仲誨

劉仲誨字子忠，大興宛平（今北京宛平）人，劉彦中之子。皇統九年，賜進士第，除應奉翰林文字。海陵時，遷翰林修撰。大定中，累官吏部尚書，轉太子少師兼御史中丞。十九年卒。①

《世宗起居注》。《金史》卷七八《劉仲誨傳》：「大定二年，遷待制，尋兼修起居注、左補闕。」

張莘卿

張莘卿字商老，城陽（今山東日照）人。天德三年進士，官至鎮西軍節度副使。大定十九年卒，年六十九。子暐，孫行簡、行信，皆金代名臣。②

《太祖實録》。金黄久約《朝散大夫鎮西軍節度副使張公神道碑》：「公文章温潤峻潔，似其爲人。字畫遒麗，得蘇東坡先生遺法。在史館時，與修太祖、睿宗實録。書成，號詳略得宜。」

《睿宗實録》十卷。金黄久約《朝散大夫鎮西軍節度副使張公神道碑》著録。另，元蘇天爵

---

① 《金史》卷七八《劉仲誨傳》，中華書局一九七五年，第一七七三頁。

② 金黄久約《朝散大夫鎮西軍節度副使張公神道碑》，見《（宣統）山東通志》卷一五〇《藝文志》，商務印書館民國二十三年刊印。

《滋溪文稿》卷二五《三史質疑》：「世宗父實録十卷。」

《張莘卿文集》十卷。金黄久約《朝散大夫鎮西軍節度副使張公神道碑》：「逮直詞垣，詔命方下，操筆立就，傳觀坐間，咸服其精敏。詞旨典雅，得兩漢之風。有文集十卷。」

賈少沖

賈少沖字若虚，通州（今北京通縣）人。天眷二年進士。海陵朝，仕爲河中府判官。大定中，累遷太常丞，兼秘書少監，終於順天軍節度使。①

《世宗起居注》。《金史》卷九〇《賈少沖傳》：大定二年，「入爲秘書少監，兼修起居注、左補闕。」

寇才質

寇才質字志道，古襄（今山西襄垣縣）人。多聞博識，不以進取介意。及冠後，究丹經卜筮之術。至晚年，因聃經舊注背義者多，遂慨然篤志，披閲諸子，累日滋久，遂成一編，以論《道德》之奥。

① 《金史》卷九〇《賈少沖傳》，中華書局一九七五年，第二〇〇〇頁。

《道德真經四子古道集解》十卷，存。金寇才質《道德真經四子古道集解序》：

僕草澤無名之野人也，素不以進取介意。及冠之後，酷嗜恬淡之樂，究丹經卜筮之術。至於晚年，讀古人書，披閲諸子，探賾聃經之奥，章章有旨，可謂深矣遠矣。因觀諸家解注，言多放誕，互起異端，諸子淆亂，殆越百家，失其古道本真，良可歎也。獨莊、列、文、庚四子之書，乃老氏門人親授五千言教，各著撰義與相同。其餘諸解，紛紜肆辯，徒以筆舌爲功，虚無爲用，了無所執，又豈可與四子同日而語哉？僕昔隨仕，嘗遊京都，得參高道講師，略扣玄關，盡爲空性之説，不能述道之一二。内省不疚，深其造道而自得，欲以拯世欲之多蔽，悼聖道之不行。又恐膠疑泥惑之流，翻起蜂喧之議，故摭其四子，引其真經，集爲一編，計一十卷，以破雷同之説，因目之曰《四子古道義》。又述《經史疏》十卷，以相爲之表裏，今幸苟完。是論非常恃其臆説，不惟新當時聞見，抑爲千古之高抬貴手也。請好事君子，幸無哂焉。偃息之暇，因援筆而直書之。時大定十九年己亥歲元日，古襄寇才質謹序。（《道德真經四子古道集解》卷首，明正統《道藏》本，文物出版社等一九九四年，第一二册四一一頁。）

金劉謂《道德真經四子古道集解後序》：

竊聞莊、列、文、庚者，乃老氏之門人高弟也。當此周時，皆親授五千言教，探道德之奥旨。捨四子之外，其孰能與於此哉？今之諸集解，義多浮誕，了無所執，各尚異端，百無一當。尚辭者逞於談辯，遺於體要；玩理者拘於淺近，昧乎指歸。是以大道隱於小成，固閉而不能開，久屈而不能伸，由是天下莫不以空性爲科、邪説爲惑，皆不能反於正道也。今古襄寇志道者，多聞博識，有生知自然之性，自幼及冠，心不掛細務，不以名利爲念，酷嗜恬淡之樂，然而經史不輟於涉獵。諸子之中，僻好《道德》二篇，閱及舊注，背義者多。故慨然篤志，累日滋久，不捨晝夜，遂成一編之書，以論《道德》之根本。然猶不肯恃己所長，輒引莊、列、文、庚爲證，庶息天下未達者之謗議也，乃目之曰《四子古道義》十卷。或隨經辯注，或總章定名。纂達義者，有一百餘家；議改本者，近八百餘家。尊上古結繩之化，述聖人體道之規，誚尚怪以遺真，鄙泥空而失治。門目備次，章句有歸。鬼神之説，斥之於無稽；方術之事，屏之於不用。其道之功用粲然，靡所不載，可使後之宗風者，開卷見道而不勞聰明。昔孔子推高老氏之言，故嘗歎之猶龍，以其變化不測，可謂玄德深矣遠矣。驗之于古，考之於今，俾人甚易知甚易行，爲萬世之高抬貴手者，不據是論，餘何言哉？於戲！聖道之興，信由乎時。業得觀高論，醉眼豁然，如披霧而睹光明，蓋天之未喪斯文也。謹援筆直敘，跋之卷尾，姑以贊先生之用心耳。時大定二十年庚子歲正月上元日，鄉貢進士滹源繁時劉謂庭直序。（《道德真經四子古道集解》卷首，明正統《道藏》本，文物出版社等一九九四年，第一二册一一四頁。）

《經史疏》十卷。金寇才質《道德真經四子古道集解序》著録。

鄭子聃

鄭子聃字景純，大定（今内蒙古寧城縣）人。天德三年進士，調翼城丞，除贊皇令，召爲書畫直長。正隆二年，詔再試，奪魁①，除翰林修撰。改侍御史，補沂州防禦使，召爲吏部侍郎，遷翰林侍講學士，兼修國史。大定二十年卒，年五十五。

《熙宗實録》。清金門詔《補三史藝文志·史部實録類》著録。今按，大定中修熙宗實録，子聃既爲「兼修國史」，當與修。

《海陵起居注》。宋張棣《金圖經·族帳部曲録》：「亮時爲翰林修撰，尋遷修起居注。」②

《海陵實録》。《金史》卷一二五《文藝傳》：「上曰：『修《海陵實録》，知其詳無如子聃者。』蓋以史事專責之也。」另，《金史》卷八八《紇石烈良弼》：「世宗謂良弼曰：『海陵時，記注皆不完。人君善惡，爲萬世勸戒，記注遺逸，後世何觀？其令史官旁求書之。』」《金史》卷六《世宗

① 《金史》卷一二五《文藝傳》：正隆二年御試，「中第者七十三人，子聃果第一，海陵奇之。有頃，進官三階，除翰林修撰。」中華書局一九七五年，第二七二六頁。今按，《中州集》卷九《鄭内翰子聃》所記有異：「正隆二年，詔景純再試，擇能賦者八人，先以題付之，以困景純，且將視其中與否罪賞之。及開卷，景純果第一人。楊伯仁、張汝霖中選，劉幾、綦戩、李師顔輩皆被黜。海陵終不以景純爲工，與被黜者兩罷之。」中華書局上海編輯所一九六二年，第四六四頁。

② 李澍田主編《金史輯佚》，長白叢書本，吉林文史出版社一九九〇年，第九六頁。

紀》：大定八年十月。「上謂宰臣曰：『海陵時，修起居注不任直臣，故所書多不實。可訪求得實，詳而録之。』參政孟浩進曰：『良史直筆，君舉必書，自古帝王不自觀史，意正在此。』」《金史》卷一〇六《賈益謙傳》：「我聞海陵被弑而世宗立，大定三年，禁衛能暴海陵蟄惡者，輒得美仕，故當時史官修實録多所附會。」

《鄭子聃文集》。《金史》卷一二五《鄭子聃傳》：「子聃英俊有直氣，其爲文亦然，平生所著詩文二千餘篇。」元蘇天爵《滋溪文稿》卷二五《三史質疑》：「金儒士蔡珪、鄭子聃、翟永固、趙可、王庭筠、趙渢，皆有文集行世，兵後往往不存。」

楊邦基

楊邦基字德懋，號息軒，先世華陰（今陝西華陰）人，後徙汴京（今河南開封）①。天眷二年進士②，授灤州軍事判官，遷太原交城令，以廉爲河東第一。後除秘書少監，擢翰林直學士，以永定軍節度使致仕，大定二十一年卒。能屬文，善畫山水人物。

---

①《金史》卷九〇《楊邦基傳》，中華書局一九七五年，第二〇〇六頁。今按，《明秀集》卷二［水龍吟］魏道明注：「德懋名邦基，汴人，僑寓易水。」

②《中州集》卷八《楊秘監邦基》作「大定中進士」，記誤。中華書局上海編輯所一九六二年，第四一五頁。

《世宗起居注》。《金史》卷九〇《楊邦基傳》：大定初，遷秘書監兼左諫議大夫，修起居注。

張景仁

張景仁字壽甫，遼西人。南山翁劉撝之婿①。皇統二年進士②。累官御史大夫，兼翰林學士承旨，修國史。嘗劾奏平章政事、駙馬烏古論元忠怙寵自任，輒斷六品官，無人臣禮，朝廷肅然。大定二十一年卒。③

《太宗實録》。《金史》卷六《世宗紀》：大定七年七月，「尚書右丞相監修國史紇石烈良弼進《太宗實録》，上立受之。」《金史》卷八八《紇石烈良弼傳》：「《太宗實録》成，賜良弼金帶、重綵二十端，同修國史張景仁、曹望之、劉仲淵以下賞賜有差。」

《海陵實録》。金元好問《尚書右丞耶律公神道碑》：「世宗朝，御史大夫張景仁領國史，公（耶律履）爲編修，受詔修《海陵實録》。」④

《張景仁文集》。《金史》卷八四《張景仁傳》：大定初伐宋，景仁掌文辭，世宗稱曰：「今之

---

① 元王惲《秋澗集》卷五八《渾源劉氏世德碑銘並序》，四部叢刊本。
② 宋張棣《金圖經・族帳部曲録》，見李澍田等《金史輯佚》，吉林文史出版社一九九〇年，第九六頁。
③《金史》卷八四《張景仁傳》，中華書局一九七五年，第一八九二頁。
④ 元蘇天爵《元文類》卷五七，四庫文學總集選刊本，上海古籍出版社一九九三年，第七五〇頁。

文章如張景仁與宋人往復書，指事達意辨而裁，真能文之士也。」當有文集。今存《復宋張魏公書》（大定三年）、《上世宗尊號册文》（大定六年）、《立楚王爲皇太子册文》（大定八年）、《加上世宗尊號册文》（大定十一年）、《增上孝成皇帝尊謚册文》（大定十九年）等。

移剌子敬

移剌子敬字同文，本名屋骨朵魯，遼五院人①。海陵時，官至翰林待制。大定中，遷秘書監，兼右諫議大夫、修起居注修國史。轉簽樞密院事，同修國史。出爲河中尹，轉廣寧尹。大定二十一年卒，年七十一。史稱「有其才，適其時，而位不及者」。②

《遼史》。《金史》卷八九《移剌子敬傳》：「子敬讀書好學，皇統間，特進移剌固修《遼史》，辟爲掾屬，《遼史》成，除同知遼州事。」

《世宗起居注》。《金史》卷八九《移剌子敬傳》：大定二年，以待制同修國史。「改秘書少監，兼修起居注，修史如故。」後累經遷除，仍兼修起居注、國史。

① 所謂五院，或謂北大王院，系遼朝「北府」所屬職官，「以鎮南境」，《遼史·百官志》有説。其駐牧之地在遼上京以南，史載語焉不詳。據學界考證，約包括今內蒙古阿魯科爾沁旗與奈曼旗等部分地區。參見何天明《遼代北南大王院及其駐牧地探討》，《內蒙古社會科學》（漢文版）一九九九年第五期。

② 《金史》卷八九《移剌子敬傳》，中華書局一九七五年，第一九八七頁。

姚孝錫

姚孝錫字仲純，號醉軒，徐州豐縣（今江蘇豐縣）人。北宋政和四年進士，授代州兵曹。靖康二年（金天會五年、一一二七年），雁門失守。時官屬恇怯，孝錫投床大鼾，略不以爲意。授五臺主簿，未幾移疾去。因家五臺，善治生。州境歲饑，出所藏粟萬石振貧乏，多所全濟。中年之後，以家事付諸子，放浪山水，詩酒自娱①。大定二十一年卒，年八十三。②

《雞肋集》五卷。《中州集》卷一〇《醉軒姚先生孝錫》：「所著《雞肋集》，喪亂以來，止存律詩五卷而已。」今按，《永樂大典》卷一三八二四寺字韻引「姚孝錫詩集」《題佛光寺》，明代尚存。

徐次賓

徐次賓，始末未詳。精於占卜術數，稽吉徵凶。

《大六壬玉連環一字訣》一卷，存。金王頤《大六壬玉連環一字訣序》：

① 元好問《中州集》卷一〇《醉軒姚先生孝錫》，中華書局上海編輯所一九六二年，第五〇六頁。

② 金王寂《拙軒集》卷六《姚君哀詞》，叢書集成初編本，中華書局一九八五年，第七三頁。

老子云：「禍兮福所倚，福兮禍所伏。」孰知其極，是禍福也，聖人猶難，況元元之衆，豈能喻前期之得失，察品物之情狀哉！此陰陽者流，所以關於世也。黄帝軒轅氏以中式開天下之聾瞶，雖傳其書，而得其妙用者實寡。近世徐次賓潛心斯道，爲人稽吉徵凶，委曲詳悉，遂本所得，述成一書，題曰《一字訣》，十六門互相發揮，迴圈不已，又曰《玉連環》。室之九逸仙人見其簡略，慨然詳注。覽之者尋源討流，不待金匱玉函，已造會要矣。時大定歲次辛丑孟冬朔，翠微樵隱王頤謹序。（北京大學圖書館藏清宣統三年李紹顔鈔本。今按，大定辛丑即大定二十一年。）

明朱恒《大六壬玉連環一字訣跋》：

右《一字訣》，又名《玉連環》，盧溪徐次賓述，翠微樵隱王頤氏序其端，蓋大金人書也。余昔於苕溪得羅子曼先生所傳陳狀元《玉連環》一書，題曰管輅公明撰，與次賓大略相似，而次序有異。後七言歌章、占風雨等論，舊館兵失去久矣。子曼亦以江西再不復見，今録是書，有動厥中，不能無慨歎耳。次賓云「中間假令，悉是分城元先生所傳」，不知次賓於分城爲何人耶？知之者必有教諸。然嘉言妙理，必有原委，要當參透，何必考爲何人也？洪武丁巳端陽後一日，松江朱恒識。（北京大學圖書館藏清宣統三年鈔本）

石　琚

石琚字自美，定州（今河北定州）人。自幼讀書，過目成誦。既長，博通經史，奪天眷二年進士魁。累遷平章政事，封莘國公，拜右丞相。大定二十二年薨，年七十二，謚文憲。①

《正隆官制》。《金史》卷八八《石琚傳》：海陵時，累官吏部侍郎。大定初，擢左諫議大夫，侍郎如故。奉命詳定制度，遷吏部尚書。「自員外郎至尚書，未嘗去吏部，且十年。典選久，凡宋、齊换授官格，南北通注銓法，能僂指而次第之，當時號爲詳明。」另，《金史》卷五《海陵紀》：「正隆元年五月，頒行《正隆官制》。」

《大定官制》。《金史》卷四三《輿服志》「公服」條引《大定官制》：「文資五品以上官服紫。三師、三公、親王、宰相一品官服大獨科花羅，徑不過五寸，執政官服小獨科花羅，徑不過三寸。二品、三品服散搭花羅，謂無枝葉者，徑不過寸半。四品、五品服小雜花羅，謂花頭碎小者，徑不過一寸。六品、七品服緋芝蔴羅。八品、九品服緑無紋羅。應武官皆服紫。凡散官、職事皆從一高，上得兼下，下不得僭上，窄紫亦同服色，各依官制品格。其諸局分承應人並服無紋素羅。」另，宋尤袤《遂初堂書目·職官類》著録，作《金國大定官制》，或經榷場傳入江南。今按，以上兩制當是石琚以吏部長官奉敕領銜修纂，非個人著述。

① 《金史》卷八八《石琚傳》，中華書局一九七五年，第一九五八頁。

劉迎

劉迎字無黨，號無諍居士。東萊（今山東萊州）人。初以蔭試部掾，大定十三年登進士第①，除豳王府記室，改太子司經，爲顯宗親重。二十二年，從駕涼陘，卒②。

《金國地志》。元耶律鑄《雙溪醉隱集》卷五《拒馬河》：「陣雲北壓飛狐口，戎幕西臨拒馬河。」原注：「《水經》云『巨馬河』，劉無黨《地志》作此『拒』字。」又同卷《阿延川》詩題注：「劉無黨《地志》：『阿延川本遼東王夏納涼處，並無殿宇，惟松棚數楹而已。』」③今按，以其涉河北、遼東，非囿於一方，姑以《金國地志》名之。

《山長林語》。《中州集》卷三《劉記室迎》：「有詩文樂府號《山長林語》，詔國學刊行之。」今

---

①《中州集》卷三《劉記室迎》：「大定十三年，用薦書對策爲當時第一，明年登進士第。」中華書局上海編輯所一九六二年，第一〇九頁。今按，大定時，金之科舉漸趨完善，三年一舉已成制度。大定十三年及前之大定十年、後之大定十六年，爲選舉年。既謂登第，非屬特恩，當於大定十二年「用薦書對策」。

②《中州集》小傳原作「二十年，從駕涼陘，以疾卒」。今按，《中州集》誤記，一是《中州集》卷一〇《醉軒姚先生孝錫》：「大定二十一年八月，姚孝錫以疾終，劉迎官司經，有挽詩」；二是元王惲《玉堂嘉話》卷四引劉迎《左丞唐括安禮碑》：「尹大興時，迎午休吏，燕雀語堂下，人不知有官府」。據《金史》卷八八《唐括安禮傳》，唐括氏卒於大定二十一年四月，則撰碑必在此後。另，《金史》卷七《世宗紀》：大定二十二年，世宗「如金蓮川」。劉迎當於是年橐筆從駕，以疾卒。

③ 遼海叢書本，遼沈書社一九八五年，第一九二七頁。

按，《（雍正）山東通志》卷三四《經籍志》著録「劉迎《山長林語》六卷」。

孟宗獻

孟宗獻字友之，號虛静居士，開封（今河南開封）人。大定三年，連中鄉、府、省、御四試第一，號稱「孟四元」。授翰林應奉文字、曹王府文學兼記室參軍。以疾尋醫，久之，除同知單州軍州事。大定二十三年，丁母憂，哀毁卒。

《虛静居士集》。金劉祁《歸潛志》卷八云：「嘗著《牡丹賦》行於世，其詩詞亦有集。」當以號名。

金劉迎《題孟宗獻詩卷後》：

簪紱忘情累，山林閲歲陰。選官堂印手，説法老婆心。世路嗟前却，人生變古今。公乎真不死，名姓斗之南。①

---

① 《中州集》卷九《孟内翰宗獻》，中華書局上海編輯所一九六二年，第四五六頁。今按，小傳未言卒年，而有相人孔嗣訓挽詩「二十年間事，才名一夢新」，汴人高公振挽詩「禮樂三千字，才名二十年」。大定三年，孟宗獻奪魁，至大定二十三年，即所謂才名二十年。

郭長倩

郭長倩字曼卿，文登（今山東文登）人。皇統六年，經義乙科進士。仕至秘書少監兼禮部郎中。與王競、劉瞻、劉迎等相友善。嘗撰《石決明傳》，爲時所稱。①

《崑崙集》。《中州集》卷八《郭秘監長倩》著録。

移刺道

移刺道，本名趙三，其先乙室部人，徙咸平（今遼寧開原）。通女真、契丹、漢字。熙宗朝，官户部員外郎。海陵時，仕爲户部郎中。世宗朝，遷户部尚書、南京留守，拜平章政事。大定二十四年薨。②

《世宗起居注》。《金史》卷八八《移刺道傳》：大定初，「迁翰林直學士，兼修起居注。」

---

① 《中州集》卷八《郭秘監長倩》，中華書局上海編輯所一九六二年，第四〇七頁。

② 《金史》卷八八《移刺道傳》，中華書局一九七五年，第一九六七頁。今按，所謂乙室部，契丹部族。《遼史》卷四《太宗紀》：會同元年十一月，「升南、北二院及乙室夷離菫爲王」。夷離謹，部族職名，指大部族大王。另，《遼史》卷四六《百官志》「北面部族官」：「乙室部，在朝曰乙室王府，有乙室府迪骨里節度使。」爲契丹四大部族之一。其部族源起及所在未詳，俟考。中華書局一九八三年，第四五頁、七二六頁。

畢履道

畢履道，平陽（今山西臨汾）人。

《地理新書》十五卷，存。清楊紹和《楹書偶録》卷三著録：「影金精鈔本《重校正地理新書》十五卷四册。每半葉十七行，行三十字，首載翰林侍讀學士臣王洙等奉敕管勾删修序，並大定閼逢執徐平陽畢履道、明昌壬子古戴張謙兩序。蓋自唐貞觀中，太常博士吕才撰《陰陽書》五十卷，其八篇地理也。宋司天監史序等輯《乾坤寶典》四百五十篇，其三十篇地理也。至景祐時，司天監丞王承用指其闕誤，乃詔太子中允集賢校理嵇穎、冬官正張遜、太卜署令秦弁與承用覆校同異，五年而畢，付太常命司天少監楊惟德詳其可否。惟德洎遜，斟酌新曆，修正舛盭，别成三十篇，曰《地理新書》。皇祐三年，集賢校理曾公又奏以淺漶疏略，無益於世，復詔洙等洎公置局删修，爲地事二十篇，葬事十篇，地圖一篇，目録一篇，共三十二篇，於是始得成書。顧兵火之餘，監本久失，履道洎謙因先後訪求善本，校正添補，並爲之圖考注釋，用以刊行，故有補完目録前標題監本補完《地理新書》重校之目也。考《秘閣書目》、《國史經籍志》、《菉竹堂書目》均載有《地理新書》，疑即此本。而近來收藏者則絶少著録，亦術數家之枕中秘矣。卷末有《愛日精廬藏書》一印，即藏書志之昭文張君金吾也。」①另，清莫友芝《宋元舊本書經眼録》卷二亦著録，作《圖解校正地理新書》十五卷，有云：「金世宗大定甲辰 宋淳熙十一年，平陽畢履道爲圖解。章宗明昌壬子 宋紹熙三年，古戴鄙夫張謙復爲精校以行。此本殆即謙所刻也。……王洙詳注則十三行，行二十六字。每册首有曾藏汪閬原家印，知爲汪士鐘舊藏，今歸丁禹生方伯。丁卯十一月朔日，觀首此册末有田耕堂藏、士禮居藏二印。」②

金畢履道《地理新書序》：

宅葬者，養生送死之大事也。自司馬史分陰陽家流，至唐迄宋，屢詔儒臣典領司天監，屬出秘閣之藏，訪草澤之術，胥參同異，校覈是非，取捨於理，而災祥有稽者，留編太常，即今之頒行《地理新書》是也。俾世遵用，以裨政治，保生民躋于壽域，惠亡者安於下泉，示愛民廣博之道，不甚韙歟！兵火之後，失厥監本，於是俗所傳者，甚有訛謬，至於辭約而理乖，名存而實革。既寢差誤，觸起凶災。僕深患斯文之弊，遂質諸師説，訪求善本，參校以正之者，僅千餘字；添補遺闕者，幾十數處；兼有度刻步尺之差者，則以演算法考而改之；有陰陽加臨之誤者，則以成法推而定之。至若四方正位，詳説其準繩，表臬求影於星，取中之法四折，曲路細畫其角，斜正方合

① 續修四庫全書本，上海古籍出版社影印，第六四八頁。
② 續修四庫全書本，上海古籍出版社影印，第四九五頁。

句股。入穴之圖，山水列其吉凶，祭事分於壇墠。發揮經義，注釋禮文，歲餘方畢。藏之於家，以俟同道之能者踵門而采擇焉，庶亦知予攻業之不忽也。時大定歲在閼逢執徐，平陽畢履道題。（《重校正地理新書》卷首，續修四庫全書本，上海古籍出版社影印。今按，歲在閼逢執徐，以干支計之，指甲辰，即大定二十四年。）

張中偉

張中偉字充甫，號棲雲居士，中孚、中彦之弟。平生嗜讀書，尤善作詩，語意沖淡，有晉宋詩人風致。養志既久，滋厭仕宦。大定二十五年卒，年六十七。

《**義谷集**》。金党懷英《棲閑居士張仲偉墓表》：「中孚自號長谷老人，弟中彦字才甫，號野谷，季弟某義谷，有『三谷集』傳於世。」①

楊伯仁

楊伯仁字安道，伯雄之弟，真定藁城（今河北藁城）人。皇統九年進士。海陵朝，仕爲翰林修撰。大定中，累遷翰林侍講學士，兼太常卿。以文詞典麗，爲世宗眷顧。大定二十五年，卒。

---

① 清張金吾《金文最》卷一一四，中華書局一九九〇年。今按，原署「沈英」，當是碑版闕泐而識誤，實即党懷英撰。

《世宗起居注》。《金史》卷一二五《文藝傳》：大定初，修起居注，兼左拾遺。久之，「大臣舉可修起居注者數人，上以伯仁領之。」

《楊伯仁文集》。《金史》卷一二五《文藝傳》：「久在翰林，文詞典麗，上曰：『自韓昉、張鈞後，則有翟永固，近日則張景仁、鄭子聃，今則伯仁而已，其次未見能文者。』」當有文集。今存《安次縣留犢村寧國院碑記》（大定三年）、《重修東嶽廟碑》（大定二十二年）等。

常彦修

常彦修，出處不詳。與岳陽縣令王大鈞同鄉。嘗取舊本《兩漢策要》摹搭刊行，欲增而廣之，半途而逝。其二孫承意繼志，校證補遺，刊印流傳。

《校補兩漢策要》十二卷，存。明毛扆《汲古閣珍藏秘本書目·集部》著録「元人手鈔」十四册。另，清錢泰吉《曝書雜記》卷一亦著録：「《兩漢策要》十二卷。前漢五卷續添一卷；後漢五卷續添一卷。《汲古閣秘書目》謂爲元人手鈔者，即此也。丙申夏日，得此於杭州書肆，乃乾隆五十三年，贛郡守竹軒張君鉤摹之本，第三卷原缺。前有如臯子長甫張朝樂校閲字，後有玩松山人穆大展時年七十有三，刻篆字本記。翁覃溪、竇東臯、粱山舟諸先生爲之跋，皆以手跡摹刻，恍如名人法帖，不獨全文之爲元人精鈔可愛也。前有金大定乙巳中元日承直郎岳陽縣令雲騎尉賜緋魚袋王大鈞序，謂其鄉常同知彦修宅取舊本《兩漢策要》摹搭刊行，恨其遺脱，嘗欲增廣。二孫承意繼志，將向者遺脱一一校證，添補附入，命工鋟木。今兩漢俱有續添之卷，其即彦修二孫所補歟？後有景祐二年六月、丹陽從事阮逸序，謂進士陶叔獻得漢聖之學，稽合衆作，去繁取衷，撮數萬言，編成十卷。王序所謂舊本《兩漢策要》者，當即陶氏叔獻之書也。然阮氏序前已標重雕補注《兩漢策要》，序則彦修所摹者，非陶氏原本矣。昭文張氏金吾《愛日精廬藏書志》載紹興刊本陶氏《西漢文類》殘本五卷，惜未得校其異同也。」今按，據媒體報導，二〇一一年五月二十二日，在中國嘉德春拍「古籍善本」專場中，一部元鈔本《兩漢策要》十二卷十六册，以九百萬元人民幣起拍，經過近七十輪競價，最終以四千八百三十萬元成交。此鈔本歷來視爲古籍珍品，爲學術界藏書界關注。自明嘉靖間，爲周良金所有；至清順治中，歸毛氏汲古閣收藏。後又幾經易主。書内有翁方綱、錢大昕、袁枚等名流題跋，鈐印累累，享譽海内。

金王大鈞《兩漢策要序》：

皇朝專尚詞賦取士，限以五經、三史出題，惟東西漢二書，最爲浩汗，學者披閲，如涉淵海，卒莫能際其畔岸。大抵菁華無出策論書疏而已，可取而爲題者，十蓋八九，真科舉之急用也。先是吾鄉常同知彦修宅，取舊本《兩漢策要》，摹搭刊行於世，其間錯謬及有不載者，僅數十篇，殆爲闕典。彦修痛恨遺脱，嘗欲增廣，方經營間，不幸早世。今二孫克家，不墜箕裘之緒，皆業進士，乃承意繼志，遂再爲編次，將向者遺脱，一一校證添補附入，命工鋟木，用廣傳佈，且索序引。予喜其不負乃祖之意，使斯文號爲完書，是可嘉也，姑直書所以題其端首云。大定乙巳中元日，承直郎岳陽縣令雲騎尉賜緋魚袋王大鈞序。（清光緒戊戌上海古香閣石印本。今按，大定乙巳指大定二十五年。）

張汝弼

張汝弼字仲佐，遼陽渤海（今遼寧遼陽）人，玄徵之子。正隆二年進士。世宗即位於遼陽，往歸之，授應奉翰林文字，累遷吏部尚書，拜參知政事，進尚書右丞。大定二十七年薨。①

《世宗起居注》。《金史》卷八九《移剌子敬傳》：大定二年，「子敬與秘書少監石抹頤、修起居注張汝弼侍便殿。」

梁肅

梁肅字孟容，奉聖州（今河北張家口）人。天眷二年進士，累官刑部尚書，以濟南尹致仕，起復彰德軍節度使，召拜參知政事。大定二十八年薨，謚正憲。②

《鹽池記》一卷。《（光緒）山西通志》卷八七《經籍志》著録。

---

① 《金史》卷八三《張汝弼》，中華書局一九七五年，第一八六九頁。

② 《金史》卷八九《梁肅傳》，中華書局一九七五年，第一九八一頁。

王　繪

王繪字質夫，濟南（今山東濟南）人。皇統九年進士，官至太常卿。①

《注太白詩》。《中州集》卷八《王太常繪》：「有《注太白詩》行於世。」元于欽《齊乘》卷一《山川》：「鵲山。府北二十里。王繪《太白詩注》云：『扁鵲煉丹於此，俗又謂每歲七、八月烏鵲翔集，故名。』按扁鵲盧人，近在今長清縣地，煉丹此山者是。」② 則是書元代尚存。

杜　佺

杜佺字真卿，武功（今陝西武功）人。少時嘗以藥名詩名關中。齊阜昌中登第，蒞官有聲。馬嵬太真墓過客多有題詩，章宗命詞臣録五百餘首，以佺作爲佳。③

《錦溪集》。《中州集》卷八《杜佺》：「舊有《錦溪集》，亂後不復見矣。奉天楊奂云。」

---

① 《中州集》卷八《王太常繪》作「天會二年進士」。中華書局上海編輯所一九六二年，第三九二頁。今按，王繪《大聖院記》云：「昔在皇統九年，繪就試回，待榜之次，胸次芥蔕……不數月，捷報登第。」見《金文最》卷二三，中華書局一九九〇年。

② 宋元方志叢刊本，中華書局一九九〇年，第一册五二六頁。

③ 《中州集》卷八《杜佺》，中華書局上海編輯所一九六二年，第三九三頁。

劉汲

劉汲字伯深，號西嵓子，應州渾源（今山西渾源縣）人，南山翁劉撝之子。天德三年進士，釋褐慶州軍事判官①，入爲應奉翰林文字，出爲西京路轉運司都勾判官。平生寡合不羈，晚節倦於遊宦，放浪山水，以遺興讀書爲樂。年五十八卒。②

《西嵓集》。《中州集》卷二《劉西嵓汲》著録：「自號西嵓老人，有《西嵓集》傳於家，屏山爲作序云。」

金李純甫《西嵓集序》：

人心不同如面。其心之聲發而爲言，言中理謂之文，文而有節爲之詩。然則詩者，文之變也，豈有定體哉？故三百篇，什無定章，章無定句，句無定字，字無定音，大小長短，險易輕重，惟意所適。雖役夫室妾悲憤感激之語，與聖賢相雜而無愧，亦各言其志也已矣，何後世議論之不公邪？齊梁以降，病以聲律，類俳優然。沈宋而下，裁其句讀，又俚俗之甚者，自謂靈均以來，此秘未睹，此可笑者一也。李義山喜用僻事，下奇字，晚唐人多效之，號西昆體，殊無典雅渾厚之

①《中州集》卷二《劉西嵓汲》，中華書局上海編輯所一九六二年，第七七頁。

②元王惲《秋澗先生大全文集》卷五八《渾源劉氏世德碑銘並序》，四部叢刊本。

氣，反罝杜少陵爲村夫子，此可笑者二也。黄魯直天資峭拔，擺出翰墨畦逕，以俗爲雅，以故爲新，不犯正位，如參禪着末後句爲具眼。江西諸君子翕然推重，别爲一派，高者雕鐫尖刻，下者模影剽竄，公言韓退之以文爲詩，如教坊雷大使舞；又云學退之不至，即一白樂天耳，此可笑者三也。嗟乎，此説既行，天下寧復有詩邪？比讀劉西嵓詩，質而不野，清而不寒，簡而有理，淡而有味，蓋學樂天而酷似之。觀其爲人，必傲世而自重者，頗喜浮屠，邃於性理之説。凡一篇一詠，必有深意，能道退居之樂，皆詩人之自得，不爲後世論議所奪，真豪傑之士也。（《中州集》卷二《劉西嵓汲》，中華書局上海編輯所一九六二年，第七七頁。）

金趙秉文《跋劉伯深西嵓歌》：

歌云：「西嵓逸人以天爲衢兮，地爲席茵。青山爲家兮，流水爲之朋。饑食芝兮渴飲泉，又何必有肉如林兮有酒如澠。世間清境端爲我輩設，吾徒豈爲禮法繩。少文援琴衆山響，太白弄明月清波澄。人間行路是處多炎熱，如河水泉山後六月，赤腳踏層冰。」南山翁子伯深《西嵓歌》，置之古人集中，誰能辨之？所謂不拘禮法，非如晉之狂士。公未及五紀致政，臨終不亂，蓋有道者。公又有詩云：「身將隱矣文何用，人不知之味更真。」尤可諷咏。（《滏水集》卷二〇，叢書集成初編本，中華書局一九八五年。）

王元節

王元節字子元，號遯齋，弘州（今河北陽原縣）人。家世貴顯，南山翁劉撝之婿。中天德三年詞賦進士①，仕爲密州觀察判官。雅尚氣節，不能從俗俯仰，故仕不達。罷職後，以詩酒自娱，年五十餘卒。②

《遯齋先生詩集》。元魏初《遯齋先生詩集序》：

先生諱元節，字子元，遯齋其自號也，弘州人。渾源劉南山翁以女妻之，傳其賦學。中進士第。雅尚氣節，不隨俗俯仰。仕至密州觀察判官。既罷，即逍遥鄉里，以詩酒自適。年五十餘以卒。壬辰北渡，元遺山名重一時，於人品於文字，毫髮不少貸。嘗收集中州名士詩文，先生得與其選，且爲之傳。故先生之文行，於是乎公論定矣。其孫振伯起至元十九年，敕授江南浙西道提刑按察司經歷，以廉幹稱。二十三年，會余於杭，以余有鄉曲之舊，頗相愛念，因以先生詩集見示，古律共若干首。余謂金國百有餘年，以文章名家者，如党竹溪、王黄華、趙黄山，楊、趙二禮部，雷、李、王、麻諸公，不啻百數十人，其餘爲兵亂磨滅者不可勝計。今伯起收集先世遺文以爲子孫

① 《金史》卷一二六《文藝傳》，中華書局一九七五年，第二七三九頁。

② 《中州集》卷七《王元節》，中華書局上海編輯所一九六二年，第三四五頁。

傳，其意亦有足嘉者。嗚呼！衣冠之後有不得已在胥吏、在商賈、在農工卒伍者，知其有先業之美而能繼起之，是又吾伯起之心也，故並書之。其年五月，順聖魏初引。（《青崖集》卷三，文淵閣四庫全書本。）

喬扆

喬扆字君章，亦作仲章，初名逢辰，號蓮峰真逸，洪洞（今山西洪洞縣）人。天德三年進士①。嘗官華州蒲城丞，值正隆之亂，關陝空虛，職官多挈家遁去，惟君章率衆堅守，保全一城。累官河東南路按察使②。文學深博，兼通音律，教其子德容與苗顔實琴事，皆有所爲。③

《蓮峰真逸詩稿》。《（民國）洪洞縣志》卷一七《藝文志》著録。今按，陳垣等《道家金石略》録《蓮峰真逸》詩二首，其中《題興慶池》末句「曾伴寧王玉笛吹」注云：「家集中『伴』作『照』」④。

① 《中州集》卷二《蓮峰真逸喬扆》，中華書局上海編輯所一九六二年，第一〇四頁。
② 清胡聘之《山右石刻叢編》卷二一《喬仲章事輯》，歷代碑誌叢書本，江蘇古籍出版社一九九八年，第一五册八一三頁。
③ 《遺山先生文集》卷三六《琴辨引》，四部叢刊本。
④ 文物出版社一九八八年，第一〇四二頁。

移剌慥

移剌慥，本名移敵列，契丹虞吕部（今俄羅斯濱海邊疆區）人。通契丹、漢字。大定十九年，以大理卿奉詔典領更定制條。大定末，終於臨洮尹。①

《大定重修律例》十二卷。亦作《大定重修制條》。《金史》卷八九《移剌慥傳》：「皇統間，參酌隋、唐、遼、宋律令，以爲《皇統制條》。海陵虐法，率意更改，或同罪異罰，或輕重不倫，或共條重出，或虚文贅意，吏不知適從，夤緣舞法。慥取皇統舊制及海陵續降，通類校定，通共窒礙，略其繁碎。有例該而條不載者，用例補之。特闕者用律增之。凡制律不該及疑不能参決者，取旨畫定。凡特旨處分，及權宜條例内有可常行者，收爲永格。其餘未可削去者，别爲一部。大凡一千一百九十條，爲十二卷。書奏，詔頒行之。」另，《金史》卷四五《刑志》：大定十七年，「上以《正隆續降制書》多任己意，傷於苛察。而與皇統之制並用，是非淆亂，莫知適從，奸吏因得上下其手。遂置局，命大理卿移剌慥總中外明法者共校正。乃以皇統、正隆之制及大定《軍前權宜條

---

①《金史》卷八九《移剌慥傳》：「上還自上京，以爲西京留守，改臨洮尹，卒。」中華書局一九七五年，第一九八六頁。今按，世宗還自上京，時在大定二十五年。除留守，改府尹，以至於卒，當在大定末。另，虞吕部亦作虞婁部，系漢語音譯，字無定型。《新唐書》卷二一九《黑水靺鞨傳》謂「又有拂捏、虞婁、越喜、鐵利等部」。中華書局一九八六年，第六一七九頁。

理》、《後續行條理》，倫其輕重，删繁正失。制有闕者以律文足之。制、律俱闕及疑而不能決者，則取旨畫定。《軍前權宜條理》內有可以常行者亦爲定法，餘未應者亦别爲一部存之。參以近所定徒杖減半之法，凡校定千一百九十條，分爲十二卷，以《大定重修制條》爲名，詔頒行焉。」

劉仲尹

劉仲尹字致君，號龍山，蓋州（今遼寧蓋縣）人，後遷沃州（今河北趙縣）。正隆二年進士。以潞州節度副使，召爲都水監丞，卒。①

《龍山集》。《中州集》卷三《劉龍山仲尹》：「致君家世豪侈，而能折節讀書。詩樂府俱藴藉，有《龍山集》，嘗於其外孫欽叔處見之。參涪翁而得法者也。」

孔　瓌

孔瓌，孔子四十九代孫。嘗仕爲承事郎、祥符縣主簿。

《續編祖庭廣記》。周洪才《孔子故里著述考》引《闕里文獻考》：「自四十七代孫宋知撫州傳，

① 《中州集》卷三《劉龍山仲尹》，中華書局上海編輯所一九六二年，第一〇五頁。

始撰《東家雜記》二卷、《闕里祖庭記》三卷。其後四十九代孫環廣其書爲《祖庭廣記》。」①

金孔環《續編祖庭廣記跋》：

叔祖父昔年編此既成，欲鏤版藏于祖庭。值建炎之事，廟宇與書籍俱爲灰燼。後二十餘年，或見於士大夫家，皆無完本，甚可惜。環宣和間嘗預檢討，輒因公暇，考諸傳記，證以舊聞，重加編次，僅成完書。比之舊本，又取其事繫於先聖而非祖庭者，及以聖朝，皆纂集而附益之，遂鏤版流傳。非特成叔祖父之志，將使歷代尊師重道、優異之典，昭昭可見，不其韙歟？正隆元年丙子歲五月甲午初一日辛丑朔，四十九代孫環謹識。（《孔氏祖庭廣記》卷三，叢書集成初編本，中華書局一九八五年。）

《孔氏祖譜》。周洪才《孔子故里著述考》引《曲阜志》：「金孔環撰《祖譜》。」②

王宷

王宷字元輔，號曲全子，薊州玉田（今河北玉田縣）人，寂之弟。嘗仕爲修武校尉，早逝。③

---

① 齊魯書社二〇〇四年，第一九一頁。
② 齊魯書社二〇〇四年，第二一六頁。
③ 金王寂《拙軒集》卷六《先君行狀》，叢書集成初編本，中華書局一九八五年，第七一頁。

《曲全子詩集》。金王寂《曲全子詩集序》：

曲全子，予之母弟也。少穎悟，天資孝友。以予有十年之長，兒時嘗受經於予，故事予猶師也。性坦率，與人略無崖岸。當酒酣耳熱，視世間富貴兒，皆臥之百尺樓下。然不喜場屋之學，人或勉之，笑而答曰：「吾兄已世其家，吾親已享其禄，吾事濟矣。誰能踽踽從原夫輩覓官耶？」識者以爲達。平居季孟間，把酒賦詩，對床聽雨，眷眷然不忍舍去。當是時，吾二親康健，歲時上壽，斑衣羅拜，里人榮之，指以爲慶門。故榜其堂曰「雙橘」。一時名卿大夫士争相歌詠其事。自爾洊罹憂患，生寡食衆，貧不能生。兄弟狼狽，糊口於四方。渠亦僶俛赴調，得監亳州酤。意愈不樂，自是日飲。無何，似與世相忘者。未幾疾作，竟不起。平生所爲詩，無慮數百篇。既没之後，而二子方啼笑梨栗，豈知乃父之遺文，當真賞深藏，以保於不朽哉？已而旅櫬北歸，予屢索於殘編斷槁中，了不可得。以是予與季弟每興言及此，輒聲與涕俱出，蓋痛其不復見矣。況九泉之恨，其能已乎？大定己酉，予被命提點遼東等路刑獄事。閲再歲，會以公集飯素於大清安禪寺，偶於稠人中得故人李仲佐，握臂道舊，且復謂予曰：「元輔不幸，今十年矣。念一死一生之際，未能忘情，時令人誦曲全子集制，如對晤語。」予驚聞其説，懇請一見，既而得之。長篇短章凡四十有七，惜乎所得之不多也。雖然，嘗一臠，鼎味知矣，奚以多爲？吾弟名宲，字元輔，曲全子蓋道號云。明昌改元之明年春正月申澣日，兄元老序。（《拙軒集》卷六，叢書集成初編本，中華書局一九八五年。）

商休復

商休復原名默，字子泰，號陶丘，曹南（今山東曹縣）人。金末名士商衡從祖。其父説之，宋建炎五年進士，授鄧州文學，後攝濟陰主簿。齊國阜昌二年，通判興仁軍府事。休復爲其長子，博學有文，老居汴梁。①

《陶丘先生文集》。《遺山先生文集》卷三九《曹南商氏千秋録後記》：「有《陶丘先生文集》行於世。」

雷思

雷思字西仲，渾源（今山西渾源縣）人。天德三年進士。嘗爲容城令，「廉幹寬厚，民懷其惠」②。大定中，除大理司直，官至同知北京轉運使事。③

《易解》。《中州集》卷八《學易先生雷思》：「有《易解》行於世。」今按，元楊仁風《潞州學

---

① 《遺山先生文集》卷三九《曹南商氏千秋録後記》，四部叢刊本。
② 《（同治）畿輔通志》卷一八六《宦跡》，上海古籍出版社一九九一年，第六八二〇頁。
③ 《中州集》卷八《學易先生雷思》，中華書局上海編輯所一九六二年，第四〇二頁。

斯文樓記》碑陰「備列所藏官書目，計一萬一千五百餘卷，半出郡人捐送，亦盛事也。内如《雷氏易》、《祖庭記》、《聖政要括》、《宋實録》、《輿地類考》、《五朝言行録》、《唐三百家詩》，皆今世失傳之本。」① 所謂《雷氏易》，當指雷氏《易解》。入元後尚存。

《雷司直奏牘》。金趙秉文《書雷司直奏牘後》：

人皆有不忍之心，其所以陷溺其良心者，士大夫怵于名爵，庶人則惑於利。至其甚者，玩人性命於掌股之上，恬不介意。是誠何心哉？此時人欲蔽塞深錮，與物隔絶，知己而不知彼耳。然亦知之不審也。世未有食鳥喙者，以其殺人，審也。酒色殺人，則不知戒，知之不審耳。白晝操刃爲利殺人，士大夫必不爲。以政事議獄，知其寃濫，則曲意爲之。向爲利則不爲，今爲名爵則忍爲之，相去一間耳。此之謂失其本心，亦知之不審也明矣。雷君希顔，藏其先大夫爲司直日奏讞一通②。仁人君子，留情於垂死之魂，興哀於不報之所，天其有不報耶？今希顔聰明英偉，能世其家，亦積善之報也耶？（《滏水集》卷二〇，叢書集成初編本，中華書局一九八五年。）

《學易先生詩集》。《滏水集》卷二〇《題學易先生詩》：「未可以江西詩派論也。」

---

① 《（光緒）山西通志》卷九六《金石記》，中華書局一九九〇年，第六八〇四頁。

② 所謂一通，猶言一部。《遺山先生文集》卷一七《閑閑公墓銘》：正大元年，「公以上嗣德在初，當日親經史以自裨益，進《無逸直解》、《貞觀政要申鑒》各一通。」又，卷三七《南冠録引》：「以先朝雜事附焉，合而一之，名曰《南冠録》。叔儀、伯安而下，乃至傳數十世，當家置一通。有不解者，就他人訓釋之。」四部叢刊本。

宋楫

宋楫字濟川，長子（今山西長子縣）人。年十九擢天德三年進士第，除著作郎①。大定十四年二月，從刑部尚書梁肅使宋②，獵虎於淮上，因賦詩頌之，「清雄振歷，遠而有光華」③。官至孟州防禦使。

《濟川詩集》。《（光緒）長子縣志》卷六《藝文志》著録：「《中州集》存詩二首，皆家居時作者，補入本傳下。集稱『濟川』，以射虎詩得名，有石刻並文記，今不傳。」

梁襄

梁襄字公贊，絳州（今山西新絳）人。少孤，養於叔父。性穎悟，日記千餘言。登大定三年進士第，累官保大軍節度使。爲人廉直，膳服淡薄。長於《春秋左氏傳》，至於地理、氏族，無不該貫④。

① 《中州集》卷八《宋孟州楫》，中華書局上海編輯所一九六二年，第四〇四頁。
② 《金史》卷六一《交聘表》，中華書局一九七五年，第一四三二頁。今按，《中州集》作「泰和三年」，或遺山記誤。
③ 元王惲《秋澗集》卷七三《跋雪齋書宋孟州獵虎詩卷後》，四部叢刊本。
④ 《金史》卷九六《梁襄傳》，中華書局一九七五年，第二一三三頁。

《梁公奏稿》。《金史》本傳録其《諫世宗將幸金蓮川疏》數千言，由是以直言敢諫名聞天下。

金趙秉文《保大軍節度使梁公墓銘》：

大定中，朝廷清明，四夷賓服。上方儲思於穆清，講明乎蒐狩之制，車駕頻年幸金蓮川。公以薛王府掾，抗章論列。以爲其地在重山之崾，積陰之所，春煥不毛，夏暑仍纊，殆非所以頤養聖躬也。況蕃部野心難制，萬騎摵列，信宿可到。萬一解嚴之際，奔突而前，卒何以禦？至引梁武招納叛亡，以爲先事之戒。書奏，搢紳危之。上曰：「此愛我也，庸何傷。」詔爲止行。自是名聞天下，家置一通，言正人必曰梁公矣。其後公在陝西，上平賦書，累數千言。其大略言：「大定四年，行通檢法。是時河南、陝西、徐海以南，屢經兵革，人稀地廣，蒿萊滿野，則物力少税賦輕，此古所謂寬鄉也。中都、河北、河東、山東，久被撫寧，人稠地窄，寸土悉墾，則物力多税賦重，此古所謂狹鄉也。寬狹鄉之地，至有水陸肥瘠一等，物力相懸，不啻數十倍。後雖三經通推，並依舊額。臣恐瓶罍之詩，不獨譏於古矣。」書奏，上深嘉歎，命藏有司，將用之。初，公言蕃部叛服不常，其後果爾。及平賦之令未下，而宋賊繹騷，督賦者病焉。識者服其有先見之明。竊嘗謂士之出處，惟觀立朝大節，其他可略也。如公以外官散地，已能建白如此，使之居侍從之列，必有大過人者。此予所以銘公而不愧也。（《閑閑老人滏水文集》卷一一，叢書集成初編本，中華書局一九八五年。）

趙可

趙可字獻之，高平（今山西高平）人。貞元二年進士。大定二十七年，以翰林待制草皇太孫册文，人皆稱之。章宗即位，擢直學士①，不久謝世。史稱博學高才，卓犖不羈，一時詔誥多出其手，歌詩樂府尤工。②

《玉峰散人集》。《中州集》卷二《趙内翰可》：「風流有文采，詩樂府皆傳於世，號《玉峰散人集》。」今按，金劉祁《歸潛志》卷一〇作《玉峰閑情集》。其集嘗傳入南宋，爲史家李心傳所重，屢見徵引。一、《建炎以來繫年要録》卷一九三有云：「蒲城事，以金國翰林直學士趙可所撰《喬扆墓誌》修入。」喬扆，《金史》未立傳，《中州集》亦簡略，而「要録」所引大致完整，清胡聘之據以修入《喬仲章事輯》③。二、紹興十八年（皇統八年、一一四八年），金遣殿前右副都點檢召守忠、同知宣徽院事劉君詔使宋賀正旦，「以金國翰林直學士趙可撰君詔之於《宣德軍判劉某墓誌》

① 金劉祁《歸潛志》卷一〇，中華書局一九八三年，第一一六頁。今按，《金史》卷八《世宗紀》：大定二十七年三月，完顔璟以皇太孫受册封。中華書局一九七五年，第一九七頁。

② 《金史》卷一二五《文藝傳》，中華書局一九七五年，第二七一九頁。

③ 清胡聘之《山右石刻叢編》卷二一，歷代碑誌叢書本，江蘇古籍出版社一九九八年，第一五册八一三頁。

修入。」①三、紹興三十一年（大定元年、一一六一年），海陵「及將用兵，又借民間税錢五年，民益怨憤。」注曰：「亮借民税五年，此以金國翰林直學士趙可所撰《户部郎中王基墓誌》修入。」②四、紹興三十二年，「盱眙軍奏大金國遣使過界」。注曰：「往歲榷場有貨板行《明昌事實》者云：廟宗堯謚立德顯仁啓聖廣運文武簡肅皇帝，廟號睿宗。疑後賀所加者。東昏明年亦改謚孝成皇帝，廟號熙宗。耶律阿里已下差除，范成大《攬轡録》仿《趙可文集》修入。不得其日月，但以與亮、褒廢立事相干，及已嘗見其名字者則書之。如阿里之遷，嗣暉之廢，決在此時。趙可撰《魏子平墓碑》，稱『大定元年冬，入覲中都，即拜尚書户部侍郎』，而墓誌乃云『大定元年冬，上即位于遼陽，魏公自河南赴京師，明年拜户部侍郎』。則必春初事也。成大稱鄭子聃爲修注，葛王立，除殿中侍御史兼侍講學士。而可所撰墓誌云：『大定二年春，復爲翰林修撰。』今從之。」③

邢準

邢準，滄州清池（今河北清池縣）人。

---

① 《建炎以來繫年要録》卷一五八，中華書局一九八八年，第二五七四頁。

② 《建炎以來繫年要録》卷一九二，中華書局一九八八年，第三二二八頁。

③ 《建炎以來繫年要録》卷一九六，中華書局一九八八年，第三三一三頁。今按，所謂成大云云，指范成大《攬轡録》。此説謬誤，當是張棣《金圖經》，學界辨之甚詳。

《增修累音引證羣籍玉篇》三十卷，存。清潘祖蔭《滂喜齋藏書記》卷一著録「金刻」，云：「金滄州清池縣邢準編。初，洨陽王太取《玉篇》益以諸書，增加三萬九千三百六十四字，號曰《增廣類玉篇海》。其所采書，有《省篇韻》、《塌本篇韻》、《陰佑餘文》、《古龍龕》、《龕玉字海》、《會玉川篇》、《奚韻》、《類篇》。準以洨書音韻舛錯，且有脱遺，乃取《切韻》、《廣韻》、《集韻》、《省韻》，增一千二百四十字，添重音一萬二千五百四十，續添姓氏郡望，蓋合《篇韻》爲一書也。……洨刻書序作於大定甲申，準序作於戊申，相去二十年。其例，每部先録《玉篇》諸字，次及他書，各有識别……。其書體例甚陋，無所取裁。惟諸家書目皆不著録，元趙承旨、虞道園、張伯雨，明朱景濂、吴文定、陸文裕、項子京，皆有藏印，則亦希世秘笈矣。」

金邢準《增修累音引證群籍玉篇序》：

夫依類象形謂之文，形聲相益謂之字。昔者黄帝因觀鳥跡，乃命史官沮誦、蒼頡體之，以製六書，由是文籍始生，所以録言紀事、存往明來者也。聖作明述，同源共流，代代相沿，有益無損。周宣之時，史籀首作大篆，秦始之際，程邈改爲隸書，自後記事者，彌繁于古。有聲者皆製之字，增多於舊，不啻萬數，浩博混淆，莫可尋究。至梁大同中，博士顧野王始撰《玉篇》三十卷，以總括之。然點畫縷分，偏旁區别，而釋文音義未極詳備，故《集韻》、《省篇》、《塌本》、《餘文》、《龍龕》、《龕玉》、《會玉川篇》、《奚韻》等書出焉。其收字又頗不同，猶無紀統。逮我聖朝，彌文焕著，韻學尤工，是以洨陽王太集上數家篇韻，總之爲一，庶乎詳而不雜，條然不紊。抑又祕祥等八人校讎編類，以成一家之書。所學雖該，善猶未盡。如《川類篇》、《奚韻》之字，並無五經音義。而同上他音，互有舛錯；其餘文反切，又多非是篇中字。他音訓義，極有脱遺。今略舉「敦」字已下五十六字以證之，具列於後。其「敦」字有一十三切，顯衆讀之義，餘者姑以諸書注釋他音明之。如此音切不足者，其中甚多，難以具載。韻中雖有衆讀之義，又不在一科之下，匽居四聲八轉之内，幽邃難窮，以致後學得門者寡。僕雖不達古人玄妙之閫，而稍通監言成峕之要，旁蒐廣獵，採摭諸家篇韻數音之義，纂集編綴。僅二十年，增新諸韻一千二百四十字，添重音一萬二千五百四十，續添姓氏郡望、複姓三字姓，上自一郡，下至二十五望，依韻編注，一仿《玉篇》之體，於内增出「舌」、「光」、「关」、「扁」四部，仍併「鬻」於「鬲」部，「𩵋」於「魚」部；改「磬」爲「殸」，更「𣦵」爲「𣦶」；又添象形，兼無偏旁可取者，目爲雜部，附之卷末。其偏旁多從上左，或、同上、通作、亦作，注隱韻亡，悉該於注。如篇韻二義不同，各分兩書之注。或止有一音，或至一十三讀，並具於一字之下。其新增字，各著所出，已別立號樣。凡所錯誤，莫不革證。文悉該於古籀，字明辨於俗真，援引經史子書音義，補苴脱遺，故目曰《增修累音引證群籍玉篇》，庶於後來少有俾益。時大定戊申秋七月望日序。（《增修累音引證群籍玉篇》卷首，中華再造善本叢書，北京圖書館出版社二〇〇五年。今按，大定戊申即大定二十八年。）

王朋壽

王朋壽字魯老，平陽（今山西臨汾）人。

《增廣分門類林雜説》十五卷，存。金王朋壽《增廣類林序》：

傳記百家之學，率皆有補於時，然多散漫不倫，難於統紀。故前有區别而爲書，號爲「類林」者，其來尚矣。惜乎次第失序，門類不備。予因暇日，輒爲增廣，第其次序，將舊篇章之中，添入事實者加倍，又復增益至一百門，逐篇裨之以贊，爲十五卷，較之舊書，多至三倍。若夫人君之聖智聰明，臣子之忠貞節義，父子兄弟之孝慈友愛，將相之權謀大體，卿士之廉潔果斷，隱遁之潛德幽光，文章之麗藻清新，風俗之好尚，陰德之報應，酒醴之耽沉，恩怨之報施，形軀之長短，容貌之美惡，男子之任俠剛方，婦人之妍醜賢慝，神仙之清修，鬼神之情狀，宫室之華靡，屋宇之卑崇，天地之運移，日星之行度，山海之靈潤，醫筮之精專，草木之奇秀，金石之精良，蠻夷之頑獷，禽魚之巨細，凡六合之内所有，無不概舉。雖不敢謂之知所未知，亦可謂之具體微矣。其於善者不敢加於褒飾，惡者不敢遂有貶斥，姑取其本所出處，芟其繁、節其要而已。覽者味其雅正，則可以爲法；視其悖戾，則可以爲戒，豈止資談柄而詫多聞，不爲無所取也。鄉人李子文一見曰：「專門之學，不可旁及。至如此書，無施不可，好學通變之士之所願見。我爲君刊鏤以廣其傳，如何？」予謹應之曰：「諾。」於是舉以畀之，並爲之序。時大定己酉歲夏晦，平陽王朋壽魯老序。

（《增廣分門類林雜説》卷首，續修四庫全書本，上海古籍出版社影印。今按，大定己酉即章宗大定二十九年。）

明周穆跋：

《類林》一册共七十三頁，沈民則、王仲山先生舊藏。壬子秋，予得之同里黄氏，内缺五葉，假雅廉兄藏本補足之，置諸篋中已十七年矣。人事升沉如煙雲，萬變莫可名狀。余亦奔走四方，計此十七載所遊不下二萬餘里。一官羈絆，進退維艱，暮鼓曉鐘，誰爲覺者。今春得告假歸田，以守此於荒庭老屋間，展閲三復，可爲一慨，亦可爲一笑也。時崇禎己巳孟夏中澣，稼墨氏周穆識。（《增廣分門類林雜説》卷末，續修四庫全書本，上海古籍出版社影印。）

清林佶題識：

類書以《北堂書鈔》、《藝文類聚》稱首。若《太平御覽》等，卷帙浩繁，學者每以不便翻閲爲恨。此《類林》一册，爲大定間王朋壽所增廣者，徵引博洽，裁取精細，所採事實甚有他書不經見者，信考證家之秘笈也。噫，古書散佚殆盡，得如是舊本讀之，亦可資眼福矣。康熙甲午仲春，鹿原林佶讀畢漫記。（《增廣分門類林雜説》卷末，續修四庫全書本，上海古籍出版社影印）

清黄蕘圃《增廣類林跋》：

《類林》一書，見諸《讀書敏求記》類家，郡中小讀書堆有此書，却未寓目。近年小讀書堆散出，聞爲琴川張月霄所有。月霄鋭意搜訪金人書籍，得此詫爲珍秘。此余聞諸月霄友人何夢華者。

兹春初，昭文同年張子和之孫伯元，以此書寄余，屬爲題跋。余頗疑之，述古原物當是元人舊鈔，月霄所得未知述古物否？若伯元所示者，斷非元人所鈔，不知顛末，未敢下筆，因遣力專書詢之，覆云系書友王姓所售。據云爲吾鄉席氏舊藏，月霄藏本系吴方山故物，行款與之同，唯缺處稍異耳。余方恍然於書之留傳於世者，正無盡藏也。《類林》世不多見，今月霄得諸郡城，而伯元得諸本邑，席氏之説未可憑。末有孫從添一印，則故藏書家也。此鈔雖屬甚舊，然就伯元借校於月霄本言之，知二本同出一源矣。海禺素稱古籍淵藪，又得後之好古者尋其墜緒，繼其流風，安見二古之盛不再見於今日邪？因書數語而歸之。道光元年元夕前一日，專力趁夜航歸即爲識之。宋廛一翁。

（《增廣分門類林雜説》卷末，續修四庫全書本，上海古籍出版社影印。）

清張蓉鏡《增廣類林跋》：

類書盛於六朝。其時風尚，隸事學者博觀群書，每自輯一編，以便採取，昔人所謂百貨聚處也。近世古籍散亡，若《華林徧略》、《長洲玉鑒》等書，久已無傳。《北堂書鈔》等之再於世者，又爲後人增改攙亂，廬山真面目不可得見矣。《類林》十五卷，金大定間，平陽王朋壽取舊録增廣至一百門。某篇各繫以贊，遺文舊典，紀載繁富，不獨《敏求記》所舉眉間尺一事也。按《新唐書·藝文志》云：「于立政《類林》十卷，《崇文總目》同。《中興書目》云：「唐于立政《類林》十卷，分五十目，記古人事跡。」觀此，則朋壽此書實以于氏爲藍本，原書十卷，此十五卷，序稱多至三倍，蓋實多至三分之一耳。《讀書敏求記》云：「大定未知存否？則遵王時所見，已屬鈔本，近代藏書家無著録者。」予於戊寅歲得此於書友王姓，爲吾鄉席氏舊藏，古香可挹，觸手如新，不獨奇文秘笈，足志欣幸。即周稼墨、林吉人跋語亦可寶貴也。卷首有王氏子裕方印，系明王仲山先生正字下西室二字，則王禄之别字也。吴原博、沈民，則俱有印記。首行邊有華補庵藏長方印，是册曾入錫山華氏。華氏所藏奇籍幾於充棟，曾刻《真賞齋法帖》行世，其鑒别不在項氏下。觀此則是書在前朝已爲世重，入我朝爲孫慶增購得。慶增即著《藏書紀要》者，册面有「遐寄齋散逸五字，遐寄爲蔣鬱文從氏齋名，陸敕先素與之交，故得借閲也。毛子晉又從周氏借閲一過。數百年來，輾轉還瓻，毫無所損，抑足爲是書幸矣！已卯冬，家月霄先生過我齋頭見之，詫爲奇異。據云：近在小讀書堆得一册，系吴方山故物，行款與之同。余聞之欣喜欲狂，遂假歸手自校勘，知二本同出一源。想當時必有大定刊本，好古者俱從之影寫耳。今年春郵寄士禮居主人，乞爲題識。主人擊節歎賞，意欲留諸案頭。余不能割愛，遂録副本以贈，而以原本留諸篋中，重加裝訂，漫記數言於末，俾吾張氏世世子孫永寶之。道光元年臘月海虞張蓉鏡芙川氏識。（《增廣分門類林雜説》卷末，續修四庫全書本，上海古籍出版社影印。）

清劉承幹《增廣類林跋》：

右《增廣分門類林雜説》十五卷，金平陽王朋壽魯叟本唐于立政《類林》作也。于氏《類林》爲卷十，此廣爲十五；爲門五十，此廣爲一百。魯叟自序云：較之舊書，多至三倍。實則增廣三分之一耳。于氏《類林》僅見於唐《藝文志》、《崇文總目》、《中興書目》，並爲十卷。而其書久佚，四庫亦未著録。得魯叟是編，猶可跡其崖略。唯其所記時代多無次序。昔香山作《六帖》，以陶家瓶數十，各標門目，爲七層架排列之，命諸生依類採集投瓶中，倒取鈔録成書，故所記時代多無次序。魯叟殆亦用香山之法，與其每類所引之人，有再見三見者，如「權智篇」既有曹操，又有曹瞞；陳平且三見；「醫藥篇」既有郭王，又有郭太醫；「文章篇」既有劉安，又有淮南王；「攻書篇」既有王右軍，又有王羲之；「花竹木植」、「禽獸蟲魚」二篇，既有莊子，又有莊周。凡若是者，皆當合而爲一也。且其所歸之類，亦間有未安者，如費仲，紂之幸臣，而入「忠諫」；許劭有知人之鑒，非善相人也，而入「相徵」；華歆既與管寧割席矣，而入「仁友」；孫叔敖埋蛇，當入「感應」，而入「祥瑞」；「舟車篇」陳季卿當入神仙，盧充當入鬼神；「硯紙篇」之淳于生當入「占夢」；「金銀篇」之孫綽當入「文章」；「花竹木植篇」之鬼仙當入鬼神。此其排次之偶有未核也。又所引之文往往與今書有異，如《列子》之「爰旌目」作「袁精目」；《左傳》之「鉏麑」作「鋤倪」；《戰國》之「任痤」作「任座」；漢之「張綱」作「張剛」、「寧成」作「寧誠」、「許劭」作「許邵」、「樓護」作「婁護」、「樓煩」作「婁煩」、黄鶴樓酤酒之「辛」氏並作「幸」；「清吏篇」張堪下「樂不可支」作「不可及之」。凡斯異文，其魯叟輯録時寫官之誤，抑亦所見本有異於今行者邪？是編亦罕傳本，且所採多宋以前舊籍，故錢遵王、毛子晉、黄蕘圃、張月霄，皆矜異之。予從書估段鏡軒得此舊鈔，遂壽之木，俾世之好古如錢、毛、黄、張諸老者，得快所未睹焉。歲在庚申孟冬之月，吴興劉承幹跋。（《增廣分門類林雜説》卷末，續修四庫全書本，上海古籍出版社影印。）

高守元

高守元字善長，號和光散人，平陽（今山西臨汾）人。天德間，仕爲校書郎，與司天提點馬貴中奏天象災異，忤旨，海陵皆杖之①。後自稱「逸民」。

《沖虛至德真經四解》二十卷，存。《續修四庫全書·子部道家類》收，誤歸宋人。

金毛麾《沖虛至德真經四解序》：

太史公序黄老而先六經，蓋知崇道術矣。何偶遺《列子》？劉向乃校勘成書。其言明内外，證死生，齊物我，大抵與蒙莊合。至於謂不知我之乘風，風之乘我，周之爲蝶，蝶之爲周，若出一口矣。然後世注説傳者，俱少《列子》。在晉有張湛，唐有盧重元，方之《南華》，湛則郭象，盧則成玄英也。逮宋政和有解，而左轄范致虚謙叔亦有説。當是時，天下之道學，與三舍進士同教養法。儒臣王禮上言：「莊、列二書羽翼老氏，猶孔門之有顔、孟，微言妙理，啓迪後人，使黄氏之道，粲然復見，功不在顔、孟之下，宜詔有司講究所以崇事之禮。」從之，故其書大行。平陽逸民高守元善長，收得二解，並張、盧二家合爲一書，誠增益于學者。因之得以叩玄關，探聖域，致廣大而

① 《金史》卷一三一《方伎傳》，中華書局一九七五年，第二八一三頁。

盡精微，顧不韙歟？竊嘗謂訓詁之義，自昔爲難。盧序曰：「千載一賢，猶如比肩。萬代有知，不殊朝暮。」可爲喟然歎息也。大定己酉春季月，承務郎、前同知沁州軍州事、雲騎尉、賜緋魚袋致仕毛麾序。（《沖虚至德真經四解》卷首，明正統《道藏》本，文物出版社等一九九四年，第一五册一頁。今按，大定己酉指章宗大定二十九年。）

張汝爲

張汝爲字仲宣，遼陽渤海（今遼寧遼陽）人，太師浩之長子①、左相汝霖之兄。進士及第，官至河北東路轉運使。

《張汝爲詩集》。《中州集》卷九《張左相汝霖》：「父子兄弟，各有詩傳於世。」

張汝霖

張汝霖字仲澤，遼陽渤海（今遼寧遼陽）人，南陽郡王張浩之子。貞元二年，賜吕忠翰榜進

---

① 《金史》卷八三《張浩傳》，中華書局一九七五年。

士。正隆二年，應進士舉，及第①。累官參知政事，進尚書右丞。大定二十八年，拜平章政事，封芮國公。明昌元年卒。史稱「通敏習事，凡進言必揣上微意，及朋附多人爲説，故言不忤而似忠也。」②

《熙宗實録》。《金史》卷八三《張汝霖傳》：大定二十八年，「拜平章政事，兼修國史」。當預修熙宗實録。

《華國公詩集》。《中州集》卷九《張左相汝霖》：「父子兄弟，各有詩傳於世。」姑以封爵名之。

王平仲

王平仲，遼東人。王寂與之爲故交，有《送王平仲》詩：「潦倒少矍鑠，曜僧餘愚遇。半面便健羨，無渠吾胡娱。補手久不偶，鋪書如枯株。索莫各作惡，呼車姑須臾。」「放浪曩肮贓，囊裝將長揚。偃蹇晚倦獻，徜徉藏光芒。著雨苦齟齬，蒼茫荒羊揚。黯慘厭漸險，彷徨傷王陽。」③

① 《中州集》卷九《鄭内翰子聃》：「正隆二年，詔景純再試，擇能賦者八人，先以題付之，以困景純，且將視其中與否罪賞之。及開卷，景純果第一人。楊伯仁、張汝霖中選，劉幾、綦戩、李師顔輩皆被黜。」中華書局上海編輯所一九六二年，第四六四頁。

② 《金史》卷八三《張汝霖傳》，中華書局一九七五年，第一八六五頁。

③ 《拙軒集》卷二，叢書集成初編本，中華書局一九八五年，第一七頁。

《和蒙求》。金王寂《遼東行部志》：明昌初，「僧溥公出示故人王平仲所集《和蒙求》，始末皆用舊韻，至於對屬事類，親切不減前書。其弟乞予爲序，將鋟木行世，予辭以不能，亦且不暇，將俟他日。平仲才學俱優，卒不爲世用，而遂與草木共盡，惜哉。」①

王元德

王元德字子善，弘州（今河北陽原縣）人，元節之弟。天資明叡，讀書過目不忘，中天德三年進士。初爲管城令，有惠愛及民。秩滿，老幼攀送，數月乃得行。累遷南京路提刑使。晚好邵堯夫《皇極經世》書，精卜筮射覆之術，以文學政事名於時②。明昌元年卒，年六十一。③

《王元德文集》四十卷。《（同治）畿輔通志》卷一三六《藝文》著録。

---

① 遼海叢書本，遼瀋書社一九八五年，第二五三四頁。

② 《（同治）畿輔通志》卷二一〇《列傳》，上海古籍出版社一九九一年，第七四六八頁。

③ 金吕貞干《大金故少中大夫知南京路提刑使事兼勸農採訪事王公墓誌銘》，見陳學霖《金循吏王元德墓誌銘考釋》，《中國民族史研究》第四輯，改革出版社一九九二年，第九二頁。今按，墓誌銘謂其兄名元忠，與《金史》卷一二六《文藝傳》稱元節有異，或原名元忠後改元節，俟考。

酈　權

酈權字元輿，相州臨漳（今河南安陽）人。明昌初，召爲著作郎，未幾卒。作詩有筆力，多有佳句傳誦。①

《坡軒集》。《中州集》卷四《酈著作權》著録。

元王惲《題坡軒先生詩卷後》：

予嘗於鹿庵燕席見老人數輩，衣冠楚楚，容止足觀，當時顯宦有不復及者，詢之皆前朝權釀官也，而況坡軒者乎？先生在大定間，調監相酒，其風流文采，照映一世。時賢與之，不在明昌詞人之下。所存片言隻字，猶當享之千金，自非篤好，有睨而不顧者。夢卿出將家，喜詩學，固能寶而藏之。異時釃酒臨江，助吾横槊之氣者，不爲無得於斯文也。（《秋澗集》卷七一，四部叢刊本）

耶律履

耶律履字履道，號忘言居士，義州弘政（今遼寧義縣）人，遼東丹王突欲七世孫。以蔭補承奉

---

① 《中州集》卷四《酈著作權》，中華書局上海編輯所一九六二年，第二一〇頁。今按，《（正德）臨漳縣志》卷八著録酈權中大定十年詞賦進士，所據不明，兹不取。

班祗侯、國史院書寫。大定中，以文章行義受知於世宗，累遷尚書禮部侍郎，兼翰林直學士。章宗即位，以定策之功除禮部尚書，拜參知政事，賜孟宗獻榜進士及第。明昌元年，進尚書右丞。二年卒，年六十一，謚文獻。通六經百家之書，精於曆算書繪事，善屬文；習契丹大小字，譯經潤文，辭達理得。子楚材入蒙古，官至中書令。①

《海陵實録》。金元好問《尚書右丞耶律公神道碑》：「世宗朝，御史大夫張景仁領國史，公爲編修，受詔修《海陵實録》。他日世宗問侍臣：『海陵弒熙宗，血濺於面，沾及衣袖。景仁何爲隱而不書？』或曰：『景仁事海陵，頗被任使，故爲諱之。』世宗作色曰：『朕不謂景仁乃有是心。』公曰：『臣與景仁嘗有隙，必不妄爲蓋蔽。然景仁未嘗有是心也。』世宗曰：「景仁與卿何隙？」曰：『臣以小字爲史掾，景仁以漢文爲史官。予奪之際，意多不相叶，且謂臣藏匿《遼史》，秩滿，移文選部，使不得調，此私隙也。今對上問，公言也。臣不敢以私害公。」世宗又曰：『隋煬帝弒逆，血濺於屏，史亦書之。卿謂景仁無是心，何不如《隋史》書之？』曰：『煬帝自諱其惡，故史臣不載之《帝紀》，而詳見於他傳，此所謂暗而章者也。海陵以廢昏爲辭，明告天下，居之不疑，此不同也。且與之弒君而不辭，血濺之罪，雖不書可也。』世宗怒遂解。」

《孝經指解》。金元好問《尚書右丞耶律公神道碑》：大定二十六年，表進《孝經指解》，云：

① 金元好問《尚書右丞耶律公神道碑》，見元蘇天爵《元文類》卷五七，上海古籍出版社一九九三年，第七四六頁。

「宋仁宗時，司馬光以爲古文《孝經》先秦所傳，正得其真。因爲《指解》上之。臣愚，竊觀近世皆以兵、刑、財、賦爲急，而光獨以童蒙所訓者進之君，正以孝爲百行之本，其至可以通神明、動天地。爲人君者，誠取其辭旨，措之天下四方，則元元之民，受賜溥矣。臣竊慕焉，故敢以爲例。」

《遼史》。《金史》卷九《章宗紀》：大定二十九年十一月，「命參知政事移剌履提控刊修《遼史》。」

《女真字舊唐書》。金元好問《尚書右丞耶律公神道碑》：「大定初，朝廷無事，世宗鋭意經籍，詔以（契丹）小字譯《唐史》，成則以女真字傳之，以便觀覽。公在選中，獨主其事。書上，大蒙賞異，擢國史院編修官，兼筆硯直長。改置經書所，徑以女真字譯漢字，選貴冑之秀異就學焉。」①今按，《金史》卷八《世宗紀》：大定二十三年九月，「譯經所進所譯《易》、《書》、《論語》、《孟子》、《老子》、《揚子》、《文中子》、《劉子》及《新唐書》。」所謂《唐史》，當指《舊唐書》，先於《新唐書》譯成。

《揲蓍説》。金元好問《尚書右丞耶律公神道碑》：「論者獨推其《揲蓍説》，蓋不階師授而獨得之者。」今按，元吾衍《閑居録》：「揲蓍法，止從繫辭爲正。大衍之數，五十蓍數也，用四十有九去一也。分而爲二以象兩，信手兩分，左天右地也，《易》天道也。故揲左不揲右，右當置而勿用，

① 元蘇天爵《元文類》卷五七，上海古籍出版社一九九三年，第七四七頁。

掛一以象三，以一蓍掛小指間，是人所用占者在此也。揲之以四，以象四時，是四四數之，看其餘一二三也。若無餘則意改，非若後人之短思窘束也。」

元許衡《讀文獻公揲蓍説》：

盧君校正《揲蓍之説》，曲折艱深，辭意隱晦，及探其所以去取之由，則有甚可疑者。如舊説一爻變究，以四齊之，而不合乾坤六子之率；及爲自説，乃以八齊之，一法而兩其數，其爲不同，已甚可怪。況四齊八齊之後，尤不能見静變往來之實，雖能苟合其率，而不知實不相似也。且初揲必令多少之數均，是分二之後，不掛一而掛二也。既違《大傳》，又悖先儒，其不敢以爲然也審矣。爲演八卦静變往來之數云。爲乾而静者八千。一爻變而之巽之離之兑者，皆四千八百。二爻變而之艮之震之坎者，皆二千八百八十。三爻變而之坤者，一千七百二十八。計三萬二千七百六十八。爲坤而静者，一萬一千九百五十二。一爻變而之震之坎之艮者，三千一百三十有六。二爻變而之兑之巽之離者，四百四十八。三爻俱變而之乾者，六十四，計三萬二千七百六十八。爲震、爲坎、爲艮而静者，皆一萬五千六百八十。一爻變而之坤者，皆七千四百有八；而震之兑離，坎之兑巽，艮之離巽者，皆三千二百四十。二爻變而之乾者，皆三百三十；而震之坎，艮之震艮，艮之坎艮者，皆一千三百四十四。三爻皆變而爲巽，爲離，爲兑者，皆一百九十有二。右三變亦皆三萬二千七百六十八。爲巽、爲離、爲兑而静者，皆一萬一千二百。一爻變而爲乾者，皆一千六百，而巽之艮坎，離之艮震，兑之坎震者，皆六千七百二十。一爻變而爲坤者，皆四千二十二；而巽之離兑，離之巽兑，兑之離異者，皆九百六十。三爻皆變而爲震、爲艮、爲坎者，皆五百七十有六。右三卦亦皆三萬二千七百六十八。諸卦之數，大率静者最多，而一爻二爻變者次之，三爻俱變爲最少。蔡氏曰：「一奇一偶對待者，陰陽之體；陽三陰一，一饒一乏者，陰陽之用。」故四時，春夏秋生物，而冬不生物；天地東西南可見，人之瞻視亦前與左右可見，而背不可見也。不然，則以四十九蓍，虚一分二，掛一揲四，則爲奇者二，爲偶者二，而老陽得八，老陰得八，少陽得二十四，少陰得二十四。不亦善乎？聖人之智豈不及此，而其取此不取彼者，誠以陰陽之體數常均，用數則陽三而陰一也。觀此，則盧君之得失可見。戊申八月庚辰識於家塾，用驗他日學之進否云。（《魯齋遺書》卷六，文淵閣四庫全書本。今按，題原作《揲蓍説》，此從李修生主編《全元文》，江蘇古籍出版社一九九七年，第二册四八八頁。）

《乙未曆》。《金史》卷九五《移剌履傳》：「履秀峙通悟，精曆算書繪事。先是，舊《大明曆》舛誤，履上《乙未曆》，以金受命於乙未也。」金元好問《尚書右丞耶律公神道碑》：耶律履「以《大明曆》積微浸差，乃取金國受命之始年，撰《乙未元曆》，云：『自丁巳《大明曆》行，正隆戊寅三月朔，日當食而不之食。曆家謂必當改作，而朝廷不之恤也。及大定癸巳五月朔、甲午十一月朔，日食皆先天；丁酉九月朔，乃反後天。臣輒跡其差忒之由，冀得中數，以傳永久。』書成上之，世推其精密。」今按，《乙未曆》亦稱《庚午元曆》。元蘇天爵《滋溪文稿》卷二五《三史質疑》：「太史齊公履謙嘗言：『金大定中，翰林應奉耶律履撰《庚午元曆》，最爲精密。國家修《授時曆》時，推算前代曆書，惟《庚午曆》及《唐宣明曆》不差。』」然未行用。

《耶律文獻公集》十五卷。金元好問《尚書右丞耶律公神道碑》：「晚稱忌言居士，有文數百篇。」自編當稱《忌言居士文集》，而名「耶律文獻公集」者，應是後人所輯。明孫能傳等《文淵閣書目》卷九《文集》著録「六册」、「十五卷」。明代尚存。《永樂大典》屢見徵引，如卷二一五三六齋字韻引《耶律文獻公集》之《和德秀道濟詠李仲茂自得齋詩韻》七律二首，爲各家金詩結集所失收。

毛　麾

毛麾字牧達，平陽（今山西臨汾）人。大定十六年，以學行舉，賜進士出身，授校書郎，入教宫掖，除太常博士。世宗嘗謂宰臣曰：「校書郎毛麾，朕屢問以事，善於應對，真該博老儒，可除太常職事，以備討論。」① 終於同知沁州軍州事。②

《平水老人詩集》十卷。宋趙與時《賓退録》卷二引毛麾《過龍德宫》詩云：「麾字牧達，平陽府人，有《平水老人詩集》十卷行於虜境。榷商或攜至中國，余偶得一帙，可觀者頗多。序稱其

① 《金史》卷七《世宗紀》，中華書局一九七五年，第一七五頁。
② 《中州集》卷七《毛宫教麾》，中華書局上海編輯所一九六二年，第三三八頁。

父當宋大觀三年上舍登第，後中宏詞科，季年嘗任給事中。按《登科記》，大觀三年榜毛安節者，蓋其父。然次年詔改宏詞爲詞學兼茂，終徽、欽兩朝，取詞科爲夕郎者，皆無毛姓，必陷虜後事也。」①

王琢

王琢字器之，號姑汾漫士，平陽（今山西臨汾）人。與毛麾友善。家貧，以孝友爲鄉里所稱。酷嗜讀書，往往手自抄寫。作詩好押强韻，以馳騁爲工。年四十五卒。②

《次韻蒙求》。金元好問《十七史蒙求序》：「安平李瀚撰《蒙求》二千餘言，李華作序，李良薦於朝，蓋在當時，已甚重之。迄今數百年之間，孩幼入學，人挾此册，少長則遂講授之。宋王逢原復有《十七史蒙求》，與瀚並傳。及詩家以次韻相詩尚，以《蒙求》韻語也，故姑汾王琢又有《次韻蒙求》出焉。評者謂次韻是近世人之弊，以志之所之，而求合他人律度，遷就附會，何所不有？唯施之賦物詠史，舉古人徵事之例，遷就附會，或當聽其然。是則韻語、次韻爲有據矣。」③

---

① 《宋元筆記小説大觀》本，上海古籍出版社二〇〇一年，第四一四七頁。

② 《中州集》卷七《姑汾漫士王琢》，中華書局上海編輯所一九六二年，第三四一頁。

③ 《遺山先生文集》卷三六，四部叢刊本。

《姑汾漫士集》。《中州集》卷七《姑汾漫士王琢》著録：「有《姑汾漫士集》行於世。所著《中聖賦》，今世少有能到者。」

桑之維

桑之維字之才，恩州（今河北清河縣）人。蔡松年婿。以樂府著稱。①

《東皋集》。《中州集》卷九《東皋桑先生之維》：「有《東皋集》傳於世。」

李粲

李粲，唐薛王十二世孫。大定中，官承信校尉。

《唐李氏薛王世系圖》。金李粲《唐李氏薛王房世系圖序》：氏族有譜，所以推按昭穆，敦序親族。若其圖牒不修，則祖先功業無以表見，子孫親疏無以考驗，冠冕皂隸無以區別。故古者名宗望姓，舉均國自表，務以氏族相高。晉室播遷，百宗蕩析，士去墳墓，子孫挾系録，以示所承，矜尚門閥，爲世所重。則圖系如之何，其可闕也？唐李氏歷虞、夏、商、周、秦、漢、魏、隋，迄於有唐，枝冑扶疏，世有其人，載在史册，班班可考。甲辰年

①《中州集》卷九《東皋桑先生之維》，中華書局上海編輯所一九六二年，第四四二頁。

春，棨得請於朝，以遂休致，端居多暇，乃得稽參往牒、《李延壽序傳》、《唐宗宣世系表》及本家所藏《世系譜》，再加刊次，實爲詳備，目之曰《唐李氏薛王房世系圖》，刻諸堅石，以傳不朽。庶幾本房宗派一閲，便可見焉。時明昌二祀歲次辛亥十月望日，薛王十二世孫承信校尉雲騎尉致仕李棨序。（甘肅省慶陽地區博物館編《慶陽地區文物概況》內部資料，一九八三年，第二集一一頁至二五頁。）

張謙

張謙，號鄗夫，古戴（今河南民權縣）人。

《地理新書》十五卷，存。清莫友芝《宋元舊本書經眼録》卷二著録「金刻」《圖解校正地理新書》十五卷，云：「宋初因唐吕才陰陽書中之地理八篇，分類增輯爲《乾坤實典》。景祐初，又命修正舛盭，别成三十五篇，賜名《地理新書》。皇祐三年，復詔王洙等勾管删修，事具洙進書序。金世宗大定甲辰，平陽畢履道爲圖解；章宗明昌壬子，古戴鄗夫張謙復爲精校補完以行。此本殆即謙所刻也。」①

金張謙《地理新書序》：

① 續修四庫全書本，上海古籍出版社影印，第四九五頁。

僕叨習地理，忝慕陰陽，雖專述二宅，而取則於此書。伏睹古唐、夷明、蒲阪等處，前後印賣新書，未嘗有不過目收購者，終莫能見其完本。惟我先師馮公傳授，亦遺地圖一篇。繼有平陽畢先生者，留心考竅，可無失，而又增加圖解等法度，真得其旨趣矣。自是更訪求名士家藏善本比對，差互甚多。今據從來板内遺闕者，並以補完；元差互者，校讎改正；一兩疑未詳者，乃各存之；及其間寫雕錯誤，亦以校定。其卷首四方定位之法，圖解已是詳備。竊見營造取正，定平制度，亦可爲式外，五姓聲同而虛實音異者，今以纂出。地下明鑒，立成傍通。三鑒六道，繼敘輪圓。又校正禽交步分及民庶合用營田參定傳符雜忌等述，□論吕才言宅葬經書之弊，各佈列本篇之下。總二萬餘言，以廣見聞。僕恐未能專擅，遂誠心修集，以俟同道之能者幸改易焉，庶幾我輩易爲遵用。審觀此書之興也，始自唐代吕才删定，名以《地理》。至於宋朝，三歷數主，重復詔下有司，始終計有百年，方以定用頒行於世。今野俗之流，而有專執星水之法，或只習一家偏見之文，又有不經隨代進用頒行，旁門小説不根之語。或與官書相害者，執而行之，兼又不能與五姓參用，而專排斥五首姓利，良可罪哉！僕今見平陽數家印賣此書，雖有益於世，竟未有完者，恐久墜斯文，莫能從善。不敢欺隱，遂將正文插入，又附以亂談舛駁之辭，短拙不揆尤甚，輒以俗言紀其事跡。時明昌壬子歲，古戴鄙夫張謙謹啓。（《重校正地理新書》卷首，續修四庫全書本，上海古籍出版社影印。今按，明昌壬子即明昌三年。）

王寂

王寂字元老，號拙軒，薊州玉田（今河北玉田縣）人。天德三年進士。大定十五年，赴白霫治獄，累遷中憲大夫中都副留守兼本路兵馬副都總管。二十六年，河決衛州堤，承命措畫備禦，以讒言黜蔡州防禦使①。章宗即位，命提點遼東路刑獄，以中都路轉運使致仕。明昌五年，起爲禮部尚書②，卒，年六十七，謚文肅。③

《重校詳定名例》。《金史》卷四五《刑志》：「明昌三年七月，右司郎中孫鐸先以詳定所校《名例篇》進，既而諸篇皆成。復命中都路轉運使王寂、大理卿董師中等重校之。」

《北遷録》。《中州集》卷二《王都運寂》著録。

《遼東行部志》一卷，存。清繆荃孫《遼東行部志跋》：

壬寅夏日，劍舟居士屬館上供事，從《永樂大典》中録出《遼東行部志》一卷，金王寂撰。寂字元老，薊州玉田人。海陵天德二年進士。世宗大定二年，爲太原祁縣令。十五年，嘗奉使往白霫

---

① 《金史》卷二七《河渠志》，中華書局一九七五年，第六七二頁。

② 《金史》卷一〇《章宗紀》：明昌五年正月，「前中都路都轉運使王寂薦三舉終場人蔡州文商經明行修，足備顧問。」所謂前字，透出寂已致仕。另，金元好問《續夷堅志》卷一《京娘墓》：「攝禮部尚書，數日而薨。」當在明昌五年。

③ 《中州集》卷二《王都運寂》，中華書局上海編輯所一九六二年，第一〇二頁。

治獄。十七年，以父艱歸，明年起，復真定少尹兼河北西路兵馬副都總管，遷通州刺史兼知軍事，又遷中都副留守。二十六年冬，由户部郎出守蔡州。二十九年被命提點遼東路刑獄。章宗明昌初召還，終於轉運使。《中州集》稱其著有《拙軒集》、《北遷録》諸書。《拙軒集》，館臣在《大典》中輯成六卷，付聚珍板印行，又有《畿輔叢書》本、《金源叢書》本，而此録亦在《大典》中録出，四庫并未著録，僅載明昌元年二月十二日，在提點遼東路刑獄任，於二月十二日出按，至四月七日止，一月零二十五日。所經之地，所辦之事，所作之詩文，均載焉。於地理並未詳述，而所載詩五十七首，文三首，均《拙軒集》所不載，可補一卷。金源著述，傳世日稀，梓而存之，亦考古者所欲快睹也。志中年月，屢經傳寫，不無訛舛。今取辛楣先生四朝朔閏表核之。表云金章宗明昌元年歲次庚戌二月朔爲乙酉，十二日丙申，與志合，三月朔宋丙辰金乙卯，四月朔甲申，則金與宋同，與首一條干支恰合，餘皆據表訂定，庶不貽誤讀者。詩别鈔出，轉貽吴仲怡中丞，附刻《拙軒集》之後。宣統紀元閏花朝日，江陰繆荃孫跋於對雨樓下之南窗。（《遼東行部志》卷末，遼海叢書本，遼瀋書社一九八五年，第二五三九頁。）

《鴨江行部志》一卷，殘存。民國金毓黻《鴨江行部志節本敘》：

曩讀《滿洲源流考》引《鴨江行部志》，知其必與《遼東行部志》同出於《永樂大典》，以爲無好事者爲之輯出，其亡佚也久矣。近始知此書尚有輯本，舊藏盛伯熙祭酒家，後輾轉入海鹽朱氏，譬如孔壁遺書，尚不隨秦火以俱盡，聞之喜可知也。第朱氏頗秘惜此書，迄未付刊以公諸世。人所得見者，僅朱氏所撰考證一篇，原名《鴨江行部志地理考》，載入《地學雜誌》第二十年第一期。稱引記文甚簡，可見崖略而已。考《滿洲源流考》凡三引此書，其一、其二皆爲湯池縣，其三爲蘇州關，而皆具於是篇。蓋原自《大典》輯出之遼東、鴨江兩行部志，皆非足本，撰《源流考》時所見亦僅此。此其所以可貴也。《遼東行部志》輯本既經江陰繆氏刊行，而此書見存于朱氏者實爲人間孤本，函商借鈔久未得請，姑以是篇附刊於《遼東行部志》後。過屠門而大嚼，縱不得肉，猶勝於無。仍望原本早出，庶不致終成廣陵散也。金毓黻校竟記。（《鴨江行部志節本》卷首，遼海叢書本，遼瀋書社一九八五年，第二五四〇頁。）

民國朱希祖《鴨江行部志跋》：

舊鈔本《鴨江行部志》一卷，金王寂撰。前有清宗室盛昱私印。按寂有《拙軒集》六卷，由《永樂大典》輯出，已刻於《聚珍版叢書》。繆荃孫《藕香零拾》又刻其《遼東行部志》一卷，亦從《永樂大典》輯出，然不載入《四庫全書》。其書作於金明昌元年，起二月丙申，訖四月庚寅，凡一月又二十五日，爲日記體。時寂提點遼東路刑獄，巡按各部，記其所事，故曰「行部志」。志載其《祭廣寧公文》云：「某祗服王命，周按部封，雪孤窮無告之寃，去乾没横行之蠹。」可以見其職掌矣。此《鴨江行部志》，即巡按遼東次年所作，起明昌二年二月己丑，訖三月庚申，凡一月有二日。此二書於金上京、東京、北京三路地理，頗多異聞，可以補正《金史·地理志》。餘别有《遼東行部志地理考》及《鴨江行部志地理考》，此不贅述。「行部志」在金元之際似有刻本，元好問《中州集・王寂小傳》言：「行記載其先人《雞山》詩云：『記得垂髫此地遊，雞山孤立水平流。而今重過山前路，山色青青人白頭。』」此詩今見《鴨江行部志》，惟「平流」作「東流」，稍異。元氏所稱「行記」，即「行部志」無疑。《遼東行部志》出於《永樂大典》，而《大典》必鈔自金本，此《鴨江行部志》似亦由《大典》録出。乾隆四十三年敕撰《滿洲源流考》，曾引《遼東行部志》及此三月丙辰條「自永康次順化營，中途望西南兩山，巍然浮於海上，訪諸野老云：此蘇州關也」等句（《滿洲源流考》卷十一）。則此二書曾入内府，而皆出於《大典》無疑。然不刻於《聚珍版叢書》，亦不收入《四庫全書》，四庫館臣爲《拙軒集》提要時，臚陳寂之著述，亦未嘗齒及，則此二書失傳久矣。今《遼東行部志》已由繆氏刊行，此書則尚未行世，余亦擬付刊以廣其傳。《中州集》言寂所著書，有《拙軒集》、《北遷録》，而不言二行部志，殆既引其「行記」，故略而不書耳。《中州集》卷二王寂《送張仲謀三韓》詩注，有閻子秀《鴨江行記》，今已不傳。此三書皆金門詔、盧文弨《金史藝文志》所不載，可據以再補者也。《遼東行部志》有寂詩五十七首、文三首，爲《拙軒集》所不載，而《鴨江行部志》亦有詩三十六首、文三首，不載於《拙軒集》，可以録出，别爲一卷，附於《拙軒集》之後。民國壬辰一月三十日。（《鴨江行部志》卷末，遼海叢書本，遼瀋書社一九八五年，第二五四三頁）。

《拙軒集》六卷，存。明葉盛《菉竹堂書目》卷三著録「王元老《拙軒集》三册」。清紀昀等《四庫全書總目》卷一六六《集部别集類》亦著録：「《金史》不爲立傳。元好問《中州集》載其詩，入乙集中，而仕履亦僅見梗概。今以寂詩文所著年月事跡參互考證，知寂自登第後，於世宗大定二年爲太原祁縣令，十五年嘗奉使往白霫治獄，十七年以父艱歸，明年起復真定少尹，兼河北西路兵馬副都總管，遷通州刺史兼知軍事，又遷中都副留守。二十六年冬，由户部郎出守蔡州，二十九年被命提點遼東路刑獄。章宗明昌初召還，終於轉運使之職。而集中《謝帶笏表》有『世宗享國，臣得與諫員』語，則又當爲諫官。又有『群言交搆，擠臣不測之淵』語，而《丁未肆眚》詩有『萬里湘累得自新』句。丁未爲大定二十七年，《世宗本紀》載是年三月辛亥，以皇長孫受册肆赦，並與集合，是寂之刺蔡州，當以人言去國。而集中情事不具，其顛末莫能詳也。《中州集》稱寂著有《拙軒集》、《北遷録》諸書。今《北遷録》已失傳，而好問所選寂詩僅七首，又附見《姚孝錫傳》後一首，其他亦久佚不見。惟《永樂大典》所載寂詩文尚多。雖如好問所摘《留别郭熙民》詩諸聯及蔣一葵《長安客話》所紀《盧植墓》詩逸句，皆未見全篇，亦不能盡免於脱闕，而各體具存，可以得其什七矣。寂詩境清刻鑱露，有戛戛獨造之風。古文亦博大疏暢，在大定、明昌間卓然不愧爲作者。金朝一代文士見於《中州集》者，不下百數十家，今惟趙秉文、王若虚數家尚有傳本，餘多湮没無存。獨寂是編幸於沉埋晦蝕之餘，復顯於世，而文章體格亦足與《滹南》、《滏水》相爲抗行。謹次第裒綴，釐爲六卷，俾讀者覽其崖略，猶得以考見金源文獻之遺，是亦可爲寶貴矣。」

任詢

任詢字君謨，號南麓、龍巖，易州軍市（今河北易縣）人，生於虔州（今江西贛州）①。正隆二年進士。歷省掾、大名總幕、益都判官、北京鹽使。課殿，降泰州節廳。以無藉力者，故連蹇不進。年六十四致仕，七十卒。爲人慷慨多大節，書畫詩文兼長，書爲當時第一，畫入妙品。時謂「畫高於書，書高於詩，詩高於文」。黄華王庭筠獨以其才具許之。

《南麓詩集》。《中州集》卷九《任南麓詢》：「平生詩數千首，君謨殁後皆散失。今所録皆得於傳聞之間。」生前當有集，或以號名。

吕中孚

吕中孚字信臣，冀州南宫（今河北南宫縣）人。孝友純至，爲鄉里所稱，累舉不第，以詩文自娱。②

---

① 《金史》卷一二五《文藝傳》，中華書局一九七五年，第二七一九頁。今按，《中州集》卷二《任南麓詢》作「處州（今浙江麗水）」，中華書局上海編輯所一九六二年，第八七頁。

② 《中州集》卷七《吕中孚》，中華書局上海編輯所一九六二年，第三四三頁。

《清漳集》。《中州集》卷七《吕中孚》著録。

范　墀

范墀字元涉，潁川（今河南許昌）人。①

《潁川詩話》。《中州集》卷八《范墀》：「有詩話行於世。」姑以鄉籍名之。

馮子翼

馮子翼字子美，先世居定州中山（今河北定州），後徙大定（今内蒙古寧城縣），再徙真定（今河北正定縣）。父仲尹，天眷初進士，仕爲中議大夫同知山東西路轉運使事。子翼登正隆二年進士第，官至中順大夫同知臨海軍節度使事。爲人剛直，與物多忤，用是仕宦不進。元好問稱之「學長於《春秋》，詩筆清峻，似其爲人。字畫楚楚，有魏晉間風氣，雅爲禮部閑閑公所激賞。制誥典麗，當代少見其比。尺牘又其專門之學，風流藴藉，不減前世宋景文」②。

《白雲集》。《中州集》卷二《馮臨海子翼》：「有詩、樂府傳於世。」元姚燧《牧庵集》卷三

---

① 《中州集》卷八《范墀》，中華書局上海編輯所一九六二年，第三九七頁。

② 《遺山先生文集》卷一九《内翰馮公神道碑銘》，四部叢刊本。

《馮氏三世遺文序》：「馮氏由中議擢金天眷己未第，中順、通議、右部以及今奉議，凡五世儒仕，鬱爲清風素望之家者，百四十有八年，亦庶幾古之世德人哉。……中議之文逸，不可搜輯。中順《白雲集》，通議《松庵集》、右部《常山集》，奉議皆板之行世矣，目曰《馮氏三世遺文》。俾燧爲序曰：夫人之言爲聲，聲原於氣，中順之氣勁，故其辭簡潔而峻清。右部之氣和，故其辭温厚而優柔。通議之氣粹以正，其學綜博而趨約，故其言之見於誕佈除拜、吟情托物、誅奸彰善者，剗戛陳言，一以經史爲師，淡麗而不諛，奥雅而雄深，多體而不窮，視金諸作，最爲高古，信一代文章之宗也。」

朱　瀾

朱瀾字巨觀，洛西三鄉（今河南洛寧縣）人。之才子。大定二十八年登進士第，時年六十。嘗入教宫掖，歷諸王文學，應奉翰林文字，國史編修，終於翰林待制。①

《朱宫教集》。《中州集》卷七《朱宫教瀾》：「以嘗入教宫掖，故集中多宫詞。」所謂「集中」云云，當有集傳世。

元吴澄《題朱巨觀道宫薄媚曲後》：

① 《中州集》卷七《朱宫教瀾》，中華書局上海編輯所一九六二年，第三四〇頁。

「李杜文章在，光焰萬丈長。」惟子瞻贊太白真，介甫贊子美像，能得其似。蓋蘇學李、王學杜，知其詩，是以知其人也。今儒朱瀾巨觀效梨園十曲贊杜，有爲予言朱之爲人及出處者，予讀之，悲其志云。（《吴文正公集》卷二九，文淵閣四庫全書本。）

文　商

文商字伯起①，汝南（今河南上蔡縣）人。高才博學，所與交者皆名士。明昌中，賜進士出身，除國子教授，特遷登仕郎。②

《小雪堂詩話》。《遺山先生文集》卷三六《東坡樂府集選引》：「絳人孫安常注坡詞，參以汝南文伯起《小雪堂詩話》。」

《小雪堂文集》。金王寂《拙軒集》卷六《與文伯起帖》：「時閱足下詩文，拊卷三歎，如對晤語。」所謂「拊卷」云云，當已成集。小雪堂，或其書齋之名。

① 金趙秉文《滏水集》卷一一《遺安先生言行碣》，叢書集成初編本，中華書局一九八五年，第一六〇頁。

② 《金史》卷一〇《章宗紀》，中華書局一九七五年，第二三二頁。

閻公貞

閻公貞字正之，大興宛平（今北京宛平）人。大定七年進士，累官翰林侍讀學士兼大理卿。史稱「居法寺幾十年，詳慎周密，未嘗有過舉。被命校定律令，多所是正，金人以爲法家之祖云。」①

《明昌律義》及《敕條》。《金史》卷四五《刑志》：明昌五年，以大理卿受命爲覆定官之一，重修新律。

李敬義

李敬義，始末未詳。明昌五年，以户部郎中爲賜高麗生日使②。還，進户部侍郎③。出爲安化軍節度副使④。

《明昌律義》及《敕條》。《金史》卷四五《刑志》：明昌五年，以户部侍郎受命爲覆定官之一，重修新律。

---

① 《金史》卷九七《閻公貞傳》，中華書局一九七五年，第二一五三頁。
② 《金史》卷一〇《章宗紀》，中華書局一九七五年，第二三四頁。
③ 《金史》卷二七《刑志》，中華書局一九七五年，第一〇二二頁。
④ 《金史》卷一〇〇《路鐸傳》，中華書局一九七五年，第二二〇六頁。

張嗣

張嗣，始末未詳。明昌五年，提點司天臺①。承安元年，以吏部尚書爲賀宋生日使②。

《明昌律義》及**《敕條》**。《金史》卷四五《刑志》：明昌五年，以提點司天臺受命爲校定官，重修新律。

李庭義

李庭義，始末未詳。明昌五年，官刑部員外郎。③

《明昌律義》及**《敕條》**。《金史》卷四五《刑志》：明昌五年，以刑部員外郎受命爲校定官之一，重修新律。

---

① 《金史》卷四五《刑志》，中華書局一九七五年，第一〇二二頁。
② 《金史》卷一〇《章宗紀》，中華書局一九七五年，第二三九頁。
③ 《金史》卷四五《刑志》，中華書局一九七五年，第一〇二二頁。

麻安上

麻安上，始末未詳。明昌五年，官大理丞①。承安二年，進大理卿。②《明昌律義》及《敕條》。《金史》卷四五《刑志》：明昌五年，以大理丞受命爲校定官之一，重修新律。

趙渢

趙渢字文孺，號黄山，東平（今山東東平縣）人。大定二十二年進士，官至禮部郎中。性沖澹，學道有所得，尤工書③。趙秉文云：「黄山先生擘窠大字，體兼顔蘇，書畫雄秀，當在石曼卿上。草書如行雲流水，當在蘇才翁、黄魯直伯仲間，非但不愧之而已。」④元好問亦云：「党承旨

① 《金史》卷四五《刑志》，中華書局一九七五年，第一〇二二頁。
② 《金史》卷一〇〇《路鐸傳》，中華書局一九七五年，第二二〇七頁。
③ 《金史》卷一二六《文藝傳》，中華書局一九七五年，第二七二九頁。
④ 金趙秉文《滏水集》卷二〇《題竹溪黄山書》，叢書集成初編本，中華書局一九八五年，第二三九頁。

篆，陽冰以來一人而已，而以黄山配之，至今人謂之党趙。」承安初卒。①

《遼史》。《金史》卷一二五《文藝傳》：「大定二十九年，與鳳翔府治中郝俣充《遼史》刊修官，應奉翰林文字移剌益、趙渢等七人爲編修官。凡民間遼時碑銘墓誌及諸家文集，或記憶遼舊事，悉送上官。」元蘇天爵《滋溪文稿》卷二五《三史質疑》：「金章宗初年，即命史官修《遼史》。當時去遼不遠，文籍必有存者，猶數敕有司蒐訪事跡。其書又經党懷英、趙渢、王庭筠諸名士之手。章宗屢嘗促之，僅二十年，陳大任始克成編。」

《黄山集》。《中州集》卷四《黄山趙先生渢》著録。

李晏

李晏字致美，號遊仙野人，澤州高平（今山西高平）人。皇統六年進士②。嘗仕爲遼陽府推官。世宗即位，召爲應奉翰林文字，累遷翰林侍講學士，兼御史中丞。明昌初，改禮部尚書，兼翰

① 《中州集》卷四《黄山趙先生渢》，中華書局上海編輯所一九六二年，第一八六頁。今按，小傳謂「明昌末，終於禮部郎中」。金趙渢《濟州普照禪寺照公禪師塔銘》，自署「明昌七年」、「承直郎試尚書禮部郎中兼秘書丞」。明昌歷時六年，無七年，其時已改元承安。見《濟宁州金石志》卷三，石刻史料新編本，臺北新文豐出版公司一九七九年，第二輯一三册九五二〇頁。

② 《中州集》卷二《李承旨晏》作「皇統二年經義進士」，中華書局上海編輯所一九六二年，第一〇〇頁。

林學士承旨，以沁南軍節度使致仕。承安二年卒，年七十五，謚文簡。①

《十七史要覽》五十卷。

《遊仙野人集》二十卷。金許安仁《李文簡公神道碑銘》：「公撰《十七史要覽》五十卷、《遊仙野人文集》二十卷，並行於世。」②

郝　俣

郝俣字子玉，號虚舟居士，太原人。正隆二年進士。大定中，累遷鳳翔治中。世宗嘗謂宰臣曰：「郝俣賦詩皆佳，舊時劉迎能之，李晏不及也。」章宗即位，入翰林③，官至河東北路轉運使。④

《遼史》。《金史》卷一二五《文藝傳》：大定二十九年，「鳳翔治中郝俣充《遼史》刊修官」。

《郝内翰俣集》。《永樂大典》卷二二六五湖字韻引《郝内翰俣集》之《奉陪太守游南湖同郭令賦》。明代尚存。

---

① 《金史》卷九六《李晏傳》，中華書局一九七五年，第二一二五頁。

② 《（成化）山西通志》卷一五《集文》，四庫全書存目叢書本，齊魯書社一九九六年。

③ 《金史》卷九《章宗紀》，中華書局一九七五年，第二一二頁。

④ 《中州集》卷二《郝内翰俣》，中華書局上海編輯所一九六二年，第八一頁。

韓孝彦

韓孝彦字允中，真定松水（今河北正定縣）人。韓愈後裔，以音韻學名著當時。①

《五音篇》十五卷，存。清紀昀等《四庫全書總目》卷四三《子部小學類》著録：「是編以《玉篇》五百四十二部，依三十六字母次之。更取《類編》及《龍龕手鏡》等書，增雜部三十有七，共五百七十九部。凡同母之部，各辨其四聲爲先後；每部之内，又計其字畫之多寡爲先後，以便於檢尋。其書成於明昌、承安間。迨泰和戊辰，孝彦之子道昭又改併爲四百四十四部，韓道昇爲之序。殊體僻字，靡不悉載。然舛謬實多，徒增繁碎。道昇序稱：『泰和八年，歲在强圉單閼。』考泰和八年乃戊辰，而曰强圉單閼，則丁卯矣。刻是書者又記其後云：『崇慶己丑，新集雜部。至今成化辛卯，删補重編。』考崇慶元年壬申，明年即改元至寧，曰己丑者亦誤。道昭又因《廣韻》改其編次，爲《五音集韻》十五卷。明成化丁亥，僧文儒等校刊二書，合稱《篇韻類聚》。篇，謂孝彦所編，以《玉篇》爲本；韻，謂道昭所編，以《廣韻》爲本。二書共三十卷，較之他本，多

① 金韓道昭《改併五音集韻》卷四寒韻匣母「韓」字注，中華書局一九九二年，第四四頁。今按，寧忌浮《校訂五音集韻前言》：「松水在何處？筆者於一九八四年夏赴河北正定一帶考察，在滹沱河北岸靈壽縣找到松陽河。河逿縣城西南，南入滹沱。城西四公里，有傾井村，爲韓姓聚居地。……此或即昌黎氏族裔。松水，即靈壽。」同前第五頁。

《五音類聚徑指》目録，餘無所增損云。」

《切韻指玄論注》。

《切韻澄鑒圖》。

《切韻滿庭芳》。

《切韻指迷頌》。金韓道昭《改併五音集韻》卷四「韓」字韻注：「復至大金國，有昌黎郡韓孝彦者，乃滹陽松水人也。注《切韻指玄論》，撰《切韻澄鑒圖》，作《切韻滿庭芳》，述《切韻指迷頌》，將《玉篇》改作《五音篇》，皆印行於世，故立昌黎氏焉。」

史旭

史旭字景陽，出處不詳。第進士，歷臨真、秀容二縣令。元好問先人嘗從之遊，稱其詩有佳句。①

《史明府詩集》一卷。《中州集》卷二《史明府旭》著録。

① 《中州集》卷二《史明府旭》，中華書局上海編輯所一九六二年，第九一頁。

白賁

白賁，號決壽老，汴（今河南開封）人。自上世至其孫淵，俱以經學顯。

《孝經傳》。金白賁《客有觀予〈孝經傳〉者感而賦詩》：

古人文瑩理，後人但工文。文工理愈暗，紙劄何紛紛。君看六藝學，天葩吐奇芬。詩書分體制，禮樂造乾坤。千歧更萬轍，要以一理存。如何臻至理，當從踐履論。跋涉經險阻，鑽研閲寒温。孝弟作選鋒，道德嚴中軍。仰觀及俯察，萬象入見聞。不勞施斧鑿，筆下生煙雲。高以君唐虞，下以覺斯民。君如不我鄙，時來對爐熏。（《中州集》卷九《白先生賁》，中華書局上海編輯所一九六二年。）

景覃

景覃字伯仁，號渭濱野叟，華陰（今陝西華陰縣）人。大定初，三赴簾試，後以疾不就舉，隱居西陽里，種樹爲業。博極群書，至老不廢。嗜酒，醉則浩歌。誠實樂易，不修威儀。作詩有功，樂府亦可傳。年七十終。①

① 《中州集》卷七《景覃》，中華書局上海編輯所一九六二年，第三四八頁。

《渭濱野叟集》。《中州集》卷七《景覃》：「自號渭濱野叟，有集傳河東。」當以號名。

劉震亨

劉震亨字起潛，蔚州（今河北蔚縣）人。明昌三年，以州舉學行俱優，敕賜同進士出身，附王澤榜①。官至禮部郎中，年四十即累疏以病乞休。章宗素知其清苦，詔有司以百金賻焉。居家孝友，砥礪名節，爲當時儒者所尊。②

《風露集》。《（同治）畿輔通志》卷一三六《藝文》著録。

王世賞

王世賞字彦功，開封祥符（今河南開封）人。明昌中，以才能德行舉，賜進士出身，授鞏州教授，終於鹿邑簿。與師拓、王磵、趙渢等交遊。③

《浚水老人集》。《中州集》卷九《浚水王先生世賞》：「有《浚水老人集》傳於世。」

① 《金史》卷九《章宗紀》，中華書局一九七五年，第二二四頁。
② 《（同治）畿輔通志》卷二一〇《列傳》作順聖人，上海古籍出版社一九九一年，第七四六九頁。
③ 《中州集》卷九《浚水王先生世賞》，中華書局上海編輯所一九六二年，第四四〇頁。

王庭筠

王庭筠字子端，號黄華山主。蓋州熊岳（今遼寧蓋州）人。大定十六年進士，累遷館陶主簿。二十年，以贓罪去官。卜居彰德十年，讀書黄華山寺，因以爲號。悉力經史，旁及釋老，以學識精博名重當時。明昌三年，召爲應奉翰林文字，遷翰林修撰。承安元年，坐趙秉文上疏妄言時政解職。四年，起爲應奉翰林文字。泰和元年，復爲修撰；二年卒，年五十二。嘗薦趙秉文、馮璧、李純甫等，世以知人許之①。詩文書畫，俱稱名家。書学二王、米芾，得於氣韻之間，畫尤工山水墨竹。爲文能道所欲言，暮年詩律深嚴，七言長篇尤工險韻。馮内翰璧挽章有曰：「詩名摩詰畫絶世，人品右軍書入神。」人以爲實録云。②

《遼史》。元蘇天爵《滋溪文稿》卷二五《三史質疑》：「金章宗初年，即命史官修《遼史》。當時去遼不遠，文籍必有存者，猶數敕有司蒐訪事跡。其書又經党懷英、趙渢、王庭筠諸名士之手。章宗屢嘗促之，僅二十年，陳大任始克成編。」

《藁辨》十卷。《金史》卷一二六《文藝傳》著録。

---

① 《金史》卷一二六《文藝傳》，中華書局一九七五年，第二七三〇頁。

② 《遺山先生文集》卷一六《王黄華墓碑》，四部叢刊本。

《入品法書名畫集》五五〇卷。《金史》卷一二六《文藝傳》：明昌三年，「召爲翰林應奉文字，命與秘書郎張汝方品第法書名畫，遂分入品者爲五百五十卷。」

《雪溪堂帖》十卷。《遺山先生文集》卷一六《王黄華墓碑》：「嘗披旨與舅氏宣徽公張汝方品第秘府書畫，因集所見及士大夫家藏前賢墨跡，古法帖所無者摹刻之，號《雪溪堂帖》一十卷。」今按，張汝方之「方」原作「霖」，記誤或刊誤。另，明李日華《六研齋筆記》卷三：「黄華老人刻《雪溪堂法帖》，有李贊皇真跡。」明代尚存。

《黄華集録》。金元好問《續夷堅志》卷四《海島婦》：「王内翰元仲《集録》：近年海邊獵人航海求鵲，至一島，其人穴居野處，與諸夷特異，言語絶不相通。射之中，則捫血而笑。獵者見男子則殺之，載婦人還。將及岸，悉自沉于水。他日再往，船人人執一婦，始得至其家。婦至此不復食，有逾旬日者，皆自經於東岡大樹上。元仲，黄華老人也。」

《秋山應制詩稿》。《遺山先生文集》卷一六《王黄華墓碑》：「泰和元年，復翰林修撰，扈從秋山，應制賦詩至三十餘首，寵眷優異。」

明宋濂《題王庭筠秋山應制詩稿》：金源之制，每歲以正月如春水，九月幸秋山。五日之間，群臣一進起居表，其嚴慎如此之至者，志非在於田遊，將欲修兵政而紓民賦也。道陵如薊門，至秋山，河東王庭筠以翰林修撰扈從左右，應制賦詩三十餘篇，甚被奬眷。蓋自大定以來，累洽重熙，文物聲名可擬漢唐，故其一時君臣遇合，天施地受，雨露無際，緣物引興，浹於太和，此乃金極盛之時。奈何盛極忘治，詒謀匪遠，僅一再傳，翠華遙遙南狩，而秋山者則已委於沙塵烽火之區。武元文烈諸孫，雖欲求一乳兔而射之，尚何可得耶？觀庭筠之詩，而感慨繫之矣。自當時言之，孰不效上林羽獵，以侈大榮觀，而庭筠乃能以秋山不合圍爲風，則庭筠者亦良士也哉！此卷庭筠所具之稿，惟十四首，而逸其大半。詩序中所謂九日，正泰和元年九月丙辰，然道陵以是月七日甲寅發京師，二十九日丙子至自秋山。道途所歷，凡二十有三日。其幸香林平頂山温泉等什，皆可以次而推。至若《牡丹》、《酴醾》、《松影》三詩，則不知作於何時。按庭筠以明昌三年供奉翰林，五年八月遷修撰，未幾謫鄭州防禦判官，承安四年復起爲應奉翰林文字，泰和改元又轉修撰，明年遂亡，壽甫四十七爾。詩既題奉旨而作，雖不能必于何年，其決在禁林之日矣。（《宋學士全集》卷一二，叢書集成初編本，中華書局一九八五年。）

《黄華先生文集》四十卷。《中州集》卷三《黄華王先生庭筠》：「子端詩文有師法，高出時輩之右。字畫學米元章，其得意處頗能似之，墨竹殆天機所到，文湖以下不論也。平生愛天平黄華山水，居相下十年。自號黄華山主，有集傳於世。其殁也，道陵有詩悼之。其引云：『王遵古，朕之故人也。乃子庭筠，復以才選直禁林，首尾十年。今兹云亡，玉堂東觀中，無復斯人矣。其家以遺文來上，尋繹之久，良用愴然。』」《金史》卷一二六《文藝傳》謂「有文集四十卷」。近人金毓黻先生輯《黄華集》八卷。

明宋濂《題王黄華詩稿》：

予在江乘偶得黄華山主王庭筠子端詩稿三首，一首絶句《次彦高問疾韻》，二首七言律《次許子靖題光華堂韻》。彦高當是翰林待制吴激，乃王履道外孫、米元章之壻也。筆法遒勁，得於婦翁爲多。許子静名安仁，大定七年進士，歷禮部員外郎，出守高平，後以汾陽軍節度使致其事。二公皆當時知名之士。子靖登第，蓋先子端九年，而彦高與子端之父遵古游，尤號前輩。今觀其勞問酬答，所以敦忘年之契甚至。此在二公固爲盛德，而子端文采藴藉，爲一時之所景尚者，於斯亦可槩見矣。子端熊岳人，官止翰林修撰。字法初仿元章，謫鄭州後，氣象横放，自成一家，予甚愛之，故識其後，持歸金華山中，以示子孫之嗜書者。或曰彦高與子端相去頗遠，恐或别是一人，余亦未能深知之也。（《宋學士全集》卷一二，叢書集成初編本，中華書局一九八五年。今按，文中「子静」原作「子靖」，此從《金史》卷九六《許安仁傳》。）

移刺益

移刺益字子遷，本名特末阿不，中都路胡魯土猛安（今北京）人。以蔭補國史院書寫，三遷翰林修撰。明昌三年，畿内民饑，授霸州刺史。既至，出俸粟賑災，於是倅以下及郡人遞出粟以佐之，且命屬縣視以爲法，多所全活。累官河東南北路按察使。剛正敢言，屢上書諫時政，上皆納焉。泰和二年卒於官。①

《遼史》。《金史》卷一二五《文藝傳》：大定二十九年，「鳳翔府治中郝俣充《遼史》刊修官，應奉翰林文字移剌益、趙渢等七人爲編修官。」

董師中

董師中字紹祖，號漳川居士，洺州（今河北永年縣）人。皇統九年進士。承安中，拜參知政事，進尚書左丞。嘗言：「宰相不當事細務，要在知人才，振綱紀，但一心正、兩目明足矣。」泰和三年卒，年七十四②。嘗師事王内翰彦潛，而與之同榜登第。彦潛没，待其子恩禮殷重，不減骨肉，論者以爲舉世無比云。③

《重校詳定名例》。《金史》卷四五《刑志》：「明昌三年七月，右司郎中孫鐸先以詳定所校《名例篇》進，既而諸篇皆成。復命中都路轉運使王寂、大理卿董師中等重校之。」

---

① 《金史》卷九七《移剌益傳》，中華書局一九七五年，第二一六〇頁。今按，所謂胡魯土，地名。《金史》僅見此例，未知所在。《金史語解》卷五《地理》釋曰：「蒙古語，有雨也。」見二十四史訂補本，書目文獻出版社一九九六年，第一三册七一〇頁。

② 《金史》卷九五《董師中傳》，中華書局一九七五年，第二一一三頁。

③ 《中州集》卷九《董右丞師中》，中華書局上海編輯所一九六二年，第四五八頁。

《明昌律義》及**《敕條》**。《金史》卷四五《刑志》：明昌五年，董師中以御史中丞，命爲校定官之一，重修新律。

《李道源先生陰德記》一卷。元魏初《題陰德記後》：

大定間，漳川董公爲道源李先生撰《陰德記書》二本，一備史館採訪遺逸，一遺其子師孟，俾知仕進之所來由。嗚呼！前輩喜人爲善，且樂於激勸，其意味乃如此。道源先生之遇不遇，雖與文正公不同，志則一也。其爲人必不凡，故爲時輩所重，敢作詩以識之：不爲良相願爲醫，落落胸中亦自奇。一片活人心思在，百年名筆有真知。（《青崖集》卷二，文淵閣四庫全書本。）

元王惲《跋董右丞師中撰李道源先生陰德記》：

昔昌黎公以醫師而喻相業，范文正不作相而願良醫。醫之與相，體用固殊，其於濟物則一也。然宰輔柄用，必需時命；醫師拯治，心術爲先。故良醫賢相，寥寥百載間，得其人匪易。今皆萃見於一卷中，觀之者當起敬起慕，又何特題詠而已哉！至元癸巳立夏日書。（《秋澗集》卷七三，四部叢刊本。今按，題後原注：「道源名泌，廣平人，蓋儒而醫者，泌九十歲而終於家。子師孟，明昌間進士」。）

《漳川集》。《中州集》卷九《董右丞師中》：「有《漳川集》傳於家。」

元德明

元德明號東巖，忻州秀容（今山西忻州）人，好問生父。自幼嗜讀書，口不言世俗鄙事，爲人誠實樂易。布衣蔬食，處之自若。累舉不第，放浪山水間，以飲酒賦詩自適。元好問稱之「不事雕飾，清美圓熟，無山林枯槁之氣」①。泰和三年卒，年四十八。②

《東巖集》三卷。《中州集》卷一〇《先大夫詩》著録。

李　炳

李炳，汴梁（今河南開封）人。嘗仕爲左司都事③、監察御史④、吏部侍郎⑤。與元妃李師兒「通譜系，超取美顯」⑥，爲時論所貶云。

① 《中州集》卷一〇《先大夫詩》，中華書局上海編輯所一九六二年，第五二六頁。
② 清施國祁《元遺山詩集箋注》卷首《傳銘》，四部精要本，上海古籍出版社一九九三年，第二一册九頁。
③ 《金史》卷一〇四《鄒谷傳》，中華書局一九七五年，第二二八九頁。
④ 《金史》卷四八《食貨志》，中華書局一九七五年，第一〇八〇頁。
⑤ 《金史》卷一三二《逆臣傳》，中華書局一九七五年，第二八三三頁。
⑥ 《金史》卷六四《后妃傳》，中華書局一九七五年，第一五二七頁。

《儀禮》。《金史》卷一一《章宗紀》：泰和三年四月，「命吏部侍郎李炳、國子司業蒙括仁本、知登聞檢院喬宇等再詳定《儀禮》。」

許安仁

許安仁字子静，獻州交河（今河北交河縣）人①。大定七年進士，歷州縣，入省臺，以講學被選東宫。章宗即位，官至翰林修撰同知制誥，超授禮部郎中。出爲澤州刺史，以汾陽軍節度使致仕。泰和五年卒，年七十七，謚文簡。史謂「質實無華，淡然有古君子風」②。

《熙宗實録》。《金史》卷九六《許安仁傳》：大定中，「累遷太常博士，兼國史院編修官」。當預修《熙宗實録》。

《無隱論》。《金史》卷九六《許安仁傳》：「作《無隱論》上之，凡十篇，曰《本朝》、曰《情慾》、曰《養心》、曰《田獵》、曰《公道》、曰《養源》、曰《冗官》、曰《育材》、曰《限田》、曰《理財》。」《（民國）交河縣志》卷九《藝文志》著録：「《無隱論》義取有犯無隱，以論時事，以奉

① 《中州集》卷三《許内翰安仁》作河間樂壽人，中華書局上海編輯所一九六二年，第一二九頁。今按，獻州本樂壽縣，天會七年升爲壽州，天德三年更名獻州，轄樂壽、交河二縣，隸河間府。《金史》卷二五《地理志》有説。

② 《金史》卷九六《許安仁傳》，中華書局一九七五年，第二一三二頁。

上之。」

《許文簡公文集》。《金史》本傳、《中州集》小傳及各家書志俱未見著録。今按，子静乃當時名流，嘗爲國史院編修官，亦在翰苑掌文辭，卒後又謚文簡，當有文集。今存《御題寺重建唐德宗詩碑》（大定十八年）、《重書旌忠廟宋牒並記》（明昌五年）、《碧落寺溪堂山堂記碑》（明昌五年）、《繼錦堂記》（明昌六年）、《李文簡公神道碑銘》（承安二年）、《汾州西河縣畢宿廟記》（泰和元年）等，足可編輯成卷。

李仲略

李仲略字簡之，號丹源釣徒，高平（今山西高平）人，李晏之子。大定十九年詞賦進士①，歷州縣，遷翰林修撰，官至山東東西路按察使。泰和五年卒，謚襄獻。性豪邁，有父風，剛介特立，不阿權貴，臨事明敏。章宗喜其精神明健，喻之「俊鶻脱帽」。②

《丹源釣徒集》。《中州集》卷二《李承旨晏》著録。

① 《金史》卷九六《李仲略傳》，中華書局一九七五年，第二一二七頁。

② 《中州集》卷二《李承旨晏》，中華書局上海編輯所一九六二年，第一〇〇頁。

李　愈

李愈字景韓，絳州正平（今山西新絳縣）人。正隆五年進士，官至河平軍節度使，改知河中府事。泰和六年卒，年七十二。謚清獻。①

《狂愚集》二十卷。《金史》卷九六《李愈傳》著録。

魏道明

魏道明字元道，號雷溪子，易縣（今河北易縣）人。進士及第，官至安國軍節度使②。泰和中，爲鄉里撰《洪崖山壽陽院記》③。

《鼎新詩話》。《中州集》卷八《雷溪先生魏道明》："暮年居雷溪，自號雷溪子，有《鼎新詩

① 《金史》卷九六《李愈傳》，中華書局一九七五年，第二一二九頁。

② 《中州集》卷八《雷溪先生魏道明》，中華書局上海編輯所一九六二年，第四〇一頁。

③ 文末署："泰和六年歲次丙寅七月望日，安遠大將軍行易縣令兼管勾常平倉事烏古孫换都立石"。題後署："正議大夫前安國軍節度使兼邢州管内觀察使提舉學校常平倉事護軍巨鹿郡開國侯食邑一千户食實封壹佰户賜紫金魚袋致仕魏道明；奉訓大夫前河間府河間縣令兼管勾常平倉事龍騎尉賜緋魚袋致仕李嗣周篆額；巨水田秀實書丹。"陳垣等《道家金石略》，文物出版社一九八八年，第一〇五五頁。

話》行於世。」

《國朝百家詩略》。金元好問《中州集序》：「商右司平叔銜嘗手抄《國朝百家詩略》，云是魏邢州元道道明所集，平叔爲附益之者。然獨其家有之，而世未之知也。」①

《蕭閑老人明秀集注》六卷。宋陳振孫《直齋書録解題》卷二一著録，今殘存前三卷。

孔　璪

孔璪字堅老，孔子四十九代孫。承安四年，以襲封年幼，權襲封衍聖公，管勾祀事。

《續祖庭廣記》。周洪才《孔子故里著述考》引《曲阜志》：「金權襲封衍聖公孔璪撰《續祖庭廣記》」。②

---

① 《中州集》卷首，中華書局上海編輯所一九六二年。

② 齊魯書社二〇〇四年，第一九五頁。

張著

張著字仲揚，永安（今北京）人。泰和五年，以詩名見召，應制稱旨，特授監御府書畫。①《張仲揚詩集》。金劉祁《歸潛志》卷八：「明昌承安間，作詩者尚尖新，故張翥仲揚由布衣有名，召用。其詩大抵皆浮豔語，如『矮窗小户寒不到，一爐香火四圍書』。又『西風了却黄花事，不管安仁兩鬢秋』。人號『張了却』。劉少宣嘗題其詩集後云：『楓落吴江真好句，不須多示鄭參軍』。蓋譏之也。」少宣，劉勳字。詩載《中州集》卷七《劉勳》，題作《讀張仲揚詩因題其上》：「布衣一日見明君，俄有詩名四海聞。楓落吴江真好句，不須多示鄭參軍。」

① 《中州集》卷七《張著》，中華書局上海編輯所一九六二年，第三四七頁。今按，金劉祁《歸潛志》卷八作「張翥」，而其《宋張擇端清明上河圖跋》自署「燕山張著」，當以「著」爲是，見《金文最》卷四七。另，《中州集》小傳作永安人，即大興人。金元好問《續夷堅志》卷三《永安錢》：「海陵天德初，卜宅於燕，建號中都，易析津府爲大興。始營造時，得古錢地中，文曰『永安一千』，朝議以爲瑞。乃取長安例，地名永安。」其實，大興名永安，自遼代行之。會同元年，升爲南京。開泰元年，易爲永安析津府，《金史》卷二四《地理志》有説。

鄭時昌

鄭時昌字仲康，洪洞（今山西洪洞縣）人。大定中及第，仕爲汾州教授。①

《韻類忠節事編》。《（民國）洪洞縣志》卷一七《藝文志》著録。今按，清黄虞稷《千頃堂書目》卷一五《類書類》、清錢大昕《補元史藝文志·經部小學類》亦著録，俱作《韻類節事》，歸「鄭當時」。另，清金門詔《補遼金元藝文志·傳記類》又作《節義事實》。

《群書會要》。《（民國）洪洞縣志》卷一七《藝文志》著録。今按，清錢謙益《絳雲樓書目》卷三《類書類》亦著録，撰者名氏及卷數失載。另，清金門詔《補遼金元藝文志·類書類》著録《節義事實》，稱「明昌進士」；著録《韻類節事》、《群書會要》，又作「大定進士」，前後牴牾。

李元佐

李元佐字祐之，太原人。泰和中，精專新律，試吏者皆出其門。元好問譽之「爲人寬博疏通，

① 《（光緒）山西通志》卷一五《貢舉譜》「大定中及第第一」。中華書局一九九〇年，第一五七四頁。今按，金孔天監《藏書記》：「每三歲大比，秀造輩出，（洪洞）取數居多。故程能西府，則老鄭爲之魁。」老鄭者，或即鄭時昌，嘗擢大同府元，而非殿試第一。見《金文最》卷二八，中華書局一九九〇年。

精於吏事」。①

《刑名歌括》。元魏初《故鎮國將軍太原李公墓誌銘》：「粹於律學，有《删注刑統賦》、《刑名歌括》傳於世。」

《删注刑統賦》。元郝經《删注刑統賦序》：

宋真尚書德秀云：「金國有天下，典章法度，文物聲名，在元魏右。」經嘗以是爲不刊之論。蓋金有天下，席遼、宋之盛，用夏變夷，擁八州而征南海。威既外振，政亦内修，立國安疆，徙都定鼎。至大定間，南北盟誓既定，好聘往來，甲兵不試，四鄙不警，天下晏然，大禮盛典，於是具舉。泰和中，律書始成，凡在官者，一以新法從事，國無弊政，亦無冤民。粲粲一代之典，與唐、漢比靈斯，詎元魏、高齊之得廁其列也！是時太原李佑之，精專新律，試吏者皆出其門，臺省寺監，藩邸郡國，名卿能吏，鬱然炳然。癸丑春，其外孫劉君敬之出佑之《删注刑統賦》一篇，精約博綜，首尾原委，有宗有趣，酌人情而歸之中，不峭刻，不慘激，本之仁恕，真莅政之銓衡也。熟之復之，然後知真尚書之言允信。國家今地過於金，而民物繁夥，龍飛鳳舞，殆四十年。改正朔，易服色，修制度之事，謙讓未遑。雖然，必欲致治，創法立制，其先務也。昔漢高帝百戰之餘，食未下嚥，而命蕭何造律令，張蒼定章程，韓信申軍法，叔孫通制禮儀，陸賈著《新書》，史臣以爲

① 元魏初《青崖集》卷五《故鎮國將軍太原李公墓誌銘》，文淵閣四庫全書本。

日不暇給，而規模巨集遠。今有漢氏之地而加廣，有漢氏之民而加多，豈不爲金源氏、拓跋氏之治乎？創法立制，此其時矣。發源張本，必自是賦始。敬之甚秀而文，與余游者有年，請題其端。余謂之曰：文中子居家，不暫捨《周禮》。門人問焉，曰：「先師以王道極是也。如有用我，則執此以往。通也宗周之介子，敢忘其禮乎！」敬之其執此以往，豈不爲李氏之介孫乎？年月日，郝經序。（《陵川集》卷三〇，文淵閣四庫全書本）

翟師軻

翟師軻，嘉祥（今山東嘉祥縣）人。章宗朝鄉貢進士。

《翟師軻文集》。《（道光）濟寧直隸州志》卷五《秩祀志》：「鄉貢進士翟師軻墓，在縣東南壘山之陽，前志云有文集行世。」見於文獻，嘗撰《嘉祥令胡公祈雨三應記碑》（明昌元年）、《重妝修宣聖廟神像三門記碑》（明昌二年）、《重修伏羲廟記》（承安二年）等①。

---

① 清徐宗幹《濟州金石志》卷六，石刻史料新編本，臺北新文豐出版公司一九七九年，第二輯一三册九六六八頁。

張庭玉

張庭玉字子榮，易州淶水（今河北淶水縣）人。幼敏慧，善吟詠，爲時彦推服①。其友邢進之以題百種授之，曰：「能一日爲之乎？」庭玉揮翰不停，日中已就。承安中召試，俄頃成七十篇，章宗歎賞②。泰和七年，隱居盤溪，以詩酒自娱，足不入城市，號曰盤溪居士。

《盤溪居士詩集》。《中州集》卷九《張庭玉》：「有集行於世。」另，《（同治）畿輔通志》卷一三六《藝文》著録。

張汝方

張汝方字仲賢，號丹華老人③，遼陽渤海（今遼寧遼陽）人。南陽郡王張浩第四子，左相張汝霖之弟④。承安四年，以右宣徽使出守沂州，累官少府監。王庭筠稱之「高才絶識，言議英發，風

---

① 《（弘治）保定郡志》卷一五《文學》，天一閣藏明代方志選刊本，上海古籍書店影印一九八二年。

② 《中州集》卷九《張庭玉》，中華書局上海編輯所一九六二年，第四四三頁。今按，《（同治）畿輔通志》卷二一〇《列傳》「庭」作「廷」，見上海古籍出版社一九九一年，第七四四六頁。

③ 《中州集》卷九《張左相汝霖》，中華書局上海編輯所一九六二年，第四五五頁。

④ 《金史》卷八三《張浩傳》，中華書局一九七五年，第一八五五頁。今按，「汝方」亦作「汝芳」。

標玉映，氣壓一世云」①。

《入品法書名畫集》五五〇卷。《金史》卷一二六《文藝傳》：明昌三年，「（王庭筠）召爲翰林應奉文字，命與秘書郎張汝方品第法書名畫，遂分入品者爲五百五十卷。」

《雪溪堂帖》十卷。《遺山先生文集》卷一六《王黄華墓碑》：「嘗披旨與舅氏宣徽公張汝方（原誤作「張汝霖」）品第秘府書畫，因集所見及士大夫家藏前賢墨跡，古法帖所無者摹刻之，號《雪溪堂帖》一十卷。」

《丹華老人詩集》。《中州集》卷九《張左相汝霖》：「父子兄弟，各有詩傳於世。」汝方詩集當以號名。

張汝翼

張汝翼，南陽郡王張浩之子、左相汝霖之弟，家世顯貴。進士及第，仕不達。

《張汝翼詩集》。《中州集》卷九《張左相汝霖》：「父子兄弟，各有詩傳於世。」

① 金王庭筠《香林館記》，見清張金吾《金文最》卷二四，中華書局一九九〇年，第三三四頁。

張汝猷

張汝猷字仲謀，南陽郡王張浩第五子，官至宣徽使。

《張汝猷詩集》。《中州集》卷九《張左相汝霖》：「父子兄弟，各有詩傳於世。」

張　翼

張翼，始末未詳。泰和六年，官司天臺長行。

《天象傳》。《金史》卷一二《章宗紀》：泰和四年六月，「司天臺長行張翼進《天象傳》。」

劉　中

劉中字正夫，漁陽（今河北薊縣）人。明昌五年進士。泰和五年南宋敗盟，以省掾從軍南下，爲主帥所重，書檄露佈，皆出其手。泰和八年，軍還，授右司都事，卒。元好問稱其「工詩善賦，尤長於古文。詩清便，賦甚得楚辭句法，文典雅雄放，有韓柳氣象。」教授弟子王若虛、高法揚、張履、張雲卿等，皆擢第，甚爲學古文者師法。周昂嘗謂「正夫可敬、從之可愛、之純可畏，皆人豪也」。①

《劉左司文集》。《中州集》卷四《劉左司中》：「有文集藏於家」。另，《（同治）畿輔通志》卷一三六《藝文》著録。

陳大任

陳大任，遼陽（今遼寧遼陽）人②。章宗時，仕爲翰林直學士。

《遼史》。《金史》卷一二《章宗紀》：泰和六年，「敕翰林直學士陳大任妨本職專修《遼史》」。泰和七年成。金元好問《漆水郡侯耶律公墓誌銘》：「泰和中，詔修《遼史》。書成，尋有南遷之變。簡册散失，世不復見。」③今按，此説不確，或因戰亂而未及檢閲。元蘇天爵《滋溪文稿》卷二五《三史質疑》引陳大任《遼史》云：「周殿前都點檢趙匡胤廢其主自立。今修《宋史》，用是例歟？别有説歟？」則元末時金修《遼史》猶存。

① 《中州集》卷四《劉左司中》，中華書局上海編輯所一九六二年，第二〇〇頁。今按，小傳未言卒年。自金發兵，經武攻文逼，迫使宋人終於就範，達成和議。泰和八年五月，班師。見《金史》卷九八《完顔匡傳》。

② 金陳大任《磻溪集序》自署「安東」，見金丘處機《磻溪集》卷首，明正統《道藏》本，文物出版社等一九九四年，第二五册八〇九頁。今按，唐朝嘗於遼東設安東都護府，以鎮高麗，治所屢經遷徙。入金後，則指遼陽。

③ 元蘇天爵《元文類》卷五一，四庫文學總集選刊本，上海古籍出版社一九九三年，第六六〇頁。

《遼禮儀志》。《遼史》卷四九《禮志》：「今國史院有金陳大任《遼禮儀志》，皆其國俗之故。又有《遼朝雜禮》，漢儀爲多。别得宣文閣所藏耶律儼志，視陳大任爲加詳。存其略，著於篇。」

梁　潛

梁潛字子直，獻州（今河北獻縣）人①。章宗朝隱士，嘗築成趣園，當時名流多有題詠。

《成趣小集》。《（乾隆）河間府志》卷二〇《典文志》著録，並載其《送瀛令之任》詩：「都城東去路，何處是瀛州？木落山容廋，天晴海氣浮。車輪應暫住，樽酒迭相酬。知爾才名盛，微邦不久留。」另，《（同治）畿輔通志》卷一四三《金石》：「成趣園詩刻，歲久湮没土中。萬曆中，土人掘得六石，獻之縣尹張汝藴，文二、詩十四，金時諸君子倡和贈梁子直者，汝藴置之文翰亭云。」案云：「成趣園在獻州津城東北里許，邑人梁子直所築，榜其園曰成趣，亭曰容安，軒曰静樂。子直日詣園，朝至暮還，率以爲常。名卿鉅公、高人逸士，寄贈吟牋，照映中甂。子直慮其久散，刻石以傳不朽，見初昌紹詩序。石六方，鐫文二、詩十四，其詩率標曰《題獻陵梁氏成趣園》。學士泰安党懷英、編修睢陽張昌祚，五古各一；李永安，五古一、七律一；編修酈掖、防禦使冀州路

---

① 清吴式芬《金石彙目分編》卷三《獻縣》著録《金隱士梁子直墓誌》，引府志云：「墓在縣東北十里，党懷英爲銘誌焉。」石刻史料新編本，臺北新文豐出版公司一九七七年，第一輯二七册二〇六八三頁。

鐸，五古各一；觀察督學崔巍，五古一、七律一；轉運使易縣田特秀，七古一；左司諫郭安民，五律一；太常博士濱州劉仲傑、李楫、翰林文字高延年、州軍判朝城初昌紹，七律各一。右詩皆採入《金詩紀事》。其撰園記者，爲冀州路伯達；序詩者，乃獻州軍判朝城初昌紹也。金獻州，即今獻縣治。」

金初昌紹《成趣園詩文序》：

獻州古河間郡，其地鹹鹵，不宜花木。去城十里之外，膏腴膴膴，連阡接陌，桑蔭障日。近城之地，幾不可以種植。城之東北隅，有田宜稼，獨異其餘，乃沃壤也。梁公子直買田於此，至三頃餘五十畝，乃結廬鑿井，築垣作圃而居焉。遍其田，則樹之以桑；環所居，則種之以榆柳。在圃之外，植之以果；在圃之内，藝之以花。花圃之中，構之以亭；環亭之左右前後，列之以松篁栝柏，清樾交合，葱茜蓊鬱。坐亭之中，四面景物，皆可得而有焉。又作松窗柏徑，藤架竹橋，以爲散策遊歷之地。至於花木之行列，亭軒之規制，欄檻之佈置，無一不適人之意者。觀其所居之亭，不取乎丹刻其楹桷，侈大其制度，以爲遊人耳目之樂。蓋方丈之地，一榻修然，但要容膝自安而已。所植之花，不必珍卉奇木，姚黄魏紫，但得秀而實者，隨所有而種。其與之遊者，不必達官聞人、名流勝士，但曠達之輩、方外之流，道同氣合，無不爲之友。其所觀之書，不必三墳五典、八索九丘，如道經禪話、醫方丹訣，無不愛而玩。榜其園曰成趣，亭曰容安，軒曰静樂，皆取其退居閒静之義。公先豪於貲，爲一郡之冠，然與衆異趣耳。瓦礫財貨，膏肓泉石，不以壟斷爲心。以澹泊爲事，即之則無一點膏粱羅紈氣，與之語則真通達之士也。家事無大小，一切諉之於二子。日詣其園，或命巾車，或乘款段，或幅巾杖履，乘興而往，朝至暮還。如願就宿於此，亦或有焉。客有扣門，則命壺觴，具鷄黍，講道論德，俯仰二儀，錯綜人物。客去，則闔扉而居，優遊偃仰。既而焚香默坐，誦淵明詩，讀南華真人語。所謂逍遥一世之上，睥睨天地之間，不愛當時之譽，永保性命之期，可以凌霄漢出宇宙之外矣。由是朝廷名卿、山林高隱，以至碩儒衲子，或遇獻陵，睹其雅致，留心賦咏；或聞公之高尚，景慕其爲人，寄贈吟箋，長篇短歌，記文贊序，珠聯璧致，焜耀璀璨，照映巾匭。公於其暇，焚香盥手，一一展玩，諷咏其辭章，咀嚼其意味，且曰：「隨侯之珠、和氏之璧，天下之至寶，豈可專擅？久則恐爲神物奪去。與其私室什襲而藏之，曷若寫之貞珉，傳之不朽？」仍屬僕爲序。僕曰：「天下之名言，必得天下之名士爲之序，僕何預焉？」公堅懇不已，義不能辭，姑述其素所見聞者而为書。《（民國）獻縣志》卷一八《故實志》。中國方志叢書本，臺北文成出版社一九七〇年。）

邢德貞

邢德貞，浮山（今山西浮山縣）人。進士及第①，官至禮部侍郎。子天祐，擢大安元年經義魁。②

《泰和律令》。《（嘉靖）浮山縣志》卷五：「嘗預修《太和律令》」。今按，所謂《太和律令》，即《新定泰和律令敕條格式》，亦名《泰和律令格式》。邢氏乃修纂人之一。

郭明如

郭明如字東明，金川（今陝西安康）人。

《新編詔誥章表機要》四卷，存。明葉盛《菉竹堂書目》卷二著録「郭明如《集詔誥章表》一册」。

金郭明如《編輯大意》：

是編之意，爲詔誥章表設也。史傳之博，政令之繁，非一覽所能盡。故先之以擬題，因其時之

---

① 《（光緒）山西通志》卷一五《貢舉譜》著録，列於「不詳科分年代」者，中華書局一九九〇年，第五册一五八四頁。

② 《（嘉靖）浮山縣志》卷五，國家圖書館藏明代孤本方志選刊本，中華全國圖書館文獻縮微復製中心影印二〇〇〇年。

先後，而具其事之本末，使觀者有考見，而無檢閱之勞。爲文用事，貴乎切實際。是官也，必知其官之職掌命；是人也，必悉其人之事實。故備事次之，一以明官制，一以紀名臣，使觀者有□□□□，而無想像之失。題意既得，而擬用事，文有其備，則其文也沛然矣。（《新編詔誥章表機要》卷首，續修四庫全書本，上海古籍出版社影印。）

楊圃祥

楊圃祥，蜀人。

《百斛珠》。明郎瑛《七修類稿》續稿卷五《謎序文》：「金章宗好謎，選蜀人楊圃祥爲魁，有《百斛珠》刊行。」

董解元

董解元，始末未詳。章宗時人。署名解元，或當時書會才人僭擬尊稱，或鄉試榜首。元人列之「前輩已死名公有樂府行於世者」。①

《西廂記諸宮調》八卷，存。董解元以唐元稹《鶯鶯傳》爲本事來源，並突破了原作始亂終棄

① 元鍾嗣成《録鬼簿》卷上，中國古典戲曲論著集成本之二，中國戲劇出版社一九八〇年，第一〇三頁。

的窠臼，而改造成鶯鶯與張生追求真摯愛情、締結美滿姻緣的動人故事。明胡應麟贊曰：「董曲今尚行世，精工巧麗，備極才情，而字字本色，言言古意，當是古今傳奇鼻祖。金人一代文獻盡此矣。」①以其作爲唯一現存完整的諸宫調作品，具有極其珍貴的文獻價值與藝術價值。

明張羽《古本董解元西廂記序》：

張子曰：余嘗聞古之君子論樂云：「絲不如竹，竹不如肉，以音之漸近自然耳。」又云：「取將歌裏唱，勝向笛中吹。」此非空言也。故其詞類多鴻儒碩士，騷人墨客，審音知樂者方能作之。豈不以聲律之妙，固難爲淺俗語哉！趙松雪謂之「行家生活」是矣。《西廂記》者，金董解元所著也。辭最古雅，爲後世北曲之祖。迨元關漢卿、王實甫諸名家者，莫不宗焉。蓋金、元立國，並在幽、燕之區，去河洛不遥而音韻近之。故當此之時，北曲大行於世。猶唐之有詩，宋之有詞，各擅一時之勝，其勢使然也。國初詞人，仍尚北曲。累朝慣用，無所改更。至正德之間特盛，毅皇帝御製樂府，率皆此調。京師長老尚能詠歌之。近時吴、越間士人，乃棄古格，翻改新聲，若《南西廂記》及公餘漫興等作，鄙俚特甚，而作者之意微矣。悲夫！豈惟作之者難，而知之者尤不易耳。是故子期既没，而伯牙輟弦，痛知音者之難也。余不敢自負知音，但舞象之年，即好聲律之學。而先輩滸西康公，余大父拙翁同年友也。明腔識譜，精解音律。時則有渼陂王公、石亭陳公、升庵楊

① 《少室山房筆叢》卷四一《莊嶽委譚》下，上海書店出版社二〇〇一年，第四二八頁。

公、中麓李公，相繼有作，流傳樂府，心竊豔慕之。又余所雅游者，謝湖袁君、丹崖楊君、射陂朱君、射陽吴君、大梅史君、茗山許君、石城許君、三橋文君、雉山邢君、青門沈君、十洲方君、質山黄君、柘湖何君、大壑何君、雲山唐君、小川顧君、小山陸君，一時交往，皆好古知音之士，乃相與上下其議論，既知所取捨。余又嘗北至燕都，南游白下，歷四方佳麗之地，頗有善歌者，余低迴聽之不能去，得其遺響。聲律之事，不無所考焉。世異習殊，古音漸廢，而力弗能振，每歎恨之。且今之縉紳先生，既多南士，漸染流俗。異哉！所聞故率喜南調，而吴越之音靡靡乎不可止已。間聞北調，縱不爲厭怪，然非心知其趣，亦莫能鑒賞，其間故信而好者不多，有之，大抵新聲之易悦，而古調之難知，所從來遠矣。枝山祝公，博雅君子也。亦嘗謂四十年來接賓友，無及此者。今日之事，惟樂爲大壞，無論雅俗，止日用十七宫調，知其美劣是非者幾何？數十年前尚有之，今殆絶矣。蓋未嘗不爲之浩歎。夫歌曲一藝也，猶然以古雅難傳，況以詩賦文章之大業，而希望復古之隆乎？嗚呼惜哉！關氏春秋，世所固有，余既校而刻之矣。而董記號爲最古，尤不可少者，乃廢格無傳，又爲之傷其不遇也。往歲三橋文君爲余言，西山汪氏有元刻本，嘗借録之，然恨其首尾俱缺，舛謬殊甚，無從校補，每用病焉。柘湖何君晚得鈔本，則南峰楊公所藏，末有題語，因賴以考訂異同，修補遺脱，而董氏之書於是復完。董解元不知爲何人，爵里事狀不可得而詳，要之固當世之才士也。余既校董詞，乃序其説如此。若流傳振作，追復古音，以俟同志，又安知世無子期哉！明嘉靖丁巳秋八月，黄鵠山人張羽雄飛序。（《古本董解元西廂記》卷首，上海古籍出版社一九八四年。）

趙萬里《古本董解元西廂記跋》：

今年二月，我和葉楓、王程偉兩同志奉中央文化部委派前往安徽徽州地區進行訪書和調查工作。我們在績溪縣一個收藏家的手裏，買到了一部八卷本的《古本董解元西廂記》，就是這次訪書中比較重要的收穫。這部《董西廂》，開首有一篇嘉靖三十六年張羽的序文。序文原缺，後人按照另一本迻録，頗有影寫的意味。寫書人似太大意了，竟錯寫了二個字。第二頁後七行「渼陂黄公」，「黄」當作「王」；第五頁前三行「三橋文君爲余君」，「君」當作「言」；疑原本或非如此作。此書卷一題「海陽風逸散人適適子重校梓」，海陽是休寧古名，適適子不知何人。由此可知，休寧適適子實據張羽刻本重梓。按照此書版式和刻工休勢看來，當是嘉靖、隆慶之間或萬曆初年刻本。在目前各地所見《董西廂》中，要算最古的刻本了。張羽序文，現存《董西廂》各本大都不收，僅節録刻入屠隆評本卷首。第二頁後五行末三字「而先輩」起至第三頁後一行首六字「君一時交往皆」止，共一百三十五字，又序末「明嘉靖丁已秋八月」八字，屠隆評本皆删落不存。這二段文字，非常重要，可以窺見張羽交遊聲氣之廣，和他刻書的正確年月。我們因此推測，張羽大概是江南人，或竟是蘇州人。據序文，張羽先曾校刻王實甫、關漢卿《西廂記》。後鑒於《董西廂》無傳本，因文彭（三橋）介紹，從西山汪氏借録元刻木。元刻本「首尾俱缺，舛謬殊甚」，又從何良俊借得楊循吉舊藏鈔本「修補遺脱，董書復完」。從這裏，我們得知：一、《董西廂》在張羽刻版前，似乎明代没有刻過；二、明代中葉，蘇州西山江氏尚藏有元刻本，而這部元刻本有很多「舛謬」，大概是個書坊刻本；三、張羽刻本據元刻本和鈔本參互校訂，所以自稱爲「古本」。以上三點，對於研究《董西廂》版本源流來説，是很重要的資料。這部《董西廂》共分八卷，和他本分四卷或二卷不同。「引辭」至「老夫人鶯鶯做道場」爲卷一，「孫飛虎率衆圍普救寺」至「張生獻解圍策」爲卷二，「白馬將軍來援」至「紅娘請張生鼓琴」爲卷三，「張生鼓琴」至「跳牆受責歸舍悶臥」爲卷四，「張生夢見鶯鶯」至「酬簡幽會」爲卷五，「老夫人拷問紅娘」至「張生廷試及第」爲卷六，「張生賦詩報喜」至「鄭恒離間張生來會」爲卷七，「張生睹物興悲」至「崔張團圓」爲卷八。這和《劉知遠諸宫調》分十二題情況相似。諸宫調原是宋金元時代民間説唱曲子，象《水滸傳》白秀英演唱「豫章城雙漸趕蘇卿」那樣，藝人邊説邊唱，每次篇幅不宜過長。《劉知遠》分十二題，《董西廂》分八卷，就是暗示藝人們可分十二次或八次説唱。到了明朝，諸宫調説唱已經失傳，《董西廂》成了案頭文藝。《董西廂》的翻刻家誤認卷數多爲不合理，遂合併爲四卷或二卷。這和董解元創作原意，可謂「失之毫釐，謬以千里」矣。卷中文字，有他本誤而此本不誤者，如卷一第二頁後三行「比前賢樂府不中聽」，「前賢」他本皆作「前覽」，實不可通。此作「前賢」，則文從字順矣。古人云「一字千金」，即指此等處。但也有此本誤而他本不誤者，例子很多，各卷中都有。可見嘉靖以後的《董西廂》，不斷有人反復尋究，對於舊本，有改得很正確的，也有校改了還是有問題的，如何處理，要看讀者是否善於抉擇了。此本卷八原缺最後第十二頁尾聲和「君瑞鶯鶯美滿團圓，還都上任」一段，這一段中引用蓬萊劉汭題詩。「題」字，明人屠隆評本、湯顯祖評本和近刻劉氏暖紅室本俱誤作「顯」，僅明末黄嘉惠刻本和閔寓五六幻西厢本不誤。六幻本通行已久，黄嘉惠本世不多見，今據黄本補照，配成全帙。古典文學出版社影印此書既蔵事，囑寫一文説明此書發現經過和其他有關問題，因略抒己見，以就正於讀者。一九五七年十一月七日。（《古本董解元西廂記》卷末，上海古籍出版社一九八四年。）

張　珍

張珍，始末未詳。在金嘗仕爲太常寺掌故。

《疊代世範》。《元史》卷七一《禮樂志》「至元二年五月，大樂署言，堂上下樂舞官員及樂工，合用衣服冠冕韡履等物」注：「金太常寺掌故張珍所著《疊代世範》載金制：舞人服黑衫，皆四襖，有黄插口，左右垂之，黄綾抹帶，其衫以紬爲之，胸背二答，兩肩二答，前後各一答，皆彩色，繡二鸞盤飛之狀，綴之於衫。冠以平冕，亦有天板、口圈，天門納言以紫絹摽背，銅裏邊圈，前後各五旒，以青白硝石珠相間。」今按，此節論樂舞服制，名曰「世範」，金之典章也。元初禮樂制度及禮官樂工，均承金而來。明楊士奇等《文淵閣書目》卷四《經濟》、明葉盛《菉竹堂書目》卷二《經濟》均著録「張珍《疊代世範纂要》二册」。明代尚存。

李餘慶

李餘慶，臨淄（今山東淄博）人。章宗時職官。①《齊記補》。元于欽《齊乘》屢見徵引。如卷一《山》「稷山」、「商山」，卷二《水》「天齊淵」、「女水」，卷三《益都路》「沿革」，卷四《城郭》「臨淄古城」、《亭館》「郭大夫廟」、「羅漢洞」、「常將軍廟」、「阿育王塔」，卷六《人物》等，計十一則。他書引録，去除重複，尚有《明一統志》卷二四四《王墓》、《七國考》卷一〇《銅椁》、《（雍正）山東通志》卷六《堯山》、《（雍正）陝西通志》卷七〇《陵墓》等四則。

田特秀

田特秀字彦貴，易縣（今河北易縣）人。大定十九年中進士，官至太原轉運使。喜作詩，爲周昂、李純甫所賞。大安元年，五十五歲卒。②

① 元于欽《齊乘》卷三《益都路》條小字注曰：「《齊記補》謂是章宗時臨淄李餘慶之筆。餘慶爵至開國，編書如此，則女真之文獻可知已。或云後人託名以傳，未必然也。」宋元方志叢刊本，中華書局一九九〇年，第一册五四九頁。

② 《中州集》卷八《田轉運特秀》，中華書局上海編輯所一九六二年，第四〇九頁。今按，小傳未言卒年。以大定十九年（一一七九）二十五歲中進士計，年五十五卒，適值大安元年（一二〇九）。

《田轉運賦集》。《中州集》卷八《田轉運特秀》注：「五月五日生者，見其賦集序。胡國瑞云。」今按，《（同治）畿輔通志》卷一三六《藝文志》著録，作《田轉運賦集》，從之。

喬宇

喬宇字德容，洪洞（今山西洪洞）人，喬扆子。大定十六年進士。泰和四年，知登聞鼓院①。泰和七年正月，以翰林直學士受命爲册封吴曦副使②；五月，官禮部侍郎③。官至益都按察轉運使，殁於兵間④。

《陳言文字》二十卷。《金史》卷九八《完顔綱傳》：泰和四年，「詔綱與喬宇、宋元吉編類陳言文字，綱等奏，『凡關涉宫庭及大臣者摘進，其餘以省臺六部各爲一類』，凡二十卷。」今按，《金史》卷一二《章宗紀》作「各以類從，凡二千卷」。卷帙如此浩瀚，不便檢索。「二千」似刊誤，當以「二十」爲是。

《儀禮》。《金史》卷一一《章宗紀》：泰和三年四月，「命吏部侍郎李炳、國子司業蒙括仁本、

---

① 《金史》卷一一《章宗紀》，中華書局一九七五年，第二六〇頁。
② 《金史》卷九八《完顔綱傳》，中華書局一九七五年，第二一七四頁。
③ 《金史》卷四八《食貨志》，中華書局一九七五年，第一〇八〇頁。
④ 《中州集》卷二《蓮峰真逸喬扆》，中華書局上海編輯所一九六二年，第一〇四頁。

知登聞檢院喬宇等再詳定《儀禮》。」

高　憲

高憲字仲常，遼陽（今遼寧遼陽）渤海人①。黄華王庭筠之甥，幼學於外家，故詩筆字畫俱有舅氏之風。天資穎悟，博學强記，登泰和三年進士第，釋褐博州防禦判官。自言於世味澹無所好，惟生死文字間而已，使世有東坡，雖相去萬里，亦當往拜之。大安三年，遼陽破，没於兵間。

《高憲詩集》。《中州集》卷五《高博州憲》："「仲常年未三十，作詩已數千首矣。」嘗有詩集。

周　昂

周昂字德卿，真定（今河北正定縣）人。年二十四②，登大定二十二年進士第③，歷州縣，入拜監察御史。承安二年，坐趙秉文上疏妄議時政，貶隆州十數年。後召爲三司判官，仕户部。大安三年，殁於國難，年五十三。爲文以意爲主、字語爲役。李純甫《屏山故人外傳》云："「德卿以孝

---

①《金史》卷九〇《高憲傳》，中華書局一九七五年，第二〇〇五頁。
②《金史》卷一二六《文藝傳》，中華書局一九七五年，第二七三〇頁。
③ 元蘇天爵《滋溪文稿》卷四《金進士蓋公墓記》，中華書局一九九七年，第五五頁。

友聞，又喜名節，藹然仁義人也。學術醇正，文筆高雅。以杜子美韓退之爲法，諸儒皆師尊之。」①

《常山集》。金王若虛《滹南詩話》卷上：「史舜元（肅）作吾舅詩集序，以爲有老杜句法，蓋得之矣。」《中州集》卷四《常山周先生昂》：「初有《常山集》，喪亂後不復見。從之能記三百餘首，因得傳之。」金李治《敬齋古今黈》逸文二：「近世周户部題魯直墨跡云云。周深於文者，此詩亦以世俗之口，量前人之心也。閑讀周集，因爲此説，以喻世之不知山谷者。」則元氏未見，而李氏復見。

韓　玉

韓玉字温甫，先世相（今河南安陽）人，後徙漁陽（今河北薊縣）。明昌五年經義、詞賦兩科進士，授應奉翰林文字。泰和中，建言開通州至中都漕運，遷同知陝西東路轉運使。大安三年，夏人連陷邠涇，陝西安撫司檄玉以鳳翔總管判官募軍，旬日得萬人，與夏人戰而勝之。當路者忌其功，誣之謀反，因死於郡學。②

《元勳傳》。《金史》卷一一〇《韓玉傳》：「應制一日百篇，文不加點。又作《元勳傳》，稱旨。

---

① 《中州集》卷四《常山周先生昂》，中華書局上海編輯所一九六二年，第一六六頁。

② 《中州集》卷八《韓内翰玉》，中華書局上海編輯所一九六二年，第四一七頁。

章宗歎曰：『勳臣何幸，得此家作傳耶？』」今按，明陳第《世善堂藏書目録》卷上著録「《金元勳傳》十卷」，或明代尚存。

武明甫

武明甫字無疑，號太復，陵川（今山西陵川縣）人。賦質醇厚，聰明過人。弱冠奪貞元元年狀元，累官户部尚書。大安三年三月卒，謚文端。爲官清白，家無餘貲，止堪度日。臨終囑曰：「葬之先人側，不必治葬具安石翁仲。」世稱廉静寡欲不事紛華者。①

《太祖實録》。

《太宗實録》。

《熙宗實録》。

《海陵實録》。《（民國）陵川縣志》卷九《士女録》著録：世宗立，「詔起復，以覃恩特晉徵仕郎，敕公從宰執完顔思敬修太祖、太宗、熙宗、海陵實録成，直史館，遷翰林修撰。」

---

① 金李仲常《武公墓表碑銘》，見《金文最》卷八七，中華書局一九九〇年，第一二七五頁。今按：原作貞元狀元，年届不明。貞元間選舉兩次，二年已有名主，今斷爲元年。明甫及從子天佑、天和俱以第一及第，稱爲陵川武氏三狀元。

党懷英

党懷英字世傑，號竹溪，先世馮翊（今陝西大荔縣），自父官泰安军録事參军，遂为奉符（今山東泰安）人。大定十年進士，累遷翰林待制。明昌元年，除直學士。六年，改翰林學士。承安二年，出知兗州泰定軍節度使。三年，入爲翰林學士承旨，致仕。大安三年九月卒，年七十八，謚文獻①。少穎悟，師從劉瞻，與辛棄疾爲同舍生②。儒道釋諸子百家之説，無不淹貫。趙秉文云：「文似歐陽公，不爲尖新奇險之語；詩似陶謝，奄有魏晉；篆籀八分，李陽冰之後一人而已。」③元好問曰：以國朝文派論之，「自正甫爲正傳之宗，党竹溪次之，禮部閑閑公又次之。」④

《世宗起居注》。大定二十五年，党懷英爲黄久約《重修文宣王廟記》篆額，署「承德郎充翰林修撰同知制誥兼修起居注國史院編修官飛騎尉賜緋魚袋」⑤。

《遼史》。《金史》卷一二五《文藝傳》：「大定二十九年，與鳳翔府治中郝俣充《遼史》刊修

---

① 《金史》卷一二五《文藝傳》，中華書局一九七五年，第二七二六頁。

② 《中州集》卷三《承旨党公》，中華書局上海編輯所一九六二年，第一三〇頁。

③ 《滏水集》卷一一《中大夫翰林學士承旨文獻党公神道碑》，叢書集成初編本，中華書局一九八五年，第一六三頁。

④ 《中州集》卷一《蔡太常珪》，中華書局上海編輯所一九六二年，第三三頁。

⑤ 《（同治）畿輔通志》卷一四〇《金石》，上海古籍出版社一九九一年，第五四五五頁。

官，應奉翰林文字移剌益、趙渢等七人爲編修官。凡民間遼時碑銘墓誌及諸家文集，或記憶遼舊事，悉送上官。」又，「泰和元年，增修《遼史》編修官三員，詔分紀、志、列傳刊修官，有改除者以書自隨。」

《陳言文字》。《金史》卷九六《李晏傳》：章宗立，「又奏：『乞委待制党懷英、修撰張行簡更值進讀陳言文字，以廣視聽。』皆采納之。」今按，女真君主多重所謂陳言文字，屢次詔令編纂，而內容或有不同。《金史》卷九八《完顏綱傳》：泰和四年，「詔綱與喬宇、宋元吉編類陳言文字，綱等奏，『凡關涉宮庭及大臣者摘進，其餘以省臺六部各爲一類』，凡二十卷。」

《鐘鼎集韻》。元熊朋來《鐘鼎篆韻序》：「舊刻夏薛諸韻，臨移失真，昔人所以歎煙墨而悲紙竹也。臨江楊信父參訂舊字，博採金石奇古之跡，益以奉符党氏韻，補夏薛所未收，徵余爲序。」①元代尚存。另，《(民國)重修泰安縣志》卷一一《藝文志》著録，謂「是書見馮子振《增廣〈鐘鼎篆韻〉序》」。

《党學士詩集》。明錢溥《秘閣書目·詩辭》、明葉盛《菉竹堂書目》卷四《詩詞集》均著録「一册」。明代尚存。

《竹溪先生文集》十卷。《(民國)重修泰安縣志》卷一一《藝文志》著録「《竹溪集》三十卷」。

① 元蘇天爵《元文類》卷三三，上海古籍出版社一九九三年，第四一〇頁。

或原刻如此，至金末「喪亡幾盡，姑裒次遺文，僅成十卷」。

金趙秉文《竹溪先生文集引》：

文以意爲主，辭以達意而已。古之文不尚虚飾，因事遣辭，形吾心之所欲言者。間有心之所不能言者，而能形之於文，斯亦文之至乎？譬之水不動則平，及其石激淵洄，紛然而龍翔，宛然而鳳蹙，千變萬化、不可殫窮。此天下之至文也。亡宋百餘年間，唯歐陽公之文，不爲尖新艱險之語，而有從容閑雅之態，豐而不餘一言，約而不失一辭，使人讀之者，亹亹不厭。蓋非務奇之爲尚，而其勢不得不然之爲尚也。故翰林學士承旨党公，天資既高，輔以博學，文章沖粹，如其爲人。當明昌間，以高文大册，主盟一世。自公之未第時，已以文名天下。然公自謂入館閣後，接諸公遊，始知爲文法，以歐陽公之文得其正。信乎公之文有似乎歐陽公之文也。晚年五言古體，興寄高妙，有陶謝之風。此又非可與誇多鬥靡者道也。近歲寇攘，喪亡幾盡，姑裒次遺文，僅成十卷，藏之翰苑云。（《滏水集》卷一五，叢書集成初編本，中華書局一九八五年。）

元郝經《讀党承旨集》：

一代必有名世人，瓌偉特達爲儒宗。接續元氣大命脈，主張吾道追軻雄。金源文物纂遼宋，國初尚有宣政風。世宗大定三十年，師幹不試信命通。藻飾皇度議事典，培植教養王化隆。勝殘去殺於乎仁，繼以泰和充昭融。中間承旨掌絲綸，一變至道尤沉雄。歸然度越追李唐，誠盡簡質辭雍容。斲雕剥爛故爲新，暢遠明粹理必窮。漢火百煉金源金，周制一用中華中。混然更比坡仙純，突兀又一文章公。自此始爲金國文，崑崙發源大河東。伊昔避亂洙泗間，太平頂隱東蒙峰。學書遍寫竹溪葉，琢句迥倚徂徠松。古文隸篆妙入神，風雅韻勝超樊籠。邈然欲作魯兩生，放浪海上尋高蹤。中原有主始出仕，白頭射策開天聰。進退不苟尤老成，蓬累偶爾爲蛇龍。先皇實録似貞觀，往往筆補造化功。鎬王一詔説帝心，懇惻義與大誥同。告歸復擁仙巖節，君臣道合全始終。文孺子端拜道左，請更指授祛矇聾。爲言但當多讀書，不求於工應自工。嗚呼後學安得知，客氣趁俗塗青紅。承旨有集當重讀，官様妥貼腴且豐。秋風蕭薩黄金臺，紫氣正遶燕山宫。果如公言讀盡世間書，必如真龍出九重，一洗萬古凡馬空。（《陵川集》卷九，文淵閣四庫全書本。）

梁　璫

梁璫字國寶，别字瑩中，范陽（今河北涿縣）人。大定十六年進士，歷州縣，遷警巡使，治尚嚴肅，權貴斂跡。朝廷知其才，累試繁劇，除中都路轉運使，擢户部尚書，拜參知政事。崇慶二年卒。①

《章宗實録》。《金史》卷一〇七《張行信傳》：貞祐三年十二月，「史館修《章宗實録》，尚書省奏：『舊制，凡修史，宰相執政皆預焉，然女真、漢人各一員。崇慶中，既以參知政事梁璫兼之，復命翰林承旨張行簡同事，蓋行簡家學相傳，多所考據。今修《章宗實録》，左丞汝礪已充兼

---

①《中州集》卷九《梁參政璫》，中華書局上海編輯所一九六二年，第四五九頁。

修，宜令參知政事行信同修如行簡例。』制可。」

刁　白

刁白字晉卿，信都（今河北冀州）人。承安二年吕造牓乙科及第，歷涇州幕官，入補省掾卒。①

《刁涇州集》。《中州集》卷八《刁涇州白》：「作詩極致力，樂府尤有風調，今散失不復見矣。」金時當有集。

賈　鉉

賈鉉字鼎臣，博州博平（今山東茌平縣）人。性純厚，好問學，大定十三年進士，累官參知政事。坐與審官院大中漏言除授事，出爲安武軍節度使，改知濟南府，致仕。貞祐元年卒。②

《遼史》。《金史》卷九九《賈鉉傳》：章宗時，「遷左諫議大夫兼工部侍郎，與党懷英同刊修《遼史》。」

---

① 《中州集》卷八《刁涇州白》，中華書局上海編輯所一九六二年，第四二七頁。
② 《金史》卷九九《賈鉉傳》，中華書局一九七五年，第二一九一頁。

《明昌律義》及《敕條》。《金史》卷四五《刑志》：明昌五年，以工部郎中爲覆定官，重修新律。

楊庭秀

楊庭秀字茂才，號晦叟，亦號虎峰①，華州（今陝西華縣）人。大定二十二年進士②，累遷翰林修撰、右司諫。泰和二年，補獻州刺史。五年，移澤州刺史，遷平涼府同知，致仕。貞祐元年，蒙古圍中都，與李公直等團集州民，謀舉兵入援。有不從者殺之，爲當路者所忌，遂誣以謀反，盡族公直等。貞祐三年平反③。嘗從張建學詩，雅尚文詞。④

《程楊易傳注》。《（成化）山西通志》卷八《名宦》「楊廷秀」：「好注書，喜作文，注《程楊易傳》傳世。」

《四朝聖訓》。《金史》卷一一《章宗紀》：承安四年十二月，「右補闕楊庭秀請類集太祖、太宗、世宗三朝聖訓，以時觀覽。從之，仍詔增熙宗爲四朝。」清黄虞稷《千頃堂書目》卷四《史部

---

① 《北京圖書館藏歷代石刻拓本彙編·青蓮寺詩刻並題名》，中州古籍出版社一九九〇，第四七册一〇〇頁。
② 元蘇天爵《滋溪文稿》卷四《金進士蓋公墓記》，中華書局一九九七年，第五五頁。
③ 《金史》卷一四《宣宗紀》，中華書局一九七五年，第三〇八頁。
④ 《中州集》卷七《楊澤州庭秀》，中華書局上海編輯所一九六二年，第三四六頁。

國史類》著録。

《州縣聽訟條約》。《金史》卷四五《刑志》：承安五年十二月，「翰林修撰楊庭秀言：『州縣官往往以權勢自居，喜怒自任，聽訟之際，鮮克加審。但使譯人往來傳詞，罪之輕重，成於其口，貨賂公行，冤者至有三、二十年不能正者。』上遂命定立條約，違者按察司糾之。」

《晦叟先生集》。民國張鵬一輯其詩文，編爲一卷，名《楊晦叟遺集》，序云：

余既集蘭泉老人遺文，又以同時華州楊庭秀曾受業其門，而政績、忠節，一世無兩。鄉兵之起，不忘君國，壯志未伸，家族被戮，蓋明末之金正希、黄藴生一流人也。生平著作，當時編有成書，今惟《中州集》有詩二首。澤州其莅官之地，有碑刻詩文六首，余函同縣計闇修世講，在晉蒐集，又得晉城郭允叔、陽城田慕愚諸君爲之助，共得詩文六首。蓋以《灝靈門記》、《中州集》詩，凡得文四首、詩五首，並施氏《金史詳校》所載，爲《晦叟遺集》一卷。《中州集》云：庭秀字德懋。《華州志》因之。然考《金史·楊邦基傳》，云：字德懋，華陰人，大定二十二年卒。華陰、華州相鄰，兩人生同時，同登仕籍，不應同用一字，疑是《中州集》採録之誤。當以澤州石刻「庭秀字茂才，號晦叟」爲是也。庭秀詩文，名雋雅健，在官愛民禮士，列入正祀。實兼文儒、循吏、勞臣而一之。數百年後，名姓無聞，今僅以零篇殘編傳，惜哉！壬戌正月，張鵬一識。（叢書集成續編本，上海書店出版社一九九四年。）

吕豫

吕豫字彦先，懷州修武（今河南修武縣）人。貞祐元年卒，年八十四。①《易説》。金元好問《南峰先生墓表》：「有《易説》若干卷傳於時。」

路鐸

路鐸字宣叔，冀州（今河北冀州）人。伯達之子、鈞之兄。大定二十五年進士②。明昌三年，仕爲左三部司正，遷右拾遺，有古直臣之風③。承安二年，授翰林修撰。因奏胥持國不可復用，改監察御史，出爲景州刺史，遷陝西路按察副使。泰和六年，召爲翰林待制兼知登聞鼓院④。貞祐初，除孟州防禦使，城陷，投沁水死。

《十二訓》。《金史》卷一〇〇《路鐸傳》：承安中，鐸爲景州刺史。「述《十二訓》以教民。詔

---

① 《遺山先生文集》卷二四《南峰先生墓表》，四部叢刊本。

② 《中州集》、《金史》俱未涉科第，《（同治）畿輔通志》卷三四《選舉志》列之「進士年次無考」。金代進士及第，初授從八品，至右拾遺正七品，需歷三任九十月。弟鈞擢大定二十五年進士，鐸當與之同年及第。

③ 《中州集》卷四《路司諫鐸》，中華書局上海編輯所一九六二年，第二〇〇頁。

④ 《金史》卷一〇〇《路鐸傳》，中華書局一九七五年，第二二〇五頁。

曰：『路鐸《十二訓》皆勸人爲善，遍諭州郡使知之。』」

《虛舟居士集》。《金史》卷一〇〇《路鐸傳》：「爲文尚奇，詩篇温潤精緻，號《虛舟居士集》。」

李　演

李演字巨川，任城（今山東濟寧）人。泰和六年進士第一，除應奉翰林文字。貞祐初，任城被兵，演爲済州刺史，城破被俘，歿於國難。①

《朝宗禪林記》。金元好問《讀李狀元〈朝宗禪林記〉》：「偶向禪林見舊聞，濟陽南望爲沾巾。」②

吴庭秀

吴庭秀，交城（今山西古交）人。貞祐中，歿於兵亂。

《十七史蒙求》。金元好問《十七史蒙求序》：

---

① 《金史》卷一二一《忠義傳》，中華書局一九七五年，第二六五一頁。

② 清施國祁《元遺山詩集箋注》卷一〇，四部精要本，上海古籍出版社一九九三年，第二一册一三〇頁。

安平李瀚撰《蒙求》二千餘言，李華作序，李良薦於朝，蓋在當時，已甚重之。迄今數百年之間，孩幼入學，人挾此册，少長則遂講授之。宋王逢原復有《十七史蒙求》與瀚並傳。及詩家以次韻相誇尚，以《蒙求》韻語也，故姑汾王涿又有《次韻蒙求》出焉。評者謂次韻是近世人之弊，以志之所之而求合他人律度，遷就附會，何所不有？唯施之賦物、詠史，舉古人徵事之例，遷就附會，或當聽其然。是則韻語、次韻爲有據矣。始予年二十餘，住太原學舍，交城吴君庭秀洎其弟庭俊與予結夏課於由義西齋，嘗以所撰《蒙求》見示，且言：「逢原既以『十七史』命篇矣，而間用《吕氏春秋》、《三輔決録》、《華陽國志》、《江南野録》，謂之史可乎？今所撰止於史書中取之。諸所偶儷，必事類相附，其次强韻，亦力爲搜討。自意可以廣異聞。子爲我序之，可乎？」予欣然諾之，而未暇也。後三十七年，予過鎮陽，見張參議耀卿。耀卿，受學於吴君之門者也。問以此書之存亡，乃云板蕩之後，得於田家故箱中。因得而序之。按：李瀚自嫌文碎，此特自抑之辭。華謂可以不出卷而知天下，是亦許與太遇。唯李良薦章謂其錯綜經史，隨便訓釋，童子固多宏益，老成頗覺起予，此爲切當耳。載籍之在天下，有棟宇所不能容、而牛馬所不能舉者。精力有限，記誦無窮。果使漫而無統，廣心浩大，將不有遺忘之謬乎？如日記事者必提其要，吾知《蒙求》之外，不復有加矣！古有之：「積絲成寸，積寸成尺。尺寸不已，遂成丈匹。」信斯言也。雖推廣三千言爲十萬，其孰曰不可哉？吴君博覽强記，九經傳注率手自鈔寫，且諷誦不去口。史書又其專門之學。文賦華贍，有聲場屋間。教授生徒，必使知己之所知，能己之所能。時議以此歸之。貞祐兵之亂，負母入山，道中遇害，年甫四十云。庚戌五月晦日，新興元某序。（《遺山先生文集》卷三六，四部叢刊本。）

田紫芝

田紫芝字德秀，滄州（今河北滄縣）人。少孤，養於外家定襄趙氏，得識元好問兄弟。十三歲，賦《麗華引》，語意警絶，人謂李長吉復生。二十歲，讀經傳子集殆遍。資性穎悟，爲人疏俊，作詩多憔悴語。貞祐中，避兵五臺山，倉卒遇害，年二十三。①

《田紫芝詩集》。《（民國）滄縣志》卷九《文獻志》著録。

王萬鍾

王萬鍾字元卿，秀容（今山西忻州）人。少有逸才，讀書有後先，不欲速成。詩文閑適，似其爲人，與同郡田德秀齊名。古詩尤蕭散，有自得之趣。貞祐三年，死於兵禍，年二十七。

《王萬鍾集》。《（雍正）山西通志》卷一七五《經籍志》著録。

---

① 《中州集》卷七《田紫芝》，中華書局上海編輯所一九六二年，第三六九頁。

高庭玉

高庭玉字獻臣，恩州（今山東武城縣）人。大定二十八年進士。貞祐初，以左司郎中出爲河南府治中，與帥守福興交惡。時蒙古兵圍中都，庭玉慨然有勤王意，屢以言激帥守，因誣以異志，逮獄中。後赦至，已死。元好問謂之「多作詩，《賦海中牛頭》云云，人多稱道之」①。李純甫譽之「真濟世材」，「學術端正，可以爲吾道砥柱」②。

《高庭玉詩集》。《（宣統）重修恩縣志》卷九《藝文志》著録。

孫鐸

孫鐸字振之，恩州歷亭（今山東武城縣）人。大定十三年進士，累官參知政事。大安初，遷尚書左丞。貞祐二年，贈太子太師。三年，致仕，卒③。

《章宗實録》。《金史》卷九九《孫鐸傳》：大安中，「遷尚書左丞，兼修國史。」當與修章宗實

---

① 《中州集》卷五《高治中庭玉》，中華書局上海編輯所一九六二年，第二五一頁。

② 金劉祁《歸潛志》卷四，中華書局一九八三年，第三三頁。

③ 《金史》卷九九《孫鐸傳》，中華書局一九七五年，第二一九三頁。

録。

《孫鐸詩集》。《中州集》卷九《孫太師鐸》：「作詩甚多。其《賦玉簪》有『披拂秋風如有待，徘徊涼月更多情』之句，甚爲詩家所稱。」《（宣統）恩縣志》卷九《藝文志》著録。

閻長言

閻長言字子秀，號復軒，高唐（今山東高唐縣）人。原名詠，避衛紹王諱改。好學工詞賦，性本豪俊，使酒任氣，酒酣耳熟之際，以第一流自負。擢承安五年詞賦狀元①。在翰苑十年，出爲河南府治中，卒於亳州。②

《鴨江行記》。金王寂《拙軒集》卷三《送張仲謀使三韓》：「遺民笑指天車道，酷似南陽異姓王。」原注：「高麗稱中原使節，皆曰天車某官。事見閻子秀《鴨江行記》。」

《復軒筆録》。金元好問《續夷堅志》卷二《北面天王》：「參政梁公肅舉子時，祈仙問前途，仙批云：『六十入相而已。』後節度彰德，年適六十，以入相未應。會世宗怒宋人，就驛中取國書，

---

① 元閻復《鄉賢祠記》，見《（光緒）高唐州志》卷八《著述》，中國地方志集成本，鳳凰出版社二〇〇四年。

② 《中州集》卷九《閻治中長言》，中華書局上海編輯所一九六二年，第四七〇頁。今按，小傳作濟南長清人，此從《元好問《續夷堅志》卷二《生死之數》「高唐閻内翰子秀」，與《（光緒）高唐州志》載入鄉賢之意合。

選於朝：『孰可爲詳問使不辱君命者？』宰相以公應詔。使還稱旨，拜參政，入相之應乃在此。閻内翰子秀《筆録》，記公臨終前二日，言『上帝召我爲北面天王』，遂卒。」

《復軒集》。元閻復《鄉賢祠記》：「有《復軒集》藏於家。」

張暐

張暐字明仲，莒州日照（今山東日照）人。商老之子、行信、行簡之父。正隆五年進士，累官禮部尚書。承安三年，爲御史大夫。明年解職，起爲安武軍節度使。貞祐四年卒①。史稱「歷太常、禮部二十餘年，最明古今禮學，家法爲士族儀表」云。

《章宗起居注》。《金史》卷七三《完顔守貞傳》：章宗即位，「守貞與修起居注張暐奏言：『唐中書門下入合，諫官隨之，欲其預聞政事，有所開説。又起居郎、起居舍人，每皇帝視朝，左右對立，有命則臨階俯聽，退而書之，以爲起居注。緣侍從官每遇視朝，正合侍立。自來左司上殿，諫官、修起居注不避，或侍從官除授及議便遣，始令避之。比來一例令臣等回避，及相合奏陳言文字，亦不令臣等侍立。則凡有聖訓及所議政事，臣等無緣得知，何所記録，何所開説，似非本設官

①《金史》卷一〇六《張暐傳》，中華書局一九七五年，第二三二七頁。今按，本傳未言卒年。《金史》卷一〇七《張行信傳》：「貞祐四年十二月，行信以父暐卒，去官。」

之義。若漏泄政事，自有不密罪。』上從之。」另，《金史》卷一〇六《張暐傳》：章宗即位，「遷太常少卿，兼修起居注。改禮部郎中，修起居注如故。」

《大金集禮》四十卷，存。亦稱《大金儀禮》。《金史》卷一〇《章宗紀》：明昌六年十二月，「禮部尚書張暐等進《大金儀禮》」；又稱《國朝集禮》。《金史》卷一〇六《張行簡傳》：「今雖有《國朝集禮》，至於食貨、官職、兵刑沿革，未有成書，乞定會要，以示無窮。」南渡後，圖籍散逸既莫可尋，「故書之存，僅《集禮》若干卷，其藏史館者又殘缺弗完」①。清紀昀等《四庫全書總目》卷八二《史部政書類》著録：「不著撰人名氏，亦不著成書年月。據黄虞稷《千頃堂書目》，蓋明昌六年禮部尚書張暐等所進。今考書中紀事，斷至大定，知爲章宗時書，虞稷所載當不誤也。其書分類排纂，具有條理。自尊號、册謚以及祠祀、朝會、燕饗諸儀，燦然悉備。以《金史》諸志相校，其藍本全出於此。而志文援引舛漏，失其本意者頗多。若祭方丘儀，是書有前祭二日，太尉告廟之儀。而《金史》遺落不載。又，《金史》云『設饌幕於内壝東門之外，道北南向』。考之此書，則陳設饌幕乃有東門、西門二處。蓋壇上及神州東方、南方之饌，陳於東門外，西方、北方之饌，陳於西門外。《金史》獨載設於東門外者，於禮爲舛。如斯之類，不一而足。非得此書，無以知史志之疏謬也。則數金源之掌故者，此爲總彙矣。惟第十卷載夏至日祭方丘儀，而圜丘郊天儀獨

① 《金史》卷二八《禮志》，中華書局一九七五年，第六九二頁。

闕。考《金史》自天德以後，並祀南北郊，大定、明昌，其制漸備。編書者既載北郊儀注，不應反遺南郊。蓋傳寫脱佚，非原書有所不備也。」今按，此書於明昌六年修成上進，非個人著述，當是張暐以禮部長官領銜修纂。

清錢曾《大金集禮跋》：

首列太祖太宗即位儀，諸凡朝家大典、輿服制度，禮文莫不班班可考。嗟乎！杞宋無徵，子之所歎。金源有人，勒成一代掌故，後之考文者，宜依仿編集，以詔來葉。此書諸家目録俱不載，藏書家亦無有蓄之者。尚是金人鈔本，撫卷有諸夏之亡之慨。

清錢大昕《跋大金集禮》：

《大金集禮》四十卷，周漪塘、黄蕘圃兩家鈔本，皆云卷十二至十七元有闕文，又卷廿六卷卅三元闕。今撿第十第十一兩卷，系夏至祭方丘之儀。篇中有云「如圓丘儀」，則此兩卷之前，已闕圓丘儀矣。其目録次序，恐未足信。此書雖無序文，不知纂輯年月，要必成於大定之世，故於「雍」字稱「御名」，而不及明昌以後事。獨補闕文一葉，有明昌、承安、泰和及世宗廟號，蓋後人取他書攙入，非集禮元文也。

清黄丕烈《大金集禮跋》：

《大金集禮》世鮮善本，惟錢遵王《讀書敏求記》載此書，以爲尚是金人鈔本，惜未知流落何所。偶與余友張秋塘談及此書，秋塘云：「數年前，余從騎龍巷顧氏得之，而歸於馬鋪橋周香巖矣。」香巖與余相友善，有秘書，彼此俱易觀，惟請觀是書，則以朽腐不可觸手爲辭。余亦以家無別本可校，不敢固請。今春觀書於華陽橋顧聽玉家，適得是本，遂攜向香巖處，請其書比較之。紙墨皆古，惜朽腐處殘缺不可盡讀。末有何義門先生跋，亦自敘其得書之由，而書之爲金鈔與否，義門卒不能定也。余略爲翻閲，覺卷第脱誤，彼此相同，似余書即從錢本所出，然行款不同。第一卷中，反多貞元云云四葉，欲徵信而反滋疑。香巖與余，唯有相視而笑已耳。適錢少詹辛楣先生借閲，藉以折衷，遇疑處，皆書諸紙條，貼其上，足見前輩好學深思，不務涉獵，實爲後生龜鑑。歸架日，追敘得書顛末，並著辛楣校閲，以傳信於後云。（以上見《大金集禮》卷首，叢書集成初編本，中華書局一九八五年。）

清廖廷相《校刊大金集禮識語》序：

《大金集禮》四十卷傳鈔本，初自巴陵方氏借出，卷十二至十七注元有闕失，又卷二十六至三十三注元闕，與《潛研堂集》所云周漪塘、黄蕘圃兩家本同，譌奪錯簡，文注混淆。蕘翁惜其不可盡讀，信矣。錢竹汀謂第十第十一兩卷系夏至祭方丘儀，篇中有云如圓丘儀，則此兩卷之前，已闕圓丘儀，其目録次序，恐未足信。今檢十八十九兩卷，題時享上下，而皆云攝行禮，則親祀儀亦闕，正不獨圓丘儀。即卷十題皇帝夏至祭方丘，注后土同；卷十一又題皇帝祭皇地祇於方丘，注夏至日祭。案方丘即皇地祇，一事而錯寫複出，其文則卷十爲親祀儀，卷十一爲攝事儀，與題絶不相應，且於親祀儀篇屢注攝事，無某某儀，亦不當别出攝事儀。大抵後人掇拾叢殘，隨意羼入，其文與目，不盡原撰也。考《金史·禮志》，言宣宗南播，圖籍散逸，故書之存，僅集禮若干卷。其藏史館者，又殘缺弗完，姑掇其郊社宗廟、諸神祀、朝覲會同等儀而爲書，則志文全取諸此。今史志圓丘廟享諸儀尚存，而此本並缺，又非復史臣所見本矣。錢遵王指爲金鈔，正恐未然。編内如册禮諸節，歷朝大同，饌器陳實諸篇不異，而復一一詳敘，至如沿祀雜録天德二年一條，呈稟不許，亦行列入，蓋徒據册檔所存，草草編纂，未經修飾者。説者稱其條理燦備，反訾志文爲援引舛漏，殆但見方丘儀有前二日告廟之儀史志不載耳，抑知史志别有告廟儀，已云郊祀則告，故此從省。讀此編，正見史志之簡括有法也。然亦有足補史志之疏者，如祭嶽鎮海瀆詣門外位下，有引入就堂下位諸儀；大定七年册禮，宫縣奏太寧之曲下，有侍臣進鎮圭儀；進册寶訖，有皇太子陪侍諸儀；天德二年册后禮，有皇后謁廟儀之類，史志皆略，不止方丘儀設饌幕有東門西門二處也。金源掌故，存者寥寥，況此爲史志所本，雖殘闕，亦足寶貴。因取關涉諸書，詳爲考訂。適同年繆君筱珊自京鈔寄一本，大段無異。筱珊復爲校勘記一卷，正其譌錯，所見亦同，遂合兩本覆校一過，記其續正者於後。原缺無從考補，而存者亦庶可讀。惜未得見竹汀手校本耳。南海廖廷相識。（《大金集禮》所附校勘記首，叢書集成初編本，中華書局一九八五年。）

清廖廷相《校刊大金集禮識語》跋：

右所録文内，皆已更正，惟疑者仍之。原鈔本每卷分題低四格，凡遇稍涉朝廟字樣，皆空一格，不便省覽。今惟别一事始空一格，餘皆連文，分題改爲低二格。又原鈔本凡小注皆單行頂格，其下正文又復接寫，既非體例，亦易混淆，輾轉鈔傳，遂致文注互誤。其間亦時有用夾注者，參差不一，今概改爲夾注，皆用大唐開元禮例也。廷相又識。（《大金集禮》所附校勘記末，叢書集成初編本，中華書局一九八五年。）

《自公紀》。《金史》卷二八《禮志》：南渡後，「宰相韓企先等之所論列，禮官張暐與其子行簡所私著《自公紀》，亦亡其傳。」則《自公紀》爲張暐與其子行簡共著。

張行簡

張行簡字敬甫，莒州日照（今山東日照）人，暐之子、行信之兄。大定十九年詞賦狀元，釋褐應奉翰林文字，累遷翰林侍講學士。泰和六年，除禮部尚書，兼侍講、同修國史。進太子太保、翰林學士承旨。貞祐初，拜太子太傅。三年，卒，謚文正。史稱「歷太常、禮部二十餘年，最明古今禮學，家法爲士族儀表」云。①

《世宗實録》。《金史》卷一〇六《張行簡傳》：章宗即位後，轉翰林修撰，遷禮部郎中，兼同修國史。承安五年，遷侍講學士，同修國史如故。泰和六年，召爲禮部尚書，兼侍講，同修國史。

今按，行簡於章宗朝兼同修國史，當預修《世宗實録》、《顯宗實録》。

① 《金史》卷一〇六《張行簡傳》，中華書局一九七五年，第二三三九頁。

《章宗起居注》。元趙汸《書趙郡蘇公所藏經史遺事後》：金章宗朝，史官所得内送顯宗爲皇太子奏東宫闕官帖黄一紙，命編入實録。進士劉國樞記其父司經迎所聞皇太子嘉言暨詩文凡八條，詩不録。翰林學士張行簡《起居注》草稿，起明昌六年正月朔，止三月十五日，後有張公題識及部數，脱稿提空式。今趙郡蘇公（天爵）通輯爲一卷而藏之。金至世宗，南北戰争甫定，蓋天所以靖斯人也。皇太子簡賢德職輔導，其深知所以爲天下本者乎？及觀國樞所記，則於南面之術得之已多，惜乎弗克嗣位而崩殂爾。《起居注》記章宗言動甚詳，其禮儀、國用、除罷、聘好，可備參考。所云禮部尚書張（空其名）爲讜直官重勘鎬王獄者，乃張公之父諱，故下文書名字皆闕其右體。《金史》言永中之獄，成於宰相無將妄想之奏，朝臣惟盧利用乞貸其死，而章宗不從，則猶有未厭人心者。時張公已罷兼職，不及記覆治何狀，不然，尚書當時名士，以讜直舉，豈得默默無一言耶！張公自言：「以明昌三年閏二月兼記注，凡三十九日。」而本傳不書，《百官志》亦不言起居注嘗用學士兼，則闕文多矣。且當時左右有簪筆之臣，纂修有實録之篇，史官不爲虚設，而典籍散失如此，良可惜哉。（《東山存稿》卷五，文淵閣四庫全書本。）

《陳言文字》。《金史》卷九六《李晏傳》：章宗立，「又奏：『乞委待制党懷英、修撰張行簡更值進讀陳言文字，以廣視聽。』皆采納之。」今按，所謂陳言文字，女真君主重之，多次詔令編纂，而内容或有不同。《金史》卷九八《完顔綱傳》：泰和四年，「詔綱與喬宇、宋元吉編類陳言文字，綱等奏，『凡關涉宫庭及大臣者摘進，其餘以省臺六部各爲一類』，凡二十卷。」

《禮例纂》一百二十卷。《金史》卷一〇六《張行簡傳》：所著「《禮例纂》一百二十卷，會同、朝獻、禘祫、喪葬，皆有記録。」

《清臺記》。

《皇華記》。

《戒嚴記》。

《爲善記》。

《自公記》。《金史》卷二八《禮志》「記」作「紀」：南渡後，「圖籍散逸既莫可尋，而其宰相韓企先等之所論列，禮官張暐與其子行簡所私著《自公紀》，亦亡其傳。故書之存，僅《集禮》若干卷，其藏史館者又殘缺弗完，姑掇其郊社宗廟諸神祀、朝覲會同等儀而爲書，若夫凶禮則略焉。」

今按，《自公紀》系張暐與子行簡共著。

《人倫大統賦》二卷，存。清紀昀等《四庫全書總目》卷一〇九《子部術數類》著録：「行簡世爲禮官，於天文術數之學皆所究心。史稱其文章十五卷，《禮例纂》一百二十卷，會同、朝獻、禘祫、喪葬皆有記録，及清臺、皇華、戒嚴、爲善、自公等記藏於家，而獨不載是書之目。黄虞稷《千頃堂書目》有《人倫大統賦》一册，亦不著撰人姓名，惟《永樂大典》所録皆題行簡所撰，且有薛延年字壽之者爲之注。序末稱皇慶二年，皇慶乃元仁宗年號，與金時代相接，所言當必不誤。蓋本傳偶然脱漏也。其書專言相法，詞義頗爲明簡。延年序謂其提綱挈領，不下三二千言，囊括相術殆盡，條目疏暢而有節，良非虛譽。惟意欲自神其術，中間不無語涉虛誇。此亦五行家附會之常，不足爲病。至延年之注，雖推闡詳盡，而於不待注而明者，亦復概行贅入。冗蔓過甚，轉不免失之淺陋耳。原本卷帙無多。然檢勘首尾完具，當爲足本。金源著述傳世者稀。今特加釐訂，著之於録，庶考術數者尚得以窺見崖略云。」今按，清黄虞稷《千頃堂書目》卷一三《五行類》著録，作「一卷」，且於撰者姓名失考。

元薛延年《人倫大統賦序》：

夫閲人之道，氣色難辨，骨法易明。骨法者，四體之幹，有形象，列部分，一成而不可變。欲識貴賤貧富賢愚壽夭，章章可驗矣。至於氣色通於五臟之分，心爲身之君，志爲氣之帥，心志有動氣必從，氣從則神知，神知則色見，如蜂排沫蠶吐絲，隱現無常，欲别旺相、定休咎，於氣色則見矣。非老於是者不能。若精是術，必究是書。是書蔓延於世甚夥，苟不抉擇而欲遍覽，猶入海算沙，成功幾日？善乎，金尚書張行簡《人倫大統賦》，與芟諸家之冗繁，撮百世之機要，提綱挈領，不下三千言，囊括相術殆盡。條目疏暢而有節，文辭華麗而中理，其心亦勤矣。是以初入其門者，未免鑽仰之勞，僕觸僭竊之非，以尠聞管見，附注音釋其下，仍括諸家之善以解之，目之曰音注集解，庶使學者有所依藉。然而知面部分，莫知適從，亦徒勞耳。面圖世傳者，多指龜爲鱉。近獲合陽簿李廷玉所圖面部凡六，其部分行運氣色骨法紋痣，至真且悉，其義愈明，而意愈彰，可爲發蹤指示之標的也。故弁諸賦首，庶學者披圖按賦，相爲表裏，決人吉凶，如示諸掌，可謂胸中天眼不枯矣，豈無補哉！雖然，獲兔魚必由筌蹏，能樂學必興其藝，有心於是，而欲齊唐舉之肩，接許負之踵，諒亦不能不自此始爾。皇慶二年蒼龍癸丑端陽日，秋潭薛延年壽之序。（《人倫大統賦序》卷首，叢書集成初編本，中華書局一九八五年。）

《張禮部文集》十卷。《金史》卷一〇六《張行簡傳》作「十五卷」；《中州集》卷九《張太保行簡》作「三十卷」。此從金李治《敬齋古今黈拾遺》卷一：「近世御史大夫張文正公，諱行簡，字敬夫，文集十卷。」元蔣正子《山房隨筆》：「張文簡《雪詩》『銀簷不雨溜常滴，玉樹無風花自開』，其家集不收。」元代尚存。

王仲元

王仲元字清卿，平陰（今山東平陰縣）人。承安五年，四舉推恩，賜進士第。用薦召爲應奉翰林文字①。以能書名天下②。貞祐四年卒。

《章宗實録》。貞祐二年，王仲元與「德運議」，狀署「承直郎國史院編修官」③，當預修章宗實

① 明宋廷佐輯《還山遺稿》卷上《錦峰王先生墓表》，叢書集成續編本，上海書店一九九四年，第七〇八頁。
② 《中州集》卷八《錦峰王仲元》，中華書局上海編輯所一九六二年，第四二五頁。
③ 《金文最》卷五六《集議德運省劄》，中華書局一九九〇年。

録。

吕貞幹

吕貞幹字周卿，號虎谷道人，大興（今北京）人。大定中進士，仕爲雲内州録事判官①，累遷秘書郎②。在史館論正統，獨異衆人，謂國家止當承遼，忤章宗旨，謫西京運幕，量移北京，致仕。閑閑趙秉文以爲篤志君子云。吕氏昆弟父子凡六人中進士第，人以六桂名其堂。弟卿雲、士安，子鑑，侄唐卿，皆知名士。③

《碣石志》。《中州集》卷八《吕陳州子羽》：貞幹「尤自刻苦，酷嗜文書，著《碣石志》數十萬言，皆近代以來事跡。幽隱譎怪，詼諧嘲評，無所不有。」另，金元好問《續夷堅志》卷二《鬼市》作《碣石録》，嘗引録，可略見其面目：「裴翰林擇之，陽武人。六七歲時，以大父馬上抱往縣東北莊，至外壕，見門南北有市集，人物皆二尺許，男女老幼，吏卒僧道，穰穰往來，市人買賣負擔，驢馱車載，無所不有。以告其大父，大父以爲妄，不之信也。蓋三四至其處，亦皆見之。此

---

①《（同治）畿輔通志》卷一四九《金石》，明昌元年十月，貞幹爲王元德撰墓誌，署「雲内州録事判官」。上海古籍出版社一九九一年，第五七六七頁。

② 清張金吾《金文最》卷五六《集議德運省劄》，中華書局一九九〇年。

③《中州集》卷八《吕陳州子羽》，中華書局上海編輯所一九六二年，第四一五頁。

與吕氏《碣石録》記『武平周鼎童時村居，一日，縣人市集，鼎騎長耳從父入市，時地色微，辨見道旁兩列皆佛像，閉目不敢視，開目又不見』，兩事大相類，但佛像之多，何也？」

宋元吉

宋元吉字佑之，長子（今山西長子縣）人，宋楫子。明昌二年進士①，釋褐主簿②，官至兵部員外郎③。

《編類陳言文字》二十卷。《金史》卷九八《完顔綱傳》：泰和四年，「詔綱與喬宇、宋元吉編類陳言文字，綱等奏，『凡關涉宮庭及大臣者摘進，其餘以省臺六部各爲一類』，凡二十卷。」今按，《金史》卷一二《章宗紀》作「二千卷」，似刊誤。

---

① 《中州集》卷八《宋孟州楫》，中華書局上海編輯所一九六二年，第四〇四頁。
② 金鄭時昌《宋簿興儒里記跋》，見《金文最》卷四八，中華書局一九九〇年，第六九七頁。
③ 《元史》卷一七八《宋衜傳》，中華書局一九八三年，第四一四六頁。

史肅

史肅字舜元，京兆（今陝西西安）人。明昌二年進士①，歷赤縣及幕官，入爲監察御史，出爲通州刺史。泰和中，坐大中黨獄，謫静難軍節度副使。大安初，召爲中都路轉運副使。復坐事，降同知汾州事。尚理性之學，發李純甫學佛。高才博學，工於字畫。元好問稱其「作詩精緻有理，尤善用事，古賦亦奇峭」。②

《淡軒遺稿》。《中州集》卷五《史御史肅》著録。

龐鑄

龐鑄字才卿，號默翁，大興（今北京）人，家世貴顯，越王永功妃弟③。明昌五年進士，官至

---

① 明王昌會《詩話類編》卷三〇《吊古》載史肅《哀王旦》詩云：「棟朽柱崩人短氣，平生況且同年義。試歌慷慨一篇詞，定灑英雄千古淚。」原注：「王旦者，昆陽守王子明也。」四庫全書存目叢書本，齊魯書社一九九六年，第四一九册七三三頁。據此，肅與王旦同年登第。所謂王旦，當是王晦之誤。晦字子明，明昌二年進士，金末歿于王事，入《金史》卷一二一《忠義傳》。詩爲古風，所哀與王晦事跡相符。

② 《中州集》卷五《史御史肅》，中華書局上海編輯所一九六二年，第二二八頁。

③ 金元好問《續夷堅志》卷四《華佗帖》，中華書局一九八六年，第八八頁。

京兆路轉運使①，約卒於宣宗興定年間。博學能文，工詩，造語奇健不凡。字畫亦有藴藉，「善山水禽鳥」。②

《默翁先生文集》二十卷。《析津志輯佚·人物》：「自號默翁，文集有二十卷行於世。」③

元王惲《跋龐才卿悲潼關賦後》：

此賦都運龐才卿所作，其步驟全類《思子臺賦》，意則擴充潼關甲辭，字畫瀟散有法，出顔、蘇之間。前世士大夫學藝精妙如此，豈勝歎慕！（《秋澗集》卷七二，四部叢刊本。）

許　蜕

許蜕字子遷，雁門（今山西代縣）人。

《許蜕詩集》。《中州集》卷九《王敏夫》：「雁門前輩中有許蜕子遷，以《武皇廟》詩著名。又《酒渴》後四句云：『眼底恨無雲夢澤，胸中疑有沃焦山。南窗花影三竿日，指點銀瓶照病顔。』有集傳河東，往往稱此。」另，《（雍正）山西通志》卷一七五《經籍志》著録，作《許蜕集》。

---

① 《中州集》卷五《龐都運鑄》，中華書局上海編輯所一九六二年，第二四二頁。今按，《金史》卷一二六《文藝傳》作「遼東人」，或先世遼東，後徙大興。中華書局一九七五年，第二七三六頁。

② 元夏文彦《圖繪寶鑒》卷四，《歷代名畫記》本，京華出版社二〇〇〇年，第二七七頁。

③ 元熊夢祥著、北京圖書館善本組輯，北京古籍出版社一九八三年，第一四〇頁。

張邦彦

張邦彦字彦才，平陽（今山西臨汾）人。明昌五年進士，以當川令致仕。①《松堂集》。《中州集》卷八《張户部德直》著録。

張守愚

張守愚，遼陽（今遼寧遼陽）人。承安元年，仕爲國子學齋長，後授本學教授②。泰和八年，以「儒林郎同知寧化州軍州事兼提舉常平倉事雲騎尉」撰《昌寧公廟記》③。

《平邊議》。《金史》卷一〇《章宗紀》：承安元年，「國子學齋長張守愚上《平邊議》三篇，特授本學教授，仍以其議付史館。」

①《中州集》卷八《張户部德直》，中華書局上海編輯所一九六二年，第四二九頁。今按，原作「張楫榜登科」，是爲明昌五年詞賦進士，見清王昶《金石萃編》卷一五九《改建題名碑》，歷代碑誌叢書本，江蘇古籍出版社一九九八年，第七册五九〇頁。

②《金史》卷一〇《章宗紀》，中華書局一九七五年，第二三八頁。

③清胡聘之《山右石刻叢編》卷二一，歷代碑誌叢書本，江蘇古籍出版社一九九八年，第一五册八七九頁。

張檝

檝字巨濟，先世泰州長春（今吉林大安）人，有官於山陰（今山西山陰縣）者，遂占籍焉。擢明昌五年詞賦狀元，授應奉翰林文字，遷除國子博士①，仕至鎮戎州刺史。爲人有藴藉，善談論，文賦詩筆截然有律度，時人愛重之。

《遼史》。元王惲《玉堂嘉話》卷八：「泰和間，朝廷先有此論，故選官置院，創修遼史。刊期，榜狀元張檝預焉。」

韓道昭

韓道昭字伯暉，號昌黎子，真定松水（今河北正定縣）人。韓孝彦次子。通音韻算術，傳其家學。②

① 《金史》卷一〇四《郭俣傳》，中華書局一九七五，第二二九二頁。

② 金韓道昭《改併五音集韻》卷四寒韻匣母「韓」字注：「又至泰和戊辰年間，昌黎子次子韓道昭再行改併五音之篇，改併五音集韻，芟削重錯，剪去繁蕪，增添俗字。故引昌黎子者，乃韓道昭自稱也。併篇部爲四百四十有四，分佈五音，立成一十五卷也。又併韻爲一百六十數也，亦分一十五卷也。故將篇韻全部乃計三十册數也。有子韓德恩，亦通書史，精加注解，各同詳校，正之名也。」寧忌浮校訂，中華書局一九九二年，第四四至四五頁。

《重編改併五音篇海》十五卷，存。亦名《改併五音類聚四聲篇》，簡稱《四聲篇海》。清紀昀等《四庫全書總目》卷四二《子部小學類》著録：「世稱以等韻顛倒字紐始於元熊忠《韻會舉要》。然是書以三十六母各分四等，排比諸字之先後，已在其前。所收之字，大抵以《廣韻》爲藍本，而增入之字則以《集韻》爲藍本。考《廣韻》卷首云凡二萬六千一百九十四言，《集韻》條例云凡五萬三千五百二十五言，新增二萬七千三百三十一言。是書亦云凡五萬三千五百二十五言，新增二萬七千三百三十言。合計其數，較《集韻》僅少一字，殆傳寫偶脱。《廣韻》注十九萬一千六百九十二字，是書云注三十三萬五千八百四十言，新增十四萬四千一百四十八言。其增多之數，則適相符合。是其依據二書，足爲明證。又《廣韻》注獨用、同用，實仍唐人之舊。封演《聞見記》言許敬宗奏定者是也。終唐之世，下迄宋景祐四年，功令之所遵用，未嘗或改。及丁度編定《集韻》，始因賈昌朝請改併窄韻十有三處。今《廣韻》各本，儼移㺌檻之前，釅移陷鑑之前，獨用同用之注，如通殷於文，通隱於吻，皆因《集韻》頒行後竄改致舛。是書改二百六韻爲百六十，而併忝於琰，併檻於豏，併儼於範，併㮇於豔，併鑑於陷，併釅於梵。足證《廣韻》原本上去聲末六韻之通爲二，與平聲入聲不殊。其餘如廢不與隊、代通，殷、隱、焮，迄不與文、吻、問、物通，尚仍《唐韻》之舊，未嘗與《集韻》錯互。故十三處犁然可考，尤足訂重刊《廣韻》之訛。其等韻之學，亦深究要眇，未可以世不行用而置之也。」今按，寧忌浮《字典史上的一塊豐碑——〈四聲篇海〉》對這部字書作出了全面而深入的評價，兹摘要如下：一、《四聲篇海》較之《説文解字》、《龍龕手鑑》、《五音篇》、《字彙》、《康熙字典》等，是「收字最多的字典」。其單字來自《玉篇》、《餘文》、《奚韻》、《類篇》、《龍龕手鑑》、《川篇》、《對韻音訓》、《蒐真玉鏡》及俗字等。由於所引典籍大部分已經失傳，爲今天研究《玉篇》以後的文字、詞彙、語音保存了豐富資料。同時，韓氏把民間流傳的簡化字、俗用字當作單字來源之一，如「減筆俗傳字」刘、齐、宝、过、双、孪、躰等等，至今還有生命力。二、致力於漢字「部首的簡化」。韓氏《篇海》卷一《重編併部依三十六母再顯之圖》云：「今考《玉篇》五百四十二部，併其一百二十一，止有四百二十一。」改併幅度之大，加快了部首簡化的歷史步伐，爲明人梅膺祚推出《字彙》奠定了基礎。這説明，金代學者已經認識到漢字筆畫的符號性，試圖掙脱「從義歸部」的舊傳統。三、創立筆畫排字法。《四聲篇海》「區其畫段」的部首七十一個，如艸、水、口、木、手、心、人等等。這些部首僅占全書的百分之十六，而所收單字竟占百分之八十二。而這「七十一」也是《字彙》收字最多的部首，包含《字彙》的單字二萬八千九十二個，占其全書的百分之八十五。也就是説，《字彙》百分之八十五的單字筆畫數序早已由金代學者排定了。明人《字彙》的貢獻在於把前人所定次序稍加調整，再把前人未曾「區其畫段」的五千多字按照前人成法加以排列。問題是，《四聲篇海》以聲母爲綱，以筆畫爲目，不倫不類。分部首就必須數筆畫，部首字與部屬字也必須用同一種方法排列。金代學者嘗試的失敗，引出了明代學者的成功。當時，真空和尚是部首字與部屬字必須都用筆畫數序排列的倡導者，所撰《新編篇韻貫珠集》成書於弘治二年。其第三章《檢五音篇海捷法總目》四百四十四個部首字按筆畫數序排過，並稱爲《四聲篇海》翻檢捷法，且編有歌訣：「取字求聲欲檢篇，舊模迷亂又重編。先將部首數知畫，次入偏旁究本源。」百餘年後，梅膺祚《字彙》集其大成①。總之，寧先生的評價令人耳目一新，超越了四庫館臣的認識水平。

金韓道昇《重編改併五音篇海序》：

夫篇韻者，自古文章士常用者也。韻乃群經之祖，篇由衆字之基。故有聲無形者，隨韻而準知；有體無聲者，依篇而的見。據茲篇韻，爲其副正。至於修書取義，豈可斯須而離也！自梁大同間，黄門侍郎顧野王肇修《玉篇》，立成三十卷，計五百四十二部。雖區別偏傍，而音義釋文蔑然不載，失於擇而不精，缺而不備。至唐處士孫愐，增加字數，理尚未周，但依前賢底藴而已。故《集韻》、《省篇》、《川篇》、《類篇》，雜沓而興。其取字加損，各擅其能。又至大朝甲辰歲，先有後陽王公與祕詳等，以人推而廣之，以爲《篇海》，分其畫段，使學人取而有準。其間疏駁，亦以頗多。復至明昌丙辰，有真定校將元注指玄。韓公先生孝彦，字允中，著其古法，未盡其理，特將己見，創立門庭，改《玉篇》歸於五音，逐三十六母之中取字，最爲絶妙。此法新行，驚儒動衆，歎曰：「自古迄今，無以加於斯法者也。」又至泰和戊辰，有先生次男韓道昭，字伯暉，搜尋古範，考校前規。然觀五音之篇，美即是美，未盡其詳。明之部目，尚亦文繁。只如「諳」、「叩」之部，

① 《辭書研究》一九八七年第一期。

「言」、「口」同倫；「虤」、「㸚」之形，「虎」、「爻」一類。本是一宗形質，何須各立其門。故以再行規矩，改併增新，詳其理，察其源，皆前賢之所未至，使後人之所指漏者焉。今特將「吅」、「品」隨「口」，併入於「溪」。再定「雔」、「雥」依「隹」，總歸於「照」。「麤」隨「鹿」走，「羴」從「羊」行。餘即隨他入類，奏形送白天庭。背篇隱注，睹篇傍散在諸門；十五單身，覼頭尾布於衆部。添減筆俗傳之字，少約二千；續搜真玉鏡之集，多迭一萬。取《周易》三百八十四爻、六十甲字，二數相合，改併作四百四十四部，方成規式者也。仍依五音四聲，舊時畫段，分爲一十五卷。取敘目爲初見，祖金部爲首，至日、母、自部方終。比於五音舊本，增加字數，計一萬二千三百四十五言，目之曰《五音增改併類聚四聲篇》，不亦宜乎？觀之上件，韓伯暉改併之能者，如明鏡之中照物，令久習之者不厭，好事之者無疑。酷似久居暗室，豁然而睹明焉。往者披雲，倏忽而觀日矣。僕因覽之，固無暫舍，興然爲序，以冠篇首。時泰和八年歲在强圉單閼律逢無射首六日，先生侄男韓道昇謹志。（《成化丁亥重刊改併五音類聚四聲篇海》卷首，續修四庫全書本，上海古籍出版社影印。）

明萬安《重刊考訂五音篇韻總序》：

字書，載道之器也。然有形有聲之不同。形，母也；聲，子也。形具於未有聲之前，聲成於既有形之後。譬之人，母生而子亦因之以生。故六書始於象形，繼以諧聲，良有以夫。粤自開闢以來，卦畫書契之文生，而後篆隸行草之體出；虞廷康衢之歌謠興，而後《雅》《頌》《離騷》之詞作。逮漢哀平時，揚雄採史籀以下諸體著《訓纂》。永元中，許慎兼採之爲《説文》，梁顧野王增加爲《玉篇》。凡偏旁同者，皆以類而聚。沈約始分四聲爲《切韻類譜》，隋陸詞輩又增加爲《韻略》，凡音響協者皆以類而集。唐天寶初，孫愐兼收雅俗，改《切韻》爲《唐韻》。大曆中，李陽冰崇尚《説文》，修正筆法，自謂篆籀中興。説者謂其有得象形、諧聲二義，但病其子母混淆也。宋初，徐鉉校正《説文》，以其無翻切，乃取孫愐《切韻》附益之。祥符中，陳彭年校勘《玉篇》，又增修《唐韻》，更名《廣韻》。然《玉篇》類形而不類聲，《廣韻》類聲而不類形。類形，主母以統子；類聲，主子以該母也。景祐中，丁度加修《廣韻》爲《集韻》，司馬光爲《類篇》。此篇韻之名所由始也。司馬又嘗科别清濁爲二十圖，以三十六母列其上，推四聲相生之法爲《指掌圖》。自謂天造神授，以便學者。厥後李燾作《類韻編》，鄭樵作《六書略》，黄紹又作《韻會》。六書之義，至此大備矣。金王與秘推廣《玉篇》，區其畫段爲《篇海》。荆璞取司馬之法，添入《集韻》，隨母取切。韓孝彦改《玉篇》歸於《五音》，逐三十六母取切最妙。復述《論圖詞頌》，置諸篇首，以便檢閲。及仲子道昭，雖其學出自家庭，而獨得尤精。見篇中部目太繁，即形相類，雜在他部者悉加改併。如「吅」、「品」隨「口」入「溪」，「雔」、「雥」隨「隹」入「照」，「麤」隨「鹿」、「羴」隨「羊」之類是已。又見韻中門法多雜，即聲相協散在别音者，亦加改併。如以「幽」隨「尤」、以「添」隨「鹽」、「臻」隨「真」、「譚」隨「談」、「嘯」隨「笑」之類是已。仍增減俗字於篇韻各母部下，凡若干。讀者一閲，而艱聲奇字，趣了目前，無復含糊囁嚅之狀。道昭父子可謂有益於後世學者矣。洪惟聖朝，太祖高皇帝，當天下混一之初，首詔儒臣，校定韻書，删其謬誤，正其舛譌，賜名曰《洪武正韻》。復以近代書肆喜簡惡繁，《集韻》弗傳，而《廣韻》盛行，復命一如《洪武正韻》分合之例，重加校定，頒行天下，家傳人習之，餘百年矣。非獨吾人用能該通，至於僧録覺義。大隆福寺住持戒璇令本山文儒、思遠、文通輩，間取篇韻協心考訂，重加删補。而僧録講經文淳又校詳之。凡三繕稿，俱出思宜一手。自成化丁亥上元日爲始，至辛卯午日方克就緒。適司設太監賈安、房懋來禮寺，覩兹成書，欣然捐貲繡梓，與天下學者共之，而屬予敘諸端。予惟字書之於世，所繫甚大，上而朝廷辭令之佈宣，下而庶府百司薄書之往復，與夫民生日用纖悉之載紀，誠不可一日而缺焉者耳。今諸僧能考訂之，而二中貴能廣其傳，其有益於天下學者大矣哉！篇韻母部卷目仍舊，訂正之例悉遵《洪武正韻》。成化七年歲次辛卯秋九月之吉，賜進士出身通議大夫禮部左侍郎兼翰林院學士同修國史知制誥經筵官眉山萬安序。（《成化丁亥重刊改併五音類聚四聲篇海》卷首，續修四庫全書本，上海古籍出版社影印。）

《改併五音集韻》十五卷，存。清紀昀等《四庫全書總目》卷四二《子部小學類》著録：「金韓道昭撰。道昭，字伯暉，真定松水人。世稱以等韻顛倒字紐始於元熊忠《韻會舉要》。然是書以三十六母各分四等，排比諸字之先後，已在其前。所收之字，大抵以《廣韻》爲藍本，而增入之字，則以《集韻》爲藍本。考《廣韻》卷首云凡二萬六千一百九十四言，《集韻》條例云凡五萬三千五百二十五言，新增二萬七千三百三十一言。是書亦云凡五萬三千五百二十五言，新增二萬七千三百三十言。合計其數，較《集韻》僅少一字，殆傳寫偶脱。《廣韻》注十九萬一千六百九十二字，是書云注三十三萬五千八百四十言，新增十四萬四千一百四十八言。其增多之數，則適相符合。是其依據二書，足爲明證。又《廣韻》注獨用、同用，實仍唐人之舊。封演《聞見記》言許敬宗奏定者是也。終唐之世，下迄宋景祐四年，功令之所遵用，未嘗或改。及丁度編定《集韻》，始因賈昌朝請改併窄韻十有三處。今《廣韻》各本，儼移鹻檻之前，釅移陷鑒之前，獨用同用之注，如通殷於文，通隱於吻，皆因《集韻》頒行後竄改致舛。是書改二百六韻爲百六十，而併忝於琰，併檻於豏，併儼於範，併㮇於豔，併鑒於陷，併釅於梵。足證《廣韻》原本上去聲末六韻之通爲二，與平聲入聲不殊。其餘如廢不與隊、代通，殷、隱、焮、迄不與文、吻、問、物通，尚仍《唐韻》之舊，未嘗與《集韻》錯互。故十三處犁然可考，尤足訂重刊《廣韻》之訛。其等韻之學，亦深究要眇，未可以世不行用而置之也。」今按，韓道昭《改併五音集韻》是北宋以後首先突破《切韻》體系的一部韻書，在中國音韻學史上佔有重要地位。由於萬曆後未見續刻，且舊本流傳不廣，研究者甚少，學界關於這部韻書的認識大抵不出《四庫全書總目》所述。

自晚唐五代以降，漢語語音系統（聲母、韻母和聲調）發生了急劇變化，特別是漢語的基礎方言——北方話的語音系統變化更爲顯著。而既有韻書如《切韻》及《廣韻》、《集韻》等，與實際口語的距離愈來愈遠。因此，客觀上亟需適應語言變化的新韻書。同時，由於等韻學的興起，人們的審音水平不斷提高，音韻學學者經過深入分析，應用等韻學原理編製反映實際語音的等韻圖，或改編傳統韻書。入金後，一批音韻學者應運湧現。皇統間，真定洨川荆璞「將三十六母添入韻中，隨母取切」，撰就《五音集韻》，有所突破。泰和時，韓道昭在荆氏基礎上「引諸經訓，正諸訛舛，陳其字母，序其等第」，創造性地將二百六韻併爲一百六十韻，書名《改併五音集韻》。荆氏《五音集韻》已失傳，後人竟將韓道昭《改併五音集韻》簡稱爲《五音集韻》。

應當指出的是，寧忌浮先生《校訂五音集韻》的成果卓越：一、經過四、五年的蒐集、整理和研究，爲學界提供了一種新的版本，解決了有關《五音集韻》的一系列問題，爲深入研究《五音集韻》奠定了重要基礎。

二、發現了《四聲等子》與《五音集韻》的密切關係。韓氏《改併五音集韻》雕印後，對當時及元、明兩代音韻學、尤其是等韻學的影響甚大。人們以往僅知道元人劉鑑的《經史正音切韻指南》是依據《五音集韻》製作的。其自序明確交代「與韓氏《五音集韻》互爲體用，諸韻字音皆由此韻出也」。寧先生在深入探討等韻及其門法承傳關係的基礎上，弄清了《五音集韻》對《四聲等子》的影響及後者對前者的繼承與發展。

三、揭示出《五音集韻》包含兩套音系。一是由十六攝、一百六十韻和三十六字母及一、二、三、四等交織而成的體系，是《五音集韻》的表層音系。雖然它突破了《切韻》系韻書體系，在一定程度反映了實際語音的變化，但不夠徹底，仍殘存傳統韻書和舊等韻的影響。二是《五音集韻》還隱含一套深層音系。這是由它的收字、切語的失誤反映出來的，如全濁聲母的清化，「知」、「照」

二組混用，「疑」、「喻」與影母合流，三、四等韻已不分，蟹攝的「齊」、「祭」、「廢」、「灰」併入止攝，全濁上聲變讀去聲，入聲字亦在消變，等等。這些都是韓道昭口語的自然流露，多方面反映了近代北方漢語話音系統發展變化的情況，因而成爲寶貴的材料。①

金韓道昇《改併五音集韻序》：

夫聲韻之術，其來尚矣。證群經之義訓，別使字之因由，辨五音之輕重，論四聲之清濁。至於天地之始，日月運行，星辰名號，人間姓氏，山川草木，水陸魚蟲，飛禽走獸，四方呼吸，全憑字樣，豈可離於聲韻者哉！嘗聞古者，陸詞創本，劉臻等八人隋朝進韻，抱賞歸家，人皆稱歎。流通於世，豈不重與？又至大金皇統年間，有洨川荆璞，字彦寶，善達聲韻幽微，博覽群書奥旨，特將三十六母添入韻中，隨母取切，致使學流取之易也。詳而有的，檢而無謬，美即美矣，未盡其善也。復至泰和戊辰，有吾弟韓道昭，字伯暉，乃先叔之次子也。先叔者，諱孝彦，字允中。況於篇韻之中，最爲得意，注疏指玄之論，撰集澄鑒之圖，述門法《滿庭芳》詞，序切韻指迷之頌，鏤板通行，其名遠矣。今即重編，改併五音之篇，暨諸門友，精加衆字，得其旨趣，標名於世也。又見韻中古法繁雜，取之體計。同聲同韻，兩處安排；一母一音，方知敢併。卻想舊時，「先」、「宣」一類，「移」、「齊」同音，「薛」、「雪」相親。舉斯爲例，只如「山删」、「獮銑」、「豏檻」、

① 唐作藩《校訂五音集韻序》，見寧忌浮《校訂五音集韻》卷首，中華書局一九九二年。

「庚耕」、「支脂之」，本是一家；「怪」、「卦」、「夬」，何分三類？開合無異，等第俱同，姓例非差，故云可併。今將「幽」隨「尤」隊，「添」入「鹽」叢，「臻」歸「真」内沉埋，「嚴」向「凡」中隱匿，「覃」、「談」共住，「笑」、「嘯」同居。如弟兄啓户皆逢，若侄叔開門總見。增添俗字，廣改正違，門多依開合、等第之聲音，棄一母復張之切腳。使初學檢閲無移，令後進披尋有準。僕因覽之，筆舌難盡。爲吾弟伯暉篇韻之中，有出俗之藝業，貫世之才能，喜之贊之，美之歎之，興然爲序，以表同流好事者矣。時崇慶元年歲在壬申姑洗朔日，老先生侄男韓道昇謹志。（寧忌浮校《校訂五音集韻》卷首，中華書局一九九二年。）

金韓道昭《改併五音集韻序》：

聲韻之學，其來尚矣。書契既造，文籍乃生。然訓解之士，猶多闕焉。迄於隋唐，斯有陸生、長孫之徒，詞學過人，聞見甚博，於是同劉臻輩探賾索隱，鉤深致遠，取古之所有、今之所記者，定爲《切韻》五卷，析爲十策。夫切韻者，蓋以上切下韻，合而翻之，因爲號以爲名，則《字統》、《字林》、《韻集》、《韻略》，不足比也。議者猶謂注有差錯，文復漏誤，若無刊正，何以討論，則《唐韻》所以修焉。採摭群言，撮其樞要，六經之文自爾焕然，九流之學在所不廢。古人之用心，爲如何哉！嘗謂以文學爲事者，必以聲韻爲心；以聲韻爲心者，必以五音爲本。則字母次第，其可忽乎？故先覺之士，其論辨至詳，推求至明，著書立言，蔑無以加。然愚不揆度，欲修飾萬分之一。是故引諸經訓，正諸訛舛，陳其字母，序其等第。以見母牙音爲首，終於來日字，廣大悉備，靡有或遺。始終有倫，先後有别，一有如指諸掌，庶幾有補於初學，未敢併期於達者。已前印行音韻，既增加三千餘字。兹韻也，方之於此，又以《龍龕》訓字，增加五千餘字焉。是以再命良工，謹鏤佳板。學者觀之，目擊而道存。時崇慶元年歲次壬申長至日序。（寧忌浮校《校訂五音集韻》卷首，中華書局一九九二年。）

張　琚

張琚字子玉，河中萬泉（今山西萬榮縣）人。登進士第。刻意於詩，尤長五言，時有「張五字」之目。①

《韋齋集》。《中州集》卷七《張琚》著録。

武天佑

武天佑字繁祉，號靈承，陵川（今山西陵川縣）人。武明甫從子。泰和三年詞賦狀元，授翰林

---

①《中州集》卷七《張琚》，中華書局上海編輯所一九六二年，第三六〇頁。今按，泰和三年十二月，張邦彦《萬泉縣重修宣聖廟記》立石人之一，署「邑中進士張琚」，當於泰和三年或此前登第。見《山右石刻叢編》卷二二。

應奉文字，官至翰林侍講學士。①

《經史撮要》。

《大學補》。

《言志》。《（民國）陵川縣志》卷一〇《著述録》著録。

武天和

武天和字繁禧，號猶龍，天佑之弟。泰和六年經義第一，授翰林應奉文字，終於翰林侍讀學士。晚歲致仕，隱居樂天園。②

《永言集》。

《典内外篇》。

---

① 《（民國）陵川縣志》卷九《士女録》，中國方志叢書本，臺北成文出版社一九七〇年，第三七八頁。今按，原作「承安四年詞賦狀元」。《（光緒）山西通志》卷一五《貢舉譜》作「承安五年詞賦及第第一」。自明昌二年復經義選舉，惟泰和間經義魁失載。武明甫及從子武天佑、武天和俱以第一及第，稱爲陵川武氏三狀元。天佑當是泰和三年經義第一。

② 《（民國）陵川縣志》卷九《士女録》，中國方志叢書本，臺北成文出版社一九七〇年，第三七八頁。今按，《（光緒）山西通志》卷一五《貢舉譜》作「泰和中經義及第第一」。武明甫及從子武天佑、武天和俱以第一及第，稱爲陵川武氏三狀元。泰和中選舉兩次，已斷天佑奪三年經義魁，天和當爲六年第一。

《寧儉諺語》。《（民國）陵川縣志》卷一〇《著述録》著録。

武天常

武天常，明甫子、俊臣侄，以叔蔭授太常寺檢討。宣宗時，以能幹遷國史院編修。①

《章宗實録》。

酈復亨

酈復亨，相州臨漳（今河南安陽）人。瓊之孫、權之子。泰和六年進士，授衛州教授，召爲國史院編修官。②

《章宗實録》。其爲國史編修，當在衛王朝，預修《章宗實録》。

---

① 《（民國）陵川縣志》卷九《士女録》，中國方志叢書本，臺北成文出版社一九七〇年，第三七六頁。

② 《（正德）臨漳縣志》卷八：「元輿子復亨，登泰和丙寅進士，仕至衛州教授。」天一閣藏明代方志選刊續編本，上海古籍書店一九八九年；《（嘉靖）彰德府志》卷七《選舉志》：「復亨，編修，權子。」天一閣藏明代方志選刊本，上海古籍書店一九八一年。

張珣

張珣字仲仁，滑州（今河南滑縣）人。好讀書，以律學進。初爲廷尉，後守白馬，屢鞫大獄，辨活甚衆。以兵變城陷，赴井死。①

《金剛般若經注》。明王圻《續文獻通考》卷一七九《經籍考》著録：「尤善內典，自注《金剛般若經》。」然出處不明，姑仍之，俟考。

王良臣

王良臣字大用，潞州（今山西長治）人。承安五年進士，後入翰林，與李獻能善。興定初，自請從軍北征，殁於陣中，贈孟州防禦使②。長於律詩，尖新，工屬對。③

《宣宗起居注》。《金史》卷一五《宣宗紀》：「興定二年十一月，參議官修起居注王良臣死之。」

---

① 《（民國）重修滑縣志》卷一四《職官志》，中國方志叢書本，臺北成文出版社一九七〇年，第一一六八頁。今按，原作「張洵」，此從《續文獻通考》。

② 《中州集》卷五《王防禦良臣》，中華書局上海編輯所一九六二年，第二九四頁。

③ 金劉祁《歸潛志》卷四，中華書局一九八三年，第三九頁。

盧洵

盧洵字仁甫，高平（今山西高平）人。年六十一中承安二年吕造榜進士，歷河南府學教授、河陽丞、宜陽令。興定三年卒。遺山稱「仁甫有詩學」。①

《盧洵集》。《（雍正）山西通志》卷一七五《經籍志》著録。

王擴

王擴字充之，定州永平（今河北順平縣）人。明昌五年詞賦進士，官至陝西東路轉運使、行六部尚書。興定三年卒，年六十三，謚剛敏。

《更定明昌律令》。《遺山先生文集》卷一八《嘉議大夫陝西東路轉運使剛敏王公神道碑銘》：「朝廷更定律令，留公不遺。再調懷安令。」當預修更定律令。

① 《中州集》卷八《盧宜陽洵》，中華書局上海編輯所一九六二年，第四二六頁。

蕭貢

蕭貢字真卿，號渭上翁①，京兆咸陽（今陝西咸陽）人。大定二十二年進士。嘗上書論時政，詞意切至，由北京轉運副使改治書侍御史。章宗時，官河東北路按察轉運使。大安末，改彰德軍節度使。興定元年，以户部尚書致仕。元光二年卒，年六十六，謚文簡②。元好問稱之「博學能文，不減前輩蔡正甫」。③

《遼史》。《金史》卷一〇五《蕭貢傳》：以國子祭酒兼太常少卿，「與陳大任刊修《遼史》」。

《注史記》一百卷。《金史》卷一〇五《蕭貢傳》著録。

《泰和律令格式》五十三卷。《中州集》卷五《蕭尚書貢》：「累遷右司郎中，預修《泰和律令》。所上條畫，皆委曲當上心。興陵嘉歎曰：『漢有蕭相國，我有蕭貢，刑獄我不憂矣。』又奏死囚獄雖已具，仍責家人伏辯，以申冤抑。詔從之。遷刑部侍郎，入謝曰：『臣願因是官廣陛下好生之德。』上大悦。凡真卿所平反，多從之。」

---

① 金李治《敬齋古今黈》卷六，中華書局一九九五年，第七二頁。

② 《金史》卷一〇五《蕭貢傳》，中華書局一九七五年，第二三二〇頁。

③ 《中州集》卷五《蕭尚書貢》，中華書局上海編輯所一九六二年，第二三五頁。

《蕭氏公論》二十卷。金劉祁《歸潛志》卷四：「公博學，嘗注《史記》，又著《蕭氏公論》數萬言，評論古人成敗得失，甚有理。」另，《中州集》卷五《蕭尚書貢》作《公論》，金李治《敬齋古今黈》卷六作《渭上翁公論》。

《五聲姓譜》五卷。《中州集》卷五《蕭尚書貢》著録。

《渭上翁文集》十卷。《中州集》卷五《蕭尚書貢》著録，有「文集十卷」，自編當以號名。

李純甫

李純甫字之純，號屏山居士，弘州襄陰（今河北陽原縣）人。承安二年進士①。喜談兵，屢上疏論時事。嘗兩入翰林，連知貢舉，官至左司都事。元光二年卒②，年四十七。爲文法莊列，尚奇怪。嗜酒如命，眼花耳熱之際，談鋒甚健。嘗自撰《屏山居士傳》云：「軀幹短小而芥視九州，形容寢陋而蟻虱公侯，語言蹇吃而連環可解，筆劄訛癡而挽回萬牛。寧爲時所棄，不爲名所囚。」③

---

① 《金史》卷一二六《文藝傳》，中華書局一九七五年，第二七三四頁。

② 清施國祁《歸潛志跋》云：「至太宗神射之爲太祖神功、李純甫卒於元光末、王仲元爲王廣道從子，良由神川誤記，不必校。」也就是説，尚有舊鈔本《歸潛志》作「卒於元光末」，當是神川先生原本記載。至於正大末云云，良由傳鈔誤記。見清黄丕烈《蕘圃藏書題識》卷六《子類》，清人書目題跋叢刊本，中華書局一九九三年，第一三二頁。

③ 金劉祁《歸潛志》卷一，中華書局一九八三年，第七頁。

尤喜佛學，多爲浮屠作碑記傳贊，著述頗富。

《楞嚴經解》。金劉祁《歸潛志》卷一著録：「又解《楞嚴》、《金剛經》、《老子》、《莊子》。」

元耶律楚材《楞嚴外解序》：

昔洪覺範有言：天臺智者禪師聞天竺有《首楞儼經》，旦暮西向拜，祝願此經早來東土，續佛慧命，竟不得一見。今板鬻遍天下，有終身不聞其名者，因起法輕信劣之歎。若夫具眼衲僧，不可不熟繹之也。余故人屏山居士牽引《易》、《論語》、《孟子》、《老氏》、《莊》、《列》之書，與此經相合者，輯成一編，謂之外解，實漸誘吾儒不信佛書者之餌也。吾儒中喜佛乘者固亦多矣，具全信者鮮焉。或信其理而棄其事者，或信其理事而破其因果者，或信經論而誣其神通者，或鄙其持經，或譏其建寺，塵沙之世界，以爲迂闊之言，成壞之劫波，反疑駕馭之説，亦何異信吾夫子之仁義，詆其禮樂，取吾夫子之政事，舍其文學者耶？或有攘竊相似之語，以爲皆出於吾書中，何必讀經然後爲佛，此輩尤可笑也！且竊人之財猶爲盜，矧竊人之道乎？我屏山則不然，深究其理，不廢其事。其於因果也，則舉作善降祥之文，引羊祜、鮑靚之事；其於塵界也，則隘鄒子之説，婉禦寇之談；其神通也，則云左慈術士耳，變形於魏都，皆同物也，疑吾佛不能變千百億化身乎？其於劫波也，則云郭璞日者，卜年於晉室，若合符券，疑吾佛不能記百萬之多劫耶？其於持經也，則云佛日禪師因聞誦心經咒，言下大悟，田夫俚婦，持念諸果者，詎可輕笑之哉！其於建寺也，則云阿蘭若法當供養，彼區區者尚以土木之功爲費，何庸望之甚耶！其評品三聖人理趣之淺深也，初云稍尋舊學，且窺道家之言，又翻内典，至其邃處，吾中國之書似不及也。晚節復云，余以此求三聖人垂化之理，而後知吾佛之所以爲人天師、無上大法王者，非諸聖之所以能侔也。學至於佛則無可學者，乃知佛即聖人，聖人非佛，西方有中國書，中國無西方書也。或問屏山何好佛之深乎？答云：感恩之深則深報之，屏山所謂心不負人者矣。渠又云：吾佛之所誨人者，其實如不誑不妄，豈有毛髮許可疑者耶？噫！古昔以來，篤信佛書之君子，未有如我屏山之大全者也，近代一人而已。泰和中，屏山作釋迦文佛贊，不遠千里以序見托於萬松老師。永長巨豪劉潤甫者，笑謂老師曰：「屏山兒時聞佛，以手加額。既冠排佛，今復贊佛。吾師之序，可慎與之，庸詎知他日得不復似韓、歐排佛乎？」老師曰：「不然。今屏山信解入微，如理而説，豈但悔悟於前非，亦將資信於來者。且兒時喜佛者，生知宿稟也；既冠排佛者，華報蟲惑也；退而贊佛者，不遠而復也。而今而後，世尊所謂吾保此木，決定人海矣。」後果如吾師言。余與屏山通家相與，爾汝曾不檢羈。其子阿同輩待余以叔禮。天兵既克汴梁，阿同挈遺稿來燕，寓居萬松老師之席。老師助鋟木之資，欲廣其傳。阿同致書請余爲引。余亦不讓，援筆疾書以題其端。不惟彰我萬松老師冥有知人之鑒，抑亦記我屏山居士克終全信之心，且爲方來淺信竊道者之戒云。甲午清明後五日，湛然居士漆水移剌楚材晉卿序於和林城。（《湛然居士文集》卷一三，中華書局一九八六年。）

《金剛經解》。金劉祁《歸潛志》卷一著録：「又解《楞嚴》、《金剛經》、《老子》、《莊子》。」

元耶律楚材《屏山居士金剛經别解序》：

佛法之西來也，二千餘祀，寶藏琅函，幾盈萬軸，可謂廣大悉備矣。獨金剛一經，或明眼禪客，若脱白沙彌，上至學士大夫，下及野夫田婦，里巷兒女子曹，無不誦者。以頻見如閑，姑置而不問者有之；以至理叵測，望涯而退者有之。噫！信其小而不信其大，信其近而不信其遠，信其所聞而不信其所未聞，信其所見而不信其所未見，自是而非他，執一而廢百者，比比然，又何訝焉。偉哉！屏山居士取儒、道兩家之書，會運、奘二師之論，牽引雜説，錯綜諸經，著爲别解一編，莫不融理事之門，合性相之義，析六如之生滅，剖四相之鍵關，謂真空不空，透無得之得，序圓頓而有據，識宗説之相須。辨因緣自然，喻以明珠，諸佛衆生，譬之圓鏡，若出聖人之口，冥契吾佛之心，可謂天下之奇才矣！嘻，此書之行於世也，何止化書生之學佛者偏見，衲僧無因外道，皆可發藥矣。昔予與屏山同爲省掾，時同僚譏此書，以爲餌餕餡之具，予尚未染指於佛書，亦少惑焉。今熟繹之，自非精於三聖人之學者，敢措一辭於此書乎？吁，小人之言，誠可畏哉！乙未元日，湛然居士漆水移剌楚材晉卿題於大磧黄石山。（《湛然居士文集》卷一三，中華書局一九八六年。）

元耶律楚材《書金剛經别解後》：

孔子有云：「吾十有五而志於學，三十而立，四十而不惑。」是知學道未至於純粹精微之域，雖聖人亦少惑焉。昔樂天答制策，稍涉佛教之譏。中年鄙海山而修兜率，垂老爲《贊佛發願文》，乃云起因張本，其事見於本集。子瞻上萬言，頗稱釋氏之弊，晚節專翰墨爲佛事，臨終作神呪浪出之偈，且曰著力即差，其事見於年譜。退之屈論於大顛，而稍信佛書，韓文公别傳在焉。永叔服膺於圓通，而自稱居士，歐陽公别傳在焉。是知君子始惑而終悟，初過而後悛，又何害也？屏山先生幼年作排佛説，殆不忍聞。未幾翻然而改，火其書，作二解以滌前非。所謂改過不吝者，余於屏山有所取焉。後之人立志未定，惑于初年者，當以此數君子爲法。乙未清明日，湛然居士題於别解之後。（《湛然居士文集》卷一三，中華書局一九八六年。）

《老子解》。《金史》卷一二六《文藝傳》著録：「又解《楞嚴經》、《金剛經》、《老子》、《莊子》。」

《莊子解》。《金史》卷一二六《文藝傳》著録。

《中庸集解》。金劉祁《歸潛志》卷一著録：「又解《楞嚴》、《金剛經》、《老子》、《莊子》，又有《中庸集解》、《鳴道集解》，號爲中國心學、西方文教，數十萬言。」

《鳴道集説》五卷，存。清紀昀等《四庫全書總目》卷一二四《子部雜家類》著録「一卷」，輯自《永樂大典》，云：「是書列周、程、張、邵、朱、吕、蔡諸儒之説而條辨之，末附自作文數篇。大旨出於釋氏，殊爲偏駁。《歸潛志》曰：『之純自類其文，凡論性理及闢佛、老二家者號内稿。其餘碑誌詩賦號外稿。又解《楞嚴》、《金剛經》、《老子》、《莊子》，又有《中庸集解》、《鳴道集解》。』案『解』字當爲『説』字之訛，今姑仍原本録之。號爲中國心學，西方文教，數十萬言。嘗曰：『自莊周後，惟王績、元結、鄭厚與吾。』或談儒、釋異同，環而攻之，莫能屈。』又曰『屏山平日喜佛學。嘗曰：「中國之書不及西方之書。」作《釋迦贊》云：「竊吾糟粕，貸吾秕糠。粉澤丘、軻，刻畫老、莊。」嘗論伊川諸儒，雖號深明性理，發明六經聖人心學，實皆竊吾佛書者也。因此大爲諸儒所攻』云云。可謂之無忌憚矣。《中州集》但云：『於書無所不窺，而於莊周、列禦寇、左氏、《戰國策》尤長。三十歲後，遍觀佛書，能悉其精微。既而取道學書讀之，著一書，合三家爲一。』猶諱而渾其詞也。」今按，《鳴道集説》全稱《諸儒鳴道集説》，始撰於泰和四年，歷三十年乃成。屏山臨終將書稿託付敬鉉，鉉又經釋行秀轉致耶律楚材，雕板於世。現存明鈔五卷本傳世。全書評説兩宋諸儒二百一十九則，包括濂溪周敦頤二則、迂叟司馬光六則、横渠張載三十四則、明道程顥三十九則、伊川程頤七十二則、上蔡謝良佐二十九則、元城劉安世七則、江民表一則、龜山楊時十五則、横浦張九成一則、東萊吕祖謙一則、南軒張栻四則、晦庵朱熹八則等。

元耶律楚材《屏山居士鳴道集序》：

屏山居士年二十有九，閲復性書，知李習之亦二十有九，參藥山而退著書，大發感歎，日抵萬松老師，深攻亟擊。宿稟生知，一聞千悟，注《首楞嚴》、《金剛般若》、《贊釋伽文》、《達磨祖師夢語》、《贅談》、《翰墨佛事》等數十萬言，會三聖人理性之學，要終指歸佛祖而已。江左道學倡於伊川昆季，和之者十有餘家，涉獵釋、老，膚淺一二，著《鳴道集》，食我園椹，不見好音，誣謗聖人，聾瞽學者。噫，憑虚氣，任私情，一贊一毁，獨去獨取，其如天下後世何！屏山哀矜，著《鳴道集説》，廓萬世之見聞，正天下之性命，發揮孔聖隱幽不揚之道，將攀附游龍，騣騣乎吾佛所列五乘教中，人天乘之俗諦疆隅矣！《鳴道》諸儒力排釋老，棄陷韓歐之隘黨，孰如屏山尊孔聖與釋老鼎峙耶！諸方宗匠皆引屏山爲入幕之賓，《鳴道》諸儒鑽仰藩垣，莫窺户牖，輒肆浮議，不亦僭乎？余忝歷宗門堂室之奥，懇爲保證，固非師心昧誠之黨。如謂不然，報惟影響耳。屏山臨終，出此書付敬鼎臣曰：「此吾末後把交之作也，子其秘之，當有賞音者。」鼎臣聞余購屏山書甚切，不遠三數百，徒步之燕，獻的稿於萬松老師轉致於余。余覽而感泣者累日。昔余嘗見《鳴道集》，甚不平之，欲爲書糾其蕪謬而未暇，豈意屏山先我著鞭，遂爲序，引以針江左書生膏肓之病焉。中原學士大夫有斯疾者，亦可發藥矣。甲午冬十有五日，湛然居士漆水移剌楚材晉卿序。（《鳴道集説》卷首，中國子學名著集成珍本初編本，中國子學名著集成編印基金會印行。另，元耶律楚材《湛然居士文集》卷一四收，中華書局一九八六年。）

金李純甫《鳴道集説序》：

天地未生之前，聖人在道；天地既生之後，道在聖人。故自生民以來，未有不得道而爲聖人者。伏羲、神農、黄帝之心見於《大易》；堯、舜、禹、湯、文、武之心見於《詩》、《書》，皆得道之大聖人也。聖人不王，道術將裂。有老子者，游方之外，恐後世之人塞而無所入，高談天地未生之前，而洗之以道德。有孔子者，游方之内，恐後世之人眩而無所歸，切論天地既生之後，而封之以仁義，故其言不無有少相齟齬者。雖然，或吹或嘘，或挽或推，一首一尾，一東一西，玄聖、素王之志，亦皆有歸矣。其門弟子恐其不合，而遂至於支離也。莊周氏沿流而下，自天人至於聖人；孟某氏溯流而上，自善人至於神人。如左右券，内聖外王之説備矣。惜夫四聖人没，列禦寇駁而失真，荀卿子雜而失純，揚雄、王通氏僭而自聖，韓愈、歐陽氏蕩而爲文。聖人之道如線而不傳者，一千五百年矣。而浮屠氏之書從西方來，蓋距中國數千萬里。證之文字詰曲，侏儒重譯而釋之，至言妙理，與吾古聖人之心魄然而合，顧其徒不能發明其旨趣耳。豈萬古之下、四海之外，聖人之跡竟不能泯滅耶！諸儒陰取其説以證吾書，自李翺始，至於近代，王介甫父子倡之於後，蘇子瞻兄弟和之于後。《大易》、《詩》、《書》、《論》、《孟》、《老》、《莊》，皆有所解。濂溪、涑水、横渠、伊川之學踵而興焉，上蔡、龜山、元城、横浦之徒又從而翼之，東萊、南軒、晦庵之書蔓衍四出，其言遂大。小生何幸，見諸先生之議論，心知古聖人之不死，大道之將合也。恐將合而又離，箋其未合於古聖人者，曰《鳴道集説》云。（《鳴道集説》卷首，中國子學名著集成珍本初編本，中國子學名著集成編印基金會印行。）

金李純甫《鳴道集説跋》：

僕與諸君子生於異代，非元豐元祐之黨。同爲儒者，無黄冠緇衣之私。所以嘔出肺肝，苦相訂正，止以三聖人之教，不絶如髮，互相矛盾，痛入心骨，欲以區區之力，尚鼎足而不至於顛仆耳。或又挾其衆也，嘩而攻僕，則鼎覆矣。悲夫！雖然，僕非好辯也，恐三聖人之道支離而不合，亦不得已爾。如膚有瘡疣，膏而肉之；地有坑塹，實而土之，豈抉其肉而出其土哉？僕與諸君子不同者，盡在此編矣。此編之外，凡《鳴道集》所載，及諸君子所著，大《易》、《詩》、《書》、《中庸》、《大學》、《春秋》、《語》、《孟》、《孝經》之説，洗人欲而白天理，剗伯業而扶王道，發心學於語言文字之外，索日用於應對灑掃之中。治性則以誠爲地，修身則以敬爲門。大道自善而求，聖人自學而至。嗣千古之絶學，立一家之成説，宋之諸儒皆不及也，唐漢諸儒亦不及也，駸駸乎與孟軻氏並駕矣。其論議時有詭激，蓋冥機耳，皆荀卿子之徒歟？此其所以前儒唱之，後儒和之，跂而望之，踵而從之，天下後世將盡歸之，可謂豪傑之士乎！學者有志於道，先讀諸君子之書，始知僕嘗用力乎其中。如見僕之此編，又以藉口而病諸君子之書，是以瑕而捨玉，以噎而廢食，不惟僕得罪於諸君子，亦非僕所望于學者。吁！（《鳴道集説》卷末，中國子學名著集成珍本初編本，中國子學名著集成編印基金會印行。）

元釋念常《鳴道集説》題識：

僕與諸君子生於異代，非元豐元祐之黨。同爲儒者，無黄冠緇衣之私。所以嘔出肺肝，苦相訂正，止以三聖人之教，不絶如髮，互相矛盾，痛人心骨。欲以區區之力，尚鼎足而不至於顛仆耳。或又挾其衆也，譁而攻僕，則鼎覆矣。悲夫！雖然，僕非好辯也，恐三聖人之道支離而不合，亦不得已耳。如膚有瘡疣，膚而肉之；地有坑塹，實而土之，豈抉其肉而出其土哉？僕與諸君子不同者，盡在此編矣。此編之外，凡《鳴道集》所載，及諸君子所著，大《易》《書》《詩》《中庸》《大學》《春秋》《語》《孟》《孝經》之説，洗人欲而白天理，剗伯業而扶王道，發心學於言語文字之外，索日用於應對灑掃之中。治性則以誠爲地，修身則以敬爲門。大道自善而求，聖人自學而至。嗣千古之絶學，立一家之成説。宋之諸儒皆不及也，唐漢諸儒亦不及也，駸駸乎與孟軻氏並駕矣。其論議時有詭激，蓋冥機耳，皆荀卿子之徒歟？此其所以前儒唱之，後儒和之，跂而望之，踵而從之，天下後世將盡歸之，可謂豪傑之士乎？學者有志於道，先讀諸君子之書，始知僕嘗用力乎其中。如見僕之此編，又以藉口病諸君子之書，是以瑕而捨玉，以噎而廢食。不唯僕得罪於諸君子，亦非僕所望於學者。吁！諸儒《鳴道集》二百一十七種之見解，是皆迷真失性，執相循名，起鬥諍之端，結惑業之咎，蓋不達以法性融通者也。屏山居士深明至理，憫其瞽智眼於昏衢，析而論之，以救末學之蔽，使摩詰棗柏再世，亦無以加矣。姑録一十九篇，附於《通載》之左。（《佛祖歷代通載》卷三一，江蘇廣陵古籍刻印社一九九三年。）

明王禕《鳴道集説序》：

古者立言之君子，皆卓然有所自見。其學術不苟同於衆人，而惟道之是合。故其言足以自成一家，有托以不朽。是故聖人没，道術爲天下裂，諸子者出言人人殊，然要其指歸，未始不合乎道。夫苟合於道矣，而其言有不傳者，未之有也。嗟乎，君子之立言難矣。若屏山先生李公者，其庶幾古之立言者乎？先生諱之純，字純甫，弘州人。金章宗承安間進士，仕至尚書右司都事。資識英邁，天下書無不讀。其於莊周、列禦寇、左氏、《戰國策》爲尤長，文亦略能似之。三十歲後遍觀佛書，既而取道學諸家之書讀之。一旦有會於其心，乃合三家爲一。取先儒之説，箋其不相合者，著爲成書，所謂《鳴道集説》也。觀其説，前無古人，誠卓然有所自見，學術不苟同於衆人，而惟道之是合者也。遺山元公嘗以中原豪傑稱之，謂其庶幾古者立言之君子，豈不信乎？嗟乎！立言之難久矣。世之學者知守經以篤信，而不知會通以求道，故有以一人之見而決千載之是非者，鮮不群疑而衆駭之。先生是書，其雄辯閎論，以一人之見決千載之是非者，往往而是。予故竊論其大旨，著於篇端，使覽者得詳焉。（《王忠文集》卷七，文淵閣四庫全書本。）

清汪琬《鳴道集説序》：

金尚書右司都事李君純甫，字之純，别自號屏山居士，弘州襄陰人。一云純甫其字也。歷官始末，具在《金史·文藝傳》，元裕之所謂中原豪傑者是已。予得其所著《鳴道集説》讀之，其説根柢性命，而加之以變幻詭譎，大略以堯、舜、禹、湯、文、武之後道術將裂，故奉老聃、孔子、孟子、莊周，洎佛如來爲五聖人，而推老、莊、浮屠之言，以爲能合於吾孔、孟。又推唐之李習之、宋之王介甫父子、蘇子瞻兄弟，以爲能陰引老、莊、浮屠之言，以證明吾孔、孟諸書，於是發爲雄詞怪辯，委曲疏通其所見，而極其旨趣，則往往歸之於佛。凡宋儒之闢佛者，大肆掊擊，自司馬文正公而下訖於程、朱，無得免者。予始讀之而駭，中讀之而疑，三讀之而歎其説之過也。蓋自唐宋以來，士大夫浸淫釋氏之學，借以附經傳、粉飾儒術者，間亦有之，然未有縱横捭闔，敢於偭聖人之規矩如屏山者，一何衛浮屠如是之誠，而翦吾儒之羽翼如是之嚴，且力與迹其流敝，視荀卿氏之言性惡、墨翟子之論短喪，殆加甚焉。姑棄其書篋，衍而序之如右。其論學者有云：內有三疵，外有四孽。何謂三疵？識鑿之而賊，氣凴之而亢，才蕩之而浮。何謂四孽？學封之而塞，辯譁之而疑，文甘之而狂，名錮之而死，此則深中學者之病，故録之。按《金史》以「集説」爲「集解」，殆非是，當從黄侍講序爲正。此序今在《王忠文公集》中。（《蕘峰文鈔》卷二五，四部叢刊本。）

清黄丕烈《鳴道集説跋》：

丁丑初夏，書友有李之純《鳴道集説》示余者，前有金華黄溍序，知系金人。序云：「遺山元公嘗以中原豪傑稱之，謂其庶幾古者立言之君子。」則其人可從《中州集》考之也。因出《中州集》核之，亦但云三十歲後偏觀佛言，能悉其精微，既而取道學書讀之，著一書，合三家爲一。就伊川、横渠、晦庵諸人所得者而商略之，毫髮不相貸，且恨不同時，與相詰難也。絶未言其所著何書。今得《鳴道集説》讀之，方信是書目録家不載，未知有金刻否？見在鈔本止三卷，未知全否？附記於此。蔣本亦於今春歸冰雪堂，汪氏因主人韻濤作古，書籍分授諸子，各自售去，兼收之望自此絶矣。暇當檢毛鈔《中州樂府》合裝，以成完璧。宋廛一翁記。（《蕘圃藏書題識》卷一〇《集類》，清人書目題跋叢刊，中華書局一九九三年，第二三八頁。今按，所謂「前有金華黄溍序」，《金華黄先生文集》未收，而見於王禕《王忠文集》。黄溍，元末大儒，王禕嘗從之問學。或汪、黄二氏記誤，而將王禕鈔作黄溍。姑仍之，俟考。）

《屏山翰墨佛事》。金劉祁《歸潛志》卷一〇：「屏山南渡後，文字多雜禪語葛藤，或太鄙俚不文，迄今刻石鏤板者甚衆。余先子嘗云：『之純晚年文字半爲葛藤，古來蘇、黄諸公亦語禪，豈至如此？可以爲戒。』又多爲浮屠作碑記傳贊，往往詆訾吾徒。諸僧翕然歸向，因集以板之，號屏山翰墨佛事，傳至京師，士大夫覽之多慍怒，有欲上章劾之者。先子嘗謂曰：『此書胡不斧其板也？』屏山曰：『是向諸僧所鏤，何預我耶？』後屏山殁，將板其全集，閑閑爲塗剔其傷教數語，然板竟不能起，今爲諸僧刻於木，使傳後世，惜哉！」

《屏山故人外傳》。《中州集》卷四《屏山李先生純甫》著録。

《屏山贅談》。金劉祁《歸潛志》卷二：「《屏山贅談》，晦之序也。」晦之，周嗣明字，周昂從子，大安元年進士，後殁於國難。

《屏山内稿》。金劉祁《歸潛志》卷一：「晚自類其文，凡論性理及關佛老二家者，號内稿；其餘應物文字，如碑誌詩賦，號外稿，蓋擬《莊子》内外篇。」另，《（同治）畿輔通志》卷一三六《藝文》著録，作《李純甫内外稿》。

《屏山外稿》。金劉祁《歸潛志》卷一著録。

劉昂霄

劉昂霄字景玄，號女幾樵人①，陵川（今山西陵川縣）人。博聞强記，談辭如雲，累舉不第。

① 《遺山先生文集》卷一三《題山亭會飲圖二首》有云：「女幾樵人塞上詞，溪南老子座中詩。」女幾樵人，原注：「劉景玄號」。四部叢刊本。

與名流王若虚、李純甫、趙元、雷淵、魏璠、元好問等俱交往。元光二年卒，年三十八。遺山評曰：「作爲文章，淵綿緻密，視之若平易，而態度横生，自有奇趣，他人極力追之，有不能到者。」①

《女幾樵人集》。金元好問《存殁》詩緬懷故人辛（愿）、劉（昂霄），有「袖中詩卷」、「汲塚遺編」云云，當有集。另，元郝經《讀鄉先生劉景玄碑》稱之「詩文清雅」、「著書藏山」云云，亦可證。姑以號名。

金元好問《存殁》詩：

行間趙楊提衡早，老去辛劉入夢頻。案上杯酒聊自慰，袖中詩卷欲誰親。兩都秋色皆喬木，一代名家不數人。汲塚遺編要完補，可能虚負百年身。（《遺山先生文集》卷一〇，四部叢刊本。）

元郝經《讀鄉先生劉景玄碑》詩：

太行元氣果不死，弊世有此魁傑士。胸中羅列世間書，泛異窮奇無不至。嘗借莊周十日還，成誦未嘗遺一字。萬言默識殆片時，記問區區總餘事。詩文清雅簡且高，闊步不讓坡谷豪。散談四座誰敢言，横膝摇唇獨滔滔。未見皆如汲塚竹，劃開砉若并州刀。超遙孤風送行雲，爽朗夜月虚秋

① 《遺山先生文集》卷二三《劉景玄墓銘》，四部叢刊本。今按，《中州集》卷七《劉昂霄》作卒「年三十七」。中華書局上海編輯所一九六二年，第三六六頁。

濤。初欲有爲天下井，寡鶴遂把霜毛整。時危事去可傍人，清露滿天還自警。終不一到當途門，回視俗子徒紛紛。洛城西南有佳處，竹間水繞梅花村。此中盡可嚼佳句，笑傲煙霞有深趣。著書藏山不示人，坐看石田生老樹。九皋清唳誰不聞，海内至今揚清芬。鄉間晚生不及見，掩淚空讀遺山文。（《陵川集》卷八，文淵閣四庫全書本。）

孫鎮

孫鎮字安常，絳州（今山西新絳縣）人。承安二年，與弟錡、鉉同榜擢第，鄉人稱爲三桂孫氏。以陝令致仕，年八十四卒。①

《東坡樂府選》。金元好問《東坡樂府集選引》：

絳人孫安常注坡詞，參以汝南文伯起《小雪堂詩話》，删去他人所作《無愁可解》之類五十六首，其所是正，亦無慮數十百處，坡詞遂爲完本，不可謂無功。然尚有可論者，如「古岸開青葑」《南柯子》，以末後二句倒入前篇。此等猶爲未盡，然特其小小者耳。就中《野店雞號》一篇，極害義理，不知誰所作。世人誤爲東坡，而小説家又以神宗之言實之，云：「神宗聞此詞，不能平，乃貶坡黄州，且言教蘇某閑處袖手，看朕與王安石治天下。」安常不能辨，復收之集中。如「當時共

① 《中州集》卷七《孫省元鎮》，中華書局上海編輯所一九六二年，第三四七頁。

客長安，似二陸初來俱妙年。有胸中萬卷，筆頭千字，致君堯舜，此事何難？用舍由時，行藏在我，袖手何妨閑處看」之句，其鄙俚淺近，叫呼衒鬻，殆市駔之雄醉飽而後發之。雖魯直家婢僕且羞道，而謂東坡作者，誤矣！又，前人詩文有一句或一二字異同者，蓋傳寫之久，不無訛謬，或是落筆之後隨有改定。而安常一切以別本爲是，是亦好奇尚異之蔽也。就孫集録取七十五首，遇語句兩出者擇而從之。自餘《玉龜山》一篇，予謂非東坡不能作。孫以爲古詞，删去之，當自别有所據。（《遺山先生文集》卷三六，四部叢刊本。）

《歷代登科記》。《中州集》卷七《孫省元鎮》著録。

高汝礪

高汝礪字巖甫，應州金城（今山西應縣）人。大定十九年進士，入仕有能名。章宗朝，歷石州刺史、左司郎中、左諫議大夫、户部尚書。宣宗時，拜參知政事，進尚書左右丞、平章政事、尚書右丞相，封壽國公。正大元年薨，年七十一①。为人慎密廉洁，守格法，循默避事，不肯彊諫，故在相位十餘年。金末名士劉祁稱之「金國以來，書生當國者，惟公一人耳」。②

① 《金史》卷一〇七《高汝礪傳》，中華書局一九七五年，第二三五一頁。
② 《歸潛志》卷六，中華書局一九八三年，第五六頁。

《章宗實録》。《金史》卷一五《宣宗紀》：興定元年十月，「命高汝礪、張行簡同修《章宗實録》。」今按，「行簡」卒於貞祐三年，當作「行信」。

劉從益

劉從益字雲卿，號蓬門，渾源（今山西渾源縣）人。南山翁撝之曾孫。大安元年進士，累官監察御史。坐與當路者辨曲直，得罪去。後起爲葉縣令，修學講義，揚善抑惡，賑災濟民，有古良吏風。正大元年，召爲應奉翰林文字，逾月卒，年四十四。葉人聞訊，以端午罷酒樂爲位而哭。從益博學强記，長於五言古詩①。子祁、郁，金末名士。

《蓬門先生集》十卷。《中州集》卷六《劉御史從益》：「有《蓬門先生集》行於世。」金劉祁《歸潛志》卷一：「（完顔璹）爲予先子集作後序。」今集不存，完顔氏序亦佚。元王惲《秋澗集》卷五八《渾源劉氏世德碑銘》：「（劉從益）有文集十卷，粹而贍，通而不流，類其爲人。」

---

① 《中州集》卷六《劉御史從益》，中華書局上海編輯所一九六二年，第三〇三頁。今按，金劉祁《歸潛志》卷九：「正大初，先君由葉令召入翰林……後月餘，先君以疾不起。」中華書局一九八三年，第九四頁。

楊雲翼

楊雲翼字之美，樂平（今山西昔陽縣）人。明昌五年，經義進士第一，詞賦中乙科。累官翰林學士、禮部尚書。正大五年卒，年五十九，謚文獻①。元好問贊云：「天資雅重，自律爲甚嚴，而其待人者寬以約，交分一定，死生禍福不少變。爲天官，爲春官，爲翰長，爲奉常，文章與閑閑公齊名，世號『楊趙』。高文大册，多出其手。典貢舉三十年，門生半天下。」②

《周禮辨》。《（雍正）山西通志》卷一七五《經籍志》著録。

《續資治通鑑》。《金史》卷一三《衛紹王紀》：大安元年五月，詔儒臣編《續資治通鑑》。另，《金史》卷一一〇《楊雲翼傳》著録「《續通鑑》若干卷」，當是《續資治通鑑》。今按，《永樂大典》卷二九四九神字韻、卷七九六一興字韻、卷一〇八一三母字韻等屢見徵引，明代尚存。

《龜鑑萬年録》。此系與趙秉文合纂。《金史》卷一一〇《楊雲翼傳》：正大三年，「尋進《龜鑑萬年録》、《聖學》、《聖孝》之類凡二十篇。」

《大金禮儀》。《金史》卷一一〇《楊雲翼傳》：「校《大金禮儀》若干卷」。

---

① 《金史》卷一一〇《楊雲翼傳》，中華書局一九七五年，第二四二一頁。

② 《遺山先生文集》卷一八《内相文獻楊公神道碑銘》，四部叢刊本。

《君臣政要》。《中州集》卷四《禮部楊雲翼》：「楊公與趙學士秉文共集自古治術，分門類，號《君臣政要》，爲一編進之。」金劉祁《歸潛志》卷七：「正大初，末帝鋭於政，朝議置益政院官，院居宫中，選一時宿望有學者，如楊學士雲翼、史修撰公燮、吕待制造數人兼之，輪直。每朝罷，侍上講《尚書》、《貞觀政要》數篇，間亦及民間事，頗有補益。楊公又與趙學士秉文採集自古治術，分門類，號《君臣政要》，爲一編進之。此亦開講學之漸也，然歲餘亦罷。」

《象數雜説》。《金史》卷一一〇《楊雲翼傳》著録。

《勾股機要》。《金史》卷一一〇《楊雲翼傳》著録。今按，明陳第《世善堂藏書目録》卷下著録「一卷」，似明代尚存。

《積年雜説》。《遺山先生文集》卷一八《内相文獻楊公神道碑銘》著録，與《象數雜説》、《勾股機要》，「皆藏於秘府」。

《楊文獻公集》。金劉祁《歸潛志》卷四：「南渡時詔皆公筆，家有集。」《金史》卷一一〇《楊雲翼傳》：「所著文集若干卷」，及《周禮辯》、《左氏賦》、《莊子賦》、《列子賦》、《五星聚井辯》、《懸象賦》各「一篇」。其中《懸象賦》，遺山碑銘作「大象賦」。另，《（光緒）山西通志》卷八八《經籍志》著録。

史公奕

史公奕字季宏，號歲寒堂主人，大名（今河北大名縣）人。大定二十八年進士，再中博學宏詞科。累遷翰林修撰，同知集賢院。正大中，以直學士致仕，年七十三卒①。趙秉文稱之「温厚謙沖，殆過所聞。其問學愈扣而愈無窮，與人交愈久而愈不厭」②。

《大定遺訓》。《金史》卷一七《哀宗紀》：正大四年八月，「同知集賢院史公奕進《大定遺訓》」。

《洹水集》。《中州集》卷五《史内翰公奕》：「詩文號《洹水集》，兵後失之。」另，明宋濂《宋學士全集》卷一二《題史内翰書》：「文章書翰，皆有故老遺風，所著《洹水集》尚傳於世。」明代尚存。今按，洹水源自上黨洹氏縣，曲折而成安陽河，流經大名洹水縣（今河北魏縣），匯入衛河。以洹水名集，不忘鄉籍也。

---

① 《中州集》卷五《史内翰公奕》，中華書局上海編輯所一九六二年，第二四二頁。

② 金趙秉文《滏水集》卷一二《史公神道碑》，叢書集成初編本，中華書局一九八五年，第一六七頁。

趙　元

趙元字宜之，號愚軒居士，忻州定襄（今山西定襄縣）人。經童出身，舉進士不中，以年及調鞏西簿。未幾失明，萬慮一歸於詩，故詩益工。貞祐南渡後，往來洛西山中，與趙秉文、雷淵、李純甫諸名士游，詩名藉甚。①

《愚軒集》。《中州集》卷五《愚軒居士趙元》著録。

胥　鼎

胥鼎字和之，代州繁畤（今山西繁峙縣）人。尚書右丞持國之子。大定二十八年進士，累官平章政事，進封英國公，行尚書省於衛州。爲政鎮静，通達吏事，有度量，所在無賢不肖皆得其歡心。正大三年薨。史稱「南渡以來，書生鎮方面者，惟鼎一人而已」②。

《胥鼎詩文集》。《（光緒）繁畤縣志》卷四《藝文志》著録。

---

① 《中州集》卷五《愚軒居士趙元》，中華書局上海編輯所一九六二年，第二六五頁。今按，金劉祁《歸潛志》卷二作名「宜禄」、字「宜之」。

② 《金史》卷一〇八《胥鼎傳》，中華書局一九七五年。今按，鼎之父持國入《金史》卷一二九《佞幸傳》，已交待鄉籍，故其子傳略之。

秦略

秦略字簡夫，自號西溪老人，世居陵川（山西陵川）。少時舉進士不中，困於名場，年四十即不就舉選。元好問稱其「以詩爲業，詩尚雕刻，而不欲見斧鑿痕，頗有自得之趣。《悼亡》一詩，高出時輩，殆荆公所謂『看似尋常最奇崛，成如容易却艱難』者」。正大四年卒，年六十七。子志安，金末遁入全真教。①

《西溪老人集》。《中州集》卷七《秦略》謂「有集行於世」，當以號名。

陳規

陳規字正叔，絳州稷山（今山西稷山縣）人。明昌五年詞賦進士。南渡後，仕爲監察御史。貞祐四年，以上書言時政得失，忤宣宗旨，謫徐州帥府經歷。正大初，召爲右司諫，與許古同以直諫稱。六年，出爲中京副留守，未赴，卒於圍城，年五十九②。史稱爲人剛毅質實，有古人風，篤於

---

① 《中州集》卷七《秦略》，中華書局上海編輯所一九六二年，第三五七頁。

② 金段成己《中議大夫中京副留陳規墓表》，見《金文最》卷一〇九，中華書局一九九〇年。

學問，至老不廢云。①

《律身日録》。金段成己《中議大夫中京副留陳規墓表》：「自始至疾病，書未嘗一日去手。有《律身日録》，雖筐篋細碎，必謹記無遺漏，則公自修可知矣。」

《陳御史文集》。金段成己《中議大夫中京副留陳規墓表》：「平昔著述、諫稿，因亂所存無幾，獨其始終大節，表表在人耳目者如此。」

王文鬱

王文鬱，平水（今山西臨汾）人。金末官平水書籍。

《新刊韻略》五卷，存。清周中孚《鄭堂讀書記》卷一四《經部小學類》著録：「是此書文鬱取舊本《禮部韻略》，而私改定之也。卷末有墨閣記云：『大德丙午重刊新本，平水中和軒王宅印。』蓋即其後人取正大本而重刊之，並加入聖朝頒降貢舉三試程式，及章表回避字樣，又有《壬子新增分毫點畫正誤字》、《壬子新雕禮部分毫字樣》。」②

金許古《平水新刊韻略序》：

① 《金史》卷一〇九《陳規傳》，中華書局一九七五年，第二四〇三頁。

② 清人書目題跋叢刊本，中華書局一九九三年，第七四頁。

科舉之設久矣。詩賦取人，自隋唐始。厥初公於心，至陳書於庭，聽舉子檢閲之。及世變風移，公於法以防其弊，糊名考校，取一日之長，而韻得入場屋。比年以來，主文者避嫌疑，略選舉之體，或點畫之錯，輕爲黜退，錯則誤也。誤而黜之，與選者亦不光矣。近平水書籍王文鬱攜新韻見頤庵老人曰：「稔聞先禮部韻，或譏其嚴且簡，今私韻歲久又無善本。文鬱累年留意，隨方見學士大夫，精加校讎，又少添注語，既詳且當，不遠數百里，敬求韻引。」僕嘗披覽，貴於舊本遠矣。僕略言之。正大六年己丑季夏中旬，中大夫前行右司諫致仕河間許古道真，書於嵩郡隱者之中和軒。（《新刊韻略》卷首，續修四庫全書本，上海古籍出版社影印。）

清錢大昕《新刊韻略》跋：

向讀崑山顧氏、秀水朱氏、蕭山毛氏、毘陵邵氏論韻，謂今韻之併始於平水劉淵。其書名《壬子新刊禮部韻略》，訪求藏書家，邈不可得。未審劉淵何許人、平水何地也。頃吴門黄蕘圃孝廉得《平水新刊韻略》元槧本，亟假歸讀之。前載正大六年許道真序，知此書爲平水書籍王文鬱所定。卷末有墨闇記二行，其文云：「大德丙午重刊新本平水中和軒王宅印」。是此書初刻於金正大己丑，重刻於元大德丙午中和軒王宅，或即文鬱之後耶？其前列聖朝頒降貢舉程式，則延祐設科，以後書坊逐漸添入。又御名廟諱一條，稱英宗爲今上皇帝，可證此書爲至治間印本也。又附《壬子新添分毫點畫正誤字》三葉，《壬子新雕禮部分毫字樣》三葉。此壬子者，未知其爲淳祐之壬子與？抑皇慶之壬子與？考正大己丑，在宋淳祐壬子前二十有四年，而其時已併上下平聲各爲十五，上聲十九，去聲廿，入聲十七，則不得云併韻始於劉淵。豈淵竊見文鬱書而翻刻之耶？又其時南北分裂，王與劉既非一姓，刊版又不同時，何以皆稱平水？論者又謂平水韻併四聲爲一百七部，陰時夫始併上聲拯韻入迥韻。據此本則迥與拯韻之併，平水韻已然矣。劉書既不可見，此書世又尠有著録者，姑識所疑，以諗世之言韻者。嘉慶丙辰五月望日，竹汀居士錢大昕識。

許序稱平水書籍王文鬱，初不可解，頃讀《金史·地理志》平陽府有書籍，其倚郭平陽縣有平水。案《金史·地理志》「平陽府臨汾縣」注「有平水」，平陽蓋臨汾之誤。是平水即平陽也。史言有書籍者，蓋置局設官於此。元太宗八年，用耶律楚材言，立經籍所於平陽。當是因金之舊。然刘平水書籍者，殆文鬱之官稱耳。五月廿六日雨後，大昕再記。（《新刊韻略》卷末，續修四庫全書本，上海古籍出版社影印。）

許　古

許古字道真，號錦江漁隱①，河間（今河北河間）人，安仁子。明昌五年詞賦進士。貞祐中，累遷侍御史。丞相朮虎高琪擅權，古以直言敢諫，貶鳳翔幕。正大初，召爲補闕，遷左司諫。未幾

① 金李俊民《莊靖集》卷五《許司諫醉吟圖》注：「道真號錦江漁隱」。叢書集成續編本，上海書店一九九四年，第一〇七册六五八頁。

致仕，居伊陽。正大七年卒，年七十四。平生好爲詩及書，然不爲士大夫所重，時論但稱其直云。①

《宣宗起居注》。《金史》卷一〇九《許古傳》：貞祐初，「遷尚書左司員外郎，兼起居注。」

《北方兵志》。《（民國）交河縣志》卷九《藝文志》著録：「《北方兵志》敘蒙古始用兵至貞祐事」。

張行信

張行信字信甫，先名行忠，避諱改，莒州日照（今山東日照）人。行簡弟。大定二十八年進士，累遷左諫議大夫。興定元年，拜參知政事，二年，出爲彰化軍節度使，兼涇州管内觀察使，尋致仕。哀宗即位，起爲尚書左丞。正大八年卒，年六十九②。胡沙虎弑君專權，嘗兩疏擊之。時人贊曰：「發凶豎未形之謀，則先識者以爲明；犯强臣不測之威，則疾惡者以爲剛。」③

《章宗實録》。《金史》卷一五《宣宗紀》：興定元年十月，「命高汝礪、張行簡同修《章宗實

---

① 《金史》卷一〇九《許古傳》，中華書局一九七五年，第二四一二頁。
② 《金史》卷一〇七《張行信傳》，中華書局一九七五年，第二三六三頁。
③ 《中州集》卷九《張左丞行中》，中華書局上海編輯所一九六二年，第四六三頁。

録》。」今按，「行簡」卒於貞祐三年，當作「行信」，刊誤。另，《金史》卷一〇七《張行信傳》：貞祐三年十二月，「轉禮部尚書，兼同修國史」。興定元年，拜參知政事。尚書省奏：「『舊制，凡修史，宰相執政皆預焉。然女真、漢人各一員。崇慶中，既以參知政事梁瑆兼之，復命翰林承旨張行簡同事，蓋行簡家學相傳，多所考據。今修章宗實録，左丞汝礪已充兼修，宜令參知政事行信同修如行簡例。』制可。」

《祔享親祀儀》。《金史》卷一四《宣宗紀》：貞祐四年，「八月甲寅，太子少保兼禮部尚書張行信定祔享親祀之儀以進，上嘉納之。」

《拙軒詩集》。《中州集》卷九《張左丞行中》：「信甫世業儒，雖位宰相而奉養如寒士，日書經史五百字爲課，寒暑不廢者四五十年，故於書無所不讀，詩殊有古意也。」所居名拙軒，或以之命名。

商衡

商衡字平叔，曹南（今山東曹縣）人。崇慶二年詞賦進士，累遷同知河平軍節度使事。正大八年，充秦藍總帥府經歷官，與蒙古軍遇，戰敗殉國，時年四十六，褒贈正奉大夫昌武軍節度使。①

《曹南商氏千秋録》。所謂千秋録，猶言家傳或族史。金元好問《曹南商氏千秋録》：

曹南商氏族姓所起，見於遠孫正奉大夫贈昌武軍節度使衡所著《千秋録》備矣。蓋自少典而降，得姓者十四。契始封商，以子命氏。十三世而至湯。十七世而微子代殷。後爲偃王。又二十六世於秦，於兩漢，於曹魏、六朝、隋、唐。詳見於家牒者，以節度君推世次，系出陳之長平。長平，殷高宗家在焉。遠祖司空侑，唐史有傳。太和中，再領天平節鉞。子羽，舉進士。藩府辟召，不至通顯。子盈孫，僖宗聞其有禮學，擢爲太常博士，終於大理卿，贈吏部尚書。子暄。暄之子處讓。處讓之子嶽。已上失其官號，俱爲唐人。嶽之子諱懷欽，入五代十年生。周顯德三年劉燦牓擢第，終於宋建隆四年，朝奉郎、試大理評事、知曹州南華縣事，致仕，因家於曹。享年九十四。詳見譜牒。蓋自司空而後爲鄲人，南華而後爲曹人。避宋宣祖諱，改姓商氏，逮節度君九世矣。南華之子捷，淳化三年孫何牓擢第，累官至比部郎中。生七子：宗聖、宗傅、宗回、宗弼、宗旦、宗奭、宗昱。宗傅、宗弼、宗旦三子登科。宗傅，咸平三年陳堯咨牓擢第，初仕蜀川，後乃隔絶，不知所終。宗弼，大中祥符五年徐奭牓擢第，累遷至中書舍人。仁宗朝時譽藹然，有卿輔之望。其後

① 《金史》卷一二四《忠義傳》，中華書局一九七五年，第二六九六頁。今按，本傳原作「至寧元年，特恩第一人」，誤。崇慶二年五月，改元至寧，九月更爲貞祐。而該年「二月，放進士榜」，《金史》卷二三《五行志》有説，第五四一頁。

不樂仕進，年未五十，乃掛冠，築堂曹南之西園，名曰晦道。時賢高其勇退，盛爲稱道之。享年七十。娶冀氏，封金華縣君，生八子：倚、備、儼、傅、佑、侅、佖、偕。倚、備、傅、侅四子登科，即節度君六世祖也。宗旦，字繼周，天聖五年王堯臣牓擢第，官至朝奉郎、知桂陽、監平陽令。享年五十二。娶卞氏，生四子：伊、灝、佾、侁。詳見墓誌。長子伊。伊子諶。倚，元豐五年黄裳牓第一甲第三人擢第，初任太原教授、大學博士，後元祐黨事興，碑其名於餘官之列。一子中立。備，皇祐三年馮京牓擢第。三子：穆之、伯之、適之。傅，字夢臣，皇祐五年鄭獬牓擢第，繼登説書科，授國子直講，終於光禄寺丞，出知虢州朱陽縣事。亦足以知當時重守令之選也。享年六十一。累贈太中大夫。娶李氏，封恭人。詳見墓誌。即節度君五世祖也。生七子：千之、元之、立之、延之、坦之、成之、貫之。元之、貫之登科。侅，嘉祐四年劉輝牓擢第，終於通直郎，致仕。享年七十四。娶張氏，生五子：先之、才之、孝之、説之、直之。先之、説之登科。元之，熙寧九年徐鐸牓擢第，終於承議郎、濟州鉅野令。縣界金山寺碑在焉。娶蕭氏。四子：因、圉、冉、丙。因登科。先之，元豐五年黄裳牓擢第，終於衡州茶陵令。貫之，字以道，後改名乂。元祐六年馬涓牓擢第，張君向辟爲計司屬官，終於朝散郎、知懷州武德鎮，致仕。享年六十七。娶張氏，封安人。即節度君之高祖也。生六子：周、同、岡、册、丹、甬，皆業進士。説之，建炎二年李易牓擢第，授鄧州文學，後攝濟陰主簿。阜昌二年，通判興仁軍府事。張君檄文：「商文學素勤學古，可使入官。今保舉堪赴吏部注擬差遣。」竟不就。享年六十。娶傅氏，即龍圖公之女孫也。

四子：默、點、勳、黯。默後改名休復，字子泰。風儀秀整，襟量夷曠，博學有文。老居汴梁。娶江氏，即金紫公鄰幾女孫也。有《陶丘先生文集》行於世。諶，九舉終場。建中靖國元年，恩賜進士第，終於虔州大庾令。因，紹聖四年何昌言牓擢第，終於通仕郎，開德府臨河縣令。三子：一大有、大聲、大臨。周，宣和元年以父守朝散郎致仕，奏補，累官至通直郎、開德府濮陽縣丞。一子，驤岡，字元壽。建炎二年，從劉錫太尉解危滄州，奏補拱輔從事。入金朝，换忠勇校尉。享年七十二。即節度君之曾祖也。初娶周氏，再娶鄭氏。二子：駒、馳。册，字元功。丹，字大忠，後改名愈，字師心，爲施内翰朋望詩酒之交。生二子：驥、駸，皆早世。甬，字子華，俱以儒業顯於鄉里，學者宗之。祖駒，字士龍，兩赴庭試。天資和雅，博學强記，教授鄉里。泰和元年五月十五日以壽終，享年七十一。祖母郝氏，封宜人。三子：長永賜，字難老；次敷錫，字福老；次康錫，字吉老。難老用公貴，及封朝請大夫，致仕。妣王氏，濮陽郡太夫人。三子，仲曰衢，字正叔，滑稽豪俠，有古人風。季曰衎，字信叔，穎悟，早世。公，朝請君之長子也，字平叔。幼從祖學，長師鄉先生李若訥。若訥愛其才，每器重之。年二十五，擢崇慶二年黄裳牓詞賦進士第，釋褐主鄜州洛交簿。以廉能换鄜縣，尋辟威戎令。時興定己卯，歲饑，民無所於糴。公乃開倉賑濟，然後白之行臺，賴以全活者甚衆。夏六月，地震，城郭摧圮。夏人乘釁入寇。公率領蕃部土豪守禦應敵，保以無虞。秩滿，縣人爲之立祠。再辟原武令，以例罷，入爲尚書省掾。歷糧草邊關知管差除三房。考再滿，授户部主事。兩月，擢拜監察御史。姨母郕國夫人不時入禁中，干預政事，聲勢甚張。公拜章極言。自是，郕國被召乃敢進見。宗室帥慶山奴軍淮南，泗州失利，朝廷置而不問。公建言：「自古敗軍之將必正典刑。不爾，則無以謝天下。」詔爲決杖八十，因而退罷。户部侍郎權尚書曹温時一女在掖庭從史，親舊干預權利。其家人填插諸司，貪墨張露，而臺官無敢言者。公歷數其罪，詔罷温户部，改太后府衛尉。公再上章：「若臣言温果可罪，當貶逐；温無罪，則臣爲妄言。豈有是非不别而兩可之？」哀宗爲之動容，乃出温爲汝州防禦使，未幾，改右司都事。朝廷知公蓋將大用矣。改同知河平軍節度使事。不赴，奏充樞密院經歷官，遥領同知昌武軍節度使事。丞相完顔莘公領陝西行臺，奏公偕行，充左右司員外郎，仍佩以金符。密院表留，有旨：「行臺地重，急於用人。可從丞相奏。」自是，臺務一決於公矣。明年，召還，行臺再奏留之。又明年，丁内艱，乃得還。平章政事蕭國侯公塞京東河決，奏公以左右司郎中從行。正大八年十月，起服中，充秦藍總帥府經歷官。正月，河潼失守，召主帥入援。二月九日，軍至陝，將由間道之長水界，與北軍遇，相拒大雪中。士卒饑凍，不能戰，主帥兀典棄衆降敵。公爲北軍所得，令去巾。公瞋目大噱曰：「汝欲脅從我耶？我終不能降！」迴望闕，瞻拜曰：「主將無狀，亡兵失利。臣之罪責亦無所逃，但一死報國耳！」遂拔佩刀自剄。時年四十有六。褒贈正奉大夫、昌武軍節度使。初娶鄧氏，繼娶鄭氏，並封濮陽郡夫人。子男二人：長曰挺，字孟卿，業進士；次曰援，字仲經。女一人，適進士劉茂。孫男七人：琥、璘、璹、瑝，皆業進士；瑋、瓛、琯及女孫二人尚幼。初，河間許古道真以直言極諫稱於德陵朝。正大初，詣闕拜章，言「八座皆非其材，省寺小臣有可任宰相者。不大升黜之，則無以致中興。」章奏，召道真赴都堂，問孰爲可相。道真以尚書省掾商衡對。當是時，上新即大位，經略四方，思所以弘濟艱難者爲甚力。道真已得請，居伊川。即命驛召致之，復右司諫。天下想望風采，道真亦慷慨願以人所不敢言者爲天子言之。及論天下事，首以公爲可相，則公之材爲可知矣。公事長上以禮，接下以誠。與人交，敦終始。家居，怡然無愠容。性嗜學，藏書數千卷，古今金石遺文，人所不能致者，往往有之。南渡以來，士大夫以救世之學自名，高者闊略而無所統紀，下者或屑屑於米鹽簿書之間。公天資雅重，遇事不碌碌。人所不能措手者，率優爲之。苟可以利物，則死生禍福不復計。平居以大事自任，而人亦以大任期之。評者至今以公用違其長，使之卒然就一死，爲斯世惜也。故好問銘其墓云云。按公所藏及記録者，有唐武德三年遠祖司空鄖國公《開山誥》，有「體質平允，才器敏洽，宣力義旗，功參造昧，可吏部尚書」，宣和内府物也。以下皆晦道堂題詠，備在《家録》。自餘玉牒，授之楚尾毛觀復，給事中知曹州興仁軍府事三衢盧襄贊元、濟北李那商老、任庭玉、鄧忠臣，山東路提刑使濟陰賀公叟、揚庭，東平路轉運使鄉先生李上達及子省元防方平、濮州軍事判官林棣、姚建榮興祖，尚書左丞壽國公金城高汝礪巖甫，同知臨洮府事兼積石州刺史平陽孔天監偉明，尚書右丞汶水賈守謙益之，諫議大夫河間許古道真，户部尚書權參知政事臺山楊慥叔玉，尚書左丞日照張行忠信甫，平章政事蕭國公東阿侯摯莘卿，大司農户部尚書相人張正倫公理等。書札詩篇，在《家録》。翰林應奉東明王鶚百一嘗作誥詞云：「出知外縣，凜乎其德讓之遺；入掾中臺，魁然有宰輔之望。」禮部閑閑趙公許與公，有「鵬飛九萬里，風斯在下」之語。其爲時賢所推重如此，尚何待僕言？正叔以通家之故，請爲《千秋録》作後記，因得件右之。或疑商氏名德相望，而報施未豐者。竊以水喻之：今夫流泉出石罅間，從濫觴之微，涓涓而不絶。及其合支流、會衆川，儲蓄淵渟，盡洄洑舒徐之態，鼓之以長風，驅之以迅雷，泄雲雨而涵鬼物，雖有千石之舟、十丈之檣，遲迴顧盼，而不敢發。蓋從微至著而有本者，必如是耳。今孟卿館嚴侯之門者十餘年，侯温然執擁篲之敬，海内名勝率以清廟之器許之。諸郎玉立秀發，生長見聞，宜有不資於人而自竢者。正叔年甫六十，安閑樂易，福禄方來。他日羔雁成羣，極人間盛事，當信僕言之不妄云。癸丑二月吉日，河東元好問裕之謹書。（《遺山先生文集》卷三九，四部叢刊本。）

《增補國朝百家詩略》。金元好問《中州集序》：「商右司平叔衡嘗手抄《國朝百家詩略》，云是魏邢州元道道明所集，平叔爲附益之者。然獨其家有之，而世未之知也。」①

---

①《中州集》卷首，中華書局上海編輯所一九六二年。

雷希顔

雷淵字希顔，别字季默，應州渾源（今山西渾源縣）人。崇慶二年進士①。歷仕州縣，召爲英王府文學兼記室參軍，轉應奉翰林文字，同知制誥兼國史院編修。正大初，除監察御史，彈劾不避權貴，出巡郡邑，所至有威譽。官至翰林修撰。爲人軀幹雄偉，髯張口哆，顔如渥丹。每遇不平，則疾惡之氣見於顔間。視文章爲餘事，詩學蘇黄，文法韓愈，喜新奇。正大八年卒，年四十八②。

《宣宗實録》。金劉祁《歸潛志》卷九：「正大中，王翰林從之在史院領史事，雷翰林希顔爲應奉兼編修官，同修《宣宗實録》。二公由文體不同，多紛争，蓋王平日好平淡紀實，雷尚奇峭造語也。王則云：『實録止文其當時事，貴不失真。若是作史，則又異也。』雷則云：『作文字無句法，委靡不振，不足觀。』故雷所作，王多改革，雷大憤不平，語人曰：『請將吾二人所作令天下文士

---

① 《中州集》卷六《雷御史淵》，中華書局上海編輯所一九六二年，第三三一頁。今按，《金史》卷一一《雷淵傳》作「登至寧元年詞賦進士甲科」。該年歷年號三：崇慶二年至五月更「至寧」，九月易「貞祐」。而崇慶二年二月「放進士榜」，當作崇慶進士。見《金史》卷二三《五行志》，中華書局一九七五年，第五四一頁。

② 《中州集》卷六《冀都事禹錫》：「在京師時，希顔、仲澤、欽叔、京父，相得甚歡，升堂拜親，有昆弟之義，而不肖徒以文字之故，得幸諸公間。希長予六歲，澤長四歲，欽與京少予二歲。希歿於正大辛卯之八月，年四十八。」中華書局上海編輯所一九六二年，第三三一頁。今按，《遺山先生文集》卷二一《雷希顔墓銘》作正大辛卯、「年四十六」卒，其時遺山年四十二，則墓銘記誤或刊誤。

定其是非。』王亦不屑，王嘗曰：『希顔作文好用惡硬字，何以爲奇？』雷亦曰：『從之持論甚高，文章亦難止以經義科舉法繩之也。』」

《雷希顔文集》。元郝經《陵川集》卷二九《原古録序》：「金源之韓昉、蔡珪、党世傑、趙渢、王庭筠、趙秉文、李純甫、雷淵、麻九疇，則鼓吹風雅，鋪張篇什，藻飾綸綍，列上書疏，敷陳利害，詰竞論議，雕繪華采，掊琢章句，掐抉造化，窮極筆力，精覈義理，照耀竹帛，剸刻金石，撼搖天地，陵轢河山，剴切星斗，推蕩風雲，震疊一世。作爲文章，皆有書有集，有簡有策，名家傳後。」

馬天來

馬天來字雲章，介修（今山西介修）人。崇慶二年經義進士。善辯，與王仲澤、李純甫並稱。博學多技能，畫入神品，百年以來無出其右者。大安初，調潁州司候、靈璧簿，召爲國史院編修官。壬辰歲，病歿京師，年六十一。①

《章宗實録》。

《宣宗實録》。自大安迄正大，馬天來爲國史院編修，當預修章、宣二朝實録。

① 《中州集》卷七《馬編修天來》，中華書局上海編輯所一九六二年，第三六〇頁。

申萬全

申萬全字百勝，高平（今山西高平）人。貞祐三年進士，初授福昌簿，不赴。隱居盧氏山中讀書。後爲鄭縣令。正大中，召爲史館編修，俄攝監察御史、應奉翰林文字。正大末，爲南征行臺辟掌書檄。至淮上，溺水死。在太學時，與雷淵、劉從益同舍相善。劉祁謂其「好經學，勤勤君子之儒」①。元好問稱之「作詩有静功」②。

《宣宗實録》。金劉祁《歸潛志》卷五：「後召入史館，俄攝監察御史、應奉翰林。……正大末，爲南伐行臺辟掌書檄。」當預修《宣宗實録》。

《申百勝詩集》。《（光緒）山西通志》卷八八《經籍志》著録。

董文甫

董文甫字國華，號無事道人，祖籍潞州（今山西襄垣縣）。承安間進士。官至武昌軍節度副使。

① 金劉祁《歸潛志》卷五，中華書局一九八三年，第四五頁。
② 《中州集》卷七《申編修萬全》，中華書局上海編輯所一九六二年，第三六三頁。

正大中，卒於杞縣。爲人淳質，潛心心學。①

《論道編》。金劉祁《歸潛志》卷五：「其於六經、《論》、《孟》諸書，凡一章一句皆深思而有得，必以力行爲事，不徒誦説而已。既去，先子大稱之。後於郝丈國才處得所著一編，皆論道之文，迄今藏余家。」民國孫德謙《金史藝文略·子部》著録。

王彪

王彪字武叔，大興（今北京）人。興定二年經義魁，特授太子司經，時末帝在東宫，頗見知。後入翰林，爲應奉，遷修撰。正大末，汴京被圍，食乏，飲藥酒而死。②

《章宗實録》。金劉祁《歸潛志》卷五：「特授太子副司經、國史院編修官，進司經。」當預修章宗實録。

趙思文

趙思文初名璜，字庭玉，永平（今河北順平縣）人。父蕃，明法決科，官奉直大夫乾州奉天縣

---

① 《中州集》卷九《無事道人董文甫》，中華書局上海編輯所一九六二年，第四七八頁。

② 《歸潛志》卷五，中華書局一九八三年，第四三頁。

令。明昌五年，與弟珩同登進士第。貞祐南渡後，授太府監丞，以集慶軍節度使兼亳州管内觀察使致仕。正大八年，起爲禮部尚書。天興改元九月卒，年六十八。①

《耐辱居士集》二十卷。《遺山先生文集》卷一八《通奉大夫禮部尚書趙公神道碑》：「爲文不事雕飾，詩律精深，而氣質渾厚，讀者謂其宜至大用。有《耐辱居士集》二十卷傳於時。」入元後重刊，名曰《禮部尚書趙公文集》。

元王惲《禮部尚書趙公文集序》：

至元丙子夏五月，予考試河南，道出臨汝，館望嵩樓者再宿。歷覽後圃，總爲塵跡，所謂汝海虚舟者，於蒼煙老樹間，巋然獨存。因得防禦趙公亭記於壁間，倚杖披讀者久之，令人想見承平官府之盛，惜公遺文不多見也。後七年，予自齊還衛，日與公孫維弘杖屨徜徉，言笑者無時。一日，出《耐辱集》一編示予曰：「此先祖通奉君之遺稿也。」予請而讀之者數日，得辭賦、古律詩及雜著、樂府等篇若干首。其氣渾以厚，其格精以深，不雕飾，不表襮，遇事遣興，因意達辭，略無幽憂憔悴、尖新艱險之語，信乎太平君子，假樂有餘，而神明與佑者也。維弘遂以集序見屬。予曰：以遺山先生之論之詳，此固以爲之足矣。然士君子之學，文章德業，名爲兩塗，其實一致，有以事業而垂世，有以文章而名家者。《傳》曰：「我欲載之空言，不如見諸行事之深切著明也。」吾儕孰

① 《遺山先生文集》卷一八《通奉大夫禮部尚書趙公神道碑》，四部叢刊本。

不欲得時行道，使利澤施于人、名聲昭於代？蓋有幸不幸、遇不遇者焉。如仕宦利達，復擅文雅，以事業盛而揜其所謂文者，從其重焉可也。若文彩絺紩，竟不得以片善及物者，其或曰：「若何克爲一文士而已？」此真爲妄人，尚何知兩塗一致之理者哉？既爲其序，且寓夫子之所感云。先生諱思文，字庭玉，明昌五年進士，官至通奉大夫禮部尚書。初，河朔雲擾，公流離兵間，挺身歸國，遂爲德陵所知，故其仕宦通顯，而爲兩朝名德，一世之龍門者云。至元戊子秋八月朔旦謹序。

（《秋澗集》卷四二，四部叢刊本。）

趙秉文

趙秉文字周臣，號閑閑，磁州滏陽（今河北磁縣）人。大定二十五年進士，累遷應奉翰林文字，同知制誥。章宗時，因上書論宰執去留，免官。後起復，遷翰林修撰，出爲寧邊州刺史。貞祐四年，除翰林侍講學士。興定元年，拜禮部尚書，兼翰林侍讀學士、同修國史、知集賢院事。天興元年卒，年七十四①。元好問稱之「爲人至誠樂易，與人交不立崖岸，主盟吾道將四十年，未嘗以大名自居。仕五朝，官六卿，自奉養如寒士，而不知富貴爲何物」。② 又曰：以國朝文派論之，

---

① 《金史》卷一一〇《趙秉文傳》，中華書局一九七五年，第二四二六頁。
② 《遺山先生文集》卷一七《閑閑公墓銘》，四部叢刊本。

「自正甫爲正傳之宗，党竹溪次之，禮部閑閑公又次之」。①

《易叢説》十卷。

《中庸説》一卷。

《南華略釋》一卷。

《列子補注》一卷。

《删集論語解》十卷。

《删集孟子解》十卷。以上《遺山先生文集》卷一七《閑閑公墓銘》著録。

《揚子發微》一卷。亦名《法言微旨》。《遺山先生文集》卷一七《閑閑公墓銘》著録。

金趙秉文《法言微旨引》：

揚子，聖人之徒與？其《法言》、《太玄》，漢二百年之書也。漢興，賈誼明申、韓，司馬遷好黄、老，董仲舒溺災異，劉向鑄黄金。獨揚子得其正傳，非諸子流也。予既整緝《太玄》舊聞。《法言》有宋衷注，亡之。今世傳四注：柳、李二注，才釋一二；宋、吴二注，頗有抵牾。其十二注中數家，大抵祖臨川王氏，無甚發明，又多抵牾而不中其失。獨温公集解，編採諸本，微辨四家之得失，斷以己意，十得七八矣。其終篇詳辨楊子得聖人之行藏，爲得其正，實百世之通論也。

---

① 《中州集》卷一《蔡太常珪》，中華書局上海編輯所一九六二年，第三三頁。

故今斷以集解爲定。然《法言》之作，雖擬《論語》，不同門人問答，先後無次，乃揚子自著之書也，不應辭意，不相連屬。其命名自序，思過半矣。或先義而後問，或後答以終義，或離章以發微，或終篇以明數。旁鉤遠引，微顯闡晦，川屬脈貫，會歸正道。今所謂分章微旨者，非敢有異於先儒也，但使一篇之義，自相連屬，穿鑿之罪，余何敢逃。萬一有得微旨於言辭之表者，或有助於法機云。（《滏水集》卷一五，叢書集成初編本，中華書局一九八五年。）

金王若虛《揚子法言微旨序》：

《法言》之行于世，尚矣。始注釋者，四家而已，疏略粗淺，無甚可觀。其後益而爲十二，互有所長，視其舊殊勝，而猶未盡也。今禮部尚書趙公素嗜此書，得其機要，因復爲之訓解，參取衆説，折之以己見，號曰《分章微旨》，論高而意新，蓋奇作也。予嘗竊怪子雲之自敍，以爲《法言》，《論語》之體耳，隨問更端，錯雜無次，而獨取首二字以爲名而冠之，無乃失其宜耶？及觀公解，則始終貫穿，通爲一義，燦然有條理而不亂，乃知子雲之意，初非苟然，但學者未之深考也。昔人以杜預、顏師古爲丘明、孟堅忠臣，今公於子雲之書，辨明是正，厥功多矣。至於進退隱見之際，尤爲反復而致意，使千載之疑，可以盡釋而無遺恨，兹不亦忠之大者與！古澤陳氏者將購工板行，以廣其傳，友人張君茂進實贊成之，而屬予爲序。嗚呼！公一代巨儒，德業文章，皆可師法。自少年名滿四海間，平生著述，殆不可勝紀，而晚年益勤，心醉乎義理之學，六經百子，莫不討論，迄今孜孜，筆不停綴。其所以發揮往聖而啓迪來者，非特一書而止也。如鄙人不肖，曷足爲公重輕，而斯書之傳，豈待予言而後信？雖然，陳氏細民，而能好事如此，其用心固已可喜，且不肖於公，門下士也，辱知爲深，是區區者而敢辭乎？乃書而授之。元光元年九月望日，中議大夫守平涼府判王某序。（《滹南遺老集》卷四四，叢書集成初編本，中華書局一九八五年。）

《太玄箋贊》六卷。《遺山先生文集》卷一七《閑閑公墓銘》著録。

金趙秉文《太玄箋贊引》：

《太玄》，何爲者也？將以發明大《易》，而羽翼之者也。《易》有八物，而五行萬事在其中。玄則列之以三才，本之以五行，表之以陰陽，推之以律曆，而天下萬事之理，具要其歸爲仁義而作也。卦用八，蓍用七，玄則首用九，蓍用六五，彰之也。《易》有道數象義，説《易》者言道義則遺象數，言象數則遺道義，玄實兼之。其於聖經不爲無助。昔人譏屋下架屋，不猶愈於章句一偏之學乎？後之言數術者，孰與張平子？以平子不敢輕講《太玄》，而後儒非之，恐幾率易。顧僕何足以知《太玄》，姑以范注之小誤，以證本經之不誤。范注以九首次九陽家，陽畫至十首羨之，初一又爲陽家，陽畫則晝多於夜西，禍福殽亂。故其説時有不通，王氏已辨之矣。揲法，一扐之後，而數其餘，王氏依之。注本作兩扐，非經誤也。經云：「旦筮用經，夕筮用緯。」舊注以旦用一五七，夕用三四八，日中夜中用二六九。蘇氏考之，以爲中、夕筮，吉凶雜至；旦筮，非大吉則大凶。是吉凶雜，終不可得而遇也。楊子大賢，擬聖而作，不應筮法尚誤，此殆歲久而失其傳也。及考玄數，五爲中央。注：「土行所在，經緯雜用。」旦筮有三表：一二三，一表也；四五六，一表也；七八九，一表也。表取其一以爲占，旦筮用一與七，皆取其初遇。至於四爲緯，五爲經，經緯無已，則用六矣。一六七吉凶雜，與日中夜中夕筮同。況粹首一六七皆吉，而唫首一六七皆凶，亦有時而純吉純凶矣。恐旦筮當用一六七，夕筮用三四八，日中夜中用二五九，二爲緯，五雜用之也。筮有四：星、時、數、辭。注：「星若干一度也，時謂旦中夕也，數爲首數之奇偶，辭若九贊之辭也。」時若旦，筮遇陽家，其數自奇，辭自多吉，是時數、辭皆同。何以别之？竊意星若二十八宿是也。又有四方之宿，各分配日用五星。數有支干之數、律曆之數、玄算之數，與策數雜用之。此揚子所以知漢二百載而中天、平子所以知漢四百載玄其興乎之驗也。其然，豈其然乎？《玄》有文告等十一篇，道義象數之學，宋、陸二注及王氏辨之詳矣，兹不復云。獨首贊與晝夜不合，及首贊之辭與首之名義，亦如六十四卦與卦義當相合，如同人睽六爻，皆言同人睽之類是也。而注間有不悟，輒以他義釋之，恐有未安；理當釐正，使贊與首名義相合，庶幾粗明《玄經》之萬一。僕亦未能審于是非，姑録以備遺忘，以爲學玄之階耳。俟得前人之注，改而正諸。（《滏水集》卷一五，叢書集成初編本，中華書局一九八五年。）

《文中子類説》一卷。亦作《中説類解》。《遺山先生文集》卷一七《閑閑公墓銘》著録。

金趙秉文《中説類解引》：

文中子，聖人之徒與？孔孟而後，得其正傳，非諸子流也。自唐皮氏、司空氏，始知尊尚。宋司馬公爲之傳，其書大行。大抵唐賢雖見道未至，而有忠厚之氣。至於宋儒，多出新意，務詆斥，忠厚之氣衰焉。學聖人之門，豈以勝劣爲心哉！《中説》舊有阮氏注，所得多矣。某今但纂爲三類：一明續經有爲而作，二明問答與聖道不異，三明文中子行事。使學者知聖賢履踐之實，庶幾有助於萬一云。（《滏水集》卷一五，叢書集成初編本，中華書局一九八五年。）

《尚書無逸直解》。《遺山先生文集》卷一七《閑閑公墓銘》：正大元年，「公以上嗣德在初，當日親經史以自裨益，進《無逸直解》、《貞觀政要申鑒》各一通。」

金趙秉文《尚書無逸直解引》：

伏觀自古忠之大者，未有若周公者也。以成王年幼，恐其怠荒，作《無逸》一篇，以伸勸戒。舉殷三賢王及周文王，皆以憂勤得壽考之徵。其意欲使祚胤長遠，又欲其君憂勤無逸，頤愛精神，壽考無窮。以至成王享國長久，刑措四十年而不用，至今稱爲賢王之首。此皆周公篤實愛君之力也。其後唐明皇時，宋相獻《無逸圖》，帝列爲屏風，置之左右。穆帝時，崔植又請以《無逸》爲元龜。然則《無逸》一篇，乃萬世之高抬貴手也。蒙國厚恩，無以圖報。謹依注疏，撰《無逸直解》因以獻，仰祝無疆。（《滏水集》卷一五，叢書集成初編本，中華書局一九八五年。）

《大學解》。金趙秉文《與楊奐然書》：「《孟子解》先寄去，《中庸》、《大學》相次料理，續當寄呈」①。則《孟子》、《中庸》外，並爲《大學》作解。

① 清張金吾《金文最》卷五四，中華書局一九九〇年。

《道德真經集解》四卷，存。民國孫德謙《金史藝文略・子部》著録：「考《歸潛志》謂秉文上至六經解，外至浮屠莊老，醫學丹訣，無不究心。其所著有《太元解》、《老子解》。則錢氏據《道藏》『趙學士』句解，而斷爲秉文作，得劉祁説，益可信矣。余故節録錢氏跋文，而並爲證成之。」

清錢培名《道德真經集解跋》：

《道德真經集解》四卷，從《道藏》鈔出，原題「趙學士句解」，不著名字。解中有「趙秉文曰」、「秉文獨異之」云云。按《金史・趙秉文傳》，興定元年授侍讀學士，晉禮部尚書，仍兼侍讀學士。此題趙學士，其爲秉文無疑。本傳及元遺山《閑閑老人神道碑》述秉文所著，有《易叢説》、《中庸説》、《揚子發微》、《太玄箋贊》、《文中子類説》、《南華略識》、《列子補注》、《删集論語解》、《資暇録》諸書，獨不及《道德經》，蓋偶失之。《道德經注》者，既多注本，經文亦參差互異，趙氏出入諸家，無所偏主。其所引如開元、政和陸希聲、司馬君實、吕惠卿諸注，皆存《道藏》；僧肇羅什、王雱遺説，亦見諸家援引。惟葉石林《老子解》，僅見於《直齋書録解題》；劉巨濟《老子注》，僅見於《郡齋讀書志》，今並失傳，而趙氏頗及之，亦可見其採輯之博。金源人著述，傳世頗希，趙氏此書，亦簡質近古，故校以授梓。（《遼金元藝文志》，商務印書館一九五八年，第一三二頁。）

《心經注》。正大八年，樞院判白華爲亡父資冥福，設齋以延三教之名士，閑閑趙秉文因書《心經》遺之，且爲注釋。

元耶律楚材《〈心經〉宗説後序》：

白華山主措折腳鐺，煮没米粥。萬松野老用穿心椀盛與無口人，雖然指空話空，争奈依實據實。嗟見渾掄吞棗，只管誦持，故教混沌開眉，妄生穿鑿。如明以字，莫認經頭，未解下文，且看注腳。湛然居士漆水移剌楚材晉卿勘印行。（《湛然居士文集》卷一三，中華書局一九八六年。）

元王惲《跋閑閑公草書〈心經〉》：

《般若經》前後文辭重複，公書之，字字姿態不同。所謂堂堂天陣，臨機制變，出奇無窮者也。（《秋澗集》卷七二，四部叢刊本。）

元許謙《跋趙閑閑注〈心經〉》：

先王之道，以養生送死繼志述事爲孝。浮屠氏欲以真空悟人，而謂亦可覺死者。故凡天下之爲子者，莫不奔走趨事，庶幾祖考之，一覺於魂揚魄落之後，其不靡然而從者鮮矣。院判白公飯僧以薦厥考，而閑閑趙公書《心經》以遺之，誠足以爲孝思之助耶？抑遊戲翰墨而已耶？觀其表章句意，若有自得者，則其志或可見矣。此卷失而復得，子通其寶之，而觀院判公所以孝其親者，而勉繼其志。春秋祭祀，以時思之，固不必切切於覺云也。右金正大八年樞院判白某飯僧薦父，閑閑趙秉文亦與交，因書《心經》遺之，且爲注釋。其卷失之已久，曾孫子通爲御史掾，行部閩中，復得之。（《白雲集》卷四，文淵閣四庫全書本。）

元釋大欣《題趙閑閑書〈心經〉後》：

司馬君實嘗書《心經》以贈僧，復題其後，謂韓退之排佛，而稱大顛外形骸，以理自勝，要自胸中無滯礙。由是觀之，於佛不爲無得，而所排者跡爾。跡之弊，雖聖人不能去。若惡其跡而棄其本，是猶惡焚溺而罪水火，惡噎而罪餐者也。雖其好惡取捨之不同，猶能明佛之理，而交其徒之賢者，視今之庸俗隨時趨尚，孰有察夫理而别其徒之賢否哉！太原白氏，世爲金國名臣。正大年間，有樞密院判諱華者，爲亡父朝列君資冥福，設齋以延三教之名士。時閑閑趙公書《心經》遺之，以其親之不可見，而靈明不昧者未嘗亡也。若經云，五蘊十八界，四諦十二緣，生皆外物之累，於心了無所礙。雖以之振天地，窮萬世，而不變不壞，是所謂以道諭其親，孝之大者也。後趙所書經散落江南，樞密君五世孫名濆字子通，爲御史掾，得之南閩僧舍。及子通仕建康録判，遇知文皇於潛邸，連升爲青塔、慶壽、集慶三寺營繕司官。暇日出經示予。予愧非大顛輩，可接退之諸賢，而獲交子通。子通明敏，進用未已，可强其宗。《詩》曰：「孝子不匱，永錫爾類。」白氏有焉。（《蒲室集》卷一四，文淵閣四庫全書本。）

《章宗實録》一百二十卷。《金史》卷一五《宣宗紀》：興定元年十月，「命高汝礪、張行信同修《章宗實録》。」另，《金史》卷一〇七《張行信傳》：興定元年，「史館修《章宗實録》，尚書省奏曰：『舊制，凡修史，宰相執政皆預焉。然女真、漢人各一員。崇慶中，既以參政梁瑭兼之，復命翰林承旨張行簡同事，蓋行簡家學相傳，多所考據。今修《章宗實録》，左丞汝礪已充兼修，宜令史、知集賢院事。

參知政事行信同修如行簡例。』制可。」今按，興定元年，趙秉文拜禮部尚書，兼侍讀學士、同修國

金趙秉文《進呈章宗實録表》：

臣等言：伏以唐虞之際有典謨，茂彰洪烈；文武之政在方策，迄爲顯王。自昔人君必存史籍，既有其豐隆顯懿之德，亦賴夫温醇深潤之文，鋪張對天之洪休，揚厲無前之偉績，然後事辭不苟，聲實相當。伏以章宗皇帝聖敬日躋聰明，時又光膺大業，祗述先猷，稟大有爲之資，千古挺出，行不忍人之政，朞年有成。發倉廩以賑貧窮，置外臺以審刑獄，罷征斂於即日，減租税者累年，敦勸農桑，裁定制度，孝承祖廟，敬詣天壇，稽曠古之無文，定國朝之大禮，生徒徧學校，冠帶圜橋門，焕乎之文，足以藻飾有度，赫然之怒，足以震疊萬方。始以殷高之明，鬼方肆伐，終然宣後之烈，淮夷來舒，故得孽宋增幣以乞盟，阻卜革心而效順。西服寧夏，東撫辰韓。歲時相望，琛贐入貢。由是蒸爲瑞氣，散爲祥風，神鳳來朝，寶鼎出現，野蠶成繭，嘉穀旅生，至於奎璧之文，河洛之書。日月出矣，光其不亦難乎？江漢濯濯，皓乎不可尚已。尚卻徽稱而不授，愈彰聖德之難名。二十年間，鼓舞太平之治，億萬世後後，光華惇史之書，況夫良將之遠籌，賢相之婉畫。所表忠臣節婦，所舉異行茂才，本兵輿賦之繁，生齒板圖之數，所宜具載，以示方來。欽惟陛下，寅紹燕謀，思光前烈，謂信書之未舉，恐遺美之不昭，深詔儒臣，詳爲實録。往在東海之際，已抽中秘之書，踵此編年，俾之載筆，屬典册之未上。值虜寇之不虞，師旅繹騷，篇秩散逸。欽承

聖訓，復命編摩。偏閲官縢，曲加搜訪，然而起居注有所未備，行止録有所未詳，或捃摭於案牘之餘，或採拾於見聞之際，載之行事，誠咸五而登三，及此成書，懼掛一而漏萬。臣等所編成《章宗皇帝實録》一百卷，並事目二十卷，總計一百二十卷，繕寫了畢，謹具進呈，伏望聖慈曲垂省覽。臣文章曖昧，學術空疏，遺美不彰，雖乏三長之妙，直辭無愧，庶伸一得之愚云。（《滏水集》卷一〇，叢書集成初編本，中華書局一九八五年。）

《龜鏡萬年録》。《金史》卷一七《哀宗紀》：正大二年十月，「詔趙秉文、楊雲翼作《龜鏡萬年録》」。另，《金史》卷一一〇《楊雲翼傳》：正大三年，「尋進《龜鏡萬年録》、《聖學》、《聖孝》之類凡二十篇。」《金史》本傳「鏡」作「鑒」字：「正大間，同楊雲翼作《龜鏡萬年鑒》上之。」今按，明孫能傳等《内閣藏書目録》卷八《雜部》著録：「《萬年龜鏡録》二册，全。採摘經史，分上中下三卷，因萬年節撰進者，莫詳姓氏，鈔本。」明楊士奇等《文淵閣書目》卷四《經濟》著録「二册」，明葉盛《菉竹堂書目》卷二《經濟》著録「三册」。明代尚存。

《君臣政要》。金劉祁《歸潛志》卷七著録：「正大初，末帝鋭於政，朝議置益政院官，院居宮中，選一時宿望有學者，如楊學士雲翼、史修撰公燮、吕待制數人兼之，輪直。每朝罷，侍上講《尚書》、《貞觀政要》數篇，間亦及民間事，頗有補益。楊公又與趙學士秉文採集自古治術，分門類，號《君臣政要》，爲一編進之。」

《貞觀政要申鑒》。《遺山先生文集》卷一七《閑閑公墓銘》著録。

金趙秉文《貞觀政要申鑒引》：

《書》云：「與治同道，罔不興。」孫卿子曰：「欲知上世，審周道，法後王是也。」近世帝王之明者，莫如唐文皇，天縱聖德，文謨武略，高出近古。而又得房玄齡、杜如晦、魏徵、王珪、馬周、虞世南、褚遂良、劉垍，爲之輔佐。朝夕論思，日月獻納，無非以畏天愛民、求賢納諫、安不忘危爲戒，故能功業若此巍巍也。其後明皇鋭於治，用姚元崇、宋廣平、韓休之徒，致開元三十年之太平。末年罷張九齡，用牛仙客、李林甫、楊國忠，旋致天寶之亂。憲皇剛斷，初用杜黄裳、韋貫之、裴度，削平僭亂。末年用皇甫鎛而不克其終，治亂之效，於斯可見。史臣吴兢纂集《貞觀政要》十卷，凡四十篇，爲之鑒戒。起自《君道》，訖於《慎終》，豈無意哉！欽惟聖上聰明仁孝，超皇軼帝，而猶孜孜治道，俯稽前訓。然一日萬幾，豈能遍覽，謹撮其樞要，附以愚見，目之曰《貞觀政要申鑒》。文理鄙拙，無所發明，特于鑒戒申重而已。昔張九齡因明皇千秋節，進《金鏡録》以伸諷諭。臣竊慕之，謹以聖壽萬年節，繕寫獻上。雖爝火之末，不足裨日月之光，區區之誠，獻芹而已。伏望略紆聖覽，不勝幸甚。謹言。（《滏水集》卷一五，叢書集成初編本，中華書局一九八五年。）

《百里指南》。明楊士奇等《文淵閣書目》卷一四《政書》、明葉盛《菉竹堂書目》卷五《刑書》均著録「趙秉文《百里指南》一册」。明代尚存。

《資暇録》十五卷。《遺山先生文集》卷一七《閑閑公墓銘》著録。

《明昌辭人雅制》。《中州集》卷四《王隱君磵》：「閑閑公嘗集党承旨、趙黄山、路司諫、劉之昂、尹無忌、周德卿與逸賓七人詩，刻木以傳，目爲《明昌辭人雅制》云。」

《滏水集》二十卷，存。清紀昀等《四庫全書總目》卷一六六《集部别集類》著録：「史稱所著詩文三十卷，此本乃二十卷，與史互異。然篇目完具，不似有所佚脱。考《中州集》稱，秉文所著文章號《滏水集》者，前後三十卷，又劉祁《歸潛志》曰：『趙閑閑本喜佛學，然方之屏山，案屏山，李之純之號也。顧畏士論，又欲得扶教傳古之名，晚年自擇其文，凡主張佛、老二家者皆削去，號《滏水集》，首以中、和、誠諸説冠之，以擬退之《原道》，其爲二家所作文及其葛藤詩句，另作一編，號《閑閑外集》，以與少林寺長老英粹，使刊之，故二集皆行於世。』則《滏水集》本二十卷，别有十卷爲外集。本傳合而計之，故爲三十卷也。《歸潛志》又曰：『李屏山教後學爲文，欲自成一家。趙閑閑教後進爲詩文，則曰：文章不可拘一體，有時奇古，有時平淡，何拘！李嘗與余論趙文曰：才甚高，氣象甚雄，然不免有失支墮節處，蓋學東坡而不成者。又趙詩多犯古人語，一節或有數句，此亦文章病。』又曰：『趙於詩最細，於文頗疏，止論氣象。李於文甚細，論關鍵賓主抑揚，於詩頗疏，止論詞氣才巧。故余於趙則取其作詩法，於李則取其爲文法』云云。今觀是集，祁之論可謂公矣。」今按，清耿文光《萬卷精華樓藏書記》卷一一九《别集類》云：「是集流傳甚罕。此爲書肆所鈔，字跡更劣，訛舛不可卒讀，余欲棄之久矣，姑存其目，以俟佳本。凡鈔本字工者錯少，字拙者誤多，至於草率，更不可問矣。何氏跋曰：按元遺山爲公墓誌及《中州集》序傳，皆言《滏水集》前後三十卷，則公尚有後集十卷，不知藏書家猶有存焉者耶？……興化李映碧家蓄舊鈔本，自云得之吾吴市中石門吕氏傳之，復鈔以出鬻，與此本間有多一二句處，知李所得者趙公之本，然此本則後人病其繁冗，而有所删削也。」又引錢大昕《潛研堂集》：「元光二年，翰林學士楊雲翼序之。閑閑卒於壬辰歲，而序成於癸未，疑即遺山所稱前集。其後集十卷，則世失其傳矣。予家收藏石刻，有《伏乞村唐帝廟記》、《鄧州宣聖廟碑》、《蓋公和尚狀銘》，皆不見於此集。據遺山云，公晚年録生平詩文，凡涉於二氏者不在也。則蓋公之銘例當刊落，其餘二篇或在後十卷之内乎？」①

金楊雲翼《閑閑老人滏水集序》：

學以儒爲正，不純乎儒非學也；文以理爲正，不根于理非文也。自魏晉而下，爲學者不究孔孟之旨，而溺異端，不本于仁義之説，而尚誇辭，君子病諸。今禮部趙公實爲斯文主盟，近日擇其所爲文章，釐爲二十卷，過以見示。予披而讀之，粹然皆仁義之言也。蓋其學一歸諸孔孟，而異端不雜焉，故能至到如此，所謂儒之正、理之主，盡在是矣。天下學者，景附風靡，知所適從，雖有狂瀾横流，障而東之，其有功吾道也大矣。予生多幸，得從公遊，然聾瞽無與乎視聽，故不足知公。後生可畏，當有如李之尊韓、蘇之景歐者。予雖老矣，猶幸及見之。元光二年歲次癸未冬十有

① 清耿文光《萬卷精華樓藏書記》卷一一九《别集類》，清人書目題跋叢刊本，中華書局一九九三年，第一〇二一頁。

一月庚戌日。前翰林學士中奉大夫知制誥皋落楊雲翼引。(《滏水集》卷首，叢書集成初編本，中華書局一九八五年。)

《閑閑外集》。金劉祁《歸潛志》卷九著録：「趙秉文爲佛老二家所作文，並其葛滕詩句另作一編，號《閑閑外集》。以書與少林寺長老英粹中，使刊之。」

李　汾

李汾字長源，太原平晉(今山西太原)人。曠達不羈，好以奇節自許。元光間，遊汴京，舉進士不中，薦爲史館書寫。因與雷淵、李獻能諸人不合，遂罷入關。後入恒山帥武仙幕，署行尚書省講議官。仙與參知政事完顔思烈有隙，懼汾言論，欲除之①。天興元年六月，汾遁之泌陽，終爲所害，年四十一②。元好問稱其平生以詩爲專門之學，「清壯磊落，有幽并豪俠歌謡慷慨之氣」。③

《雙鳳集》。《永樂大典》卷五二〇五原字韻引《太原志》著録。今按，《(雍正)山西通志》卷一七五《經籍志》作《講議集》，以所歷官職名之；清金門詔《補三史藝文志·詩集類》作《李汾

① 《金史》卷一二六《李汾傳》，中華書局一九七五年，第二七四一頁。
② 《金史》卷一七《宣宗紀》，中華書局一九七五年，第三八八頁。今按，李汾《感寓述史雜詩五十首並引》云：「正大庚寅，予行年三十有九。」正大庚寅，即正大七年，去天興元年二載。
③ 《中州集》卷一〇《李講議汾》，中華書局上海編輯所一九六二年，第四九〇頁。

集》，以著者名名之。

麻九疇

麻九疇字知幾，易州（今河北易縣）人。自幼能詩，善草書，時人目爲神童，章宗召見，大奇之。南渡後，讀書北陽山中。博通五經，尤長《易》、《春秋》。累舉不第。正大四年，右相侯摯、翰林學士趙秉文連章薦，特賜盧亞榜進士第，授太常寺太祝，權太常博士，俄遷應奉翰林文字。天興元年卒，年五十①。元好問云：「知幾七言長韻，天隨子所謂陵轢波濤、穿穴險固、囚鎖怪異、破碎陣敵者，皆略有之。……病在少持擇。」②

《麻九疇文集》。元郝經《原古録序》：「金源之韓昉、蔡珪、党世傑、趙渢、王庭筠、趙秉文、李純甫、雷淵、麻九疇，則鼓吹風雅，鋪張篇什，藻飾綸緯，列上書疏，敷陳利害，詰竟論議，雕繪華采，培琢章句，掐抉造化，窮極筆力，精嚴義理，照耀竹帛，剸刻金石，撼搖天地，陵轢河山，剴切星斗，推蕩風雲，震疊一世。作爲文章，皆有書有集，有簡有策，名家傳後。」③今按，

---

① 《中州集》卷六《麻徵君九疇》，中華書局上海編輯所一九六二年，第二九二頁。今按，原作「莫州人」，《歸潛志》卷二、《金史》卷一二六《文藝傳》俱作「易州人」，從之。

② 《遺山先生文集》卷三六《逃空絲竹集引》，四部叢刊本。

③ 《陵川集》卷二九，文淵閣四庫全書本。

《（乾隆）任丘縣志》卷一一《藝文志》著録《知幾小集》及《知幾佚詩》一卷。

元郝經《讀麻徵君遺文》：

太初百煉透光鏡，突兀心魄無氛埃。神奸遁伏徹膽寒，日月分曜乾坤開。一詩拈出托怪銅，掛向青天白玉臺。陋儒效顰不敢視，一世盡服瓌奇才。予時髫童誦黄口，似爲古人今未有。忽從亂後得遺文，磊落縱横百餘首。就中不獨此篇奇，黄金滿籯珠滿斗。高古遠探秦漢前，奥雅要繼《詩》《書》後。正大初從孟及韓，新泚卻將韓變柳。金源百年富詩文，伊洛一派獨徵君。説《易》不肯坐臯比，公卿大夫日盈門。工夫詣理全道技，日薄崦嵫終隱淪。嗚呼一鏡墮渺茫，血色肉漬莓苔昏。我欲重磨扣帝閽，虎豹呵禦不得聞。魑魅魍魎忽成群。（《陵川集》卷八，文淵閣四庫全書本。）

孟澤民

孟澤民原名仁，字安宅，雲中（今山西大同）人。父鶴，同進士出身，官至儒林郎宣寧縣令。澤民乃太師張浩之甥。性敦厚博雅，侍母以孝聞。年逾三十，不就資蔭，折節讀書。登興定五年進士第，調河南福昌簿，以廉能稱。壬辰歲（天興元年、一一三二年）卒。子孟攀鱗、婿郭文振，皆名進士。①

①金李俊民《莊靖集》卷八《孟氏家傳》，叢書集成續編本，上海書店一九九四年，第一〇七册六八〇頁。

《雲巖先生文集》。金李俊民《莊靖集》卷八《孟氏家傳》：「世亂避地於陸渾南山，以詩酒自

適，號雲巖老人，有著述聞於世。」

金李庭《雲巖先生文集後序》：

千霄之木，其本必深；朝宗之水，其源必遠。古今士大夫以文顯者，鮮不自其家世學業本源中來。雲巖先生才高學贍，尤精於科舉，南渡以來，屢中高選，時人莫不推服。予自弱冠侍長者側，已熟其名矣。及至汴梁，又聞其子駕之在場屋間賦聲藉甚，爾後果以雄文擢上第。觀其語意，雖穎悟天出，亦由過庭之際，諄諄提耳，有以啓發之也。歲在庚戌，予方客長安，駕之亦繼來，與之遊，益狎。一日出巨帙，且謂予曰：「先人往年著述頗多，經變後零落殆盡，僅存者止此而已。大懼並失之，使先人平昔力學之功不白於當世，以重不肖之罪。今將鏤木以行，已囑諸老爲序。子其爲我尾書數字，是亦成人之美之一端也。」予既辱與駕之友，且嘉其在羈旅困厄中孜孜不忘揚其親之善，弗可辭也矣，故爲之書。庚戌五月日。（《寓庵集》卷四，藕香零拾本，中華書局一九九九年。）

馮延登

馮延登字子駿，號横溪翁，吉州吉鄉（今山西吉縣）人。承安二年進士。累遷知登聞鼓院，兼翰林修撰。正大五年，授睢州刺史，兼行大名府治中。八年，奉使蒙古，見留，使招降鳳翔，不

從，幾被殺，逾年得歸。天興元年①，授禮部侍郎，權刑部尚書。城陷被俘，義不受辱，投井而死，年五十八②。讀書長於《易》、《左氏傳》，好賢樂善，有前輩風調，詩文皆有律度。③

《宣宗實録》。《遺山先生文集》卷一九《國子祭酒權刑部尚書内翰馮君神道碑銘》：「正大元年，超翰林待制，同修國史兼鼓事。」

《學易記》。《遺山先生文集》卷一九《國子祭酒權刑部尚書内翰馮君神道碑銘》：「平生以《易》爲業，及安置豐州，止以《易》一編自隨，日夕研究，大有所得。既歸，集前人章句爲一書，目曰《學易記》，藏於家。」今按，元韓復生《金吏部侍郎權刑部尚書馮公行跡》著録，作「數百卷」④。

《横溪集》二十卷。《遺山先生文集》卷一九《國子祭酒權刑部尚書内翰馮君神道碑銘》：「吉鄉别業有溪當其門，故君以『横溪翁』自號，有《横溪集》若干卷行於世。」今按，元韓復生《金吏部侍郎權刑部尚書馮公行跡》著録：「有詩文廿卷、《學易記》數百卷，並行於世。」

---

① 《遺山先生文集》卷一九《國子祭酒權刑部尚書内翰馮君神道碑銘》，四部叢刊本。
② 《金史》卷一二四《忠義傳》，中華書局一九七五年，第二七〇〇頁。
③ 《中州集》卷五《馮内翰延登》，中華書局上海編輯所一九六二年，第二五五頁。
④ 清胡聘之《山右石刻叢編》卷三八，歷代碑誌叢書本，江蘇古籍出版社一九九八年，第一六册三二八頁。

李獻能

李獻能字欽叔，河中（今山西永濟）人。貞祐三年進士①，復中宏詞，授應奉翰林文字。在翰苑凡十年，應機敏捷，善談論，每敷説今古，聲鏗亮可聞。趙秉文、李純甫稱之「天生今世翰苑材」。出爲鄜州觀察判官，復召爲應奉，遷修撰。正大末，授河中帥府經歷官。河中破，奔陝州，權陝府行省左右司郎中②。天興二年，軍變遇害，年四十二③。

《宣宗實録》。《金史》卷一二六《文藝傳》：元光間，「趙秉文爲學士，雷淵、李獻能皆在院，刊修之際，（書寫李）汾在旁正襟危坐，讀太史公、左丘明一篇，或數百言，音吐洪暢，旁若無

① 《中州集》卷六《李右司獻能》作「廷試第一人」，《金史》卷一一〇《趙秉文傳》如之。今按，趙秉文本傳載貞祐選舉亦詳：時趙主持省試，「得李獻能賦，雖格律稍疏而詞藻頗麗，擢爲第一。舉人遂大喧譟，訴於臺省，以爲趙公大壞文格，且作詩謗之，久之方息。俄而獻能復中宏詞，入翰林。」後來竟以省試第一傳爲廷試第一，而廷試第一者另有其人。清王昶《金石萃編》卷一五八《進士題名碑》：貞祐三年，詞賦狀元程嘉善、經義第一劉汝翼。碑版鑿鑿，應無可置疑。

② 《金史》卷一二六《文藝傳》，中華書局一九七五年，第二七三六頁。

③ 《中州集》卷六《李右司獻能》作「正大八年」遇害。今按，《金史》卷一一六《徒單兀典傳》，天興元年九月，以陝州行尚書省事，獻能充左右司員外郎。河解帥趙偉屯金雞堡，軍務隸陝省，月給糧以贍其軍。二年十月，軍食盡，屢白陝省，無糧可給。偉私謂其軍曰：「我與李員外郎有隙，坐視我軍饑餓，不爲存恤。」因密遣軍士殺行省以下官屬若干人。獻能最爲所恨，被害尤酷。其時，遺山年四十四，獻能小二歲，卒年四十二。

人」。《雲萍小録》。所謂雲萍，指士人交遊，南北闊遠，散易而聚難，如雲如萍。適時録之，以示紀念，再會有徵。

金楊弘道《雲萍小録引》：

君子之心正平虚静，無物我之辨。聞一善言則志之，見一善事則述之。故善之所在不必出乎己，而善不可勝用也。《雲萍小録》者，有人已嘗爲之，而其説曰：「進士及第後，作《同年録》，以其同升於吏部也。是則同而有不同者焉。觀夫雲行於天，萍泛於水，猶男子從事於四方也。碩德純行，奇才絶藝，雜然與之相接，可法可慕，可喜可愕，固已道同志同，跡同事同，有不勝其同者矣。見之則心醉，違之則夢思，獨可以不如進士同升於吏部而置之乎！」其大意如此。河中李欽用云：「吾兄欽叔喜其事可法，嘗述爲之。」因請余爲引，而欲繼爲之。余曰：《雲萍小録》厚之至也，由其名而效之者必多矣。苟非其人，恐藉以爲諂諛之具。道非可尚而貴，言無可取而富，欲遂其私，而求媚其人焉。因亦録之，則非小録之本意也。（《小亨集》卷六，文淵閣四庫全書本。）

《李獻能詩集》。《（雍正）山西通志》卷一七五《經籍志》著録。

劉　鐸

劉鐸字文仲，號柳溪，冀州棗强（今河北棗强縣）人。承安五年進士。元光二年，仕爲太常博士。正大初，改授兵部員外郎，以同知武昌軍節度使致仕。天興二年，卒於汴京。①

《柳溪先生集》。《中州集》卷七《劉太常鐸》：「有集傳於家，武成王著作序。」當以號名。清黄虞稷《千頃堂書目》卷二九《别集類》著録。

王鬱

王鬱字飛伯，一名青雄，大興（今北京）人。少居釣臺門讀書，初爲程震、李獻能、麻知幾所知，後爲趙秉文、雷淵嘉賞，遂以布衣少年名動京師。正大七年，應試落第，西遊洛陽，放浪詩酒。八年，復至汴京，陷圍城中。天興二年五月，出城爲兵所殺，年甫三十。飛伯儀狀魁奇，目光如鶻，爲人尚氣敢爲，好議論，以儒中俠自許。爲文閎肆奇古，法柳宗元；歌詩飄逸，有太白氣象。論學則謂孔氏能兼佛老，佛老爲世害。與李汾、楊弘道、元好問等遊從最久，與劉祁、李治心交最深。②

《青雄詩話》。金劉祁《歸潛志》卷三：「其論爲文，以爲近代文章爲習俗所蠹，爲能遽洗其陋，非有絶世之人奮然以古作者自任，不能唱起斯文。故嘗欲爲文，取韓、柳之辭，程、張之理，

① 《中州集》卷七《劉太常鐸》，中華書局上海編輯所一九六二年，第三五一頁。

② 金劉祁《歸潛志》卷三，中華書局一九八三年，第二二頁。

合而爲一，方盡天下之妙。其論詩，以爲世人皆知作詩，而未嘗有知學詩者，故其詩皆不足觀。詩學當自《三百篇》始，其次《離騷》、漢魏六朝、唐人，近皆置之不論，蓋以尖慢浮雜，無復古體。故先生之詩，必求盡古從之所長，削去後人之所短。其論詩之詳，皆成書。」今按，所謂「其論詩之詳皆成書」云云，當指著述，姑以其別名名之。

《王鬱集》。《（光緒）順天府志》卷一二四《順天人著述》著録。

張天錫

張天錫，亦名錫，字君用，號錦溪老人，河中（今山西永濟）人。官至機察。尤擅草書，章宗諸殿宇扁皆其筆。① 天興二年秋，汝州粱皋作亂，天錫時爲近侍，奉旨召峴山、登封二帥併力討之。天錫以撫諭爲名詣皋軍。皋知朝廷圖己，陰爲之備，隱毒於食，天錫遂中毒而死。②

《草書韻會》五卷，存。清末民初羅振玉於光緒戊申題記云：「前有正大八年二月閑閑居士趙秉文序，又有『見住燕京縣角頭鄭州王家雕印』款一行，後有正大辛卯樗軒老人題，及『洪武二十九年丙子日樂刊』款，又日本物茂卿跋。書中採漢以來至金一百十三家之跡而成，自謂自始至終，

① 元陶宗儀《書史會要》卷八，二十五史外人物總傳要籍集成本，齊魯書社二〇〇〇年，第一五〇五頁。
② 《金史》卷一二三《忠義傳》，中華書局一九七五年，第二六九〇頁。

字字皆有淵源，一點一畫，無不按於規矩云云。是書中土久佚，當與宋高宗所書禮部韻並珍。惜日本重刻頗不精，爲不足耳。」今按，羅先生將張天錫歸入「元」，偶失之誤。《草書韻會》有云：「歷代善草書人數二百五十八人，遺跡在者一百十三人。」其中包括金代王競、高士談、任詢、党世傑、趙渢、王庭筠、趙秉文、史公奕、王仲元、張瑞童、王萬慶等十一人。全書按聲韻分爲五部，計一百零六韻。另，清錢大昕《補元史藝文志》卷二著録「十册」，作「張天錫、趙世昌撰」。未見原書，以訛傳訛。

金趙秉文《草書韻會引》：

草書尚矣。由漢而下，崔、張精其能；魏晉以來，鍾、王擅其美。自兹以降，代不乏人。夫其徘徊閑雅之容，飛走注流之勢，驚竦峭拔之氣，卓犖跌宕之志，矯若游龍，疾若驚蛇，似邪而復直，欲斷而還連，千態萬狀，不可端倪，亦閑中之一樂也。初明昌間，翰林學士承旨党文獻公始集數千條，修撰黄華王公又附益之。兵火散落，不復可見。今河中大慶關機察張公君用，類以成韻，攈拾殆盡，用意勤矣。將板行，以與士大夫共之。竊嘗以謂，通經學道本也，書一藝耳。然非高人勝士，胸中度世有數百卷書，筆下無一點塵，亦不能造微之妙。君用工書翰，故能成此。正大八年二月四日，閑閑居士趙秉文爲題其端。（《草書韻會》卷首，日本覆刻明洪武本，大連圖書館藏。）

金完顔璹《草書韻會跋》：

錦溪張君用此書馳名數十載。頃遭遇道陵，書萬寧宫、上都昭先殿，及諸殿宇名，極爲士林稱羨。真字得柳誠懸法，草書求諸漢魏晉宋以來名人之妙。都下時，嘗與明昌間文人才士遊。一日，竹溪、黄華二老人謂公曰：「子於法書無不徧覽，能將其字畫臨仿奪真？草書唯古《急就章》，智永，張旭、懷素《千文》，及孫過庭《書譜》外，成片段者居世無多。舊見唐有《草字韻》，僅千餘字，惜不見其全本。我二人凡欲成斯勝事，於暇未遑，子其爲我成之。」於是君用忻而諾之。自此游宦四方，見諸草書字卷軸碑本，一書一簡，片文隻字，亦必留心。僅四十年，方成《草韻》一帙。每一字有備數家之體者，悉標姓名於其下，覩龍跳虎臥，蠆尾銀鉤，亹亹滿前。張公之於法書，其所用心非淺淺者矣。士君子如置一編在几案間，將古人苦心書法，一旦盡奄有之於胸中，焉知將來不解作雪嶺孤松、冰河危石者耶？正大辛卯歲季夏望日，樗軒老人題。（《草書韻會》卷末，日本覆刻明洪武本，大連圖書館藏。）

［日］物茂卿《跋草書韻會》：

皇和帝都尚書堂集晉右將軍王羲之書，升庵列彙八十七帖。余猶及見金人板刻，其精妙神彩，不減法帖。至元末，好事者又添鮮于樞字，改名《草書集韻》，刻已不精。洪武中，蜀邸又翻刻，並趙公序及諸名姓皆去之，刻又粗惡，可重惜也。此乃翻刻洪武丙子本者，而洪武丙子本，升庵不經見之，其深憾。此本幸莫有所謂刻不精者，彼此同態。文徵明有云：「草書集韻，尚未經目，何得爲名書耶？」是臨草書字，坐右物也。物茂卿識。（《草書韻會》卷末，日本覆刻明洪武本，大連圖書館藏。）

李獻甫

李獻甫字欽用，河中（今山西永濟）人，獻能弟。興定五年進士，歷咸陽簿、行臺令史。正大初，從馮延登使夏，以和議之功辟長安令，入爲尚書省令史。天興元年，充行六部員外郎，遷鎮南軍節度副使，兼右警巡使。三年正月，死於蔡州之難，年四十①。元好問稱之「博通書傳，於左氏及地理之學爲精。爲人有幹局，心所到則絶人遠甚，故時人有精神滿腹之目」②。

《天倪集》。《中州集》卷一〇《李户部獻甫》：「所著詩文，號《天倪集》者，留京師，欽用死，其家亦破，非同年華陰王元禮購得之，幾有人琴俱亡之恨。」

張建

張建字吉甫，號蘭泉老人，蒲城（今陝西蒲城縣）人。明昌初，以才行舉，授絳州教官，召爲宫教，應奉翰林文字。以淳素受知於章宗，超授同知華州防禦使事。嘗曰：「作詩不論長篇短韻，須要詞理具足，不欠不餘。如荷上灑水，散爲露珠，大者如豆，小者如粟，細者如塵。一一看之，

① 《金史》卷一一〇《李獻甫傳》，中華書局一九七五年，第二四三三頁。

② 《中州集》卷一〇《李户部獻甫》，中華書局上海編輯所一九六二年，第四九六頁。

無不圓成，始爲盡善。」① 金亡之際，嘗應名醫李杲之請，爲張元素《醫學啓源》撰序。②

《蘭泉先生文集》。《中州集》卷七《蘭泉先生張建》：「吉甫自號蘭泉老人，有集行於世。」後亡佚。民國張鵬一輯《蘭泉老人遺集》一卷，收入《關隴叢書》。

金李庭《蘭泉先生文集序》：

文詞，君子之餘事。古之人臒形苦心，讀書以學聖人之道，其志蓋本於輔時澤物，見諸事業而已。惟不達而窮，奇才逸氣，噤無所施，往往自肆於山巔水涯，友雲松而狎魚鳥，至觸境感物，發於嘯歌謳吟，以寫其湮鬱不平之心。好事者或得一章一詠，諷誦不置，直謂其胸中之所素蓄不外乎此。噫！是特土苴糟粕耳。然自屈原放而《離騷》興，子昂窮而《感寓》作。下逮李、杜諸人，不可勝紀。其間英辭麗藻，千狀萬態，皆能聳動人之觀聽，是以聲譽流傳至今。故雖號爲一藝，而陸沉不遇之士，捨此亦無以自見於世。使後之人誠能味其言，考其出處，因有以得其爲人，則君子之志庶幾乎不泯矣。先生資警穎不凡，童丱已能詩，比長，學於六經仁義之道，慨然有志當世。身兼兩科，四至庭試，無何，與有司不合，乃結廬北山蘭泉之上，日以詩酒自娛，隱約林丘者殆二十年。其純德雅望，晦而益彰，王公大人聞其名，争慕與之交。會明昌下詔舉才行之士，時右丞董公

① 《中州集》卷七《蘭泉先生張建》，中華書局上海編輯所一九六二年，第三三四頁。

② 金張元素《醫學啓源》卷首，人民衛生出版社一九七八年。

按獄關西，首以先生應詔。始得官，教授絳州。未幾，召爲翰林應奉，入直禁中，與天章宸翰旦暮相酬酢，其眷禮之優，一時詞臣無能出其右者。方欲登用，而先生老矣，力請而歸。某愚不肖，幸生長先生鄉曲，幼嘗獲侍長者左右，竊聽其論，皆曰先生出太平多士之日，行義修於家，稱於州里，信於士大夫，卒聞於朝廷。自非踐履篤實，能如是乎？有如早達得位，與當世英雋頡頏於風雲之會，其視古人之事，蓋優焉之。惜乎遭遇之晚，弗克展盡底藴，使功業不白於天下，而獨以文辭傳，此爲可恨。中古以降，鄉舉里選之法不行，有國家者一以科舉取士。雖賢公名卿間由此途出，至若潛道育德，與夫抱經綸之業而見遺於有司，空老蒿萊、沉落光耀者，顧豈少哉！愚因究先生始終，屈伸之際，抑有感焉，遂並書之以警後世之爲政者。（《寓庵集》卷四，藕香零拾本，中華書局一九九九年。）

民國張鵬一《蘭泉老人遺集序》：

金源有國百年，好尚武功，終務文治。大定明昌間，風雅輩出，淩南宋而上焉。惜經元、明兩朝之嫉視，並其文字而輕蔑之。故名輩如蔡珪、鄭子聃、翟永固、趙渢諸文集悉無所傳。施國祁氏補金《藝文志》，亦深慨歎焉。吾陝金代名家載於元氏《中州集》者多甚，今惟楊焕然有《還山遺稿》二卷，然已列入元代，此外無聞焉。余於故書暨石刻中輯蘭泉老人詩文一卷，觀其陳古説今，清淵絶俗，不愧一代作者。《金史》稱其以詩名，遺山謂其經明行修，與王磵、文商同時起用，則學養有素，不僅以詩傳矣。而數百年來，並其詩無道之者。士之生不逢時，死不傳世，固如此耶？

戊午七月張鵬一。(叢書集成續編本，上海書店出版社一九九四年。)

呂　造

呂造字子成，大興(今北京)人。祖延嗣、父忠嗣，俱狀元及第①。造嘗得張大節指授②，擢承安二年詞賦狀元③，除應奉翰林文字。章宗索重陽詩，應制不稱旨，旋令外補④。興定二年，仕爲右司諫，乞詔内外百官各上封事，爲宣宗嘉納，遂集百官議河北、陝西守禦之策。宰輔高琪忌之，竟不用一言⑤。正大三年，以翰林待制充益政院官。⑥

《尚書要略》。《金史》卷一七《哀宗紀》：正大四年八月，待制呂造進《尚書要略》。

---

① 金元好問《續夷堅志》卷三《呂狀元夢應》，中華書局一九八六年，第五五頁。
② 《中州集》卷八《張代州大節》：「好獎進士類，滄州徐韙、太原王澤、大興呂造，經其指授，卒成大名。」中華書局上海編輯所一九六二年，第四〇六頁。
③ 元王鶚《汝南遺事》卷四，叢書集成初編本，中華書局一九八五年，第五一頁。
④ 金劉祁《歸潛志》卷七，中華書局一九八三年，第七二頁。
⑤ 《金史》卷一〇六《术虎高琪傳》，中華書局一九七五年，第二三四五頁。
⑥ 《金史》卷一七《哀宗紀》，中華書局一九七五年，第三七九頁。今按，正大三年設益政院。呂造當以待制入選。

苗秀實

苗秀實字彦實，號古唐棲巖老人，平陽（今山西臨汾）人。童丱中，從鄉先生喬宬學，與先生子喬宇同硯席。明經舉選，三赴廷試。以妙於琴事，章宗特授翰林待詔①。壬辰（金天興元年、蒙古太宗四年、一二三二年）冬，汴京破，蒙古中書令耶律楚材索之北上，卒於范陽。②

《琴辨》。元耶律楚材《苗彦實琴譜序》：

右古唐棲巖老人苗公，秀實其名，彦實其字，博通古今，尤長於《易》。應進士舉，兩入御闈而不捷，乃拂袖去之。公善於琴事，爲當今第一。嘗游於京師，士大夫間皆服其高妙。泰和中，詔天下工於琴者，侍郎喬君舉之於朝。公待詔於秘書監。予幼年刻意於琴，初受指於待詔彌大用，每得新譜，必與棲巖商榷妙意，然後彈之。朝廷王公大人邀請棲巖者無虚日。予不得與渠對指傳聲，每以爲恨。壬辰之冬，王師濟長河，破潼關，涉京索，圍汴梁。予奏之朝廷，索棲巖於南京，得之，達范陽而棄世。其子蘭挈遺譜而來，凡四十餘曲。予按之，果爲絶聲。大率署令衛宗儒之所傳也。予今録之，以授後世。有知音博雅君子，必不以予爲徒説云。壬辰仲秋後二日，湛然居士漆水

① 金元好問《遺山先生文集》卷三六《琴辨引》，四部叢刊本。
② 元耶律楚材《湛然居士文集》卷八《苗彦實琴譜序》，中華書局一九八六年，第一八三頁。

移剌楚材晉卿序。(《湛然居士文集》卷八，中華書局一九八六年。)

金元好問《琴辨引》：

彦實苗君，平陽人。童丱中，爲鄉先生喬孟州扆君章所器，命其子河東按察轉運使宇德容與同硯席。君章文學深博，兼通音律，教彦實與德容琴事。初授指法，累錢手背，以輕肆爲禁，至一聲不敢妄增損。彦實後以雅重見稱，有自來矣。弱冠應明經舉選，三赴廷試。至論知琴，亦與德容相後先。當熙宗守成之際，惟弄琴爲樂而已。琴工衛宗儒者，一日鼓琴，不成聲。問之故，曰：「山後苦寒，手拮据耳。」即賜之貂鼠帳，熾炭其前，使鼓之。世宗好此藝，殊有父風，寢殿外設琴工幕，次鼓至夜分乃罷。嘗言：「吾非好琴，人主心無所住，則營建、征伐、田獵、寵嬖，何所不有？吾以琴繫著吾心耳。」一侍從鼓琴東宫，衣著華麗。上以輕浮，敕不得入宫。至顯宗，又妙於琴事者也。三四十年之間，此道大行，而彦實出於其時。近臣有薦於章廟者，因得待詔翰林。居京師未久，而聲譽藉甚，至廢舉業不就。南渡後，日從楊、趙遊。閑閑嘗有詩推敬，故詩人止以高士目之。公藝既專，又漸於敦樸之化，習與性成。其分别古今《操》、《弄》，孰雅孰鄭，猶數一二而辨黑白也。嘗選古人所傳《操》、《弄》百餘篇有古意者，纂集之，將傳於世。危急存亡之秋，良未暇也。長子名某，字君瑞，嘗仕爲省郎。閑居燕中，悼雅道之將廢而先意之不究，將鋟木以傳，請予題端，且以卜當傳與否也。予謂君瑞言：「子第傳之。山谷有云：『枯木嵌空微暗淡，古器雖在無古弦。袖中正有《南風》手，誰爲聽之誰爲傳？』東坡有云：『琴裏若能知賀若，詩中定合愛陶潛。』漢大司空宋宏薦桓譚文學可比前世揚雄、劉向父子，光武拜爲議郎。帝每燕，輒令鼓琴，好其繁聲。宏聞之不悦，悔於薦舉。伺譚内出，正朝服坐府上，遣吏召之。譚至，不與席而讓之，曰：『吾所以薦子者，願令輔國家以道德也。而今數進鄭聲，以亂《雅》、《頌》，非忠正者也！能自改耶？會相舉以法乎？』譚頓首謝，良久乃遣之。後大會群臣，帝使譚鼓琴。譚見宏，失其常度。帝怪而問之，宏乃離席免冠謝曰：『臣所以薦桓譚者，謂能以忠正導主。而今朝廷耽悦鄭聲，臣之罪也。』帝改容謝之，譚遂不得給事中。」予竊謂《南風》手不可得，而今世愛陶詩者幾人？果如坡、谷所言，唯當破此琴爲烹鶴之具耳。光武好繁聲，舉朝亦好之，乃有宋司空。謂宋巨集之後遂無宋巨集，則彦實此書何從出哉？夫八音與政通爲難，審音以知政，居今而行古又爲難。合是二難，始有此書。乃欲藏之名山，以待其人乎？司空表聖最爲通論，云：「四海之廣，豈無賞音？固應不待五百年耳！」請以此爲之引。歲丁巳秋八月初吉，遺山詩老引。（《遺山先生文集》卷三六《琴辨引》，四部叢刊本。）

武亢

武亢，宿州臨涣（今安徽濉溪縣）人。父禎，正大中除司天臺管勾。亢習父業，精於占候。天興二年，除司天長行。數言災咎，動合上意。三年正月，蔡州陷落，赴水死。①

《校正天文主管》一卷，存。元蘇天爵《滋溪文稿》卷二五《三史質疑》：「金人術藝，若武亢之天文，劉守真之醫術，皆造精妙。當採其事跡，作方伎傳。」明晁瑮《晁氏寶文堂書目》卷下著録，未標撰者及卷數。另，清紀昀等《四庫全書總目》卷一一〇《子部術數類》亦著録：「首題『明昌元年司天臺少監賜紫金魚袋臣武亢重行校正』，蓋金章宗時經進之書。按《金史·百官志》，司天少監，秩從六品，而武亢姓名不見於紀傳，惟王鶚《汝南遺事》曰：『哀宗天興二年，右丞仲德奏：前司天臺管勾武禎男亢原注曰徐州人氏，習父之業，精於占候。上遣人召之，既至，與語大悦，即命爲司天長行。亢數言災咎，動合上意。是年九月，敵人圍蔡，亢預奏十二月初三日攻城，及期果然。上復問何日當解，亢曰：直至明年正月十三日，城下無一人一騎。明年正月城陷，十三日撤營去。其數精妙如此』云云。則亢乃哀宗末人，不應章宗時已爲司天臺少監，校正此書。疑其出於託名，故時代舛異也。其書諸家皆未著録，惟晁氏《寶文堂書目》有之。所載恒星及五星次舍占説，皆頗明析，而繪圖舛錯者多。末附《周天立象賦》及《五星休咎賦》各一篇，題曰李淳風撰，其詞亦不類唐人。錢曾《讀書敏求記》有明李泰《天文主管釋義》三卷，稱『依丹元子《步天歌》分佈垣舍之星爲主』，當即詮釋此書而作。然不言及此書，殆曾偶未之見耶？」今按，所謂

① 《金史》卷一三一《方伎傳》，中華書局一九七五年，第二八一四頁。

時代舛異，當是混禎、亢父子爲一人。或父禎原著、子亢校正。

傅起

傅起，始末未詳。金末尚書省諸生，與同僚共成《道學發源》。

《道學發源》。金趙秉文《道學發源引》：

天地間有大順至和之氣、自然之理，根於心，成於性。雖聖人教人，不能與之以其所無有。疾苦必呼父母，此愛之見於性者也。有悖逆愧生於心，此敬之見於性者也。然愚者知愛而不知敬，賢者知之，不能擴而充之以及天下，非孝之盡也。故愛親者，仁之源；敬親者，義之源。文斯二者，禮之源。無所不體之謂誠，無所不盡之謂忠。貫之之謂一，會之之謂中。及其至也，蟠天地，溥萬物，推而放諸四海而準，其源皆發於此。此吾先聖所以垂教萬世，吾先師子曾子之所傳，百世之後，門弟子張氏名九成者所解。九成之解，足以啓發人之善心，由之足以見聖人之蘊。今同省諸生傅起等，將以講明九成之解，傳一而千，傳千而億。聖人之蘊，庶幾其有傳乎！某聞之，喜而不寐。抑聞之，致知力行，猶車之二輪，鳥之二翼，闕一不可。學者苟曰：「吾求所謂知而已，而於力行則闕焉。」非所望於士君子也。間有窮深極遠、爲異學高論者，曰：「此家人語爾。」非惟不足以知聖人之道，是猶詑九層之臺，未覆一簣，欺人與自欺也，其可乎？愚謂雖圓頂黄冠、村夫野婦，猶宜家置一書。渠獨非人子乎？至於載之《東西銘》，子翬之《聖傳論》，譬之户有南北東西，由之皆可以至於堂奥。總而論之，名曰《道學發源》，其諸異乎同源而異流者與？（《滏水集》卷一五，叢書集成初編本，中華書局一九八五年。）

金王若虚《道學發源後序》：

韓愈《原道》曰：「孟軻之死，不得其傳。」其論斬然，君子不以爲過。夫聖人之道，亘萬世而常存者也。軻死而遂無傳焉，何耶？愚者昧之，邪者蠹之，駁而不純者汨之，而真儒莫繼，則雖存而幾乎息矣。秦、漢以來，日就微滅，治經者局於章句訓詁之末，而立行者陷於功名利欲之私。至其語道，則又例爲荒忽之空談而不及於世用，仿佛疑似而失其真，支離汗漫而無所統，其弊可勝言哉！故士有讀書萬卷，辯如懸河，而不免爲陋儒。負絶人之奇節，高世之美名，而毫釐之差，反入於惡者，惟其不合於大公至正之道故也。韓愈固知言矣，然其所得，亦未至於深微之地，則信其果無傳矣。自宋儒發揚秘奥，使千古之絶學，一朝復續，開其致知格物之端，而力明乎天理、人欲之辨，始於至粗，極於至精，皆前人之所未見，然後天下釋然知所適從，如權衡指南之可信。其有功於吾道，豈淺淺哉？國家承平既久，特以經術取人，使得參衆論之所長，以求夫義理之真，而不專於傳疏，其所以開廓之者至矣。而明道之説，亦未甚行。三數年來，其傳乃始浸廣，好事者往往聞風而悦之。今省庭諸君，尤爲致力，慨然以興起斯文爲己任，且將與未知者共之，此發源之書，所以汲汲於鋟木也。學者常試觀之，其必有所見矣。心術既明，趨向既正，由是而之焉，雖至於聖域無難，猶發源不已，則汪洋東注，放諸海而後止。嗚呼！其可量哉，亦任之而已矣。僕嘉諸君樂善之功，爲人之周，而喜爲天下道也，故略書其末云。東垣王某序。（《滹南遺老集》卷四四，叢書集成初編本，中華書局一九八五年。）

馮璧

馮璧字叔獻，號松庵，真定（今河北正定縣）人。馮子翼之子。承安二年進士。貞祐南遷，以翰林修撰攝監察御史，改大理丞，屢鞫大獄，劾奏奸贓不法，令權貴側目，時議壯之。興定末，以奉議大夫同知集慶軍節度使致仕①，居嵩山十餘年，金亡北歸鄉里。庚子歲（蒙古太宗十二年、一二四〇年）卒，年七十九。長於《春秋》，詩筆清峻，字畫楚楚，有魏晉風調。制誥典麗，當代少見其比。尺牘又其專門之學，風流藴藉，不減前人。往在京師時，雷淵、王渥、元好問、李獻能、冀禹錫諸名流皆從之問學。②

《松庵集》。元姚燧《牧庵集》卷三《馮氏三世遺文序》：「通議之氣粹以正，其學綜博而趨約，故其言之見於誕佈除拜、吟情托物、誅奸彰善者，剗戛陳言，一以經史爲師，淡麗而不諛，奥雅而雄深，多體而不窮，視金諸作，最爲高古，信一代文章之宗也。嘗致仕居嵩山之松庵，以故人多不

① 《金史》卷一一〇《馮璧傳》，中華書局一九七五年，第二四三〇頁。
② 《遺山先生文集》卷一九《内翰馮公神道碑銘》，四部叢刊本。

敢官公，第曰松庵，猶魯人於石守道曰徂徠然。」其集名《松庵》，與父馮子翼《白雲集》、子馮渭《常山集》，皆板行於世，目曰《馮氏三世遺文》。

張正倫

張正倫字公理，湯陰（今河南湯陰縣）人。年二十八登泰和三年進士第，累官資善大夫吏部尚書。天興二年初，崔立以汴京降蒙古，自立爲相，以正倫有人望，擢參議省事①。壬辰後，柴車北歸，結廬洹上，左右圖書，不以世事縈懷。年六十八卒。②

《張吏部文集》。元好問《資善大夫吏部尚書張公神道碑銘》：「所著詩文、箋奏，簡重典雅，稱其爲人。爲集若干卷，藏於家。」姑以官職名之。

王若虚

王若虚字從之，號慵夫、滹南遺老，真定藁城（今河北藁城）人。承安二年經義進士，秉史筆十五年，累官翰林直學士。金亡，北歸居鄉里。癸卯歲（蒙古太宗乃馬真后稱制二年、一二四三

---

① 金劉祁《歸潛志》卷一一《録大梁事》，中華書局一九八三年，第一二九頁。
② 《遺山先生文集》卷二一《資善大夫吏部尚書張公神道碑銘》，四部叢刊本。

年），遊泰山卒，年七十。少師其舅周昂，博學强記，善持論。①

《尚書義粹》三卷。孫德謙《金史藝文略·經部》著録。②

《四書集注辨》。元蘇天爵《滋溪文稿》卷二二《默安先生安君行狀》云：「國初，有傳朱子《四書集注》至北方者，滹南王公雅以辯博自負，爲説非之。」

《論語辨惑》四卷，存。金王若虚《論語辨惑序》：

解《論語》者，不知其幾家，義略備矣。然舊説多失之不及，而新説每傷於太過。夫聖人之意，或不盡於言，亦不外乎言也。不盡於言，而執其言以求之，宜其失之不及也；不外乎言，而離其言以求之，宜其傷於太過也，盍亦揆以人情而約之中道乎！嘗謂宋儒之議論，不爲無功，而亦不能無罪焉。彼其推明心術之微，剖析義利之辨，而斟酌時中之權，委曲疏通，多先儒之所未到，斯固有功矣。至於消息過深，揄揚過侈，以爲句句必涵氣象，而事事皆關造化，將以尊聖人，而不免反累，名爲排異端，而實流於其中，亦豈爲無罪也哉！至於謝顯道、張子韶之徒，迂談浮誇，往往令人發笑。噫！其甚矣。永嘉葉氏曰：「今之學者，以性爲不可不言，命爲不可不知，凡六經孔子之書，無不牽合其論，而上下其詞，精深微妙，茫然不可測識，而聖賢之實，猶未著

①《中州集》卷六《王内翰若虚》，中華書局上海編輯所一九六二年，第二八六頁。

②《金史·藝文志》，商務印書館一九五八年，第七四頁。

也。昔人之淺，不求之於心也；今世之妙，不止之於心也。不求于心，不止於心，皆非所以至聖賢者。」可謂切中其病矣。晦庵删取衆説，最號簡當，然尚有不安及未盡者。竊不自揆，嘗以所見正其失而補其遺，凡若干章。非敢以傳世也，姑爲吾家童蒙之訓云。（《滹南遺老集》卷三，叢書集成初編本，中華書局一九八五年。）

《滹南詩話》三卷，存。

《章宗實録》一百二十卷。《遺山先生文集》卷一九《内翰王公墓表》：「哀宗正大初，章宗、宣宗實録成，遷平涼府判官。」

《宣宗實録》。《金史》卷一七《哀宗紀》：正大五年十一月，「進《宣宗實録》」。另，《金史》卷一二六《文藝傳》：「正大初，《宣宗實録》成，（王若虚）遷平涼府判官。」所謂正大初，當作正大五年，從本紀。又，金劉祁《歸潛志》卷九：「正大中，王翰林從之在史院領史事，雷翰林希顔爲應奉兼編修官，同修《宣宗實録》。」

《慵夫集》若干卷。《遺山先生文集》卷一九《内翰王公墓表》：「所著文編稱《慵夫》者若干卷、《滹南遺老》者若干卷傳於世。」

《滹南遺老集》四十五卷，存。清紀昀等《四庫全書總目》卷一六六《集部别集類》著録：「史稱若虚有《慵夫集》、《滹南遺老集》，均曰若干卷，不詳其數。黄虞稷《千頃堂書目》載《滹南遺老集》四十五卷，與王鶚序合。《慵夫集》，虞稷雖著録而卷數則缺。考大德三年王復翁序，稱以

《中州集》所載詩二十首附卷末，則《慵夫集》元時已佚，惟此集存耳。此本凡《五經辨惑》二卷，《論語辨惑》五卷，《孟子辨惑》一卷、《史記辨惑》十一卷，《諸史辨惑》二卷，《新唐書辨》三卷，《君事實辨》二卷，《臣事實辨》三卷，《議論辨惑》一卷，《著述辨惑》一卷，《雜辨》一卷，《謬誤雜辨》一卷，《文辨》四卷，《詩話》三卷，雜文及詩五卷，與四十五卷之數合。然第三卷惟《論語辨惑序》一篇、《總論》一篇，僅三頁有奇，與他卷多寡懸殊，疑傳寫佚。此一卷後人割第四卷首三頁，改其標題，以足原數也。蘇天爵作安熙行狀云：『國初有傳朱氏《四書集注》至北方者，滹南王公雅以辯博自負，爲説非之。』今考《論語》、《孟子辨惑》乃雜引先儒異同之説，斷以己意，其間疑朱子者有之，而從朱子者亦不少，實非專爲辨駁朱子而作。天爵所云不知何據。觀其稱陳天祥宗若虚之説，撰《四書辨疑》，因熙斥之，遂焚其稿。今天祥之書具存，無焚稿事，則天爵是説，特欲虚張其師，表章朱子之功耳，均非實録也。其《五經辨惑》頗詰難鄭學，於《周禮》、《禮記》及《春秋》三傳，亦時有所疑，然所攻者皆漢儒附會之詞，亦頗樹偉觀。其自稱不深於《易》，即於《易》不置一詞，所論實止四經，則亦非强所不知者矣。《史記辨惑》、《諸史辨惑》、《新唐書辨》，皆考證史文，掊擊司馬遷、宋祁，似未免過甚，或乃毛舉細故，亦失之煩瑣。然所摘遷之自相牴牾與祁之過於雕斫，中其病者亦十之七八。《雜辨》、《君事實辨》、《臣事實辨》皆所作史評，《議論辨惑》、《著述辨惑》皆品題先儒之是非，其間多持平之論，頗足破宋人之拘攣。《雜辨》二卷，於訓詁亦多訂正。《文辨》宗蘇軾，而於韓愈間有指摘。《詩話》尊杜甫，而於黄庭堅多所呰議。蓋若虚詩文不尚鐫削鍛煉之格，故其論如是也。統觀全集，偏駁之處誠有，然金元之間，學有根柢者實無人出若虚右。吴澄稱其「博學卓識，見之所到，不苟同於衆」，亦可謂不虚美矣。」今按，《滹南遺老集》所收爲「雜著」，《慵夫集》所收系詩文。《慵夫集》散佚，後人因輯其詩文入《滹南遺老集》。

金李治《滹南遺老集引》：

黄鳥止於丘阿，流丸上於甄臾，群言止於公是。夫言生於人心，心既不同，言亦各異，其在彼也一是非，其在此也一是非。左右佩劍，其誰能正之？必有大人者出，獨立當世，吐辭立論，掃流俗之所徇，取古今天下之所共與者與諸人，有以塞其口而厭其心，而後呶呶之説息矣。自秦火以來，漢武帝表章六經，不謂無功于聖人。然諸儒曲學，往往反爲所汨。陵遲至於唐宋，人自爲説，雖其推明隱奥爲多，其間踳駁淆混，詿誤後生，蓋亦不少。顧六經且如是，況百家乎！子長實録也，劉子玄黜其煩；孟堅鉅筆也，劉貢父刊其誤；子京俊才也，劉器之病其略。顧史氏且如是，況雜述乎！然則有人於此，品藻其是非，覼縷其得失，使惑者有所釋，鬱者有所伸，學者有所適從，則其澤天下也，不既厚矣乎！今百餘年，鴻生碩儒，前後踵相接，考其撰著，訇磕彪炳，今文古文，無代無之，惟於議論之學，殆爲闕如。豈其時物文理相與爲汙隆耶？其磊落之才，閎大之器，深識英眄，爲世標表者不常有耶？抑亦有其人，遭世多故，不幸而無以振發之也。滹南先生學博而要，才大而雅，識明而遠，所謂雖無文王，猶興者也。以爲傳注六經之蠹也，以之作六經辨。《論》、《孟》移聖賢之志也，以之作《論》《孟》辨。史所以信萬世，文所以飭治具，詩所以道情性，皆不可後也，各以之爲辨。而又辨歷代君臣之事跡，條分區別，美惡著見，如粉墨然。非夫獨立當世，取古今天下之所共與者與諸人，能然乎哉？嗚呼，道之不明也久矣。凡以群言擠之也，故卑者以陷，而高者以行怪；拙者以惛，而巧者以徇。欲傳者如是，受之者又如是，尖纖之逞，而浮誕之誇，吾將見天下之人，一趨於壞而已耳。如先生之學，誠處之王公之貴，賴以範世填俗，其庶乎道復明於今日也。先生今已矣，後百年千年得一人焉。食先生之餘，廣先生之心，能使斯文之不墜，則雖百年千年，吾知其爲一日也。欒城李治引。（《滹南遺老集》卷首，叢書集成初編本，中華書局一九八五年。）

元王鶚《滹南遺老集引》：

予以剽竊之學，由白衣入翰林，當代巨公，如趙閑閑、楊禮部、滹南先生，皆士林儀表，人莫得見之，而一旦得侍几硯。渾源雷希顔、良鄉王武升，河中李欽叔，亦稱天下之選，而十年得遇從遊。故予嘗自謂：叨取科第，未足爲幸，而忝廁英遊之末，兹所以爲幸也歟！玉堂東觀，側耳高論，日夕獲益實多。然愛予最深、誨予最切、愈久愈親者，滹南先生一人而已。先生性聰敏，蚤歲力學，以明經中乙科。自應奉文字，至爲直學士，主文盟幾三十年。出入經傳，手未嘗釋卷。爲文不事雕篆，唯求當理，尤不善四六。其主名節，區別是非，古人不貸也。壬寅之春，先生歸自范陽，道順天，爲予作數日留。以手書四帙見示曰：「吾平生頗好議論，嘗所雜著，往往爲人竊去，今記憶止此，子其爲我去取之。」予再拜謝不敏。明年春，先生亡矣。越四年，其子恕見予於燕京，予盡以其書付之。又二年，稾城令董君彦明益以所藏釐爲四十五卷，與其丞趙君壽卿，倡議募工，將鏤諸板，以壽其傳，囑爲引。予爲先生之學之大，本諸天理，質諸人情，不爲孤僻崖異之論。如三老、三宥、五誅、七出之説，前賢不敢議，而先生斷之不疑，學者當于孔孟而下求之，不然，殆爲不知先生也。先生諱若虚，慵夫其自號云。歲屠維作噩閏月初吉月，後進東明王鶚斂衽書。（《滹南遺老集》卷首，叢書集成初編本，中華書局一九八五年。今按，所謂歲屠維作噩，以古曆紀元計，歲在己酉，此指蒙古定宗海迷失后稱制元年、一二四九年。）

元彭應龍《滹南遺老集引》：

古之君子學博矣，猶以爲有弗辨；辨之弗明，弗措也惟然。故博而非雜，乃其善學，經若史群書論議記釋具存。而世有博雅之士潛心焉者，又爲詳説。將考核而求其是，是殆前乎諸先生所望乎來者之盛心，而余於滹南遺老集讀而知之者，以此所尊者經，而於傳記百氏弗盡信，見到處擺脱窠臼，而不依隨以爲是非，以是談經與史，則詩文以下可知也，非其學之傳而蘄乎辨之明疇克爾。嗚呼，中原文獻之邦，諸老而後，百餘年來，如隔宇宙。有可慨者，滹南生乎其間，必其遺風餘澤之沾丐者末泯，故所學論説源委則然。方將鈔其會余意者，隨所讀書附記同異，切磋究之，值風雪，凍指欲墜握筆。復己里興賢書院行且鏤梓，喜而爲之識於帙之初。閼逢涒灘冬至日，前荆臺冶官彭應龍翼夫序。（《滹南遺老集》卷首，叢書集成初編本，中華書局一九八五年。今按，所謂閼逢涒灘，以古曆紀元推之，歲在甲申，此指元至元二十一年、一二八四年。）

元王復翁《題滹南遺老集後》：

滹南《辨惑》一書，初江左未之聞也。至元二十年古滄王公時舉來丞是邦，出於行篋，始得見之。興賢書院謄録刊行，迨今十年。其板爲復翁所得，以字多差舛，恐誤讀者，欲得元本證之。而王公去此升行臺監察御史，尋柄文廣東，宦轍無定，雖欲求之末由也已。既幸任回，道過廬陵，吾州士夫以棠陰之舊，候迎公來，就乞校正，出脱漏差錯字四百餘，公因得改的，付局刊换。公又以元遺山《中州集》所載滹南古律詩僅二十篇，俾續卷末，收書君子幸加詳焉。大德三年二月中和節雙桂書院王復翁謹書。（《滹南遺老集》卷首，叢書集成初編本，中華書局一九八五年。）

清吴焯《滹南遺老集跋》：

王若虚字從之，慵夫其號，藁城人。承安二年經義進士。歷管城、門山二縣令。用薦入爲國史院編修官，遷應奉翰林文字，爲著作佐郎，遷平涼府判官，召爲左司諫，轉延州刺史，入爲直學士。入元，遂隱居不出，復東游泰山，至黄峴峰，憩萃美亭，談笑終焉。所著文章號《慵夫集》，又《滹南遺老集》，傳於世。事見《金史》。按《中州集》稱若虚負重名，精經學史學，文章禮樂，一代偉人。北渡後，隱居鄉里。據此則滹南老人終於元，未嘗仕於元，且其人已入《金史·文藝傳》。焦氏《經籍志》編入元人，誤也。此本山陰祁氏藏書，康熙乙未春王，歸繡谷亭收藏，因考史傳而附記於後。錢塘吴焯書。

又，按集内詩，與《中州集》本句微有不同，覺《中州集》之爲善。想元遺山入選時，摘其微瑕，不嫌改削乎？然此固原作，其後一卷系《中州》補入，便相同。《中州集》所無者，《宫女圍棋》一首；《和王子端》，此本多一首；《白髮歎》六韻，即《秋感》十二韻之半，亦元遺山增改，後人失考，據以編入續集耳。焯再書。（《滹南遺老集》卷末，叢書集成初編本，中華書局一九八五年。）

李仝

李仝字仲和，博州高唐（今山東高唐縣）人。好古文，尤喜論詩，而累舉不第。素嗜雜學，參究浮屠，聞則欣喜。王若虚與之「心契」，嘗力排之，而不能奪其志。①

《雜著》。金王若虚《李仲和墓碣銘》：「日在雕陰，嘗得其手書並《雜著》盈卷，覽之太息，悵然有懷。」

邢安國

邢安國字仲祥，沁州武鄉（今山西武鄉縣）人。少時有賦聲，四十歲後不再應科舉，以詩酒自

① 金王若虚《滹南遺老集》卷四一《李仲和墓碣銘》，叢書集成初編本，中華書局一九八五年，第二六八頁。

娱。金末避亂泌陽十餘年，後北歸。①

《丹崖集》。《（光緒）山西通志》卷八八《經籍志》著録，作《邢安國詩集》。今按，《中州集》卷九《邢安國》：「往時李長源傳仲祥《柳花》詩，渠甚愛之。今以《丹崖集》校之，與傳者不同，當是李長源曾與商略之耶？」

魏　璠

魏璠字邦彦，號玉峰，弘州順聖人。貞祐三年詞賦進士②。正大元年，補尚書省令史，後除儀封令。天興元年，授翰林修撰。二年，責恒山帥武仙不赴君難，仙遂遣人誣奏其罪，欲除之。哀宗嘉其忠，調歸德元帥府經歷官③。三年，扈從哀宗奔蔡。金亡歸鄉。庚戌歲（蒙古定宗海迷失后元年、一二四九年），蒙古藩王忽必烈居潛邸，聞其賢，召至和林，訪以當世之務。尋以疾卒，年七十④。

《玉峰遺稿》。《元遺山詩集》卷一〇《玉峰魏丈哀挽》云：「風馭翩翩渺獨征，幾人終始復哀

① 《中州集》卷九《邢安國》，中華書局上海編輯所一九六二年，第四五一頁。
② 元王鶚《汝南遺事》卷一，叢書集成初編本，中華書局一九八五年，第一〇頁。
③ 《金史》卷一一八《武仙傳》，中華書局一九七五年，第二五七九頁。
④ 《元史》卷一六四《魏初傳》，中華書局一九八三年，第三八五七頁。

榮。只緣大事存遺稿，重爲斯文惜主盟。北斗泰山初未滅，秋霸烈日凜如生。莫疑知己無從報，直筆君看戮進明。」所謂遺稿，當指著述。《（同治）西寧縣志》卷一〇《藝文志》著録，僅存《書事燕城》詩：「山勢回環西北高，强燕自古出英豪。地連雲朔偏宜馬，人襲衣冠盡帶刀。塵暗玉樓無鳳宿，雲埋金水似龍韜。可憐一片繁華地，空見春風長緑蒿。」①

張　本

張本字敏之，號訥庵，津觀（今山東莘縣）人②。少時與全真四代宗師真常子李志常爲同舍

① 元蘇天爵《元文類》卷六，上海古籍出版社一九九四年，第九二頁。

② 津觀，古地名，金代爲鎮，屬冀州武邑縣。張本自稱鄉籍「澶淵」，即北宋澶州，金皇統四年改開州，治觀城縣。另，張本與李志常爲「同舍生」，亦同鄉籍。李之先世洺州永年，宋季避地范陽，尋徙觀城，因著籍焉。與張本自稱「澶淵」合。

生①，情同手足。貞祐三年進士②，授翰林應奉文字。開興元年，以翰林學士從曹王出質蒙古③。金亡，寓燕京長春宫將十年，時真常掌道教，兄事如昔，盡禮給養。後遊濟南，病卒。工於大篆及八分，四十歲後學詩，殊有古意。

《宣宗實録》。元耶律楚材《湛然居士文集》卷九《再用張敏之韻》：「登科年甫冠，修史鬢初蒼。」今按，所謂鬢初蒼，指年届壯年、四十歲左右，當值正大間。

《訥庵詩集》。《中州集》卷七《張内翰本》：「四十歲後學詩，詩殊有古意。」當有詩集，以號名。

① 元李道謙《甘水仙源録》卷七《訥庵張先生事跡》，明正統《道藏》本，文物出版社等一九九四年。

② 《中州集》卷七《張内翰本》作「貞祐二年進士」。今按，當時蒙古鐵騎威逼中都，金國陷入危機。貞祐二年六月，被迫遷都。《金史》卷五一《選舉志》：「明年省試，以中都、遼東、西北京等路道阻，宜於中都、南京兩處試之。」不久中都陷落，僅在南京汴粱會試，時在貞祐三年。自正隆以降，三年一舉，已成制度。大安元年至貞祐三年，因戰亂頻仍，本應崇慶元年考試而延至崇慶二年，成爲四年一舉；下届貞祐三年，則又二年一舉。崇慶二年五月更爲至寧，九月又改貞祐。年號更改如此頻繁，即使當時人也難以把握，遂致誤作「貞祐二年進士」者屢見。

③ 《中州集》小傳作「正大九年，以翰林學士從曹王出質」。今按，《金史》卷一七《哀宗紀》「天興元年」注云：「是年本正大九年，正月改元開興，四月又改元天興。」三月庚子，「封荆王子訛可爲曹王，議以爲質」。金劉祁《歸潛志》卷一一：正大九年三月，「北兵迫南京，上下震恐。朝議封皇兄荆王守純子某爲曹王，命尚書左丞李蹊等以爲質子於軍前，擢應奉翰林文字張本爲翰林侍講學士從北行」。則是以應奉翰林文字假翰林侍講學士。《金史》未涉張本，以其官職卑微故。

樂著

樂著字仲和，永和（今河南安陽）人。大安元年進士，仕爲荆王府文學。博辯名識，能爲賦。金亡後，北渡居聊城。①

《相臺詩話》三卷。《（嘉靖）彰德府志》卷七《選舉志》：「北渡居聊城，嘗以事至都下，諸公聞著至，索詩。著詩曰：『滿院落花春避户，一窗寒雨夜挑燈』。皆服。後還鄉里，恐鄉賢無聞，乃作《相臺詩話》三卷。今採其可誦説者著於篇。」如：

（張）仲周字君美，性醇静，終日默坐亡戲談，不臧否人。雖休沐，惟覽誦經史。自監察御史授大府丞，冬，監卒取木炭皮，爲仲周爨。仲周曰：「此亦官物。」却之。

（張）敏修字忠傑，户部郎中，北渡居館陶。《甲午元日》詩曰：「憶昔三朝侍紫宸，鳴鞘聲送鳳池春。繁華已逐流年逝，潦倒猶甘昔日貧。萱曆怕看驚换世，椒觴愁舉痛思親。異鄉節物偏多感，但覺愁添白髮人。」後還林慮，《游黄華》詩：「溪流漱石振蒼崖，林樹號風吼怒雷。爲謝山靈幸寬貰，漫郎投劾已歸來。」

金之將亡也，遺老儒碩，皆來居相。蒙城田芝，北燕劉驥，永平王磐，古鄭周子維，武安胡德

① 《（嘉靖）彰德府志》卷七《選舉志》，天一閣藏明代方志選刊本，上海書店一九八一年。

珪（景松子），渾源劉祁，緱山杜瑛，太原高鳴、劉漢臣，燕山尚子明，林慮張允中，洺水徐世英、李仲澤，汴魏獻臣、田仲德、郭謙甫，各以經術教授相益，彬彬乎多文學之士矣。

張汝明

張汝明，字子玉，汶上人。大安元年經義進士，調潁州泰和縣主簿，累官中州刺史。爲人資稟厚重，剛介有守，論議純正。仕宦三十年，家無餘資。庚戌歲（蒙古定宗海迷失后稱制二年、一二五〇年）卒，年七十六。

《哀宗起居注》。《遺山先生文集》卷二一《御史張君墓表》：「（正大）八年七月，遷禮部員外郎，兼修起居注。」

白　華

白華字文舉，號寓齋，隩州（今山西河曲縣）人。貞祐三年進士。歷省掾，入翰林，仕至樞密院判官，右司郎中。蒙古圍汴京，華與謀扺禦之策，協調將帥，發遣文移，悉力而赴。天興元年十二月，扈從哀宗出京城東奔。二年三月，哀宗至歸德，命其召鄧州節度使移剌瑗勤王，華至鄧州，從瑗降宋①。後北歸，隱於滹陽。

《寓齋集》。元王逢《梧溪集》卷四《讀白寓齋詩序》：「寓齋，字君舉，金之隩人。登泰和三年詞賦進士第，累遷樞府素官，隱居教授卒。名與元遺山、趙閑閑頡頏。欒城李治序其詩曰：『龍韜電厲於紛絮之頃，玉唾川流於談笑之餘。』觀其《題靖節圖》有云云。風節可概見矣。」並録《酬元遺山》八句云云。今按，此説謬甚。一是《遺山先生文集》卷二四《善人白君墓表》：華之兄賁君舉，「中泰和三年詞賦進士第，歷懷寧主簿、岐山令，遠業未究，而成殂謝。」另，《遺山先生文集》卷二五《南陽縣太君墓誌銘》亦謂君舉「早卒」；二是元王博文《天籟集序》記「白樞判寓齋」爲遺山詞作序②，則寓齋指白華文舉無疑；三是現存《永樂大典》所録「寓齋詩」，可考撰於

① 《金史》卷一一四《白華傳》，中華書局一九七五年，第二五〇三頁。
② 元王博文《天籟集序》，見元白樸《天籟集》卷首，四印齋所刻詞本，上海古籍出版社一九八九年。

金亡後者，如《送梁貢父還燕》、《送馬雲漢還燕》、《送張孝純還燕》①、《趙提學示屏梅詩約同韻》②等。另，當時文獻僅及白華與趙秉文、元好問、李俊民、李治等交往，酬唱賡和，而未涉白賁。至於引欒城李治序云云，亦是移花接木，華、賁混淆。

《茅亭詩》。清顧嗣立《元詩選》癸集之甲《寓齋先生白賁》著録，歸白賁君舉名下。清郭元釪《全金詩增補中州集》卷五一《白君舉》：「北渡後，卜築於滹陽，結茅爲亭，有《茅亭詩》。」今按，元王博文《天籟集序》謂壬辰之難，白華之子樸方七歲，倉皇失母，賴遺山收養，挈以北渡。「數年，寓齋北歸，以詩謝遺山云：『顧我真成喪家狗，賴君曾護落巢兒。』居無何，父子卜築於滹陽，律賦爲專門之學」。王博文與白樸系同輩好友，所言可信，則《茅亭詩》當歸寓齋先生白華文舉名下。

元吴澄《題茅亭詩後》：

① 《永樂大典》卷四九〇八煙字韻引《寓齋集》，中華書局一九九八年，第四册八八〇四頁。今按，《送梁貢父還燕》之貢父，名曾，元初燕人，《元史》有傳；《送馬雲漢還燕》之雲漢，遺山有《燕都送馬郎中北上》、《馬雲漢方鏡》，見清施國祁《元遺山詩集箋注》卷一〇；《送張孝純還燕》之孝純，名樸。元郝經《陵川集》卷二五《鄰野堂記》：「乙巳秋，魯伯自燕來，以孝純張君之書示余。」乙巳，此指蒙古太宗乃馬真后稱制四年（一二四五）。

② 《永樂大典》卷二八一三梅字韻引白君舉詩，中華書局一九九八年，第二册一五〇五頁。今按，趙提學名國寶，字振玉。張德輝《中州集後序》云：「己酉秋，得真定提學龍山趙侯國寶資藉之，始鋟木以傳。」己酉，指蒙古定宗海迷失后稱制元年（一二四九）。

關中白君君舉工詩，余未獲覩其全，有人爲余誦一二，巧妙穠麗，措諸吴楚歌謡中，幾莫可辨，蓋無復有古秦人之風。風俗與化移易，詎不信然。然君舉嘗仕中朝，以直道不容，退居頻山之南，渭水之北，結茅爲亭，朝夕其間，若將終身焉。及再出，而勞郡縣之職，則又能廉，能勤，能强力，能堅忍，能不憚驅馳，略無絲毫驕惰罷軟意，真秦之人哉！非是人，孰可居是亭者？嗚呼！余讀《國風》至秦，每一章必三復，或至流涕。其慕秦也，秦故周也。畢原原上翁，不作夢久矣。何當從君茅亭，入紫芝深谷，問園黄綺角精爽今何如耶？（《吴文正集》卷五四，文淵閣四庫全書本。今按，吴氏既爲南人，又系晚輩，得之傳聞間，不免舛訛。然其説透露出寓齋詩在元代仍流傳）

孔元措

孔元措字夢得，孔子五十一世孫。明昌元年，襲封衍聖公，加文林郎。承安二年，詔兼曲阜縣令。金亡後，仍襲封衍聖公。①

《祖庭廣記》十二卷，存。金張行信《孔氏祖庭廣記序》：

古之君子皆論撰其先祖之德明，著之後世。當先世有美而不知者，不明也；知而不傳，不仁

① 《金史》卷一〇五《孔元措傳》，中華書局一九七五年，第二三一二頁。

也。明足以見，仁足以顯，然後爲君子。故素王之孫穆公師事子思，首論祖述憲章之道，魏相子慎稱相魯之政化，漢博士安國復推明所修六經垂世之教，當世莫不賢之。自夢奠兩楹之後，迄今千七百載，傳家奉祀者數嬴五十，繼繼公侯，象賢載德，如聯珠迭璧，輝映今古。嗚呼，休哉！聖人之流光若此，後之人能奉承不墜又如此，宜有信書，廣記備言，顯揚世美，以示於將來，傳之永久。於是襲封資政公因家譜《庭記》之舊，質諸前史，參以傳記，並録林廟累代碑刻，兼述皇統、大定、明昌以來崇奉先聖故事，博采詳考，正其誤，補其闕，增益纂集，共成一書，凡一十二卷，名曰《孔氏祖庭廣記》。應祖庭事跡、林廟族世、古今名號、典禮沿革之始末，並列於篇，粲然完備。於國則累朝尊師重道之美靡所不載，於家則高曾祖考保世承祧之美靡所不揚，故先聖配天之德，愈久而愈彰。噫！若資政公者，可謂仁明君子能世其家者也。資政公嘗以書示予，予斂衽觀之，既欽仰其世德，又嘉公之用心，得繼志述事之義。乃磨鈍雕朽，爲之題辭焉。正大四年歲次丁亥十月丁未朔，資政大夫前尚書右丞致仕張行信。（《祖庭廣記》卷首，叢書集成初編本，中華書局一九八五年。）

金孔元措《孔氏祖庭廣記序》：

先聖傳世之書其來久矣，由略積詳，愈遠而益著。蓋聖德宏博，自有不可揜者。爰自四十六代族祖知洪州軍州事柱國纂集所傳，板行四遠，於是乎有家譜。尚冀講求，以俟他日。逮四十七代從高祖鄰州軍州事朝散克承前志，推原譜牒，參考載籍，摘拾遺事，復成一書。值宋建炎之際，不暇鏤行。至四十九代從祖主祥符縣簿承事懼其亡逸，證以舊聞，重加編次，遂就完本，佈之天下。於是乎《祖庭廣記》二書並行，凡縉紳之流，靡不家置，獲覽聖跡，與夫歷代褒崇之典，奕葉繼紹之人，如登昆侖而披日月，咸快瞻仰。比因兵災，闕里家廟半爲灰燼，中朝士大夫家藏文籍多至散没，豈二書獨能存歟？元措托體先人，襲封世嗣，悼斯文之將泯，恐祖牒之久湮，去聖愈遠，來者難考。乃與太常諸公討尋傳記及諸典禮，於二書之外得三百二事，皆往古尊師之懿範，皇朝重道之宏規，前此所未見聞者。於是增益二書，合爲一編，及圖聖像、廟宇、山林、手植檜等，列於篇首，題曰《孔氏祖庭廣記》。其兩漢以來，林廟、碑刻，舊書止載名數，今並及其文而録之，蓋慮久而磨滅，不可復得。且先聖生於周靈王二十一年庚戌，迄今凡一千七百七十八歲，其間經世變亂，不知其幾。而聖澤流衍，無有窮已，固不待紙傳而可久也。然所以規規爲此者，特述事之心不得不然。是書之出也，不惟示訓子孫，修身慎行，不墜先業，流芳萬古，是亦學者之光也。正大四年歲次丁亥十月望日，資政大夫襲封衍聖公知集賢院兼行太常丞五十一代孫元措謹記。（《祖庭廣記》卷首，叢書集成初編本，中華書局一九八五年。）

《祖庭廣記》卷首題識：

正大四年歲次丁亥十月望日訖功。太學生介山馬天章畫像，禮官業進士浚儀王柔立校正、禮官業進士中山靳唐校正、太常寺太祝日照張簵校正、集賢院司議兼太常寺奉禮郎權博士古燕馬遂良校正、惠民司令兼太常博士富平米章校正，資政大夫襲封衍聖公知集賢院兼太常丞五十一代孫元措謹續編。（《祖庭廣記》卷首，叢書集成初編本，中華書局一九八五年。）

《祖庭廣記》卷末題識：

大蒙古國領中書省耶律楚材奏准皇帝聖旨，於南京特取襲封孔元措，令赴闕里奉祀，來時不能挈負《祖庭廣記》印板，今謹增補校正，重開以廣其傳。壬寅年五月望日，門生曹國、王恕重校，門生冀州伊萃重校。（《祖庭廣記》卷末，叢書集成初編本，中華書局一九八五年。）

清董金鑑《孔氏祖庭廣記續校》（一卷至五卷）：

按是書刊於金元間，原板久軼。錢氏《讀書敏求記》亟稱之，終無以得也。嘉慶初，錢塘何君夢華得之，以贈黄蕘翁，而其書始顯。咸豐初，仁和胡君心耘得而刊之，以冠叢書之集，而其書始傳。聖人之教，不私於吾浙，而聖門之書，若獨録吾浙以行於世，亦後學之幸已。胡君刊是書，今又幾幾不可得。去年，鑑因族人春庭幸獲覯之，願爲重雕。工既蕆，請於師友，輯説以訂其誤。竊念仙源文獻，代有成書，即睹聞所及，如闕里舊志、孔門僉載之類，無慮數十百種，旁搜博證，曠久難成。因亟取集中所刊《東家雜記》，與是書互訂。此同彼異，寓目顯然。間或刺取他書，參驗得失，譌者正之，闕者補之，疑未能明者兩存之。校一書而得兩書之益，頗以自幸。且深幸文宣遺澤流被吾浙者爲靡涯也。校既畢，又因是書卷帙繁重，繕録劄記，析而三之。自首卷之五爲一帙，六卷之九爲一帙，十卷以下專録古碑，别爲一帙。逐段分刊，取便省覽。校勘之例，視全書稍殊，並述於此，願同志者裁擇焉。光緒戊子春日，會稽董金鑑識。（金孔元措《孔氏祖庭廣記》卷五附，叢書集成初編本，中華書局一九八五年。）

清董金鑑《孔氏祖庭廣記續補校》（十卷至十二卷）：

按《廣記》後數卷録古碑全文，視《東家雜記》僅存碑目者，詳略有間矣。然其間如史晨兩碑，删取其半，後碑移目於上，前碑改題孔晨，未免疎漏。又如博陵太守孔震碑，既誤讀彪爲震，復出博陵孔彪碑，兩存其目，此尤舛誤之可疑者。聞是書傳自何君夢華，夢華名天錫，爲孔氏壻，林廟石刻，手自撫搨，甄録無遺。阮文達志山左金石，每與手書商榷。其得是書也，嘗以諗錢曉徵學士爲之跋尾。學士尤金石名家，何皆未一言及此，可見古書之足重，不以小疵掩也。胡君初刊時，欲以家藏舊碑校之而未暇，今因繙雕覆勘，特取見存碑本，及歐趙以下諸録，條列異同，聊備查考。至若石體之高廣，行字之多寡，碑陰之題記，與夫各家論斷之説，限於篇幅，不及備登。惟所載唐宋諸碑，年代寖遠，剥蝕漸多，有近搨未見之字，爲是書所獨存者。遺文墜簡，因罕見珍，池日當别疏札記，以補諸家碑録之闕。篤嗜金石者，知是書之可寶，或將以余言爲嚆矢乎？戊子首夏月既望，鑑又識。（金孔元措《孔氏祖庭廣記》卷末《續補校》，叢書集成初編本，中華書局一九八五年。）

清錢大昕題識：

此先聖五十一代孫襲封衍聖孔元措夢得所編。前載元豐八年、四十六代孫宗翰《家譜》舊引，宣和六年、四十七代孫傳《祖庭雜記》舊序。《家譜》與《雜記》，本各自爲書，夢得始合爲一，復增益門類，冠以圖象，並載舊碑全文，因祖庭之名而改稱《廣記》。蓋仙源之文獻，至是始備。書成於金正大四年丁亥，張左丞行信爲之序，鐫版南京。此則蒙古壬寅年、元措歸闕里後重雕之本也。壬寅爲元太宗六皇后稱制之年，金之亡已十載矣。蒙古未有年號，但以干支紀歲，在宋則爲淳祐二年也。此書世無傳本，兹於何夢華齋見之，紙墨古雅，字畫精審。予所見金元槧本，未有若是之完美者。向嘗據漢宋元石刻，證聖妃當爲并官氏，今檢此書，并官氏屢見，無有作亓字者。自明人刻《家語》，妄改爲亓，沿譌至今，莫能更正。讀此，益信元初舊刻之可寶。嘉慶六年歲在辛酉五月五日庚辰，嘉定錢大昕謹題。（金孔元措《孔氏祖庭廣記》卷末《後跋》，叢書集成初編本，中華書局一九八五年。）

清黄丕烈題識：

余往閲讀書敏求記，始知牧翁所亟稱者，有《東家雜記》、《祖庭廣記》諸書。然遵王皆以爲未見。既從葉九來，假得宋槧本《東家雜記》繕寫，遂著於録。若《祖庭廣記》，仍無有也。余收書數條，仍以未見全書爲憾。今夏五月，余自都門歸錢唐，何夢華亦新自山東曲阜攜眷屬僑寓於吴郡故家，得宋槧本《東家雜記》，自謂所收較遵王爲勝。惟《祖庭廣記》僅從素王事記，見其摘録中。何固孔氏壻也，其奩贈中有元板《孔氏祖庭廣記》五册，裝潢古雅，籤題似元人書，因出以相示。余詫爲驚人秘笈，蓋數年來所願見而不得者，一旦見之，已屬幸事。乃夢華稔知宋槧本《東家雜記》已在余處，謂此書是兩美之合，爰割愛投贈。贈書之日，適夢華將返杭，余贈以行資三十金。今而後士禮居中如獲雙璧矣。余檢《菉竹堂書目》有《孔子實録》五册，《文淵閣書目》有《孔子實録》一册。伏讀《四庫全書提要·傳記類》存目，有云：《孔氏實録》一卷，《永樂大典》本，不著撰人名氏。末一條云：「大蒙古國領中書省耶律楚材，奏准皇帝聖旨，於南京特取襲封孔元措，令赴闕里奉祀。」案元措以承安二年襲封衍聖公，此書或即元措所撰歟？今取證是書，與之悉合，方悟向來藏書目所云《孔子實録》、《孔氏實録》，即此《孔氏祖庭廣記》也。特所記册數卷數多寡不同，或有完缺之異爾。余於古書因緣巧合，往往類是。而此書之得，雖遵王不且遜余之創獲耶？敢不詳述原委以志余幸。此書裱托過厚，圖畫皆遭俗手補壞，因損裝重修，纖悉皆還舊時面目。首册次序紊亂，各以原注小號順之。結銜一葉，舊分兩半葉離之，瞿木夫已正其誤，今亦合之。錢少詹之題跋，孫觀察之看款，皆於夢華時乞題，今悉存其舊。他日當並《東家雜記》，求辛楣先生作總跋，俾兩書並藏文宣事跡，粲然大備於今日。儒者可以資考覽，後人可以舉名籍，紀載缺如之憾，東澗老不得而訾議已。嘉慶歲在辛酉季秋月乙未日，黄丕烈識。

書中顔子從行小影，謂聖像最真。昨同年友張子和從蕺山書院來，摹得宣和聖像贈余。石刻之，與板本纖毫無二，益信《祖庭廣記》爲得其真也。《東家雜記》首列杏壇圖説，下附琴歌一首，反疑後人僞托，遵王亦作疑信參半語，有以夫！蕘圃又識。（金孔元措《孔氏祖庭廣記》卷末《後跋》，叢書集成初編本，中華書局一九八五年。）

清胡珽《孔氏祖庭廣記校譌》：

向藏鈔本四册，先君子屢欲刊行，緣多脱誤，無由校正，事遂寢。迄今二十餘年，虞山書友鮑芳谷過㪑盧，攜此張氏影鈔本歸余，余得而刊之，所以成先志也。惟是原書中亦有舛錯，即如所載碑版一門，第就家藏舊搨本，略爲校勘，已多異同。方欲再覓舊碑，備加訂正，際兹粤氛不靖，戈甲倥偬，不得不急於藏事，姑就今刻之譌，糾出於後。如作札記，俟諸異日。咸豐三年四月，仁和胡珽識。（金孔元措《孔氏祖庭廣記》卷末《校譌》，叢書集成初編本，中華書局一九八五年。）

《續孔氏族譜》。周洪才《孔子故里著述考》據《闕里文獻考》著録，按云：「原作《孔子世家譜》，未確，兹改題今名。」①

李世弼

李世弼，東平須城（今山東東平縣）人。貞祐中，以三赴庭試不第，推恩授彭城簿。興定二年，與子昶同榜登第，爲詞賦第三甲第三人。金亡後，以東平教授卒。②

《登科記》。金李世弼《登科記序》：

道散而有六經，六經散而有子史，子史之是非，取證於六經，六經之折中，必本諸道。道也者

---

① 齊魯書社二〇〇四年，第二一六頁。

② 《元史》卷一六〇《李昶傳》，中華書局一九八三年，第三七六一頁。

適治之路，天下之理具焉，二帝三王所傳是已。三代而上，道見於事業，而不在於文章。三代而下，道寓於文章，而不純於事業。故鄉舉里選，取人之事業也。射策較藝，取人之文章也。兩漢以經術取士，六朝以薦舉得人，莫不稽舉於經、傳、子、史焉。隋合南北，始有科舉。自是盛於唐，增於宋，迄於金，又合遼、宋之法而潤色之，卒不以六藝爲致治之成法。進士之目名以鄉貢進士者，奉周之鄉舉之遺意也。試之以賦義策論者，本漢射策之遺法也。金天會元年始設科舉，有詞賦，有經義，有同進士，有同三傳，有同學究，凡五等。詞賦於東西兩京，或蔚、朔、平、顯等州，或涼廷試，試期不限定月日，試處亦不限定府州。詞賦之初，以經、傳、子、史内出題，次又令逐年改一經，亦許注内出題，以《書》、《詩》、《易》、《禮》、《春秋》爲次，循遼舊制。天眷三年，試於析津。天德三年，試於會寧。貞元二年，遷都于燕，自後止試於析津府。收遼、宋之後，正隆二年，以五經、三史正文内出題。明昌二年，改令群經、子、史内出題，仍與本傳。此詞賦之大略也。經義之初，詔試真定府所放號七十二賢榜，迨及蔚州、析津，令《易》、《書》、《詩》、《禮》、《春秋》專治一經内出題，蓋循宋舊也。天德三年，罷去經義及諸科，止以詞賦取人。明昌初，詔復興經義。此經義之大略也。天眷三年，令大河以南別開舉場，謂之南選。貞元二年，遷都於燕，遂合南北通試於燕。正隆二年，令每三年一次，開闢立定程限月日，更不擇日，以定爲例。府試初分六路，次九路，後十路。此限定日月分格也。天德二年，詔舉人鄉、府、省、御四試中第。明昌三年，罷去御試，止三試中第。府試五人取一名，合試依大定間例，不過五百人。後以舉人漸多，會試四人取一名，得者常不下八九百人，御試取奏旨。此限定場數人數格也。自天眷二年析津放第，於廣陽門西一僧寺門上唱名。至遷都後，命宣陽門上唱名，後爲定例。此唱名之格也。明昌初，五舉終場人直赴御試，不中者别作恩榜，賜同進士出身。會元御試不中者，令榜末安插。府元被黜者，許來舉直赴部。初，貞祐三年，終場人年五十以上者，便行該恩。此該恩之格也。大定三年，孟宗獻四元登第，特授奉直大夫，第二、第三人授儒林郎，餘皆從仕郎，後不得沿例。明昌間，以及第者多，第一甲取五六人，狀元授十一官，第二、第三人授九官，餘皆授三官。此授官之法也。進士第一任丞、簿、軍防判，第二任縣令。此除授之格也。近披閲金國登科顯官升相位及名卿士大夫，間見迭出，代不乏人，所以翼贊百年。如大定、明昌五十餘載，朝野閑暇，時和歲豐，則輔相佐佑，所益居多，科舉亦無負於國家矣。是知科舉豈徒習其言説、誦其句讀、摛章繪句而已哉！篆刻雕蟲而已哉！固將率性修道，以人文化成天下，上則安富尊榮，下則孝悌忠信，而建萬世之長策，科舉之功，不其大乎！國家所以稽古重道者，以六經載道，所以重科舉也。後世所以重科舉者，以維持六經能傳帝王之道也，科舉之功，不其大乎！庚子歲季秋朔日，東原李世弼序。（清張金吾《金文最》卷四五，中華書局一九九〇年。）

曹珏

曹珏字子玉，自號囂囂老人，磁州滏陽（今河北磁縣）人。及就選舉，以兩赴廷試，移籍太學。後居方城二十年，教授爲業。正大末，有司以文章德行薦，乞加官，礪風俗，會兵動而罷。丙午歲（蒙古定宗元年、一二四六年）卒，年七十四。①

《卷灡集》三卷。《遺山先生文集》卷二三《曹徵君墓表》：「君既老，自號嚚嚚老人，有《卷灡集》三卷，藏於家。」今按，清錢大昕《元史藝文志》卷四著録，作「二卷」。

暢　訥

暢訥，南陽（今河南南陽）人。金末仕爲汴京幕官，有詩名②。

《地理指掌圖注》。《元史》卷一七〇《暢師文傳》著録。

劉子才

劉子才，出處不詳。金末教坊色長，藝名「耍和」③，長於科範，伶人奉爲楷模。

《才人隱語》。金李治《敬齋古今黈》卷一：「近者伶官劉子才，蓄《才人隱語》數十卷。」今

① 《遺山先生文集》卷二三《曹徵君墓表》，四部叢刊本。

② 《元史》卷一七〇《暢師文傳》附見，中華書局一九八三年，第三九九五頁。

③ 王國維《宋元戲曲考》疑劉子才即劉耍和，「則其人自當在金末」。見《王國維戲曲論文集》，中國戲劇出版社一九八四年，第六四頁。

按，金末元初，劉要和事跡已搬入院本。杜仁傑《莊家不識勾欄》云：「前截兒院本《調風月》，背後么末敷演《劉要和》。」①

劉祁

劉祁字京叔，號神川遯士，渾源人（今山西渾源縣）。自高祖撝至父從益，凡四世八人登進士第，趙秉文爲書「叢桂蟾窟」②。弱冠舉進士不第，益折節讀書。天興元年，陷圍城中，被迫爲崔立撰頌德碑③。金亡北歸鄉，築歸潛堂。戊戌（蒙古太宗十年、一二三八年）歲，應試魁西京，選充山西東路考試官。後應征南行臺之邀至相下，七年而歿，年四十八④。

《處言》四十三篇。元王惲《秋澗集》卷五八《渾源劉氏世德碑銘》著録。另，元郝經《陵川

---

① 隋樹森《全元散曲》，中華書局一九八一年，第三一頁。

② 金劉祁《歸潛志》卷一〇，中華書局一九八三年，第一一〇頁。

③ 《歸潛志》卷一二《録崔立碑事》，中華書局一九八三年，第一三一頁。

④ 元王惲《秋澗集》卷五八《渾源劉氏世德碑銘》，四部叢刊本。今按，劉祁入金或入元，自可仁者見仁。然《金史》卷一二六《文藝傳》已論及。清施國祁《吉貝居雜記》云：「京叔冪季，歸潛堂中諸贈言，無一人不勸駕出山者，誠以前朝布衣不必一節，即京叔亦有待時而用、致君澤民之語。第考其戊戌應試，魁西京，得試官，繼居南行臺賓幕，七年而没，仕終不達。且讀其文章及征夫征婦等詩，其於金源故國舊君之感，悱惻纏綿，不堪回首，要當以遺民屬諸金。若其弟文季郁，自當入元。」見羅振玉校補《雪堂叢刻》，北京圖書館出版社二〇〇〇年，第一册七一五頁。

集》卷二〇《渾源劉先生哀辭》亦涉，作「四十篇」：「歲庚子，經甫踰童，獲拜先生於館舍，而遽南軔。闊越八九載，己酉春，先生往來燕趙間，始得奉杖屨。格言義訓，雖屢得聞，而頑鈍椎魯之資，桿棘而不入，是以塵心槁思，渴而未沃也。庚戌春，方負笈南邁，以遂摳衣之問，而凶訃掩至。繼而其弟文季來，以先生易簀時所付一書四十篇曰《處言》見示。經再拜雪泣讀之。其辭汪洋煥爛，高壯廣厚，約而不缺，肆而不繁。其理則詣乎極而窮乎性命，於死生禍福之際尤爲明析，非世之所謂文章，古所謂立言者也。於是感愚志之不卒，傷先生之不天，憫吾道之不競，恨憤惋激，吐辭以哀之。嗚唈扼吭，不復條貫。」

《歸潛志》十四卷，存。元王惲《秋澗集》卷五八《渾源劉氏世德碑銘》著録，作「三卷」，與實際相去甚遠。元迺賢《河朔訪古記》卷中亦著録，未涉卷數，謂劉祁「著《歸潛志》，以紀金末喪亂之事，與太原元裕之《壬辰雜編》、關西楊奂然《天興近鑒》、東明王百一《汝南遺事》，微有異同。今修三史，金國之事蓋多所取語云。」清紀昀《四庫全書總目》卷一四一《子部小説家類》著録，歸入元，云：「舊以《金史》載之《文藝傳》，遂題曰金人，殊非其實。是書名曰『歸潛』，蓋祁於壬辰北還，以此二字榜其室，因以題其所著。然晚年再出，西山之節不終，此名亦非其實也。卷首有祁乙未自序，謂昔所聞見，暇日記憶，隨得隨書。第一卷至六卷，悉爲金末諸人小傳；第七卷至十卷，雜記遺事；第十一卷題曰《録大梁事》，紀哀宗亡國始末；第十二卷題曰《録崔立碑事》，紀立作亂時，廷臣立碑以媚之，劫祁使撰文事。又一篇題曰《辨亡》，敘金前代之所以平治，未造之所以亂亡。自此二篇以下至十三卷，悉爲雜説，略如語録之體，殊不相類。疑此二篇本自爲一卷，殿全書之末，别以語録爲第十三卷，詩文爲第十四卷附之，後人因篇頁不均，割語録之半移綴此卷，故體例參差也。壬辰之變，祁在汴京，目擊事狀，記載胥得其實，故《金史》本傳稱祁此志于金末之事多有足徵，哀宗本紀全以所言爲據。又若《大金國志》稱樞密使伊喇蒲阿出降於元，此志不書出降，與《金史》相合，可證《大金國志》之誤。《元史》稱壬辰正月，太宗自白坡濟河而南，睿宗由峭石灘涉漢而北，以渡河涉漢同在一時，而此志則載睿宗涉漢在辛卯十一月，太宗渡河乃在壬辰，與《金史》及姚燧《牧庵集》、蘇天爵《名臣事略》所載相合，可證《元史》之誤。又如載『天興元年劉元規使北朝，不知所終』，而《金史》本紀不書其事；載薩克蘇媒蘗李元妃，而本紀不著其名；載大定十七年三月朔諸國使臣朝見，遇雨放朝，與周輝《北轅録》合，而本紀但載十六年三月朔日蝕，放朝一條；載金代鈔法凡八易其名，而《金史·食貨志》失載通貨改爲通寶，通寶又改爲通貨一條，皆足以補正史之闕。至於《金史·交聘表》稱『大定十六年，宋湯邦彦充申請使』，此志作『祈請使』；《圖克坦烏登傳》稱『天興元年正月，朝廷聞大兵入饒風關，移烏登行省閿鄉以備潼關』，此志書其事於正大八年；《完顔思烈傳》稱『王渥從思烈戰殁』，此志作『從持嘉哈希』；《李英傳》稱『與元兵遇於霸州，敗死』，此志作『遇於潞州』；《郭阿林傳》稱『宋兵大至，戰殁』，此志作『馬倒被擒，不知存殁』；《師安石傳》稱『以論列侍從，觸怒而死』，此志則云『既居位，人望頗減，皆有異詞』。其他年月先後、姓名、官階與史不同者甚多，皆足以資互考。談金源遺事者，以志與元好問《壬辰雜編》爲最，《金史》亦並稱之。《壬辰雜編》已佚，則此志尤足珍貴矣。世所行本皆八卷，雖傳是樓藏本亦然。國朝郭元釪編纂金詩，所採録僅及前七卷，知其未見全帙。此本一十四卷，與王惲《渾源世德碑》相合，當猶從元板傳録。錢曾《讀書敏求記》稱陸孟鳧家鈔本《歸潛志》凡十四卷，蓋即此本也。」

金劉祁《歸潛志序》：

余生八年，去鄉里，從祖父游宦於大河之南。時南京爲行宫，因得從名士大夫問學。不幸弱冠而先子殁。其後進于有司，不得志，將歸隱於太皡之墟。一旦遭值金亡，干戈流落，由魏過齊入燕，凡二千里。甲午歲，復於鄉，蓋年三十二矣。因思向日二十餘年間所見富貴權勢之人，一時烜赫如火烈烈者，迨遭喪亂，皆煙銷灰滅無餘，而吾雖貧賤一布衣，猶得與妻子輩完歸，是亦不幸之幸也。由是以其所以經涉憂患與夫被攻劫之苦、奔走之勞，雖飯蔬飲水，囊中無寸金，未嘗蔕諸胸臆。獨念昔所與交遊，皆一代偉人，人雖物故，其言論談笑，想之猶在目。且其所聞所見可以勸戒規鑒者，不可使湮没無傳，因暇日記憶，隨得隨書，題曰《歸潛志》。「歸潛」者，予所居之堂之名也。因名其書，以志歲月，異時作史，亦或有取焉。歲乙未季夏之望，渾源劉祁京叔自敍。（《歸潛志》卷首，中華書局一九八三年。）

元趙穆《歸潛志跋》：

孫正憲公之孫諧和伯其字者來訪予曰，鄉先生劉神川，宏博衍大之士，倡明道學，會金亂，投跡於趙、楊、雷、李諸子之間，厭服名議，守素不仕，以衛中州之氣，文章議論一出於正。遭亂後，於鄉有居以自容，扁曰「歸潛」，默然静學以休息其心，竟抱志未施而没。生平述作既多，其弟歸愚已嘗編類就帙，曰《神川遁士文集》廿二卷，鋟木於世，先君文莊公鄉序。後進嘗收先生所著《歸潛志》十四卷藏于家，蓋其言論、談笑、時事、見聞、戒勸、規鑒，足以備採擇之録，諧欲繡梓以垂其名於不朽。噫！神川一代偉人，世爲賢獻之門，其所志，窮理盡性以至於命。進則以斯道濟當時，退則以斯道覺後世，以永聖脈。一時士大夫尊師之，人文之盛實所賴焉。孟子謂君子所以教「有成德者，有達材者，有私淑艾者」，神川私淑之徒，成德、達材，彬彬輩出，是身雖没而道不没也。道寄於文，文傳於世，世傳其文，即傳其名矣。夫何憾兹嗟世道升降、人物盛衰？遼金之間殆數百年，太史宜有論載，而舊聞闕逸，後有述者，可無考訂於斯邪？先生諱祁，京叔，渾源人，神川其自號也。至大辛亥夏五月盧龍趙穆識其後。（《歸潛志》卷末，中華書局一九八三年。）

清宋定國《歸潛志跋》：

京叔自序云：從祖父游宦，故所與交遊皆一代偉人。其歸潛所志，第一卷至第七卷悉爲諸賢立傳，第八卷略記逸事，九卷至第十三卷悉載當時得失，論斷鑒觀，前賢所珍，洵不誣也。庚寅春，晤蓮涇先生，具論世罕之書，云《歸潛》未睹其全，後從王逸陶藏目及閱傳是樓藏本並祇八卷。雍正甲辰，浦子星纏以此易觀《吴都文粹》，云得於黄除欽景雲，乃沙溪陳清來所藏，傳寫再三，頗多訛字。前八卷已校正於王、徐，後六卷則闕如也。宋定國蔚如七月七日記。

清李北苑《歸潛志跋》：

金劉京叔所作《歸潛志》，傳是樓及書賈傳本止八卷，兹十四卷，借鈔於金丈星軺，蓋足本也。諸卷載金末文獻，有足徵者，十一卷敘金亡事見聞最確。國破流離，淒涼滿目，徽欽之辱，千古同憤；青城俘虜，後先一轍。天道好還，豈不信哉！十二卷序崔立碑事，京叔雖迫於元遺山諸公，然士君子遭亂世，急自表見，每至名節隳壞，不可復振，後之覽者可勿鑒與？己酉長夏李北苑跋。

清盧文弨《歸潛志跋》：

此書記金源人物文雅風流，殊不減於江以南，即一二諧謔語亦多有可觀，讀者皆知愛之。余謂京叔際危亂之時、國亡之後，幸而完歸，追述交遊聞見以著爲是書，修金史者亦頗取裁於是，乃其論一代之盛衰與其所以亡者實爲確當，可爲後來之龜鑑。又自言經喪亂後乃識温飽安逸之味。噫！人誠能知此，則躁擾之胸可平，而奢競之緣亦無不可淡矣。真閲歷有得之言哉！録竟，因爲識數語於簡末。乾隆四十有一年十月四日，東里盧文弨書於江寧寓舍之抱經堂。

清鮑廷博《歸潛志跋》：

渾源劉祁字京叔，號神川遯士。幼穎異，有文名。侍祖父游宦，得從名士大夫問學。及舉進士不第，益折節讀書，務窮遠大，文章議論粹然一出於正，金源一代儒者也。遭亂北歸，追述平昔交遊談論與夫興亡治亂之跡，著爲一書，因其堂名，目曰《歸潛志》，與同時元好問《壬辰雜編》並行於世，金末文獻之徵於是乎在。遺山《雜編》已亡於明之中葉，京叔是書，元至大間鄉人孫和伯曾梓行之，歷爲藏弆家珍秘，僅有傳本，而海内或未盡見也。此本傳鈔于萊陽趙太守起杲，再假文瑞樓、抱經堂諸本互相讎校，略採《宋史》、《中州集》及諸家雜説以疏其異同。梓公同好，用繼孫氏刻本于五百餘年之後，亦墨林勝緣也。或者以崔立撰碑一事繫遺山名節甚重，獨未得野史亭遺稿以相印證，爲大欠事。然舉遺山《外家别業上樑文》並郝文忠公《辨甘露碑詩》參合觀之，亦有以得其是非之公矣。書凡十四卷，其末卷則附録諸賢投贈詩文也。王惲《劉氏世德碑》以爲三卷，疑是十三卷之誤云。乾隆己亥十月下浣五日，長塘鮑廷博識於知不足齋。

清黄丕烈《歸潛志跋》：

此鈔本《歸潛志》忘其所從來，已棄置之久矣。會有坊友攜示張青芝手鈔八卷本，遂校勘一過。復因張本未全，又從坊間借得十四卷本鈔本統校之，始悉此本多訛舛，又有錯入他書。凡書，鈔本固未可信，苟非他本參校，又何從知其誤耶？且書必備訪本，凡一本即有一本佳處，即如此，固多訛舛矣，而亦有一二處爲他本所不及，故購書者必置重遝之本也。復翁。

又。余既手校《歸潛志》於張校舊鈔二本，合者姑以圈識之，而斷之曰是、曰誤，取三者從二之意也。然於金源事未諳，所言皆妄耳。丁丑夏五，浙江湖州之南潯人施北研先生來余家小住五日，與談金源事，如瓶瀉水，無一留停。蓋北研以老諸生，不利舉業，積數十年精力，究心於金源一代事跡，故能如是也。所著有《金史詳校》、《元遺山詩文箋》、《金源雜興》等著。余見其後二種。兹屬校此，下方某作某者是也。北研自有跋在終卷，而附記北研著述於此者，以見一鄉一邑間不乏樸學之士，特世無知之者耳。即有知之者，而著述不能使之行，是誰之過歟？爲之歎然。

又。癸酉冬日，於坊間獲一《歸潛志》八卷本，爲郡先輩張青芝手鈔。旋爲吴大春生得之，因手校此。復翁。

又。癸酉仲冬廿有四日，於經義齋書坊見有張青芝手録劉祁《歸潛志》八卷本，取歸與舊藏本對，似較勝。惜無後六卷，因憶是坊架上向有鈔本《歸潛志》全者在，越日，復往取之。先校此六卷，實優於向所藏者。遂竭一日半夜力校畢，此當留，此全本矣。適春生吴大來訪余，云是青芝所鈔，渠欲轉購之。明日當取張本校前八卷也。十一月廿七日燒燭校畢，時二更餘矣。復翁。

清施國祁《歸潛志跋》：

丁丑夏六月過復翁家，相知十餘年，始識面也。翁以余喜説金源事，因出此舊鈔屬校。與鮑刻略同，惟《歸潛堂記》之「銅壺」，此作「銅臺」，而闕鮑本「壺」字亦解，曾擬改作「鞮」字，今見此「臺」字，乃知舊本之足貴。至太宗神射之爲太祖神功，李純甫卒於元光末，王仲元爲王廣道從子，良由神川誤記，不必校。先生因屬綴言，不揣鄙拙書此。北研謹題。（以上見《歸潛志》卷末，中華書局一九八三年。）

《大唐傳載摘勝》一卷，存。金劉祁《大唐傳載摘勝序》：

書云：不有博奕者乎？猶賢乎爾。斯聖人疾夫飽食而怠惰之深也。又曰：吾不試，故藝。

試，用也。夫藝者，不獨總多能，第以其無用於代，而窮愁時有所述耳。八年夏，南行極嶺嶠。暇日，瀧舟傳其所聞而載之，故曰傳載。雖小説，或有可觀覽之，而啤而笑焉。（《大唐傳載摘勝》卷首，清末民初羅振玉藏鈔本，遼寧省人民圖書館藏。）

《泰山雅詠》。該集收金末元初及前代文人遊覽泰山吟詠，如宋孔道輔《訪隱居孫明復山齋》二首①；金李志常《代行禮畢醮罷題》②；金劉祁《素景門》③、《望絶頂》、《太平頂》④；金杜仁傑《太平頂》⑤、《誠明真人登泰山嶽頂》⑥；元高翿《回馬嶺》⑦、《太平頂》⑧等。

《渾源劉氏傳家集》。明楊士奇等《文淵閣書目》卷九著録《渾源劉氏集》「二册」，明葉盛《菉竹堂書目》卷三亦著録，未涉卷帙。

元蘇天爵《渾源劉氏傳家集序》：

① 《永樂大典》卷二五三九齋字韻引《泰山雅詠》，中華書局一九九八年，第二册一二〇六頁。
② 《永樂大典》卷一〇四五九禮字韻引《泰山雅詠》，中華書局一九九八年，第五册四三五四頁。
③ 《永樂大典》卷三五二七門字韻引《泰山雅詠》，中華書局一九九八年，第二册二〇三九頁。
④ 《永樂大典》卷一一九五一頂字韻引《泰山雅詠》，中華書局一九九八年，第五册五〇三七頁。
⑤ 《永樂大典》卷一一九五一頂字韻引《泰山雅詠》，中華書局一九九八年，第五册五〇三七頁。
⑥ 《永樂大典》卷一一九五一頂字韻引《泰山雅詠》，中華書局一九九八年，第五册五〇三七頁。
⑦ 《永樂大典》卷一一九八〇嶺字韻引《泰山雅詠》，中華書局一九九八年，第五册五一一九頁。
⑧ 《永樂大典》卷一一九五一頂字韻引《泰山雅詠》，中華書局一九九八年，第五册五〇三七頁。

先王之世，道德同而風俗美，故其政教行於天下，莫不身修而家齊，禮明而樂備。去古既遠，政教漸微，豈惟士之學行不能世其家，而有國者亦弗克維持其治化矣。然而數百年間，士之持身慎行，以詩禮操義相傳，寧無一二可述者乎？若漢之袁、楊氏，唐之柳氏、穆氏，家範之嚴，風概之高，有以厲天下，矯異世，故史氏載之以爲訓焉。湖廣行省檢校劉君之彦輯其先世譜牒言行來告曰：「吾家渾源，傳九世，閲二百餘年。其在於金，舉進士者八人；際遇聖朝，仕者若干人。然官雖不甚顯，而文學風誼見稱于大儒先生，可考不誣。念宗族昆弟散居四方，故輯録爲書，俾謹藏之，庶不失墜先訓。公其序而傳焉。」余聞古之君子不以名位崇高爲貴，而惟節義風概之爲尚也。故曰：富與貴是人之所欲也，不以其道得之不處也；貧與賤是人之所惡也，不以其道得之不去也。其審富貴而安貧賤如此，渾源劉氏其庶幾乎？金之初年，士大夫乘時以干名，依勢以取貴，無何，群小相傾，卒陷於禍。南山翁方以清修文雅著名于時，用則出而應之，否則安其所守，不見喜愠。而詞學之懿，操行之潔，傳諸其家以及其鄉人者，終金之世，雲、朔諸郡文獻相望，大抵多翁所感發也。其子翰林繼之，家學益修，居官廉平。恒慕黄叔度、郭林宗爲人，蕭然有高世之志，徜徉西巖泉石之間而佚老焉。後之人皆世其學，厲其行，未嘗趁勢干名，以苟富貴。則能傳家保族，固其宜哉。嗚呼！前代名門巨室泯没無聞者多矣，蓋非祖考積德累行倡之於其始，子孫讀書立身承之於其後，孰能傳緒歷次於久遠歟！昔金盛時，公卿將相隆名極位，赫然震耀。曾無幾時，聲跡俱滅，甚者或無以爲繼。而劉氏獨能以詩禮操義，保其世德若此。覽者其亦有所感而興起矣。

至正三年癸未冬十月癸巳朔，中奉大夫、湖廣等處行中書省參知政事趙郡蘇天爵序。（《滋溪文稿》卷五，中華書局一九九七年。）

《神川遯士集》二十二卷。元王惲《秋澗集》卷五八《渾源劉氏世德碑銘》著録。

魏思廉

魏思廉字廷秀，弘州順聖（今河北陽原縣）人。魏璠之侄、魏初之父。自幼業進士，文賦有聲。性愷悌，與物無競，而嚴於家範。己酉歲（蒙古定宗海迷失后稱制元年、一二四九年）卒，年六十。

《家塾記》。金魏思廉《家塾記後序》：

自吾高祖朝列爲一員，曾父酒使、季曾參政，派而兩之。或以文章而升，或以門地而進。捨此之外，不由他道。不苟求，不奔競，未嘗有悖理傷道之過者。以政事觀之，不須觀循吏。以耿介觀之，不須觀獨行。以忠義觀之，不須觀顔氏之弟兄。以讜正觀之，不須觀陸贄之諫論。以文章學問觀之，不須觀儒林。以母氏之賢淑觀之，不須觀列女。子孫能講誦以味之，不猶愈於慕他人乎？（《青崖集》卷五《先君墓碣銘》，四庫珍本叢書本。）

張居中

張居中字正之，出處不詳。衛紹王朝仕爲司天提點。金末嘗寫災異事若干，以備史官採用。①

《六壬祛惑鈐》六卷。書名之「祛惑」或作「無惑」。元耶律楚材《司天判官張居中六壬祛惑鈐序》：

予故人張正之世掌羲和之職，通經史百家之學，尤長於三式，與予參商且二十年矣。癸巳之春，既克汴梁，渠入覲於朝，形容變盡，惟語音存耳。乘閑因出書一編，曰《六壬祛惑鈐》。予再四繹之，引式明例，皆有所據。或有隱奥，人所未通者，釋以新説，蓋採諸經之所長，無所矛盾者，取其折衷，爲一家之書，近代未之有也。求傳寫者既衆，其同列請刊行以廣其傳。余忻然爲引以題其端。癸巳中秋日，湛然居士漆水移剌楚材晉卿序。（《湛然居士文集》卷八，中華書局一九八六年。今按，癸巳指金天興二年、蒙古太宗五年、一二三三年。）

彭澤

彭澤字彦材，太原（今山西太原）人。金末嘗仕爲職官，後歸隱。蒙古中書令耶律楚材與之爲

① 《金史》卷一三《衛紹王紀》，中華書局一九七五年，第二九八頁。

故交，有詩云：「雪溪詞翰輝星斗，紙蠹塵蒙詩一首。湛然揮墨試續貂，囁嚅使人難出口。丁年彭澤解官去，遨遊三徑真三友。悠然把菊見南山，暢飲東籬醉重九。」①

《彭氏如積法》。金李治《敬齋古今黈》卷三：「予遍觀諸家如積圖式，皆以天元在上，乘則升之。獨太原彭澤彦材法，立天元在下。凡今之印本《復軌》等書，俱下置天元者，悉踵習彦材法耳。彦材在數學中亦入域之賢也，而立法與古相反者，其意以爲天本在上，動則不可復上，而必置於下，動則徐上。亦猶《易》卦，乾在在下，坤在在上，二氣相交而爲太也。故以乘則降之，除則升之。求地元則反是。」

張特立

張特立字文舉，號中庸先生②，曹州東明（今山東東明縣）人。泰和三年進士，授宣州司候。郡多皇族巨室，特立律之以法，闔境肅然。調萊州節度判官，不赴。躬耕杞之圉城，以經學自樂。正大初，授洛陽令。四年，拜監察御史，屢劾權貴，遭貶。金亡後，隱於鄉，教授諸生。癸丑岁

① 《湛然居士文集》卷一《和黄華老人題獻陵吴氏成趣園詩》，中華書局一九八六年。

② 《元史》卷一九九《隱逸傳》，中華書局一九八三年，第四四七六頁。

（蒙古憲宗三年、一二五三年）卒，年七十五。①

《易集解》十卷。《元史》卷一九九《隱逸傳》著録，作《易集説》。

元王惲《易解序》：

《易》文爲書，廣大精微，範圍幹度，經紀世道，以一理而含萬變。辭雖有盡，理則無窮，故説之者，吹萬不同，仁智各異。要以修辭通變，近人情、關世教爲切。煉師李公嘗爲予言：「監丞張君在河南爲衣冠清流，多藏書，得前代以《易》名家者數十種，早治其學，精占筮術。北歸，以藝能得官，如支離覆逆、建除叢辰等伎，有不屑爲者。於是廣詢博究，師心自斷，集《易解》十卷，于以抉聖心而明素志。駙馬高唐郡王，天資英明，雅好經術，一覽偉其述作勤至，發題篇端，有正大純雅，本乎仁義，與經旨不殊，其於世教大有補益，命藩府板行，賜觀中外者，無慮數百餘帙，用廣發越，以表其志尚。義山來屬，俾序其事。」予謂古之君子立言垂世，必藉王公大人爲之主張，方能信其説而傳不朽。如曲臺《禮經》，由獻王而明遺制；毛公《詩傳》，得河間而置學官。張君遭遇賢王，得成其美，將見與大雅不群之英，異世而同談者矣。至於淵源之傳授、辭理之深奥，讀者自當知之，又何俟見賣兔而設喻，遇倆人氏而致問者邪？元貞二年冬十一月謹題。（《秋澗集》卷四二，四部叢刊本。）

①《金史》卷一二八《循吏傳》，中華書局一九七五年，第二七七三頁。

《歷年繫事記》。《元史》卷一九九《隱逸傳》著録。今按，《（乾隆）山東通志》卷三四《經籍志》亦著録，作《歷年紀事》三卷。

段克己

段克己字復之，號遯庵。絳州稷山（今山西絳縣）人。少時與弟成己並以才名。興定三年，遊汴京，禮部尚書趙秉文譽爲「二妙」。天興元年，陷圍城中。金亡後，昆弟偕隱于河津龍門山中。甲寅歲（蒙古憲宗四年、一二五四年）卒，年五十九。①

《二妙集》八卷，存。清紀昀等《四庫全書總目》卷一八八《集部總集類》著録：「金段克己、段成己兄弟詩集也。克己字複之，號遯庵，成己字誠之，號菊軒，稷山人。克己，金未嘗舉進士，入元不仕。成己，登正大間進士，授宜陽主簿，元初起爲平陽府儒學提舉，堅拒不赴。兄弟並以節終。初，克己、成己均早以文章擅名，金尚書趙秉文嘗目之曰二妙，故其合編詩集即以爲名。泰定間，克己之孫輔，官吏部侍郎，以示吴澄，始序而傳之。朱彝尊《曝書亭書目》於《二妙集》下乃題作段鏞、段鐸撰。考虞集所作《段氏世德碑》，鏞、鐸實克己、成己之五世祖。鐸官至防禦使，未嘗有集行世。彝尊亦偶誤也。集凡詩六卷、樂府二卷。大抵骨力堅勁，意致蒼涼，值故都傾覆之

① 元虞集《稷山段氏阡表》，見元蘇天爵《元文類》卷五六，上海古籍出版社一九九三年，第七四二頁。

餘，悵懷今昔，流露於不自知。吳澄序言其有感於興亡之會，故陶之達、杜之憂，其詩兼而有之。所評良允。房祺編《河汾諸老詩》八卷，皆金之遺民從元好問遊者，克己兄弟與焉。而好問編《中州集》，金源一代作者畢備，乃獨無二人之詩。蓋好問編《中州集》時，爲金哀宗天興二年癸巳，方遭逢離亂，留滯聊城，自序稱據商衡《百家詩略》及所記憶者録之，必偶未得二人之作，是以不載。故又稱嗣有所得，當以甲乙次第之，非削而不録也。《河汾諸老詩集》所載，尚有克己《楸花》詩一首、成己《蘇氏承顔堂》等詩七首，皆不在此集中。疑當時所自刪削。又此集成己《冬夜無寐》一首、《中秋》二首、《雲中暮雨》一首，《河汾諸老詩集》皆題爲克己作。此集出自段氏家藏，編次必無舛錯，當屬房祺誤收。今姑各仍其舊，而特識其同異於此焉。」

元吳澄《二妙集序》：

中州遺老值元興金亡之會，或身殁而名存，或身隱而名顯。其詩文傳於今者，竊聞其一二矣。有如河東二段先生，則未之見也。心廣而識超，氣盛而才雄。其藴諸中者，條衆德之妙；其發諸外者，綜群言之美。夫豈徒從事於枝葉以爲詩爲文者之所能及哉？於時干戈未息，殺氣彌漫。賢者避世，苟得一罅隙地聊可娱生，則怡然自適，以畢餘齡，幾若澹然與世相忘者。然形之於言，間亦不能自禁。若曰「寃血流未盡，白骨如山丘」；若曰「四海疲攻戰，何當洗甲兵」。則陶之達、杜之憂蓋兼有之。其達也天，固無如人何；其憂也人，亦無如天何。是以達之辭著，而憂之意微。後之善觀者，猶可於此而察其衷焉。伯氏諱克己，字復之，人稱遯庵先生。在金以進士貢，金亡餘二十年而卒，終身不仕。仲氏諱成己，字誠之，人稱菊軒先生。在金登進士第，主宜陽簿，年過八十，至元間乃卒。雖被提舉學校官之命，亦不復仕。遯翁之孫輔由應奉翰林揚歷臺閣，今以天官侍郎知選舉，邂逅於京師，出其家藏《二妙集》以示，一覽如睹靖節，三復不置也，而歎曰：「斯人也，而于斯時也；斯時也，而毓斯人也。」昔日之耆彦嘗評二公，謂復之磊落不凡，誠之謹厚化服，摹寫蓋得其真。予亦云然。（《二妙集》卷首，文淵閣四庫全書本。）

元段輔《二妙集跋》：

顯祖遯庵君與從祖菊軒君，才名道業，推重一世。值金季亂亡，辟地龍門山中。遯庵君既没，菊軒君徙晉寧北郭，閉門讀書餘四十年，優遊以終。凜然清風，視古無愧。其遺文惜多散逸。所幸存者，古律詩樂府三數百篇，皆先侍郎手自紀録，屢欲傳梓不克。小子不肖，痛先志之未遂，懼微言之或泯，謹用録梓藏之家，俾後之子孫毋忘先業云。泰定四年丁卯春，别嗣輔拜手謹志。（《二妙集》卷末，文淵閣四庫全書本。）

《遯庵文集》。元虞集《稷山段氏阡表》：「克己、成己之幼也，禮部尚書趙公秉文識之，名之曰二妙。成己登正大進士第，主宜陽簿。及内附，朝廷特授平陽提舉學校官，不起。而克己終隱於家。一時諸侯大夫士皆師尊之。各有文集數十卷，集所爲讀而興歎者也。」。當以號名。

王無咎

王無咎字安卿，磁州武安（今河北武安）人。幼習舉業，年十七試平陽得薦，兩赴廷試及第，調魏縣主簿。時天下大亂，授昭義軍節度副使，未幾辭去。金亡後，居皋落之沾山下，自號青峰，亦號三休。喜作詩，不爲尖巧澀語，吟詠性情，自適而已。與元好問、李治遊，爲二公敬愛。甲寅歲（蒙古憲宗四年、一二五四年）卒，年六十八。故友私謚文静先生云。

《青峰詩集》。元張之翰《西巖集》卷一九《故昭義軍節度副使王公碑銘》：「生平得古律若干，目曰《青峰詩集》，傳於家。」

張澄

張澄字仲經，號橘軒，洺水（今河北曲周縣）人。先世本遼東烏若族，爲金人所併，遷隆安。正隆間，其祖官洺水，遂爲洺水人。少時隨宦濟南，從名士劉少宣問學。客居永寧，與趙元、辛願、劉昂霄爲師友。正大四年，元好問爲内鄉令，澄與杜仁傑、麻革、高永等攜家來就。金亡北渡，依東平嚴實，聘爲諸子師，後授萬户府參議。遂致力文史，以詩爲專門之學。①

①《遺山先生文集》卷三七《張仲經詩集序》，四部叢刊本。

《橘軒雜録》。元盛如梓《庶齋老學叢談》卷上：「張橘軒先生，寓軒相公父也，有《雜録》云：『鳳翔，古雍州，秦穆公羽陽宫故基存焉。其瓦有古篆「羽陽千歲」字，昔雲中馬勝公得之，方僅數寸，貯以囊，雖兵革患難至於飲食坐卧，未嘗少離，其好古一至於此。近有士人得一硯於湖南，上有此四字，持以問余，舉此告之。仍以寶刻叢章證之，陰字在硯之左，字書奇古，非銅雀所能及。屢見銅雀硯，皆有陽字，紀建安十三年造。嘗聞其土著人，瓦甚大，每片可爲四，硯則平日所見，皆僞也。荆公詩亦嘗辨之。』」所謂雜録云云，當以號名。

《橘軒詩集》。金元好問《張仲經詩集序》：

仲經出龍山貴族。少日隨宦濟南，從名士劉少宣問學。客居永寧，永寧有趙宜之、辛敬之、劉景玄，其人皆天下之選，而仲經師友之，故蚤以詩文見稱。及予官西南，仲經偕杜仲梁、麻信之、高信卿、康仲寧挈家就予内鄉。時劉内翰光甫方解鄧州倅，日得相從文字間。仲經之所成就，又非洛西時比矣。北渡後，薄游東平，謁先行臺嚴公，一見即被賞識，待以師賓之禮，授館於長清之别墅。積十餘年，得致力文史，以詩爲專門之學。此其出處之大略也。今觀其詩《永寧王趙幽居》云：「寒盡陰崖草有芽，竹梢殘雪墮冰花。號空老木風纔定，倒影荒山日又斜。天地悠悠常作客，干戈擾擾漫思家。煙村寂寞無人語，獨倚寒藤數莫鴉。」其落筆不凡類如此。及來内鄉，嘗阻雨板橋張主簿草堂，同賦《淅江觀漲》詩。仲經云：「一爾天地來，濤聲破清曉。」光甫大加賞歎，以爲有前人風調。是年出居縣西南白鹿原，名所居爲「行齋」，取「素貧賤、行貧賤」之義。行齋之南有菊水，湍流噴薄，景氣古淡，陽崖回抱，緣莎盈尺，臘月紅梅盛開。諸公藉草而坐，嘉肴旨酒，嘯詠彌日。仲經有詩云：「寒客遠峰猶帶雪，暖私幽圃已多花。」仲梁雖有「暖散春泉百汊流」之句，亦自以爲不及也。其餘如《次韻見及》云：「長松偃蹇千年物，病鶴摧頽萬里心。」《春思》云：「一春常作客，連日苦多風。野樹淒迷緑，簷花暗淡紅。愁隨詩卷積，囊與酒樽空。巢燕如相識，頻來草舍中。」《書事》云：「故國三年夢，新愁兩鬢蓬。淚從南望盡，途自北來窮。破暗蠅烘日，枯梢鵲愛風。悵然搔白首，遠目過歸鴻。」《贈員善卿》云：「詩材雖滿腹，傢俱少於車。」《珍珠泉感舊》云：「紅槿有情依壞砌，緑莎隨意上寒廳。」《秋興》云：「壞壁粘蝸艱國步，荒池漂蟻失軍容。」《秋日》云：「寒花矜晚色，病葉怯秋聲。」《憶永寧舊游寄魏内翰》云：「上閣寺高迎晚翠，游家樓小簇春紅。」《獨腳》云：「洛岸瀟瀟雨送春」、「老愛青山悟静緣」、「問路前村犬吠人」、「病枕偏宜夜雨聲」、「林深鹿近人」、「年衰與杖宜」、「雲出祇園雨亦香」。又如《風琴》一首、《回軍謠》四首、《清明日陪諸公燕集東園》一首、《病中》一首、《移居學東坡》八首、《再到方山絶句》、《書陶詩後集句》，往往傳在人口。内相文獻楊公有言：「文章，天地中和之氣，太過爲荒唐，不及爲滅裂。」仲經所得，雍容和緩，道所欲言者而止，其亦得中和之氣者歟？爲人資稟樂易，恬於進取，進退容止，皆有藴藉可觀。與人交，重然諾，敦分義，終始可以保任。使之束帶立朝，當言責之重，豈得輕負所學，忘禮諫之義乎？憂世既切，惠養是其所長。趙、張、三王，鉤距之吏，奮髯抵几，砉砉俊快，保其羞而不爲。至於德讓君子之風，良有望焉！自丙午以後，參幕府軍事，當賢侯擁篲之敬，得寸行寸。謂當見之一日，未一試而病不起矣。其孤夢符持《橘軒詩集》求予編次，感念平昔，不覺出涕，因題其後。嗚呼！有言可述，學者之能事；有子可傳，人道之大本。吾仲經言可述矣，子可傳矣，顧雖齎志下泉，其亦可以少慰矣夫！甲寅冬至日，詩友河東元某裕之題。（《遺山先生文集》卷三七，四部叢刊本）

楊奂

楊奂字焕然，號紫陽，乾州奉天（今陝西乾縣）人。金末，才學頗富而累舉不第。金亡，微服北渡。戊戌歲（蒙古太宗十年、一二三八年），以儒生就試東平，兩中賦論第一，授河南路課税所長官兼廉訪使，時年五十三。蒙古憲宗三年，請老歸鄉，五年卒，年七十①。在金與趙秉文、李純甫、元好問等交。爲詩文，下筆即有可觀。元好問稱「白首見招，日暮途遠。有才無命，可爲酸鼻。」②

《正統書》六十卷。金楊奂《臂僮記》著録：「《正統書》六十卷，蓋起於唐虞，訖於五代也。」另，元郝經《陵川集》卷二四《上紫陽先生論學書》論及：「伏觀先生《韓子辨》、《正統例》、《還

---

① 《元史》卷一五三《楊奂傳》，中華書局一九八三年，第三六二一頁。

② 《遺山先生文集》卷二三《故河南路課税所長官兼廉訪使楊君神道碑》，四部叢刊本。

山數學志》，洋洋灝灝，若括元氣而翕闢之，其事其辭其理皆有用者也，非世之逐末之文也。天其或者悔禍而自先生發源歟？不窒塞，不夭閼，而遂承其流，推而放之四海，則道之用可白，而至治可期也，不見誚於江左諸公矣。」另，元蘇天爵《元朝名臣事略》卷一三《廉訪使楊文獻公》亦著録：「自唐虞至於五代，一年一月一日，各有所書事，三代以上存而不議，秦漢而後附之以議。」今按，元陶宗儀《南村輟耕録》卷二四《漢魏正閏》：「紫陽陽煥然先生讀《通鑒》，至論漢魏正閏，大不平之，遂修《漢書》駁正其事。因作詩云：『風煙慘澹駐三巴，漢燼將燃蜀婦髽。欲起温公問書法，武侯入寇寇誰家。』後攻宋軍回，始見《通鑒綱目》，其書乃寢。」

金楊奂《正統八例總序》：

嗚呼！正統之説，禍天下後世甚矣。恨其説不出乎孔、孟之前，得以滋蔓彌漫，而不知翦遏也。通古今考之，既不以逆取爲嫌，而又以世系土地爲之重，其正乎？後之逆取而不憚者，陸、賈之説唱之，莽、操祖而誨之也。不曰「予有慚德」，不曰「武未盡善也」，以湯、武之順天應人，而猶以爲未足，況爾耶？以世系言，則禹、湯、文、武與桀、紂、幽、厲並矣。不曰「賊仁者謂之賊，賊義者謂之殘，殘賊之人，謂之一夫」，而容並之。以土地言，則秦之滅六國，晉之平吴，隋之平陳，符秦之窺伺，梁魏、周齊之交争不息者所激也。不曰「以力假仁者霸，霸必有大國；以德行仁者王，王不待大。湯之七十里，文王之百里」，以王道爲正也。王道之所在，正統之所在也。不然，使創者不順其始，守者不慎其終，抑有以濟夫人主好大喜功之欲，必至糜爛其民而後已，其爲禍可勝計耶？是以矯諸儒之曲説，懲歷代之行事，蔽以一言，總爲八例：曰得、曰傳、曰衰、曰復、曰與、曰陷、曰絶、曰歸。孰爲得？若帝摯而後陶唐氏得之，夏殷絶而湯、武得之是也。以秦、隋而始年必書曰「得」，何也？庶幾乎令其後也。未見其甚而絶之，私也；見其甚而不絶，何也？原其心也。其心如之何？謂我之功也。功著矣，奪嫡之罪，其能掩乎？而曰傳者，誕也。悲夫！虔化之兵未洗，靈武之號又建，啓之不正，習亂宜然。是故君子惜之。此變例之一也。孰爲傳？曰堯而舜。舜而禹，禹而啓，周之成、康之類是也。曰衰者何？如周道衰於幽、厲，漢政衰於元、成之類是也。曰復者何？如少康之佈德，太甲之思庸，宣王之修明文武之功之類是也。晉惠、中宗則異於是，所謂反正者也。故附見之，此蔣義之論也。惠帝既復而奪之，何也？咎其爲賈后所制，至廢其子，以成中外之亂，德之不剛也。德之不剛，君道失矣。猶中宗改號，而韋后與政，使武氏之燼復然也。曰與者何？存之之謂也。有必當與者，有不得不與者。昭烈帝室之胄，卒續漢祀，必當與者也。晉之武帝、元魏之孝文，不得不與者也。昭烈進，魏其黜乎？曰莽、操之惡均，卻莽而納操，誠何心哉？黨魏媚晉，陳壽不足責也。而曰不取於漢，取於群盜之手，其奬篡乎？魏晉而下訖於梁陳，狃於篡弑，若有成約。今日爲公爲相，明日進爵而王矣；今日求九錫，明日加天子冕旒，稱警蹕矣；今日僭皇帝位，降其君爲王爲公，明日害之，而臨於朝堂矣。吁！出乎爾者反乎爾，其亦弗思矣乎？史則書之受禪，先儒則目曰正統，訓也哉。曰晉不以爲得者何？斥其攘魏也。斥而與之，何也？順生順，逆生逆，天也。天之所假，能廢之哉。曰後乎此者不得與斯何也？惡之也。何惡之？惡其長亂也。不然，亂臣賊子曷時而已乎？《公羊》曰「録内而略外」，捨劉宋，取元魏，何也？痛諸夏之無主也。大明之日荒淫殘忍抑甚矣，中國而用夷禮，則夷之；夷而進於中國，則中國之也。且肅宗掃清巨盜，回軫京闕，不曰復而曰與，何也？暴其自立也。五代而與明宗、柴、郭何也？賢明宗之有王者之言也，願天早生聖人是也，周祖以其厚民而約己也。世宗不死，禮樂庶乎可興。奈何不假之年，而使格夫之業隕於垂成也。曰陷者何？夏之有窮浞，漢之有諸吕、新室，晉之永嘉之禍，唐之武、韋、安、史、巢、温之僭叛是也。始皇十年而從陷例，何也？曰置秦於大亂不道者，始皇也；誘始皇於大亂不道者，李斯也。人主之職，在論一相。是年也，斯之復相之年也。惡惡者疾，故揭爲不哲之鑒，以著輔相之重也。曰景帝即位之初，明帝之永平八年，而書陷者何？以短通喪而啓異端也。短通喪者，滅天性也；啓異端者，亂天常也。雖出承平之令主，而不正其失，何以嚴後世之戒？曰絶者，自絶之也，桀、紂、胡亥之類是也。曰歸者何？以唐、虞雖有丹朱、商均，而謳歌訟獄歸於舜、禹。桀、紂在上，而天下臣民之心歸於湯、文矣。曰漢之建安十三年繫之劉備，何也？以當陽之役也。夫我不絶於民，民其絶我乎？《詩》之《皇矣》：「乃眷西顧，求民之莫」。斯其旨也。商、周之交，紂德爾耳。悠悠上天，不忍孤民之望，亟求所以安之，而其意常在乎文王之所，以潛德言也。曰歸或附之以陷，何也？示無二君也。敢問唐、虞之禪，夏後殷、周之繼，存而不論，何也？曰聖人筆削之矣。起於周敬王之癸亥，何也？曰痛聖人既殁，微言之不聞也。而周之世書秦之事，何也？著其漸也。秦之叛潛不能制，則周之弱見矣。秦人承三代之餘，混疆宇而一之。師心自恣，絶滅先王典禮，而專任執法之吏。萬階既作，流毒不已。嗚呼！王道不之明，賞罰之不修久矣。然則發天理之誠，律人情之僞，捨是孰先焉？曰通載者，二帝、三王致治之成法，桀、紂、幽、厲致亂之已事也。曰通議者，秦、漢、六朝、隋、唐、五季所以興亡之實跡也。因以仰述編年之例，具録而無遺。索其梗概，不過善可以爲訓、惡可以爲戒而已。前哲之旨，果中於理所取也，敢强爲之可否。苟有外於理所去也，必補之以鄙見者，將足成其良法美意也。而忍肆爲斬絶不根之論，徒涉於乖戾耶？蓋得失不爾，則不著善惡；不爾，則不分勸戒；不爾，則不明。雖綿歷百千世，而正統之爲正統昭昭矣。卓然願治之君，苟察斯言而不以人廢，日思所以敦道義之本，塞功利之源，則國家安寧長久之福可坐而致。其爲元元之幸，不厚矣乎！（明宋廷佐輯《還山遺稿》卷上，《（民國）乾縣新志》附，中國地方志集成本，鳳凰出版社二〇〇七年。）

《天興近鑒》三十卷。金元好問《故河南路課税所長官兼廉訪使楊君神道碑》著録：「紀正大以來朝政，號《天興近鑒》三十卷。」與《還山遺稿》卷上《臂僮記》自述合：「兵火流離中，僅存《還山前集》八十一卷、《後集》二十卷、《近鑒》三十卷。」而元蘇天爵《元朝名臣事略》卷一三《廉訪使楊文獻公》著録「三卷」：「自壬辰正月至甲午六月絶筆，其書法如古之史臣，其議論如胡氏之《春秋》也。」元迺賢《河朔訪古記》卷中亦涉，未言卷數：「劉祁著《歸潛志》以紀金末喪亂之事，與太原元裕之《壬辰雜編》、關西楊焕然《天興近鑒》、東明王百一《汝南遺事》，微有異同。今修三史，金國之事蓋多所取語云。」原書佚逸，已不可考，姑從「三十卷」之説。另，《金史》卷五五《百官志》「兵部」項下注文引録，可窺一斑：「『凡給馬者，從一品以上，從八人，馬十匹，食錢三貫十四文。從二品以上，從五人，馬七匹，食錢二貫九十八文。從三品以上，從三人，馬五匹，錢一貫五百十一文。從五品以上，從二人，馬四匹，錢九百六十八文。從七品以上，從一人，馬三匹，錢六百十七文。從九品以上，從一人，馬二匹，錢四百六十四文。無從人，減七十八文。御前差無官者，視從五品。省差若有官者，人支錢四百五十一文，有從人加六十八文。走馬人支錢百五十七文。赦書日行五百里。』此《天興近鑒》所載之制也。」

《陶淵明年譜》。元李庭《跋陶淵明年譜》：

詩家之有年譜尚矣。所以著出處之實，記述作之由，千載之後，使人誦其詩而知其志，不煩注釋，意義朗然。蓋自唐宋以來，諸名公皆有，獨靖節先生闕焉。今紫陽先生始追而補之，起晉寧康，訖宋元嘉，六十三年之間，災變廢興，班班可考。學者先讀此而後觀陶詩，則思過半矣。己酉重陽日謹跋。（《寓庵集》卷八，藕香零拾本，中華書局一九九九年。今按，己酉指蒙古定宗海迷失后稱制元年、一二四九年。）

《紫陽先生東遊記》一卷，記存圖佚。明孫能傳等《内閣藏書目録》卷八《雜部》著録「一册」，云：「内有《魯國圖》、《防山圖》、《顔母山圖》、《尼山圖》，總記一首。」則四圖已佚。明葉盛《菉竹堂書目》卷六《古今通志》亦著録「一册」。

《北見記》三卷。《還山遺稿》卷上《臂僮記》著録。

《硯纂》八卷。《還山遺稿》卷上《臂僮記》著録。

《韓子辨》十卷。《還山遺稿》卷上《臂僮記》：「余鬢髮未甚白，精神未甚頽，以年齒計之六十有九，衰亦宜矣。所幸者，目讀蠅頭細字，如舉子時。平生著述外，無他嗜好，其所以自得者，亦足以自樂也。兵火流離中，僅存《還山前集》八十一卷、《後集》二十卷、《近鑒》三十卷、《韓子》十卷、《概言》二十五篇、《硯纂》八卷、《北見記》三卷、《正統書》六十卷，蓋起于唐虞，訖於五代也。間歲憂患叢至，自三國以降，規模已定，而點竄有所不暇。嘗憶度之，滿百二十卷，乃可爲完書。上下千數百載，是是非非，能免疑誤。」

《還山敎學志》。元郝經《陵川集》卷二四《上紫陽先生論學書》：「伏觀先生《韓子辨》、《正統例》、《還山敎學志》，洋洋灝灝，若括元氣而翕闢之，其事其辭其理皆有用者也，非世之逐末之文也。天其或者悔禍，而自先生發源歟？不窒塞，不夭閼，而遂承其流，推而放之四海，則道之用可白，而至治可期也，不見誚於江左諸公矣。」

《概言》十卷。金元好問《故河南路課税所長官兼廉訪使楊君神道碑》著録。

元蘇天爵《元朝名臣事略》卷一三《廉訪使楊文獻公》亦著録：「《概言》十卷，隱而天道性命之説，微而五經百氏之言，明聖賢之出處，辨理欲之消長，可謂極乎精義，入神之妙矣。」今按，金楊奂《臂僮記》作二十五篇，或由二十五篇釐爲十卷。

明王圻《續文獻通考》卷一七九《經籍考》作《韓子概言》，是將《韓子辨》與《概言》混爲一書。

《還山集》一百二十卷。清紀昀等《四庫全書總目》卷一六六《集部别集類》著録：「《元史》本傳則僅稱有《還山集》六十卷。元好問作奂神道碑，則稱《還山集》一百二十卷。卷目均參差不符。然舊本不傳，無由考定。此本乃明嘉靖初南陽宋廷佐所輯，以掇拾殘賸，故名之曰『遺稿』。凡文一卷，詩一卷，冠以《考歲略》，又附録傳志題詠之類爲一卷，並各以採自某書、得自某人，及石刻今在某所注於下。蓋明之中葉，士大夫偶著一書，猶篤實不苟，必求有據如此也。奂詩文皆光明俊偉，有中原文獻之遺，非南宋江湖諸人氣含蔬筍者可及。其《汴故宮記》述北宋大内遺跡，《與姚公茂書》論《朱子家禮》神主之式，舉所見唐杜衍家廟及汴京宋太廟爲證。《東遊記》述孔林古跡尤悉，皆可以備文獻之徵也。陶宗儀《輟耕録》稱奂嘗讀《通鑑》，至論漢魏正閏，大不平之，遂修《漢書》駁正其事，因作詩云：『風煙慘澹控三巴，漢燼將燃蜀婦髽。欲起温公問書法，武侯入寇寇誰家？』後攻宋軍迴，始見《通鑑綱目》，其書乃寢云云。是郝經以外，又有斯人，亦具是卓識矣。」今按，紫陽《臂僮記》、遺山神道碑俱作「一百二十卷」，指藏於家之原編手稿；宋趙復《楊紫陽文集序》稱「八十卷」，系門生員擇所輯，未及付梓；元蘇天爵《元朝名臣事略》卷一三《廉訪使楊文獻公》云：「君著述有《還山集》六十卷，始於古賦，次之以古律、詩文，又次之碑誌、記説、銘贊、雜文。」當是其婿姚燧刻於建安者。

宋趙復《楊紫陽文集序》：

君子之學，至於王道而止。學不至於王道，未有不受變於流俗也。三代聖人，以心學傳天下後世，見於伊尹、傅説之訓，君子將終身焉。明王不興，諸子各以其意而言學，學者不幸而不得見古人之全體。蓋桓、文功利之説興，而羲、堯、舜、文之意泯矣。春秋而降，如叔向、子産、蘧伯玉、季劄之流，以夏商君子之資，不得少效于王官，去而爲列國之名卿材大夫，其功業之隆痹，已較著矣。賈生、仲舒，有其具而不得施，或者每爲之掩卷而深悲；玄齡、如晦，有其時而亡具，已甚慚德於斯文多矣。凜然正氣，惟諸葛孔明、王景略諸人，不爲流俗之所回奪。然而隨世就功，周旋於散微之末，已又不能無偏而不起之患。大抵君相造命之地，既已曖昧不明，而瞽宗米廩教養之法，因以廢格不舉。故雖有命世絶異之材，卒亦不能邇也。非其不能邇也，而其故則可知已。雖然，「待文王而後興者，凡民也。若夫豪傑之士，雖無文王猶興」。其逮於今，惟秦君子楊氏，其志其學，粹然一出於正。蓋自其爲諸生，固已無所不窺，坐是重困於有司之衡石。晚居洛陽，著書數十萬言，沉浸莊、騷，出入遷、固，然後折衷於吾孔、孟之六經。其言精約粹瑩，而條理膚敏。至於總八例以明正統之分合，作通解以辨蘇、韓之純疵。其他若《概言》雜著等説，皆近古之知言，名教中南宫雲臺也。《綿》不云乎：「予曰有疏附，予曰有先後，予曰有奔走，予曰有禦侮。」殆近然邪！先生資機敏而明通，即其文可以得其爲人。蓋君子學以爲己，必有所入之地。唐韓愈氏，以雖義而不取爲主。先生讀之，自以爲煥然不逆於心，使其得君行道，推是心以列諸位，實王道之本原，雖不能盡充其説，退而斂然，以是私淑諸己，先生固已得之矣。觀其神明心德之所感通，游居酬酢、燕笑語處，皆海内知名之士，夫然後以秦晉爲户庭，燕趙爲郛郭，齊魯爲府庫，雄河太華爲極案，奔肆横放，而益趣於約。正大高明，篤實輝光，遺落小夫竿櫝占畢呻吟之習。嗚呼！學之爲王者事，猶元氣之在萬物，作之則起，抑之則伏。然莫先於嚴誠僞之辨，誠僞定而王霸之略明矣。門人員擇蚤侍函丈，偏得紫陽之道，攈摭遺稿，釐爲八十卷，將攻梓以惠後學。自洛抵燕，千里介書，俾不肖爲説以冠其首。内顧庸虚，屏若無營，而辭旨悃愊，牢不容避，輒述其梗概如此。學者當自得于過半之思，非尺喙所能盡也。先生名奐，字焕然甫。世爲關中右姓，紫陽其自號云。丙午嘉平節，前鄉貢進士雲夢趙復拜手序。（《還山遺稿》卷首，《（民國）乾縣新志》附，中國地方志集成本，鳳凰出版社二〇〇七年。今按，此序謂「八十卷」，其時未及刊印。）

元姚燧《紫陽先生文集序》：

紫陽先生長先世父少師文獻公十有五年。交友間，少師獨畏而不敢字者，言必稱先生。由其爲河南徵收課税所長官兼廉訪使，按部洛西，識燧於幼稚。迨少師棄長尚書幕，隱居蘇門，輦致子之，以不力於學，數加困楚。先生聞而馳書止曰：「某令器也，姑無爲是急其蚤成，長自不爾。」先生四子，保垣、萬駒、絳山、嵩山，皆中下殤。既俾弟之子元楨嗣其職。世祖以王教起爲京兆宣撫司參議，年七十。其歲乙卯，卒乾州。四女，長適張篪者，相失兵間；次王亨，皆前夫人劉出。且卒，執亡妻手，語夫人吴曰：「他日無醮他門，必歸姚氏。」後是四年，燧婿其家，得觀《還山集》者於夫人所。夫人襲先生遺集，寶有甚至，不以付三婿。夫人卒，亡室在蘇門，其書歸王氏，亨亦不得而有，次姨自櫝之。燧後爲秦邸文學，亡室求之百至，不可，恚而與其姊絶。尋卒。刺膠州子子監江州路位總管上者晦，求板之，亦不可。季姨適任良，及主荆門長林簿，求公書與俱，十一帙中，止校其四。時晦已卒，弟曙也，自江州來長林省其姑，録四帙歸。後亨子某，婿昭文館大學士楊元父，其母亦卒得疾喪心。燧持憲節使江之東之三年，當大德癸卯，昭文子寅，由爲南臺監察御史，過華陰，於王氏敗笥故書間得其七帙，寅槖以遺燧。思四帙在季姨所者，他日必合而一。會季姨終良喪，攜其子某，親迎吾家，舟及齊安，亦卒。燧傷之曰：嗚呼！何是書之多艱哉！今年四月，曙滿秩南劍録事，將西入秦，求七帙板之建寧書坊。過宣，燧以寅所授授之，因慨晦始受學先生，常面命之。曙後先生卒一年而生，顧能成其兄志而文其祖書，行今與後，亦弟弟而慈孫哉。若先生鄙國世家傳次，及平生嗜學述作之富，與一世之士，服爲關西夫子者，有遺山、江漢、西庵三先生之碑銘之集序言，故燧著是五十年間幽鬱於昔將昭章於今者於篇終云。（《牧庵集》卷三，四部叢刊本。今按，此序謂原稿「十一帙」，僅「七帙板之建寧書坊」，或即「六十卷」者。）

明王元凱《還山遺稿序》：

余家渭川竹林。自少游筠溪、南溪、柳塘，累視石上紫陽楊先生詩律，清逸爽麗，無邁群輩。稽其名爲奂，字爲焕然，世爲奉天人，紫陽爲號。余甚賞慕，然祗目爲名騷墨。後閲《元史》列傳暨其墓狀，始知先生修家于金，仕國於元，造化關陝諸彦，爲後學蓍龜，乃近世真儒也。所著有

《還山集》六十卷，他集仍百餘卷。余喜曰：人不得而睹也，得睹其書，幸哉！歷詢諸鄉先進，則皆曰：華夷一大變，其書世或不有。予憮然歎曰：惜哉，元以及今幾何日，文獻泯如也。今歲春，余偶漂泊南陽，太守宋西巖子，先生鄉士，館延余城南官舍，談暇忽出書授余，云《還山遺稿》。余以爲全集也，驚喜曰：「幸哉，余終當饜嚼先生之腴！」而曰：「非也。實我旁求三十年，僅獲百一。所謂泰山既摧，片石是珍；而掬勺水於竭海者也。故云遺稿耳。」余乃長歎曰：「文獻果泯如耶？惜哉！」於是披書涉獵，至《正統八例》、《東遊記》内二告文、《與姚仲茂論家廟遺制》，而復自喜尚得以窺夫先生光明浩博之學，足纘古大儒之緒辭章。自其枝葉後人，追紹厥風，即是可尋也。而復歎先生生長老死夷狄之代，徒抱斯文，未或大罄厥施也。而又深喜夫宋子致志之勤，星金點玉，搜羅無失。字缺所疑，事注所在。俾先生之學卒不墜地，不減子弟於其父兄。且將命梓以嘉惠天下，厚之至也。而又深歎夫余之玩愒日月，視宋子尚友古人之篤，瞠乎其末及也。宋子斂容謝曰：「尚友惡乎？敢亦惟仰師焉，而未能耳。」余曰：「體哉，謂尚友則近泰，謂仰師焉則恭，恭則虛，虛則弘，弘則永乎！」宋子名廷佐字良弼。嘉靖元年二月十五日，終南山人王元凱堯卿書。（《還山遺稿》卷首，《（民國）乾縣新志》附，中國地方志集成本，鳳凰出版社二〇〇七年。）

清張鈞衡《還山遺稿序》：

《還山遺稿》二卷。元楊奂紫陽撰。明宋廷佐輯。按紫陽字煥然，又名知章。自悟前身爲紫宮道士，因以爲號。奉天人，唐鄺國公十九世孫。金末，舉進士不第。金亡，北渡，冠氏帥趙壽之客之，待以師友之禮。元太宗詔宣德課税使劉用之試諸道進士，試東平，兩中賦論第一。耶律楚材薦授河南路徵收課税所長官，兼廉訪使。到官即減原額四分之一，公私便之，時論翕然。官十年，引退，隱居柳塘。在鄠南山下，門人百人，植柳千株，中有清風閣、紫陽泉，相與講學。卒年七十，謚文憲。事跡見《元史》本傳。《還山文集》有一百二十卷，有云六十卷。明嘉靖間業已不傳。廷佐字良弼，從群書内掇拾殘賸，得文十六篇爲一卷，詩一卷。所謂存十一於千百者，略見紫陽大意。良弼各注所出，亦明士大夫之篤實不苟者。然明刻本亦已罕覯，故爲傳之。又從《元詩選》採逸詩十五首補之。他日如得遺文，再補於後。歲在旃蒙單閼，小春月識。(《還山遺稿》卷首，《(民國)乾縣新志》附，中國地方志集成本，鳳凰出版社二〇〇七年。今按，此序原在王序前，此從叢書集成續編本。)

清嚴玉森《楊文憲公遺集序》：

光緒庚寅冬，貴筑黄公猝逝於武昌，海内嗟惜。而宦游關中，若毛君子林，樊君雲門，李君代耕，思公尤深。辛卯夕，玉森守歲二曲衙齋。壬辰二日，李君以公手訂元楊文憲公遺集示讀，公一門劬學，宜三君子心師之，久益尊崇。楊文憲公文字之傳，固由毛李兩君後先勤訪，亦賴公父子佐成之力居多。二曲説經臺爲山水奥區。楊文憲同完顔惟洪至樓觀聞耗一章，有句云：「詩入草樓山」是也。昨游草樓，念公與三君子游關中日久，職業勤敏，而山游有待玉森。既樂文憲遺書，散而復存；又喜兹游之易得。三君子來游有日。獨慨公猝逝，願從游者，不獲侍公於二曲山水間也。李君既與子林雲門諸子校梓張忠定公詩集，復願於二曲政成之暇，梓楊文憲公遺書，玉森將觀是書之成，謹附名於卷末。既以志私淑當世賢哲之意於無窮，而文憲散而復存之文字，梓成之日，藏之名山，固莫先於草樓，庶以慰作者毅魄於今日也。光緒壬辰立春前一日。（《還山遺稿》卷首，《（民國）乾縣新志》附，中國地方志集成本，鳳凰出版社二〇〇七年。）

民國張鵬一《還山遺稿跋》：

按元奉天楊紫陽所著《還山集》，散佚已久。明時宋廷佐氏始及爲二卷。其續刻始末，已見於吴興張氏跋尾，較宋氏原輯又增詩十五首。今從西安碑林中，又得紫陽所撰《劉處士墓碑》文一首，《道藏》中得《李真人祭文》、《太清宫記文》二首，續爲補入。考先生又著《山陵雜記》一卷，今存《説郛》中。《元史》本傳、元裕之神道碑皆不載。考清季李雲生《五萬卷樓書目》，載有《楊文憲公遺集》二卷，附録一卷，年譜一卷，《山陵雜記》一卷，云貴筑黄氏所輯，尚未刻行。不知與此本異同若何？然其卷數略同此本。黄輯有嚴氏序一篇，今録於此。李氏書後歸於武昌柯遜庵家，今不可考矣。癸亥正月，張鵬一識。（《還山遺稿》卷首，《（民國）乾縣新志》附，中國地方志集成本，鳳凰出版社二〇〇七年。）

王澤民

王澤民，始末未詳。金末太醫，善詩文。

《王澤民詩集》。金元好問《國醫王澤民詩卷》：「萬石君家父事兄，豈知衰俗有王卿。一篇華衮中書筆，滿紙清風月旦明。鴻雁自分先後序，鶺鴒兼有急難情。閨門雍睦君須記，方伎成名恐未平。」①

吕鯤

吕鯤字元吕，號龍山，雁門（今山西代縣）人。詩文精深，體備諸家，與虎巖趙著齊名②，爲雷淵、麻九疇所稱。壬辰之亂，隱居教授生徒。後入燕，劉祁、趙衍等執弟子禮，得聞其道。又爲中書令耶律楚材賓禮，至令其子鑄從之問學③。丙辰歲（蒙古憲宗六年、一二五六年），臥病不起。

《校定李長吉詩集》四卷，存。清瞿鏞《鐵琴銅劍樓藏書目録》卷一九著録，稱「金刊本」。今

---

① 清施國祁《元遺山詩集箋注》卷一〇，四部精要本，上海古籍出版社一九九三年，第二一册一三四頁。

② 元王惲《玉堂嘉話》卷一：「趙著、吕鯤以詩鳴燕朔間，二公皆出耶律相門下。虎巖每得一聯一詠，即提擲其帽於几，龍山從旁謂曰：『不知李、杜下時費多少帽子。』聞者爲捧腹。」叢書集成初編本，中華書局一九八五年，第六頁。

③ 金吕鯤《雙溪醉隱集序》，見元耶律鑄《雙溪醉隱集》卷首，遼海叢書本，瀋陽書社一九八五年。

按，趙衍序於「丙辰」歲，指蒙古憲宗六年（一二五六），其時金亡二十二年，當是蒙古時期刻印，國家圖書館有藏。

金趙衍《重刊李長吉詩集序》：

龍山先生爲文章，法六經，尚奇語，詩極精深，體備諸家，尤長於賀。渾源劉京叔爲《龍山小集敘》云：「《古漆井》、《若夜長》等詩，雷翰林希顔、麻徵君知幾諸公稱之，以爲全類李長吉。」然亂後隱居海上，教授郡侯諸子。卑士先與余讀賀詩，雖歷歷上口，於義理未曉，又從而開省之，然恨不能盡其傳。及龍山入燕，吾友孫伯成從之學。余繼起海上，朝夕侍側，垂十五年，詩之道，頗得聞之。嘗云：「五言之興，始於漢而盛於魏；雜體之變，漸於晉而極於唐。窮天地之大，竭萬物之富，幽之爲鬼神，明之爲日月，通天下之情，盡天下之變，悉歸於吟詠之微。逮長吉一出，會古今奇語而臣妾之，如『千歲石床啼鬼工，雄雞一聲天下白』之句，詩家比之載鬼一車，日中見斗。『洞庭明月一千里，涼風雁啼天在水』，過楚辭遠甚。」又云：「賀之樂府，觀其情狀，若乾坤開闔，萬彙濈濈，神其變也，歎駭人耶。」韓吏部言爲天下法，悉力稱賀；杜牧又詩之雄也，極所推讓。前序已詳矣。人雖欲爲賀，莫敢企之者，蓋知之猶難，行之愈難也。至有博洽書傳，而賀集不一過目，爲可惜也。雙溪中書君，詩鳴於世，得賀最深，嘗與龍山論詩及賀，出所藏舊本，乃司馬温公物也，然亦不無少異。龍山因之校定，且曰：「喜賀者尚少，況其作者耶？」意欲刊行，以廣其傳，冀有知之者。會病不起，余與伯成緒其志爲之。此書行，學賀者多矣，未必不發自吾龍山也。丙辰秋日，碣石趙衍題。（唐李賀《歌詩編》卷末，中華再造善本叢書本，北京圖書館出版社二〇〇二年。）

清黄丕烈《題歌詩編後》：

金刻李賀《歌詩編》四卷，余去年得何義門手校者，始知世有其書，諸家藏書目未之載也。何云碣石趙衍刊本，每葉二十行，行二十字。頃見是本正合，其爲金刻無疑。最後序文，何校本未録，但云龍山先生所藏舊本，乃司馬温公物。今觀全文，語亦符合，且可補何校所未補，因急收之書之。奇遇之巧，無有過是者，雖重直，弗惜矣。己巳中秋月，復菊記。（唐李賀《歌詩編》卷末，中華再造善本叢書本，北京圖書館出版社二〇〇二年。今按，己巳指嘉慶十四年、一八〇九年）

《龍山小集》。金趙衍《重刊李長吉詩集序》著録。今按，金以「龍山」爲號者二人：一是蓋州劉仲尹，金前期詩人；一是雁門吕鯤，金後期詩人。而何義門將兩者混爲一人①。

元好問

元好問字裕之，號遺山，忻州秀容（今山西忻州）人。先世出自鮮卑拓跋魏。泰和三年，師從

① 清瞿鏞《鐵琴銅劍樓藏書目録》卷一九録趙衍序，按曰：「何義門考謂，金劉仲尹字致君，蓋州人，有《龍山集》。李獻能欽叔其外孫也。」續修四庫全書本，上海古籍出版社影印，第三二〇頁。

陵川郝天挺，苦讀六載，淹貫經傳百家。興定五年，登進士第。所作《箕山》、《琴臺》詩，爲禮部尚書趙秉文激賞，名震京師。歷內鄉、南陽縣令。正大八年，除尚書省掾。天興元年，遷左司都事。二年，擢左右司員外郎①。金亡不仕，以爲國亡史作，己所當爲，遂往來四方，採摭遺逸，有所得輒以寸紙細字記録，積至百餘萬言。丁巳歲（蒙古憲宗七年、一二五七年），卒於獲鹿寓舍，年六十八②。史稱爲文有繩尺，備衆體；其詩奇崛而絶雕劌，巧縟而謝綺麗；歌謠慷慨，挾幽并之氣，蔚爲一代宗工。

《宣宗實録》。金劉祁《歸潛志》卷九謂「元（好問）嘗權國史院編修官」。今按，正大元年五月，元好問在汴京試宏詞科中選，授儒林郎，權國史院編修官。當預修《宣宗實録》。

《哀宗起居注》。元駱天驤《類編長安志》卷一〇《石刻》著録《金朝列大夫武騎尉賜紫金魚袋文儒武君墓碑》，「正奉大夫昭文館大學士中書左丞柳溪姚樞書，中奉大夫前中書省參知政事樞密院副使曹南商挺題額，門人前中書省左右司郎中武功張徽撰，前中順大夫尚書省左司員外郎兼修起居注賜紫金魚袋元好問銘」。今按，元氏兼修起居注，《金史》無載，當在正大間。

《壬辰雜編》。《金史》卷一二六《文藝傳》著録，謂「若干卷」。《金史》卷一一五《完顏奴申

①《金史》卷一二六《文藝傳》，中華書局一九七五年，第二七四二頁。

②元郝經《陵川集》卷三五《遺山先生墓銘》，四部叢刊本。

傳》贊曰：「劉京叔《歸潛志》與元裕之《壬辰雜编》二書，雖微有異同，而金末喪亂之事，猶有足徵者焉。哀宗北御，以孤城弱卒託之奴申、阿不二人，可謂難矣。雖然，即墨有安平君，玉璧有韋孝寬，必有以處此。」今按，元歐陽玄《圭齋文集》卷二《送振先宗丈歸祖庭後記》：「歐陽公晚年乞守洪州，累表不得請，於是歸江右之志遂不果。余詩所謂其居偏方，熟於歐文者能知之，蓋公之不歸廬陵，其志深有可諒者矣。南渡以後，宋人多議公此事，洪景盧、楊廷秀之賢，亦未免有此意甚者，謂公子孫居潁，爲金人所戕而遂絶，是大不然。近年奉詔修三史，一日於翰林故府中攟金人遺書，得元遺山裕之手寫《壬辰雜编》一帙，中言：『安平都尉完顔色埒，漢名鼎字國器，嘗鎮商州，偶搜伏於竹林中，得歐公子孫甚多，以歐公之故，並其族屬鄉里三千餘人，悉縱遣之。』則知未嘗殲於金兵也。此好事者爲之辯明矣。元遺山，金士領袖，生平極重歐公，嘗有詩云：『九原如可作，吾願從歐陽。』北人至今佩服其言。振先歸，以似鄉先生桂隱劉公一觀。」明葉盛《菉竹堂書目》卷二著録「三册」，明代猶存。

《金源名臣言行録》。《金史》卷一二六《文藝傳》：「晚年尤以著作自任，以金源氏有天下，典章法度幾及漢唐，國亡史作，己所當任。時金國實録在順天張萬户家，乃言於張，願爲撰述，既而爲樂夔所沮而止。好問曰：『不可令一代之跡泯而不傳。』乃構亭於家，著述其上，因名曰野史。凡金源君臣遺言往行，採摭所聞，有所得輒以寸紙細字爲記録，至百餘萬言。今所傳者，有《中州集》及《壬辰雜编》若干卷。」另，元蘇天爵《滋溪文稿》卷二五《三史質疑》：「元好問爲《中州集》小傳，多庶官及文學隱逸之士，所以補史之缺遺。惜其尚多疏略。又所述野史、名臣言行録，未及刊行，當訪求於其家。」所謂野史，當是《壬辰雜編》；名臣言行録，應指「金源君臣遺言往行」，即《金源名臣言行録》。

《帝王鏡略》。元王惲《帝王鏡略序》：

東萊云：六藝之文，學者之大端也。其次莫如史。然史書浩博，自遷、固而下，不啻數百萬言，學者雖資稟精强，由至於極其致而得其要者或寡矣，矧童子初學者歟？近讀遺山先生《鏡略》書，所謂立片言而得要者也。其馳騁上下數千載之間，綜理繁會數百萬言之内，駢以四言，叶以音韻，世數代謝，如指諸掌，歷代之能事畢矣。然先生北渡後，力以斯文爲己任，孰謂斫大材而就小室，抵和璞而輝丘陵者乎？是書之出，若爲童蒙學習者之所設也。然《傳》不云乎，君子之道，孰先傳焉？孰後倦焉？循序而進，有不可躐等者。士人張敬叔貧而好學，家藏是書，今刊之以廣其傳，亦可以見其用心焉。爾彼初學者，一旦心志通達，由堂入奧，又且得博觀約取之法焉，是則一鏡之略，不爲小補者也。至元四年歲丁卯重午前二日題。（《秋澗集》卷四一，四部叢刊本。）

《續夷堅志》四卷，存。清紀昀等《四庫全書總目》卷一四四《子部小説家類存目》著録：

「是編蓋續宋洪邁《夷堅志》而作，所紀皆金泰和、貞祐間神怪之事。前有自序，見於《遺山集》，而此本無之，蓋傳寫佚脱也。」今按，現存遺山集不見此序。

元蘇天爵《書續夷堅志後》：

右遺山公《續夷堅志》四卷，述金季災異事也。昔者聖人語常而不語怪，《春秋》二百四十年間，所書何災異之衆多歟！將天出此以警時君，而聖人筆之以戒後世歟？宜其深切著明之若是也。蓋天人之間，一理而已。故人事作於下，則天變應於上，有不期然而然者。夫春秋之時，去先王之世未遠也，法度未至大壞也，人才猶衆多也，然其變故已如此。矧後世衰亂之極者乎！余觀三代而下，其衰亂未有若晉之甚者也，故災異亦未有若晉之多者也，而宋、金之季實有以似之。其在南方，番陽洪公爲之志；其在北方，遺山元公續其書。凡天裂、地震、日食、山崩、星雷、風雨之變，昆蟲、草木之妖，蓋有不可勝言者矣。他時志五行者尚有稽焉，未可以稗官小説目之也。《傳》曰：「國家將興，必有禎祥。國家將亡，必有妖孽。」讀是書者，其亦知所警懼矣夫。（《滋溪文稿》卷二八，中華書局一九九七年。）

元宋無《續夷堅志跋》

遺山，中原人。使生宋熙豐間，與蘇、黄諸人同時，當大有聲。不幸出完顏有國日。雖偏方以文飾戎事，用科舉選人，惜又在貞祐前後，不得掌其箋牒文柄，故閑居著述。觀其文與詩詞，宏肆軼宕。及所傳其國人號《中州集》，人各有傳，其顛敘其行業仕隱，詩則一聯不遺；宋士夫淪陷其國者，槩見於末。文有史法。其好義樂善之心蓋廣矣！所續《夷堅志》，豈但過洪景盧而已，其自序可見也。惡善懲勸，纖細必録，可以知風俗而見人心，豈南北之有間哉？北方書籍，率金所刻，罕至江南。友人王起善見之，亟鈔成帙。其學富筆勤又可知矣。持以示予，時日將夕，讀至丙夜，盡四卷，深有啓於予心。以病不能鈔，姑識卷末而歸之。壬申歲之除，商丘宋無子虚書於沙頭白鷗眠處。

元吴道輔《題續夷堅志》：

中州曾歷覽，底處覓孤墳。勳業元無我，文章正數君。淵源由《史》《漢》，警策出機雲。予亦尚奇者，何期廣見聞。

元呰窳叟《題續夷堅志》：

子思子云：「國家將興，必有禎祥；國家將亡，必有妖孽。」洪景盧《夷堅志》多政宣事；元好問續志多泰和貞祐事。其視平世有間耳。呰窳叟。

元王東起《題續夷堅志》：

予鈔北地棗本《續夷堅志》四册，實遺山先生所撰也。至正戊子，武林新刻《金史》，因獲一觀。謹録此《傳》，附於所書之後云。是年花朝日，吴下王東起善識。

元孫道明《題續夷堅志》：

遺山先生《續夷堅志》二卷，乃吴中王起善鈔本，今歸芥甫夏侯。至正二十三年癸卯歲閏三月十七日丁亥借録，至四月七日丙午録畢於泗北村居映雪齋華亭。在家道人孫道明明叔，時年六十有七也。（以上《續夷堅志》卷末，中華書局一九八六年。）

清榮譽《續夷堅志序》：

有金元遺山先生，具班、馬之才，閲滄桑之變，隱居不仕，著述自娱，凡四方碑版銘章，靡不奔走其門。初嘗以國史爲己任，不幸未與纂修，乃築野史亭於家，採摭故君臣遺言往行，以自論撰，爲藏山傳人計。又以其緒餘作爲此書，其名雖續洪氏，而所記皆中原陸沉時事，耳聞目見，纖細畢書，可使善者勸而惡者懲，非《齊諧》志怪比也。先君子舊藏二卷，有王起善、宋子虛諸跋，而佚其自序。余筮仕中州，以此書所載大半河南北事，因攜之以資檢閲。嘉慶戊辰，余秋室太史聞而借觀，復據王、宋二跋，釐爲四卷，且益以翁氏所輯《年譜》，鏤板於大梁書院。秋室歸而板爲王六泉明府所得，今載往蜀中矣。中州印本，故屬寥寥，好事者往往以不得披覽爲歎。兹就書院本重加校正，以付剞劂，蓋不欲效中郎之獨秘云。皇清道光十年歲在庚寅夏閏月，東海松柏心道人榮譽序。

清余集《續夷堅志序》：

遺山先生當金源末造，備位下僚，浮湛散秩，游登左司。旋遭喪亂，淪落以終。晚年以著述自任，頗有志於國史，又爲人所沮，詩文之外，寄意於《中州》一集。文人少達而多窮，不信然哉！此《夷堅志》雖續洪氏，而適當百六之會，災變頻仍，五行乖舛，有開必先，動關運會，非吊詭之卮言，實禨祥之外乘，不賢識小，又何譏焉。僕來豫，榮通守慶，出以相濟，乃其尊甫筠圃先生讀易樓藏本。書凡二卷，而宋子虛、王起善二跋皆云四卷，又稱其別有自序，而卷中無之，不復可考矣。書中大半東京瑣事，余初來頗資聞見，因爲較其訛脱，仍分四卷，以還舊觀，手鈔付梓。且依翁氏所輯《遺山年譜》，略爲表系，以附於後，庶覽者粗悉其平生云。嘉慶戊辰冬日，杭郡余集書于大梁書院。（以上《續夷堅志》卷首，中華書局一九八六年。）

《南冠録》。金元好問《南冠録引》：

予以始生之七月，出繼叔氏隴城府君。迨大安庚午，府君卒官，扶護還鄉里，時予年二十有一矣。元氏之老人、大父，雕喪殆盡。問之先世之事，諸叔皆晚生，止能道其梗概。予亦以家諜具存，碑表相望，他日論次之，蓋未晚也。因循二三年，中原受兵，避寇陽曲、秀容之間，歲無寧居。貞祐丙子，南渡河，家所有物，經亂而盡。舊所傳譜諜，乃于河南諸房得之，故宋以後事爲詳，而宋前事皆不得而考也。益之兄嘗命予修《千秋録》，雖略具次第，他所欲記者尚多而未暇也。歲甲午，羈管聊城，益之兄邈在襄漢，遂有彼疆此界之限。侄摶俘縶之平陽，存亡未可知。伯男子叔儀、侄孫伯安皆尚幼，未可告語。予年已四十有五，殘息奄奄，朝夕待盡。使一日顛僕于道路，則世豈復知有河南元氏哉？維祖考承王公餘烈，賢雋輩出，文章行業，皆可稱述。不幸而與皂隸之室混爲一區，泯泯默默，無所發見，可不大哀邪！乃手寫《千秋録》一篇，付女嚴，以備遺忘，又自爲講説之。嗚呼！前世功名之士，人有愛慕之者，必問其形質顔貌、言語動作之狀，史家亦往往爲記之。在他人且然，吾先人形質顔貌、言語動作，乃不欲知之，豈人之情也哉？故以先世雜事附焉。予自四歲讀書，八歲學作詩，今四十年矣。十八，先府君教之民政。從仕十年，出死以爲民。自少日有志於世，雅以氣節自許，不甘落人後。四十五年之間，與世合者不能一二數。得名爲多，而謗亦不少。舉天下四方，知己之友，唯吾益之兄一人。人生一世間，業已不爲世所知，又將不爲吾子孫所知，何負於天地鬼神而至然邪？故以行年雜事附焉。先祖銅山府君，正隆二年賜出身。訖正大之末，吾家食先朝禄七十餘年矣。京城之圍，予爲東曹都事，知舟師將有東狩之役，言于諸相，請小字書國史一本，隨車駕所在，以一馬負之。時相雖以爲然，而不及行也。崔子之變，歷朝《實録》皆滿城帥所取。百年以來，明君賢相可傳後世之事甚多，不三二十年，則世人不復知之矣！予所不知者亡可奈何，其所知者，忍棄之而不記邪？故以先朝雜事附焉。合而一之，名曰《南冠録》。叔儀、伯安而下，乃至傳數十世，當家置一通。有不解者，就他人訓釋之。違吾此言，非元氏子孫。（《遺山先生文集》卷三七，四部叢刊本。）

《杜詩學》。《金史》卷一二六《文藝傳》著録「一卷」。今按，明葉盛《菉竹堂書目》卷四《詩詞集》著録「三册」，明代尚存。

金元好問《杜詩學引》：

杜詩注六七十家，發明隱奥，不可謂無功，至於鑿空架虚，旁引曲證，鱗雜米鹽，反爲蕪累者亦多矣。要之，蜀人趙次公作《證誤》，所得頗多。託名於東坡者爲最妄。非託名者之過，傳之者過也。竊嘗謂子美之妙，釋氏所謂學至於無學者耳。今觀其詩，如元氣淋漓，隨物賦形；如三江五湖，合而爲海，浩浩瀚瀚，無有涯涘；如祥光慶雲，千變萬化，不可名狀。固學者之所以動心而駭目。及讀之熟，求之深，含咀之久，則九經、百氏、古人之精華所以膏潤其筆端者，猶可髣髴其餘韻也。夫金屑、丹砂、芝朮、參桂，識者例能指名之。至於合而爲劑，其君臣佐使之互用，甘苦酸鹹之相入，有不可復以金屑、丹砂、芝朮、參桂而名之者矣。故謂杜詩爲無一字無來處亦可也，謂不從古人中來亦可也。前人論子美用故事，有著鹽水中之喻，固善矣。但未知九方皋之相馬，得天機於滅没存亡之間，物色牝牡，人所共知者爲可略耳。先東巖君有言：近世唯山谷最知子美。以爲今人讀杜詩，至謂草木蟲魚皆有比興，如試世間商度隱語然者，此最學者之病。山谷之不注杜詩，試取《大雅堂記》讀之，則知此公注杜詩已竟。可爲知者道，難爲俗人言也。乙酉之夏，自京師還，閑居嵩山，因録先君子所教與聞之師友之間者爲一書，名曰《杜詩學》。子美之傳志、年譜及唐以來論子美者在焉。候兒子輩可與言，當以告之，而不敢以示人也。六月十一日，河南元某引。（《遺山先生文集》卷三六，四部叢刊本。）

《東坡詩雅》三卷。《金史》卷一二六《文藝傳》著録。

金元好問《東坡詩雅引》：

五言以來，六朝之謝、陶，唐之陳子昂、韋應物、柳子厚最爲近風雅，自餘多以雜體爲之，詩之亡久矣。雜體愈備，則去風雅愈遠，其理然也。近世蘇子瞻絶愛陶、柳二家。極其詩之所至，誠亦陶、柳之亞。然評者尚以其能似陶、柳，而不能不爲風俗所移爲可恨耳。夫詩至於子瞻，而且有不能近古之恨，後人無所望矣！乃作《東坡詩雅目録》一篇。正大己丑，河南元某書于内鄉劉鄧州光父之東齋。（《遺山先生文集》卷三六，四部叢刊本。）

《如積釋瑣細草》。元祖頤《四元玉鑒後序》著録：「平陽蔣周撰《益古》；博陸李文一撰《照膽》；鹿泉石道信撰《鈐經》；平水劉汝諧撰《如積釋鎖》，絳人元裕細草之，後人始知有『天元』也。平陽李德載因撰《兩儀群英集臻》，兼有『地』『元』。霍山邢先生頌不高弟劉大鑒潤夫撰《乾坤括囊》，末僅有『人』『元』二問。」① 另，民國孫德謙《金史藝文略・子部》亦著録，云：「莫子偲《遺山詩集跋》：又精九數天元之學，曾因劉汝諧撰《如積釋瑣》，爲之細草，以明天元。見祖頤序朱世傑《四元玉鑒》。蓋遺山自弱冠受知楊雲翼、趙秉文，晚又善李治、張德輝，號龍山三友。楊、趙皆曆算宗工，故亦能兼通之，尤古來文章家所未有。惜其書不傳，史傳亦不載。」② 今按，所謂元裕，《元史》屢見如是稱③，當作元裕之。至於絳人，當是記誤。

《元氏集驗方》。金元好問《元氏集驗方序》：

予家舊所藏多醫書，往往出於先世手澤。喪亂以來，寶惜固護，與身存亡，故卷帙獨存。壬寅冬，閑居州里，因録予所親驗者爲一編，目之曰《集驗方》。付搏俘輩，使傳之，且告之曰：「吾

---

① 元朱世傑《新編四元玉鑒》卷末，宛委别藏本，江蘇古籍出版社一九八八年。

② 《金史・藝文志》，商務印書館一九五八年，第二一三頁。

③ 《元史》卷一五七《郝經傳》：「祖天挺，元裕嘗從之學」；卷一六〇《高鳴傳》：「河東元裕上書薦之，不報」；卷一六三《張德輝傳》：「又訪中國人材，德輝舉魏璠、元裕、李治等二十餘人」，等等。中華書局一九八三年，第三六九八頁、三七五八頁、三八二四頁。

元氏由靖康迄今，父祖昆弟仕宦南北者，又且百年。官無一廛之寄，而室乏百金之業。其所得者，此數十方而已，可不貴哉！」十二月吉日，書於讀書山之東龕。（《遺山先生文集》卷三七，四部叢刊本。）

《故物譜》。金元好問《故物譜引》：

予家所藏書，宋元祐以前物也；法書，則唐人筆跡及五代寫本爲多；畫，有李、范、許、郭諸人高品，就中薛稷《六鶴》最爲超絶，先大父銅山府君官汲縣時，官賣宣和内府物也。銅碌兩小山，以酒沃之，青翠可摘，府君部役時物也。風字大硯，先東巖君教授鄉里時物也。銅雀硯，背有大錢、天禄一，堅重緻密，與石無異，先隴城府君官冀州時物也。貞祐丙子之兵，藏書壁間得存。兵退，予將奉先夫人南渡河，舉而付之太原親舊家。自余雜書及先人手寫《春秋》、三史、《莊子》、《文選》之等尚千餘册，並畫百軸，載二鹿車自隨。三研則瘞之鄭村别墅。是歲，寓居三鄉。其十月，北兵破潼關，避於女几之三潭。比下山，則焚蕩之餘，蓋無幾矣！今此數物，多予南州所得，或向時之遺也。往在鄉里，常侍諸父及兩兄燕談。每及家所有書，則必枚舉而問之。如曰某書買於某處，所傳之何人，藏之者幾何年，則欣然志之。今雖散亡，其綴緝裝褙、簽題印識猶夢寐見之。《詩》有之：「維桑與梓，必恭敬止。」以予心忖度之，知吾子孫卻後當以不知吾今日之爲恨也。或曰：「物之閲人多矣！世之人玩於物，而反爲物所玩。貪多務取，巧偷豪奪，遺簪敗履，惻然興懷者皆是也。李文饒志平泉草木，有『後世毁一樹、一石，非吾子孫』之語，歐陽公至以庸愚處之。至於法書、名畫，若桓玄之愛玩，王涯之固護，非不爲數百年計，然不旋踵已爲大有力者負之而趨。我躬之不可必，奚我後之恤哉？」予以爲不然。三代鼎鐘，其初出於聖人之制。今其款識故在，不曰「永用享」，則曰「子子孫孫永實用」。豈爲聖人者超然遠覽，而不能忘情於一物耶？抑知其不能必爲我有，而固欲必之也？蓋自莊周、列禦寇之説盛，世之誕者遂以天地爲逆旅，形骸爲外物，雖聖哲之能事，有不滿一笑者，況外物之外者乎？雖然，彼固有方內、外之辯矣。道不同不相爲謀。使渠果能寒而忘衣，饑而忘食，以游于方之外，雖眇萬物而空之，猶有托焉爾。如曰不然，則備物以致用，守器以爲智。惟得之有道，傳之無愧，斯可矣，亦何必即空以遺累，矯情以趨達，以取異於世耶？乃作《故物譜》。丙申八月二十有二日，洛州元氏太原房某引。（《遺山先生文集》卷三九，四部叢刊本。）

《錦機》一卷。《金史》卷一二六《文藝傳》著録。

金元好問《錦機引》：

文章，天下之難事。其法度雜見於百家之書，學者不遍考之，則無以知古人之淵源。予初學屬文，敏之兄爲予言如此。興定丁丑，閑居汜南，始集前人議論爲一編，以便觀覽。蓋就李嗣榮、衛昌叔家前有書而録之，故未備也。山谷《與王直方書》云：『欲作楚辭，須熟讀楚辭，觀古人用意曲折處，然後下筆。喻如世之巧女，文繡妙一世，誠欲織錦，必得錦機，乃能成錦。」因以《錦機》名之。十一月日，河東元某自題。（《遺山先生文集》卷三六，四部叢刊本。）

《詩文自警》十卷。《金史》卷一二六《文藝傳》著録。今按，元郝經《陵川集》卷三五《遺山先生墓銘》亦著録，未涉卷數。明楊士奇等《文淵閣書目》卷一〇著録《杜詩學》「一部三册，缺。」當於明代散佚。今人孔凡禮輯得若干。其《〈詩文自警〉輯録小引》有説，摘録如下：

> 茲所輯前十四則，見明唐之淳《文斷》。之淳字愚士，山陰人，附見《明史》卷二八五《唐肅傳》。建文二年，用方孝孺薦，擢翰林侍讀，與孝孺共領修史事，卒於官。《天一閣書目》著録《文斷》一卷，並載唐之淳序，撰於洪武十三年。北京圖書館藏《文斷》凡二本，一爲明英宗天順間刊本，一爲明憲宗成化時刊本，均佚序，不分卷。清陸心源《千頃堂書目》卷三二「文史類」著録《文斷》四卷，並謂「一作十卷」。則《文斷》於明代多次刊行，流傳亦廣。《四庫全書總目》卷一九七《詩文評類存目》稱：「所引如《緯文瑣語》、《湖陰殘語》，今皆不傳」。今所見《文斷》，即引此二書，然已不著輯者姓氏，知入清後晦而不彰。余所見《文斷》，除北京圖書館藏本外，尚有曬圖本，乃據天順本，已殘。與成化本相校，文字較勝，據以鈔録。其中一則，輯自瞿佑《歸田詩話》卷上「山石句」。佑，明初人。（《孔凡禮古典文學論集》，學苑出版社一九九九年，第四四九頁。）

《中州集》十卷，存。清紀昀等《四庫全書總目》卷一八八《集部總集類》著録：「是集録金一代之詩。首録顯宗二首、章宗一首，不入卷數。其餘分爲十集，以十干紀之。辛集目録旁注『别起』二字，其人亦復始於金初，似乎七卷以前爲正集，七卷以後爲續集也。壬集自馬舜之下，别標諸相一門，列劉豫等十六人；狀元一門，列鄭子聃等八人；異人一門，列王中立等四人；隱德一門，列薛繼先、宋可、張潛、曹珏四人詩，而獨標繼先名，疑傳寫訛脱。癸集列知己三人，曰辛愿、李汾、李獻甫；南冠五人，曰司馬樸、滕茂實、何宏中、姚孝錫、朱弁，而附見宋遺民趙滋及好問父兄詩於末。前有好問自敘，稱魏道明作《百家詩略》，商衡爲附益之。好問又增以己之所録，以成是編。序作於癸巳，蓋哀宗天興二年也。其例每人各爲小傳，詳具始末，兼評其詩。或一傳而附見數人，如乙集張子羽下，附載僧可道、鮮于可、高鵷、王景徽、吴演之類。或附載他文，如丙集党懷英下，附載誅永蹈詔書之類。或兼及他事，如乙集祝簡下，附載所論王洙不注杜詩之類。大致主於借詩以存史，故旁見側出，不主一格。至壬集賈益謙條下，述其言世宗大定三十年中能暴海陵蟄惡者得美仕，史官修實録，誣其淫毒狠鷙，遺臭無窮，自今觀之，百無一信。又稱衛王勤儉，慎惜名器，較其行事，中材不能及者多。如斯之類，尤足存一代之公論。王士禛《池北偶談》嘗論其記蔡松年事，不免曲筆，然亦白璧之瑕，不足以累全體矣。惟大書劉豫國號、年號，頗乖史法。然豫之立國，實金朝所命。好問，金之臣子，宜有内詞，固不得而擅削之，亦未可以是爲咎也。其選録諸詩，頗極精審，實在宋末江湖諸派之上。故卷末自題有『若從華實評詩品，未便吴儂得錦袍』及『北人不拾江西唾，未要曾郎借齒牙』句，士禛亦深不滿之，殆以門户不同歟？後附《中州樂府》一卷，與此集皆毛晉所刊。卷末各有晉跋，稱初刻《中州集》佚其樂府，後得陸深家所藏樂府，乃足成之。今考集中小傳，皆兼評其樂府，是樂府與《中州集》合爲一編之明證。今亦仍舊本録之，不別入詞曲類焉。」今按，《金史》卷一二六《文藝傳》著録，未涉卷數。元郝經《陵川集》卷三五《遺山先生墓銘》作「百餘卷」，記誤或刊誤。元蘇天爵《滋溪文稿》卷二五《三史質疑》：「元好問爲《中州集》小傳，多庶官及文學隱逸之士，所以補史之缺遺。惜其尚多疏略。」自元以降，代有刊刻，流傳頗廣，版本亦多。兹擇有代表性序跋及題識附後。

金元好問《中州集序》：

商右司平叔衡嘗手鈔《國朝百家詩略》，云是魏邢州元道道明所集，平叔爲附益之者。然獨其家有之，而世未之知也。歲壬辰，予掾東曹，馮内翰子駿延登、劉鄧州光甫祖謙約予爲此集。時京師方受圍，危急存亡之際，不暇及也。明年滯留聊城，杜門深居，頗以翰墨爲事。馮、劉之言，日往來於心。亦念百餘年以來，詩人爲多。苦心之士，積日力之久，故其詩往往可傳。兵火散亡，計所存者才什一耳。不總萃之，則將遂湮滅而無聞，爲可惜也。乃記憶前輩及交遊諸人之詩，隨即録之。會平叔之子孟卿攜其先公手鈔本來東平，因得合予所録者爲一編，目曰《中州集》。嗣有所得，當以甲乙次第之。十月二十有二日，河東人元好問裕之引。（《中州集》卷首，日本宫内廳書陵部藏宋元版漢籍影印叢書本，綫裝書局二〇〇一年。）

元張德輝《中州集後序》：

百年以來，詩集行於世者且百家，焚蕩之餘，其所存者蓋無幾矣。至於一聯一詠，雖嘗膾炙人口，既無好事者記録之，故亦隨世磨滅。元遺山北渡後，網羅遺逸，首以纂集爲事，歷二十寒暑，僅成卷帙，思欲廣爲流佈，而力有所不足，第束置高閣而已。己酉秋，得真定提學龍山趙侯國寶資藉之，始鋟木以傳。予謂非裕之搜訪百至，則無以起辭人將墜之業；非趙侯好古博雅，則無以慰士子願見之心，因贅數語其後云。作詩爲難，知詩爲尤難。唐僧皎然謂鍾嶸非詩家流，不應爲詩作評。其尤難可知已。半山老人作《唐百家詩選》，迄今家置一本；曾端伯選宋詩，不可謂無功，而學者遂有二三之論。予謂裕之此集，今四出矣。評者將附半山乎？曾端伯乎？季孟之間乎？東坡有言，我雖不解書，曉書莫如我。是則又不知皎然師果爲真識否也？明年四月望日，頤齋張德輝耀卿書。（《中州集》卷末，日本宫内廳書陵部藏宋元版漢籍影印叢書本，綫裝書局二〇〇一年。）

金元好問《題〈中州集〉後》七絶五首：

鄴下曹劉氣盡豪，江東諸謝韻尤高。若從華實評詩品，未便吴儂得錦袍。

陶謝風流到百家，半山老眼净無花。北人不拾江西唾，未要曾郎借齒牙。

萬古騷人嘔肺肝，乾坤清氣得來難。詩家亦有長沙帖，莫作宣和閣本看。

文章得失寸心知，千古朱弦屬子期。恨殺溪南辛老子，相從何止十年遲。

平世何曾有稗官，亂來史筆亦燒殘。百年遺稿天留在，抱向空山掩淚看。（《中州集》卷末，日本宫内廳書陵部藏宋元版漢籍影印叢書本，綫裝書局二〇〇一年。）

宋家鉉翁《題中州詩集後》：

世之治也，三光五嶽之氣，鍾而爲一代人物。其生乎中原，奮乎齊魯汴洛之間者，固中州人物也。亦有生於四方，奮於遐外，而道學文章爲世所宗，功化德業被於海内，雖謂之中州人物可也。蓋天爲斯世而生斯人，氣化之全，光嶽之英，實萃於是，一方豈得而私其有哉？迨夫宇縣中分，南北異壤，而論道統之所自來，必曰宗於某；言文脈之所從出，必曰派於某。又莫非盛時人物範模憲度之所流衍。故壤地有南北，而人物無南北，道統文脈無南北。雖在萬里外，皆中州也，况於在中州者乎？余嘗有見於此。自燕徙而河間，稍得與儒冠縉紳遊。暇日獲觀遺山元子所裒《中州集》者，百年而上，南北名人節士、鉅儒達官所爲詩，與其平生出處，大致皆採録不遺。而宋建炎以後，銜命見留，與留而得歸者，其所爲詩，與其大節始終，亦復見紀。凡十卷，總而名之曰《中州集》。盛矣哉！元子之爲此名也。廣矣哉！元子之用心也。夫生於中原，而視九州四海之人物，猶吾同國之人；生於數十百年後，而視數十百年前人物，猶吾生並世之人。片言一善，殘編佚詩，搜訪惟恐其不能盡，余於是知元子胸懷卓犖，過人遠甚。彼小智自私者，同室藩籬，一家爾汝，視元子之宏度偉識，溟涬下風矣。嗚呼！若元子者，可謂天下士矣。數百載之下，必有謂予言爲然者。（元蘇天爵《元文類》卷三八，上海古籍出版社一九九三年。）

元吴澄《跋趙運使録中州詩》：

唐人詩無一句一字不切題者，宋詩蓋不能然。夫詩或言志，或寫情，或感時，或即事，固各有當，而詠物尤難於精工。運使趙侯以近世《中州集》録出七言八句三十七篇，畀王子寧，俾初學不至失於支離，由此可入唐詩門户矣。（《吴文正公集》卷五六，文淵閣四庫全書本。）

元余謙《中州集序》：

金人元好問，字裕之，别號遺山，髫而能詩，下筆輒驚其長老。年甫冠，登進士。其詩文出入於漢魏晉唐之間，自成一家，名振海内。金源氏自大定後，頗尚藝文，優禮賢士，而崔立之變，駢首死難者不可勝紀。遺山巋然獨存。金亡晦道林莽，日課一詩，寒暑不易。至本朝，才名益甚，四方學者執羔雁無虚日。郝陵川謂其規模李、杜，陵轢蘇、黄，殆非虚語。遺山著述甚富，其所作《金史》纖悉不爽，蔚爲一代鴻筆。至所編《中州集》，流傳不廣，人莫之覯。是集世無行本，惟架閣黄公在軒手鈔二十卷，藏之篋中。予爲補其殘闕，正其謬誤，凡閲月而告成。至篇什次第，悉依原本。匯付剞劂，俾海内騷雅共珍之。至順二年三月十一日，翰林國史余謙謹序。（清施國祁《元遺山詩集箋注》卷首「序例」，四部精要本，上海古籍出版社一九九三年。）

明嚴永濬《中州集序》：

金初未有詩，北渡後詩學日興。河東元好問裕之，起而當兵亂之餘，國事漸夵，故老皆盡。裕之身任翰墨，蔚爲一代宗工。凡四方碑板銘誌，盡趨其門。一時君臣上下，遺言往行，篇章製作，訖無罅漏。今所傳《中州集》，蓋其纂述之一也。集以甲乙次第，爲十卷。卷各取其人之出處表諸首，而以所作隸其下，末又以樂府終之，歷二十寒暑而始成。百餘年間，新聲雅作，洋洋盈耳，亦足以鳴金源氏之盛哉。金故用武得國，無以異於遼，而能自樹立唐宋之間，有非遼所及者，以文不以武也。夫文之變爲詩，詩有補治道，切於士習。其間趨向之端曲，則又存乎人之所養顧，可盡取於詩邪？是集所載，若光孝在儲位二十餘年，雖未即大寶，而終其事。興陵能承意開導，四方陰受其賜，所謂餘福被元元者。嘗於賜宰相壽日詩，見之道陵，有志文治，燦然可觀。惜乎婢寵擅朝，冢嗣未立，疏忌宗室，而傳授非人，使造化無私之言，徒爲文具耳。趙秉文爲禮部，主盟吾道將三十年，詩筆縱放，不拘一律，與楊雲翼代掌文柄。楊能直言進諫，砥礪大節，爲時所稱。餘如周昂、李獻能之孝友，雷淵、李純甫之豪傑，馮延登、梁持勝之抗節不屈，冀禹錫、王萬鍾之遇害不避，爲宰相、爲狀元、爲異人、爲隱德，雖其所作沉鬱簡淡、奇崛巧縟，各爲一家。大約所養之氣格，得乎完正者居多。又以見海裔之餘風，有一變至魯之漸，爲可尚已。予故病夫宇文虚中、吴激、蔡松年、馬定國、高士談之輩，始皆宋時名士，其後或以奉使留，或以知名顯。史言楚材晋用，特宜其辭，責以成一代之文耳。若主憂臣辱，甘心淟涊，以求全活一隅，而謂士君子，有是哉？裕之疏其人，直書而不諱者，殆深意存焉。蕭真卿嘗言：國初文士如宇文太學、蔡丞相、吴深州之等，不可不謂之豪傑之士，然皆宋儒，難以本朝文派論，故斷自蔡正甫爲正傳之宗，党竹溪次之，禮部趙閑閑公又次之。當時公議已如是。然則長篇大章，膾炙人口，風流藴藉，激賞國中，視宇文吴蔡諸人之作，自足掩其所短，況質諸唐宋間之詩人，有足愧乎？侍御史沁水李公嘗景仰是集，爲鄉前哲所自録，且謂余言，可備折衷，因托之刊誤，以與四方博雅君子共論焉。時弘治丙辰閏三月朔，華容嚴永濬序。（《中州集》卷首，明汲古閣刊本，學苑出版社影印二〇〇〇年。）

明毛晉《中州集跋》：

裕之避兵南渡，悼金源氏亡，拒不更仕，晚年以著作自任，曰不可以一代之志泯而不傳。乃築亭於家，寒暑不出。有所聞見，隨以寸楮細字紀録之，名曰野史，不下百餘萬言。《中州集》其採詩一種也。凡十卷，共二百四十五人，每人敘略，以寓褒譏。史臣推爲一代宗工，真不忝矣。若卷首載顯章二作，卷尾附至父兄詩，尤見忠孝。至於俯仰感慨之意，讀其自題五絶句，可想見云。海虞毛晉識。（《中州集》卷末，明汲古閣刊本，學苑出版社影印二〇〇〇年。）

清錢謙益《題中州集鈔》：

元遺山編《中州集》十卷，孟陽手鈔其尤雋者若干篇，因爲抉擿其篇章句法，指陳其所繇來，以示同志者。蓋自靖康之難，中國文章載籍，捆載入金源，一時豪俊，遂得所師承，咸知規摹兩蘇，上泝三唐，各成一家之言，備一代之音。而勝國詞翰之盛，亦嚆矢於此。孟陽老眼無花，能昭見古人心髓，於汗青漫漶、丹粉雕殘之後，不獨于中州諸老爲千載之知己，而後生之有志於斯者，亦可以得師矣。遺山論溪南詩老辛願曰：敬之業專而心敏，敢以是非白黑自任。每讀諸人之詩，必爲之探源委，發凡例，解絡脈，審音節，辨清濁，權輕重。片善不掩，微纇必指，如老吏斷獄，文峻網密，絲毫不相貸。如衲僧得正法眼，徵詰開示，幾於截斷衆流。同志中有公鑒而無姑息者，必以敬之爲稱首。遺山《題中州集後》云：「愛殺溪南辛老子，相從何止十年遲。」遺山上下百年，尚論一代風雅，而獨津津於一老，豈徒然哉？吾觀孟陽，殆無愧於斯人。而余之言不能如遺山之推辛老，使天下信而徵之，則余之有愧遺山多矣。癸未夏日，書於玉鑿軒。（《錢謙益全集·初學集》卷八三，上海古籍出版社二〇〇三年。）

清黄丕烈《中州集》題識：

《中州集》十卷，金本。余友顧澗蘋嘗爲余言曰：「郡中朱丈文游家曾有金板《中州集》，惜已散去，無可蹤跡矣。」余心識其言，不敢忘。既檢延令書月，載其名云是十卷六本，亦未見有收藏家有滄葦故物也。頃二月二十八日，往送友人北行，歸家見案頭有小字《中州集》一册，爲丙丁二集，詢是書友攜來求售者，乃知澗蘋所云，即此舊刻歟。案其行款字數，與《列朝詩集》同，可見錢氏之集詩，悉本於元氏，信不誣矣。明日書友來詢其直，索白鏹五十金，云是金板，須每本十金。余方疑書友學問平庸，無此識眼，而書友以爲物出故家主人，以爲金板，故價昂如是。余屬其攜全書來，通部缺十六葉，十卷後無《中州樂府》，目録尾有模粘字跡幾行，余斷其爲元本明印，非初刻者。故樂府已無，卷中板片損半及失葉，硬填某至某，其殘缺之跡顯然。藏書家以爲金板，從元氏爲金人言之耳。余方重是書之稀有，書友亦居奇異，許至十五金而猶不允，欲取全書去。余强留其樣本而以四册還之，猶是羈縻勿絶之意云爾。適道經臯署前，憩文瑞堂書坊，又有一書友談及此書，云是目所未觀者。問之，知爲書船吴姓物。而吴姓適來，乃吴步雲其人。其人固余所素識者。呼與語，以實對，索直青蚨十四千文，因如數與之，而酬前取來者以二千文。此書竟不至受書賈之勒索，可爲生平一得意事。余何與古書緣巧若是耶？吴姓曰君真，有福分者。是書爲海鹽人張晉喬物，任杭州府學教授，卒於官。余得諸伊侄孫手，實錢十千文，後送諸鮑以文先生處，渠許過元銀十二金，余尚須請益。適渠於大雪中泛舟往杭州，夜半遭風，舟幾覆溺，遂翻然曰：吾身子尚不免，何況身外物。此書毋使諸失所也。余取歸書船，今爲君有，豈非冥冥中有若或使之者乎？交易既成，書此緣起，並著物之歸宿有在不可勉强者，爰什襲而藏諸讀未見書齋，命兒子玉堂歸諸金元文集部。兒子玉堂還報曰：架上先有《中州樂府》，在啓緘讀之，蓋毛鈔元本，與是集無纖毫異者。余向從東城故家得群籍一鱗片甲，未及盡記，得此已數年來，若有待於此刻之補闕，抑亦奇矣。今而後元氏之書可無缺遺之憾焉已。嘉慶庚申三月三日蕘圃黄丕烈燈下記。

毛氏刻《中州集》並樂府。觀其序跋，《中州集》有弘治人跋，謂出於前哲所自録。《中州樂府》有嘉靖人序，謂陸儼山刻之九峰書院，則子晉所梓，皆非元本矣。故取此及鈔本樂府勘之，多所不同，書必取其舊，信然。獨怪《歷朝詩集》出於毛氏所刊，至於行款格式，無一不與元氏原刻《中州集》樂府合。影寫《中州樂府》亦出於毛氏。何以所見皆真本，而所用以梓行者皆屬後來之本，豈所見在後，而所梓在先耶？抑所見者真本，而所梓者可用後來之本耶？余所覩毛珍藏之本，不必盡合於所刻，往往如是，竊所不解矣。書之以質來者。蕘圃又識。

此書久無有見此刻者。自余得此刻本不兩月，書友又從南路書船中得一本，與此刻印本卻無先後，爰從書友取歸。就中可補者，止卷六二十八葉，又半葉之碎板及損傷者，皆影寫足之。此刻蟲蝕，亦有填補，餘失板者並同。可知書籍流傳，正自不乏無明眼人識之，盡歸散亡耳。此書經余收得，書友中竟有聞風而購獲者。諺云「價高招遠客」，吾於是益信云。閏月既望坐雨，讀未見書齋。

適命工重裝訖，復爲著之如此。蕘圃氏丕烈。

嘉慶丁卯夏，復見一本，每葉二十二行，行二十一字，殆弘治刻也。後有頤齋張德輝序，惜與舊本行款未對，不獲鈔補耳。復翁。

戊辰九月望日，借濂溪坊蔣氏本勘之，較此刻刷印在先而佳處，目録後有樂府目録，樂府亦全。中州二、五、六、九葉皆有，所惜中州目、中州一欠葉並同。物主需直五十金，爲介者斷以八折，余許卅金，尚未之許。因假歸，擬影鈔足之。復翁識。

已巳春正月晦，鈔補之葉，重爲裝入，較庚申初得時，忽已十年矣。大兒之歿，亦復五年。顧後子孫讀學堂書籍尚不能成誦，安望讀此耶？余一生精力，半耗於書，未知有能爲我守成者否？挑燈書此，彌覺黯然。復翁。

壬申秋，前所續收之本，與書賈易他書，此書唯此本存矣。向留蔣本有奢願，思蓄之，今成虚願，聊記於此。九月晦日，又挑燈書此，情緒之惡，彌覺黯然。復翁時年五十，擬易號曰知非子。

（《蕘圃藏書題識》卷一〇《集類》，清人書目題跋叢刊本，中華書局一九九三年。）

《中州樂府》一卷，存。清紀昀等《四庫全書總目》卷一八七《集部總集類》著録《中州集》十卷附《中州樂府》一卷，云：「今考集中小傳，皆兼評其樂府，是樂府與《中州集》合爲一編之明證。今亦仍舊本録之，不别入詞曲類焉。」今按，實際並非如此。「中州」詩、詞兩集刊行情況同四庫館臣之説多不吻合。遺山纂輯《中州集》，始於「癸巳」被拘聊城時（金天興二年、蒙古太宗五年、一二三三年），十六年後方成書，在元至少刊刻四次：

一、己酉歲（蒙古定宗海迷失后稱制元年、一二四九年），獲真定提學趙國寶資助付梓，是爲「己酉」本。遺山自序爲「詩」張目，未涉「樂府」。宋人家鉉翁被俘北上，嘗見《中州集》，有感題記，亦未涉「樂府」，證明《中州集》初刻時未與「樂府」合梓。

二、蒙古憲宗五年（一二五五）再刻，冠以「乙卯新刊」①，是爲「乙卯」本。所謂「新刊」，或書商鑒於初刻本選詩不主一格，蕪雜冗長，成爲繼續刊印流通的障礙，影響其射利目的，於是一部分詩人被汰除，一部分詩作被删去，且於卷末附以《中州樂府》。張德輝《中州集後序》「作詩爲難，知詩爲尤難」的議論，閃爍其詞，吞吞吐吐，似礙於情面，以掩飾對這部總集的不予首肯。如按通常選詩標準與體例衡量，確有可商榷之處，因而引發書商改編，也就不奇怪了。另，張氏後序列「樂府」之前，説明其時「樂府」尚未輯成，故止爲《中州集》而作。然而，這部「新刊」後來竟成爲現存詩、詞兩集合梓的源頭。

三、至大三年（一三一〇），平水書商曹氏進德齋遞修刻印，是爲「庚戌」本。現存兩種版本：詩集獨立刊本，所收與「乙卯」本無甚差異；詩詞兩集合刊本，而合刊之「樂府」系配以

①《中州集》卷首，全國高校古籍整理研究工作委員會編《日本宮内廳書陵部藏宋元版漢籍影印叢書》第一輯，綫裝書局二〇〇一年。

「影元鈔本」①，不過是詩集獨立刊本的變種。

四、至順二年（一三三一），元翰林國史余謙校訂刊刻，是爲「辛未」本。其序未涉「樂府」，所據當是己酉初刻本。至於「二十卷」云云，不過手鈔字跡放大，導致卷帙增擴罷了。而經整理付梓，「篇什次第」，「悉依原本」。從元初「己酉」至元末「辛未」，相去八十二年，由於初刻經費系友人資助，似印量不多，遂有「流傳不廣、人莫之覯」之歎。

入明後，《中州樂府》繼續以合刊與未合刊兩種形式傳播。如弘治九年李瀚刊本，僅詩集十卷，不包括「樂府」②；再如汲古閣刊本，有毛晉跋云：「家藏《中州集》十卷，逸其《樂府》，梓人告成，殊怏怏然。既得《樂府》一帙，乃九峰書院刻本也，不勝劍合之喜。」③仍爲詩集獨立刊本。「己酉」、「辛未」等初刻系列版本俱散佚，而《永樂大典》殘帙引録《中州集》近百條，有些迥異現存版本，極具版本價值。一是保存了現存《中州集》未見詩人。如卷二八一三梅字韻引《中州集》林少卿《淡墨梅花》七絶二首：

妙入端毫太逼真，便分南嶺一枝春。風天月夕閑舒卷，疑有清香暗襲人。

---

① 北京圖書館編《北京圖書館古籍善本書目・集部》，書目文獻出版社一九八七年，第二八〇〇頁。

② 北京圖書館編《北京圖書館古籍善本書目・集部》，書目文獻出版社一九八七年，第二八〇〇頁。

③ 《中州集》卷末，學苑出版社二〇〇〇年，第四三七頁。

不争光暖戀陽阿，臘雪春風奈爾何。一縷淡妝冰幅上，宛然疏影在清波。

林少卿或即「林觀察顯卿」①。林氏及其兩詩失載於現存《中州集》。再如卷二八〇九梅字韻引《中州集》房灝《王鼎玉索賦萼緑梅》：

一株香雪冠溪南，萬紫千紅總覺慚。只爲平生太清絶，白頭才得著青衫。

房氏及其詩作失載於現存《中州集》。房灝即房皡，灝、皡音同，均含廣而浩蕩之意。其字希白，號白雲子，平陽人，在金仕爲盧氏令。貞祐南渡，避亂入宋，漂泊荆楚。後北歸隱於鄉，爲河汾諸詩老之一。或謂《中州集》不收時人作品，當是《永樂大典》誤鈔。實際不盡如此。《中州集》卷八之「張介」，字介甫，平州人。正大元年經義進士魁，歷鞏縣、穀熟二縣令。天興二年，仕爲兖王國用安參議②。遺山先生不甚了了，誤作「彭城人」。元世祖中統初，嘗供職中書省交鈔提舉司③，而《中州集》亦收其詩。

二是保存了部分《中州集》佚詩。如卷二〇三五四夕字韻引《中州集》朱弁詩：

《元夕廳設醮》：春容先督府，月色滿江城。燈賞無仙夢，齋居絶市聲。兩年憂旱虐，八郡望

① 《中州集》卷一〇《先大夫詩》：「好問避兵南渡，遊道日廣，世始知有元東巖之詩……林觀察顯卿云：『文章變古名新體，孝弟傳家守舊規。』」中華書局一九六二年，第五二六頁。

② 《金史》卷一一七《國用安傳》，中華書局一九七五年，第二五六五頁。

③ 《秋澗集》卷八〇《中堂事記》，四部叢刊本。

秋成。憑藉剛風力，青章達九清。

《元夕》：立馬行歌隘市門，賣薪攜子出前村。聲翻保界金鼇動，光奪瓊樓面玉兔昏。守舍呻吟宜老病，通宵奔走付兒孫。潘郎豈是無情思，點檢霜髭愧緑尊。

現存《中州集》收「朱奉使弁」三十九首，未見以上二首。再如卷八五六九生字韻引《中州集》李純甫《戒殺生》，現存各版本亦未見：

遯庵習氣未全忘，底用塗糊紙半張。我噉黄虀真有味，不知地獄與天堂①。

三是《永樂大典》所録或有差異。如卷九〇三詩字韻引《中州集》劉從益《和陶淵明雜詩》四首：

俗士苦紛競，此心本無塵。功名乃物外，了不關吾身。吾身復何有，形神假相親。天地開一室，日月挾兩鄰。有生即有化，如晏之必晨。但得酒中了，亦足稱達人。

揮戈欲卻日，小力自不量。何如任天遠，閉門坐齊芳。詩書列四隅，著我於中央。夏臥北窗風，隆冬曝朝陽。但有藜藿羹，亦足充饑腸。

少爲饑所驅，老爲病所迫。人生能幾何，東陌復南陌。急須沽酒來，一笑舉太白。浩歌草木振，起舞天地窄。同歡二三子，誰主誰復客。浮沉大浪中，毕竟歸真宅。

①《永樂大典》卷八五六九生字韻引《中州集》，海外新發現本，上海辭書出版社二〇〇三年，第一五七頁。

歲月去何速，老炎變新涼。遊子久不歸，回回望大梁。風埃慘如此，何處真吾鄉。野菊明落日，林楓染飛霜。勸我一杯酒，悠然秋興長。①

現存《中州集》俱作二首，即一與二、三與四各合而爲一。如略加比較，孰是孰非，則不難斷定。録爲四首者，敘事用韻，各自成章；而合爲二首者，有悖詩律，不倫不類。再如卷二八一二梅字韻引《中州集》李晏《題嗅梅圖》：

朧朧霽色冷黄昏，缺月疏籬水外村。人在天涯花在手，一枝香雪寄銷魂。②

現存《中州集》詩題下注有「簡之」二字，即簡之爲該詩撰者，與初刻本不同。簡之名仲略，號丹源釣徒，李晏之子。再如卷九〇三詩字韻引《中州集》劉澤《與劉之昂酬唱有詩》：

侯門舊説炎如火，陋巷今猶冷似冰。半夜杯盤長袖舞，白頭書册短檠燈。③

現存《中州集》「劉户部光謙」小傳附録，缺題。這些差異表明，《中州集》初刻本更爲豐富、完整，充分體現了遺山先生以詩存史的良苦用心。至於《中州樂府》，應是遺山晚年所輯，稍後於《中州集》成書，約在己酉（蒙古定宗海迷失后稱制元年、一二四九年）至乙卯（蒙古憲宗五年、

① 中華書局一九九八年，第九册八五六三頁。
② 中華書局一九九八年，第二册一五〇二頁。
③ 中華書局一九九八年，第九册八五六三頁。

一二五五年）之間。當時，山河破碎的打擊，饑寒交迫的折磨，保存和發揚金源文獻的不倦追求，使這位老人耗盡心血，再也無力營造巨帙，不得不以那樣狹小的篇幅了結心願。因此，詞集初刻本當獨立刊行，《永樂大典》殘帙也保存了初刻本資料。如「趙内翰子充」《南鄉子》詞：

澗草萋萋緑，林鶯恰恰啼。汀沙過雨便無泥。唤得芒鞋，隨意到前溪。　浦溆渾堪畫，雲煙總是題。江湖老伴一蓑衣，真個斜風細雨不須歸。

趙子充名攄，號醉全老人，宛平人。《永樂大典》卷一九六三七目字韻引録此詞，有副題，作［南鄉子・江村］。儘管僅此一條，卻迥異現存各版本。這説明詩與詞兩部總集的初刻本相似。至於清初影元鈔本及明嘉靖九峰書院刻本，不過是從「乙卯」本或其版本系列抽出「樂府」獨立刊行而已；或取《中州集》小傳附於詞人名下，以充完本，《彊村叢書》所收即如此。這些都離原貌越來越遠了。

明彭汝寔《中州樂府序》：

聲韻之流至於樂府，不知其變，其幾有幾。漢房中樂昉有斯名，周人宫中樂章已奏《關雎》《鵲巢》矣。李唐而下，其昉變斯極，按《樂録》《伎録》樂府遺聲新聲所載，瑟調、楚調、鐃歌、和歌，正附幾五十門，爲魚龍鳥獸，爲車馬征戍，爲佳麗怨思，爲蕃胡都邑、神仙遊俠、時景觴酌，各若干十百曲。説者謂兩出塞、蜀道難，音響足比金石，皆樂府曲，諸不易作也。沈宋以降，直至宋金元世，至有以樂府名家，如吴彦高學士者矣。《中州樂府》一帙，蓋金尚書令史元遺山集也。幾三十六人，總一百二十四首，以其父明德翁終焉。人有小敘志之，中間亦有一二憐材者，文亦爾雅，蓋金人小史也。蜀左轄我儼山陸先生會計之暇，目不瞬於檢閲，偶得是編，示予兑陽山樓曰：金宋分疆，程學行於南，蘇學行於北，一時文獻，未可謂無人。三百年來，完顔立國浸陋，故前爲宋所掩，後爲元所壓，使豪傑無聞焉，甚可痛也。編中僞誤，煩爲校讎，與瑞成謀梓之，且以寓世變之慼。夫遺山當有金哀宗之季，國步危促，宋知金仇之不可共，而忘豺狼之不可親。慘禍交臨，不幸生際其時，與土者爲之臣妾，莫能奮飛，悲憤於邑之情可想也。故其形之聲韻，暢懷杯酒，繫念君國，多可哀潸，采風者所不棄也。明妃、烏孫主、蔡琰之流，皆以嬋娟不能自謀，遠嫁胡沙。馬上之樂，呻吟節拍，世皆憐而存之，矧是編乎？嗚呼！王風國風，由俗而變。江河之趨也，變至檜陳，亂陋思治矣。此仲尼删詩意也。然則我儼山先生圖刻之意，其重有感於是編乎？其重有取於是編乎？嘉定守貴陽高登遂刻之九峰書院云。嘉靖十五年歲次丙申冬，漢嘉後學彭汝寔拜書。（《中州樂府》卷首，明汲古閣刊本，學苑出版社影印二〇〇〇年。）

明毛鳳韶《中州樂府後序》：

聲音之道，與政通固矣。然以三百篇考之，成周治矣，而夫子不無删焉。鄭衛亂矣，而夫子或有取焉，何哉？則亦以天理之在人心不可變，而人之賢不肖不可必，故聖賢之所去取，惟其人不惟其時，惟其言不惟其人，惟其意不惟其言。《中州樂府》作于金人吴彦高輩，雖當衰亂之極，今味其辭，意變而不移，憫而不困，婉而不迫，達而不放，正而不隨，蓋古詩之餘響也。是故儼山陸公有取焉，亦孔子待鄭衛之意。韶承命分，校畢敬識，淺語以俟公之教焉。嘉靖丙申九月庚辰，屬吏麻城毛鳳韶謹書。（《中州樂府》卷末，明汲古閣刊本，學苑出版社影印二〇〇〇年。）

明毛晉《中州樂府跋》：

家藏《中州集》十卷，逸其樂府。梓人告成，殊怏怏然。既得樂府一帙，乃九峰書院刻本也，不勝劍合之喜。第詞俱雙調，淆雜無倫，一一按譜釐正。如［望海潮］諸闋，與譜不侔，未敢輕以意改。其小敘已見詩集中，不復贅云。海虞毛晉識。（《中州集》卷末，學苑出版社影印明汲古閣刊本二〇〇〇年。）

清朱孝臧《中州樂府跋》：

右《中州樂府》一卷，彭汝寔、毛鳳韶序。明嘉靖中，嘉定守高登刊之九峰書院者。毛子晉刻《中州集》，據弘治本；刻樂府，即據此本。然頗有異文，且云小敘已見詩集中，不復贅。不知鄧千江、宗室文卿、張信甫、王玄佐、折元禮五人，詩中俱未見，小敘一概不載，疏矣。元至大庚戌，平水進德齋刊《中州集》並樂府，日本五山嘗覆刻之，取校此本，頗資訂正。獨是吳學士、蔡丞相、高內翰之流，蕭真卿嘗稱國初文士，不可不謂之豪傑。而嚴永濬則病其以宋之名士，或以奉使留，或以知名顯，史言楚材晉用，特逭其辭，責以成一代之文耳。裕之疏其人，直書而不諱者，殆深意存焉。三復斯言，爲之累歎。宣統旃蒙單閼之歲辜月，歸安朱孝臧跋。（《中州樂府》卷末，彊村叢書本，上海古籍出版社一九八九年。）

《唐詩鼓吹》十卷，存。清紀昀等《四庫全書總目》卷一八八《集部總集類》著録：「不著編輯者名氏。據趙孟頫序，稱爲金元好問所編，其門人中書左丞郝天挺所注。國朝常熟陸貽典題詞，則據《金史·隱逸傳》，謂天挺乃好問之師，非其門人，又早衰厭科舉，不復充賦，亦非中書左丞，頗以爲疑。按王士禛《池北偶談》曰：『金、元間有兩郝天挺，一爲元遺山之師，一爲遺山弟子。考《元史·郝經傳》，云其先潞州人，徙澤州之陵川。祖天挺字晉卿，元裕之嘗從之學，裕之謂經曰「汝貌類祖，才器非常」者是也。其一字繼先，出於朵魯别族，父和上拔都魯，元太宗世多著武功，天挺英爽剛直，有志略，受業於遺山元好問，累官河南行省平章事，追封冀國公，謚文定，爲皇慶名臣。嘗修《雲南實録》五卷，又注《唐詩鼓吹集》十卷。近常熟刻《鼓吹集》，乃以爲《隱逸傳》之晉卿，而致疑於趙文敏之序稱尚書左丞，又於尚書左丞上妄加金字，誤甚。』云云。然則貽典等所考，知其一而不知其二矣。是集所録，皆唐人七言律詩，凡九十六家，共五百九十六首。作者各題其名，惟柳宗元、杜牧題其字，未喻何故。第四卷中宋邕詩十一首，天挺注以爲實出曹唐集中，題作宋邕，當必有據。然第八卷中胡宿詩二十三首，今並見《文恭集》中，實爲宋詩誤入，則亦不免小有疏舛。顧其書與方回《瀛奎律髓》同出元初，而去取謹嚴，軌轍歸一。大抵遒健宏敞，無宋末江湖、四靈瑣碎寒儉之習，實出方書之上。天挺之注雖頗簡略，而但釋出典，尚不涉於穿鑿，亦不似明廖文炳等所解横生枝節、庸而至於妄也。據都卬《三餘贅筆》，此書至大戊申江浙儒司刊本，舊有姚燧、武一昌二序，此本佚之。又載燧序，謂宋高宗嘗纂唐宋軼事爲《幽閑鼓吹》，故好問本之。按『三都二京，五經鼓吹』其語見於《世説》，好問立名，當由於此，燧所解不免附會其文也。」

金曹之謙《讀〈唐詩鼓吹〉》：

傑句雄篇萃若林，細看一一盡精深。才高不似人間語，吟苦定勞天外心。白璧連城無少玷，朱弦三歎有遺音。不經詩老遺山手，誰解披沙揀得金。（元房琪《河汾諸老詩集》卷八，文淵閣四庫全書本。）

元趙孟頫《左丞郝公注唐詩鼓吹序》：

鼓吹者何？軍樂也。選唐詩而以是名之者何？譬之於樂，其猶鼓吹乎？遺山之意則深矣。中書左丞郝公，當遺山先生無恙時，嘗學於其門，其親得於指授者，蓋非止於詩而已。公以經濟之才坐廟堂，以韋布之學研文字，出其博洽之餘，探隱發奥，人爲之傳，句爲之釋，或意在言外，或事出異書，公悉取而附見之，使誦其詩者知其人，識其事物者達其義，覽其詞者見其指歸，然後唐人之精神情性，始無所隱遁焉。嗟夫！唐人之於詩美矣，非遺山不能盡去取之工；遺山之意深矣，非公不能發比興之藴。世之學詩者，於是而紬之繹之、厭之飫之，則其爲詩將見隱如宫商，鏗如金石，進而爲詩中之《韶》《濩》矣。此正公惠後學之心，而亦遺山裒集是編之初意也耶？公命爲序，不敢辭，謹序其大略如此。（清陸心源《皕宋樓藏書志》卷一一五《史部目録類》，續修四庫全書本，上海古籍出版社影印。今按，《趙孟頫集》卷六收，浙江古籍出版社一九八六年。）

元姚燧《唐詩鼓吹注序》：

鼓吹，軍樂也，大駕前後部設之，役數百人。具器惟鉦、鼓、長鳴、中鳴、觱篥，皆金革竹無絲，惟取便於騎。作大朝會，則置案於宫縣間，雜而奏之。最聲之宏壯而震厲者也，或以旌武功而殺其數。取以名書，則由高宗退居德壽，嘗纂唐宋遺事，爲《幽閑鼓吹》，故遺山本之，選唐詩近體六百餘篇，亦以是名。豈詠歌之其聲亦可齒是歟？嘗疑遺山論詩，於西昆有無人作鄭箋之恨，漫不知何説，心竊異之。後聞高吏部談遺山誦義山《錦瑟》中四偶句，以爲寓意於適怨清和，始知謂鄭箋者，殆是事也。遺山代人，雲南參政郝公新齋視爲鄉先生。自童子時，嘗親几杖，得其去取之指歸。恐其遺忘，以易數寒暑之勤，既輯所聞與奇文隱事之雜見他書者，悉附章下，則公可當元門忠臣，其又鄭箋之孔疏歟？公將種也，父兄再世數人，皆長萬夫，於鼓吹之陪犦矟而導繡幰者，似已飫聞。晚乃同文人詞士，以是選爲後部，寂寂而自隨，無亦太希聲乎？其亦宏壯而震厲者，亦有時乎爲用也。兵志有之，不恃敵之不我攻。走聞江南詩學，壘有元戎，壇有精騎，假有詩敵挑戰而前，公以元戎握機於中，無有精騎孰與出禦？走頗知詩，或少數年，使得備精騎之一曲，横槊於筆陣間，必能劘壘得俊而還。惜今白首不得公一振凱也。公由陝西憲長，以宣撫使巡行郡國淮河之南，欲序，故燧書此。（清陸心源《皕宋樓藏書志》卷一一五《史部目録類》，續修四庫全書本，上海古籍出版社影印。今按，《牧庵集》卷三收，四部叢刊本。）

元武乙昌《注唐詩鼓吹序》：

唐一代詩人名家者殆數百，體制不一，惟近體拘以音韻，嚴以對偶，起沈宋而盛於晚唐，迄今幾五百年，未有能精其選者。國初，遺山元先生爲中州文物冠冕，慨然當精選之筆，自太白子美外、柳子厚而下，凡九十六家，取其七言律之依於理而有益於性情者，五百八十餘首，名曰《唐詩鼓吹》。如《韶》章譽於廣庭，百音相宣，而靁鞀管籥實張其要眇也。然選既精矣，而詩人指趣，非學識深詣者莫能發之。今中書左丞新齋郝公以舊德爲時名臣，蚤嘗講學於遺山之門，念此詩不可無注，於是研覃精思，爲之訓釋，詩人出處皆據史傳，詳著下方，使當時作詩之旨，悉浮浮於辭氣之表，而遺山擇詩之意，亦從是可見，真天壤間奇書也。吁！三百五篇，經刪筆之後得毛訓鄭箋，而六義始大明於天下。漢魏而下之詩選，於蕭統得六臣之注，而候蟲時花皆能感人觀聽。若唐詩，則寄興遠而鍛鍊精，持律嚴而引用邃，簡婉而不迫，豐容而有度。左轄公三十年歷登顯要，而函侜鉛槧，抉隱發藏，必欲覽者開卷瞭然，吟諷蹈詠之餘，由是進於温柔敦厚之教，是亦風遺俗美之基也。歌喜起於虞庭，頌猗那於周廟，又元臣輔治之極功。至大戊申，浙省屬儒司以是編鋟之梓，僕實董其事。工將訖，庸公適以使事南來，命僕序。僕以諸閣老雄文在前，謝不敢。公命至再，用拜手書於編末。是年六月十又八日，蜀西武乙昌謹序。（清陸心源《皕宋樓藏書志》卷一一五《史部目録類》，續修四庫全書本，上海古籍出版社影印。今按，此序原與姚序混淆，據《牧庵集》釐正。）

元盧摯《注唐詩鼓吹集後序》：

新齋郝公繼先注《唐詩鼓吹集》成，既命江東肅政内翰姚公端父爲之序，而屬摯跋於篇末。《唐詩鼓吹集》者，遺山先生元公裕之之所集。公以勳閥英胄，幼受學遺山公，嘗以是集教之詩律。公慨師承之有自，故爲之注日，朝廷更化，公繇參綜廉問之重，將指方嶽宣德澤。予方自湖湘謝病北歸，遇公廣陵，出是集。予伏而讀之。公於是乎不唯篤在三之義，其旁搜遠引，雖專門詞學華皓鉛槧有所未遑，乃以宦遊餘暇，探摭奇奥，迄以成書。至於謝豹、紅翠、錦瑟之類，又有得于古者多識鳥獸草木之名者，此正博物洽聞之士之所願見也。公方以賢己爲諉，大君子之約於處己，而不伐善若是，謙矣哉！予幼讀是集，於一代盛作，蓋嘗神會宫商、耳隱鏜塔矣。至其趣韻沖適，則甚愛王右丞、韋蘇州；語意超邁，則最喜劉賓客、杜紫微。此言評詩，非注詩也。雖然，以公用功是編之久且深也，何當葛巾羽扇，質此言平山欄檻之間，其必有所折衷。大德七年倉龍癸卯六月三日，後學涿郡盧摯後序。（清陸心源《皕宋樓藏書志》卷一一五《史部目録類》，續修四庫全書本，上海古籍出版社影印。）

清錢謙益《唐詩鼓吹評注序》：

《唐詩鼓吹》十卷，相傳爲元遺山選次。或有斥爲假託，以謂遺山集中無一言及此選。而趙序、郝注，真贋錯互，是固不能以無疑。余諦觀此集，探珠搜玉，定出良工哲匠之手。遺山之稱詩，主於高華鴻朗、激昂痛快，其指意與此集符合，當是遺山巾箱篋衍，吟賞記録，好事者重公之名，繕寫流傳，名從主人，遂以遺山傳也。世之論唐詩者，奉近代一二家爲律令，《鼓吹》之集，僅流佈燕趙間。內府鏤版，用教童豎。若王荆公百家之選，則罕有能舉其名者。蓋三百年來，詩學之受病深矣。館閣之教習，家塾之程課，咸稟承嚴氏之《詩法》、高氏之《品彙》，耳濡目染，鐫心刻骨。學士大夫生而墮地，師友熏習，隱隱然有兩家種子盤互於藏識之中。迨其後時，知見日新，學殖日積，洄盤起伏，祗足以增長其邪根繆種而已矣。嗟夫！唐人一代之詩，各有神髓，各有氣候。今以初、盛、中、晚，釐爲界分，又從而判斷之曰：此爲「妙悟」，彼爲「二乘」；此爲「正宗」，彼爲「羽翼」。支離割剥，俾唐人之面目蒙冪於千載之上，而後人之心眼沉錮於千載之下。甚矣，詩道之窮也！荆公、遺山之選，未必足以盡唐詩，然是二公者，生於五六百年之前，其神識種子，皆未受今人之熏變者也。由二公之選推而明之，唐人之神髓氣候，歷歷具在，眼界廓如也，心靈豁如也，使唐人得洗發其面目，而後人得刮磨其障翳，三百年之痼疾，庶幾其霍然良已也。則以二公爲先醫可矣。里中陸子敕先、王子子澈、子籲，偕余從孫次鼐，服習《鼓吹》，重爲較讎，兼正定廖氏注解，刻成而請序於余。夫鼓吹，角聲也。人有少聲，入於角則遠。四子其將假遺山之《鼓吹》以吹角也，四子之聲自此遠矣。喜而爲之序如此。歲在屠維大淵獻餘月二十二日，虞山蒙叟錢謙益書於碧梧紅豆村莊。（《唐詩鼓吹箋注》卷首，四庫全書存目叢書本，齊魯書社一九九七年。）

明廖文炳《唐詩鼓吹注解大全序》：

炳素耽唐人鼓吹，不喻其意。一日，會與先君談《無題》五首，先君謂説詩家每稱爲臣不得於君而發云。余覽郝氏之注，病於刻者魯魚縷舛，迺考鑑群典，釐其亥豕，復以詩全旨反覆玩味，抽精啜髓，探其意緒，積之一二歲，似乎有得。然亦自謂凡骨耳，敢誇龍醢耶？以去北上，與同年連城馬公共帆席，見而悦焉。抵京國，公圖鋟之。余南歸日近，不果。至瓊，同寅韓君竹山、歐君雲川相與稱賞。時則郡學陳高及瓊士陳日新、張璜、吴啓愚、張汝楫、王翰、沈經緯輩，强付之梓，辭不獲。吁！惟三百五篇經删述後，得毛義鄭箋，而六義始明於天下。漢魏而下之詩，選於蕭統，得六臣之注，而候蟲時花皆能感人觀聽。炳也慚與三囊，愧談兩豣，徒托齒於邢山，重騰價於潁谷。螢爝鳴光，謂鼠爲璞，罪復何辭？冀識者亮其狂也。萬曆己卯青陽岡州錦臺居士廖文炳述。（《唐詩鼓吹箋注》卷首，四庫全書存目叢書本，齊魯書社一九九七年。）

清陸貽典《唐詩鼓吹注解題詞》：

是編也，徵諸文敏之敘，出自裕之元遺山先生之手，而郝公爲其注。按其時有二郝，皆名天挺：一見《金史·隱逸傳》，字晉卿，澤州陵川人，太原元好問嘗從學進士業；一見《元史》，字繼先，出於朵魯別族，居安肅州，英爽剛直，有志略，受業於遺山元好問，仕至河南行省平章政事，嘗修《雲南實録》五卷，又注《唐人鼓吹集》十卷。以同時且同名，而一爲遺山師，一爲其弟子，亦一奇也。遺山，金國巨儒，遭崔立之變，身爲郎官而不能死，循至金亡，以宿儒受知於世祖，而與張德輝共尊元主爲儒教大宗師。嗚乎！豈非以干戈得國，思以其道易之耶？顧何以儼然人主，被以此名而不爲過，蓋知上有儒教之主，下當有儒教之臣，君子處家國存亡之會，思以文章存故國，即未歸命於九原，要非區區勳庸利禄，足與易其志者也。若遺山之詩，往往道嵇、阮之遺風，襲陶、韋之高致，其不欲委身事元，蓋亦情見乎詞矣。及觀其《中州集》，冠二宗於首簡，以人繫傳，以傳繫詩，亟亟乎有文獻無徵之懼，是殆爲史家計，而且以聲詩爲其嚆矢者也。此其志，豈嘗須臾忘金源氏哉？故其撰爲是編，亦多去國懷鄉之作，而娱情悦志之篇，十蓋三四焉。自有唐以詩取士，風雅道興，厥後選家林立。《鼓吹》一編，其猶變風變雅之寄位乎？郝公之爲此注也，推明作者之意，即以推明選者之意。吾黨懷鉛握槧，相與丹黄甲乙，考索於徵詞引義之間，且合作者選者注者之意，而推明其所由來，又豈能無流連往復感歎激發於衷耶？至於王逸之《離騷》、李善之《文選》，詳事而不詳義，徵古而不徵今，期當而不期濫，取信而不取疑，注家之能事止矣。必求字詮句解，如紫陽四子之書，胡蔡諸家五經之義，不至刻舟求劍，買櫝而還珠，未已也。乃有廖君者起而竄郝注之舊文，綴全詩之解意，亦自謂抽精啜髓矣。然多以附會穿穴爲擅場，僞造假設爲長技。由慧眼觀之，則猶鬼家之活計，日下之孤燈耳。雖然建化門庭，隨機方便，即非實所，亦屬歇場。彼現小乘身而爲説法，亦良勝於世之爲盲參瞎證者，則依文作解，固未可盡等之參死句着彼義也。故于郝之注事，皆從其朔廖之解義，務酌其宜，加以芟繁祛僞，辨異刊譌，條附于諸篇之後，庶幾文從字順，理焕詞明，不至使作者選者注者之旨，倀倀乎其無歸，而後已出之學者，由此而取裁六義，徵情四始，推求乎依永和聲，以返於正風正雅之盛。其於儒教之事，能不切切然題首鼓足，以須於旦夕哉！歲在屠維大淵獻餘月，虞山陸貽典書。（《唐詩鼓吹箋注》卷首，四庫全書存目叢書本，齊魯書社一九九七年。）

清王俊臣《唐詩鼓吹注解小引》：

選詩難矣，注詩更難，解詩尤難，蓋識不踞絶頂，則去取淆；學不窮今古，則徵引漏；才不會作者寄託，則研討俱似隔身痛癢爬搔無與也。詩之體莫備於唐，後之以選唐名世者，指亦不勝屈，乃吾黨獨取鼓吹一編，至稽其所收僅九十六家，又止七言近體五百九十餘章而已。夫此五百餘，遂蔽三唐乎？昔人云，是五言八句之廢，惟唐人始專此體，務爲雄渾富麗，而選者亦多採取青媲白、娱情悦意之篇，獨遺山此選，則别有徵尚。讀者回環反復，或離羣軫慮，或懷舊傷時，雖四愁九愁之章，一詠一觴之作，體裁不同，其動人流連感歎均也。更得左丞郝公字詮句釋，信而可徵。又有廖公淪其注而合爲解，不獨選者之意如在目前，並作者之神灼然紙上。方今崇尚篇什，一時四韻之學，比屋而是，濫惡坊本，悉爲紙貴。吾黨參校是選，公諸同志。先民有言，群瞽取道，一夫拍肩而隨之，累累然不自有其步趨，誠慮夫讀唐選者之類此也。若夫博雅命世之流，上溯曹劉陶謝，下訖李杜韓柳，漁獵既富，甄别更精，方將風雅自命，又何藉此至拙劣，如余排備之役，寔非所優，聊附邪莒識以自愧。虞山王俊臣子籲氏識。（《唐詩鼓吹箋注》卷首，四庫全書存目叢書本，齊魯書社一九九七年。）

清王清臣《唐詩鼓吹注解小引》：

詩有七言，柏梁體之前，《三百篇》已有之，如鄭風之《緇衣》「還，予授子之粲兮」、《周頌》之《敬之》「學有緝熙於光明」是已。然皆縱錯短長，叶轉音互，未嘗有一定之律，如黄槐緑樹，雙聲疊韻之文者也。唐進士科以聲詩取士，騷人蔚興，比排偶對，按律審音，極作者之盛。劉休明有云：「五言律如四十箇賢人，不亂著一字。」其論五言如是，亦可以知夫七言之嚴矣。今年春，余讀書頤志堂，偶閲遺山先生集，旁及其《唐詩鼓吹》，風雅畢陳，正變咸備。因愾然於律體之嚴，而知此選去取之精也。適次鼎復假予粤東廖氏本，與敕先暨家季子籲集新舊數種，參訂考索，合郝注、廖解爲一編，以公諸海内同好。發凡起例，敕先既詳言之矣。或有疑於體之未備者。余以詩猶樂也，譬之管弦既調，椌楬柷敔，當無有棘手而戾嗓者。夫誠精於此體，推之五七言往體亦猶是耳。至於李、杜之作，唐人諸選，惟殷璠、韋穀僅及青蓮廿餘篇，此並李、杜而軼之。蓋以兩家專集，光焰萬丈，無可去取，故世有選李、杜者，亦猶取五經四子書而甲乙之，未嘗不令人捉鼻也。詳觀此集，不分世紀，不立事類，匠心獨出，特標手眼，若集古人之清音雅奏，以抒一己之性情者。此郝繼先所以樂疏其義，而趙文敏所爲嘉歎其選也。嗟乎！先生當金元之際，廢興存亡，有沉哀悱惻之思焉。古人憂時憫世，不必其言之出於己，隨所誦述，此物此志，唯有識者表而存之而已。世之讀是編者，論世知人，其猶身親野史之亭，與遺山爲晤語，又豈止區區黄槐緑樹、雙聲疊韻，講求詩律之嚴也哉！古虞王清臣識。（《唐詩鼓吹箋注》卷首，四庫全書存目叢書本，齊魯書社一九九七年。）

清施國祁《唐詩鼓吹跋》：

是詩原本於金之郝天挺。遺山撰墓銘云「先生教之作詩」，即此本也。遺山復精選之，以授元之郝天挺，因加注焉。惟遺山不敢掠師之美，而復嫌門弟子之名，故集中無一語及之，無可疑者。卷中誤入宋胡宿等詩，當時南北隔絶，或有未詳。郝注於胡宿下不立小傳，亦曲全之義也。又集中太白、少陵皆不入選，緣遺山已有《杜詩學》一書，而太白律詩甚少故也。《天一閣目》云：遺山解注《唐詩鼓吹》十卷刊本，元郝天挺注，吴興趙孟頫序。此本不及見。俗刻郝注疏陋，至附廖文炳解，尤不堪寓目。（清耿文光《萬卷精華樓藏書記》卷一三六《總集類》，清人書目題跋叢刊本，中華書局一九九三年。今按，耿氏注曰：「録於舊稿，不記何書。」案曰：「此跋甚佳，可釋群疑。元刻元印最精，摹趙書筆法神肖。每頁二十行，行二十字，小字雙行，板心有字數及刻工姓名。」）

《元遺山詩集》二十卷，存。清紀昀等《四庫全書總目》卷一七四《集部别集類存目》著録：「此詩集二十卷，乃毛晉從全集摘出，刊於《十元人集》中者，别行已久，姑附存其目。案好問雖入元而未仕元，晉以爲元人，殊誤。顧嗣立《元百家詩選初集》，以好問詩爲冠，又沿晉之失。今仍題曰金人，從其實焉。」今按，遺山殁後，好友曹之謙編其詩集；之謙殁後，其子刊行。

金段成己《元遺山詩集引》：

余亡友曹君益甫嘗謂予曰：「昔與元遺山爲東曹同舍郎，雖在艱危警急之際，未嘗一日不言詩，迨今垂三十年，其所與論辯歷歷猶可復。北渡而後，詩學日興，而遺山之名日重，世之留意於詩者，雖知宗師之，至其妙處，而人未必盡知之也。自僑居平陽時，爲諸生舉似其一二，然以未見其全，爲諸生惜。間遺人即其家，盡所得有律詩凡千二百八十首，又續採所遺落八十二首，將刻梓以傳，以膏潤後學。」未及，而益甫没。於後四年，子覙繼成父志，同門下士楊天翼命工卒其事，俶落於至元戊辰之秋，迨庚午夏，首尾歷六十五旬有五日。工既訖功，二子來謁，求序其事。躋吾門而請者六七，至無倦色而意益勤。余以爲詩非待序而傳者也，若其刻詩之大略，不可以不言焉。姑摭實以題其端云。稷亭段成己引。（《永樂大典》卷九〇九詩字韻，中華書局一九九八年，第九册八六〇五頁。）

清施國祁《元遺山詩集箋注例言》：

是集元刻，爲嚴忠傑中統壬戌本，張德輝類次，詩文共四十卷。前有李治、徐世隆二序，後有杜仁傑、王鶚二引，書佚不得見。考徐序有評樂府語，則新樂府五卷，當併入刻，或别自爲卷，至明刻乃削去。《文淵閣書目》十二册，《菉竹堂目》同；《絳雲樓目》全集；《内閣藏書目》四十卷，《季滄葦目》、《傳是樓目》、《簡明目》俱同。儲氏附録一卷，内詩十四卷、文廿六卷。案《國史經籍志》云五十二卷，乃耳食之説，不足據。

明刻爲李叔淵弘治戊午本，詩文仍四十卷，有儲巏、李叔淵二序。集中二十二卷元闕兩頁。外附録一卷，乃儲氏從《中州》等集採諸贈言訂入者。何燕泉云：《遺山集》今刻河南者，即此本也。是書劉疏雨眠琴山館有之，借校箋本。如一卷《出京詩》注「史院得告歸嵩山寺下」，「寺」，此作「侍」。又《豐山懷古》句「自古南鄰雄」，「鄰」，此作「都」。又二卷《移居》句「運甕古城隈」，「甕」，此作「甓」。又句「自信頗相慤」，「相」，此作「亦」。又二十八卷《大丞相碑》「讒夫之媒孽」，此「讒」上有「辨」字。又三十三卷《鄧州倉記》「差人之勞，不能給二人之食」，「差」，此作「十」；「二」，此作「一」。又三十一卷《藏雲墓表》「再略蒲鮮」，「鮮」，此作「解」。集中藉以訂正者，不可枚舉，略指一二，不備載。

國朝刻爲華希閔康熙庚寅本，詩文仍四十卷。古賦四首，五古一百二十九首，七古七十八首，雜言三十六首，樂府四十八首，五律八十四首，七律二百九十三首，五絶二十五首，六言四首，五七言一首，七絶五百八十二首，共一千二百八十首，大抵祖中統而彌弘治者。仍載附録一卷，及李、徐、杜、王四序引，削去李、儲兩序，而弁以魏學誠大字序，外增附録詩五首。此刻盛行，傳是樓所藏，查初白所評，趙蓉江所易，趙雲松所説，皆是。甲辰歲，從楊拙園夙好齋乞得，即小箋底本也。

眠琴山館又藏元刻曹益甫至元庚午本，有段成己序。止詩二十卷，無文。其詩亦一千二百八十首，續採八十一首：五古一十二首，七古四首，雜言三首，樂府二首，五律八首，七律三十三首，七絶一十九首。此張德輝類次所遺者，三刻皆無。今並依類收入各卷後，即校箋本。如三卷《覓古銅爵》句「應是杜康祠下得」，「是」，此作「自」。又四卷《贈答張仲文》句「疑作金荃怨曲欄畹辭」，「欄」，此作「蘭」。又《天涯山》句「斷岸何緣此天姥」，「此」，此作「比」。又《陵川西溪圖詩》注「自己造仙府」，「自」下，此有「謂」字。亦舉一二，並較今本殊勝，藉以改正不少。《文淵閣書目》云：詩三册，全。《菉竹堂目》同。《國史目》云二十卷，《天一閣》同。《汲古閣目》

云八本，附存書目云二十卷。案，此本與下黄選刻皆二十卷，未知諸目究系何刻。又，此集丹黄滿紙，爲西梅老人即錢陸燦晚年評本。如一卷《箕山詩》「降衷均義稟」四句，直以腐語抹去。十二卷《雪香亭》「金水河頭好墓田」句，以爲唐張祐語，妙在「山光」二字，若襲改作「河頭」則無味。評語頗中肯綮，亦採入。

從楊秋室假讀舊鈔元黄公紹至順庚午本，詩二十卷，僅七百餘首，樂府次首卷，餘略同。有余謙序，蓋選本也。其《移居》八首注云：「元本止七首，今仍之。」乃以「故書堆滿床」句上接「尚有百本書」句爲一首。豈知八首各用一韻，無轉韻者，誤也。秋室云：「此集七律不載《岐陽》，七絶不載《論詩》，棄取已失當，他何論邪？」亮哉斯言！

查初白詩評，即華氏本。如五卷《送陳季淵》句「雪花茫茫揚白雪」，改「雪」作「沙」。又七卷《癸巳除夜》句「浮心白髮前」。改「心」作「生」。又《老樹》句「不用若回家」，改「若回」作「苦思」。又八卷《寄雷希顔》句「南余歸計一廛新」，改「南」作「商」。皆與舊本暗合。惟三卷《崇福宫》句「寂寞來作由東鄰」，乃云「由」疑作「田」。又《半山亭》句「半山亭前淛江水」，乃云「淛」當作「浙」。其謬處未免失檢。至八卷《上馮内翰》句「蚤櫪老歸千里驥」，改「蚤」作「早」，及詳益甫本，竟系「皁」字。蓋因傳刻者訛「皁」爲「早」，而後校者復改「早」爲「蚤」，沿誤至此。又十四卷《壬子寒食》句「五樹來禽拾放花」，改「拾」作「十」，及詳益甫本，乃是「恰」字，亦因傳刻本訛「恰」作「拾」，遂致改「拾」作「十」，去本字愈遠矣。古書固因不校而訛，亦有因校而益訛者，初白尚不免此。

本集三卷《荆棘中杏花》詩亦見謝枋得《疊山集》，八卷《新野先生廟》詩，十卷《蜀昭烈廟》詩亦見元明善《清河集》，又《潁亭》詩「春風」、「碧水」二語，亦見張希孟《會波樓》詩，皆誤也。惟别本有《聞鶯》五絶一首，似爲趙孟頫《松雪齋集》誤入者，故不收補。

集詩失載者，本集《寒食靈泉宴集序》，有五古一首，集無。《小亭集序》，有《種松》詩，一卷有詩，似非。《東遊略記》詩十首五卷，《游泰山》一首、十二卷《龍泉寺》四首，餘無。《超化》詩注引殘句，集無。

《中州集》五卷趙宜之《書懷繼裕之韻》五古四首，集無，次韻答詩七律陰、塵韻二首，八卷止次陰韻一首，十卷追録題下塵韻一首，注云：「寄張子純」，非與趙作。六卷麻知幾《松筅同裕之賦》七古一首，集無。《裕之以山遊見招兼以詩爲寄因仍其韻》四首，集無。雷希顔《同裕之欽叔分韻得莫論二字》五古二首，集無。《九日登少室絶頂同裕之分韻得蘿字》五古一首，七卷有《太室同賦》五律一首，非九日作。《洛陽同裕之欽叔賦》七律一首，九卷一首，非和作。《次裕之韻兼及景元弟》灰韻七律一首，九卷有《示崔雷諸人詩》，而杯材韻不叶。又，此自指雷伯威。劉景玄《同裕之水穀分韻得荷風送香氣》五絶五首，注云：「深竹貯秋氣，裕之語」，集無。《歸潛志》引《昆陽懷古》句云：「英威未覺銷沉盡，猶向春陵望鬱葱」，集無。静修遺文《孝子田君墓表》云有贈其子田道童詩，集無。《歸田詩話》引句云「花啼杜宇歸來血，樹掛蒼龍蜕後鱗」，集無，不知何人句。以上皆失載者。至《庶齋老學叢談》引贈張寓齋句云：「汝伯年年髮如漆，看渠著腳青雲平」，四卷《示仲耽》句。《圭齋集・送振先歸祖庭序》引句云：「九原如可作，我欲從歐陽」，二卷《移居》句。《藝林伐山》引句云：「北去穹廬千萬里，畫羅休縷麝香金」，十二卷《雪香亭》句。《歸田詩話》引句云：「燕南趙北非金土，王後盧前盡故人」，十卷《王仙翁》句。皆屬錯記。若《居易録》引句云：「濟南山水天下無」，乃于欽句，《詠歷山》云：「濟南山水天下無，晴雲曉日開畫圖」，見《齊乘》。更考《寰宇訪碑録》，有《湧金亭》詩，刻在今河南輝縣者，當即五卷《示同游諸君作》。又《題超化寺》詩，刻在今河南密縣者，當即十一卷《秋風嫋嫋作》。

本集中《侯相雲溪圖》題內，載絶句一首，賈氏《千秋録》中《口號三首》，《酒裏五言説》中五古一首，五詩皆不入題數。元詩凡一千二百八十首，續「一千五百餘首」，合諸失載篇什，約有其數。惟今華氏本所刊《郝銘》，於「一千五百」之「一」字，訛作「五」字，而雲松趙氏遂疑真有此數，有「更求全集」之語，殆未及詳考故耶？

集文元闕者：十五卷《光武中興頌》、《大司農箴》二篇；二十三卷《文儒武君銘》、三十一卷《沖虛大師銘》，皆有銘無序；二十四卷《教授常君銘》、二十七卷《完顏良佐碑》，皆有序無銘；四十卷《南陽上樑文》，脱《拋樑詞》六首；又墓誌如承旨子政、御史仲甯、尚書仲平、大理德輝、點檢阿撒、郎中道遠、省講議仁卿、西帥楊沃衍、奉御忙哥、宰相子伯祥、節婦參政伯陽之夫人、將軍長樂妻明秀，凡十二篇，皆《滏水公碑》語，今並不存是也；弘治刊本脱去者：二十二卷《中順張君碑》脱一頁闕三百八十字，銘詞後半闕兩行；《陽曲周君表》脱一頁，闕三百四字，從《金石例》補得一十七字是也。

又先生文字散見他處，自類次後未經收入者，若《漆水郡侯耶律公墓誌銘》、《遼史·百官志》引其語，《尚書右丞耶律公神道碑文》集中《與成仲書》所云；《先相公碑》，二篇見《元文類》。《安肅郝氏塋碑文》殘本，見《金石例》；《楊振碑文》殘本，見石刻意增五十六字傍注；《跋閑閑草書和擬韋詩後》，見墨跡。今已依類採補各卷後。惟《秋澗集》云有《題東坡與蒲傳正四帖跋》，及《寰宇訪碑録》所載《陳仲謙墓誌銘》，正書，正大二年立，在今山西臨晉縣。《五峰山重修洞真觀碑》，王萬慶正書，元定宗三年十月立；《五峰山崔先生像贊》石刻，各體書，無年月，並在今山東長清縣者，皆無由採輯矣。

嘗讀虞道園《學古録》所載《曾巽初墓銘》云：「補注遺山詩一十卷，藏於家。」蓋古人已有先我而爲之者。第云「補注」，則必有作於前者。又言「藏於家」，則此注似未行世，不得與李季章《荆公注》、施武子《東坡注》、任子山《山谷注》等注並傳，惜哉！顧茲末學，乃從數百年後劫灰盜竊之餘，徵文考事，表而章之，未知有當於先正否。

金源史事僻左，自元及明，止有浙本，流傳絶少。國史且然，況文人家集乎？惟遺山先生詩文大家，傑出金季，爲一代後勁，上接杜、韓，中揖歐、蘇，下開虞、宋，其精光浩氣，有決不可磨滅者。是以歷朝傳刻不絶。第集中本事，非他書取證不詳。積年以來，遐搜博採，自四史外，如

《中州集》、《續夷堅志》、《歸潛志》、《拙軒集》、《滏水集》、《滹南集》、《莊靖集》、《鶴鳴集》、《二妙集》、《河汾諸老詩》、《敬齋古今黈》；及諸宋人《齊東野語》、《庶齋老學叢談》、《山房隨筆》；元人《湛然集》、《還山遺稿》、《東遊記》、《陵川集》、《秋澗集》、《玉堂嘉話》、《丁亥集》、《續集》、《静修集詩文拾遺》、《皇元風雅》、《元文類》、《名臣事略》、《圭齋集》、《牧庵集》、《困學齋雜録》、《金臺集》、《河朔訪古記》、《谷音》、《雪樓集》、《道園學古録》、《剡源集》、《草廬集》、《齊乘》、《淵潁集》、《輟耕録》、《梧溪集》、《名儒草堂詩餘》、《名山遊記》；明人《説學齋稿》、《潛溪集》、《忠文集》、《升庵集》等書，約十之一，雜書又二百餘種，不及備載。大半山館中物，哀而箋釋之，庶幾遊覽贈答之篇，慷慨歌謠之作，稍可考見。惟是屈平之悲楚澤，庾信之哀江南，古有闕疑，未獲訂正，況乎書多秘笈，實難購募。而已巳寓災，所鈔副本又一炬而空，其掛漏亦良多矣。至於詩中故實，不過諧俗文字，先生繁稱博引，尤非儉腹所可及。偶爲友人慫慂，復聚書册，匆匆解注，七月而成。竊恐雲階月地，載失周秦，玉碗金桃，事迷紀傳，不更貽笑於大方之家乎？張半屏、蔣枕山兩君，雅共商搉，有意續補之。謹識此以俟。先生手録詩册，似不甚排當，其間前後失次，並有書「追録」字者，大小不等，已無例可沿。及頤齋類次，又將古今體分編，顛竄尤甚。是以鄙附箋注，隨題載入，悉遵舊本，不敢言例。（《元遺山詩集箋注》卷首，四部精要本，上海古籍出版社一九九三年。）

清沈堯《跋施國祁元遺山詩集箋注》：

此我鄉老儒施北研先生之所著也。先生又有《遺山文集箋注》。先生殁後，蔣君枕山謀並刻之，正欲鳩工，枕山遽病卒。卒後堯屢至其家，求先生遺書不可得。先生熟於金源掌故，所著有《金史詳校》、《金源雜事詩詳校》，凡八巨册。先生殁於蔣氏，遺書都在蔣家，乃枕山遽逝，而先生之書遂不可得見也。斯則重可慨矣！枕山卒後，《詩集箋注》亦不重刷印，外間欲得是書頗不易。堯在都中，屢致書友人，謀再刷印，以廣其傳，卒不得，可歎也。其《金源雜事詩稿》，則藏在我友沈君柳橋處。庚子九月十六日，烏程沈堯記於宣武門内之寓齋。（姚奠中主編《元好問全集》，山西人民出版社二〇〇四年，第一三三〇頁。）

《遺山樂府》三卷，存。這部詞集成於甲午歲（蒙古太宗六年、一二三四年），是年金亡，而遺山羈管聊城，尚未付梓。後來，金末名士白華嘗爲序云：「裕之法度最備，誠爲確論。宜其獨步當代，光前人而冠來者也。」① 自元至明，初刻成果遺佚，而流傳版本頗紛紜，並有一、二、三、四、五卷者，所收内容亦不盡相同。民國邵瑞彭《重刊陽泉山莊本〈遺山樂府〉跋》的總結較爲詳實：「《遺山先生新樂府》向與詩文集別行。自明以來，傳世者計有三本：一爲一卷本。明淩雲翰彦翀編，趙清常從焦漪園借鈔，復就選本、類書搜得五十首，録爲《補遺》一卷，故竹垞《詞綜·發

① 元王博文《天籟集序》：「近時，遺山每遊戲於此，掇古詩之精英，備諸家之體制，而林下風度，消融其膏粉之氣。白樞判寓齋序云云。」見元白樸《天籟集》卷首，四印齋所刻詞本，上海古籍出版社一九八九年，第四四七頁。

凡》總之曰二卷。此本有毛斧季舊藏，何義門全見之。彊村老人刊高麗本，時曾參校勞巽卿鈔本，有淩選而無趙補，《校記》所標淩本是也。一爲上中下三卷本。明弘治壬子高麗人李宗准刊。今有武進陶氏覆刊景寫本，彊村所據祖本也。三爲五卷本。不知何人所編。《文淵閣書目》曾見著録。有葉文莊菉竹堂舊藏。康熙癸巳，何義門取淩、趙二家本，與此本對勘。淩、趙有而此本無者二十三首，亦録爲《補遺》一卷，並系跋語。華希閔豫原於刊行《遺山集》之後，又刊何校《新樂府》五卷，附《補遺》，卷末綴義門跋語。《盧抱經文集》、《阮文達外集》皆述及五卷本。抱經且知其出自屺瞻，但二家同認爲淩氏所编。蓋二家之本，均失載《補遺》，又未睹淩氏舊本，致貽此誤。但其時去康熙未遠，何以並華刻而未之見，意者印行甚少之故。否則鶩遠忘近，厝意不及耳。道光末，大興劉位坦寬夫藏有華本，《補遺》、跋尾具在。月齋刊《遺山全集》，從劉氏借鈔付槧，版心有『陽泉山莊』四字。工未竣而月齋殤。海豐吴子芯匯刻《九金人集》，取月齋版片充數，其樂府版片，據彊翁説，僅第五卷爲吴氏續刊，今未由明辨。但《補遺》及何跋，刊本無之。彊翁以陽泉本校高麗本，並不知有《補遺》。可見吴氏草草從事，失於點檢。光緒辛巳，桐城方戊昌季方官忻州，重刊《遺山全集》，用月齋本爲底本，而樂府止四卷，疑方氏所見，乃吴子芯補版之本，仍缺樂府卷五及《補遺》，世稱爲讀書山房本者也。咸豐間，華亭張家鼒梅生（一字調甫）得傳鈔五卷本刻之，亦無《補遺》。張嘯山爲之訂誤，復從選本、類書搜得若干首，别撰《補遺》一卷，未及付刊，嘯山故不知原有何氏《補遺》也。其後嘯山得一鈔本，與前本無異，而長題較多，遂付梅生後人再刊，版毁於寇。彊翁《校記》所標南塘本，即張氏第一次刻本。嘯山又見華若汀藏傳鈔五卷附《補遺》本，相承爲何校。跋尾用朱筆書之，末行剥落。不知出義門手，其爲義門原本，抑從華刻轉寫，未能懸斷。嘯山雜著，有《遺山樂府書後》一篇，記述甚詳。惜誤會跋語，牽合趙、何二《補遺》爲一事，不悟趙本五十首補淩本之遺，何本二十三首補五卷本之遺，固截然二事也。何氏《補遺》，天壤間止存二本，北有劉藏華刻，南有華藏舊鈔。今皆不審飄零何處矣。近日門下武福鼐在天橋冷攤買得殘本，與月齋、子芯合刻本同。版心有『陽泉山莊』四字。較合刻本，多出何氏《補遺》及跋語。每卷末有『任丘邊浴禮袖石覆校』一行，但失去卷一，從卷二爲始。其書蠟紙扁格，洪武字體，蓋手民所寫，準備上版者，眉間行間，簽校剜改甚多。竊意此即月齋校訖付雕之本。卷一適已刊就，故無之。月齋既殤，此本歸空青館，因添寫己名一行，擬用原本上版，俾《遺山樂府》成二完帙，以竟月齋之志。不知何故，仍未鋟行。據此推測，吴氏所取版本，止有卷一，附録四《遺山樂府》序跋其卷二至卷五，由吴氏續刻，必别據五卷本。倘仍出自此本，何致漏失《補遺》？彊翁謂吴氏僅刊卷五，殆非事實也。《月齋文集》有《重刻遺山先生集序》，未載吴子肅識語，記月齋訪刻《新樂府》事，謂手校付梓，未獲畢工，今樣本僅存云云，並無刻成四卷之説。五卷本樣本云者，指此寫定未刻之本而言。然則卷中簽校，宜爲月齋、袖石二家手跡，彌可貴也。五卷本之可考者，尚有愛日精廬藏鈔本，見張《志》及莫《目》。平安館藏鈔本，見月齋《序》。蠹簡浮沉，不知存佚。獨怪何氏《補遺》屢遘厄會，幸賴此本，巋然獨存，似有鬼神爲之呵護。愚勸福鼐舉原本鏤版，並從《九金人集》録刊第一卷，別撰《校記》附焉。斷手有日，喜而書此。」兹以彊村叢書三卷本爲代表著録。

金元好問《自題樂府引》：

世所傳樂府多矣，如山谷《漁父詞》：「青箬笠前無限事，緑蓑衣底一時休，斜風細雨轉船頭。」陳去非《懷舊》云：「憶昔午橋橋上飲，坐中都是豪英。長溝流月去無聲。杏花疏影裏，吹笛到天明。三十年來成一夢，此身雖在堪驚。閑登高閣賞新晴，古今多少事，漁唱起三更。」又云：「高詠《楚辭》酬午日，天涯節序匆匆。榴花不似舞裙紅。無人知此意，歌罷滿簾風。萬事一身傷老矣，戎葵凝笑牆東。酒杯深淺去年同。試澆橋下水，今夕到湘中。」如此等類，詩家謂之言外句，含咀之久，不傳之妙，隱然眉睫閑。惟具眼者乃能賞之。古有之：人莫不飲食，鮮能知味，譬之羸牸老羝，千煮百煉，椒桂之香逆於人鼻，然一吮之後，敗絮滿口，或厭而吐之矣。必若金頭大鵝，鹽養之科宿，使一老奚知火候者烹之，膚黄肪白，愈嚼而味愈出，乃可言其雋永耳。歲甲午，予所録《遺山新樂府》成，客有謂予者云：「子故言宋人詩大概不及唐，而樂府歌詞過之，此論殊然。樂府以來，東坡爲第一，以後便到辛稼軒，此論亦然。東坡、稼軒即不論，且問遺山得意時，自視秦、晁、賀、晏諸人爲何如？」予大笑，拊客背云：「那知許事，且啖蛤蜊。」客亦笑而去。十月五日，太原元好問裕之題。（金元好問《遺山樂府》卷首，彊村叢書本，上海古籍出版社一九八九年。）

金白華《遺山樂府序》（殘）：

裕之法度最備，誠爲确論。宜其獨步當代，光前人而冠來者也。（元王博文《天籟集序》：「近時，遺山每遊戲於此，掇古詩之精英，備諸家之體制，而林下風度，消融其膏粉之氣。白樞判寓齋序云云。」見元白樸《天籟集》卷首，四印齋所刻詞本，上海古籍出版社一九八九年，第四四七頁。）

金王中立《題裕之樂府後》：

常恨小山無後身，元郎樂府更清新。紅裙婢子那能曉，送與淩煙閣上人。（《中州集》卷九《擬羽先生王中立》，中華書局上海編輯所一九六二年，第四七二頁。）

明李宗準《遺山樂府序》：

樂府，詩家之大香奩也。遺山所著，清新婉麗，其自視似羞比秦、晁、賀、晏諸人，而直欲追配於東坡、稼軒之作。豈是以東坡爲第一，而作者之難得也耶？然後山以爲：「子瞻以詩爲詞，如教坊雷大使之舞，雖極天下之工，要非本色。」李易安亦云：「子瞻歌詞，皆句讀不葺之詩耳，往往不協音律。王半山、曾南豐，文章似西漢，若作小歌詞，則人必絶倒，不可讀也。乃知別是一家，知之者少。」彼三先生之集大成，猶不免人之譏議，況其下者乎？夫詩文分平側，而歌詞分五音、五聲，又分六律。清濁輕重，無不克諧，然後可以入腔矣。蓋東坡自言平生三不如人，歌舞一也。故所作歌詞，間有不入腔處耳。然與半山、南豐，皆學際天人，其於作小歌詞，直如酌蠡水於大海，豈可謗傷耶？吾東方既與中國諧音殊異，於其所謂樂府者，不知引聲唱曲，只分字之平側，句之長短，而協之以韻，皆所謂以詩爲詞者。捧心而顰其裏，祇見其醜陋耳！是以文章巨公，皆不敢强作，非才之不逮也。亦如使中國人若作《鄭瓜亭》、《小唐雞》之解，則必且使人撫掌絶纓矣！惟益齋入侍忠宣王，與閻、趙諸學士游，備知詩餘衆體者，吾東方一人而已。然使後山、易安可作，未知以敝衣緩步爲真孫叔敖也耶？以此知人不可造次爲主。雖未知樂府，亦非我國文章之累也。愚之誦此言久矣，今以告監司廣源李相國。相國曰：「子之言是矣，然學者如欲依樣畫胡盧，不可不廣佈是集也。」於是就舊本考校殘文誤字，謄寫浄本，遂屬晉州慶牧，使任繡梓。時弘治紀元之五年壬子重陽後一日，都事月城李宗準仲鈞識。（金元好問《遺山樂府》卷末，彊村叢書本，上海古籍出版社一九八九年。）

清朱孝臧《遺山樂府跋》：

《遺山樂府》三卷，明弘治壬子高麗刊本也。《遺山樂府》一卷本，明錢塘淩彦翀雲翰編選，勞巽卿謂即《詞綜》發凡之二卷本。阮伯元以五卷本《新樂府》當之，誤矣。《新樂府》五卷，盧抱經謂出義門何氏。平定張碩洲穆、華亭張調甫家鼒兩刻之。平定張氏本今止四卷，末卷海豐吴氏補刻。顧是編遺山自序亦稱《新樂府》，「新」之云者，殆别乎詩中之樂府而言。或謂遺山詞有《舊樂府》已佚者，非也！而篇次多寡，與五卷本不合，且有廿餘闋溢乎其外者。張嘯山謂五卷鈔本流傳謬亂百出，故二張所刊，未爲盡善。或脱載全題，或漏列注語，且有附刻他人之作不爲標明，尤其失之甚者。是編訛字闕文，間亦不免。老友吴伯宛寄屬校刊。遂援淩、張諸本，勘舉若干條，其異文得兩通者，亦附著焉。原本每半葉十行，每行十七字，上下黑口雙邊，惟劂工稍陋，篇幅復漫漶，爰爲移刻而記其行款如此。張玉田謂先生詞深於用事，精於練句；杜善夫謂先生詩如佛説法，其言如蜜，中邊皆甜。吾於先生詞亦云。癸丑六月，歸安朱孝臧跋。（金元好問《遺山樂府》卷末，彊村叢書本，上海古籍出版社一九八九年。）

《遺山先生文集》四十卷，存。清紀昀《四庫全書總目》卷一六六《集部别集類》著録：「是集凡詩十四卷，文二十六卷，爲明儲巏家藏本。弘治戊午，沁州李翰爲刊板以行。前有李治、徐世隆二序，末有王鶚、杜仁傑二跋。集末附録一卷，則儲巏所裒輯也。好問才雄學贍，金元之際，屹然爲文章大宗。所撰《中州集》，意在以詩存史，去取尚不盡精。至所自作，則興象深邃，風格遒上，無宋南渡末江湖諸人之習，亦無江西流派生拗粗獷之失。至古文繩尺嚴密，衆體悉備，而碑版誌銘諸作，尤爲具有法度。晚年嘗以史筆自任，構野史亭，採金源君臣遺言往行，裒輯紀録至百餘萬言。今《壬辰雜編》諸書雖已無傳，而元人纂修《金史》多本所著，故於三史中獨稱完善，亦可知其著述之有裨實用矣。」今按，明朱睦楔《萬卷堂書目》卷四《别集》著録「五十二卷」。

金李治《元遺山集序》：

唐開天間，李邕、李白皆以文章鳴世。邕之所至，阡陌聚觀，以爲異人，衣冠尋訪，門巷填溢；白則王公趨風，列嶽結軌，群賢翕習，如鳥歸鳳。是豈懸市相誇、沽聲索價而後得之哉！要必有以漸漬其骨髓，動盪其血氣，藻思其襟靈，故天下之人爲之咨嗟淫液，鼓舞踴躍，景附響合，而不能自己也。吾友元君遺山，其二李後身乎？始齔能詩，甫冠時，名已大振。尋登進士上第。興定、正大中，殆與楊、趙齊驅。壬辰北還，老手渾成，又脱去前日畦畛矣。君嘗言：人品實居才學氣識之上。吾因君言，亦嘗謂天下之事皆有品，繪事、圍棋，技之末也，或一筆之奇，一著之妙，固有終身北面而不能寸進者，彼非志之不篤，習之不專也，直其品不同耳。如君之品，今代幾人？方希刷羽天池，揚光紫微，不幸遘疾而殁。其遺文數百千篇，藏於家，雖有副墨，而洛誦者，率不過得什一二，其所謂大全者，曾莫見焉。是以天下之大夫士，歉焉若懷宿負而未之償也。東平嚴侯弟忠傑，有文如《淇澳》，好善如《幹旄》，獨能求得其全編，將鋟之梓，且西走書數百里，命余序引。余謂遺山之文之名，有目争睹，有耳咸聳，庸何序爲？惟君有蓋棺之恨，此其可言者，得以論述之。主上向居藩邸，挹君盛譽，一見遽以處之太史氏。不數歲，神聖御天，文治蝟興，稽古建官，百度修舉。其於玉堂、東觀、金華、延閣之選，尤所注意者，曷嘗不設燎以待之，而側席以求之哉？向使遺山不死，則登鑾坡、掌綸誥、稱内相久矣。奈何遇千載而心違，際昌辰而身往，此非君遺恨也邪？尚賴柳如京之賢，有慰韓吏部之志。文工命拙，雖抱憾於九原；人亡書存，足騰芳於百世。顧余樸學，未暇題評，言念舊遊，聊爲揚搉云爾。中統三年陽月，封龍山人李治序。

（《遺山先生文集》卷首，四部叢刊本。）

元徐世隆《元遺山集序》：

文之爲物，何物也？造物者實靳之，不輕畀人，何哉？蓋天地間靈明英秀之氣，萃聚之多，藴蓄之久，挺而爲人，則必富於才，敏於學，精於語言，能吐天地萬物之情，極其變而歸之雅。故爲詩、爲歌、爲賦、爲頌、爲傳記，爲誌銘、爲雜言、爲樂府，兼諸家之長，成一代之典。使斯文正派，如洪河大江，滔滔不斷，以接夫千百世之傳。爲造物者可得而輕畀之哉！竊嘗評金百年以來，得文派之正，而主盟一時者，大定、明昌，則承旨党公；貞祐、正大，則禮部趙公；北渡則遺山先生一人而已。自中州斷喪，文氣奄奄幾絶。起衰救壞，時望在遺山。遺山雖無位柄，亦自知天之所以畀付者爲不輕，故力以斯文爲己任。周流乎齊、魯、燕、趙、晉、魏之間，幾三十年。其跡益窮，其文益富，其聲名益大以肆。且性樂易，好獎進後學，春風和氣，隱然眉睫間，未嘗以行輩自尊。故所在士子從之如市。然號爲泛愛，至於品題人物，商訂古今，則絲毫不少貸，必歸之公是而後已。是以學者知所指歸，作爲詩文，皆有法度可觀。文體粹然爲之一變。大較遺山詩祖李、杜，律切精深，而有豪放邁往之氣；文宗韓、歐，正大明達，而無奇纖晦澀之語；樂府則清雄頓挫，閑婉瀏亮，體制最備，又能用俗爲雅，變故作新，得前輩不傳之妙，東坡、稼軒而下不論也。嗚呼，遺山今已矣，靈明英秀之氣，散在天壤間，不知幾年幾時，復聚而爲新人乎？東平嚴侯弟忠傑，與士人遊，雅敬遺山，求其完集，刊之以大其傳云。陳郡徐世隆序。（《遺山先生文集》卷首，四部叢刊本。）

元王鶚《遺山先生文集後引》：

正大中，詔翰林院官各舉所知。時閑閑先生方握文柄，於人材慎許可，首以元子裕之應詔。朝議是之，而天下無異辭。蓋子之幼也，已得其先大夫東巖君之指授；稍長，博極群書，且多與名士游，故於垂歲嶄然見頭角，肆筆成章，往往膾炙人口。貞祐南遷，文譽日崇，作書自名一家。其於古調樂府爲尤長，不惟可以進配古人，而一時學者，罕見其匹。士林英彦，不謀而同目之曰「元子」，尊之也。後雖出知劇縣，入主都司，簿書倥偬之際，不廢吟詠。北渡以來，放懷詩酒，遊戲翰墨，片言隻字，得者猶以爲榮。間作《中州》一集，旁搜遠引，發揚前輩遺美，其敘事之工，概可見矣。國朝將新一代實録，附修遼、金二史，而吾子榮膺是選。無何，恩命未下，哀訃遽聞。使雄文鉅筆，不得馳騁於數千百年之間。吁，可悲夫！東平嚴侯弟忠傑，富貴而好禮者也。即其家購求遺稿，捐金鳩匠，刻梓以壽其傳，屬余爲引。余與子同庚甲，又同在史館者三歷春秋。義深契厚，固不當辭。然仁卿大手，已序於前，顧余荒謬，安敢贅長語於其旁？感念疇昔，姑以平日親所聞見，與夫同志之所常談者，書諸卷末云。歲昭陽大淵獻秋乙月己丑，慎獨老人曹南王鶚識。

（《遺山先生文集》卷末，四部叢刊本。）

金杜仁傑《遺山先生文集後序》：

自有書契以來，以文字名世得其全者幾人耳。六經諸子，在所勿論，姑以兩漢而下至六朝及隋、唐、前宋諸人論之，上已數千載間，何物不品題過，何事不論量了？大都幾許不重複字？凡經幾手左得右扯，横安豎置，搓揉亦熟爛盡矣。惟其不相蹈襲，自成一家者爲得耳。噫！後之秉筆者，亦訒乎其爲言哉。今觀遺山文集，又别是一副天生爐鞴，比古人轉身處，更覺省力。不使奇字，新之又新；不用晦事，深之又深；但見其巧，不見其拙；但見其易，不見其難。如梓匠輪輿，各輸技能，可謂極天下之工；如肥濃甘脆，疊爲餖釘，可謂並天下之味。從此家跳出，便知籍湜之汗流者多矣。必欲努力追配，當復積學數世，然後再議。曩在河南時，辛敬之先生嘗爲余言：「吾讀元子詩，正如佛説法云吾言如蜜，中邊皆甜。」此論頗近之矣。雖倡優馹儈、牛童馬走聞之，莫不以爲此皆吾心上言也。若夫文之所以爲文，亦安用艱辛奇澀爲哉！敢以東坡之後請元子繼，其可乎？不識今之作者以爲如何？或者曰：「五百年後，當有揚子雲復出，子何必喋喋乃爾！」濟南杜仁傑序。（《遺山先生文集》卷末，四部叢刊本。）

明儲巏《題遺山先生文集》：

巏少時，間見遺山詩文於它集，輒喜誦之不置。及鉅鹿耿公典鑰留都，嘗謂巏曰：「吾友段可求，家藏《遺山集》，日借讀之而未竟也。吾老矣，尚冀一讀。子試訪之。」弘治甲寅，巏調官吏部，始得秘本於新安程公，亟納諸公，公喜動顔色曰：「刻本今亡矣，是不可使之無傳也。」巏因録而讀之，乃知學士大夫慕尚遺山者，不但其文章之盛，蓋金本肅慎，入據中國，然承宋遼之餘，大定明昌之際，人才政治，在彼亦有可稱者，君子固不得而盡削也。天興播亡，文獻淪喪，遺山奔走流寓，不能自存，乃力以國史爲己任，綱羅放失，輒訪耆舊，孜孜矻矻，幾三十年。雖沮於匪人，薄於既老，不克成書，其所自著，若《中州集》、《壬辰雜編》、《續夷堅志》，並兹集四十卷，則皆一代文獻之所萃。厥後元修《金史》，悉剥用之。向無遺山，則金源氏有國之故，存什一於千百，未必盡章聞於後世也。或者謂金之亡、崔立之變，死生辭受之際，遺山處之，有不能逭人之議者。噫！是未考也。觀其對努申之語，志聶女之墓，隱忍激烈，意蓋有待而爲也。有待而不克，豈非阸於時邪？予讀其金亡以後之文辭，悲歌慷慨，有詩人傷周、騷人哀郢之遺意。亦可見其志也已。不然，容城劉氏、陵川郝氏，節行文學，在當時莫之與京，獨於遺山，向慕尊稱之至，抑又何邪？然則以遺山之才之美，值亂亡之世，不獲究其用，危其身，蓋夫人之不幸，君子當歎惜焉者，又奚暇他議也哉！沁水李君叔淵，以御史按行河南，使來請其集以刊，自中統壬戌初刊，迄今餘二百祀矣。遺山之文，終不可晦，固有待乎其人。惜吾鉅鹿公之不及見也。李仁卿下，敘凡四首，輒以臆見志諸末。非敢亦以爲敘云。弘治戊午冬十月既望，後學海陵儲巏題。（《遺山先生文集》卷首，四部叢刊本。）

明儲巏《與李瀚書》：

憲旆出巡時匆匆，不克一奉高論，迄今耿耿。昨揚令書至，道執事欲刻《遺山先生文集》，使來巏處取之。巏慕遺山甚篤，嘗以不見全集爲恨。訪之十數年，始得秘本於今禮部程公，録而藏之，欲託好古者刊行而未得也。承領雅意，忻喜無量。遂借初本，再校一遍，但其中亦有一二處訛缺，緣無他本可證，奈何，奈何。然古書之行於今者，未必皆能完好也。遺山文章大家，著述贍富，如《中州》等集，不行於世久矣。執事企仰鄉賢，汲汲表章之，甚盛舉也。全集四十卷納上，外傳誌題贈諸作，乃巏於他集中輯録者，亦請並刻之。蓋遺山在當時，已爲名人碩士所重，不待後世始知子雲也。須得楷書有典則者，另寫潔本，乃可入梓。聞下許州規措，諒承委得人矣。太康吏回，謹附狀。秋暑，唯惠時琴攝，不宣。七月十四日，巏頓首復省齋李先生行臺執事。（《遺山先生文集》卷首，四部叢刊本。）

明李瀚《遺山先生文集序》：

瀚自束髮時，好讀先生詩文，然以方攻程式文章事進取，不暇肆力。後舉進士，謬官内外，稍竊膏馥助筆墨，於是好益篤，讀益頻，常計有以廣其傳。曩在陝西，嘗以所編《中州集》，屬西安府刻置郡齋。比來河南，又以家藏本詩集，屬汝州刻之。其詩文全集，卷帙頗多，在元時固已盛行。然歷時既久，屢更兵燹，書在人間多是鈔本，魯魚亥豕，漫不可讀，瀚竊病之。近始得善本於太僕儲公静夫，喜副宿志。遂謀協藩臬諸公，咸曰：是書非一家一邑所得私，當與天下後世共之。時鄉試甫畢，乃移工任其事。嗚呼！自有載籍以來，六經四書，諸儒緒論，外若諸子百氏，汗牛充棟，何其多哉！學者窮歲月，白首不能遍觀。其間揚、馬、韓、柳、歐、蘇、曾、王諸公，則又文人中之山斗冠冕，故其傳獨不朽，而天下後世無不傳焉。近時文集尤多，從而責其實，辭句不足以達理而成章，聲音不足以感人而動物，徒以禍楮墨殃梓工耳。若先生之文，則豈可少者哉！先生自幼學至於壯且老，自平居無事至於流移奔播，無一念一時而不在於文，故能出入於漢魏晉唐之間，偃然以其文雄一國。金源氏自大定後，頗尚藝文，詞家輩出。崔立之變，駢首死難，先生歸然獨存。金亡隱晦自全，而其名益盛。元初學者，宗之爲依歸。作《金史》者，稱其備衆體、有繩尺，蔚爲一代宗工，殆非虚語。顧不傳於時，豈非缺典？夫事有偶然之遇，忽然而成者，而人之文章有晦於前而顯於後，屈於暫而伸於無窮者。昌黎文集，幾泯滅於敝簏中，得歐陽永叔而始行於世。先生距今餘二百年，而其文始賴諸公以就梓。豈非其顯晦屈伸，固亦有其數邪？雖然，文之傳不傳，先生無與也。而其傳，實學者之幸。河南居四方之中，聲名文物之所萃，書得梓於是，其不復將大行也哉！先生名好問，字裕之，别號遺山，世爲太原之秀容人。弘治戊午閏十一月既望，賜進士文林郎巡按河南監察御史沁水李瀚序。（《遺山先生文集》卷首，四部叢刊本。）

清魏學誠《遺山先生文集序》：

天下之寶，隱見有時，而光氣不能終閟。豐城之劍，沉埋晦蝕，而卒出於張、雷二子者，其光氣使之然也。文章之爲光氣亦大矣，史稱元遺山先生爲金源氏一代宗工，四方碑版銘誌，盡趨其門。其詩奇崛而絶雕劌，巧縟而謝綺麗，豈非希世之奇寶歟？其集久而失傳，學士大大以購之不得爲恨，斯亦劍瘞豐城之時也。錫山華生希閔，得善本而鋟之梓，於是好古之士，人人如獲重寶於意外。昔歐陽子少時，得《昌黎集》於李氏敝筐中，讀而心異之，而當時未有道韓文者。已而與尹師魯輩倡爲古文，出所藏韓文舊本行於世，學者遂非韓不學。遺山之文，入室韓、歐，詩則力追李、杜，而又能變故作新，得前輩不傳之妙，迄今垂五百年，士争向慕之。兹集之出，行役有非元不學者。華生知好之而不以私之已，其亦有歐陽子之志也夫，華生勉之矣。康熙四十六年十二月上

浣，江南督學使者蔚州魏學誠題。（《元遺山詩集箋注》卷首，四部精要本，上海古籍出版社一九九三年）

清張穆《遺山先生文集序》：

《遺山先生集》，中統嚴氏初刻本不可見，今行世者惟弘治中李叔淵本及康熙中華希閔本，而華本即從李本翻出，猶一本也。詩集單本較多，惟毛氏汲古閣本盛行。南昌萬廷蘭本系從全集摘出，故於曹益甫所增之八十餘首概從闕佚；而元黄公紹選本，穆又未之見也。近烏程施北研氏熟于金源掌故，有遺山詩文箋，極精博。詩箋初梓，吾友沈子惇即以相贈，近亦印行。文箋仍鬱未出也。遺山世籍平定，靖康末，始遷居秀容，故文字中稱平定爲鄉郡。生平蹤跡，往來於平定至熟。吾家陽泉山莊，即詩所詠棲雲道院。山莊東北一里而遥，有土岡斗上，中央宛宛若盂，俗名圍窪。迤西馮氏舊塋，香亭石柱，刻有遺山吊馮大來副使詩。大來者，遺山往來陽泉時東道主人也。計亦磊落丈夫，而其名爵則《州志》已失綱羅。蓋文獻之放失也，非一日矣。穆生也晚，未獲從耆舊鈞游，而劉覽華書，遇有鄉邦故實，輒一一疏記，以助桑梓雅談，遺山尤夙所慕仰。登湧雲樓，拜楊趙元李四賢櫓主，流連企歎，每思論其世，考其出處文章，與吾黨之彦一盱衡之。而利禄移人，帖括熒目，其足與甄討及此者，不敷睹也。内相文獻楊公，勳業軼於滏水，數理不愧欒城，而炳炳撰述，今遂無一字留貽，謂非州裏後進之罪歟？遺山幸以能詩，故其文得附以傳，然已不能家有其書。李叔淵雖稱得善本於儲静夫太僕，而訛文脱簡，仍不勝乙。今爲鉤考金元史及同時各家集，他若

《元文類》、《金石例》、《金文雅》、《山西通志》諸書，缺者補之，誤者訂之。如無可據校，概從闕疑。《續夷堅志》世行寫本二卷，余秋室氏釐爲四卷，手書刻之大梁。樂府五卷，阮太傅《揅經室外集》載有提要，而《文選樓書目》初無其名。聞漢陽葉氏有寫本，數從相假檢，未獲也。嘗擬都爲一集，繡梓板，存冠山書院。州中有貲力足任斯役者，尚不乏人，乃募商積午，卒無肯贊成之者。不得已節嗇傭書餘資，歲刻數卷，始丙午二月，訖庚戌月，首尾凡五年，工始告竣。附録一卷，補載一卷，儲氏、華氏、施氏遞事增輯，穆續有採獲，並羼入之。遺山一家之業，其存於今者，約略備矣。其爲遺山撰次年譜者，有翁氏、淩氏、施氏三家。翁、施書，皆有刻本，淩氏成書在翁、施之先，未梓行，有序載《校禮堂集》中。漢陽葉氏録有副本，幸得假鈔，因並刻三譜，集後各存其真，不相攙和，倣汪立名《長慶集》並存新舊兩譜例也。至近日坊肆有新刻《遺山集》本，乃某太守從臾坊賈，據華氏本刻之蘇州者，舊缺《御史張君墓表》、《陽曲令周君墓表》、《鄧州新倉記》各半葉，葉各三百餘字，此本皆補完之。微勞亦不可没云。道光三十年月，平定後學張穆序。（孔凡禮《元好問資料彙編》，學苑出版社二〇〇八年，第二九六頁。）

清方戊昌《遺山先生文集序》：

嘗論宋自南渡後，疆宇分裂，文章學術，亦判爲兩途。程氏之學行於南，蘇氏之學行於北。行於南者，朱子集其大成；行於北者，遺山先生衍其統緒。先生全集，在元僅有東平嚴侯弟忠傑刻本。明代李叔淵、儲巏梓行者，率祖是本。詩文仍四十卷。迨我朝康熙間，無錫華希閔有重刻之本。又百餘年，平定張碩洲復苦心搜集，萃其詩文、樂府、年譜，及《續夷堅志》，都爲一集，刊行於時。今甫三十年，訪之平定，詢之京都，版已無存，未嘗不歎讀書者徒事帖括，講求詩古文者之少也。《金史》載：遺山秀容人。爲文有繩尺，備衆體。其詩奇崛而絶雕劌，巧縟而謝綺麗。今讀其集，挾幽并之氣，存金源之遺，堅持高節，不仕於元，慨然以著作自命。文詩皆憲章北宋，直接長公，屹然爲一大宗。惜其所著《杜詩學》一卷，《東坡詩雅》三卷、《錦機》一卷，《詩文自警》十卷，遺失無存。其野史亭所著《壬辰雜編》，亦無刊本，僅《中州集》單行於世。余承乏秀容，既與郡人士重修州志，工竣後，尚餘捐貲，念先生全集當世已無傳本，爰商之同志二三君子，檢郡中所存張碩洲所裒全集，加以校正，重付手民，用錢二百萬有奇。先生文章學術，雖不盡於是，而即此流佈海内，用以津逮後學，必有聞風興起者。然則是集之刻，猶不僅以繼述鄉賢之意屬望於郡人士也，而郡人士其亦可以自勵矣。光緒七年歲次辛巳夏六月，知郡事後學方戊昌謹序。（孔凡禮《元好問資料彙編》，學苑出版社二〇〇八年，第三一五頁。）

清趙培因《重刻遺山先生集書後》：

《遺山集》四十卷，自元以後代有梓本。平定張穆碩洲本最後出，篇類卷次，悉依舊本，而以施氏續補之詩文八十六首，及所自採之詩一首，依類編入。集首冠以各本舊序、本傳、墓銘共十一首。又摭諸書涉於遺山者，依施氏補載舊式，羼入四十三則。合儲氏華氏附録、施氏增録，綴於集末。而正集外，復附以《新樂府》四卷、《續夷堅志》四卷、翁輯年譜一卷、施輯年譜一卷、淩輯年譜二卷，皆舊本所未有也。碩洲博學嗜古，手輯前賢遺書共若干種，《遺山集》尤所夙好。雖校勘稍疏，尚未足爲此書善本，而摭遺補闕，俾遺山賸篇賸稿得以存而不亡者，實有賴焉。碩洲没後，其版轉鬻他姓，流佈漸希。因里居時屢訪之而未獲也。歲丙子，館于定武孝廉王君文泉家。君篤尚古學，藏本極富。繼得碩洲本於保陽書賈，即以見贈，因得之。寶如拱璧，歸而與郡中同志謀繡梓以廣其傳，而勢單力綿，有志未逮。己卯之秋，桐城方季方先生以名宿來牧吾忻，閲是書而好之。其明年，郡志告成，命郡人士重訂付梓，而以修志羨金充其費。因與家用九兄幸從諸同人後，獲贊其役。時王君方開局修《畿輔遺書》，因復以是書就商於君。蒙君高義，允其在局借刻，且出家藏各書，以爲校讎之助。爰取郡人士所校碩洲原本，與司孝廉冀北、年友李計部希白、張明府璠坪、胡文學警三及王君復加商訂。脱者補之，訛者更之，疑者闕之。其有各書互異與文有可商者，别爲《考證》三卷，以俟博雅君子辨正焉。至編輯次第，一依碩洲之舊。惟補載中收録稍濫及與本書重複者，酌删三則。其增入集内者，有五律四首、七律一首、詞四首，則郝孝廉曼修、子才兩君暨家用九兄新從諸書所採得也。又《粤雅堂叢書》載翁氏所輯元譜，别有附録一卷，共二十餘則，今撮其切於遺山譜系、翁氏所缺而未載、略而未詳者，附存譜後，以備考核。其泛爲稱美者，姑從闕焉。因菲才末學，譾陋無似，幸荷諸君子指導之力，匡其不逮，藉以稍免於愆尤。而王君復多方贊助，俾底於有成。好義之誠，前賢實嘉賴之，非獨因與郡人士之私感而已。工始於辛巳孟夏上旬，閲八月而告竣，時陽至後五日也。鄉後學趙培因謹志。（孔凡禮《元好問資料彙編》，學苑出版社二〇〇八年，第三一六頁。）

郝思温

郝思温字和之，陵川（今山西陵川縣）人。天挺之子、經之父，與元好問同窗。年二十許，得腰股疾，遂不就科舉。戊午歲（蒙古憲宗八年、一二五八年）卒，年六十八，私謚曰「静直」。

《静直先生遺稿》。元郝經《先父行狀》：「先父生平喜爲歌詩，徜徉跌宕以自樂，而多散逸，得遺稿一百二十篇。」另，郝氏《先妣行狀》録其「日月儻隨天地在，詩書終療子孫貧」詩句①。姑以私謚之號名之。

趙侃

趙侃字和之，盧龍（今河北盧龍縣）人，遼金大族。父挺，邃星曆術，金初仕爲靈臺司正郎。侃學識該貫，尤長於音律儀制。承安二年，試太常禮樂科，中登歌甲首。由是禮樂愈覃精。貞祐南遷，禮樂散失不完，命禮部詳定，侃以掌故得預，補罅爲多。官至定遠大將軍、大樂署直長、權知太廟署事。壬辰（天興元年、一二三二年）北渡，隱居鄉里。戊戌歲（蒙古定宗海迷失后稱制二

① 元郝經《陵川集》卷三六，文淵閣四庫全書本。

年、一二五〇年），襲封衍聖公孔元措薦之，攝大樂丞，搜訪前代禮官樂師祭器圖集，備預製作，遂使文物鬱然。己未歲（蒙古憲宗九年、一二五九年）卒，年八十一。①

《祀典樂志辨》三十卷。元王惲《盧龍趙氏家傳》：「壬辰北渡，隱居鄉里，編集郊祀所記憶者，爲《祀典樂志辨》，凡三十卷。」

張　宇

張宇字彦升，號石泉先生，平陽（今山西臨汾）人。河汾諸老之一②。與蒙古中書令耶律楚材爲故交，屢見酬唱往來③。

《石泉集》，殘存。元房琪《河汾諸老詩集》卷二録詩若干。

麻　革

麻革字信之，號貽溪，虞鄉（今山西永濟）人。正大四年，與張澄、杜仁傑等投元好問，隱於

① 元王惲《秋澗集》卷四八《盧龍趙氏家傳》，四部叢刊本。
② 元房琪《河汾諸老詩集》卷二，文淵閣四庫全書本。
③ 元耶律楚材《湛然居士文集》卷九《和平陽張彦升見寄》，中華書局一九八六年，第二一一頁。

内鄉山中。壬辰（金哀宗天興元年、一二三二年）歲，遭崔立之變，與劉祁被迫以太學生撰頌德碑①。戊戌歲（蒙古太宗十年、一二三八年），赴試武川，後隱居教授終。當金源北渡，與張宇、陳賡、陳庾、房皥、段克己、段成已、曹之謙等，並以詩鳴，稱爲「河汾諸老」②。元好問評曰：「仲梁詩如偏將軍將突騎，利在速戰，屈于遲久，故不大勝則大敗；仲經守有餘而攻戰不足，故勝負略相當；信之如六國合從，利在同盟，而敝於不相統一，有連雞不俱棲之勢，雖人自爲戰，而號令無適從，故勝負未可知。」③

《貽溪先生文集》，殘存。元房祺《河汾諸老詩集》卷一録詩若干。

① 金劉祁《歸潛志》卷一二，中華書局一九八三年，第一四頁。
② 《河汾諸老詩集後序》，見《河汾諸老詩集》卷末，文淵閣四庫全書本。
③ 《遺山先生文集》卷三九《麻杜張諸人詩評》，四部叢刊本。

楊鵬

楊鵬字飛卿，又名雲鵬，號紫羅凡凡道人，汝陽（今河南商水縣）人①。金末任詳議官②。金亡，寓東平。雅敬遺山，每有詩必示之，雖去千餘里，亦以見寄。

《陶然集詩》。明葉盛《菉竹堂書目》卷四《詩詞集》著録：「楊雲鵬《陶然集》一册」。明代尚存。

金元好問《陶然集詩序》：

貞祐南渡後，詩學爲盛。洛西辛敬之、淄川楊叔能、太原李長源、龍坊雷伯威、北平王子正等，不啻十數人，稱號專門。就諸人中，其死生於詩者，汝海楊飛卿一人而已。李內翰欽叔工篇翰，而飛卿從之遊。初得「樹古葉黄早，僧閑頭白遲」之句，大爲欽叔所推激。從是遊道日廣，而

---

① 元鮮于樞《困學齋雜録》：「楊鴻字飛卿，一名雲鵬，少梁人」，集名「洞然」。叢書集成初編本，中華書局一九八五年。今按，元好問《大金重修至聖文宣王廟碑題記》碑陰題名有「汝陽楊雲鵬」，與所謂「汝海」合。見清王昶《金石萃編》卷一五七，歷代碑誌叢書本，江蘇古籍出版社一九九八年；元熊夢祥《析津志輯佚·名宦》作「楊陶然，東平人」，則以號爲名，寓所爲鄉貫。見北京古籍出版社一九八三年，第一五六頁；明殘鈔本《順天府志·昌平縣》引「漁陽陶然詩」，又訛鄉貫爲漁陽。見北京大學出版社一九八三年，第四一五頁。

② 《金史》卷一二三《忠義傳》，中華書局一九七五年，第二六九〇頁。

學亦大進。客居東平將二十年，有詩近二千首，號《陶然集》。所賦《青梅》、《瑞蓮》、《瓶聲》、《雪意》，或多至十餘首。其立之之卓、鑽之之堅、得之之難、積之之多乃如此。此其所以爲貴也歟？歲庚戌，東平好事者求此集刊佈之。飛卿每作詩，必以示予，相去千餘里，亦以見寄。其所得，予亦頗能知之。飛卿於海内詩人，獨以予爲知己，故以集引見托。或病吾飛卿追琢功夫太過者，予釋之曰：詩之極致，可以動天地、感鬼神。故傳之師，本之經，真積之力久，而有不能復古者。自「匪我愆期，子無良媒」、「自伯之東，首如飛蓬」、「愛而不見，搔首踟躕」、「既見復關，載笑載言」之什觀之，皆以小夫賤婦滿心而發，肆口而成，見取於採詩之官，而聖人删詩，亦不敢盡廢。後世雖傳之師，奉之經，真積力久而不能至焉者，何古今難易不相侔之如是邪！蓋秦以前，民俗醇厚，去先王之澤未遠。質勝則野，故肆口成文，不害爲合理。使今世小夫賤婦滿心而發，肆口而成，適足以汙簡牘，尚可辱採詩官之求取邪？故文字以來，詩爲難；魏、晉以來，復古爲難；唐以來，合規矩準繩尤難。夫因事以陳辭，辭不迫切而意獨至，初不爲難，後世以不得不難爲難耳！古律、歌行、篇章、操引、吟詠、謳謡、詞調、怨歎，詩之目既廣，而詩評、詩品、詩説、詩式，亦不可勝讀。大概以脱棄凡近、澡雪塵翳、驅駕聲勢、破碎陣敵、囚鎖怪變、軒豁幽秘、籠絡今古、移奪造化爲工，鈍滯、僻澀、淺露、浮躁、狂縱、淫靡、詭誕、瑣碎、陳腐爲病。「毫髮無遺恨」、「老去漸於詩律細」、「佳句法如何」、「新詩改罷自長吟」、「語不驚人死不休」，杜少陵語也；「好句似仙堪换骨，陳言如賊莫經心」，薛許昌語也；「乾坤有清氣，散入詩人脾。千人萬人中，一人兩人知」，貫休師語也；「看似尋常最奇崛，成如容易卻艱難」，半山翁語也；「詩律傷嚴近寡恩」，唐子西語也。子西又言：「吾於他文不至蹇澀，惟作詩極艱苦。悲吟累日，僅自成篇。初讀時，未見可羞處，姑置之。後數日取讀，便覺瑕釁百出。輒復悲吟累日，反復改定，比之前作稍有加焉。後數日復取讀，疵病復出。凡如此數四，乃敢示人。然終不能工。」李賀母謂賀「必欲嘔出心乃已」，非過論也。今就子美而下論之，後世果以詩爲專門之學，求追配古人，欲不死生於詩，其可已乎？雖然，方外之學有「爲道日損」之説，又有「學至於無學」之説。詩家亦有之。子美夔州以後，樂天香山以後，東坡海南以後，皆不煩繩削而自合，非技進於道者能之乎？詩家所以異於方外者，渠輩談道，不在文字，不離文字。詩家聖處，不離文字，不在文字。唐賢所謂「情性之外，不知有文字」云耳。以吾飛卿立之之卓、鑽之之堅、得之之難，異時霜降水落，自見涯涘。吾見其溯石樓，歷雪堂，問津斜川之上，萬慮洗然，深入空寂；蕩元氣於筆端，寄妙理於言外。彼悠悠者，可復以昔之隱几者見待邪？《陶然後編》，請取此序證之，必有以予爲不妄許者。重九日，遺山真隱序。（《遺山先生文集》卷三七，四部叢刊本。）

李俊民

李俊民字用章，號鶴鳴，澤州晉城（今山西晉城）人。承安五年，中經義進士第一，授翰林應奉。未幾，棄官。宣宗南遷，隱於嵩州鳴皋山，金亡後歸鄉。數承蒙古忽必烈延訪，或召問休咎，或遺使問訃。中統元年卒，年八十五，謚号莊靖。爲文沖淡和平，詩多憂幽激烈之音，寄懷深遠。①

《澤州圖記》，圖佚記存。金李俊民《莊靖集》卷八。

《莊靖集》十卷，存。清紀昀等《四庫全書總目》卷一六六《集部别集類》著録：「集凡詩七卷，文三卷，澤州守段正卿嘗爲刊行，長平李仲紳等爲之序。明正德間，郡人李瀚重付諸梓。今板已久佚，只存寫本而已。俊民抗志遯荒，於出處之際，能潔其身。集中於入元後只書甲子，隱然自比陶潛，故所作詩類多幽憂激烈之音，繫念宗邦，寄懷深遠，不徒以清新奇崛爲工。文格沖淡和平，具有高致，亦復似其爲人。雖博大不及元好問，抑亦其亞矣。詩末間有注語。序不言何人所加，無可考證。今仍舊本録之，而注者姓名則姑闕焉。」今按，李俊民生前賜號莊靖，卒後亦謚莊靖②。其集初刻於蒙古癸卯年，以號名，稱《鶴鳴集》③；再刻於明正德三年，李翰、葉贄爲序。翰以鄉先生賜號爲榮，易名《莊靖集》，而贄仍謂「先生自號鶴鳴，故其集亦以名之」。三刻於清光緒庚寅，有李葆恂、吴重熹兩太守題識，系翻刻正德本。李氏著作甚多，遭喪亂而散佚，集成時六

① 《元史》卷一五八《李俊民傳》，中華書局一九八三年，第三七三三頁。
② 余嘉錫《四庫提要辨證》卷二三，中華書局一九八五年，第一四九一頁。
③ 《永樂大典》卷三〇〇四人字韻引《鶴鳴集》之《龜鏡山人陳時發》，中華書局一九九八年，第二册一七一六頁。

十八歲，則該集收此前部分著作。

金李仲紳《莊靖集序》：

夫水之有源也，始焉濫觴，其流不已，派而爲川，匯而爲澤，會而爲江，豬而爲海，波瀾吞吐，乾溢如一。乾坤涵浸，古今不竭。噫！觀水者觀至於海，觀止矣。然後乃知其水之有源也，若夫雨集而溝澮盈，潦停而蹏涔漲，朝滿夕除，涸可立待，是惡足以爲水哉？學之有本，亦猶是也。韻而爲詩章，聲而爲樂府，律而爲詞賦，廣而爲騷雅，其文愈弘，其筆愈雄，其篇愈巨，其詞益富，蓋有本者之如是。其視落霞秋水，畏日熏風，一聯一詠，雖膾炙人口，然器小易盈，敵大則怯，是惡足以爲學哉？吾鄉李用章先生，粤自弱冠，以明經擢第，爲天下甲。爾後仕宦數奇，積年不調。先生雅志亦厭於乾没，恬於學問，自初筮仕，距今四十餘年，手不釋卷，經傳子史百家之書，無不研究。其學之有本可知矣。故其作爲文章，句句有根源，字字有來歷，格老而意新，辭經而旨遠，不涸不竭，其汪洋之學海歟。郡牧段正卿公退之暇，一日召諸士大夫，謂之曰：「澤雖巖邑，俗尚儒風，今桑田更變，桂樹凋零，幸有狀元先生在，是天之未喪斯文於吾地也。使其平昔著述秘而不揚，我輩不厚顔乎？」遂裒集其文，募工鋟木，以壽其傳，可謂賢於用心矣。豈特此耳，又能重貴大成之像，復新立道之堂，給田以贍學校，蠲役以優鄉秀，此一舉也，衆美具焉。自今以始，吾道有所宗主，可無慶乎？故喜而道其實，歲次單閼三月哉生明，長平李仲紳敬序。（《莊靖集》卷首，叢書集成續編本，上海書店一九九四年。）

金劉瀛《莊靖集序》：

夫文之爲文，其來尚矣，與造化一氣俱生者也。日月照臨，星辰輝映，天之文也；山川流峙，草木敷榮，地之文也。人得天地之秀而爲萬物之靈，有仁義禮智以根於心，故觸物感情，從而爲言，無非天下之至文也。如風行水上，自然而然，固非有力者之所强能，亦豈徒吟詠風景，模寫物象而已哉！將以經天緯地，厚人倫，美教化，貫乎道者也。先生世家濩澤，唐韓王元嘉之裔，生而聰敏，幼而能文，弱冠而魁天下。蓋以學問精勤，耽玩經史，諸子百家無不研究，故其文章典贍，華實相副，字字有源流，句句有根柢。格律清新似坡仙，句法奇傑似山谷。集句圓熟，脈絡貫穿，半山老人之體也；雄篇巨章，奔騰放逸，昌黎公之亞也。小詩高古涵蓄，尤有理緻，而極工巧，非得天地之秀，其孰能與於此。先生平昔著述多矣，喪亂以來蕩析殆盡，此特晚年遊戲之緒餘耳。每一篇出，士大夫争傳寫之，第以不見全集爲恨耳。錦堂主人崇儒重道，待先生以忠厚，乃與諸同道購求散落篇什，募工鋟木，用廣其傳，使國人有所矜式。門下劉公濟之、君祥、仲寬、姚子昂左右其事，未百日而工畢。瀛久蒙先生教載，仍嘉錦堂之好事，不揆荒蕪，姑道其梗概云爾。余月初吉，劉瀛序。（《莊靖集》卷首，叢書集成續編本，上海書店一九九四年。）

金王特升《莊靖集序》：

好古樂道之士，作爲文章，豈偶然哉？蓋感物即事，傷時懷舊，陶寫藴奥之情，涵泳無窮之意，千態萬狀，卒歸於堯舜禹湯周孔授受服行之實，學者仰之，若泰山北斗。噫！非極深造之妙者，莫能至焉。鶴鳴老人，吾鄉之巨儒，國朝之名士也。經學傳家，尤長於禮，未及壯歲，擢進士第一。時方顯用，勇退居閑，朝經暮史，冥搜隱索，四十有餘年。其德行文學庶幾乎古，雖片言隻字，亦必有據，如太羹玄酒，有典則而無浮華，一時文士靡不推讓。郡侯段公鋭意文事，時與士大夫會於錦堂，乃鳩集先生近年著述，得詩賦古文僅千餘篇，合爲十卷，鏤板以傳。僕忝預席末，雖不能增日月之光，詎可無言？故引之。王特升序。（《莊靖集》卷首，叢書集成續編本，上海書店一九九四年。）

元史秉直《莊靖集序》：

史稱唐文三變，至韓昌黎而後稍稍可述，誠確論也。以其當世文士類皆流於一偏，如白樂天之平易，李長吉之放逸，孟東野之酸寒，賈浪仙之窮苦，是豈不欲去其偏而就全乎？蓋以平日所賦之性，所養之氣，所守之學，迂疏局促，執之而不能變之耳。唯韓昌黎則不然，中正之學發爲文章，粹然一出於正，其於觴詠之間，給談笑，助諧謔，敘人情，狀物態，鉤玄提要，據古論今，左右逢源，意各有寓，爲時人之宗師，豈一偏之所能囿哉！我鶴鳴先生，今之昌黎公也。其出處事業，自有年譜；德行才學，自有公論；雄文傑句，板行於世，名儒巨公又從而備序之，尚何待僕之喋喋也。然承先生之教，游先生之門，誦其詩閲其文者，三十餘年矣。覩兹偉事，安敢默然？姑道其萬一，亦涓塵裨益之意也，故喜而書之。癸卯年四月聖日，門人史秉直謹序。（《莊靖集》卷首，叢書集成續編本，上海書店一九九四年。）

明李瀚《重刊莊靖先生遺集序》：

澤於郡爲近古，山川環抱，有自然之險，人性質而好學。其氣豪勁，故發爲文章者，往往奇儁雄邁，獨能與天下争衡。若吾莊靖先生，殆其人也。先生炳靈毓秀，天姿穎異，蚤年志於伊洛之學，窮採力求，超然有獨得之妙。金承安庚申，嘗以經義大魁多士，入爲應奉翰林文字，文名雄於一時，行且柄用。而先生厭世棄官，授徒鄉里，後復逃名，往遯嵩山之中。清才雅韻，隨寓發舒，流麗精華，膾炙人口，人有得其片紙數言者，珍護若至寶。然秉筆以主文盟逾四五十年，生平著述不下數千萬篇，中遭兵燹，遺棄殆盡。當郡侯段公正卿鳩集之日，僅得千百之十一爾，而況今日也哉！予鄉郡晚生，自知學以來，即知向慕，宦學四方，購求先生之集，甚饑渴之於飲食。比得之，而惜其本存無幾，復恐散失，因托山陽尹常在鏤梓，與四方博雅君子共之，使吾郡實因之以增重。而先生之德之學，抑豈吾一郡之所得私耶？先生姓李氏，名俊民，字用章，别號鶴鳴老人。勝國初嘗徵，入見仍乞還山，重其節而從之。高風絶塵，事載信史，莊靖其追謚云。正德三年歲次戊辰六月既望，賜進士嘉議大夫奉敕總督漕運都察院右副都御史沁水李瀚書。（《莊靖集》卷首，叢書集成續編本，上海書店一九九四年。）

明葉贄《重刊莊靖先生遺集序》：

程氏完全精粹，幾於聖者也。所以接孟子道學之傳；邵氏窮理盡性，至於命者也，所以紹孔子先天之學。讀程、邵遺書者，又當知程之學重于《易》理，邵之學重于《易》數。程之言曰：

至微者理也，至著者象也，體用一原，顯微無間，太洩露乎？象理天機矣，邵之言曰：心法中起，月窟天根，合之爲一，衍之爲萬，太洩露乎？象數天機矣。澤州莊靖李用章先生，早歲得程氏傳授之學於名儒，後又得邵氏皇極之數於隱士，萃伊洛之精華，大乾坤之眼目，搜羅群籍，貫穿六經，故其發而爲文章也，若岱宗之雲，飛騰活動，不崇朝遍雨天下，非颺空不雨浮雲也。流而爲詩賦也，若黄河之水，千里一曲，折九曲奔赴滄溟，非集坎無源行潦也。金承安中進士第一人，入爲應奉翰林文字。尋棄官教授鄉里，隱遯嵩山。元秉忠劉公盛稱先生《易》理《易》數，兩造精微。世祖嘗召對金鑾，懇賜還山。既卒，賜謚莊靖先生。時澤守段正卿嘗刻先生詩文行世，越二百載於兹矣。今總漕都憲李公，先生鄉人也，酷愛先生詩文。每曰「五色靈芝三危瑞露，豈可自咀自嚥，要當與天下同志者共視」。舊本頗多錯舛，親加校正，乃授山陽尹常在梓行，索贊作序。贊覽讀數過，慨然歎曰：先生之文，經天緯地之文也。玉潤珠輝，光粹自奇。先生之詩，感善懲惡之詩也，《韶》作鈞鳴，音響自別。先生自號鶴鳴，故其集亦以名之。在《中孚·九二》云：鶴鳴在陰，其子和之。言誠信感通之理也。在《小雅·鶴鳴》云：鶴鳴於九皋，聲聞於野。言誠身莫掩之機也。吾即此知先生心湛誠源，腳踏實地，故讀先生之文者，當讀程氏《易傳》序，上溯《十翼》之淵源可也。讀先生之詩者，當如讀邵氏《擊壤集》，上合六義之中正可也。又何必以韓昌黎、杜少陵比方乎先生者哉！遂書此以應命。正德三年戊辰夏五月上澣，賜進士通議大大刑部左侍郎致仕淮東葉贊書。（《莊靖集》卷首，叢書集成續編本，上海書店一九九四年。）

清李葆恂《重刻莊靖集題識》：

此集惟當時段正卿一刻，暨明正德李瀚重刻二本而已。今並罕覯。海内藏書家，如小玲瓏山館馬氏、愛日精廬張氏，號稱富有，亦止有傳鈔本，故四庫書目云板已久佚，只以寫本著録也。余己丑歲重游大梁，乃得正德本於市上，驚喜過望，擬爲重梓，以事牽率弗果。適海豐吴仲飴太守有五金人集之刻，聞余有此，移書見假，遂舉以畀之。太守手自校勘凡四，閲月而工竣。余既幸兹集之有傳，而太守好古劬書之熾不可以勿紀也，因識其緣起如此。舊有太平趙藥齋氏一跋，暨所録《山西通志》一則，並附刊於後云。光緒庚寅二月上浣，義州李葆恂文石甫識。（《莊靖集》卷末，叢書集成續編本，上海書店一九九四年。）

清吴重憙《重刻莊靖集跋》：

余欲彙刻金元人專集爲一書。《王滹南集》有淡生堂祁氏鈔本，《趙滏水集》借得曹倦圃家鈔本，《李莊靖集》雖有明正德間刊本，傳世絶少也。四庫收録時即據鈔本録入，以未見刊本爲憾。向知陸氏皕宋樓及振綺堂均有鈔本，王太史懿榮許爲借鈔於陸氏，尚未得寄。己丑冬，晤李太守葆恂，知藏有正德時刻本，遂假以付梓。是冬，卓計入□覲，泛舟衛河，少得閑暇，乃於船窗校之。按盧氏文弨《補遼金元藝文志》載《莊靖集》十卷，錢氏大昕則列之《補元史藝文志》中，卷數悉與今本合符，喜無缺佚，刊既竣，因誌於末。光緒庚寅三月，海豐吴重憙記。（《莊靖集》卷末，叢書集成續編本，上海書店一九九四年。）

金代藝文叙録

下

薛瑞兆 編著

中華書局

康 曄

康曄字顯之，號淡軒，高唐（今山東高唐縣）人。師從復軒先生閻詠，登正大元年進士第，釋褐鄭州司候。金亡北歸，東平萬户嚴忠濟請爲祭酒，主儒林師席，四方學者雲集①。元好問有《别康顯之》詩，以「玉川文字五千卷，鄭監才名四十年」譽之。②

《滄軒文集》。元閻復《鄉賢祠記》著録。

王天鐸

王天鐸字振之，晚號思淵老人，汲縣（今河南衛輝）人。元初名士王惲之父。正大元年，中律科魁選，官至户部主事。金亡後，隱於鄉。③

《易學集説》。亦名《王氏纂玄》。元王惲《秋澗集》卷四九《金故忠顯校尉尚書户部主事先考府君墓誌銘》：「集歷代《易》説爲一書，題曰《王氏纂玄》，且見吾遯世無悶也。」

---

① 元閻復《鄉賢祠記》，見《（光緒）高唐州志》卷八《著述》，中國地方志集成本，鳳凰出版社二〇〇四年。

② 清施國祁《元遺山詩集箋注》卷九，四部精要本，上海古籍出版社一九九三年，第一一一頁。

③《元史》卷一六七《王惲傳》附，中華書局一九八三年，第三九三二頁。

元王惲《王氏易學集説序》：

先君思淵子昔掾民部時，尚書張公諱正倫字公理，日引一叟連榻坐，與之問辯甚款，察之，蓋講《易經》旨也。每參署已，輒抱牘傍侍。張公曰：「汝亦樂聞斯乎？」曰：「唯。」自是日熟所聞，遂潛玩焉，造次顛沛，樂之而不釋也。北渡後，遇玉華王先生，復得窺其門牆而覃思焉。既而有問答理亂之説，玉華子欣然曰：「推是而進，何憂乎不造夫奧也。然專静之功，不可以不至，藏往知來，實本於此，吾子其志之。」既而家府屏遠人事，取歷代諸儒所傳，探微賾妙，日一卦爲業。真積既久，静見之心遂大以肆，曰：「吾老矣，非述何以見於後，示子孫以大受也？」乃組節群言，使如出一手，辭約而意貫，諸家之善，蓋無餘藴矣。嗚呼！《易》之爲書，三聖人憂世而作也。其道有四，互爲之用，然身外無可論之道，道外無可談之理，天理人事，不出乎日用行己之間而已。是書之集，四者具列，要以近人情爲本，使學者切身以求用，易知而不雜，其于《易》道，庶彬彬然有煒矣。不肖今亦向耄，先世庭訓，墜泆無緒，大懼夫不學而衰也。乃沉潛是編，冠修述之意於篇首，仍題曰《王氏易學集説》，使後之來者知先君學道立世，其博文約理有如此者。小子惲復續所得，以綴於後，蓋先君所未見也。庶幾五十家之説，左右逢源矣。至元二十五年戊子春二月一百五日序。（《秋澗集》卷四二，四部叢刊本。）

《汲郡圖志》十五卷。先是王天鐸創之，後由其子惲據「先人所藏遺書」，「繼志述事」，由父子兩代人撰畢。

元王惲《汲郡圖志序》：

客有過僕而問曰：「子之經求衛事，纂集圖史，所向欲何爲哉？」僕應之曰：「述先君之志也。」昔先子無恙時，嘗訓某曰：「衛有圖經舊矣，北渡已來，百訪而不一見。世郡人也，生於斯，長於斯，宦學於斯，聚族屬於斯。由宋而金而皇朝，百有五十餘祀，不謂之遺俗可乎？且衛得天中，桑土之野，北通燕趙，南走京洛，太行峙其西，大河經其南，河山之間，盤盤焉一都會也。及論其郡國之本末，輿地之因革，牧守政教之賢否，土産風俗之醇醨，山澤利益之隱顯，人物古今之盛衰，則藐然不知，責將誰歸？至如淇水名川也，而指爲『李河』；銅關近防也，而曰『壁列門』；羑公顯號也，而曰『康叔塚』；殷溪明表也，而稱『太公泉』；共城伯國也，而曰『段天子城』；趙越太守也，而曰『越王墓』；淇口會亭也，而曰『衛新臺』。崗名博望而祀『張騫』，山號仙翁而歸『葛氏』，視獲嘉而曰『故城』，以頓方而作『頓丘』、枋裏而爲『枋頭』。而又汲水湮而無聞，金堤蕩而失據。其甚則白圭訛而爲『雞黑』，麓謬而爲『鹿』。迷惑忘返，以至於斯，可勝歎哉！是皆吾平昔欲正之而不忘者也。吾老矣，終當畢此一事，付之青箱。」無幾，先君捐館，雅志罔就，嗚呼痛哉！中統建元之三年，予自堂吏來歸，閑中紬繹經史，得先人所藏遺書，淚灑行間，慨歎久之，曰精爽不昧，有繼志述事，庶少慰爾。於是聚書一室，研精緻思，蟫蠹群言，外則訪諸耆宿，雜採傳記碑刻，復爲按行屬邑，以覆其所得。噫！汲雄望也，自康叔迄今，幾二千餘歲，其幽光潛德，靈蹤盛跡，隨陵谷起滅，不可殫紀。徵文獻則墜簡已亡，懷舊俗則高年無幾。瞻言丘壟，旌紀寂寥，不肖何人，能發越其間哉？然先子遺教，不可墜也。良史所載，傳信後也。故特取其人物政教風俗關於治亂爲後世之法者，群分而類聚之，復著《辨論》等篇，凡若干卷，題之曰《汲郡志》。曰郡者何？包上下而言也。書成，因自笑曰：「諺有之：『家畜弊帚，享之千金。』其不肖之謂歟！然非敢示諸作者，庶幾來者志存肯構，其治梓作室，以是爲樸斲坦墉之始，丹雘塈茨之本，可乎？」客唯而退。時至元丙寅秋九月重陽日引。（《秋澗集》卷四一，四部叢刊本。）

元王惲《爲刊字醵金疏》：

《汲郡志》者，發明潛德，豈惟鄉國之賢；關繫民風，庶見古今之事。爲書者凡一十五卷，計字數近六七萬言。欲廣其傳，必録諸梓。惟是閑居之久，苦無力量之多。凡工費口糧，倘蒙少助；雖夜光明月，不爲暗投。公等自優爲之，我正賴有此耳。謹疏。（《秋澗集》卷六九，四部叢刊本。）

《思淵子藏書目録》。元王惲《王氏藏書目録序》：

河南房扈王氏，爲衛之著姓，百有餘年。祖宗以孝友相傳，略無長物。逮先君思淵子北渡後，亦不治生産，怡然以閉户讀書爲業，聞一異書，惟恐弗及，其弱冠時，先君氣志精强，目覽手筆，日且萬字，不十年得書數千卷。或者曰：「藏書如是，尚爾爲？」先子曰：「吾老矣，爲子孫計耳。有能受而行之，吾世其庶矣乎！世人知榮保其爵禄，不知一跌足赤吾之族；知富寶其金玉，不知一慢藏已爲盜所目也，何若保書之爲寶乎！若子若孫由是而之焉，爲卿相，爲牧守，爲善人，爲君子，上以致君澤民，下以立身行道，道其在於是矣。」由是而觀，先君立世之志，貽厥之謀，何其遠且大哉！嗚呼，先君去世將近一紀，不肖某今年四十有一，遺言在耳，遺書在櫝，感念平昔，不覺泣下。因復慨歎仕不爲進，退足自樂，蓋所恃者此爾。然置之而不力其讀，讀之而不踐其道，與無書等矣。《傳》曰：「遺子黄金滿籯，不如教之一經。」此誠先君之志也，可不懋敬之哉！至元四年秋七月，曝書於庭，與兒子孺校而帙之，則各從其類也，述書傳目録敘。（《秋澗集》卷四一，四部叢刊本。）

賈持謙

賈持謙字公讓，號安閑老人，壽光（今山東壽光）人。正大元年詞賦進士，累遷朝列大夫、徐州防禦使。博通群書，善詩歌，好爲平易語。①

《安閑老人文集》。《（民國）壽光縣志》卷一二《人物志》涉及，有「詩文集行世」。茲以號名之。

① 《（民國）壽光縣志》卷一二《人物志》，中國方志叢書本，臺北成文出版社一九七〇年，第一三四〇頁。

馬餌

馬餌字升公，奉聖（今河北涿鹿縣）人。金末名士高永、楊弘道等與之遊。①

《北新子》。《中州集》卷九《高永》涉及馬餌：「敢爲大言，著書十萬言，號《北新子》。大略以談兵爲主，且曰：『古人兵法非不盡，但未有北新子五十里火雨耳。』」金楊弘道《小亨集》卷三《贈馬升公》：「學出韜鈐外，身從筅庫還。著書期後世，辟穀臥空山。渺渺追前列，區區若是班。尚爲妻子累，時復見人間。」所謂著書，當指《北新子》而言。

公孫昂霄

公孫昂霄字長卿，出處不詳。金末士人，嘗仕爲朝列大夫、轉運副使。

《左氏韻語》。金楊弘道《題公孫長卿〈左氏韻語〉後》：

運副朝列先生，雖以文章名海内，及見後學小生有片善僅可録，所以長育獎進者備至。故某之不才，亦蒙獲侍坐。未坐定，出示所著《左氏韻語》，並其祖中散公《行狀》，兵後得於壞壁間者，先以勿辭要之，俾題卷尾。夫毀之則辭溢醜，譽之則辭溢妍，是特未識毀譽之正。使行學之實不能

①《中州集》卷九《高永》，中華書局上海編輯所一九六二年，第四四九頁。

盡信於人，由辭之溢也。《詩》三百五篇，其義庶矣，孔子以一言蔽之，曰「思無邪」。何必盡其風賦比興之理，遍數其禽獸草木之名哉！故立言者，貴乎簡而正也。況碑誌、傳記、題評、贊序，傳信之文也，豈辭之尚哉！大抵得《中散公行狀》於壞壁之間者，孝感也；著《左氏韻語》，撮傳中事無一二遺者，篤學也。孝感，行之至也；篤學，志之誠也。以是蔽之，可乎？某師心孤陋，學無根底，謬妄之説，不自知其是非，必有能辨之者。噫，師道之不傳也久矣！先生常尊嚴其道，不宜以成才之禮待後學小生。願先生接某輩如韓文公之視李蟠，不願先生如孔北海之友禰衡也。（《小亨集》卷六，文淵閣四庫全書本。）

張仲可

張仲可，東阿（今山東東阿縣）人。金末士人。

《東阿鄉賢記》。金元好問《東阿鄉賢記跋》：

東阿進士張仲可以鄉先生平章政事壽國張公、參知政事翰林學士承旨高公、平章政事蕭國侯公而下，由文階而進者凡二十有三人，既列其姓名，刻之石，又謄寫別本，以示同志。僕意以爲，壽公初諫立元妃李氏，再諫山東軍撥地，以爲得軍心而失民心，其禍有不可勝言者。言既不聽，即致相印而歸。風節凜凜，當代名臣無出其右者。蕭公行臺東平，威惠並舉，山東父老焚香迎拜，有太平宰相之目。承旨公之死節，雖古人無以加。雖不見於金石，孰不敬而仰之？自餘二十人不見行事，徒記爵里。僕竊以爲未盡。何則？追述前賢，鄉里後生實任其責，柳子厚《先友紀》、《近世名臣言行録》有例也。至於大縣萬家，歷承平百年之久，風化之所涵養，名節之所勸激，一介之士，時命不偶，齎志下泉，以與草木同腐者，亦何可勝數？誠使見之紀録，如汝南先賢、襄陽耆舊，以垂示永久，此例獨不可援乎？仲可，名家子，有志於學，故敢以相告。見賈丈顯之，嘗試問之，以爲如何？歲丁巳夏五月二十六日，河東人元某謹書。（《遺山先生文集》卷四〇，四部叢刊本。）

陳庚

陳庚字子京，號淡軒，猗氏（今山西臨猗縣）人，賡之弟。父仲謙，官昭勇大將軍三白規措使。庚居汴時，趙秉文、楊雲翼、楊慥、雷淵與劉祖謙等名流競相薦引，屢試不中。與元好問、李獻卿、楊奂、麻革、杜仁傑爲友。金亡還鄉，教授生徒。時中書耶律鑄奏置平陽經籍所，命領校讎事。中統初，薦授平陽路提舉學校官。明年卒，壽六十八。①

《經史要論》三十卷

《三代治本》五卷

① 元程鉅夫《雪樓集》卷二一《故平陽路提舉學校官陳先生墓碑》，文淵閣四庫全書本。

《唐編年》二十卷

《淡軒文集》三十卷。以上元程鉅夫《故平陽路提舉學校官陳先生墓碑》著録。

徐之綱

徐之綱字漢臣，濟州（今山東濟寧）人。擅詞賦，適金將亡，遂潛心問學，於《易》、《春秋》尤致力焉。蒙古初定中原，招輯儒士，以明經選爲益都府學教授，佐行省事。時李璮據山東，蓄意謀反，遂以史諷喻，貶黜滕州縣尉。中統四年卒，年七十五。①

《東齋默志》三卷。

《通融賦説》三卷。

《麟臺雜著》七卷。以上元袁桷《滕縣徐君墓誌銘》著録。

---

① 元袁桷《清容居士集》卷二九《滕縣徐君墓誌銘》，四部叢刊本。

曹之謙

曹之謙字益甫，號兑齋，雲中應州（今山西應縣）人。興定二年進士①。官至尚書省左司都事。金亡，徙居平陽，隱居教授三十年。與元遺山交誼甚厚，遺山殁，編其詩集。

《兑齋曹先生文集》，殘存。元房祺《河汾諸老詩集》卷八輯詩若干。

元王惲《兑齋曹先生文集序》：

北渡後，斯文命脈，主盟而不絶者，賴遺老數公而已。夤緣蒙元、李諸公與進親承指授，唯貽溪兑齋未之見也。及調官平陽，私竊喜幸，雖不獲瞻拜履綦，而遺文得遂觀覽。逮識公仲子輗，首爲詢及，謝以纂録未就，然徵文獻，論家世，而私淑諸人者，固已昭昭矣。先生父清軒公資豪邁，既而以文學起家，受知榮國高公、雷、李諸賢，交遊甚款。先生接跡詞林，幼加力學，早擢巍科。既而

---

① 金劉祁《歸潛志》卷三謂「早擢巍科」，《（光緒）山西通志》卷一五《貢舉譜》作「興定中進士」，均未涉登第具體時間。今按，之謙與遺山同掾東曹，機務倥偬，商定文字，未嘗少輟，然未見以同年相稱。當是年齒小於遺山，而先一榜登第。段成己《元遺山詩集引》：之謙編《元遺山詩集》，未及而殁。「於後四年，子輗繼成父志，同門下士楊天翼命工卒其事，俶落於至元戊辰（至元五年、一二六八年）之秋，迨庚午（至元七年、一二七〇年）夏」成書。見《永樂大典》卷九〇九詩字韻，中華書局一九九八年，第九册八六〇五頁。以此推算，之謙當卒於至元元年。又，汴京陷落，北歸鄉里，後居平陽，教授生徒三十年。元王惲《兑齋曹先生文集序》云：「先生年方不惑，暝廢於家」。金亡時四十歲，越三十年卒，則登第時年僅十八。

與遺山同掾東曹，機務倥傯間，商訂文字，未嘗少輟，至以正脈與之。其奬藉如此。後居汾晉，閉户讀書，屏去外物，嚅嚌道真，及與諸生講學，一以伊洛爲宗，衆翕然從之，文風爲一變。後二十年，予在翰林，前長葛薄子輶持遺編來謁，屬予序其端，方得伏讀者再四，不去手者累日。因爲之説曰：文章天下公器，造物者不私所畀，然非淵源有自，講習有素，力爲之任者，未易與議。若先生之作，其析理知言，擇之精，語之詳，渾涵經旨，深尚體之工，刊落陳言，極自得之趣，而又抑揚有法，豐約得所，可謂常而知變、醇而不雜者也。所可惜者，古文雜詩僅三百首。蓋先生年方不惑，瞑廢於家，又爲人慎許可，片言隻字，不輕付人。向使展盡底藴，大開文賽，極其所到，肆波瀾而侈光豔，則與元、李、麻、劉並驅爲不難矣。異時版本一出，學者争先快睹，俾中和之氣沖融粹盎，裕四體而適獨坐，如大羹玄酒，寄至味於淡泊者，庶幾知先生之所尚云。不肖衰老，懶於筆研，敢直言所聞見而知者，以塞其請焉。大德二年人日謹序。（《秋澗集》卷四二，四部叢刊本）

勾龍瀛

勾龍瀛字英孺，河南（今河南洛陽）人。性方直，有詩聲。金亡後，嘗與元好問遊曲阜，謁孔廟。

《述姓譜》。元王惲《碑陰先友記》著録①。

王萬慶

王萬慶字禧伯，號淡游，蓋州熊嶽（今遼寧蓋州）人。王庭筠從子，以蔭補官，仕爲行省右司郎中。天興二年七月，徐州行尚書省乏糧，遣萬慶會徐、宿、靈璧兵取源州②。金亡後，中書令耶律楚材召萬慶等名儒直譯九經，進講東宮③。丙申歲（蒙古太宗八年、一二三六年），設編修所於燕京，編次經史，梁陟充長官，萬慶與趙著副之④。中統二年，以博學老儒提舉燕京學校⑤。能詩善文，書畫俱佳，頗有父風。

《澹游集》。明楊士奇等《文淵閣書目》卷一〇、明葉盛《菉竹堂書目》卷四《詩詞集》均著録

---

① 《秋澗集》卷五九，四部叢刊本。今按，《林廟元好問等題記》：「太原元好問、劉浚明、京兆邢敏、上谷劉詡、東光句龍瀛、湯陰張知剛、汝陽楊雲鵬、東平韓讓，恭拜聖祠，遂奠林墓。乙巳冬十二月望日謹題。」又作東光人；乙巳，指蒙古太宗乃馬真后稱制四年（一二四五）。見清王昶《金石萃編》卷一五七《重修至聖文宣王廟》碑陰，歷代碑誌叢書本，江蘇古籍出版社一九九八年。

② 《金史》卷一一三《完顔賽不傳》，中華書局一九七五年，第二四八三頁。

③ 《元史》卷一四六《耶律楚材傳》，中華書局一九八三年，第三四五九頁。

④ 《元史》卷二《太宗紀》，中華書局一九八三年，第三四頁

⑤ 《元史》卷四《世祖紀》，中華書局一九八三年，第七四頁。

「一册」。元王惲《跋澹游王先生詩後》：

黄華先生以海嶽精英之氣，發而爲文章翰墨，當明昌間，照映一時。惟其早世，識者至今惜之。余向客京師，好事家屏圍幀軸，無非澹游詩翰，乃知老成雖遠，典刑盡見於是。此幅公之老筆，尤瀟灑可愛，豈神完守固，氣自清明，雖耄而不衰者邪？戊子冬陽生後一日，秋澗惲謹題。（《秋澗集》卷七一，四部叢刊本。）

馮　渭

馮渭字清甫，真定（今河北正定縣）人。馮璧之子。以蔭出佐靈壁帥府，繼守均州軍事判官，改南京右廂機察①。金亡，侍父北渡河，輾轉齊魯，回歸鄉里，人稱馮孝子。後召入京，除右三部郎中，尋辭去。與魏璠、元好問、李治、王鶚、王磐等最相款習。讀書爲文，不廢風雨寒暑。節録經史，細及箋訓。②

《金詔赦録》。馮渭《金詔赦録序》云：「灞陵森柏，荒凉白露之中；明惠寢園，寂寞蒼梧之

① 《遺山先生文集》卷一九《内翰馮公神道碑銘》，四部叢刊本。
② 元姚燧《牧庵集》卷二〇《中書右三部郎中馮公神道碑》，四部叢刊本。

遠。」又云：「荏苒十霸，竟摧一戰」。原注：「指哀帝。」①

《金代文章》。元姚燧《牧庵集》卷三《馮氏三世遺文序》：「又哀集《金代文章》凡若干百卷。」

《常山集》。元姚燧《馮氏三世遺文序》：

古之人，道德積躬，而孝弟行於家，風教及於鄉，而勳名流於天下後世。父基而子構，祖塗而孫轍，存乎當時，簪紳榮之，垂之於今，竹帛焕焉。是之謂世德之家，如楊震、袁安，四五世迭爲三公；桓氏世爲帝者師，與後漢祚相終始。下乃唐之韋、杜八葉，蕭氏其間彰明較著者尚多。由是以來，有志樹立門户者，夫豈無其人哉？然不一再傳，子或不才，孫復不令，仁義之不修，詩禮之日捐，從業下逐百工衆技之利，自混于齊氓。能不觸刑辟以及其宗祀者，又於不才不令之中，有絶俗之識者也。嗚呼！世德之易霣而難傳如是者，果天歟？天未嘗禍善人，有開於始，而無聞於終，有先於前，而見羞於後者，必自夫人焉，必人也耶。簞食豆羹，爲物亦薄矣。吾之與人，猶必揆之於義，以裁其當否。況如天者，將畀人以世德，寧不靳吝愛嫪，誘之於冥冥，相之於昭昭，俾繼繼生賢，不墜其世者，未必人力能致然也。馮氏由中議擢金天眷己未第，中順、通議、右部以及今奉議，凡五世儒仕，鬱爲清風素望之家者，百四十有八年，亦庶幾古之世德人哉！子休復進

① 元王惲《玉堂嘉話》卷三，叢書集成初編本，中華書局一九八五年，第三二頁。

學方力，諸孫蓁蓁，紅蕖碧蕙，穎發庭下，又如是來者之未艾也。求今喬木故家可甲乙者，輪指不滿四三。嗚呼！亦有非天之爲者。中順以中議卒官同知山東轉運，時年五十有九，故甫年六十，以同知橫海節度致仕。通議以同知集慶節度，亦六十致仕，率不滿年格而止，不盡享有之，留爲裕後之謀。若良農之休其地力，而不竭其出也。然三世皆止同知，亦理之不偶然，事之可異者。中議之文逸，不可搜輯。中順《白雲集》，通議《松庵集》、右部《常山集》，奉議皆板之行世矣，目曰《馮氏三世遺文》。俾燧爲序曰：夫人之言爲聲，聲原於氣，中順之氣勁，故其辭簡潔而峻清。右部之氣和，故其辭温厚而優柔。通議之氣粹以正，其學綜博而趨約，故其言之見於誕佈除拜、吟情托物、誅奸彰善者，剗戛陳言，一以經史爲師，淡麗而不諛，奥雅而雄深，多體而不窮，視金諸作，最爲高古，信一代文章之宗也。嘗致仕居嵩山之松庵，以故人多不敢官公，第曰松庵，猶魯人於石守道曰徂徠然。奉議名岵，僉河南北憲事。（《牧庵集》卷三，四部叢刊本。）

敬　鉉

敬鉉字鼎臣，號太寧，易州（今河北易縣）人。張行信婿。興定二年詞賦進士，仕爲白水令①。壬辰後，北渡依萬户張柔，館於保定②。李純甫與鼎臣莫逆交，臨終以所撰《鳴道集》付之曰：「此吾末後把交之作也。子其秘之，當有賞音者。」③鼎臣聞中書令耶律楚材求純甫書甚切，遂不遠數百里，徒步至燕，托萬松和尚轉致書稿。遺山與鼎臣同年登第，嘗薦於耶律中書④。後仕爲燕京路副提舉學校官。敬氏爲金源望族。祖嗣輝，拜參知政事，《金史》有傳。父子淵，樂陵縣令；兄鑑，嵩州同知，皆以進士起家。鼎臣博通經史，以文章名世。嘗讀書太寧山，學者因稱太寧先生云⑤。

《明三傳例》八卷。明葉盛《菉竹堂書目》卷一著録「敬鉉《春秋傳例説略》三册」。

《春秋備忘》三十卷。明孫能傳等《内閣藏書目録》卷二《經部》著録：「《敬先生春秋備忘》八册，鈔本，宋敬鉉著，集《春秋》家諸儒之説而折衷之者。」明葉盛《菉竹堂書目》卷一亦著録「敬鉉《春秋備忘》八册」。則以上二書明代尚存。

元吴澄《春秋備忘序》：

①《滏水集》卷一二《尚書左丞張公神道碑》，叢書集成初編本，中華書局一九八五年，第一七二頁。
②元魏初《青崖集》卷五《故總管王公神道碑銘》，文淵閣四庫全書本。
③元耶律楚材《湛然居士文集》卷一四《屏山居士鳴道集序》，中華書局一九八六年，第三〇八頁。
④《遺山先生文集》卷三九《上中書令耶律公書》，四部叢刊本。
⑤《元史》卷一七五《敬儼傳》，中華書局一九八三年，第四〇九三頁。

《春秋》，魯史記也。聖人從而修之，筆則筆，削則削，游、夏不能贊一辭。修之者，約其文，有所損，無所益也。其有違於典禮者筆之，其無關於訓戒者削之。何以不能贊一辭？謂雖游、夏之文學，亦莫能知聖人修經之意爲何如也。蓋自周轍東，王跡息，禮樂征伐之柄下移，諸侯國自爲政，以霸而間王，以遐服而逼邇；天經紊，人理乖；災見於上，禍作於下；耳聞目見，一一皆亂世之事，王法之所不容。聖人傷之，有德無位，欲正之而不能，於是筆之於經，以俟後聖，故曰：《春秋》天子之事也。又曰：《春秋》，孔子之刑書也。又曰：《春秋》正王道，明大法，孔子爲後世王者而修也。然此意也，當時及門之高第弟子有不能知，而況於遠者乎？然則三傳釋經，詎能悉合聖人之意哉？澄也常學是經，初讀《左氏》，見其與經異者，惑焉。繼讀《公》、《穀》，見其與《左氏》異者，惑滋甚。及觀范氏傳序，喜其是非之公。觀朱子《語録》，識其優劣之平。觀啖趙《纂例》、《辯疑》，服其取捨之當。然亦有未盡也。偏觀宋代諸儒之書，始於孫、劉，終於趙、吕，其間各有所長，然而不能一也。比客京華，北方學者言《春秋》專門，亟稱敬先生鼎臣。澄惜其人之亡，而不知其書之存也。先生之從孫儼參知江西行省政事，因是獲睹先生所著《春秋備忘》三十卷、《明三傳例》八卷。稽其用功次第，見於自序。弱冠受讀，學之三十年而始著書，年幾七十，而修改猶未已。前後凡五易稿，總數十家之説而去取之。其援據之博，採覽之詳，編纂之勤，決擇之審，至謹至重，惴惴然不敢易，可謂篤志窮經者矣，非淺見謏聞所能窺測也。參政屬澄序其端，竊惟《春秋》一經，自三傳以來，諸家異同，殆如聚訟。今於衆言淆亂之中折衷以歸於一，是誠有補於後學。澄之庸下，有志於斯者，亦得因先生之所同以自信，又得因先生之所異以自考，遂不讓而爲之序。先生諱鉉，易水人，金朝參知政事之孫。興定五年登進士第，主郏城簿，改白水令。值中州多虞，北渡隱處。國朝訪求前代遺逸，宣授中都提舉學校官。舊讀書大寧山下，人號爲大寧先生云。（元吴澄《吴文正集》卷一八，文淵閣四庫全書本。）

張鼎

張鼎字輔之，號澹然，濟陽（今山東濟陽縣）人。正大七年詞賦進士，歷省掾，授郡倅。金亡後，北歸清河之濱，讀書爲文，筆硯自隨。東平行臺總管嚴氏敬其賢，以爲幕僚。年逾知命，淡泊以終。元好問①、李治等與之爲友，極稱其才云。

《澹然先生文集》。元張之翰《張澹然先生文集序》：

壬辰，汴梁破，前進士不殁於兵、不莩於野、不殞於溝壑者固少，而平達河朔，名動當世，變舉業爲文章者又少。由元季而下，如王鹿庵、徐復齋諸公，僅十餘人，濟陽張澹然先生，其一也。先生弱冠有雋聲，登正大七年詞賦第，雖歷省掾，授郡倅，百藴不一施。罹大變而北歸清河之濱，

① 《遺山先生文集》卷三八《超然堂銘》：「仲寧提領年甫弱冠，顯襲世爵，蓋嘗從吾友輔之教授張君學，故時譽甚著。」四部叢刊本。

筆硯自隨，刻意讀書，大放厥辭。東行臺敬其賢，復署以郎位，非素志也。年逾知命，竟澹泊以終，有詩文樂府數百篇。子維仲安任國子博士，集爲若干卷，請序。某伏讀再四，愛其篇目少而體製備。蓋詩寓去國之情，而不露其悲傷；文盡敍事之實，而不失於冗長；樂府達處順之理，而不流於浮豔謔浪。非天資高，學力篤，道味深，世故熟，其孰能到？槩而言之，真前輩中大手筆也。惜乎天不假年，不得與同輩諸公頡頏於金馬玉堂之上，盡展其所長。妄論若此，使今日尚無恙，抑未知以爲何如。某少從敬齋學，公於先生爲同年，見所作《張氏世德碑》，極稱其才。又嘗與仲安同掾憲臺，故不辭而書，仍並及出處之大略云。先生諱鼎，字輔之，澹然其自號也。至元辛卯六月初吉，邯鄲張某序。（《西巖集》卷一四，文淵閣四庫全書本。）

趙衍

趙衍，號西巖，先世碣石（今天津薊縣）人，徙居北平（今河北盧龍縣），系出遼勳臣之後。嘗登進士第①，從龍山居士呂鯤學，紹傳唐詩遺緒，名著當時②。與耶律氏兩代中書令交誼甚厚。

---

①元宋子貞《中書令耶律公神道碑》：「既葬公七年，左丞相持進士趙衍狀，以銘見屬。」見元蘇天爵《元文類》卷五七，上海古籍出版社一九九三年，第七五八頁。

②金趙衍《重刊李長吉詩集序》，見《金文最》卷四五，中華書局一九九〇年。

先是爲耶律楚材門客，繼受耶律鑄之托，教授其子耶律希亮①。然終生未仕。

《西巖文集》。元王惲《西巖趙君文集序》：

西巖趙君，系出遼勳臣開府公後，遭時多故，家業中衰。西巖崛起畎畝，從龍山吕先生學。金自南渡後，詩學爲盛，其格律精嚴，辭語清壯，度越前宋，直以唐人爲指歸。逮壬辰北渡，斯文命脈，不絶如綫，賴元、李、杜、曹、麻、劉諸公爲之主張，學者知所適從。惟虎巖、龍山二公，挺英邁不凡之材，挾邁往淩雲之氣，用所學所得，偃然以風雅自居，視李協律、趙渭南伯仲間也。雅爲中書令耶律公賓禮，至令其子雙溪從之問學。由是趙、吕之學，自爲燕薊一派。西巖受業，適丁兹時，探究其淵源，沉浸乎醲郁，加以立志堅篤，講肄不倦，宜紹傳遺緒，最爲知名士。捐館後十五年，子天民攜所述《西巖集》見示，求引其端。乃爲之説曰：文章天下之公器，與造化者争衡，爲之甚難，故得其正傳者亦不多見，豈非天之降才不易，而人之器識亦有限量邪？惟就其材地所至，學問能就，以自得有用爲主，盡名家而傳不朽。若必曰須撑霆裂月、碎破陣敵、穿穴險固者方可爲之，則後生晚學，不復敢下筆矣。如西巖之氣淳而學古，材清而辭麗，自足以攄平生之底藴，爲後進之規模。異時有大辭伯出，如王臨川、元新興，纂李唐之英華，續中州之元氣，序文章之宗派者，則於是集恐亦有所取焉。（《秋澗集》卷四三，四部叢刊本。）

① 《元史》卷一八〇《耶律希亮傳》，中華書局一九八三年，第四一五九頁。

吴仲傑

吴仲傑字子賢，長春（今吉林前郭爾羅斯蒙古族自治縣）人。父璋，官顯武將軍，崇慶元年卒，年六十五。仲傑，其次子。金亡後，仕爲鄧州教授，時稱「學爲通儒，德爲善人」①。元好問贈詩云：「人道樗形百醜全，我知造物向君偏。世間正有明堂柱，偃蹇風霜得幾年。」②

《樗庵集》。元姚燧《樗庵集序》：

余讀《陳杞世家》，敘舜、禹、契、稷、伯夷、伯翳之裔，於帝王與顯諸侯，曰有本紀言，有世家言，獨于皋陶封英、六，曰無譜。嘗爲之廢卷曰：嗚呼，英、六建國也，歷虞、夏、商、周四代之間，將二千年，由無譜，雖以太史公之綜博，猶不能推采其世，竟與滕、薛騶小不足齒列者，同歸於弗論，則清風素望之家，子孫能完有其譜、不隕世德者，豈不難其人焉！此歐公取以表宰相世系於唐書也。然惟世事搢紳者，知尚乎此，其或徙業不儒，纔四三傳，於所宗親，猶不能舉名曾高，況族從之遠而蕃乎？千歲之緒，一朝而微絶，其發太史之歎，而見比英、六者，不知他日幾何人也。近世惟吴氏從五代晉少帝降遼，爲遼名臣，三世三相，國陳秦燕，秦燕皆中令，中

① 《遺山先生文集》卷二九《顯武將軍吴君阡表》，四部叢刊本。

② 清施國祁《元遺山詩集箋注》卷一二《吴子賢樗庵》，四部精要本，上海古籍出版社一九九三年，第一五九頁。

今而下官少異矣。然繼繼搢紳，至提舉鄧州學校君，八世宗從百數十人，非君死生一譜於板蕩之中，不使其遺裔得見先德之盛於今日。嗚呼！其善爲子職者。後君没之十九年，至元庚寅，子京出其譜，而見其然，且求敘君《樗庵集》。因伏讀終帙，得古賦三，古詩八十四，律詩九百八十七，樂章三百二十，表、書、啓五十四，序、引、記三，碑、誌、事狀十三，祭諫、青詞、祝文九十二，榜疏十一，凡千五百七十篇。非其中閎肆該蓄，能是富多乎哉！聞君在金季也，年猶甚盛，已受海内聞臣譽士之知，書候其門，必曰内翰，蓋已與其不蹈是地，不足以盡其學能。今斯人者，復皆淪亡，顧求君故人子及識之垂髫中若燧者耶，亦足爲斯集之悲也。竊嘗泛觀，大率古人之書，不行其時，而傳諸後。故其時之人，及見其概，有不若後人之盡其完。則斯集之所悲，豈非適爲燧所幸歟！夫讀其書，必知其人，質者拘窘，掞者遊誇，近者膚卑，豪者峻宕，剛者粗厲，而弱者氣乏，與夫徇今者陳茶，戾古者無法，葩豔者遠實，喜異者艱崎，失志者詆訕，躁淺者迫切，而挾數者詖傾，其失非盡乎此也。惟所性中正宏厚者，故能優柔而明炳，洞暢而温醇。斯大雅君子，言符其德者也。斯集有之，然不苟作，尤致意於朋舊患難死生之際，亦足爲後學篤倫理之師。暫見如此，異時者出，將以余爲知言云。其出處，詳見故河南府提舉學校李君竹齋所撰埋辭。又聞平生於遼、金右族字名、官勳、世數、子孫，及其外氏何人，皆能默疏而備言。我外舅紫陽翁嘗勸其爲書，豈將資筆近鑒耶？惜不果成也。京今嗣爲州教，侃侃自持操，置門第甚高，其姻與友必求其類，真不隕世德者。其喜譚遼、金世族，蓋習聞餘論，庶其能成書乎！（《牧庵集》卷三，四部叢刊本。）

張伯遒

張伯遒字勝予[①]，亦作聖與、聖俞，號新軒，大興（今北京）人，三世遼之宰執大家。少日滑稽玩世，及隨計兩都，作霸諸彦，時命不偶，至得補掾中臺，以文章名海内。金亡後，遺山薦於中書令耶律楚材[②]，有《東平送張聖與北行》詩云：「天山曾望使車還，官柳青青此重攀。去國衣冠元易感，中年親友更相關。躡雲自可無千里，隱霧難教見一斑。海内文章在公等，不應空老道途間。」[③]然未見任用。

《新軒樂府》。金元好問《新軒樂府引》：

唐歌詞多宫體，又皆極力爲之。自東坡一出，情性之外，不知有文字，真有「一洗萬古凡馬空」氣象。雖時作宫體，亦豈可以宫體概之？人有言：「樂府本不難作，從東坡放筆後便難作。」此殆以工拙論，非知坡者。所以然者，《詩三百》所載小夫賤婦幽憂無聊賴之語，特猝爲外物感觸，

① 元鮮于樞《困學齋雜録》，叢書集成初編本，中華書局一九八五年，第一三頁。
② 《遺山先生文集》卷三九《上中書令耶律公書》，四部叢刊本。
③ 清施國祁《元遺山詩集箋注》卷九，四部精要本，上海古籍出版社一九九三年，第二一册一一一頁。

滿心而發、肆口而成者爾。其初果欲被管弦、諧金石，經聖人手，以與六經並傳乎？小夫賤婦且然，而謂東坡翰墨遊戲，乃求與前人角勝負，誤矣！自今觀之，東坡聖處，非有意於文字之爲工，不得不然之爲工也。坡以來，山谷、晁無咎、陳去非、辛幼安諸公，俱以歌詞取稱，吟詠情性，留連光景，清壯頓挫，能起人妙思。亦有語意拙直，不自緣飾，因病成妍者。皆自坡發之。近歲新軒張勝予，亦東坡發之者與？新軒三世遼宰相家。從少日滑稽玩世，兩坡二棗，所謂入其室而啖其炙者，故多喜而謔之之辭。及隨計兩都，作霸諸彦，時命不偶，至得補掾中臺。時南狩已久，日薄西山，民風國勢，有可爲太息而流涕者，故又多憤而吐之之辭。予與新軒臭味既同，而相得甚歡。或別之久而去之遠，取其歌詞讀之，未嘗不灑然而笑，慨焉以歎，沉思而遠望，鬱搖而行歌。以爲玉川子嘗孟諫議貢餘新茶，至四碗發輕汗時，平生不平事，盡向毛孔散，真有此理！退之《聽穎師彈琴》云：『昵昵兒女語，恩怨相爾汝。忽然變軒昂，勇士赴敵場。』吾恐穎師不足以當之。」予既以此論新軒，因說向屋梁子。屋梁子不悦，曰：「《麟角》、《蘭畹》、《尊前》、《花間》等集，傳播里巷，子婦母女交口教授，淫言媟語深入骨髓，牢不可去，久而與之俱化。浮屠家謂筆墨勸淫，當下犁舌之獄。自知是巧，不知是業。陳後山追悔少作，至以『語業』命題。吾子不知耶？《離騷》之《悲回風》、《惜往日》，評者且以『露才揚己，怨懟沉江』少之。若《孤憤》、《四愁》、《七哀》、《九悼》絶命之辭，《窮愁志》、《自憐賦》，使樂天知命者見之，又當置之何地耶？治亂，時也；遇不遇，命也。衡門之下，自有成樂。而長歌之哀，甚於痛哭。安知憤而吐之者，非呼天稱屈耶？世方以此病吾子，子又以及新軒，其何以自解？」予謂屋梁子言：「子頗記謝東山對右軍哀樂語乎？『年在桑榆，正賴絲竹陶寫。但恐兒輩覺，損此歡樂趣耳。』東山似不應道此語。果使兒輩覺，老子樂趣遂少減耶？君且道如詩仙王南雲所説，大美年，賣珠樓前風物，彼打硬頭陀，與長三者三禮，何嘗夢見？」歲在甲寅十月望日，河東元某題。（《遺山先生文集》卷三六，四部叢刊本）

撖舉

撖舉字彦舉，號函谷道人，陜人。性嗜酒，工於詩，寒素易狂。元好問《爲撖子醵金》詩云：「秋來聞説酒杯疏，卻爲窮愁解著書。知是還山亭上客，無衣無褐欲如何。」① 其詩豪侈詭異，時輩莫能及。流落京師十年，客死保塞，揭曰「詩人撖某墓」。②

《函谷道人集》三卷。元王惲《秋澗集》卷四九《員先生傳》著録。

元郝經《與撖彦舉論詩書》：

---

① 清施國祁《元遺山詩集箋注》卷一四，四部精要本，上海古籍出版社一九九三年，第一八二頁。

② 《秋澗集》卷四九《員先生傳》，四部叢刊本。另，亦見元鮮于樞《困學齋雜録》，叢書集成初編本，中華書局一九八五年。

經白：昨得足下詩一卷，瓌麗奇偉，固非時輩所及。然工於句字而乏風格，故有可論者。詩，文之至精者也，所以歌詠性情，以爲風雅，故攄寫襟素，托物寓懷，有言外之意，意外之味，味外之韻。凡喜怒哀樂，藴而不盡發，托於江花野草、風雲月露之中，莫非仁義禮智、喜怒哀樂之理。依違而不正言，恣睢而不迫切，若初無於己，而讀之者感歎激發，始知己之有罪焉。故三代之際，於以察安危，觀治亂，知人情之好惡，風俗之美惡，以爲王政之本焉。觀聖人之所删定，至於今而不亡，詩之所以爲詩，所以歌詠性情者，只見《三百篇》爾。秦、漢之際，騷、賦始盛，大抵怨讟煩冤，從諛侈靡之文，性情之作衰矣。至蘇、李贈答，下逮建安，後世之詩始立根柢，簡静高古，不事夫辭，猶有三代之遺風。至潘、陸、顔、謝，則始事夫辭。以及齊、梁，辭遂盛矣。至李、杜氏，兼魏晉以追風雅，尚辭以詠性情，則後世詩之至也，然而高古不逮夫蘇、李之初矣。至蘇、黄氏而詩益工，其風雅又不逮夫李、杜矣。蓋後世辭勝，盡有作爲之工，而無復性情，不知風雅有沉鬱頓挫之體，有清新警策之神，有振撼縱恣之力，有噴薄雄猛之氣，有高壯廣厚之格，有叶比調適之律，有雕鎪織組之才，有縱入横出之變，有幽麗静深之姿，有紆餘曲折之態，有悲憂愉快之情，有微婉鬱抑之思，有駭愕觸忤之奇，有鼓舞豪宕之節。若夫言外之意，意外之味，味外之韻，知之者鮮，又孰能爲之哉？先爲辭藻，茅塞思竇，擾其興致，自趨塵近，不能高古，習以成俗，昧夫風雅之原矣。嗚呼！自李、杜、蘇、黄，已不能越蘇、李，追三代，矧其下乎！於是近世又盡爲辭勝之詩，莫不惜李賀之奇，喜盧同之怪，賞杜牧之警，趨元稹之豔。又下焉則爲温庭筠、李義山、許渾、王建，謂之晚唐，轟轟隱隱，啅噪喧聒，八句一絶，競自爲奇。推一字之妙，擅一聯之工。嘔啞嚼拉於齒牙之間者，祇是天地風雷、日月星斗、龍虎鸞鳳、金玉珠翠、鶯燕花竹、六合四海、牛鬼蛇神、劍戟綺繡、醉酒高歌、美人壯士等。磨切錙銖，偶韻較律，餖飣排比而以爲工，驚嚇喝喊而以爲豪。莫不病風喪心，不復知有李、杜、蘇、黄矣，又焉知三代、蘇、李性情風雅之作哉！足下之作，不爲不工，不爲不奇，殆亦未免近世辭人之詩。願熟讀《三百篇》及漢魏諸人，唐宋以來唯讀李、杜、蘇、黄，盡去近世辭章，數年之後，高詠吟臺之上，則必非復吴下阿蒙矣。經再拜。（《陵川集》卷二四，文淵閣四庫全書本。）

王良臣

王良臣字彦才，號恒齋，燕人。總角登神童第。能於吏事，爲故相莘公胥鼎所知，自白衣擢西臺掾。再試進士，連與薦書，而汴京陷落。流離坎坷之際，往往寓不平於筆端。

《恒齋先生文集》。元郝經《陵川集》卷二五《恒齋記》：「癸丑夏，經入於燕，激水王君良臣一見如故交，軒豁開朗，内外粹白。自其總角，已卓犖超軼，登神童第。再舉進士，連與春官，薦書方聳壑昂霄，而汴已亡。棲遲偃蹇，静以觀化，名其齋曰『恒』。孔子曰：『善人吾不得而見之矣，得見有恒者斯可矣。』當周之世，已云如是，矧其下乎？今君揭以爲名，其欲使天下恒心恒德，復上世之治與道之常乎？世人方務於彼，而君乃務於此，是可尚已。於是蔓衍其説，而爲之記。」今按，癸丑指蒙古憲宗三年、一二五三年。

金李庭《恒齋先生文集序》：

士君子讀書學聖道，得之於心，發於事業，以輔時澤物爲本，所謂詞章者，特餘事耳。先生自幼力學，挾策爲舉子，藉藉有聲場屋間。其於吏事，蓋不習而能。一旦爲故相莘公所知，自白衣擢西臺掾，褒衣博帶，進退雍容，如素宦於朝，縉紳諸公稱之不容口。議者以爲登金門、上玉堂，行有日矣。遽罹大變，羈旅河朔者十餘年。流離坎坷之際，感物興懷，有詩並雜文近百篇，讀之使人淒惻不平於心。噫！如先生之德之才，向使在升平之世，其雄文麗藻，足以頡頏前輩，且事業必有大過人者。惜乎賦命數奇，遭時多故，年與位俱不充其德。其表見於後世者止於此，有識之士所爲仰天太息也。乃子敏之裒其遺稿藏於家，將傳之子孫，懇求序引。不肖於先生爲後進，昔嘗侍坐，獲聞緒言矣，故不敢以固陋辭。先生諱某，字彦才。恒齋，其自號云。（《寓庵集》卷四，藕香零拾本，中華書局一九九九年。）

張葵軒

張葵軒，名字及鄉貫佚，葵軒其號。嘗從師安石學，與趙秉文遊。金亡後，赴戊戌選舉，魁山東，以教授終。

《葵軒小稿》。元張之翰《葵軒小稿序》：

金百餘年，士大夫例熟科舉業，求以詩文鳴世者，由党、趙以降，纔數屈指而已。蓋皆捨緩而趨急，得此而失彼，不有豪邁特達者出，而造物畀以才氣，付以師友，假以歲年，其何能兼之哉！葵軒先生張公，金遺老也。自妙齡已有聲場屋，戊戌再以詞賦魁山東。其篇什文字，尤刻意不廢，非才氣之偏乎？在廬臺，則從學師右轄仲安；過河南，則接見禮部閑閑公；北渡後，則交游王鹿庵、楊素庵諸君，非師友之賢乎？建元以來，同輩者登膴仕、據要津，不旋踵而凋喪殆盡，獨恬守一教官，竟得安閑晚境，今壽迄八秩，尚以著述爲事，非歲年之延乎？有集若干卷，號《葵軒小稿》，其子克勤等求余爲序。余謂先生稟賦若此，淵源若此，老於筆硯又若此，可謂兼而兩得者也。至於詩之清適，文之典雅，已傳佈人口，讀者所共知，又何待余言之重輕。而區區爲是者，特以科場人視詩文爲末事，不能兼之者，存所警云。（《西巖集》卷一四，文淵閣四庫全書本。）

陳賡

陳賡字子揚，號默軒，猗氏（今山西臨猗縣）人。少與弟庾、膺皆有名，元好問稱爲「三鳳」。崇慶中，避亂奉親至華陰，後居洛西十餘年。與辛願、元好問、楊奐等講學於洛西書院①。正大初，偕弟庾至京，伏闕上書，乞斬丞相高汝礪。正大末，以父蔭監藍田子午酒，改陝鹽場管勾。金

① 元程鉅夫《雪樓集》卷一三《洛西書院碑》，文淵閣四庫全書本。

亡後，薦爲帥府經歷，辟解鹽司判官。中統初，張德輝宣撫河東，授河東兩路宣慰司參議。至元二年辭歸家，年八十五卒。爲文雄健雅麗，著述甚多，多散佚。

《塢西漫録》十二卷。

《嵩隱談露》五卷。

《弊帚集》十卷。

《默軒集》二十卷。以上元程鉅夫《雪樓集》卷二一《故河東西路宣慰司參議陳公墓碑》著録。

今按，陳賡詩作僅殘存一卷，元房祺輯入《河汾諸老詩集》。

郭　鎬

郭鎬字周卿，華州蒲城（今陝西蒲城縣）人。蘭泉先生張建外孫。少業詞賦，於時輩中嶄然見頭角。遭貞祐之亂，挈家流離困厄，不易所學。三預京兆府薦，一赴簾試。金亡後，旅寓河中，爲征行萬户奥屯公所知，召至幕下，置爲參謀。尋歸鄉里，以教授爲業。中統改元，陝蜀行臺辟爲左右司員外郎，既而以病辭職還家。至元五年卒，年七十五。時謂「天資高雅，作詩與文，下筆亹亹不能休。以理趣爲先，不務奇險，平和恬淡，如其爲人。平日著述甚多，經亂遺失，故所傳者無幾。晚年留意周、程之學，有躬行心得之實。……一時名德昭著，聳動縉紳，以爲關中自變故以來一人而已，蓋無愧於蘭泉先生云」①。

《遺安郭先生文集》。元王惲《遺安郭先生文集引》：

關輔天下形勝，地有終南、太華，洪河涇渭爲之襟帶。姬周之所積累，漢唐之所經營。雖時異事改，彼忠厚雄傑之餘風，山川英靈之萃秀，而在於人也，意其必有瓌奇文雅之士，生乎其間。僕嘗思一遊，求其人，與之縱奇觀，歷遺跡，羨河山之良是，歎興亡之無窮，豁達介蔕，以忘吾憂。寤寐平生，未遂斯願。至元乙亥冬，猥判晉幕，夤緣迎謁，抵華陰東歸，殊悵然也。爾後每自秦雍來者，必爲訪問，雖得其髣髴，而士之隱見，初不知也。大德庚子春，方謝事不出，有客扣門剥啄，自稱奉先郭良弼巖甫，携示先世《遺安先生文集》，請引其端。細爲披讀，蓋信道篤，燭理明，攻詩文爲顓門之業者也，豈非向所謂瓌奇文雅之士乎！雖未西遊，其山川人物，已在吾目中矣。奈何衰老懶於論載，請益勤，乃勉爲之説曰：文章雖推衍六經，宗述諸子，特言語之工而有理者爾，然必需道義培植其根本，問學貯蓄其穰茹，有淵源精尚其辭體，爲之不輟，務至於圓熟，以自得有用爲主，浮艷陳爛是去，方能造乎中和醇正之域，而無剽切撈攘、滅裂荒唐之弊，故爲之甚難，名家者亦不多見。惟周卿先生，天資冲悴，内守峻潔，自幼力學，爲健舉子，中年流離，不易所業，故德望彌高，文學益富，致遠近尊禮。又少日，以外孫行接際蘭泉先生，所交麻、段、孟、

① 金李庭《寓庵集》卷七《陝蜀行中書省左右司員外郎郭公行狀》，藕香零拾本，中華書局一九九九年。

李諸公，皆秦晉名士，其資之深、學之博，與夫淵源講習，可謂有素矣。故詩文温醇典雅，曲盡己意，能道所欲言，平淡而有涵蓄，雍容而不迫切，類其行己，靄然仁義道德之餘。孔子曰：「有德者必有言。」信乎其有言也，所可惜者，連蹇場屋，不遂一第，侍謀省幕，道弗大行。然化乎今者，不必傳於後，晦其始者，其終必顯。曰顯與晦必時之待，楊雄氏所謂五百年必得其人。然寥寥四海，豈無知音者？恐表聖之言，乃爲通論，况有賢子孫爲之揚顯者哉！今文治蔚興，學者日衆，異時板本一出，有序關右之宗派、究蘭泉之命脈者，則於是集知所崇尚矣。（《秋澗集》卷四三，四部叢刊本。）

薛玄

薛玄字微之，號庸齋，華州下邽（今陝西渭南）人。弱冠入少華讀書，從理學家游，以明理學稱。金亡，遊大同，辟應州教授，授檢查使、軍儲轉運使。戊戌歲（蒙古太宗十年、一二三八年），楊奂官河南路課税，聘爲幕府。甫閲歲去，講學洛西，與元好問、辛願、杜仁傑等交往。後累召不起，至元八年卒。①

《庸齋直解》。元程鉅夫《雪樓集》卷九《薛庸齋先生墓碑》著録，作《易解》。

① 元程鉅夫《雪樓集》卷九《薛庸齋先生墓碑》、卷二二《洛西書院陴》，文淵閣四庫全書本。

金李庭《庸齋直解後序》：

聖人之道大而博，固不可以一方求，不可以一説解。古今解《老子》者，不啻百餘家。其間互有長短，人自以爲是，終不能合而一之，各得其性之所近，而未免有所偏也。王輔嗣之注《易》，非不高深，然後世議者以爲幽沉仁義，罪過桀紂。豈非以其言體而不及用，舉本而遺其末，即未免有不該不偏一曲之士，與《老子》與《易》一而二、二而一者也。諸家之所解，往往入於玄虛幽渺之域，而不切事情。此西晉諸人以清談廢事，至亡國敗家而不悔。是豈聖人之過歟？今觀《庸齋直解》，發揮玄理之外，又引儒書以爲證，辭簡而意明，使人易解，所謂體用兼賅，本末具舉。比之諸家所得爲多，可以傳世無疑。其友伍君定夫既鋟本矣，寓書於僕，以求序引，因以蕪辭贅其後。庸齋薛姓，微之其字，華州下邽人。幼年從事於科舉，變故之後，出仕河南南漕司，已而退居洛西，專以著述爲事，蓋嘗從文元先生講學，深有得理性之説云。（《寓庵集》卷四，藕香零拾本，中華書局一九九九年。）

《中庸注》。

《道德經解》。

《陰符經論説》。

《聖賢心學編》。

《皇極經世圖説》。

《適意集》。以上元程鉅夫《雪樓集》卷九《薛庸齋先生墓碑》著録：「先生爲文辭得於心，有《易解》、《中庸注》、《聖賢心學編》、《皇極經世圖説》、《道德經解》、《陰符經論説》，有詩三百篇，曰《適意集》。」

杜瑛

杜瑛字文玉，號緱山，信安（今河北霸州）人。父時升，以隱逸入《金史》。金將亡，瑛避地河南緱氏山中。時文物凋喪，搜訪諸書盡讀之，究其旨趣。中統初，詔徵不就，或奏爲提舉學校，亦辭。杜門著書，不以窮通得失動其志。將終，命諸子曰：「吾即死，当表吾墓曰：緱山杜處士。」至元十年卒，年七十。①

《經子説》一卷。元胡祗遹《緱山先生杜君墓誌銘》著録②。

《語孟旁通》八卷。元蘇天爵《元故徵士贈翰林學士謚文獻杜公行狀》著録③，元胡祗遹《緱山先生杜君墓誌銘》作「二卷」。

---

① 《元史》卷一九九《隱逸傳》，中華書局一九八三年，第四四七四頁。
② 《紫山大全集》卷一八《緱山先生杜君墓誌銘》，文淵閣四庫全書本。
③ 《滋溪文稿》卷二二《元故徵士贈翰林學士謚文獻杜公行狀》，中華書局一九九七年，第三七五頁。

《春秋地理源委》十卷。元許有壬《緱山書院記》、元蘇天爵《元故徵士贈翰林學士謚文獻杜公行狀》著録，元胡祗遹《緱山先生杜君墓誌銘》作「二卷」。

《典故》三卷。元胡祗遹《緱山先生杜君墓誌銘》著録。

《史説》一卷。元胡祗遹《緱山先生杜君墓誌銘》著録。

《皇極引用》八卷。元蘇天爵《元故徵士贈翰林學士謚文獻杜公行狀》著録，元胡祗遹《緱山先生杜君墓誌銘》未涉卷數。

《皇極疑事》四卷。元蘇天爵《元故徵士贈翰林學士謚文獻杜公行狀》著録，元胡祗遹《緱山先生杜君墓誌銘》未涉卷數。

《極學》十卷。元蘇天爵《元故徵士贈翰林學士謚文獻杜公行狀》著録，元胡祗遹《緱山先生杜君墓誌銘》未涉卷數。

《律曆禮樂雜説》三十卷。元蘇天爵《元故徵士贈翰林學士謚文獻杜公行狀》著録。今按，元胡祗遹《緱山先生杜君墓誌銘》作《律曆律吕禮樂雜誌》七卷。《元史》卷一九九《隱逸傳》：「其於律，則究其始，研其義，長短清濁，周徑積實，各以類分，取經史之説以實之，而折衷其是非。其於曆，則謂造曆者皆從十一月甲子朔夜半，冬至爲曆元，獨邵子以爲天開於子，取日甲月子、星甲辰子，爲元會運世之數，無朔虚，無閏餘，率以三百六十爲歲，而天地之盈虚，百物之消長，不能出乎其中矣。論閉物開物，則曰開於巳，閉於戍；五，天之中也；六，地之中也；戊巳，月之中星也。又分卦配之紀年，金之大定庚寅，交小過之初六；國朝之甲寅三月二十有三日寅時，交小過之九四。多先儒所未發，掇其要著於篇云。」

《緱山先生文集》十卷。元胡祗遹《緱山先生杜君墓誌銘》：「晚年知道之不行，凡詠物寫懷，一寓於時。每對花臨水，持杯自適曰：『風俗教化至此，吾欲何爲耶？』獨詩集行於世，餘書未脱稿。」元許有壬《緱山書院記》著録「《文集十卷》」，云：「大約明注義之未瑩，補先儒之未足，時出己見，以祛後學之疑。」元蘇天爵《元故徵士贈翰林學士謚文獻杜公行狀》亦著録。今按，各家著録均未涉集名，此從清顧嗣立《元詩選》三集，以號名。

陳邃

陳邃字季淵，號畸亭，京兆（今陜西西安）人。金亡之際，流寓宣德，淪爲衣寒之士①。與元好問年輩相若，爲知己。後歸鄉，召爲陜西宣撫幕僚，與楊奂等陜右名士交往②。其詩文清豪可諷，爲時所稱。遺山《醉中送陳季淵》云：「愛君只欲苦死留，不道南飛何所樂。書生弓馬能幾

① 元姚燧《牧庵集》卷二七《醫隱閻君阡表》，四部叢刊本。

② 元駱天驤《類編長安志》卷九《勝游》，中華書局一九九〇年。

何，乃今寶校金盤陁。」①至元十一年卒。

《陳季淵詩集》。元戴表元《陳季淵詩集序》：昔年嘗爲人賦《海東青》詩，有言此詩經斫雲公題，絶似難復措手也，並舉全章云云。余記之不能忘。來江東，夾谷子括都事以使杭經過。席間及前詩，始知爲畸亭陳季淵所作。季淵京兆人，與遺山元裕之同輩，遺山盛推下之。他詩文極多，《海東青》詩《斫雲》外，尚餘七章，皆清豪可諷。既而子括云歸杭，將倡率朋友之知畸亭者，盡刻其所藏以傳。會郡守朱侯適聞其語，忻然屬意，以爲不煩他人。遂下諸學官爲之彙敘釐正，登載版本。凡得古賦一、古詩六、律詩九十四、絶句七、樂府三。自古文人才士，能以著述名字，聞於後世，要自有不可泯滅。然亦豈無不幸而不傳者，如杜子美稱薛華長句，至與李太白相埒，而華無一語行世。計當時留連顛倒，淋漓揮寫，歌闌興盡，不自收拾。而諸公雖相賞愛，或者不免脱落散失，故爲是可惜耳。然則是編之傳，不但後生可以想見中原文獻之美，如夾谷君之尚友，朱侯之好事，皆不易易得也。（《剡源集》卷八，四部叢刊本。）

① 《遺山先生文集》卷五，四部叢刊本。

楊弘道

楊弘道字叔能，淄川（今山東臨淄）人，號素庵。少孤，就學鄉里。其詩《幽懷久不寫》、《甘羅廟》甚爲趙、楊推許。及往關中，諸名士皆以長詩贈别，由是名重天下。正大元年，監麟遊縣酒税。後避亂入宋。南宋端平二年（一二三五），攝唐州司户。是年十二月北遷，寓家濟源。元好問評曰：「貞祐後詩學爲盛，洛西辛敬之、淄川楊叔能、太原李長源、龍坊雷伯威、北平王子正，皆號稱專門。」①

《事言補》三卷。元魏初《素庵先生言事補序》：

太上立德，其次立功，其次立言。自世變不一，有委心於權謀，謂之知；死心於勢利，謂之通；苦心於雕蟲篆刻，謂之文。故立德者鮮，立功者鮮立言者亦已鮮久矣。嗟乎！士君子所以垂憲於後，顧所學何如耳，遇不遇，不論也。素庵楊先生少羈孤，致力古學，爲名輩所推重，嘗著《事言補》三卷。至元二十五年，其壻陳祥觀農江西，以其書示初，請序所以意。初年十六七時，

① 《遺山先生文集》卷三六《小亨集引》，四部叢刊本。今按，元郝經《陵川集》卷二六《素庵記》：「素庵，淄川先生書室也。先生自濟州遷益都，既定遷，以『素其位而行之』之義字其室。經之東遊也，而請記之，曰：『吾生平連蹇，今老矣，將一聽於遇而莫之忤焉。』」文淵閣四庫全書本。

曾侍我先大父玉峰，得拜先生於木庵英上人之歸義方丈，今四十年矣。先生有《獲麟》詩二首，蓋其明年之詩也。初晚生不肖，誠得附名不朽，何幸如之！今考其上篇，如曰：「以儉養福，以謙養貴，以知養富。」又曰「『五就湯、五就桀』，非孟子之言也。」其中篇如「大學衍義」節有七例，其所謂「筆削」者，蓋有爲而作也。此又見諸行實，非空言比也。其下篇如酒癡之論，如人妖鐵面之譏，舉可以爲世訓。士論惜其遭際變革，羈旅隱約，使先生之蘊蓄負荷百不一施。雖然，有所爲不亡者存焉耳。其自序謂書勸戒，蓋學孟子，亦不異於歐陽公也。有能識先生之志，採先生之言，其於事功不可謂無補。至於論文字、紀風俗、遠讒嫉、安困窮，先生雖得而録之，非有意於文也。兹又不可不察。順聖魏初謹序。（《青崖集》卷三，文淵閣四庫全書本。）

《小亨集》六卷，存。清紀昀等《四庫全書總目》卷一六六《集部別集類》著録：「生金之季，其事跡不見於史傳。以集中詩文考之，金宣宗興定末，始與元好問會於京師。是時金已南遷，至哀宗正大元年嘗監麟遊酒税，後又仕宋，以理宗端平元年爲襄陽府學教諭。其《投趙制置劄》有『歸朝未滿三載』語，則當以紹定末南歸者。而集中又有《贈仲經詩序》，稱『端平二年清明後出襄陽，攝唐州司户，十二月上旬北遷，寓家濟源』云云，則在宋未久，旋入於元。考之《宋史》，是歲七月元兵至唐州，全子才棄師宵遁，唐州遂爲元所取。弘道蓋因此北還耳。其後遂鮮所表見，當未經復仕。惟集中門帖子有『己酉再逢鬢未皤』之句，計入元又十四五年而弘道年已六十矣。綜其生平流離南北，竊禄苟全，其出處之際蓋無足道。然其詩則在當日最爲有名。元好問序其集，謂金南渡後學詩者，惟辛敬之、楊叔能以唐人爲指歸。又序楊飛卿《陶然集》謂『貞祐後詩學爲盛，洛西辛敬之、淄川楊叔能、太原李長源、龍坊雷伯威、北平王子正，皆號稱專門』。又有贈弘道詩云：『海内楊司户，聲名三十年。』又云：『星斗龍門姓氏新，豈知書劍老風塵。』其傾倒於弘道甚至。劉祁《歸潛志》亦以弘道與好問及李汾、杜仁傑並稱，同時若趙秉文、楊雲翼見其詩，並稱歎不已。秉文至比之『金膏水碧，物外難得之寶。』今觀所作，五言古詩得比興之體，時時近漢魏遺音，律詩風格高華，亦頗有唐調。雖不及好問之雄渾蒼堅，然就一時詩家而論，固不可謂非北方之巨擘也。焦竑《經籍志》載《小亨集》十五卷，世久失傳。今從《永樂大典》中搜輯編綴，釐爲詩五卷，文一卷。」今按，明焦竑《國史經籍志》卷五《集類別集》著録「十卷」，明葉盛《菉竹堂書目》卷三著録「五册」、明孫能傳等《内閣藏書目録》卷三《集部》著録「二册十卷」。四庫館臣輯本已非全帙。

金元好問《小亨集引》：

貞祐南渡後，詩學大行。初亦未知適從。溪南辛敬之、淄川楊叔能以唐人爲指歸。敬之舊有聲河南，叔能則未有知之者。興定末，叔能與予會於京師，遂見禮部閑閑公及楊吏部之美。二公見其《幽懷久不寫》及《甘羅廟》詩，嘖嘖稱歎不已，以爲今世少見其比。及將往關中，張左相信甫、李右司之純、馮内翰子駿，皆以長詩贈別。閑閑作引，謂其詩學退之《此日足可惜》，頗能似之，至比之金膏水碧，物外自然奇寶；景星丹鳳，承平不時見之嘉瑞。叔能用是名重天下，今三十年。

然其客於楚，於漢、沔，於燕、趙、魏、齊、魯之間，行天下四方多矣，而其窮亦極矣，叔能天資澹泊，寡於言笑，儉素自守，詩文似其爲人。其窮雖極，其以詩爲業者不變也，其以唐人爲指歸者亦不變也。今年其所撰《小亨集》成，其子復見予鎮州，以集引爲請。予亦愛唐詩者。唯愛之篤而求之深，故似有所得，嘗試妄論之。詩與文，特言語之别稱耳。有所記述之謂文，吟詠情性之謂詩，其爲言語則一也。唐詩所以絶出於《三百篇》之後者，知本焉爾矣。何謂本？誠是也。古聖賢道德言語佈在方册者多矣。且以「弗慮胡獲，弗爲胡成」、「無有作好，無有作惡」、「樸雖小，天下莫敢臣」較之，與「祈年孔夙，方社不莫」、「敬共明神，宜無悔怒」何異？但篇題句讀不同而已。故由心而誠，由誠而言，由言而詩也，三者相爲一。情動于中而形於言，言發乎邇而見乎遠。同聲相應，同氣相求。雖小夫賤婦、孤臣孽子之感諷，皆可以厚人倫、美教化，無他道也。故曰：不誠無物。夫惟不誠，故言無所主，心口别爲二物，物我邈其千里。漠然而往，悠然而來，人之聽之，若春風之過馬耳。其欲動天地、感神鬼，難矣！其是之謂本。唐人之詩，其知本乎？何温柔敦厚、藹然仁義之言之多也！幽憂憔悴，寒饑困憊，一寓於詩，而其阨窮而不憫、遺佚而不怨者，故在也。至於傷讒疾惡，不平之氣不能自掩，責之愈深，其旨愈婉；怨之愈深，其辭愈緩。優柔饜飫，使人涵泳於先王之澤，情性之外，不知有文字。幸矣！學者之得唐人爲指歸也。初，予學詩，以十數條自警，云：「無怨懟，無謔浪，無驁狠，無崖異，無狡訐，無媕阿，無傅會，無籠絡，無衒鬻，無矯飾，無爲堅白辯，無爲賢聖癲，無爲妾婦妒，無爲仇敵謗傷，無爲聾俗哄傳，無爲瞽師皮相，無爲黥卒醉横，無爲黠兒白撚，無爲田舍翁木强，無爲法家醜詆，無爲牙郎轉販，無爲市倡怨恩，無爲琵琶娘人魂韻詞，無爲村夫子《兔園策》，無爲算沙僧困義學，無爲稠梗治禁詞，無爲天地一我、今古一我，無爲薄惡所移，無爲正人端士所不道。」信斯言也，予詩其庶幾乎？惟其守之不固，竟爲有志者之所先。今日讀所謂《小亨集》者，祇以增愧汗耳。予既以如上語爲集引，又申之以《種松》之詩，因爲復言：「歸而語乃翁：吾老矣，自爲瓠壺之日久矣！非夫子，亦何以發予之狂言？」己酉秋八月初吉，河東元某序。（《遺山先生文集》卷三六，四部叢刊本。）

房皥

房皥字希白，號白雲子，平陽（今山西臨汾）人。嘗仕爲盧氏令，與元好問等名士游①。貞祐時，避亂南下宋地，漂泊荆楚。然不得意，北歸隱於鄉，爲河汾諸詩老之一。與楊弘道經歷相似，交誼甚厚。房外就，楊有《送房希白序》②；楊卒，房作《哭楊叔能》詩。③清人顧嗣立評曰：「詩多别致」、「造語亦新」④。

① 金元好問《續夷堅志》卷二《貞雞》，中華書局一九八六年，第二四頁。
② 金楊宏道《小亨集》卷六，四庫全書珍本叢書本。
③ 元房祺《河汾諸老詩集》卷五，文淵閣四庫全書本。
④ 《元詩選》三集《白雲子房皥》，中華書局一九八七年，第二四頁。

《白雲時議》。清錢謙益《絳雲樓書目》卷四《文集總類·策論》著録「房灝《白雲時議》」。今按，房灝即房皥。灝、皥音同，均含廣而浩蕩義。房氏本名皥，或南下易爲灝，寓意改换門庭、近水新生。

《白雲子集》，殘存。元房祺《河汾諸老詩集》卷五録其詩若干。

楊　威

楊威字震亨，先世太原太谷（今山西太谷縣）人，後徙磁州武安（今河北武安縣）。性剛直，敢言逆，知兵、通天文。嘗從軍陝右，以勞充帥府議事官，有功於防禦西夏。天興末，北渡寓長清，校刊劉守真《保命集》①。中統初，召爲中書省議定官。因言事未聽，辭歸鄉里，教授生徒。治《春秋》義，爲文思致甚敏，詩亦其所長。②

《楊威文集》。元王惲《磁州採芹亭後序》：「資剛直，有文章議論」，「撫卷懷賢，豈勝感歎」③。所謂「撫卷」云云，當指文集。

① 金楊威《保命集序》，見《金文最》卷四一，中華書局一九九〇年。
② 元王惲《玉堂嘉話》卷三，叢書集成初編本，中華書局一九八五年，第三二頁。
③ 《秋澗集》卷四三《磁州採芹亭後序》，四部叢刊本。

段成己

段成己字誠之，號菊軒，絳州稷山（今山西絳縣）人。正大元年進士，授宜陽主簿。金亡後，與兄克己隱居河津龍門山中。結詩社，會文友，吟詠唱酬，怡情山水。克己没，徙居平陽。中統元年，命爲平陽路儒學提舉，辭不赴。①

《二妙集》八卷，存。清紀昀等《四庫全書總目》卷一八八《集部總集類》著録：「金段克己、段成己兄弟詩集也。克己字復之，號遯庵，成己字誠之，號菊軒，稷山人。克己，金末嘗舉進士，入元不仕。成己，登正大間進士，授宜陽主簿，元初起爲平陽府儒學提舉，堅拒不赴。兄弟並以節終。初，克己、成己均早以文章擅名，金尚書趙秉文嘗目之曰二妙，故其合編詩集即以爲名。泰定間，克己之孫輔官吏部侍郎，以示吴澄，始序而傳之。朱彝尊《曝書亭書目》於《二妙集》下乃題作段鏞、段鐸撰。考虞集所作《段氏世德碑》，鏞、鐸實克己、成己之五世祖。鐸，官至防禦使，未嘗有集行世。彝尊亦偶誤也。集凡詩六卷、樂府二卷。大抵骨力堅勁，意致蒼涼，值故都傾覆之餘，悵懷今昔，流露於不自知。吴澄序言其有感於興亡之會，故陶之達、杜之憂，其詩兼而有之。所評良允。房祺編《河汾諸老詩》八卷，皆金之遺民從元好問遊者，克己兄弟與焉。而好問編《中

① 元虞集《稷山段氏阡表》，見元蘇天爵《國朝文類》卷五六，上海古籍出版社一九九三年，第七四二頁。

州集》，金源一代作者畢備，乃獨無二人之詩。蓋好問編《中州集》時，爲金哀宗天興二年癸巳，方遭逢離亂，留滯聊城，自序稱據商衡《百家詩略》及所記憶者録之，必偶未得二人之作，是以不載。故又稱嗣有所得，當以甲乙次第之，非削而不録也。《河汾諸老詩集》所載，尚有克己《楸花》詩一首、成己《蘇氏承顔堂》等詩七首，皆不在此集中。疑當時所自刪削。又此集成己《冬夜無寐》一首、《中秋》二首、《雲中暮雨》一首，《河汾諸老詩集》皆題爲克己作。此集出自段氏家藏，編次必無舛錯，當屬房祺誤收。今姑各仍其舊，而特識其同異於此焉。」

元吴澄《二妙集序》：

中州遺老值元興金亡之會，或身殁而名存，或身隱而名顯。其詩文傳於今者，竊聞其一二矣。有如河東二段先生，則未之見也。心廣而識超，氣盛而才雄。其藴諸中者，參衆德之妙；其發諸外者，綜群言之美。夫豈徒從事於枝葉以爲詩爲文者之所能及哉？於時干戈未息，殺氣彌漫。賢者避世，苟得一罅隙地聊可娱生，則怡然自適，以畢餘齡，幾若澹然與世相忘者。然形之於言，間亦不能自禁。若曰「寃血流未盡，白骨如山丘」；若曰「四海疲攻戰，何當洗甲兵」。則陶之達、杜之憂，蓋兼有之。其達也天，固無如人何；其憂也人，亦無如天何。是以達之辭著，而憂之意微。後之善觀者，猶可於此而察其衷焉。伯氏諱克己，字復之，人稱遯庵先生。在金以進士貢，金亡餘二十年而卒，終身不仕。仲氏諱成己，字誠之，人稱菊軒先生。在金登進士第，主宜陽簿，年過八十，至元間乃卒。雖被提舉學校官之命，亦不復仕。遯翁之孫輔由應奉翰林揚歷臺閣，今以天官侍郎知選舉，邂逅於京師，出其家藏《二妙集》以示，一覽如睹靖節，三復不置也，而歎曰：「斯人也，而於斯時也；斯時也，而毓斯人也。」昔日之耆彦嘗評二公，謂復之磊落不凡，誠之謹厚服化，摹寫蓋得其真。予亦云然。（《二妙集》卷首，文淵閣四庫全書本。）

元段輔《二妙集跋》：

顯祖遯庵君與從祖菊軒君，才名道業，推重一世。值金季亂亡，辟地龍門山中。遯庵君既没，菊軒君徙晉寧北郭，閉門讀書，餘四十年，優遊以終。凜然清風，視古無愧。其遺文惜多散逸。所幸存者，古律詩樂府三數百篇，皆先侍郎手自紀録，屢欲傳梓不克。小子不肖，痛先志之未遂，懼微言之或泯，謹用録梓藏之家，俾後之子孫毋忘先業云。泰定四年丁卯春，别嗣輔拜手謹志。（《二妙集》卷末，文淵閣四庫全書本。）

《菊軒文集》。元虞集《段氏阡表並銘》：克己、成己「各有文集數十卷」。當以號名。另，《（同治）稷山縣志》卷一〇《藝文志》著録，作《菊軒集》。

李　治

李治字仁卿，號敬齋，真定欒城（今河北欒城縣）人，李遹之子。年五十一，中正大七年進士，調高陵簿，辟知鈞州事。壬辰歲（天興元年、一二三二年），微服北渡，流落忻崞。聚書環堵，精研天文象數、名物之學，寓志文字間。與元好問賡唱迭合，世謂之「元李」。忽必烈居潛邸，召之問政治得失及地震災變，對以辨忠佞、立紀綱、省刑罰、慎征伐。中統時，屢以學士召，就職期月，堅辭還山，年八十八卒。①

《壁書叢削》十二卷。元蘇天爵《元朝名臣事略》卷一三《内翰李文正公》著録。

《泛説》四十卷。元蘇天爵《元朝名臣事略》卷一三《内翰李文正公》著録。

《敬齋古今黈》八卷，存。元蘇天爵《元朝名臣事略》卷一三《内翰李文正公》著録「四十卷」。《元史》本傳如之，訛「黈」爲「難」。四庫館臣從《永樂大典》輯出，釐爲八卷，雖非原書，當與實際相去不遠。清耿文光《萬卷精華樓藏書記》卷九五《雜家類》著録「八卷」，云：「殿本外增多二百五十五條，殿本有而原本缺者六十餘條。」

---

① 《元史》卷一六〇《李治傳》，中華書局一九八三年，第三七五九頁。今按，清施國祁《吉貝居雜記》：「遺山集《寄庵碑》：『先生子男三人，長曰澈，方山抽分窯冶官，劉出也；次曰治，自幼有文章重名，正大中收世科，徵事郎高陵主簿，王出也；次曰滋，崔出也。』按碑文，兄澈弟滋，則仁卿名治無可疑者，且與字義正合。自此碑外，所見諸書無不作冶者，不知其譌自何始？考仁卿生於大定二十年庚子，至正大七年庚寅登收世科，已五十有一歲矣。同榜自詞賦李塘、經義孟德淵外，有劉從禹虞卿、孟攀鱗駕之、任亨甫嘉言、龐漢茂宏，見於記序碑文者數人。金亡北渡，能以道德文章確然自守，至老不衰。且觀其中統拜職後，與翰林諸公書云：『翰林非病叟所處，寵禄非庸夫所食，官謗可畏，幸而得斂跡深山，木石與居，鹿豕與遊，斯亦老朽無用者之所便。』其本意大可見矣。蓋在金則爲收世科之後勁，入元則占改麻之先機，生則與王滹南、李莊靖同爲一代之遺民，死則與楊文獻、趙閑閑並列四賢祠祀，而後人不察，錯稱其名。吁！可悲已。余曰：近刻仁卿所著《測圓海鏡》、《益古衍段》二書，前題爲『翰林學士知制誥同修國史』，雖仍舊刻，亦失於改正。」見民國羅振玉《雪堂叢刻》，北京圖書館出版社二〇〇〇年，第一册七〇二頁。

清黄廷鑒《敬齋古今黈跋》：

武英殿本《敬齋古今黈》八卷，輯自《永樂大典》者，爲世間未見之書。道光甲申，張月霄復購得士禮居所藏舊鈔李氏原書十二卷，首尾俱完。惟十一卷後即接十二卷終，而誌刊刻年月姓氏二行，疑此二卷兩有殘闕。一失其尾，一失其首，遂誤連爲一卷耳。是書今歸嫏嬛仙館。夏月假讀，從殿奉逐條對勘一過，始知《永樂大典》中亦據此本收入者也。考是編，史本傳著有四十卷，想系先時未定之目。迨後定本則爲十二卷，又鈔帙僅存。至萬曆間始一刊刻，仍流傳未廣，故自來藏書家皆未著録。今按殿本八卷，計二百九十二條，見於原本者計二百二十四條，殿本外增多二百五十五條。其殿本有而原本闕者六十九條。使全書果爲四十卷。則《大典》中零篇匯輯，不應於此十二卷中已得十之八。而於三十卷中僅得十之一二。以此證之，則大典所收即此十二卷之本無疑。其殿本多出之條，即爲此本十一、十二卷之闕葉，數適符合也。竊念是書自明以來久無傳本，幸際右文之代，睿藻褒題，海内學者始獲睹李氏之書。然猶惜其僅存五之一，而不無所歉。何幸一旦原本復出，雖少有殘闕，得大典本補之，遂成完書。並知此書之卷帙止有此數，而不必致慨於四十卷之亡佚過半也。蓋沉晦幾五百年，至昭代而全書復顯於世，夫豈偶然？不可謂非藝林中增一快事也。緣衰年目昏手鈍，艱於繕寫，祇取殿本所闕者，按卷録爲二册，復即原書篇次，輯爲總目附後，俾異日可合殿本依目重録，以還舊規。或謹依四庫例，分類成續編，附殿本之末，願以俟後之君子讀是書者。道光丁亥閏月下澣，海虞後學黄廷鑒書。

清繆荃孫《敬齋古今黈跋》：

元儒李仁卿治《敬齋古今黈》一書，館臣從《永樂大典》輯成八卷，編入四庫。又交武英殿以聚珍版印行，久已風行海內。後見《愛日精廬藏書志》有此書十一卷足本，心焉慕之。戊子冬日，在滬肆收得仁和勞季言手鈔黃琴六本，爲明萬曆庚子武林書室蔣德盛梓行者，前後無序跋。核其目，計四百五十八則。乙未，在武昌刻入叢書。而輯聚珍所存原書所缺爲補遺二卷。己亥，又獲愛日精廬所藏明鈔本，即黃本所自出。細心讎校，聚珍版之誤，施北研跋詳言之。黃本之誤：卷一無「爽之一字」一則，已見卷五；卷四張祜《詠薔薇花》下脱「家語觀周篇。太祖後稷之廟，廟堂右階之前有金人焉，三緘其口，而銘其背曰古之慎言人也。三緘其口，謂緘其口者凡三處也，故今人多以三緘連言之。或曰有金人焉三斷句，則指三人也。亦通」一則。今聚珍本脱「家語」至「慎言人也」；卷六「約輕齎，絶大漠」，下脱「師古曰：輕齎者，公以輜重自隨，而所齎糧食少也。一曰齎字與資同，謂資裝也」三十字；卷八《兩都賦》一則，「夷、言陵夷也」下脱「又賦云：乘茵步輦，惟所息宴。善曰應劭《漢官儀》曰：皇后婕妤乘輦，餘皆以茵，四人輿以行。劉良以爲後宫或行於茵，或載於輦。如良所説，則乘茵謂行茵褥之上。如應劭之説，於餘皆以茵之下，始云四人輿以行。則茵亦輦轎之屬。詩：文茵暢轂。《前漢·周陽由傳》：同車未嘗敢均茵憑。茵蓋車中之物，或因之以取名也。吐茵亦同」一百二十字；卷九阮嗣宗下脱「阮籍《詠懷》云：李公悲東門，蘇子狹三河。張銑曰：蘇秦本洛陽人。洛陽、三川之地，則三河也。沈約曰：

河南、河東、河北，秦之三川郡，古人呼水皆爲河耳。故黄魯直《送顧子敦爲河北轉運詩》云：西連魏三河，東盡齊四履。謂河南、河東通爲三河也。阮又云：平生少年時，輕薄好弦歌。西游咸陽市，趙李相經過。娱樂未終極，白日忽蹉跎。驅馬復來歸，反顧望三河。向曰：晉文王河内人。故托稱三河。又魯直《劉明仲墨竹賦》云：三河少年，稟生勁剛。春服楚楚，遊俠專場。亦用阮語也。是則河内、洛陽、河東、河南、河北，皆得稱之爲三河也。然沈約注云：河南、河東、河北，秦之三川郡，古人呼水皆爲河耳。而張銑亦承沈説，謂三川爲三河，則謬矣。凡近河者，皆呼水爲河，猶近江者，皆呼水爲江，固也。今取三川以釋三河，毋乃疏乎？按《史記》，惠王時，馬錯欲伐蜀。張儀曰：不如伐韓。王問其説。儀曰：親魏善楚，兵下三川。以臨二周之郊，據九鼎，按圖籍，挾天子以令於天下，天下莫敢不聽，此王業也。又曰：臣聞争名者於朝，争利者於市。今三川，周室天下之朝市也。迨至莊襄王之元年，卒使蒙驁伐韓，韓獻成皋、鞏，奏界至大梁。初置三川郡。韋昭曰：有河、洛、伊，故曰三川。如史遷所記，韋昭所解。三川之與三河大不相類者，謂伊水、洛水並河爲三耳」一則；卷十，宋明帝下脱『應劭《風俗通義》載霸陵薄葬，亦被發掘，而其陵中物，乃與前書本紀絶不同。《晉書·索綝傳》：劉曜入長安，時三秦人伊桓、解武等數千家，盜發漢霸、杜二陵，多獲珍寶。帝問綝曰：漢陵中物何乃多耶？綝對曰：漢天子即位一年而爲陵。天下貢賦，三分之一供宗廟，一供賓客，一供山陵。漢武帝享年久長，比崩而茂陵不復容物，其樹皆已可拱。赤眉取陵中物不能減半，於今猶朽帛委積，珠玉未盡，此二陵是儉者耳。據劭、緐之言，知霸陵所謂薄葬者，乃特比餘陵差少耳。劭説與前書不同者，前書蓋從史筆，劭説蓋從所聞見，容有一誤。然質諸《晉書》，劭説爲得其實』一則；卷十，詩曰：人涉卬否。下脱「日者李君顯道，號稱鹿山人，瞽而慧，論人間事極有理致，因歎風俗之偷。乃曰：吾欲使天下無目之人有靈識，略依在古，皆習爲樂師伶人。其少壯有力而不屑爲伶倫者，可官給碓磑，使自食其力，不必如我輩以口舌爲衣食。此亦正風俗之一端也。李覃懷人」一則；卷十一後漢《光武紀》，下衍「葛稚川」一則。業已刻成，識誤於此。此書蘇天爵《名臣事略》作四十卷，《元史》因之，黄琴六以十二卷爲足本。以《大典》所收在此本外者，疑爲十一卷之尾、十二卷之首脱文之中。然此書每卷止十四五葉，十一、十二並卷亦十四葉。補遺兩卷共二十八葉，似非兩半卷所能容。荃孫疑「四十」爲「十四」之誤，則多寡相稱。明刻缺後兩卷，又無序跋，似非完本。傳鈔時又誤合十一、十二卷爲一耳。施北研跋以爲「李治」非「李冶」。荃孫考元王惲《中堂紀事》卷三「徵君李治」，授翰林學士、知制誥、同修國史。注：李仁卿，欒城人，前進士。《金少中大夫程震碑》，「欒城李治題額」，石本作「治」。爲北研得兩佳證，可訂諸書傳寫之失。光緒壬寅上元後一日，江陰繆荃孫跋。

又案，《元遺山集·寄庵碑》：「先生子男三人：長曰澈，方山抽分窯冶官；次曰治，正大中收世科，徵仕郎，高陵主簿；次曰滋。」兄澈弟滋，偏旁皆從水，則仁卿名治，更無可疑者。癸卯春三，荃孫再跋。（以上見《敬齋古今黈》卷末附録，中華書局一九九五年。）

《測圓海鏡細草》十二卷，存。清紀昀等《四庫全書總目》卷一〇七《子部天文演算法類》著録：「其書以勾股容圓爲題，自圓心圓外縱横取之，得大小十五形，皆無奇零。次列識别雜記數百條，以窮其理。次設問一百七十則，以盡其用。探賾索隱，參伍錯綜，雖習其法者，不能驟解，而其草則多言立天元一。按立天元一法，見於宋秦九韶《九章》大衍數中。厥後《授時草》及《四元玉鑒》等書，皆屢見之。而此書言之獨詳，其關乎數學者甚大。然自元以來，疇人皆株守立成，習而不察，至明遂無知其法者。故唐順之與顧應祥書，謂立天元一，漫不省爲何語。顧應祥演是書，爲分類釋術，其自序亦云立天元一無下手之術。則是書雖存，而其傳已泯矣。明萬曆中，利瑪竇與徐光啓、李之藻等，譯爲《同文算指》諸書，於古《九章》皆有辨訂，獨於立天元一法，闕而不言。徐光啓於《勾股義序》中引此書，又謂欲説其義而未遑。是此書已爲利瑪竇所見，而猶未得其解也。迨我國家醲化翔洽，梯航鱗萃，歐邏巴人始以借根方法進呈，聖祖仁皇帝授蒙養齋諸臣習之，梅瑴成乃悟即古立天元一法，於『赤水遺珍』中詳解之。且載西名阿爾熱巴拉 案原本作阿爾熱巴達，謹據西洋借根法改正即華言東來法。知即治之遺書流入西域，又轉而還入中原也。今用以勘驗西法，一一吻合。瑴成所説，信而有徵。特録存之，以爲演算法之秘鑰，且以見中法、西法互相發明，無容設畛域之見焉。」另，清錢大昕《十駕齋養新録》卷一四《測圓海鏡細草》云：「元欒城李治仁卿《測圓海鏡》十二卷，設問百有四十，有問有答，有法有草，皆用立天元一佈算。自序謂得洞淵九容之説而衍之。今洞淵書久失傳，不知何人所作矣。書成於戊申九月，其時蒙古未有年號，洎至元二十四年，其子克修刊刻。王德淵撰後序云：『先生病且革，語其子：吾平生著述，可盡燔去，獨此言雖小數，吾嘗致力，後世必有知者。』其矜重如此。郭守敬撰授時術，求周天弧度，立天元一爲半徑，即李氏法也。明儒無通算術者，長興顧應祥得其書，謂立天元無下手處，别用句股帶縱求之，而盡削其細草。此鄭人之買櫝還珠也。」

金李治《測圓海鏡序》：

數本難窮，吾欲以力强窮之。彼其數不惟不能得其凡，而吾之力且憊矣。然則數果不可以窮邪？既已名之數矣，則又何爲而不可窮也？故謂數爲難窮斯可，謂數爲不可窮斯不可。何則？彼其冥冥之中，固有昭昭者存。夫昭昭者其自然之數也，非自然之數，其自然之理也。數一出於自然，吾欲以力强窮之，使隸首復生，亦未如之何也已。苟能推自然之理，以明自然之數，則雖遠而乾端坤倪，幽而神情鬼狀，未有不合者矣。予自幼喜算數，恒病夫考圓之術例出於牽强，殊乖於自然。如古率、徽率、密率之不同，截弧、截矢、截背之互見，内外諸角，析會兩條，莫不各自名家，與世作法，及反復研究，率卒無以當吾心焉。老大以來，得洞淵九容之説，日夕玩繹，而鄉之病我者，使爆然落去，而無遺餘。山中多暇，客有從余求其説者，於是乎又爲衍之，遂累一百七十問，既成編，客復目之《測圓海鏡》，取夫天臨海鏡之義也。昔半山老人集唐百家詩選，自謂廢日力於此，良可惜。明道先生以上蔡謝君記誦爲玩物喪志，夫文史尚矣，猶之爲不足貴，況九九賤技能乎？嗜好酸咸，平生每痛自戒敕，竟莫能已。類有物憑之者，吾亦不知其然而然也。故嘗私爲之解曰：「由技進乎道者言之，石之斤，扁之輪，庸非聖人之所予乎！」覽吾之編，察吾苦心，其憫我者當百數，其笑我者當千數。乃若吾之所得，則自得焉耳，寧復爲人憫笑計哉！時戊申秋九月晦日。欒城李治序。（《測圓海鏡》卷首，文淵閣四庫全書本。）

元王德淵《測圓海鏡後序》：

敬齋先生病且革，語其子克修曰：「吾平生著述死後可盡燔去，獨《測圓海鏡》一書，雖九九小數，吾嘗精思致力焉，後世必有知者，庶可佈廣垂永乎？」先生於六藝百家靡不貫串，文集近數百卷，常謙謙不自伐，惟於此書不忘，稱異於易簀之間，想有玄妙内得於心者。予以先生與先人同榜之故，素常兄事克修。克修兄命予重爲序之，予不敢詭論黼藻，刻畫無鹽，唐突西子，直以所聞語意載之於後。至元二十四年春三月朔，翰林修撰承直郎廣平王德淵後序。（《測圓海鏡》卷末，文淵閣四庫全書本。）

元王惲《算學主善疏》：

眷言六藝，數居衆技之先；訓彼群蒙，業必專門之者。伏惟宜之先生，術窺海鏡，心洞神機。以勾股而測高深，極乘除而推盈縮。挾此九章之妙，屢爲一卷之師。倘許光臨，豈辭擁篲。口傳要訣，同趣開悟之方；手算萬籌，庶無倒顛之誚。謹疏。（《秋澗集》卷六九，四部叢刊本。）

清阮元《重刻測圓海鏡細草序》：

《測圓海鏡》何爲而作也？所以發揮立天元一之術也。算數之書，《九章》尚已，少廣著開方之法。方程别正負之用，立天元一者，融會少廣方程而加精焉者也。李敬齋自序稱老大以來，得洞淵九容之説，日夕玩繹。而鄉之病我者，使爆然落去，而無遺餘，蓋其精心孤詣，積累數十年，而後能神明變化，無不如志。若此洎乎明代，算學衰歇。顧箬溪應祥作《測圓海鏡分類釋術》、《測圓算術》等書，以立天元一無下手之處。每章輒删去細草，而但演開帶從諸乘方法，捨其本而求其末，不知妄作之罪，應祥實無可辭焉。國朝梅文穆公，肄業蒙養齋，親受聖祖仁皇帝指示算法，始悟西人所譯借根方，即古立天元一之術流入彼中者，於所著《赤水遺珍》中，論之甚悉。於是立天元術又得章明，文穆之功，斯爲鉅矣。其爲術也，廣大精微，無所不包。大之而躔離度數，小之而米鹽淩雜，凡他術所能御者，立天元皆能御之。他術所不能御者，立天元獨能御之。自古天文家若元郭太史守敬，所造授時術，中法號爲最密。而其求周天弧度，以三乘方取矢，亦用立天元術。載在授時術草者，可覆而按，則其爲用，亦神矣哉。以元論之，又非獨如是已也。今歐邏巴本輪均輪橢圓地動諸法，其密合無以加矣。原其推步之密，由於測驗。測驗既精，濟以算術，則有弧三角法。所以算弧三角者，則有八線表；所以立八線表者，則先求六等邊四等邊以至十八十四等邊，其求十八等邊十四等邊二法，則用益實減實歸除。所謂益實減實歸除者，究其實，即借根方；借根方，即立天元一。然則西法之精符天象，獨冠古今，亦立天元術有以資之也。試以是書所列一百七十問，反復研究，考之於二千年以來相傳之五曹孫子諸經，蓋無以逾其精深。又證之以數萬里而外譯譔之同文算指諸編，實不足擬其神妙。而後知立天元者，自古算家之秘術，而海鏡者，中土數學之實書也。惜流傳之本不可多得。元視學浙江，從文瀾閣四庫全書中鈔得一本，寧波教授丁君小雅傑又以所藏舊本見贈，但通之者鮮，細草多譌，因屬元和李君尚之鋭算校一過。其文字隱奥難曉，及立術於率不通者，李君又雜記數十條於書之上下方。蓋敬齋此書爲數百年絶學，元知學友中惟尚之獨能明之，其精通妙悟，即今之敬齋也。且其所以發明古人之術，闡繹聖祖之言者，爲功亦鉅矣哉。歙縣鮑君以文廷博請以是書刊入《知不足齋叢書》第二十集，即以畀之。及其刻成，而爲序之如此。嘉慶三年正月乙酉，内閣學士兼禮部侍郎文淵閣直閣事儀徵阮元序。（金李治《測圓海鏡細草》卷首，叢書集成初編本，中華書局一九八五年。）

清李鋭《重刻測圓海鏡細草跋》：

天元如積之學，盛於元，亡於明，而復顯於本朝。梅文穆公《赤水遺珍》：天元一即借根方解。發三百年來算家之蒙，可謂有功矣。惟立天元術、相消，與借根方、兩邊加減，實有不同。文穆於此，似猶未達其旨，蓋相消之法，大略與方程直除相似，但以右行對減左行，或以左行對減右行，故曰相消。西人易爲加減，雖得數不殊，究不如古法之簡且易也。浙江學使阮閣學芸臺先生，學貫天人，振興絶業。以言立天元者莫詳於《海鏡》，惜其流傳未廣，將重付剞劂，出所藏舊鈔本寄示，命爲校勘。爰依術佈算，訂其算式，間有轉寫脱漏，設數偶合處，輒因管見所及，是正其譌，凡若干條。極知固陋，無補古人，質之閣學，幸垂誨焉。嘉慶二年三月十九日，元和李鋭跋。（金李治《測圓海鏡細草》卷末，叢書集成初編本，中華書局一九八五年。）

《益古衍段》二卷，存。《元史》本傳著録，作「三十卷」。另，清紀昀等《四庫全書總目》卷一〇七《子部天文演算法類》亦著録：「據至元壬午硯堅序，稱治《測圓海鏡》既已刻梓，其親舊省掾李師徵，復命其弟師珪，請治是編刊行，是成在《測圓海鏡》之後矣。其曰益古演段者，蓋當時某氏算書，案治序但稱近世有某，是治已不知作者名氏，以方圓周徑冪積和較相求，定爲諸法，名《益古集》。治以爲其藴猶匿而未發，因爲之移補條目，釐定圖式，演爲六十四題，以闡發奥義，故踵其原名。其中有草、有條段、有圖、有義。草即古立天元一法，條段即方田、少廣等法，圖即繪其加減開方之理，義則隨圖解之。蓋《測圓海鏡》以立天元一法爲根，此書即設爲問答，爲初學明是法之意也。所列諸法，文皆淺顯。蓋此法雖爲諸法之根，然神明變化，不可端倪，學者驟欲通之，茫無門徑之可入。惟因方圓冪積以明之，其理猶屬易見，故治於方圓相求各題下，皆以此法步之爲草，俾學者得以易入。自序稱今之爲算者，未必有劉、李之工，而褊心跼見，不肯曉然示人，惟務隱互錯糅，故爲溟涬黯黮，惟恐學者得窺其仿佛云云。可以見其著書之旨矣。至其條段圖義，觸類雜陳，則又以必習於諸法，而後可以通此法，故取以互相發也。其書世無傳本。顧應祥、唐順之等見《測圓海鏡》而不解立天元一法，遂謂秘其機以爲奇。則明之中葉，業已散佚。今檢《永樂大典》，尚載有全編。特録存之，俾復見於世，以爲算家之圭臬。硯堅序稱三卷。今約略篇頁，釐爲二卷，其文則無所增損。惟傳寫訛謬者，各以本法推之，咸爲校正焉。」

金李治《益古演段序》：

術數雖居六藝之末，而施之人事，則最爲切務。故古之博雅君子馬、鄭之流，未有不研精於此者也。其撰著成書者，無慮百家。然皆以《九章》爲祖，而劉徽、李淳風又加注釋，而此道益明。今之爲算者，未必有劉、李之工，而褊心跼見，不肯曉然示人，惟務隱互錯糅，故爲溟涬黯黮，惟恐學者得窺其仿佛也。不然，則又以淺近觕俗無足觀者，致使軒轅、隸首之術，三五錯綜之妙，盡墮於市井沾沾之兒，及夫荒邨下里蚩蚩之民，殊可憫悼。近世有某者，以方圓移補成編，號《益古集》，真可與劉、李相頡頏。余猶恨其閟匿而不盡發，遂再爲移補條段，細翻圖式，使粗知十百者，便得入室啖其文，顧不快哉！客有訂愚曰：「子所述，果能盡軒、隸之秘乎？」余應之曰：「吾所述雖不敢追配作者，誠令後生輩優而柔之，則安知軒隸之秘，不於是乎始。」客退，因書以爲自序。時大元己未夏六月二十有四日，欒城李治自序。（《益古演段》卷首，文淵閣四庫全書本。）

元硯堅《益古演段序》：

算數之學，由來尚已。溯自《九章》，支分派委，劉徽、李淳風又爲之注。後之學者，咸祖其法。敬齋先生天資明敏，世間書凡所經見，靡不洞究。至於薄物細故，亦不遺焉。近代有《遺補方圓》，自成一家，號益集者，大小七十問。先生一寓，目見其用心之勤，惜其秘而未盡剖露。翻圖式，繹條段，可移則移之，可補則補之。説之詳，非若溟涬黯黮之不可曉；析之明，非若淺近觕俗之無足觀。釐爲三卷，目曰《益古演段》，頗曉十百。披而覽之，如登坦途，前無滯礙，旁蹊曲徑，自可縱横而通，嘉惠後來。爲視隱互揉雜、惟恐人窺其仿佛者，相去大相徑庭矣。先生又盡攄己見，輯爲《測圓海鏡》一編，一百問同出一源，緻密纖悉，備而不繁，參政互見，真學者之指南也。《海鏡》既，命工刻梓，省掾李師徵，其親舊也，囑弟師珪，請是編刊而行之，將與衆共推善及人，良可尚也已。數學在六藝之末，求之人最爲切要，邇來精其能者殊鮮，自非先生學有餘力，誠能搜剔軒轅、隸首之奧有不暇矣。雖然，是特大烹之一臠耳。若夫先生胸中渾涵停蓄，測之愈深，挹之不窮，時發於翰墨，昭不可掩者，則大全集在，當嗣此出，願肅衽以觀。至元壬午仲秋二十六日，鄖城硯堅序。（《益古演段》卷首，文淵閣四庫全書本。）

清李鋭《重刻益古演段跋》：

是書所稱某氏《益古集》，今已亡佚不傳。楊輝《摘奇》載元豐、紹興、淳熙以來刊刻算書，有《益古算法》一種，當即此書也。某書以方田圓田爲問，於徑圍方斜相與之率，能反復變化，而爲術之意，猶引而未發。敬齋先生恐學者難曉，於是有演段之作。所謂演者，演立天元；段者，以條段求之也。蓋敬齋晚年，得洞淵九容之説，日夕玩繹，所得甚深，故所著《海鏡》、《演段》二書，並以立天元術爲根本。鋭受業嘉定錢少詹之門，究心數學，十年於今。於天元如積之術，尤所篤好。以爲斯術者，算家至精之詣，縱使隸首、商高復生今日，亦當無以過之者也。唐王孝通輯《古算經》，世稱難讀；太史造仰觀臺以下十九問，術文隱秘，未易鑽尋。而以立天元一御之，則其中條理，固自秩然，無可疑惑。由是愈歎立天元術之妙，嘗倣《演段》之例，爲輯《古算經衍》一書，急欲刊以問世，匆匆猶未暇也。知不足齋主人刻《海鏡》既成，復以《演段》介錢唐何君夢華元錫，屬鋭算校而梓之，其表揚古人之心，真足尚已。校畢因書此於簡末，以見是書之可寶。願當代明算君子，毋忽視焉。嘉慶二年歲次丁巳冬十一月二十二日，元和李鋭跋。（金李治《益古演段》卷末，叢書集成初編本，中華書局一九八五年。）

《敬齋雜著》。元蘇天爵《元朝名臣事略》卷一三《内翰李文正公》：「其他雜書又十餘卷。」

《敬齋樂府》。元王沂《題李敬齋樂府後》：

余嘗觀敬齋《賦雁丘》［雙蕖怨］樂府數章於《元遺山集》中，經緯綿密，詞旨清楚，似勝元作。意者如黄魯直、陳無己和東坡詩，前輩所謂極力以壓此老者。今觀全集，其語意渾厚，絶類晏元獻父子，乃知遺山附入之意有在也。（《伊濱集》卷二二，文淵閣四庫全書本。）

《敬齋文集》四十卷。元蘇天爵《元朝名臣事略》卷一三著録。

元焦養直《敬齋文集序》：

先生才大而雅，識遠而明，閎於中而肆於外，蓋將以斯文鳴斯道者也。在河南時，文聲已大振。及壬辰北渡，隱於崞山之桐川，聚書環堵中，閉關却埽，以涵泳先王之道爲樂。雖飢寒不能自存，亦不卹也。是後由崞而之太原，之平定，之元氏，流離頓挫，亦未嘗一日廢其業。手不停披，口不絶誦，如是者幾五十年。先生之於學，其勤至矣。人品既高，真積之力斯久，所以優柔饜飫，深造自得。兼衆人之所獨，經爲通儒，文爲名家，其名德雅望，又爲一時衣冠之龍門也。退然自以爲不足，嘗曰：名爲吾眼中之眛。蓋先生性喜退密，恥於近名。所學所行，切於爲己，而非以爲人也。（《敬齋古今黈》卷末《附録》，中華書局一九九五年。今按，此序乃節略。）

李　庭

李庭字顯卿，華州奉先（今陝西蒲城縣）人。金末避兵陝西、河南交界山中，後居平陽，與麻革等交游。乙巳歲（蒙古太宗乃馬真后稱制四年、一二四五年），辟爲陝右議事官，尋辭歸鄉里。中統元年，署爲陝西講議。至元六年，授京兆教授。至元十九年卒，年八十四。爲學官三十年，一時英胄貴彥多出其門。

《詩材群玉山集》三十卷。元王博文《故咨議李公墓碣銘並序》著録。

《寓庵詞》一卷，存。

《寓庵集》八卷，存。元王博文《故咨議李公墓碣銘並序》著録，作「《寓庵大全集》若干卷」①。

清末民初繆荃孫《寓庵集》跋：

右《寓庵集》八卷，元李庭撰。庭字顯卿，華州奉先人。生於金承安四年己未，没於元至元十九年壬午，壽八十有四。年十六應詞賦舉進士，遭亂竄商鄧山中。年二十七金亡，北渡居平陽，後

① 元王博文《故咨議李公墓碣銘並序》，《寓庵集》卷末，藕香零拾本，中華書局一九九九年，第三六〇頁。

陝右辟爲議事官。廉相國、商參政爲陝西宣撫，又署爲講議。至元庚午，敕授京兆教授，有《寓庵大全集》若干卷。均見王博文撰墓碣銘。明《文淵閣書目》有李庭《寓庵集》十卷，今四庫未收，各書目亦未載。荃孫在京收得孔葒谷微波榭鈔本，甚舊，詩文止八卷，與文淵閣目不合，中又雜出元末人詩，不知何集合併，今細爲抉擇。文四卷，止有《代劉仁本送福建省平章事燕公序》，在至正二十一年，時代太不相值。詩留二百餘首，分爲六卷。雖不能見寓庵全豹，較輯逸者已爲多矣。山西金石有二篇均見集中。宣統庚戌九月重陽日，江陰繆荃孫跋。（《寓庵集》卷末，藕香零拾本，中華書局一九九九年。今按，「至元十九年壬午」原作「至元十四年壬午」，與實際不合，當是刊誤，兹改。）

杜仁傑

杜仁傑字仲梁，號止軒，亦名之元，字善夫，濟南長清（今山東長清縣）人。正大中登進士第[①]，未仕，同麻革、張澄等偕隱内鄉山中[②]。金亡後，屢徵不起[③]。爲人豪宕滑稽善謔，才學宏

---

① 陳垣等《道家金石略·戊申歲紀海衆信士姓氏之圖》載助緣立碑諸人，包括「進士杜仁傑」。當是正大中及第。文物出版社一九八八年，第五〇〇頁。

② 《遺山先生文集》卷三七《張仲經詩集序》，四部叢刊本。

③ 元蔣子正《山房隨筆》，藕香零拾本，中華書局二〇〇〇年，第六〇三頁。

博，氣鋭筆健，詩詞文曲俱有佳篇。元初名士王惲贊曰：「一代文人杜止軒，海翻鯨掣見詩仙。細吟風雅三千首，獨擅才名四十年。」①

《河洛遺稿》一卷。《(道光)長清縣志》卷一五《藝文志》著録。

金杜仁傑《題長水西洛書賜禹之地羅正》：

張生卓犖真好奇，呼我出城觀禹碑。平生雅足濟勝具，梯飈磴蘚吾何辭。雙筇窈窕到碑下，歎息嚱曩煩嗟咨。山腰圓抱鐵甕腹，石面倒偃紅玻璃。捫煙揣霧隨指濕，凜凜古氣沖人衣。天生神禹未易詰，世人妄作黄熊兒。洛書先時墮禹腹，謂是天賜何其漓。龍門自古天所啓，謂是禹鑿何其疲。向來行水本無事，四海爲壑天爲池。誰以茫昧賈後疑，道人潛來偶見之。字形漫滅不盡識，歲月惟有蒼苔知，溪風颯颯餘清悲。

金薛玄書《題長水西洛書賜禹之地羅正》後：

止軒杜善夫先生，天下士也。以文章鳴於時，以詩酒適其性，達天命而混世俗者也。五十年前，嘗辟地於長水，遊覽山川之勝槩，性所嗜也。長水西南六七里，今古相傳洛書禹之地也，公辯其相傳之非。洛城南龍門，今古相傳禹所鑿也，公辯其相傳之非。噫！廓一己之誠明，破萬世之疑惑，非儒生俗士所能及也。歎服之餘，以散言題之於其後。因□君用胡經歷致書之雅意云。歲己

① 元王惲《秋澗集》卷一七《挽杜止軒》，四部叢刊本。

巳孟冬十一日。（《（民國）洛寧縣志》卷七，中國方志叢刊本，臺北成文出版社一九七〇年。）

《歐蘇手簡》四卷，存。現存兩種版本：一爲日本天明元年皇都書肆林權兵衛重刻本；一爲朝鮮宣祖朝重刻本。北京大學圖書館與臺北中央圖書館各藏前者一部。

金杜仁傑《歐蘇手簡序》：

自科舉利禄之學興，則百藝俱廢，此理之自然，無足怪者。夫文章翰墨，固士君子之餘事，如將之用兵，苟無旗幟鉦鼓，其何以駭觀聽哉！至於尺牘，藝之最末者也。古人雖三十字折簡，亦必起草，豈無旨哉？今觀《新刊歐蘇手簡》數百篇，反覆讀之，所謂但見性情，不見文字，蓋無心於奇，而不能不爲之奇也。近代楊誠齋、孫尚書啓劄，其鋪張錯綜，非不縟掞，及溯流尋源，亦皆自二老理意中來。大抵意者文之帥，理者帥之佐，理意正則而辭從之牧之，所謂如魚隨龍，如鳥隨鳳，如師衆隨湯武，騰天潛泉，横裂八表是也。予亦長怪乎壬辰北渡以來，後生晚進，詩文往往皆有古意，何哉？以其無科舉故也。學者乘此間隙，何藝不可進，又豈止簡啓而已？恐國朝綿蕝之後，漢唐取人之法立，則不暇及此，幸篤志焉。真止軒老人杜仁傑撰。（北京大學圖書館藏日本重刻本）

［日］竺常《重刻歐蘇手簡序》：

人情之於交際，無古今焉，無東西焉，唯其所以言之不同爾。操觚之士，以其情之所同，欲同其言之不同也，片簡短劄，必取則於古。吉松潤甫校《歐蘇手簡》，又就予是正焉。予迨暇讀之，則當時狀態，二公德音，如目覯之，如耳聆之，如身在其際，相與應酬。蓋二公文章滂沛煒燁，即片簡短劄，自其三昧流出，妙用敘致，令人躍如；而其猥近細瑣，亦大文所未及，尤切事情，裨益學者不少。夫明文之鬱鬱，工尺一者亦多，務在菁華，動失核實，妝飾之辭溢，而宛轉之致乏，所不取也。今夫操觚之士，稍有達者，嘐嘐然曰秦漢，曰古文，使其日用狀態，展楮寫之，則錯亂艱澀，率不能西而之華，尚何能遡而之古乎哉！秦漢也，古文也，雖多，亦奚以爲？皆以其不於切近故。吾潤甫其有意於斯乎？舊本間有訛舛，今校照數本，又取本集監定之，潤甫之業勤矣。抑亦於操觚乎，思過半矣。安永庚子季冬，淡海竺常撰。（北京大學圖書館藏日本重刻本）

《逃空絲竹集》。金元好問《逃空絲竹集引》：

南渡後，李長源七言律詩清壯頓挫，能動摇人心，高處往往不減唐人。麻知幾七言長韻，天隨子所謂陵轢波濤、穿穴險固、囚鎖怪異、破碎陣敵者，皆略有之。然長源失在無穰茹，知幾病在少持擇。詩家亦以此爲恨。仲梁材地有餘，而持擇功夫勝，其餘或亦有不迨二子者。絶長補短，大概一流人也。今二子亡矣！仲梁氣鋭而筆健，業專而心精，極他日所至，當於古人中求之，不特如退之之於李元賓耶？河東人元某書。（《遺山先生文集》卷三六，四部叢刊本。）

《善夫先生集》，殘存。清顧嗣立《元詩選》三集輯詩一卷，曰《善夫先生遺集》。今人孟繁信整理，名之《重輯杜善夫集》①。

元魏初《杜止軒詞翰》：

方朔才名語意新，牧之風調筆如神。龐眉苦節秋風客，未必如公出處真。（《青崖集》卷二，文淵閣四庫全書本。）

元張之翰《跋張從之止軒詩卷後》：

至元癸未，余來山陰府，從事張從之以《止軒詩》軸相示，蓋渠鄉中時所得也。余謂中州諸名輩如此老，天假之年，得見混一，使之登會稽，探禹穴，其所作豈止此耶？（《西巖集》卷一八，文淵閣四庫全書本。）

石道信

石道信，鹿泉（今河北鹿泉）人。

《鈐經》。元祖頤《四元玉鑒後序》著録。另，吴文俊主編《中國數學史大系》亦著録，列於「金」②，從之。

① 濟南出版社一九九四年。

② 北京師範大學出版社二〇〇〇年，第三七八頁。

劉汝諧

劉汝諧，平水（今山西臨汾）人。《如積釋鎖》。元祖頤《四元玉鑒後序》著録。另，吴文俊主編《中國數學史大系》亦著録，列於「宋或金」①。兹歸入金，俟考。

李德載

李德載，平陽（今山西臨汾）人。《兩儀群英集臻》。元祖頤《四元玉鑒後序》著録。另，吴文俊主編《中國數學史大系》亦著録，列於「金或元」②。兹歸入金，俟考。

劉大鑒

劉大鑒字潤夫，霍山（今山西霍州）人。

---

① 北京師範大學出版社二〇〇〇年，第二五八頁。
② 北京師範大學出版社二〇〇〇年，第二七四頁。

《乾坤括囊》。元祖頤《四元玉鑒後序》著録。另，吴文俊主編《中國數學史大系》亦著録，列於「金」①，從之。

李文一

李文一，博陸（今河北蠡縣）人。

《照膽》。元祖頤《四元玉鑒後序》著録：「平陽蔣周撰《益古》；博陸李文一撰《照膽》；鹿泉石道信撰《鈐經》；平水劉汝諧撰《如積釋鎖》，絳人元裕細草之，後人始知有『天元』也。平陽李德載因撰《兩儀群英集臻》，兼有『地元』。霍山邢先生頌不高弟劉大鑒潤夫撰《乾坤括囊》，末僅有『人元』二問。」②另，吴文俊主編《中國數學史大系》亦著録，列於「金或元」③，兹歸入金，俟考。

① 北京師範大學出版社二〇〇〇年，第四三六頁。
② 元朱世傑《新編四元玉鑒》卷末，宛委别藏本，江蘇古籍出版社一九八八年。
③ 北京師範大學出版社二〇〇〇年，第五一三頁。

宗經

宗經，稷山（今山西絳縣）人。嘗中鄉試第一[①]。

《雪巖文集》。《（光緒）山西通志》卷八八《經籍記》著録。

林起宗

林起宗字伯始，號魯庵，内丘（今河北内丘縣）人。隱爲處士。[②]

《志學指南圖》。

《心學淵源圖》。

《孝經圖解》。

《小學提辭發明》。

《語孟學庸圖》。

《魯庵家説》。以上《（民國）河北通志稿·文獻志》著録。

---

① 《（光緒）山西通志》卷一五《貢舉譜》，中華書局一九九〇年，第五册一五九一頁。

② 《（民國）河北通志稿·文獻志》，北京燕山出版社一九九三年，第二四五九頁。

利鑾孫

利鑾孫字士貴，盱江（今江西南城縣）人。①

《春秋握奇圖》一卷，表佚論存。四庫館臣從《永樂大典》輯出殘帙，釐爲一卷。《四庫全書總目》卷三〇著録：「此書所重在於年表。今年表散佚，只存其論，已非鑾孫著書之本旨。」

金利鑾孫《春秋握奇圖序》：

握奇圖者，《春秋》家之學也。二百四十二年而該之萬八千言，編年以爲經，而列五伯内外諸侯以緯之，縱取則年與事類，衡切則國之本末具在，乃各敘事略於其後，一覽而思過半矣。（清紀昀等《四庫全書總目》卷三〇《春秋類存目》，中華書局一九九七年，第三八五頁。）

王照

王照，高平（今山西高平）人。質樸有令名。其學主於理道，不屑章句。辟園郊外，雜蒔花

① 清顧祖禹《方輿紀要》卷八六《建昌府南城縣》：「盱江，在府城東，一名建昌江……宋康定二年於城南作新亭，謂之集賓亭，俗謂之盱江館，後改爲驛，移於城東。」中華書局二〇〇五年，第三九七九、三九八一頁。

木，屏跡深居，曰：「此吾歸老計也。」①

《俗言》。《（順治）高平縣志》卷九《隱逸》：「嘗作《俗言》，以勸鄉人。邑無少長，咸愛慕之。」

郝　偁

郝偁字子榮，河間人。金末士人。

《貞祐紀間》。《（乾隆）河間府志》卷二〇《典文志》著録。

劉　章

劉章，始末未詳。

《刺刺孟》。明王圻《續文獻通考》卷一七五《經籍考》著録，然出處不明，姑録之，俟考。

佚　名

《四聲等子》一卷，存。清紀昀等《四庫全書總目》卷四二《子部小學類》著録：「錢曾《讀

① 《（順治）高平縣志》卷九《隱逸》，國家圖書館藏清代孤本地方志選本，北京圖書館出版社二〇〇一年，第四〇八頁。

書敏求記》謂，即劉鑑所作之《切韻指南》，曾一經翻刻，特易其名。今以二書校之，若辨音和類隔、廣通侷狹、内外轉攝振救、正音憑切、寄韻憑切、喻下憑切、日寄憑切及雙聲疊韻之例，雖全具於《指南》門法玉鑰匙内，然詞義詳略顯晦迥有不侔。至内攝之通照、遇、果、宕、曾、流、深，外攝之江、蟹、臻、山、效、麻、梗、咸十六攝圖，雖亦與《指南》同，然此書曾攝作内八，而《指南》作内六，流攝此書作内六；而《指南》作内七，深攝此書作内七，《指南》作内八；皆小有不同。至以江攝外一附宕攝内五下，梗攝外七附曾攝内六下，與《指南》之各自爲圖，則爲例迥殊。雖《指南》假攝外六附果攝内四之下，亦間並二攝，然假攝統歌、麻二韻，歌、麻本通，故假得附果。若此書之以江附宕，則不知江諧東、冬，不通陽、唐；以梗附曾，則又誤通庚、蒸爲一韻；似不出於一手矣。又此書七音綱目，以幫、滂、並、明、非、敷、奉、微之唇音爲宫，影、曉、匣、喻之喉音爲羽，頗變《玉篇》五音之舊。《指南》五音訣具在，未嘗以唇爲宫，以喉爲羽，亦不得混爲一書。《切韻指南》卷首有後至元丙子熊澤民序，稱古有《四聲等子》，爲傳流之正宗。然而中間分析，尚有未明。關西劉士明著書曰《經史正音切韻指南》，則劉鑑之《指南》十六攝圖，乃因此書而革其宕攝附江、曾攝附梗之誤。此書實非鑑作也。以字學中論等韻者，司馬光《指掌圖》外，惟此書頗古。故並録存之，以備一家之學焉。」今按，寧忌浮《校訂五音集韻》從三十六字母的次序及排列方法、十六攝的名稱和各攝屬韻、《四聲等子》二十圖内所標注的韻數以及一些圖中某些小韻代表字的聲韻地位，或有無等方面，同《四聲等子》進行了深入比較，發現《四聲等子》的語音系統和《五音集韻》基本一致。這説明《五音集韻》對《四聲等子》的影響顯著，以此斷定成書於金代後期，「是有説服力的」①。

金佚名《四聲等子序》：

切詳夫方殊南北聲，皆本於喉舌，域異竺夏，談豈離於唇齒？由是《切韻》之作，始乎陸氏。關鍵之設，肇自智公。傳芳著述，以先知覺後知，以先覺覺後覺，致使玄關有異，妙旨不同。其指玄之論，以三十六字母，約三百八十四聲，别爲二十圖畫，爲四類審四聲，開闔以權其輕重，辨七音清濁，以明其虚實，極六律之變，分八轉之異，遞用則名音和徒紅切同字。旁求則名類隔補微切非字，同歸一母則爲雙聲和會切會字，同出一類則爲疊韻商量切商字，同韻而分兩切者，謂之憑切求人切神字，丞真切唇字。同音而分兩切者，謂之憑切巨宜切其字，巨祁切祁字。無字則點窠以足之，謂之寄聲韻。韻缺則引鄰韻以寓之，謂之寄韻。案圖以索二百六韻之字，雖有音無字者，猶且聲隨口出，而況有音有字者乎？遂得吳楚之輕清，就聲而不濫；燕趙之重濁，克體而絶疑，而不失於大中至正之道，可謂盡善盡美矣！近以《龍龕手鑒》重校類編於《大藏經》函帙之末，復慮方音之不一，唇齒之不分，既類隔假借之不明，則歸母協聲，何由取准？遂以此附龍龕之後，令舉眸識體，無擬議之惑；下口知音，有確實之決。冀諸覽者審而察焉。（《四聲等子》

① 唐作藩《校訂五音集韻序》，見寧忌浮《校訂五音集韻》卷首，中華書局一九九二年。

卷首，叢書集成初編本，中華書局一九八五年。）

清廖廷相《四聲等子跋》：

《四聲等子》從杭州文瀾閣鈔出，誤字甚多，今皆考正改定。惟止攝見母一等平聲祐字，不知何字之誤。考《切韻指掌圖》、《切韻指南》，此處皆不應有字。《五音集韻》五脂見母下有祺、褀、祈三字，此祐字或祺、褀、祈之誤歟？又深攝見母等平聲站字，亦不知爲何字之誤。考《切韻指掌圖》、《切韻指南》，此處亦不應有字。《續通志》《七音略》則作根字，然根非深攝字。惟《廣韻》二十七銜有鑒字，古銜切，是鑒字可讀平聲。然鑒與站字形絶異，似不至訛爲站。以上二字明知其誤，然無可據而改定之，宜姑仍其舊也。南海廖廷相記。（《四聲等子》卷末，叢書集成初編本，中華書局一九八五年。）

《歷代帝王纂要譜》。《永樂大典》卷五二五二遼字韻《遼控制諸國》卷末著録，且載「括遼」部分及《遼世系圖》。

《契丹國九主年譜》一卷，存。《永樂大典》卷五二五一遼字韻《天祚皇帝》卷末附，論曰：前史稱「一秦既亡，一秦復生」。天祚之阿骨打，即唐季之阿保機也。大勢既去，則涇波濁流；適丁斯時，則人事宜合。方契丹之初起，自阿保機同光酒色之禍，每每鑒爲覆轍。數世後，遊畋射獵，雖或有之，而四時遷徙，迄未嘗有定制。內耗郡邑，外擾鄰封，以至捕海東青於女真之域，取細大於萌骨子之疆。內外騷然，禍亂斯至。重以天祚不道，禽色俱荒；嬖佞用事，委任非人；節制孱庸，部曲紛擾。强盜在門，寧捨嬰兒之金；虎狼出柙，誰負孟賁之勇？觀夫孱主，可謂痛心。然存亡迭代，亦冥符不偶歟！（《永樂大典》卷五二五一遼字韻，中華書局一九九八年，第三冊二三九〇頁。）

《女真玉牒》。《金史》卷六《世宗紀》：大定十六年正月，詔宗屬未附《玉牒》者並與編次。

今按，所謂玉牒，指完顏氏帝族譜系。

《重修女真玉牒》。《金史》卷一一《章宗紀》：承安五年三月，大睦親府進重修《玉牒》。又，九月，「修《玉牒》成」。當是自三月進呈，經章宗御覽、有司校訂，至九月定稿。

《大金吊伐録》四卷，存。清紀昀等《四庫全書總目》卷五一《史部雜史類》著録：「其書紀金太祖、太宗用兵克宋之事，故以吊伐命名。蓋薈萃故府之案籍編次成帙者也。金、宋自海上之盟已通聘問，因天輔六年以前舊牘不存，故僅於卷首一條略存起事梗概。自天輔七年交割燕雲，及天會三年四月再舉伐宋，五年廢宋立楚，所有國書、誓詔、冊表、文狀、指揮、牒檄之類，皆排比年月，具録原文。迄康王南渡而止，首尾最爲該貫。後復附以降封昏德公、重昏侯海濱詔書及所上各表，而終於劉豫建國之始末。所録與徐夢莘《三朝北盟會編》詳略互見，不識夢莘何以得之？考張端義《貴耳集》曰：『道君北狩，凡有小小凶吉，喪祭節序，金主必有賜賚，一賜必要一謝表，集成一帙，刊在榷場中博易，四五十年，士大夫皆有之，余曾見一本』云云，此書殆亦是類歟？然夢莘意存忌諱，未免多所刊削。獨此書全據舊聞，不加增損。可以互校缺訛，補正史之所不逮，亦考古者所當參證也。《永樂大典》所載，未分篇目，不知原本凡幾卷。今詳加釐訂，析爲四卷著於録。」今按，余嘉錫《四庫提要辨證》卷五《史部雜史類》：「本書卷首《與宋主書》一條，題下有原注云：『天輔七年正月己卯，其以前者，軍上不留。』故雖題爲《與宋主書》，而其文實從天輔元年宋主遣馬政通問敘起，《提要》所謂略存起事梗概者也。然天輔七年以前宋金往來國書，金人軍中雖未存稿，而宋徐夢莘《三朝北盟會編》具録其文，粲然可考。如卷四所載宣和二年金太祖天輔四年七月金人國書，九月宋國書，又宣和三年正月金人議夾攻國書，卷五載同年八月宋國書，卷七載宣和四年五月金人國書，卷九載同年九月宋國書及事目，卷十一載同年十一月金人國書，卷十二載同年十二月宋國書及金人國書，卷十三載宣和五年金天輔七年正月宋國書，凡十篇，皆此書所無。又載正月二十七日金人國書一篇，即此書首條所載往歲越海云云之書也。然彼係全篇，此爲節略，仍可據以補闕。蓋金人崛起氈裘之中，庶事草創，典章未備，不知保存文獻。宋人雖播遷之餘，而衣冠文物，盡歸江左，故府圖書猶有存者，士大夫亦網羅放失，著作如林，故夢莘得而録之耳。

本書卷四《賀偁宋主表》之前尚有《遼主耶律延禧降表》、《遼主謝免罪表》、《降封遼主爲海濱王詔》、《遼主謝封海濱王表》凡四篇。蓋其書雖記伐宋始末，而滅遼廢齊之事，亦以次附入，若曰是亦大金之吊民伐罪云爾。《提要》云：『後復附以降封昏德公、重昏侯、海濱詔書。』不知徽欽二帝何嘗封於海濱耶？其亦近於不詞矣。考文溯閣本《提要》亦如此，則非刻本脱誤也。所録文字，大凡百六十一篇，國書外所附事目，亦以篇計，惟别幅載禮物名數者不計，而見於《三朝北盟會編》者四十九篇，故《提要》疑當時有刻本在榷場交易，而夢莘得之。考明沈德符《萬曆野獲編》卷六曰：『予所見金國所刻名《吊伐録》者，備載破宋滅遼廢齊諸詔令書檄，及徽欽二帝在北地謝金主諸表文甚備。』是此書實有金時刻本，然夢莘所載文字，卻非得自此書。如天輔七年以前往來諸國書，固非是書所有，而《會編》卷三十又有欽宗《賜皇子郎君書》，斡离不《回謝賜物上奏》本書卷一亦有《回謝宋主書》，然文字全不同，當别是一篇，卷三十一有《請歸康王書》及斡離不《送還康王書》，卷三十六有《致大金皇子郎君都統敘别書》，與本書所載宋主回謝書亦不同，卷五十有《致元帥皇子第二書》，卷五十六有《遣工部侍郎王雲使軍前致大金皇帝書》，亦皆爲此録所不載。然則宋之掌故具在，文獻足徵，其無藉於是書亦明矣。《會編》卷五十載《致元帥皇子第一書》即此録卷二宋再遣使乞免割三鎮增歲幣書，係採自《宣和録》。卷七十一載孫覿所草降表，只引十句，分見此録兩表之中，而字句不盡同，係採自《宣和録》及《遺史》。卷五十八載《因虜使還朝密賜耶律太師書》，此録卷二題作《宋主回書》，卷七十載欽宗降表只載篇首六句，即此録卷三《宋主降書》改定本，卷七十九載《在京士民郭鐸等狀》，即此録《軍民耆老狀》，乞立趙氏，卷八十四載《册立張邦昌文》，皆採自《靖康要盟録》。卷七十八載《金元帥府遣吴幵莫儔持入城書》即此録行府下前宋宰執舉一人，卷七十九載孫傅第一狀以至第六狀，第六狀即此録《乞命張邦昌治國狀》，皆採自《僞楚録》孫傅第二狀以下不引書名者，蒙上文言之也。凡此諸條，並有書名，著其出處，其非採自金人所刻之《吊伐録》，昭然甚明。然則其他所載諸篇，其必採之案牘及宋人著作之中，固無疑義。《提要》謂不識夢莘何以得之，是不知《會編》之體例也。即如《會編》卷八十所載御史中丞秦檜狀，長至一千五百二十三字，而此書卷三所載《秦檜乞立趙氏狀》，僅寥寥二百二十二字，全篇無一句相同。此亦夢莘未見《吊伐録》之一證。考宋王明清《揮麈後録》卷十一第百九三條記姚宏令聲之言曰：『今世所傳秦所上書，與當來者大不同，更易其語，以掠美名，用此誣人，以僕嘗見之，所以見忌。』是則《吊伐録》所載者，檜當時所上之書也；《會編》所載者，檜後來所更易以誣人者也。然明清雖記姚宏此言，而其《揮麈三録》卷二第十五條所載《秦會之議狀》，仍與《會編》同。《繫年要録》卷二及《東都事略》、《張邦昌傳》亦然。《要録》且據檜所撰僞狀以辯馬伸等未嘗連名，蓋除姚宏之外，南宋士夫舉無有見檜原稿者矣。今《宋史》檜本傳節録檜所進狀，亦即後來更易之本也。案《揮麈餘話》卷二謂秦會之議狀，乃馬伸先覺之文。先覺爲監察御史，屬稿就，以呈會之，會之猶豫，先覺率同僚合辭力請，會之不得已，始肯書名。《玉照新志》卷三亦明清所著，及《宋史·馬伸傳》記此事，雖不云狀稿爲誰所撰，然其議發於馬伸，約檜與連名則略同。故《吊伐録》所載狀雖前後皆具檜銜名，文内亦自稱曰檜，而其辭則只就國事立言，皆公共之語，蓋狀後必尚有諸御史連名，録文者省去之耳。《會編》及諸書所載，其開端便曰：『右檜竊緣自祖父以來，七世事宋，身爲禁從，職當臺諫，荷國厚恩，甚愧無報。』是檜一人之語矣。使此狀果爲檜所獨進，諸御史皆不署名，則何以《揮麈三録》載秦塤所藏第二狀稿，此狀他書皆不載，又三稱檜等乎？以此證之，知《吊伐録》爲獨得其真，《會編》諸書皆不免爲檜所愚也。夢莘著書，紀敘檜之奸邪，不遺餘力，使夢莘得見《吊伐録》，有不具載議狀原文，明其先後不符，以發其覆者乎？乃知《提要》疑夢莘曾從榷場得見《吊伐録》者，特抽閲其中數卷，而未嘗細核全書也。

明《文淵閣書目》卷六《雜史類》有《吊伐録》一部二册，此即《永樂大典》所據之本，故《提要》不知其爲幾卷。然考黄虞稷《千頃堂書目》卷五《别史類》著録金人書，有《金人吊伐録》二卷，注云：『記金人伐宋，往來文檄盟誓書。』虞稷及周在浚《徵刻唐宋秘本書目》亦云：『《金人吊伐録》二卷，蓋金人所編，與宋爲海上之盟，迄於北狩，往復書札文移也。』則此書實二卷矣。虞稷所見，必從金刻本出，其易大金爲金人，則出於後人之手。疑元明時别有刻本，張海鵬據超然堂吴氏本刻入《墨海金壺》，亦作上下二卷，蓋猶舊本。然以閣本校之，吴本脱譌動至數十百字，似所據者乃輾轉傳鈔之本，非金刻也。《絳雲樓書目》有此書一册，《也是園書目》作一卷，蓋出後人省併耳。《野獲編》曰：『金國所刻名《吊伐録》者，其初與宋童貫書，署題目《元帥粘罕與亡宋故宣撫使廣陽郡王閹人童貫書》，至後以納平州張覺、興兵犯闕所傳檄文，謂元符王亡後（謂哲宗崩也），趙佶本不當立，交結宦官童貫，越次僭竊，以此寵任，命主兵柄，爵以真主。』今閣本《與童貫書》，題作《與宋閹人河北河東陝西等處宣撫使廣陽郡王童貫書》，視《野獲編》已爲小異。至於元帥府左副元帥右監軍右都監下所部事跡檄書，止云：『況趙佶越自藩邸，包藏禍心，陰假黄門之力，賊其家嗣，盜爲元首。」無『元符王亡，趙佶交結宦官童貫』諸語，是《永樂大典》所據之本與沈德符所見金刻又大不同，未詳其故也。」

《天會録》。元邵桂子《雪舟脞語》：「徽宗亦工長短句。方北狩，在房中猶作小詞云：『孟婆孟婆，你做些方便，便吹個船兒倒轉。』後在汗州有二絶句云：『國破山河在，人非殿宇空。中興何日是，搔首賦車攻。國破山河在，宮庭荆棘春。衣冠今左衽，忍作北朝臣。』又云：『投老汗城北，西風又是秋。中原心耿耿，南國淚悠悠。嘗膽思賢佐，頳情憶舊遊。故宮禾黍徧，行役閔宗周。』又云：『杳杳神京路八千，宗祧隔越幾千年。衰殘病渴那能久，茹苦窮荒敢怨天。』又《清明日作》云：『茸母初生認禁煙原注：北地寒食茸母生，無家對景倍淒然。帝城春色誰爲主，遙指鄉關涕淚漣。』已上詩並見《天會録》。」又：「靖康徽宗北狩，記其事者有《泣血録》、《避戎夜話》、《靖康野史》、《朝野僉言》、趙子砥《北歸録》、曹勳《北狩録》、《天會録》、《靖康小史》、《痛定録》、《嘗膽録》、《竊憤録》，覽之使人涕泗滂沱，不意後人復哀後人也。」①今按，從書名冠以金之年號看，輯宋徽宗「北狩」詩詞作品，似金人所爲，猶《大金吊伐録》刊在榷場而流入江南者。

《上京劄記》。宋佚名《呻吟語》跋：「《呻吟語》二十頁，先君子北狩時，就親見確聞之事，徵諸某公《上京劄記》、鈍者《燕山筆記》、虜酋蕭慶《雜録》，編年紀事，屢筆屢删，以期傳信。

① 元陶宗儀《説郛》卷五七，説郛三種本，上海古籍出版社一九八八年，第八七〇頁。

未及定本，遽而厭世。不肖又就《燕人麈》所載可相發明者，伴繫其下，亦以承先志云。」①

《燕人麈》。宋佚名《呻吟語跋》：「先君子北狩時，就親見確聞之事，徵諸某公《上京劄記》、鈍者《燕山筆記》、虜酋蕭慶《雜録》，編年紀事，屢筆屢删，以期傳信。未及定本，遽而厭世。不肖又就《燕人麈》所載，可相發明者，伴繫其下，亦以承先志云。」②

《雛鳳清影》。金李天民《南征録彙》引《雛鳳清影》：「宋使鄧珪嘗稱妃嬪、帝姬之美，二皇子獲蔡京家婢李氏，本宋宮女媵，福金帝姬嫁蔡，刺問益詳，因議和親。」③

《屯翁日録》。金李天民《南征録彙》引《屯翁日録》：「司馬樸云，皇子謂國相決意廢立，禍恐不測。十七日，蕭慶云，二帥俟金銀交足，請帝擊球，宴後送駕入城，可請催括金銀。」④

《天興墨淚》。清倪燦《補遼金元藝文志·史部雜史類》著録，謂「記金亡事」。清錢大昕《補元史藝文志·史部雜史類》亦著録，歸入元。今按，既曰「天興」，當出自金代遺民之手，有感於天興之亡也。

《金源末運録》。《（乾隆）河間府志》卷二〇《典文志》著録：「無撰人姓氏。元學士王磐書

---

① 崔文印《靖康稗史·呻吟語箋證》，中華書局一九八八年，第二四二頁。
② 《靖康稗史箋證·呻吟語》，中華書局一九八八年，第二四二頁。
③ 《靖康稗史·南征録彙箋證》，中華書局一九八八年，第一三三頁。
④ 《靖康稗史·南征録彙箋證》，中華書局一九八八年，第一三六頁。

後，以獻州遺老目之，與磐同時者。」今按，王磐，金末名士，嘗從麻九疇問學，擢哀宗正大四年經義進士第。金亡後仕元，累官翰林學士，《元史》卷一六〇有傳。

《天眷儀制》。《金史》卷四《熙宗紀》：天眷二年，「命百官詳定儀制。」

《皇統制》。《金史》卷四五《刑志》：天眷三年，「復取河南地，乃詔其民，約所用刑法皆從律文，罷獄卒酷毒刑具，以從寬恕。至皇統間，詔諸臣，以本朝舊制，兼採隋、唐之制，參遼、宋之法，類以成書，名曰《皇統制》，頒行中外。」亦稱《皇統新制》。宋張棣《金圖經·刑法》：「金虜有國之初，立法設刑悉遵遼制。常刑之外，又有一物曰『沙袋』，以革爲囊，實之沙石，繫於杖頭，有罪者持而決其背，大率似脊杖之屬，惟數多焉。亶立，執政大臣多中州漢兒人，始加損益，首除此沙袋之制。至皇統間，敕下學士院討論條例，頒行天下，目之曰《皇統新制》，近千餘條。」①今按，宋宇文懋昭《大金國志》卷一二《熙宗孝成皇帝》：皇統七年，頒行《皇統新律》千餘條。「新律之行，大抵依仿大宋，其間亦有創立者，如毆妻至死，非用器刃者，不加刑。他率類此。徒自一年至五年，杖自百二十至二百，皆以荆決臀，仍拘役之，使之雜作。惟僧尼犯奸及强盜，不論得財不得財，並處死，與古制異矣。大概國法酷嚴。」

《皇統換官格》。《金史》卷五五《百官志》：「漢官之制，自平州人不樂爲猛安謀克之官，始置

① 李澍田《金史輯佚》，長白叢書本，吉林文史出版社一九九〇年，第八四頁。

長吏以下。天輔七年，以左企弓行樞密院於廣寧，尚踵遼南院之舊。天會四年，建尚書省，遂有三省之制。至熙宗頒《新官制》及《换官格》，除拜内外官，始定勳封食邑入銜，而後其制定。然大率皆循遼宋之舊。」

《諸律刑統疏議》。宋徐夢莘《三朝北盟會編》卷一八一引楊堯弼《僞豫傳》：阜昌四年五月，「户部侍郎馮長寧、監察御史許伯通，删修《什一税法條式》三十二件、《隨法申明》二十二件，《諸律刑統疏議》、《阜昌敕令格式》與什一法兼行，文意相妨者，從税法。」

《阜昌敕令格式》。宋徐夢莘《三朝北盟會編》卷一八一引楊堯弼《僞豫傳》著録。

《五等税法》。宋宇文懋昭《大金國志》卷三一《齊國劉豫傳》：阜昌六年（天會十三年），「改《什一税法》，行《五等税法》」。

《貢舉程試條理格法》。《金史》卷五一《選舉志》：「貞元元年，定《貢舉程試條理格法》。」

《正隆續降制書》。《金史》卷四五《刑志》：「正隆間，著爲《續降制書》，與《皇統制》並行焉。然二君任情用法，自有異於是者矣。」

《世襲猛安謀克遷授格》。《金史》卷六《世宗紀》：大定二年，定《世襲猛安謀克遷授格》，即所謂「超遷格」。世宗以爲「不倫」，謂參知政事唐括安禮曰：「但以女真人有超遷官資，故出職反在奉職上。天下一家，獨女真有超遷格，何也？」安禮對曰：「祖宗以來立此格，恐難輒改。」①

《總計録》。宋宇文懋昭《大金國志》卷一六《世宗聖明皇帝》：「大定四年正月，詔造《總計録》，大略云：『正隆失德，土木、征伐相繼而起，有司出納動千萬計，浩瀚連年，莫會其數。臨急空乏，惟有取之於民。自今除每歲收支外，並將見管實在之數開具成册，使朝廷通知有餘、不足之數，且以革去吏奸，候儲積果多，然後議窠名之重輕，考撥定之數目，寬減州縣，優恤疲民。』」

《差定賦役條理》。《金史》卷四六《食貨志》「通檢推排」：「金之國初占籍之後，至大定四年，承正隆師旅之餘，民之貧富變更，賦役不均。世宗下詔曰：『粵自國初，有司常行大比，於今四十年矣。正隆初，兵役並興，調發無度，富者今貧不能自存，版籍所無者今爲富室而猶幸免。是用遣信臣泰寧軍節度使張弘信等十三人，分路通檢天下物力而差定之，以革前弊，俾元元無不均之歎，以稱朕意。凡規措條理，命尚書省畫一以行。』」

《軍前權宜條理》及《續行條理》。《金史》卷四五《刑志》：「世宗即位，以正隆之亂，盜賊公行，兵甲未息，一時制旨多從時宜，遂集爲《軍前權宜條理》。」又「以皇統、正隆之制及大定《軍前權宜條理》，後《續行條理》，倫其輕重，删繁正失。」《金史》卷八《世宗紀》：大定二十八年，上謂宰臣曰：「制條以拘於舊律，間有難解之辭。夫法律歷代損益而爲之，彼智慮不及而有乖本意

① 《金史》卷八八《唐括安禮傳》，中華書局一九七五年，第一九六五頁。

者，若行删正，令衆易曉，有何不可？宜修之，務令明白。」

《玉牒》。《金史》卷六《世宗紀》：大定十六年正月，詔宗屬未附《玉牒》者並與編次。今按，所謂玉牒，指完顔氏帝族譜系，按編年紀其歷數。

《西北諸地馬步軍編册》，殘存。《俄藏黑水城文獻》（漢文非佛教文獻）收録，定爲「西夏寫本」。楊浣《黑水城〈西北諸地馬步軍編册〉考釋》以爲「金代文書」，形成於公元一二一七年至一二二〇年，即金宣宗興定年間，兹從之。①

《西北毛克下正軍編册》，殘存。《俄藏黑水城文獻》（漢文非佛教文獻）收録，定爲金寫本，云：「毛克疑爲金『謀克』之異寫。背爲西夏文寫本佛教禪宗文獻。裁切《毛克下正軍編册》之後鈔寫。」今按，所謂毛克，系謀克之異寫②。以其爲漢語音譯，字無定形。見於文獻，也作毛可、毛毛可等；正軍者，或稱甲軍，猶正規軍、主力軍，相對於副從士卒「阿里喜」而言③；下者，

---

① 俄羅斯科學院東方研究所聖彼得堡分所、中國社會科學院民族研究所《俄藏黑水城文獻》，上海古籍出版社二〇〇〇年，第六册三一〇頁至三一四頁。另，楊文見於《中國史研究》二〇〇六年第一期。

② 民國羅福頤《滿州金石志》卷三《咸平府毛克印》，歷代碑誌叢書本，江蘇古籍出版社一九九八年。

③ 《金史》卷四四《兵志》：「士卒之副從曰阿里喜。」中華書局一九七五年，第九九二頁；宋徐夢莘《三朝北盟會編》卷二四四引張棣《金虜圖經》：「虜人用兵專尚騎，間有步者，乃簽差漢兒，悉非正軍。虜人取勝，全不責於簽軍，惟運薪水、掘壕塹、張虚勢、般糧草而已。……又有一貼軍曰阿里喜，如遇正軍病，即以貼軍代行。」上海古籍出版社二〇〇八年，第一七五四頁。

《金史》卷四四《兵志》涉及：「熙宗皇統五年，又罷遼東漢人、渤海猛安謀克承襲之制，浸移兵柄於其國人，乃分猛安謀克爲上中下三等，宗室爲上，餘次之。」已得其解，然意猶未盡。宋徐夢莘《三朝北盟會編》卷二二一引《金國文具録》云：「猛安謀克，以管女真户爲上，雜以漢人爲下。」

《大定己亥榜程卷》。元好問《沁州刺史李君神道碑》：大定十九年，「（李楫）登科時，御題《易無禮》，同年生六十人，自甲選張行簡至黄士表，賦學家謂人人可以魁天下，程卷皆鋟木以傳。」①

《銓注縣令丞簿格》。《金史》卷七《世宗紀》：大定二十年十月，「更定《銓注縣令丞簿格》」。

《世宗征淮録》一卷。《宋史》卷二〇三《藝文志》著録。今按，此書雖爲《宋史》著録，卻非宋人著述。僅從書名看，當出自金人之手。

《金纂修雜録》四百餘卷。《金史》卷二八《禮志》：「世宗既興，復收向所遷宋故禮器以旋，乃命官參唐宋故典沿革，開詳定所以議禮，設詳校所以審樂，統以宰相通學術者，於一事之宜適、一物之節文，既上聞而始彙次，至明昌初書成，凡四百餘卷，名曰《金纂修雜録》。凡事物名數，支分派引，珠貫棋佈，井然有序，炳然如丹。又圖吉、凶二儀：鹵簿十三節以備大葬，小鹵簿九

---

①《遺山先生文集》卷一六，四部叢刊本。

節以備郊廟。而命尚書左右司、春官、兵曹、太常寺各掌一本，其意至深遠也。」

《明昌官制新格》一卷。《宋史》卷一五六《藝文志》著録，題作《金國明昌官制新格》一卷，撰者失考。今按，南宋圖書目録家涉獵金人著述屢見不鮮，此書當經由榷場或牒人竊取而傳入南方。

《明昌事實》。宋李心傳《建炎以來繫年要録》卷一九六「紹興三十有二年」（歲次壬午、金世宗雍大定二年）：「先是金主褎入中都居之，且告於太廟。以父晉王故名宗輔，非帝王所稱，改曰宗堯，追謚宗堯曰簡肅皇帝，廟號懿宗。母曰欽慈皇太后。追尊東昏王曰武靈皇帝，廟號閔宗。降故主亮爲海陵王，謚曰煬，亮后徒單氏爲海陵夫人。祧德宗宗幹神主。祔懿宗神主於太廟。改通天門爲應天門。以威勝統軍勸農使耶律阿里爲平章政事，廢參知政事敬嗣暉爲庶人，工部尚書蘇保衡遷尚書右丞，太府兼權左司郎中魏子平爲户部侍郎，大興尹李天吉爲刑部侍郎，修起居注鄭子聃復爲翰林修撰。」注云：「此以宋翊《金亮本末》、張棣《金記》參修。往歲榷場有貨板行《明昌事實》者云『宗堯謚立德顯仁啓聖廣運文武簡肅皇帝，廟號睿宗』，疑後賀所加者。東昏明年亦改謚孝成皇帝，廟號熙宗。耶律阿里已下差除，范成大《攬轡録》倣《趙可文集》修入，不得其月日，但以與亮、褎廢立事相干，及已嘗見其名字者則書之。如阿里之遷、嗣暉之廢，決在此時。趙可撰《魏子平墓碑》，稱大定元年冬，入覲中都即拜尚書户部侍郎，而墓誌乃云大定元年冬，上即位於遼陽，公自河南赴京師。明年，拜户部侍郎。則必春初事也。大成稱鄭子聃爲修注，葛王立，除殿中侍御史兼侍講學士，而可所撰《子聃墓誌》云：大定二年春，復爲翰林修撰。今從之。天吉已見紹興三十一年十月。」

《飛龍記》。金劉祁《歸潛志》卷一：「章宗天資聰悟，詩詞多有可稱者。《宮中》絶句云：『五雲金碧拱朝霞，樓閣崢嶸帝子家。三十六宮簾盡卷，東風無處不揚花。』真帝王詩也。《翰林待制朱瀾侍夜飲》詩云：『夜飲何所樂，所樂無喧嘩。三杯淡醽醁，一曲冷琵琶。坐久香成穗，夜深燈欲花。陶陶復陶陶，醉鄉豈有涯？』《聚骨扇》詞云：『幾股湘江龍骨瘦，巧樣翻騰，疊作湘波皺。金縷小鈿花車鬭，翠條更結同心扣。金殿日長承宴久，招來暫喜清風透。忽聽傳宣須急奏，輕輕褪入香羅袖。』又擘橙爲《軟金杯詞》云：『風流紫府郎，痛飲烏紗岸。柔軟九回腸，冷怯玻璃碗。纖纖白玉葱，分破黄金彈。借得洞庭春，飛上桃花面。』嘗爲《鐵券行》數十韻，筆力甚雄。又有《送張建致仕歸》、《吊王庭筠下世》詩，俱載《飛龍記》中。」今按，所謂飛龍，指皇帝即位，如龍飛在天。金穆世昌《曲阜重修兗國公廟碑》：明昌初，「今幸遇明天子啓運，龍飛天位，崇儒重道，宣文教以彰化。」①金元好問《尚書右丞耶律公神道碑》云：章宗立，「公上封事言：『陛下飛龍之始，當以親親爲先。』」②

---

① 清張金吾《金文最》卷七七，中華書局一九九〇年。

② 元蘇天爵《元文類》卷五七，上海古籍出版社一九九三年，第七五〇頁。

《士民須知》。《金史》卷五五《百官志》凡三見：「御史臺登聞鼓檢院隸焉」注、「正八品直長」注、「令正七品丞從七品直長」注。今按，宋尤袤《遂初堂書目·刑法類》著録《金國須知》，當即此書。宋晁公武《郡齋讀書志》卷五上著録《金國承安須知》一卷，云：「金國名諱及增修朝官職事、俸給、格式、服制、地理圖之類。承安，蓋金主璟之紀元也。時惟丁巳，乃寧宗皇帝慶元三年云。」

《總格》。《金史》卷五五《百官志》「御史臺，登聞鼓檢院隸焉」注：「見《士民須知》、《總格》、《泰和令》。」今按，自熙宗迄章宗，各朝俱有官制，如天眷、正隆、大定、明昌等，代代因襲，不斷修訂。所謂總格，或爲「國朝官制總格」之類的簡稱，當是各朝官制彙編。

《科舉法》。《金史》卷十一《章宗紀》：承安四年十二月，「更定《科舉法》」。

《承安律義》。《金史》卷一一《章宗紀》：承安五年四月，「尚書省進《律義》」。

《策論進士及承蔭人試弓箭格》。《金史》卷十一《章宗紀》：承安五年五月，定《策論進士及承蔭人試弓箭格》。

《贍學養士法》。《金史》卷一一《章宗紀》：泰和元年九月，「更定《贍學養士法》：生員，給民佃官田人六十畝，歲支粟三十石；國子生，人八百畝，歲給以所入，官爲掌其數。」

《更定廕敘法》。《金史》卷一一《章宗紀》：泰和元年正月，「太府監孫復言：『方今在仕者三萬七千餘員，而門廕補敘居三之二，諸司待闕，動至累年。蓋以補蔭猥多，流品混淆，本末相舛，至於進納之人，既無勞績，又非科第，而亦癊及子孫，無所分别，欲流之清，必澄其源。』乃更定癊敘法而頒行之。」

《泰和律義》三十卷。亦稱《泰和律義》。《金史》卷四五《刑志》：泰和元年十二月，「所修律成，凡十有二篇：一曰名例，二曰衛禁，三曰職制，四曰户婚，五曰廄庫，六曰擅興，七曰賊盜，八曰鬬訟，九曰詐僞，十曰雜律，十一曰捕亡，十二曰斷獄。實唐律也，但加贖銅皆倍之，增徒至四年、五年爲七，削不宜於時者四十七條，增時用之制百四十九條，因而略有所損益者二百八十有二條，餘百二十六條皆從其舊；又加以分其一爲二、分其一爲四者六條，凡五百六十三條，爲三十卷，附注以明其事，疏義以釋其疑，名曰《泰和律義》。」金亡後，蒙古仍沿用。至元八年建國號大元，方「禁行金《泰和律》」①。明楊士奇等《文淵閣書目》卷一四《刑書》、明葉盛《菉竹堂書目》卷五《刑書》均著録「十六册」。明代尚存。

《泰和律令格式》五十三卷。《金史》卷四五《刑志》：泰和元年十二月，所修律成，「自官品令、職員令之下，曰祠令四十八條，户令六十六條，學令十一條，選舉令八十三條，封爵令九條，封贈令十條，宫衛令十條，軍防令二十五條，儀制令二十三條，衣服令十條，公式令五十八條，禄令十七條，倉庫令七條，廄牧令十二條，田令十七條，賦役令二十三條，關市令十三條，捕亡令二

① 《元史》卷七《世祖紀》，中華書局一九八三年，第一三八頁。

十條，賞令二十五條，醫疾令五條，假寧令十四條，獄官令百有六條，雜令四十九條，釋道令十條，營繕令十三條，河防令十一條，服制令十一條，附以年月之制，曰《律令》二十卷。又定制敕九十五條，榷貨八十五條，蕃部三十九條，曰《新定敕條》三卷、《六部格式》三十卷。司空襄以進，詔以明年五月頒行之。」今按，原作五十二卷，而内含《泰和律令》二十卷、《新定敕條》三卷、《六部格式》三十卷，計五十三卷。明楊士奇等《文淵閣書目》卷一四《刑書》、明葉盛《菉竹堂書目》卷五《刑書》均著録「《泰和律令格式》九册」。明代尚存。

《泰和武舉式》。《金史》卷五一《選舉志》：「武舉，嘗設於皇統時，其制見於《泰和式》，有上中下三等。」

《職官追贈法》。泰和三年六月，「定《職官追贈法》，惟嘗犯贓罪者不在追贈之列。」

《金朝婚禮》。《金史》卷一二《章宗紀》：泰和五年六月，「制定本朝婚禮。」

《大金德運圖説》一卷，存。清紀昀等《四庫全書總目》卷八二《史部政書類》著録：「金尚書省會官集議德運所存案牘之文也。案《金史·本紀》，金初色尚白。章宗泰和二年十一月，更定德運爲土，臘月辰詔告中外。至宣宗貞祐二年正月，命有司復議本朝德運。是書所載，蓋即其事。書前爲尚書省判，次爲省劄。列集議官二十二人，其中獨上議狀者六人，合具議狀者八人，連署者四人。其集議有名而無議狀者，太子太傅張行簡、太子太保蒲察畏也、修撰孛术魯阿拉、裴滿按帶丁四人，疑原書尚有所脱佚。其所議，言應爲土德者四人，言應爲金德者十四人。中如諫議大夫張行信，力主金德之議。而《金史》行信本傳稱：『貞祐四年，以参議官王澮言當爲火德，詔問有司，行信謂當定爲土德，而斥澮所言爲狂妄。』其立説先後，自相矛盾，殊不可解。又書中但有諸臣議狀，而尚書省臣無所可否。考史載『興定元年十二月庚辰，臘享太廟』，是終金之世，仍從泰和所定土德，而未嘗重改。疑是歲元兵深入，宣宗南遷汴梁，此議遂罷。故尚書省亦未經奏覆也。五德之運不見六經，惟《家語》始有之。而其書出於王肅僞撰，不可據爲典要。後代泥於其説，多侈陳五行傳序之由，而牽合遷就，附會支離，亦終無一當。仰蒙我皇上折衷垂訓，斥妄祛疑，本宅中圖大之隆規，破讖緯休祥之謬説，闡發明切，立千古不易之定論。是編所議，識見皆爲偏陋，本不足録，然此事史文簡略，不能具其始末，存此一帙，尚可以補掌故之遺，並恭録聖制，弁諸簡首，俾天下後世曉然知騶衍以下皆妄生臆解，用以祛曲説之惑焉。」

《遼誥敕》一卷。元劉因《題遼金以來諸人辭翰後》：「《遼誥敕》一卷，金正隆詞人製作，附今姚、竇諸人跋語一卷。予觀之，謂遼、金迄今，自北而南漸以大，其文物之變也亦然。（《静修先生文集》卷三，叢書集成初編本，中華書局一九八五年。）

《遼朝雜禮》。《遼史》卷五八《儀衛志》：「耶律儼、陳大任舊志有未備者，兼考之《遼朝雜禮》云。」又，「得諸本朝太常卿徐世隆家藏《遼朝雜禮》者如是。」今按，既稱「遼朝」，則非遼人修纂；徐世隆由金入元，謂其家所藏，當出自金人之手。

《東平賈氏千秋録》。所謂千秋，指歲月，此猶言家族史。金元好問《東平賈氏千秋録後記》：

東平賈氏，自真定三祖始見譜牒。始祖曰鎮州都督法曹諒。再世爲大理少卿瑾。次爲司封員外郎贈尚書右丞初。次爲給事中史館修撰中書舍人緯，累贈尚書令、太師、魯國公，葬獲鹿西北三十里之牛山，翰林學士陶穀碑銘在焉。次爲左正諫議大夫樞密直學士贈尚書左丞琰，即給事中之第五子也。次爲殿中丞贈工部侍郎汾。汾之昆弟六歲神童，十六擢進士第，參知政事致仕黄中。次爲太常少卿直昭文館知廣州昌齡。弟魏國文元公判都省昌朝，即工部汾之兄，而著作郎贈太師注之子也。次爲宣奉大夫知饒州蕃。蕃即太常昌齡之第三子，而朝散大夫常之兄也。常行第四，左丞益謙出此房。次爲光禄大夫知鄆州公直，知饒州蕃之子，范丞相希文之外孫，致仕於鄆，因而家焉。次爲知滄州君文，大觀中武舉第一人，策問選將，以仁智勇對，其説累二千言。次爲顯謨閣直學士尚書户部侍郎偉節，嘗著《勸弟姪修進書》，與滄州君文皆鄆州公直之子也。次爲都水内監使者洵，滄州之長子，宋末奏補，金朝初出官。次爲廕補贈明威將軍棣。次爲山東東路按察司知事炤，明昌五年經義進士，嗜古學，尚友嚴子陵、陶淵明、白樂天、邵堯夫，號「四友居士」，故詩有「高風希四友，古學守三玄」之句，即今東平河倉提領起之父也。自法曹而下，有言行文筆見於紀録者，魏國文元公《戒子孫文》二首。仁宗朝議裁減浮費，文元建言：「將相戚里之家多占六軍，秏縣官衣糧而爲私門奴隸，在京不啻數千人。浮費可減，孰此爲急？」朝議是之。仁宗朝，戚里之家兄弟補邊，多不聽許。仁宗以語文元，文元對曰：「母后之家，自昔固多蒙恩。今陛下重惜爵賞，不肯輕授，非惟示天下以公，抑亦保全外家之福也。」太平興國寺災，文元以《易》、《春秋》進戒，因言：「近歲屢災寺觀，天意蓋有所在。可勿繕治，以稱陛下畏天威、重民力之意。」上從之。康定間，劉平爲元昊所得，邊吏告以降敵，議收其族。文元時爲御史，建言：「漢殺李陵母、妻，陵不能歸，而漢有後悔。真宗撫王繼忠家，而其後竟賴其力，事固未可知。今收其族，恐貽後日之悔。」上從其言而止。慶曆四年，元昊歸石元孫，議賜死。文元言：「自古將帥被執而歸，多貰其死。」上從之。都水君知邳州，州新去湯火，殺僇之餘，盡爲俘虜，故州有户曹而無籍民。君建白都統府，願出金帛贖生口，由臧獲而良者，凡七百三十餘人。州有籍民始於此。皇統中，改陝西轉運使。適歲饑，民無所於糴。君拜章，乞賑貸。未報而民益急，君輒開倉救餓者。坐專擅，奪四官，降刺石州。既而改内監，督燕都十三門之役。郡衆聚居，病疫所起。君出己俸市醫藥，有物故者，又爲買棺以葬之。某不敏，常被省檄，登左丞公之門。公嘗由諫議大夫出刺寧化，不半歲政成，州人爲立生祠。祠喪亂後故在也。大安初，知河中。有旨宣諭：「河東南北百姓艱食，而絳、解尤甚。朕以卿朝廷舊臣，夙著德望，可兼南北路安撫勾當，仍以便宜許之。」公至鎮，移他州餘粟以活飢民。汾晉受兵，游騎已及晉安。公命老幼婦女乘城，悉兵東下。鉦鼓之聲聞數十里，游騎爲之宵遁。晉安獻牛酒犒師而還。官吏請曰：「吾州兵力單寡，自救不暇，公乃往援晉安。設吾州有警，何以備之？」公笑曰：「君未之思耳。吾救晉安，所以守河中。」正大初，公致政，閑居鄭下。哀宗即位，史官乞因《宣宗實録》，遂及衛紹王。初，虎賊弑逆，乃立宣宗。宣宗之人至謂：「衛王失道，天命絶之。虎實無罪，且於主上有推戴之功。」獨張左相信甫言：「虎賊大逆不道，當用宋文帝誅傅亮、謝晦故事。」章奏，不報。爾後，舉朝以大安、崇慶爲諱。及是，朝議謂公大安中參知政事，宜知衛王事。乃遣編修官一人就訪之。公知其旨，謂某言：「我聞海陵被弑，大定三十年，禁近能暴海陵蟄惡者得美仕，史臣因誣其淫毒驁狠，遺笑無窮。自今觀之，百可一信耶？衛王勤儉，重惜名器。較其行事，中材不能及者多矣。吾知此而已。設欲飾吾言以實其罪，吾亦何惜餘年！」朝論偉之。某初及公門，三往而後見。及見，頗賜顔色。問及時事，輒一二言之。若有當於公之心者，公移坐就之，以至接膝，留連二十許日。某獻詩云：「黄閣歸來履舄輕，天將五福畀康寧。四朝人物推耆舊，萬古清風在典刑。鄭圃亦能知有道，漢庭久欲訪遺經。帝城百里瞻依近，長傍弧南候極星。」公答云：「見説才名自妙年，多慙政府舊妨賢。物華天寶無今古，鳳閣鸞臺孰後先？鄭圃道尊何敢望，漢廷書在子當傳。莫言老眼昏花滿，及見風鵬上九天。」公又敕諸子賢卿臺掾、翔卿閤門，凡某京師用物，月爲供給之。其曲相奬借如此。某北渡後，獲從公從孫河倉提領起游。起字顯之，少日爲名進士。資禀信厚，生長見聞，藹然有名門之舊。仕東平行臺，歷平陰簿，提領堂邑歲課，提點河倉。惠養疲民，歡謡載路。某嘗以三口號紀之云：「今年堂邑有清官，三尺兒童也喜歡。縣帖追來不驚擾，丁絲納去得餘殘。」「休言清慎少人知，三十年來更數誰？今代取魚須密網，東州新有放生池。」「三歲終更舊有期，吏民安習枉遷移。平陰奪得來堂邑，却是行臺未盡知。」壬子冬十月，自真定來東原，顯之以此本見示，且徵後記。某以賈宗名德相望，奕葉公輔，宋以來文士極口稱道。如蔡内翰君謨、王臨川、學易劉先生之哀挽，屏山李君之純《故人外傳》、《過賈侯故居》，及《上賈明府求易説》等二詩具在，尚何待不腆之文？雖然，某以晚進小生，辱大賢特達之遇，且於顯之有通家之舊，使公家名德懿範不白於後世，槩之門生故吏之義，不亦甚闕乎？謹述家傳所未載者三數條如右。冬至日，河東人元某斂衽書。（《遺山先生文集》卷三四，四部叢刊本。今按，壬子歲系蒙古憲宗二年、一二五二年。）

《傅氏家傳》。元王惲《跋玉田傅氏家傳後》：

金有國餘百年，專以詞科取士，曰相曰將，多出此途。議者以學涉剽竊、不明義理爲言，然不可一概厚誣。事至於弊，衹能拘限常流，通人何所凝滯？及金祚垂亡，其伏節死義者，皆前日之進士也。吾於北地得三人焉：順州刺史剛忠王者，行部傅公父子是也。公諱霖，字汝濟。明昌五年詞賦進士第，大安二年授崇義軍節度副使，二年行部臨潢，歿於王事。嗚呼！其爲烈盛矣哉！（《秋澗集》卷七三，四部叢刊本。）

元魏初《書傅氏家傳後》：

初伏讀《傅氏家傳》，見東皋先生所與游諸名公，因竊憶初年十七八，侍先祖靖肅徵君，結廈於趙汲古鍾德園，東皋與先祖數相往還。時先生年近六十，衣冠整肅，進止舒徐，言語清切。承平耆舊風味，隱然於接人應物之間。聖上在潛邸，庚戌歲，以安車徵我先君。不幸，我先君其年九月即世歸。槖中得手澤數紙。其一，欽承先太后旨，令對聖上條陳未盡事宜，如定官號、頒俸禄、功罪有賞罰、能否有升降四者，治天下之急務。又曰：「農業，天下之大本，不可不重。是故明君重五穀而賤金玉。告訐之俗興，罰及無辜。僥倖之門啓，官給不善。漢之常平、宋之講筵，萬世可常行也。」如此近三十餘條。其二，則薦中州名士大夫六七十人。其曰：「燕京傅輔之，年六十五，健行性温，實廉介有守，通世務，可使臨財。」即東皋先生也。近閲家中舊書，又得先徵君手澤一紙，薦進士有才幹者、有文章者、秀才者、承應者、其餘出身者，亦有「中都傅輔之至廉而幹，可以臨財」。由此觀之，則先徵君與東皋先生相知愛者爲不淺。初奔走於鞍馬簿書之間餘二十年，未嘗以此示人，傳之者無所考。昔韓昌黎謂李翰爲張巡傳，不爲許遠立傳，又不載雷萬春事首尾，爲作《張中丞傳後敘》。用是敢録所以，且爲其孫夢弼言：初與夢弼要，不可泛論也。先徵君待交友者如此，東皋先生爲名公所推重又如此，則初與夢弼，其可不自謹畏所以待人與所以自處者，有一毫得罪於先世，可乎？至元二十七年七月二十有六日，順聖魏初載拜書。（《青崖集》卷五，四庫全書珍本叢書本。）

《天會州郡志》。《金史》卷二四《地理志》「大興安肅」注：「按金初《州郡志》，雄、霸、保、安、遂、安肅六州皆隸廣寧府。《太宗紀》載天會七年分河北爲東、西路，則隸河北東路，豈已平州爲南京之後，以六州隸廣寧也？不然，則郡志誤。」今按，所謂金初，當指天會間所修州郡志。金滅遼克宋後，疆域遽然擴大，原遼地行遼制，原宋地行宋制，女真腹地則沿用舊俗，各地州郡、官職名稱頗紊亂，故太宗於天會六年「以州郡、職員名稱及俸給因革詔中外」①，加以統一。

《正隆郡志》。《金史》卷二五《地理志》河南府「縣九」注：「《正隆郡志》有壽安縣，紀録皆無。」

《大定職方志》。《元一統志》卷五四八《延安路·葭州》「建置沿革」條：「宋《九域志》、金《大定職方志》並云：本石州定胡縣寨地，屬西河郡。」② 今按，大定中屢次詔令各地修志。金張通《鄒嶧山圖記》云：「大定乙未歲，朝廷遣使者乘傳而來，携供應司畫工崔道，圖寫四方名山真景，而嶧居一焉。」③ 金魏知彰《虢州盧氏縣成德觀創修三門記》：「大定癸卯之春，予到官三載矣。會兵部符下，求天下郡國山川古跡及州縣廢興之所由，使儒者參校其實而聞於上。予因得以按圖經，詢故老，復以經史考之。凡境内之事，遂略得其説，而妄以臆斷其非是。」④ 所謂乙未、癸卯，指大定十五年、二十三年。

《大金疆域圖》。宋司馬光《資治通鑑》卷二二八唐德宗建中四年「邏騎西至彭婆」，元胡三省

① 《金史》卷二《太宗紀》，中華書局一九七五年，第五九頁。
② 民國羅振玉《大元大一統志殘本》，遼海叢書本，遼瀋書社一九八五年，第五册三五四六頁。今按，《中國古方志考》亦著録，第一一四頁。
③ 《（嘉靖）鄒縣地理志》卷二《古今記文》，國家圖書館藏本。
④ 清張金吾《金文最》卷二五，中華書局一九九〇年。

注：「金人《疆域圖》：洛陽縣有彭婆鎮。」① 今按，既謂金人《疆域圖》，或爲略稱，當作《大金疆域圖》。《金史》卷九二《徒單克寧傳》：大定二十六年，世宗謂原王完顏景曰：「宮中有四方地圖，汝可觀之，知遠近阨塞也。」

《集禮地志》。《元一統志》卷五四八《延安路·葭州》「建置沿革」條：「金《集禮地志》云：晉寧州，舊葭蘆寨，以葭蘆水爲名。宋爲晉寧軍，今擬爲葭州，圖册在大定八年。」

《南北對鏡圖》。宋司馬光《資治通鑑》卷二五一唐懿宗咸通十年「承訓嘗引麾下千人渡渙水」，元胡三省注引《南北對鏡圖》：「渙水出亳州，南流入淮，正值五河口。」② 今按，所謂《南北對鏡圖》，當是金與南宋對峙時期所繪，以淮河中流爲界。姑列於金，俟考。

《燕京記》。《元一統志》卷一《大都路》「建置沿革」條引燕京舊記：「（昌平縣）太行山首始河内，北至幽州。太行有八陘，第八軍都陘在幽州，漢名縣以軍都，取山名也。」又，「山川」條引燕京舊記：「（宛平縣）有仰山者，崷崪嵂磯，窈窕邃深，冠出巖壑之上，如尊特之坐朝賤幼者。風雨晦明，寒署凋榮，千態萬狀，莫可得而形容也。山之旁惟有峰曰獨秀、曰翠微、曰紫蓋、曰妙高、曰紫微。山之寺亭前後有曰列翠、曰萬山，西有瀟然、妙商，東有回星、臨源。」又，「古跡」

① 中華書局一九八六年，第一六册七三三九頁。
② 中華書局一九八六年，第一七册八一四〇頁。

條引燕京舊記：「（寶集寺）金大定十六年重修，亦遼時盛刹也，復修於金」；「（大永安寺）金翰林修撰党懷英奉敕書。昔有上下二院，皆狹隘，鑿山拓地而增廣之。上院則因山之高，前後建大閣，複道相屬，阻以欄檻，俯而不危。其北曰翠華殿，以待臨達，下瞰衆山，田疇綺錯。軒之西，疊石爲峰，交植松竹，有亭臨泉上。鐘樓經藏，軒窗亭户，各隨地之宜。下院之前樹三門，中起佛殿，後爲丈室雲堂、禪寮客舍，旁則廊廡廚庫之屬，靡不畢興。千楹林立，萬瓦鱗次。向之土木，北爲舍碧丹砂，旗檀琉璃，種種莊嚴，如入衆香之國」；「（奉福寺）寺起後魏孝文之世，爲院百有二十區，後罹兵燼。唐貞觀十年詔仍舊基加修葺。五季盜起，一炬無遺。至遼乾統中，有安禪大師法珍者，戒行精固，見頹垣廢址，遂結茅而居。會北平王鎮燕京，首割俸以倡大緣。期歲之間，化草萊爲金碧。遼末擾攘，復遭焚燬。逮八十餘年，有主僧存徽願爲完繕，承安三年春鳩工經營，東西對起藥師彌陀二殿，翼以洞廊。前屬於門，以楹計者三十有二。取《華嚴經》所記一百二十賢聖名號，刻木而爲之像。金彩涂飾，種種嚴好。越春和三年秋八月告成，乃大做法會以落之」；「（十方延慶禪院）少林雪庭光宗正法裕公大師，具大福德，有大因緣，受憲宗皇帝宣命，乙卯歲至燕，延慶禮請爲開山第一代住持，有碑記其事」；「（洞真觀）燕京奉仙坊面街而北，有觀曰洞真，乃施主劉巽道之别業。以己丑歲改爲道院，清真大師同塵子李志柔創建」；「（玉華觀）都西北隅廣源坊，有觀曰玉華。女冠體真澄德通妙大師之所建也。師陳氏，名慧端，洛陽人，家殷富，俗以銀陳家呼之。師七歲，禮紫虚觀李師出家學道。壬辰來都下大長春宫，禮宗師真常公，證明心地，大蒙印可，訓以今名，並其師號，授都功法籙」；「（龍祥觀）有庚戌年建觀碑銘，略曰：京城西南，昔爲水門。金河攸注，宛然故存。引水作磨，下轉巨輪，既助道門，亦利京人。磨之西偏，特起一觀。真堂齋廚，道侶所館。碧瓦朱甍，美哉輪奐。維昔勝處，天作地藏。清和真人，牓以龍祥」；「（真元觀）編修蒲德功所述：『全真之道，自國朝龍飛肇造，長春子應詔北庭，而其教始興。』」今按，元人所謂舊記者，或爲金修。皇統元年《蘆子水道院法堂記》亦涉：「燕之西南垂百里曰大房山。按圖經云，當呂大房爲郡小吏羽化，此山因以名焉。」①至於金末元初事跡，如「長春子應詔北庭」云云，或《元一統志》編撰者續入。

《獲鹿圖經》。金鞏伯壎《奇石山摩崖記碑》：「獲鹿自漢以來號稱名邑。邑之西北，粤有含滋吐潤，濃翠如勻，不險不夷，獨秀而野。按之圖經，實所謂奇石山也。」②今按，此碑撰於天會十五年，所涉圖經或宋修或金修，姑列於金，俟考。

《沃州圖經》。金王寂《瑞葵堂記》：「沃爲河朔名郡，而臨城其輔邑也。臨城本房子之故地，由兩漢晉唐以來，通以子男之職治之。自天寶改元而後，始有今名。按其圖，古縣治去贊皇山西南

---

① 清陸耀熚《八瓊室金石補正續編》卷六一，撰者姓名佚，《續修四庫全書》本，上海古籍出版社影印，第五八頁。

② 清沈濤《常山貞石誌》卷一三，歷代碑誌叢書本，江蘇古籍出版社一九九八年，第一二册六七二頁。

六十里，濟水所出。東至瘿陶，入於泜。故溪山勝概，人物繁阜，視他邑不爲下。」① 今按，所謂按其圖，應指沃州圖經；此記撰於大定中，所涉當是金修。

《遵化圖志》。金王寂《寶塔山龜鏡寺記》：「直遵化之南餘一舍，有山壁立而秀者，蓮峯也。求之圖志，不知其所本。」② 今按，此記撰於大定十八年，所涉圖志當是金修。

《中山圖經》。金邸詵《少容山八會寺文殊殿碑》：「按《中山圖經》：『少容山在曲陽南二十里，蓋殷女昌容服食隱居之所也。』」③ 今按，碑文撰於大定二十年，所涉圖經當是金修。

《無極圖經》。金馮翼《問山堂記》：「世傳無極山有名無形，好事者緣飾之，言山有三十六峰，良由以道先生詩有『六六松峰空斷腸』之句故也。或者謂先生嘗家於嵩少，嵩鎮之峰三十有六。下車之日，考圖求無極山所在，古跡都亡，遂感興賦詩，因念鄉里，故有是語。」④ 今按，所謂考圖，應指檢閱無極圖經；此記撰於大定二十六年，所涉當是金修。

《保州志》。明章律《重修保定志後序》：「保定舊嘗有志，既燹於契丹之酷烈，又毁於貞祐之

---

① 金王寂《拙軒集》卷五，叢書集成初編本，中華書局一九八五年。
② 《拙軒集》卷五，叢書集成初編本，中華書局一九八五年。
③ 清陸耀熯《八瓊室金石補正續編》卷六三，續修四庫全書本，上海古籍出版社影印，第一〇二頁。
④ 《常山貞石誌》卷一四，歷代碑誌叢書本，江蘇古籍出版社一九九八年。

虐焰，僅存者百一二耳。」① 今按，金代保州隸中都路大興府。貞祐，金宣宗年號。所謂舊志，當是北宋與金各有所修。

《太原府圖籍》。金史純《太原府英濟侯感應記》：「陽曲縣境汾水之濱，有祠曰英濟，俗呼爲烈石神。蓋里俗傳之訛，取山石分列、水從中出而名焉，其實非也。考之圖籍，乃春秋時趙簡子臣，姓竇名犨，字鳴犢，與舜華齊名。」② 今按，此記撰於大定二年，所考圖籍當是金修。另，《遺山先生文集》卷三五《威德院功德記》：「并州，唐以來圖經所載佛塔廟處，視他郡爲尤多。」所謂并州，乃太原古稱。「唐以來」云云，當包括金修太原圖籍。

《大同府記》。元虞集《興雲橋記》：「泰定元年秋，大同路城東新修石橋成，河東連率圖縣公題曰興雲之橋。明年，寫書京師，請於集賢王公，約以記來屬焉。按舊記：大同，古平城，如澤之水，循其城東而南行，亦名曰御河。朝會轉輸，東趨京師，必踰是焉。」③ 今按，此記撰於泰定二年，所涉舊記，指大同圖經，當爲金修。

《宣德圖經》。清張穆撰、何秋濤補《蒙古游牧記》卷二引《元一統志》：「三學寺，在大寧縣

---

① 《（弘治）保定郡志》卷首，天一閣藏明代方志選刊本，上海古籍書店影印一九八二年。

② 清胡聘之《山右石刻叢編》卷二〇，歷代碑誌叢書本，江蘇古籍出版社一九九八年，第一五册七八五頁。

③ 《（成化）山西通志》卷一二《集文》，四庫全書存目叢書本，齊魯書社一九九六年，第四二四頁。

北五十里七金山，遼咸雍元年建。有碑，後罹兵火，碑字剥落難辨。」金趙秉文《七金山》詩：『刳檐篆額蠹蝸涎，象教塵埃閲百年。殿棟猶題遼日月，圖經不載禹山川。』」今按，大寧縣即今之張家口市，金之宣德州宣德縣，隸西京路德興府；詩載《滏水集》卷七，所涉圖經當是金修。

《五臺縣志》。《（康熙）五臺縣志・凡例》有云：「臺志肇自金天會間」①。

《河中府地志》。金釋紹瞻《安濟院鐵牛和尚記略》：「紹瞻自爲兒童，知蒲有鐵牛，近歲來遊，方得見之，考諸圖史，事跡若此。」又，「師之事跡，圖史載之未備。」②今按，金之河中府原爲蒲州，倚郭河東縣，《金史》卷二六《地理志》有説；此記撰於大定中，所涉圖史當是金修。入元後，亦見徵引，稱作「地志」。王士元《首陽書院記》：「河汾之間，古稱岅地，舜之故都也。距今郡治東南有山曰首陽。……按地志，二子之墓在山之陽，後人又即墓爲窽廟，不知其所始。」③

《河東圖經》。金佚名《河東縣風陵鄉龐整記》：「予又嘗覽舊縣之圖牒，有唐孝子姚棲雲行狀，時以葺廬墓側，終身同居，後詔爲優賜，旌大門閭，於今輝映鄉里。」④今按，此文撰於大定二十

① 張國淦《中國古方志考》，中華書局一九六二年，第一四一頁。

② 清張金吾《金文最》卷三五，中華書局一九九〇年。

③ 《（成化）山西通志》卷一三《集文》，《四庫全書存目叢書》本，齊魯書社一九九六年，第四七三頁。

④ 清胡聘之《山右石刻叢編》卷二一，第一五册八二二頁。

二年，所涉圖牒，當是金修。

《澤州圖經》。金程莘《奉國上將軍南澤州刺史左公德政碑》：「自開皇三年爲州，迄今五百六十一載，憑熊軾，建隼旟，不知幾百人；卓然有治行、見於圖諜者，兩人而已。」① 此碑撰於皇統三年，所涉圖牒或宋修或金修。另，金李俊民《莊靖集》卷八《澤州圖記》：「按《澤州圖經》，屬《禹貢》冀州之域，後魏置建興、長平、安平三郡。明帝移建興郡於高都城，孝莊帝復改建興郡爲高都郡。後周又以長平、安平二郡併入，改爲高平郡。隋初廢郡，爲澤州。」另，同卷《重修浮山女媧廟記》、《重建修真觀聖堂記》亦見。今按，李裕民《新發現的山西元代方志》考察《澤州圖經》，有云：「從佚文看，該圖經最晚記及宋末事，應是金初的著作」，「比李俊民《圖記》内容要豐富得多」②。

《晉城圖經》。金李俊民《莊靖集》卷八《澤州圖記》：「按《晉城圖經》，本漢高都縣也，屬上黨郡。晉因之。後魏改屬建興郡，至孝莊帝改屬高都郡，北齊置長平、高都二郡，後周併爲高平郡。隋開皇初，郡廢。十八年，改丹川縣，因縣北丹水爲名，屬長平郡。唐武德初，移於源澤水北。三年，析丹川，於古高都城置晉城縣，屬建州。六年州廢，縣屬蓋州。是年，省丹川縣，蓋州

① 《山右石刻叢編》卷一九，第一五册七六九頁。
② 《晉陽學刊》一九九〇年第四期。

入晉城。貞觀元年州廢，屬澤州。」今按，金之晉城縣隸河中府澤州，見《金史》卷二六《地理志》；李俊民乃金末元初名士，其文所涉圖經當是金修。

《陽城圖經》。金李俊民《重修太清觀記》：「按圖經，縣境内廟有四寺八觀，獨一焉。」①今按，太清觀在陽城縣境内，金時隸河中府澤州。此記撰於金亡後不久，所涉圖經當是金修。

《解州圖經》。金李庭《寓庵集》卷七《解州鹽池重修二王神廟碑》：「《圖經》引《穆天子傳》有『安邑觀鹽池』之語」。今按，解州倚郭之解縣有鹽池，所轄之安邑縣亦有鹽池，與文中所引圖經「安邑觀鹽池」之語合。李庭爲金末元初名士，此碑撰於金亡後不久，所涉圖經當是金修。

《潞城圖經》。金王陛臣《潞州潞城縣重修靈澤王廟記》：「是時前參政馬公節度潞事，披閱圖經，躬詣舊址，嘉王之勛績顯鑠如彼，悼王之殿廡湫溢若此，歎曰：『甚不稱明天子褒顯之意也。』遂以聞上。符下所在，出外府金泉以給經營之費。」②今按，金代潞城縣隸河中府潞州；此文撰於泰和二年，所涉圖經當是金修。

《霍州圖經》。金段成己《霍州遷新學記》：「韓侯奭來典此郡，下車按圖之故，謁先聖於

① 清胡聘之《山右石刻叢編》卷二四，歷代碑誌叢書本，江蘇古籍出版社一九九八年，第一六册一五頁。
② 《（光緒）潞城縣志》卷三《金石記》，中國地方志集成本，鳳凰出版社等二〇〇五年。

廟。」① 今按，段成已爲金末元初名士，此文撰於金亡後不久，所涉圖經當是金修。

《石州圖經》。金姜國器《嘉禾記》：「嘗考諸圖牒，即其實較之，獨嘉禾最爲上瑞。何則？嘉禾者，穀之精也；穀者，生民之命，有國之寶，政之急務也。」② 今按，文中所謂嘉禾，發生於大定十七年、石州定胡縣，所涉圖牒當是金修。

《平陽府圖經》。金毛麾《康澤王廟碑》：「州圖經又曰：『晉水其源，亂泉如蜂房蟻穴，觱沸於淺沙平麓之間。未數十步，忽已驚湍怒濤，盈科漲溢。南北溉田數百頃，動碾磑一百餘所。東合汾，流入滎光，以達於海。散澤浸滛，匯爲湖泊。州人因水曰名平湖。秔稻菱芡，晉人取足焉。』其事見於宋名士謝景初記、宋敏求書。泉之旁有舊祠，世祀神龍，爲此水之主。耆舊相傳，劉元海僭據時，重築陶唐金城，晝作夜壞，募能城者。先有韓媪，田間見巨卵中有嬰兒，收養之。時年數歲，白媪曰：『我能城，可旗募取之。』郎化蛇引前，教媪持灰，隨致於後，從築而兩城成，蛇入巖穴不復出。元所怪之，使窮掘其處，有泉湧出，遂資以灌溉。新舊圖經、《寰宇記》並載其事，後因祀之曰龍子祠。」③ 今按，康澤王爲平水神封號，廟建於平陽臨汾；所謂「州圖經」者，乃

---

① 《山右石刻叢編》卷二五，歷代碑誌叢書本，江蘇古籍出版社一九九八年，第一六册三二頁。

② 清張金吾《金文最》卷八五，中華書局一九九〇年。

③ 《金文最》卷七七，中華書局一九九〇年。

舊稱，平陽本晉州，天會六年升總管府。此文撰於大定明昌間，所涉新舊圖經，當包括金修。

《汾州圖經》。金張守愚《汾川昌寧公冢廟碑》：「明昌五年，州得任從仕爲判官。任諱知微，博聞之士也。因悼彼俗顓蒙瀆神之祠，乃追討圖志，以《春秋傳》考證之，核厥事跡，知其昭然不紊爲神之墓神之廟矣。乃與儒士史世雄、宋鉞取舊圖經參校編次。」① 今按，此記撰於泰和八年，所涉圖經當是金修。

《平遥圖經》。金郭明濟《大金重建超山應潤廟記》：「圖經云：超山在縣東南四十里，高三百三十六丈，峻越餘山。」② 今按，清顧祖禹《讀史方輿紀要》卷四二《山西》四《平遥縣》：「超山，縣東四十里。一名過山，以高聳超過群山而名」；碑記撰於大定二十八年，所涉圖經當是金修。

《忻州圖經》。金段無疆《獨擔靈顯王廟碑》：「謹按圖經云：獨擔山在縣西二十里上有一穴，出雲母玉芝，服之長生無疾，唯有道心者可獲。」③ 另，《遺山先生文集》卷三五《忻州天慶觀重建功德記》：「觀有白鶴之異，復改白鶴觀。圖經無所見，惟石晉天福二年，木土慕容增葺之，書於

① 清張金吾《金文最》卷七七，中華書局一九九〇年。
② 清胡聘之《山右石刻叢編》卷二一，歷代碑誌叢書本，江蘇古籍出版社一九九八年，第一五册八三五頁。
③ 《山右石刻叢編》卷一九，歷代碑誌叢書本，江蘇古籍出版社一九九八年，第一五册七六六頁。

版記者如此。」今按，段氏之記撰於皇統二年，遺山之記撰於金亡後，兩者所涉圖經當是金修。

《交城圖經》。金朱瀾《修建王山十方圓明禪院之記》：「太原交城東北山中約二牛鳴，有古伽藍棟宇，僅有像佛三軀，半已摧毁。斷碑粗識，漢乾佑間，其徒重建山寺，即交城圖經所載，自在王山寺之遺址。」① 今按，此記撰於大定二十七年，所涉圖經當是金修。

《浮山圖經》。金田蔚《重修華池嘉潤侯殿記》：「在圖經所載，其號古老相傳，莫究其詳。」② 今按，清顧祖禹《讀史方輿紀要》卷四一《浮山縣》：龍角山在山西浮山「縣南三十五里，兩峰對峙，舊名羊角山，唐武德中改今名。其東南峰有珍珠洞，又有華池，山之南麓跨翼城縣界。」此記撰於泰和八年，所涉圖經當是金修。

《稷山圖經》。金張陞《稷山縣衙創修康樂亭記》：「按圖志云：稷山縣，古之廉頗守戍之地。春秋時，晉之高粱邑，漢爲聞喜縣，地屬河東，隸於河中府。後魏置龍門郡，後周改爲勳州。古城在今縣西南一十二里。」③ 今按，此記撰於正隆四年，所涉圖經當是金修。

《衛州圖經》。元王惲《汲郡圖志引》：「昔先子無恙時，嘗訓某曰：衛有圖經舊矣。北渡以

---

① 謝光啓《交城王山圓明院金代碑文考》，見《山西省考古學會論文集》(三)，山西古籍出版社二〇〇〇年，第四二二頁。

② 金佚名《龍角山記》，明正統《道藏》本，文物出版社等一九九四年，第一九册六九八頁。

③ 《山右石刻叢編》卷一九，歷代碑誌叢書本，江蘇古籍出版社一九九八年，第一五册七七九頁。

來，百訪而不一見。」① 今按，衛州於金屬河北西路中山府；先子，王惲之父，金末名士王天鐸；北渡，指金亡之際，汴京陷落，中州士人多流亡或被驅北上。

《登封圖經》。金黄久約《重修中嶽廟碑》：「爰自書契以來，事跡靈異非一。祝融降而啓夏，申甫生而興周。浮丘公混俗以僑居，王子晉得道而仙去。自餘高真游覽，玄聖棲遲，圖牒所傳，不可殫舉。」② 今按，清顧祖禹《讀史方輿紀要》卷四八《河南府登封縣》：「嵩山在縣北十里，中嶽是也」；此文撰於大定二十二年，所涉圖牒當是金修。

《修武地志》。《遺山先生文集》卷三五《清真觀記》：「修武清真觀在縣北馬坊，全真諸人爲丘尊師之所建者。大定初，丘自東萊西入關，隱於磻溪，十數年不出，天下以爲有道者。興陵召赴闕，取道山陽，愛其風土之美，徘徊久之，且謂其徒言：『在所道院，武官爲之冠，濱都次之，聖水又次之。若輩得居於此，則與濱都、聖水相甲乙矣。』諸人乃乞地於鄉豪馬子安家而得之。積以歲月，廬舍乃具。舍旁近出大泉，溉田千畝。稻塍蓮蕩，東與蘇門接，茂林修竹，往往而在。太行諸峰，壁立千仞，雲煙朝暮，使人顧揖不暇。考之地志，蓋魏晉諸賢之所樂而忘返處也。」今按，此文撰於甲午歲，即蒙古太宗六年（一二三四），是年金亡。所謂地志，猶言圖記、圖經，當是金

① 元王惲《秋澗集》卷四一，四部叢刊本。
② 清張金吾《金文最》卷七二，中華書局一九九〇年。

修。

《確山縣志》。金張文中《樂山廟王使君謝雨感應記》：「按圖經所載，朗陵在蔡州確山縣西北三十里，山雲即雨，收雲即晴，至避宋諱，改曰樂山，有神焉素著靈響。」① 今按，此記撰於大定二十六年，所涉圖經當是金修。

《龔縣圖經》。金卜儒卿《重修兗州龔縣衙記》：「龔邑古之名縣也。自三代而下，由秦歷漢，逮至於隋，皆未見所新矣。唐武德五年，方屬兗州。驗之圖經，其名隨時史而不同。」② 今按，此記撰於大定四年，所涉圖經當是金修。

《清豐圖經》。金張獻臣《清豐縣重修宣聖廟碑》：「按圖經，清豐縣乃舊之德清軍，魏郡之大邑也。桑麻四野，鷄犬之聲相聞。舊有宣聖廟，歲久不葺，止有正殿、大門而已。」③ 今按，金代清豐縣隸大名府開州；此文撰於大安元年，所涉圖經當是金修。

《益都圖志》。金王城《范公泉記》：「昔宋皇祐中，范文正公常帥青社，有德於人，而州之乾方洋溪醴泉出焉，後人目之曰范公泉。其與戴公山、嚴公瀨、邵伯塘、鄭公渠，埒美儷踪矣。以經

---

① 《金文最》卷二三，中華書局一九九〇年。
② 北京大學圖書館所藏拓片，典藏號二四八五三。
③ 《金文最》卷八〇，中華書局一九九〇年。

兵革，遂致湮絶，鞠爲園蔬。逾五十載，耆老過之，靡不興歎。乃者連帥完顔公思欲發前賢之跡，慰青人之意，乃按圖志，詢故老，得其故處。」①今按，所謂青社，指青州，北宋嘗置南青州節度使，入金後改益都府；此記撰於大定二十一年，所涉圖志當是金修。

《濟南圖經》。金王繪《大聖院記》：「謹按《濟南圖經》：老僧口鎮在聞韶驛東北七十一里，後唐清泰三年建，本小清河渡口，嘗有老僧坐化，因此爲名。」②今按，此記撰於大定二十八年，所涉圖經當是金修。

《滕縣圖經》。金徐安稷《敕黄顯慶寺記》：「滕，古侯國也。州之南有寺曰空寂。按圖經，始建於大漢，再修於天禧，則知是寺之由來已久矣。」③今按，此記撰於章宗明昌元年，所涉圖經當是金修。

《長清圖記》。清孫星衍《寰宇訪碑録》卷一〇著録《超化寺題舍利塔詩》：「王庭筠撰，行書，大定二十二年，山東長清。」今按，此詩流傳至今，有云：「中華此塔第十五，圖記所傳知不妄。」④當時，長清縣屬山東東路濟南府，所涉圖記當是金修。

---

① 《（嘉靖）青州府志》卷七《古跡》，天一閣藏明代方志選刊本，上海書店影印一九八二年。
② 《金文最》卷二三，中華書局一九九〇年。
③ 《北京圖書館藏歷代石刻拓本彙編》，中州古籍出版社一九九〇年，第四七册第八頁。
④ 金元好問《中州集》卷三《黄華王先生庭筠》，中華書局上海編輯所一九六二年，第一四九頁。

《濟州郡志》。金唐子固《東海徐氏墓碑》：「伏以徐氏之先人，據郡書，乃太公之裔也。……今斯徐族有諱用者，同侄雲等來謁於予，求爲石銘，願無見辭。予於是不揆俚鄙，聊舉徐氏之先宗，以彰令族之後裔，舊址新居。自古以來，户業相貫，濟州任城縣東南匡城之北王村居焉。」①今按，所謂郡書，當是郡志圖經之類；此文撰於承安四年，所涉郡志當是金修。

《鄒縣圖經》。金張通《鄒嶧山圖記》：「嶧山距鄒東南三十里。《禹貢》曰：『嶧陽孤桐。』《魯頌》曰：『保有鳧繹。』郭景純謂『繹山純石積構，連屬如繹絲然，故以爲名』。《禹貢》作嶧，蓋其名也；《魯頌》作繹，取其義也。《左傳》曰：『魯師入邾，邾人保於繹。』杜預謂『繹，邾山也』。《地理志》曰：『嶧山在古鄒之北，以繹邑所依爲名。』此皆先賢之説，載於圖經者也。」②今按，金代鄒縣隸山東西路東平府滕州；此記撰於大定十六年，所涉圖經當是金修。

《長安圖經》，圖存記亡。金邳邦用《長安圖經》跋：「此圖舊有碑刻在京兆府公署，兵後失之。有雷德元、完顔椿者訪得碑本，訂補復完，命工鋟梓，附於《長安志》後。壬子年中秋日，谷

① 清張金吾《金文最》卷八七，中華書局一九九〇年。
② 《（嘉靖）鄒縣地理志》卷二《古今記文》，國家圖書館藏本。

口邳邦用跋。」①今按，壬子，蒙古憲宗二年（一二五二）；所謂兵後，指陝右於金亡之際所罹戰火。

《盧氏圖經》。金魏知彰《虢州盧氏縣成德觀創修三門記》：「大定癸卯之春，予到官三載矣。會兵部符下，求天下郡國山川古跡及州縣廢興之所由，使儒者參校其實而聞於上。予因得以按圖經，詢故老，復以經史考之。凡境内之事，遂略得其説，而妄以臆斷其非是。蓋盧氏爲縣，自西漢時隸弘農郡，去郡東南百有四十里。圖經云：盧敖得仙於此，後因以名縣。」②今按，金代盧氏縣隸京兆府虢州，此記撰於大定二十四年，所涉圖經當是金修。

《延安志》。《元一統志》卷四《延安路·風俗形勝》引舊志：「好尚淳厚，頗知禮度。」今按，元人既謂舊志，或金修，或元修，姑列於金，俟考。

《門山圖經》。金王若虚《滹南遺老集》卷四三《門山縣吏隱堂記》：「門山之公署，舊有三老堂。蓋正寢之西，故廳之東，連甍而稍庳，今以之館賓者也。予到半年，葺而新之。意所謂三老

① 元李好文《長安志圖》卷上《唐驪山宫圖》下，宋元方志叢刊本，中華書局一九九〇年，第一册二〇八頁。今按，壬子年指蒙古憲宗二年、一二五二年；邳邦用，字大用，號谷口遺老，安定人。登金哀宗正大元年詞賦進士第，釋褐京兆府學教授。金亡後，嘗官陝西行省郎中。參見清王昶《金石萃編》卷一五八《京兆府學教養碑》、卷一五九《京兆府學改建題名碑》，歷代碑誌叢書本，江蘇古籍出版社一九九八年。

② 《金文最》卷二五，中華書局一九九〇年。

者，必有主名，然求其圖志而無得，訪諸父老而不知。」今按，金有門山縣，隸鄜延路延安府，見《金史》卷二六《地理志》；此記撰於金末，所涉圖志當是金修。

《保安志》。《元一統志》卷四《延安路·風俗形勝》引舊志：「保安舊爲郡，以琴山爲山主。」今按，北宋嘗置保安軍，金大定中升爲州，轄縣一，亦名保安。元人所引舊志，或金修，或元修，姑列於金，俟考。

《河防通議》。清紀昀《四庫全書總目》卷六九《史部地理類》著録《河防通議》二卷，元沙克什撰，案曰：「沙克什原本作贍思，今改正。」云：「沙克什，色目人，官至秘書少監，事跡具《元史》本傳。是書具論治河之法，以宋沈立汴本及金都水監本彙合成編，本傳所稱《重訂河防通議》是也。沙克什系出西域，邃於經學，天文地理、鐘律算數無不通曉。至元中，嘗召議河事，蓋於水利亦素所究心，故其爲是書。分門者六，門各有目，凡物料功程、丁夫輸運，以及安樁下絡疊埽修堤之法，條列品式，粲然咸備，足補列代史志之闕。昔歐陽元嘗謂司馬遷、班固記河渠、溝洫，僅載治水之道，不言其方，使後世任斯事者無所考。是編所載，雖皆前代令格，其間地形改易，人事遷移，未必一一可行於後世，而準今酌古，矩矱終存，固亦講河務者所宜參考而變通矣。」今按，此系元人重訂，是將宋人《河事集》與金人《河防通議》「摘而合之爲一，削去冗長，考訂舛訛，省其門，析其類，使粗有條貫，以便觀覽，而資實用云」。其中，金人所著《河防令》及有關事項賴以保存，故録元人序跋以備參考。

元沙克什《重訂河防通議序》：

水功有書尚矣。《禹貢》垂統於上，而《河渠書》《溝洫志》纘緒於下，後世間亦有述。逮宋金而河徙加數，爲害尤劇，故設備益盛，而立法愈密。其疏導則踐禹跡而未臻，其壅塞則擬宣房而過之矣。金時都水監有書詳載其事，目曰《河防通議》，凡十五門。其體制類今簿領之書，不著作者名氏，殆胥吏之紀録也。今都水監亦存而用之。愚少嘗學算數於真定，壕寨官張祥瑞之授以是書，且曰此監本也，得之於太史若思。後十五年，復得汴本，其中全列宋丞司點檢周俊《河事集》，視監本爲小異。雖無門類，而援引經史，措辭稍文，論事略備。其條目纖悉，則弗若之矣。署云朝奉郎尚書屯田員外郎騎都尉沈立撰。愚患二本之得失互見，其叢雜紛糾，難於討尋，因暇日摘而合之爲一，削去冗長，考訂舛訛，省其門，析其類，使粗有條貫，以便觀覽，而資實用云。至治初元，歲在辛酉四月吉日，真定沙克什序。（元沙克什《河防通議》卷首，叢書集成初編本，中華書局一九八五年。）

元和元昇《重訂河防通議後序》：

六府三事允治，禹功莫大焉，猶幸其書之存而可考也。僉憲沙公得之，講求修齊治平之暇，取金宋《河防通議》一書，合而訂正之，可謂有用之實學。僕貳郡真定，嘗得而推行之。兹來嘉禾，鐫梓於學，以廣其傳。三吴水利，能取則焉。則是編又豈止於防河而已哉！至元四年戊寅八月望日，亞中大夫嘉典路總管兼管内勸農事和元昇跋。（元沙克什《河防通議》卷末，叢書集成初編本，中華書局一九八五年。）

《龍角山記》一卷，存。龍角山原名羊角山，在山西浮山南。自唐代傳説太上老君顯靈於此，遂演爲道教聖地，改浮山爲神山、羊角山爲龍角山，建老君廟，名曰慶唐觀。今按，全書收碑記十七篇，上自唐宋，下迄於金①，當是金人修纂。

《算經》。金李治《敬齋古今黈》卷三：「予至東平，得一《算經》，大概多明如積之術，以十九字志其上下層數，曰：仙、明、霄、漢、壘、層、高、上、天、人、地、下、低、減、落、逝、泉、暗、鬼。此蓋以人爲太極，而以天地各爲元而陟降之。其説雖若膚淺，而其理頗爲易曉。」今按，李迪《中國數學通史（宋元卷）》第四章《天元術與李治》關於當時數學概念有簡明易懂的論述，兹摘要如下：

元裕的貢獻在於其細草發表後，「後人始知有天元」。由此可知，從蔣周到元裕以前的一百年間，雖然天元術已萌芽了很長時間，但在書中没有細草，僅是不明顯地存在，一般讀者不易領悟。有了細草，把演算和設問都要寫在書上，一目了然。當時也許有了「立天元」這樣的詞。但只有「立天元」還不足以能把一個多項式的係數按次數高低排列出來，必須有一個次序和各項的名稱。「立天元」只是設立了未知數，這時常數項不能不考慮，就多項式（或方程）來説它是個起點，也

① 明正統《道藏》本，文物出版社等一九九四年，第一九册六九二頁。

要用一個字表示，可是用什麽字，每個人也有不同。可以推定，以「太」爲起點，「立天元」之後按次數高低進行排列的天元術，最晚形成於一二〇〇年前後。

由於天元術剛剛形成，所以各家有不同表示法，可以説較爲雜亂。李治嘗言：「予至東平得一算經，大概多明如積之術。以十九字識其上下層，曰仙、明、霄、漢、壘、層、高、上、天、人、地、下、低、減、落、逝、泉、暗、鬼。」没有説「算經」之名，但是其中「大概多明如積之術」一語頗爲重要，「如積」正是劉汝諧《如積釋鎖》一書的主要内容，而「釋鎖」應是解「如積」的具體方法，元裕的細草是用在「如積」上的。由此推測，李治得到的「算經」或許是劉汝諧的《如積釋鎖》及細草之類。

此外，用十九個表示多項式各項的名稱，其中間的「人」字顯然是指常數項，靠它的「天」、「地」分别爲一次項和負一次項。其排列由上到下，並與現代形式對照：仙（x^9）、明（x^8）、霄（x^7）、漢（x^6）、壘（x^5）、層（x^4）、高（x^3）、上（x^2）、天（x）、人（a）、地（x^{-1}）、下（x^{-2}）、低（x^{-3}）、減（x^{-4}）、落（x^{-5}）、逝（x^{-6}）、泉（x^{-7}）、暗（x^{-8}）、鬼（x^{-9}）。由此可以看出，這時的「立天元」應指在常數項「人」之上把「天」立起來，就是一次項，然後排其餘，而不是用一個未知數排出其餘各項，還相當笨拙。（江蘇教育出版社一九九九年，第一八八頁至一八九頁。）

《復軌》。吴文俊主編《中國數學史大系》著録。① 今按，金李治《敬齋古今黈》卷三：「予徧觀諸家如積圖式，皆以『天元』在上，乘則升之，除則降之。獨太原彭澤彦材法，立『天元』在上。凡今之印本《復軌》等書，俱下置『天元』者，悉踵習彦材法耳。彦材在數學中，亦入域之賢者。而立法與古相反者，其意以爲天本在上，動則不可復上，而必置於下；動則徐上，亦猶《易》卦，乾在在下，坤在在上，二氣相交而爲太也。故以乘則降之，除則升之。求『地元』則反是。」

《重新補添分門字苑撮要》，殘存十卷。北京圖書館《中國板刻圖録》著録「金刻本」，云：「全書分類編次，從各書中摘録歷代事實，後附散對，備科場獺祭之用。原書卷數與編輯人均無考。存十卷。觀紙墨刀法與刻工稱謂，知是平水刻本。」② 今按，該藏缺一至五卷，存卷六《古帝王門》六、卷七《古帝王門》七；卷八《古人臣門》一、卷九《古人臣門》二、卷十《古人臣門》三、卷十一《古人臣門》四；卷十二《古聖賢門》；卷十三《天文門》一、卷十四《天文門》二；卷十五《時令門》等。

《婚書》。《金史》卷五一《選舉志》：「凡司天臺學生，女真二十六人，漢人五十人，聽官民家年十五以上、三十以下試補。又三年一次，選草澤人試補。其試之制，以《宣明曆》試推步，及

---

① 北京師範大學出版社二〇〇〇年，第三七八頁。
② 文物出版社一九六〇年，第一册五〇頁。

《婚書》、《地理新書》試合婚、安葬，並《易》筮法、六壬課、三命五星之術。」

《市人日歷》。《遺山先生文集》卷二三《劉景玄墓銘》：「景玄年十六七許時，其先人朝請君官四方。景玄留學陵川，已能自樹立如成人。老師宿學多稱道之，而朝請君獨未知也。及罷官歸，行視景玄所舍，見其架上書散亂無部帙，意不懌，因問：『讀書有後先，汝寧亂讀耶？』漫取一書試之，則隨問隨答，無所忘失。朝請君始大驚，拊其背曰：『及吾未老，當見汝聳壑昂霄時耳。』乃名之昂霄，字景玄，別字季房。泰和中，予初識景玄於太原。人有爲予言『是家讀《廣記》半月，而初無所遺忘者』，予未之許也。杯酒間，戲取《市人日歷》鱗雜米鹽者，約過目，則讀之，已而果然。」

《興教寺題詠集》。金王寂《鴨江行部志》：「甲辰，次熊嶽縣，宿興教寺。晚登經閣，南望王元仲海嶽樓，不及一牛鳴，但以謁禁，不得一登覽爲歉。舊聞京師名公皆有題詠，已刻石於樓下，命借副本，因得詳觀。蓋玉照老人劉鵬南爲之序。平章公張仲澤首唱『通』字韻詩，自餘賡和者，張御史壽甫、鄭侍講景純、蔡濰州正父、李禮部致美。如此凡二十五人。中間惟趙獻之作賦，又不用原韻者四人。玩味再四，有以起予，亦漫繼兩詩，他日登門，庶以是爲先容耳。然强韻傑句皆爲人所先，要不蹈襲一字，亦出於倔强也。」①

① 羅繼祖、張博泉《鴨江行部志注釋》，黑龍江人民出版社一九八四年，第二八頁。

《承安樂府》。元袁桷《題金承安樂府》：

幼歲見老樂工歌梨園音曲，若不相屬，而均數無少間斷，猶累累貫珠之遺意也。承安老人所補歌曲，按其音節無少異，此殆以文爲戲者。黄豫章嘗評《小山樂府》爲狹邪之鼓吹、豪士之大雅。風流日遠，惜不得共論承平王孫故態，爲之慨然。（《清容居士集》卷四八，四部叢刊本。）

《國朝名公書》。金元好問《跋國朝名公書》：

任南麓書如老法家斷獄，網密文峻，不免嚴而少思，使之治京兆，亦當不在趙、張、二王之下。黄山書如深山道人，草衣木食，不可以衣冠禮樂束縛，遠而望之，知其爲風塵表物。黄華書如東晉名流，往往以風流自命，如封胡羯末，猶有蘊藉可觀。閑閑公書如本色頭陀，學至無學，横説竪説，無非般若。百年以來，以書名者多不媿古人。宇文太學叔通、王禮部無競、蔡丞相伯堅父子、吴深州彦高、高待制子文，耳目所接見，行輩相後先，爲一時。任南麓、趙黄山，趙禮部、龐都運才卿、史集賢季宏、王都勾清卿、許司諫道真爲一時。龐、許且置，若党承旨正書八分，閑閑以爲百年以來，無與比者；篆字則李陽冰以後一人，郭忠恕、徐常侍不論。今卷中諸公書皆備，而竹溪獨見遺。正如鄴中賓客，應、劉、徐、阮皆天下之選，使坐無陳思王，則亦不得不爲西園清夜惜也。歲甲午三月二十有三日書。（《遺山先生文集》卷四〇，四部叢刊本。今按，甲午指蒙古太宗六年、一二三四年，是年金亡。）

《中州元氣集》。明孫能傳等《内閣藏書目録》卷五《樂律部》著録：「《中州元氣集》四册，不全。莫詳編集姓氏，皆古樂府詞曲也，凡十册，今闕其六。」明楊士奇等《文淵閣書目》卷一〇著録「宋《中州元氣集》一部十二册，殘闕。」明錢溥《秘閣書目·詩辭》、明葉盛《菉竹堂書目》卷四《詩詞集》均作「宋《中州元氣集》十一册」。明佚名《近古堂書目》卷下《金人集類》、明董其昌《玄賞齋書目》卷七《集部》及清錢謙益《絳雲樓書目》卷三《金元文集類》亦著録，未涉撰者姓名及卷帙。另，清況周頤《薰風詞話》卷四《中州元氣集》：「仁和勞氏丹鉛精舍校《遺山樂府》，屢引《中州元氣集》。錢竹汀先生補《元史藝文志》：《中州元氣》十册，在詞曲類。是書勞猶及見，當非久佚。唯曰十册，疑是寫本未刻，故未分卷。則訪求尤不易矣。晚近弁髦風雅，古書時復流通，容猶有得見之望，未可知耳。」今按，所謂中州元氣，指中州文脈，與《中州集》冠名的内涵一致。此集收金及金元易代之際作品，《永樂大典》屢見徵引。如「文」有雷淵《竹閣寺記》①；「诗」有劉瞻《絶句》②、《墨梅》③；王庭筠《題張家鋪》④、《偶作》、《絶句》二首⑤；劉

① 《永樂大典》卷一三八二四寺字韻引《中州元氣集》，中華書局一九九八年，第六册五九二一頁。
② 《永樂大典》卷九〇三詩字韻引《中州元氣集》，中華書局一九九八年，第九册八五六五頁。
③ 《永樂大典》卷二八一三梅字韻引《中州元氣集》，中華書局一九九八年，第二册一五〇四頁。
④ 《永樂大典》卷一四五七六鋪字韻引《中州元氣集》，中華書局一九九八年，第七册六四七二頁。
⑤ 《永樂大典》卷九〇三詩字韻引《中州元氣集》，中華書局一九九八年，第九册八五六五頁。

昂《失題》①、《讀山谷詩》②；李純甫《送蕭晉卿西行》③；麻九疇《紅梅》五首④；房皞《紅梅》⑤；李章《讀太白詩》六首、《讀過齋詩》、《雜詩》三首、《漫成》二首、《絶句》三首⑥、《東湖曲》⑦等等，俱爲《中州集》失收。至於「詞曲」，尚未見實例。

《劉知遠諸宫調》，殘存。此書是現存最早的諸宫調作品，約産生於金代前期。所謂諸宫調，顧名思義，是由多種宫調的套曲聯綴而成的長篇講唱文藝樣式，説的部分用散語，唱的部分用韻文。結構複雜，篇幅宏偉。源於宋，盛於金。劉知遠即後漢高祖，沙陀部人。後晉時，官河東節度使，累封北平王。契丹滅後晉，在太原稱帝，建都於汴，國號漢，史稱後漢。《劉知遠諸宫調》是根據民間有關劉知遠故事加工而成的。其出身貧寒，在沙陀小李村與李三娘相識而結爲夫婦。由於不堪李三娘兄嫂虐待，離家投軍，發跡顯貴，最後夫妻團圓。作品不尚雕琢，語言自然，保持了民間文藝的本色。《劉知遠諸宫調》與《西廂記諸宫調》的相繼出現，反映了北曲构套体制已漸趨成熟，

① 《永樂大典》卷二八一三梅字韻引《中州元氣集》，中華書局一九九八年，第二册一六〇四頁。
② 《永樂大典》卷九〇三詩字韻引《中州元氣集》，中華書局一九九八年，第九册八五六五頁。
③ 《永樂大典》卷八六二八行字韻引《中州元氣集》，中華書局一九九八年，第四册三九八四頁。
④ 《永樂大典》卷二八〇九梅字韻引《中州元氣集》，中華書局一九九八年，第二册一四六二頁。
⑤ 《永樂大典》卷二八〇九梅字韻引《中州元氣集》，中華書局一九九八年，第二册一四六二頁。
⑥ 《永樂大典》卷九〇三詩字韻引《中州元氣集》，中華書局一九九八年，第九册八五六四頁。
⑦ 《永樂大典》卷二二六二湖字韻引《中州元氣集》，中華書局一九九八年，第一册七五二頁。

爲北曲雜劇的形成奠定了基礎。《劉知遠諸宫調》原本十二則，今存不足五則，即「知遠走慕家莊沙陀村入舍第一」、「知遠别三娘太原投事第二」、「知遠充軍三娘剪髮生少主第三」（殘存二頁）、「知遠探三娘與洪義厮打第十一」、「君臣弟兄子母夫婦團圓第十二」。該書爲俄國柯智洛夫探險隊於一九〇七年於張掖發掘黑水故城時所得，爲金版流入西夏者。後來，前蘇聯國家對外文化聯絡委員會將原本歸還中國，現藏國家圖書館。原書十二卷，存五卷四十二頁。

《崔韜逢雌虎諸宫調》。

《鄭子遇妖狐諸宫調》。

《井底引銀瓶諸宫調》。

《離魂倩女諸宫調》。

《謁漿崔護諸宫調》。

《雙漸豫章城諸宫調》。

《柳毅傳書諸宫調》。以上金董解元《西廂記》卷一［柘枝令］著録。

《院本名目》。金院本現存七百零六個名目，分别歸入和曲院本、上皇院本、題目院本、霸王院本、諸雜大小院本、院么、諸雜院爨、衝撞引首、拴搐豔段、打略拴搐、諸雜砌等十一類。前五類是以題材及負載故事的容量不同而劃分的，和曲院本十四種，上皇院本十四種，題目院本二十種，霸王院本六種，諸雜大小院本一百八十九種，計二百四十三種。後六類比較複雜，是與院本聯繫緊密的表演伎藝，屬於院本。

元陶宗儀《院本名目序》：唐有傳奇，宋有戲曲、唱諢、詞説。金有院本、雜劇、諸宫調。院本、雜劇，其實一也。國朝，院本、雜劇始釐而二之。院本則五人，一曰副浄，古謂之參軍。一曰副末，古謂之蒼鶻。鶻能擊禽鳥，末可打副浄，故云。一曰引戲，一曰末泥，一曰孤裝。又謂之五花爨。或曰：宋徽宗見爨國人來朝，衣裝鞵履巾裹，傅粉墨，舉動如此，使優人效之以爲戲。又有焰段，亦院本之意，但差簡耳。取其如火焰，易明而易滅也。其間副浄有散説，有道念，有筋斗，有科泛。教坊色長魏武劉三人鼎新編輯。魏長於念誦，武長於筋斗，劉長於科泛，至今樂人皆宗之。偶得院本名目，用載於此，以資博識者之一覽。

和曲院本

《月明法曲》、《鄆王法曲》、《燒香法曲》、《送使法曲》、《上墳伊州》、《燒花新水》、《熙州駱駝》、《列良羸府》、《病鄭逍遥樂》、《四皓逍遥樂》、《四酸逍遥樂》、《賀貼萬年歡》、《拼檩降黄龍》、《列女降黄龍》。

上皇院本

《壺春堂》、《太湖石》、《金明池》、《戀鼇山》、《六變妝》、《萬歲山》、《打草陣》、《賞花燈》、《錯入内》、《問相思》、《探花街》、《斷上皇》、《打球會》、《春從天上來》。

題目院本

《柳絮風》、《紅索冷》、《牆外道》、《共粉淚》、《楊柳枝》、《蔡消閑》、《方偷眼》、《呆太守》、《畫堂前》、《夢周公》、《梅花底》、《三笑圖》、《脱布衫》、《呆秀才》、《來年期》、《賀方回》、《王安石》、《斷三行》、《競尋芳》、《雙打梨花院》。

霸王院本

《悲怨霸王》、《范增霸王》、《草馬霸王》、《散楚霸王》、《三官霸王》、《補塑霸王》。

諸雜大小院本

《喬托孤》、《旦判孤》、《計算孤》、《雙判孤》、《百戲孤》、《哨咕孤》、《燒棗孤》、《孝經孤》、《菜園孤》、《貨郎孤》、《合房酸》、《麻皮酸》、《花酒酸》、《狗皮酸》、《還魂酸》、《別離酸》、《三纏酸》、《謁食酸》、《三楪酸》、《哭貧酸》、《插撥酸》、《酸孤旦》、《毛詩旦》、《老孤遣旦》、《纏三旦》、《禾哨旦》、《哮賣旦》、《貧富旦》、《書櫃兒》、《紙襴兒》、《蔡奴兒》、《剁毛兒》、《喜牌兒》、《卦册兒》、《繡篋兒》、《粥碗兒》、《似娘兒》、《卦鋪兒》、《師婆兒》、《教學兒》、《雞鴨兒》、《黄丸兒》、《棱角兒》、《田牛兒》、《小丸兒》、《醜奴兒》、《病襄王》、《馬明王》、《鬧學堂》、《鬧浴堂》、《寬布衫》、《泥布衫》、《趕湯瓶》、《紙湯瓶》、《鬧旗亭》、《芙蓉亭》、《壞食店》、《鬧酒店》、《壞粥店》、《莊周夢》、《花酒夢》、《蝴蝶夢》、《三出舍》、《三入舍》、《瑤池會》、《八仙會》、《蟠桃會》、《洗兒會》、《藏鬮會》、《打五臟》、《蘭昌宮》、《廣寒宮》、《鬧結親》、《倦成親》、《强風情》、《大論情》、

《三園子》、《紅娘子》、《太平還鄉》、《衣錦還鄉》、《四論藝》、《殿前四藝》、《競敲門》、《都子撞門》、《呆大郎》、《四酸擂》、《問前程》、《十樣錦》、《長慶館》、《癩將軍》、《兩相同》、《競花枝》、《五變妝》、《洪福無疆》、《白牡丹》、《赤壁鏖兵》、《窮相思》、《金壇謁宿》、《調雙漸》、《官吏不和》、《鬧巡鋪》、《判不由己》、《大勘刀》、《同官不睦》、《鬧平康》、《趕門不上》、《賣花容》、《同官賀授》、《無鬼論》、《四酸諱偌》、《鬧棚闌》、《雙藥盤街》、《鬧文林》、《四國來朝》、《雙捉婿》、《酒色財氣》、《醫作媒》、《風流藥院》、《監法童》、《漁樵問話》、《鬬鵪鶉》、《杜甫遊春》、《鴛鴦簡》、《四酸提猴》、《滿朝歡》、《月夜聞箏》、《鼓角將》、《鬧芙蓉城》、《雙鬥醫》、《張生煮海》、《賒饅頭》、《文房四寶》、《謝神天》、《陳橋兵變》、《雙揭榜》、《蒙啞質庫》、《雙福神》、《院公狗兒》、《告和來》、《佛印燒豬》、《酸賣徠》、《琴劍書箱》、《花前飲》、《五鬼聽琴》、《白雲庵》、《迓鼓二郎》、《壞道場》、《獨腳五郎》、《賣花聲》、《進奉伊州》、《錯上墳》、《醫五方》、《打五鋪》、《拷梅香》、《四道姑》、《隔簾聽》、《硬行蔡》、《義養娘》、《呫師姨》、《論秋蟬》、《劉盼盼》、《牆頭馬》、《刺董卓》、《鋸周樸》、《四柏板》、《大論談》、《捧龍舟》、《擊梧桐》、《滰藍橋》、《入桃園》、《雙防送》、《海棠春》、《香藥車》、《四方和》、《九頭頂》、《鬧元宵》、《趕村禾》、《眼藥孤》、《兩同心》、《更漏子》、《陰陽孤》、《提頭巾》、《三索債》、《防送哨》、《偌賣旦》、《是耶酸》、《怕水酸》、《回回梨花院》、《晉宣成道記》。

院幺

《海棠軒》、《海棠園》、《海棠怨》、《海棠院》、《魯李王》、《慶七夕》、《再相逢》、《風流婿》、《王子端捲簾記》、《紫雲迷四季》、《張與夢楊妃》、《女狀元春桃記》、《粉牆梨花院》、《妮女梨花院》、《龐方温道德經》、《大江東注》、《吴彦舉》、《不抽闌》、《不掀簾》、《紅梨花》、《玎瑠天賜》、《暗姻緣》。

諸雜院爨

《鬧夾棒六麽》、《鬧夾棒法曲》、《望瀛法曲》、《分拐法曲》、《送宣道人歡》、《逍遥樂打馬鋪》、《撦彩延壽樂》、《諱老長壽仙》、《夜半樂打明皇》、《歡呼萬里》、《山水日月》、《集賢賓打三教》、《打白雪歌》、《地水火風》、《夜深深三磕胞》、《佳景堪遊》、《琴棋書畫》、《喜遷鶯剁草鞋》、《太公家教》、《十五郎》、《滕王閣鬧八妝》、《春夏秋冬》、《風花雪月》、《上小樓兗頭子》、《噴水胡僧》、《打注論語》、《恨秋風鬼點偌》、《詩書禮樂》、《論語謁食》、《下角瓶大醫淡》、《再遊恩地》、《累受恩深》、《送羹湯放火子》、《擂鼓孝經》、《香茶酒果》、《船子和尚四不犯》、《徐演黄河》、《單兜望梅花》、《皇都好景》、《四偌大提猴》、《雙聲迭韻》、《上皇四軸畫》、《三偌一卜》、《調猿卦鋪》、《倬刀饅頭》、《河轉迓鼓》、《背箱伊州》、《酒樓伊州》、《蓑衣百家詩》、《埋頭百家詩》、《偷酒牡丹香》、《雪詩打樊噲》、《抹麥長壽仙》、《四偌賣諢》、《四偌祈雨》、《松竹龜鶴》、《王母祝壽》、《四偌抹紫粉》、《四偌髣馬椿》、《截紅鬧浴堂》、《和燕歸梁》、《蘇武和番》、《羹湯六麽》、《河陽舅舅》、《偌請都子》、《雙女賴飯》、《一貫質庫兒》、《私媒質庫兒》、《清朝無事》、《豐稔太平》、《一人有慶》、《四海民和》、《金皇聖德》、《皇家萬歲》、《背鼓千字文》、《變龍千字文》、《摔盒千字文》、《錯打千字文》、《木驢千字文》、《埋頭千字文》、《講來年好》、《講聖州序》、《講樂章序》、《講道德經》、《神農大説藥》、《食店提猴》、《人參腦子爨》、《斷朱温爨》、《變二郎爨》、《講百果爨》、《講百花爨》、《講蒙求爨》、《講百禽爨》、《講心字爨》、《變柳七爨》、《三跳澗爨》、《打王樞密爨》、《水酒梅花爨》、《調猿香字爨》、《三分食爨》、《煎布衫爨》、《賴布衫爨》、《雙楪紙爨》、《謁金門爨》、《跳布袋爨》、《文房四寶爨》、《開山五花爨》。

衝撞引首

《打三十》、《打謝樂》、《打八哥》、《錯打了》、《錯取鬼》、《説狄青》、《憨郭郎》、《枝頭巾》、《小鬧摑》、《鶯哥》、《貓兒》、《大陽唐》、《小陽唐》、《歇貼韻》、《三般尿》、《大驚睡》、《小驚睡》、《大分界》、《小分界》、《雙雁兒》、《唐韻六貼》、《我來也》、《情知本分》、《喬捉蛇》、《鐺鍋釜灶》、《代元保》、《母子御頭》、《嘴苗兒》、《山梨柿子》、《打淡的》、《一日一個》、《村城詩》、《胡椒雖小》、《蔡伯喈》、《遮截架解》、《窄磚兒》、《三打步》、《穿百倬》、《盤榛子》、《四魚名》、《四坐山》、《提頭帶》、《天下樂》、《四怕水》、《四門兒》、《説古人》、《山麻秸》、《喬道場》、《黄風蕩蕩》、《貪狼觀》、《通一母》、《串梆子》、《拖下來》、《啞伴哥》、《劉千劉義》、《歡會旗》、《生死鼓》、《搗練子》、《三群頭》、《酒槽兒》、《浄瓶兒》、《賣官衣》、《苗青根白》、《調笑令》、《鬥鼓笛》、《柳青娘》、《論句兒》、《請車兒》、《身邊有藝》、《調劉袞》、《霸王草》、《難古典》、《左必來》、《香供養》、《合五百》、《奶奶嗔》、《一借一與》、《已巳己》、《舞秦始皇》、《學像生》、《支道饅頭》、《打調刼》、《驢城白守》、《呆醜》、《定魂刀》、《説罰錢》、《年紀大小》、《打扇》、《盤蛇》、《相眼》、《告假》、《捉記》、《照淡》、《蒙啞》、《投河略通》、《調賊》、《多筆》、《僉押》、《扯狀》、《羅打》、《記水求楞》、《燒奏》、《轉花枝》、《計頭兒》、《長嬌憐》、《歇後語》、《蘆子語》、《回且語》、《大支散》。

拴搐豔段

《襄陽會》、《驢軸不了》、《抛繡球》、《鞭敲金蹬》、《門簾兒》、《天長地久》、《眼藥裹》、《衙府則例》、《金含楞》、《天下太平》、《歸塞北》、《春夏秋冬》、《鬥百草》、《叫子蓋頭》、《大劉備》、《石榴花詩》、《啞漢書》、《説古棒》、《唱拄杖》、《日月山河》、《胡餅大》、《嘴揾地》、《屋裏藏》、《罵吕布》、《張天覺》、《打論語》、《十果頑》、《十般乞》、《還故里》、《劉金帶》、《四草蟲》、《四廚子》、《四妃豔》、《望長安》、《長安住》、《罵江南》、《風花雪月》、《錯寄書》、《睡起教柱》、《打婆束》、《三文兩撲》、《大對景》、《小護鄉》、《少年游》、《打青提千字文》、《酒家詩》、《三拖旦》、《睡馬杓》、《四生厲》、《喬唱譚》、《桃李子》、《麥屯兒》、《大菜園》、《喬打聖》、《杏湯來》、《謝天地》、《十隻腳》、《請生打納》、《建成》、《縛食》、《球棒豔》、《破巢豔》、《開封豔》、《鞍子豔》、《打虎豔》、《四王豔》、《蝗蟲豔》、《撅子豔》、《七捉豔》、《修行豔》、《般調豔》、《棗兒豔》、《蠻子豔》、《快樂豔》、《慈烏豔》、《眼裏喬》、《訪戴衆半》、《陳蔡》、《范蠡》、《扯休書》、《鞭塞》、《金鈴》、《感吾智》、《諸宮調》、《杴杋掃竹》、《雕出板來》、《套靴》、《舌智》、《俯飯》、《釵髮多》、《襄陽府》、《仙哥兒》。

打略拴搐

《星象名》、《果子名》、《草名》、《軍器名》、《神道名》、《燈火名》、《衣裳名》、《鐵器名》、《書集名》、《節分名》、《韲菜名》、《縣道名》、《州府名》、《相撲名》、《法器名》、《樂人名》、《草名》、《軍名》、《門名》、《魚名》、《菩薩名》。

賭撲名：《照天紅》、《著棋名》、《衮骰子》、《琴家弄》、《悶葫蘆》、《握龜》。

官職名：《説駕頑》、《敲待制》、《上官赴任》、《押刺花赤》。

飛禽名：《青鴣》、《老鴉》、《廝料》、《鷹鷂雕鶻》。

花名：《石竹子》、《調狗》、《散水》。

吃食名：《廚難偌》、《蘑菇菜》。

佛名：《成佛板》、《爺娘佛》。

難字兒：《盤驢》、《害字》、《劉三》、《一板子》。

酒下拴：《數酒》、《三元四子》。

唱尾聲：《孟薑女》、《遮蓋了》、《詩頭曲尾》、《虎皮袍》。

猜謎：《杜大伯》、《大黄》。

和尚家門：《秃醜生》、《窗下僧》、《坐化》、《唐三藏》。

先生家門：《入口鬼》、《則要胡孫》、《大燒餅》、《清閑真道本》。
秀才家門：《大口賦》、《六十八頭》、《拂袖便去》、《紹運圖》、《十二月》、《胡説話》、《風魔賦》、《療丁賦》、《捧著駱駝》、《看馬胡孫》。
列良家門：《説卦象》、《由命賦》、《混星圖》、《柳簸箕》、《二十八宿》、《春從天上來》。
禾下家門：《萬民快樂》、《咬得響》、《莫延》、《九斗一石》、《共牛》。
大夫家門：《三十六風》、《傷寒賦》、《合死漢》、《馬屁勃》、《安排鍬钁》、《三百六十骨節》、《撒五穀》、《便癰賦》。
卒子家門：《針兒線》、《甲仗庫》、《軍鬧》、《軍敗》。
良頭家門：《方頭賦》、《水龍吟》。
邦老家門：《腳言腳語》、《則是便是賊》。
都子家門：《後人收》、《桃李子》、《上一上》。
孤下家門：《朕聞上古》、《刁包待制》、《絹兒來》。
司吏家門：《罷筆賦》、《事故榜》。
仵作家門：《一遍生活》、《受胎成氣》。

諸雜砌

《模石江》、《梅妃》、《浴佛》、《三教》、《姜武》、《救駕》、《趙娥娥》、《石婦吟》、《變貓》、《水母》、《玉環》、《走鸚哥》、《上料》、《瞎腳》、《易基》、《武則天》、《告子》、《拔蛇》、《鹿皮》、《新太公》、《黄巢》、《恰來》、《蛇師》、《没字碑》、《臥草》、《衲襖》、《封碑》、《鋸周樸》、《史弘肇》、《懸頭梁上》。(《輟耕録》卷二五《院本名目》,中華書局一九八〇年。)

第三節　醫學藝文

金代醫學是在特殊的社會環境中發展起來的,取得了極爲突出的成就,帶有鮮明的時代特色,是中華民族醫學文化的重要組成部分。

一、金代醫學發展的成就。金代醫家輩出,破除了以往因循守舊、泥古不化的陳腐觀念,競相著書立説,各樹一幟,開創了中醫學術百家争鳴的新局面,即所謂「儒之門户分於宋,醫之門户分於金元」①。這對中醫理論的深入發展起到重要推動作用,迄今仍具積極的啓發意義。

① 清紀昀等《四庫全書總目》卷一〇三《子部醫家類》,中華書局一九九七年,第一三二九頁。

一是劉完素的「火熱論」。劉完素把《内經》理論與當時盛行的五運六氣説相結合，提出「火熱論」，自成一家。劉氏既强調「不知運氣，而求醫無失者鮮矣」，又主張「主性命者在乎人」，「修短壽夭，皆人自爲」，批判了所謂人體發病緣自「五運六氣」的宿命論，以爲在醫學實踐中生搬硬套「運氣」説，只能得到「矜己惑人而莫能彰驗」的荒唐結果。

劉完素《素問玄機原病式·至真要大論》所述病機十九種，與「火熱」有關者居多。所謂「六氣皆從火化」，風、濕、燥、寒諸氣在病理變化中俱可化熱生火；而火熱往往導致風、濕、寒、燥的産生。因此，劉氏將驚、躁、狂、鬱等證列爲「火熱」之變，又特别指出，「情志所傷，則皆屬火熱。所謂陽動陰静，故勞則躁不寧，静則清平」。

劉完素針對火熱病的多發性和普遍性及其病理變化，總結出臨證施治的原則，即以清熱通利爲主，善用寒涼藥物，故稱之「寒涼派」。具體説，是從表證和裏證兩方面確定火熱病的治療方法。如治熱痢用苦寒劑；治冷痢用辛熱劑；治外感風熱用辛涼劑；治外感風寒用辛温劑；治療中風，既注重清熱祛風，又兼用温經回厥等。劉氏還提出「臟腑六氣病機説」、「玄府氣液説」，進一步闡述了《内經》亢害承制理論，爲中醫學的發展作出了重要貢獻。尤其是火熱病證的理論産生了深遠影響，被譽爲熱病宗河間。

二是張元素的「臟腑辨證論」。張元素潛心醫學，歷經二十餘年臨證研究，開創了易水學派。其醫學思想源於《内經》、《難經》、《傷寒論》等，兼採諸家，也受過劉完素的影響。張氏對於當時泥守古方的風氣頗不以爲然，認爲「運氣不齊，古今異軌，古方今病不相能也」，遂强調治療疾病應因人因時因地而宜。他在繼承傳統基礎上，結合臨證實踐，系統研究了臟腑的生理和病理，提出「臟腑標本寒熱虚實用藥式」，爲臟腑辨證學説的確立奠定了基礎。此外，他還注重脾胃，以爲人之根本：脾者「消磨五穀，寄在胸中，養於四旁」；胃者「氣壯，則五臟六腑皆壯也」，主張以「補氣」與「補血」法治療脾胃虚弱，具有啓發意義。此外，他對藥物氣味、歸經、補瀉等理論，也都有所研究與發揮，遣方用藥靈活。以瀉火藥爲例，方因病異，如黄連瀉心火，黄芩瀉肺火，白芍瀉肝火，知母瀉腎火，石膏瀉胃火等等，皆流傳於世。張元素善於學習思考，敢於自立新説，實現了對傳統的超越。

三是張從正的「攻邪論」。張從正奉《内經》爲宗，私淑河間派。他基於臨床實踐總結出「病由邪生，攻邪已病」的思想，强調「病之一物，非人身素有之，或自外而入，或由内而生，皆邪氣也」。邪氣由來不盡相同，或風、寒、暑、濕、燥、火等六淫侵犯，或霧、露、雨、雹、冰、泥等六邪感染，或酸、苦、甘、辛、鹹、淡等六味不節。因此，他主張按證治療，施以攻法，先治其實，後治其虚，以速去其邪，邪去而元氣自復。例如，寒則血行遲而少者，必須先除其致病之寒，寒去則血行，血行則氣和，氣和則愈矣。

攻邪有汗、下、吐三法，當據邪氣所侵人體部位決定。如病邪有三，侵入部位有三，治療方法亦當有三。天之六氣，多侵犯人之上部，宜用汗法袪邪；人之六味，即飲食内傷，當用吐法；地之六氣，多發生於人之下部，應用下法。張氏據《内經》總括藥物之法，將辛、甘藥物歸於汗；酸、苦、鹹歸於吐；淡味歸於下。同時，擴大汗、吐、下三法的應用範圍：凡有上行作用皆爲吐法，凡有解表作用皆爲汗法，凡有下行作用皆爲下法。如此三法，識練日久，至精至熟，有得無失。至於三法應用的注意事項，也都交待得清清楚楚。

張從正力倡攻邪，以汗、下、吐三法爲主，以補法爲輔。他在《儒門事親》中，將「原補」放在「三法」之末，突出三法，慎用補法，以免後人拘泥於補，顛倒施治主次。此外，他還重視致病的社會因素，以爲「瘧常與酷吏之政並行」，戰亂擾攘民易病，而「官吏尤甚」；「九氣」（怒、喜、悲、恐、寒、暑、驚、思、勞）作祟，多致疾病。因此，他在治療實踐中主張因時（天氣之寒、温）、因勢（「天下少事」或「多事」）、因地（南方、北方）、因人（貧富、稟性、體質）制宜，以「達時變」。這些思想豐富了中醫學關於身心、社會的内容，形成獨特的精神療法與用藥經驗。同時，他竭力反對「不考誥典，謬説鬼疾，妄求符籙，祈禱辟匿，法外旁尋」等迷信活動和庸醫作風，反映了金代醫學實踐的科學性。

四是李杲的「脾胃論」。金代後期，戰亂頻仍，疾疫流行，民衆多因飲食失節，勞役過度而患病。而一些庸醫泥於古方，脱離實際，施治内傷各證了無效果，甚至重損元氣，致人於絶境。李杲也因脾胃久衰，親歷其害。這些因素引發了他新的思考。他依據《内經》關於「有胃氣則生，無胃氣則死」的思想，從易水張氏臟腑辨證説汲取營養，提出「内傷脾胃，百病由生」的見解，由此形成脾胃論，後世稱之「補土派」。

李氏强調脾胃在人體氣機升降中的作用，把胃比作水谷之海。在他看來，只有谷氣上升，脾氣升發，元氣才能充沛，生機才能旺盛，陰火才能戢斂潛藏。否則，谷氣不升，脾氣下流，元氣虧乏，生機衰退，陰火即乘隙上沖而爲諸病。因此，他在治療上既重視升發脾陽，也注意潛降陰火。升胃氣與降陰火，兩者相反相成。胃氣的升發，有利於陰火潛降；而陰火的潛降，亦有利於胃氣升發。

李杲概括内傷脾胃的原因：飲食不節、勞役過度、精神刺激。這三方面因素錯綜交織，而「精神刺激」常常起誘因作用。由此形成「調理脾胃」、「升舉清陽」療法，被稱之「甘温除熱法」。在臨證用藥方面，李氏遵循易水派「升降浮沉」、「引經報使」、「氣味厚薄」、「分經」用藥之説，强調「主對治療」，即對準主要脈證制方，總結出「時、經、病、藥」四禁的用藥規律。所謂「時禁」，即按四時氣候的升降規律，相應選用汗、吐、下、利等治法；所謂「經禁」，即分辨六經脈證使用方藥；所謂「病禁」，即避免「虚虚實實」之誤；所謂「藥禁」，即病情未清，慎用藥物，從而把辨證施治的原則具體化。他精心研製的補中益氣湯，因符合病理，切中證候，而成爲著名方劑。

五是王好古的「陰證論」。王好古著《陰證略例》，就傷寒陰證的發病原因、證候、診斷和治療，闡述詳盡，不少見解具有獨到之處。如飲食冷物，誤服凉藥，感受「霜露、山嵐、雨濕、霧露之氣」，都可導致陰證。他重視内因作用，以爲内傷或外感發病，無不由人體本虚所致。「蓋因房事勞傷與辛苦之人，腠理開泄，少陰不藏，腎水涸竭而得之」。而人體不虚，腠理固密，即使受到六淫侵襲，也能抵抗而不易發病。

王氏的學術思想深受李杲影響，而李杲僅闡明「飲食失節，勞倦傷脾」造成「陰火熾盛」的熱中病變，對内傷冷物而致「陰證」病變，則論述不夠。王氏認爲，傷寒「其候最急，而陰毒爲尤慘，陽證則易辨而易治，陰證則難辨而難治」。陰證的發病機理是「有單衣而感於外者，有空腹而感於内者，有單衣空腹而内外俱感者，所稟輕重不一，在人本氣虚實之所得耳」。因之，「發於陰則少陰也」。

所謂陰證，當指三陰傷寒而言。「本氣虚」是發病原因，而本氣虚多與少陰腎或太陰脾有關。王好古强調「大抵陰毒本因腎氣虚寒，或因冷物傷脾，外感風寒，内既伏陰，外又感寒，内外皆陰，則陽氣不守」，也就是説，「陰氣虚寒」是形成陰證的根源，而「冷物傷脾」或「外感風寒」，是形成陰證的條件。如腎陽充盛，即使冷物傷脾，或風寒外傷，也能使陰寒之邪逐漸消失；而腎陽素虚，一旦感受外寒或冷物，内陰與外寒疊加，即可形成陰寒過盛的陰證。因此，陽氣不守，導致陰證；而陽氣所以不守，則緣於腎氣虚寒。

由此可見，王氏倡導增强體質，温養脾腎，即所謂「少陰得藏於内，腠理以閉拒之，雖有大風苛毒，莫之能害矣」。這些陰證理論與臨證經驗補充了仲景思想，發揚了易水學説。在臨證實踐中，王氏還破除傷寒與雜病的界限，把六經辨證的原則施之雜病，也把雜病方藥用於六經諸證。這些有利於加減化裁的靈活變通與選方用藥的功效優化。

二、金代醫學發展的原因。金代醫學歷經百餘年的發展，無論理論或是臨床，都取得了突出成就，形成衆多醫家在理論上各有建樹、實踐中互有補充的局面。究其原因，與以下因素不無關係。

一是北方社會較少傳統觀念束縛。女真以少數民族入主中原，封建傳統觀念淡薄，重視醫者的技能與醫學的價值。因此，女真君主在太醫院聚攏了一大批技藝傑出的醫家。如西夏多次遣使金國求良醫，爲皇太后及大臣治病，而奉命出診的太醫王師道、時德元、王利貞等，不辱使命，載譽而歸，促進了大金王朝同周邊民族政權的友好往來。大定中，紀天錫以進《集注難經》，爲世宗賞識，而授醫學博士。明昌時，劉完素以醫德醫術聞於時，章宗三次徵聘，即使被謝絶，仍賜以「高尚先生」之號。張從正以太醫侍奉英王守純，也隨軍爲將士診療，救死扶傷，爲王侯士庶所景仰。由此形成了禮遇醫家的社會氛圍。

同時，女真不斷强化對醫藥的管理。自金初，京師有太醫院、尚藥院、御藥院，紛繁複雜，後由宣徽院統領，結束了以往歸屬不一的局面。至熙宗、海陵兩朝，消除舊俗，建立新政，企圖將女真納入中原文明之中。大定、明昌，女真社會實現了封建化，通過各種途徑選拔賢能，發展經濟文化。金代選舉也涉及醫藥及其他領域，行醫者均須通過考試取得資質。這樣的社會環境有利於醫學研究的發展。

另外，自北宋范仲淹提出「不爲良相，當爲良醫」思想，士人習醫漸成風氣。由儒而行醫者，如劉完素、張從正等等；由醫而從儒者，如李遹、許古等等。當時，兩者身份互換事例屢見不鮮，反映了金代醫家地位的提高。因此，從醫者多與「儒」聯繫緊密，具有較高的文化修養，爲醫學理論的發展提供了深厚的社會土壤。金代後期，戰亂頻仍，而諸醫家不避風險，積極投身臨證實踐，救死扶傷，適時提出相應的醫學理論與治療方法。如李杲親身經歷汴京壬辰之亂，目睹了疫病多發、人死無數的慘狀，及庸醫妄辨内傷爲外感之害，遂不懈探索，創立了「脾胃論」。金亡後，一些遺民恥於折節，却紛紛出爲新朝或醫或儒之「教授」、「提舉」，以爲可以嗣承傳統，延續文化。

二是金代醫家敢於突破傳統軌範。唐以降，方劑積累日漸增多，而理論總結明顯滯後，雜病及外感病診治比較僵化，辨證與用藥之間往往缺乏有機聯繫，因而醫學發展較少質的突破，一些既有理論及臨證方法愈來愈難以適應社會需要了。入金後，一些醫家秉持「改正世俗謬説」宗旨，積極實踐，在生理、病理、辨證、用藥及外感内傷諸多方面，都取得了顯著成就。

當時，南宋盛行運氣説，傳入北方後，由於宋金對峙的政治格局而引發了學術上的特殊反應。北方醫家以爲古今運氣有異，疾病發生種類、性質多有不同，遂大膽質疑，運用五運六氣的理論方法，深入探索六氣、病機、治療等問題。如劉完素擯棄治療火熱病的傳統觀念，以五運六氣理論分析疾病證候，闡明臟腑病機，並引入臨證實踐；張元素則把運氣升降、陰陽諸説，與藥物氣味、厚薄特性相結合，建立起先進的藥物臨證應用理論方法；李杲潛心研究選藥制方理論，創制了大量新方，實現了把運氣説從抽象論述到臨床應用的轉化。這種開拓意識賦予了醫家突破常規的勇氣，積極解决理論研究與臨證實踐中的矛盾，適時建立起社會所需要的辨證施治理論方法。

需要指出的是，劉完素的「火熱論」産生了示範效應，開啓了探索新風。如張從正師承河間寒涼攻邪理論，而對邪正關係的研究與汗、吐、下三法的應用，又有許多新的發展；李杲、王好古遵循易水扶護元氣、講究藥性的思想，也各在脾胃與陰證的辨治方面創見迭出，由此造就了百家争鳴局面。金代醫家尊崇《内經》、《傷寒論》等傳統理論，却很少把功夫下在詮釋經典上。他們從未公開批判傳統，在維繫私淑關係的同時，敢於發前人所未發。這説明，在金代醫家的深層意識中，已經确立了「重今輕古」的傾向。另外，當時的社會環境比較寬容，標新立異者很少因脱離宗師軌範而受到責難。因此，無論經典之論，或是師長之説，未能對學術探索形成束縛，也未見任何理論方法以絶對權威統治醫界的情况。

元初名士許衡云：「張氏（元素）用藥，依準四時陰陽升降而增損之，正《内經》四氣調神之義」；「劉氏（完素）用藥，務在推陳致新，不使少有怫鬱，正造化新新不停之義」；「能用二家之長而無二家之弊，則治庶幾乎？」① 元末名士王禕亦云：金氏之有中原也，張潔古、劉守真、張子和、李明之四人者作，醫道於是乎中興。潔古以古方

① 元許衡《魯齋遺書》卷八《與李才卿等論梁寬甫病證書》，文淵閣四庫全書本。

新病不能相值，治疾一切不以方，故其書不傳，其學則明之深得之。明之推内外二傷，尤先於治脾土，其爲法專於補，其所著《脾胃論》，誠根本之言也。子和以吐汗下三法、風寒暑濕火燥六門，爲醫之關鍵。其劑多峻厲，其爲法主於攻。守真論風火之病，以内經病機氣宜十九條者爲病原式，曲盡精微。其治法則與子和相出入者也。張氏一再傳，其後無聞。李氏弟子多在中州，獨劉氏傳之荆山浮圖師。師至江南，傳之宋中人羅知悌，而南方之醫皆宗之矣。及近時天下之言醫者，非劉李之學莫道也。劉李之法，雖攻補不同，會而通之，隨證而用之，不在其人乎？①

綜上所述，金代醫家開創了中醫學説的新紀元，創造了具有承前啓後意義的新成就，也影響了日本、朝鮮等周邊鄰邦。經海内外一代又一代醫家發揚，已成爲中國與世界醫學文化的寶貴財富。

成無己

成無己，聊攝（今山東聊城）人。家世儒醫，其畢生研究傷寒，學問淵深。正隆元年仍在世，年九十餘。

《傷寒論注解》十卷，存。清紀昀等《四庫全書總目》卷一〇三《子部醫家類》著録《傷寒論》十卷，附《傷寒明理論》三卷、《論方》一卷，云：「《傷寒論》十卷，漢張機撰，晉王叔和編，金

① 元王禕《青巖叢録》，叢書集成初編本，中華書局一九八五年，第一七頁。

成無己注，《明理論》三卷、《論方》一卷，則無己所自撰，以發明機説者也。叔和，高平人，官太醫令。無己，聊攝人，生於宋嘉祐、治平間。後聊攝地入於金，遂爲金人。至海陵王正隆丙子，年九十餘尚存，見開禧元年歷陽張孝忠跋中。明吴勉學刻此書，題曰宋人，誤也。《傷寒論》前有宋高保衡、孫奇、林億等校上序，稱『開寶中節度使高繼沖曾編録進上。其文理舛錯，未能考正。國家詔儒臣校正醫書，今先校定仲景《傷寒論》十卷，總二十二篇，合三百九十七法，除重複，定有一百一十三方。今請頒行。』又稱『自仲景於今八百餘年，惟王叔和能學之』云云。而明方有執作《傷寒論條辨》，則詆叔和所編與無己所注，多所改易竄亂，並以《序例》一篇爲叔和僞託而删之。國朝喻昌作《尚論篇》，於叔和編次之舛、序例之謬，及無己所注、林億等所校之失，攻擊尤詳，皆重爲考定，自謂『復長沙之舊本』。其書盛行於世，而王氏、成氏之書遂微。然叔和爲一代名醫，又去古未遠，其學當有所受。無己於斯一帙，研究終身，亦必深有所得。似未可概從屏斥，盡以爲非。夫朱子改《大學》爲一經十傳，分《中庸》爲三十三章，於學者不爲無裨，必以謂孔門之舊本如是，則終無確證可憑也。今《大學》、《中庸》列朱子之本於學官，亦列鄭玄之本於學官，原不偏廢，又烏可以後人重定此書，遂廢王氏、成氏之本乎？」

金嚴器之《傷寒論注解序》：

夫前聖有作，後必有繼而述之者，則其教乃得著於世矣。醫之道源自炎黄，以至神之妙，始興經方。繼而伊尹以元聖之才，撰成《湯液》，俾黎庶之疾疢咸遂蠲除，使萬代之生靈普蒙拯濟。後漢張仲景又廣《湯液》爲《傷寒雜病論》十數卷，然後醫方大備。兹先聖後聖，若合符節。至晉太醫令王叔和，以仲景之書，撰次成敘，得爲完帙。昔人以仲景方一部爲衆方之祖，蓋能繼述先聖之所作，迄今千有餘年不墜於地者，又得王氏闡明之力也。《傷寒論》十卷，其言精而奥，其法簡而詳，非寡聞淺見所能賾究。後雖有學者，又各自名家，未見發明。僕忝醫業，自幼徂老，耽味仲景之書五十餘年矣。雖粗得其門而近升乎堂，然未入於室，常爲之歉然。昨天眷間，西樓邂逅聊攝成公，議論該博，術業精通，而又有家學，注成《傷寒論》十卷，出以示僕。其三百九十七法之内，分析異同，彰明隱奥，調陳脈理，區别陰陽，使表裏以昭然，俾汗下而灼見。百一十二方之後，通明名號之由，彰顯藥性之主，十劑輕重之攸分，七精製用之斯見，别氣味之所宜，明補瀉之所適。又皆引《内經》，旁牽衆説，方法之辨，莫不允當。實前賢所未言，後學所未識，是得仲景之深意者也。昔所謂歉然者，今悉達其奥矣。親覿其書，誠難默默，不揆荒蕪，聊序其略。時皇統甲子歲中秋日，洛陽嚴器之序。（《傷寒論注解》卷首，愛日精廬叢書本。）

金魏公衡《傷寒論注解序》：

張仲景所著《傷寒論》，聊攝成無已爲之注解，言意簡詣，援引有據，直本仲景之旨，多所發明，非醫家餘書傳釋比。未及刊行，而成君不幸去世。此書間關流離，積有歲年，竟自致於退翁先生，若成君之靈婉轉授手。然退翁既愛重其書，且憤舊注之淺陋蕪駁也，遽欲大傳於世。顧其力有所不贍，又不忍付非其人，苟以利爲也。每用鬱悒，事與願違，俯仰逾紀。近因感念，慨然謂所知曰：「吾年逾從心，後期難必，誠恐一旦不諱，因循失墜，使成公之志湮没不伸，吾亦抱恨泉壤矣。」遂斷意力爲之，經營購募，有所不避，歲律迄周，功始克究。嘻！是書之成也，成君得所附托，退翁私願獲畢，相與不朽矣。此其所以屬予爲序歟？不然，則退翁清節素著，其筆耕餘地，足樂終身，豈以遲暮之年，遑遑然爲庶人計哉？退翁，道號也，姓王，名鼎，字大來。詩筆之妙，莫不推仰。至於内行過人，世未必盡知也。大定壬辰重陽日，承議郎行澠池令魏公衡序。（《傷寒論注解》卷首，愛日精廬叢書本。）

金王緯《傷寒論注解序》：

古有言曰：「百病之急，無急於傷寒；傷寒之書，莫出於仲景。」蓋仲景之書，意深理奥，非夫明經絡、曉運氣、達藥性於運氣之用者，則莫得而擬議也。如晉之王叔和，止銓次而已；唐之孫思邈，亦間或引用，而必欲尋其發明之意，皆不可得矣。又如宋謝復古之注，則疑信未明；朱奉議之集，則簡略不備。今者聊攝成無己先生注解，内則明人之經絡，外則合天之運氣，中間説藥之性味，深造運氣之用，錯而綜之，以釋其經，由是仲景之意，較然大著。噫！若先生早生於世，豈特使向之注集者閣筆，抑亦使病者不致横夭，百數年間，可勝紀哉？今此書既已鏤版，好事君子宜探其命工刊行之本意焉，無忽爲幸。大定壬辰九月望日，武安布衣王緯序。（《傷寒論注解》卷首，愛日精廬叢書本。）

金王鼎《傷寒論注解序》：

此書乃前宋國醫成公無已注解，四十餘年方成，所謂萬全之書也。後爲權貴挈居臨潢，時已九十餘歲矣。僕曩緣訪尋舍弟，親到臨潢，寄跡鮑子顒大夫書房百有餘日。目擊公治病，百無一失。僕嘗求此書，公云：「未經進，不可傳。」既歸，又十七年，一鄉人自臨潢遇恩放還，首遺此書，不覺驚歎。復自念平日守一小學，於世無毫髮補，欲力自刊行，竟不能就。今則年逾從心，晚景無多。兼公别有《明理論》一編，十五年前已爲邢臺好事者鏤版流傳於世，獨此書沉墮未出。僕是以日夜如負芒刺，食息不遑。遂於辛卯冬出謁故人，以干所費。一出而就，何其幸也！或曰：「非子之幸，世之幸也。醫者得以爲矜式，好事君子得之，亦可與醫家商略，使病人不伏枕而愈，乃此書駕説《難》《素》之功也，於世豈小補哉！」大定壬辰下元日，冥飛退翁王鼎後序。（《傷寒論注解》卷首，愛日精廬叢書本。）

《傷寒明理論》三卷、**《傷寒論方》**一卷，存。《宋史》卷二〇七《藝文志》著録「四卷」，既誤歸嚴器之著，又誤作宋人。另，清紀昀等《四庫全書總目》卷一〇三《子部醫家類》亦著録：「無己所作《明理論》凡五十篇，又《論方》二十篇，於君臣佐使之義，闡發尤明。嚴器之序稱無己『撰述傷寒義，皆前人未經道者。指在定體分形析證，若同而異者明之，似是而非者辨之。釋戰慄有内外之診，論煩燥有陰陽之别。譫語鄭聲，令虛實之灼知；四逆與厥，使淺深之類明』云云。其推挹甚至。張孝忠跋亦稱：『無已此二集自北而南，先以紹興庚戌得《傷寒論注》十卷於醫士王光廷家。後守荆門，又於襄陽訪得《明理論》四卷，因爲刊板於郴山。』則在當時固已深重其書矣。」

金成無己《傷寒明理藥方論序》：

制方之體，宣通補瀉輕重澀滑燥濕十劑是也。制方之用，大小緩急奇耦複七方是也。是以制方之體，欲成七方之用者，必本於氣味生成，而制方成焉。其寒熱温涼四氣者生乎天，酸苦辛鹹甘淡六味者成乎地，生成而陰陽進化之機存焉。是以一物之内，氣味兼有。一藥之中，理性具矣。主對治療，由是而出，斟酌其宜，參合爲用。君臣佐使，各以相宜。宣攝變化，不可勝量。一千四百五十三病之方，悉自此而始矣。其所謂君臣佐使者，非特謂上藥一百二十種爲君，中藥一百二十種爲臣，下藥一百二十五種爲佐使，三品之君臣也。制方之妙，的與病相對。有毒無毒，所治爲病主。主病之謂君，佐君之謂臣，應臣之謂使。擇其相須相使，制其相畏相惡，去其相反相殺，君臣有序，而方道備矣。方宜一君二臣三佐五使，又可一君三臣九佐使。多君少臣，多臣少佐，則氣力不全。君一臣二，制之小也。君一臣三佐五，制之中也。君一臣三佐九，制之大也。君一臣二，奇之制也。君二臣四，耦之制也。君二臣三，奇之制也。君二臣六，耦之制也。近者奇之，遠者耦之。所謂遠近者，身之遠近也。在外者身半以上，同天之陽，其氣爲近。在内者身半以下，同地之陰，其氣爲遠。心肺位膈上，其藏爲近。腎肝位膈下，其藏爲遠。近而奇耦，制小其服。遠而奇耦，制大其服。腎肝位遠，數多則其氣緩。不能速達於下，必劑大而數少。取其氣迅急，可以走下也。心肺位近，數少則其氣急。不能發散於上，必劑少而數多。取其氣易散，可以補上也。所謂數者，腎一肝三脾五心七肺九，爲五藏之常，制不得越者。補上治上，制以緩。補下治下，制以急。又急則氣味厚，緩則氣味薄。隨其攸利而施之，遠近得其宜矣。奇方之制大而數少，以取迅走於下。所謂下藥不以耦，耦方之制少而數多，以取發散於上。所謂汗藥不以奇，經曰：汗者不以奇，下者不以耦。處方之制，無逾是也。然自古諸方，歷歲浸遠，難可考評。惟張仲景方一部，最爲衆方之祖。是以仲景本伊尹之法，伊尹本神農之經，醫帙之中，特爲樞要。參今法古，不越毫末，實乃大聖之所作也。一百一十二方之内，擇其醫門常用者方二十首，因以方制之法明之，庶幾少發古人之用心焉。（《傷寒明理論》卷首，叢書集成初編本，中華書局一九八五年。）

金嚴器之《傷寒明理論序》：

余嘗思歷代明醫，回骸起死，祛邪愈疾，非曰生而知之，必也祖述前聖之經。才高識妙，探微索隱，研究義理，得其旨趣，故無施而不可。且百病之急，無急於傷寒，或死或愈，止於六七日之間、十日以上。故漢張長沙感往昔之淪喪，傷横夭之莫救，撰爲《傷寒論》一十卷，三百九十七法、一百一十三方，爲醫門之規繩，治病之宗本。然自漢逮今，千有餘年，惟王叔和得其旨趣，後人皆不得其門而入，是以其間少於注釋，闕於講義。自宋以來，名醫間有著述者，如龐安常作《雜病論》，朱肱作《活人書》，韓祇和作《微旨》，王寔作《證治》，雖皆互有闡明之義，然而未能盡張長沙之深意。聊攝成公家世儒醫，性識明敏，記問該博，撰述傷寒義，皆前人未經道者，指在定體分形析證，若同而異者明之，似是而非者辨之；釋戰慄有内外之診，論煩躁有陰陽之別；譫語鄭聲，令虛實之灼知；四逆與厥，使淺深之類明。始於發熱，終於勞復，凡五十篇，目之曰《明理論》，所謂真得長沙公之旨趣也。使習醫之流，讀其論而知其理，識其證而別其病，胸次瞭然而無惑，顧不博哉！余家醫業五十載，究旨窮經，自幼迄老，凡古今醫書，無不涉獵。觀此書義理燦然，不能默默，因序其略。歲在壬戌八月望日，錦屏山嚴器之序。（《傷寒明理論》卷首，叢書集成初編本，中華書局一九八五年。）

宋張孝忠跋：

右《注解傷寒論》十卷、《明理論》三卷、《論方》一卷，聊攝成無己之所作。自北而南，蓋兩集也。予以紹熙庚戌歲入都，傳前十卷於醫者王光庭家。洎守荆門，又於襄陽訪後四卷得之。望聞問切，治病處方之要，舉不越此。古今言傷寒者，祖張長沙，但因其證而用之，初未有發明其意義。成公博極研精，深造自得，本《難》《素》《靈樞》諸書，以發明其奧。因仲景方論，以辨析其理，極表裏虛實陰陽死生之説，究藥病輕重去取加減之意，毫髮了無遺恨，誠仲景之忠臣，醫家之大法也。士大夫宦四方，每病無醫，予來郴山，尤所歎息。欲示之教，難於空言，故刊此書，以爲楷式，使家藏其本，人誦其言，夭橫傷生，庶乎免矣。成公當乙亥丙子歲其年九十餘，則必生於嘉祐、治平之間。國家長育人材，命醫立學，得人之效，一至於此。則天下後世，凡所謂教養云者，可不深加之意也夫！開禧改元五月甲子，歷陽張孝忠。（《傷寒明理論》卷首，叢書集成初編本，中華書局一九八五年。）

《讀書敏求記》云：

《傷寒明理論》四卷。此書首尾斷爛，序作於開禧改元，稱成公當乙亥丙子歲其年九十餘，則必生於嘉祐、治平之間。誠仲景之功臣，醫家之大法。成公不知誰何，蓋北宋時人也。觀此則此本序及目録均有割裂補綴之痕，非完書可知也。元明諸刻，俱作三卷，附《傷寒論注》之後。此本雖殘，猶當時原刊無疑矣。乙卯夏日，克文。（《傷寒明理論》卷末，中華再造善本叢書本，北京圖書館出版社二〇〇三年。）

楊用道

楊用道，長山（今山東鄒平縣）人。嘗讀書泰安柏林。天會中，登進士第①。天眷三年，仕爲

① 金李守純《泰安州重修宣聖廟碑》：「自其爲縣，以孫明復、石守道二先生山齋之故基建學，以柏林之地課養士，作成之材，故常有焉。魁乎天下者，則耿公世昌；顯於翰林者，則楊公用道，是其尤傑出者也。」見《金文最》卷七三，中華書局一九九〇年。今按，以天眷三年官縣令，當是天會間及第。

陽穀縣令①。皇統四年，官儒林郎汴京國子監博士②，後供職翰林，終於官寧海軍節度使。③

《附廣肘後方》八卷，存。清紀昀等《四庫全書總目》卷一〇三《子部醫家類》著録：「晉葛洪撰。洪字稚川，句容人。元帝爲丞相時，辟爲掾。以平賊功，賜爵關內侯，遷散騎常侍。自乞出爲句漏令，後終於羅浮山，年八十一。事跡具《晉書》本傳。是書初名《肘後卒救方》，梁陶弘景補其闕漏得一百一首，爲《肘後百一方》。金楊用道又取唐慎微《證類本草》諸方附於《肘後隨證》之下，爲《附廣肘後方》。元世祖至元間，有烏某者得其本於平鄉郭氏，始刻而傳之。段成己爲之序，稱葛、陶二君共成此編，而不及楊用道。此本爲明嘉靖中襄陽知府吕容所刊，始並列葛、陶、楊三序於卷首。書中凡楊氏所增，皆别題『附方』二字，列之於後，而葛、陶二家之方則不加分析，無可辨别。案《隋書·經籍志》：『葛洪《肘後方》六卷，梁二卷，陶弘景《補闕肘後百一方》九卷，亡。』《宋史·藝文志》止有葛書而無陶書。是陶書在隋已亡，不應元時復出。又陶書原目九卷，而此本合楊用道所附，只有八卷，篇帙多寡亦不相合。疑此書本無《百一方》在內，特後人取

① 《（民國）陽穀縣志》卷四《職官》，中國方志叢書本，臺北成文出版社一九七〇年，第一九〇頁。
② 金楊用道《附廣肘後方序》，見《附廣肘後方》卷首，明正統《道藏》本，文物出版社等一九九四年，第三三册三頁。
③ 《（嘉靖）寧海州志》卷下，天一閣藏明代方志選刊續編本，上海書店一九八九年。今按，金王國器《楊用道〈懷范桂詩〉跋》：「故寧海刺史楊中奉，才學與蘇黄上下。」見《金文最》卷四七，中華書局一九九〇年。所謂寧海刺史，亦即寧海軍節度使。考《金史》卷二五《地理志》，「寧海軍，大定二十二年升爲州」，轄牟平、文登二縣。

弘景原序冠之耳。書凡分五十一類，有方無論，不用難得之藥，簡要易明。雖頗經後來增損，而大旨精切，猶未盡失其本意焉。」

金楊用道《附廣肘後方序》：

昔伊尹著湯液之論，周公設醫師之屬，皆所以拯救民疾，俾得以全生而盡年也。然則古之賢臣，愛其君以及其民者，蓋非特生者遂之而已。人有疾病，坐視其危苦，而無以救藥之，亦其心有所不忍也。仰惟國家受天成命，統一四海，主上以仁覆天下，輕税損役，約法省刑，蠲積負，柔遠服，專務以德養民。故人臣奉承於下，亦莫不以體國愛民爲心。惟政府内外宗公協同輔翼，以共固天保無疆之業，其心則又甚焉。於斯時也，蓋民罹兵火，獲見太平，邊境寧而盜賊息矣；則人無死於鋒鏑之慮；刑罰清而狴犴空矣；則人無死於桎梏之憂；年穀豐而畜積富矣；則人無死於溝壑之患，其所可虞者，獨民之有疾病夭傷而已。思亦有以救之，其不在於方書矣乎？然方之行於世者多矣，大編廣集、奇藥群品，自名醫貴胄，或不能以兼通而卒具，況可以施於民庶哉！於是行省乃得乾統間所刊《肘後方》善本，即葛洪所謂皆單行徑易。約而已驗。籬陌之間，顧盼皆藥。家有此方，可不用醫者也。其書經陶隱居增修而益完矣，既又得唐慎微《證類本草》，其所附方皆洽見精取，切於救治，而卷帙尤爲繁重，且方隨藥者，檢用卒難，乃復摘録其方，分以類例，而附於《肘後隨證》之下，目之曰《附廣肘後方》。下監俾更加讎次，且爲之序而刊行之。方雖簡要，而該病則衆；藥多易求，而論效則遠。將使家自能醫，人無夭横，以溥濟斯民於仁壽之域，以上廣國家博施愛物之德，其爲利豈小補哉！皇統四年十月戊子，儒林郎汴京國子監博士楊用道序。

（《附廣肘後方》卷首，明正統《道藏》本，文物出版社等一九九四年，第三三册三頁。）

金段成己《葛仙翁肘後備急方序》：

醫有方，古也。古以來著方書者，無慮數十百家，其方殆未可以數計，篇帙浩瀚，苟無良醫師，安所適從？況窮鄉遠地，有病無醫，有方無藥，其不罹夭折者幾希。丹陽葛稚川夷考古今醫家之説，驗其方簡要易得，針灸分寸易曉，必可以救人於死者，爲《肘後備急方》。使有病者得之，雖無韓伯休，家自有藥；雖無封君達，人可爲醫，其以備急固宜。華陽陶弘景曰：「葛之此制，利世實多。」但行之既久，不無謬誤，乃著《百一方疏》於《備急》之後，訛者正之，缺者補之，附以炮製服食諸法，纖悉備具，仍區别内外他犯爲三條，可不費討尋，開卷見病，其以備急益宜。葛、陶二君，世共知爲道之士，於學無所不貫，於術無所不通，然猶積年僅成此編，蓋一方一論，已試而後録之，非徒採其簡易而已。人能家置一帙，遇病得方，方必已病。如歷下和之肆，舉皆美玉；人伯樂之廄，無非駿足，可以易而忽之邪？葛自序云：「人能起信，可免夭横。」意可見矣。自天地大變，此方湮没幾絶，間一存者，閟以自寶，是豈制方本意？連帥烏侯，夙多疹疾，宦學之餘，留心於醫藥，前按察河南北道，得此方於平鄉郭氏，郭之婦翁得諸汴之掖庭，變亂之際，與身存亡，未嘗輕以示人，迨今而出焉，天也。侯命工刻之，以趣其成，唯恐病者見方之晚也。雖然，方之顯晦，而人之生死休戚繫焉，出自有時，而隱痛惻怛如是其急者，不忍人之心也。有不忍人之心，斯有不忍人之政矣，則侯之仁斯民也，豈直一方書而已乎？方之出，乃吾仁心之發見者也。（《附廣肘後方》卷首，明正統《道藏》本，文物出版社等一九九四年，第三三册一頁。）

李嗣慶

李嗣慶，洺州（今河北永年縣）人。少時舉進士不第，遂棄儒學醫，讀《素問》諸書，洞曉其義。天德間，廣平等地流行病疫，慶嗣攜藥及米，分送貧苦，救活甚衆。年八十餘卒。①

《傷寒纂類》四卷。《金史》卷一三一《方伎傳》著録。另，明陳第《世善堂藏書目録》卷下著録，似明代尚存。

《考證活人書》三卷。《金史》卷一三一《方伎傳》著録。另，明陳第《世善堂藏書目録》卷下著録《李氏活人書》二卷，《（光緒）永年縣志》卷三四《藝術》如之。

《傷寒論》三卷。《金史》卷一三一《方伎傳》著録。另，《（光緒）永年縣志》卷三四《藝術》亦著録，作「二卷」。

《針經》一卷。《金史》卷一三一《方伎傳》著録。另，明陳第《世善堂藏書目録》卷下亦著録，或明代尚存。

---

① 《金史》卷一三一《方伎傳》，中華書局一九七五年，第二八一一頁。

何若愚

何若愚，字公務，真定行唐（今河北行唐縣）人。以針灸名世，元人列之金代十大名醫之一。①

《流注指微論》三卷。金閻明廣《流注指微針賦序》著録：「近有南唐何公，務法上古，撰《指微論》三卷，探經絡之原，賾針刺之理，明榮衛之清濁，别孔穴之部分，然未廣傳於世。」

《流注指微針賦》一卷，存。清紀昀等《四庫全書總目》卷一〇五《子部醫家類》著録，以爲「爵里未詳」，歸入元：「若愚先著《指微論》，又自約其義爲此賦，便記誦也。今《指微論》不傳，惟此賦載《永樂大典》中。」另，[日]丹波元胤《中國醫籍考》卷二一《明堂經脈》亦著録：「考賦中有范九思療咽、於江夏聞見言希之語，蓋范宋嘉祐中人。然則此非南唐人所撰者。『提要』以爲元人，當又有所據。」今按，嘉祐，北宋仁宗年號。金人著述引宋人之語屢見不鮮，不當以此作

① 元陶宗儀《輟耕録》卷二四《歷代醫師》，中華書局一九八〇年，第三〇二頁。

爲判斷時代依據。所謂南唐，此處指鄉籍，即金之真定府行唐縣，而非五代國名①。至於以爲元人云云，當是將金代海陵之「貞元」與元代成宗之「元貞」混淆所致。

金閻明廣《流注指微針賦序》：

竊以幼習醫業，好讀《難》、《素》，辨理精微，妙門隱奥，古今所難而不易也。是以針刺之理，尤爲難解，是以博而寡效，勞而少功。窮而通之，積有萬端之廣。近世指病真刺，不務法者多矣。近有南唐何公，務法上古，撰《指微論》三卷，探經絡之原，賾針刺之理，明榮衛之清濁，别孔穴之部分，然未廣傳於世。又近於貞元癸酉年間，收何公所作《指微針賦》一道，敘其首云：「皆按《指微論》中之妙理，先賢秘隱之樞機，復增多事，凡一百餘門，悉便於討閲者也。」非得《難》《素》不傳之妙，孰能至此哉？廣不度荒拙，隨其意韻，輒伸短説，採摭群經，爲之注解。廣今復採《難》《素》遺文、賈氏井榮六十首法、佈經絡往還，附針刺孔穴部分，欽括圖形，集成一義，名之曰《流注經絡井榮圖》，歌訣續於賦後，非顯不肖之狂述，故明何氏之用心致念於人也。自慮未備其善，更俟明者，仍懇續焉。常山閻明廣序。（《流注指微針賦序》卷首，人民衛生出版社一九

① 清董濤《曲陽金石録·金南唐令耶律某等黄山題名》按云：「《金史·地理志》無南唐縣。南行唐，俗每省作『南唐』縣。」石刻史料新編本，臺北新文豐出版公司一九八六年，第三輯二四册四六三頁。今按，所謂行南唐，即行唐，遼時隸檀州，宋之常山郡，金時屬真定。民國陳漢章《遼史索隱》云：「漢、晉志本作『南行唐』，《魏志》去『南』字。故城在今行唐縣北，魏移今治。」見張修桂、賴青壽《遼史地理志匯釋》，安徽教育出版社二〇〇一年，第一七四頁。

八三年。）

閻明廣

閻明廣，常山（今河北石家莊）人。習醫業，通《難問》、《素經》，尤長於針法。

《子午流注針經》三卷，存。清末民初繆荃孫《藝風藏書續記》卷二《諸子》著録，作「二卷」，云：「《新刊子午流注針經》二卷，日本鈔本，南唐何若愚撰，常山閻明廣注，只存上卷。」今按，此説與實際不合。一是這部針經三卷。上卷：《流注指微針賦》、《流注經絡井滎圖説》、《平人氣象經隧周環圖》、《氣血總論》及《十二經注圖説》；中卷：《手足井滎六十穴圖》、《三陰三陽經中井滎胞絡合原説》、《井滎所屬》及《十二經穴圖》、《三陰三陽流注總説》、《針刺定時圖》、《三焦心包二經流注説》和《五子建元日時歌》等；卷下：《井滎歌訣六十首》、《十二經圖》及《五行造化》。全書附圖二十八幅，系統論述了子午流注理論和臨床應用。其中，《流注經絡井滎圖説》系閻氏獨立撰述。二是此書版本較多，如天一閣博物館藏元至大間所刻《針灸四書》本，《中華再造善本叢書》影印收入；明成化九年羅氏竹坪書堂所刻《針灸四書》本等。三是著者當作閻明廣。何氏《流注指微針賦》「原夫指微論中，賾義成賦」，嚴氏注云：「《指微論》三卷，亦是何公所作。探經絡之賾，原針刺之理，明榮衛之清濁，别孔穴之部分，然未廣傳於世。今於論内自取其義，以成此賦。」未涉針經。此外，閻氏《流注指微針賦序》言之明確：「廣今復採《難》《素》遺文、賈氏井滎六十首法，佈經絡往還，附針刺孔穴部分，欽括圖形，集成一義，名之曰《流注經絡井滎圖》，歌訣續於賦後，非顯不肖之狂述，故明何氏之用心致念於人也。自慮未備其善，更俟明者，仍懇續焉。」與以上所列卷次綱目合。也就是説，除首列何氏《流注指微針賦》外，其餘俱爲閻氏「復採」，且俟明者續焉。

《流注經絡井滎圖説》。金閻明廣《流注經絡井滎圖序》：

夫流注者，爲刺法之深源，作針術之大要，是故流者行也，注者住也。蓋流者，要知經脈之行流也。注者，謂十二經脈各至本時，皆有虛實、邪正之氣注於所括之穴也。夫得時謂之開，失時謂之闔。夫開者針之必除其病，闔者刺之難愈其疾，可不明玆二者？況於經氣内干五臟，外應支節，針刺之道，經脈爲始。若識經脈，則知行氣部分，脈之短長，血氣多少，行之逆順，袪逐有過，補虛瀉實，則萬舉萬痊。若夫經脈之源而不知，邪氣所在而不辨，往往病在陽明，反攻少陰；疾在厥陰，卻和太陽。遂致賊邪未除，本氣受弊。以此推之，經脈之理不可不通也。昔聖人深慮此者，恐後人勞而少功也。廣因閑暇之際，爰取前經，以披舊典，緣柯摘葉，採摭精華，以明流注之幽微，庶免討尋之倦怠，不揣荒拙，列圖於後。凡我同聲之者，見其違闕，改而正之，不亦宜乎？（《針灸四書·子午流注針經》卷上，人民衛生出版社一九八三年。）

附：元竇桂芳《針灸四書》序：

針灸有劫病之功，其言信矣。針必明其孔穴，灸必定其尺寸，孔穴明、尺寸定，則膏之上、肓之下，何患乎厥疾之弗瘳歟！在昔孫公真人有曰：「爲醫知藥而不知針，知針而不知灸，不足以爲上醫，必也藥與針灸三者俱通，始可與言醫已矣。」余先君漢卿公，以藥與艾見重於士大夫，如雨巖吴憲與以借補憲司官醫助教之職，達齋游憲親爲書其藥室曰「活濟堂」。至元丙子以來，余挾父術遊江淮，得遇至人，授以針法，且以《子午流注》、《針經》、《竇漢卿針經指南》三書見遺，拜而受之，珍藏玩味，大有進益。且喜其姓字、醫術與先君同也。因是作而言曰：南北有二漢卿，姓同字同而爲醫亦同也。北之漢卿得行道針法，精於八穴，以愈疾名顯於世，官至太師。南之漢卿，隱居求志，惟以藥與艾，推而積活人濟世之陰功。由是觀之，則信矣南北氣質之不同，而達則爲相，不達則爲醫，亦其志之出處有異矣。今將面授針法，已驗《指南》之書，牛提舉所刊竇漢卿《針經》，二本參究訂誤，與遺《子午流注針經》及家世所藏《黄帝明堂灸經》，莊季裕所集《灸膏肓穴法》四者之書，三復校正，一新版行，目是書曰《針灸四書》，樂與四方醫士共寶之。凡我同志，留心是書，則藥與針灸三者並通，庶可進而爲上醫之士，亦可無負於孫真人之垂訓歟。謹書以紀此書之本末云。（《針灸四書》卷首，人民衛生出版社一九八三年。）

宋雲公

宋雲公，河内（今河南沁陽）人。

《傷寒類證》三卷，存。亦名《通玄類證》。李經緯等《中國醫學通史》第八章《遼金元時期醫學》著録。今按，據宋雲公序，此書密受於「常山醫流張道人處」，似非宋氏撰作，姑仍之，俟考。另，後世屢見同名著作，如元趙道震《傷寒類證》，已佚；明黄仲理《傷寒類證》，又名《類證便覽》；明王堯卿《傷寒類證要略》二卷等，大抵皆襲仲景之舊，亦别未有發明。

金宋雲公《傷寒類證序》：

竊聞天地師道以覆載，聖人立醫以濟物，道德、醫藥，皆源於一。醫不通道，無以知造物之機；道不通醫，無以盡養生之理。然欲學此道者，必先立其志。志立則格物，物格則學專。學雖專也，必得師匠，則可入其門矣。更能敏惠愛物，公正無私，方合其道。夫掌命之職，其大矣哉！且聖智玄遠，自有樞要，强欲穿鑿，徒勞皓首。僕於常山醫流張道人處，密受《通玄類證》，乃仲景之鈐法也。彼得之異人，而世未有本。切念仲景之書隱奥難見，雖有上士，所見博達，奈以一心日應衆病，萬一差誤，豈不憂哉？今則此書，總其微言，宗爲直説，使難見之文明於掌上，故曰舉一綱而萬目張，標一言而衆理顯。若得是書，以補廢志，其濟於人也不亦深乎！故命工開版，庶傳永久。時大定癸未九月望日，河内宋雲公述。（《傷寒類證》卷首，明虞山人趙開美校刊本。）

紀天錫

紀天錫字齊卿，泰安（今山東泰安）人。早年棄儒從醫，醫術甚精。大定十五年，以進《集注難經》授醫學博士。①

《集注難經》五卷，存。明孫能傳等《内閣藏書目録》卷六《技藝部》著録：「《黄帝八十一難經》一册全，紀天錫注。」明代尚存。另，［日］丹波元胤《中國醫籍考》卷七《醫經》亦著録：「是書久佚，僧幻雲《史記》附標，載《進難經表》及注説數十則，辨論頗爲精確。」今按，臺北故宫博物院藏日本考古齋鈔本一册，不分卷。未見，待訪。

金紀天錫《進〈集注難經〉表》：

臣天錫聞濟世之道莫大於醫，識病之源，在於經典。今有《八十一難經》，爲醫之祖，是秦越人將黄帝《素問》疑難之義八十一篇重而明之，故曰《八十一難經》。然其文義閫奥，後學難知。雖近代以來，有吕廣、楊玄操、高承德、丁德用、王宗正之徒，或作批注，或爲疏義，奈何文理差迭，違經背義，濫觴其説，遺而不解者，實其多矣。臣天錫念此爲醫之患，遂乃精加訪求，首尾十餘年間，方始識其理趣云。（［日］丹波元胤《中國醫籍考》卷七《醫經》，人民衛生出版社一九八三年，第七〇頁。）

---

①《金史》卷一三一《方伎傳》，中華書局一九七五年，第二八一二頁。

劉完素

劉完素字守貞，自號通玄處士，又號河間居士，别號宗真子，河間（今河北河間）人。幼好醫書，尤重《素問》。歷三十餘載，觸類旁通，領悟洞悉。章宗時，屢徵不起，賜號「高尚先生」。以其行醫民間，百無一失，爲世所敬仰。劉氏據《内經》及行醫實踐而提出「火熱論」，從北方人體質特徵及當時熱病流行的實際出發，主張以寒涼之劑降心火、益腎水。遵循其學説者甚衆，遂成「河間派」。①

《素問要旨論》八卷，存。亦稱《内經運氣要旨論》。今按，劉氏原著三卷，由弟子馬宗素增訂爲八卷。清陸心源《皕宋樓藏書志》卷四七《子部醫家類》著録「元刊元印本」，作《新刊圖解素問要旨論》八卷，劉完素撰、馬宗素重編，按云：「各家書目罕見著録，四庫亦未收，醫書中秘笈也。」②

金劉完素《素問要旨論序》：

天地之道，生一氣而判清濁。清者輕而上升爲天，濁者重而下降爲地。天爲陽，地爲陰，乃爲

① 《金史》卷一三一《方伎傳》，中華書局一九七五年，第二八一一頁。

② 續修四庫全書本，上海古籍出版社影印，第五一五頁。

二儀。陰陽之氣各分三品，多寡不同，故有三陰三陽之六氣。然天非純陽，而亦有三陰；地非純陰，而亦有三陽。故天地各有三陰三陽，總之以十二矣。然天之陰陽者，寒暑燥濕風火也；地之陰陽者，木土金水火也。金火不同其運，是故五行彰矣。然天地氣運，升降不已，陰陽相感，化生萬物矣。其在天則氣結成象，以爲日月星辰也；在地則氣化爲形，以生人爲萬物也。然人爲萬物之靈也，非天垂象，而莫能測矣。其我機理，歸自然也，其非聖意而宣悟玄玄之理，故有祖聖伏羲，占天望氣，及視龍馬、靈龜，察其形象，而密解玄機，無不符其天理。乃以始爲文字畫卦，造六甲曆紀，命曰《太始天元册文》，垂示之於後人也。以誚神農，昭明其道，乃始令人食穀，以嘗百藥，而制《本草》矣。然後黄帝命其岐伯及鬼臾區，以發明太古靈文，宣陳造化之理，論其疾苦，以著《内經》焉。凡此三皇三經，命曰三墳，通爲教之本始，爲萬法宗源，誠爲天之候也。若論愈病疾，濟苦保命防危，非斯聖典，則安得致之矣。然經之所論，玄機奥妙，旨趣幽深，習者卒無所悟，而悟得其意者鮮矣。完素愚誠，輒考聖經，撮其樞要，積而歲久，集就斯文，以分三卷，敘爲九篇，勒成一部，乃號《内經運氣要旨論》爾。乃以設圖彰奥，綺貫紀倜，襲句注辭，而敷其言意。或可類推者，以例旁通，例成而陳精粹之文。詁訓難明者，兼義釋字音，以附之於後。雖言辭鄙陋，所乘從俗，而庶覽者曷爲悟古聖之妙道矣。河間劉守真謹序。（金劉守真《河間醫集》，人民衛生出版社一九九八年，第三頁。）

金馬宗素《素問要旨論序》：

夫三皇設教，上帝垂慈，憫群生有困篤之疾，救黎庶有夭殤之厄，遂設運氣，説太始之册文；開榮醫鑒，彰太素之妙門。先聖既遺軌範，《素問》、《靈樞》二經，共爲一十八卷。其理奥妙，披會難明。今有劉守真先生者，曾遇陳先生，服仙酒醉，覺得悟《素問》玄機，如越人遇長桑君，飲上池水，隔腹觀病之説也。然先生談《原病式》一卷、《宣明論》五卷、《要旨論》三卷。其《原病式》者，明病機之本，説六氣病源。《宣明論》者，精要醫方，五運六氣用藥，古往及今，淵奥妙旨，莫越於此也。《要旨論》者，《素問》隱微，天地大紀，人身通應，變化殊途。其理簡易，其趣深幽，惟此經釋，爲龜鏡者也。然九篇三卷者，猶後之學者，尚難明矣。宗素自幼習醫術，酷好《素問》、《内經》、《玉册》靈文。以師事先生門下，粗得其意趣。釋《要旨》語九篇，分作八卷。入式運氣，載設圖輪。開明五運六氣，主客勝復，太過不及，淫邪反正。重釋《天元玉册》、金匱靈文，《素問》、《靈樞》，撮其隱奥運氣之旨也。主藥當其歲，味當其氣，性用燥浄，力化淺深，四時主用，制勝扶弱，客主須安。一氣失所，餘遁更作，藏府淫并，危敗消亡。君臣佐使，明病標本，安危盛衰。若不知年之所加，氣之盛衰，不可以爲功矣。□若不推其《素問》，曉達玄機。天地有運氣之升沉，人身有血氣之流轉，周天度數，營衛循環，通應人身，晝夜不息。《素問》者，五太之名也。太者，大之極也。素者，形質潔白，非華綺之問也。《素問》者，問答形質之始也。形質具，而痾瘵由是萌生。然啓玄子詮注，朱書其文。間其理隱奥，習之者濫觴其説，遺而不解者，實其多矣。今將太古靈文，乃《素問》之關鑰也。究其源流，發明解惑耳。後之學者，識天地之大紀，變化之殊邈。妙哉《素問》，視如深淵，如迎浮雲，莫窮其涯際，玄通隱奥，不可測量。若非劉氏，孰可發明，用釋玄機？敬資昭告。平陽洪洞馬宗素謹序。

今求到河間劉守真先生親傳的本，仍請明醫之士精加校定，中間並無訛舛。重加編類，鼎新繡本，以廣其傳。好生君子，書眼如月，必有賞音。謹咨。（金劉守真《河間醫集》，人民衛生出版社一九九八年，第五頁。）

《宣明論方》三卷，存。亦稱《黄帝素問宣明論方》、《醫方精要宣明論》。清紀昀等《四庫全書總目》卷一〇四《子部醫家類》著録：「考《原病式》自序云：『作《醫方精要宣明論》一部，三卷十萬餘言。』今刊入《河間六書》者，乃有十五卷。其二卷之菊葉法、薄荷白檀湯，四卷之妙功藏用丸、十二卷之葷澄茄丸、補中丸、楮實子丸，皆注『新增』字。而七卷之信香十方、青金膏不注『新增』字者，據其方下小序，稱灌頂法王子所傳，並有偈咒。金時安有灌頂法王，顯爲元明以後之方，則竄入而不注者，不知其幾矣。卷增於舊，殆以是歟？」

明馮惟敏《重刻劉守真先生宣明論方序》：

按本傳，劉完素，字守真，河間人。嘗遇異人陳先生，以酒飲守真，大醉。及寤，洞達醫術，若考授之者，乃撰《運氣要旨論》、《精要宣明論》。慮庸醫或出妄説，又著《素問玄機原病式》，特舉二百八十八字，注二萬餘言。然好用涼劑，以降心火、益腎水爲主。自號通玄處士。金承安間，章宗徵之不就，賜號高尚先生。本郡志稱所論著皆發前古所未發，與潔古齊名，世號劉張法。蓋古君子而託醫以避亂世者。

又按列傳，張元素，字潔古，易州人。夜梦有人用大斧長鑿鑿開心竅，納書於中，自是洞徹醫術。完素病傷寒，八日不食，不知所爲。元素往候，完素面壁不顧。元素曰：何見待之卑如此哉？既爲診視，謂之曰：服某藥乎？曰：然。元素曰：子誤矣。某味性寒下降，走太陰，陽亡汗不能出。今脈如此，當服某藥奏效矣。完素大服，如其言，遂愈。元素自此顯名。余因是知醫術之不可與尋常人語也。嘗疑司馬遷氏稱扁鵲遇長桑君之事頗涉謬悠。乃即近史飲酒、鑿心之説證之，豈盡無徵不信者哉？殆以醫道通玄，非神機不得其秘，而世之習旁門，執方書，守意見，以戕伐生靈者，由其無所從悟也。守真本《内經》，著《要旨》、《宣明》二論，總十七萬餘言。又述習醫要用《直格》。晚年著《保命集》卷，自謂軒岐微妙之旨，得之心髓，不敢輕以示人。蓋自秦越人、張仲景之後，千有餘年，而先生出，上以承正派之學，下以啓丹溪之傳，通於南北，以永仁術。不其偉與？説者曰：不由秷子，不知異端之害深；不由守真，不知偏門之罪大。甚哉邪之亂正也。先生之術既行世，醫竊試其法，得效者多，猶紿其名，恥言涼藥，謂去熱藥爲非。今觀劉張二傳，好用涼藥、性寒下降之言，則史氏猶爲不袪世俗之見。其稱元素之言曰：運氣不濟，古今異軌，古方新病，不相能也，又似以陰詆五運六氣之辯者。余嘗論之，《内經》運氣之旨，千載不毁之道，至守真而大闡之，極深研幾之學也。何可議也？其救偏補弊之功，發明治温暑之法，而力辟辛熱香燥之毒，所以補前賢之未備，而救末流之爲害也。然實則無所不該，無所不治。而近世傍求醫論，以謂熱病用河間，其亦就所重立言邪？可謂獨識其全矣。汎觀河間諸書，烏附等藥亦多用之，是又何邪？噫！後之庸工，以寒涼之劑誤人，而莫之知悟者，又河間之罪？人亦是恃？賈大夫以民部來守郡，朞歲中，出俸金開局，施藥活人，不可勝計。偶得此書於正科馬志坤氏，因命校讎再三，又捐俸而刻之，且欲購全集而彙焉，與《東垣十書》併傳也。大夫爲政，一以治人爲本，刻斯集也，亦以寓仁惠之心而濟之也。間嘗迎養二親於郡，即適太夫人有恙，志坤一藥而愈，因奇其功而褒美之。叩其術，則能留心於劉張法者，故有是刻。是大夫之孝，由此達之人人也。先正有言，事親者不可不知醫，信然哉！隆慶三年黄鐘月既望，保定府通判北海馮惟敏序。

（金劉守真《河間醫集》，人民衛生出版社一九九八年，第一八五頁。）

《素問玄機原病式》一卷，存。清紀昀等《四庫全書總目》卷一〇三《子部醫家類》著録：

「是書因《素問》、《至真要論》詳言五運六氣盛衰勝復之理，而以病機一十九條附於篇末，乃於十九條中採一百七十六字，演爲二百七十七字，以爲綱領，而反復辨論以申之，凡二萬餘言。大旨多主於火，故張介賓作《景岳全書》攻之最力。然完素生於北地，其人秉賦原强，兼以飲食醇醲，久而蘊熱，與南方風土原殊。又完素生於金時，人情淳樸，習於勤苦，大抵充實剛勁，亦異乎南方之脆弱。故其持論多以寒涼之劑攻其有餘，皆能應手奏功。其作是書，亦因地因時各明一義，補前人所未及耳。醫者拘泥成法，不察虚實，概以攻伐戕生氣。譬諸檢譜角觝，宜其致敗，其過實不在譜也。介賓憤嫉力排，盡歸其罪於完素。然則參桂誤用亦可殺人，又將以是而廢東垣書哉？張機

《傷寒論》有曰：『桂枝下嚥，陽盛乃斃。承氣入胃，陰盛以亡。』明藥務審證，不執一也。故今仍録完素之書，並著偏主之弊，以持其平焉。」

金劉完素《素問玄機原病式序》：

夫醫教者，源自伏羲，流於神農，注於黄帝，行於萬世，合於無窮，本乎大道，法乎自然之理。孔安國序《書》曰：「伏羲、神農、黄帝之書，謂之三墳，言大道也；少昊、顓頊、高辛、唐、虞之書，謂之五典，言常道也。」蓋五典者，三墳之末也，非無大道，但專明治世之道；三墳者，五典之本也，非無常道，但以大道爲體，常道爲用，天下之能事畢矣。然而玄機奧妙，聖意幽微，浩浩乎不可測，使之習者，雖賢智明哲之士，亦非輕易可得而悟矣。洎乎周代，老氏以精大道，專爲道教；孔子以精常道，專爲儒教，由是儒、道二門之教著矣。歸其祖，則三墳之教一焉。儒、道二教之書，比之三墳之經，則言象義理，昭然可據，而各得其一意也。故諸子百家，多爲著述所宗之者，庶博知焉。嗚呼！余之醫家，自黄帝之後，二千五百有餘年。漢末之魏，有南陽太守張機仲景，恤於生民多被傷寒之疾，損害横夭，因而輒考古經，以述《傷寒雜病方論》一十六卷，使後之學者有可依據。然雖所論未備諸病，仍爲道要，若能以意推之，則思過半矣。且所述者衆，所習者多，故自仲景至今，甫僅千歲，凡著述醫書過往古者八九倍矣。夫三墳之書者，大聖人之教也，法象天地，理合自然，本乎大道。仲景者，亞聖也。雖仲景之書，未備聖人之教，亦幾于聖人，文亦玄奥，以致今之學者尚爲難焉。故今人所習，皆近代方論而已，但究其末，而不求其本。況仲景之書，復經晉太醫王叔和撰次遺方，唐開實中節度使高繼沖編集進上。雖二公操心用智，自出心意，廣其法術，雜於舊説，亦有可取。其間或失仲景本義，未符古聖之經，愈令後人學之難也。況仲景之世，四升乃唐宋之一升，四兩爲之一兩。向者人能勝毒，及多㕮咀湯劑，有異今時之法。故今人未知其然，而妄謂時世之異，以爲無用而多不習焉。唯近世朱奉議多得其意，遂以本仲景之論，而兼諸書之説，編集作《活人書》二十卷。其門多，其方衆，其言直，其類辨，使後學者易爲尋檢施行，故今之用者多矣。然而其間亦有未合聖人之意者，往往但相肖而已。由未知陰陽變化之道，所謂木極似金，金極似火，火極似水，水極似土，土極似木者也。故經曰：「亢則害，承乃制。」謂已亢過極，則反似勝已之化也。俗未之知，認似作是，以陽爲陰，失其意也。嗟夫，醫之妙用，尚在三墳，觀夫後所著述者，必欲利於後人，非但矜衒而已，皆仁人之心也，非不肖者所敢當。其間互有得失者，由乎言本求其象，象本求其意，意必合其道。故非聖人而道未全者，或盡其善也鮮矣。豈欲自涉非道，而亂聖經，以惑人志哉？自古如祖聖伏羲畫卦，非聖人孰能明其意。二萬餘年至周文王，方始立象演卦，而周公述爻。後五百餘年，孔子以作十翼，而《易》書方完。然後易爲推究，所習者衆，而注説者多。其間或所見不同，而互有得失者，未及於聖，竊窺道教故也。《易》教體乎五行八卦，儒教存乎三綱五常，醫家要乎五運六氣。其門三，其道一，故相須以用，而無相失，蓋本教一而已矣。若忘其根本，而求其華實之茂者，未之有也。故經曰：「夫五運陰陽者，天地之道也，萬物之綱紀，變化之父母，生殺之本始，神明之府也，可不通乎？」《仙經》曰：「大道不可以籌算，道不在數故也。可以籌算者，天地之數也。若得天地之數，則大道在其中矣。」經曰：「天地之至數，始於一而終於九。數之可十，推之可百；數之可千，推之可萬；萬之不可勝數，然其要一也。」又云：「知其要者，一言而終；不知其要，流散無窮。」又云：「至數之機，迫迮而微。其來可見，其往可追。敬之者昌，慢之者亡。無道行私，必得天殃。」又云：「治不法天之紀、地之理，則災害至矣。」又云：「不知年之所加，氣之興衰，虚實之所起，不可以爲工矣。」由是觀之，則不知運氣而求醫，無失者鮮矣。今詳《内經》、《素問》，雖已校正、改誤、音釋，往往尚有失古聖之意者。愚俗聞之，未必不曰：「爾何人也，敢言古昔聖賢之非？」嗟夫！聖人之所爲，自然合於規矩，無不中其理者也。雖有賢哲，而不得自然之理，亦豈能盡善而無失乎？況經秦火之殘文，世本稀少，故自仲景之後，有缺第七一卷，天下至今無復得其本。然雖存者佈行於世，後之傳寫鏤板，重重差誤，不可勝舉。以其玄奥而俗莫能明，故雖舛訛而孰知之？故近代敕勒孫奇、高保衡、林億等校正，孫兆改誤，其序有言曰：「正謬誤者六千餘字，增注義者二千餘條。」若專執舊本，以謂往古聖賢之書而不可改易者，信則信矣，終未免泥於一隅。及夫唐王冰次注序云：「世本紕繆，篇目重疊。前後不備，文義懸隔。施行不易，披會亦難。歲月既淹，習以成弊。或一篇重出，而别立一名；或兩論併合，而都爲一目；或問答未已，而别樹篇題；或脱簡不書，而云世缺。重經合而冠針服，併方宜而爲欬篇。隔虚實而爲逆從，合經絡而爲論要。節皮部而爲經絡，退至教以先針。如此之流，不可勝數。」又曰：「其中簡脱文斷、義不相接者，搜求經論，有所遷移，以補其處；篇目墜缺，指事不明者，詳其意趣加字以昭其義；篇論吞併，義不相涉，缺漏名目者，區分事類，别目以冠篇首；君臣請問，義理乖失者，考校尊卑，增益以光其意；錯簡碎文，前後重疊者，詳其旨趣，削去繁雜，以存其要；辭理秘密，難粗論述者，别撰玄珠，以陳其道。凡所加字皆朱書其文，使今古必分，字不雜揉。」然則豈但僕之言哉？設若後人或怒王冰、林億之輩，言舊有訛謬者，弗去其注而惟攻其經，則未必易知而過其意也。然而王冰之注，善則善矣，以其仁人之心，而未備聖賢之意，故其注或有失者也。由是校正改誤者，往往證當王冰之所失，其間不見其失而不以改證者，不爲少矣。雖稱校正改誤，而或自失者亦多矣。嗚呼！不惟注未盡善，而王冰遷移加減之經，亦有臆説而不合古聖之意者也。雖言凡所加字，皆朱書其文，既傳於後，即世文皆爲墨字也。凡所改易之間，或不中其理者，使智哲以理推之，終莫得其真意。豈知未達真理，而不識其僞所致也。近世所傳之書，若此説者多矣。然而非其正理而求其真意者，未之有也，但略相肖而已。雖今之經與注，皆有舛訛，比之舊者，則亦易爲學矣。若非全元起本及王冰次注，則林億之輩未必知若是焉。後之知者，多因之也。今非先賢之説者，僕且無能知之。蓋因諸舊説而方入其門，耽翫既久而粗見得失。然諸舊失而今有得者，非謂僕之明也。因諸舊説之所得者，以意類推而得其真理，自見其僞，亦皆古先聖賢之道也。僕豈生而知之者哉？夫别醫之得失者，但以類推運氣造化之理，而明可知矣。觀夫世傳運氣之書多矣，蓋舉大綱，乃學之門户，皆歌頌鈐圖而已，終未備其體用，及互有得失而惑人志者也。況非其人，百未得於經之一二，而妄撰運氣之書傳於世者，是以矜己惑人，而莫能彰驗。致使學人不知其美，俾聖經妙典日遠日疏，而習之者鮮矣。悲夫！世俗或以謂運氣無徵，而爲惑人之妄説者；或但言運氣爲大道玄機，若非生而知之，則莫能學之者，由是學者寡而知者鮮。設有攻其本經，而後有注説、雕寫之誤也，況乎造化玄奥之理，未有比物立象，以詳説者也。僕雖不敏，以其志慕兹道，而究之以久，略得其意。惜乎天下尚有未若僕之知者，據乎所見而輒伸短識，本乎三墳之聖經，兼以衆賢之妙論，編集運氣要妙之説十萬餘言，九篇三卷，勒成一部，命曰《内經運氣要旨論》，備見聖賢經之用矣。然妙則妙矣，以其妙道，乃爲對病臨時處方之法。猶恐後學未精貫者，或難施用，復宗仲景之書，率參聖賢之説，推夫運氣造化自然之理，以集傷寒雜病、脈證方論之文，一部三卷，十萬餘言，目曰《醫方精要宣明論》。凡有世説之誤者，詳以此證明之，庶令學者真僞自分，而易爲得用。且運氣者，得於道同，蓋明大道之一也。觀夫醫者，唯以别陰陽、虚實最爲樞要。識病之法，以其病氣歸於五運、六氣之化，明可見矣。謹率經之所言二百餘字，兼以語辭二百七十七言，緒歸五運、六氣而已。大凡明病陰陽、虚實，無越此法。雖已並載前之二帙，復慮世俗多出妄説，有違古聖之意，今特舉二百七十七字獨爲一本，名曰《素問玄機原病式》。遂以比物立象，詳論天地運氣、造化自然之理，注二萬餘言，仍以改證世俗謬説。雖不備舉其誤，其意足可明矣；雖未備論諸疾，以此推之，則識病六氣、陰陽、虚實，幾於備矣。蓋求運氣言象之意，而得其自然神妙之情理。《易》曰：「書不盡言，言不盡意。」然則聖人之意，其不可見乎？子曰：「聖人立象以盡意，設卦以盡情僞，繫辭焉以盡其言，變而通之以盡利，鼓之舞之以盡神。」老子曰：「不出户，見天下；不窺牖，見天道。其出彌遠，其知彌少，蓋由規矩而取方圓也。」夫運氣之道者猶諸此也。嗟夫！僕勉述其文者，非但欲以美於己而非於人，矜於名而苟於利也，但貴學者易爲曉悟，而行無枉錯耳。如通舉《内經運氣要旨論》及《醫方精要宣明論》者，欲令習者求其備也。其間或未臻其理者，幸冀將來君子以改正焉。但欲同以宣揚古聖之妙道，而普救後人之生命爾。（金劉守真《河間醫集》，人民衛生出版社一九九八年，第三三五頁。）

金程道濟《素問玄機原病式序》：

夫梓人之巧，不能逃繩墨之式；冶者之工，不能出規模之制。故繩墨規模者，天下之通用，古今之不易，奉聖人所製作者也。且醫道幽微，玄之又玄，典人性命，非聖人孰能與於此？原自伏羲，得《河圖》之象，始畫八卦，引而伸之，觸類而長之，天下之能事畢矣。因而重之爲六十四卦，則天地三才之道、萬物之象備焉。故軒轅得之，謂人壽命本道統天下陰陽造化而生，其壽夭修短莫不有數。能持而守之者，得盡終其數；不能持守，恣情縱欲憂患所傷，以致夭亡者，不爲少矣。故與天師岐伯參酌天地三陰三陽六氣行運一歲十二月之間，分佈在人爲手足三陰三陽十二經左右之要會，作八十一篇，垂爲世範，名曰《内經素問》，至今用之，而爲醫家繩墨規模者也。故知其要者，一言而終；不知其要者，流散無窮，蓋知要之人鮮矣。粤自守真先生者，本河間人也，姓劉，名完素字守真，夙有聰慧。自幼年耽嗜醫書，千經百論，往往過目無所取，皆謂非至道造化之書，因披玩《素問》一經，朝勤夕思，手不釋卷。三五年間，廢寢忘食，參詳其理，至於意義深遠，研精覃思，期於必通。一日於静室中，澄神宴坐，沉然畢慮，探索難解之義，神識杳冥似寤寐間。有二道士者，自門而入，授先生美酒一小盞若橡碗許，咽而復有，如此三二十次，咽不能盡。二道者笑曰：「如厭飫，反吐於盞中。」復授道者，倒於小葫中。道者出，恍然一醒，覺面赤酒香，杳無所據，急於内外追之不見，而後目至心靈，大有開悟。此説幾乎誕妄，默而不言，以僕爲知言，先生故以誠告。與夫史稱扁鵲遇長桑君飲藥，以此視病，盡見五臟癥結，特以診脈爲名，亦何異焉？因著醫書《内經運氣要旨論》、《醫方精要宣明論》二部，總一十七萬餘言，精微浩汗，造化詳悉，而又述《習醫要用直格》並藥方，已板行於世。外又作《素問玄機原病式》並注二萬餘言，特採摭至《真要大論》一篇病機氣宜之説，撮其樞要，自成一家，精貫古今，無非神授。蓋天之未喪斯文也，復生其人，發明醫道，乃今時五宗教之師，以致於此，莫不效驗，直明五運六氣之至要，傷寒雜病之指歸。其言簡，其理明，易爲披究，足以察陰陽二證之隱顯，醫家前後之得失。如式中所説，木極似金，火極似水之類，謂亢則害，承乃制，鬱極乃發，變化之理，大爲要妙，非智者焉能及此？可謂旨意昭昭，萬舉萬全，神聖工巧，能事畢矣，真知要之書也。但見今之醫人，竊用先生諸藥得效者衆多，以今十數年，猶紿其名，恥言凉藥，謂去熱藥爲非。不稱其人，反或毁謗，其道難行也如此，哀哉哀哉！是知中人以下，不可以語上，信矣。僕自幼年，氣弱多病，醫書脈證，粗明所以。天德四年，在中都監修大内，正患腰腳疼痛之疾，殆時二年，服食湯藥，皆薑、附、硫磺種種燥熱之藥，中脘臍下艾炷十數，終無一效，愈覺膝寒胃冷，少力多睡，飲食日少，精神日衰。詢諸名醫，衆口一辭，僉曰腎部虚寒，非熱藥不能療。及自體究，亦覺惡寒喜暖，但知此議爲是。因諮後醫董系者，彼云腎經積熱，氣血不通故也，洎與談論，惟舉五行旨略，黔斷語言，用藥治病，只五七方而已，其餘醫書脈訣，一無所有。僕意寡學不通之人，不能信之，及試用通經涼藥，但臟府滑利，伏困愈甚，以至捨而不問。後相識數月，見治諸人傷寒雜病，止用寒涼疏通，十醫十愈，其應如神。貧者酬勞，辭而不受，及有周急之者。以此漸漸信之，日加敬重，似有所得。再論腳疾，彼陳五行造化、勝負伏造真理，始似唤醒，灑然不疑，方肯聽信。再用辛甘寒藥，瀉十二經之積熱，日三四服，通利十餘。行數十日後，覺痛減，飲食有味，精力爽健，非舊日之比。心神喜悦，服藥不輟，迤邐覺熱，熱勢滋甚。自後飲食服餌，皆用寒涼，數年之間，疾去熱除，神清體健。以此知乎昔將攝失宜，醫藥差錯之過也。舉世醫工，亦未嘗語此。自爾處病用藥，治身治家，及其他親識外人，但來求醫，不避巇危，意無圖報，專一治療，無不痊愈。大率計之，三十有餘年間，所療傷寒，三二日至五七日間，使之和解痊安者，可四五千人；汗前汗後，諸般惡證，危篤至死，衆醫不救者，活及二百餘人。百發百中，千不失一，率因董醫始以傳授，次得《玄機原病式》，大明終始，開發良多。在後親見守真先生，詳加請益，參推要妙，愈究愈精。始知董氏之學，始得先生《原病式》簡要之書施用故也，兼傳澤承睨者，乃先生門下高弟子，真良醫也，並已過世，同爲一家，與世醫可謂冰炭。自天德五年以後，董氏醫名大著，傳聞遠近，病者生，危者安，士夫之家，極爲推重。十數年間，所獲數萬，其舉薦稱揚，僕有力焉。僕自是應歷任所，不惜此書，教授諸醫，復與開説《素問》要妙至理，使之解悟，改革前非，以救生靈之疾病。至於士人有求問學醫者，僕皆一一直與傳授，使知要妙治法及方。伊等雖不能通明造化，但能用藥治病得驗者，亦不下百數。大定二十一年，予自京兆運使移邢臺，下車視事之餘，擢醫者數人與説《素問》，兼授以知要之法。衆中有孫執中者，尤爲好事，一日請求《原病式》，欲爲之開板，廣傳於世，庶幾普救生民夭横之厄，兼證醫家從來所傳相習之非。予憫其仁者之用心，欣而授之，非唯得截要治法歷行於世，兼以揄揚先生特達奇才，獨得要妙造化之理，著成方書，流行於世，豈非規模繩墨者歟？又非《活人書》之較焉。嗚呼！自秦越人、張仲景之後，迨今千有餘年，此道湮淪，苟非斯人，真僞混殽，似是而非，觸目而已有。孫子彼告，予願爲之後序，故不揆狂斐，而作是語，聊以旌表先生事業之萬一云。時大定二十二年九月□日，安國軍節度使開國侯程道濟序。

（金劉守真《河間醫集》，人民衛生出版社一九九八年，第三四〇頁。）

《素問病機氣宜保命集》三卷，存。清紀昀等《四庫全書總目》卷一〇四《子部醫家類》著録，歸張元素名下，云：「凡分三十二門，首原道、原脈、攝生、陰陽諸論，次及處方用藥，次第加減君臣佐使之法。於醫理精藴闡發極爲深至。其書初罕傳播，金末楊威始得本刊行，而題爲河間劉完素所著。明初寧王權重刊，亦沿其誤，並僞撰完素序文詞調於卷首以附會之。至李時珍作《本草綱目》，始糾其謬，而定爲出於元素之手，於序例中辨之甚明。」遂爲改正，其「僞託之序」亦删削焉。今按，清施國祁《吉貝居雜記》：「《保命集》三卷，金劉完素作，或以爲張元素，誤也。蓋宋人諱『桓』字，『完』以嫌名，多改作『元』。河間學盛行於南，宋人刊之，故有此誤耳。張元素並無著書，所有《內經類編》、《難經注》、《醫學起源》諸書，乃其高弟李明之承師説而筆之者。若俗所傳《珍珠囊》，則又明之門人私出己見，僞託潔古，以張大其説耳。明宋濂《潛溪集》贈賈某序：『張元素以古方新病決不相值，治疾一切不以古方，故其書不傳。其存於今，皆後人所傳會。』」① 又，［日］丹波元胤《中國醫籍考》卷五〇《方論》：「錦溪野老《劉守真三消論》跋云：『麻徵君寓汴梁日，訪先生後裔，就其家得《三消論》、《氣宜病機》之書。』又杜思敬《濟生拔萃》稱《東垣活法機要》，與《潔古家珍》，及《劉守真保命》，大同小異。考徵君則麻九疇，爲張子和友。乃在當時，其言若此，與楊序所謂先生卒、書不世傳、屏翳於茀茨荆棘中者符。杜思敬編書，在於元延祐二年，時八十一歲。其生距守真之時，未爲遼闊。則是書之出自守真，斷可知矣。且其所述《方論》，與《宣明論》、《原病式》相出入。李時珍有何所證，以爲張元素之書？夫元素所著，雖佚不可見，東垣李明之嘗從受其法，則讀明之諸書，以溯源委，其理趣判然，與是書不同。元素子璧著有《保命集論類要》，時珍豈非以此相混者耶？《提要》未察此義，隨襲其謬，並以序文詞稱寧王僞撰。郢書燕説，莫甚此焉。《活法機要》爲李明之所著，時珍又爲是書一名，實爲歧

① 羅振玉校補《雪堂叢刻》，北京圖書館出版社二〇〇〇年，第一册七二〇頁。

誤。」

金劉完素《保命集序》：

夫醫道者，以濟世爲良，以愈疾爲善。蓋濟世者，憑乎術；愈疾者，仗乎法。故法之與術，悉出《内經》之玄機。此經固不可力而求，智而得也。況軒、岐問答，理非造次，奥藏金丹寶典，深隱生死玄文，爲修行之徑路，作達道之天梯。得其理者，用如神聖；失其理者，似隔水山。其法玄妙，其功深固，非小智所能窺測也。若不訪求師範，而自生穿鑿者，徒勞皓首耳。餘二十有五，志在《内經》，日夜不輟。殆至六旬，得遇天人，授飲美酒，若橡斗許，面赤若醉。一醒之後，目至心靈，大有開悟。衍其功療，左右逢原，百發百中。今見世醫多賴祖名，倚約舊方，恥問不學，特無更新之法。縱聞善説，反怒爲非。嗚呼，患者遇此之徒，十誤八九，豈念人命死而不復者哉！仁者鑒之，可不痛歟。以此觀之，是未知陰陽變化之道。況木極似金，金極似火，火極似土，土極似木，故經曰：「亢則害，承乃制。」謂已亢極，反似勝己之化。俗流未知，故認似作是，以陽爲陰，失其本意，經所謂「誅罰無過，命曰大惑」。醫徒執迷，反肆傍識。縱用獲效，終無了然之語，其道難與語哉！僕見如斯，首述玄機，刊行於世者，已有《宣明》等三書，革庸醫之鄙陋，正俗論之舛訛，宣揚古聖之法則，普救後人之生命。今將余三十年間，信如心手，親用若神；遠取諸物，近取諸身，比物立象，直明真理，治法方論，裁成三卷三十二論，目之曰《素問病機氣宜保命集》。此集非崖略之説，蓋得軒、岐要妙之旨，故用之可以濟人命，捨之無以活人生。得乎心髓，秘之篋笥，不敢輕以示人。非絶仁人之心，蓋聖人之法，不遇當人，未易授爾。後之明者，當自傳焉。時大定丙午閏七月中元日，河間劉完素守真述。（金劉守真《河間醫集》，人民衛生出版社一九九八年，第三八三頁。）

金劉完素《王連環詞》：

聖號連環，法明《素問》、三墳中，别是奇絶。義如淵海，理若丘山，萬法千機，下手處全無半捻。包藏天地，斡運陰陽，造化形質，極救羸劣。三卷九篇，其間終始，聖心難爲與決。披尋數載，造奥尋真，似水底浸撈明月。君休笑饒賢，惠期顔閔，才壓蘇黄，無師匠亦難提挈。細尋思，皇天不負苦學人。近來遇明師，敲開玉結。纔見玄中玄，天外法，只此是全身訣自從會得，凡骨投入仙胎，似地囚反登天闕。换盡心腹意氣，從今别始覺靈臺皎潔。幼年之歲，造《原病》、《宣明》、《要旨》、《直格》，略明軒、岐。發明聖心玄妙，具在《病機》中。書就深藏囊篋，待百年之後，自有高人，恁待宣揚聖策。此至情至微之道，休與俗人談，除對知音説。（金劉守真《河間醫集》，人民衛生出版社一九九八年，第三八五頁。）

金楊威《素問病機氣宜保命集序》：

天興末，予北渡，寓東原之長清。一日，過前太醫王慶先家，於几案間得一書，曰《素問病機氣宜保命集》。試閲之，乃劉高尚守真先生之遺書稿也。其文則出自《内經》中，摭其要而述之者。朱塗墨注，凡三卷，分三十二門，門有資次，合理契經。如原道則本性命之源，論脈則盡死生之説，攝生則語存神存氣之理，陰陽則講抱元守一之妙，病機則終始有條有例，治病之法，盡於此矣。本草則驅用有佐有使，處方之法，盡於此矣。至於解傷寒、論氣宜，説曲盡前聖意。讀之使人廓然有所醒悟，恍然有所發明，使六脈十二經、五臟、六腑、三焦、四肢，目前可得而推見之也。後二十三論，隨論出證，隨證出方，先後加減，用藥次第，悉皆藴奥，精妙入神。嘗試用之，十十皆中，真良醫也，雖古人不是過也，雖軒、岐復生，不廢此書也。然先生有序，序己行藏，言幼年已有《直格》、《宣明》、《原病式》三書，雖義精慤，猶有不盡聖理處。今是書也復出，與前三書相爲表裏，非日後之醫者龜鏡歟？至如平昔不治醫書者得之，隨例驗證，度己處藥，則思亦過半矣。予謂是書，雖在農夫、工賑、緇衣、黄冠、儒宗，人人家置一本可也。若己有病，尋閲病源，不至亂投湯劑，況醫家者凴者哉！惜哉！先生卒，書不世傳，使先生之道，竊入小人口，以爲己盡者有之。予憫先生道屏翳於茅茨荆棘中，故存心精校，今數年矣。命工鏤板，擬廣世傳，使先生之道，出於茅茨荆棘中，亦起世膏肓之一端也。歲辛亥正月望日，大鹵楊威序。（金劉守真《河間醫集》，人民衛生出版社一九九八年，第三八六頁。）

明朱權《重刻保命集序》：

粤自軒、岐而下，數千載間，雖有跗緩盧扁之於前，其道不行其後。後之學者，如盲執炬，夜行窮谷，其道愈失矣。然醫道漂没已久，天固生守真劉通玄於河間。素有奇遇，得天人之旨，而能盡其術。乃撰《宣明》等書一十七萬餘言，開導後學。年幾六十，再遇異人，授以玄醞一橡斗許，一醉乃醒，豁然有悟，復撰是書。自謂窮理盡性，精微至要，莫出乎是也。蓋醫之所以爲醫者，必先知其人之所以爲人之道。人與天地一，故體天之道以察四時，因地之理以審百病。其神聖功巧、格物致知之理，不在乎藥，而在乎醫之何如耳。嘗聞鶡冠子曰：昔者伊尹醫殷，吕望醫周，奚生醫秦，申麃醫郢，原季醫晉，陶朱醫越，夷吾醫齊。故魏文侯有曰：管子用政行醫，術以扁鵲之道，桓公其霸乎，其説有自矣。今是書也，其攝生之法，與大修齊之道理無二。岐道同一軌，大有益於醫道也。後之學者，誠能推究其理，審乎病源，體乎天道，順乎地利，以治其疾，將有囿於壽域者也。緣是書者，金世宗大定二十六年丙午，守真所撰之書也，時在宋孝宗淳熙十三年焉。始守真靳惜無傳，至胡元憲宗元年辛亥，乃宋理宗淳祐十一年也，相去六十五年矣。大鹵焉震亨謂天下之寶，當與天下共之，不可私也，乃鋟諸梓人乎。古板毁於兵燹，不存久矣。世無其傳，今命工重刊。既完，必用序以紀其實，姑書於篇端云。或曰：不書中國之正朔，而用金虜之正者何？當宋季也，河間爲金虜所有，而用之故也。歲在宣德辛亥三月初二日丙寅，臞仙書。（金劉守真《河間醫集》，人民衛生出版社一九九八年，第三八九頁。）

《傷寒直格方》三卷，存。清紀昀等《四庫全書總目》卷一〇四《子部醫家類》著録：「《傷寒直格方》大旨出入於《原病式》，而於傷寒證治議論較詳。前序一篇，不知何人所撰。馬宗素《傷寒醫鑒》引平城翟公『宵行遇燈』之語，與此序正相合，殆即翟公所撰歟？《醫鑒》又云：『完素著《六經傳變直格》一部，計一萬七千零九字。又於《宣明論》中集緊切藥方六十道，分六門，亦名《直格》。』此書有方有論，不分門類，不能確定原爲何種，卷首又題爲臨川葛雍編，蓋經後人竄亂，未必完素之舊矣。《傷寒標本心法類萃》上卷分别表裏，辨其緩急。下卷則載所用之方。其中『傳染』一條，稱雙解散、益元散皆爲神方。二方即完素所製，不應自譽至此。考完素《原病式序》，稱『集傷寒雜病脈證方論之文，目曰《醫方精要宣明論》』。今檢《宣明論》中已有《傷寒》二卷，則完素治傷寒法已在《宣明論》中，不别爲書。二書恐出於依託。然流傳已久，姑存之以備參考焉。」今按，[日]丹波元胤《中國醫籍考》卷三二《方論》：「按劉守真傷寒治法，據馬宗素及翟公語，《宣明論》外，似别有一書，則此書未全出於依託。若《傷寒標本》，味其旨趣，覺非完素所撰。葛雍字仲穆，號華蓋山樵，臨川人。以鎦洪《心要》、馬宗素《醫鑒》、常德《心鏡》，校刊於《直格》卷後；《醫統正脈》輯入其書，特於《直格》一書，題臨川葛雍編。《提要》仍以爲是書經後人改竄，抑失考耳。」

金翟氏《傷寒直格方序》：

習醫要用《直格》，乃河間高尚先生劉守真所述也。守真深明《素問》造化陰陽之理，比嘗語予曰：「傷寒謂之大病者，死生在六七日之間。經曰：『人之傷於寒也，則爲病熱。』古今亦通謂之傷寒熱病。前三日，太陽陽明少陽受之，熱壯於表，汗之則愈；後三日，太陰少陰厥陰受之，熱傳於裏，下之則痊。六經傳受，自淺至深，皆是熱證，非有陰寒之病。古聖訓『陰陽』爲『表裏』，惟仲景深得其旨。厥後朱肱奉議作《活人書》，尚失仲景本意，將『陰陽』字釋作『寒熱』，此差之毫釐，失之千里，而中間誤罹横夭者蓋不少焉，不可不知也。」予語守真曰：「先生之論如此，何不辟此説，以暴耀當世，以革醫流之弊，反忍而無言，何耶？」守真曰：「世之所集各異，人情喜温而惡寒，恐論者不詳，反生疑謗。」又曰：「欲編書十卷，尚未能就，故弗克耳。」今太原書坊劉生鋟梓以廣其傳，深有益於世，如宵行冥冥，迷不知徑，忽遇明燈巨火，正路昭然。若有執迷而不知信行者，固不足言，而聰明博雅君子，能於此者原始反終，研精覃思，則其所得又何待予之喋喋也。（金劉守真《河間醫集》，人民衛生出版社一九九八年，第五一九頁。今按，此序撰者姓名失載，［日］丹波元胤《中國醫籍考》卷三二《方論》署「翟氏」，從之。）

《三消論》一卷，存。明嘉靖《儒門事親》刊本由三卷演爲十五卷。其卷十三輯入《劉河間先生三消論》。

金張汝納《三消論》跋：

《三消》之論，劉河間之所作也。因麻徵君寓汴梁，暇日訪先生後裔，或舉教醫學者，即其人矣。徵君親詣其家，求先生平昔所著遺書。乃出《三消論》、《氣宜》、《病機》三書，未傳於世者，又多不全，止取《三消論》，於卷首增寫六位，藏象二圖，其餘未遑潤色，即付友人穆子昭。子昭乃河間門人穆大黄之後也。時覓官於京師，方且告困。徵君欲因是而惠之。由是余從子昭授得一本。後值兵火，遂失其傳。偶於鄉人霍司承君祥處復見其文，然傳寫甚誤，但依仿而録之，以付後之學者，詳爲刊正云。時甲辰年冬至日，錦溪野老書續方柏亭東久亭寺。（金劉守真《河間醫集》，人民衛生出版社一九九八年，第六四七頁。今按，甲辰指蒙古太宗乃馬真后稱制三年、一二四四年；錦溪，金末名士張汝納號，林慮人，著有《重立晉大夫荀叔廟碑》，見清胡聘之《山右石刻叢編》卷二三。）

閑邪瞶叟

閑邪瞶叟，姓名佚，平水（今山西臨汾）人。

《補注銅人腧穴針灸圖經》五卷，存。清紀昀等《四庫全書總目》卷一〇四《子部醫家類》著録，作《銅人針灸經》七卷，且未涉金人，云：「按晁公武《讀書後志》曰：『《銅人腧穴針灸圖》三卷，皇朝王惟德撰。仁宗嘗詔惟德考次針灸之法，鑄銅人爲式。分臟腑十二經，旁注腧穴所會，刻題其名。並爲圖法及主療之術，刻板傳於世。』王應麟《玉海》曰：『天聖五年十月壬辰，醫官院上所鑄腧穴銅人式二。詔一置醫官院，一置大相國寺仁濟殿。先是，上以針砭之法傳述不同，命尚藥奉御王惟一考明堂氣穴經絡之會，鑄銅人式。又纂集舊聞，訂正訛謬，爲《銅人腧穴針灸圖經》三卷，至是上之，摹印頒行。翰林學士夏竦序。』所言與晁氏略同。惟王惟德作惟一，人名小異耳。此本卷數不符，而大致與二家所言合，疑或天聖之舊本而後人析爲七卷歟？周密《齊東野語》曰：『嘗聞舅氏章叔恭云，昔倅襄州日，嘗獲試針銅人全像，以精銅爲之，腑臟無一不具。其外腧穴則錯金書穴名於旁。凡背面二器相合，則渾然全身。蓋舊都用此以試醫者。其法外塗黃蠟，中實以水，俾醫工以分折寸，按穴試針。中穴則針入而水出，稍差則針不可入矣。亦奇巧之器也。後趙南仲歸之内府。叔恭嘗寫二圖，刻梓以傳焉。』今宋銅人及章氏圖皆不傳，惟此書存其梗概爾。」另，［日］丹波元胤《中國醫籍考》卷二一《明堂經脈》著録北宋王惟一《銅人腧穴針灸圖》三卷：「先子（丹波元簡）曰：『《讀書後志》惟一作惟德，《針灸聚英》、《古今醫統》亦同，可疑。』……而此書舊凡三卷，其爲五卷者，金大定中所刻補注本也。」又著録《亡名氏補注銅人腧穴針灸圖經》五卷，云：「按此書不知出於何人。第三卷載大定丙午上元日、平水閑邪瞶叟《針灸避忌太一圖序》，後有『書軒陳氏印行』木記。考丙午，金世宗大定二十六年，即宋孝宗淳熙十三年也。涉園山崎子政先生嘗得此刻，將重雕行於世，使余序之。先子稱雖天聖之舊，尤可貴重焉。」今按，北宋王惟一所撰《銅人腧穴針灸圖經》，凡三卷，天聖刊本。靖康後，流傳於北方者經補注，拓爲五卷，稱《補注銅人腧穴針灸圖經》，即金大定平水書軒陳氏刊本，卷帙因内容變化而增加；四庫館臣所見者，系南方流傳版本，已衍爲七卷，且「不著撰人名氏」。近代以來，海内外皆有刊印。一是東瀛重雕，丹波元胤著録有説，不足之處是稍嫌繁雜。所謂《亡名氏補注銅人腧穴針灸圖經》，實即「金大定中所刻補注本也」；二是海内貴池劉世珩「影刊」平水書軒陳氏刻本，葉德輝《書林清話》卷四《金時平水刻書之盛》論及。

金閑邪瞶叟《針灸避忌太一之圖序》：

經曰：「太一日遊，以冬至之日始，居外葉蟄之宮。從其宮數所在，日徙一處，至九日復反於一。常如是無已，周而復始。」此乃太一日遊之法也。其旨甚明，别無所隱。奈行針之士，無有知者。縱有知者，秘而不傳，致使聖人之法罕行於世，良可歎也！僕雖非醫流，平昔嘗習心於醫。言之聞之，備知其詳而不述，豈仁乎？輒以短見，遂將逐節太一所直之日，編次成圖。其圖始自八節得王之日，從其宫至所在之處，首一終九，日徙一宫。至九日復反於一，周而復始，如是次而行之，計每宫各得五日，九之則一節之日悉備。今一一條次備細，開具於逐宫之内，使觀者臨圖即見逐節太一所宜之日在何宫内，乃知人之身體所忌之處。庶得行針之士知而避之，俾人無忤犯太一之凶，此僕之本意也。僕誠非沽名者，以年齒衰朽，恐身没之後，聖人之法湮没於世，故編此圖，發明厥旨，命工鐫石，傳其不朽。貴得其法，與時偕行焉，覽者勿以自衒見誚。時大定丙午歲上元日，平水閑邪聵叟述。（《補注銅人腧穴針灸圖經》卷三，中國醫學大成續集本，上海科技出版社二〇〇〇年。）

劉世珩《新刊補注銅人腧穴針灸圖經》跋：

右金大定本《新刊補注銅人腧穴針灸圖經》五卷，宋翰林醫官朝散大夫殿中省尚藥奉御騎都尉賜紫金魚袋臣王惟一奉聖旨編修，首有天聖四年夏竦序，卷三之首，王惟一自序，又有《針灸避忌太一之圖序》，序後有「旹大定丙午歲上元日平水閑邪聵叟述，書軒陳氏刊行」，是宋時官書，金時刻本。考《宋史·藝文志》卷六，王惟一《新鑄銅人腧穴針灸圖經》三卷，即此書，止三卷，與《崇文總目》、《讀書後志》合。明正統石本亦三卷，是宋代原書止三卷。至金大定丙午，加補注拓之爲五卷耳。《讀書後志》無經字，作王惟德。《通志略》作王惟一。惟德《宋史》有傳，惟一無之，或者其爲兄弟行耶？補注亦不知成於何人，且又非三卷之舊矣。《經籍訪古志》云：「瞶叟序中稱『僕誠非沽名者，以年齒衰朽，恐身殁之後，聖人之法湮没於世，因編此圖，發明欽旨，命工鐫石，傳其不朽』，知是瞶叟刻此圖於石，而陳氏取附是書，並以板行也。」平陽經籍所刻書最鮮傳本，金刊世尤難購覯，《天禄琳瑯》載金本僅有二種，寶貴更可想矣。曩景元貞平陽府梁宅刊《論語注疏》，復又獲此金平水原本，今並刻之，皆傳北方之版本，爲藝林所罕見者也。宣統紀元己酉新秋，貴池劉世珩記於天津。（《補注銅人腧穴針灸圖經》卷末，中國醫學大成續集本，上海科技出版社二〇〇〇年。）

曹元忠《金大定本銅人腧穴針灸圖經》跋：

蔥石同年得金大定本《銅人腧穴針灸圖經》，出而見示，云將刊入玉海堂叢書，屬爲跋語。按是書瞿氏鐵琴銅劍樓所藏迺傳鈔明正統御製序本，其目録根據，《四庫提要》亦云：晁氏《讀書志》謂皇朝王惟德撰，《玉海》謂王惟一，未詳孰是。不知《玉海》所言本於《續資治通鑑長編》，彼云：「仁宗天聖五年十月壬辰，醫官院上所鑄腧穴銅人式二，詔一置醫官院，一置相國寺。先是，上以針砭之法傳述不同，腧穴稍差，或害人命，遂命醫官王惟一考明堂氣穴經絡之會，鑄銅人式。又纂集舊聞，訂正訛謬，爲銅人針灸圖經。至是上之。」《宋史·藝文志》王惟一《新銅人腧穴灸圖經》是也。其作惟一，與是書同，足正《讀書後志》之誤。惟宋志既載《銅人腧穴針灸圖經》

三卷，又載王惟一《明堂經》三卷，未免複出。顧即此可知，天聖摹印頒行之本原是三卷，此分五卷者，據第三卷首《針灸避忌太乙之圖序》，稱「大定丙午歲上元日，平水閑邪聵叟述，書軒陳氏印行」，當出書賈所增。惜瞿氏藏本已於咸豐庚申散失，未能對勘也。是書所引各家，除「高承德云」無考外，其稱「山眺經」即《山眺針灸經》，「席延賞云」即席延賞《黄帝針灸經音義》，皆見宋志。又稱「秦承祖云」，即秦承祖《明堂圖》、《明堂孔穴》，「甄權針經」即甄權《針經鈔》、《針方明堂人形圖》，皆見唐書藝文志、方技傳。又謂甄權所撰針方明堂等圖傳於時，則是書於甄權徵引特多，亦非無因。至所稱「丁德用二難圖」，即丁德用《補注難經之圖》，見《郡齋讀書後志》及《直齋書録解題》。然則王惟一纂集舊聞，亦可謂博採旁搜矣。詎於《明堂針經》，獨未之見。而偃伏頭部中行十穴，無神聰四穴；偃伏第二行左右十四穴，無眉衝穴；偃伏第三行左右十二穴，無當陽穴；背腧部第二行左右四十四穴，無督俞二穴，無氣海俞，無關元俞；側脇左右十二穴，無脇堂穴；足少陽膽經左右二十八穴，無風市二穴；足陽明胃經左右三十穴，無膝眼四穴。王執中《針灸資生經》以明堂上下經所有，而銅人不載者，每謂不全，其實非不全也。當是針砭之法傳述不同，俞穴稍差，或害人命。在王惟一鑄銅人式，不得不慎之又慎耳。而《針灸資生經》言銅人所無之穴，是書皆無之，則雖金大定二十六年本，猶不失北宋天聖七年閏二月頒行之舊，深可寶貴。願蒽石亟影刊，以行世焉。宣統庚戌八月晦夕，吴曹元忠書於京邸之凌波榭。（《新刊銅人腧穴針灸圖經》卷末，人民衛生出版社一九五六年。）

張元素

張元素字潔古，易州（今河北易縣）人。八歲試童子舉，二十七歲就選經義進士，因犯章宗諱而落第，遂棄儒學醫，潛心精究《内經》，探賾索隱，醫道大進，名顯天下。史稱「平素治病不用古方，其説曰：『運氣不齊，古今異軌，古方新病不能相也。』自爲家法云。」① 張氏學説爲張璧、李杲、王好古、羅天益等繼承，形成「易水派」。

《醫學啓源》三卷，存。清錢曾《讀書敏求記》卷三《醫家》著録：「潔古治病，不用古方，刻期見效。劉守真嘗病傷寒，潔古診其脈，而知其用藥之差。守真大服，自是名滿天下。是書採輯《素問》五運六氣、《内經》治要、《本草》藥性而成。其門下高弟李明之，請蘭泉張建吉甫序於卷首。」②

金張建《醫學啓源序》：

先生張元素，字潔古，易水人也。八歲試童經，廿七經義登科，犯章廟諱出落，於是怠仕進，遂潛心於醫學，廿餘年雖記誦廣博書，然治人之術，不出人右。其夜夢人柯斧長鑿，鑿心開竅，納

① 《金史》卷一三一《方伎傳》，中華書局一九七五年，第二八一二頁。
② 叢書集成初編本，中華書局一九八五年，第一一三頁。

書數卷於其中，見其題曰《内經主治備要》，駭然驚悟，覺心痛，只爲凶事也，不敢語人。自是心目洞徹，便爲傳道軒岐，指揮秦越也。河間劉守真醫名貫世，視之蔑如也。異日，守真病傷寒八日下證，頭疼脈緊，嘔惡不食，門人侍病，未知所爲，請潔古診之，至則守真面壁不顧也。潔古曰：「何視我直如此卑也？」診其脈，謂之曰：「脈病乃爾，初服某藥犯某味藥乎？」曰：「然。」潔古曰：「差之甚也。」守真遽然起曰：「何謂也？」曰：「某藥味寒，下降，走太陰，陽亡，汗不徹故也。今脈如此，當以某藥服之。」守真首肯，大服其能，一服而愈，自是名滿天下。潔古治病不用古方，但云：「古方新病，甚不相宜，反以害人。」每自從病處方，刻期見效，藥下如攫，當時目之曰神醫。暇日輯集《素問》五運六氣，《内經》治要，《本草》藥性，名曰《醫學啓源》，以教門生，及有《醫方》三十卷傳於世。壬辰遺失殆盡，所存者惟《醫學啓源》。真定李明之，門下高弟也，請余爲序，故書之。蘭泉老人張建吉甫序。（《醫學啓源》卷首，人民衛生出版社一九七八年。）

《難經解》二十四卷，存。或稱《藥注難經》、《難經注》。清耿文光《萬卷精華樓藏書記》卷七八《醫家類》著録「元本」，云：「潔古老人書每與劉完素書相混，蓋完素或作元素，同爲金時人，同業醫故也。是書流傳甚少，四庫未收。據王序，此本爲東垣所補訂，非原書矣。潔古，易水人，故曰易水遺旨。」李經緯等《中國醫學通史》第八章《遼金元時期醫學》稱已「失傳」①。今按，耿氏所謂「元本」，未見。姑仍之，俟考。

元王惲《潔古老人注難經序》：

醫之有《難》、《素》，猶六經之有《春秋》、《易》也。書雖盡言，言不極意，神而化之，存乎其人。潔古張先生，醫師之大學也，以是書注釋雖博，未免有仁智殊見、體用不同之間，於是研思凝神，探索玄奥，發遺意於太素之初，出妙理於諸家之表，使體用一源，得失兩判，復隨其疾證，附以禁忌方論，述經解廿四卷。先生高弟東垣老人，以其書授羅君謙甫。兵後文多墜簡，及得田氏口傳易水遺旨百餘條，苴補脱漏，遂爲完書。予嘗觀其旨要，顧天下之事，未有不極其理而能臻於妙者，矧醫術精微，主司萬命，惟其至精，非一世之所能備；惟其至微，非一賢之所能窮。故軒岐開天，如大《易》之書其卦；越人撮要，猶三《傳》之贊其經。迨潔古講解古今之善，傳注之能事畢矣，誠生民之命脈，醫學之淵會也。嗚呼！醫固難事，學即能至。至於提挈造化，會歸一身，如秦扁窺五臟而洞癥結，察形聲而辨死生，推原本自，心融手應，坐收神聖康濟之功，要以理明學博，精詣其極，有不期然而然者。其功用之實，咸在是書，學者宜盡心焉。而太史公稱扁之術得於餌桑君之藥，飲上池之水，特以診視爲名，恐未之思爾。謙甫將板行以壽其傳，求題諸篇端。

① 人民衛生出版社二〇〇〇年，第四一七頁。

予嘉其學術及物之外，能光昭師道如是，可謂知奉也已。先生諱元素，易水人，潔古其自號云。至元十七年歲次庚辰中伏日序。（《秋澗集》卷四一，四部叢刊本。）

《注叔和脈訣》十卷，存。明焦竑《國史經籍志》卷四下《子類經論》、明朱睦㮮《萬卷堂書目》卷三《醫家》著録。李經緯等《中國醫學通史》第八章《遼金元時期醫學》稱「惜流傳到元代，只存題名張璧的一部節本著作」①。

元吴駿《潔古老人注王叔和脈訣序》：

醫學之精，在明乎脈。脈未易明，而明之有書焉耳。書有未明，明之者注也。有注也，而且改作以爲奇，乃未能援引證據，以明所未明，備所未備，其於是注也焉攸用？無所用而加之以誤世焉，用之者其不費人乎？王叔和之訣，醫學啓鑰之書也，固有童而習之白，乃未能深究其義者。如「女人反此背看之」一句，釋者且不得其的，則其間未明者亦多矣。大抵釋注之病非一：出胸臆之説而不根諸古，則病乎泛；徇一時之見而非傳於一家，則病乎略；眩一己之能而盡棄乎舊説，則又病乎偏。有能反是焉，斯爲至當。然或無方以隨之，則脈自脈，藥自藥，學者猶有誤投之患，是所謂明而未備也。潔古老人張元素，精於醫經者也。其於是書也，「女人反背」之語，則釋之以四時之陰陽，已足破千載之惑。況其援引不外乎《素》、《難》、《内經》之中，則不失之泛；

① 人民衛生出版社二〇〇〇年，第四一九頁。

參錯復繼以其子雲岐之議論，則不失之略；採摭不棄乎通真已當之舊説，則不失之偏。其後復繼以隨脈之方，使一覽之餘，醫學之要，且明且當，而且備矣，不亦善乎！余友虞兄成夫，近得斯本，乃江南前所未有者。不欲珍襲，爰鋟諸梓，以與學醫者共之。吁！豈惟學醫哉？家置一帙，以質醫者之當否，則雖有費人之醫，我不爲之費矣，豈不爲養生延年之助耶？暇日執此書以求序引，余見是注之明且備也，悦而繹之，於是乎書。至元壬午季秋朔益清堂老人吴駿聲父序。（《潔古老人注王叔和脈訣》卷首，海外回歸中醫善本古籍叢書本，人民衛生出版社二〇〇二年。）

蒼巖山人《潔古老人注王叔和脈訣序》：

《脈訣》之書，其醫家之入門也。潔古父子世傳醫學，熟究方書，洞察脈理，隨脈辨證，隨證注藥，兼集諸家之善，以釋後學之疑，其用心亦良矣。江南醫士前所未覩。今虞成夫喜得兹本，不欲私藏，亟刻諸梓，推廣活人之惠，其志尤可嘉。以此見潔古有功於叔和，而虞又有功於潔古也，豈小補哉！蒼巖山人特書於會稽衛生堂。（《潔古老人注王叔和脈訣》卷首，海外回歸中醫善本古籍叢書本，人民衛生出版社二〇〇二年。）

［日］丹波元堅《書王叔和〈脈訣〉後》：

晉王叔和著《脈經》及《脈訣》，余嘗疑《脈訣》實非叔和作，後人僞書也。何以知之？《脈訣》皆歌也，西晉時焉有歌訣乎？可疑一也。《脈訣》比諸《脈經》，則文辭卑陋。其論脈亦有黑白表裏之差，可疑二也。考《脈訣》，宋妄男高陽生所僞作也。嗚呼悲哉！世之愚醫，漫知貴叔和之名，不察後人妄作，往往本於《脈訣》，其誤人豈鮮哉！何乏世文學君子也。余幼而好學，於兹十年，稍稍知今文古文之别，於是乎有所見。故聊書卷後，解衆人之惑云。天保三年重陽後二日，讀於奚暇齋燈下丹波元堅。（《潔古老人注王叔和脈訣》卷末，海外回歸中醫善本古籍叢書本，人民衛生出版社二〇〇二年。今按，天保三年，乃日本仁孝天皇年號，時值清道光十二年，即公元一八三二年。）

《醫方》三十卷。金張建《醫學啓源序》著録。

盧昶

盧昶，先世霸州文安（今河北文安縣），後徙大名（今河北大名縣）。自幼承傳學醫，通究諸家醫書，而於孫思邈《千金方》尤致力，遂以醫術名河朔。泰和二年，補太醫奉御，被旨校正和劑局方，删補治法。累遷尚藥局使。年八十七卒。與元好問有姻親之舊。①

《醫鏡》五〇篇。

《傷寒片玉集》三卷。金元好問《盧太醫墓誌銘》：「著《醫鏡》五〇篇，《傷寒片玉集》三卷，今其書故在。」

① 《遺山先生文集》卷二四《盧太醫墓誌銘》，四部叢刊本。

張從正

張從正字子和，號戴人①，睢州考城（今河南民權縣）人。精於醫術，貫穿《難》、《素》之學，其法宗劉完素，用藥主寒凉，起疾救死多取效。古醫書有「汗下吐法」，用之最精，號「張子和汗下吐法」②。興定中，召補太醫，尋辭去。與名士劉從益、麻知幾等友善。爲人嗜酒放誕，無威儀，頗讀書，亦能詩③。正大間卒。

《儒門事親》三卷，存。清紀昀等《四庫全書總目》卷一〇四《子部醫家類》著録「十五卷」，云：「從正與麻知幾、常仲明輩講求醫理，輯爲此書。劉祁《歸潛志》稱『麻知幾九疇與之善，使子和論説其術，因爲文之』，則此書實知幾所記也。其例有説有辨，有記有解，有誡有箴，有詮有式，有斷有論，有疏有述，有衍有訣，有十形三療，有六門三法，名目頗煩碎，而大旨主於用攻。其曰《儒門事親》者，以爲惟儒者能明其理，而事親者當知醫也。從正宗河間劉守真，用藥多寒凉。其汗吐下三法，當時已多異議，故書中辨謗之處爲多。丹溪朱震亨亦譏其偏，後人遂並其書置

① 明李濂《醫史》卷五，續修四庫全書本，上海古籍出版社影印，第二五七頁。
② 《金史》卷一三一《方伎傳》，中華書局一九七五年，第二八一二頁。
③ 金劉祁《歸潛志》卷六，中華書局一九八三年，第六五頁。

之。然病情萬狀，各有所宜，當攻不攻與當補不補，闕弊維均。偏執其法固非，竟斥其法亦非也。惟中間負氣求勝，不免過激，欲矯庸醫恃補之失，或至於過直。又傳其學者不知察脈虛實，論病久暫，概以峻利施治，遂致爲世所藉口。要之，未明從正本意耳。」今按，四庫館臣所論多中的，堪稱「提要」的典範，也是迄今頗爲權威的評述。然而，由於新版本的發現，有關「十五卷」之説就值得商榷了。實際上，《儒門事親》僅爲金代醫家張從正的著述之一，不過「三卷」而已。

一是日本江户三卷鈔本。江户，指德川幕府統治日本時代（一六〇三年至一八六七年）。這部鈔本現藏東京淺草文庫，卷首載頤齋引，卷末有寓齋跋。其引云：

醫之爲道尚矣。自《本草》、《靈》、《素》之書作，而傳之者代不乏人。和緩以降，若越人，若淳于，若張若華，皆明其理，神其術，而能濟衆於夭閼者也。然其著書垂世，爲醫流之指南者，獨長沙公而已。爾後百論千方，紛然雜出，覽之則但若可採，用之則莫適所從。求其洞達是理而所得夫至要者，殆若晨星。然近世惟河間劉守真，深得長沙遺意，故能以斯道鳴於大定、明昌間。南渡以來，宛丘張子和出焉，探歷聖之心，發千載之秘，辨實於虛，識燠於寒。以至陰陽之所以造化，運氣之所以勝復，風土之異宜，形神之殊稟，無一不究其極。凡所拯療，如取如攜，識者謂長沙、河間復生於斯世矣。興定中，召補太醫，居無何，求去，蓋非好也。於是退而從麻徵君知幾、常公仲明輩，日遊濦上，相共講明奥義，辨析至理，深悼世俗傳習之弊，力矯而正諸。遂以平日所著論議，及嘗試之效，緝爲一書，命曰《儒門事親》。其意以謂非吾儒不能明辨而是正之，以傳於天下後世也。是書之成，一法一論，其大義皆子和發之。至於博之以文，則徵君所不辭焉。議者咸謂非宛丘之術，不足以稱徵君之文；非徵君之文，不足以弘宛丘之術。所以世稱二絶，而尤爲難得歟。惜其真本爲徵君藏於名山中，不可復見。今之板行者，尚多錯亂遺闕，殆傳者之過也。嗚呼！術業如子和，不得居中以司天下之命，而躋之壽域，徒使之卒老也。然其書又嘗殊博雅君子手，而傳之者或失其真，亦不能無遺恨。此予所以屢歎而深惜之。異時有好事購得真本，重刊而行之，俾學者獲覩完書，以惠天下後世，則子和爲不死矣。歲在昭陽單閼陽月晦日，頤齋引。（日本東京淺草文庫藏江户鈔本。）

所謂「歲在昭陽單閼」，指癸卯歲，即蒙古太宗乃馬真后稱制二年（一二四三）。其時，金亡十載，蒙古尚未建國，故以古曆或干支紀年；頤齋，金末元初名士張德輝之號，《元史》卷一六三有傳。這篇序透露出《儒門事親》嘗有「真本」，當時已「不可復見」；又有「今之板行者」，也無從考證了。其跋云：

經曰：「許世子止，弑其君買。」初，許悼公瘧，飲太子止之藥，卒。説者謂止進藥而殺，譏子道之不盡也。是以君子加弑焉爾，以失其消息多少之宜也。在春秋時，許爲大嶽之胤，止乃諸侯之賢子，藥一誤進，遂與商臣蔡般梟獍之惡同罰。則知聖人於書法也，謹嚴如此，於其所疾也，慎重又如此。此子和儒者事親之書所由作也。子和，宛丘人也，名從正，以醫鳴於河南，上達宣廟，方其見召也以字，故天下至今其字行。興定間，余爲省西曹椽，因飲食勞倦之無節，虧損胃氣，食爲之減。謀爲醫者，初則以平劑導達之，次則以温藥補養之，至其極，附十錢而薑倍之，以爲一劑，其餘術桂之屬不預焉。日與食相間，半年於兹，竟不能脱然矣。自忖在安仁見二毛之歲，才加一數，何其沉寒痼冷之如是。不爾，所與處方者，皆一時翰林之名流，安肯鴆人邪！藥雖不捨，心則未孚。及其考滿也，徑謁宛丘，一見如故。遂以今之所著書中三法治之，尋即平復。迨其閑暇，爲具以謝，因曰：「病已愈矣，然昔之所受病之源安在？今之所治其效何速？敢以爲請。」乃曰：「是不難，殆如灶火然，朝而炊，暮而爨，積有日矣，則煤燼塵垢，湮鬱蓬勃乎炕洞之間，煙氣爲之不湍矣。操鏝者決而去之，挹水而注之，突自上而下，一滌而無留滯，明日再爨，則一如平時。其功可即日而辨，何以歲月爲？」已而再拜，且扣其平日之所學之所得處，曰：「人有五臟，心爲之君火也。火之所乘，其臟必受病，皆由心先不安其位也。心既不安，則一臟之所受病，傳而五之。欲安初心，先在止火。然不知世間之所謂止火者，當用何物，召其問諸水濱。故禪家有安心法，醫家有安心藥，此其所自得醫中之禪也。」別後常記之，以爲名言。自滈寓東垣，知有隱士林慮李君子範者，以其有老母在，刻意岐黄，及得是書，喜而不捨，遂盡得宛丘之傳。史侯聞之，羅而致之幕下，以備問安之孝也。故士夫之有疾者，亦時造其門焉。李一日持張君耀卿之引，請題其書之末，余辭不獲，乃告之曰：「夫醫師之立論也，猶聖人之制法也，法之爲法，初則一焉，神而明之，存乎其人。君子用法至於化，小人用法至於亂。然則由是門者，始則既當取其儒者所以事親之爲學，終則又當審其君子所以用法之心，此宛丘心學中不傳之妙也。而寓齋居士欲爲天

下後世發之耳。」子範以爲然。甲辰冬十月朔題。（日本東京淺草文庫藏江户鈔本）

甲辰，即癸卯歲次年。寓齋，金末名士白華之號①，《金史》卷一一四有傳，金亡後尚在。此本系真定路萬户史天澤幕僚李子範倡議刊刻，並邀兩位名流爲之序跋。這個刊本應是江户鈔本的來源。序跋除《儒門事親》，未涉其他，證實了這部醫籍嘗以「三卷」獨立刊行，當與「真本」及「今之板行者」一致。

二是中統三年（一二六二）刊本。一函六册，系《儒門事親》三卷、《直言治病百法》二卷、《十形三療》三卷等三部醫籍合刊，總計八卷。每半頁十三行，行二十五字。舊爲朱笥河藏書，附藏印「笥河府君遺藏圖書」、「朱印錫庚」等，後歸北京大學圖書館。這部刊本略有殘缺，其「醫論」三十篇，第二十九篇後半部至第三十篇缺失，所幸大體完好。卷首序云：

賢王以貴介弟疆理西域十餘年間，雖戎事甚殷，苟有可以利天下，知無不爲。而山林奇逸韞懷道藝者，欽其風誼，亦樂自售，故其所得弘多。歲已未，相郡漕司常德入覲。燕間之次，從臣萬家奴尚醫，傳野輩言其雅善醫術。王曰：「何韜晦之深？從誰汝所學？」德以宛丘張子和對，且云：「其遺書散落，僅有存者。」王喜，命鋟木以傳。德謹奉，校閲再祀始帙。誨鳴題辭。再拜稽

① 清顧嗣立《元詩選》癸集癸之甲《寓齋居士白賁》，中華書局二〇〇一年，第一一頁。今按，寓齋乃白華之號。賁，華之兄，金亡前卒，《遺山先生文集》卷二四《善人白公墓表》、卷二五《南陽縣太君墓誌銘》有説，而顧氏誤將賁與華混爲一人。

首，歎曰：大哉王心！醫方技爾，以其有活人之功，猶推崇若是，況逾於此者哉！能擴而充，則周公之制禮作樂，光贊太平之具，當次第觀之。中統壬戌秋九月三日，高鳴敬書。（北京大學圖書館藏中統刊本。）

高鳴，金末元初名士，《元史》卷一六〇有傳，當時以翰林學士應邀爲序。常德，仲明之子①，嘗師事張從正與麻九疇，並承家學而「善醫」。九疇卒，德「葬之小商橋傍近趙莊」②，因而有可能保存那些散落的「遺書」。這三部醫籍雖爲合刊，卻是各自獨立、内容有别、互不相屬的著述。以其刊刻較早，且保持了版本原貌，對於準確把握《儒門事親》的學術思想具有重要意義。

入明後，《儒門事親》的内容與卷帙發生了重大變化。如「嘉靖本」已演爲「十五卷」③，包括中統合刊本之《儒門事親》、《直言治病百法》、《十形三療》，已删除各自目録，統以《儒門事親》名之，且將《十形三療》所附《雜記九門》獨立爲「卷九」。此外，又新增六卷，即：「卷十」《撮要圖》、「卷十一」《治法雜論》、「卷十二」《三法六門》、「卷十三」《劉河間先生三消論》、「卷十四」《扁鵲華陀察聲色定死生要訣》、「卷十五」《世傳神效諸方目録》等。這些新增部分或摻入他人著

① 《遺山先生文集》卷二四《真定府學教授常君墓銘》有云：「子德，彰德府宣課使。」四部叢刊本。
② 金元好問《中州集》卷五《麻徵君九疇》，中華書局上海編輯所一九六二年，第二九三頁。
③ 當時亦見「十四卷」者，如明陳第《世善堂藏書目録》卷下、明朱睦㮮《萬卷堂書目》卷三《醫家》等均著録，内容似無甚差異，當是分卷不同而已。《明代書目題跋》本，書目文獻出版社一九九四年，上册第八六二頁、下册第一〇八八頁。

述，或托名牽引綴合，大抵書賈逐利所爲。因此，清陸心源《儀顧堂集》卷一九《金刊張子和醫書跋》云：「嘉靖本總題爲《儒門事親》，已名是而實非。又分割卷第，顛倒前後，金本真面目幾無一存。」

明邵辅《儒門事親序》：

是書也，戴人張子和專爲事親者著。論議淵微，調攝有法，其術與東垣、丹溪並傳。名書之義，蓋以醫家奥旨，非儒不能明；藥品酒食，非孝不能備也。故曰爲人子者，不可不知醫。予幼失怙，慈親在堂，逾七望八，滫髓既具，未嘗不防以藥物，每慮當有所饋，委之時醫，恐爲盡道之累。將欲遍閲方書，諸家著述繁雜，竊爲是皇皇者數載矣。近得是書，如獲寶璐，執是以證，何慮臆説之能惑？惜其板久失，傳本多亥豕之訛。因付儒醫聞忠，校訂鋟梓，與世之事親者共云。嘉靖辛丑三月戊子，復元道人邵輔序。（中國醫學大成本，上海科學技術出版社一九五九年。）

明聞忠《儒門事親跋》：

醫道之大尚矣。其上醫國，其下醫人，而身之所繫，抑豈小哉？觀抱朴子之金櫃肘後，其用心亦以精矣，功亦溥矣大矣。邵君柏崖，以玉牒之親，存以於天下後世，乃以是書命愚機之壽諸梓，以廣其傳，功豈在抱樸子下哉！愚不學，恐成後人之誚。幸柏崖之去，然日夜是懼，不敢語盡以力。至於根徹鄙奥，剔謬辯非，尚俟後之君子。嘉靖十九年歲次庚子孟冬朔日，錢唐者相聞忠機於南圃陋室中。（中國醫學大成本，上海科學技術出版社一九五九年。）

［日］渡邊榮元《新鐫儒門事親序》：

一氣之塊然乎太虛之間也，氤氲摩蕩，以生生萬物，而其稟之駁者，爲禽獸、爲草木。粹者爲人，而其粹者亦有厚薄强弱之不同。加之六氣沴乎外，七情侵乎内，而諸疾生焉。有寒有熱，有表有裏，千狀萬證，不可具述，而要之不過虛實兩者之間焉。故經曰：虛則補，實則瀉。嗚呼，虛實者診病之標的，而補瀉者施治之大要也哉。長沙以還，明哲輩出，家擅專門，人立異見，諸説旁午，多歧亡羊。至若張戴人、薛立齋之學之術，可謂百世之宗師矣。而究其設施之方，則戴人偏於瀉，而立齋偏於補。既有所偏，則不能無弊，苟不能無弊，則又不可無辨焉。予竊爲二君之術，一補一瀉，雖有不同而各極其至，庶乎聖之功亦莫之加焉。然天下之病未必盡實，則其偏於瀉也，吾恐虛者之反受其害也；未必盡虛，則其偏於補也，吾恐實者之亦反受其害也。一得一失，明於此而暗於彼，此豈斯道之大成哉？若長沙則不然，可以補則補，而不偏於補；可以瀉則瀉，而不偏於瀉。虛實隨證，補瀉應機。嗚呼，亦可謂大成矣。擬諸古之聖賢，二君之於長沙，猶夷、惠之於孔子也。蓋補瀉之不可偏廢，猶裘葛之不可一施也。而今不覈虛與實，而致補瀉之各偏，猶不審冬夏之異候，而欲偏裘葛之禦也。豈其理也哉？故曰少陰病下利清穀，裏寒外熱者，通脈四逆湯主之。又曰少陰病自利清水，色純青者，宜大承氣湯，補瀉不可偏廢也。可見矣。方今之世，好補而惡瀉，喜温而畏寒，大黄芒硝視如蛇蠍，干薑附子甘如飴蜜。遇硝黄奏效，則曰此惟取一時之快，後必致寒中之患；薑附錯投，則曰薑附猶不驗，歸之於命，蓋亦不思之甚也。故凡治療之書偏於補者，盛行於世，而梨棗日廣，至於戴人此書，傳誦甚罕。予竊童蒙學醫者，呫嗶偏補之書，而不講瀉實之方，則虚虚實實，其弊將有不可勝言者。乃鳩工壽梓，以廣其傳。惟冀此書與立齋之書並行於世。可以瀉則師戴人，可以補則師立齋，無致補瀉之偏勝，使斯民同躋於仁壽之域矣。正德辛卯八月望日，渡邊榮元安甫書於洛陽松下睡鶴軒。（中國醫學大成本，上海科學技術出版社一九五九年。）

至清代，明人的「成果」被繼承。以文淵閣四庫全書本爲標誌，經館臣整理，欽定「十五卷」。以其「欽定」，權威倍增，而清潘祖蔭《滂喜齋藏書記》卷二略有批評，以爲「總名之曰《儒門事親》十五卷，失其實」。近代以來，曹炳章先生以日本「洛陽松下睡鶴軒」本參校，仍釐爲「十五卷」，收入《中國醫學大成》，成爲學界的通用本，其實同四庫全書本没有重要差異。這説明，自清代雖質疑不斷，由於缺乏證據，不得不延用舊説。

應當指出的是，陸氏所謂「金刊」，源自蕘翁黄丕烈《蕘圃藏書題識》卷四：

太醫張子和先生《儒門事親》三卷、《直言治病百法》二卷、《十形三療》三卷、《撮要圖》一卷，附《扁華訣病機論》三卷、《三法六門方》一卷、《世傳神效名方》一卷、《治法雜論》一卷。金刊本。去秋有書賈自禾中歸，攜得醫家書一部，皆太醫子和先生著述。其一種曰《儒門事親》三卷，爲卷一、二、三，今分爲三册；其一曰《直言治病百法》二卷，爲卷四、五，今合一册；其一曰《十形三療》三卷，爲卷六、七、八，附雜記，今分二册；其一曰《撮要圖》一卷，爲卷九；其一曰《三法六門方》一卷，爲卷十，今合一册；其一曰《世傳神效名方》一卷，爲卷十一，今成一册；其一曰《治法雜論》一卷，爲卷十二，附劉河間先生《三消論》，今成一册。板刻既不精緻，裝潢亦復破損。旁觀者嗤余之展玩不已，而問賈人之索直，後與物主議易成。而向之嗤餘者，叩余必欲得之故，余遂以此書系金人著述，其版刻亦出金源，且向稱是書總名之曰《儒門事親》十五卷，唯此各標目録，逐種分析，始悉戴人之書自有真面目在，非可以《儒門事親》概之也。因憶潛研老人《元史·藝文志》有補金藝文者《子類醫方》云：「張從正汗下吐法，有六門三法之目，《治病撮要》一卷，《傷寒心鏡》一卷，《秘録方》二卷，《儒門事親》十五卷，《張氏經驗方》二卷，《直言治病百法》二卷，《十形三療》三卷附《雜記》一卷。」取證目驗，金張從正之書多所吻合，唯《儒門事親》十五卷，尚襲傳訛之多耳，幸有原書可正其誤也，書之可貴者在此。後取嘉靖刊本對勘，知尚有《扁鵲華佗察聲色定死生》、《訣要病機》兩門，此偶失之。忽憶舊藏《醫家圖説》一册，周香嚴以爲張從正《儒門事親》殘本内有所云《扁華訣病機》者，必此是矣。急取證之，果是新收本所缺者，版刻行款多同，唯四圍雙線，筆劃較精緻，向毛汲古以爲宋板《醫家圖説》，諒重刊於宋，而不及初刊於金之古拙，抑此刊在後，印又在後，故不如彼之工，皆未暇深論，第預蓄此二種以待今日之補全，則余之書福何其大耶！遂不惜命工重裝，費倍所獲之直，亦弗計也。已裝成，爲嘉慶丙子中春，越日展觀，是爲上巳前二日，蕘翁識。（《黄丕烈書目題跋》，見《清人書目題跋叢刊》六，中華書局一九九三年，第八一頁。）

此説一出，立即引起哄動，幾爲定論。後來，這部「金刊」流入東瀛，現藏東京都静嘉堂文庫。

需要説明的是，蕘翁所謂「戴人之書自有真面目在，非可以《儒門事親》概之也」，表明他學識敏鋭，抓住了問題要害。這部「金刊」前八卷「各標目録」，與嘉靖及其後各本不同，却與中統刊本一致。可以説，蕘翁是以此爲基礎來構建「金刊」之説的。問題在於，《儒門事親》成於金末，其時社會動蕩，戰亂頻仍，著者張從政、麻九疇等人相繼辭世，未見付梓的確切記載。因此，「其版刻亦出金源」云云，海内外學者以爲「作僞者以充金刻」①，不過是這位文獻家一時看走眼。在這方面，他的「題識」已經提供了證據，而不必旁徵遠引。一是蕘翁依據「舊藏」《醫家圖説》「補全」所購殘帙的做法，反映出他的認識未脱嘉靖本的窠臼；二是那部「金刊」實爲嘉靖本的變異，即以嘉靖本的内容與卷帙爲模式，植入中統本三部醫籍合刊之「各標目録」。而元明兩代版刻結合，何以造就出「金刊」？有意思的是，蕘翁竟以此得出貼近《儒門事親》「真面目」的結論。也就是説，清代學者黄丕烈、陸心源等人對嘉靖本的批評是可取的，符合《儒門事親》的實際，而其「金刊」之説却失之臆測。由此可見，圍繞這部著名醫籍發生的是是非非，更加凸顯了江户鈔本與中統刊本的學術價值。

①　清潘祖蔭《滂喜齋藏書記》卷二，《續修四庫全書》本，上海古籍出版社影印，第四四〇頁。

《直言治病百法》二卷，存。

《十形三療》三卷，存。

吴敏修

吴敏修，始末未詳。金代太醫。

《吴氏傷寒辨疑論》。元許衡《吴氏傷寒辨疑論序》：

先朝國醫吴敏修著《傷寒辨疑論》，實得仲景《傷寒》之要。先生猶子璋，亂後獨有其書。頃嘗幸得而詳讀之，概見先生醫學之妙。嘗謂醫方有仲景，猶儒書有六經也，必有見於此，然後可與議醫。然其文古，其義隱，學者讀之，茫然不可涯涘。今是書辨析疑似，類括藥證，至發先賢之未發，悟後人之未悟。雖以愚之不敏，一讀且有開益，彼專門業醫者，得是説而推之，則所謂茫乎不可涯涘者，當了然矣。目曰「辨疑」，夫豈徒云。己未冬十月戊戌，河内許某序。（《魯齋遺書》卷八，文淵閣四庫全書本。今按，己未指蒙古憲宗九年、一二五九年。）

馬宗素

馬宗素，平陽（今山西臨汾）人。劉守真弟子，金代名醫。①

《傷寒醫鑒》一卷，存。清紀昀等《四庫全書總目》卷一〇五《子部醫家類》著録，歸入元，云：「是書載《河間六書》中，皆採劉完素之説以駁朱肱《南陽活人書》。故每條之論皆先朱後劉。大旨皆以熱病爲傷寒，而喜寒凉，忌温熱。然《活人書》往往用麻桂於夏月發洩之時，所以貽禍。若冬月真正傷寒，則非此不足以散陰邪，豈可專主於凉泄？未免矯枉過直，各執一偏之見矣。」今按，［日］丹波元胤《中國醫籍考》卷三二《方論》：「按《醫學源流》引《歷代名醫圖》曰：『金有何公務、侯德和、馬宗素、楊從政、袁景安。』而是書又載正治反治之法，曰聞諸守真之言，則宗素亦金人，當得親炙於守真門者。《提要》以爲元人，誤矣。」

① 清紀昀等《四庫全書總目》卷一〇五《子部醫家類》將馬宗素歸入「元」。今按，馬宗素爲劉完素弟子，其《素問要旨論序》言之明確：「宗素自幼習醫術，酷好素問内經、玉册靈文，以師事先生門下，粗得其意趣。」另，元陶宗儀《南村輟耕録》卷二四《歷代名醫》著録，列於「金」。

王　翼

王翼字輔之，濩澤晉城（今山西晉城）人。嘗應試進士，以染疾而棄，遂留意醫學，研究《難經》、《素問》及本草物性。自是醫術精湛，施治多效驗。行醫重醫德，不以取利爲目的，以致遭同行責難。壬辰歲，避兵汝陽，遇害。一生好學，通《易》，精於術數。至於文章詩詞，亦得要領①。遺山與之友，嘗贈詩云：「四海盧御史，肯來作師賓。風流被作郎，文質猶彬彬。」②

《素問疑難注》二十卷。

《本草歌括》一卷。

《傷寒歌括》一卷。

《算術》一卷。

《王輔之文集》。金李俊民《故王公輔之墓誌銘》：「太原公處精術數，誦古今才人詩得句法。平生著述有：《素問疑難注》二十卷，《本草歌括》、《傷寒歌括》各一卷，《算術》一卷，古律詩三百餘篇、長短句二百首、雜文四十篇。」

---

① 金李俊民《莊靖集》卷九《故王公輔之墓誌銘》，叢書集成續編本，上海書店一九九四年，第一〇七册六八九頁。

② 清施國祁《元遺山詩集箋注》卷二《答王輔之》，四部精要本，上海古籍出版社一九九三年，第二一册四五頁。

儀師顔

儀師顔字企賢，關中（今陝西）人。嘗爲國醫。金馮璧《送國醫儀師顔企賢得請歸關中次朝賢韻》：「心平窮富恐欺天，面有陰功蓋有年。歸去青山仁者樂，《秘來丹訣》老而傳。尚醫冗食渠百輩，公論共推君十全。技道精微仍遠引，就非輕舉亦幾仙。」①

李杲

李杲字明之，號東垣老人，真定（今河北正定縣）人。幼好醫藥，從易州人張元素學，盡得其傳，於傷寒、癰疽、眼目病爲尤長。嘗以納貲得官，監濟源税。與元好問爲友，親歷汴京壬辰之

①《中州集》卷六《馮内翰璧》，中華書局上海編輯所一九六二年，第二八三頁。

變。辛亥歲（蒙古憲宗元年、一二五一年）卒，年七十二。①

《内外傷辨惑論》三卷，存。清紀昀等《四庫全書總目》卷一〇四《子部醫家類》著録：「初，杲母嬰疾，爲衆醫雜治而死，訖莫知爲何證。杲自傷不知醫理，遂捐千金，從易州張元素學，盡得其法，而名乃出於元素上，卓爲醫者大宗。是編發明内傷之證，有類外感，辨别陰陽寒熱，有餘不足，而大旨總以脾胃爲主。故特製補中益氣湯，專治飲食勞倦、虚人感冒。法取補土生金，升清降濁，得陰陽生化之旨。其闡發醫理，至爲深微。前有自序，題丁未歲，序中稱『此論束之高閣十六年』，以長曆推之，其書蓋出於金哀宗之正大九年辛卯也。」今按，《古今醫統正脈全書》本題作《内外傷辨》。

金李杲《内外傷辨惑論序》：

僕自幼受《難》《素》於易水張元素先生，講誦既久，稍有所得。中年以來，更事頗多，諸所

---

① 元硯堅《東垣老人傳》，見明李濂《醫史》卷五，續修四庫全書本，上海古籍出版社影印。今按，清施國祁《吉貝居雜記》云：壬辰之兵，李杲與元好問，「同官圍城，繼或同被拘管，後復同爲嚴氏禮接，其爲金人無疑。元官修《金史》不載此人，已屬漏略。明官修《元史》，取以補冠方技，似也次當，備載元醫如朱震亨、王好古、呂復、王履、滑壽輩方合，乃悤悤不加博採，止立一傳，則杲竟爲元人，且全鈔元（好問）引，不詳生卒，史文無此體裁，尤爲草率。宋、王二公平日著作，非不知杲爲金人，奈克於日月，以致如此，而東垣蒙冤終古矣。」見民國羅振玉《雪堂叢刻》，北京圖書館出版社二〇〇〇年，第一册七二二頁。

診治，坦然不惑，曾撰《內外傷辨惑論》一篇，以證世人用藥之誤。陵谷變遷，忽成老境，神志既惰，懶於語言，此論束之高閣十六年矣。崑崙范尊師曲相獎借，屢以活人爲言，謂此書果行，使天下之人不致夭折，是亦仁人君子濟人利物之事，就令著述不已，精力衰耗，書成而死，不愈於無益而生乎？予敬受其言，僅力疾成之，雖未完備，聊答尊師慈憫之志。師，宋文正公之後也。丁未歲重九日，東垣老人李杲明之序。（《內外傷辨惑論》卷首，金元四大家醫學全書本，天津科學技術出版社一九九四年，第五三四頁。）

《脾胃論》三卷，存。清紀昀等《四庫全書總目》卷一〇四《子部醫家類》著録：「杲既著《辨惑論》，恐世俗不悟，復爲此書。其説以土爲萬物之母，故獨重脾胃，引經立論，精鑿不磨。明孫一奎《醫旨緒餘》云：『東垣生當金、元之交，中原擾攘，士失其所，人疲奔命。或以勞倦傷脾，或以憂思傷脾，或以饑飽傷脾。病有緩急，不得不以急者爲先務。』此真知杲者也。前有元好問序。考《遺山文集》有杲所著《傷寒會要引》一篇，備載其所治驗。《元史·方技傳》全取之，而此序獨不見集中，意其偶有散佚歟？又有羅天益後序一篇。天益字謙父，杲晚年弟子，盡得其傳。元硯堅《東垣老人傳》稱：『杲臨終，取平日所著書，檢勘卷帙，以次相從列於几前，囑謙父曰，此書付汝者。』即其人也。」

金元好問《李氏脾胃論序》：

天之邪氣，感則害人五臟，八風之邪，中人之高者也。水穀之寒熱，感則害人六腑，謂水穀入胃，其精氣上注於肺，濁留於腸胃，飲食不節而病者也。地之濕氣，感則害人皮膚筋脈，必從足始者也。《内經》説百病皆由上中下三者，及論形氣兩虚，即不及天地之邪，乃知脾胃不足，爲百病之始。「有餘」、「不足」，世醫不能辨之者，蓋已久矣。往者遭壬辰之變，五六十日之間，爲飲食勞倦所傷而殁者將百萬人，皆謂由傷寒而殁。後見明之《辨内外傷》及《飲食勞倦傷》一論，而後知世醫之誤。學術不明，誤人乃如此，可不大哀耶？明之既著論矣，且懼俗蔽不可以猝悟也，故又著《脾胃論》丁寧之，上發二書之微，下祛千載之惑。此書果行，壬辰藥禍當無以而作。仁人之言，其意溥哉！己酉七月望日，遺山元好問序。（《脾胃論》卷首，金元四大家醫學全書本，天津科學技術出版社一九九四年，第五六〇頁。）

元羅天益《脾胃論後序》：

黄帝著《内經》，其憂天下後世，可謂厚且至矣。秦越人述《難經》，以證之傷寒爲病最大；仲景廣而論之，爲萬世法。至於内傷脾胃之病，諸書雖有其説，略而未詳。我東垣先生作《内外傷辨》、《脾胃論》以補之。先生嘗閲《内經》所論，四時皆以養胃氣爲本，宗氣之道，内穀爲寶。蓋飲食入胃，遊溢精氣，上輸於脾，脾氣散精，上歸於肺，沖和百脈，頤養神明，利關節，通九竅、滋意志者也。或因飲食失節，起居不時，妄作勞役，及喜怒悲愉，傷胃之元氣，使營運之氣減削，不能輸精皮毛、經絡，故諸邪乘虚而入，則疢動於體而成痼疾，致真氣薾然而内消也。病之所起，初受熱中，心火乘脾，末傷寒中，腎水反來侮土，乃立初中末三治，及君臣佐使之制，經禁、病禁、時禁之則，使學者知此病、用此藥，因心會道，溯流得源，遠溯軒岐，吻合無間。善乎魯齋先生之言曰：「東垣先生之學，醫之王道也。」觀此書則可見矣。至元丙子三月上巳日，門生羅天益謹序。（《脾胃論》卷末，金元四大家醫學全書本，天津科學技術出版社一九九四年，第六〇一頁。）

《蘭室秘藏》三卷，存。清紀昀等《四庫全書總目》卷一〇四《子部醫家類》著録：「其曰蘭室秘藏者，蓋取《黄帝素問》『藏諸靈蘭之室』語。前有至元丙子羅天益序，在杲没後二十五年，疑即硯堅所謂臨終以付天益者也。其治病分二十一門，以飲食勞倦居首，他如中滿腹脹、如心腹痞、如胃脘痛諸門，皆諄諄於脾胃，蓋其所獨重也。東垣發明内傷之類外感，實有至理，而以土爲萬物之母，脾胃爲生化之源。《脾虚損論》一篇，極言寒涼峻利之害，尤深切著明，蓋預睹劉、張兩家末流攻伐之弊，而早防其漸也。至於前代醫方，自《金匱要略》以下，大抵藥味無多，故《唐書·許允宗傳》紀允宗之言曰：『病之於藥有正相當，惟須單用一味，直攻彼病，藥力既專，病即立愈。今又不能别脈，莫識病證，以情臆度，多安藥味。譬之於獵，未知兔所，多發人馬，空地遮圍，或冀一人偶然逢也。如此療病，不亦疏乎？』其言歷代醫家傳爲名論。惟杲此書載所自製諸方，動至一二十味，而君臣佐使相制相用，條理井然。他人罕能效之者，斯則事由神解，不涉言筌。讀是書者能喻法外之意則善矣。」今按，元羅天益《蘭室秘藏序》謂六卷，清錢謙益《絳雲樓書目》卷三《醫書類》作《蘭臺秘藏》五卷，且歸王好古。其卷帙差異當是流傳過程中編次不同，而非删節或遺逸。

元羅天益《蘭室秘藏序》：

《蘭室秘藏》六卷，吾師李東垣先生所輯也。不肖讀之而曰：至矣哉！吾師之學術貫天人、洞微奥也。其論飲食勞倦，人所日用而不知者，故首及之。次中滿腹脹，胃脘酒渴，至於眼耳鼻舌齒喉，血分腰痛，大小便，痔瘻瀉痢，瘡瘍，婦兒科，皆窮其旨要。而論脈法尤詳悉而切當，言病證變換萬狀皆形見於脈，按其弦長、滯縮、清濁，伸引無盡。吾師嘗云：至微者理也，至著者象也。體用一源，顯微無間，得其理則象可得而推矣。是吾師有不言，言輒應，與是編相符合，非口所辯説、紙上陳言，不能施用者歟。然則人之欲自頤真精、順時卻病，與醫家溯流窮源、不拘執古方而收功者，捨是奚觀焉。夫吾師合生氣之和，道五常之性，使疾疢不作而無妖祲短折，起死扶傷，令六合咸寧，萬世攸賴，非古聖王亨嘉之致治乎？聖王之世，即喙息蠕動之細，莫不稟仰太和，沐浴玄澤。若吾師殫厥心思，以校讎是編，濯痍煦寒，如「洪範」所謂：身其康强，子孫逢吉，曰壽、曰康寧、曰考終者，是編之效也。吾師弗自私藏，以公諸人，不止一身行之，欲人人行之，又欲天下萬世行之；不止一方蒙澤，欲舉世榮澤，又欲千世億世蒙澤也。吾師嘉魚無窮者，吾師心思之所流而精神之所聚也。不肖何敢序，但忝衣鉢之傳，若太史公云：巖穴之人，欲砥行立名，非附青雲之士，惡能聲施後世，則序之之鄙意云爾。至元丙子三月上巳，門人羅天益百拜書。（《金元四大家醫學全書》，天津科學技術出版社一九九四年，第六〇六頁。今按，文淵閣四庫全書本未見此序。）

《東垣試效方》九卷，存。明朱睦㮮《萬卷堂書目》卷三《醫家》著録。今按，清倪燦《補遼金元藝文志·醫方類》著録，歸潔古張元素名下。

元硯堅《東垣老人傳》：

東垣老人李君，諱杲，字明之。其先世居真定，富於金財。大定初，校籍真定、河間，户冠兩路。君之幼也，異於群兒。及長，忠信篤敬，慎交遊，與人相接無戲言。衢間衆人以爲歡洽處，足跡未嘗到，蓋天性然也。朋儕頗疾之，密議一席，使妓戲狎，或引其衣，即怒駡，解衣焚之。由鄉豪接待國使，府尹聞其妙齡有守也，諷妓强之酒，不得辭，稍飲，遂大吐而出。其自愛如此。受《論語》、《孟子》於王内翰從之，受《春秋》於馮内翰叔獻。宅有隙地，建書院，延待儒士。或不給者，盡周之。泰和中，歲饑，民多流亡，君極力賑救，全活者甚衆。母王氏寢疾，命里中數醫拯之，温涼寒熱，其説異同，百藥備嘗，以水濟水，竟莫知爲何證而斃。君痛悼不知醫而失親，有願曰：「若遇良醫，當力學以志吾過。」聞易水潔古老人張君元素醫名天下，捐金帛詣之。學數年，盡得其法。進納得官，監濟源税。彼中民感時行疫癘，俗呼爲大頭天行。醫工遍閲方書，無與對證者，出己見，妄下之，不效；復下之，比比至死。醫不以爲過，病家不以爲非。君獨惻然於心，忘餐廢寢，循流討源，察標求本，製一方，與服之，乃效。特壽之於木，揭刻於耳目聚集之地，用之者無不效。時以爲仙人所傳，而鏨之於石碣。君初不以醫爲名，人亦不知君之深於醫也。君避兵汴梁，遂以醫游公卿間，其明效大驗，具載别書。壬辰北渡，寓東平，至甲辰還鄉里。一日，聞友人周都運德父曰：「吾老，欲道傳後世，艱其人，奈何？」德父曰：「廉臺羅天益謙父，性行敦樸，嘗恨所業未精，有志於學，君欲傳道，斯人其可也。」他日，偕往拜之。君一見曰：「汝來學覓錢醫人乎？學傳道醫人乎？」謙父曰：「亦傳道耳。」遂就學，日用飲食，仰給於君。學三年，嘉其久而不倦也，予之白金二十兩，曰：「吾知汝活計甚難，恐汝動心，半途而止，可以此給妻子。」謙父力辭不受。君曰：「吾大者不惜，何吝乎細？汝勿復辭。」君所期者可知矣。臨終，平日所著書檢勘卷帙，以類相從，列於几前，囑謙父曰：「此書付汝，非爲李明之、羅謙父，蓋爲天下後世，慎勿湮没，推而行之。」行年七十有二，實辛亥二月二十五日也。君殁迨今十有七年，謙父言猶在耳，念之益新。噫嘻！君之學，知所託矣。至元丁卯上元日，真定路府學教授硯堅述。（《東垣試效方》卷首，金元四大家醫學全書本，天津科學技術出版社一九九四年，第六六六頁。）

元王博文《東垣試效方序》：

東垣先生受學於易水老人張元素，其積力久，自得於心。其法大概有四，曰明經、别脈、識證、處方而已。謂不明經，則無以知天地造化之藴；不别脈，則無以察病邪之所在，氣血之虚實；不識證，則不能必其病之主名以療之；不處方，則何以克其必救？故先生每治人之疾，先診其脈。既别脈矣，必斷之曰：此藥證也。則又歷謂其《難》、《素》諸經之旨，以明其證之無差。然後執筆處方，以命其藥味。君臣佐使之制，加減炮製之宜，或丸或散，俾病者餌之，以取其效，一洗世醫膠柱鼓瑟、刻舟覓劍之弊。所以爲一代名工者，以此也。今太醫羅君謙父，師先生有年，得盡傳其平生之學，亦爲當世聞人。今將此方分爲九卷，授梓以傳，不獨使其師之術業表見於世，抑亦惠天下後學之士，俾獲安全之利也。其用心之忠厚誠可嘉，而余因爲序其端。噫！先生此方，特立法之大綱耳。不知來者，欲以治疾，或有不效，則尤之曰「此製方之不精也」，則誤矣。孟子曰：「梓匠輪輿，能與人規矩，不能使人巧。」又曰：「大匠不爲拙工改廢蠅墨，羿不爲拙射變其彀，率引不發，躍如也。中道而立，能者從之。」吾於此書亦云。先生姓李氏，諱杲，字明之，東垣其自號云。至元十七年歲次庚辰清明後一日，通議大夫燕南河北道提刑按察使東魯王博文序。（《東垣試效方》卷首，金元四大家醫學全書本，天津科學技術出版社一九九四年，第六六七頁。）

元硯堅《東垣試效方序》：

醫之用藥，猶將之用兵。兵有法，良將不拘於法；藥有方，良醫不拘於方，非曰盡廢其舊也。昔人因病製方，邪之微甚。人之虛實，莫不詳辨而參酌之，然後隨其六氣所侵，臟府所受，劑品小大，平毒多寡，適與病等，絲髮不舛，故投之無不如意。後人不揣其本，而執其方，但曰此方治此病。幸而中者時有之，不幸而誤者固多矣。諺云：「看方三年，無病不治。醫病三年，無方可治。」斯言雖鄙，切中世醫之病。東垣老人李君明之，可謂用藥不拘於方者也。凡求治者，以脈證别之，以語言察之，以《內經》斷之，論證設方，其效如響。間有不合者，略增損輒效。蓋病之變無常，君之方與之無窮，所以萬合萬合也。羅謙父受學其門，君嘗令以療病所製方録之甚悉，月增歲益，浸以成編。凡有聞於君者，又輯而爲論，將板行於世，以廣君之道。抑予聞李君救人、講繹經書之暇，每令熟讀本草。川陸所産，治療所至，氣味之厚薄，補瀉之輕重，根莖異用，華葉異宣，一一精究。初不以方示之，意蓋有在矣。謙父不私所有，推以及人，善則善矣。李君教人之本意，殆不然也。君所著《醫學發明》、《脾胃論》、《内外傷辨》、《藥象論》等書，皆平日究心，將以惠天下後世者，必須合數書而觀之，庶知君製方之旨，免泥而不通之患。若持此編，謂君之能盡在是，非李君望於後人也。至元三年立春後五日，邙城硯堅序。（《東垣試效方》卷首，金元四大家醫學全書本，天津科學技術出版社一九九四年，第六六七頁。今按，［日］丹波元胤《中國醫籍考》卷五〇《方論》亦録以上二序，文字有異，人民衛生出版社一九八三年年，第六六三頁。）

《李氏脈訣指掌病式圖説》一卷，存。［日］丹波元胤《中國醫籍考》卷一八《診法》著録：「此書收於《醫統正脈》中，題曰丹溪先生朱震亨彦修父著。然其《六氣全圖説》稱，『予目擊壬辰首亂已來，民中燥熱者，多發熱痰結軟嗽。重以醫者不識時變，復投半夏南星，以益其燥熱，遂至嗽血，痰涎逆湧，咯吐不已。肌肉乾枯而死者多矣。平人則兩寸脈不見，兩尺脈長至半臂。予於《内外傷辨》言之備矣。』余因疑此書似非朱震亨所著，輒閲李明之《内外傷辨》，序稱其書已成，陵谷變遷，忽成老境，束之高閣，十六年矣，後爲崑崙范尊師所獎，更就成之。時丁未歲也。考丁未即元定宗三年，以長曆溯之，十六年當金哀宗天興元年，歲次壬辰，則其所言與書中『壬辰首亂已來』之語相符。又《内外傷辨》曰：『壬辰改元，京師戒嚴。迨三月下旬，受敵者凡半月。解圍之後，都人之不受病者，萬無一二。既病而死者，繼踵而不絶』云云。則其言鑿鑿可證。乃知此書實出於明之之手。其移甲付乙，蓋明時書賈之所致，吳勉學遂刊於《正脈》中而不改者，抑何失檢之甚矣。書中《陰陽關格圖説》載丹溪先生曰：『陰乘陽則惡寒，陽乘陰則發熱』。是亦系妄人之所攙，當抹殺之。」①

《醫學發明》九卷，殘存。明殷仲春《醫藏書目·正法函目》著録「一卷」。

清倪燦《補遼金元藝文志·醫方類》著録「九卷」，歸入元，注曰：「推明《本草》、《素》《難》脈理。」今按，此書原九卷，北京圖書館藏有明鈔殘本，僅存卷首三篇序、目録及卷一。現流傳者爲節本，或謂一卷，或不分卷，如《古今醫統正脈全書》、《濟生拔萃》所收即如此。

元松岡老人《醫學發明序》：

東垣老人明之李氏者，世爲東垣富盛之族也。天姿敏達純孝，幼業儒術，受《春秋》於馮內翰叔獻，學書□於王內翰從之。其昂聳之志不爲小矣。居無何，值母王氏遘疾，公侍色不滿容，夜不解衣，遂厚禮求治，遍□□□之士。或以爲熱，或以爲寒，各執己見，議論紛紛，□不知主人爲何病而歿。公痛恨之，嘗心口語曰：醫之道尚矣。自《本草》、《靈》、《素》垂世，傳習之者代不乏人，若和緩、若越人、若諄于、若華、若張，皆活人當世，垂法後來。奈何此輩習經之不精，見證之不明，其誤人也多矣。自是始有志於醫。潔古老人易水張元素，以醫名天下，公就學之。潔古教

① 人民衛生出版社一九八三年，第二〇九至二一〇頁。

人以忠者也，曾斗白金以獻，不四五年，傾囷倒廩，盡得其術。遂將《本草》、《難》、《素》及諸家方書，莫不備覽，識藥之性，知病之宜，如兔起鶻落，無不得者。始公之習醫爲己，非爲人也。遭世兵□，渡河居汴梁，通醫之名雷動一時，其所濟活者不可遍舉。壬辰北渡鄉里，因憫世醫背本趨末，舛錯莫省，遂著是書，庶釋其疑。羅君謙甫，乃公之高弟也，故受其本，題曰《醫學發明》，持以示予，求爲之引。羅君自有□，考其終始，東垣之術盡得之矣。予喜公活人之心非淺，利及後人，陰功爲尤多，又服其有知人之哲，得羅君教育之，不獨道師之言，行師之行，身殁之後奉公之室王氏，與嫡母無異，歲時甘旨不乏者，殆十餘年。王氏享年八十，以壽終，其窀穸之事，播閑追遠，祭祀之禮不缺。近世以來，師弟之道及之者，鮮矣哉！至元柔兆攝提格皋月下旬，松岡老人持其軸，誠之引。（《金元四大家醫學全書》，天津科學技術出版社一九九四年，第七六六頁。）

元佚名《醫學發明序》：

醫學非細事也，何哉？蓋人有稟受虛實寒熱之不同，藥有輕重君臣佐使之各異，用不得其方，病不審其理，湯劑妄投，反掌生死。噫！醫之學豈細事哉？東垣老人姓李諱杲，字明之，本東垣人。家世饒財，幼有活人之志。後遇易水張先生，盡得其道。北渡後，專事於醫，道藝既精，負其高氣，不委曲與世合。人或有疾病，□□□無可奈何，如禱於君，君亦不以前事介意，療之者無不愈，人以是益重之。今所爲書，痛人命之非幸，慮藥禍之不悟，在君所學才十一耳。君之高弟羅君謙甫，惜其湮没，將鏤版以傳，議之於當代聞人，目之曰《醫學發明》，求題其端。予謂非東垣無以□□□□古不傳之秘，非謙甫無以明東垣□□□□□。此書一出，豈小補哉！至元十六年。（《金元四大家醫學全書》，天津科學技術出版社一九九四年，第七六七頁。）

元硯堅《醫學發明序》：醫之《素問》，猶儒之六經。不明《素問》之理，非醫也；不明六經之旨，非儒也。世之醫者皆知醫自《内經》來，往往溯流而迷源，故千枝萬派，失之愈遠，爲害不可勝言者。間有窮心軒岐之書，又復溺舊聞而莫知可否，持新見而强有異同，能研精古聖之心者有幾？潔古老人張君，幼傳是學，長遇至人指授，立法用藥，大抵憑《黄帝針經》、《素問》、《本草》，誠得醫之源矣。東垣李明之先生，從張君學，朝思夕惟，心開神悟，所造益深。凡經之訛舛，注釋之謬誤，莫不了然於心。世以爲疑實無可疑者則辨明之，其或未安者則折衷之，可謂善斷前學，有功於天下後世矣。羅君謙甫，受業先生之門，親炙數年，知其可與傳道也，遂以授之。謙甫不敢私爲己有，欲推以仁天下，名曰《醫學發明》，衛生之家幸□，是書不可缺也。先生潛心醫學積有年矣，可傳於世者殆非一書，會衆流而歸源，實不外乎此編。故曰不明《素問》之理非醫也，信哉！至元丁丑中秋日鄆城硯堅序。（《金元四大家醫學全書》，天津科學技術出版社一九九四年，第七六八頁。）

《用藥法象》一卷，存。［日］丹波元胤《中國醫籍考》卷一三《本草》作《李氏用藥象法》，引李時珍語曰：書凡一卷，真定名醫李杲著。「祖潔古《珍珠囊》，增以用藥凡例、諸經嚮導、綱要活法，著爲此書。」今按，元硯堅《東垣試效方序》作《藥象論》。

《傷寒會要》。金元好問《傷寒會要引》：

往予在京師，聞鎮人李杲明之有國醫之目，而未之識也。壬辰之兵，明之與予同出汴梁，於聊城、於東平，與之遊者六年，於今然後得其所以爲國醫者爲詳。蓋明之世以貲雄鄉里。諸父讀書，喜賓客。所居竹里，名士日造其門。明之幼歲好醫藥，時易州人張元素以醫名燕趙間，明之捐千金從之學，不數年盡傳其業。家既富厚，無事於技，操有餘以自重，人不敢以醫名之。大夫士或病其資高謇，少所降屈，非危急之疾、有不得已焉者，則亦未始謁之也。大概其學，如傷寒、氣疽、眼目病爲尤長。傷寒，則著《會要》三十餘萬言。其説曰：「傷寒家有經禁、時禁、病禁。此三禁者，學醫者人知之，然亦顧所以用之爲何如耳。」《會要》推明仲景、朱奉議、張元素以來備矣。見證得藥，見藥識證，以類相從，指掌皆在。倉猝之際，雖使粗工用之，蕩然如載司南以適四方，而無問津之惑。其用心博矣！於他病也以古方爲膠柱，本乎七方十劑之説，所取之藥，特以意增損之。一劑之出，愈於托密友而役孝子，他人蓋不能也。北京人王善甫爲京兆酒官，病小便不利，目睛凸出，腹脹如鼓，膝以上堅硬欲裂，飲食且不下，甘淡滲泄之藥皆不效。明之來，謂衆醫言：「疾深矣！非精思不能處。我歸而思之。」夜參半，忽攬衣而起曰：「吾得之矣！《内經》有之：『膀胱者，津液之府，必氣化乃出焉。』渠輩已用滲泄之藥矣，而病益甚，是氣不化也。啓玄子云：『無陽者，陰無以生；無陰者，陽無以化』。甘淡滲泄皆陽藥，獨陽無陰，欲化得乎？」明日以群陰之劑投，不再服而愈。西臺掾蕭君瑞，二月中病傷寒，發熱。醫以白虎投之，病者面黑如墨，本證遂不復見。脈沉細，小便不禁。明之初不知用何藥也，及診之，曰：「此立夏以前誤用白虎之過。得無以投白虎邪？白虎大寒，非行經之藥，止能寒腑臟。不善用之，則傷寒本病隱曲於經絡之間。或更以大熱之藥救之，以苦陰邪，則他證必起，非所以救白虎也。有温藥之升陽行經者，吾用之。」有難者云：「白虎大寒，非大熱何以救？君之治奈何？」明之云：「病隱於經絡間，陽不升則經不行，經行而本證見矣。本證又何難焉？」果如其言而愈。魏邦彦之夫人目翳暴生，從下而上，其色緑，腫痛不可忍。明之云：「翳從下而上，病從陽明來也。緑非五色之正，殆肺與腎合而爲病邪？」乃就畫工家以墨調膩粉，合而成色，諦視之，曰：「與翳色同矣，肺腎爲病無疑矣。」乃瀉肺腎之邪，而以入陽明之藥爲之使。既效矣，而他日病復作者三。其所從來之經，與翳色各異。乃復以意消息之，曰：「諸脈皆屬於目，脈病則目從之，此必經絡不調。經不調則目病未已也。」問之果然。因如所論而治之，疾遂不作。馮内翰叔獻之侄櫟，年十五六，病傷寒，目赤而頓渴，脈七八至。醫欲以承氣下之。已煮藥，而明之適從外來。馮告之當用承氣。明之切脈，大駭曰：「幾殺此兒！《内經》有言：『在脈，諸數爲熱，諸遲爲寒。』今脈八九至，是熱極也。而《會要大論》云：『病有脈從而病反者。』何也？脈至而從，按之不鼓，諸陽皆然。此傳而爲陰證矣！趣持姜附來，吾當以熱因寒，用法處之。」藥未就而病者爪甲變。頓服者八兩，汗尋出而愈。陝帥郭巨濟病偏枯，二指著足底不能伸，迎明之京師。明之至，以長針刺委中，深至骨而不知痛，出血一二升，其色如墨。又且謬刺之，如是者六七，服藥三月，病良愈。裴擇之夫人病寒熱，月事不至者數年，已喘嗽矣。醫者率以蛤蜊、桂、附之等投之。明之曰：「不然。夫病陰，爲陽所搏。温劑太過，故無益反害。投以寒血之藥，則經行矣。」已而果然。宣德侯經歷之家人病崩漏，醫莫能效。明之切脈，且以紙疏其證，多至四十餘種，爲藥療之。明日而二十四證減，前後五六日良愈。侯厚謝而去。明之設施皆此類也。戊戌之夏，予將還太原。其子執中持所謂《會要》者來，求爲序引。乃以如上事冠諸篇，使學者知明之之筆於書，其已試之效，蓋如此云。閏月望日，河東元某書於范尊師之正一宫。（《遺山先生文集》卷三七，四部叢刊本。）

王好古

王好古字進之，號海藏，趙州（今河北趙縣）人。性明敏，通經史，好醫方。嘗登進士第，仕爲本州教授，晚獨喜言醫。先是，與東垣李杲同遊潔古老人張元素之門，後復師東垣，精研諸家醫書。金亡後，杜門養拙，惟以傳播醫學爲使命①，爲當時名流王若虚、麻革等推許。

① 清汪日楨《題陰證略例》，《陰證略例》卷首，續修四庫全書本，上海古籍出版社影印本，第二頁。今按，自明以降，王好古被當作了元人，謬傳數百年。而在元代醫家眼裏，好古與李杲年輩相若，時代相同，以潔古弟子相提並論。元杜思敬《濟生拔粹方序》云：「昔嘗聞許文正公語及近代醫術，謂潔古之書醫中之王道。服膺斯言，未暇尋繹。潔古者，張元素也，潔古其號也。雲岐子璧，其子也；東垣李杲明之、海藏王好古進之，宗其道者也；羅天益謙夫，紹述其術者也，皆有書行於世。」見《濟生拔粹方》卷首，涵芬樓影印本。

《醫壘元戎》十二卷，存。清紀昀等《四庫全書總目》卷一〇四《子部醫家類》著録：「據《此事難知序》，好古淵源李杲。然此書『海藏黄耆湯』條下，稱杲爲東垣李明之先生；『易老大羌活湯』條下，稱『先師潔古老人』。則好古實受業張元素，殆如趙匡、陸淳同受《春秋》於啖助，而淳又從匡講問歟？自跋稱：『是書已成於辛卯，至丁酉春爲人陰取之。原稿已絶，更無餘本。予職州庠，杜門養拙。齏鹽之暇，無可用心，想像始終，十得七八。試書首尾，僅得復完。』前有自序亦題丁酉歲，蓋初成於金末，而重輯於元初也。其書以十二經爲綱，皆首以傷寒，附以雜證。大旨祖長沙緒論而參以東垣、易水之法，亦頗採用《和劑局方》，與丹溪門徑小異。然如『半硫丸』條下注云：『此丸古時用，今時氣薄不用。』則斟酌變通，亦未始不詳且慎矣。」

金王好古《醫壘元戎序》：

革車千乘，帶甲十萬，籌策沉機，神鬼猜泣，奇正萬全，歷古如是，況良醫之用藥，獨不若臨陣之用兵乎？奈何世人以平昔鹵莽之浮學，應倉卒無窮之疾變，其不眩駭顛仆者寡矣！況患固多藏於細微，而發於人之所忽，由輕蹈危，療之求當，苟無妙算深謀成法以統之，則倒戈敗績之不暇，尚何勝之可圖哉？則前日門類品目之定，蓋計不及之也。予自河南，與諸友將弟兵，日從事於患難之場，隨病察診，逐脈定方，開之、效之、薄之、發之，以盡其宜；吐之、神之、汗之、下之，以極其當。攻守不常，出没無定，大綱小紀，經緯悉陳，本數末度，條理具設，前乎此古人之所隱秘深藏，或不盡意者，不啻胸中自有十萬精鋭，如太阿之在匣中，其輝未嘗耀於外。一旦撒而揮之，有以恐人之耳目。特入陣之奇鋒，七擒之利刃，其敵可却，其勝可決，而其安可圖，如此而後已，故曰《醫壘元戎》云。丁酉九月二十有九日，王好古書。（《醫壘元戎》卷首，文淵閣四庫全書本。今按，丁酉指蒙古太宗九年、一二三七年。）

金王好古《醫壘元戎跋》：

是書已成於辛卯至丁酉春，爲人陰取之，原稿已絶，更無餘本。予職州庠，杜門養拙，虀鹽之暇，無可用心，想像始終，十得七八，試書首尾，僅得復完，猶遺一二，尚未之備。故今日得而今日録，明日得而明日書，待以歲月，久則方成。無欲速，無忘心也。好古再題。（《醫壘元戎》卷末，文淵閣四庫全書本。今按，辛卯指金哀宗正大八年、一二三一年）

《陰證略例》一卷，存。清錢曾《讀書敏求記》卷三《醫家》著録：「海藏老人王進之，盡傳東垣李明之之醫學，謂傷寒乃人之大疾，而陰癥毒尤慘。覃思數年，掇古人之精要，附以己説，釐爲三十餘條。有證有藥，有論有辨，以成是書。爲之前序者麻革信之，乃遺山之好友也。」

金麻革《陰證略例序》：

人生天地間，而陰陽命之氣，其受病亦不外乎此。醫家言視證察脈，則必本諸陰與陽，自軒岐以來諸書可考也。至漢長沙張仲景著《傷寒》一書，其言備矣。其法皆出伊尹《湯液》，如《易》之於數，《春秋》之於法，蓋萬世不可易者。其論氣脈形聲，以測人之臟腑經絡之微，亦不過曰如是爲陽，如是爲陰，如是爲寒，如是爲熱，如是爲有餘，如是爲不足，以決人之死生之變於朕兆之前，使夫學者可以按而知之。苟能詳辨而勿失，則思過半矣。然混茫乎疑似之中，轇轕乎毫釐之間。自非精思入神，冥合造化，則不能也。是以古者之言醫也，皆聰明有道之士，如孫思邈、陶隱居、葛稚川之徒，何如人也！迨夫叔世末流，多出於粗工庸人間。褒衣峨冠，挾方寸之囊，自命爲醫工。然試讀其書，音讀且不知，況能索理於精微之地哉？趙括之用兵，徒能誦其父之書，旋取覆敗之禍。如又不能誦其書，則其爲敗宜如何哉？夫陰陽二證也，寒與温之味從而用之亦二也。其主治嗜好，又有大不同者，甚者各主一偏，互相詆訾，殊不知桂枝、承氣之一倒置，則斃之患立見。異時承平，貴人挾朔方鞍馬勁悍之氣，加以膏粱肥濃之養，故糝以剛劑，往往而中，或者遂狃於此，以爲人之爲病皆然，孰黜陰候不論，豈理也哉？且四方風土既殊，而人之稟受亦異，而一律按之其可乎！蓋亦求其至當而已矣。嗚呼，中古以降，老壽少而夭閼多，豈真不幸與！蓋醫者心術之偏，其蔽必至於殺人。儒者心術之偏，其蔽必至於誤天下，如宋之王安石是也。偏之爲害之烈如此。夫竊嘗謂受天地中和之性，得聖人公恕之學，不以利欲一毫入於其心，而後可以爲儒爲醫矣。天地萬物一理也。聖人之道，一中而已，中庸曰：「致中和，天地位焉，萬物育焉。」而況醫乎？海藏先生王君進之，家世趙人，早以通經舉進士，晚獨喜言醫。始從東垣李明之，盡傳其所學，後乃精研極思軒岐以來諸家書，馳騁上下數千載間，如指諸掌。予在大梁時，聞其名諸公間藉甚，獨以未識爲恨。今年秋來晉州，始得候先生於館舍。觀其氣和而凝，志一而定，有道者也。與之遊甚閑，暇日出一編書授予，且謂予曰：「傷寒，人之大疾也。其候最急，而陰證毒爲尤慘，陽則易辨而易治，陰則難辨而難治。若夫陽證熱深而厥，不爲難辨，陰候寒盛，外熱反多，非若四逆脈沉細欲絶易辨也。至於脈鼓擊有力，加陽脈數倍，内伏太陰，發煩躁欲坐井中，此世之所未喻也。予恐其誤，積思十餘年，蓋考自岐伯迄今潔古老人，掇其精要，附以己説，釐爲三十餘條，有證有藥，有論有辨，名之曰《陰證略例》，將鋟以傳，以詔後學，且與天下衛生之君子共之。子盍爲我題其端。」予退而伏讀之，善之曰：異乎哉，未有是書也。其於救物利生之念深矣。至其論陽證見陰脈者死，謂有外陽内陰，若與陽藥猶可生，若及陰陽易分寒熱，陰陽易隨仲景三經用藥，皆出古人言意之表，學人又不深思而熟味之。噫，世之著書立言者多矣，其甚高難行、泛言無實者亦有之。然則是書之出，其知者必以爲精思妙用所傳，證以古今，不可誣也。不知者則茫然無考證，詆以爲悠悠談甚高難行也。予以篇獲一人賢者之知，不猶愈千百愚人之不知者？則是書可以傳信行世無疑矣。故内翰王君從之嘗題曰：「世所未聞。」真知言哉！比先生過上黨，主吾故人文之療數陰疾，尤奇中，皆書中所可概見者。文之始亦駭，不敢用。及已試，歎曰：「誤人多矣。」昔太倉公所上治驗，太史氏列之傳末。近代錢仲陽嘗所治病，閻孝忠記於論證後。今從先生得所書，主治次第，謹編如左方，亦足以證愚者之不知者。文之姓宋氏，諱廷圭，長平人，世亦號善醫云。歲癸卯冬十一月中澣日，王官麻革信之謹題。（《陰證略例》卷首，叢書集成初編本，中華書局一九八五年。今按，癸卯指蒙古太宗乃馬真后稱制二年、一二四三年。另，文中所謂内翰王君從之，即王若虚，入《金史》卷一二六《文藝傳》。）

金王好古《祭神應王文》：

竊以濟世須醫，去疾先藥。論江方海，眩目駭心。人皆於此泥小技作當途，視大經爲何物。及其臨診，莫知所措，況夫病者虛實互見，寒熱交分，氣運加臨，脈候不應。苟或圭黍之差，已有雲淵之失。故有者甚而無者生，輕者危而重者斃，夭横盈郊，寃枉舉世。每憐孑孑之幽魂，誰聽嗷嗷之夜泣。痛矣如斯，心乎不已。耽嗜數年，裒成此集。總前聖之嘉言，爲後學之法則。雖治傷寒，獨專陰例，列古於前，評今於後。區别餘三十條，收拾過二萬字。不必泛天風，徹海波，盡在乎耳目矣。優而柔之，使自得之，厭而飫之，使自趨之。深有望於好生之君子。於戲！欲廣當世，敬以先神。伏冀鑒輝，庶幾綿歷。王好古惶恐頓首謹言。(《陰證略例》卷首，續修四庫全書本，上海古籍出版社影印。)

金王好古《陰證略例序》：

聖賢所言「陰證」，如岐伯、阿衡、仲景、叔和，故已備矣。「活人」，許學士、韓祗和、成無己，又甚詳矣。後人尚有採擇未精，覽讀有闕，予所以從而次第之。然今之病者，得之有内外之異，或不與經符，合之有色脈之殊，或不與方契形候相若，似是而非，衆所共疑，莫之能辨。取其如此者，又從而比類之，非簾視壁聽，仿佛未真也。陰陽寒熱，如辨黑白矣。使醫者不動聲色，蠲去疾屙，免横夭以無辜，皆康寧而得壽，予所願也。每慮淺識，或有所遺，敬俟來賢，幸爲改正。壬辰歲夏四月初十日，海藏老人古趙王好古序。(《陰證略例》卷首，續修四庫全書本，上海古籍出版社影印。今按，壬辰指金哀宗天興元年、一二三二年。）

金王好古《陰證略例跋》之一：

醫書辭藻，比之儒書，甚不美於觀覽，非若嘲風弄月之篇之暢懷也，非若禮義廉恥之典之壯志也，又非若忠節孝行之傳之聳動人之奇稱也。故士宦惡其技之末而不之學焉。是以世人所重者鮮。一旦抱疾，委命他人，豈其智邪？況傷寒古今爲一大病，陰證一節，害人爲尤速。予因暇日集此略例，庶幾有望於好生之君子者，或有人焉讀是書也。當反復披玩，前後貫通，但云此非空談，施於實用可也。若悟則康寧可期，昧則疾横繼至，利害天壤，可不畏歟？知乎此，則暢懷之樂、壯志之快、奇稱之美，悉備於我，味孰大焉！既足以卻疾活命，又足以保命延年，其樂寧有涯涘哉！范文正公云：不爲名相，當爲名醫。意亦不出此耳。七月十三日再題。（《陰證略例》卷末，續修四庫全書本，上海古籍出版社影印。）

金王好古《陰證略例跋》之二：

予作《陰證論》一書，其本有三，有多寡之異焉，非固如是之不同也。大抵聖賢之言非一讀而能盡，故每有所得，不敢以前説爲已定，爲已足，而不爲之增益也。故初本在河南傅夢臣輩所録，則簡而少，次本在吾鄉，寄北京時頗增三二論。自壬辰至丙申幾五載，而復增隨條並藥後斷例。前人所言本意，與其所從來，或爲之是，或篇之小異，或又有言外不盡之機，一一具陳之，欲質之明者，則求之諸郡而不可得。但讀之既笑且嘻，長歎而已。不知何日復得吾東垣李先生一問之，吾之心始可以少安矣。吾之所以書此者，猶恐其未盡前人之意耳。丙申秋二十有一日，再題。（《陰證略例》卷末，續修四庫全書本，上海古籍出版社影印。今按，丙申指蒙古太宗八年、一二三六年。）

清汪日楨《陰證略例後序》：

《陰證略例》一册，元海藏老人王好古撰。以傷寒陰證較陽證尤難辨，放作專書以發明之。審證用藥，具有條理。前有麻革信之序。考四庫著録海藏醫書，有《醫壘元戎》十二卷、《此事難知》二卷、《湯液本草》三卷，獨無此書，蓋當時尚未出也。而明人編《東垣十書》者，亦未見此書，知爲罕覯之秘笈矣。此本前有虞山錢曾遵王藏書一印，又有惠定宇手定本一印，又有孫印從沾慶增氏二印，中有惠棟之印字曰定宇二印，後有孫慶增家藏一印。近爲吾友震澤吴君曉鉦所得，真舊鈔也。好古字進之，趙州人，以進士官本州教授，自金入元。少時與李杲東垣同游張元素潔古之門，而年輩較晚。其後復從學於東垣，故《醫壘元戎》稱先師潔古老人，又稱東垣李明之先生。而此書麻序但云海藏先生王君進之，家世趙人，早以通經舉進士，晚獨喜言醫。始從東垣李明之盡傳其所學。册末自題亦云不知何日，復得吾東垣李先生一問之，並不及潔古，何歟？然書中首列岐伯陰陽脈例，即次以潔古老人内傷三陰例，乃次以海藏老人内傷三陰例，而伊尹、扁鵲、仲景諸例俱論於後，雖不稱先師而尊師之意已隱然見於言外矣。或有訾其用藥過於温熱者，不知專論陰證，何可雜入陽證治法？海藏著述具存，豈但能治陰證不能治陽證者，安得以後人不辨陰陽，偏執詒誤，追咎古人哉？自序題壬辰歲，爲金哀宗天興元年，即蒙古太宗四年。册末自題稱丙申秋，乃蒙古太宗八年，金亡已三年矣。麻序題歲癸卯，則太宗后乃馬真氏稱制之二年也。《醫壘元戎》成於丁酉歲，在此書後一年。唯《此事難知》自序題至大元年，則上距金亡已七十餘年。豈海藏享上壽，至武宗時猶存耶？抑至大當是至元，刊本之譌耶？並書以俟考。同治三年歲在甲子秋七月，烏程汪日楨書於上海寓舍。（《陰證略例》卷首，續修四庫全書本，上海古籍出版社影印。）

《湯液本草》三卷，存。清紀昀等《四庫全書總目》卷一〇四《子部醫家類》著録：「曰湯液者，取《漢志》《湯液經方》義也。上卷載東垣《藥類法象》、《用藥心法》，附以五宜五傷七方十劑，中、下二卷以《本草》諸藥配合三陰三陽十二經絡，仍以主病者爲首，臣佐使應次之。每藥之下，先氣次味，次入某經。所謂象云者，《藥類法象》也。心云者，《用藥心法》也。珍云者，潔古《珍珠囊》也。其餘各家雖有採輯，然好古受業於潔古，而講肄於東垣，故於二家用藥尤多徵引焉。考《本草》藥味不過三品，三百六十五名，陶弘景《别録》以下，遞有增加，往往有名未用，即本經所云主治，亦或古今性異，不盡可從。如黄連今惟用以清火解毒，而經云能厚腸胃，醫家有敢遵之者哉？好古此書所列，皆從名醫試驗而來，雖爲數無多，而條例分明，簡而有要，亦可云適乎實用之書矣。」

金王好古《湯液本草序》之一：

世皆知《素問》爲醫之祖，而不知軒岐之書實出於《神農本草》也。殷伊尹用《本草》爲《湯液》，漢仲景廣《湯液》爲大法，此醫家之正學，雖後世之明哲有作，皆不越此。予集是書，復以

《本草》正條，各從三陰三陽一一經爲例，仍以主病者爲元首，臣佐使應次之，不必如編類者先玉石、次草木、次蟲魚，以上中下三品爲門也。如太陽經當用桂枝湯、麻黄湯，必以麻黄、桂枝爲主，本方中餘藥後附之；如陽明經當用白虎湯，必以石膏爲主，本方中餘藥後附之；如少陽經當用三禁湯，必以柴胡爲主，本方中餘藥後附之；如太陰少陰厥陰之經，所用熱藥，皆仿諸此。至於《金匱》祖方，《湯液》外定爲常制，凡可用者皆雜附之。或以傷寒之劑改治雜病，或以權宜之料更療常疾。以湯爲散，以散爲丸，變易百端，增一二味，減一二味，另爲殊法。《醫壘元戎》、《陰證略例》、《癍論萃英》、《錢氏補遺》等書，安樂之法，《湯液本草》統之，其源出於潔古老人《珍珠囊》也。其間議論，出新意於法度之中，注奇辭於理趣之外，見聞一得，久弊全更，不特藥品之咸精，抑亦疾病之不誤，夭横不至，壽域可期，其《湯液本草》歟？劉禹錫云：《神農本經》以朱書，《名醫别録》以墨書，傳寫既久，朱墨錯亂，遂令後人以爲非神農書，以此故也。至於《素問》本經，議者以爲戰國時書，加以補亡數篇，則顯然非《太素》中語，宜其以爲非軒、岐書也。陳無擇云：王叔和《脉訣》即高陽生剽竊，是亦後人增益者雜之也，何以知其然？予觀劉元賓注本，雜病生死歌後，比之他本，即少八句，觀此八句，不甚滑溜，與上文書意重疊，後人安得不疑？與《本草》朱書雜亂、《素問》之補亡混殽何以異哉？宜乎識者非之，繼而紛紜不已也。吾不知他時誰爲是正？如元賓與潔古詳究而明稱，其中凡有所疑而不古者削去之，或不復注，而直書本文。吾不知爲意易曉不必云耶？爲非聖賢之語而辯之耶？二者必居一於此。又啓玄子注《素問》，恐有未盡。以朱書待明者改删增益，傳録者皆以墨書，其中不無差誤，如《刺熱論》注，五十九刺，首云王注，豈啓玄子之自謂乎？此一篇又可疑也。兼與《靈樞》不同，以此經比之《素問》八十九刺，何者爲的？以此觀之，若是差別，勞而能益，學者安所適從哉？莫若以《金匱》考之，仲景所不言者，皆所不取，則正知真見定矣。盧若論血枯，舉《太素》云：此得之年少時大脱血而成；又舉子死，腹中穢物不消；又舉犯月水入房，精與積血相射，入於任脈，留於胞中，古人謂之精積。元豐中，雄州陳邦濟收一方，治積精及惡血淹留，胞冷絶娠，驗者甚多，其意與《内經》相近。烏賊魚骨，本治漏下與經汁不斷，蕳茹去淹留惡血，古人用此，皆《本草》法。予觀方注條云「古人用此皆本草法」一句，何其知本哉？以是知軒岐之學，實出於神農也。又知伊尹《湯液》不出於軒、岐，亦出於神農也。皆只一字至甚深廣也，豈獨烏賊斷汁之一法哉？故知張伯祖之學皆出於《湯液》，仲景師而廣之，迄今《湯液》不絶矣。晉唐宋以來號明醫者，皆出於此。至今大定間，潔古老人張元素及子雲岐子張璧、東垣李杲明之三老者，出想千百載之下，無復有之也。何以知其然？蓋當時學者雖多，莫若三老之實絶也。時戊申仲夏晦日，王好古書於家之草堂。（《湯液本草》卷首，叢書集成初編本，中華書局一九八五年。今按，戊申指蒙古定宗三年、一二四八年。）

金王好古《湯液本草序》之二：

神農嘗百草，立九候，以正陰陽之變化，以救性命之昏劄，以爲萬世法，既簡且要。殷之伊尹宗之，倍於神農。得立法之要，則不害爲湯液。漢張仲景廣之，又倍於伊尹，得立法之要，則不害爲確論。金域潔古老人派之，又倍於仲景，而亦得盡法之要，則不害爲奇注。潔古倍於仲景，無以異仲景之倍於伊尹；仲景之倍於伊尹，無以異伊尹之倍於神農也。噫！宗之廣之派之，雖多寡之不同，其所以得立法之要則一也。觀潔古之説，則知仲景之言；觀仲景之言，則知伊尹之意，皆不出於神農矣。所以先《本草》，次《湯液》，次《傷寒論》，次《保命書》，闕一不可矣。成無己《明理方例》云：自古諸方，歲浸遠難可考憑，仲景方最爲衆方之祖。是仲景本伊尹之法，伊尹本神農之方。醫帙之中，特爲縝細，三合古法，不越毫末，實大聖之所作也。文潞公《藥准》云：惟仲景爲群方之祖也。昔唐宋以來，得醫之名者，如王叔和、葛洪、孫思邈、范汪、胡治、朱奉議、王朝奉、錢仲陽、成無己、陳無擇輩，其議論方定，增減變易，千狀萬態，無有一毫不出於仲景者。金域百有餘載，有潔古老人張元素，遇至人傳祖方不傳之妙法，嗣是其子雲岐子張璧、東垣先生李杲明之，皆祖長沙張仲景《湯液》，惜乎世莫能有知者。予受業於東垣老人，故敢以題。丙午夏六月，王好古書。（《湯液本草》卷首，叢書集成初編本，中華書局一九八五年。今按，丙午指蒙古定宗元年、一二四六年。）

《此事難知》二卷，存。清紀昀等《四庫全書總目》卷一〇四《子部醫家類》著録：「是編專述李杲之緒論，於傷寒證治尤詳。其問三焦有幾，分别手足，明孫一奎極稱其功。惟謂命門包絡於右尺同論，又謂包絡亦有三焦之稱，未免誤會經旨耳。史稱杲長於傷寒，而《會要》一書元好問實序之，今其書已失傳，則杲之議論尤賴此以存其一二。前有至大元年自序，稱『得師不傳之秘，旬儲月積，浸就篇帙』。蓋好古自爲裒輯。今本《東垣十書》竟屬之杲，殊爲謬誤。考明李濂《醫史》，亦以是書爲杲作。則移甲爲乙，已非一日矣。」

金王好古《此事難知序》：

予讀醫書，幾十載矣。所仰慕者，仲景一書爲尤焉。然讀之未易洞達其趣，欲得一師指之，徧國中無有能知者。寤而思，寐而思，天憫其勤恤，俾我李公明之授予及所不傳之妙，旬儲月積，浸就編帙，一語一言，美無可狀。始而終之，終而始之，即無端之圜壁也。或有人焉厭聞而惡見者，豈公徒使之然哉？彼未嘗聞，未嘗見，恥夫後於人之過也。因目之曰《此事難知》，以其不因師指也。人徒見是書爲傷寒之法，而不知上合軒岐之經，中契越人之典，下符叔和之文。兹又言外不傳之秘，具載斯文矣。時正大改元秋七月二十有一日，古趙王好古識。（《東垣先生此事難知》卷首，叢書集成初編本，中華書局一九八五年。今按，「正大」原作「至大」。前者爲金哀宗年號，後者爲元武宗年號。金末時，王好古自稱海藏老人，已名聲藉藉，年齡當在五六十歲，而「正大」去「至大」八十餘載，有悖實際。）

明荆南一人《此事難知集後序》：

東垣先生醫書一帙，予府已鋟梓傳於世矣。今又得一書，亦東垣治疾之法，名曰《此事難知》。蓋醫之爲道，所以續斯人之命，而與天地生生之德，不可一朝泯也。秦焚六經而廢周公孔子之道，幸而醫書存世。考諸經者，則知黃帝與岐伯之論辯反覆，推明五運六氣之秘，以立補泄之法，所以拯斯人之疾，而人之死生繫焉。岐黃既遠，求能推諸五運六氣，而察陰陽升降之候，定臟腑虛實之所因，合經絡上下之所屬，而能起死回生者鮮矣。噫！克紹明之者，其惟東垣先生乎？先生是書，乃言外不傳之秘，誠爲人所難知。然方書雖載其妙理，有不可得而明言者，在乎心領而神會耳。唐許胤宗曰：「醫者，意也。思慮精，則得之。」此之謂歟？而孟軻氏曰：「梓匠、輪輿能與人規矩，不能與人之巧。」亦此謂也。予用壽行而與四方之士共焉，則濟人利物之一端，未必無小補云。成化甲辰歲仲夏既望，荆南一人識。（《東垣先生此事難知》卷首，叢書集成初編本，中華書局一九八五年。）

《伊尹湯液仲景廣爲大法》四卷，存。亦稱《湯液大法》、《醫家大法》。明殷仲春《醫藏書目·印證函目》著録《醫家大法》「四卷」，明祁承㸁《淡生堂藏書目》卷一〇《子類治法》著録「一册三卷」，明朱睦㮮《萬卷堂書目》卷三《醫家》作「《大法醫書》三卷」，清錢曾《讀書敏求記》卷三《醫家》又作「一卷」，云：「伊尹《湯液》，散見諸書，醫家未覩其全。仲景獨能廣而行之，古趙王好古復纂成此書，又爲仲景之功臣矣。」今按，此書流傳甚少，海內尚存明嘉靖鈔本，未見，待訪。

金王好古《伊尹湯液仲景廣爲大法題辭》：

夫以醫名世者，各人皆知之。惟伊尹《湯液》，人莫知之也。何哉？以其仲景命世之才，獨能廣而行之於當時，人惟知有仲景，而不知有伊尹也。然所廣之書十卷，世又未聞，是以歷年綿遠，而此亦莫知之也。但見《傷寒論》及《本草》所載雜見諸方，凡稱仲景，皆是知仲景，而又能歸其元書。嘗言之者，啓玄子、文潞公、許學士、朱奉議、潔古老人、東垣李明之先生，十數人而已。或能知者，止能用藥，而忘其言。不知者，不能用藥，而無所言，則無怪其後世之不知也。由是尋方檢論者多，而從源注本者少。予憫其如此，故纂此一書。先之以軒岐之七方十劑，次之以炎帝之四氣七情，總之以仲景之經絡標本，補之以和、扁之虛實部分，悉歸之大《易》生化之源。神則可以測天地之變化幽玄，微則可以求疾病未形之隱奥。因脈定證，因證製方，不必錙銖。或中大則，顧不快哉！其間圖景顯設，内外詳備。明哲視之，洞曉玄機。不必重樓幽闕，明堂絳宫。九真列位，百神攸居而後已。仙家之道，必於是焉基之。嗟乎，遊魂行屍，酒甕飯囊，豈知乎此？甲午夏六月，古趙王好古信之題。（［日］丹波元胤《中國醫籍考》卷五一《方論》，人民衛生出版社一九八三年。今按，所謂甲午，指蒙古太宗六年、一二三四年，是年金亡。）

《海藏癍論萃英》一卷，存。清錢謙益《絳雲樓書目》卷三《醫書類》作《海藏癍疹論》，清錢曾《也是園藏書目》卷五《小兒》作《海藏痘疹論》。

《療癰疽耳眼本草要鈔》九卷。明焦竑《國史經籍志》卷四《醫家》著録。

《仲景詳辯》一卷。

《活人節要歌》。亦稱《治人節要歌括》。

《三備集》。

《光明論》。

《標本論》。

《小兒吊論》。

《傷寒辯惑論》。

《辨守真論》。

《十二經藥圖解》。

《解仲景一集》。[日]丹波元胤《中國醫籍考》卷三〇《方論》引明熊均《醫學源流》:「王好古「著《仲景詳辯》一卷、《活人節要歌》、《三備集》、《醫壘元戎》、《湯液本草》、《斑疹論》、《光明論》、《標本論》、《小兒吊論》。雜著有《傷寒辯惑論》、《辨守真論》、《十二經藥圖解》、《解仲景一集》、《此事難知》。」①

《本草實録》。李經緯等《中國醫學通史》第八章《遼金元時期醫學》著録。②

① 人民衛生出版社一九八三年,第三九七頁。

② 人民衛生出版社二〇〇〇年,第四七四頁。

趙庸

趙庸字大中，鄉貫不詳。北京大定（今内蒙古寧城縣）太醫，嘗奉敕編纂《風科集驗名方》。與金末名士元好問、張緯文等俱有交往。① 值金末喪亂，不知所終。

《風科集驗名方》二十八卷，存。明焦竑《國史經籍志》卷四《醫家》著録，「驗」作「論」，撰者名氏失考。今按，清錢曾《讀書敏求記》卷三亦著録：「此書乃趙大中編修。值金亂，遯於吴山，覃懷趙子中傳習之。虚白處士趙素才卿獲原本於湖湘，訂僞補缺。元方六百三十二，續添一千三百四十七，通計一千九百七十九方，釐爲二十八卷，得成全書。才卿被召賜還，處於皇極道院，元遺山爲之作銘。是書傳世極少，醫家尠有知虚白處士者，予故著其詳於此。」然所謂訂僞續添者，系元人左斗元所爲。

元閻復《風科集驗名方序》：

按《素問》，上古聖人之教下也，皆謂之虚邪賊風，避之有時。風者，百病之長也。其傷人也，有淺深、内外、寒熱之分。至其變化以爲他病，病有萬殊，醫之用藥，烏可執一而不達其變？此

① 元王惲《玉堂嘉話》卷四：「趙大中庸説，嘗見遺山與張緯文相謔，見碑文過，俞曰：『遺山又貨了一平天冠也。』」叢書集成初編本，中華書局一九八五年，第四九頁。

《集驗名方》所由著也。國初，虚白處士趙公獲是書於荆湖間。今湖廣官醫提舉劉君卿得之，用以起廢多矣。慮其歲久謄寫失真，命廬陵左辰叟校讎增定，鏤板以行，需予敘諸編首。予聞公輸之巧，不以規矩不能成方圓；師曠之聰，不以律吕不能正五音。況醫者人命所繫，可無師傳，輕用之哉？若夫述《内經》之旨要，究病證之根源，列聖賢之治法，具古今之方論，廣記而備言，有條而不紊，所謂藥疾之司南，醫學之鈐鍵歟。予非知醫者也，獨美君卿刻意兹術，務廣先哲仁民濟物之心，於是乎書。大德壬寅陽月初吉，翰林學士承旨正奉大夫知制誥兼修國史閻復序。大德十年歲次丙午孟夏上旬有十日，前湖廣官醫提舉頤齋劉世榮寓杭鋟梓。

元安慶《風科集驗名方序》：

予世居恒山，幼適攵州。太祖親差馳駟燕然，覆實天下財穀，每於致知格物，恨未究底藴。幸遇吾師明陽先生，朝經暮典，温故知新，迺至醫卜道釋儒農工商技藝，罔不傳習，目若權衡，手如刀尺，未有不知其要略者。歲庚子間，又會心庵，乃明陽嗣法之子。至丙午歲，蒙恩特賜皇極道院，賜號虚白處士，來鎮陽也。予一日中酒風，吐血數碗，諸醫不救，處士用一物解之，不三日保康。翌日親謁，詰其所處之方，遂出示一書，題曰《風科集驗名方》，通乎《聖惠》，乃北京太醫趙大中奉敕編修。值金亂，遯於吴山，有覃懷趙子中傳習，湮没其本。虚白處士涉於荆湖間，獲元本，失其序引。歲丙申，挾策歸明大元，復居恒山。仕宦名家凡有中風者治之，不逾月而痊癒，奚可數焉。予憐其編緝諸風未備者，補綴完美。不揆荒蕪，而序其筆汙之勞，使疾人不置拐杖而復登車上馬，天下萬世有賴，不爲細事矣。大元諸路覆實官安慶光華序。

金趙素《風科集驗名方序》：

夫方者，乃九州風物之宜治病之方也。上古大聖人帝羲、帝農、帝軒，憂患後世生靈之疾苦，所以作也，曰方曰法曰術，乃雷公、巫彭之所授也。上自周秦，下及唐宋，皆以風論爲首，諸科爲亞，其次方書。偏曲闊略，未可以爲後世法則也。予雲遊三十載，仿佛半天下，歷江湖，省蠻蜀之藥；適幽雲，曉羌戎之劑。齊楚不同，夏麗各異，居方隅未可言有所得也。諺云：不願爲相者，可以爲醫。非諳於病者，難以知藥。噫！醫非細事，可知五行萬物之數之氣之味之性，用方劑始可爲據也。故將耳聞目見得效作驗者，書爲十集，目之曰《風科經驗名方》，實非利禄之學，以備國家無疆之地，資醫藥夭横之急爾。時歲在昭陽赤奮若仲夏著雍敦牂朔旦，大元國特賜虛白處士河中心庵趙素才卿敬題。（今按，所謂「歲在昭陽赤奮若」，指癸丑歲，即蒙古憲宗三年、一二五三年。其時尚未建國號，無所謂「大元」，當是後人改篡。）

元杜道堅《風科集驗名方序》：

湖廣官醫提舉劉君卿，少事河中趙才卿學。才卿既被召賜還，以皇極道院老焉。遺山元先生實銘之。晚出二書，以授君卿，一曰《風科集驗方》，一曰《心庵爲政九要》。君卿既以醫道遊公卿間，屢爲當路推挽，則所謂集驗方者，無不試矣。暨來錢唐，首以方鋟梓，將以廣師意也。抑聞爲政之道，與爲醫同，雖所遇之疾，五方不同，而治之之術，要皆古人已試之方。故予信《九要》之驗，必有甚於集方之驗者。遂併出之，以求傳遠，來求余敘其首。余觀《九要》之作，鑿鑿然皆有政者之規。才卿雖不試於用，而即聖經賢傳之所己陳，以及夫官府田里之所甚著，如意病命方，表裏虛實必舉中，有不待切脈察色而望而知之者，實上上之爲也。何必身試之而後爲驗哉？君卿醫者也，故吾終以醫事喻云。當塗南谷杜道堅書於錢唐宗陽之玄真館。

元左斗元《風科集驗名方序》：

先正有言，達則願爲良相，不達願爲良醫。醫固非良相比也，然任大責重，其有關於人之休戚則一也。醫豈易言哉！醫之良，非醫之良也，方良也。元貞丙申夏，官醫提舉劉公君卿訪予沙羨寓舍，出示虛白趙處士所著《風科》一編，曰：「此濟世奇書也。然傳愈久訛愈多，蓋不特以一亥爲三亥而已。知君平日愛人以德，有志活人，敢以校讎爲請。」予不敏，載念自幼多疾，視人之疾猶己之疾。今既不得如王珪、陸宣公達以行其志，獨不能推二公當時輯《秘要》、裒《集驗方》之心，以淑諸人乎？遂不復辭讓，乃研精披究。於是取《素問》、《靈樞》、《難經》、《中藏》、《巢源》、《千金》、《外臺》、《聖惠》、《醫説》等書，及南北經驗名方，並《説文》字書，逐一參訂。譌者正之，脱者補之，復者削之，舛者竄之，略者增之，疑者缺之。又取經子史集、古今聖賢、名醫治風藥品、治理制度、動風食忌列於前，庶成全書。門類七十有七，今增廣一百六十有五，通計二百四十二類；元方六百三十二，今續添一千三百四十七，通計一千九百七十九方，釐爲二十八卷。每類則取聖賢議論，病證源流，或脈法、針法、炙法，備載篇首，使覽者即了然於心目之間。其願爲良醫者，昔有所依據，察脈以驗病，遵方而用藥，可以已疾而免醫誤之誚，乃予之深願，亦劉公相屬之盛心。是書也，予朝斯夕斯，疲精竭神，閲歷兩朞，始克就緒。不惟始終條理秩秩，較之元本，不爲無補。昔吕文靖公集中書條例成，謂人曰：「自予有此例，雖使一庸夫執之，亦可以爲相。」今風科既成，予亦曰：使常人得此，亦可作明醫云。大德戊戌端陽日，後學廬陵左斗元辰叟自敘。

金元好問《皇極道院銘》：

虚白處士趙君已入全眞，而能以服膺儒教爲業。發源《語》《孟》，漸於伊洛之學，方且探三聖書而問津焉。計其真積之力，雖占候醫卜，精詣絶出，猶爲餘刃耳。道風既扇，旌車時徵。曳裾王門，大蒙寵遇。三年，以母老得請歸。在鎮陽行臺，奉被恩旨，發泉公帑，築館迎祥觀之故基，是爲皇極道院。年月日，某實敘而銘之。處士名素，字才卿，河中人，虚白其賜號云。

聖學心傳，惟精惟一。作新斯民，下土是式。相爾秉彝，有物有則。厥惟背馳，固有而失。有淫有朋，有比其德。匪伊司南，倀其擿埴。于帝其訓，王道正直。福自爾求，如歛而錫。咨爾虚白，慮然後得。言以道敷，中由權執。賢王好善，而康而色。相叶厥居，方穀之實。善頌善禱，香火晨夕。恭惟君師，永建皇極。

元鄭滁孫《風科集驗名方後序》：

醫家集驗方多矣，未有專一門以該衆疾者。此獨舉風科爲管轄，其於神聖工巧何居？昔者伏羲氏始畫八卦，神農氏繼之，憫民生之不易，疾病之相尋，其象爲蠱，於是採百草木嘗而藥之。蠱之爲卦，艮上巽下。巽，風也。艮者，萬物之終始也。巽宮八卦，爲蠱爲皿，惟屬之艮上者，終始之義大矣哉！繫辭曰：「撓萬物者，莫疾乎風。」人之身稟有厚薄，養有疏密，外邪客氣得以乘而入之有淺深，皆風之爲。風淫雖列於六淫，要其屬則合別以五感之多寡。風癥雖列於庶癥，要其會則極起於一。字字聖象，治病治國，無間然也。神而妙、聖而化，風之德也。則而象之，遂以治其不節不時，醫之術廣矣，工巧抑餘事焉。是編蓋學醫之入徑歟？亦所不可闕。大德六年臘月良日，息翁鄭滁孫永陽清叟書於集賢邸舍，以爲後序。（《風科集驗名方》卷首，海外回歸中醫善本古籍叢書續本，人民衛生出版社二〇一〇年。）

元狄思聖《風科集驗名方跋》：

醫之理奥意博，源深流析，自軒岐《內經》和陳六氣，越人《難經》後英傑間出，論議祖述，騰輝發蘊，條分類別，昭如列宿。至若探聖經之旨趣，撮秘方之樞要，式彰一家之科目，用爲當代之龜鏡，視蘇民瘼，目牛無全，惟良醫乎？虛白趙公儒而醫、醫而良者也。裒集風科名方，簡而出之，號專門學，惜乎人亡道息。提舉劉公君卿識高才博，研精《難》《素》，家傳《心法》，獲是方，知其妙契玄通，默潛真訣，乃方藝之淵源，誠醫經之機括，重爲演微素隱，收遺補漏，芟晦昧，除混淆，增修讎校，理明義備，亦猶荊巖珍璞，遇和氏價倍者乎？僕偕君卿遊相府下有年，見其挾是方臨諸風證，變化迅速，命寄須臾，傍觀失措，公神閑意定，明標本，審虛實，判於胸中，決於指下，即以寒熟妙劑，或補之，或瀉之，效捷影響，解同儕之猶豫，釋患家之驚惶。其所明決，雖慶忌之辨、賁育之力，不能惑而挽也。拯廢回生者非一，衆所見聞，奚待饒舌枚舉？蓋是方非公得於心，則處士之功幾乎泯矣。然公非是方，無以表仁人濟物之心，是方亦有功於公也。公恥獨秘之，遂鋟梓廣其傳，俾天下業於醫者，志處士之所志，學處士之所學，通乎變而不膠於用，開壽域於覆載間。是公之功尤有大於處士之功焉。公剛方正直士也，綽有激濁揚清之志，霜臺屢薦其能，將膺殊擢，珥貂蟬、冠獬豸，掃民膏肓，良相事業可期，而方又公餘事耳。瀛洲文章巨公輩序詩佳什，珠玉璀燦，詠德紀實詳之矣。僕荒蕪淺識，故不能措一辭綴卷末，特姑序其梗概云。大德甲辰季冬中旬，廣平狄思聖。

元臧夢解《風科集驗名方跋》：

河中處士趙公，名素字才卿，心庵其號也，虛白其賜號也。家世業儒，而通於岐黄之學，洞究病證之本源，裒集古今之治法，以風爲百病之長，編爲《風科經驗名方》。凡中風者，百試百效。又有《爲政九要》，述經世之法，惜其不及見用。悉以授之頤齋劉君卿，乃鋟諸梓，以廣其師經濟之志，可尚也已！使彎羿弓去轅門者見之，寧不愧死？今承旨子静閻先生亦既爲之序矣，而復不鄙求文於予。予謂天下之病非一端，天下之藥非一品，天下之方非一法，上聖教人醫藥，何獨以風科爲先？蓋鼓舞萬物者，莫疾乎風。順則爲生長，邪則爲傷害。所謂邪者，即天地間不正之氣，是謂邪風。人之飲食起居，謹於護攝，榮衛調、腠理密、元氣實，則外邪客氣何自而入？一有不和，則外邪客氣始乘虚而入矣。輕則爲風寒、風温、風濕，濕温所傷，重則爲風所中，皆邪風之害也。故有風中於肝者，有中於心者，有中於脾於肺於腎於胃者，名狀不一，治療亦難。誠能探脈别證，依方用藥，則回生起廢，功可十全矣。抑又論之藥方，當以風科爲重，治風以小續命湯爲第一藥，其説然矣。然不先通其氣，而獨用此藥，則亦未見其效。況中氣證侯，即與中風相似，血隨氣行，血虚生風。凡癱瘓疼痛、縱掣攣痹等證，皆因血虚氣滯而得。故治風者，必先通氣，氣一流行，則痰氣不蒸，風氣自散。此醫書集方，必以人參順氣、烏藥順氣等藥，繼以小續命湯之次，其深知此道矣。然則心庵是編，使偏州下邑、殊方異域，家傳而人誦之，一啓秩間，對病施治，雖無醫可招之處，亦可獲愈。此正心庵、頤齋醫國治人之志也，故喜書而樂道焉。大德丙午中秋日，奉政大夫浙東海右道肅政廉訪副使臧夢解謹書。（《風科集驗名方》卷末，海外回歸中醫善本古籍叢書續本，人民衛生出版社二〇一〇年。）

明孫雲翼《風科集驗名方題識》：

先大夫曲水翁篤嗜古書，所藏甚富。是書雖刻於勝國時，以繕鏤精緻，又爲醫家言，特珍惜之。嘉靖中，遭島夷兵燹，避亂金壇，百物皆棄，獨攜此書。會先慈抱痾，延京老醫錢霽山者灼艾，無以娱之，因出此書相示，遂不告攜去，耿耿往來於懷。後從叔德輿出先祖石雲翁所藏遺書，亦有是編，亟購得之。時外弟王宇泰方留心醫學，復被豪奪。意此書已矣，終不可見矣。後游陽羡市中，復購得是編於周孝侯廟。辛丑上公車，又爲不肖子賣去，訪而贖還，迄今又十五年矣。後之子孫其永保之。無住居士識。(《風科集驗名方》卷末，海外回歸中醫善本古籍叢書續本，人民衛生出版社二〇一〇年。)

《風科集驗名方》校後記：

《風科集驗名方》是國内失傳的精品中醫方書，今唯有元刊本存於日本静嘉堂。該書由金末太醫趙大中原編，元代趙素補缺，左斗元校補，是爲今本二十八卷。左氏還另將所編《風科本草治風藥品》置於書前。自一三〇六年該書首刻之後，未再見有翻刻本，故此書傳世極少。書中存方一九七九首，版本精良，内容豐富。今從日本複製回歸該書，予以校點，以期廣傳。《風科集驗名方》的成書與傳世經過一波三折。今綜合與該書相關的資料，按時間爲序，將該書的有關史實條理如下(略)。(《風科集驗名方》卷末，海外回歸中醫善本古籍叢書續本，人民衛生出版社二〇一〇年。)

張存惠

張存惠字魏卿，以其書坊晦明軒爲號，平陽(今山西臨汾)人。金末刻書家，精於星曆，亦通醫學，爲元好問所知①，與麻革、劉祁等名流交往。

① 《遺山先生文集》卷三六《集諸家通鑑節要序》：「時授館平陽張存惠魏卿家。張精於星曆之學，州里以好事見稱，請爲唐佐，鋟木以傳。」四部叢刊本。

《重修證類本草》三十卷，存。宋唐慎微原著，金張存惠重修。清紀昀等《四庫全書總目》卷一〇三《子部醫家類》著録：「陳振孫《書録解題》載此書三十卷，名《大觀本草》，晁公武《讀書志》則作《證類本草》三十二卷，亦題唐慎微撰。是宋時已有兩本矣。《玉海》載紹興二十七年八月十五日，王繼先上校定《大觀本草》三十二卷，《釋音》一卷，詔秘書省修潤，付冑監鏤板行之。則南宋且有官本，然皆未見其原刊。今行於世者亦有兩本：一爲明萬曆丁丑翻刻元大德壬寅宗文書院本，前有大觀二年仁和縣尉艾晟序，稱其書三十一卷，目録一卷，集賢孫公得其本而善之，命官校正鏤板，以廣其傳。慎微不知何許人，傳其書者失其邑里族氏，故不載焉。陳氏所見蓋此本，故題曰《大觀本草》；一爲明成化戊子翻刻金泰和甲子晦明軒本，前有宋政和六年提舉醫學曹孝忠序，稱『欽奉玉音，使臣楊戬總工刊寫，繼又命孝忠校正潤色之』。其改稱《政和本草》，蓋由於此，實一書也。書末又有金皇統三年翰林學士宇文虛中跋稱：『慎微字審元，成都華陽人。治病百不失一，爲士人療病，不取一錢，但以名方秘箓爲請。以此士人尤喜之，每於經史諸書得一藥名、一方論，必録以告，遂集爲此書。尚書左丞蒲傳正欲以執政恩例奏與一官，拒而不受。』又稱：『元祐間，虛中爲兒童時，見慎微治其父風毒，預期某年月日再發。緘方以俟，臨期服之神驗。』則慎微始末，虛中述之甚明。蓋靖康以後，內府圖籍悉入於金，故陳振孫未見此本，不知慎微何許人，而晁公武所云三十二卷者，殆合目録計之，亦未見政和所刻也。然考趙與時《賓退録》，則稱『唐慎微，蜀州晉原人。世爲醫，深於經方。元祐間蜀帥李端伯招之，居成都。嘗著《證類備急本草》三十二卷，艾晟序其書，謂慎微不知何許人，故爲表出。蜀州今爲崇慶府」云云。所序履貫小異，豈虚中兒時見之，但知其寄籍歟？大德中所刻大觀本作三十一卷，與艾晟所言合。泰和中所刻政和本，則以第三十一卷移於三十卷之前，合爲一卷，已非大觀之舊。又有大定己酉麻革序及劉祁跋，並稱平陽張存惠增入寇宗奭《本草衍義》，則益非慎微之舊。然考大德所刻大觀本，亦增入宗奭《衍義》，與泰和本同。蓋元代重刻，又從金本録入也。今以二本互校，大德本於朱書墨蓋案原本每條稱墨蓋，以下爲慎微所續，其式如今刻工所稱之魚尾。較爲分明。泰和本則多與條例不相應，然刊刻清整，首末序跋完具，則泰和本爲勝。今以泰和本著録，大德本則附見其名於此，不別存目焉。」另，清張金吾《金文最》卷四七收入《晦明軒重修證類本草跋》，歸「失名」，署「泰和甲子冬日」，與四庫館臣所謂「泰和本」保持了一致。今按，《重修證類本草》全稱《重修經史證類備用本草》，原刻署「泰和甲子下己酉歲小寒初日」，目録後有「平陽府張宅印」、「晦明軒記」等牌記①。而張金吾將「晦明軒」移入題目，删除了「泰和甲子」與「小寒初日」之間的「下己酉」。「下」者，後也，指泰和後之「己酉」，而非「大定己酉」。所謂「失名」者，實爲晦明軒主張存惠。麻革與劉祁應邀作序，俱署「己酉歲」，即蒙古定宗海迷失后稱制元年（一二四九）。其時金亡十五載，晦明軒主刻書仍署前朝年號，以遺民自居，不忘故國也。

① 林申清《宋元書刻牌記圖録》，北京圖書館出版社一九九九年，第八一頁。

金宇文虚中《重修政和證類本草跋》：唐慎微，字審元，成都華陽人。貌寢陋，舉措語言樸訥，而中極明敏。其治病百不失一，一語證候，不過數言。再問之，輒怒不應其餘。人不以貴賤，有所召必往，寒暑雨雪不避也。其爲士人療病，不取一錢，但以名方秘録爲請。以此士人尤喜之，每於經史諸書中得一藥名一方論，必録以告，遂集爲此書。尚書左丞蒲公傳正欲以執政恩例，奏與一官，拒而不受。其二子五十一、五十四偶忘其名。及婿張宗説，字巖老，皆傳其藝，爲成都名醫。元祐間，虚中爲兒童時，先人感風毒之病，審元療之如神。又手緘一書，約曰某年月日即啓封。至期舊恙復作，取所封開視之，則所録三方：第一療風毒再作，第二療風毒上攻，氣促欲作喘嗽。如其言，以次第餌之，半月良愈，其神妙若此。皇統三年九月望，成都宇文虚中書。（《經史證類備急本草》卷末，中華再造善本叢書本，北京圖書館出版社二〇〇四年。）

金麻革《重修政和證類本草序》：自古人俞穴針石之法不大傳，而後世亦鮮有得其妙者，遂專用湯液丸粒理疾。至於刳腸刲臆刮骨續筋之神奇，以爲别術所得，終非神農家事。維聖哲審證以製方，因方而見藥，故方家言盛行，而神農之經不可一朝而捨也。其書大抵源於神農氏。自神農氏而下，名本草者固非一家，又有所謂唐本、蜀本者。迄於有宋政和間，天子留意生人，乃命鴻儒名醫詮定諸家之説，爲之圖繪，使人驗其草木、根莖、花實之微，與夫玉石、金土、蟲魚、飛走之狀，以辨其藥之真贋而易知，爲之類例。使人别其物産風氣之殊宜，君臣佐使之異用，甘辛鹹苦酸之異味，温涼寒熱之緩急，有毒無毒之不同，而易見其書，始大備而加察焉。行於中州者，舊有解人龐氏本，兵煙蕩析之餘，所存無幾，故人罕得恣窺。今平陽張君魏卿，惜其浸遂湮墜，乃命工刻梓。實因龐氏本，仍附以寇氏衍義。比之舊本，益備而加察焉。書成過余，屬爲序引。余謂人之所甚重者生也，衛生之資所甚急者藥也。藥之考訂，使無以乙亂丙、誤用妄投之失者，神農家書也。開卷之際，指掌如見。政如止水鑒形，洪鐘答響，顧安所逃遁其形聲哉！養老慈幼之家，固當家置一本，況業醫者之流乎？然其論者，自梁陶隱居唐宋以來諸人備矣，余言其贅乎？世固有無用之學、無益之書，余特嘉張君愛物之周、用心之勤，能爲是大有益之書，以暨群生，以圖永久，非若世之市兒販夫僥幸目前，規規然專以利爲也。故喜聞而樂道之。君諱存惠，字魏卿。歲己酉孟秋望日，貽溪麻革信之序。（《經史證類備急本草》卷首，中華再造善本叢書本，北京圖書館出版社二〇〇四年。）

金劉祁《書證類本草後》：余讀沈明遠《寓簡》，稱范文正公微時慷慨語其友曰：「吾讀書學道，要爲宰輔。得時行道，可以活天下之命。時不我與，則當讀黄帝書，深究醫家奥旨，是亦可以活人也。」未嘗不三復其言而大其有濟世志。又讀蘇眉山《題東皋子傳後》云：「人之至樂莫若身無病而心無憂，我則無是二者。然人之有是者接於予前，則予安得全其樂乎？故所至常蓄善藥，有求者則與之。而尤喜釀酒以飲客。」或曰：「子無病而多蓄藥，不飲而多釀酒，勞己以爲人，何哉？」予笑曰：「病者得藥，吾爲之體輕，飲者得酒，吾爲之酣適，豈專以自爲也？」亦未嘗不三復其言而仁其用心。嗟乎，古之大人君子之量何其弘也！蓋士之生世，惟當以濟人利物爲事。達則有達而濟人利物之事，所謂執朝廷大政，進賢退邪，興利除害，以澤天下是也；窮則有窮而濟人利物之事，所謂居閭里間，傳道授學，急難救疾，化一鄉一邑是也。要爲有補於世、有益於民者，庶幾乎兼善之義。顧豈以未得志也，未得位也，遽泛然忘斯世而棄斯民哉？若夫醫者，爲切身一大事，且有及物之功。《語》曰：「人而無恒，不可以作巫醫。」又曰：「子之所慎，齋、戰、疾。」康子饋藥，子曰：「丘未達，不敢嘗。」余嘗論之，是術也，在吾道中，雖名爲方伎，非聖人賢者所專精，然捨而不學，則於仁義忠孝有所缺。蓋許世子止不先嘗藥，《春秋》書以弒君，故曰爲人子者不可不知醫，懼其忽於親之疾也。況乎此身受氣於天地，受形於父母，自幼及老，將以率其本然之性，充其固有之心。如或遇時行道，使萬物皆得其所，措六合於太和中，以畢其爲人之事，而一旦有疾，懵不知所以療之，伏枕呻吟，付之庸醫手，而生死一聽焉，亦未可以言智也。故自神農、黄帝、雷公、岐伯以來，名卿才大夫往往究心於醫。若漢之淳于意、張仲景，晉之葛洪、殷浩，齊之褚澄，梁之陶弘景，皆精焉。唐陸贄斥忠州纂集方書，而蘇、沈二公良方至今傳世。是則吾儕以從政、講學餘隙，而於此乎搜研，亦不爲無用也。余自幼多病，數與醫者語，故於醫家書頗嘗涉獵。在淮陽時，嘗手節《本草》一帙，辨藥性大綱。以爲是書通天地間玉石、草木、禽獸、蟲魚萬物性味，在儒者不可不知。又飲食、服餌、禁忌，尤不可不察，亦窮理之一事也。後居大梁，得閑閑趙公家《素問》善本，其上有公標注，夤緣一讀，深有所得。喪亂以來，舊學蕪廢，二書亦失去。嘗謂他日安居，講學、論著外，當留意攝生。今歲游平水，會郡人張存惠魏卿介吾友弋君唐佐來，言其家重刊《證類本草》已出，及增入宋人寇宗奭衍義，完焉新書，求爲序引，因爲書其後。己酉中秋日，雲中劉祁云。（《經史證類備急本草》卷末，中華再造善本叢書本，北京圖書館出版社二〇〇四年。）

金張存惠《重修證類本草跋》：

此書世行久矣，諸家因革不同。今取《證類》本尤善者爲窠模，增以寇氏衍義。别本中方論多者，悉爲補入。又有本經、别録、先附、分條之類，其數舊多差互，今亦考正。凡藥有異名者，取其俗稱，注之目録各條下，俾讀者易識，如蚕休雲紫河車、假蘇雲荆芥之類是也。圖像失真者，據所嘗見皆更寫之，如竹分淡、苦、甘三種，食鹽著古今二法之類是也。字畫謬誤，殊關利害，如升斗，疸疸、上下、千十、未末之類，無慮千數，或證以别本，質以諸書，悉爲釐正。疑者闕之，敬俟來哲。仍廣其脊行，以便綴緝，庶歷久不壞。其間致力極意諸所營制，難以具載，不敢一毫苟簡。與舊本頗異，故目之曰「重修」。天下名賢士大夫，以舊鑒新自知矣。泰和甲子下己酉歲小寒初日。（《經史證類備急本草》卷首「牌記」，中華再造善本叢書本，北京圖書館出版社二〇〇四年。）

宋劉甲《重刻證類本草跋》：五穀必可以療飢，藥石必可以伐病，此蘇長公語也。或者服餌之誤，反增其疾，豈藥之罪哉？柳子厚病痞且悸，市伏神餌之，病愈甚，激滓以觀，迺皆老芋。故藥品之多，時節州土，炮炙生熟，誠不可以不辨。《證類本草》一書，始於唐慎微所輯，最爲善本。

予謂衛生之家所不容闕，第歲月既久，字畫漫滅，寖至疑誤。因復鋟本，命僚屬重加參訂。如「麥」誤爲「來」；「槐」誤爲「魏」，「射千」爲「射十」，「驚癇」爲「馬癇」之類非一，點畫偏旁所誤雖微，而用藥之差遠甚，悉釐而正之，不可枚舉。是書初讎校於江西，再刊刻於南隆，今又點勘於東梓，可謂詳備。後之得此本者，其不爲庸醫所欺必矣。嘉定四年十月既望，寶謨閣直學士太中大夫知潼川軍府事兼管内勸農使須城縣開國子食邑六百户賜紫金魚袋劉甲跋。（《重修證類本草》卷末，中華再造善本叢書本，北京圖書館出版社二〇〇四年。今按，宋嘉定四年值金大安三年、一二一一年。其時或經榷場傳入江南，並刊印流播。）

劉洪

劉洪，號瑞泉野叟，都梁（今江蘇盱眙縣）人。其醫理及方藥多取自河間劉完素。

《傷寒心要》一卷，存。清紀昀等《四庫全書總目》卷一〇五《子部醫家類》著録：「舊本題都梁鎦洪編。洪，始末未詳。大旨敷演劉完素之説。所列方凡十八，又有病後四方，與常德《傷寒心鏡》，皆後人裒輯，附入《河間六書》之末者。然掇拾殘剩，無所發明。」今按，鎦爲劉之異體字；常德，當作常用晦，德之父。

常用晦

常用晦字仲明，平山（今河北平山縣）人。少業科舉，有聲場屋。游河南，與麻知幾同受業張從正門下。金亡後，嘗爲真定府學教授。辛亥歲（蒙古憲宗元年、一二五一年）卒，年七十四。①

《傷寒心鏡》一卷，存。亦名《張子和心鏡》、《治法心要》。清紀昀等《四庫全書總目》卷一〇五《子部醫家類》著録：「考李濂《醫史·張從正傳》附記曰：『《儒門事親》十四卷，蓋子和草創之，麻知幾潤色之，常仲明又摭其遺，爲《治法心要》。』子和即從正之字，知幾爲麻革之字，仲明字義與德字相符。常仲明者，其即德歟？若然，則金興定中人也。書凡七篇，首論河間雙解散及子和增減之法，餘亦皆二家之緒論。」今按，此説將仲明與德混爲一人。遺山《真定府學教授常君墓銘》有云：「國醫宛丘張子和推明黄岐之學，爲説累數十萬言，求知己爲之潤文。君（仲明）頗能探微旨。親識間有謁醫者，助爲發藥，多所全濟，病家賴焉。」又云：「子德，彰德府宣課使。」

① 《遺山先生文集》卷二四《真定府學教授常君墓銘》，四部叢刊本。

張璧

張璧，號雲岐子，易州（今河北易縣）人。張元素之子，得父業，名著當時。①

《雲岐子保命集論類要》二卷，存。亦名《保命傷寒論》、《保命傷寒集》、《雲岐子保命集》。

《雲岐子論經絡迎隨補瀉法》一卷，存。濟生拔萃方本收，署張璧撰。

《醫學新説》。

《叔和百問》。［日］丹波元胤《中國醫籍考》卷一八《診法》據明熊均《醫學源流》著録：「著《醫學新説》、《保命傷寒論》、《叔和百問》，已刊附《藥注脈訣》内。」

《脈談》。明徐春甫《古今醫統》卷一《歷代聖賢名醫姓氏》著録：「有《脈談》行世」。

李浩

李浩字巨川，滕縣（今山東滕州）人。家世儒學，而浩好醫，爲人治病，效驗如神②。元初名

---

① 《古今圖書集成·藝術典》卷五二九《醫部名家列傳》，中華書局等一九八五年，第四六册五六七五九頁。

② 《（康熙）滕縣志》卷八《人物志》，康熙五十六年刻本。

醫竇默嘗從之問學，盡傳其針法。①

《傷寒鈐法》十卷。明焦竑《國史經籍志》卷四《醫家》著録。

《素問玄鉤》。［日］丹波元胤《中國醫籍考》卷三《醫經》著録，作《李氏素問玄鉤》。

《仲景或問》。《（康熙）滕縣志》卷八《人物志》著録。

《諸藥論》。《（康熙）滕縣志》卷八《人物志》著録。

冀致君

冀致君字德修，太原人②。金末名士，遺山嘗向蒙古中書令耶律楚材舉薦「天民之秀」者若干人，致君預焉③。

《增補産育寶慶方》殘存二卷。清紀昀《四庫全書總目》卷一〇三《子部醫家類》著録《産育

① 元王惲《秋澗集》卷八三《跋針者李君玉詩卷》，四部叢刊本。

② 清施國祁《元遺山詩集箋注》卷一〇《甲寅九日同臨漳提領王明之、鹿泉令張奉先、賈千户令春、李進之、冀衡甫游龍泉寺，僧顥求詩二首》注：「冀衡甫或即京甫之弟，抑《寄耶律楚材書》中之冀致君耶？」四部精要本，上海古籍出版社一九九四年，第一三二頁。今按，禹錫字京甫，應州渾源人，與遺山有昆弟之義，《中州集》卷六《冀都事禹錫》有説。然此冀氏爲太原人，豈有兄弟籍里不同者？寓齋老人序「德修命題其後」云云，當是其字，與衡甫者别是一人。

③ 《遺山先生文集》卷三九《寄中書耶律公書》，四部叢刊本。

寶慶方》二卷，不著撰人名氏，云：「《宋史·藝文志》以爲郭稽中撰，考陳振孫《書録解題》稱濮陽李師聖得《産論》二十一篇，有説無方，醫學教授郭稽中爲時良醫，以方附諸論末，遂爲完書。則稽中特因師聖所得舊本增以新方，非所自撰。《宋史》所載，似未見陳氏説也。然稽中所增，合原論共爲一卷，與此本不合。以卷首諸序考之，蓋括蒼陳言撰《三因方》，嘗取其方論，各評得失；婺醫杜荍因採所評，附入各條之下；後趙瑩得《産乳備要》，增以楊子建七説，合於《産論》爲一集。有冀致君者，又掇御藥院《雜病方論》，及《八月産圖》、《體元子借地法》、《安産藏衣方位》綴於其末。是輾轉增益，已非郭氏之舊，特沿其舊名耳。其書世罕傳本，今載於《永樂大典》者，得論二十一、陳言評十六、方三十四爲一卷，《産乳備要》暨經氣姙娠等證方六十二爲一卷，其《體元子借地法》、《永樂大典》佚不載，今亦闕焉。按胎教之法，古人所重，賈誼《新書》所引青史之説，劉向《列女傳》所記太任育文王之事，尚可見其崖略。惟産育方藥則罕專書，《唐書·藝文志》有昝殷《産寶》一卷，始别立一門，今其書不傳，則講姙育者當以是書爲最古矣。卷中惟陳言之論標識姓名，餘皆不標爲誰説。今以原本體例推之，上卷之方皆出郭氏；下卷娩乳、安産、經氣三條外，殆即楊氏之説；所附方藥，殆即冀致君所採御藥院方也。陳言即撰《三因方》者。楊子建名倓，有《楊氏家藏方》，今未見。李師聖等皆南宋人。冀致君序稱諸人爲宋儒，又稱近在燕趙間，蓋元人云。」今按，是書始纂於宋，名《産育寶慶方》；至金增補，當稱《增補産育寶慶方》。卷首載序及題識六篇，宋人與金元人各三篇。其中，寓齋老人者，金末名士白華之號，《金史》卷一一四有傳；頤齋老人者，金末元初張德輝之號，《元史》卷一六三有傳。

宋劉四垣《產育寶慶方序》：

人有一念之善，可以動天地感鬼神，至其充大之，則利益於世，奚有限量？人惟溺於私欲，雖有善念，爾汝其心，差殊其見，畦畛其用，險隘偏小，不足觀矣。趙君德修公，族之賢者。其爲人也，用心平，處己正，議論不阿曲，事無纖巨，一歸於是。每念貧而病者，艱於得藥，惠施周急，常恐不及。非吉人爲善，惟日不足者乎？今又取諸家産方之得效者，集爲一編，鋟木廣施。善念之充，若火之然，若泉之達，莫之能禦。則是方一出，見者用者活者，將不可勝計，其利溥哉！與世之有藥而不施、施藥而秘其方者天淵矣！劉四垣序。（《產育寶慶方》卷首，文淵閣四庫全書本。）

宋王晉《產育寶慶方序》：

右《產育寶慶集方》，郭稽中纂，李師聖作序，于山甫印施。余始宦歷陽，而師聖憲淮西，山甫時侍，因得數帙，始置篋笥，未窺其妙。洎余室家蓐中不豫，初苦寒熱，殆如瘧狀。及閱此方，得其增損四物湯，適中其病，製之以服，至再而愈。嘗復苦腹痛瀉痢，又得第十論調中湯服之，不再而頓止。異時蓐後復苦痞悶咽乾，因詰其證，果復渴甚。中夜得見睍丸方，待旦置藥旋成，纔服既，噫，已安矣。自是余家頗神此方，往往因人傳授，及付以方，無不獲效。頃在溉，訪表舅李師禮，及門，且久聞妾在蓐，方病危篤，嘔吐脹滿，粥藥不下。因語此方，遍索之不得。德邵兄領學事淮右，聞之，遍令公皂購之，始得印本於醫家，乃李憲攝帥日施於郡人者也。尋得大聖散合成，姑試服而不嘔，良久與粥，凡三服而無恙。師禮以爲神，亟欲鏤板，但未得其全本，余欲刊施而未暇。近以海陵親戚間有患崩中不止者，須臾眼黑昳暈，殆至悶死。時篋中偶有清魂散，急遺灌之，良久稍蘇，再進遂安。益信此方之妙，無不獲效者。中間止餘一帙，以嘉禾相知借去，遂亡其本，每以爲恨。後十餘年，與山甫相遇都城，時方在圍中，雖憂惴百不暇及，首詢此板，屬以居相。近因得印之，復以此本遺山甫，因書於後。王晉序。（《産育寶慶方》卷首，文淵閣四庫全書本。）

宋李師聖《産育寶慶方序》：

余收《産論》二十一篇，議論精確，無所不究。蓋國醫博士，極方書所得之妙，惜乎有其説而無其方。郭君稽中爲時良醫，尤長於治産，故其切脈用藥，屢獲奇效。一日，願以所收家方附於諸論之末，遂爲完一，真集益濟衆之異書也。古人謂爲人子而不學醫者爲不孝，則有方論而不傳於世者，其可謂之仁哉？李師聖序。（《産育寶慶方》卷首，文淵閣四庫全書本。）

金寓齋老人《增補産育寶慶方序》：

婦人産育，雖曰常事，其實甚危。調護或失其宜，藥石或乖其用，則爲害不細，此前輩所以諄諄於方論之間也。余友人得産乳備要，乃盱江傅君教授常刊於澧陽郡庠，因以家藏書本稍加校正，增以楊子建七説並産論，同爲一集，鋟木以廣之，庶幾有補於萬一云。趙瑩序醫家者流，嘗謂寧治百男子，不治一婦人，況産婦乎？蓋療産婦之證爲難，而産前之證尤難。胎氣既成，世之人徒知以十月爲産期，而不知有過期之産者，宋儒已論之詳矣，亦謂之常而不謂之變，甚哉！異人異書之爲可重，此《産育寶慶》之書，所以增廣其傳也。書既刊行，德修命題其後，余憮然曰：是書之出，無患其不傳。吾聞君子居其室，出其言，善則千里之外應之。今子處獨善之時，而有兼善之心，不其大矣乎？將見不期應而應之，至是可喜也。寓齋老人序。（《産育寶慶方》卷首，文淵閣四庫全書本。）

元頤齋老人題識：

山野草澤間，苦無素業醫流、妙手産媼，是書足以備一時緩急之用。觀此前序，足見其人矣。頤齋老人題。（《産育寶慶方》卷首，文淵閣四庫全書本。）

金冀致君《增補産育寶慶方序》：

妊娠之理，《内經》定以十月爲正産者尚矣。間有過期者，蓋古之賢聖之生如此，然聞其語，未見其人也。比年以來，妊之過産者，遠者不得而知，近在燕趙間，時復有之。方妊之初也，信其爲妊，及其過産，則反疑其非妊也。問之産媼，則曰未之見也。問之名醫，則曰出月，出月者貴。問之方士，則曰妖也，以妖治之。問之庸醫，則曰病也，以病治之。二者俱失，至有子母俱不救者，既而方知其妊也。雖悔，其可追耶？余聞之甚可悼矣，恨無可考之方以破其惑也。一日過醫公李寧之家，示一書曰《産育寶慶集》，披讀一二，蓋宋儒李師聖、郭稽中、楊子建輩之所編集。至《生産篇》云：「婦人懷胎有七月、八月、九月至十月而産者，亦有經一年至二年、三年、四年、五年而後産者。蓋人之生，陰注陽定，自有時日，不可改移。今獨限以十月，似爲未盡。」讀不終篇，不覺屢歎。惜乎此書在世希有，若能廣傳，使天下共知，人生安得罹殤夭之禍乎？意謂婦人方經雖多，而産書難其全者。若是一或廢失世間，必不復有也。因問誰氏之書，公曰外郎楊士表所秘藏也。輒親往謁，告以情實求之，忻然見許，遂得原書印本。方議刊行，公曰：「此止一産書也，若更將御藥院《雜病方論》，並《八月産圖》、《體玄子借地法》、《安産藏衣方位》附之，合爲一集，可爲完書矣。」余喜從之，猶恐有錯謬未盡者，更命諸名醫復加校正。余謂公曰：書則完矣，病如之何？參謀周德甫聞之，毅然贊成，遂命工刊行。自今以始，庶令妊婦得安，産媪無失，家自可以修藥，人自可以爲醫，來者可知而傳之愈廣矣。冀致君序。（《産育寶慶方》卷首，文淵閣四庫全書本。）

封仲堅

封仲堅，河汾（今山西河汾地區）人。常騎青牛，腰間掛藥筒，往來治病。與段克己兄弟交往甚密。中年而卒。①

《素問注》。《二妙集·封仲堅挽詞》注。

---

①《二妙集》卷一《贈答封仲堅》、卷三《封仲堅挽詞》、卷四《封仲堅挽詞》，文淵閣四庫全書本。

第四節　佛教藝文

自金初，女真君主吸取亡遼佞佛的教訓，未給釋徒特殊優遇。天輔七年，「上京慶元寺僧獻佛骨，却之」①，表明了有别於契丹的態度。海陵時，又採取了一些抑佛措施。《金史》卷八三《張通古傳》云：（貞元三年）會磁州僧法寶欲去，張浩、張暉欲留之不可得，朝官又有欲留之者。海陵聞其事，詔三品以上官上殿，責之曰：「聞卿等每到寺，僧法寶正坐，卿等皆坐其側，朕甚不取。佛者本一小國王子，能輕捨富貴，自苦修行，由是成佛。今人崇敬，以希福利，皆妄也。况僧者，往往不第秀才，市井游食，生計不足，乃去爲僧，較其貴賤，未可與簿尉抗禮。閭閻老婦，迫於死期，多歸信之。卿等位爲宰輔，乃復效此，失大臣體。張司徒老成舊人，三教該通，足爲儀表，何不師之？」召法寶謂之曰：「汝既爲僧，去住在己，何乃使人知之？」法寶戰懼，不知所爲。海陵曰：「汝爲長老，當有定力，今乃畏死耶？」遂於朝堂杖之二百，張浩、張暉杖二十。

如此朝堂杖打長老，史所罕見，以至於「禁二月八日迎佛」②。世宗對海陵私怨頗深，凡海陵

① 《金史》卷三《太宗紀》，中華書局一九七五年，第四八頁。
② 《金史》卷五《海陵紀》，中華書局一九七五年，第一〇七頁。

所制法令多所更改，却延續了其對佛教的消極認識。大定三年，「東京僧法通以妖術亂衆，都統府討平之」①。十三年，「大名府僧李智究等謀反，伏誅」②。又「禁民間無得創興寺觀」③。世宗嘗言：「至於佛法，尤所未信。梁武帝爲同泰寺奴，遼道宗以民户賜寺僧，復加以三公之官，其惑深矣。」④當時，僧人被看作浮食之輩，「無益有損，不宜滋益」⑤。明昌三年，「制禁自披剃爲僧道者」⑥。因此，佛教在當時社會生活中的影響有所弱化。

此外，女真還加强對佛教的管理，講究職級，定以名號。「在京曰國師，帥府曰僧録、僧正，列郡曰都綱，縣曰維那。披剃威儀與南宋等，所賜號曰大師，曰大德，並賜紫」⑦。落髮出家憑度牒，受戒爲僧須考試。大定中規定：「僧道三年一試，八十而取一」⑧。其中，「凡取經律論師者，差官考試，本府聚五州義學各宗出題，答義中選者取三人，爰命爲三宗法師，下四方學者，日與講

---

① 《金史》卷六《世宗紀》，中華書局一九七五年，第一三〇頁。
② 《金史》卷七《世宗紀》，中華書局一九七五年，第一六〇頁。
③ 《金史》卷七《世宗紀》，中華書局一九七五年，第一七〇頁。
④ 《金史》卷六《世宗紀》，中華書局一九七五年，第一四一頁。
⑤ 《金史》卷一〇六《張暐傳》，中華書局一九七五年，第二三三九頁。
⑥ 《金史》卷九《章宗紀》，中華書局一九七五年，第二一三頁。
⑦ 宋宇文懋昭《大金國志》卷三六《浮圖》，中華書局一九八六年，第五一七頁。
⑧ 《金史》卷一〇六《張暐傳》，中華書局一九七五年，第二三三八頁。

肆，不惟圖增聖曆綿長，抑亦使佛法傳遠而不見絶者」①。那些中選者，被視爲及第登科。如廣惠大師出家，「訓師名已，付所試經，朝讀暮誦，即年就試，經優拔萃，及甲而皈」②。崇公和尚落髪，「侍師忘勞，夙夜匪懈，兼習經文，以待舉選。皇統元年秋登科，二第春度具足戒」③。而且，寺之名額、僧之度牒，均須通過繳納一定數額的錢糧而獲得。這種政策既能有效控制寺廟僧侣的數量，也可以增加國庫收入。金代後期，朝廷爲籌措經費，甚至連僧道之「都、副威儀及監寺」等職務，也都與「納粟多寡」掛鈎，論價「鬻之」了④。

與此同時，金朝並未徹底排佛。大定二年，敕建燕京大慶壽寺，以玄冥顗禪師爲住持，賜錢二萬緡、田二十頃。大定二十年，在仰山建棲隱寺，也以玄冥顗禪師開山，賜田設會，度僧萬人。大定二十四年，重建燕京昊天寺，賜田百頃。這些寺院後來俱成爲北方佛教重地。

當時，女真「貴戚望族，多舍男女爲僧尼」⑤。以至於皇室成員亦有皈依佛教者。如渤海李洪

① 金韓長嗣《興中府尹改建三學寺碑》，見《金文最》卷六八，中華書局一九九〇年。
② 金釋法通《鎮陽龍興寺廣惠大師經幢銘並序》，見清陸耀熚《八瓊室金石補正續編》卷五九，續修四庫全書本，上海古籍出版社影印。
③ 金釋師景《崇公和尚塔銘》，見民國溥儒《上方山志》卷六《藝文》，民國刊本。
④《金史》卷一四《宣宗紀》，中華書局一九七五年，第三一九頁。
⑤ 宋宇文懋昭《大金國志》卷三六《浮圖》，中華書局一九八六年，第五一七頁。

願，許王完顔宗輔側室、世宗之母。「王既捐館……乃削髮爲比丘尼，依佛覺大禪師受具戒。既聞於上（熙宗），詔以通慧圓明爲號，賜紫衣以褒之」①。世宗即位，追謚貞懿皇后；尼志達撒魯究國王宗雋（窩魯歡）之女。天眷中，宗雋「以謀反誅」②，女遂出家爲尼。大定間，宗雋獲平反，女亦賜紫，號妙行大師③；金末皇叔、密國公完顔璹，資雅重，有俊才，時人譽爲「百年以來宗室中第一流人物」④。因牽涉宫廷皇權之争，而遭「防忌」，被「門禁」⑤，不得不收起滿腔報國熱情，從佛教那裏尋求寄托，「參禪於善西堂」⑥了。其《老境》詩云：「老境唯禪況，幽居似賣坊。酒杯盛硯水，經卷貯詩囊。」⑦不啻爲自我寫真。

以上所舉説明，金代的佛教政策極富實用特徵，只要不冒犯女真君主的權威，或危及大金王朝的安全，不僅容忍佛教存在，甚至給以相當尊重。這些錯綜複雜因素使得金代佛教的發展帶上了有

① 金李彦隆《清安寺通慧圓明大師塔銘》，見鄒寶庫《遼陽市發現金代〈通慧圓明大師塔銘〉》，《考古》一九八四年第二期。
② 《金史》卷六九《太祖諸子》，中華書局一九七五年，第一六〇四頁。今按，本傳作「本名訛魯觀」，墓誌作「窩魯歡」。
③ 金志達撒魯《大金故太保究國王墓誌》，見梅寧華主編《北京遼金史跡圖志》，北京燕山出版社二〇〇四年，下册第一九八頁。
④ 《中州集》卷五《密國公璹》，中華書局上海編輯所一九六二年，第二七二頁。
⑤ 金劉祁《歸潛志》卷一，中華書局一九八三年，第四頁。
⑥ 《遺山先生文集》卷三六《如庵詩文序》，四部叢刊本。
⑦ 《中州集》卷五《密國公璹》，中華書局上海編輯所一九六二年，第二七七頁。

别於契丹的印記。

一、金代禪宗的復興。 禪宗是從傳統佛教分離出來的派别，是傳統佛教理念融入中國傳統文化的結果，反映了外來佛教爲生存發展而適應本土文化的趨勢。同時，也是教内有識之士爲挽救佛教衰落，不得不向處於社會主導地位的儒家學説靠攏的結果。這種佛教宗派自唐代形成，至北宋已是支派紛呈。它融合了《孟子》、《中庸》的有關思想，以明心見性爲宗旨，從禪宗修煉的角度首次提出心性問題，把全部重心歸結爲心性的明悟，成爲儒、佛、道三家共同探討的時代課題。

佛教所以走向衰落，從外部而言，自唐迄宋形成了强大的儒學振興思潮，以韓愈、歐陽修爲代表的士流對佛教展開了持久而有力的批判。如歐陽修《本論》抨擊佛法爲患中國千餘歲，「攻之暫破而愈堅，撲之未滅而愈熾」，因而提出「修其本以勝之」的主張①：

彼爲佛者，棄其父子，絶其夫婦，於人之性甚戾，又有蠶食蟲蠹之弊，然而民皆相率而歸焉者，以佛有爲善之説故也。……佛之説，孰於人耳，入乎其心久矣，至於禮義之事，則未嘗見聞。今將號於衆曰：禁汝之佛而爲吾禮義，則民將駭而走矣。莫若爲之使漸，使其不知而趣焉可也。……今堯舜三代之政，其説尚傳，其具皆在，誠能講而修之，行之以勸而浸之以漸，使民皆樂

---

①《歐陽修集》卷一七《本論》中，唐宋八大家全集本，國際文化出版公司一九九八年，第一〇一一頁。

而趣焉，則充行乎天下，而佛無所施矣。①

這些口誅筆伐有效遏制了佛教的膨脹勢頭，基本排除了以儒家學說爲代表的本土思想文化的發展障礙。

從自身而言，禪宗的興起在佛教内部起到了瓦解作用。特别是中唐興起的毁經滅佛的宗風，動搖了佛教信仰的基礎。禪宗所以被視爲背離佛教，在於它的教義吸納了不少儒家與道家的思想觀念，由此造就了佛的多元形象：一是士流心中的「明心見性」之佛。所謂習佛逃禪，主要體現爲心性的修養與性理的探求；一是民衆「檀施供養」之佛，講究輪回業報、地獄浄土之類的觀念。

辟佛之説，宋儒深而昌黎淺，宋儒精而昌黎粗。然而披緇之徒，畏昌黎不畏宋儒，銜昌黎不銜宋儒也。蓋昌黎所辟，檀施供養之佛也，爲愚夫婦言之也；宋儒所辟，明心見性之佛也，爲士大夫言之也。天下士大夫少而愚夫婦多，僧徒之所取給，亦資於士大夫者少，資於愚夫婦者多。②

這説明，唐儒之辟佛，嚴重衝擊了佛教信仰；而宋儒從性理角度辟佛，似更能抓住根本，極大削弱了佛教在思想文化領域對儒家學説的挑戰能力。因此，「在内、外兩面夾攻之下，佛教的陣地更逐步縮減到無知無識的民衆間了，而活動在民衆間的又基本是同樣無知無識、只圖謀口腹之資

① 《歐陽修集》卷一七《本論》下，唐宋八大家全集本，國際文化出版公司一九九八年，第一〇一二頁。

② 清紀昀《閱微草堂筆記》卷一八《姑妄聽之》，天津古籍出版社一九九四年，第四五三頁。

的庸僧」①。

入金後，從權貴到士庶，崇佛如故。僧人藉信徒所施助緣香火，依然活得比較滋潤。與此同時，一些南方著名禪師紛紛北上，禪宗著述也經由榷場大量傳入，促進了宗派佛教在中原與燕雲的發展，而經律論師所代表的傳統佛教漸次式微，以至於「禪多而律少」②。如臨濟宗之黄龍嫡孫、長清靈巖寺妙空禪師淨如，福州人。政和中，主汝州南禪法席，以靈巖寺住持闕，因薦而來。「與士大夫對問，必取佛經合於儒者詳言之。又能書，大字得顔柳氣質」，度弟子百有餘人。時稱「智性圓明，貫通聖教」③；定光禪師道詢，亦黄龍裔孫，揚州人。落髮後遊方問學，頗領玄妙。建炎二年（天會六年、一一二八年），金軍渡淮獲之，攜之沂。先後主濟南普照寺、長清靈巖寺。「師玄學淵深，勤於接物，初機請益，循循善誘，於是四方翕然，謂獲宗匠。學者嚮慕道風，踵至籌室，自兵火以來，未之有也」④。嘗著《示衆廣語》、《游方勘辯》、《頌古唱贊》等，入門弟子亦多。在這兩位大師的指引下，北方禪宗新秀脱穎而出，前後相望。大定中，圓性禪師住持燕京潭柘寺，復興禪學，著《語録》三編行世。弟子廣温成名於燕京竹林寺，弘法於薊縣盤山雙峰寺。此外，政

① 孫昌武《中國佛教文化史》第一四章《智圓和契嵩——援儒入佛》，中華書局二〇一〇年，第二二六二頁。
② 宋宇文懋昭《大金國志》卷三六《浮圖》，中華書局一九八六年，第五一七頁。
③ 金張巖老《長清靈巖寺妙空禪師塔銘》，見《金文最》卷一一〇，中華書局一九九〇年。
④ 金李魯《靈巖寺定光禪師塔銘》，見《金文最》卷一一〇，中華書局一九九〇年。

言、相了、教亨諸禪師亦各有成就，進一步擴張了臨濟宗派的勢力與影響。

再如曹洞宗。建炎南渡後，經天童、雪竇及克勤諸禪師頌古評唱，一度崛起。雪竇《天童正覺禪師廣録》初刻於南宋，宣揚「默照禪」，以静坐看心爲根本，以心爲諸佛之本覺、衆生之妙靈。其説以爲，世人多因積習昏翳而與諸佛相隔，如能静坐默照，體悟虚靈空妙之心；净治揩磨，除去所有妄緣之習，即可顯出清白圓明的妙靈之體。所謂「默照」，默默不語即是。因後繼乏人，香火難旺，漸趨冷落了。而傳入北方後，卻倍受推崇。經行秀和尚評唱，宗風重振，把曹洞之學推向新的發展階段。

行秀俗姓蔡，懷州河内人。年十五出家，師從磁州大明寺雪巖如滿和尚。得嗣法後，返回邢州净土寺，建「萬松軒」，亦得號萬松。不久，應邀住持中都萬壽寺。明昌中，章宗召至内廷，敷座説法。「自后妃以下，皆從師受法，羅拜位下，各施珍愛」①。承安二年，應詔住持仰山棲隱寺，後退居報恩寺，著有《從容庵録》、《請益録》、《祖燈録》及《釋氏新聞》、《鳴道集》、《辨宗説》、《心經鳳鳴》、《禪悦法喜集》等。時譽之「儒釋兼備，宗説精通，辯才無礙」②，爲士庶所景仰。度門弟子百餘人，以林泉從倫、華嚴至温、雪庭福裕尤爲傑出。貞祐中，尚書右丞耶律履之子楚材留守

① 明釋明河《補續高僧傳》卷一八《萬松老人傳》，高僧傳合集本，上海古籍出版社一九九五年，第七二六頁。

② 元耶律楚材《萬松老人評唱天童覺和尚頌古從容庵録序》，日本《續藏經》卷六七，臺北白馬精舍印經會刊本。

中都，禮之爲師。歸附蒙古後，官至中書令，仍尊師唯謹，成爲佛門護衛。

行秀《從容庵録》闡揚天童正覺《頌古百則》，「一則旌天童學海波瀾，附會巧便；二則省學人檢討之功；三則露萬松述而不作，非臆斷也」。每則包括示衆、公案、頌古、夾注及評唱，並撮以四字標題，用語生動，表明禪師注重形式的完備。從詞源字義、佛教文獻，到頌文寓意，所注所解，深入淺出，洞徹明瞭。而且，圍繞「公案」引據經典，甚至牽連上古神話，以大禹治水、女媧補天喻禪，「附會巧便」，借題發揮，易於爲方外士庶理解，即所謂「圓却話頭」①。

金代後期，曹洞宗所以獨領禪學風騷，與以下因素有關：一是南宋理學傳入北方較晚，或者説金儒尚處於理學的初期接受階段，佛教宗派缺少强有力的競争；二是援儒入佛比較成功。禪師與士人交往，講究書藝切磋、詩文唱和；如有對問，「必取佛經合於儒者詳言之」，因而受到歡迎；三是禪宗長期積累的成果已經形成影響。那些宗派禪籍思想精緻，語言新鮮，風格潑辣，與理學家的學究腐氣、刻板姿態相比，更具誘人的趣味；四是有行秀那樣德高望重的禪學老宿致力於振興宗風，生前既爲女真君主寵信，也爲蒙古汗王敬重，死後又有諸多名流弟子發揚光大，遂使厥緒再度昌盛。

應當指出的是，兩宋理學與佛教既彼此對立，又相互融合，形成了極爲複雜的關係。後來，金

① 以上見金釋行秀《評唱天童從容庵録寄湛然居士書》，日本《續藏經》卷六七，臺北白馬精舍印經會刊本。

儒也加入討論，如屏山居士李純甫嘗言：

儒、佛之説爲一家，其功用之殊，但或出或處，或默或語，便生分别，以爲同異者，何也？至如劉子翬之洞達，張九成之精深，呂伯恭之通融，張敬夫之醇正，朱元晦之峻潔，皆近代之偉人也。想見方寸之地，既虚而明，四通六辟，千變萬化。其知見只以夢幻死生，操履只以塵垢富貴，皆學聖人而未至者。其論佛老也，實與而文不與，陽擠而陰助之，蓋有微意存焉。唱千古之絶學，掃末流之塵跡，將行其説於世，政自不得不爾。①

屏山的説法可以概括爲「陽儒陰釋」，似有誇大佛教影響之嫌。問題在於，儒、釋二家的基本理念與終極追求不同，理學家們不過是從禪學中擷取精華來充實自己，以期取得新的思想成果，而與「陽儒陰釋」不相干。當然，無論持何種看法，都不否認理學融通儒、釋理念的事實。

二、金代佛藝文的特點。由於現存文獻的制約，關於金代佛教藝文的研究還處於空白狀態，尚不足以給出一個符合實際的全面評價，但是，有兩點比較突出，值得提及：

一是民間造經規模宏大，成就卓越不凡。自金初，從燕雲到中原，承遼宋之餘習，以寺院爲中心，展開了廣泛而持久的造經活動。如房山雲居寺，爲後世留下了一萬五千餘條石版鐫刻佛經，計約千部，包括八十八部、一百七十四卷各種大藏經未收經典。至於歷代施刻人的六千餘條題記，反

---

① 元釋念常《歷代佛祖通載》卷三二，江蘇廣陵古籍刻印社一九九三年，第三七〇頁。

映了從遼迄金的佛教發展與民間崇奉，以及政治、經濟、文化與典章制度、行政區划等方面的信息，可補史之缺略①。這些石經以獨特的文獻價值與文物價值而成爲中華文明的璀燦瓌寶。

石刻之外，還有雕版。如大同金藏。遼末時，大同華嚴寺嘗有一部《薄伽藏教》，「通制爲五百七十九帙」。因遭易代戰火「俄而灰之」，「遺失過半」。興嚴寺臨垣傳戒慈慧大師受衆僧之薦，「鳩集邑衆，所獲施贈，以給其簽經之值。然後遍歷乎州城、郡邑、鄉村、巖谷之間，驗其厥目，從而采之。迄大定二年補就刊行，「卷軸式樣，新舊不殊；字號詮題，先後如一」②。

再如《趙城金藏》。皇統中，有潞州女崔法珍者斷臂出家，從實公大師雕造藏經，垂三十年克成，大定中進於朝廷。至金末，這部經版因遭兵燹而嚴重損毁。後經蒙古中書令耶律楚材倡議補雕，按《千字文》編次，從「天」到「幾」字號，計六千九百餘卷，現存五千六百餘卷。

再如扶風金藏。陝西扶風法門寺所藏「轉輪法藏瑯琅函並諸賢聖集記」屢經兵火，僅餘二千卷。大定中，釋義高住持寺事，建立「藏經會」，重新組織修造，「敬法之賢如實贊助」，釋門弟子「搜索流通」，歷時十五年。至承安間，輯得典籍萬餘卷，成就功德③。

① 徐自强《房山石經題記彙編·前言》，書目文獻出版社一九八七年。

② 金段子卿《大金國西京大華嚴寺重修薄伽藏教記》，見清胡聘之《山右石刻叢編》卷二〇，歷代碑誌叢書本，江蘇古籍出版社一九九八年，第一五册七八四頁。

③ 李發良《金「法門寺大藏經」鈎沉》，《文博》一九九六年第五期。

這些石經與雕版藏經俱爲民間自願發起。如「鐫葬藏經施主山西奉聖州保寧寺沙門圓英俗弟子史君慶等奉爲先亡生身父母、法界衆生，承此功德，同生花藏，親見諸佛」①，捐刻了二十七個字號的三十餘部、二百三十餘卷的佛經。由此可見，金代石經與藏經歷盡滄桑而流傳至今，決非偶然。它是中原、燕雲各族民衆與釋徒在美好祈盼的支撑下，共同孜孜追求的結果。

二是士人崇佛與辟佛傾向共存，激發出新的思想火花。貞祐南渡後，一些名儒或明或晦地爲釋氏鼓吹張目。如趙秉文一生吃素，内心深處以佛爲然，既欲得扶教傳道之名，又頗畏士論，遂於晚年自擇其文，凡主張佛老二家者皆削去，號《滏水集》，以中和誠諸説冠之，以擬韓愈原道性。楊禮部之美爲序，直推其繼韓、歐云。而爲佛老所作之文，另編爲《閑閑外集》，「以書與少林寺長老英粹中，使刊之，故二集皆行於世」②。屏山亦崇佛，嘗曰：「學至佛則無可學者，乃知佛即聖人，聖人非佛，西方有中國之書，中國無西方之書也」③，以爲佛學可以囊括儒學，而儒學不能概之。當時，禪宗宣揚以心傳心，不立文字，頓悟成佛。其悟解方式與儒家的邏輯理念不同，具有隨機緣物、棒喝頓悟的特點，即所謂禪家

① 清陸耀煇《八瓊室金石補正續編》卷六一，續修四庫全書本，上海古籍出版社影印。
② 金劉祁《歸潛志》卷九，中華書局一九八三年，第一〇六頁。
③ 金李純甫《重修面壁庵記》，見《歸潛志》卷一，中華書局一九八三年，第七頁。

機鋒，突兀而至，豁然開朗。這種不蹈常軌的思維方式引得士流趨之若鶩。屏山從中受到啓發，以理學符契禪學，闡揚「頓悟」之説：「雖犴夫愚婦，可以立悟於便旋顧盼之頃，如分餘燈以燭冥室，顧不快哉」①。他以翰墨文章爲遊戲三昧，企圖超越儒家「中和之美」的審美標準，達到出「奇」制勝目的。

屏山著《鳴道集説》，以佛之《華嚴》、《楞嚴》、《圓覺》等經典爲依據，倡導三教合一，稱老、莊、孔、孟爲古之四大聖人，釋之至言妙理同四聖本意相符；以爲唐宋學者俱以佛説詮釋儒學經典，程朱諸家繼之發揚，推動了儒釋交融；聖人之道，百慮而一，修其道，復其性，殊途同歸；《圓覺》之五戒十善、六度萬行，盡含三綱五常之意。六經之中有禪，聖人早已成佛；《華嚴》無佛儒、大小、高下之分，能佛能儒，能大能小，世間法即出世間法；所謂排佛，不過是儒者明處所爲，其實暗地贊同，等等。這部集説融三教之藴奥，以佛祖爲指歸，時稱「孔門禪」②，爲後世留下了金代士人關於佛學的頗具啓發意義的思考。

當時，屏山的崇佛言行招來非議，加之爲浮屠作碑記傳贊，往往詆訾儒士，諸僧翕然歸向，因集以板之，號《屏山翰墨佛事》。傳至京師，士大夫覽之多慍怒，有欲上章劾之者。名士劉從益嘗

① 《歸潛志》卷一，中華書局一九八三年，第八頁。

② 劉保金《中國佛典通論》，河北教育出版社一九九七年，第六二〇頁。

謂曰：「此書胡不斧其板也？」屏山曰：「是向諸僧所鏤，何預我耶？」① 屏山歿，將板其全集，閑閑爲塗剔其傷教數語，然竟不能付梓。後來諸僧爲之刻版，始得傳播。

與此同時，士流之辟佛者亦大有人在。如宋九嘉「性不喜佛，雖從屏山遊，常與爭辯」②。「自言平生有三恨，一恨佛老之説不出於孔氏前，二恨辭學之士多好譯經潤文，三恨大才而攻異端」③。名士劉祁則公然質疑釋老二教：

予嘗觀道藏書，見其煉石服氣以求長生登仙，又書符咒水役使鬼神爲人治病除祟，且自立名字、職位，云主管天條；而齋醮祈禳，則云能轉禍爲福。大抵方士之術，其有無誰能知？又觀佛書，見談天堂地獄、因果輪回，以爲人與禽獸無異。且有千佛萬聖，異世殊劫，而以持誦、佈施則能生善地。大抵西方之教，其有無亦誰能知？因思吾道，天地日月照明，山河草木蕃息，其間君臣父子、兄弟夫婦，禮文粲然，而治國治家焕有條理。賞罰黜陟立見，榮辱生死窮通，互分得失，其明白如此，豈有惑人以不可知之事者哉？而世之愚俗，徒以二氏之詭誕怪異出耳目外，則波靡而從之，而飲食起居日在吾道中而恬不自知，反以爲尋常者，良可歎也。嗚呼！愚俗豈可責邪？

---

①《歸潛志》卷一〇，中華書局一九八三年，第一一九頁。
②《歸潛志》卷一，中華書局一九八三年，第一一頁。
③《中州集》卷六《宋内翰九嘉》之《蓮社圖》注，中華書局上海編輯所一九六二年，第三一三頁。

而士大夫之高明好異者往往爲所誘，不亦悖哉！①

一代學者李治從深層理性的角度批判佛學之謬：

晁迥明遠説：「心息相依，神氣相合。」張方平安道説：「身如蓮華及虚空，中有習習清微風。此達摩胎息法也。」近世萬松和尚著《從容録》，以爲達摩無胎息法。人謂達摩行胎息者，是其説出於曲學小智。予謂萬松之説非也。佛乘雖深密，要不出性命二字。故知胎息法，袛是以性命爲一致。若謂胎息等皆妄，則凡燈史所載機緣語句，獨非繫驢橛耶？胎息雖不足以盡至理，亦至理之所依也。今一切去之，則正所謂性外求命，命外求性耳。性外求命，命外求性，便是不識性命。②

需要説明的是，一些士人雖有崇佛傾向，卻未喪失自己的儒學信仰底綫；無論崇佛或是辟佛，僅限於思想層面，尚未形成黨朋之爭。就釋之援儒而言，是爲迎合士庶大衆，以獲取生存發展的空間，不得不引入儒家的忠孝觀念，已經背離了佛教的信仰。另外，也應看到，以萬松和尚爲代表的禪宗，不僅推出一批著述，成就一批詩僧，還爲當時社會引入新的理念，豐富了包括人文思想、文學創作在内的金代文化。

金代後期，戰亂頻仍，山河破碎，生靈塗炭，大金王朝的氣數已經耗盡了。一方面，嚴酷的社

① 《歸潛志》卷一二，中華書局一九八三年，第一四一頁。
② 金李治《敬齋古今黈》卷二，中華書局一九九五年，第二七頁。

會現實爲釋道二教的發展帶來機遇，促進了各自擺脱世俗苦難理論方法的探討；另一方面，女真君主與蒙古汗王或前或後的崇信，也提振了釋道二家的社會影響。相比之下，北方儒學的發展有些滯後了，社會號召力也漸次式微。因此，與其説士人倡導三教合一，不如説他們的處境尷尬而無奈，不得不試圖從釋道教義中尋求新的思想寄託。一代文學宗匠元好問嘗以「堯舜之澤」喻釋氏之説，云：

一人之身，以三世之身爲身；一心所念，以萬生所念爲念。至於沙河法界，雖仇敵怨惡，品匯殊絶，悉以大悲智而饒益之。道量宏闊，願力堅固，力雖不足，而心則百之。有爲煩惱賊所撓者，我願爲法城塹；有爲險惡道所梗者，我願爲究竟伴；有爲長夜暗所閡者，我願爲光明炬；有爲生死海所溺者，我願爲大法船。若大導師大醫王微利可施，無念不在，世諦中容有同異，其惻隱之實，亦不可誣也。①

這説明，金末士人從佛教的惻隱濟人理念中找到與儒家相通的思想基礎。而且，元氏是在特殊的歷史條件下稱許釋道普度衆生、捨己利他的救世精神：「殆攻劫争奪之際，天以神道設教，以弭勇鬥嗜殺者之心。」②

① 《遺山先生文集》卷三五《龍門川大清安禪寺碑》，四部叢刊本。
② 《遺山先生文集》卷三五《紫微觀記》，四部叢刊本。

釋清慧

釋清慧，始末未詳。金初真定洪濟寺住持。

《清慧師偈》。宋洪皓《清慧師偈序》：

目擊道存者已離文字，門開方便者必應機緣。非述偈言，莫明心要。自衣法傳暨五祖致頓，漸分爲二宗，四句寔符，三乘迥出，不拘聲律。香嚴成二百篇，遂著《源詮圭峯集》一百卷，偈之不可已也如此。清慧師者，神姿秀徹，德宇寬宏，妙齡心出家，亟受戒具；壯歲身出世，尤善總持。居鎮府之洪濟者十年，嗣金臺之延聖者七稔，夙具道眼，久振真風，行解相應，遐邇歸向。由佛祖之覺路，向上流通，救道俗之迷情，箇中悞入；異尋文之狂慧，非守默之癡禪。聊示五言七言，不勞一摑三摑。體兼騷雅，辭備頌詩，凡四百章；僅二萬字。擬閑老則加倍，視密公則渾成，得自胸中，求非紙上。宜燕人之鏤板，欲傳無窮；屬楚客之抽毫，將託不朽。然磨磚作鏡，莫辨妍媸，若握土成金，豈容踊躍？冠於篇首，愧以謬愆。（《鄱陽集》卷四，文淵閣四庫全書本。）

釋道詢

釋道詢，俗姓周，揚州（今浙江揚州）人。出身富豪，及長，納戒於州之開元寺，遊方天下，以廣學問。皇統元年，應官庶之邀，住持濟南靈巖寺。次年卒，俗壽五十七。①

《示衆廣語》。

《游方勘辯頌》。

《古偈贊》。金李魯《靈巖寺定光禪師塔銘》：「有《示衆廣語》、《游方勘辯頌》、《古偈贊》流通於世。」

張浄宇

張浄宇，深州安平（今河北安平縣）人。甫及壯歲，從安公上人修習。女真撫有中原後，禮圓公長老爲師，訪道求真。海陵朝卒。②

《繼善集》。金韓伯達《居士張公塔銘》：「平昔所著詩頌，名曰《繼善集》。」

---

① 金李魯《靈巖寺定光禪師塔銘》，見清張金吾《金文最》卷一一〇，中華書局一九九〇年。

② 金韓伯達《居士張公塔銘》，見清沈濤《常山貞石誌》卷一三，歷代碑誌叢書本，江蘇古籍出版社一九九八年，第一二册六八八頁。

釋覺悟

釋覺悟，俗姓王氏，真定行唐（今河北行唐縣）人。年十五剃度受具戒，杖錫四方，遍參名士，探道覩奥。自是經律論説，人莫能濟其畔岸，遂開講於大名、五臺、南京、真定，淄流從之者衆，官庶供施無數，道價日隆。皇統二年，賜紫及崇辯大師號。大定八年示寂，俗壽八十八。①

《百法顯義鈔》一卷。

《删補舞陽鈔》一卷。金范楫《崇辯大師塔銘並序》：「嘗造《百法顯義鈔》、《删補舞陽鈔》各一卷，□□□□□，因字以詮義，因義以明理，實迷途之要津、學者之指南也。」

釋慈慧

釋慈慧，始末未詳。大定初，爲西京興嚴寺臨垣傳戒大師。

《重修薄伽藏教》。金段子卿《大金國西京大華嚴寺重修薄伽藏教記》：薄伽藏教者，乃三世諸佛、十方菩薩、聲聞羅漢，一切聖賢言行之總録也。至於六道、四生、因果之法，靡所不載。大概設百千萬種善巧方便，勸戒衆生，遷善遠罪而已。此教乘之本意也。及

① 金范楫《崇辯大師塔銘並序》，見清陸耀熚《八瓊室金石補正續編》卷五八，續修四庫全書本，上海古籍出版社影印。

乎離拔苦海、超證菩提者，未有不由於斯也。教之始出，出於西方佛刹之中。來之東土者，因緣運歷所使之然也。雖三皇五帝之初，其道亦已行矣。止以世質人純，未識因果，故不能大興也爾。迄至漢明帝之有天下，夜夢金人飛空而至，爰從傅毅之占，遠出天竺之使，委尋佛法。適遇摩騰，使乃具言帝命，要來中國，帝因見而異之，曰：「吾之所夢，正以是夫。」故崇恩禮以接之，置精舍以處之，起居出入，莫不奉焉。騰乃譯經四十有二章，緘之蘭臺石室。風以動之，教以化之，人稍稍而敬信焉。迨夫夜鳴白馬，名改於招提寺；瓶出舍利，塔建於佛陀里。自兹厥後，其道日隆。降及三國之末，聯綿五代之終，其間則有高僧前後相續，繼踵而至者三十餘輩。率皆逾沙越漠，冒險涉危，心平濟渡，苦不爲難。或自西而東者，挾教而來；或自東而西者，得法而返，咸依梵本，譯而傳之。故佛之旨意，自此而彰；僧之軌儀，從兹而著。自天子至於庶人，莫不傾耳而聽之，拭目而視之者歟。故能廓含靈之慧眼，通法界之迷津。與夫日月出而昏蒙披，雷雨作而草木解，一何異哉？使之禍福之因得悟，死生之趣咸覺，厥道大可依歸。漸漬成俗，久而益著。故梵刹精藍，靡所不有；浮圖佛廟，是處爭興。後世雖有誹謗爲梗之徒若退之者，致辭以攻，愈攻則愈堅；抗力以横，益横而益熾。信所謂如山之苞，如川之至，其何動禦哉！此蓋不可思議無邊功德之所致也，異哉！佛之教化，若此以大興；教之簡牘，亦從而浸廣。故纂成門類，印造頒宣。派而别之：有大小、權實、頓漸、偏圓、顯密之類分焉。遂使都城郡郭、山方蘭若，凡有僧尼佛像之所，往往聚而藏之。以其廣大悉備，故謂之藏教。至大唐咸通間，沙門從梵者集成《經源録》，以紀緒之。其卷秩品目，首末次第，若綱在綱，有條而不紊，可使後人易爲簽閲爾。及遼重熙間，復加校證，通制爲五百七十九帙，則有《太保太師入藏録》具載之云。今此大華嚴寺從昔以來，亦有是教典矣。至保大末年，伏遇本朝大開正統，天兵一鼓，都城四陷，殿閣樓觀，俄而灰之。唯齋堂、廚庫、寶塔，經藏洎守司徒大師影堂存焉。至天眷三年閏六月間，則有衆中之尊者僧録通悟大師慈濟、廣達大師通利、大德通義大師辯慧、大德妙行大師洎首座義普、二座德祚等，因遊歷於遺址之間，更相謂曰：「曩者我守司徒大師秀出群倫，興弘三寶，沛教雨而潤民苗，鼓化風而熏佛種，豈特人天之仰止，亦惟在上者師之。爰出官財，建此梵宇，壯麗嚴飾，稀世所有。一旦隳殘，以至於此，誠可以痛乎哉！惜乎哉！爲人後者，苟不能繼其絶而興其廢，補已弊而完已隳者，能無愧乎？殊不聞，厥父菑，厥子弗肯獲；厥父基，厥子弗肯構。則俗人尚爲誚爾，況我等之爲釋子，可不念哉！」已而率先出己之浄財，仍化同居之清衆，暨諸外内信心之流，加之援助。乃仍其舊址，而特建九間、七間之殿，又構成慈氏、觀音、降魔之閣，及會經樓、山門、垛殿。不設期日，巍乎有成。其左右洞房，四面廊廡，尚闕如也。其費十千餘萬，所給非易爾。奈何天與之始，而不與之終；事見其作，而不見其成。哀哉！不數年，上五人乃化，傾城士庶舉多哀慟者，皆以此也。嗚呼！昔人之同力，功尚未終，主事者先歸，誰復爲葺？果見星霜屢變，佛宇荒涼，顧左右前後之間，惟瓦礫蒿萊而已。雖有殿堂，豈堪遊禮者乎？則有故僧録大師門人省學者，一日慨然念先師等之勤，曰：「昔者服勞，興修廢業，其事未終而奄然長往。我爲之後，寧不痛兹？雖不能嗣續而大成之，盍不務專精而守視爾。」於是聚徒興役，刈楚剪茨，基之有缺者完其缺，地之不平者治以平，四植花木，中置欄檻，其費五百餘萬焉。此乃不使前人之功墜，以待將來之緣合，暨得成全，亦今日之力也。而後因禮於藥師佛壇，乃睹其薄伽教藏，金壁嚴麗，焕乎如新。唯其教本錯雜而不完，考其編目，遺失過半，遂潛運於悲心，庶重興於藏教。若棄其遺本，滑家之舊物；擬補以新經，慮字之訛錯。紬繹再三，皆不若擇其同一者，補而完之。俄而具以其事言於當寺沙門惠志、省涓、德嚴等三人焉，庶幾協力，克成厥功。彼人聞是言已，一志欣而奉之。遂聚其清信家，乃立爲薄伽邑。僉曰：「凡事之有作，順頭目而後行。然而托之大者，難以建效，非其人則勞而無功。」反復諮詢，未知其可。衆乃同聲唱言曰：「有興嚴寺前臨垣傳戒慈慧大師可。是師也，素具慈悲，復修性相。旁施惠力，常轉於法輪；濟拔群生，超登乎覺岸。倘肯爲緣，事無難矣。」是時，同躋伏而請之曰：「願住事設度，而爲邑長。加之援助，圓滿功德，我等之素願也。」師乃答其衆望，俯而從之。則於正月元日、七月望辰，升座傳演，鳩集邑衆，所獲施贈，以給其簽經之值。然後遍歷乎州城、郡邑、鄉村、巖谷之間，驗其厥目，從而採之。或成帙者，或成卷者，有叫贖者，有奉施者。朝尋暮閱，曾不憚其勞；日就月將，益漸盈其數。歲歷三周，迄今方就。其卷軸式樣，新舊不殊；字號詮題，先後如一。此不亦艱哉！又況難聚易散者，物之常情，惡求喜施者，人之同病。今兹藏教廢已久矣，苟非斯人，終爲棄物，其何復完之有？且省學之輩皆異人也，非止乎進修爲念，亦頗以學行著名。同心戮力，不憚經營，積月累功，圓兹教典，亦佛家之美事爾。原其所用心者，頗有顯狀之風焉。既而以事囑余而請銘焉。余亦惜其專精致志，連續先功，拾其遺而補其闕，真釋氏之子耶。恐後之來者不知今日之勤，而忽於寶護，因書以記之而勒之石。大定二年歲次壬午五月丁酉朔十四日庚戌巽時，沙門省學等立石，雲中段子卿撰。（清胡聘之《山右石刻叢編》卷二〇，歷代碑誌叢書本，江蘇古籍出版社一九九八年，第一五册七八二頁。）

釋了奇

釋了奇，俗姓潘氏，白霫富庶縣（今遼寧建平縣）人。年十三，禮醫閭興教寺宣茬校勘僧圓曉落髮。逾年詣北京圓宗寺，師事前論主都録傳戒善行大師慧柔。年十六，試經得度，以《花嚴》爲業。大定十年卒，俗壽五十一，僧臘三十五。①

《開堂諸録》。金釋廣善《圓通全行師碑》："維師深禪妙句，載《開堂諸録》。"

釋覺體

釋覺體，俗姓郭氏，太原交城縣（今山西交城縣）人。家世業農，富累千金。後值兵革，父喪母亡，居産蕩盡，與兄俱鞠於族人。弱冠出俗，禮當縣浄慧大德爲師。皇統三年，誦經通，授僧

① 金釋廣善《中都竹林禪寺奇和尚塔銘》，見寧華主編《北京遼金史跡圖志》，北京燕山出版社二〇〇四年，下册第九九頁。

服。詢訪耆舊，知母不死，囑兄終養。正隆中，因感睦州省母，棲交城王山。大定初，爲十方禪院住持，兼領天寧禪院。十三年，跏趺而逝，俗壽五十三，僧臘三十四。①

《體公禪師語録》。

《華嚴規兼帶集》。金邊元勳《王山十方圓明禪院第二代體公禪師塔銘》：「有《語録》一編、《華嚴規兼帶集》一編，現行於世。」

釋開性

釋開性，俗姓侯氏，懷柔（今北京懷柔縣）人。九歲依都城嘉福寺戒振爲師，年十五受具戒。天眷初，游汴梁齊魯。後應僧衆之請，住持燕京潭柘山寺。大定十五年圓寂，俗壽七十二。②

《開性和尚語録》三編。

《燕京潭柘山寺規則》。民國喻謙《金燕都潭柘山寺沙門釋開性傳》：「著有《語録》三編，手訂寺中規則，至今遵守，無敢遺焉。」

---

① 金邊元勳《王山十方圓明禪院第二代體公禪師塔銘》，見謝光啓《交城王山圓明寺金代碑文考》，《山西省考古學會論文集》（三），山西古籍出版社二〇〇〇年，第四一六頁。

② 民國喻謙《新續高僧傳》第四集卷三六《金燕都潭柘山寺沙門釋開性傳》，高僧傳合集本，上海古籍出版社一九九五年，第八八三頁。

釋悟浄

釋悟浄，名休用，臨濟宗七世孫，瑯琊嗣也。性圓融機穎，纖微具悉。大定初，禪定之餘喜事翰墨，一時名士多與之交往，如魏雷溪道明、張竹堂元石、孟翰林友之。詞章參扣，見於酬唱，名重當世大宗師也。累主名刹，各有遺跡。以其住持鄭州普照最久，人率稱之鄭州寶公。

《寶公頌古》。元王構《鄭州滎陽縣洞林大覺禪寺第一代西堂寶公大宗師頌古序》：古無是説，孰傳於今？古有是説，孰信於後？古之人以心傳心，以法證法。千偈翻瀾，不離真諦；一言中的，超悟玄機。向有洞林西堂寶公，以無上智能，騁無礙辯音，應緣百世之後，契詣於百世之先，思古人之不可得見，衷遺義，垂示宣揚。古有一説，今立一頌，如龍淵産珠，珠出而淵倍生光，如簷蔔花開，本枝不改而香豔重新。當亡金大定初年，道價日重，一時國王大臣莫不欽敬者，儒若魏道明、張元石、孟友之，皆以之爲莫逆交。及是頌出，人人争先睹之爲快。今五世孫、釋教總統雪堂仲山，通才具德，振起宗門，戒力山崇，願心海闊，又以公之頌古傳於古而不傳於今，使今之學者無以證，乃繡梓以廣其傳。嗚呼！聲聲色色，觸目菩提；本本源源，隨心佛土。濟下代有人矣。元貞丙申端月四日，魯人王構肯堂謹序。（清方履籛《金石粹編補正》卷四，歷代碑誌叢書本，江蘇古籍出版社一九九八年，第八册三六三頁。）

元釋從倫《西堂寶公大宗師頌古序》：昔雪竇《頌古》，天下禪林號爲絶唱。萬松寄湛然書云：「吾宗雪竇、天童，猶孔門之有游、夏，詩壇之李、杜。」世蓋採我花而不摭我實也，故佛果假《陽春》《白雪》而評唱是頌，《碧巖集》在焉，且免曲高和寡之議。復遇洞林寶公宗師，愍物垂慈，利生爲念。篇篇皆出示衆，句句未嘗支離。提攜後進，有收有放，有縱有奪。或言逆而意順，或以是而爲非。斯皆意不在言，言非有意，若不具金剛正眼，決難覷透。莫使情關固閉，識鎖難開。略與鉤簾歸乳燕，穴紙出癡蠅。方信洞林潤澤四生，福瘏九有，不虛設也。方今嗣續，拔萃者三：少林鑒機鋒罔測，變化無窮，天下衲僧，難出其彀，真一代英傑之士也；慶壽亨雄文逸翰，咳玉噴珠，有「珍重白蘋紅蓼花」之句，章廟大稱賞之，故師號爲紅蓼花；竹林藏禪學穩密，道眼通明，頌□方珠玉，拯濟孤貧。今四海英流，悉皆富庶，若非青出於藍，冰寒於水，曷能如是光顯一時？國朝崇敬雪堂總統，乃西堂五世孫也。因兵燼餘，失其是頌。一日偶見，不勝忻慰。遂不惜囊資，板行是録，令天下學者而知此心，不忘本也。元貞二年月日，林泉老衲從倫焚香謹序。（清方履籛《金石粹編補正》卷四，歷代碑誌叢書本，江蘇古籍出版社一九九八年，第八册三六四頁。）

《林溪語録》。元王之綱《洞林大覺禪寺第一代西堂寶公大宗師林溪録序》：佛示滅後，二十八世菩提達摩始攜其心法來中國。又六傳至曹溪派而五之，燈燈照耀，久愈光熾。視四家尤演溢者，惟臨濟宗乎？門庭宏峻，其三元三要，實緇衲之津梁，藂林之趨向。若子若孫，爲龍爲象，不可殫紀。粤有洞林寶公，臨濟七世孫，瑯琊嗣也。生金大定初，性圓融機穎，悟浄名休用，纖微具悉。禪定之餘，喜事翰墨，一時名士多與往還，如魏雷溪道明、張竹堂元石、孟翰林友之，皆爲方外友。詞章參扣，見於酬唱，名重當世大宗師也。累主名刹，各有遺跡。其往住持鄭州普照爲最久，人率稱鄭州寶公。前後題唱，法語甚富，兵後散失無遺，今止存《林溪録》一篇。嗣法五世孫、釋教總統雪堂仲山得之，如摩尼珠，如球琳玉，藏諸十襲，不輕以示人。然神光文采，絢爛照灼，終不久韞櫝中，將爲衆目所瞻。雪堂迺鋟梓以惠宗門學者，則公之行業得所傳矣。後之紹述者爲無負矣。旹元貞丙申元日，東明王之綱盥手焚香謹序。（清方履籛《金石粹編補正》卷四，歷代碑誌叢書本，江蘇古籍出版社一九九八年，第八册三六四頁。今按，文中「生金大定初，性圓融機穎，悟浄名休用，纖微具悉」云云，字句顛倒，語意錯亂，且與實際不合，當是刊刻差舛。以原文如此，姑仍之，俟考。）

元釋從倫《西堂寶公大宗師林溪録序》：

自飲光傳衣以來，可祖安心之後，名喧宇宙者，代不乏賢。故臨濟下出二大宗師，曰慈明圓，曰琅琊覺。覺下出洞林寶望，琅琅第六世。洞林下出安閑望，洞林第三世。安閑出雪堂望，洞林第五世也。莫不門庭孤峻，機辯崢嶸。雲湧星馳，靈轟電掣，施越格超宗之量，運絶聖棄智之籌。雖云七事隨身，那許三玄繫綴。若不著實公大宗師，焉能爲敲磕識情袪除意路？師有時實際理地，不受纖塵；有時建化玄門，不捨一法。豈非向中原收得秘在形山，暗中信手拈來，衣内親曾覷破。廣興法施，惠無緣之慈；拯濟貧乏，獲有餘之利。□皆名休相稱，使之然也，故與大名竹林聯録於世。今寰海藁席，悦服稱贊不已。是知學富才豐，修美文德，掌不世之珍，鼎峙饒益，補□足之足也。嗚呼！累經世變，板册俱亡。一日正祈禱，有一僧至，持《林溪語録》並《頌古》四册。得之如暗得燈，如貧得寶，陳根之朽，再發□花。今雪堂總統輸泉鋟梓，用廣其傳。咦！它時字字放光，擲地金聲去在。元貞年月日，林泉老衲從倫焚香謹序。（清方履籛《金石粹編補正》卷四，歷代碑誌叢書本，江蘇古籍出版社一九九八年，第八册三六五頁。）

崔法珍

崔法珍，崔進之女，潞州（今山西長治）人。自幼斷左臂，禮寶行大師出家，從師雕造藏經，時稱童女菩薩。大定十六年，寶公歸寂，遺囑「以未雕大藏經板補雕圓者」。童女繼之，住持河中府廣化勝刹，與衆同心戮力，垂三十年，方克有成。大定十八年，進獻中都，世宗命受戒爲比丘尼，賜弘教大師號。

《趙城金藏》六九八〇卷，存五六〇〇餘卷。全藏六八二一帙，入經一六〇〇餘部。國家圖書館及西藏薩伽北寺藏，其中雜有明萬曆二十年及清雍正間據永樂南藏本鈔補的二〇〇餘卷。任繼愈先生《中華大藏經序》説明詳實，兹摘録如下：

《趙城金藏》是我國金代民間募資雕刻的佛藏。全書採用《千字文》編號次序，自「天」字起至「幾」字止。計六八二一帙，每帙基本爲十卷，或略有增減。全藏計六九八〇卷。卷軸裝幀，每軸由若干版粘合成卷。絶大部分版式爲每版刻二十三行，行十四字，有上下欄單線。版頭刻經名、卷次、版次和《千字文》編號小字一行，遵循我國第一部木版雕印《開寶大藏經》的模式。部分經卷尚留有「開寶」、「咸平」、「天聖」、「紹聖」等北宋年代的題記等，也還雜有少數其他版本的痕跡。也有少數卷帙改爲每行十五字、十六字的。與山西應縣木塔中發現的十二卷《遼藏》相較，有一致處，或爲《遼藏》版本的覆刻。《趙城金藏》保留了散失殆盡的《開寶藏》和《遼藏》覆刻的原貌，還有少數卷帙爲遼代坊刻本，爲研究木刻雕版提供了可貴的參考資料。

《趙城金藏》的刻造地並不在山西趙城，而是在山西的解州（今晉南地區解縣）西十公里的静林山天寧寺。這部大藏的全名應叫做《解州金藏》更符合實際。由於這部金藏首先在趙城被發現，又由於元世祖忽必烈中統年間在燕京印成後，將散頁運到趙城，由龐家經坊粘合裝裱成卷，並在每卷加上廣勝寺刊印的「釋迦説法圖」一幅。因此命名爲《趙城金藏》，沿用至今，也算事出有因。

這樣一部在佛教大藏經中卷帙很多的藏經決非一朝一夕可以完成，從經尾題跋中可以見到最早爲金熙宗皇統九年，最遲爲金世宗大定十三年。還在經卷題記中發現有海陵王天德三年、貞元元年、三年，正隆二年、三年等年號。但未發現刻經人的姓名。

金藏雕版完成後，印刷傳佈見諸文字的，有大定十八年崔法珍一部，大定二十九年普昭寺昭公本二部，大安元年興國院本一部，天寧寺本一部（年代不詳）；元憲宗蒙哥六年大寶積寺本一部（燕京南盧龍坊張從禄施印），元世祖忽必烈中統年間廣勝寺本一部，元世祖忽必烈至元年間印送外國三十六部，以上計四十三部。目前尚存的只有廣勝寺本四八一三卷，大寶積寺本約五四〇卷，與國院本及天寧寺本各十餘卷，共五三八〇餘卷，國内已難以湊成完整的一套，流散到日本還有一些殘本。

元代以後，金藏原版曾有過兩次補雕。第一次在蒙古窩闊臺執政時期，由中書省耶律楚材請設「編修所於燕京，經籍所於平陽，編集經史」。至元二十二年，大都道者山雲峰禪寺住持如意禪師祥近《至元辨僞録》卷四：「大元啓祚，睠意法門。太祖明詔首班，弘護兹道。太宗則試經造寺，雕補藏經。」木版易朽，且經戰亂，此次雕補版片約占全藏的四分之一。有雕補年月的有五處，我們《中華大藏經》中所據《趙城金藏》本均有記載。集資贊助者有政府官員，有寺院住持僧人，也有民間男女信徒。

一九三二年《趙城全藏》被發現後，附近村民進寺游覽，信手取走，用來糊窗補壁，也有保存一兩卷用以辟邪祈福。范成在寺院整理經卷時曾勸説村民送還，並出資購回約二百餘卷。其後外地古舊書商聞訊，不斷派人前往收購，倒賣圖利。此後國内學者將趙城古藏經零本勘定爲金元故物，遂派蔣唯心先生前往山西趙城廣勝寺做進一步考察。蔣先生逐卷檢核，判定和區分興國院本和元代初年弘法寺補雕本，旁及明萬曆、清雍正兩次補鈔的情況，並考證金藏雕印始末，對照高麗大藏經目録，參考《至元法寶勘同總録》，編定了《趙城金藏》簡目。一九三四年，他發表文章向海内外全面介紹《趙城金藏》，引起了全國專家的注意，也引起了日本學者的注意，後來侵華日軍也把它列爲文物掠奪的對象。

一九三九年七月，日本侵略軍侵佔山西省雁北。廣聖寺力空和尚爲防止日寇掠奪，即將《趙城全藏》五千多卷磚砌封存在廣勝寺上寺飛虹塔内。中國人民深知，日本侵略軍除燒殺掠奪財物外，還有計劃地掠奪中國文物。以《楓橋夜泊》聞名世界的蘇州寒山寺鐘即被日軍劫走，該鐘至今下落不明。文物古籍也被他們視作掠奪的獵物。一九四二年春，駐佔趙城道覺村的日軍要來搶取廣勝寺的《趙城金藏》。當年四月十七日，由八路軍與地方武裝把全部經卷安全轉移出去。日軍率部來搶奪時，遲了一步。

此後，《趙城金藏》在戰亂中歷經磨難，由於條件所限，部分經卷受潮發霉，粘連成塊，無法打開。抗戰勝利後，晉冀魯豫邊區政府決定將《趙城金藏》交給北方大學保存。經卷運到後，正值北方大學西遷，經卷運到涉縣温村的一所天主教堂内，由北方大學校長范文瀾派張文教負責前往看管。張文教接管後，把經卷搬到長樂村一個通風乾燥的小閣樓，未再轉移。

一九四九年北平解放後，《趙城金藏》運交北京圖書館（即今天的國家圖書館）收藏，共有四三〇〇卷，又有九大包。《人民日報》於一九四九年五月二十一日發佈了《趙城金藏》運抵北平的消息。北京圖書館邀請有關專家會商修復和保存的辦法，並由館内修整組負責揭裱，經過韓占魁等裝裱書畫高手十七年努力，終於把這部稀世瑰寶修整完畢，可供閲讀。今之《中華大藏經》即以此爲基礎整理而成。（《中華大藏經總目》卷首，中華書局二〇〇四年。）

金趙渢《敕賜弘教大師雕藏經板院記》：

潞州長子縣崔進之女，名法珍，自幼好道。年十三歲，斷臂出家。嘗發誓願，雕造藏經。垂三十年，方克有成。大定十八年，始印經一藏進於朝。奉敕旨，令左右街十大寺僧，香花迎經，於大聖安寺安置。既而宣法珍見於宫中尼寺，賜坐設齋。法珍奏言：「臣所印藏經，已蒙聖恩，安置名刹。所造經板，亦願上進。庶得流佈聖教，仰報國恩。」奉詔許之，乃命聖安寺爲法珍建壇，落髮受具，爲比丘尼。仍賜錢千萬，洎内閣賜五百萬，起運經板。至二十年，進到京師。其所進經板凡一十六萬八千一百一十三，計陸千九百八十爲卷。上命有司選通經沙門導遵等五人校正。至二十三年，賜法珍紫衣，號弘教大師。其導遵等，亦賜紫衣德號。其同心協力雕經板楊惠温等七十二人，並給戒牒，許禮弘教大師爲師。仍置經板於大昊天寺，遂流通焉。韙哉！眷遇之隆，古未有也。

自昔釋迦如來爲一大事因縁出現於世，靈山演法，各隨衆生根器利鈍方便，分别大小乘教，爲世津梁。後人因之，識心達本，悟無爲法者，不可以數計矣。然教法之興，雖繫於人，亦由其時。自漢明帝，歷晉魏以來，隨有釋氏經典，所傳由未廣也。其後，玄奘、義浄二大士跋涉鯨海，至天竺國，不憚艱苦，磨以歲月，得經教焉。自是震旦佛法備矣。是以城邑山林、精藍塔廟，或建寶藏，或爲轉輪，安置經典，爲世福田。若淄若素，書寫受持，頂戴奉行者，無處無之。蓋如來本願，欲使衆生見聞而獲福也。然今弘教大師備修苦行，以刊鏤藏版爲本願。於是協力助縁，劉法善等五十餘人，亦皆斷臂燃臂燃指刳眼割肝，至有捨家産、鬻男女者，助修經板勝事，始終三十年之久，方得成就。嗚呼！可謂難也哉已。（李際寧《佛經版本》，中國版本文化叢書本，江蘇古籍出版社二〇〇二年，第一〇九頁。今按，元熊夢祥著、北京圖書館整理《析津志輯佚·寺觀》「弘法寺」條：「明昌四年立碑石，秘書丞兼翰林修撰趙渢記，翰林侍講學士党懷英篆額。」北京古籍出版社一九八三年，第六八頁。）

元耶律楚材《補大藏經版疏》：十年天下滿兵埃，可惜經文半劫灰。欲析微塵出經卷，隨緣須動世間財。（《湛然居士文集》卷一四，中華書局一九八六年。）

元釋文秀《雕藏經主重修大陰寺碑》：

夫妙覺靈明，名言之路攸絶；真如澄湛，性相之義都捐。然則發啓心聾，資法雷而激響；獎導迷衆，俟覺首以司方。繇是報身假起，接十地之高機；化質權施，誘五乘之淺識。或隱穢土而爲浄土，或變大身而作小身；或同婦人形而度生，或示男子體而化道。證理圓於一路，方便設於多門。爰有實公律師，矧乃菩薩，懷州河内縣人也，伊氏之子。其母夜夢於佛，因而身懷有孕，嘗占其夢，曰：「龍象之徵也。」胎月既滿，夜誕，紅光晃室，狀若白晝。歲當齠齔，不參時童作戲。父母見其異，舍於孟州天王院。禮師出家，執添瓶，罔憚勤勞，篤好經書。年登十五，負笈遊學。二十以來，洞曉經旨。内閑五教，外醉六經。行潔寒霜，戒圓秋月。一日辭師，禮泗州觀音寶塔。到彼，火燃左手，感觀音真容顯現。又聞臺山文殊應現，凡聖交縱，再啓勝心，步禮五臺。至歸德府，路逢大宋徽宗御駕，帝問曰：「何謂如是禮也？」師曰：「禮五臺文殊菩薩。」詔契聖心，龍顔大悦，將金果園敕改作普明禪院，更賜金刀剃發，玉檢防身。自天佑之，吉無不利，至於臺山懇禱志誠，感文殊菩薩空中顯化，得法眼浄，見佛摩頂授記曰：「汝於晉絳之地大有縁法，雕造大藏經板。」語門人劉居士曰：「諸佛如來與我授記，汝還見聞否？」曰：「然。」於是居士慶得見聞，踴躍悲喜，斷於左臂，以獻於佛。回至潞州長子縣崔氏宅中，因化齋飯。有一童女，見師巍巍蕩蕩，慈悲作室，忍辱爲衣，持齋則一食，自恣坐禪，乃六時不倦。童女啓白父母，求出塵勞。堂親赫然齟齬，抑禁不從。童女於隱奥之處，自截左手。父母見其如是，舍令出家，趨隨其師。屆於大平縣有尉村王氏之子，投師出家，亦燃左手，法名慈雲。心恬清素，戒節孤高，不棲名聞，好居寂静，時人呼爲王菩薩。隨從於師，趨於金臺天寧寺，請師住持。童女居士，左右輔弼，糾集門徒三千餘衆，同心戮力，於河、解、隰、吉、平水、絳陽，盛行化縁，起數作院，雕造大藏經板。聲震天下，如雷霆，如河漢，後旌幢花燭，鈸鼓笙簫，迎歸舜都城里，説法利生，廣施饒益。有門人劉居士，於普救塔前自燃其身，供佛舍利。火燼，俄然塔頂五色光現。傾城士庶，蠢蠢而往，瞻禮神光，見普賢菩薩，身騎白象，冉冉光間。人皆仰而歎曰：「仍乃居士之後身也。」至大定十六年，實公菩薩忽聞空裏有聲云：「入滅時至，兜率天衆來迎導汝！」實公律師於方丈内，焚香端坐，謂門徒曰：「入生天地之間，若白駒之過隙，忽然而已。道之將行也，與命也；道之將廢也，與命也。我今四大將離，六根欲謝。我終之後，當以未雕大藏經板補雕圓者。」言訖，奄然神逝，聞空中仙樂異香馥鬱。門人弟子哀慟之甚，如哭私親，荼毗已，所獲舍利粒不勝數。時童女菩薩住持河府廣化勝刹，振揚教海，大播宗風。大定十八年，將所雕藏經部帙卷目總録板數，表奏朝廷。世宗皇帝特降紫泥慈部七十二道給付行功，以度僧尼，更賜「大弘法寺」之名額。敕降童女菩薩以爲「弘教大師」。雲公遵師遺囑，於新田、翼城、古絳三處，再起作院，補雕藏經板數圓備。雲公游於南山，登山四顧，見一勝所，林巒蓊鬱，巖壑清奇，東望太行之高峰，西控中條之曠野，北觀澮水，南望天臺，中有大陰古寺舊時基址，唐時創建，晉代重修斷碑，風雨剥其殘文，壞砌榛叢，拔其故址。大雲公於此步尋丹喬，棲偃白雲，芟荆棘而終日無疲，拾瓦礫而長時不倦。重懸佛日，再起梵宫。大金大定二十年，與門人法澍、法滿，糾集緇素百餘人衆，經之營之。法堂佛殿，未期而成；廚屋僧廊，經年而就。梁妝螮蝀，瓦砌鴛鴦，釋迦卧佛，丈六金身。刊彌陀三十一堂，玉像蓮眸月面，紺發天容。於泰和二年鑄鴻鐘而待扣，繪彩像以垂祈。更向絳縣張上村中，構修堂殿，印造藏經。貞祐二年，天兵至此，殿堂灰燼，賢聖煙飛；鬼哭神號，山鳴海沸。門人法澍，再尋良匠，重録聖賢。未圓備間，大兵又進。槍刀匯怒，人馬蜂喧。侁侁而戰旅相殘，赳赳而征夫互害。雖有南堂西舍，已無北殿東廚，聖像儼然，僧衆零落。壬辰年間，澍公菩薩、滿公上人，復立華山下寺，薦修堂殿，墾種地田。庚子年時，保達公門人行圓，以爲住持，上賜紫衣。滿静大師傳授，天寧寺制律師菩薩戒。癸巳年前，襄陵縣胡李村李三郎二子出家，雙桂並聳。長曰了志，禮童女菩薩孫無礙大師。次曰行光，禮華山雲公菩薩門人滿山主爲師。其光敏而好學，冠歲之時，聽習經論；紳年之日，性相精通，湛性海之波瀾，朗慧天之星象。講開鼎沸，僧納雲奔。文質彬彬，剛毅木訥。童女菩薩孫空公戒師，見其儀彰慈相，德佈仁風，傳授菩薩大戒。於戊午年，上賜紫衣顯教大師。於戲！華山大陰古寺，兵火以後，殿堂漏雨，楹棟頹隳。庭松號風而夜悲，砌草垂路而朝泣。欲行存蓋，揆力難爲，諒蚊背而豈負泰山，傾蠡心而奚測巨海。是以行智洗心鑽仰，禮清光公論師以爲住持，公受請已，心思所欲不求而獲。何謂然也？蓋公之行業恢隆，聲震時世，德之所感者也。雖則如是，長時矻矻，終日乾乾。重修南堂西舍，創蓋北殿東廚。妝佛繪畫，甃堂砌塔。三門修磨，蘭房葺惠，嶠甍架煙。鐘鼓鳴於寶坊，棧乳焚於金鼎。晨夕禮念，旰午行持。種種功動，端爲祝延當今皇帝聖壽萬歲。更祈椒房永固，鶴禁長堅。金枝擢彩於千春，玉葉騰芳於萬代。文修武偃，海晏河清。萬邦翹首而同賀太平，四海傾心而盡蒙至化。命予作序，勉無由，姑以猥詞聊爲銘曰：

實公菩薩，行業超然。泗州禮塔，匪石心堅。步禮臺山，路逢御天。紫泥授受，防禦身邊。臺山懇禱，衆聖現前。釋迦授記，晉絳行緣。居士斷臂，願獻金仙。童女截手，父母棄捐。建數作院，雕造真筌。從師河府，盛化市廛。奄然神逝，如蛻之蟬。所雕經板，表奏皇乾。世宗皇帝，敕賜授宣。雲公再啓，藏經雕圓。大陰古址，重建金田。雷堂葺蕙，雪屋駕煙。雕佛聖像，丈六雄佺。貞祐兵革，化火焚焉。澍公菩薩，再録完全。張上寺立，壬辰之年。宗泒住持，繼踵争妍。光公論主，修造懋遷。精閑十諦，飽醉七篇。貽鐫玉石，芳跡留傳。

時大元國大德元年歲次丁酉孟夏蓂生九葉，本寺講經律沙門了威等立石。（王澤慶《解州版

〈金藏〉募刻的重要文獻——雕藏經主重修大陰寺碑考釋》，見《文物世界》二〇〇三年第四期。）

明釋鮑善恢《敕賜弘教大師雕藏經板院記》題識：仙林講寺祇殿鮑善恢爲是本寺藏典缺少，嘗往磧砂、妙嚴二刹印補。見彼經板多有朽爛，發心備板，化募衆緣，命工刊補，幸獲完備。今善恢自思，刊補小緣，經久歲月，率難成就，想當時弘教大師自幼出家，斷臂設誓，刊刻藏板，始終三十年，方得成就，實爲世間第一稀有功德，而復遇金世宗皇帝敕賜錢及號記焉。善哉！得非有是道，復有是人；有是人，復遇是時，此其所以成難成之功，庶不負如來付囑之意。嗚呼！前哲之功，於斯盛矣。懼夫久而泯其所由，無傳於世，因而刊之，使後賢觀其所由，遂不昧弘教大師之功也耶。永樂九年歲次辛卯孟冬望日，杭州仙林萬善戒壇祇殿善恢謹識題。（李際寧《佛經版本》，中國版本文化叢書本，江蘇古籍出版社二〇〇二年，第一一〇頁。）

釋政言

釋政言，俗姓王氏，許州長社（今河南長葛縣）人。九歲禮資福院浄良長老爲師。執役十年，遊學教庠，訪道四方，聲譽隆起。大定二十五年入寂。①

《頌古百篇》。

① 明釋明河《補續高僧傳》卷二二《政言傳》，高僧傳合集本，上海古籍出版社一九九五年，第六八七頁。

《拈古百篇》。《補續高僧傳》：「其舉揚宗旨，脱落窠臼，如鶻起長空，駿騰平野，奔逸絶塵，難爲觀附。製《頌古》、《拈古》各百篇。」

《禪説金剛經注》。

《證道歌注》。金完顔璹《中都潭柘山龍泉禪寺言禪師塔銘》著録①。另，《補續高僧傳》作「《金剛經》《證道歌》有注」。

《金臺録》。金完顔璹《中都潭柘山龍泉禪寺言禪師塔銘》著録。

《真心真説》。金完顔璹《中都潭柘山龍泉禪寺言禪師塔銘》著録。另，明釋明河《政言傳》作《真心说》。

《修行十法門》。金完顔璹《中都潭柘山龍泉禪寺言禪師塔銘》著録。

釋明浄

釋明浄，始末未詳。大定中，爲五臺山釋門提點。

《續清涼傳》二卷，殘。《（光緒）山西通志》卷八八《經籍記》著録：「《廣清涼傳》三卷、《續清涼傳》二卷，五臺僧延一撰。」今按，宋釋延一僅撰《廣清涼傳》三卷。或稱「朱奉使又爲

① 梅寧華主編《北京遼金史跡圖志》，北京燕山出版社二〇〇四年，下册第一〇六頁。

《續傳記》」，即宋使朱弁滯留北方時所撰《臺山瑞應記》，時在「皇統辛酉六月辛巳日」，難以成編。明釋文琉《續清涼傳後序》「迄於逝金，猶存松風靈跡、詩頌歌詞、《清涼》等傳十有餘本」云云，當輯入「迄於逝金」，而流傳中皆遺佚。

金姚孝錫《重雕清涼傳序》：

白馬東來，象教流行於中土，玄風始暢。或示禪寂以探宗，或專神化而表法，亦猶水行地中，枝分派別雖異，至於濟世利物之功，其歸未始不同。故唐劉夢得以爲佛法在九州間，隨其方而化，因名山以爲莊嚴國界。凡言神道示現者，必宗清涼焉。按經言文殊師利宅東北清涼山，與其眷屬住持古佛之法，降大慈悲以接引群生，或現真容以來歸依，或法祥光以竦觀仰，千變萬化，隨感而應，有不可形容擬議者，何其異哉！昔有沙門慧祥與延一者，皆緇林助化之人。洎丞相張公天覺、黄華朱公少章，皆大臣護法之士，異世相望，同心贊翼。慮聖跡在遠未彰，芳塵經久或熄，乃廣搜見聞與目所親睹，編次成帙。慧祥始爲《清涼傳》二卷，延一復爲《廣傳》三卷，張相國、朱奉使又爲《續傳記》以附於後。其他超俗談玄之流與夫高人達士，作爲詩頌、贊偈，附名傳末，星聯珠貫，粲然貝錦之文流行於世。凡九州四海之内，雖未躬詣靈巖，目瞻聖跡，但覽卷披文，自然回思易慮，益堅向善之心，其外護之益未易可述。偶回禄之搆災，致龍文之俱燼，不有興者，聖功神化，歲久弗傳。東安趙琉以酒官視局臺山，慨然有感於心，即白主僧，願捐橐金以助緣。僧正明淨謂其屬曰：「兹事念之日久，屬化宫之災，用力有先後。今因其請，盡出粟帛，以成其事。」僦工鏤板，告成有日。趙因造門囑余爲序，以冠其首。明浄與前提點僧善誼，相繼以書爲請。僕嘗謂道不在衣，傳衣可以受道；法不在文，披文因以悟法。僕既嘉趙侯用意之善，而二高僧皆於清涼有大因緣者，知非販佛以眩衆，故爲之書。大定四年九月十七日，古豐姚孝錫序。（日本《續藏經》卷八八，臺灣白馬精舍印經會本。）

明釋文琉《續清涼傳後序》：

伏聞大聖度生，應跡無方，所現之處，無非利益。雖不局於形教，使歸心有在唯止一方，故我文殊大士妙踐真覺，廓浄塵習，寂寥於萬化之域，動用於一區之中，示居因位，果徹因源，不捨悲心，恒居紫府，三千界内，有清涼之一名；萬億國中，無文殊之二號。浄居梵世，服道而傾心；花藏欲天，飡風而合掌。是以統十千之衆，聖伏五百之毒龍。金燈夜燦，爍煌於碧嶂之前；瑞氣曉迎，閃灼於翠峰之上。奇葩天墜，豈局之於春秋；明月泉生，寧分之於晦朔。自斯歷代，王臣敬禮，積著彌繁；傳照百燈，相繼不絶，胡可勝言？昔宋朝丞相無盡居士天覺，夢遊紫府，既至無殊，見不思議之境界，覩無窮數之神光，具奏帝聞，重加修葺，莊産土田，倍加先帝，山門榮耀，緇侶汪洋。自此洪碁巨壑，峭壁荒溪，古之伽藍，無不周備。可謂名高百代，道光千載，朝臣奉信，競趣寶方，續傳流通，至今無替。迄於逝金，猶存松風靈跡、詩頌歌詞、《清涼》等傳十有餘本。近因兵革，屢遭火廢，隳蕩無遺。幸於河西僧法幢處得《清涼傳》一部，余鈔録編集，校勘無差，訪諸有緣，刻板流行。本山僧義祥者，英俊博學，崇賢好古，愍余哀懇，罄自衣盂，並誘信士，命工鏤板，不日而成。祝余曰：「山門老宿知事多矣，序述來由，續之傳後。余先勸請。」今既工畢，事不獲已，聊述云耳。以此洪因，祝嚴皇帝萬歲，臣宰千秋；内宫天眷，福禄遐昌；助緣施主，增添壽算；法界有情，同登覺岸。紫府真容院松溪老人文琉述。（日本《續藏經》卷八八，臺北白馬精舍印經會刊本。）

清蔣清翊重刊《續清涼傳》題識：

釋慧祥《清涼傳》，見宋史志。《廣傳》、《續傳》，則史志及諸家藏書志俱不著録。杭州何夢華元錫得之，示阮文達，文達繕録進呈，世乃知有此書。第天府卷軸既非草茅能窺，阮氏文選樓書又燬於火，藏書家以不得見爲憾。聞此書原本今藏歸安陸氏皕宋樓，武陵趙君伯藏於密爲居閑得借讀，紙脆殆不可觸，内佚《廣傳》中卷。清翊恐其日就湮没，方録付梓，頗以佚卷爲憾。適錢塘丁氏正修堂藏有鈔本，則佚卷存焉。亟合梓之，甫成全璧。鈔本譌字頗多，然無可校正，姑仍其舊。憶咸豐、同治間，遊跡淹留太原，距臺山僅數百里，塵鞅牽絆，竟未游禮靈峰。今筋力日衰，息影東南，五頂雲山，無因投跡，香火緣慳，撫書慨歎。光緒甲申十月，吴縣蔣清翊字敬臣識。（日本《續藏經》卷八八，臺北白馬精舍印經會刊本。）

釋義高

釋義高，始末未詳。大定中，爲陝西扶風法門寺住持，組織弟子及信徒，建立藏經會，修造

《法門寺大藏經》。

《法門寺大藏經》。 李發良《金「法門寺大藏經」鈎沉》：自北宋元祐七年（一〇九二），寺僧以原有「輪藏法藏瑯琅函並諸賢聖集記」爲基礎，「搜索流通」，得典籍五千餘卷，總數達萬卷，未及付梓。靖康後，經藏院大講經釋崇□，糾率徒衆永顯、永賢、義全等收拾殘餘，再次造經。經皇統戰亂，所聚典籍多損毀。大定二十四年，法門寺主僧義高獲「敬法之賢如實贊助」，自爲藏經會首，重新造經，至承安四年修成。①

金佚名《法門寺藏經碑》：

□□□□□□□進於三千鷲嶺，玄□□□□□纘大乘兮兩鐵山内□□□□□□間曼殊首請阿□□□□□□□□慶喜也闍□□□□□□□侍用蒼頡□□□□□寧聽□□□□重音遂證□□□□□貝葉靈文，半滿十二分教，累□□□□國，流通搜索，窮四十九年，□□克五千餘卷。自爾有轉輪法藏□□琅函，並諸賢聖集記，不啻萬卷，從古迄今，故不朽耳。本院大講經者元有僧崇□，門人永顯、永賢、師孫義全等，於皇統元年糾率衆人，修完未足，偶遇兵革，損壞散佚，僅二千卷。至大定二十四年，主僧義高慮恐滅此法燈，何由破彼昏闇？適值敬法之賢如實贊助，意令不惑，乃始終修葺，積有歲年，一志堅成，豈云小補？苟非□□□□承當，由是鈎沉之義備矣。繕

---

①《文博》一九九六年第五期。

□□□□□□□，姓名刊列如右。今集經已備，惣此爲休止。上祝皇帝萬歲，重臣千秋，雨順風調，民安國泰，法輪永轉，佛日增輝，法界霑親，同圓種智。承安五年歲次庚申孟冬望日，扶風龍光寺持經僧普輝立石。（陝西省考古研究院等《法門寺考古發掘報告》，文物出版社二〇〇七年，第五九頁。）

佚名

《佛説楊氏鬼繡紅羅化仙哥寶卷》。 簡稱《紅羅寶卷》。全書除「開經」與「結經」外，共有二十二「分」，每「分」插有小曲，計十餘種曲調，同明萬曆及其後民間教派尚存的寶卷相似。初刻於「崇慶元年」，系金人「依旨修纂，頒行天下」。入元後，於「至元庚寅」重刊，當時謂之「新刻」。現存明刊本，已經改編。馬西沙《〈中華珍本寶卷〉前言》有云：

所謂「寶卷」，主要是由唐、五代佛教變文、變相及講經文孕育産生的一種傳播宗教思想的藝術形式。它多由韻文、散文相間組成，多數寶卷可講可唱，引人視聽。相當多的寶卷圖文並茂，繼承了變文、變相的歷史傳統。寶卷的大量産生是爲了「宣卷」，即向世人宣講寶卷。最初的寶卷是以佛教徒向世人説法的通俗經文或帶有濃厚宗教色彩的世俗故事爲藍本。僧尼借這類寶卷，宣揚因果輪回，以弘揚佛法。寶卷在發展的過程中還受到道教的影響。南宋理宗爲指陳善惡之報，「扶助正道，啓發良心」，廣泛推廣勸善書《太上感應篇》，對此後《陰騭文》、《功過格》的大力普及和寶卷類勸善書的全方位興起，起了推動作用。

最早的寶卷有人認爲是北宋産生的《香山寶卷》。北宋真宗時代禁斷變文，變文由是易名爲「寶卷」，有邏輯上的合理性。但北宋産生寶卷還需佐證。寶卷的出現與發展是佛教、道教進一步世俗化的結果。佛經、道藏博大精深，非一般民衆僧尼所能理解。佛、道二氏欲向整個社會傳播，必然有一個由深入淺、由雅入俗的歷史過程。變文、變相、講經文及其後的寶卷的出現都是必然的結果。

現存最早的寶卷應是金代崇慶元年（一二一二）初刻，元代至元庚寅（一二九〇）新刻，其後在明代改本的《佛説楊氏鬼繡紅羅化仙哥寶卷》（以下簡稱《紅羅寶卷》），以及南宋寶卷懺書《銷釋金剛科儀》，元至元脱脱所修之《目連救母出離地獄升天寶卷》。明代最早的寶卷是宣德五年（一四三〇）問世的《佛説皇極結果寶卷》。爲什麽説《紅羅寶卷》是最早的寶卷？現存山西省博物館的這部寶卷雖爲明代版本，但它卻保留了最早的寶卷的歷史信息，證明了它是由金、元寶卷演化而來的。這部寶卷目録後有字三行：「依旨修纂，頒行天下，崇慶元年歲次壬申長至日。」此寶卷的另一個年號是「至元庚寅」，出現過兩次。其目録後有字一行：「至元庚寅新刻佛説鬼繡紅羅化仙哥寶卷目録終」。

有人説這部寶卷是明代衲子僞造，這是無根之談。崇慶元年及至元庚寅兩個年號怎麽可能是和尚僞造得出的？難道和尚是懂得年表的史學家？偏偏要造出這兩個年號？和尚是信仰者，崇經如命，僞造是要下地獄的。僞造是當代無信仰者的思維。《紅羅寶卷》出現的兩個年號恰恰證明：金代已出現了寶卷，而南宋則出現了《銷釋金剛科儀》這種寶卷類科儀。寶卷的發展有一個從畫本、寫本向刊本演化的歷史過程，在這個過程中新的內容和古本的內容重疊出現了。因此不能因爲這部明版的《紅羅寶卷》，而否定它曾經有過金代崇慶元年的版本及元代至元庚寅新刻本。我們要感謝山西省博物館珍藏了這樣一部撰寫寶卷史時最珍貴的物證。（馬西沙主編《中華珍本寶卷》第一輯，注：「元寶卷，明改寫，刊本。」社會科學文獻出版社二〇一二年。今按，學界關於最早寶卷的認定頗多歧説，如車錫倫《寶卷的形成和早期的佛教寶卷》云：「確定『最早的寶卷』，首先遇到的一個問題就是許多寶卷刊本，如同上述《香山寶卷》一樣，托古作僞。比如一本題識爲金代『崇慶元年』『依旨修纂』、『至元庚寅新刻、金陵聚寶門外圓覺庵比丘集仁捐衆開雕』的《佛説楊氏鬼繡紅羅化仙哥寶卷》，曾被認爲是又一本『最早的寶卷』。可是卷中充滿了明代中葉以後民間教派寶卷中才出現的『無生老母』信仰説詞，唱的也是這一時期才時興的小曲；而『聚寶門』是明代開國皇帝朱元璋修建的『金陵新城十三門』之一，即今中華門。這個聚寶門外圓覺庵的和尚們，怎麽會跑到元代初年刻印了這本寶卷？」見《文史知識》二〇〇六年第一期。）

王子成

王子成字慶之，號極樂居士，出處不詳。崇慶中，集浄土因緣爲懺文。當時名流趙秉文、李純甫爲之贊序。

《禮念彌陀道場懺文》十卷，存。金趙秉文《彌陀懺贊》：

極樂居士王慶之集浄土因緣爲懺文，閑閑居士稽首贊曰：未曾有也。昔有達官事一道人謹甚，親友或勸之曰：「公聰明特達，何至作此闒冗事？」公謝不敏，勸者愈力。公曰：「若等果以余爲聰明特達，而復事彼，是必有質於我者矣。彌陀浄土諸經，稱讚者不一，歷代名士歸依者甚衆，可以無疑矣。至於太白、樂天、東坡、山谷，皆知尊向，其亦可謂聰明特達者，非耶？宿植善根者，不待余言而了。不然，如小兒觀戲，隨長者笑可也。更或未然，但觀此懺，思過半矣。」乃敬而爲之贊曰：

衆生見佛，衹是一心。佛度衆生，不離大願。心猶鏡然，交光涉入。願猶地然，有種即生。汝且觀此，諸大幻師。陽燧取日，方諸承月。本無去來，緣有彼此。當知浄土，亦復如是。又如二人，出門相背。一人適燕，一人適越。乃至終身，各不相值。苟爲相求，萬里咫尺。佛愛衆生，如母憶子。子若逃逝，雖憶何爲。子若念母，決定見母。我觀彌陀，作慈母想。爲佛長子，一切菩薩。是我眷屬，無量法財。隨意充足，孰有智者。甘受貧苦，舍極樂土。戀閻浮提，發心還家。須知道路，極樂居士。是汝導師，當知此懺。諸資糧具，稽首十力。爲我證明，敬告沸子，當作此觀。（日本《續藏經》卷七四，臺北白馬精舍印經會刊本）

金李純甫《彌陀懺序》：

天地之中，凡有血氣，皆有鬥心，更相噉食，其苦無量。幸而爲人，差以樂者。僻在蠻夷，亦相屠害，與苦相應。又幸而生於中國，其樂頗勝。試考於古史，兵饑疫癘，苦相居多。又幸而老於治世，誠可樂也。其困窮微賤、疲羸殘廢之屬，猶有不勝其苦者。至於大幸，富足貴豪、康强聰慧之徒，其樂爲何如哉？或嗜欲未滿其志，或憂患遽及於身，尚且不免悲思驚歎，有自以爲苦者。佛説衆生世界爲苦趣，此真實語也。故學佛者先修苦行，經無數劫，求寂滅樂，未得少分。然則何以疾度此苦厄，徑至樂地耶？佛大慈悲，開方便門云：此西方有無量壽佛國，名極樂，衆生起一念信心，持彼佛名號，即得往生，同無量壽，更無老病死者。神通智慧，與無數劫修行者，等無異，故名極樂。此又真實語也。自佛教東行，陰修密證者不可勝數，但昧者不知耳。近讀極樂居士結集西方浄土懺文法門，乃學佛者之快捷方式，屬予讚歎，故亦以真實語識之。崇慶二年中春望日序。（日本《續藏經》卷七四，臺北白馬精舍印經會刊本。）

金王子成《彌陀懺序》：

立此彌陀懺法者，廣則恐其文繁，略則慮其義闕。如常禮念應赴，唯讀大字；若推本末因緣，須尋小注，庶得廣略兩存，自他俱益。一帙十卷，例皆仿此。原夫釋迦大覺出慈旨，以叮嚀贊彼彌陀運悲心，而廣博發四十八之誓願，願願度生；開一十六之觀門，門門攝化。救提溺者越苦海之迅航，指導迷人出輪回之快捷，高超三界，迥出四流，十方接引諸群生，九品護持如一子。又聞古今善士緇素名人感應尤多，往生非一。方抱圓頂，宜追慧遠之高風；儒履道冠，可慕遺民之雅範。

啓芳懷玉，壽終而化佛迎歸；張抗吴瓊，命盡而金仙引去。善和具屠牛之業，尚往玉池；仲舉負害命之怨，亦生金地。慈光照處，地獄爲之崩隤。聖號持時，天魔爲之悚懼。不思議佛力，無障礙神通，一聲滅八十億劫罪愆，一念獲八十億劫功德。是以世尊觀彼方之緣會，在此界之有情，特開往生一門，教入念佛三昧，日修片時之少善，後爲萬劫之資糧。現世則白業頓增，惡緣漸息，人敬而神佑，禍去而福來。梁氏女目盲而重明，馮夫人身病而復差，邵希文神遊而脱難，劉慧仲夢魇而無驚，此乃身前之效也。臨終則免赴黄泉，更無黑業。緩則一日至於七日，急則十聲至於一聲。面覩白玉毫，身乘紫金座。閻王不敢召，化佛自來迎，直歸極樂之鄉，永别幽冥之路。范婆瞻聖像於户外，曇鑾得運華於瓶中。烏長王天樂盈空，隋文後異香滿空，此乃往生之徵也。過世則名除鬼簿，位列佛階，丘塚現祥輝，骨骸爲舍利，抛閻浮之短景，居贍養之長年。化生菡萏華中，托質芙蓉池內，勢至觀音爲其勝友，馬鳴罷樹結作法朋。雖名往生凡夫，便是不退佛子。前唐善導，垂語向五雲堂中；後魏曇鸞，現形於七實舫內。此乃身後之驗也。壽盡臨終之感應傳廣，聊陳生前身後之禎祥，文繁略載。凡夫心劣，用自力以難成法藏，願强仗他威而易就，自他二利，悲智兩全，幸當末法之時，此教大弘之際。今則愚將管見，强發毫端，煩依梁武懺之規儀，粗闡彌陀教之功德。千佛備列，衆聖全彰，十方調禦，共力消殃。三世如來司緣識罪，削阿鼻之恐怖，説浄土之莊嚴。三塗路上教個個回程，九品池邊使人人進步。流通十卷懺法，度脱三世衆生。經云梵語阿彌陀，此云無量壽，或云無量光；梵語須摩提，此云極樂國，或云安樂刹。若受持讀誦爲過去者，救拔惡趣爲現在者，增福滑災爲未來者，教修淨土，廣於三界，徧及四生。或行十惡業，見聞則霧散。若犯五無間，禮念則雲消。引一切有情化生，度無量衆生成佛，蒙此懺力，受彼佛恩。西方淨土一譯，往生無上菩提。兩手分付，請威加護。偈曰：

集此彌陀禮念懺，欲於濁世救群生。同超三界出輪迴，盡令離苦生極樂。自思福薄智慧淺，凡愚學寡文荒疏。發揮淨土贊彌陀，捧土培山蠡酌海。懺法廣大才輕微，慚恐不契諸佛心。我今清淨身口意，焚香哀請道場中。仰告三世與十方，彌陀淨土諸三寶。惟願不捨大慈悲，神通法力冥加護。願賜觀音甘露辯，下筆盈軸如智覺。上契講聖下契機，集成懺法度有情。衆生見聞喜信受，流通傳佈遍十方。廣度一叨粱生界，盡未來際恒撫盡。若有十惡無間罪，遇此懺法滅無餘。現在皆具五功能，過去成蒙八解脱。臨終悉願往西方，共覩彌陀成佛道。（日本《續藏經》卷七四，臺北白馬精舍印經會刊本。）

元［日］釋至道《重刊禮念彌陀道場懺法序》：

觀古今論念佛往生者，多誇自力，所謂唯心淨土不往而往，自性彌陀不成而成之類也。竊意斯論，似輕佛力也。夫佛也者，其體明淨，無幽不燭。或有人雖不知佛之所以爲佛，但隨人言稱南無佛，其人已於如來妙觀察智中，成就佛地正因之謂蓮生瑶池矣。譬如遊魚吞鉤，雖不知鉤之所以爲鉤，其魚已入鉤者之手矣。故知佛之一字，即覺海之一鉤也。大都大天源延聖寺高麗三藏法師旋公，久默斯要，偶觀金時王子成所撰《彌陀懺法》，其開誘之術，與公兼濟之心，若合符契，仍損己資，委其同志比丘祖柏，旁募衆緣，鳩工入梓，以傳諸遠，俾余爲之序引。余曰：未曾有也。佛有八萬四千相好光明，徧照十方世界念佛衆生，攝取不舍，何如吾三藏？公以文字般若，攝取衆生，其光亘於萬古盛大，俾見者聞者，同登不退轉地，永祝聖人金剛無量壽域，可謂能下覺海之一鈎者也。旹至順三年七月日，大都大覺住持日本國沙門至道序。（日本《續藏經》卷七四，臺北白馬精舍印經會刊本。）

元［高麗］朴免《重刊禮念彌陀道場懺法跋》：

前龜山朗公，早蜕名韁，今善講且誠孝，免益敬之。乙卯春仲，來謂免曰：吾以大懺，願爲兼善，蓋末流入佛捷徑，止此而已。至順間，三藏順庵寓燕時，板其懺本，徒安旻天寺，庶廣印行。自火於辛丑，恨其湮没，幸因師幹事重刊，喜而相之，子將以一語著於末。免曰：何敢贅焉。公微笑而去。比再來，方請跋，辭未之已，乃引徵聊激信佛者。昔羅僧發徵居西孔寺，令世一開士，期萬日修浄土業。及期，果與二千檀家共西邁，所謂萬人同得去，明矣夫。古今不二，而人法亦一也。但信之深淺、念之勤怠有不同耳。苟能於佛深信勤念者，根塵絜而法器成，故臨終十念佛必來迎。其言浄土甚易往，信哉！公可斯語，而後復繼之曰：今板既訖功，文壽其傳，而使覽者有所感焉。更相力勸而念之至，爲家浄土而人彌陀，則公之願償矣，師之事畢矣。免於是乎乃敬書，以助大懺之弘闡，此亦壽福君國之一道也。倉龍丙辰仲春朔日，岩遜朴免安夫書。（日本《續藏經》卷七四，臺灣白馬精舍印經會刊本。）

明李克墩《彌陀道場懺法跋》：

大上王奄棄群臣，我殿下哀慕罔極，印成彌陀懺法，轉於殯側。臣切聞大雄氏曰：西方有無量壽佛國，名極樂。一念信心，即得往生，受諸快樂。而此懺法，伏諸佛之威神，懺多生之宿障，直指往生徑路，實爲成佛階除，所謂西方浄土，一訣往生，無上菩提兩手分付者矣。我大行王夙植德本，洞達真乘，其尊崇三寶，誕揚玄化，十方佛天所共證明，豈但一念信心而已哉。超生浄界，頓證佛果也，無疑矣。推其極盡，十方界莫不均沾利益，同成無上正果也，然後已焉。嗚呼！豈易量哉。成化四年秋九月日，通政大夫禮曹參議臣李克墩謹跋。（日本《續藏經》卷七四，臺北白馬精舍印經會刊本。）

釋行秀

釋行秀，號萬松野老。俗姓蔡氏，懷州河内（今河南沁陽）人。少時出家，聰智過人。明昌中，章宗秋獮幸寺，録偈一章詣進，大蒙稱賞。後住持燕都報恩寺，築蝸舍，榜曰從容庵。泰和中，居仰山，爲仰嶠叢林住持。參禪之際，機鋒罔測，變化無窮。傳道之暇，手不釋卷，每有利害於佛乘、關涉於教化者，悉録之①。丙午歲（蒙古定宗元年、一二四六年）歸寂，年八十一。②

《評唱天童覺和尚頌古從容庵録》六卷，存。亦名《從容庵録》。

金釋行秀《評唱天童從容庵録寄湛然居士書》：

吾宗有雪竇、天童，猶孔門之有游、夏。二師之頌古，猶詩壇之李、杜。世謂雪竇有翰林之才，蓋採我華而不摭我實，又謂不行萬里地，不讀萬卷書，毋閲工部詩，言其博贍也。擬諸天童老師頌古，片言隻字，皆自佛祖淵源流出，學者罔測也。柏山《大隱集》出其事跡，間有疏闊不類者。至於拈提，苟簡但據款而已。萬松昔嘗評唱，兵革以來，廢其祖槁。邇來退居燕京報恩，旋築蝸舍，榜曰從容庵，圖成舊緒。適值湛然居士勸請成之。老眼昏華，多出口占，門人筆受。其間繁載機緣事跡，一則旌天童學海波瀾，附會巧便；二則省學人檢討之功；三則露萬松述而不作，非臆斷也。竊比佛果《碧巖集》，則篇篇皆有示衆爲備。竊比圓通《覺海録》，則句句未嘗支離爲完。至於著語出眼筆削之際，亦臨機不讓。壬午歲杪湛然居士書至，堅要拈出，不免家醜外揚，累吾累汝也。癸未年上巳日，萬松野老因風附寄，不宣。（日本《續藏經》卷六七，臺北白馬精舍印經會刊本。今按，癸未指金元光二年、蒙古太祖十八年、一二二三年。）

---

① 明釋明河《補續高僧傳》卷一八《萬松老人傳》，高僧傳合集本，上海古籍出版社一九九五年，第七二六頁。

② 陳垣《釋氏疑年録》卷九《燕都報恩寺萬松行秀》，江蘇廣陵古籍刻印社一九九一年，第三九七頁。

元耶律楚材《萬松老人評唱天童覺和尚頌古從容庵録序》：

昔予在京師時，禪伯甚多，惟聖安澄公和尚神氣嚴明，言詞磊落，予獨重之。故嘗訪以祖道，屢以《古昔尊宿語録》中所得者，扣之澄公。間有許可者，予亦自以爲得。及遭憂患以來，功名之心束之高閣，求祖道愈亟，遂再以前事訪諸聖安。聖安翻案，不然所見。予甚惑焉。聖安從容謂予曰：「昔公位居要地，又儒者多不諦信佛書，惟搜摘語録以資談柄，故予不敢苦加鉗錘耳。今揣君之心，果爲本分事以問予，予豈得猶襲前愆，不爲苦口乎？予老矣，素不通儒，不能教子。有萬松老人者，儒、釋兼備，宗説精通，辯才無礙，君可見之。」予既謁萬松，杜絶人跡，屏斥家務，雖祁寒大暑，無日不參。焚膏繼晷，廢寢忘餐者幾三年。誤被法恩，謬膺子印，以湛然居士從源目之。其參學之際，機鋒罔測，變化無窮，巍巍然若萬仞峯，莫可攀仰；滔滔然若萬頃波，莫能涯際。瞻之在前，忽焉在後，回視平昔所學，皆塊礫耳。噫，登東山而小魯，登泰山而小天下者，豈虚語哉！其未入閫域者聞是語，必謂予志本好異也。惟屏山、閑閑其相照乎？爾後奉命赴行在，扈從西征，與師相隔不知其幾千里也。師平昔法語偈頌，皆法隆公所收，今不復得其槁。吾宗有天童者，《頌古》百篇，號爲絶唱，予堅請萬松評唱是頌，開發後學。前後九書，間關七年，方蒙見寄。予西域伶仃數載，忽受是書，如醉而醒，如死而蘇，踴躍歡呼，東望稽顙，再四披繹，撫卷而歎曰：「萬松來西域矣。其片言隻字，咸有指歸，結款出眼，高冠古今，是爲萬世之模楷，非師範人天、權衡造化者，孰能與於此哉！」予與行宫數友，旦夕游泳於是書，如登大寶山，入華藏海，巨珍奇物，廣大悉備，左逢而右遇，目富而心飫，豈可以世間語言形容其萬一耶？予不敢獨擅其美，思與天下共之。京城惟法弟從祥者，與僕爲忘年交，謹致書請刊行於世，以貽來者。乃序之曰：佛祖諸師，埋根千丈，機緣百則，見世生苗。天童不合抽枝，萬松那堪引蔓，湛然向枝蔓上更添芒索。穿過尋香逐氣者鼻孔，絆倒行玄體妙底腳根向去，若要腳根點地，鼻孔撩天，却須向這葛藤裏穿過始得。甲申中元日，漆水移剌楚材晉卿敘于西域阿里馬城。（日本《續藏經》卷六七，臺北白馬精舍印經會刊本。今按，甲申指金正大元年、蒙古太祖十九年、一二二四年。）

《唱評天童覺和尚拈古請益録》二卷，存。亦名《請益録》。

金釋行秀《評唱天童覺和尚拈古請益録序》：

最初威音王以前，早有個無孔鐵錘，大悲通身八萬四千，姥陀羅臂摸索不著。洞山之後有無手人，上天童山頂，抛向九霄雲外，下長蘆岸邊，沉在千尋海底，是可忍也。於是百般拈弄，遂成百則。百年之後，湛然居士斷送萬松，再呈醜拙。萬松曰：「雪巖先師，亦曾於王山頂上、滏水岸邊，舉河山示衆云：『初秋夏末，兄弟或東或西，直須向萬里無寸草處去』。良久云：『祇如萬里無寸草處，又作麽生去？』石霜云：『出門便是草。』大陽云：『直饒不出門，亦是草漫漫地。』師拈云：『三個老漢，雖然異口同音，未免撞頭磕額，何也？一人大開口，了合不得；一人高抬腳，了放不下；一人緊閉門，了出不去。王山即不然，遍十萬界非外，全在一微塵，在一微塵非內，逼十方界。祇這一微塵許也，須及盡不可得，向那裏安門，甚麽入草，還會麽？』休侵洞嶺初秋草，請看疏山臘月蓮。」萬松忝授緒餘，義無牢讓，自庚寅九月旦請益，纔廿七日，不覺伎倆已盡，撩人笑話。老不歇心，激我云仍少當努力，他後失笑，無孔竅生鐵團，幾曾動著絲毫？方知萬松野老，從來不犯手勢。二十八日序。（日本《續藏經》卷六七，臺北白馬精舍印經會刊本。今按，庚寅指金正大七年、蒙古太宗二年、一二三〇年。）

元耶律楚材《評唱天童拈古請益録後序》：

雪竇《拈頌》，佛果評唱之《擊節碧巖録》在焉；佛果《頌古》，圓通善國師評唱之《覺海軒録》在焉，是臨濟、雲門互相發揚矣。獨洞下宗風，未聞舉唱，豈曲高和寡耶？抑亦待其人耶？必有通方明眼，判斷尚未晚也。昔佛鑒《拈八方珠玉集》，止及其半，每至曹洞、夾嶺、石霜，王宗機緣，留付佛果。今佛鑒、佛果《拈八方珠玉集》具在，愈可疑焉。三大老後，果有天童覺和尚拈頌洞下宗風，爲古今絶唱，迨今百年，尚無評唱者。予參承餘暇，固請萬松老師評唱之，欲成三宗鼎峙之勢，忍拈覆餗吝之譏。今評唱《頌古從容庵録》已大播諸方，評唱《拈古請益後録》時，老師年已六十有五矣。循常首帶佛事，人情晷隙之間，侍僧請益，旋舉旋録，皆不思而對，應筆成文，凡二十七日，百則詳備，神鋒穎利，於斯見矣。若夫據令於臨濟棒喝以前，發機於雲門三句之外，豈更與佛果、圓通殘餕争長哉？俊快衲子，舉一明三，瞥見全鼎，則溈仰、法眼，雙鉉亦宛然矣。但恐信不及，徒勞話歲寒也，吁！壬辰重陽日，湛然居士漆水移剌楚材晉卿敘於天山。（《湛然居士文集》卷八，中華書局一九八六年。今按，壬辰指金天興元年、蒙古太宗四年、一二三二年。）

明覺虛《題評唱天童覺和尚拈古請益録》：

萬松《請益》百則，老骨董。其詞源滚滚，放肆汪洋，開合卷舒，具大自在。然雖如是，不無他指鹿爲馬，證龜成鱉。奈有傍不肯的在，争似山野，無禪可參，無説可説，免使諸人生愛憎取捨也。萬曆丁未仲冬，少室後參覺虛一識。（日本《續藏經》卷六七，臺灣白馬精舍印經會刊本。）

《萬壽語録》。元耶律楚材《萬松老人萬壽語録序》：

余忝侍萬松老師，謬承子印，因徧閲諸派宗旨，各有所長，利出害隨，法當爾耳。雪門之宗，悟者得之於緊俏，迷者失之於識情；臨濟之宗，明者得之於峻拔，昧者失之於莽鹵；曹洞之宗，智者得之於綿密，愚者失之於廉纖。獨萬松老人得大自在三昧。決擇玄微，全曹洞之血脈；判斷語緣，具雲門之善巧；拈提公案，備臨濟之機鋒。溈仰、法眼之爐煹，兼而有之，使學人不墮於識情、莽鹵、廉纖之病，真間世之宗師也。略舉中秋日爲建州和長老圓寂上堂云。有人問：「既是建州遷化，爲甚萬壽設齋？」師云：「此夜一輪滿，清光何處無。」又問：「不是盡七、百日，又非周年、大祥，鬬勘今日設齋？』師云：「月色四時好，人心此夜偏。」衆中道：「長老座上誦中秋月詩，佛法安在？」師云：「萬里此時同皎潔，一年今夜最分明。將此勝因，用嚴和公覺靈中秋玩月，徹曉登樓，直饒上生兜率，西往浄方，未必有燕京蒸梨餾棗爆栗燒桃。」衆中道：「長老只解説食，不見有纖毫佛法。」師云：「謝子證明即且致，爲甚中秋閉目坐，却道月無光。有餘勝利回向諸家檀信，然輕蒸荳角，新煮雞頭，蒲萄駐顔，西瓜止渴，無邊功德，難盡讚揚。假饒今夜天陰，暗裏一般滋味，忽若天晴月朗，管定不索點燈。」老師語緣，似此之類尤多，不可遍舉。且道五派中是那一宗門風？具眼者試辨看。噫！千載之下，自有知音。乙未夏四月，湛然居士漆水移剌楚材晉卿序於和林城。（《湛然居士文集》卷一三，中華書局一九八六年。今按，乙未指蒙古太宗七年、一二三五年。）

《釋氏新聞》。元耶律楚材《釋氏新聞序》：

昔仰嶠叢林爲燕然之最，主事僧輩歷久不更，執權附勢，搖動住持人。泰和中，本寺奏請萬松老人住持，上許之。萬松忻然奉詔。人或勸之曰：「師新出世，彼易師之年少，彼不得施其欲，必起風波，無遺後悔乎？」師笑而不答。既住院，師一遵舊法，無所變更，惟拱默而已。夏罷，主事輩依例辭職，師因其辭也，悉罷之。師預於衆中詢訪耆德，爲衆推仰者數人，至是咸代其職。積藏頹風，一朝頓革，遠近翕然，稱吾師素有將相之材矣。邇後章廟秋獵於山，主事輩白師曰：「故事，車駕巡幸本寺，必進珍玩；不然，則有司必有詰問。」師責之曰：「十方檀信佈施，爲出家兒，余與若不具正眼，空食施物，理應償報，汝不聞木耳之緣乎？富有四海，貴爲一人，豈需我曹之珍貨也哉！且君子愛人也以德，豈可以此瑕纇貽君主乎！」因手録偈一章，詣行宫進之。大蒙稱賞，有「成湯狩野恢天網，吕尚漁磯浸月鈎」之句，誠仁人之言也。翌日，章廟入山行香，屢垂顧問，仍御書詩一章遺之，師亦泊如也。車駕還宫，遣使賜錢二百萬，使者傳敕，命師跪聽。師曰：「出家兒安有此例？」使者怒曰：「若然，則予當回車。」師曰：「傳旨則安敢不聽，不傳則亦由使者意。」竟焚香立聽詔旨。章廟知之，責其使曰：「朕施財祈福耳，安用野人閑禮耶？」上下悚然，服吾師不屈王公之前矣。此二事天下所共知者也。自余師之隱德默行未播於人間者，何勝道哉！師之切於扶聖教，急於化人心也，萬分之一見之於此書乎？師應物傳道之暇，手不釋卷，凡三閱藏教，無書不讀。每有多聞，能利害於佛乘、關涉於教化者，悉録之，目之曰《釋氏新聞》。將使見書而知歸，聞言而向道，真謂治邪疾之藥石，濟迷途之津梁也，豈小補哉！石門洪覺範著《林間録》，辯而且文，間有偏黨之語。後之成人之美者，未嘗不歎息於斯焉。我萬松老師之意，扶教利人也深，是以推舉他宗，談不容口，此與覺範之用心相去萬萬者也。讀是書者，當知是心矣。嗚呼偉哉，予請刊是書行於世，因爲之序。甲午上元後一日，湛然居士漆水移剌楚材題。（《湛然居士文集》卷一三，中華書局一九八六年。今按，甲午指蒙古太宗六年、一二三四年。是年金亡。）

《通玄百問》一卷，存。原署「玉虚玄通庵圓通大禪師設問，摩訶菩提蘭若萬松和尚仰答，龍巖林泉老人頌」。林泉老人，元初釋從倫之號，萬松弟子。

元釋顯道《通玄百問序》：

聞靈山正脈，迦葉親承；少室真風，神光立受。自六傳之後，五派以來，法雷聲震於中州，佛日光流於上苑，其有云仍種草者矣。圓通著百問，激勵學徒，闡一心弘持祖道。其言簡當，其旨幽微，寧容紙背上參求，那許口角頭取辨？若非偉器，難構洪機。當時未遇其人，過日方逢作者，故萬松老師居摩訶菩提蘭若，運三昧正受神通，傳法之餘、匡持之暇，答前百問於指頃，誘後群迷於目今。眼裏有筋，臨濟機縱横得妙；舌頭無骨，雲門語左右逢源。不拘悟本偏圓，靡定清凉得失。多字學徒知費力，如人拜足忍疲勞。腦後另具鉗鎚，舌本别存爐鞴。圓通之問，萬松之訓，可謂盡善矣。故不撥，從倫偶依是録，謾述浮詞。非唯無補宗乘，抑亦濫叨祖域。頌之過半，會公澤唱之於前；録之逮畢，永叔能和之於後。累及二老，取笑四方。要知終始，狂情讀誦，向下注脚。叢林閑散幾經秋，宗教通搜未有由。愚魯自慚空過日，忍將狐尾補貂裘。輒申是意，聊爲序云。閼逢執除七夕前二日，龍巖林泉顯道序。（日本《續藏經》卷六七，臺北白馬精舍印經會刊本。今按，所謂閼逢執除，以古曆歲陽計，此指甲辰歲、蒙古太宗乃馬真后稱制三年、一二四四年。）

《祖燈録》六十二卷。

《浄土語録》。

《仰山語録》。

《洪濟語録》。

《藥師金輪觀音道場》。

《鳴道集辯説》。

《心經風鳴》。

《禪悦法喜集》。

《萬松和尚文集》。金李仝《萬松舍利塔銘》：「編《祖燈録》六十二卷，又《浄土》、《仰山》、《洪濟》、《萬壽》、《從容》、《請益》等録，及文集偈頌、《釋氏新聞》、《藥師金輪觀音道場》三本，《鳴道集辯説》、《心經風鳴》、《禪悦法喜集》，並行於世。」①今按，文集已佚，兹爲代擬，以號名。

釋廣惠

釋廣惠，始末未詳。貞祐中，爲耀州三原縣僧人。

《僧道納粟多寡與都副威儀及監寺等格》。《金史》卷一四《宣宗紀》：貞祐四年八月，「三原縣僧廣惠進《僧道納粟多寡與都副威儀及監寺等格》，從其言鬻之。」

釋弘相

釋弘相，俗姓王氏，沂水（今山東沂水縣）人。年十九，以誦經通得僧服，恣讀内外書十年，多所觀究。又從普照虚明亨和尚十年，佩其印出世，住鄭州之大覺寺、嵩山之少林寺、沂水之普照寺。卒於清涼寺，年六十四。②

---

① 《（光緒）續修邢臺縣志》卷七《古跡》，中國方志叢刊本，臺北成文出版社一九七〇年。

② 《遺山先生文集》卷三一《清涼相禪師墓銘》，四部叢刊本。

《歸樂集》。

《退休集》。

《清涼集》。

《相禪師語録》。金元好問《清涼相禪師墓銘》：「所著文集三：曰《歸樂》、曰《退休》、曰《清涼》，並《語録》一卷，傳諸方。……予愛其文頗能道所欲言，詩則清而圓，有晚唐以來風調。其深入理窟，七縱八横，則又於近世詩僧不多見也。」

釋寶瑩

釋寶瑩，陝州（今山西河曲縣）人。俗姓白氏，賁、華之弟。少時有詩名，後出家爲僧，早卒。①

《火山瑩禪師詩集》。金元好問《善人白公墓表》：「次曰僧寶瑩，以詩筆見推文士間，有集行於世。」

金蕭貢《讀火山瑩禪師詩卷》：禪師陝州白氏，岐山令君舉、樞判文舉之弟。自幼日有詩名河東。嘗有詩云：「十日柴門九不開，松庭雨後滿蒼苔。草鞵掛起跏趺坐，消得文殊更一來。」歸寂

①《遺山先生文集》卷二四《善人白君墓表》、卷二五《南陽縣太君墓誌銘》，四部叢刊本。

後，客有示其集者，因題其上：「長短都歸一夢中，身前身後兩無窮。李憕信士今安在，定向江湖訪澤公。」（《中州集》卷五《蕭尚書貢》，中華書局上海編輯所一九六二年，第二三九頁。）

釋宗湛

釋宗湛，始末未詳。金末爲歸德法雲寺比丘僧。正大元年冬，注《華嚴經題法界觀門頌》刊行。

《注華嚴經題法界觀門頌》二卷，存。亦名《華嚴法界觀通玄記頌注》。宋釋本嵩述頌；金釋宗湛集解，其《注華嚴經題法界觀門頌引》云：

竊以觀門深旨，厥號溥融，滿分幽宗，摽乎法界。玄寂不動，塵塵而浄國純真；靈鑒隨緣，念念而佛心證覺。毛端雖隘，容多剎而彌寬；心數既玄，統群集而靡異。斯乃曼殊示跡，撮掇精微，密老辟關，善施樞鑰。門有廣狹之秘，妙略方開；鑰投深淺之能，玄通可運。然則諸師章鈔已備，奈宗教而互虧，苟非奪席高流，孰能禪觀通會？粤有夷門廣智大師，具無礙辯，得總持門，宗説兼通，詞翰俱美。造通玄記，堤備摘葉尋枝；述妙伽陀，特示良駒鞭影。言中綱要，撮盡性海之波瀾；句内幽玄，閃出禪門之眼目。丹青拱手，那知花綻真容；露柱嫌伊，莫比棺舒妙足；行因智立，王老瓜蒂苦心。甜月藉指，窺鴽駘馬；外癡内俏，牛頭尾上。顛拈倒用，而左右逢源。春日漸長，平常合道，而縱横得妙。疑根截斷，南泉謾指庭花。觀智孤明，諗老休言啜茗。逢場作戲，注雅頌而訓童蒙，更效顰眉，自述引而添醜拙。箋文既就，典示初機。同道賢余，别通一線，賞夷門之風月。清澈自心，入法界重玄，匪涉他境，混融明暗。妙解回途，拔溺乘舟，俱遊性海。時正大元年歲次甲申仲冬望日記。（《中華大藏經》，中華書局一九九六年，第一〇二册三八九頁。）

釋志明

釋志明字伯昏，俗姓郝周，號樂真子，安州（今河北安新縣）人。在金爲嵩山少林錯庵禪師。性忽繩墨，外簡樸而内精敏。先從香林浄公受具，後徹證於東林禪師。東林卒，衆僧請爲住持，乃長歌而去。①

《貫花標月集》。金佚名《志明小傳》：「始爲糠禪四祖而作《貫花標月集》，有潔首座者激礪，乃雉發。」

《禪苑蒙求瑶林》三卷，存。亦名《禪苑蒙求》、《禪苑瑶林》，收禪門故事五百則、二千言。撮四字爲題，駢以對偶，諧以韻語，便於觀覽記誦。乙卯歲（蒙古憲宗五年、一二五五年），燕京大萬壽寺德諫爲注，將散見於《傳燈録》、《五燈會元》等書的佛教故事彙聚一處，簡潔明瞭，饒有趣味。

---

① 金佚名《志明小傳》，見《禪苑蒙求瑶林》卷首，《續藏經》卷八七，臺灣白馬精舍印經會本。

金完顔璹《禪苑蒙求題記》：

《禪苑蒙求》，錯庵所製。錯庵者，即比丘中李瀚、王令也。此書貫串二千言，發明五百事。其言辯而載，其學（淵）而博，可以爲禪門節事、法海聯題，使後學省十載之勞，成半藏之記，公慈悲足見。以夫錯庵謂誰？乃不搽紅粉拂袖於小林者也。正大乙酉臘前五日，友人幅巾男子樗軒居士題後。（日本《續藏經》卷八七，臺北白馬精舍印經會刊本。今按，正大乙酉即正大二年、一二二五年。）

金趙秉文《禪苑蒙求引》：

欒真禪師爲初機後學而設也。師以正法眼作文字禪，駢以對偶，諧以韻語，凡五百餘則，以使學者觀覽。予且讀且笑曰：「師把定要津，不通凡聖，何區區乎此書，無乃爲蛇畫足耶？」師曰：「子言誠是。雖然，童稚無識，未能參扣，使成誦在口，粗知問津，則吾此書不爲助。譬猶教坊雷大使作舞，雖非本色，且要兒孫不墜素業耳。」於是咲謝而爲引。

金吕鯤《雪堂和尚注禪苑瑶林引》：

吾萬松老師以無上機，讀盡天下書，嘗謂余曰：記事者必提其要，纂言者必鉤其玄。韓子之云，良有以也。」嗣子雪堂諫公和尚以玉溪老取欒真《禪苑瑶林》，欲板行之。公爲之注釋焉，幾六萬言。或者怪其繁，以師言告之，公喝云：「東風吹落杏花枝，個裏紅香在何處。」乙卯年二月二日，龍山居士雁門伯吕鯤夫書。（日本《續藏經》卷八七，臺北白馬精舍印經會刊本。今按，「伯吕」原作「吕伯」，吕鯤字伯吕，或以爲吕爲姓氏而妄改。）

釋昭公

釋昭公，始末未詳。金末太原僧人。正大初，嘗求趙秉文書虛名墓誌。①

《太原昭禪師語録》。金元好問《太原昭禪師語録引》：

慈明與琅琊覺皆法兄弟，共扶臨濟一枝。慈明而下十餘世，得玄冥顗禪師；琅琊而下亦十餘世，得虛明亨禪師。玄冥風岸孤峻，無所許可，寧絶嗣而不傳；虛明急於接納，故子孫滿天下，又皆稱其家，如慈雲海、清涼相、羅漢汴與法王昭公，皆是也。屏山爲虛明作墓誌，以爲二公傳與不傳雖異，而其道並行而不相悖也。正大初，予在史館，昭公屬予，求書屏山所作銘於禮部閑閑公。公初以目疾爲辭，予請之堅。公因問：「法王皆來，有何言句？」時昭公方爲虛明作塔於法王之朝臺，有偈云：「以塔爲身，以鈴爲舌。萬仞岡頭，横説豎説。」予爲公舉似。公欣然曰：「銘安在？我當爲書之。」蓋師家父子爲時賢所稱如此。歲丁酉八月，予自大名還太原。師之徒蔚某出師語録，求作序引。吾家微之有言：「若佛法，師當爲予説，而予不當爲師説。」故略以數語遺之。太原元某引。（《遺山先生文集》卷三七，四部叢刊本。今按，丁酉指蒙古太宗九年、一二三七年。）

①《遺山先生文集》卷三七《太原昭禪師語録引》，四部叢刊本。

釋性英

釋性英字粹中，號木庵。弱冠作舉子，從外家遼東，出家爲僧。貞祐初，南渡河，住龍門、嵩少，仰山近三十年。與辛願、趙元、劉昂霄、元好問等交遊，詩道益進，時人以詩僧目之，有《山堂夜岑寂》及《梅花》等廣爲傳誦。趙秉文、楊雲翼、李純甫諸名流相與推激，以不見顔色爲恨。①

《木庵詩集》。金元好問《木庵詩集序》：

東坡讀參寥子詩，愛其無蔬筍氣，參寥用是得名。宣、政以來，無復異議。予獨謂此特坡一時語，非定論也。詩僧之詩所以自别於詩人者，正以蔬筍氣在耳。假使參寥子能作柳州《超師院晨起讀禪經》五言，深入理窟，高出言外，坡又當以蔬筍氣少之邪？木庵英上人弱冠作舉子，從外家遼東，與高博州仲常遊，得其論議爲多，且因仲常得僧服。貞祐初南渡河，居洛西之華蓋，時人固以詩僧目之矣。三鄉有辛敬之、趙宜之、劉景玄，予亦在焉。三君子皆詩人，上人與相往還，故詩道益進。出世住寶應，有《山堂夜岑寂》及《梅花》等篇傳之京師。閑閑趙公、内相楊公、屏山李公及雷、李、劉、王諸公，相與推激，至以不見顔色爲恨。予嘗以詩寄之云：「愛君《山堂》句，

① 《遺山先生文集》卷三一《木庵詩集序》，四部叢刊本。

深靖如幽蘭。愛君《梅花》詠，入手如彈丸。詩僧第一代，無愧百年間。」曾説向閑閑公，公亦不以予言爲過也。近年《七夕感興》有「輕河如練月如舟，花滿人間乞巧樓。野老家風依舊拙，蒲團又度一年秋」之句。予爲之擊節稱歎，恨楊、趙諸公不及見之。乙酉冬十月，將歸太原，侍者出《木庵集》，求予爲序引，試爲商略之。上人才品高，真積力久，住龍門、嵩少二十年，仰山又五六年，境用人勝，思與神遇，故能遊戲翰墨道場，而透脱叢林窠臼，於蔬筍中别爲無味之味。皎然所謂「情性之外不知有文字」者，蓋有望焉。正大中，閑閑公侍祠太室，會上人住少林久，倦於應接，思欲退席。閑閑公作疏留之云：「書如東晉名流，詩有晚唐風骨。」予謂閑閑雖不序《木庵集》，以如上語觀之，知閑閑作序已竟。然則向所許百年以來爲詩僧家第一代者，良未盡歟！（《遺山先生文集》卷二一，四部叢刊本。）

暠和尚

暠和尚，始末未詳。號萬壽，金末和尚。

《暠和尚頌古》。金元好問《暠和尚頌序》：歲甲寅秋七月，余自清涼還太原，會乾明志公出其法兄弟萬壽暠和尚《頌古》百則語，諉余題端。余往在南都，侍閑閑趙公、禮部楊公、屏山李先生燕談，每及青州以來諸禪老，皆謂萬松老人號稱辯材無礙，當世無有能當之者。承平時已有染衣學士之目，故凡出其門者，望而知其爲名父之子。雖東林隆高出十百輩，而暠於是中猶爲上首。其語言三昧，蓋不必置論。予獨記屏山語云：「東坡、山谷俱嘗以翰墨作佛事，而山谷爲祖師禪，東坡爲文字禪。」且道：「暠和尚百則語，附之東坡歟？山谷歟？」予亦嘗贈嵩山雋侍者學詩云：「詩爲禪客添花錦，禪是詩家切玉刀。」暠和尚，添花錦歟？切玉刀歟？予皆不能知。所可知者，讀一則語未竟，覺冰壺先生風味，津津然出齒頰間，當是此老少年作舉子時，結習未盡爾。志公試以此語問阿師，當發一笑。中元日，遺山居士元某引。（《遺山先生文集》卷三七，四部叢刊本。今按，甲寅指蒙古憲宗四年、一二五四年。）

釋德普

德普，自號勝静老人，武川（今河南南召縣）人。俶儻有機術，與士大夫游，俊爽不羈，飲酒食肉豁如也。嘗爲權貴朮虎高琪所重，在軍中論兵。貞祐南渡，居陳州開元寺，與劉從益、李純甫交好。頗喜字畫作詩。卒年六十餘。①

《彌陀偈》。金刘祁《歸潛志》卷六：「與余先子善，嘗著《彌陀偈》，談理性，先子爲序之。」

① 金劉祁《歸潛志》卷六，中華書局一九八三年，第六五頁。

釋廣恩

釋廣恩，俗姓賈氏，號萬安，洛水（今河南洛寧縣）人。從法雲禪寺堅公祝法，暉公爲之受戒，修習誦持，勤勞精進。貞祐南渡，干戈日尋，仍於燕趙佈道，聲譽日隆。萬松禪師與之交，嘗延之燕都大萬壽寺登壇説戒。癸卯歲（蒙古太宗乃馬真后稱制二年、一二四三年）卒，年四十九。①

《白蓮集》。元王思廉《萬安恩公碑》：「師有《白蓮集》行於世，大概以勸勵世俗，由念佛三昧、祈生安養爲趨道之捷徑。萬松讀而歎曰：『此觀音大士慈悲方便濟人利物之心也。』」

釋徽澄

釋徽澄，俗姓和氏，平定（今山西平定縣）人。七歲出家，禮冠山大覺寺宗圓大德洪公爲師。崇慶初，以恩例得僧服。既久，依清拙真禪師，再參少林隆寶應遷，後入龍潭虚明壽和尚之室。正大元年，住陳留之東林寺，道價隱然於東南。金亡後，策杖北渡，遯居大名。雅善琴道，有功詩

---

① 元王思廉《順德府大開元寺弘慈博化大士萬安恩公碑》，見李修生主編《全元文》，江蘇古籍出版社一九九七年，第一〇册九頁。

律，嘗預補《趙城金藏》。乙巳歲（蒙古太宗乃馬真后稱制四年、一二四五年）卒，俗壽五十四。①《升堂語録》。

《解道德經》。

《徽澄和尚文集》。金元好問《徽公塔銘》：「著《升堂語録》、《解道德經》，並詩頌雜文，傳諸四方。」

釋志宣

釋志宣字仲徽，俗姓李氏，廣寧（今遼寧北鎮滿族自治縣）人。少辭親出家，師從容庵老人。後住持渾源永安禪寺。丙午歲（蒙古定宗元年、一二四六年）圓寂，俗壽五十九。

《空際語録》。金陳時可《渾源州永安禪寺第一代歸雲大禪師塔銘》：「師住持柏林時，常以《空際語録》寄老夫。」②

《歸雲集》。金陳時可《渾源州永安禪寺第一代歸雲大禪師塔銘》：「遺文有《語録》、《歸雲集》……

---

① 金元好問《徽公塔銘》，見李修生主編《全元文》，輯自河南輝縣白雲寺石刻，江蘇古籍出版社一九九七年，第一册六九五頁。

② 金陳時可《渾源州永安禪寺第一代歸雲大禪師塔銘》，見李修生主編《全元文》，江蘇古籍出版社一九九七年，第五册一〇頁。

集》。」

釋印簡

釋印簡，俗姓宋氏，嵐谷寧遠（今山西岢嵐縣）人。七歲授《孝經》，從顔公祝髮。八歲師從沼光，授經論，通講説。居嵐州廣惠寺，日乞食以養，餘即爲粥以供饑者。金宣宗聞之，賜號通玄廣惠大師。沼光殁，依燕之慶壽寺章公。後歷住燕雲諸名刹。壬子夏（蒙古憲宗二年、一二五二年），授以天下宗教事，非所願，以其徒朗公輩攝之。丁巳歲（蒙古憲宗七年）卒，年五十六。

《雜毒海》。元程鉅夫《海雲簡和尚塔碑》：「有語録曰《雜毒海》行於世。」①

劉居士

劉居士，中山（今河北定州）人。自髫年習儒爲業，及甫冠，遁入佛門。

《觀音偈》一卷，存。北京圖書館編《北京圖書館古籍善本書目·子部釋家類》著録。

金釋智德《觀音偈贊序》：

劉公居士者，中山人也。始自髫年，習儒爲業。及其甫冠，輒慕佛乘。禮王子寺山主和尚爲

① 《雪樓集》卷六，文淵閣四庫全書本。

師，侍僅十載餘，日益玄奥。師資道合，秘要印之，即中山安祖師之法孫，山主和尚之嫡嗣也。師平日常以禪寂爲務，久習那伽，入息也，曾蛛網掛於眉間；出息也，内外根塵脱落。或乃參徒請益，逢人即出，出不違人。凡有所訓，不無意故。或偈或贊，短頌長篇，述古聖之緣由，詠警世之事跡。詞中挺秀，何勞説向知音人；句中陳祥，覽者唤迴瞌睡漢。示迷徒不遊荒徑，驀直歸家拔火宅，穉上瓶軒，終昇轉駕。摛花不昧，錦繡肝腸，卒答不思，玲瓏心腑。因請落迦真贊，更不囊藏，祇於筆下露全身，便見南無觀自在。柳眉修廣，海門初月，迥非同髻髮盤鬟，仙島青青終不似。八萬四千，莊嚴臂遍身通身；拔苦示衆，廣垂方千手千眼。三十六化，其猶鐘扣以騰音；八難普資，有似空谷而傳響。無剎不現，號普光功德；山王撫會，應栽二十五。圓通最上通身，六十恒河沙慈悲，方廣居回向粗然。聊敘勝難窮位，登妙覺稱無上，汪哉洋哉，祝之弗已。爰有門人侯善清再三求引，不揆摭實而述。如塵陪太華，弗增萬仞之危；露入天池，豈益滄溟廣潤者哉！

（《觀音偈》卷首，國家圖書館藏金刻本。）

佚名

《邙山偈》一卷，存。北京圖書館編《北京圖書館古籍善本書目·子部釋家類》著録。①

① 書目文獻出版社一九八七年，第一六一五頁。

金佚名《邙山偈序》：

詳夫一真法界者，千經之領袖，萬論之洪規。養育凡聖之母，建立天地之基。納洪流之巨海，發群蒙之堅蒂。明明了了常知，湛湛空空絶跡。長而不宰，成而不爲。混染淨於一如，烈真心於二諦，凝然獨罷言像，清虚妙德希夷。周而不行，覺玄難思，刹塵昏衢，高垂照鑒。或申或曲，幽靈洞顯十方，或夅或沉，真源發輝三際。由是勞生莫覺，動念違期無明，障闭煩惱昏迷，曠劫輪迴不住，長年生死何期。有身有苦，有合有離，四時改變興衰，八節交遷得失。既有多生多死，换了幾番幾輩，星沉那畔，夢斷何歸。計萬古之常存，得一生之浮世。爲報聰明賢哲，聰明早變神機，目前兩路分明。自古聖凡相對，也有愚矮癡迷，也有聰明智惠，也有貧窮貴賤，也有好醜高低，也有四生六道，也有三賢十地。生前改變由君，死後如何追悔？爲歎古今興衰，後乃吟成一偈。（《觀音偈》卷首，國家圖書館藏金刊本。）

第五節　道教藝文

一、金代道教的發展。道教自東漢創立，經歷了艱難曲折的路程。至唐代，隨着抑佛崇道之風興起，道教獲得了新的發展。北宋末，徽宗皇帝因佞道及其他問題而亡國，又使道教蒙羞而沉淪。當時，北方少數民族持續崛起，如契丹、女真、黨項、蒙古等，征伐不斷，對中原封建王朝與傳統觀念造成了嚴重衝擊。因此，那種生命無常感或成爲道教復興的心理因素，爲之提供了滋生繁孽的社會土壤。入金後，新教派如太一教、大道教、全真教等應運而起，競相推出新的教義理念。

太一教。始祖蕭抱珍，字元昇，衛州人。天眷初，蕭氏遠法漢儀，近追前代，上稽下考，乃創立教派，名之曰太一。「蓋取元氣渾淪，太極剖判，至理純一之義也」①，所傳爲「太一三元法籙之術」②。三元者，指道教崇奉的天、地、水三官，分别爲賜福、贖罪、解厄之司神。太一教起於民間，以神道設教，祈禳呵禁，治病驅邪，信之者衆，遠邇向風。皇統中，熙宗聞蕭氏之名，遣使驛召赴闕。悼后禮敬有加，賞賚不貲，共爲奏乞觀額，敕以「太一萬壽」賜之。

太一教的早期骨干多出自豪門大户。如衛州韓矩，「家故饒財」，投蕭氏門下爲弟子，「舉族清修，信禮尤至，香火之奉，雖寒暑風雨不爽厥德」③，並將家資贏餘悉奉爲供養；趙州侯澄，嘗任河北西路漕司掾，有幹才，亦參禮蕭度師，「授名道浄，傳太一三元法，得以便宜行化」④，遂於趙州、真定等地建置宫觀，以奉太一香火。這些人的加盟，極大增强了太一教的實力。

關於太一教的教義，簡而言之，爲内修沖静玄虚之功，以達到心靈湛寂的境界；外奉祈禳禱

① 元王鶚《重修太一廣福萬壽宫碑》，見陳垣等《道家金石略》，中華書局一九八八年，第八四五頁。
② 《元史》卷二〇二《釋老傳》，中華書局一九八三年，第四五三〇頁。
③ 《秋澗集》卷六一《故太一二代度師先考韓君碑碣銘》，四部叢刊本。
④ 《滹南遺老集》卷四二《清虚大師侯公墓碣》，叢書集成初編本，中華書局一九八五年。

祀，以度群生於厄苦。即所謂「本之以湛寂，而符籙爲之輔，於以上格圓穹，妥安玄象，度群生於厄苦，而爲之津梁，跡其沖静玄虚，與夫祈禳禱祀者，並行而不相悖」①。太一同其他教派如全真、大道殊異之處，一是「特以符籙名，蓋以老氏之學修身，以巫祝之術御世者也」②；二是嗣承教門者一律改從始祖「蕭」氏，以爲篤人倫、翊世教之本。「至於聚廬託處，似疏而親。師弟子之間，傳度授受，實有父子之義焉」③。

二代度師蕭道熙推動了教派的發展。道熙字光遠，韓矩之子，自幼養於太一宫觀。三歲識字，六歲能書。大定六年，甫十歲，嗣掌教門，改從蕭氏。九年，敕立萬壽額碑，「聲教大振，門徒增盛，東漸於海」。十一年，應詔住持中都天長觀，「未閲月，户外之履滿矣」。十四年，辭歸鄉里，住持趙州太清觀。二十二年，世宗召之内殿，問以攝生之道，對曰：「嘘噏精氣，以清虚自守，此野人之事。今朝廷清明，陛下當允執中道，恭己無爲而已。」以其不誇誕虚飾，益爲世宗所重。二十六年，安排教門事，不知所終。道熙「風儀蕭爽，德宇沖粹，博學善文辭，動輒數百言。樂與四方賢大夫遊，談玄論道，造極精妙。書畫矯矯，有魏晉間風格。嘗自題畫像云：『來自無中來，去

① 元徒單公履《太一二代度師贈嗣教重明真人蕭公墓碑銘》，見《道家金石略》，中華書局一九八八年，第八四三頁。

② 陳垣《南宋初河北新道教考》卷四《太一篇》，中華書局一九八九年，第一一二頁。

③ 金王若虚《滹南遺老集》卷四二《太一三代度師蕭公墓表》，叢書集成初編本，中華書局一九八五年。

復空中去。來去總一般，要識其間路。』」① 此後，蕭志沖、蕭輔道先後踵而繼之，增强了教派的社會影響力。

大道教。始祖劉德仁，號無憂子，滄州樂陵人。「年七歲，讀道書，悟『虛其心，實其腹』之語，遂割棄塵累」②。皇統二年（一一四二），劉氏年僅二十，創立教派。所謂大道，元田璞《重修隆陽宫碑》以老子之説釋云：

真大道祖師無憂子之闡教門也，衣取以蔽形，不尚華美，目不貪於色也；祈禱不假鐘鼓之音，耳不貪於音也；飲食絶棄五葷，口不貪於味也；治生以耕耘蠶織爲業，四體不貪於安逸也；纖毫不乞於人，情不貪於嗜欲也。夫如是清静其心，燕處超然，默契太上衆妙之理，其真大道教門也哉。③

這樣的教旨獨樹一幟。在當時士流眼里，大道教是老子之道的忠實踐行者，譽之「得老氏立教之旨爲多」④。

---

① 《秋澗集》卷四七《太一二代度師贈嗣教重明真人蕭公行狀》，四部叢刊本。

② 元張英《汴梁路許州長社縣創建天寳宫碑》，見陈智超《真大道教新史料——兼评袁国藩〈元代真大道教考〉》，載《世界宗教研究》一九八六年第四期。

③ 見陳垣等《道家金石略》，中華書局一九八八年，第八二三頁。

④ 元李謙《制贈大道正宗四世稱號碑》，見李修生主編《全元文》，江蘇古籍出版社一九九八年，第九册九六頁。

大道教的教義包括兩方面，一是内修，「見素抱朴，少思寡欲，虛心實腹，守氣養神」，多爲道教的傳統修煉方法；二是外用，「及乎德盛而功成，乃可濟生而度死，以無爲而保正性命，以無相而驅役鬼神」①。大道教始祖雖講究鬼神，卻從未神化其術，亦不侈言得道成仙。劉氏「平日恬淡，自無他技。彼言飛升化煉之術、長生久視之事，則曰：『吾不得而知。』」他爲人禳災療疾，劾治妖鬼，以無相爲訣，不假符籙，不用科儀，僅默禱虛空而已。另外，亦不奉祀諸神，「惟以一瓣香朝夕懇禮天地」。從而使大道教遠離了誇誕虛飾、繁文縟節，既契合老氏《道德》精神，也拉近了同社會大衆的距離。因此，「遠近之民，有願爲弟子列，隨方立觀，爲不少焉」②。特別是大道教倡導「忠於君，孝於親，誠於人」，與儒家理念契合，或者説從儒家學説那裏汲取了營養。這樣的教旨有利於穩定社會，安撫民心，因而爲士流首肯，也赢得了女真君主的信任。大定初，詔劉德仁入居中都天長觀，賜號「東岳真人」③。

大道教注重力耕而食，量入爲用的教旨及其簡樸務實的行事作風，與幾代祖師出自農家有關，切實反映了農民大衆的意識與好尚。當然，大道教亦不乏以文著稱者。如第三代祖師張信真，號希

---

① 元杜成寬《洛京緱山改建先天宫記》，見《道家金石略》，中華書局一九八八年，第八一八頁。

② 元趙清琳《大道延祥觀碑》，見陳垣等《道家金石略》，中華書局一九八八年，第八二二頁。

③ 明宋濂《宋學士全集》卷二八《書劉真人事》，叢書集成初編本，中華書局一九八五年。

夷子，青州樂安人①。自幼喜讀書，年十五從二代祖陳師正入道。「稟質不凡，行法好古，敷宣聖教，克肖先師」②。處世五十五年，闡教二十五載。所撰詩文數百篇，號《玄真集》。

全真教。始祖王嚞，號重陽，正隆間創立教派。所謂全真，不無保全真性之義，或釋作「功」「行」雙全而成爲真人。金末名士辛愿遁入全真教派後，所撰《陝州修靈虛觀記》或提供了新的理解：「今所謂全真氏，雖爲近出，大能備該黄帝、老聃之蘊，然則涉世制行，殊有可喜者。其謙讓似儒，其勤苦似墨，其慈愛似佛，至於塊守質樸，淡然無營爲，則又類乎修混沌者。」③

重陽及其弟子在繼承内丹修煉的同時，重新審視舊教義，積極引入新思想，爲詮釋傳統的「神」與「道」注入了活力。全真所用概念多爲兩兩對應、環環相扣的圓通系統，如性命、心身、精神、虚空等等，使其心性論別具一格，在同理學、禪宗的競争中占得一席之地。其討論的視野比禪宗更開闊，比理學更飄逸，豐富了當時心性問題的討論。

全真教派心性論的内容與形式是從修煉角度介入的。在此之前，禪宗理論已經相當完善，爲全真家提供了值得借鑒的東西，如「性功」與「心功」説，即明顯吸收了禪宗「明心見性」的思想。

① 明王圻《續文獻通考》卷二四三《仙釋考》，現代出版社一九九一年，第三六八二頁。

② 元張英《汴梁路許州長社縣創建天寶宫碑》，見陈智超《真大道教新史料——兼评袁国藩〈元代真大道教考〉》，載《世界宗教研究》一九八六年第四期。

③ 元李道謙《甘水仙源録》卷九，明正统《道藏》本，文物出版社等一九九四年，第一九册八〇三頁。

另外，重陽及其弟子把出家遯世、修仙得道，同儒家的忠孝仁義觀念互爲表裏，並積極踐行濟世救人的原則，爲新教派的社會化奠定了基礎，也使自己成爲真正意義上的宗教。

當時，社會對於宗教的需求是通過各種儀式來滿足的，如祈雨禳旱、普渡亡靈等等。自重陽後，全真諸真人都參與過類似活動。用儒家語言説，即獨善其身與兼善天下；用道家語言説，即修煉爲獨超，祈禳爲濟世。於是，全真教自正隆草創，經大定至貞祐，其間雖有曲折，而其勢如燎原之火，無可阻止，成爲北方社會普遍的精神寄託。元好問《紫微觀記》描繪了全真教風靡天下的情景：

貞元正隆以來，又有全真家之教。咸陽人王中孚倡之，譚、馬、丘、劉諸人和之。本於淵静之説，而無黄冠禳禬之妄。參以禪定之習，而無頭陀縛律之苦。耕田鑿井，從身以自養，推有餘以及之人，視世間擾擾者，差若省便然，故墮窳之人翕然從之。南際淮，北至朔漠，西向秦，東向海，山林城市，廬舍相望，什百爲偶，甲乙授受，牢不可破。上之人亦嘗懼其有張角斗米之變，著令以止絶之。當時將相大臣有爲主張者，故已絶而復存，稍微而更熾。五、七十年以來，蓋不可復動矣。貞祐喪亂之後，蕩然無紀綱文章，蚩蚩之民靡所趨向，爲之教者，獨是家而已。①

應當指出的是，傳統道教的宗旨是圍繞「證仙成道」這個虚幻目標確立的。而以全真爲代表的

①《遺山先生文集》卷三五，四部叢刊本。

新教派的進步，在於否定人之肉體不死、可以飛升。全真家重視心性修煉，追求「有」「無」雙遮的空境，以祛除「妄心」，出塵脱世，達到「清静」的境界，在精神層面得道成仙，從而划清了同方士巫術之間的界限。

全真教義的價值不在於它終極目標，而在於構築那種終極目標所遵循的思維邏輯。也就是説，内丹修煉所要解决的問題是虚的，而體現的思維邏輯却是實的。同時，由於道教經典使用的語彙過於玄虚抽象，而成爲少數人的學問。在社會大衆眼裏，無論傳統教派，或是新興教派，其教義竟簡單地被等同於神仙之説了。

歷史表明，宗教的唯心意志並不以科學技術的進步與否爲轉移，而是與民族信仰密切相關。在中國的土地上，釋道「出世」觀念各有興衰起伏，卻從未改變儒家「入世」思想的主導地位。因此，教派之争也未演爲或内或外的征伐。這是中華民族值得慶幸的歷史恩賜。儘管如此，人們應當以虔誠之心評價宗教的社會功能。客觀地説，佛教與道教之勸世祛惡向善，無疑是一種積極的社會力量。

二、金代道教的成就。全真的「内丹説」與禪宗的「佛性説」、儒家的「心性説」，名稱不同，實質都是以心性論爲基礎的演義。釋之禪宗首先發揚，道之全真隨後跟進，同時，也激發了儒家介入的興趣。三教各從自己的立場演暢其旨，相互影響、融合、競争，極大推動了討論的深入。儒之理學將心性論與治國平天下的封建政治學説結合，形成完備的儒教體系，實現後來居上。可以説，心性論是中華民族理論思維的重大進步。而儒、釋、道各爲之做出了貢獻，也都促進了自身的發展。

金代道教的成就之一：以全真教爲代表的教義理念實現了創新。具體表現在三方面：一是倡導「三教合一」。自南北朝，道教即萌發了「三教歸一」思想。至北宋，南宗内丹派之祖張伯端已嘗試融通内丹與禪宗。入金後，全真家與時俱進，推動了三教合一思想的發展。重陽自幼熟讀儒家經典，在宗教皈依過程中，嘗研究佛學，自稱「七年風害，悟徹《心經》無掛礙」①。他秉承道教傳統，卻「不主一相，不居一教」②，而是以「太上爲祖，釋迦爲宗，夫子爲科牌」③，用三教合一的精神創立宗派。他在山東所建五個社團，皆冠以「三教」之稱，如「三教金蓮會」、「三教玉華會」、「三教平等會」。《重陽全真集》卷一《公孫問三教》詩云：「儒門釋户道相通，三教從來一祖風。」因此，在這位祖師的著述中，不難找到深受禪宗與儒學影響的痕跡。

重陽弟子也都遵從祖師旨意，高唱三教歸一。譚處端云：「三教由來總一家，道禪清静不相

① 《重陽全真集》卷五《減字木蘭花·自詠》，明正統《道藏》本，文物出版社等一九九四年，第二五册七一九頁。
② 金劉祖謙《終南山重陽祖師仙跡記》，見元李道謙《甘水仙源録》卷一，明正統《道藏》本，文物出版社等一九九四年，第一九册七二六頁。
③ 金王嚞《金關玉鎖訣》，正統《道藏》本，文物出版社等一九九四年，第二五册八〇三頁。

差。仲尼百行通幽理，悟者人人跨彩霞。」①劉處玄云：「三教歸一，弗論道禪。」②丘處機云：「儒釋道源三教祖，由來千聖古今同。」③侯善淵云：「假名三教云何異？總返蒼蒼一太空。」④尹志平云：「道顯清虚妙，釋明智慧深，仲尼仁義通古今，三聖一般心。」⑤玄虚子云：「禪道無爲道是禪，道禪無二没枯偏。本來一點無分别，湛湛澄澄常現前。」⑥

自重陽祖師，全真家廣交儒士與和尚，遇儒言儒，遇佛言佛。如《重陽全真集》卷一《僧浄師求修行》，諄諄教之「依旨念彌陀」，以歸西方浄土；卷十《學士勸學》，以古人苦讀範例，勉勵學者用功。丹陽馬鈺則告誡各家不要相互攻訐拆臺：「道毁僧，僧毁道，奉勸僧道，各休返倒。」⑦他主動向釋徒示好，「在東牟道上行，僧道往來者，識與不識，必先致拜」⑧，極盡謙卑。

①《水雲集》卷上《三教》，明正統《道藏》本，文物出版社等一九九四年，第二五册八四九頁。

②《仙樂集》卷三《上敬奉三教道衆並述懷》，明正統《道藏》本，文物出版社等一九九四年，第二五册四三七頁。

③《磻溪集》卷一《師魯先生有宴息之所榜曰中室又從而索詩》，明正統《道藏》本，文物出版社等一九九四年，第二五册八一五頁。

④《上清太玄集》卷八《劉老仙問三教歸一》，明正統《道藏》本，文物出版社等一九九四年，第二三册八〇六頁。

⑤《葆光集》卷中《巫山一段雲·勸世》，明正統《道藏》本，文物出版社等一九九四年，第二五册五二〇頁。

⑥《鳴真集·禪道》，明正統《道藏》本，文物出版社等一九九四年，第二五册五〇七頁。

⑦《洞玄金玉集》卷八《勸僧道和同》，明正統《道藏》本，文物出版社等一九九四年，第二五册六〇七頁。

⑧金王頤中《丹陽真人語録》，明正統《道藏》本，文物出版社等一九九四年，第二三册七〇一頁。

全真家所以力唱三教合同，反映了初創時期的自身弱勢地位。當時，傳統儒學不夠活躍，發展滯後，卻仍處於社會的主導地位。而南方禪宗已傳入北方，以其思想精緻，形式新穎，貼近士庶，不久即打破了經律等傳統佛教獨踞中原與燕雲的局面。此外，太一、大道等教派也紛紛捷足問世，並形成了社會影響。

同諸家相比，全真教派無力與之争鋒。因此，重陽從實際出發，避開了道教派别之間的競争，而提出「三教合一」的理念，韜光養晦，以利於從禪宗與儒家那裏吸取經驗，完善自己的理論體系，積蓄力量。如《金關玉鎖訣》融入佛教《心經》的思想；《授丹陽二十四訣》引證儒家仁義禮智信及佛教《金剛經》「無諍三昧」的觀念。從現存全真教文獻看，其教義理念受禪宗影響較大。這或與全真教嗣承北宋鍾吕内丹派及其同禪宗教旨不無相通之處有關。

需要指出的是，全真教派的「三教合一」與以往道教相比，共同點在於教化世人祛惡向善，不同之處是全真家以融通三教的哲學思想爲主，並把三教之旨歸結爲「清静」、「空無」以及「無爲」，等等。然而，全真的諸多文獻未見關於「三教合一」的具體討論。從其崛起後對釋徒的無情壓制看，所謂三教合一，不過是全真强行同儒、釋捆綁一起，利用兩家的社會影響宣傳自己，實際是韜晦時的權宜之策。

二是爲修真成仙論注入新的思想。凡屬宗教，大抵以世間充滿種種罪恶，而托名神道，建立自己的濟世救人教義宗旨。全真家也如此。他們藉佛教的火宅、地獄、輪迴之説，誘導信徒祛惡向善，脱離苦難。《重陽全真集》卷三《川撥棹》云：「酆都路，定置個淩遲所，便安排了鐵牀鑊湯，刀山劍樹。造惡人有緣覷，造惡人有緣覷。鬼使勾名持黑簿，没推遲與他去，早掉下這屍骸，不藉妻兒與女。地獄中長受苦，地獄中長受苦。」

但是，全真家的修真成仙論與魏晉丹鼎道士講究人之修煉成仙有别，而與佛教鄙棄肉體，斥之爲假合不浄的觀念相通。《重陽立教十五論》云：「今之人欲永不死而離凡世者，大愚不達之理也。」《長春祖師語録》云：「吾宗所以不言長生者，非不長生，超之也。此無上大道，非區區延年小術也。」①所謂超之，在於修成自身本來不生不滅、超越生死之「性」，或稱自心之性、心的靈知之性，亦禪宗所謂靈知之心，即重陽强調的「唯一靈是真」②。其《授丹陽二十四訣》云：「是這真性不亂，萬緣不掛，無去無來，此是長生不死也。」《晉真人語録》云：「長生不死者，一靈真性也。」③

全真家以此建立起自己的修心見性理念：不外向乞求長生、寄希望於神的救助及靈丹妙藥的效力，而是向内修真。在全真家看來，只有體證自心真性，不被迷亂，才能超出三界，實現自由。

① 藏外道書本，巴蜀書社一九九四年，第一一册二八四頁。

② 金王嚞《金關玉鎖訣》，明正統《道藏》本，文物出版社等一九九四年，第二五册七九九頁。

③ 明正統《道藏》本，文物出版社等一九九四年，第二三册六九八頁。

如同蓮花，根植泥而花在虚空，「身在凡而心在聖境」①。正是在這樣的意義上，全真教派將精神上獲得法身、超生入死的修道者稱爲真人。同時，全真家從佛之禪宗修性不修命、依真性而出生死的觀念中獲得啓發，經過吸收與消化，在思想上跨越了傳統道教的外丹成仙説（依賴身外丹鼎藥物）與内丹成仙説（依賴身内性命雙修），而總結出修心修性的「真性即仙」説。因此，全真教派在宗旨理念方面同禪宗接近了。

與以往不同的是，全真家的視野轉向了社會大衆。有一老者嘗問重陽：「七十二歲修行可否？」答曰：「便如百歲未爲遲，只在心中换過時。」②也就是説，只要真心修煉，不分男女、老幼、早晚。這較之魏晉道教唯許秉神仙之氣者終成正果，無疑是重大的進步。全真的人皆可成仙説，與禪宗的「下下人有上上智」説、理學的人皆可爲賢聖説，殊途同歸，並行於世，反映了那個時代社會思潮的深刻變化。

從道教理論的發展看，全真家追求的「功行」目標是全新的，包括「真功」與「真行」，是其踐行教義宗旨的兩大内容。所謂真功，以心性修煉爲基礎。《晉真人語録》云：「若要真功者，須是澄心定意，打迭精神，無動無作，真清真浄，抱元守一，存神固炁，乃真功也。」真功的修煉，

① 《重陽立教十五論·離凡世》，明正統《道藏》本，文物出版社等一九九四年，第三二册一五四頁。

② 《重陽全真集》卷一《邢公問七十二歲修行可否》，明正統《道藏》本，文物出版社等一九九四年，第二五册六九二頁。

以「明心見性」爲要，「以識心見性、除情去欲、忍恥含垢、苦己利人爲之宗」①，與全真教派真性即仙論的内涵契合。重陽《授丹陽二十四訣》云：「諸賢先求明心，心本是道，道即是心，心外無道，道外無心也。」從而把明心見性置於道之精髓的高度。

在全真學説中，「心」與「性」屬於矛盾統一的範疇：「心生則性滅，心滅則性現」②。在這裏，心指常人意識夾雜的「妄心」，或曰「人心」；性指心之不變的本性，或曰「本心」、「真心」、「天心」、「元神」。重陽《五篇靈文》注曰：「天心者，妙圓之真心也。釋氏所謂妙明真心，心本妙明，無染無著，清浄之體。稍有染著，即名之妄也。此心是太極之根，虚無之體，陰陽之祖，天地之心，故曰天心也。元神者，乃不生不滅、無朽無壞之真靈，非思慮妄想之心。」③全真家以爲，人之真性因妄心而遮障，故須清除，使之自然呈露，常住妙明。而清除妄念之要，「千經萬論，可一言以蔽之曰清静」④。所謂清静，源自道教《清静經》「天清地静」，意謂清除心中的世俗雜念，不爲聲色貨利等所動，不爲一切欲塵所染。而且，清静（浄）還有内外之分：

① 元徐琰《廣寧通玄太古真人郝宗師道行碑》，見元李道謙《甘水仙源録》卷二，明正統《道藏》本，文物出版社一九九四年，第一九册七四〇頁。

② 《重陽真人授丹陽二十四訣》，明正統《道藏》本，文物出版社等一九九四年，第二五册八〇八頁。

③ 藏外道書本，巴蜀書社一九九四年，第二五册六六九頁。

④ 金王頤中《丹陽真人語録》，明正統《道藏》本，文物出版社等一九九四年，第二三册七〇三頁。

「内清淨者，心不起雜念；外清淨者，諸塵不染著。」①從而使全真教旨及修煉實踐帶上了鮮明而濃鬱的禁欲色彩。至於《晉真人語録》「只要無心無念，不著一切物，澄澄湛湛，内外無事，乃是見性」②云云，與禪宗的「無心無念」相近。宋賾藏主《古尊宿語録》卷三有云：「無念者，一切處無心是，無一切境界，無餘思求是。對諸境色，永無起動，即是無念。」可見，重陽師的内外清淨說，晉真人的無心無念說，大略取之禪宗。

至於見性，乃全真教義宗旨的最高境界。而《清靜經》宣揚的「寂無所寂」，不過接近於見性而已，尚須在社會活動中實踐「真行」，從「無爲」中發「有爲」之用，表現出自性造化的功效，由此入於真道，方可徹底見性，合於道妙。玉陽王處一云：

見性有二，真空亦有二。徹悟萬有皆虚幻，惟知吾之性是真。此亦爲見性。既知即行，行之至，則又爲見性。初悟道爲真空，直至了處亦爲真空。既至真空，功行又備，則道炁自然，一發通過，道炁居身中，九竅無心而自閉。至此際則方是真受用。③

這種說法當源自禪宗初祖達摩「理入」、「行入」之「二入」，經全真改造與演義，而成就了自

① 《重陽真人授丹陽二十四訣》，明正統《道藏》本，文物出版社一九九四年，第二五册八〇七頁。

② 明正統《道藏》本，文物出版社等一九九四年，第二三册六九八頁。

③ 《清和真人北遊語録》卷四，明正統《道藏》本，文物出版社等一九九四年，第三三年册一七七頁。

己的家風。

此外，真功還包括内丹修煉。全真教派因嗣承鍾吕内丹派道統而將之納入自己的「真功」，以「性」「命」爲綱領，倡導「性」「命」雙修。另外，馬鈺又以「道」統一「性」「命」，謂「道無形名，是神氣之祖也」①，以爲神氣、性命互不分離，統一於「道」，故須「性」「命」雙修。總的看，在「性」「命」關係方面，全真家進行了有益探索。重陽《授丹陽二十四訣》謂「根者是牲，命者是蒂也」；「賓者是命，主者是性也」。可見，「性」「命」一體，强調以「性」爲主，「性」「命」雙修，而重在修「性」，從而形成了有别於傳統丹法的内煉體系。

當時，内丹修煉在民間已有廣泛基礎。修煉的形式是，在入定和出神階段，須有道伴，一人爲主，數人相護。主修者稱「坐環先生」。這樣的修道團體規模不大，卻爲數衆多。全真教派擯棄了傳統道教熱衷的祈禳祭醮活動，凸顯了内丹修煉的嶄新面目。早期全真教徒多活躍於社會下層，坐環苦修，透悟心性，以「獨善其身」的形象争取廣大信徒。

全真教的内丹思想豐富，獨具特色。如郝大通精於《易》學，長於卜筮，善於以《易》學闡釋内煉原理，以爲要點在於「有」「無」。「無」爲道體，乃天地萬物之源，須以心體之；「有」爲道用，當循陰陽八卦之數，合天地日月四時變化之度。他强調以真心、元神爲主宰，清淨以修心，虚

① 金王頤中《丹陽真人語録》，明正統《道藏》本，文物出版社等一九九四年，第二三册七〇六頁。

静以修定，應動爲用以煉化精氣，最終達到「動静兩忘，性圓命固，契乎自然」的境界①。

值得提及的是，全真女道士孫不二發展了以生理轉變爲重要内容的女性金丹説。本來，男女生理有别，修煉方法也應不同，而此前道家文獻所述皆從男法，鮮有顧及婦女的生理特點。孫道姑《女功内丹次第》詩十四首，首次比較全面地闡述了女丹修習次第與各節法要，使之成爲金代全真内丹學説成就的重要標誌之一。

三是實踐濟世之真行。全真家堅持内向修煉真功的同時，還秉承道教行善立仙的傳統，並吸收釋家普度衆生與儒家行道濟世的思想，積極面向社會，實踐「真行」。所謂真行，意謂以仁愛無私之心，救助危困，傳道度人。這既是明心見性功夫的檢驗，也是成仙證真的基礎。《晉真人語録》云：「若要真行者，須要修仁藴德，濟貧拔苦，見人患難，常懷拯救之心，或化善人入道修行。所爲之事，先人後己，與萬物無私，乃真行也。若人修行養命，先須積行累功，有功無行，道果難成，功行兩全，是謂真人。」②

因此，全真教徒在真行精神的感召下，紛紛以實際行動濟世助人。如貞祐喪亂，即墨士寇蜂起，有數百人避於東山窟室。時李志常後至，衆因以拒入。「俄爲寇所獲，問窟所在，捶楚慘毒，

① 《太古集》卷首自序，明正統《道藏》本，文物出版社等一九九四年，第二五册八六七頁。

② 明正統《道藏》本，文物出版社一九九四年，第一九册七六〇頁。

絶而復蘇，竟不以告。寇退，窟人者出，環泣而謝之曰：『吾儕小人，數百口之命，懸於公一言，而公能忘不納之怨，以死救之，其過常情遠甚。』」① 金亡之際，汴京大饑，「逃死北渡者，日不下千數。既抵河，津人利其財賄，率不時濟。莩死風雪間，及已濟而沉溺者，亦無慮千百數」。李仲美駕舟而來，曰：「將以此道場爲設教張本之自！」於是，「仁風一扇，比屋回心，貪殘狼戾，化而柔良，津人跛俗悔禍徼福於門者，肩相摩而踵相接矣」②。崔道演「假醫術築所謂積善之基，富貴者無所取，貧窶者反多所給，是以四遠無夭折，人咸德之」③。弟子王志深於戰亂中扶傷救死，「親饋粥藥，惻然有骨肉之愛」④。王志謹在關中興修水利，爲當地百姓解決飲水與灌溉問題。「自時厥後，衆集其居，農勤其務，開闢荆榛之野，爲桑麻之地，歲時豐登，了無乾旱之患」⑤。范圓曦振乏急難，輕財如糞土。爲應對破城紅巾之寇，毅然散道觀之財，解救助難民。「汴梁既下，衣

---

① 元王鶚《玄門掌教大宗師真常真人道行碑》，見元李道謙《甘水仙源録》卷三，明正統《道藏》本，文物出版社一九九四年，第一九册七四五頁。

② 元王惲《秋澗集》卷五三《衛州胙城縣靈虚觀碑》，四部叢刊本。

③ 金杜仁傑《真静崔先生傳》，見元李道謙《甘水仙源録》卷五，明正統《道藏》本，文物出版社一九九四年，第一九册七六〇頁。

④ 金元好問《五峰山重修洞真觀記》，見李修生主編《全元文》，江蘇古籍出版社一九九七年，第一册四二四頁。

⑤ 元薛友諒《棲雲王真人開滂水記碑》，見陳垣等《道家金石略》，中華書局一九八八年，第六二一頁。

冠北渡者多往依焉」①。這些善行爲士流贊許，也贏得了廣大民衆之心。

金代道教的成就之二：以兩修道藏而豐富了中國古代傳統文化的寶庫。道藏之修始於唐。開元間，玄宗詔令搜訪，親加檢閲，成三千七百四十四卷，傳寫流佈，名曰《開元道藏》，開創了釋道各有藏經的局面。趙宋繼之，凡三修：大中祥符初，真宗詔宰臣王欽若總領，得四千三百五十九卷，賜名《寶文統録》；後命道士張君房校補纂定，計四千五百六十五卷，按《千字文》函次，題曰《大宋天宫寶藏》，寫録七部；崇寧間，徽宗詔令搜訪遺書，續修訂補。政和中雕板，凡五千四百八十一卷，名曰《政和萬壽道藏》。靖康中，徽宗及其珍愛的經板被押解北上，成爲女真的戰利品。

入金後，修藏又有新的發展。一爲女真官修。自大定迄明昌，世宗與章宗屢詔令刊修，得六千四百五十五卷，名曰《大金玄都寶藏》。就規模而言，金藏已超越北宋的成果。二爲全真所修。金亡不久，披雲宋德方遵長春師遺囑，以明昌道藏爲基礎重修，補入全真諸子著述及部分遺書，歷時八載竣工，計七千八百餘卷，亦稱《玄都寶藏》。金代兩修道藏，俱已遺佚，而明正統《道藏》保存了其中部分成果。應當指出的是，全真借修藏之機補入本教派著述，無可非議，而不收太一、大道等兄弟教派的著述，分别門户，未免失於小家之氣。

① 元宋子貞《普照真人玄通子范公墓誌銘》，明正統《道藏》本，文物出版社等一九九四年，第一九册七五五頁。

三、全真道教的經驗。全真教自草創至崛起，前後不過兩代人，原因比較清楚。一是「一教之興，必有龍象爲之後先疏附，然後能致其光大」①，如全真之丘處機、大道之酈希成、太一之蕭輔道者即是也。所謂龍象，系釋家語，意猶力之大者。這些「龍象」各嗣承始祖遺志，實現了教派的重大發展。

二是新教派神仙説同女真的敬天觀念契合。世宗晚年留意内典，「頗信神仙浮圖之事」②。大定中，召玉陽王處一問以延生，答曰：「惜精全神，修身之要；端拱無爲，治天下之本」③。章宗即位，亦崇奉老氏。承安時，召長生劉處玄問以至道，對曰：「至道之要，寡嗜欲則身安，薄賦斂則國泰。」④不尚誇誕，不徒虚飾，使其宣揚的教義理念凸顯出清新的格調，與儒家的濟世思想幾乎别無二致。這使全真教的發展得到容忍，出現了士庶皈依熱潮。

三是重陽及其諸真弟子出自儒學，樂於廣交士人。特别是金末喪亂，「士大夫之流寓於燕者，

① 陳垣《南宋初河北新道教考》卷四《太一篇》，中華書局一九八九年，第一一三頁。
② 《金史》卷九二《徒單克寧傳》，中華書局一九七五年，第二〇五〇頁。
③ 元李道謙《七真人年譜》，明正統《道藏》本，文物出版社等一九九四年，第三册三八四頁。
④ 《七真人年譜》，明正統《道藏》本，文物出版社等一九九四年，第三册三八五頁。

往往竄名道籍」①，而全真家極盡所能，委曲招延，待之以誠，遂網羅了一大批「前進士」、「前翰林」及衆多儒家弟子，呈現出空前絶後的興旺景象。全真以一教派之力修藏，富有人才是成功的基本條件。如秦志安、李志全、李道謙等等，各呈文采，被譽爲全真之史筆。而太一、大道的文獻著述未能有效保存，意識不足與人才匱乏是重要原因。

四是抓住機遇，抉擇精明。金代後期，由於蒙古、南宋、女真之間征伐不斷，中原陷入動亂。其時，全真教派已經坐大，成爲各方争取的對象。長春丘處機審時度勢，拒絶了南宋的拉攏，也疏遠了同女真的關係，而是應蒙古成吉思汗鐵木真之召，毅然西行。時蒙古方西征，長春「每言欲一天下者，必在乎不嗜殺人。及問爲治之方，則對以敬天愛民爲本。問長生久視之道，則告以清心寡欲爲要。太祖深契其言，曰：『天錫仙翁，以寤朕志。』命左右書之，且以訓諸子焉」②。因命長春真人掌管天下教門事。特殊的歷史機緣使全真獨領風騷，社會影響越來越大了。

然而，全真以投機成功而成爲新貴，其學遂爲顯學，其人亦多張揚，並漸次脱離了社會大衆。因此，當時士流頗有微詞：

---

① 元王鶚《玄門掌教大師真常真人道行碑》，見元李道謙《甘水仙源録》卷三，明正統《道藏》本，文物出版社等一九九四年，第一九册七四七頁。

② 《元史》卷二〇二《釋老傳》，中華書局一九八三年，第四五二四頁。

夫道宫之有别院，非以增添棟宇也，非以崇飾壯麗也，非以豐阜財産也，非以資助遊觀也。賢者懷高世之情，抗遺俗之志，道尊而物附，德盛而人歸，蓋欲高舉遠引而不可得遂焉。故即此近便之地，閑曠之墟，以暫寄其山林棲遯之情耳。《南華》有言：「聖人鶉居而鷇食。」夫鶉居者，居無定處也；鷇食者，食不自營也。今也掌玄教者，蓋與古人不相侔矣。居京師，住持皇家香火，修宫觀，徒衆千百。崇墉華棟，連亘街衢。京師居人，數十萬户，齋醮祈禳之事，日來而無窮。通顯士大夫，洎豪家富室，慶吊問遺，往來之禮，水流而不盡。而又天下州郡黄冠羽士之流，歲時參請堂下者，踵相接而未嘗絶也。小闕其禮則疵釁生，一不副其所望則怨懟作。道宫雖名爲閑静清高之地，而實與一繁劇大官府無異焉。故長春之有别院，所以爲避喧撥冗之地也歟？①

元好問應全真之邀而撰《通仙觀記》云：「予嘗究於神仙之説，蓋人稟天地之氣，氣之清者爲賢，至於仙，則又人之賢而清者也。」原則上給以肯定，而説到具體處，却毫不客氣地質疑：

夫玄學之廢久矣，惟玄學廢，故人以學仙爲疑。今夫居山林、棄妻子，而以黄冠自名者，宜若可望也。然叩其中，則世間事人所共知者且不能知，況出世間乎？倀倀之與遊，憒憒之爲曹，未嘗學而曰絶學，不知所以言而曰忘言，囚首喪面，敗絮自裹，而曰「君子盛德，容貌若愚」。前所

① 元王磐《創建真常觀記》，見元李道謙《甘水仙源録》卷九，明正統《道藏》本，文物出版社等一九九四年，第一九册八〇二頁。

謂「以俟其人」者，果何所俟耶？抑有之而予不之見耶？①

結果可想而知，全真教徒不久即砸碎了那塊碑，並竭力爲之辯護。寧神子張志謹有詩云：「坦蕩逍遙客，無拘自在仙。身似鑽泥藕，心如出水蓮。」②以出水蓮藕比喻，樹立全真的品格與形象，却也寫得瀟灑不凡。

全真領袖在急遽擴張勢力的過程中有些忘乎所以，以至於嚴重侵犯釋徒利益，如將寺院占爲己有，逼令和尚蓄髮入道等等，因而埋下了禍及自身的種子。佛教傳入中國後，與道教相互影響，也相互競爭。兩者相比，道教似不及佛教機巧。如聚訟千載的《老子化胡經》本屬無稽之談，釋徒並非看不出其中的荒謬，却任其流佈，不過就便搭車，乘勢宣傳自己，而一旦勢力壯大，則利用一切機會加以攻擊。後來，兩家矛盾終於暴發，史稱「至元辯僞論」。釋徒的精明在於及時抓住機會，藉勢力强大的西僧支持以及蒙古汗王忌憚全真勢力膨脹而偏袒，先後兩次贏得辯論。結果是，參與辨論的全真精英被令剃髮，《道藏》經版一律焚毁。當然，那些歷經千百年的道教經典，山涯海隅，所在皆有，僅靠一二次禁令是毁不盡的。

釋道之爭，由來已久，興衰榮辱與共。歷史上，佛教常因勢力强大，危及當時王朝的權威而招

① 《遺山先生文集》卷三五，四部叢刊本。
② 陳垣等《道家金石略·宋披雲道人頌》，文物出版社一九八八年，第四五八頁。

致干預，遭受的打擊比道教多。同時，釋道之間也互相融合，道教從對方吸取的東西多於佛教。令人遺憾的是，以老子之學爲立教根基的全真教徒，卻未能悟透老子豐富而深邃的思想。可以説，全真教因蒙古汗王寵信而盛極一時，也因失去蒙古汗王的怙持而遭受重大挫折，瞬間葬送了長年苦心經營的成果。這些説不盡的是是非非，反映了歷史問題的複雜與曲折，教訓是深刻的。

杜長春

杜長春，汾州孝義（今山西孝義）人。皇統中，住汾州天寧萬壽觀。

《太上玉華洞章拔亡度世升仙妙經》一卷，存。金佚名《敘傳授經事》：汾州天寧萬壽觀，本唐之開元觀，乃閻煉師所居之地也。煉師發揮至德，演暢玄風，真得道之奇士也。迄今四百餘年，有唐宋批詔閻公歌詠，刊之於石，可考而知。緣兵火之後，羽衣蕭疏。皇統二年冬，道衆相顧而歎曰：「寧無愧於先公煉師乎？近聞孝義西郭有杜長春者，蓋未冠童子，牧羊得遇仙真，一夕豁然頓悟，若夢者覺，醉者醒，談説以幽微，教諭以詩詞，書翰若龍蛇。至於書符呪水，以愈疾病，遠近聞其風而悦之。欲請本觀住庵行化，以光先師，使教門復振，不亦可乎！」道衆咸喜，及同幕道之士，於觀後創建一庵，延以廊廡，植以松竹，就孝義邀請長春住庵行化。次年上元設醮，趨赴者僅千人。惟杜長春暇日因語道衆曰：「余有《太上真經》一卷，未行於世，今欲傳授爾等。其經讀之，上消天災，中證一身，下禳鬼禍，救苦拔罪，長生久視，乃修真得道之旨也。」道衆皆悉忻抃，願聞其詳，於二月真元節設醮請經，以爲信受，至三月上巳節，傳授經一卷，名曰《太上玉華洞章拔亡度世升仙妙經》，書於縑帛，約三千餘言，敘以九章，又次真人靈符神呪，付之卷末。是日香華畢集，迎詣太霄殿三清聖位前傳讀，合衆跪聽頂戴，莫不願爲終身誦之者。遂命工鏤板，印造作帙，遍呈奉道之士，以廣其傳爾。（《太上玉華洞章拔亡度世升仙妙經》卷末，明正統《道藏》本，文物出版社等一九九四年，第二册四八頁。）

佚名

《道德真經全解》六卷，存。金時雍《道德真經全解序》：

混元《五千文》注解，行於世者亦多矣，類皆分章析句，前後不相貫穿，智鑿臆説，非自得之學，致微言奥義暗而不明，鬱而不發，覽者病於多歧，莫知所向。故人郤去華，自真定復歸於亳，出《道德全解》示僕，莫知名氏。玩味紬繹，心目洞開，平昔疑難，涣然冰釋，内外混融，義若貫珠，度越常情倍萬，殆非世學所能擬議。蓋高仙至人，愍世哀蒙，披發玄奥，所謂道隱無名，而善貸且成者也。僕既得斯文，不忍獨善，遂勉兩金諸友，裒諸好事，命工鏤板，以廣其傳。正隆四年歲在單閼孟陬始和，亳社時雍逍遥序。（《道德真經全解》卷首，明正統《道藏》本，文物出版社等一九九四年，第一二册五八三頁。）

王　嚞

王嚞字知明，原名中孚字允卿，京兆咸陽（今陝西咸陽）人。世爲右族，家貲巨富。自幼習儒，通經史，善屬文。正隆四年，悟道出家，改易今名，自稱王害風，佯狂於世，號重陽子。先於終南山鑿壙穴居，曰活死人墓，又於劉蔣村結茅庵，苦心修行。大定七年，抵寧海傳道，先後收馬鈺、孫不二、丘處機、譚處端、劉處玄、王處一、郝大通七人爲弟子，立七寶會、金蓮會等，創建全真教。大定十年，逝於汴，年五十八。①

《金關玉鎖訣》一卷，存。

《重陽授丹陽二十四訣》一卷，存。

《五篇靈文》一卷，存。

《重陽立教論》一卷，存。亦稱《重陽立教十五論》。

《重陽教化集》三卷，存。金國師尹《重陽教化集序》：

甚哉！高尚至人，世不常有也。譬如景星慶雲，非遇聖朝昌運，則豈泛泛而見。自太上出關

---

① 金完顔璹《終南山神仙重陽真人全真教祖碑》，見元李道謙《甘水仙源録》卷一，明正統《道藏》本，文物出版社等一九九四年，第一九册七二三頁；金秦志安《金蓮正宗記》卷二《重陽王真人》，明正統《道藏》本，第三册三四九頁。

之後，有關令尹喜傳襲其道，下逮鍾離處士、吕洞賓、陳圖南者，皆相繼而出。於今得重陽真人及丹陽先生，亦接踵於世。噫！寥寥乎幾千百年之間，此數君者，未易多得，可謂高尚至人，世不常有者也。丹陽先生馬宜甫，本冠裳大姓，富甲寧海。自童稚時，其仙風道骨，灑落不凡，已爲閭里欽重。長從鄉校，積學爲文，便能入第一等。忽遇重陽真人，以一言悟意，棄金帛如敝屣，視妻子如路人，幅巾杖屨之外，一無所有。澹如孤雲，悠然西邁，以爲物外之遊，意將不受幻化。倘非夙緣定分，了悟生死者，其孰能與於此？先生入道之後，凡述作賦詠僅數百篇，一一明達至理，深得真詮。門人高弟等命同共議，裒綴成集。門人靈真子朱抱一命工鏤板，將行於世，乃屬本府醫學博士韓𡨥同扶風馬川訪予求序，諄諄懇至。適有客在座，聞之則掀髯抵掌、捨席趨進而問曰：「道家者流，嘲弄風月，固當如是乎？」予即應之曰：「噫嘻！子亦誤矣。且如明眼禪和，欲傳妙道，亦必垂一則語，以示後之學者。矧兹高尚至人，力欲恢宏正教，闡揚家風，必以言語訓誡發爲文章而啓迪迷人，庶有覺悟。況此冷淡生活，本是道人風味，兼其間無一字塵凡氣，殆非吟詠風月者無用之空言也。子無誚焉。」客乃醒然改容，悚赧請退，曰：「仆誠淺陋，言且過矣。其徒所請既堅，子盍序之？」予因作此俚語以書卷首。大定癸卯冬十有一月上休日，營丘府學正國師尹序。（《重陽教化集》卷首，明正統《道藏》本，文物出版社等一九九四年，第二五册七六九頁。）

金范懌《重陽教化集序》：

丹陽先生遇重陽真人，顧不異哉？真人一性靈明，夙悟前知。自終南至於吾鄉，地之相去三千餘里，不辭徒步之遠，而有知己之尋。大定丁亥中元後一日，真人抵郡，竹冠弊衣，攜笠策杖，徑入於余侄明叔之南園，憩於遇仙亭。丹陽先生馬公繼踵而至，不差頃刻，可謂不期而會焉。二人相見，禮揖而罷，問應之餘，歡若親舊。坐中設瓜，惟真人從蒂而食，衆皆異之。丹陽先生先題詩於亭壁，有「沉醉無人扶」之句。真人讀而笑曰：「吾不遠數千里而來，欲扶醉人耳。」又問如何是道，對曰：「大道無形無名，出五行之外，是其道也。」清談終晷，坐者聽之，纚纚忘倦，使人榮利之心、驕氣淫志，頓然失去。先生邀真人就城而館之，待以殊禮，日益恭敬，卒至於成，因命所居庵曰全真。究其相遇之由，若合符節，苟非夙緣仙契，孰能至於是哉！先生系出扶風，累世青紫，吾鄉顯族也，生而異稟，識度不群。其所居之第，馬范二街相對，與余世爲姻家，有朱陳之好。幼同嬉戲，長同講習。在郡庠數十年間，花時月夕，把酒論文，未嘗不相從爲樂也。先生資産豐厚，輕財好施，故能捨巨萬之富，揖真一之風。真人遂以方便誘夫婦入道，尚恐未從，乃出神入夢，以天堂、地獄警之，俾斯悟焉。至於鎖庵百日，密付玄機，謂石火光陰，難得易失，如不早悟，虚過一生，下手速修，猶太遲也。謂攀緣妄想，動成罪業。索梨分而送之，兼以栗芋賜之，使知其離分而立遇也。謂不捨冤親，煩惱不斷。去邑里之冗，爲雲水之遊，則鄉好離也。凡詩詞往來，賡唱疊和，皆予一一目覩而親見之。雖片言隻字，無非發揮至奥，冥合於希夷之趣也。是以收聚所藏，編次至二百餘篇，分爲三帙，共成一集。丹陽門人靈真子朱抱一欲鐫版印行，廣傳四方，屬予爲序。余忘其固陋，即其意而序之，既美其至人相遇之異，又美其仙風勝概，可垂勸於後人，使修真樂道之士玩詠斯文，豈小補哉？大定癸卯，寧海州學正范懌謹序。（《重陽教化集》卷首，明正統《道藏》本，文物出版社等一九九四年，第二五册七六九頁。）

金趙抗《重陽教化集序》：

仁人之用心也大矣哉！身已適於正也，欲天下之人皆去僞而歸真矣。吾鄉丹陽先生之徒，行是道者也。先生舊爲寧海著姓，祖宗皆以通儒顯宦。自弱冠之年，遊庠序，工詞章，不喜進取，好及開談笑語，如舊交夙契。或對月臨風，或遊山玩水，或動作閑宴，靡不以詩詞唱和，皆以性命道德爲重。謂人生於電光石火，如隙駒朝露，不思治身，妄貪名利，倘修之不早，若一入異境，則雖悔何追？常以是而深切勸勉，冀一悟而超脱塵世。顧丹陽依違而未決，乃歎曰：「下手遲也。」遂入環堵，令丹陽日親饋一食。自十月朔而處，所須惟文房四寶。布衣草履，枕石而席海藻。隔窗牖而求詩詞者接跡，舉意即就，略無思索。當隆冬積雪之際，和氣滿室，居百日而方出。嘗入夢於丹陽，而警之以天堂地獄。又索梨栗芋，每十日而分賜之，自一以至五十五，爲陰陽奇偶之數，皆以詩詞往復酬和而顯其旨意。於是丹陽夫婦開悟，厭塵俗而樂雲水，書誓狀，願師事於真人。兹分梨十化之由也。自此易粗衣，分三髻，日從事於重陽，視富貴如浮雲，棄子孫如敝屣，忻然違鄉里，西遊梁汴之間，盡傳其道。不久而真人蜕升，遂西入關陜，至終南重陽舊地，築環堵以居焉。無塵虚無，樂恬淡，已深悟玄元之理。一日，重陽真人自終南徒步而來，一見而四目相視，移時不已。事之縈，無火院之累，專心致志，以精窮内事，雖祁寒酷暑，不易常服。或忽然長嘯，而自歌自舞，已得希夷之真趣，故人心歸向，無賢不肖，皆願爲門弟子。吾邦之士素慕其名德，不憚數千里之遠，往而求見者無虚日。斯見離五行之外，而超俗出世者也，豈不曰好離鄉乎？凡當時之一篇一詠，不徒然而發，皆所以勸戒愚蒙，免沉溺於愛河欲海，非專爲於己也。故門人裒聚二先生之詩詞，分爲三集，上曰《教化下手遲》、次曰《分梨十化》、又其次曰《好離鄉》，共三百餘篇。玩其文究其理者，則全真之道思過半矣。自丹陽得遇，殆今一紀有餘，闡揚其教，四民瞻禮，多入道而從。《下手遲》三集，雖關中已鏤版印行，以通途遼邈，傳於山東者，百無一二，而樂道之士，罕得聞見。一日，丹陽門人靈真子朱抱一訪予曰：「先生因重陽真人之誘掖而棄俗，究重陽真人之詩詞而悟道。或以篇章，或以言説，廣行其教，欲人人咸離迷津，超彼岸，得全真之理，豈肯獨善其身哉！兹見仁人之用心也廣大矣。況此三集，皆在吾鄉所作，有目有耳者，皆親聞見之，實丹陽發跡之根柢，而得道超脱之因盡在是也。欲命工重雕印造以廣其傳，俾世人皆得以披覽稽考，知趨正而歸真矣。」求余爲文以序其事。予老矣，昔與丹陽鄰里，同在郡庠又相友好，不惟常仰丹陽之道高德重，抑又見門人之仁心弘遠也。雖才學淺陋，不足以形容其事，然於義固不可辭。姑以當時之親見以道其實，其在他出處之跡、顯異之行，前數公序之詳矣，此不復載。大定癸卯，寧海州學録趙抗謹序。（《重陽教化集》卷首，明正統《道藏》本，文物出版社等一九九四年，第二五册七七○頁。）

金劉孝友《重陽教化集序》：

有生最靈者人，人生至重者命。性命之真，弗克保全，其爲人也，未如之何。語所以保全性命之真者，非大道將安之乎？世之人，徒喜乎高爵之貴以爲榮，豐貲之富以爲樂，謂可以滋益性命於永久，而不知富貴之中，美食華衣饒結於口體，繁聲豔色侈奉於視聽，心猿易放，情竇難窒，嗜欲耽荒，皆因以萌，驕奢淫佚，靡所不至，而勞神傯氣、戕性賊命之患，舉在於是，良可鄙也！豈侔乎遯世違凡，棲心溯道，黜聰明，去健羨，所樂者淡薄，所守者清淨，紛華弗容蠱於外，情欲無所啓於内，純純悶悶，專氣致柔，久而靈臺湛然，神明自得，全真契妙，仙升太清，不其韙歟？達是理者，今吾鄉丹陽先生其人也。先生本儒官名家，金穴豪士，自幼讀書，聰敏之性，異於髫豎輩。迨冠，染翰摛藻，衡視秀造，吾儕亦咸所推重。每於暇日，親朋宴集間，多笑發名談，雅有方外趣，鄉黨以是知先生亦習道念之深也。大定丁亥，有重陽真人自終南而來，一見先生，謂宿有仙骨，可與爲閬苑蓬壺逍遥侶。乃温顔青眼，傾蓋交談，勸其遠俗脱塵，亟探道妙。先生初以家貲廣貯，妻孥愛深，未之遽從。迨重陽多方警化，屢示以詩詞，激切勸諭，識其玄機微旨，皆神仙語，忽爾覺悟，願執弟子禮，從真人遊，將所示篇什，依韻賡酬，以形服教進道、永矢弗渝之意。己丑歲，重陽西返，道徒從焉。先生乃鋭然捐産捨家，違妻離子，顛髻體褐，躡後而行，徑入梁汴間。棲泊期月，重陽謂吾道之玄微授先生者已竟，乃蟬蜕仙去。先生復挈徒西上，之終南訪重陽舊庵所，築環堵而居，遵師踵武，養道闡教。居人及鄰州，不以長幼歆慕而宗師者，無慮千餘輩。閲祀逾紀，至壬寅仲夏，先生默想鄉邦遐僻之地，意其苦海愚迷，喪真積釁者衆，即振策東歸。深慈悲之念，躬拯化之勤，庶使人人悟過修真，俱登道岸。杖履所至，亦靈異之徵屢昭。臨井呪泉，而泉即變甘；救旱祈雨，而雨遽應降。修醮儀而彩雲集於庵上，焚魚綱而海市見於臘天。餘多異跡，謂非顯然衆所共見者，難以縷形。遂致遠邇之人，咸欽風服化，其丱髮緼袍願受教爲門弟子者，日差肩而前，不可數計。先生既化行如是，復想其遇師得道之始，與重陽唱和詩詞數百篇，皆發揮道妙，足以爲破迷解惑、超凡度世之梯航。要廣傳於世，俾玩詞味旨者，率醒心明道，遠塵勞之苦，全性命之真，異時俱爲丹臺籍客也。曩者雖門人已嘗編集，分卷命名，印施陝右，尚慮其傳之未周。及知其中多有舛誤字句，由是門人再行編集，詳加讎正，欲於鄉中募工鏤版，普傳四方，委丹陽門人靈真子朱抱一辨其事。一日，朱公惠臨圭竇，諭予作序。予自商埤汙椎魯，奚足以發揚玄旨？固辭弗可，遂勉摭先生遇師得道闡化之崖略，濡毫燥吻，作澳涊下俚語，姑酬其請云。時大定癸卯歲，寧海州鄉貢進士劉孝友序。（《重陽教化集》卷首，明正統《道藏》本，文物出版社等一九九四年，第二五册七七一頁。）

金梁棟《重陽教化集序》：

嘗聞之：得其道則仙可成，遇其人則道可得。以此知仙之難成，道之難得，而人之尤難遇也。彼道家者流，例多不遇至人，徒學般運咽嗽，區區屑屑，殊可笑也。夫至人之道，其甚易知，其甚易行，所傳於人者，豈徒然哉？必視乎有仙風道骨，又知乎聯夙昔之契，雖相去數千里之遠，必勤勤懇懇，付之道而後已。此有以見重陽之於馬公也。重陽早遇至人，口傳至道，乃結廬於甘水之上。既而雲遊山東，直抵寧海，蓋預知有人可以傳道也。一見馬公，情契道合，其一語一言，未嘗不以下手速修爲喻。然馬公寧海巨族，家貲千萬，子孫詵詵，雖素樂恬淡，亦未易猛棄也。重陽乃於孟冬之首，鎖庵百日，出神入夢，以天堂地獄爲之警動。又嘗以賜馬公梨一枚，詩一篇。其後十日，索梨一枚，分而爲二，又賜以芋栗，各有其數，冥合陰陽奇偶之妙，無非托物以諭意，假言而明理。馬公一旦開悟，以所賜詩頌，依韻賡和，欣然棄家，易於去敝屣矣。於是師重陽，西遊汴梁之間。重陽既傳道於馬公，屬以後事，遂尸解仙去。馬公果能敷暢玄風，發揚妙理，遠近奉教者，不可勝數。其前日賡唱詩頌，有欲願見而不可得者，門人遂收散亡，共三百餘篇，欲鏤板印行，傳之四方。偉哉！用心之廣也。一日，馬公門人靈真子朱抱一攜《下手遲》集，以求序於余曰：「某欲刊行此文，意使棲心向道之士，諷其書辭，味其旨趣，以之破迷解惑，皆知石火光中，雖務速修，猶太遲也。」余聞是言，加以素慕全真之風，兼目睹其實，不能以鄙陋爲拒，姑敘其大概云。癸卯歲，寧海州東牟鄉貢進士梁棟謹序。（《重陽教化集》卷首，明正統《道藏》本，文物出版社等一九九四年，第二五册七七二頁。）

金劉愚之《重陽教化集序》：

夫全真之教妙矣！其道以無爲爲本，以清净爲宗，其旨易知，其實易從。然世之人，類履之而無終，行之而鮮久者，何哉？以其信之不篤，執之不固，抱兒女之惑，無烈丈夫之志，徒眷眷於火宅，不能高蹈遠引而去故也。今丹陽先生其能終始是道，而得至於仙者與！先生世居東牟，資産巨萬，貌偉神秀，無一點塵俗氣。自總角知書，淡乎無仕進意，混處閭里，德不外耀，鄉人以是慕之。已而重陽真人徒步出關，直造寧海，且謂與先生有宿昔之契，因警之以詩，悟之以詞，要與俱遊乎八極之表。先生始而疑，中而信，又終而從，遂執弟子之禮而師焉。一旦撥置家務，棄去井邑，而偕爲汴梁之行，無復有繫著念。雖使陟危蹈傾，冒艱履困，竟志類鐵石，確然而不之變也。以是而盡能傳重陽公之道。若夫陰陽造化之理，性命保全之術，點化傳度之訣，無爲清浄之旨，靡不洞索而通明之。以至於重陽歸真，卒赴其託而主其教焉。故全真之風，於公廣行，無智愚賢不肖，願從而歸之者，惟恐其後。先生事師凡四年而師終，師終凡十餘年而又不返，則先生離鄉之志可知矣。然先生之離鄉，豈徒然哉？蓋有説在焉。仆爲先生里人，乃得其詳。方先生之遇也，心雖許之從，而身未之逮也，姑以私第南館名其庵而居。一日，重陽真人指先生而誨之曰：「子知學道之要乎？要在於遠離鄉而已。遠離鄉則無所繫，無所繫則心不亂？以是而望仙，何仙之不爲？今於之居是邦也，私故擾擾，不能息於慮；男女嗷嗷，不能絶於聽；紛華種種，不能掩於視。吾懼終奪子之志，而無益於吾之道也。子其計之！」先生乃懼而悟，顧而笑，即日拂袖去，用能斷宿緣，剔塵染，寂然與物無著，杳然與物無累，乘雲馭風，飄飄爲神仙中人矣。先生自受師前言而至於了達，然不敢默默自蓄於胸中，特取疇昔唱和三帙，舉其一以名之曰《好離鄉》，庶覺諸未悟者，必式此以爲進道之階。噫！先生之用心，可謂仁且大矣，仆敢不竭慮而讚揚之？因丹陽門人靈真子朱抱一求序，姑序其萬一云。大定癸卯歲，寧海州東牟鄉貢進士劉愚之謹序。（《重陽教化集》卷首，明正統《道藏》本，文物出版社等一九九四年，第二五册七七二頁。）

金王滋《重陽教化集後序》：

太上有言曰：「吾所以有大患者，爲吾有身。及吾無身，吾有何患？」蓋古之至人，尚且以身爲累，況於其身之外者乎？且家盈百口，徒益勞生，家累千金，難逃物化，可不諦惟泡幻，漸遠世緣？故當滌去塵根，獨露全體。其有寂心暫住，熱境未除，火宅炎炎，徒起亡家之念；仙都杳杳，妄興脱屣之懷。不念玉蕊金蓮，豈産行屍之腹？瑤臺絳闕，肯容舐痔之人？自非澡雪神情，捐棄塵累，則何足以仰膺師訓，深造道樞，從乎汗漫之遊，達彼逍遥之趣？惟我丹陽真人，冰清玉立，淵淳谷虚，視富貴如涕洟，等聲名於桎梏。嘗遇重陽真人，親授秘旨，所謂目擊心會，色授神與者矣。而重陽公又復著爲詩詞，發明真要；丹陽公隨機酬和，如回應聲。前後僅數萬言，辭質而義明，言近而指遠，其勤勤懇懇若此者，蓋欲指示學徒易爲開覺故也。其門人靈真子朱抱一等，相與裒集編次，計三百餘篇，釐爲三卷。嘗請諸其師，而名之曰《下手遲》，曰《分梨十化》，曰《好離鄉》。集既成，一時修真之士共珍秘之，惟恨得見之晚。一日，其門人靈元先生衛公，攜所謂靈真子朱抱一者，奉是集而來，謂予曰：「此吾之師重陽、丹陽二真人唱和集，今好事者傳寫之不暇。竊惟此編真詮妙論，了見古人直截下手處，實屬昏衢之指南。倘獨擅於己而不廣其傳者，不惟有負吾師著述之意，亦豈仁人之用心哉！有志於道者，誠所不忍也。吾將刊木以貽諸同志。前此雖已有總序，子其爲我各爲之引。」滋辭以不敏，非特不足以發揚玄奥，恐適以爲贅疣之累耳。

況此集一出，將見如夜光尺璧，紫芝瑞雲，璀燦灼爍，人争先睹之爲快，又豈復俟滋爲之引而後顯耶？衛公曰：「有是玄哉？且子亦嘗遊吾師之門牆，聆吾師之論議者屢矣。吾且以子爲頗造其閫閾者，竊謂子必喜爲之。而吾與子復有平昔之好，故以吾爲介，期子之不我拒也。豈其過自謙抑，誠非所望焉。雖然，必强爲我著之。」既不獲請，滋乃伏而思曰：惟二師之教章章然著在人耳目，故不待傳而傳矣。念衛公者，昔以詩書世其家，實好學能文之士。方少年時，藉藉然有聲於場屋間。晚節養高自晦，甘於恬退，不妄然諾。今從丹陽公遊，鄉里所共好之，滋亦嘉其道之篤。而靈真子朱先生意復益堅，故不敢復讓，勉留其所謂《好離鄉》集，再四披繹，大率皆以刳心遺形、忘情割愛、嗇神挫鋭、體虚觀妙爲本。其要在拯拔迷徒，出離世網，使人人如孤雲野鶴，飄然長往，擺脱種種習氣，俾多生歷劫，攀緣愛念，如冰消瓦解。離一切染著，無一絲頭許凝滯，則本來面目，自然出現。此全真之大旨也。而凡夫之性，計我我，數人人，蓬心蒿目，認賊爲子，不識本原，徒自執著，虚妄流轉，觸途患生，無有窮已，爲可憐憫。故因目是集爲《好離鄉》，將使學人因文解義，離其所染著，離其所愛戀，遍離一切諸有，以至於離無所離之離，真清真静，無染無著，至實相境界，則舉足下足，無非瑶池閬苑矣。一至於是，則前所謂吾有何患者，果何有哉？愚之妄意，以爲如此，因摭此而勉爲之序。其他則備於後總序，此不復紀。登州黄山王滋德務述。

（《重陽教化集》卷末，明正統《道藏》本，文物出版社等一九九四年，第二五册七八九頁。）

《重陽全真集》九卷，存。金馬大辨《重陽分梨十化集序》云：「真人平昔著述，已有全真前後集，又其遊吾鄉時所著，類皆玄談妙理。裒集得三百餘篇，分爲三帙，上曰《下手遲》，中曰《分梨十化》，下曰《好離鄉》。」① 金劉祖謙《終南山重陽祖師仙跡記》云：「有詩詞千餘篇，分爲《全真前後集》傳於世，玉峰老人胡光謙爲之傳。」②

金范懌《重陽全真集序》：

全真之教大矣哉！謂真者至純不雜，浩劫常存，一元之始祖，萬殊之大宗也。上古之初，人有純德，性若嬰兒，不牧而自治，不化而自理。其居於自適自得，莫不康寧享壽，與道合其真也。降及後世，人性漸殊，道亡德喪，樸散純離。情酒欲肴蠹於中，愁霜悲火魔於外，性隨情動，情逐物移。散而不收，迷而弗返，天真盡耗，流浪死生，逐境隨緣，萬劫不復，可爲長太息也。重陽憫化妙行真人博通三教，洞曉百家，遇至人於甘河，得知友於東海。化三州之善士，結五社之良緣，行化度人，利生接物。聞其風者，咸敬憚之。杖履所臨，人如霧集。有求教言，來者不拒。詩章詞曲，疏頌雜文，得於自然，應酬即辨。大率誘人還醇返樸，静息虚凝，養亘初之靈物，見真如之妙性，識本來之面目，使復之於真常，歸之於妙道也。或問真人者曰：「人生天地間，雖曰最靈，亦萬物中之一物耳，孰能逃陰陽之數？孰能出造化之機？有始必有終，有生必有死，此自然之常理

① 金馬鈺《重陽分梨十化集》卷首，明正統《道藏》本，文物出版社等一九九四年，第二五册七九〇頁。

② 元李道謙《甘水仙源録》卷一，明正統《道藏》本，文物出版社等一九九四年，第一九册七二六頁。

也。不稟異氣，仙不可求；不契夙緣，道不可學。豈可苦身約己，如繫影捕風、鏤冰雕松，爲必不得之事，求難成之效哉？」真人喟然歎曰：「長生妙理，人具仙林，孰不可求？有怠而弗成者，顯而至多；有勤而取驗者，隱而甚少。世人以多見爲信，以不見爲疑，遂以仙事茫茫爲不可期也。試以物理驗之：礦之鍛煉，可以爲鐵；鋼之點化，可以爲金。魚超吕梁而爲龍，雉入大水而化蜃。冰之易消者也，藏之可以度夏；草之易衰者也，覆之可以越冬。人能割愛去貪，守雌抱一，遊心於恬淡，食氣或作合炁於虛無。亦可以高舉遠致，躡景登虛，逍遥乘禦寇之風，往來應飛真之錫，騎鯨而遊滄海，跨鳳而上青冥。千年化兮如遼東之鶴，望日朝兮如葉縣之鳧。與安期、羨門之流，洪崖、洞玄之屬，同列仙班，爲不難矣。古今得道輕舉者，不可勝數。子謂無徵，如聾者不聞有絲竹之音，瞽者不知有丹青之色。彼淺見謏聞，烏足以語道哉？」問者屏息汗顔而退。真人開方便門，示慈悲海，出入於炎炎火宅，提人於浩浩迷津。識性命之祖宗，和氣神之子母。有無會於一致，空色泯於兩忘。使入是門者，如南柯之夢覺；由是路者，似中山之酒醒。返我之真，無欠無餘，復入於混成；歸我之宗，不墜不失，復同於太始。真一之性，湛然圓明，變化感通，無所而不適也。真人羽化之後，門人裒集遺文約千餘篇。辭源浩博，旨意宏深，涵泳真風，包藏妙有，實修真之根柢，度人之梯航也。京兆道衆，聚財發槧，雖已印行，而東洲奉道者多，因去版路遥，欲購斯文，不易得也。長生劉公，教門標的，仙宗羽儀，爲一代之師真，作四方之教主。謂全真之風，起於西，興於東，偏於中外，其教廣矣大矣。乃命曹瑱、來靈玉、徐守道、劉真一、梁通真、翟道清等化緣，特詣吾鄉，求序於懌。以真人文集分爲九卷，載開版印行，廣傳四方。俾後人得是集者，研窮其詞，如鑿井見泥，去水不遠；鑽木見煙，知火必近，使人人早悟而速成，實仁者之用心也。噫！自古修真之士，或跂足尋師而師不遇，或斷臂問法而法不知，至於皓首窮年，莫知所措，虛過一生，深可惜也。今全真文集散落人間，妙用玄機，昭然易見。學者宗之，大修則大驗，小求則小得。士之志於道者，適遇斯時，何其幸也！大定戊申清明一日，寧海州學正范懌德裕謹序。（《重陽全真集》卷首，明正統《道藏》本，文物出版社等一九九四年，第二五册六八九頁。）

金京兆進士王元弼《全真集序》：

大定七年丁亥四月二十六日，祖師告别，遂往南京，東遊瀕海。閏七月，至登州，頂笠懸瓢，執筇攜罐，狀貌奇古，乞於廛肆，登人皆不之識。夜歸佑德觀，書一絶於壁云：「一别終南水竹村，家無兒女亦無孫。三千里外尋知友，引入長生不死門。」拂旦，東之寧海，於十八日會丹陽於范明叔之南園怡老亭。談道之夕，丹陽邀祖師歸私第，後於夢鶴之地，建全真庵以居。宗師聞之，自石門詣州拜謁，祖師賜之以詩云：「細密金鱗戲碧流，能尋香餌會吞鈎。被予緩緩收綸線，拽入蓬萊永自由。」仍訓名處機，字通密，號長春子。時師甫弱冠。後被命過西域，寓算端行宮，賦《述懷》云「弱冠尋真傍海濤，中年遯跡隴山高。河南一别升黄鵠，塞北重宣釣巨鼇。無極山川行不盡，有爲心跡動成勞。也知六合三千界，不得神通未可逃」是也。（元史志經《長春大宗師玄風慶雲圖説文》卷一《謁師寧海》，涵芬樓影印本。今按，全書原五卷，現僅存卷一，藏於國家圖書館。此序乃節略，當是初刻本，名《全真前後集》。入元後，又作《全真前後韜光集》，且衍爲《全真前後集》與《韜光集》。）

《雲中録》。金秦志安《金蓮正宗記》卷二《重陽王真人》著録：「東海西秦，勸化道俗，長歌短詠，殆千餘首，目之曰《全真前後集》，並《雲中録》明鉛汞坎離之説，盛行於世。」①

又玄子

又玄子，姓名籍里失考。自序謂「大定辛卯之歲仲春二日子正之時，夢遊紫府」云云，當是玄門道流。

《太微仙君功過格》一卷，存。金又玄子《太微仙君功過格序》：

《易》曰：「積善之家，必有餘慶；積不善之家，必有餘殃。」道科曰：「積善則降之以祥，造惡則責之以禍。」故儒、道之教，一無異也。古者聖人、君子、高道之士，皆著盟誡，内則洗心煉行，外則誨訓於人，以備功業矣。余於大定辛卯之歲仲春二日子正之時，夢遊紫府，朝禮太微仙君，得授功過之格，令傳信心之士。忽然夢覺，遂思功過條目，歷歷明了。尋乃披衣正坐，默而思

① 明正統《道藏》本，文物出版社等一九九四年，第三册三五〇頁。

之，知是高仙降靈，不敢疏慢，遂整衣戴冠，滌硯揮箋，走筆書之，不時而就，皆出乎無思，非干於用意。著斯《功格》三十六條，《過律》三十九條，各分四門，以明功過之數，付修真之士。明書日月，自紀功過，一月一小比，一年一大比，自知功過多寡，與上天真司考校之數昭然相契，悉無異焉。大凡一日之終，書功下筆乃易，書過下筆的難。即使聰明之士，明然頓悟罪福因緣、善惡門户，知之減半，慎之全無。依此行持，遠惡遷善，誠爲真誠，去仙不遠矣。西山會真堂無憂軒又玄子序。（《太微仙君功過格序》卷首，明正統《道藏》本，文物出版社等一九九四年，第三册四四九頁。今按，大定辛卯即大定十一年。）

馬　鈺

馬鈺字玄寶，原名從義字宜甫，號丹陽子，寧海（今山東烟臺）人。出身巨富，家世業儒，通六藝，工詞章。大定八年，爲王重陽度化出家入道。十年，重陽卒後，與丘處機、譚處端、劉處玄入關至終南劉蔣祖庵。二十二年，東歸寧海，明年卒，年六十一。①

《洞元金玉集》十卷，存。

① 元李道謙《甘水仙源録》卷一《全真第二代丹陽抱一無爲真人馬宗師道行碑》，明正統《道藏》本，文物出版社等一九九四年，第一九册七二八頁；元李道謙《七真人年譜》，同上第三册三八二頁。

《漸悟集》二卷，存。

《丹陽神光燦》一卷，存。金寧師常《丹陽神光燦序》：

道在邇而求諸遠，事在易而求之難者，此世之常情。至於目擊而存，不言而喻，此上士之趣，實丹陽先生得之也。先生以先覺之明，開發愚徒，穎悟後進，其有不逮者，又從而指示之。誠猶皓月流天，纖悉皆蒙顯煥；心燈在體，熱腦咸得清涼。先生又作《神光燦》百首，俾使歌揚紬繹，互相警策云爾。嗚呼，先生其化人之心也深，念人之意也重，豈不若菩提寶樹，佈清影於恒沙，般若神舟，濟塵勞於苦海者歟！姑以鄙言序其端首。大定乙未重九日，筠溪野叟寧師常謹序。（《丹陽神光燦》卷首，明正統《道藏》本，文物出版社等一九九四年，第二五册六二二頁。）

《重陽分梨十化集》二卷，存。金馬大辨《重陽分梨十化集序》：

丹陽先生系出扶風，大辨之宗親也。家貲巨萬，子孫詵詵。自幼業儒，不爲利禄誘。性好恬淡，樂虚無。嘗謂其人曰：「我因夢遇異人，笑中得悟。」大定丁亥秋，果有重陽真人别終南，遊海島，欲結知交，同赴蓬萊，共禮本師之約。東抵寧海，首往范明叔之遇仙亭。丹陽繼至，參謁真人，一見歡然相傾蓋，目擊而道存，知丹陽夙有仙契，遂丁寧勸以學道修真。丹陽識其諄誨，敬諸真人，偕至郡城，居之南庵，命其名曰「全真」。日夕與之講道於其中，必欲丹陽夫婦速修持，棄家緣，離鄉井，爲雲水遊。其初夫婦弗從也，真人誓鎖庵百日，自孟冬初吉賜一梨，命丹陽食之。每十日索一梨，分送於夫婦，自兩塊至五十五塊。每五日又賜芋栗各六枚。及重重入夢，以天堂地獄十犯大戒罪警動之。每分送，即作詩詞，或歌頌，隱其微旨。丹陽悉皆酬和，達天地陰陽奇偶之數，明性命禍福生死之機。由是屏俗累，改衣冠，焚誓狀，夫婦信向而師焉。逮己丑歲，從真人西歸，至汴梁間居。閲歲，真人蟬蜕仙去，丹陽盡傳其道。乃與其徒西走終南，訪真人舊隱，築環堵而居之十稔，宗闡其教，徒弟雲集，不可勝數。歲在壬寅，丹陽飛錫東來，復還鄉邦。一日，語諸門人曰：「真人平昔著述，已有全真前後集。又其遊吾鄉時所著，類皆玄談妙理，裒集得三百餘篇，分爲三帙，上曰《下手遲》，中曰《分梨十化》，下曰《好離鄉》。此集關西雖已刊印，然傳到鄉者，何其罕耶！」門人共對曰：「真人向至寧海化師父，實其根始。他處尚且刊行，況鄉中乎？當重加校證編次，亦作三帙，命工鏤版，以廣其傳。」丹陽門人靈真子朱抱一攜是集訪余，謂余曰：「鄉老先生范、趙、劉三公已作總序，每帙别求爲序引。」余答曰：「仆方且對燈窗事雕篆，以謀進身繼箕裘之緒，能無愧於忘名利、出塵世者乎？」然自謂爲兒童時，素識丹陽有慕道之心，又親睹其人鎖庵勸化之事，不能以淺陋辭。因留其《分梨十化》一帙，故樂出是言，庶使四方向道之士，知全真之教有利於人也大矣！若夫二先生戒勸之文、神異之跡，其他記序歌誦，載之已詳，姑敘其丹陽夫婦出家入道之本末云。時大定癸卯歲，寧海州東牟鄉貢進士馬大辨謹序。（《重陽分梨十化集》卷首，明正統《道藏》本，文物出版社等一九九四年，第二五册七九〇頁。）

《精微集》。

《摘微集》。

《三寶集》。

《行化集》。金秦志安《金蓮正宗記》卷三《丹陽馬真人》云：「所有《分梨十化》、《漸悟》、《精微》、《摘微》、《三寶》、《行化》、《金玉》等集，刊行於世。味其文義，皆貫通三教，囊括五行，酬今和古，托物喻人。玄談妙理，視蓬島如目前；智劍慧刀，逐三尸於身外。遵之則遷善遠罪，悟之則入聖超凡，豈小補哉。」① 涉及著述七種。今按，元劉天素、謝西蟾《金蓮正宗仙源像傳·丹陽子》：「有《金玉》、《漸悟》、《行化》、《成道》、《圓成》、《精微》文集六，《語録》一，行於世。」② 又增出《成道》、《圓成》二集，與所謂「文集六」不符，或其中有同書異名者。

孫不二

孫不二，號清浄散人，寧海（今山東烟臺）人，馬鈺之妻。大定九年，繼鈺之後出家，重陽訓以名號。大定十五年，西入關，致醮祖庭，與鈺重逢。鈺贈《煉丹砂》云：「奉報富春姑，休要隨予。而今非婦亦非夫，各自修完真面目。」謝而受之，遂相別東西，煉心環堵。七年後，遊洛陽，

① 明正统《道藏》本，文物出版社等一九九四年，第三册三五六页。

② 明正統《道藏》本，文物出版社等一九九四年，第三册三七四頁。

勸化接引，度人甚多。大定二十二年卒。善翰墨，工吟詠。①

《丹道秘書》一卷，存。巴蜀書社《藏外道書》本題作「三卷」，與實際不符。

《元君法語》一卷，存。清陳教友《長春道教源流》卷一著録：「《道藏目録》諸真皆有著述，惟孫清浄無之。而《道藏輯要》載有《孫元君法語》一卷，又《傳述丹道秘書》三卷。《法語》系詩十餘首，《卜算子》一詞不載其中。其《女功内丹》詩云：『不乘白鶴不乘鸞，二十幢幡左右盤，偶入書壇尋一笑，降真香燒碧闌幹。』『小春天氣暖風賒，日照江南處士家。催得臘梅先迸芯，素心人對素心花。』措詞頗灑脱。清浄足跡未至江南，疑此爲僞託，或扶鸞詩。」②

譚處端

譚處端字通正，原名玉字伯玉，號長真子，寧海東牟（今山東烟臺）人。年十五志學，作《葡萄篇》，爲時人所稱。大定七年，出家入道，從重陽居崑嵛山煙霞洞。重陽卒，與馬鈺等扶柩終南，居三年。後遊河洛，宣揚道法。大定二十五年卒，年六十三。③

① 金秦志安《金蓮正宗記》卷五《清浄散人》，明正統《道藏》本，文物出版社等一九九四年，第三册三七九頁。
② 藏外道書本，巴蜀書社一九九四年，第三一册二一頁。
③ 元李道謙《七真人年譜》，明正統《道藏》本，文物出版社等一九九四年，第三册三八四頁；元李道謙《甘水仙源録》卷一《長真子譚真人仙跡碑》，同前第一九册七三一頁。

《長真語録》。金范懌《水雲集序》：「其述作賦詠，舉筆即成，詩頌詞章，僅數百篇。又述《語録》、《骷髏落魄歌》，警悟世人，皆包藏妙用，敷暢真風，引人歸善，甚有益於時也。」

《水雲集》三卷，存。金秦志安《金蓮正宗記》卷四《長真譚真人》：「所有應世歌詠近數百首，目之曰《水雲》，深明鉛汞溯流之道，大行於世。」① 另，元劉天素、謝西蟾《金蓮正宗仙源像傳·長真子》、元完顏崇實《白雲仙表·長真真君》亦著録，惟元趙道一《歷世真仙體道通鑒續編》卷二《譚處端》作《水雲前後集》。

金范懌《水雲集序》：

東牟，古牟子之國，齊之大郡也。户口滿繁，人性質樸。東連滄海，煙浪雲濤，浩渺無涯，不知其幾萬里；南揖昆侖，層巒疊嶂，峻極於天，不知其幾萬丈。海山鍾秀，人傑地靈，異人名士，代不乏人，宜乎真人相繼而生也。譚公先生名處端，號長真子，吾鄉大族也。生而穎悟，識度不凡，善草隸書。爲人剛正有操行，鄉里敬憚之。大定丁亥歲，重陽憫化妙行真人，飛錫東來，仙遊海上。以往契夙緣，尋知友於吾鄉，得丹陽子馬公、長真子譚公於東萊掖水，得長生子劉公；又於登州棲霞，得長春子丘公，結爲方外眷屬，所謂譚、馬、丘、劉是也。相從真人之遊，西抵夷門。真人付以口訣，囑以後事，厭世而上升。四子殯葬禮終，挈徒而西至終南山，即真人之舊隱，

---

① 明正統《道藏》本，文物出版社等一九九四年，第三册三五七頁。

傳襲其道，十有餘年。自時厥後，各從所之。長真先生往來於洛川之上，行化度人，從其教者，所至雲集。其述作賦詠，舉筆即成，詩頌詞章，僅數百篇。又述《語録》、《骷髏落魄歌》，警悟世人，皆包藏妙用，敷暢真風，引人歸善，甚有益於時也。浚州全真庵主王琉輝等鏤版印行，廣傳四方。值丙午歲，大水漂没，其版散亡。掖水長生先生劉公運慈悲心，開方便路，遣門人徐守道、李道微、于悟仙等，詣吾鄉屬予爲序，欲再命工發槧，以永其傳，可謂仁人之用心也。竊嘗謂長真先生與余同鄉里，年相若而志頗同。幼爲兒童之戲，長爲朋友之遊。而先生中年遇師學道，蟬脱登真；余蒼顔華髮，尚區區於名利之場，甘分待終，隨物衰謝，何其愚也！余將掣肘，捐老牛舐犢之愛，去碩鼠畏人之貪，逍遥於自得之鄉，嘯傲於真閑之境，學先生之道，誦先生之文，高養天和，以寄餘生。未審先生異日有舊遊之念，肯乞飛霞佩乎？嗚呼！先生已羽化矣。後之學者，不能見先生之步趣，聞先生之謦欬。其玄機妙旨，遺範餘風，詳味斯文則可矣。大定丁未歲正月望日，東牟州學正范懌德裕序。（《水雲集》卷首，明正統《道藏》本，文物出版社等一九九四年，第二五册八四五頁。今按，大定丁未指大定二十七年、一一八七年。）

金范某《水雲集後序》：

人生天地間，圓首方足，抱識含情，稟五行之秀，爲萬物之靈，佛性仙才無不具，藥爐丹竈無不備。如能屏嗜欲，棄浮華，絶貪求，去名利，静息虚凝，則可以長生久視。長真譚公仙人，以宿緣符契，壯歲得遇重陽祖師，與丹陽、長生、長春同師也。厥後相從真人，西抵汴梁，付以口訣。

後至洛川，積功累行，先厭世而登真。有習語録、詞章僅數百篇，皆包藏妙用，窮達造化，命之曰《水雲集》，傳之四方久矣。值丙午間，浚郡大水漂没。神仙長生劉公聞之，不勝憫悼，即命工重刊於東萊全真堂。今又值累年兵革，天下無有全者。路黔高友並其妻孟常善，舉家孜孜慕道，往來於淮楚間，訪尋真人遺稿。乃於門弟子處，疑若神授，得其全帙。恐其詩文泯絶，今復鏤板印行於山陽城西庵，實見高君用心於教門之切也。嗚呼！其人羽化已久，斯文不可再得。及見仆先父所作前序，又屬予爲後跋，遂不揆荒蕪勉述。（《水雲集》卷末，明正統《道藏》本，文物出版社等一九九四年，第二五册八六四頁。今按，文末「及見僕先父所作前序」云云，知是懌之子所作。另，《（民國）牟平縣志》卷九《文獻志》載《金范壽卿〈歸山操〉跋》，署「大定甲辰中元日，州學正范懌跋景仁書」，與文題不合。壽卿，馬鈺之友，丹陽詩詞集中屢見與之酬答之作，「跋」當作「男」字。見諸文獻，懌二子：景純、景仁。此後序或景仁撰？俟考。）

金佚名《水雲集後序》：

僕一日編類《諸仙降批詞頌珠璧集》間，忽有高牙大纛森擁蓬扉，仆愕然興之而迎其門，乃蕭師故來下盼。相揖而進之，謂予曰：「頃有道友張志全，不遠數千里而來，攜斯長真子譚師父平世述作《水雲集》一部，特以見遺。某然而不解文墨，忝於教門，粗欽慕之。奈屢經兵火，將諸全真玄奥之書板集俱已焚毁殆盡。唯有此集，幸好事者藏諸屋壁，仍存焉。若不再行鏤板傳於四方，誠恐泯絶，又闕將來慕道者參訪耳。願爲重刊之序。」僕應之曰：「曩者有東牟范學正父子，才高歆、向，學富固、彪，已序之矣，僕安敢措手耶？」屢辭不獲，聊爲散語，以塞雅命云爾。時己丑年重陽日。（《水雲集》卷末，明正統《道藏》本，文物出版社等一九九四年，第二五册八六五頁。今按，己丑指金哀宗正大六年、一二二九年。）

侯善淵

侯善淵，號太玄子，驪山（今陝西臨潼）人。大定中隱於平陽姑射山，約與毛麾同時。

《太上老君説常清静經注》一卷，存。金毛麾《太上老君説常清静經注序》：

源之未發，流無不清；風之未扇，物無不静。及乎流以汩之，則清者濁矣；吹而散之，則静者動矣。此理之常也。道之生物，自然之性，何嘗不湛然而清，寂然而静，感而遂通。性以情遷，失其天真，逐而忘返。至於流浪生死，常沉苦海，顧不哀哉！太上以大慈悲、大方便，接引迷徒，將與復其本原，使得見道。謂道雖不可以言傳，而目擊道存之士，且幾何人。斯謂道雖不可以象教，而得魚忘筌之喻，若有所待，故經之所以作也。是經諄諄明誨，始曰：「清者濁之源，静者動之基。人能常清静，天地悉皆歸。」繼而曰：「人神好清，而心擾之；人心好静，而欲牽之。常能遣其欲而心自静，澄其心而神自清。」又繼之曰：「内觀其心，心無其心；外觀其形，形無其形；遠觀其物，物無其物；湛然常寂，寂無所寂，即是真静。真静應物，漸入真道。」復曰：「雖名得道，實無所得。爲化衆生，名爲得道。」此真經之大旨歟？蓋自西王母受之，仙人葛元等傳之，太元真人贊之，世世尊奉。奈何愚者有終身不靈，惑者有終身不解，鮮克仰副太上慈悲方便之意。今驪山侯公先生，遊方之外者也。念經之言能悟之者可傳聖道，乃即其説爲之訓解，辭簡而甚易明，理達而甚易行，神而明之。自遣欲而滅三毒，由觀心而識無空。屏執著之妄心，誡貪求之煩惱。祖述聖作，以開以明。其間有云：「悟而無爲者是，得而有作者非。」有云：「大道中無文字，文字中無大道。天文玉訣，須憑師匠口耳相傳。」有云：「不執空爲空，不著有爲有。」有云：「抱出靈華潔，回還一體光。」學者倘於是經誦持不退，當得造於目擊之玄，不有待於忘筌之後也。平水老人毛麾序。（《常清静經注》卷首，明正統《道藏》本，文物出版社等一九九四年，第一七册一七四頁。）

《黄帝陰符經注》一卷，存。金侯善淵《黄帝陰符經注序》：

大道無方，窮之彌遠；至真不宰，測之彌深。玄微衆妙，孰可期之？曰《黄帝陰符經》焉。陰者，内著陰靈之性；符者，外契純一之真。至真則上通三要之正，其正則下伏九竅之邪。然則死生之理，其機在目，曰不爲聾瞽，故得觀天之道，神明出焉。是謂執天之行，爰夫經義者，聖功必盡於此矣。（《黄帝陰符經注》卷首，明正統《道藏》本，文物出版社等一九九四年，第二册八二三頁。）

《太上太清天童護命妙經注》一卷，存。金侯善淵《太上太清天童護命妙經注序》：

夫太上者，玄元之王，萬聖之師，至上無尊，至高無位。上則包羅衆象，中則普濟群生，下則長養萬物。生生化化，受炁於太始之中；物物頭頭，稟道在虛無之內。千變萬化，無不太上矣。故天道者，運爲清陽之炁也；童德者，動合純粹之真也。兩機相契，妙用爲一，護命養生，神明佑助。兕虎無由所傷，毒蟲焉能所害。何爲堅固至？在於神之機也。（明正統《道藏》本，文物出版社等一九九四年，第一七册二〇九頁。）

《上清太玄鑒戒論》一卷，存。

《上清太玄九陽圖》一卷，存。金侯善淵《上清太玄九陽圖並序》：

訟本無言，假立言而明道；神亦無像，假託像以求真。內通陰魄，外煉陽魂，適有無之理，應動静之機。一升一降，易三宮妙化之元；一浮一沉，御六洞飛玄之氣。非用爲用，成一真之性；不爲而爲，煉九陽之丹。丹適珠凝，精流天癸，遘日昇霞，極乎萬象之先矣。頌曰：未悟須憑萬法，心開一物全無。內有玄珠出現，寂然無侶太虛。（《上清太玄九陽圖》卷首，明正統《道藏》本，文物出版社等一九九四年，第三册一一八頁。）

《上清太玄集》十卷，存。

王處一

王處一字子淵，號金蓮逸士。

《西嶽華山志》一卷，存。宋陳振孫《直齋書目解題》卷七《地理類》著録：「《華山記》一卷，不知名氏。」當即此書，或由榷場販入江南。

金劉大器《西嶽華山志序》：

凡古之士合作神藥，必入名山福地，不止小山之中。何則？小山無正神爲主，多是木石之精，千歲老物，此輩藴邪之氣，不念爲人作福故也。謹按山經云：「可以精思合作神藥者，華山、泰山、霍山、恒山、嵩山。」餘繫中州或在諸侯五服之外，其間稱名山者以百數，乃不可以遍舉。此皆有正神在其山中，或隱地仙之人，又生芝草。若有道者登之，則此山神助之爲福，其藥必成矣。吾鄉金城千里，控壓三河，川英嶽秀，太華位焉。夫太華者，坐挹三公，抗衡四嶽。終南、太白，卻立而屏息；首陽、王屋，不敢以争雄。西覯昧谷之稍昏，東顧扶桑之已白。更無峻極，惟戴高穹。蓋得太素之元精，秉金天之爽氣，作成萬物，分主兑方。預之於十大洞天之中，則極其爲號，含藏日月，吐納雲煙，生象外之樓臺，匪人間之風物。目之於十八水府之數，則車箱有潭，東南地脈，江海潛通，載祀典而爲常經，投金龍，進玉簡。若夫仙掌雲空，蒼龍日出，千山捧嶽，嵐氣川流，翠撲客衣，經時不落。已而斜陽映山，蓮峰弄色，如金如碧，匪丹匪青，奇麗萬千，不可名狀。松生琥珀，夜即有光；地出醴泉，爲國之瑞。固宜降五靈元老，隱函谷真人。或星冠羽衣，乘雲而謁帝王者有之；或賓車羽蓋，駕龍而覲大羅者有之。招邀真聖，總集仙靈，則此又華山爲一都會也。吾友王公子淵，先覺而守道，獨立而全和。每語人曰：「我欲曳杖雲林，舉觴霞嶺，斯志積有年矣。方畢婚娶，棄家入名山，終煉金液。不有太華，其孰留意焉？」人曰：「可矣。」公遂取舊藏《華山記》一通，慮有闕遺，更閲本郡圖經及劉向《列仙傳》，有載華山事者，悉採拾而附益之，俾各有分位，不失其序。以山水觀之，則峰穴林穀、岩龠池井、溪洞潭泉之境，可得而見；以洞宇觀之，則宫殿寺廟、藥爐拜壇、諸神降現之處，可得而知。語其所産藥品，則茯苓、菖蒲、細辛、紫柏，俱中炎帝之選；録其所出仙人，則清虚、裴君、白羊公、黄初平十六真人，盡預玉皇之遊宴，而不與下界相關。噫！華山仙蹤聖跡於是大備，無不包也。其文僅七十餘篇，命工鏤板，務廣流傳，豈曰小補之哉？既成，請余以文冠其首。余或拒且賀曰：「余才乏卿雲，無力挽千鈞之筆，然喜見公之志即我之志也。我亦欲入名山合作神藥，未知明指。會公有此，乃成我之志也歟！」大凡入名山之中合作神藥，必有所依。書曰：「爲巫者鬼必附之，設象者神必主之。」況修仙藥而入名山，豈山之正神而不佑我耶？其藥之成，可立而待也。但勿謂青天空闊，白龍來遲，一旦造玄洲，會群仙，翔紫霄，朝太一，聽鈞天之樂，享九芝之饌，行亦未昧。其他有諸天之隱語、空洞之靈章，約與公異日道也。時大定癸卯十二月壬申，泥陽劉大用器之序。（《西嶽華山志》卷首，明正統《道藏》本，文物出版社等一九九四年，第五册七四四四頁。今按，大定癸卯即大定二十三年、一一八三年。）

閻德源

閻德源，字深甫，汴梁（今河南開封）人。少而寤道，頓捨塵緣。宣和中，爲職籙道士，授金壇郎。入金後，寓跡西京大同，興創土木，度集徒衆，使太上之教丕闡於朔方。其行之清高，喧嘄宇内。一時士流、貴戚敬之如神，朝廷亦累賜師號，奉爲羽流之宗。大定二十八年卒，年九十六。①

《閻公大師遺稿》。金祝庭用《西京玉虛觀宗主大師閻公墓誌》：「臨終其數，書頌而辭世，有遺稿之存焉。」

段光普

段光普字明源，號真陽子，平水（今山西臨汾）人。因酒傷人，避罪關中。後至終南祖庭，拜丹陽馬鈺爲師。越數年，漸有得於心，遂還河東稷山，築了真庵，修真傳道。大定二十二年，丹陽東歸，甫抵潼關，明源率弟子來謁。丹陽叩其所修，歎曰：「關中有趙悟玄，河東又得段明源，吾教得傳矣。」自是道價益高。明昌改元卒。②

《明源集》。元李道謙《終南山祖庭仙真内傳》卷上：「平生歌詩號曰《明源集》，行於世。」

---

① 金祝庭用《西京玉虛觀宗主大師閻公墓誌》，見大同市博物館《大同金代閻德源墓發掘簡報》，《文物》一九七八年第四期。

② 元李道謙《終南山祖庭仙真内傳》卷上，文物出版社等一九九四年，第一九册五二四頁。

孫明道

孫明道，遼陽（今遼寧遼陽）人。以染業爲生，年三十餘捨俗入道。初不識字，因夢見教，「篆隸行草，無所不通，落筆盡得其妙」①。大定二十六年，召赴京，賜紫衣及沖和大師號，提點中都天長觀觀事。後奉詔完葺道藏，分遣黄冠訪遺經於天下，兼收並蓄，迄明昌二年克成。

《大金玄都寶藏》六千四百五十五卷。金魏摶霄《十方大天長觀玄都寶藏碑銘》：

十方大天長觀新作《玄都寶藏》，提點觀事沖和大師孫明道謂大名魏摶霄曰：「自元始天尊開龍漢延康之劫，命天真皇人辨析秘道，授之列仙，以傳下世，則始有經矣。自西王母以元始玉像遺軒轅黄帝，置諸高觀之上以奉香火，則始有觀矣。是則非觀無以貯無上之經，非經無以見無上之道，經之與觀可獨已乎？國家定都永安，迄今四十餘年，天長觀實奉香火，舊貯藏經，缺而未完。住持道士繼承非一，因仍苟簡，莫有以補綴爲意者。大定丙午，明道始奉詔提點觀事。洪惟世宗皇帝萬機之暇，留神内典，以觀宇嘗火，出内府金錢巨萬計，俾撤舊而一新之。於是上聖有居，衆真有處，長廊秘殿，蟠如翼如，經閣醮壇，廣庭浄房，位置區别，莫不有敘，尊雄深靖，爲天下壯觀。而又賜錢二千萬，領以度支，歲取羸羨以給道侶。復於五花山置燒丹院，起玉華殿，俾隸於

① 金王寂《鴨江行部志》，黑龍江人民出版社一九八四年，第一頁。

觀，以爲方士飛煉之所，而無上之經，顧獨缺而未完。愚雖不敏，誓將畢力，證兹勝事。後二年，會有詔以南京道藏經板付觀，又易置玉虛觀經於飛玄之閣，以備觀覽。天長舊經，還付玉虛，其舊有名籍而玉虛不具者，聽留勿還，須補完則遣之。繼又以普天大醮儀範有肅，賜蕭道濟等十人簪褐，仍敕賜錢十五萬，俾置羽衣，餘道侶人賜餞三萬。明道用是愈益感奮，以爲聖天子在上，道學興行，宜廣傳法籙，開度群迷，及獻狀於朝，嗣詔報可，仍敕招延高道，蠲潔行事。越明年正月，鼎成龍去，而詔旨具在。主上嗣膺寶位，尤尊道學，以其教出中國，專尚清浄，有司舉前詔以請，俞音既下，以三月朔旦開壇受籙。既具威儀，請師奏名，俄有三鶴自西北來，翔繞祠壇，逮奏名竟，乃西南去。晝晷亭午登壇，復有四鶴徘徊其上，既交神吏，倏然黄霧蔽天，至自西北，駁若風雨。已而撤席，天宇廓清，飛鶴上翥，入於太空。道侶士庶，駭心稽首。明昌改元之元日，敕遣中使諭旨度支，拓觀之左隙地凡千步，起丁卯瑞聖殿，以奉太母本命之神，制度與延慶埒。其北宮第一區，並以賜觀，俾構屋列槴，以貯經板。仍署文臣二員，與明道經書參訂，即補綴完成，印經一藏。既又命選精勤道士一員住持，須及五年，若職事修舉者，賜紫衣德號，仍歲度服勤道童二人以爲常。明道奉詔，不遑居處，分遣黄冠訪遺經於天下，且募工鳩材。有趙道真者，願以板材自任，丐化諸方。不二年間，勝緣俱辦，瓌材會珍，良工萃巧，槴屐屹立，鏤槧具完。凡得遺經千七十四卷，補板者二萬一千八百册有畸，積册八萬三千一百九十八，列庫四區，爲楹三十有五，以架計者百有四十。明道於是倡諸道侶，依三洞四輔，品詳科格，商較同異，而銓次之，勒成一藏，都盧六千四百五十五卷，爲秩六百有二，題曰《大金玄都寶藏》。亦既奏功，須文以信久遠，子嘗留心吾教，敢以碑銘請，幸毋讓。」搏霄謹按，道家者流，蓋出於黄帝、老子之學，其道以清浄無爲爲宗，以慈儉不争爲用，皆吻合六經之妙，雖國君不可闕也。至其所謂神仙保性命之真，則山林中人之事也。故善學黄老者，則必知其本末之務，若虞舜之無爲，漢文之慈儉，光武之柔道，蓋公之清浄，皆出黄老之教，可謂知所務矣。今吾師奉詔完葺舊典，而又得逸書於天下爲多，兼收並蓄，足成一大藏，教其於本末之務，不爲無補，是可銘者，於是敬諾而銘之：

空洞之元，虚無自然。從無得有，積成地天。兩儀既奠，七耀有躔。造化亭毒，死生劫遷。爲人爲物，或鬼或仙。三界之上，浩劫之前。上無復色，下無復淵。中有大梵，溟涬眇綿。玉音攝氣，靈風聚煙。亦既成文，豁落瑛鮮。龍漢蕩蕩，運開乃傳。天真辯析，列仙致虔。降授世人，玄言五千。三洞四輔，次第相沿。關尹之後，支分派宣。漢史載者，二百五篇。逮晉興寧，其光益延。歷唐至宋，綱緯乃全。搜訪遺逸，籠山絡川。貯之秘殿，飾以錦璿。天命既革，經隨師還。東置滋久，幾爲斷編。大定中興，真人御乾。乃睠天長，禱祠吉蠲。載新輪奂，載錫金錢。聖澤汪洋，昭天漏泉。謂經有板，可蹶可筌。取諸魏梁，致之漢燕。謂經有帙，可補可鐫。以彼玉虚，易此飛玄。云何鼎成，龍駕高騫。攀鱗弗迨，抱弓涕漣。明昌天子，志切奉仙。賜第構屋，督工署員。沖和奉承，勤亦至焉。歲不再周，用集勝緣。千材會珍，萬陶萃堅。列楄山峙，鏤槧壁聯。能事既畢，靈貺自甄。於皇世宗，侑帝之筵。俟誰駕之，韶遙緣邅。降監成功，致福孔湍。天子壽考，維億萬年。霑溉玄教，旁流八埏。（佚名《宫觀碑誌》，明正統《道藏》本，文物出版社等一九九四年，第一九册七一七頁。）

《大金玄都寶藏目録》。金李鼎《玄都至道披雲真人宋天師祠堂碑銘並引》：「若夫三洞三十六部之零章，四輔一十二義之奥典，仁卿藏經碑文，真人參校政和、明昌目録之始，至工墨裝褾之畢手，其於規度旋斡，靡不編録，讀之一過，見其間補完亡缺，搜羅遺逸，直至七千卷焉。」① 今按，所謂明昌目録，即《大金玄都寶藏目録》，當由孫明道等奉敕編纂。

侯大中

侯大中，號損齋，公安（今湖北公安）人。大定初，應詔建醮，授師號②。嘗撰《武寧軍節度使張師穎墓表》。③

《損齋詩集》。明王圻《續文獻通考》著録，作《侯大中詩集》，稱學士元善爲之記，不知所據。清錢大昕《補元史藝文志》亦著録。姑仍之，俟考。

---

① 陳垣等《道家金石略》，文物出版社一九八八年，第五四七頁。

② 明王圻《續文獻通考》卷一八三《经籍考》，現代出版社一九九一年，第二七六五頁。

③ 清吴式芬《金石彙目分編》卷一一《澤州府》，石刻史料新編本，臺北新文豐出版公司一九七七年，第一輯二八册二一二六五頁。

晉真人

晉真人，姓名鄉貫不詳。王重陽有《讀晉真人語録》詩①。以其語録涉《重陽祖師修仙了性秘訣》、《答馬師父十四問》②，當是馬丹陽門人。

《晉真人語録》一卷，存。録内每有「先生曰」，當是晉真人弟子所記。

劉通微

劉通微字悦道，號默然子，東萊掖城（今山東萊州）人。大定七年，遇重陽師，授以修真秘旨及名號，自是棄家入關，結茅終南山。馬、譚、丘、劉四師西來，相處甚歡，遂立觀度人，玄風大振。明昌初，章宗召至闕下，問以九還七返之事，對曰：「此山林野人所尚，陛下居九五之位、四海生民之主，不必留意於此。」上悦，敕館於天長觀。未幾還山，承安元年卒③。

《太上老君説清静經頌注》一卷，存。金劉通微《太上老君説常清静經頌注序》：

① 《重陽教化集》卷二，明正統《道藏》本，文物出版社等一九九四年，第二五册七八〇頁。
② 明正統《道藏》本，文物出版社等一九九四年，第二三册六九七頁、六九八頁。
③ 元李道謙《終南山祖庭仙真内傳》卷上《劉通微》，明正統《道藏》本，文物出版社等一九九四年，第一九册五一八頁。

夫源清流静，湊法海之波澄，蒂固根深。抱純陽之炁運，盈虚消息，六合周流。原天地朕兆之由，探陰陽樞機之要。夫人者，委形於天地，惟清静自然之歸。混炁於陰陽，具變真常之化。清者撓之而不濁，静者安之而不動。天得一清、地得一寧、人得一靈者，一神也。若是靈源湛徹，聖道流通，寂然不動，應化無方，感而遂通，生成何已？天地有斯長性，清静無餘。男女無此常心，昏迷有屬。孰能濁以止静之徐清而已及矣！故我太上垂大慈悲，演常清静，設教導俗，輔正扶宗，務化民以歸根，使含真而抱一，體洽玄元，煉神合道，羽化飛仙，不爲乖謬，庶幾信受者體樞法要，皆可相應。人莫非清静，以爲天下正，乃至千真萬聖，咸不出於此矣。（《太上老君説常清静經頌》卷首，明正統《道藏》本，文物出版社等一九九四年，第一九册八一五頁。）

《全道集》。元李道謙《終南山祖庭仙真内傳》卷上：「平生所作詩詞目曰《全道集》。」

玄虚子

玄虚子，姓名鄉貫不詳。章宗時，爲汾陰龍興觀道士，長於詩，約卒於承安間。①

《鳴真集》一卷，存。元張志明《鳴真集序》：

道本無言，非言不顯；道本無經，非經不明。今未聞者聞，使未悟者悟。僕肇拜玄沖師於汾

① 元張志明《鳴真集序》，見《鳴真集》卷首，明正統《道藏》本，文物出版社等一九九四年，第二五册四九七頁。

陰龍典觀。侍歲餘，師南邁綿山之右誘矣，僕北遷姑射之陽寓焉。時師欬唾珠玉不構思，或懷古，或託物，或贈答，或逸興，縱心所欲。或詞或頌，俱明宗旨。陳非心之心，言不言之言，言言見諦，句句朝宗。其文簡，其義淵。鳴真云：「無影樹頭花笑日，不萌枝上葉含春。」又云：「兔角敲開三毒鎖，龜毛拂盡九衢塵。」斯言離物象，遠聲色，非徹法慧目、離念明智，焉能究之哉！若淵泉曠如太虚，恢恢焉，晃晃焉。尊上德之玄風，崇長春之英華，非詭詐以惑時，非佐道而衒世。玲玲瓏瓏，如明珠旋於金盤，清光罔極；煥煥輝輝，似秋月朗於碧天，瑞氣何窮？師亡金承安間，有汾陰先生李公，自海隅而還故邑，師聞之乃長春之英徒也，欲師之，固辭。拜長春者於是望拜，秘奥得其一二，悟機解有萬千。幸有蒲阪同道寄世老人王巨川，嗟憶師之珠玉，特有英奇暢道之美云。動若行雲之安泰，止猶穀神之無隅，發歎不已。有寂子楊公、劉先生等袖出師之集，目之曰《鳴真集》，恐煙微散落，命繕鏤以廣其傳，謁僕等飾題辭。巨駭忸怩，斗筲之器焉能納百川乎？再三叩命，固辭不已。綜覽如瓊漿羊羹，爽其羣口也。體道之妙，得道之用，吐辭發言，可不爲梯航耳。夫鳴真者，鳴聲散宇宙，不屈愈出。若東君而發，萌真光射乾坤，體在皆無。如冰輪之鑒物，明同杲日，響若雷霆，兹妙備矣。歲在辛亥重陽後三日，愚魯忝職河中道録汾陰張志明謹題。（《鳴真集》卷首，明正統《道藏》本，文物出版社等一九九四年，第二五册四九七頁。今按，辛亥指蒙古憲宗元年、一二五一年。）

劉處玄

劉處玄字通妙，號長生子，萊州（今山東萊州）人。大定九年，師從王重陽。重陽卒，居終南劉蔣村數年。十四年，溷跡京洛。二十一年，東歸萊州，建庵於武官故居。承安二年，章宗召赴闕，問以至道，答曰：「至道之要，寡嗜欲則身安，薄賦斂則國泰。」明年還山，敕賜觀額五道。泰和三年卒，年五十七。①

《黄庭内景玉經注》一卷，存。

《黄帝陰符經注》一卷，存。金范懌《陰符經注序》：

《陰符真經》三百餘字，言簡而意詳，文深而事備。天地生殺之機，陰陽造化之理，妙用真功，包涵總括，盡在其中矣。昔軒轅黄帝萬幾之暇，淵默沖虛，獲遇真經，就崆峒山而問天真黄人廣成先生，得其真趣，勤而行之。一日一鼎湖，乘火龍而登天，斯文遂傳於世。後之修仙慕道者，而能默識玄機，深造閫域，往往高舉遠致，躡景升虛，不爲不多矣。數千載之間，爲之注解直説者，曾無一二，皆辭多假喻，旁引曲説，真源弗露，使夫學者困於多歧。以至皓首區區，勞而無功，愈衆

① 元李道謙《甘水仙源録》卷二《長生真人劉宗師道行碑》，明正統《道藏》本，文物出版社等一九九四年，第一九册七三三頁；元李道謙《七真人年譜》，同前第三册三八五頁。

而愈惑，半途而止者，不可勝紀，遂指仙經爲虚語，深可憫也。神山長生劉公真人教法令器，師席宏才，學貫古今，心遊道德。乃覃思研精，探賾索隱，爲之注解，坦然明白，易知易行，以利後人，可謂慈憫仁人之用心也。濟南畢守真命懌作序，欲廣傳於四方，爲學者之指南。而學者詳覽斯文，可以悟疑辨惑，皆能擺脱塵網，直廁真遊，逍遥於混茫之域矣。明昌辛亥二月既望，寧海州學正范懌德裕序。（《陰符經注》卷首，明正統《道藏》本，文物出版社等一九九四年，第二册八一七頁。）

《長生真人至真語録》一卷，存。金韓士倩《長生真人至真語録序》：

我聞道在域中，所宜馴致，仙居象外，不可苟求，故樂天詩云：「若非金骨相，不列丹臺名。」非種百千劫善根，得三五一真之氣，安能至此境哉？今長生子劉先生，賦是相，籍是名，昔遇重陽王真人，濟度點化，出俗入道，明識慧性，了達疏通，昨被宣詔見。有詩曰：「昔年陝右先皇詔，今日東萊聖帝宣。」再歲告歸，官僚索詞，云：「飄飄雲水卻東萊，太微仙伴星冠士。正似陳希夷，昔承宋眷，辭返華山。」詔答云：「玉堂金闕，暫喜於來朝。岫幌雲軿，遽求於歸隱。」此二大士之不羈各一，明朝之擅美，蓋營道同耳，易地則然。自先生躬還故里，觀住太微，箋注諸經，祖述三聖，以文章疏放，以翰墨嬉遊，著編籍，演教法，遵釋氏重輕之戒，造玄皇衆妙之門，服宣父五常之行，緝田宅，發梨棗，申申如也。凡有述作，競雕鏤以流傳，新視聽於衆庶，諷誦於人口，熏陶乎民風，知見者歸依，頑鄙者悛改。一日，先生門人徐李二師遠來垂訪，過溪館，入愚齋，息杖屨之勞，饋水陸之味。良久，出示先生《至真語録》一帙，懇求序引。義不復辭，余乃洗心徧覽，令人警誡覺悟，頓欲割俗緣，出業障邪。始終列八十款，問答逾一萬言，包羅撰敘，引證論評，根天地之化，跡陰陽之用，示死生之説，明禍福之報，談真空之相，懲貪瞋之欲。以至苦樂之由，情僞之作，清濁之源，高下之本，若此者甚衆，無不究竟，皆引用黄老奥義斷之，天下之事畢矣。可使衆生判疑歸正，涣然冰釋，爲鑿大昏之墉，辟靈照之户，一齊解脱矣。於是得超苦海，登覺岸，除三有五濁之穢，證三昧一空之因，去十二類舊染之汙，受三千界更生之樂。信出自真語啓迪，導化法緣所致也，豈不偉歟？時泰和壬戌歲上元日。濩澤端城雙溪虚白道人韓士倩彦廣謹序。（《長生真人至真語録》卷首，明正統《道藏》本，文物出版社等一九九四年，第二三册七〇六頁。）

《仙樂集》五卷，存。

《太虚集》。

《盤陽集》。

《同塵集》。

《安閑集》。

《修真集》。

《道德經注》。金秦志安《金蓮正宗記》卷四《長生劉真人》：「所有遺文，《仙樂》、《太虚》、

《盤陽》、《同塵》、《安閑》、《修真》，仍注《道德》，演《陰符》，述《黄庭》，奥涉理窟，條達聖真，足以爲萬世之準繩。」① 另，元李道謙《甘水仙源録》卷二《長生真人劉宗師道行碑》如之②。今按，元趙道一《歷世真仙體道通鑒續編》卷二《劉處玄》著録：「有《太虚》、《安閑》、《仙集》、《般陽》、《大成》、《大同》、《神光》、《至真語録》等集行於世。」③ 又增出《大成》、《大同》二種，或爲其中同書異名。《般陽》當是《盤陽》。

劉真一

劉真一，號朗然子，登州黄縣（今山東龍口）人。弱冠中鄉試，時人以解元呼之。忽得泄疾，纏滯彌年，已及膏肓。大定九年，重陽挈丹陽、長真、長春過此，聞而救之，遂禮丹陽爲師。癸卯冬，丹陽卒，遊平灤，於撫寧築重陽觀，修真傳道，遂使北方玄風洪暢。泰和六年卒。④

《應緣集》。元李道謙《終南山祖庭仙真内傳》卷上：「平昔所作歌詩，目曰《應緣集》，行於世。」

① 明正統《道藏》本，文物出版社等一九九四年，第三册三六三頁。
② 明正統《道藏》本，文物出版社等一九九四年，第一九册七三四頁。
③ 明正統《道藏》本，文物出版社等一九九四年，第五册四二五頁。
④ 明正統《道藏》本，文物出版社等一九九四年，第五册五二一頁。

趙抱淵

趙抱淵，道號還元子，延安雞川（今陝西延安）人。初來終南山，參王重陽玄機密旨，後歷名山勝境，晚歸鄉，住坐迎祥觀。泰和六年，章宗遣使召赴闕，未及而逝，年七十二。

《混成篇》。金張子獻《延安路趙先生本行記》：「平生述作集爲《混成篇》，傳於世。」①

王頤中

王頤中，號靈隱子，丹陽馬鈺弟子。大定二十三年三月，「始拜師於牟平范明叔庵之南，勉以學道者必在自悟」②。數月後，丹陽卒，遂輯其語録，所謂師徒緣分。

《丹陽真人語録》一卷，存。

劉若夷

劉若夷，定興（今河北定興）人。自幼出家，積勤既久，以思得度。居磐溪數年，行止清潔，

① 元李道謙《甘水仙源録》卷八，明正統《道藏》本，文物出版社等一九九四年，第一九册七九三頁。

② 金王頤中《丹陽真人語録》，明正統《道藏》本，文物出版社等一九九四年，第二三册七〇一頁。

名聲遠播。泰和三年，住持洪崖山壽陽院，革故鼎新，整葺頽弊。往時任人剪伐，山無寸莖，自後守護，漸成林蔭。

《直言易悟集》。金魏道明《大金洪崖山壽陽院記》：「語録一帙，曰《直言易悟集》。」①

張信真

張信真，道號希夷子，青州樂安（今山東廣饒）人。自幼喜讀書，年十五禮真大道教二代祖陳師正爲師，戒行精嚴，祛邪治病，大有靈應。師卒，嗣掌教門事。泰和間，賜號純陽真人。②

《玄真集》。明宋濂《宋文憲公集》卷二六《書張真人事》：「有詩文數百篇，號《玄真集》，傳於世。」

王志達

王志達，號玄通子，延安（今陝西延安）人。以户殷充里正，徵斂廉平，鄉人敬之。大定十七年，往終南山拜丹陽爲師，隨衆執役，忍辱煉心。數年後，卜居雲陽，環堵默坐十三年得道，復還

① 陳垣等《道家金石略》，文物出版社一九九四年，第一〇五五頁。

② 清陳教友《長春道教源流》卷五，藏外道書本，巴蜀書社一九九四年，第三一册九八頁。

延安。大安二年卒，年六十一。①

《玄通集》。元李道謙《終南祖庭仙真内傳》卷上：「平生著述號《玄通集》，行於世。」

趙悟玄

趙悟玄字子深，號了真子，京兆臨潼（今陝西臨潼）人。大定十年春，丹陽等入關過其鄉，緣而得識。既而與母並姊弟妻侄六人詣終南山，投丹陽出家。大定二十年，居京兆蓬萊庵，修真傳道。後至邠州淳化。大安三年卒，年六十三。②

《仙梯集》。元李謙《弘玄真人趙公道行碑》：「真人邃於玄學，所謂修丹養性，黄庭内外景之説，得之於心，宣之於口，皆成詠歌，有曰《九九詩》、《無生吟》，具載《仙梯集》，傳於道流。」

郝大通

郝大通字太古，號廣寧子。初訓名璘，號恬然子。家世寧海（今山東烟臺）。大定七年秋，貨

① 元李道謙《終南祖庭仙真内傳》卷中，明正統《道藏》本，文物出版社等一九九四年，第一九册五二九頁。

② 元李謙《弘玄真人趙公道行碑》，見元李道謙《甘水仙源録》卷四，明正統《道藏》本，文物出版社等一九九四年，第一九册七五一頁。

卜於市，遇重陽師，得授口訣。明年，往崑崙山煙霞洞謁師，遂入全真道。嘗乞食沃州，默然静坐橋上，饑渴不求，寒暑不變，志在忘形，三年功成。後杖履北遊，盤桓真定間，請益者不知其數。明昌後，復歸寧海。崇慶元年卒，年八十四。①

《三教入易論》一卷。

《示教直言》一卷。

《解心經》一卷。

《救苦經解》一卷。元徐琰《廣寧通玄太古真人郝宗師道行碑》：「平生製作，有《三教入易論》一卷、《示教直言》一卷、《解心經》一卷、《救苦經解》一卷。」②

《周易參同契簡要釋義》一卷，存。金郝大通《周易參同契簡要釋義序》：教者，道之所以生也。道本無名，强名曰道；教本無形，假言顯教。教之精粹，備包有無。故以無言之，存乎道體；以有言之，存乎器用。體之以爲無，用之以爲利。若曰有形生於無形，則乾坤安從而生？用教化於無知，則真知安從而出？若夫太極肇分，三才定位，佈五行於玄極，列八卦於空廓，發揮七政，躔次紀綱，垂萬象於上方，育群靈於下土。是故聖人仰觀俯察，裁成輔相，信四時而生萬

① 金秦志安《金蓮正宗記》卷五《廣寧郝真人》，明正統《道藏》本，文物出版社等一九九四年，第三册三六三頁。
② 元李道謙《甘水仙源録》卷二，明正統《道藏》本，文物出版社等一九九四年，第一九册七三九頁。

物，通變化而行鬼神，通精無門，藏神無穴，寂然不動，感而遂通。至於修真達道之士，用之德化十方，慧超三界，升沉而龍吟虎嘯，消息而蛇隱龜藏。一往一來，神號而鬼哭；一伸一屈，物我以俱忘。當是時，電激而八表騰輝，雷震而三山動色，鶴飛鳳舞，鹿返羊回，沖氣盈盈，瑞雲密密，萬神羅列，群魔遯形，玄珠迸落於靈臺，芝草齊生於紫府，覺花才放，法海淵深，直入玄都，永超陸地，所謂毛吞大海，芥納須彌，木馬嘶鳴，石人唱和，此皆開悟後覺，不得已而爲言。是道也，用之以順，兩儀序而百物和；行之以逆，六位傾而五行亂。非夫至極玄妙，其孰能與於此乎？於是略敘玄文，删爲節要云耳。時大定十八年歲次戊戌孟夏十有九日序。（《周易參同契簡要釋義》卷首，明正統《道藏》本，文物出版社等一九九四年，第二五册八六八頁。）

《太古集》四卷，存。元徐琰《廣寧通玄太古真人郝宗師道行碑》：「平生製作……《周易參同契簡要釋義》、詩賦、雜文、樂府及所作易圖，號《太古集》，凡十五卷行於世。」①今按，原十五卷。亦名《崑崙文集》。

金郝大通《太古集序》：

大道恍惚，從無而入有；乾坤造化，自有以歸無。夫有入於無，故無出乎有。元之一氣，先天地生，既著三才，浸成萬物。萬物之動，有生有克，有利有害，有順有逆，有好有惡，有是有

① 元李道謙《甘水仙源録》卷二，明正統《道藏》本，文物出版社等一九九四年，第一九册七三九頁。

非，方以類聚，物以群分。尊卑有序，泰道將興，上下失節，否時斯遘。臨事之始而可潛，當事之期而可躍。履霜致堅冰之至，龍戰則其血玄黄。屯利居貞，訟乎窒惕。矯世以童蒙而處，中令取毒蠱而明，剛進待需柔而行。有剥出門，貴乎同人。禍發基於大道，艮止之，兑説之。賁革而離麗，蹇滯而坎陷。睽背也，恒久也，取新可以固鼎，失律所以覆師。光明則海内可觀，晦跡則山林可遯。非神化靈通，其孰能與於此乎？予嘗研精《周易》剛正義，以爲參同畫兩儀、四象、三才、八卦、六律、九宫、七政、五行，星辰張佈，日月度躔，有無混成，以爲圖像，述懷、應問、詩、詞、歌、賦，共一十五卷，分並三帙，以慕太古之風，目之曰《太古集》。夫太古者，太謂太易、太初、太始、太素；古謂遠古、上古、邃古、亘古，務使將來慕道君子，知其不虚爲者也。且夫氣象莫大乎天地，變通莫大乎陰陽，天地之英華、陰陽之根本，一氣之謂也。木龍、金虎、赤鳳、烏龜，四象之謂也。六、七、八、九，其數之謂也。刀、圭、鉛、汞，生成備物之謂也。神遇、氣交，性命之謂也。紫府、丹宫、靈臺、翠宇、瓊樓、絳闕、玉洞、珠簾、元闕、陽道、地户、天門、玉液、金精、黄芽、白雪、真水、真火、姹女、嬰兒、石人、木馬、九蟲、三尸、金翁、黄婆、芝草、丹砂，皆五行造化之謂也。大抵動静兩忘，性圓命固，契乎自然之道，甚易知甚易行，而天下莫能知莫能行者，蓋情欲緣想害之之謂也。人若去妄任真，超塵離法，混俗而不凡，獨立而不改，抱一而不離，周行而不怠，於仙道其庶乎！顔子有坐忘之德，孟軻有養素之功，蓋亦專於一事也。今舉其大綱，開諸異號，所謂同歸而殊途，名多而理一，示之可以益於後學，能使道心堅固，真正無私。若執志待終，則位標仙籍，永作真人，神通萬變，羽化飛升矣。如是則非我門而不入，非我道而不然，然而然，然於不然而然也。大定十八年歲在戊戌仲冬望後六日自序。（《太古集》卷首，明正統《道藏》本，文物出版社等一九九四年，第二五册八六七頁。）

金馮璧《太古集序》：

余少時在燕趙間聞太古真人之名，然未嘗瞻拜履錫，聆謦欬之音，頗爲慊恨。每一思詠風烈，如想蓬萊、瀛州、方丈中人也。今適得親見其人，法嗣普照大師范君。君爲人聰明照了，八窗玲瓏。其在東平之正一也，道俗瞻依，風聲千里，雲集檀施，興建道場，廣殿、齋廚、賓寮、廩舍，纔四三年，已不啻數十百楹矣。一日，過璧曰：「圓曦所以區區成此功德者，無他，正欲推廣先師道範俾行爾。先師太古真人舊有《崑崙文集》，當時刊行者滅裂訛漏極多。圓曦以謂宗風準的，道學淵源，在則人，亡則書，蓋不可須臾離也。雖甃甓浮圖增九級之高，曾未若心印書傳無片言之誤。衆人徒見圓曦營建葺累之勤，孰知於《崑崙文集》補綴闕遺，改正差謬，亦頗有一日之勞焉。書已補完，子盍爲之序引？」璧曰：「少時傾向真人風烈，以不及瞻拜履錫爲恨，今得附名於文集間，蓋甚幸也。然向所得，皆傳聞語，大師實爲法嗣，親炙日久，知真人之詳莫如大師。請追述真人道德風烈之一二，以實敘引，以信後人。」大師因手録行實見示，其録如左：「師俗姓郝，世居寧海，爲州人之首户，昆季皆從儒學。兄諱俊彦，舉進士第，官至朝列大夫、昌邑縣令。師獨幼年穎異，識度夷曠，翛然有出塵之姿。祖師重陽真人，大定丁亥，自秦抵齊抵寧海，一見師即以神仙許之，後於崑崳山對衆傳衣。師自傳衣之後，亦不以得道自居，蓋自韜晦，往往乞食於真定、邢、洺間。過趙州南石橋之下，因持不語，趺坐留六年，寒暑風雨不易其處。童子來劇者，見其土木形骸，至以瓦石周擁其傍，師居之晏如也。昌邑君之季女，適真定少尹郭長倩，會郭夫婦偕往真定，車騎甚都，道出石橋，聞知師在橋下，駐車拜禮，以衣物存慰者甚厚。師藐然若不相識，一無所取。夫人感泣，長倩嗟異，移時而去。師於世緣堅決乃爾，故能專意於道，歲月浸久，精神感格。一日，至欒城南，神人授師大《易》，忽大開悟，事多前知，名滿天下。大安中，朝廷賜以命書『廣寧全道太古真人』，即其號也。自欒城授《易》之後，言人禍福，毫髮無差。且自知其壽數當七十有三，至期辭誡門人，無疾而逝。所著書六帙。」實録所載如此，然則曩燕趙所聞，猶未盡真人之所有也。序既竟，大師謂璧曰：「子作先師文集序，而載正一興造，得無贅乎？」余應之曰：「語録紀述，以傳心也；功德興造，以示跡也。余年七十有五，回首向來燕趙傳聞，如隔再世，非大師裒集遺文，追録行實，則真人之遺風餘烈，無自發明，況後學晚生寧易知此。大師洿藉真人遺蔭，興建正一功德，照耀東方。公舉之，所以聳動學人，俾易知耳。古人有言曰：『雖無老成人，尚有典型在。』噫！正一功德，其亦真人道蔭之典型歟？」大師曰：「唯唯。」大師諱圓曦，前宋名相文正公之裔也。前翰林學士馮璧序。（《太古集》卷首，明正統《道藏》本，文物出版社等一九九四年，第二五册八六五頁。）

金范圓曦《太古集序》：

先師廣寧全道太古真人郝君，遇師於寧海，傳衣於崑崙，神人授之以《易》，大安錫之以號，略見於内翰馮公之序，不復容贅。惟是平居製作，若《三教入易論》一卷、《示教直言》一卷、《解心經》、《救苦經》各一卷、《太古集》一十五卷，内《周易參同契簡要釋義》一卷。師西來日，真定諸人已攻木行於代。歸老之後，又多所撰述。至於舊集所傳，時有改定，世俗鈔録，往往訛舛，欲改新之，蓋未暇也。竊惟先師之道，獨得於曠代不傳之妙，粹之以《易》象，廣之以禪悦，精微宏廓，遺世獨立，法言遺論，人所願見。乃今魯魚莫辨，真僞交雜，疑惑後學，在於門人弟子，實任其責。圓曦不敏，蒙賴道蔭，今得灑掃東原之正一。居多暇日，謹以師後來所正，及世所未見者，點校精審，按爲定本，刻而傳之，敢以蕪詞冠之篇首。夫至人達觀，物無不可，故詞旨所發，務以明理爲宗，非必駢四儷六，抽青配白，如世之業文者以聲律意度相誇耳。在禪學則曰「粗言及細語，皆成第一義」，在孔門則曰「詞達而已矣」，又曰「以意逆志爲得之矣」。學者不志於道，而惟華采是求，豈爲道日損、損之又損之道乎！向上諸師，聞師一言一句，即以神仙許之，至禱爲方外眷屬，生平教督嚴麾斥公，足爲玄門之臨濟，使今而尚存，必能高提正令，坐斷大千。雖獅子象王，且知斂跡；狐狸野犴，吾知其必不能群矣。倒景滅没，可勝浩歎！雖然，師之書故在也，試取而讀之，意必有目直而不能視、口呿而不能言者矣。歲次丙申長至日，崑崙野服嗣教范圓曦謹序。（《太古集》卷首，明正統《道藏》本，文物出版社等一九九四年，第二五册八六六頁。今按，丙申指蒙古太宗八年、一二三六年。）

金劉祁《太古集序》：

癸巳之夏，余自大梁北遷至銅臺，聞天平有道士范公大師，道價甚高，且好賢喜事，爲東州冠。四方遊士，多往依之，師皆振恤不厭，遂欲一識之，而未能也。已而，余還鄉里凡二年。丙申歲南遊，聞其名益甚，因至東原得一拜下風。其言議宏深，胸懷灑落，飄飄然非塵土中人。余驚且服，遂館於其宫，逾兩旬，相與之意甚厚。將别，出一編書，曰：「此予師郝崑崙《太古歌詩》，今將重鋟木以傳，子當爲我序。」余受而讀之，則已有馮丈内翰題其首。因紬繹再四，歎曰：是亦古之有道者歟？何其言之精而理之妙也！嘗謂士大夫生而爲學，則曰：「吾欲兼善天下，致君澤民。」然志不與時偕，鮮克遂所願，幽憂憤恚，反自傷其身者多矣。所謂兼善不能，而獨善又失，深可歎嗟。彼方外之士，初無濟時心，則決然修煉，惟以壽命爲事，精專篤慎，其功日新，雖不能白日飛升，亦保體完神，康强終世，與夫逐逐於外物，爲虚名所劫持，耗智刓精而無補吾教者，相去亦遠矣。若今郝公幼而立志，挺挺不衰，其塊處數年，有玉潔松剛之操。一旦談玄論《易》，神解心融，著書立言，傳於身後。而范公能發揚其師之道，使大振於時，而又刊定遺文，以開悟晚學，俱爲方外偉人。故余有激而書以於吾儕之兩失者云。是秋八月，渾水劉祁序。（《太古集》卷首，明正統《道藏》本，文物出版社等一九九四年，第二五册八六七頁。）

王處一

王處一字玉陽，號全陽子，寧海東牟（今山東烟臺）人。大定八年，師從王重陽，隱於文登鐵查山雲光洞，常偏翹一足，獨立煉形，人稱鐵腳先生。大定二十七年，奉詔入京，世宗問延生之理，答曰：「惜精全神，修身之要；端拱無爲，治天下之本。」承安二年，復召至京，章宗問養生之道，賜體玄大師號及紫衣，敕賜燕都修真、崇福二觀，俾任便居之。泰和間，屢奉詔作醮，度道士千餘人。興定元年卒，年七十六。①

《雲光集》四卷，存。

《清真集》。金秦志安《金蓮正宗記》卷五《玉陽王真人》：「平生所集歌詩近千餘首，目之曰《清真集》、《雲光集》，盛行於世。」②

《顯異録》。元劉天素、謝西蟾《金蓮正宗仙源像傳》：「有《雲光集》、《顯異録》行於世。」③

---

① 金秦志安《金蓮正宗記》卷五《玉陽王真人》，明正統《道藏》本，文物出版社等一九九四年，第三册三六二頁。今按，原作卒於「貞祐丁丑」，其時已改元興定，當作「興定丁丑」。另，元李道謙《七真年譜》歸金亡後之「丁丑」，失之遠甚。

② 明正統《道藏》本，文物出版社等一九九四年，第三册三六一頁。

③ 明正統《道藏》本，文物出版社等一九九四年，第三册三七八頁。

王丹桂

王丹桂字昌齡，號玉峰白雲子，利州（今遼寧喀喇沁左翼蒙古族自治縣）人。丹陽弟子，隱於崑崙山神清洞。其《滿庭芳》引云：「因臘月二十二日，重陽祖師憫化妙行真人降跡，丹陽師父順化，慈願真人升霞，衆道友修齋畢，以詞贈之。」其《行香子》自述平生曰：「幼悟離塵，煉汞烹銀，把壺中造化區分。虎龍調處滋助，陽初現，亘來容，元來面，本來身。雲水爲鄰，風月常親，妙玄通方稱全真。憶師慈訓，便字昌齡，名丹桂，號白雲。」①

《草堂集》一卷，存。

袁從義

袁從義字用之，號藏雲，虞鄉（今山西永濟）人。年十九入道，師從玉峰胡光謙，盡傳其學。通經史百家，旁及釋典，尤精《易》學。道風儒業，名動京師，章宗特徵授禮官。正大元年，遭遇兵亂，義不受辱，閉息土室而逝，年六十八。② 金趙秉文《吊袁用之》詩云：「卜築中條四十秋，

① 清陳教友《長春道教源流》卷五，藏外道書本，巴蜀書社一九九四年，第三一册九四頁。
② 《遺山先生文集》卷三一《藏雲先生墓表》，四部叢刊本。

安排佳處近休休。隱居境爲王官勝，仙伯名爲少室留。架上殘書灰燼冷，囊中奴藥鬼神偷。傷心天柱峰頭月，曾照先生杖履遊。」①

《易略釋》。

《列子章句》。

《莊子略釋》。

《雲庵妙選方》。《遺山先生文集》卷三一《藏雲先生墓表》：「所著《易略釋》、《列子章句》、《莊子略釋》、《雲庵妙選方》傳於世。」

丘處機

丘處機字通密，號長春子，登州棲霞（今山東棲霞）人。大定六年，棄家學道，潛居崑崙山。七年，謁重陽，請爲弟子，與馬鈺等從師傳道。十年，重陽卒，入終南劉蔣村，廬墓三年。十四年，居磻溪修煉。二十年，遷隴山龍門。二十八年，奉詔赴闕，兩承世宗召見，對以寡欲修身、保民治國。明昌二年，東歸棲霞。貞祐間，金、宋相繼遣使召，皆不起。己卯歲（金興定三年、一二一九年），成吉思汗自西域遣使宣召，乃於次年正月率弟子十八人西行，至明年四月抵行在。數承

① 《滏水集》卷七，叢書集成初編本，中華書局一九八五年，第一〇六頁。

成吉思汗延問，答以節欲保躬，好生惡殺，治尚無爲。癸未歲（金元光二年、蒙古太祖十八年、一二二三年）東歸，賜號神仙，命掌管天下道門事。丁亥歲（金正大四年、蒙古太祖二十二年、一二二七年），卒於燕京，年八十。①

《大丹直指》二卷，存。清陳教友《長春道教源流》卷三《丘長春事跡彙紀》下：「明白雲霽《道藏目録》載《大丹直指》二卷，云『長春演道主教真人丘處機述』，有五行顛倒龍虎交姤等圖訣。考陳時可碑，但云有《磻溪》、《鳴道》二集。又長春門人李真常《西遊記》；尹清和、王棲雲語録，俱不云有此書。長春演道教主真人，系元世祖至元六年褒封之號。蓋出於至元後，去長春之化三十餘年矣。此當後人僞託。」另，潘雨廷《道藏書目提要》：「考此書作者，決非長春，因北宗重性，此書主命。然以內容言，甚有價值。尤其對人身之生理現象，説得極明白。以南宗言，發展至陳泥丸及白玉蟾時，另有西山施肩吾一派。此派或是有道士施肩吾創之，而後人神其説，乃謂即唐代之施肩吾。由是與吕純陽相合，而謂同授於正陽真人鍾離權。今《道藏》中此派的文獻尚多，旋即與南宗合一。而鍾離純陽正系北宗王重陽之道源。故元代中葉後，南北宗即西山施肩吾派之文獻，託名於長春，以西山派能包括全真教。實則或性或命，本可相通。然發生之歷史事跡及身心之

① 元李道謙《甘水仙源録》卷三《長春真人本行碑》，明正統《道藏》本，文物出版社等一九九四年，第一九册七三四頁；《元史》卷二〇二《釋老傳》，中華書局一九八三年，第四五二四頁。

修養，殊不可不詳加考證。至於其價值，全在命宫之修煉法。託名爲長春之序文，對天地人三才關係，及氣到命府與元氣真氣相接之情狀，皆能指出其原。書名《大丹直指》，殊能相稱。」① 今按，以上兩説，不無道理。「然内丹撰述，在道教内部授受嚴格，初時多秘傳，未必公諸於世。從《大丹直指》的内容看，所述丹法多引證施肩吾，近王嚞《金關玉鎖訣》，尚較原始，不類元代丹書。其書言内煉之理論與法則程序，皆系統詳明。」② 茲從之。

金丘處機《大丹直指序》：

仙經曰：觀天之道，執天之行，盡矣。體天法象，則而行之，可也。天地本太空一氣，静極則動，變而爲二，輕清向上爲陽爲天，重濁向下爲陰爲地。既分而爲二，亦不能静，因天氣先動降下，以合地氣，至極復升。地氣本不升，因天氣混合，引帶而上。至極復降，上下相須不已，化生萬物。天化日月星辰，地化河海山嶽。次第而萬物得陰陽升降之氣方生，得日月精華煉煮方實。日月運行周回，自有徑路，不得中氣斡旋不轉。蓋中氣屬北斗，所居斗柄破軍，即中天大聖，非北方也。對指天罡，逐時轉移，日月星辰，隨指自運。《斗經》云：「天罡所指，晝夜常輪。」是也。天地升降，日月運行，不失其時，萬物化生，無有窮已。蓋人與天地稟受一同，始因父母二氣交感，

① 上海古籍出版社二〇〇三年，第二五八頁。
② 卿希泰主編《中國道教史》第三卷，四川人民出版社一九九三年，第七二頁。

混合成珠，内藏一點元陽真氣，外包精血，與母命蒂相連。母受胎之後，自覺有物一呼一吸，皆到彼處，與所受胎元之氣相通。先生兩腎，其餘臟腑次第相生，至十月胎圓氣足。未生之前，在母腹中，雙手掩其面，九竅未通，受母氣滋養，混混沌沌，純一不雜，是爲先天之氣。纔至氣滿，神具精足，臍内不納母之氣血，與母命蒂相離，神氣向上，頭轉向下降生。一出母腹，雙手自開，其氣散於九竅，呼吸從口鼻出入，是爲後天也。臍内一寸三分所存元陽真氣，更不曾相親迷忘本來面目，逐時耗散，以致病夭、憂愁、思慮、喜怒、哀樂。但臍在人身之中，名曰中宫、命府、混沌、神室、黄庭、丹田、神氣穴、歸根竅、復命關、鴻蒙竅、百會穴、生門、太乙神爐、本來面目，異名甚多。此處包藏精髓，貫通百脈，滋養一身浄裸裸、赤灑灑，無可把蓋。常人不能親者，被七情六欲所牽迷，忘本來去處。呼吸之氣，止到氣海往來，氣海在上膈肺府也。既不曾得到中宫命府，與元氣真氣相接，金木相間隔，如何得龍虎交媾，化生純粹？又不知運動之機。《陰符》云：天發殺幾是也。如何是氣液流轉以煉神形？蓋心屬火，中藏正陽之精，名曰汞、木、龍，腎屬水，中藏元陽真氣，名曰鉛、金、虎。先使水火二氣上下相交，升降相接，用意勾引，脱出真精真氣，混合於中宫，用神火烹煉，使氣周流於一身。氣滿神壯，結成大丹，非特長生益壽，若功行兼修，可躋聖位，謹謹詳述於後。（《大丹直指》卷首，明正統《道藏》本，文物出版社等一九九四年，第四册三九一頁。）

《攝生消息論》一卷，存。清陳教友《長春道教源流》卷三《丘長春事跡彙紀》下：「舊本題元丘處機撰。此書皆言四時調攝之法，其真出處機與否，無可證驗。考處機答元太祖之問，亦止以節欲保躬、無爲清静爲要，與此書頗相發明，或有所受之，亦未可知。然曹溶《學海類編》所收僞本居十之九，不能不連類疑之耳。」姑仍之，俟考。

《鳴道集》。金陳時可《長春真人本行碑》：「師於道經無所不讀，儒書梵典，亦歷歷上口。又喜屬文賦詩，然未始起稿，大率以提唱玄要爲意，雖不事雕鐫，而自然成文。有《磻溪》、《鳴道》二集行於世云。」① 另，金秦志安《金蓮正宗記》卷四《長春丘真人》：「所有歌詩、雜説、書簡、論議、真言、語録，曰《磻溪集》、《鳴道集》、《西遊記》，近數千首行於世。」②

《磻溪集》六卷，存。金胡光謙《磻溪集序》：

玉峰老人講經四十年，緣深未斷。丙午春，演義易於條陰之北郊。有三仙者，自隴山來，謁我祇宫，囊出一編，乃磻溪丘公長春舉揚玄諦、開誘迷朋而作也。啓緘閲焉，其文豪縱，意出新奇，蓋匪俗學所能知者。昔王官李樂然，與玉峰俱出靳秀覺之門，而李自穎悟，玄言驚人，非世才之所能窺。既與序而傳之矣，嘉哉！道之聰，非世之聰也，道之言，非世之言也。何以徵之乎？俗學者，雖能鼓頬摛毫，不過歌詠情性，搜羅景物。至造理者，明天人之際，助聖賢之教，亦可與日月

① 元李道謙《甘水仙源録》卷二，明正統《道藏》本，文物出版社等一九九四年，第一九册七三五頁。
② 明正統《道藏》本，文物出版社等一九九四年，第三册三六〇頁。

爭懸。若夫悟真之士，特不斯然，發無言之言，上明造化，彰無形之形，下脱死生，信手拈來，不勞神思，空暗自震，奮爲雷霆，本文不作，燦成斗星。玉峰老人今於群仙而證之，不求高而自高，不期神而自神，豈非一氣通徹，六窗洞辟，動容無不妙，出語總成真，本來如是，非假他通者耶？如《磻溪集》云：「手握靈珠常奮筆，心開天籟不吹簫。」又云：「項戴松花吃松子，松溪和月飲松風。」又云：「偏撮山頭三伏暑，都教化作一團冰。」又云：「有無皆自定，貪愛復何爲。」又云：「酒傾金露滑，茶點玉芝香。」又詞云：「般般放下頭頭是，選甚花街並柳市。虚空體，本來一物無凝滯。」又云：「天下周遊身不動，人間照了心無用。」又云：「踏盡鐵鞋迷，不出庵門透。」略舉二三數，讀者當廣知焉。嗚呼，今之仙緣，必宿有仙契者乎？昔在東庵，與王風仙全真結緣，在長安，與馬丹陽結緣，去秋海州人來，與譚仙結緣，惟丘公遠處隴上。是數者，皆風仙之徒，今悉得結其緣，非人力之所能致也。雖然，丘仙之道，豈爲我而顯也？蓋光輝之大，世有不可掩者，於是乎亦得結緣焉。時大定丙午歲五月日。中條山玉峰老人胡光謙序。（《磻溪集》卷首，明正統《道藏》本，文物出版社等一九九四年，第二五册八〇八頁。）

金毛麾《磻溪集序》：

蘭生深林，不以無人而不香；鶴鳴九皋，自然有聞而及外。高人勝士，或幽棲窮谷，甘枯槁於山樊；或混雜同塵，肆沉淪於廛市。雖室邇而人遠，覺心静而地偏。飄飄泛泛，喻孤飛之雲、不繫之舟，隱起滅於丹霄滄溟之際，將何往而不自適耶？加之玄元爲師，泰和爲友，遐襟曠跡，淵停穀虛。效內觀之達人，法勤行之上士，修真養命，累功及人。間亦寄興言懷，高吟大著，遵皇人之紫筆，演大洞之空歌。文辭章句，往往見於世焉。是以蘭之吹香、鶴之聲聞乎？我儀度之，今長春子丘公，非斯人之徒與而誰與？公本登州棲霞人，與劉公、譚公、馬公，俱圖學於終南王風子先生，著名海上，遠近敬仰，號丘、劉、譚、馬。若古《祛惑論》所謂神仙道士，若《太上説》養性得仙三十六法，寂寞在人間者也。門人弟子裔公所作詩曲、雜文來謁序引，余素未遂覯止臨江之表，而獲睹雄編，嘉其恬淡閑逸，縱凡儷俚，無所拘礙，若遊戲於翰墨畦徑外者。不雕不琢，匪丹匪青，土鼓、蕢桴之不求響奏，玄酒、太羹之不事味享，知音知美，其在斯乎？唐蔣防稱静福山廖沖曰：「仙書無文，仙語無詞。以心傳心，天地不知。放情逍遥，今古爲誰？」予丘公復云。時大定丁未長至日，文林郎、前太常博士兼校書郎、雲騎尉致仕、平陽毛麾序。（《磻溪集》卷首，明正統《道藏》本，文物出版社等一九九四年，第二五册八〇九頁。）

金移剌霖《磻溪集序》：

且夫至道之妙，不得以聲色求，而不得以形跡窺，必賴至人爲馴致計，摛章摘句，俾得傳誦之、歌誦之，而漸能遊聖域而造玄門者也。然而句乏警策，文無淵底，則烏可歆豔當時而激勵後學者哉？今見長春子丘公《磻溪集》，片言隻字，皆足以警聾瞽而洗塵囂也，爭非生而穎悟，未弱冠而志於道，不寐者餘四十載，日記三千言，身行萬里地，三教九流，貯蓄於胸臆，照耀於神識故也。宜乎聲馳丹闕，有綸音之邀，契偶真仙，喜金鱗之得。因知從重陽之役者，無慮千百輩，惟丘劉譚馬四公，特爲秀出，然翹翹之譽，獨有歸焉。適有舊友隴西公亨道，自東萊直抵奉城郡署，懇求集序，拜手而加額者數四。自知弓刀簿領之手，不足爲形容仿佛，然稔慕風聲，恨未披際，況李侯之來，引繩不可挹，故讓之無計，而勉書數字。時泰和丙寅歲重午後一日。昭義大將軍武定軍節度使兼奉聖州管内觀察使提舉常平倉護軍漆水郡開國侯食邑一千户食實封一百户移剌霖題。（《磻溪集》卷首，明正統《道藏》本，文物出版社等一九九四年，第二五册八〇九頁。）

金陳大任《磻溪集序》：

昔蒙莊著書三十三篇，大率寓言籍外之論。後之談道者，然以黜聰去羡、頤神養氣爲本，至於接物誘俗、革頑釋蔽，亦不免託默於語。東州高士長春子丘公，世居登之棲霞。未冠一年，遊崑嵛山，遇重陽子王害風，一言而道合，遂師事之。王遺以詩，有「被余緩緩收綸線，拽入蓬萊永自由」，其深入理窟可知已。久之，與同志馬公、譚公、劉公陪從重陽子遊南京，識者目丘、劉、譚、馬爲林下四友。居無幾，重陽子捐館，四人護喪歸葬終南，廬於墓次。服除，各議所之適，惟公樂秦隴之風。居磻溪廟六年、龍門山七年，丐食飲以度朝夕，聲名藉甚。大定戊申，世宗皇帝聞之，驛召至京師，賜以冠巾絛服，見於便殿。前後凡四進長短句，以述修真之意，上嘉歎焉。及還山之後，接物應俗，隨宜答問。有詩頌詞歌，無慮若干首，文直而理到，信乎無欲觀妙，深造有得者歟！其徒裒爲巨帙，將鋟木以廣其傳，謁文以冠篇首。愚以爲古隱君子有三概：或自放草澤，名往從之，人主之尊，猶物色而招訪；或持峭行，不屈於俗，雖有所應，終不可縻以物，務使人人想望丰采；或資槁薄，而樂山林，逃空虛而不返，使天下常高其德，不可加訾。長春子兼而有之，宜乎以野服承聖明，使四方懷想而企慕焉。非如放利之徒假隱自名、欺愚誑瞽爲得計哉！先生今在棲霞太虚觀，未有承顔接膝之期，所以叙其崖略者，庶他時邂逅，不以我爲生客。泰和戊辰四月望日，翰林學士中順大夫知制誥兼國子司業輕車都尉潁川縣開國伯食邑七百户賜紫金魚袋安東陳大任序。（《磻溪集》卷首，明正統《道藏》本，文物出版社等一九九四年，第二五册八〇九頁。）

民國傅增湘《金刊〈磻溪集〉跋》：

《磻溪集》，長春真人丘處機撰。金刊本，半頁九行，每行十七字，白口左右雙闌，版心記「磻溪」一、二等字。前有大定丙午五月、中條山玉峰老人胡光謙序。文行書，半頁七行，字仿顔平原，體格端嚴，鐫工亦古勁。語涉金庭，皆提行空格。詩中所紀歲月，至大安己巳，刻梓當在大安之初矣。標題曰《棲霞長春子丘神仙磻溪集》，蓋長春以送重陽子歸殯終南，因樂秦隴之風，居磻溪者六年。

按《水經注》，磻溪水出南山兹谷，乘高激流注於溪中。溪中有泉，謂之兹泉之水。潭積自成淵渚，《吕覽》所謂太公釣兹泉也。石壁深高，幽隍邃密，林障秀阻，人跡罕交。集中詠磻溪者凡十數見，意者喜其幽勝，久而不忘，故題集名以寄意耳。其稱神仙者，亦弟子尊崇其師所署。《元史》本傳言，幼時相者許爲神仙宗伯，是神仙之名久爲世人所推奉，不始於元太祖稱之也。

按《正統道藏·磻溪集》，列號在友一至友六，分爲六卷，實就此三卷本而析之，惟第三、四卷次第略有參差耳。詩皆入元以前所作，取《道藏》本校之，於篇章初無增損，而字句乃大有差殊，增改多至數百十字。詩句下原附音釋或自注，《道藏》本皆芟去。凡詞多注原名，如［無俗念］十二首下注云：亦名［酹江月］。乃患刊落不存。又詩詞題下偶加小序，如《明昌甲寅九月福山建黄籙醮詩》、《世宗皇帝挽詞》、［滿庭芳］第三首「謝鄉人爲葬先塋」、［望蓬萊］「贈王喬二生語」、［南柯］第一首「記喬生簪菊」、第二首「贈裴滿」，序中略志年月事實，可以考見生平行事、交遊蹤跡，《道藏》本或竟删除，或意爲節略，均失本真，賴有金時刊本得以校補其缺失，足見古本之可珍矣。最可異者，卷三［沁園春］六首，《道藏》本改爲卷五，前三首爲《示衆》，第四首爲《心通》，第五首爲《贊佛》，第六首爲《九日作朝真醮》，今《道藏》本於《贊佛》一首獨不刊載，似後人不欲爲釋教頌揚，有意芟薙之，所見抑何隘耶！

按本傳云：金宋之季，俱遣使來召，不赴。今考本集卷二，有《世宗皇帝挽詞》，其小引云：「臣處機以大定戊申春二月，自終南召赴闕下，待詔於長天觀。後五月十六日，召見於長松島。秋七月十日，再召見。中秋得旨，許放還山。」卷一又載《進呈世宗皇帝》詩一首，是在金時固已馳傳千里，揚名九重矣。景廉修史，只據國史已卯歲元太祖乃鑾之詔使，而於三十年前金世宗長松島之召見乃闕略不書，得此可訂正《元史》之失，斯尤足貴也。惟《道藏》本卷首大定丙午胡光謙序後，又有大定丁未平陽毛麾序、泰和丙寅武定軍節度使移剌霖序、泰和戊辰翰林學士知制誥兼國子監司業安東陳大任序，此本只存胡序，而後三序皆不載。余意原本必已彙刊，或緣流傳歲遠，不免損佚，非有他也。

此本各卷鈐章，有沈興文印「姑餘山人」，毛氏子晉「汲古主人」、「乾學之印」、「健庵」、東武劉喜海「燕庭所藏」、「燕庭藏書」諸印記，知是書歷藏沈氏野竹齋、毛氏汲古閣、徐氏傳是樓，其後歸於劉氏味經書屋。然檢之汲古、傳是二家藏目，皆不見著録。自劉氏以後，未知流落何所。己未歲，忽出見於隆福寺帶經書坊，亟屬徐君森玉，與江西詩派本《東萊詩集》同收得之。翊年庚申，攜至南中，舉示寐叟沈曾植。時方創議重刻《正統道藏》，時時詣長春故宫，訪觀主陳毓坤，籌商調取藏經，分期影出之策，而無意獲此孤本秘笈，寐叟遂謂此書應時而出，與君大有仙緣，雖一時興到之書，言而氣機感召遺集，見投冥漠中，似有神助。若不期而自至者，亦可云奇遇矣。其後宗人沽薌繼掌邦教，東海老人慨斥鉅貲，森玉更爲奔馳南北，群策群力，奮厲辛勤，迄於丙寅，而全藏經典告成，凡印行一百五十部，流佈於四方，傳播及於海外諸國。千秋之盛業竟假余手而成，似長春之靈默啓余衷，俾得效其微長以附名於不朽，寧非幸哉！辛巳三月朔，蜀南傅增湘識，時居萬壽山麓之清華軒。（《金刊磻溪集》卷末，北京圖書館古籍珍本叢刊本，書目文獻出版社影印，第九一册六〇頁。）

韓錦溪

韓錦溪，名字佚，燕臺（今北京）人。大定中，以蔭入仕，後棄官入山，結茅於林州錦溪，究心玄虚，修道煉氣，年七十餘卒。①

《錦溪集》。

姚　玹

姚玹，號雲陽子，終南蔣夏村（今陝西周至）人。大定七年，受王重陽指點，棄家入道，拜馬鈺爲師，授以修真奥旨及名號。二十二年，丹陽東歸寧海，玹從行。丹陽卒後，遊磁、相。因愛滏陽風俗淳厚，築白雲庵居之，年七十二卒。②

《破迷集》。元李道謙《終南祖庭仙真内傳》卷上：「平生所述詩詞，號《破迷集》，行於世。」

陶彦明

陶彦明字明甫，號無名子，平陽襄陵（今山西襄汾縣）人。大定二十三年，自靈寶投終南山丹陽師，縣令許安仁作詩送行。丹陽留居座下，賜以名字號。後出關，隱居三十餘年。正大四年卒，

① 《（民國）林縣志》卷一二，中國方志叢書本，臺北成文出版社一九七〇年，第八二七頁。

② 元李道謙《終南祖庭仙真内傳》卷上，明正統《道藏》本，文物出版社等一九九四年，第一九册五一九頁。

壽八十六。①

《天遊集》。金李俊民《無名老人天遊集序》：

元陽子一日攜無名老人《天遊集》見囑，曰：「守一自簪冠以來，出入玄門中，皆老人引度也，不敢忘其德。今將平日遺稿命工刊行，使傳於後，庶不負平昔諄諄之意。願題其端，且爲老人光華。」老人姓陶，農家子，平水襄陵人。父珍，母賈氏。初，母夢青童金盤中獻一大果如瓜，半黄半紅，言上仙賜汝無名果也。因而娠，十三月而生，皇統壬戌十一月十三日也。性沉静寡欲，舉動與群兒異。正隆年間，全家避役陝州靈寶縣。時年方壯，有勇力，喜談道，雖不讀書便解義。補縣弓箭手。縣令許子静與語，奇之，時贈以詩，不以常人待也。大定壬辰八月十三日，隨丹陽馬祖師過關，服勤三年。祖師曰：「此非干汝修行事，汝自修行去。」於是浩然長往，隨方乞化，與若志趙公爲侣。每歸，二人背坐相倚，不言不笑，人莫能測。凡七年，忽覺體中屈者伸，窒者通，神與氣非故吾也。遊戲人世三十餘年，行步如風。一日，讀《太上西昇經》，豁然有省，謂同行曰：「我今還鄉去也。年前有韶州岳家沿王氏請住庵，我已許諾。不可食言。」已而王氏果至，迎歸所指處。到庵索湯沐。沐畢，振衣入静位，留《辭世頌》，儼然而逝。春秋八十有六。葬於永寧縣西，時正大丁亥三月初七日也。無名之號，以其夢歟？集中詩頌一百八十三，長短句九十一。信手拈

① 《終南祖庭仙真内傳》卷上，明正統《道藏》本，文物出版社等一九九四年，第一九册五二八頁。

得，如萬斛泉源不擇地而出，皆仙家日用事也。七言有「造化遠離生死外，機關超過有無中」、「古木開花春寂寂，寒潭浸月夜澄澄」、「但言造化都歸妄，畢竟陰陽總屬私」、「千里暮霞烹絳雪，半林明月搗玄霜」、「汞死鉛乾天地静，龍吟虎嘯鬼神藏」、「有作有爲俱妄想，無名無字是真常」、「願君早悟玄中趣，學我優遊物外修」。五言有「對客談黄卷，呼童烹紫芝」、「性似山猿獨，心如野鶴孤」、「頤神春寂寂，調息夜綿綿」、「俯仰長春景，遨遊不夜鄉」。若此等句，頭頭見道，無一字閑，非煙火食人所能道也。中間舛錯，講師祁定之校正，觀者無憾焉。辛丑七月望日序。（《莊靖集》卷八，叢書集成續編本，上海書店一九九四年。今按，辛丑指蒙古太宗十三年、一二四一年。）

董守志

董守志字寬甫，號凝陽子。原姓朮虎，女真人，家世隆安（今吉林農安），以祖上宦遊陝右，遂居終南山（今陝西周至縣）。大定二十年，隸軍籍，後入全真教。正大四年卒。

《和光集》三卷。金禄昭聞《凝陽董真人遇仙記》：「今也言則成文，命意高絶於古今，措詞暗合於聲韻，雖博學多識文人才士有所不逮。蓋其造詣極深，修行極至，聖賢不期而自佑，詞章不學而自得，宜與夫窺陳編以盜竊者大有徑庭矣。門人靈陽子等親炙日久，聞見日多，得師流傳遺文詩詞歌頌總四篇，爲上中下三卷，目曰《和光集》。不敢自私，刻梓以傳於世。」①

楊明真

楊明真字謙之，號碧虚子，耀州三原（今陝西三原）人。大定中，師從馬鈺，賜以名號。正大五年卒，年七十九。②

《長安集》。元李道謙《終南山祖庭仙真内傳》卷中：「平生著述目曰《長安集》，行於世。」③

《碧虚語録》。金禹謙《終南山重陽宫碧虚楊真人碑》：「至於龍虎大丹之訣，則見於《長安集》；語默動静之常，則見於《語録》，俱傳於世。」當以號名。

佚名

《諸仙降批詞頌珠璧集》。金佚名《水雲集後序》：正大六年，「僕一日編類《諸仙降批詞頌珠

① 明正統《道藏》本，文物出版社等一九九四年，第五册七五八頁。

② 金禹謙《終南山重陽宫碧虚楊真人碑》，見《北京圖書館藏中國歷代石刻拓本彙編》，中州古籍出版社一九九〇年，第四八册二九頁。

③ 元李道謙《終南祖庭仙真内傳》卷中，明正統《道藏》本，文物出版社等一九九四年，第一九册五二六頁。

璧集》，間忽有高牙大纛森擁蓬扉，僕愕然興之而迎其門，乃蕭師故來下盼，相揖而進之。」①

郎志清

郎志清，號浄然子，亦號明道，濟南禹城（今山東禹城）人。年十八入道。既冠，適京師，謁玉陽師，執弟子禮。泰和間，還居紅羊山。正大七年，終於澶淵通真觀，年五十二。②

《大方集》。金李俊民《大方集序》：浄然子者，濟南人，姓郎名志清。幼而穎悟，舉止作高尚事。年十二，灑落有塵外想，求出家，父母肯之。十四，遇一道者，見而奇之，曰：「是兒有仙分，安得在此？」語以真理，釋然有所得，自後稍加精進。一日，忽見重陽真人繪像，駭然曰：「此乃前者所遇之師也。」冥契相投，豈偶然哉！於是絶嗜欲，屏紛華，刻意於道學。弱冠，僑居澶淵。三十一，還濟上。主者諉以玉霄觀圓容大師，咈然不受。遂之益都，從者雲集。師不悦，乃渡河逃名於南陽山中。去圭角，混光塵，舍者與之争席矣。逍遥雲水間，其對景述懷，托物見情，片言隻字，沾丐者多。簡而古，峻而潔，邃而深，無一點俗氣，蓋玄門之星斗歟？庚寅歲冬，復歸澶淵，返寂於通真觀，年五十一。師所畜馬哀鳴廄下，弟子劉志源見而歎曰：「師已仙矣，尚留

① 《水雲集》卷末，明正統《道藏》本，文物出版社等一九九四年，第二五册八六五頁。

② 元朱象先《玄都宫碑記》，見《（同治）畿輔通志》卷一八二《古跡》，上海古籍出版社一九九一年，第六七二九頁。

何爲？不如淮南之雞犬乎？」言訖，乃仰而吁，俯而默，眼光落地，不復芻豆矣。聞者異之。葬於先師靈兆之側。襄事後，志源等鳩集生前遺稿，刊之於木。元陽子紇石烈守一索余序之。前後作者贊述詳矣，言之則贅，姑道其大略云。辛丑歲七月朔日序。（《莊靖集》卷八，叢書集成續編本，上海書店一九九四年，第一〇七册六八〇頁。今按，辛丑歲指蒙古太宗十三年、一二四一年。）

趙九淵

趙九淵字幾道，號湛然子，隴州隴安（今陝西寶雞）人。少業儒，嘗中鄉試。大定十八年，拜丹陽爲師，朝夕參於道德性命之學。河内張邦直尹扶風日，與之爲方外交。作文尚平淡，詩句雅健。平生躬自厚而薄責於人，所至人皆敬慕之。正大末，鳳隴兵亂，負笈入隴山，莫知所終。①《思玄集》。元李道謙《終南祖庭仙真内傳》卷上：「遺文目曰《思玄集》。」

薛知微

薛知微字道淵，號碧霄子，河津（今山西河津）人。唐征遼將軍薛仁貴遠孫。弱冠酷好養生性命之學。大定十一年，往終南山謁丹陽，侍門庭三載，乃付以修真秘旨。復還鄉里，築庵修行。後

① 《終南祖庭仙真内傳》卷上，明正統《道藏》本，文物出版社等一九九四年，第一九册五二二頁。

南渡遊嵩少間，於内鄉結茅隱居。天興元年卒，年八十三。①

《清虚集》。元李道謙《終南祖庭仙真内傳》卷中著録。

于道顯

于道顯，號離峰子，文登（今山東文登）人。初隱觀津女幾山，師從長生子劉處玄。丐食齊魯間，以苦自力，風雨寒暑不恤。貞祐南渡後，道價日重，京師名士元好問、雷淵、孫邦傑等多與之交，或請爲弟子。正大中，提點亳州太清宫，賜號紫虚大師。天興元年，避兵盧氏卒，年六十五。②

《離峰老人集》二卷，存。金元好問《紫虚大師于公墓碑》：「作爲歌詩，伸紙引筆，初若不經意，皆切於事而合於理，學者至今傳之。」且引金張本《離峰子詩集序》云：「師自以其言爲道之棄物。今所以傳者，欲知此老林下百眠，塵中幾蜕耳。」又云：「悠然而風鳴，泛然而谷應。彼區區者，或以律度求我，是按天籟以宫商，而責渾沌之眇丹青也。」今按，此序不見於明正統《道藏》本。

① 《終南祖庭仙真内傳》卷上，明正統《道藏》本，文物出版社等一九九四年，第一九册五三〇頁。

② 《遺山先生文集》卷三一《紫虚大師于公墓碑》，四部叢刊本。

長筌子

長筌子，姓名失考，龜山（今山東新泰）人①。金末士人遁跡全真道教者。詩文清雅，時顯禪理。

《元始天尊説太古經》一卷，存。金長筌子《太古經序》：夫至道無言，真空非色，思之者莫能知，觀之者不可見，蹟之不可得，行之不能到。陶鑄天地，率循造化，寂而不動，應滿六虚，令萬物蒙休，群生復命，巍巍乎至矣哉！非聖人孰能通之者耶？況元始天尊慈心廣佈，慧照十方，觀見衆生忘歸失本，宛轉世間，輪回不息，長劫受苦，不能自明，遂感法雨敷滋，宣揚妙道，引接有情，出生死海，遊清虚之境，恬淡之鄉，超乎塵垢，步乎寥廓，逍遙獨化，微妙玄通，無爲自然，返於純素冥極混茫者也。（《元始天尊説太古經注》卷首，明正統《道藏》本，文物出版社等一九九四年，第二册五九三頁。今按，長筌子另有《太上赤文洞古經注》，亦收入明正統《道藏》，均論説内丹之術，「經」、「序」文字相同，僅「注」稍有出入，當爲一書。）

①《洞淵集》卷四《幽居》：「正大辛卯歲孟春望日，時有龜山長筌子逃干戈於古唐之境，避地於泌陽甽畝中。」明正統《道藏》本，文物出版社等一九九四年，第二三册八七二頁。今按，辛卯，指正大八年；龜山，在山東新泰西南。《詩經·魯頌·閟宫》：「奄有龜蒙。」《春秋·定公十年》：「齊人來歸鄆、讙、龜陰田。」杜預注：「泰山博縣北有龜山。」

《洞淵集》五卷，存。

王吉昌

王吉昌，號超然子，金末全真道士，其入室弟子通玄子劉志淵名著當時。①

《天生經頌解》一卷，存。

《會真文集》五卷，存。金楊志樸《會真文集序》：

夫《易》廣矣大矣，其無體也，始於一氣，即道也。《易》有三義：不易也、變易也、簡易也。不易者，獨立而不改；變易者，四時更代也；簡易者，天地簡易也。六爻者，內卦謂之貞，天、地、人爲之三才之定體也。因而重之曰悔，謂吉凶悔吝生乎動者也。下二爻爲地，中二爻爲人，上二爻爲天。上下無位，二五本以人事論之，故稱見龍飛龍，利見大人；三四本天地之位，不稱龍，以人事君子呼之，即天人相通之象也。乾坤，天地之德也。以剛柔相配，生三男三女，分制五材，謂之五行，代天地行事也。後生六十四卦，分佈一年三百八十四爻，大約統以年月、氣

---

① 金董師言《金峰山通玄子啓真集序》：「長值道運勃興，群教釋鄙，遇超然子，授以頤真養素見性識心無爲之旨。」另，金劉志淵《啓真集》卷下《行狀》：「乃超然子入室弟子，從師以來二十年間，不見形容喜怒，而後風動晉并，草偃士庶，願以師事之者不勝其數。」今按，潘雨廷《道藏書目提要》著録《會真集》，謂「宋末超然子王昌吉撰」，不知所據。見上海古籍出版社二〇〇三年，第二八一頁。

候、日時，一日變十二卦。人爲萬物之靈，其性命全與天地同體。惟聖知聖，仁者見之謂之仁，知者見之謂之知。能斡運於自身者，是謂養道之士也。後人判教有三：以《易》爲真玄，以《老子》爲虚玄，以《莊子》爲談玄。其説則異，至於玄則同歸，非常人所通曉，惟神仙能之。去歲春，余於青義清神觀會識吉昌王先生，號曰超然子。與之語，咳唾珠玉，呼吸煙霞，混三玄而講義，惜乎别之速矣。雙鳧西邁，俄變星霜，使老夫夙夕不忘。今者二仙子得得來雲溪，倒屣出迎。一者寫唐梁振之，一者紛南梁之秀，皆故人也。延之尚座，茗飲小會，坐中乃舉其師超然子所著《會真文集》，欲鏤板通佈於四方，請老拙作序引。袖出其文，老夫從首至尾，歷觀其詞語，以去歲一會之語話也。考其圖繪詠歌，皆出自胸臆中。埏埴輪旋，調和大塊，心腹間爐鞴煅煉混元，明七八九六之老少，水火木金土之生成。王子晉所謂「顛倒五行，推移八卦」，正謂此也。非神仙孰能與此乎？若遍行於世，使學道之士如秉燭入於暗室也。欽二仙子能揚師之美，可謂不忘本也。故不敢違命，略序其實於卷首。魏南雲溪閑老楊志樸序。（《會真集》卷首，明正統《道藏》本，文物出版社等一九九四年，第四册四四二頁。）

劉志淵

劉志淵，號通玄子，西慈高樓里人。嘗師從超然子王吉昌，名動晉并。年五十九卒。①

《啓真集》三卷，存。金董師言《金峰山通玄子啓真集序》：竊以欲正春夏秋冬者，必得指而可知；欲達微妙玄通者，必藉言而可悟。奈言語者心識之影，文字者言語之影。意爲心影，言爲心響，終無真體，而理可窮及，微妙雙泯，絶盡百非，無一法可親者，曷用乎言？蓋理非言銘，則若魚無筌而魚莫之求，兔非蹏而兔無以得。大抵言者，魚兔之筌蹏，足以紀綱至道，匡轄仙機，詎可忘之？是以聖人作而述《陰符》、《道德》，發揮妙本之精。賢者擬聖作書，製《沖虚》、《南華》之經，務啓迪後覺入聖超凡，何不假言而爲？況近朝五真派别，教闡多方，丘、劉著《磻溪》、《仙樂》之集，譚、馬目《金玉》、《水雲》之號，靡不鼓唱玄風，焕明智鑒，如霜天皓月，普現千潭，使彼味道者咀嚼膏腴，識趨向而不陷迷津，豈不以因言而明理哉！而後攀龍鱗，附鳳翼，詮道垂訓，拯溺指迷者，予於通玄師見之矣。師姓劉氏，諱志淵，西慈高樓里人，生而慈愍，幼慕宗風，大乘契典，莫不精研。長值道運勃興，群教釋鄙，遇超然子，授以頤真養素、見性識心無爲

---

① 金劉志淵《啓真集》卷下《行狀》，明正統《道藏》本，文物出版社等一九九四年，第四册四八一頁。今按，西慈高樓里當是鄉里地名，所在州縣不明，俟考。

之旨。於是捨衆人之所愛，收衆人之所棄，慨然而徑詣重玄，入衆妙之門，一唉而三觀盧浄，再味而八面玲瓏，屢現化身，一途生死。其天機妙道，已印於胸中。凡聲咳文詞，形容翰墨，可謂駢珠驪玉，非雕蟲篆刻而成，飄飄然出旁羅搜索之表，真學者之指南，實大筆手爲之。雖一詞一詠，隻字片言，志在抉盲剔聵，俾有所受用，非特獨善其身而爲之。斯文未振，一旦遺世，六探信通，進破泥丸，無形昇入，厥有著述，寂寥無聞。門人平水李志全，恐綿遠煙滅，歷訪晉并，得諸友口誦者一二，洎劉志堅録帙者，十得之八九矣。乃掇遺而鳩集一編，整比義類，列成三帙，目曰《啓真》。袖示於僕求校，而再囑爲序引，庶幾刊行，以廣其傳。再四披閲，灼然文理棋布，妙趣星分，可以挈行昏衢者入大光明清浄鄉，非心珠朗徹，出天地之外者，曷至於是耶？僕雖預道胤，造道仿佛，慊才輕蟬翼，辭短蛙鳴，安敢擊布鼓於雷門？執辭不獲已，姑以俚語道先生才藻軌範之萬一耳。時太歲甲辰仲吕下旬有二日，紀之卷首。同羊盡忠里鳳源老人董師言題。（《啓真集》卷首，明正統《道藏》本，文物出版社等一九九四年，第四册四六七頁。今按，太歲甲辰指蒙古太宗乃馬真后稱制三年、一二四四年。文中「門人李志全」，金末元初全真道士。）

蔡真人

蔡真人，滿城（今河北滿城）人。七歲出家，戒行甚嚴。大安初，謁長春真人，授之奥旨密訣。金亡之際，得湛然江月之號。丁酉歲（蒙古太宗九年，一二三七年）卒，年五十九。①

《江月集》。《（萬曆）保定府志》卷四〇《藝文志》著録。

白自然

白自然字常道，號陽和子，嵐谷（今山西岢嵐）人。世本農家，生而聰慧，垂髫好學，後入全真道。大安末，避亂入關，隱華山。正大初，應道俗之請，居潼谷。壬辰夏，達并汾。壬寅歲（蒙古太宗乃馬真后稱制元年、一二四二年）卒，年八十。②

《圓通集》二卷。邢志玄《金華山陽和子白先生墓誌》：「師自悟道，敷暢玄風，每出其□構稿□□莫收其本，唯門人□□□□所記録，僅得三百餘篇，分上下兩卷，目之曰《圓通集》，傳於世。」

王元粹

王元粹字子正，又名粹，號恕齋，平州（今河北盧龍）人。出遼世衣冠家。正大末，用門資敘

① 《（萬曆）保定府志》卷四〇《藝文志》，日本藏中國罕見地方志叢刊本，書目文獻出版社一九九二年。

② 金邢志玄《金華山陽和子白先生墓誌》，見陳垣等《道家金石略》，文物出版社一九八八年，第一〇七六頁。

爲南陽酒官。金亡之際，流寓襄陽，後北歸燕京，師從全真教李志常，居長春宫萃玄堂，旁求遠索，紬繹秘笈。癸卯歲（蒙古太宗乃馬真后稱制二年、一二四三年）卒，年四十一。長於詩，每一詠出，膾炙人口。五言雅淡，有陶韋之風。①

《王元粹詩集》。《永樂大典》卷一一三一三館字韻引《王元粹詩集》之《再到秦館》等，爲《中州集》失收。

孫道古

孫道古，原名彬，文登（今山東文登）人。少時決志出家。泰和間，初謁聖水王玉陽，賜以名諱，號靈神子。再謁丘長春，北游燕薊，乞食煉心。後還鄉，修玉清宫。②

《玉陽内傳》。

《范無生本行》。

《女真戒律》。《（光緒）文登縣志》卷一二《釋道》引《靈神洞明貞晦真人道行記》：「道古以

---

① 《中州集》卷七《王元粹》，中華書局上海編輯所一九六二年，第三八一頁。另，元李道謙《甘水仙源録》卷七《恕齋王先生事跡》，明正統《道藏》本，文物出版社等一九九四年，第一九册七八四頁。

② 《（光緒）文登縣志》卷一二《釋道》，中國方志叢刊本，臺北成文出版社一九七〇年，第一一六四頁。

道修身，以學扶教，善卜筮，精醫方，著有《玉陽内傳》、《范無生本行》、《女真戒律》。」

秦志安

秦志安字彦容，號通真子，又号煙霞逸人、樗櫟道人、長春壺天，陵川（今山西陵川）人。父略字簡夫，號西溪道人，以詩名。志安其長子，累舉進士不中，遂放浪嵩少間。與李俊民、元好問交誼甚厚。金亡之際北歸，遇披雲宋德方，遂執弟子禮。尋從師修道藏，居平陽玄都觀十載。甲辰歲（蒙古太宗乃馬真后稱制三年、一二四四年），書成未幾，卒於居所樗軒堂，年五十七。①

《玄都寶藏》。金元好問《通真子墓碣銘》：「披雲爲言：『喪亂之後，圖籍散落無幾，獨管州者僅存。吾欲力紹絶業，鋟木宣佈，有可成之資，第未有任其責者耳。獨善一身，曷若與天下共之？』通真子再拜曰：『受教。』乃立局二十有七，役工五百有奇，通校書平陽玄都以總之。其於《三洞》、《四輔》萬八千餘篇，補完訂正，出於其手者爲多。仍增入《金蓮正宗記》、《煙霞録》、《繹仙》、《婺仙》等傳附焉。起丁酉，盡甲辰，中間奉被朝旨，借力貴近，牽合補綴，百萬並進，卒至於能事穎脱，真風遐佈，而通真子之道價益重於一時矣。通真子記誦該洽，篇什敏捷，樂於提

---

① 《遺山先生文集》卷三一《通真子墓碣銘》，《四部叢刊》本。

誨，不立崖岸。居玄都垂十稔，雖日課校讎，其參玄學、受章句，自遠方至者，源源不絶。」①

《煙霞録》。佚名《重陽成道宫記》：「祖師可見之跡，玉峰翯子金已有贊，平水毛收達有引，北平王子正有傳。『活死人墓』四字，又有趙翰林閑閑親筆、掌教真常真人跋語，並刻之石。全陽周真人、淵虚李公、洞虚張公生前事跡亦各在秦樗櫟彦容《金蓮記》、《煙霞録》中，與祖師以下衆師真同載《玄都寶藏》，俱不煩贅述。」②

《繹仙傳》。金元好問《通真子墓碣銘》著録。

《婺仙傳》。金元好問《通真子墓碣銘》著録。

《金蓮正宗記》五卷，存。金元好問《通真子墓碣銘》著録。今按，自署「林間羽客樗櫟道人編」。通真子所居之堂名樗櫟，因以爲號。

金秦志安《金蓮正宗記序》：

道無終始，教有後先。或曰：道與教不同乎？曰：不同。湛寂真常道也，傳法度人教也。道之爲體，雖經無數劫，未嘗少變。教之爲用，有時而廢，有時而興。或曰教之興也，自何而始？曰軒轅黄帝鑄鼎之後，乘大龍而飛昇太虚，然後知有長生久視之説。雖有其説，知而行之者七十二

① 《遺山先生文集》卷三一《通玄子秦公道行碑》，四部叢刊本。

② 見佚名《宫觀碑誌》，明正統《道藏》本，文物出版社等一九九四年，第一九册七一二頁。

人而已。下逮殷王武丁之世，老君示現於瀨陽，東臨魏闕，西度流沙，演化者九百九十六歲，乃跨白鹿，昇蒼檜，超碧落，遊三京。雖有如此顯異，而人猶顢頇，而未知信也。及漢天師張静應之出世也，親受正一法籙，戰鬼獄而爲福庭，度道士而爲祭酒，其教甚盛，化行四海。繼之以寇、吴、杜、葉，袪妖馘祟，集福禳災，佐國教民，代天行化，歷數十世，宫觀如林，帝王崇奉。及正和之後，林天師屢出神變，天子信向，法教方興，而性命之説猶爲沉滯，而未之究也。及炎宋之訖録，挺生重陽，再弘法教，專爲性命之説，普化三州，同歸五會，以金蓮居其首，東遊海上，度者七人，以柔弱謙下爲表，以清静虚無爲内，以九還七返爲實，以千變萬化爲權，更其名曰全真，易其衣而衲甲。逮我長春子丘神仙受皇帝宣，應陰山之聘，勸之以減酒色，戒之以少殺戮，一言愷切，萬國生春，救億兆於鼎鑊刀鋸之間。人心歸向者，如百川赴海，而莫能禦也。牧豎蕘童，咸知稽首；東夷西戎，皆詠步虚。家家談道德之風，處處講希夷之説。懶衣髽髻，雲連乎道路之間；琳宇瑶壇，星佈乎山澤之下。自軒轅以來，教門弘盛未有如今日者。是教也，源於東華，流於重陽，派於長春，而今而後，滔滔溢溢，未可得而知其極也。故作《金蓮正宗記》。時太歲辛丑，平水長春壺天述。（《金蓮正宗記》卷首，明正統《道藏》本，文物出版社等一九九四年，第三册三四三頁。今按，辛丑指蒙古太宗十三年、一二四一年。）

《林泉集》二十卷。金元好問《通真子墓碣銘》著録。

劉道寧

劉道寧，雲中白登（今山西陽高）人。泰和二年，從渾源屏風山金泉觀劉柴頭爲師。癸未歲，謁長春丘處機，授秘訣，賜號真常，令築室西京。丙午夏（蒙古定宗元年、一二四六年）卒，年七十五。①

《會仙録》。

《隨應録》。

《總仙録》。元王鶚《渾源真常子劉君道行記》：「嘗作《巴人曲》，接引於衆。又著《會仙》、《隨應》、《總仙》三録，以道神仙可學之事。」

宋德方

宋德方字廣道，號披雲子，萊州掖城（今山東萊州）人。自幼讀書，穎悟强記。年十二，師從劉長生。長生卒，又師從王玉陽、丘長春。儒經道典，尤所酷好，詩書子史，罔不涉獵。興定四

① 元王鶚《渾源縣真常子劉君道行記》，見元李道謙《甘水仙源録》卷六，明正統《道藏》本，文物出版社等一九九四年，第一九册七七二頁。

年，從丘長春西行謁成吉思汗。後遵師囑，領修道藏，搜拾遺佚，遂成一代典籍。丁未歲（蒙古定宗二年、一二四七年）卒，年六十五。①

《玄都寶藏》。原本已佚，所收文獻多存於明正統《道藏》，僅有少數零種原刻流傳至今。如《北京圖書館古籍善本書目·子部道家類》著録《太清風露經》一卷，云：「題無住真人撰。蒙古太宗九年至乃馬真后三年，宋德方等刻《道藏》本一册，六行十七字。」

金李俊民《道藏經後》：洪惟玄祖，遠振宗風。垂三洞之靈文，演一真之妙理。要使學仙之子，咸與道俱；尚憂誤讀之人，或遭陰責。宜新刊正，用廣流傳。（《莊靖集》卷一〇，叢書集成續編本，上海書店一九九四年，第一〇七册七〇〇頁。）

金李鼎《玄都至道披雲真人宋天師祠堂碑銘並引》：丁酉，復往平陽主醮事，因於長春觀思及國師數年前宫中之語，乃私自念云：「吾師長春以神化天運之力，發而爲前知之妙。凡有言之於其先，莫不驗之於其後。謂緣在西南之一語，我已安而踐之矣，何獨至於藏經而疑焉？」遂及門人通真子秦志安等謀爲鋟木流佈之計。胡相君聞而悦之，攸白金以兩計一千五百。真人乃探道奥以定規模，稽天運以設方略，握真機以洞幽顯，秉獨斷以齊

① 元李道謙《終南山祖庭仙真内傳》卷下《披雲真人》，明正統《道藏》本，文物出版社等一九九四年，第一九册五三九頁。

衆慮，審人材以敘任使，約工程以限歲月，量費用以謹經度，權輕重以立質要。兹所素既定，即受之秦通真，令於平陽長春總其事。至事成之日，曾不愆於秦。若夫三洞三十六部之零章，四輔一十二義之奧典，仁卿藏經碑文云：「真人參校政和、明昌目録之始，至工墨裝褾之畢手，其於規度旋斡，靡不編録，讀之一過，見其間補完亡缺，搜羅遺逸，直至七千卷焉。況二十七局之經營，百二十藏之安置，或屢奉朝旨，或借力權貴，而海内數萬里皆經親歷之地。使他人處之，縱不爲煩冗所困，則必厭其勤矣。」（陳垣等《道家金石略》，文物出版社一九八八年，第五四七頁。）

元商挺《玄都至道崇文明化真人道行碑》：

披雲真人繹念長春之語，道緣其在此乎？慨然以興復藏室爲任。丞相胡公奉白金三十笏爲助。乃購求遺經。首於中陽晉絳置四局，以事刊鏤。東宫合西歹獎其勤劬，令侍臣齊公賜真人以披雲之號。繼於秦中爲九局，太原七、潞澤二、懷洛五，總爲二十七局。局置通經之士，典其讎校，俾高弟秦志安總督之。役功者無慮三千人，衣糧日用，皆取給於真人之身，首尾凡六載乃畢。又釐爲六局，以爲印造之所。真人首製三十藏，藏之名山洞府。既而諸方附印者有百餘家。雖楮劄自備，其工墨裝題，真人仍給之。於是三洞三十六部之玄文，四輔一十二義之奧典，浩浩乎與天地流通，日星並耀矣。儲宫闕端聞厥功告成，又加以玄都至道之稱。庚子，真人乃謁純陽祠於永樂，歎其荒陋，謂道倡曰：「祖庭若此，吾輩之責也。且此地明陽交會之所，當有異人輩出。盍易祠爲宫，上光祖德，下啓後人。」咸稽首再拜，以主持爲請，真人允之。迄今回□邃殿，真人□張本焉。丁未，歸息於終南之重陽宫。知世緣將盡，十月十有一日，沐浴具衣冠，集道衆於待鶴亭，援筆賦詩云：「喝散迷雲，驅回宿霧。萬法無私，千峰獨步。明月清風快意哉，一聲長嘯還家去。」遂怡然而逝。（陳垣等《道家金石略》，文物出版社一九八八年，第六一三頁。）

《樂全集》前後二集。元李道謙《終南祖庭仙真内傳》卷下《披雲真人》：「平生所作詩文，目曰《樂全》前後二集，行於世。」①

李通玄

李通玄，號通玄子。金末全真道士，約與宋德方同時。

《悟真集》二卷，存。②

張志謹

張志謹字伯恭，號寧神子，温縣（今河南温縣）人。自幼志學，尤喜道書。泰和間，泛海經商。後辭親棄業，禮長春爲師。癸未歲，復謁長春於雲中，賜以號，及付以嗣行教化事，謝不敢

① 明正統《道藏》本，文物出版社等一九九四年，第一九册五四〇頁。
② 明正統《道藏》本，文物出版社等一九九四年，第二五册六三五頁。

當。丁未歲（蒙古定宗二年、一二四七年）卒。

《無相集》。佚名《重修天壇靈都萬壽宮碑》：「（志謹）禮掌教長春真人爲師，親炙訓導，日就月將，功行勤懇，仍雲水二十寒暑，故得事無不通，理無不明，吐言發問，輒成詩句，因成《無相集》傳世焉。」①

于慶善

于慶善字伯祥，號洞真子，寧海（今山東烟臺）人。長通經史，尤好道德性命之學。大定二十二年，拜丹陽爲師，訓以名字。後從劉長生、丘長春、王玉陽學。玉陽教以微旨，賜以號。庚戌歲（蒙古定宗海迷失后稱制二年、一二五〇年）卒，年八十五。②

《洪鐘集》。元李道謙《終南祖庭仙真內傳》卷下《洞真真人》著録：「度人暢道詩詞目曰《洪鐘集》，行於世。」

---

① 佚名《重修天壇靈都萬壽宮碑》，見陳垣等《道家金石略》，文物出版社等一九八八年，第五八四頁。

② 《終南祖庭仙真內傳》卷下《洞真真人》，明正統《道藏》本，文物出版社等一九九四年，第二五册五三六頁。

尹志平

尹志平字太和，號清和子，萊州（今山東萊州）人。初師丹陽，後從長生，繼問學於長春、玉陽、太古諸師，道業日隆，四方學者翕然宗之。興定三年，從長春西行。長春逝，主教事。辛亥歲（蒙古憲宗元年、一二五一年）卒，年八十三。①

《清和真人北遊録》四卷，存。弟子段志堅編。

金李進《清和真人北遊語録序》：

嘗觀南伯子葵問女偊之聞道，對以聞諸副墨之子。副墨之子聞諸洛誦之孫，乃至瞻明、聶許、需役、于謳，逮夫玄冥參寥，極於疑始也。足見自非生而知之。目擊道存者，曷嘗不假修心煉性，漸證漸悟，自日益至於日損，自有爲至於無爲，道成功就，住世成仙，固亦有次第矣。然則修道之教，忘言之言，詎可已乎？清和尹真人傳長春師之道，嗣掌天下大教，重辟玄門，宣演正派，如景星丹鳳，争先睹之爲快也。内則脱屣搵衣者不下千計，外則送供請事不遠千里。道價德馨，被於夷夏，天下翕然推尊之，誠一代之宗匠也。嘗赴北京運使侯進道等醮事，門人集師《北遊語録》一

① 元李道謙《甘水仙源録》卷三《清和妙道廣化真人尹宗師碑銘並序》，明正統《道藏》本，文物出版社等一九九四年，第一九册七四一頁；元李道謙《終南山祖庭仙真内傳》卷下《清和真人》，同前第五三二頁。

編，乃師資答問，講論經法，諄諄然以真實語指平常心，提正玄綱，折中妙理，誠入道之筌蹏也。沁郡長官杜德康將大書鋟木，與四方信士、林泉幽人共之，遂釐爲上下二卷，冀覽者因言悟入，同證長生，顧不韙歟！噫！今真人退堂就閑，終日静坐，將與造物者遊於無何有之鄉，而且不得見，而況其言乎？歲在强圉作鄂秋一日，古陶李進書。（《清和真人北遊録》卷首，明正統《道藏》本，文物出版社等一九九四年，第三三册一五三頁。今按，所謂「歲在强圉作鄂」，以古曆歲陽計，指丁酉歲，即蒙古太宗九年、一二三七年。）

金張天祚《清和真人北遊語録序》：

昔孔子嘗謂弟子曰：「予欲無言。」子貢曰：「子如不言，則小子何述焉？」故聖人之於道也，必以言傳，如或不然，何以明道？今清和真人尹公，自幼出家，從長春師父五十餘年，朝參夕問，未嘗少怠，在衆中素號傑出者矣。遂親授訓墨，俾掌其教事，天下尊之。每於閑宴之際，與衆講論全真妙旨至於終日，亹亹不倦，言甚簡當，析理易曉，與夫談玄説妙干時惑衆者固有間矣。故諸弟子恐其遺落，各記所聞，纂爲一編，目曰《清和真人語録》，分爲二卷，庶使四方修真之士，皆得披讀而易於入道也。以力未能就，嘗爲歉照。會銅川長官杜德康迎師南邁，聞而樂之，遂命工板行，欲永其傳。一日，平遥太平興國觀提點王志寧洎李志方懇求予爲序，義不敢辭，抑又嘉仁人君子之用心深也，聊摭其實，以敘其始末云。時丁酉歲七月立秋日，南軒老人張天祚題。（《清和真人北遊録》卷首，明正統《道藏》本，文物出版社等一九九四年，第三三册一五四頁。）

金李志常《清和真人北遊語録序》：

夫大道無象，至理無言。且無象之道，既不可得而見，其無言之理，烏可得而明？理何以明？由言而明之。然言之則不類矣。故古之君子强爲之言，言必有宗，言有宗則理爲言筌而出之，以是知理在言外，得其理而言自忘矣。故曰至理無言。無言則無象矣，故曰大道無象。見無象之道，言無言之理者，非真得真知，其孰能哉！既可得而言矣，廣説而不爲之太過，約説而不爲之不及。即能動，則有法，静則會極，與道玄同之謂也。若人之出世，亦豈易遇哉！今清和真人繼踵長春，綱領玄教，積有歲年，四方修真之士造席請益者歲無虚日，久而益敬，遠而益親，争先睹者，不啻若景星之與鳳凰也。偉哉至人！平日以誠接物，以慈利人，不求保於人，人保之，其人天之真依者歟！一日，知宫張德方諸君捧北行所録若干卷來謁，曰：「在長春先師之門者，唯師知公最深，其所托亦可謂重矣。今將以是書刻梓，若得公之文序之，以廣諸方後學願見之心，豈不美乎！」余竦爾而謝曰：「余言何足謂之文邪？惟真人道純學奥，當代之偉人，其真得真知無間乎語默，人得其一言一話録而成書者久矣。又何待余言而傳。」德方曰：「不然，挈裘者必以領，升堂者必自階，願借一言，鈎深發至，列之卷首，庶使學者由領而舉，自階而升，亦非小補。」余不敢復辭，乃筆以授之。時庚子秋七月初吉，嗣教真常子李志常題。（《清和真人北遊録》卷首，明正統《道藏》本，文物出版社等一九九四年，第三三册一五四頁。今按，庚子指蒙古太宗十二年、一二四〇年。）

《葆光集》三卷，存。清和真人嗣教後，居燕京長春宫寶玄堂之葆光軒，因名其集。

金秦志安《葆光集序》：

伏以渾淪未判，已含天地之真；清濁將分，遂運陰陽之妙。由是三才既立，萬化俱成，品物咸亨，異人間出。如真人者，姓尹氏，世族滄州人也。祖先一母三産九男中，内七人各封八縣，厥後簪纓熾盛，抑今碑銘昭然。至真人愈爲盛事。童年入定，看乾坤造化之原；丱歲出家，了性命超昇之訣。接人救物，考古規今，窮萬物之始，終列千賢之先。後博施廣化，泛愛寬容，爲而不争，犯而不校，欲仁而斯仁至矣。不善者亦善覆之，蓋由達向背之情，曉幽明之故。既已往而弗諫，但將來者可追，知進退存亡，恕大小多少，流言不入，任毁譽以何移；凡事飽諳，信浮沉而所適。隨流若類，混跡同塵，受垢安身，託詞警世。清吟編簡，意傳萬古以無遺；法語暢揚，志取一時之有補。可以繼全真而演教，敘正派以流芳，開衆妙之玄門，指三清之直路。高懸慧日，照破邪陰，大振宗風，蕩除凶穢。故使門庭灑落，境界清凉，屏幽夜之迷途，附長春之勝域。擬開靈沼，植萬朵之金蓮；空駕神舟，載一輪之皓月。是知人難調制，道不加行。可懷寶而坐忘，或寫憂而遊戲。不離方寸，歷遍遐荒。復挈大千，納於毫末，心田晃朗，照知聞見覺之前；性海淵澄，湛成住壞空之後。感而即應，捨之則藏，淡泊於無生，逍遥於寂滅。如如不動，冥超劫外之天；了了常存，永在現前之地。般般勘破，處處圓成，信手拈來，轉頭放下。諸門遍曉，悟萬法以歸心；多劫曾修，證一真而合道。是以曩離塵世，久處仙鄉，優遊於碧落之中，冥賞於清都之内。

上方尅約，等師父之千年；下會來期，誕自身於次日。是謂至禮無體，至讓無辭，按美名無稱之稱，合上古不德之德。其緣有慶，其故無私，蓋懷弘道之微機，以示化人之雅範。不虧細行，終累大功。既足清標，敢無美譽？浪裁狂語，冒贊幽情。不防條罪之三千，私發師真之萬一云耳。夫《葆光集》者，即真人之所作也。自承教一十三年，常坐於大長春宫寶玄堂之重室葆光之軒，日有在京士大夫及遠方尊宿，參問請益，求索唱和，或自述懷遣興，警誡勸示。復因諸方遊歷，經臨景物，題跋贊詠，所得詩詞歌頌，編列次第，分爲三卷，以軒名而立號焉。或謂葆者，蔽也，謂蔽藏靈識，不令外馳，雖應萬變，不失虚寂之體。又光者，照也，謂照破昏闇，坦然前進，不致陷墜，徑入希夷之域。又集者，聚也，謂聚積珠玉衆寶等類，施設運用，以濟貧苦之者。述作之義，大略然否。或謂詩有四煉：煉字不如煉句，煉句不如煉格，煉格不如煉意。意者志之用，詩思之委也，故在心爲志，發言成詩。詩之成也，不必字精句健，風騷屬時之爲美。美者，美於德、尚於志也。夫正志者稟於道，感而動之，托於辭，和而節之，成於文。文者奮於言，言者無罪，則思無邪也。真人之詩情性，明得失，主忠信，戒權謀，止强梁，守柔弱，寶慈儉，去奢泰，崇高節，美教化，禮貌彰時道爲深得之。如云：「心中實行真爲寶，口内虚詞未足奇。」又云：「智源起處姦邪盛，德衰。」又云：「性暴每聞人化虎，心慈果見木飛龍。」又云：「從他外境魔千遍，一片真心不解驚。」又云：「寵辱不驚君子性，是非寧動王法身。」凡此類例，篇篇皆然，幸覽者知之耳。若懈慢而不覽，魯莽而不知，烏乎哀哉！唯沁州長官杜德康，爲當世賢者也，一見此集，普願衆聞，遂募工鏤板，以廣其傳，庶使英明之士、同器之流，覽其文而知其實，悟其理而得其趣，豁然穎脱塵累，高蹈真空，名列丹臺，永超生滅，真謂仁人之用心也哉！旹歲在已亥重九日，門弟子煙霞逸人三肅熏沐拜書。（《葆光集》卷首，明正統《道藏》本，文物出版社等一九九四年，第二五册五〇一頁。今按，己亥指蒙古太宗十一年、一二三九年。）

虚静子

虚静子，姓名佚，字安道，延安臨真（今陝西延安）人。年十九出家，禮丹陽弟子鐵罐王先生爲師，邃於老莊之書，精於養氣練神之術，從遊者衆。

《虚静子文集》。金李庭《虚静子文集序》：

甲辰冬，予與虚静子邂逅於洛水之濱，一談而契，相從者累日。其爲人純素謙和，未嘗忤物，邃於老莊之書，而深自韜晦，故人鮮知者。至於養氣練神之術，予又莫得而窮之。别後凡再見於長安，其名益高，從之遊者日益衆，然察其言貌，卑恭愈甚，殊無一毫自矜意。與夫形諜成光，虚憍恃氣者固有間矣。予以此益賢之，竊以爲非深於道者不能若是。一日，其徒何淵甫袖文一編過余，曰：

「吾師平日所至，聚落如風行草偃，不知其所以然而化。雖正容悟物，無待於言，而隨機闡教，啓迪人心，其於一聯一詠，亦有所不能廢。日積月累，已成卷帙。今諸門人欲募工刻梓，以廣其傳，將使吾師之名垂於不朽。子盍爲我題其端？」予應之曰：「夫爲道者，以天地爲逆旅，以形骸爲贅疣，又惡用名？且虚静子體玄育德，積有年矣，一旦形神俱妙，骨肉都融，將乘風馭氣，與造物遊於無窮，其不朽者固在乎彼而不在乎此。雖然，師有善，弟子欲光揚之，用心至矣。成人之美，予不可以終辭。」虚静子，延安臨真人，名某，安道其字。十九歲出家，傳馬丹陽之道於鐵罐王先生云。辛亥重九日。（《寓庵集》卷四，藕香零拾本，中華書局一九九九年，第三三五頁。今按，辛亥指蒙古憲宗元年、一二五一年。）

趙　素

趙素字才卿，號心庵，河中（今山西永濟）人。夙爲儒業，志勤學博，亦精占候醫卜。金亡之際，南下荆襄避亂。後北歸，遯入全真道教，徵入京師，賜號虚白處士，尋以母老請歸。①癸丑歲（蒙古憲宗三年、一二五三年），校訂刊行《風科集驗名方》②。

《陰符經集解》三十卷。元郝經《心庵先生陰符經集解序》：大庭、軒轅，降及叔世，道書穰疊，往往備言曲論，如數山石，如觀海波。故大者至數十萬言，小者亦不下數千言。至於《陰符》，

① 金元好問《遺山先生文集》卷三八《皇極道院銘》，四部叢刊本。今按，元劉因《静修先生文集》卷一九《集注陰符經序》作「中山人」。

② 清陸心源《皕宋樓藏書志》卷四，《續修四庫全書》本，上海古籍出版社影印。

獨三百餘言而已。於是歷爲究竟意，然後知至言必簡，聖人之意有所斬也。夫道，幾而已矣，非幾無以見也。天地，幾而已矣，非幾無以用也。故幾之所在，不可周測，通圓而神，惟妙是用，潛於動静之理，發於翕辟之氣，見於消長之象，伏於存亡之形。造起萬變，樞泄運化，使天地萬物由之而不窮，而天下莫能知，莫能窮，遂爲天下之至微。《陰符》一書，聖人所以發其幾，撼其微，示人知，而藏之密者也。端緒則見，引而不發。天地萬物之幾在我，沉沉默默，如執左契，如持權衡。無往而不合，無往而不中，無往而不應，無往而不時。其體則静，其用則無窮。雖三百言，而天下之理無不備。故言道術者得之，則可以窮神知化，握道之要；言治體者得之，則可以致君堯、舜，隆平天下；志士得之，則可以籠罩宇宙，揮斥風雲；處士得之，則可以藏舟於壑，遯世無悶；養生者得之，則可以精神健羨，騎氣御風；數家得之，則可以奇耦變化，逆知來物；兵家得之，則可以戡定禍亂，從横無窮。萃而合之則一言，散而推之則萬變。其支流餘裔，各底於成，有不可勝言者。嗚呼！禍莫大於發人之幾。聖人立經陳極，則發道之幾，故其情深，其文切，其旨秘以斥，其辭約以要。觸造物之忌，訐造物之藴，不敢備言曲論。聖人之意，其深矣乎！是書之有傳注尚矣。三代而下，不啻數十百家。各據其所見，而各著其所傳，莫有爲貫而一之者。丙辰冬，余外叔司馬可道來，以心庵先生集注三十卷見示。天真皇人而下，會義三十餘家，末以己意爲之結斷。汪洋炳烺，周悉備至，上下數千載，始爲完書，且命經敘其意。先是，常識先生於常山皇極道院，而爲之記，今其可辭。於是推本論著，而書其端。先生姓趙氏，名素字才卿，嘗被徵，賜號「虚白處士」云。丁巳元日，陵川郝經序。（《陵川集》卷三〇，文淵閣四庫全書本。）

元劉因《集注陰符經序》：

予讀《陰符經》，觀天之道、執天之行盡矣，此言其體之自天而人者也。天有五賊，見之者昌，即觀天之道也。五賊在心，施行於天，宇宙在乎手，萬化生乎身，即執天之行也。此言其用之自人而天者也。天性，人也；人心，機也；立天之道，以定人也。此則言聖人之兼體用，以天道立人極者也。天發殺機，龍蛇起陸，則非天性矣。人發殺機，天地反復，則非爲人心矣。天人合發，萬化定基，則又立天之道以定人者也。夫苟不以道定焉，則天人判而二；以道定焉，則天人合而一。二之，則機遇而相悖；一之，則機定而化行。化行，則天地位，萬物育，而君臣父子各得乎天理，而止其所矣。性有巧拙，可以伏藏，九竅之邪，在乎三要，可以動静，此希天希聖之功，而所謂執天道，見天賊，立天道，合天人者，其本皆出乎此也。蓋九竅之邪未除，則不能静而常動。若以三要爲害而絶之，則又一於静而不動也。惟知夫九竅之邪在乎三要，克其邪而反其初，則可以動静矣。其所謂動静者，即朱子之所謂動未嘗離静，而静非不動者也。其天人合發，萬化定基，則動而未嘗離静者也。而殺機，則動之過者也。火生於木，禍發必克；奸生於國，時動必潰。知之修煉，謂之聖人。夫火克、奸潰，以其大者而言之，則龍蛇起陸、天地反復之謂也；以其小者而言之，則九竅之邪也。知之修煉，以其大者而言之，則立天之道以定人之謂也；以其小者而言之，則伏藏動静也。此其言之自相發明，若無所容夫説者。而中山趙徵士才卿之集注近百家，幾數萬言，其志亦勤，而學亦博矣。陵川郝侍讀既爲序之，復因外舅郭公請一言於予。予謂經之出處意義，則前人已盡之，而其廣衍推稱，則郝序又無遺者，若兵家及養生家之説，予又未暇熟讀而悉知之。特疑蔡氏中篇所引「民可使由之，不可使知之」之説，若非正學之語，而有害夫道者，豈且蔡氏早年之説邪？趙君必能考夫此，故書以問之。至元八年四月望日，容城劉某書。（《静修先生文集》卷二，叢書集成初編本，中華書局一九八五年。）

《心庵爲政九要》。元杜道堅《風科集驗名方序》：「湖廣官醫提舉劉君卿，少事河中趙才卿學。才卿既被召賜還，以皇極道院老焉。遺山元先生實銘之。晚出二書以授君卿，一曰《風科集驗方》，一曰《心庵爲政九要》。君卿既以醫道遊公卿間，屢爲當路推挽，則所謂集驗方者，無不試矣。暨來錢唐，首以方鋟梓，將以廣師意也。抑聞爲政之道，與爲醫同，雖所遇之疾五方不同，而治之之術，要皆古人已試之方。故予信《九要》之驗，必有甚於集方之驗者，遂並出之，以求傳遠。」①明楊士奇等《文淵閣書目》卷四《經濟》、明葉盛《菉竹堂書目》卷二《經濟》均著録「一册」。明代尚存。

① 清陸心源《皕宋樓藏書續志》卷四，續修四庫全書本，上海古籍出版社影印本，第七一四頁。

李志常

李志常字浩然，號真常子，觀城（今山東莘縣）人。不喜文飾，雅好恬淡。興定二年，拜長春爲師，頗受器許。興定三年，從長春西行謁成吉思汗。後繼尹志平嗣教。丙辰歲（蒙古憲宗六年、一二五六年）卒，年六十四。①

《長春真人西遊記》二卷，存。金孫錫《長春真人西遊記序》：長春子，蓋有道之士。中年以來，意此老人固已飛升變化，侶雲將而友鴻蒙者久矣，恨其不可得而見也。己卯之冬，流聞師在海上，被安車之徵。明年春，果次於燕，駐車玉虚觀，始得一識其面。尸居而恭立，雷動而風行，真異人也。與之言，又知博物洽聞，於書無所不讀，由是日益敬。聞其風而願執弟子禮者，不可勝計。自二三遺老且樂與之遊，其餘可知也。居無何，有龍陽之行。及使者再至，始啓途而西。將别道衆，請還期，語以三載，時辛巳夾鍾之月也。迨甲申孟陬，師至自西域，果如其旨，識者歎異之。自是月七日，入居燕京大天長觀，從疏請也。噫！今人將事行役，出門彷徨，有離别可憐之色；師之是行也，崎嶇數萬里之遠際，版圖之所不載，雨露之所弗濡，雖其所以禮遇之者不爲不

① 元王鶚《玄門掌教大宗師真常真人道行碑銘》，見元李道謙《甘水仙源録》卷三，明正統《道藏》本，文物出版社等一九九四年，第七四四頁。

厚，然勞傯亦甚矣。所至輒徜徉容與，以樂山水之勝，賦詩談笑，視死生若寒暑，於其胸中曾不芥蔕，非有道者，能如是乎！門人李志常，從行者也，掇其所歷而爲之記。凡山川道里之險易，水土風氣之差殊，與夫衣服飲食百果草木禽蟲之别，燦然靡不畢載，目之曰《西遊》，而徵序於僕。夫以四海之大，萬物之廣，耳目未接，雖有大智，猶不能遍知而盡識也。況四海之外者乎？所可考者，傳記而已。僕謂是集之行，不特新好事者之聞見，又以知至人之出處，無可無不可，隨時之義云。戊子秋後二日，西溪居士孫錫序。（《長春真人西遊記》卷首，明正統《道藏》本，文物出版社等一九九四年，第三四册四八〇頁。今按，戊子指金哀宗正大五年、蒙古拖雷監國元年、一二二八年。）

《又玄集》二十卷。元王鶚《真常真人道行碑銘》著録：「平昔著述，多爲人所持去，有《又玄集》二十卷、《西遊記》二卷行於世。」

毛養素

毛養素字壽之，道號純素子，平水（今山西臨汾）人。太常博士毛麾嫡孫。自幼喪母，事父謹敬，鄉里以純孝稱。父歿後，棄家易服，禮丹陽法嗣太華惠照真人田無礙爲師，執几杖近二十年。與楊奂、王元禮、楊果等金末名士相交甚厚。及李志常掌教，賜號頤真沖虚真人。己未歲（蒙古憲宗九年、一二五九年）卒，年八十二。①

《玄都寶藏》。金李國維《頤真沖虛真人毛尊師蜕化銘》：「辛丑（蒙古太宗十三年、一二四一年），清和尹志平至終南，以師宿德望重，起爲棲霞提點，兼領披雲《玄都寶藏》八卦局。」

玄全子

玄全子，姓名鄉貫佚，丹陽馬鈺弟子，號海天秋月道人。

《真仙直指語録》二卷，存。全書二卷，上卷收「丹陽師父」語録、《長真譚先生示門人語録》、《長生劉真人語録》、《長春丘真人寄西州道友書》、《郝太古真人語》；下卷收《清和尹真人語》。

《諸真内丹集要》三卷，存。

李志方

李志方，初名益字友之，號重玄子，相州安陽（今河南安陽）人。大安崇慶間，爲彰德府功曹掾，以廉平稱，尤精算術。貞祐南渡，補户部令史。後謝病歸隆慮山，入全真道，師從丹陽高弟盧

① 金李國維《頤真沖虛真人毛尊師蜕化銘》，見元李道謙《甘水仙源録》卷七，明正統《道藏》本，文物出版社等一九九四年，第一九册七七七頁。

公。甲申歲（金正大元年、蒙古太祖十九年、一二二四年），長春還自西域，附師遠迓，得賜名號，遂止以法名行。庚申歲（元中統元年、一二六〇年）卒，年七十六。①

《地原經》。元高鳴《重玄子李先生返真碑銘》：「所著《地原經》若干卷，行於世。」

李志全

李志全字鼎臣，太原太谷（今山西太谷）人。父洵真，明昌五年經義進士。志全亦事舉業，當立之年，遭遇世變，無復進取，遂遯入全真。時長春西行回，授以機宜及名諱。後從披雲宋德方補修道藏，賜純成大師號，提舉燕京玄學。未幾，復歸天壇舊隱。中統二年（一二六一）卒，年七十二。②

《玄都寶藏》。金李蔚《純成子李君墓誌銘》：「東萊宋披雲以所在道書焚於劫火，奉朝旨收拾於灰燼之餘，散亂無復可考，求博洽異聞之士，俾校讎之，迺得講師，始終十年，朝夕不倦，三洞靈文，號爲完書，功亦不細。」

---

① 元高鳴《重玄子李先生返真碑銘》，見元李道謙《甘水仙源録》卷六，明正統《道藏》本，文物出版社等一九九四年，第一九册七七三頁。

② 金李蔚《純成子李君墓誌銘》，見元李道謙《甘水仙源録》卷八，明正統《道藏》本，文物出版社等一九九四年，第一九册七八五頁。

《酎泉集》三十卷。金李蔚《純成子李君墓誌銘》：「平昔著述號《酎泉集》三十卷，行於世。」

《修真文苑》二十卷。金李蔚《純成子李君墓誌銘》：「又集七真及已下諸師詩賦二十卷，目曰《修真文苑》。」

邢志舉

邢志舉字摶霄，號沖和，霍州（今山西霍州）人。自垂髫有拔俗之志，拜披雲宋德方爲師。後長春真人賜以名諱法號。金亡之際，與秦志安等奉師命，分領讎校道藏。功成，提點平陽玄都萬壽宮事。

《玄都寶藏》。佚名《沖和真人道行之碑》：「知其可付以事，委與三洞講師秦公等，分領讎校其間。龍章鶴篆，雲間霞籤，缺而補之，斷而續之。或漁深以獵遠，或拔萃以擷英。張錦囊於鳳山，收破碎之璧；引金絲於鮫室，穿散亂之珠。煉本色石，裨杞國之天；操三尺戈，駐虞淵之日。使廢典重興，真筌再造，如有才之泉，混混然奕世而不絶矣。」①

---

①《三晉石刻大全·臨汾市堯都區卷》，三晉出版社二〇一一年，第三六頁。

王志謹

王志謹，號棲雲子，東明（今山東東明）人。先從郝太古學，後師事丘長春。貞祐間，於盤山講道，四方學者雲集，時譽爲一代宗師。癸亥歲（中統四年、一二六三年）卒，年八十六。①

《盤山棲雲王真人語録》一卷，存。元論志焕《盤山棲雲王真人語録序》：夫聾者無以預乎青黄之色，聾者無以預乎管籥之音，豈惟形骸有如此哉？而心智亦有之。若夫本分天真，人皆具足，奈以積塵所昧，正眼不明，逐色隨聲，尋蹤覓跡，沉淪惡道，浩劫千生。摸竹管爲陽光，擊銅盤爲日景。不逢宗匠，皂白奚分？滯句執文，轉增迷域。是以棲雲老師不得已應病施藥，剔耳挑聾，摩睛刮翳，冀得人人澈視，各各開聰，見見聞聞，灑灑落落，咸歸正道，不逐亡羊也。門下劉公先生從師有年，密記老師之謦欬，裒以成集，約百餘則，誠爲初機學道者之指南也。命工鋟梓，以廣其傳。孤峰道人亦得預其徒末行者，見而喜之，乃齋沐而敬爲之題辭。時丁未正月元日，門人論志焕謹序。（《盤山棲雲王真人語録》卷首，明正統《道藏》本，文物出版社等一九九四年，第二三册七一八頁。）

---

① 元王鶚《棲雲真人王尊師道行碑》，見元李道謙《甘水仙源録》卷四，明正統《道藏》本，文物出版社等一九九四年，第一九册七五五頁。

薛致玄

薛致玄，號太霞，韓奕（今陝西韓城）人。①性純德粹，學問該通，執經講垂四十年，時譽爲羽流宗匠。傳道之暇，著述頗富。同于洞真、宋披雲、李無欲莅事，並稱真人。②

《纂微開題》二卷，殘存下卷。全稱《道德真經藏室纂微手鈔》。

《總章夾頌》二卷。元李庭《道德真經藏室纂微開題科文疏序》著録。

《科文義疏》十卷，殘存五卷。全稱《道德真經藏室纂微開題科文疏》。今按，所謂開題科文，大抵效法釋家經典之科判，深入推敲文義。

金李庭《道德真經藏室纂微開題科文疏序》：老子《道德》五千言行於世者，千五百年矣。燦然如日月之麗天，固不待贊。古今注釋，不啻百餘家，顧淺深詳略雖有不同，至於發揮妙理，啓迪人心，要之皆有功於聖人之門者也。竊嘗觀碧虚陳君所解，中間貫穿百氏，剖析玄微，引證詳明，本末畢備，尤爲近世所貴。然初機之士，開卷茫然，往往有望洋之歎。大霞真人韓奕薛公，性純德

---

① 所謂韓奕，乃韓城古稱，金代爲縣，隸京兆府同州。《詩·大雅·韓奕》：「溥彼韓城，燕師所完。」或謂古之涿郡方城，即今河北固安縣東南大韓寨。

② 清陳教友《長春道教源流》卷四，藏外道書本，巴蜀書社一九九四年，第三一册七二頁。

粹，學問該通，號爲羽流宗匠，執經講演，垂五十年，可謂升堂睹奥矣。迺於静煉之暇，撰成《科文義疏》一十卷，《纂微開題》及《總章夾頌》各二卷。丁寧覼縷，蓋數十萬言，意欲使學者溯流而知源，因博以求約，如躡梯蹬以陟九層之臺，舉足愈高而所見益廣。及乎造重玄之極致，悟大道之强名，體用兩忘，有無雙遣，超然自得於筌蹏之外，然後敬爲此老拈一瓣香，庶幾不負平昔用力之勤也。書成既久，秘而不出，鳳翔張公大師、美原白公顯道再三懇請，欲鏤版以廣其傳。京兆劉伯英贊而成之，且囑僕爲序引。其心可尚，故樂爲之書。歲在己酉仲冬晦日，浮陽李庭序。（《道德真經藏室纂微開題科文疏》卷首，明正統《道藏》本，文物出版社等一九九四年，第一三册七二七頁。今按，「韓奕薛公」原脱，據藕香零拾本《寓庵集》卷五《太霞薛真人疏鈔序》補；「一十卷」原作「七卷」，此從藕香零拾本；「歲在己酉仲冬晦日」亦脱，據藕香零拾本補。己酉歲，指蒙古定宗海迷失后稱制元年、一二四九年，其時金亡五載。）

元郭時中《道德真經藏室纂微開題科文疏序》：天地萬物之一，會於聖人之心，明於聖人之言。觀聖人之言，不察其所從出，無惑乎？事物之多，紛紛藉藉，有萬不同而莫能爲之，總持而兼攝也。夫道生於一，散於萬，不知萬之歸於一者，皆推本窮源之學不講也。老子《道德經》之所從出者，一而已矣。曰上經，曰下經，似不一也，未嘗不一也。曰八十一章，曰五千言，似不一也，未嘗不一也。蓋以天地萬物之一，寓於上下經、八十一章、五千言之中，使天下後世，由於一而知夫一也。夫一之理，廣大渾淪，難乎擬議形容也。謂之有邪，則不得於言；謂之無邪，則不離乎物。方天地萬物未形之先，是一也已萌乎其中。及天地奠位萬物品彙之後，是一也無所往而不在。天地得一而爲天地，萬物得一而爲萬物。聖人得天地萬物之一，開悟天下後世，蓋非一言一論所能究悉，此老子《道德》五千言所由以作也。碧虛子生乎千載之後，虛心守一，得玄學之傳，爲之纂微開題，其言至矣。而太霞真人以謂碧虛子博極群書，敷引廣奥，非譾學謏聞之士所能窺測也。況變故之後，典籍焚蕩，無所考閲，恐久而失其傳也。於是乎推本碧虛，質以平昔所學，更互演繹，著爲《科文疏鈔》，又附之以總章，無慮數十萬言，支分節解，血絡通貫，曲暢旁搜，巨細畢舉，遂爲完書。蓋其慮之也至，故言之也審；憂之也深，故説之也詳。碧虛子之所述，殆無餘藴矣。噫！是經也，老子作之，碧虛纂之，太霞又從而釋之。何經歷世數之久而述作之多，蓋一之理難乎擬議形容也。雖然，後之學者不可畏高而怯其難，亦不可躐等而爲之易，必也睿思明辨，日就月將，孜孜汲汲，無少間斷，深玩而實體之，則是一也洞然胸中，有不期悟而自悟者矣。將見自凡趨聖，超然物外，神遊八極，身居閬苑者，未必不由兹學始。其緒餘土苴，猶足以齊家治國平天下云。沖素大師美田白公顯道、葆光大師長安劉公伯英同鳳翔張公大師，鋟梓以行於世。且以蒲城党公講師公叔書來抵余，願丐序引，姑爲題其端首焉。大蒙古國歲己酉秋七月既望，宣差陜西規措三白渠副使太華郭時中序。（《道德真經藏室纂微開題科文疏》卷首，明正統《道藏》本，文物出版社等一九九四年，第一三册七二七頁。）

元馮復《道德真經藏室纂微開題科文疏序》：康節先生云：《先天圖》，心法也。心乎心乎，天地間一大義理之府乎？太易六十四卦潔浄精微之旨，皆自心畫中來。二帝三王精一執中之傳，皆從心法中出。洙泗師弟子一貫忠恕之妙，皆由心學中得。靈府淵微之地，古初聖賢以此而極深研幾，探賾索隱，以此而超凡入聖，悟道參真。學者欲悟《先天圖》之秘，參《道德經》之奥，大抵自一心而入，千萬世而下，以心印心，以聖契聖，得老氏不言之教，抉先天未露之機，獨惟太霞真人爲能得之。方其漱藝苑，流詞源，濟濟乎儒中領袖。殆其造道閫，探玄機，井井然道門準繩。恩沐兩朝，名高千古。向棲神華嶽，風賓樹友，睥睨世塵，真履實踐，有日矣。丁未冬，平涼元帥王公加禮延請，我真人不遠千里，惠然肯來。鞭鸞跨鶴，以崆峒爲久住之地，宛然廣成子之復出。山川改觀，草木增輝，薰蒸乎和氣之襲人，洋溢乎教聲之盈耳。聞下風而望餘光者，豈特陝西數十州而已哉！蓋寸地明而太空無礙，靈臺徹而止水湛然。霽月光風，一襟灑落，冰輪玉鑒，胸次昭融。以一心自得之學，造二經無爲之旨，開題訓注，援經引子，奥義冰釋；科文疏解，摭古驗今，群疑睨消。言言皆玄妙之門，字字盡真常之理，開者易悟，悟者易得。老氏胸懷本趣，燦若日星，玄中有悟，妙處無疑。讀之者耳目惺憁，覽之者形神混合，目曰《道德真經疏義》。後生晚學，如披雲霧覩青天，登崑崙獲片玉，幸惠後學，豈不偉歟？元帥王公，一日登諸生於庭，囑僕曰：「真人《道德真經疏義》，與老氏同一心法，誠後學所未見。道侶中西岐張公大師已爲鋟諸梓矣，猶恐流傳未廣，欲從是邦點庭珪之漆，貯蔡生之楮，廣爲印施，以大其傳。爲學者抽關啓鑰，真大惠也。子盍爲引其端？」予應之曰：「隋珠趙璧，安用賈乎？僕素不才，何足以知聖人邪？」固辭弗獲，僭爲贅贅，是猶模仿天地，繪畫日月，多見其不知量云。若夫得魚忘筌，得兔忘蹏，得象忘言，又在後之造道者自得爾。時己酉無射，寓平涼貢士馮復述。（《道德真經藏室纂微開題科文疏》卷首，明正統《道藏》本，文物出版社等一九九四年，第一三册七二八頁。）

姬志真

姬志真，原姓雍，避世宗諱改；原名翼，字輔之。號知常子，澤州高平（今山西高平）人。自幼讀書，能詩賦。甫弱冠，天文地理、陰陽律曆，無不精究。興定五年，因避兵亂，流落冀州南宫。天興二年，禮棲雲王志謹爲師，賜以名號。後主汴梁朝元宫事。元至元五年卒，年七十六。①

《道德經總章》。元李道謙《甘水仙源録》卷八《知常姬真人事跡》著録。

《周易直解》。元李道謙《甘水仙源録》卷八《知常姬真人事跡》著録。

《南華解義》。元佚名《知常真人行實》著録。②

《沖虚斷章》。元佚名《知常真人行實》著録。

《雲山集》八卷，存。金裴憲《雲山集序》：庚戌夏五月，友人論伯瑜至自相臺，話舊之餘，

① 元李道謙《甘水仙源録》卷八《知常姬真人事跡》，明正統《道藏》本，文物出版社等一九九四年，第一九册七九二頁。

② 《知常先生雲山集》卷末，國家圖書館古籍珍本叢刊本，北京圖書館出版社影印，第九一册一六九頁。

忽出知常先生文集一編，將以板行垂世，且索序引，義不得以荒鄙辭。披玩數四，而弗能已。至於賦評論記銘敘歌詩，或感物而造端，或因人以示意，大率以演暢真風、蠲滌塵累爲主意。其宏才博識，非夙學穎悟，孰能與於此哉！先生世本澤郡名族，幼讀書習儒業。業成，涉大變，因歸玄教，盡棄世緣，徑遂神遊八表之志，何其偉歟！借使當年值承平，攄素業，展盡底藴，而兼善天下，其積功種德，爲如何哉？唯其時與事乖，於是退而作獨善之計，以修身養性，日飲聖腴，與古仙上靈爲之侶。時有著述，以鳴道妙，而啓迪後人。此兩者，蓋知常與時舒卷之勢然也，初何容心哉！七月一日，緑野雲孫長安裴憲子法引。（《雲山集》卷首，明正統《道藏》本，文物出版社等一九九四年，第二五册三六四頁。）

元王鶚《雲山集序》：

道行乎教，非文不宣，蓋將以詔衆而傳遠也。自黄帝、老子垂世立教，已有《陰符》、《道德》二經出焉。其後文、亢、列、莊，立言滋多，逮及唐、宋，著撰彌廣，皆所以發天人秘密，示學者之津梁。宋末金初，有所謂全真家者，以心傳心，不立文字。然重陽祖師以降，急於化人，皆有教言，以惠後學。近世棲雲大老，化導緣深，語録一編，高出前輩。一傳而得吾知常，於心地坦明，問學該贍，六十四卦、八十一章咸有解釋，而又作《南華解義》、《沖虚斷章》，言簡而意足，義深而理明，其可謂黄冠中之錚錚鉸鉸者爾。間於應物之際，遊戲翰墨，其賦詩歌論、碑記雜文，娓娓可觀，號《雲山集》。長安裴憲子法已敘之於前，其友李君提舉復求余説綴於後。余與知常有平昔之好，嘗爲作《易解後序》，今何辭焉。歲旃蒙赤奮若，慎獨老人東明王鶚百一序。（《雲山集》卷首，明正統《道藏》本，文物出版社等一九九四年，第二五册三六四頁。）

元朱象先《雲山集後敘》：

學聖人之道，必有聖人之才，苟無聖人之才，終不足以躋聖人閫域。蓋繇質文具美，才道相須，不期聖而聖矣。知常先生天稟既異，而師授有源，道博文富。凡應機接物，必以開示宗性爲本，闢人之邪，栝人之妄，高文大義，其於詩章尤爲警策。昔人以少陵詩爲詩史，康節詩爲詩經。今先生之詩，言言見諦，句句朝宗，誠可謂詩經矣。聖則未暇論，折衷而言，其玄門之第一流歟！明眼的人試一展卷。嗣教天遊真人宗教提點邢君珍藏是書久矣，不欲獨善，命迎祥提點李懷素刻梓傳世，用心可謂仁矣。徵敘於僕，猥以鄙見書之。延祐己未歲元日，一虛叟朱象先摻手書於道祖説經之臺。（《知常先生雲山集》卷末，國家圖書館古籍珍本叢刊本，北京圖書館出版社影印，第九一册一六八頁。）

附録 兩宋涉金藝文

兩宋時期，關於金國的著述豐富，涉及政治、軍事、經濟、文化等各個方面。從書目撰者角度看，大致包括三類：

一、兩宋使者著述。這部分著述或稱之「語録」，略分爲四個階段：一是宋金結盟時期。自政和間，北宋同女真結盟夾擊遼國，互遣使者協商條款，或賀歲以盡禮儀，或吊喪以示慰問，往來酬答熱絡。如趙良嗣《燕雲奉使録》、馬括《茅齋自敘》、連南夫《宣和使金録》、鍾邦直《宣和乙巳奉使金國行程録》等等。二是女真侵宋時期。靖康中，汴京陷落，徽欽二帝被驅北上，一些侍臣隨行，如曹勳《北狩見聞録》、蔡絛《北征紀實》、王若沖《北狩行録》等等；建炎至紹興初，南宋頻發使者赴女真軍前，請求解決問題。其時，金軍右帥宗望卒後，河北不通使，遂專事河東左帥宗翰。前後凡十五使①，而金人並無回應。如范仲熊《北記》、傅雱《建炎通問録》、洪皓《松漠紀

① 清施國祁《吉貝居雜記》：「天會五年，宗望卒後，河北不能通使，專事河東。考宋高宗建炎元年七月，傅雱爲第一使，後凡稱軍前通問者。十一月王倫；二年二月劉誨，五月宇文虛中，十一月魏行可；三年正月李鄴，二月劉俊民，五月洪皓，七月崔縱，八月杜時亮，九月張邵，十一月孫悟；紹興二年九月潘致堯；三年五月韓省胄；四年正月章誼，八月魏良臣等，共十五使，率由河東西京以達。」雪堂叢刻本，北京圖書館出版社二〇〇〇年，第一册七一六頁。

聞》、王繪《紹興甲寅通和録》等等。其中，部分使者及戰俘因不屈從女真而羈留北方，或終老於金，或遇赦南歸。具有諷刺意味的是，這些使者爲維護大宋王朝的尊嚴，歷盡艱難，而回歸後竟罕見重用，甚至屢遭挫折，以至於多不服故鄉水土，不能長壽。三是南北相峙時期。雙方在軍事上互有勝負，力量漸趨平衡，最終達成和議。於是，使者交聘往來，迎送館伴，俱有禮數。其間雖有衝突，多爲局部戰事，仍維繫了南北和好大局。如樓鑰《北行日録》、范成大《攬轡録》、周煇《北轅録》、倪思《重明節館伴語録》等等。四是金國衰敗時期。貞祐南渡後，女真在蒙古鐵騎的攻擊下，節節敗退，爲彌補所失，屢屢舉兵南伐，「自此和好遂絶」①，並促成南宋與蒙古聯手，重蹈了宋金結盟滅遼的歷史覆轍。

二、**歸正人著述**。所謂歸正，系宋人説法，指由金南下歸宋者，且有「歸正」與「歸明」之分。朱熹釋曰：「歸正人，元是中原人，後陷於蕃而復歸中原，蓋自邪而歸於正也。歸明人，元不是中原人，是徭洞之人來歸中原，蓋自暗而歸於明也，如西夏人歸中國，亦謂之歸明。」②如苗耀《神麓記》；張匯《金國節要》；張棣《金圖經》、《正隆事跡記》等等，各呈報金國情況，以表達對大宋王朝的忠誠。同時，也保存了一批宋、金兩史以外的重要資料，如女真起源、金初風俗與制

① 《金史》卷六二《交聘表》，中華書局一九七五年，第一四八六頁。
② 《朱子語類》卷一一一《論民》，中華書局二〇〇四年，第二七一九頁。

度、科舉名録、地理行程等等。另外，金亡之際，中原與燕雲士人或逃入宋境，流落江南。局勢稍定後，一些人回到北方，如李俊民、白華、王磐、王元粹、房皞、楊弘道等等；一些人則留居南方，如小兒醫家陳文中、音韻學者馬居易等等。這些人也都在各自著述中留下了那段特殊歷史條件下南北文化交流影響的痕跡。

三、宋金關係中的人物、事件與制度的著述。如員宗興《采石戰勝録》、蹇駒《采石瓜洲斃亮記》、佚名《煬王江上録》、趙萬年《襄陽守城録》、楊汝翼《順昌戰勝破賊録》及明廷傑《吴武安保蜀功績録》、徐宗偃《兩淮紀實》、鄭樵《金國正隆官制》等等。

總之，這些著述從不同側面反映了女真統治下的金國社會生活及南北分裂而造成的種種悲劇。毫無疑問，在金代藝文大量遺佚的情況下，這些著述以其貼近北方現實而具有不可替代的文獻價值，故附而録之。

一　視角别樣的金朝社會

一、從會寧御寨到燕京中都。宋人著述反映了金之京師不同時期的發展變化。如阿骨打率女真崛起時，會寧處於草創階段，仍保持部落社會形態，尚無城郭，星散而居。尚無「京師」名分。雖有君臣之稱，而無尊卑之别，樂則同享，財則同用，至於舍屋、車馬、衣服、飲食之類，俱無異焉。虜主所獨享惟一殿，名曰乾元殿，此殿之餘，於所居四外栽柳行，以作禁圍而已。其殿也繞壁盡置大炕，平居無事則鎖之，或開之，則與臣下雜坐於炕，僞妃后恭侍飲食。或虜主復來臣下之家，君臣宴然之際，攜手握臂，咬頸扭耳，至於同歌共舞，莫分尊卑。①

太宗即位後，會寧有所營建，稍見壯觀。宋使鍾邦直《宣和乙巳奉使金國行程録》云：

次日，館伴同行可五七里，一望平原曠野，間有居民數十家，星羅棋布，紛揉雜錯，不成倫次。更無城郭，里巷率皆背陰向陽，便於牧放，自在散居。又一二里，命撤傘，云近闕。復北行百餘步，有阜圍繞三四頃，並高丈餘，云皇城也。至於宿門圍，就龍臺下馬，行入宿圍。西設氈帳四座，各歸帳歇定，客省使、副使相見就坐，酒三行。少頃，聞鼙鼓聲入，歌引三奏，樂作，閤門使及祗坐班引入，即捧國書自山棚東入，陳禮物於庭下，傳進如儀。贊通拜舞抃蹈訖，使副上殿，女真酋領數十人班於西廂，以次拜訖，近貴人各百餘人上殿，以次就坐，餘並退。其山棚左曰桃源洞，右曰紫極洞，中作大牌，題曰翠微宫，高五七尺，以五色綵間結山石及仙、佛、龍、象之形，雜以松柏枝，以數人能爲禽鳴者吟叫山内。木建殿七間，甚壯，未結蓋，以瓦仰鋪及泥補之，以木爲鴟吻，及屋脊用墨，下鋪帷幕，榜曰乾元殿。階高四尺許，階前土壇方闊數丈，名曰龍墀。兩廂旋結架小葦屋，冪以青幕，以坐三節人。殿内以女真兵數十人分兩壁立，各持長柄小骨朵以爲衛儀。日役數千人興築，已架屋數十百間未就，規模亦甚侈也。虜主所坐若今之講坐者，施重茵，頭

① 宋徐夢莘《三朝北盟會編》卷一六六引《金虜節要》，上海古籍出版社二〇〇八年，第一一九七頁。

裹皂頭巾，帶後垂，若今之僧伽帽者；玉束帶，白皮鞋，薄髯，可三十七八許人。前施朱漆銀裝鍍金几案，果楪以玉，酒器以金，食器以玳瑁，匙筯以象齒。遇食時，數胡人檯舁十數鼎鑊致前，雜手旋切割餖飣以進，名曰御廚宴。所食物與前敘略同，但差精細而味和耳。食餘，頒以散三節人。樂如前所敘，但人數多至二百人，云仍舊契丹教坊四部也。每樂作，必以十數人高歌以齊管也，聲出衆樂之表，此爲異爾。①

這些著述敘事比較客觀，記録了金初會寧風貌；宋使筆法平實，體現了盟友之間的良好氛圍。女真遷都燕京後，改稱中都，經海陵、世宗、章宗及衛王等四朝建設，已成爲當時北部中國的政治、經濟、文化中心，無論城市規模，或是繁榮程度，都超越前古。大定中，宋使范成大、樓鑰等人的「語録」，詳盡描述了各國使節朝見女真君主的恢弘場面，可補史之缺略。其時，南北雖講和通好，而彬彬禮數的後面卻難掩互爲敵國的仇恨，以致於那些語録不惟情感味道變了，客觀性也遭到嚴重扭曲。如：

遥望前後殿屋，崛起處甚多。制度不經，工巧無遺力，所謂窮奢極侈者。煬王亮始營此都，規模多出於孔彦舟。役民夫八十萬，兵夫四十萬，作治數年，死者不可勝計。地皆古墳冢，悉掘而棄之。虜既蹂躪中原，國之制度，强慕華風，往往不遺餘力，而終不近似。虜主既端坐得國，其徒益

---

① 崔文印《靖康稗史·宣和乙巳奉使金國行程録箋證》，中華書局一九八八年，第三八頁。

治文爲以眩飾之。①

二、女真酋首阿骨打的風采。《金史・太祖紀》由於體例所限，缺乏具體生動的細節，而一些參與海上結盟的宋使因有機會接觸這位女真領袖而留下頗具價值的見聞。其中，以《茅齋自敘》最爲著名。著者馬括，擢政和八年武舉，授承節郎京西北路武士教諭。宣和二年，隨父使金。阿骨打聽説這位年輕武舉善射，特邀之「打圍」：

翌日，阿骨打設一虎皮，坐雪上，授僕弓矢各一。其弓以皮爲弦，指一雪磧，使某射之。再中其端。阿骨打笑曰：「射得刹好，南朝射者盡若是乎？」僕答以措大弓箭軟弱不堪，如在京，則有子弟所長，入祇候諸班，直天下禁軍諸路大事，藝人及沿邊敢效用弓箭手保甲，彼乃武藝精强之人，如某特其小小者耳。良久，阿骨打上馬，令大烏迪授某弓一，射生箭一，約云：「有獸起，即射之。」行二里許，一黄獐躍起，阿骨打傳令云：「諸軍未許射，令南使先射。」某躍馬馳逐，引箭一發殪之。自阿骨打以下皆稱善。

馬括由此被女真譽爲「也力麻立」（善射之人），也由此成名，爲達成「海上之盟」發揮了積極作用。此前，阿骨打嘗對宋朝的實力心存疑慮，而臣下粘罕以爲「南朝四面被邊，若無兵力，安能

① 孔凡禮點校《宋范成大筆記六種・攬轡録》，中華書局二〇〇二年，第一六頁。

立國强大如此？未可輕之」①，阿骨打遂有考察馬括武功之舉，以達到一葉知秋的目的。

自淶流河阿骨打所居止，帶東行約五百餘里，皆平坦草莽，絶少居民。每三五里之間有一二族帳，每族帳不過三五十家。自過咸州，至混同江以北，不種谷黍，所種止稗子、粳米，旋炊粳飯。遇阿骨打聚諸酋共食，則於炕上用矮臺子或木盤相接。人置稗飯一碗，加匕其上，列以虀韭、野蒜、長瓜，皆鹽漬者。别以木碟盛豬、羊、雞、鹿、兔、狼、麂、獐、狐狸、牛、驢、犬、馬、鵝、雁、魚、鴨、蝦蟆等肉，或燔或烹或生臠，多芥蒜漬沃，續列供，各取佩刀，臠切薦飯。食罷，方以薄酒傳杯冷飲，謂之御宴者亦如此。

時適經元日，隔夕令大迪烏具車仗召南使赴宴。淩晨出館赴帳前，近行五里，阿骨打與其妻大夫人者，於炕上設金交椅二副並坐。阿骨打二妻皆稱夫人，次者摳衣親饋什物，以名馬弓矢劍槊爲獻，且曰：「臣下有諂邪奸佞、不忠不孝者，願皇帝代上天以此劍此弓誅殺之！」各跪上壽杯，國主酬酌之。次令南使上壽杯於國主及夫人。飲畢，阿骨打親酌二杯酬南使。阿骨打云：「我家祖上相傳，止有如此風俗，不會奢飾。只得個屋子，冬暖夏涼，更不必修宫殿，勞費百姓也。南使勿笑。」當時已將上京掠到大遼樂工列於屋外，奏曲薦觴於左右。親近郎君輩玩狎悦樂，獨阿骨打不

① 《三朝北盟會編》卷四引《茅齋自敘》，上海古籍出版社二〇〇八年，第二九頁。

以爲意，殊如不聞。①

所謂淶流河，即今之拉林河，源自吉林省拉林山，流至黑龍江省境内而匯入松花江，距會寧百餘里。文中敘述了阿骨打的簡樸飲食起居及其對這種生活方式的理解，儘管著墨不甚多，今天讀來仍具震憾之力。而馬括目睹了阿骨打的雄姿，也見證了這位女真君主親率部衆滅遼的壯舉。他往來於宋金之間，歷盡艱難，不辱使命，贏得了女真的尊重。靖康後，他率義軍抗擊金兵，負傷被俘，寧死不降。女真以其爲太祖阿骨打故交，竟給予優待，獲得自由。

初五日，抵居庸關。契丹棄關走，僕隨行。阿骨打謂曰：「契丹國土十分，我已取其九，只有燕京一分土地，我着人馬三面圍著，令汝家就取，卻怎生受，奈何不下？初聞南軍已到盧溝河，已入燕，我心下已喜。南家故地教他收了，我與他分定界，分軍馬，歸國早見太平。近聞都統劉延慶一夜走了，是甚模樣？」僕答曰：「使人留此不得而知，兵家講進退常事，恐亦非敗。縱使劉延慶果敗，亦别有大軍在後。」阿骨打云：「似恁統領底人敗了軍國大事，汝家有甚賞罰？」擴答曰：「將折兵死，兵折將死。延慶果是敗退，便坐官大，亦行軍法。」阿骨打云：「若不行軍法，後怎生使兵也。待一兩日到居庸關，爾看我家兵將戰鬥，有敢走麽！」②

① 《三朝北盟會編》卷四引《茅齋自敘》，上海古籍出版社二〇〇八年，第三〇頁。
② 宋徐夢莘《三朝北盟會編》卷一二引《茅齋自敘》，上海古籍出版社二〇〇八年，第八四頁。

宋金訂立海上之盟後，各自出兵，夾擊契丹。女真攻無不克，而宋軍連連失利。阿骨打失望之餘，也看穿了宋朝昏庸腐朽的本質，遂令增加銀絹，以補償女真代宋軍收復燕京的付出。《茅齋自敘》的一段文字令人深思：「上問：『金人何故要添許多歲物及起燕京人民？』良嗣對以『女真性貪暴，惟利是從，他不恤也』。括奏：『本朝兵威不立故也。』」① 括之所言，抓住了當時宋金關係的根本。

另，宋徐夢莘《三朝北盟會編》卷一四「宣和五年三月十四日丁酉宣撫司差統制官姚平仲康隨前去交割地界」，或出自《茅齋自敘》：金人要依元約將松亭榆關外民户歸國數内，索取常勝軍郭藥師等八千餘户，元係遼東人也。宣撫司以常勝軍先自歸朝，有功授官，難以發遣。點檢文字李宗振畫策，或爲參謀宇文虛中畫策曰：「若以燕人代之，則不惟常勝軍得爲我軍，又復得燕民田産，自可供養，不煩國家應辦錢糧。此一舉兩得之。」申奏朝廷，遂從其議，請以燕人代之。金人亦從之，因而根括燕山府所管州縣百五十貫已上家業者，得三萬餘户，盡數起發，合境不勝殘擾。獨涿易二州之民安業者，良以先歸大宋也。是時燕人重於遷徙，有憚其行者説於粘罕曰：「燕山疆土本非大宋，彼不能取而我取之，桑麻果實所在、形勢之地，豈可與人？金國方强盛，天下莫不畏服。」粘罕以爲然，遂白於阿骨打，請以與涿易爲界。阿骨打曰：「我與大宋海上信誓已定，不可

① 《三朝北盟會編》卷一五引《茅齋自敘》，上海古籍出版社二〇〇八年，第一〇四頁。

失也。待我死後，悉由汝輩。」終如約交割。

宋朝在缺乏實力支撑的情況下，錙銖必較，看似精明，卻屢屢爲女真算計，並引發女真内部踐行盟約的異議。阿骨打斷然否決部屬意見，體現了這位政治家的遠見灼識。所以如此，不願背負敗盟惡名當是原因之一，更重要的是，矛盾積累有其過程，矛盾爆發有其時機。所謂「待我死後，悉由汝輩」，實際是阿骨打因「形神已病」①，而把女真崛起的重任託付給了自己的子弟。

這部《茅齋自敘》是馬括晚年以其《奉使録》爲基礎整理而成的，多方面記録了阿骨打的事跡，既頗具膽略，又極爲簡樸，展現了一位有血有肉的女真開國君主形象。尤其難得的是，在當時南宋逢「虜」必罵的社會氛圍中，馬括筆下未見任何有辱阿骨打的文字，表明了他内心深處對於這位大金武元皇帝的崇敬。

三、中原燕雲漢民的「胡化」與「南向」。宋使過境後，最先接觸的是那里臣民的音容、服飾與禮儀。這些最容易見到的東西，往往也給人留下最爲深刻的印象。周煇《北轅録》云：金之泗州「接伴所晨衙，三節謂北家聲喏，各相呼而起」。至歸德，「數妓來迓。北使率皆騎驢，不約束步武，便乘騎也。入境，男子衣皆小窄，婦女衫皆極寬大。有位者便服立，止用皂紵絲，或番羅繫版條，與皂吏略無分别。絛反插垂頭於腰，謂之有禮。無貴賤皆著尖頭靴，所頂之巾，謂之蹋鴟」。

① 《三朝北盟會編》卷一五引《茅齋自敘》，上海古籍出版社二〇〇八年，第一〇九頁。

又，乾道六年（大定十年、一一七〇年），范成大使金。其《攬轡録》云：中原之「民亦久習胡俗，態度嗜好，與之俱化。最甚者之類，其制盡爲胡矣。自過淮以北皆然，而京師尤甚。惟婦人之服不甚改，而戴冠者絶少，多綰髻。貴人家即用珠瓏玩冒之，謂之萬髻」。白溝以北更爲明顯，「人物衣裝，又非河北。北男子多露頭，婦人多耆婆。把車人曰：『只過白溝，都是北人，人便別也。』」① 即所謂「越白溝，風聲氣俗頓異」②。

當時，北宋汴京成爲金之陪都後，禮俗與往昔大不相同了。「承應人各與少香茶紅果子，或跪或喏。跪者胡禮，喏者猶是中原禮數。語音亦略帶燕音者，尤使人傷歎」。過濬州，「道遇細車自北來。先牌云：『蔡州都巡檢使宅眷與接伴使有連。』各下車相見。一媪一婦與正使皆胡跪，拱手搖肘爲禮，然後立談，良久而去」③。

這些胡化傾向令宋使憂心。與此同時，中原漢民流露出的「南向」情結，又使他們感到欣慰，甚至主動「以言挑之」而「得其情」，「然後知中原之人怨敵者故在，而每恨吾人之不能舉也」④。范成大使金，以吟詠中原人「怨敵」而名著當時。如《詠河市歌者》：「豈是從容唱渭城，個中當

① 宋樓鑰《攻媿集》卷一一一《北行日記》上，叢書集成初編本，中華書局一九八五年，第一五八八頁。
② 宋周煇《清波雜誌》卷三《朔北氣候》，中華書局一九九四年，第一〇〇頁。
③《攻媿集》卷一一一《北行日記》上，第一五八〇頁、第一五八三頁。
④ 宋韓元吉《南澗甲乙稿》卷一六《書〈朔行日記〉》，叢書集成初編本，中華書局一九八五年，第三一三頁。

有不平鳴。可憐日晏忍饑面，强作春深求友聲。」①《州橋》：「州橋南北是天街，父老年年等駕迴。忍淚失聲詢使者，幾時真有六軍來？」《相州》：「禿巾髽髻老扶車，茹痛含辛説亂華。賴有鄉人聊刷恥，魏西元是魯東家。」等等。

宋使出境後，多由金之泗州接伴所衙登程。「三節出門，馬已預定，上一上二，貼於背上，以防差誤。馬科於民，謂之户馬。御者不俟據鞍即散，蓋防與之話言，泄穢事也」；入汴京，「接伴所得私覿，盡貨於此，行户倍償都窮。晚食酒，貯以黄缸，味差勝。有以柑子餉承應人，得之甚喜云，謂之孔果子」②；至真定，開州刺史安德奉命賜宴東館。以押宴下人李泉争執禮數，被令毒打。安德「以治行聞，道中頗讀《莊子》，故臨事間有可觀。然貪沓狠愎，不知何以有政聲，益知北方守令難得循良者」③。

其中，《北行日記》輯録的事例比較典型。過雍丘，「駕車人自言姓趙，云：『向來不許人看南使，近年方得縱觀。我鄉里人善，見南家有人被擄過來，都爲藏了。有被軍子搜得，必致破家，然所甘心也。』」④至胙城，有老父云：「女婿成邊，十年不歸，苦於久役，今又送衣裝與之。或云：

① 《石湖居士詩集》卷三四《詠河市歌者》，四部叢刊本。
② 《北轅録》叢書集成初編本，中華書局一九八五年，第二、三頁。
③ 《攻媿集》卷一一一《北行日記》上，叢書集成初編本，中華書局一九八五年，第一五八七頁。
④ 《攻媿集》卷一一一《北行日記》上，叢書集成初編本，中華書局一九八五年，第一五七八頁。

新制，大定十年爲始。凡物力五十貫者招一軍，不及五十貫者率數户共之，下至一、二千者亦不免。每一軍費八十緡，納錢於官，以供此費。東京有千户二十一人，各有三四百人，共有八千兵耳。有張十户者，向來率其人戰符離，一敗止存數十人，至此除籍爲民。又言簽軍遇王師，皆不甚盡力，往往一戰而散，迫於嚴誅耳。若一一與之盡力，非南人所能敵。符離之戰，東京無備，先聲已自搖動，指日以望南兵之來，何爲遽去中原？思漢之心甚切。然河南之地，極目荒蕪，蕩然無可守之地，得之亦難於堅凝也。」過相州，金國承應人馬校尉言：「以少二百千使用，一坐二十年不調，非錢不行也。既無差遣，多只監本州酒税務。又言並無俸禄，只以所收課額之餘以自給，雖至多不問。若有虧欠，至鬻妻子以償亦不恤。且歎曰：『若以宋朝法度，未説別事，且得俸禄養家，有得寸進以自別吏民。今此間與奴隸一等，官雖甚高，未免箠楚，成甚活路？』」回程至真定，「道傍老嫗三四輩指曰：『此我大宋人也。我輩只見過這一次，在死也甘心。』因相與泣下」①。

其實，金朝社會的問題要嚴重得多，那些揭露並非深刻，甚至不乏誇誕成分。不過，宋使關注的東西確系金朝的軟肋。女真以「少數民族」入主中原，在趙宋餘脈猶存、且與之並峙的情況下，始終面臨一個嚴峻而棘手問題，即如何處理好同「多數民族」的關係。在這方面，女真既無歷史經驗可以借鑒，自己的探索實踐也不夠成功。令人遺憾的是，南宋雖擁有如此優良的天然外勢，因其

① 《攻媿集》卷一一一《北行日記》上，叢書集成初編本，中華書局一九八五年，第一五九七頁。

内功不足，也未能充分利用。而那些語録作爲呈送朝廷的例行報告，除官話套話外，竟罕見關於大宋興衰的深層思考。他們所以反復炒作那些人所皆知的問題，在於不難搜集，不易失言，卻能彰顯個人的忠誠，遂紛紛因循而爲之。

其時，南宋同金國爲「姪」「叔」關係，須向女真稱臣納貢，這令自詡爲天朝的宋人倍感壓抑。因此，他們不放過任何抹黑女真的機會，以至於藉誇誕來掩飾内心的無奈。紹熙二年（明昌二年、一一九一年），金國遣完顔兖、路伯達使宋賀重明節，南宋命倪思爲館伴，因紀一時問答之詞、饋送之禮，而成《重明節館伴語録》。「序謂北人事朝廷方謹，遣使以重厚爲先，已爲粉飾」。當時金强宋弱，方承事不遑，而宋人此類著述往往「虚誇浮誕，不一而足。上下相欺，苟掩耳目，亦可謂言之不怍矣」①。

再如蹇駒《采石瓜洲斃亮記》，亦名《乾道采石斃亮記》、《虞尚書采石斃亮記》②。宋金采石之役，發生於紹興三十一年（金正隆六年、一一六一年）。海陵完顔亮之斃，系女真内訌所致。而宋人罔顧事實，極盡炫耀。洪適《賀誅完顔亮表》則將這種情緒推向極致。「竊以陽明詔出車，憺英威於毳幕；元凶染鍔，佈吉語於藁街。喜匝幅圓，事超簡策。中賀。

① 清紀昀等《四庫全書總目》卷五二《史部雜史類》，中華書局一九九七年，第七二八頁。
② 宋徐夢莘《三朝北盟會編》卷二四一，上海古籍出版社二〇〇八年，第一七三一頁。

九厄於百六會，否終則傾；運一變者三十年，惡周必復。國釁旃於昔者，胡扛鼎以猖然。若聖與仁，不忍干戈之用；以大事小，屢捐玉帛之珍。悔禍有期，叛盟在彼。一介到闕，謂割地之請爲必從；兩宫蒙塵，豈戴天之讎而不報？雷霆震怒，日月耀兵。雖邊捷之交馳，偶淮師之小衄，致令對壘，直欲涉江。蓋瓜步既應童謠，那無天道；恐棘門或如兒戲，將屈帝尊。孰知呼吸之間，已得分麾之報。禍胎殄絶，殺氣澄清。詎容去腹以實鹽，政可漆頭而爲器。示猾夏四夷之戒，慰在天九廟之靈。淝水之敗苻堅，尚猶亡國；澶淵之滅撻覽，永斷侵疆。俟猛將之犁庭，治舊京而迎蹕。役無再舉，慶不一書。恭惟皇帝陛下睿斷有爲，廟謨必勝。坐料目中之虜，迄成機上之屠。殲厥渠魁，斯足攄高文之憤；禪於姑衍，何止歸鄆讙之田？臣文既無以磨崖，武又不能略地。距躍三陌，竊同折屐之歡；臚句九賓，願上奉觴之壽。①

這樣的情緒已彌漫南宋社會，即使有識之士强烈批評「樂因循者狃於私意」或「言進取者病於寡謀」②，並對當時形勢保持了比較清醒的認識，也未能擺脱「夷狄」、「腥膻」之類的淺薄觀念。那不過是南宋士流宣泄無奈心境的另一種表現形式罷了。

---

① 《盤洲文集》卷三七，文淵閣四庫全書本。

② 宋李璧《開禧乙丑十月十二日使虜回上殿劄子》，見《永樂大典》卷一〇八七六虜字韻，中華書局一九九八年，第四四七〇頁。

二　情感沉重的歷史糾結

紹興中，南宋一批名將脱穎而出，並依託長江天塹，維持了偏安局面。而南宋士流在思想文化戰線卻占盡優勢，他們以傳統的「華夷」觀爲武器，向「竊據」中原的「夷虜」持續發起攻擊，甚至以謠言惑衆，竟屢屢得手。即使後來真象大白於天下，而影響的效力早已形成。兹舉數例論之。

一是宗翰「獄中上書」。宗翰本名粘没喝，宋人譯作粘罕、尼瑪哈，嘗佐太祖阿骨打、太宗吴乞買滅遼克宋，功居首位，賜予鐵券，除反逆外，餘皆不問。熙宗即位，拜太保、尚書令，領三省事，封晉國王，天會十五年薨。「正隆二年，例封金源郡王。大定間，改贈秦王，謚桓忠，配享太祖廟廷」①。可謂壽終正寢、榮耀至極。而宋人卻杜撰出一個因討伐牙軍失利而下獄，上書乞憐，仍處以極刑的故事。其書云：

臣聞功大則謗興，德高則毁來，此言是也。自振古論之，以周公之聖人也，當成王即政之初，以言其業，則未盛也；以言其時，則未太平也；以言其君，則幼君也。周公是時建功立事，制禮作樂，盡忠竭力，勤勞王家。公之功德，編於《詩》《書》，流傳天下。自古及今，稱之無愧焉，尚有四國之流言，誅弟之過也。況後世不及周公者乎？臣今所慮，輒敢辨於陛下。念臣老矣。臣於

---

① 《金史》卷七四《宗翰傳》，中華書局一九七五年，第一六九九頁。

天會之初，從二先帝破遼攻宋，兵無五萬之衆，粮無十日之儲，長驅深入，旌旗指處，莫不請命受降。遼宋二主及血屬，並歸囚虜；遼宋郡邑，歸我版圖。方今東瀕大海，西徹狼溪，南連交廣，北抵室韋，罔不臣妾。然以大金創基洪業，繼治盛朝，先帝所委臣之力也。又扶持陛下幼沖以臨大寶，南面天下，此成王之世也。臣之忠勤，過於周公之下有闕文，賴成王之聖慮也。今臣雖吐其言，在陛下察其情。臣用陳前日之罪。御林牙兵忽然猖獗，干冒陛下，用臣出師之任。臣受命，欲竭駑鈍之力，盡淺拙之謀，以狂孽指日可定。不期耶律潛伏，沙黨復反，交攻凡三晝夜，其勝負未分，猶可爲戰，奈杜充粮草已斷，人馬凍死。御林牙兵知我深入重地，前不樵蘇，後又粮斷，所以王師失利。又副將外家得心生反逆，背負朝廷。外家得之反背，有其由也。知父兄妻子並在御林牙軍中，兩軍發釁，其外家得將軍下數千騎，自亂我軍，使臣不得施，此大敗之罪也。非臣悖慢。願陛下察臣之肝膽，念臣有立國之功，陛下有繼統之業，可貸臣螻蟻之命。嗚呼！功成名遂身退，天之道也。臣嘗有此志。貪戀陛下之聖意，眷慕陛下之宗廟，躊躇猶豫，以至於此，使臣伊呂之功，反當長樂之禍。願陛下釋臣縲紲之難，願成五湖之遊，誓竭犬馬之報。

這篇文字並配以《誅粘罕詔》，見於宋徐夢莘《三朝北盟會編》卷一七八所引「歸正人」張匯《金虜節要》。由於宗翰是宋金關係中頗具影響的人物，當時即引發質疑。南宋史家李心傳《建炎以來繫年要録》卷一一二「紹興七年秋七月」論及此事，以爲「徐夢莘《北盟會編》有尼瑪哈獄中所上書，及金人誅尼瑪哈詔，其文鄙陋，他書無其事，今不取」。而對此刨根問底，使之水落石出者，當屬清代金史學者施國祁。其《史論五答》之一云：

粘罕之待宋人貪暴已極，南人恨之入骨，意謂必受惡報。誰料其得保首領以殁，而好事者因撰造牙軍一敗、獄中一書，污以卑辭，並高慶裔臨刑數語，誣爲謀反，確證必使身敗名裂而後已。特不知牙軍何賊，戰敗何地？逞兹小醜，何勞都帥親征？偶爾小負，何遽大功鐫没？又書所引成王周公、交廣五湖等字，繆陋不堪，乃南宋蒙師之稍能把筆者爲之。即慶裔之語，不過宵小私恩勸其初不奔喪，繼乞西帥免受朝廷節制耳。抑不知果有此語否，豈得以謀反陷之乎？且諦觀答詔意旨，與獄書風馬不涉。此乃誅撻懶詔文，傅會成獄者。文云曾立邊功，指撻懶六部都統事，粘罕不止邊功也；眷惟元老，指其屬尊，非必高官；陰懷異議，指其倡議以河南地與宋；獄書辨寃，有何異志，皆曰可殺，指上辨者？二叔即宗磐、宗雋，四皓即企先，皆拔賢實事，非泛引也。或曰能造僞書，不能撰僞詔乎？非也。宋金誓約，凡大詔令，兩界必有關牒，故藉詞牽合，以陰衊之則可，若竟杜撰，奈當日耳目何？……即此誣獄一事，熙宗紀中、宗翰傳後，本無可載。無已，因細疏熙宗初政，右相韓企先當日事狀，作粘罕對證，其寃可立辨矣。惟以獄書爲江南蒙師所撰，答詔自屬撻懶，無與粘罕事，爲作僞者竄合，古來未經道破。①

由此可見，所謂宗翰獄中上書，「乃千古誣案」。至於將「誅撻懶詔」改作「誅宗翰詔」，系宋

① 《金史詳校》卷末附，《二十四史訂補》本，書目文獻出版社一九九六年，第一四册二六五頁。

人移花接木。這兩篇文字後來原樣收入《金文最》、《全遼金文》，反映了宋人製造誣案的影響何其久也。

需要説明的是，宋人的仇恨發自内心，出自義憤，完全可以理解。然而，如站在女真的立場看問題，他們不也擁有吊民伐罪的諸多理由嗎？歷史上任何國家或民族之間的紛争，都是以征服者擁有被征服者所擁有的一切爲結局的。相比之下，女真攻陷汴京後的行徑卻是比較温和與克制，也相當明智與實際。在這里，著者無意爲女真的野蠻行徑辯護，但也不應脱離歷史的社會發展階段，偏袒或「美化趙宋王朝」①。

二是宇文虚中「謀反」。虚中字叔通，成都廣都人②。北宋大觀三年進士。入仕後，因諫聯盟女真、夾擊遼國之策而降職。宣和七年（金天會三年、一一二五年），奏請更革弊端，除資政殿大學士、河北河東路宣諭使。靖康元年（金天會四年），汴京被圍，受命赴女真軍營交涉。建炎二年（天會六年），爲祈請使，入金奉迎二帝。初，被拘雲中，守節不屈，幽囚五年。天會十三年，始受金朝官爵，與韓昉共掌詞命。以書《太祖睿德神功碑》而進金紫光禄大夫。皇統四年，遷翰林學士

① 張邦煒《不必美化趙宋王朝——宋代頂峰論獻疑》，《四川師範大學學報》二〇一一年第六期。

② 關於宇文氏鄉貫，《中州集》卷一《宇文大學虚中》作「成都人」，《宋史》卷三七一本傳作「成都華陽人」，而周惠泉《金代文學發凡》認定爲成都廣都人，論據詳實，從之。東北師範大學出版社一九九四年，第一七〇頁。

承旨，拜禮部尚書。六年，以涉嫌謀反被殺①。淳熙六年（金大定十九年、一一七九年），南宋詔贈開府儀同三司，謚肅愍②。

而元蘇天爵《滋溪文稿》卷二五《三史質疑》頗不以爲然：「金人入中原，宋臣死節者僅十數人，奉使不屈如洪皓、朱弁輩又數人。而宇文虚中者，既失身仕金爲顯宦矣，金初一切制度皆虚中所裁定。如册宋高宗爲帝文，亦虚中在翰林時所撰，第以譏訕慢侮權貴被殺。今宋史書曰『欲因虜主郊天舉事』，果可信乎？甚至比爲蘇武、顔真卿，而又録用其宗人，固曰『激勸臣下』，然亦何爲飾詐矯誣之如是乎？」如此質疑，抓住了問題要害；後經施國祁深入剖析，更加令人信服，其《史論五答》之三云：

宇文虚中兩傳。《金史》：以才負謗死；《宋史》：以忠被誣死。説者多據在金三詩以證其忠，豈知三詩非出於一時，不盡然也。其一云：滿腹詩書漫古今，頻年流落易傷心。南冠終日囚軍府，北雁何時到上林。開口摧頽空抱樸，脅肩奔走尚腰金。莫邪利劍今安在，不斬奸邪恨最深。指恨王時雍、耿南仲輩庸奸誤國，爲天會四年計議使被留時作。其二云：遥夜沉沉滿幕霜，有時歸夢到家鄉。傳聞已築西河館，自許能肥北海羊。回首兩朝俱草莽，馳心萬里絶農桑。人生一死渾閑事，

① 《金史》卷七九《宇文虚中傳》，中華書局一九七五年，第一七六五頁。

② 《宋史》卷三七一《宇文虚中傳》，中華書局一九七五年，第一七六五頁。

裂眦穿胸不汝忘。蓋痛徽欽北狩，辭氣悲壯，似有殉節之意，爲六年祈請使再留未降時作。無如金人優禀宋官，縻以好爵，虚中自念故國已非，新恩甚渥，遂爾負才惜死，忍污朝命，即有議禮制度、答粘罕詔、書武元碑、撰增謚册文等事。其三云云：不堪垂老尚蹉跎，有口無辭可奈何，强食小兒猶解事，學妝嬌女最憐他。故衾愧見霑秋雨，短褐寧忘拆海波。倚杖循環如可待，未愁來日苦無多。乃皇統初家屬北歸後作，蓋虚中去國已十餘載，春來何處，風吹不歸？舊許爲牧羊之蘇，今改爲循環之李，英雄氣短，兒女情長，尤無俚之甚矣。且金人以遼亡不懼遼，故二韓（韓企先、韓昉）相繼入相；宋未亡尚懼宋，故宇文虚中輩止領閑職，不假重權，何自有國師之命、陰結死士、謀挾故主南奔之事？

其中疑竇當辯之處甚多，施先生一一辯之，結論是：「宋事無徵，而《金史》之言訕謗則可據。蓋宋人南渡，受侮已極，朝野冤聲尤多，著録土印活版，濫刻甚重。傳本之入北者，大率叫囂怒駡慢侮北人之語。宇文家籍良必有之，即謗書爲反具，抑復何疑？」① 宇文氏在金以「謀反」被殺，在宋成爲英雄，各種小説傳聞附會而生，以滿足朝野對於「愛國者」的精神需求。

---

①《金史詳校》卷末，二十四史訂補本，書目文獻出版社一九九六年，第一四册二六七頁。

三是施宜生「烹死」。施宜生字明望，號三住老人，原名逵、字必達①，福建邵武人②。北宋政和四年進士，仕爲潁州教授。紹興初（金天會九年、一一三一年），從范汝爲反，兵敗被捕③。後逃亡，北走齊，上書言取宋之策，命爲大總管府議事官④。齊國廢，復爲女真所用。正隆四年，以翰林侍講學士爲賀宋正旦使，宿州防禦使耶律辟離剌副之。《金史》卷七九《施宜生傳》記録了這位大宋叛國者的悲慘下場：

四年冬，爲宋國正旦使。宜生自以得罪北走，恥見宋人，力辭，不許。宋命張燾館之都亭，因間以首丘風之。宜生顧其介不在旁，爲庾語曰：「今日北風甚勁。」又取几間筆扣之曰：「筆來，筆來！」於是宋始警。其副使耶律辟離剌使還以聞，坐是烹死。

這樣的結局爲宋人所企盼，也是宋人與元人聯手造成的，而與金人無關。《建炎以來繫年要録》卷一八三「紹興二十九年十二月」透露了此説來源：

丙子，金國賀正旦使施宜生、副使耶律翼見於垂拱殿。以諒闇故，命坐賜茶，正侍郎觀察使以

① 宋陳鵠《西塘集耆舊續聞》卷六，叢書集成初編本，中華書局一九八五年，第三九頁。

② 《中州集》小傳作「浦城人」，源自金魏道明《明秀集注》卷一《永遇樂》注：「建安浦城人。」另，《金史》卷七九本傳作「邵武人」。今按，據《西塘集耆舊續聞》卷六，施氏祖墳在邵武建寧縣施村，當作邵武建寧人。

③ 《宋史》卷三六四《韓世忠傳》，中華書局一九七七年，第一一三六二頁。

④ 《金史》卷七九《施宜生傳》，中華書局一九七五年，第一七八六頁。

上皆與。上服素黄袍黑帶，供張皆用素黄，衛士常服，去銀鵝對鳳，侍坐者錦墩易以紫素。既見，命大臣就驛賜燕，不用樂，辭亦如之。時吏部尚書張燾奉詔館客，宜生素聞其名，畏慕之。一見，顧翼曰：「是使南朝不拜詔者也。」宜生，閩人，燾以首丘桑梓語之，宜生敬燾，頗漏敵情。燾密奏之，且言宜早爲之備。上深然其説。亮又隱畫工於中，即使密寫臨安之湖山城郭以歸。既則繪爲屏，而圖己之像，馬於吴山絶頂。後題以詩，有「立馬吴山第一峰」之句。蓋亮所賦也。

文末小字注云：「此據《金亮本末》增修。宋翌云：『此詩翰林修撰蔡珪作，詭曰御製。』按世傳亮詞句頗多，未必珪作也。」可見，所謂施宜生烹死，源自宋翌《金亮本末》。宋翌始末未詳，或由北而南下之歸正人。他的説法既爲南宋史家採信，也成爲《金史》傳記的重要内容。而元蘇天爵《滋溪文稿》卷二五《三史質疑》揭穿了這個惡意編造的謊言：

正隆四年冬，偕移剌辟離剌使宋。宜生自陳：「昔逃難脱死江表，義難復往。」力辭，不許。蓋是時海陵謀伐宋，故以宜生往使，以繫南士之心，與用蔡松年爲相之意同。宜生既歸，以辟離剌至宋不遜，不即以聞，被杖。五年，除翰林學士。次年，中風疾。大定二年，致仕。三年六月卒，年七十三。此見於《世宗實録》及蔡珪所述宜生行狀可考。岳珂作《桯史》乃云：「宜生使宋，漏言將用兵意，曰：『近日北風甚勁。』又曰：『筆來，筆來。』歸則被誅。」又云：「海陵既死，后徒單氏被殺。」按《世宗實録》，徒單氏至大定十一年方死。是皆小説傳聞，修史者可盡信乎！

至於移剌辟離剌，《金史》卷六〇《交聘表》作「耶律辟里剌」，以「宿州防禦使」爲賀正旦副使；《建炎以來繫年要録》卷一八三「紹興二十九年」作「耶律翼」，署銜「侍衛親軍馬步軍副都指揮使」。耶律辟里剌與耶律翼實則同一人，當時契丹人或女真人各有本名與漢名。而「侍衛親軍」之職，不過是奉使假借，以示重視，實際僅授女真皇親國戚人等。其「至宋不遜」事，《要録》記之甚詳：

丙戌，北使施宜生等出國門。故事，北使以八日出門，九日宴赤岸。至是宜生等不肯用例。是晚抵赤岸，宴罷即行。

戊子，北使至秀州，遣人告伴使金安節以欲趲程前去。副使耶律翼即遣人持挺擊逐挽舟之人，俾用力牽挽。夜漏下二十刻，抵平江府。

辛卯，北使施宜生等至鎮江府，賜宴不受，遂即時渡江。

癸巳，北使至楚州。其下奪巡檢王松所乘馬，松不與，乃誣松從者云：以杖擊我。副使耶律翼怒，命捕松覆面，以馬箠捶之二百餘，幾死。

甲辰，至洪閘。編閘官郝定以潮來應，不即啓閘。翼怒，執而鞭之。晚至盱眙軍。宴罷，風雨作，不可渡淮，乃止。

乙未，金國賀正旦使施宜生等渡淮。故事，北使既登舟，即舟中與伴使置酒三行而別去。是日，天欲明，送伴使金安節等至淮岸，國信副使耶律翼已先渡淮北去，宜生已下皆不及知，安節遂於中流瞻送而已。①

這些記載把一介桀驁不遜、粗俗不堪的武夫暴露於光天化日之下，他在宋境做出的那些魯莽越格之事，丟盡大金王朝的顏面。而施宜生本來「恥見宋人」，加之那位副使難以節制，不得不匆匆結束行程。歸朝後，以未奏聞而受「被杖」處分。宋人遂望風捕影，演義出透漏軍情、坐是烹死的故事。

問題的嚴重性在於，《金史》爲官修正史，竟採信如此背離事實的小説傳聞，致使那部正史的信譽蒙受了影響。這個事例反映出南宋士人的文門功夫是何等了得。此後，元人繼之，借修史之機删除了《世宗實録》有關施宜生的內容，且置蔡珪《施宜生行狀》於不顧，最終完成了一篇爲南宋士人及其後裔在心理層面亟需的施氏新傳。

由此可見，《金史》之難治，不僅在於文獻匱乏，更在於近千年前那場民族衝突影響了一代又一代士人，以至於遺留的情感疙瘩或心靈糾結迄今未能釋然。施國祁先生對此感觸頗深，其《史論五答》之一云：「大抵宋人承紀遼餘習，其説金事之謬有三，一曰傳聞，一曰附會，一曰誹謗，皆不甚足評。而數百年讀書人多惡視金源，左袒南宋。每得無稽之野史，咸喜談而樂道之。而《金

① 宋李心傳《建炎以來繫年要録》卷一八四「紹興三十年春正月」，中華書局一九八八年，第三〇六九頁。

史》又多脱略嫌諱，尤非易讀。讀者稍加涉獵，輒嗤爲疏謬，雖大家不免。」① 施先生不愧爲金史學者，他讀懂了《金史》。

應當指出的是，儘管那場民族衝突已成爲歷史，而那場衝突深層的封建華夷觀念依然殘存於現代社會生活中。例如，岳飛率兵北伐，收復失地，多次奏捷，成爲南宋的民族英雄。特别是風波亭冤案引發了人們長久而深切的同情，迄今稱頌之辭不絶；而他的對手宗弼（兀术），統軍南征，屢建奇功，爲女真稱霸諸雄立下汗馬功勞。彌留之際，仍心繫社稷，遺囑叮嚀。顯然，這位將軍也是女真的民族英雄。然而，以往對兩者的評價却如天壤之别，原因何在？實際上，每個民族都擁有自己引以爲驕傲的英雄人物。那些人物雖屬於歷史范疇，却不能簡單地就歷史説歷史。

我們中華民族是由多民族組成的，彼此之間曾歷經了激烈衝撞、痛苦磨合，造成過種種悲劇。而那些不幸在當時歷史條件下似乎難以避免，也許只有付出慘痛代價，才會使那些民族漸次走向廣泛而深刻的融合。然後，在共同居住的土地上飽經憂患，生生不息，創造出東方文明，屹立於世界民族之林。因此，當今天總結那段滄桑歲月的經驗時，尤其需要以新的思維來清理那些令人糾結的東西，向前邁進，去實現我們共同的夢想。

綜上所述，只有重視宋人涉金著述的價值，也正視其中的局限，才能充分而恰當地發揮那些文

---

①《金史詳校》卷末附，二十四史訂補本，書目文獻出版社一九九六年，第一四册二六五頁。

獻的作用。

趙良嗣

趙良嗣，燕人。原名馬植，政和二年由遼歸宋，先賜李姓，名良嗣，後改賜姓趙，累遷修撰。嘗建言與女真聯盟，夾攻遼國，收復燕雲，遂多次奉使金國。靖康元年三月，以「構成邊患，幾傾社稷」，誅於郴州。①

《燕雲奉使録》一卷，殘存。宋徐夢莘《三朝北盟會編》屢見徵引。

馬　括

馬括原名廣，字子充，狄道（今甘肅臨洮）人。政和八年（金天輔二年、一一一八年），擢武舉第，授承節郎京西北路武士教諭。宣和二年（金天輔四年），隨父使金，議結盟夾擊契丹事。及伐遼，奉命入燕諭降；遼亡，使金交涉贖燕。靖康中，女真犯真定，投西山義軍，受傷被俘，金軍以太祖舊人，准其開店自活，遂輾轉歸國。建炎二年（金天會六年、一一二八年），從信王趙榛

① 宋徐夢莘《三朝北盟會編》卷一、卷四四，上海古籍出版社二〇〇八年，第一頁、三三三頁。另，趙良嗣入《宋史》卷四七二《姦臣傳》，中華書局一九七七年，第一三七三三頁。

抗金，聚衆十餘萬。歷武功大夫和州防禦使①、河外元帥府馬步軍都總管②、樞秘都承旨江西沿江制置副使③、宣撫司都統制等④。後遭秦檜排斥而賦閑。

《茅齋自敘》一卷，殘存。「茅」或作「茆」，爲撰者《日記》摘編，晚年整理成書，以所居「茅齋」命名。記事自宣和二年至靖康元年。今人李澍田拾掇殘篇，輯入《金史輯佚》⑤。

連南夫

連南夫字鵬舉，安陸（今湖北安陸）人⑥。嘗仕爲太常少卿。宣和六年（金天會二年、一一二四年），奉使金國⑦。

《宣和使金録》一卷。宋陳振孫《直齋書録解題》卷七著録：「吊祭阿骨打，奉使所記。」宋徐夢莘《三朝北盟會編》屢見徵引。

① 《宋史》卷二五《高宗紀》，中華書局一九七七年，第四五五頁。
② 《宋史》卷二五《高宗紀》，中華書局一九七七年，第四五六頁。
③ 《宋史》卷二七《高宗紀》，中華書局一九七七年，第五一四頁。
④ 《宋史》卷三七七《向子諲傳》，中華書局一九七七年，第一一六四一頁。
⑤ 李澍田主編《金史輯佚》，長白叢書本，吉林文史出版社一九九〇年，第一〇八頁。
⑥ 《宋史》卷四五三《忠義傳》：「連萬夫，德安人，或曰南夫弟也。」中華書局一九七七年，第一三三三七頁。
⑦ 宋陳振孫《直齋書録解題》卷七《傳記類》，叢書集成初編本，中華書局一九八五年，第一九八頁。

鍾邦直

鍾邦直①，始末未詳。宣和七年（金天會三年、一一二五年），從許亢宗奉使金國，爲管押禮物官。

《宣和乙巳奉使金國行程録》一卷，存。

王安中

王安中字履道，中山曲陽（今河北曲陽縣）人。登進士第，累遷尚書左丞。燕歸宋，授慶遠軍節度使、河北河東燕山府路宣撫使、知燕山府。燕山陷落後，以其締合王黼、童貫及不幾察郭藥師叛命，連遭貶責。②

《入燕録》。宋徐夢莘《三朝北盟會編》卷一六「宣和五年四月十七日庚子」引録。

---

① 陳樂素《三朝北盟會編考》，見《中研院歷史語言研究所集刊論文類編》（歷史編・宋遼金元卷），中華書局二〇〇九年，第一册二六二頁。

② 《宋史》卷三五二《王安中傳》，中華書局一九七七年，第一一一二四頁。

賈子莊

賈子莊，始末未詳。蔡靖之客。

《陷燕記》一卷。宋陳振孫《直齋書録解題》卷五《雜史類》著録：「記燕山初陷事」。

許　采

許采字師聖，始末未詳。蔡靖妻兄、松年之舅。喜方外丹鼎之學，自號丹房老人。輕財如糞土，而世莫能用之。自謂得三代鼎鐘妙意，筆法簡古可尚。①

《陷燕記》一卷。書名與賈子莊記同。今按，陳樂素《三朝北盟會編考》（續）：「書名既同，所記亦同一事，特《會編》作許采，此作賈子莊。《繫年要録》既引用許采之《陷燕記》，亦引用賈子莊之《陷燕記》，則顯爲兩書也。」②

① 蔡松年《明秀老人明秀集》卷三［滿江紅］之三魏道明注，四印齋所刻詞本，上海古籍出版社一九八九年，第六九三頁。今按，許采原作許採，此從宋徐夢莘《三朝北盟會編》卷二四引沈琯《南歸録》，上海古籍出版社二〇〇八年，第一七七頁。

② 《中研院歷史語言研究所集刊論文類編》（歷史編·宋遼金元卷），中華書局二〇〇九年，第三〇七頁。

沈琯

沈琯字次律，號柯田山人，德清（今浙江德清）人。少遊學，深於《春秋》，爲文尚氣節，尤好吟詠。官直秘閣。燕山歸後，除燕山府路提舉常平。金破燕山，被執，逃歸。詣闕獻策不用，還鄉終老。①

《南歸録》一卷。宋陳振孫《直齋書録解題》卷五《雜史類》著録：「直秘閣沈琯撰，亦記燕山事。」宋徐夢莘《三朝北盟會編》卷三〇等屢見引録。

李若水

李若水字清卿，洺州曲周（今河北曲周）人。第進士。靖康元年（金天會四年、一一二六年），奉使大金軍前，議以賦入贖三鎮。二年，金軍圍汴，邀欽宗出城，扈從以行。其在女真軍營捨身抗争，寧死不屈，壯烈殉國，年三十五。高宗即位，詔曰：「若水忠義之節，無與比倫，達於朕聞，爲之涕泣。」②

① 《（嘉泰）吴興志》卷一七《賢貴事實》，宋元方志叢刊本，中華書局一九九〇年，第五册四八二七頁。
② 《宋史》卷四四六《忠義傳》，中華書局一九七七年，第一三一六〇頁。

《山西軍前奉使録》。宋徐夢莘《三朝北盟會編》卷六三引録。另，卷首《書目》著録，作《山西軍前和議奉使録》。

范仲熊

范仲熊，成都華陽（今四川成都）人。祖祖禹、父沖，俱著名史官①。靖康中，仲熊仕懷州河内丞，爲金軍所俘，以「結連背叛，不順大金之人，偶已貸命，不與根治」②，拘管於鄭州。後得歸，用爲吏部員外郎。尋以「宣和末進用，實出梁師成之門下」除名，「柳州編管」③。

《北紀》一卷，殘存。宋尤袤《遂初堂書目·地理類》著録。宋徐夢莘《三朝北盟會編》屢見徵引。李澍田等拾綴殘篇輯入《金史輯佚》④。

---

① 祖祖禹，見《宋史》卷三三七《范鎮傳》，父沖見《宋史》卷四三五《儒林傳》五，中華書局一九七七年。

② 宋徐夢莘《三朝北盟會編》卷六三，上海古籍出版社二〇〇八年，第四七六頁。

③ 宋李心傳《建炎以來繫年要録》卷二二，中華書局一九八八年，第四七一頁。

④ 長白叢書，吉林文史出版社一九九〇年，第一五一頁。

陶宣幹

陶氏名字佚。靖康元年，爲河北東路宣撫司幹辦公事。①《河東逢虜記》。宋徐夢莘《三朝北盟會編》卷五七引録。是年秋，陶氏兩度差往河東，記途中所見所聞。

鄭望之

鄭望之字顯道，彭城（今江蘇徐州）人。崇寧五年進士。靖康元年（金天會四年），假工部侍郎，俾爲軍前計議使。建炎初，以張皇敵勢，連遭貶責。紹興中起復，除徽猷閣直學士。②

《靖康奉使録》一卷。宋陳振孫《直齋書録解題》卷五《雜史類》著録。另，宋徐夢莘《三朝北盟會編》卷首《書目》作《靖康城下奉使録》。

① 《三朝北盟會編》卷五七，上海古籍出版社二〇〇八年，第四二六頁。
② 《宋史》卷三七三《鄭望之傳》，中華書局一九七七年，第一一五五四頁。

石茂良

石茂良字太初，吴興（今浙江湖州）人。

《避戎夜話》一卷，存。宋陳振孫《直齋書録解題》卷五著録：「吴興石茂良太初撰。」另，清紀昀等《四庫全書總目》卷五二《史部雜史類存目》亦著録：「是編載靖康元年十一月，金人陷汴京事。蓋親在圍城之内，記所見聞。其中多言都統制姚友仲守禦東南壁之功。史不爲友仲立傳，然《欽宗本紀》頗採用之。徐夢莘《三朝北盟會編》第九十八卷引此書有云：『汴京城陷，僕逃難於鄉人王升卿舍館。夜論朝廷守禦之方。一話一言，莫不驗其文，摭其實，直而不詐。非所見聞，則略而不書』云云，蓋茂良自敘之詞。此本爲明末李蘅刊入《瑣探》内者。檢勘並無此文，知爲删節不全之本矣。尤袤《遂初堂書目》載有《靖康夜話》，疑即此書。晁公武《讀書志》列《金人背盟録》七卷、《圍城雜記》一卷、《避戎夜話》一卷、《金國行程》十卷、《南歸録》一卷、《朝野僉言》一卷，總注曰：『皇朝汪藻編，記金人伐契丹，迄於宣和乙巳犯京城。』《圍城雜記》等五書皆記靖康時事。其意蓋謂《金人背盟録》以下六書，皆靖康時人所作，藻合而編之耳。而其文義混淆，似乎六書皆出於藻，故有引是書爲藻作者。其實《書録解題》載《朝野僉言》爲夏少曾作，《南歸録》爲直秘閣沈琯作，此書爲茂良作，各有主名也。況汪藻未從北行，安得有《金國行程》乎？」李澍田等輯入《金史輯佚》①。

夏少曾

夏少曾，始末未詳。

《朝野僉言》二卷。宋陳振孫《直齋書録解題》卷五《雜史類》著録：「《朝野僉言》二卷，不著姓氏，有序，建炎元年八月。《繫年要録》稱夏少曾，未詳何人。」今按，亦名《靖康朝野僉言》，存一卷，如包括陳規「後序」，是爲「二卷」②。

陳規

陳規字元則，沂州（今山東臨沂）人。以明法補官。靖康初，轉通直郎，知德安府安陸縣。金兵陷都城，率兵勤王，道梗而還。會郡守及僚屬棄城出奔，惟規留守，受衆之推攝府事。乃聚兵積粮修城，凡來寇者無不潰敗而去。遷朝奉大夫，直龍圖閣，擢德安府漢陽軍鎮撫使，兼知德安府，

① 長白叢書本，吉林文史出版社一九九〇年。

② 宋徐夢莘《三朝北盟會編》卷七〇：「後人覽《朝野僉言》者，當求舊本，而改本失實，故不可不詳辯。」上海古籍出版社二〇〇八年，第五二七頁。

累加龍圖閣待制，召赴行在。在州八年，中原郡縣皆失守，惟德安獨存。①

《朝野僉言後序》一卷，存。宋徐夢莘《三朝北盟會編》卷末所附《書目》著録。所謂後序，文字幾近五千言，自可獨立成卷，實爲「僉言」之續。兹取其首尾以爲引、跋。

宋陳規《朝野僉言後序引》：規守順昌日，得《靖康朝野僉言》，具載金人攻城始末。反覆熟讀，痛心疾首，不覺涕零，嗟我國家不幸有如此。悲夫！世之治亂，國之强弱，雖曰在天有數，未有不因人事得失之所致也。楊雄所謂天非人不因，人非天不成。靖康京城之難，若非人事之失，則天亦不得而爲災；若非天欲降災，則人事亦無此失。規不揆至愚，竊觀金人攻陷京城，朝廷大臣、守禦將帥，施設應敵捍禦攻城之失，與夫管見禦敵之策，論列而序言之。（宋徐夢莘《三朝北盟會编》卷一三九，上海古籍出版社二〇〇八年，第一〇一二頁。）

宋陳規《朝野僉言後序跋》：嗟乎！靖康丙午，金人以兒戲之具攻打京城，守禦者一時失計，遂致城拔，迄今一紀有餘。而金人不思當時幸勝，尚以驕氣相矜。在規於未知金人攻京城械器施設之前，則每日又云金人攻城大砲對樓勢不可當，貴顯言之則快然而不敢辨，衆人言之則亦不敢痛折。今即知其詳，則其可不盡剖其所見而言之？况規忝冒，職當次對，濫膺守臣，苟有所見，庶幾乎破彼奸謀，使攻城掠地之心潛消於冥冥之中，而致我宋之境，無有遠邇。若州若縣若守若令之

① 《宋史》卷三七七《陳規傳》，中華書局一九七七年，第一一六四三頁。

人，强者愈自奮，懦者知其勉，孰畏乎金人之來攻城之械，而城城皆可以自保。若成我宋山河之壯者，不可不論也。規竊嘗聞國之利器不可以示人，又機事不密則害成，而用兵之道以正合以奇勝，善出奇者無窮，如天地不竭，如江海千變萬化，孰能窮之？今止據金人拔京城當時攻械施設，略舉其捍禦之策，大概言之。至於盡精微致敵之方，雖不憚其文繁而有所得，真不可示人者。況雖欲傳之，有不可得而傳之者矣。惟在乎守城之人，於敵未至則精加思索應變之術，預爲之備耳。區區管見，不能自揆，輒序於僉言之後。（宋徐夢莘《三朝北盟會編》卷一三九，上海古籍出版社二〇〇八年，第一〇一八頁。）

《德安守城録》。《宋史》卷三七七《陳規傳》：「乾道八年，詔刻規《德安守城録》，頒行天下爲諸守將法。」

宋楊簡《陳規守城録序》：

古志曰：「天子守在四夷。天子卑，守在諸侯。諸侯守在四鄰。諸侯卑，守在四境。」此道甚易知，甚易行。而自孔子殁，孔子之徒又殁，而士大夫率莫之思，莫之行。嗚呼！人非木石，我愛彼，彼如何不我爱？我敬彼，彼如何不我敬？即可使如一家，四海之内皆吾赤子，何忍取赤子而殺之？然事有本末，法關盛衰。某有志於武備踰四十年，前數年始得陳規《守城録》，其言條理至詳，某於是於守備頓省懷慮。待制陳公初鏤版於九江，今士大夫罕見此書，見亦未必以爲意。待制知某愛此書，取諸九江以納東嘉郡庫。某即命多爲帙，將以分遺士夫，以廣國家武備。又慮觀者不本於四夷之守，不得已，故書。（《慈湖遺書》卷一，文淵閣四庫全書本。）

宋張栻《題太上皇帝賜陳規手敕》：

臣伏睹太上皇帝賜順昌守臣陳規手敕，下拜感歎。蓋自紹興以來，艱勤積累，至是時虜勢已屈，我師既捷，聲摇京輔，而朝廷講解之議已成矣。臣在省中，太常適上規事，臣以爲彰善癉惡，有國之典。規官雖未應謚，功則當謚，正以是役爲重也。仰惟昭回之章，所以待遇臣下與夫風厲振作之意，誠足以詔萬世也。（《南軒集》卷三三，文淵閣四庫全書本。）

《攻守方略》。《宋史》卷三七七《陳規傳》著録：「有《攻守方略》傳於世。」

李　綱

李綱字伯紀，邵武（今福建邵武）人。登政和二年進士第，累遷太常少卿。金兵南下，朝廷詔起師勤王，綱建言「假皇太子以位號，使爲陛下守社稷，收將士心，以死捍敵，天下可保」。疏上，内禪之議乃決。靖康元年，爲東京留守、親征行營使。高宗即位，拜尚書右僕射兼中書侍郎。尋以故落職。紹興二年，起爲觀文殿學士、湖廣宣撫使兼知潭州。十年薨，年五十八，贈少師。①

《靖康傳信録》三卷，存。宋李綱《靖康傳信録序》：

① 《宋史》卷三五八、卷三五九《李綱傳》，中華書局一九七七年，第一一二四一頁。

靖康改元，金人犯闕，實中國之大變，典籍所載，未之有也。朝廷應變設施大略，衆人所共知者，往往私竊書之；至於廟堂之上，帷幄之中，議論取捨，事情物態，爲宗社安危、生民利害之所繫者，衆人所不得而知，書之或失其實，此《傳信録》所爲作也。余自宣和己亥以左史論事，謫官閑廢七年，迨乙巳之夏，蒙恩以太常少卿召。其冬，天子内禪，召對，擢兵部侍郎。既改元正月三日，差充行營司參謀官。四日，除尚書右丞，充留守，五日改充親征行營使。二旦三日，以姚平仲事罷職。五日，以士庶伏闕，復舊職，改充都大提舉京城四壁守禦使。金人退師，除知樞密院事。六月，差充河北、河東路宣撫使。七月，出師次懷州。八月，召赴闕議事。九月，還次封丘，除觀文殿學士、知揚州。十月，以言者改差提舉亳州明道宫，尋落職。十一月，責授保静軍節度副使、建昌軍安置，尋移寧江。以二年春行次長沙，聞召命復官，除資政殿大學士，領開封府事。時金人再犯闕幾半年，京師之圍未解，四方盜賊蜂起。余荷兩朝厚恩，國步艱難，不敢自愛，方率義旅，以援王室。追念自乙巳之冬迄今纔歲餘，一身之進退榮辱，天下之安危利害，紛然如此，豈非其夢耶？然一歲之間，再致大寇，雖曰天數，亦人事也。去春致寇，其病源於崇、觀以來軍政不修，而起燕山之役；去冬致寇，其病源於去春失其所以和，又失其所以戰。何也？虜以孤軍深入，前阻堅城，而後頓邀擊之威。當是時不難於和，而朝廷震懼，其所邀求一切與之，既割三鎮，又質親王，又許不貲之金幣，使虜有以窺中國之弱，此失其所以和也。諸道之兵既集，數倍於虜，將士氣鋭而心齊，朝廷畏怯，莫肯一用，懲姚平仲劫寨之小衄，而忘周亞夫困敵之大計，使夷狄安然厚有所得而歸，此失其所以戰也。失此二者之機會，故今虜志益侈，再舉南牧，無所忌憚，遂有併吞華夏之心。譬猶病者，證候既明，當用毒藥而不用，雖暫得安，疾必再來，此必至之理也。以今日而視去歲，人心國勢之不相侔，何止相什百哉！臣子之義，惟當奮不顧死，以徇國家之急，及其成功則天也。然自是之後，朝廷非大有懲創，士風非大有變革，内外小大同心協力，以扶持宗社、保全家室爲事，掃去偷惰苟且之習、媢嫉譖愬之風，雖使寇退，亦豈易枝梧哉！故余於此録記其實而無所隱，庶幾後之覽者，有感於斯文。（《梁谿集》卷一七一，文淵閣四庫全書本。）

朱邦基

朱邦基，始末未詳。靖康中汴京太學生。

《靖康録》一卷。宋陳振孫《直齋書録解題》卷五《雜史類》著録：「太學生朱邦基撰。」

沈　良

沈良，始末未詳。靖康中汴京太學生。

《靖康遺録》一卷。宋陳振孫《直齋書録解題》卷五《雜史類》著録：「太學生沈良撰。」

方冠

方冠，始末未詳。靖康中汴京布衣之士。

《金人犯闕記》一卷。宋陳振孫《直齋書録解題》卷五《雜史類》著録：「茅草方冠撰。」今按，宋徐夢莘《三朝北盟會編》卷首《書目》著録，撰者失考。

丁特起

丁特起，合肥（今安徽合肥）人①。靖康圍城中，以太學生屢次上書，乞早決用兵之計，名聲鵲起②。紹興五年，以貴州文學特差鼎州龍陽縣尉③。

《孤臣泣血録》三卷補遺一卷，存一卷。宋陳振孫《直齋書録解題》卷五《雜史類》著録。另，清紀昀等《四庫全書總目》卷五二《史部雜史類存目》亦著録：「舊本題宋太學丁特起撰。所紀自欽宗靖康元年十一月五日起，至高宗建炎元年五月一日即位止。載汴京失守、二帝播遷之事。徐夢

① 宋李心傳《建炎以來繫年要録》卷一「建炎元年正月」，中華書局一九八八年，第三一頁。

② 宋徐夢莘《三朝北盟會編》卷六六、六八，上海古籍出版社二〇〇八年，第四九八頁、五一一頁。

③《建炎以來繫年要録》卷九二「紹興五年八月」，中華書局一九八八年，第一五三八頁。

莘《北盟會編》頗採之。《文獻通考》載其書三卷，又《補遺》一卷。此本僅存一卷。然首尾完具，年月聯貫，不似有所缺佚者，殆由後人所合併耶？其中稱范瓊爲高義，而於瓊殺吴革一事亦無貶詞，頗乖公論。特起不知何許人。又直書太學生丁特起上書者三，皆不似自述之語。前載特起自敘，粗鄙少文，其敘事亦多俚語，豈當時好事者所爲，以特起上書有名，故以託之歟？此本爲明吴思所刊。前有思序，而附載汪旦復評語。語皆凡鄙，仍多舛誤。如吴革起兵謀反正句，實以當時僞楚借號，故以反正爲文。乃誤讀正字屬上句，謂以謀反書革，乃特起之微詞，則其謬不足與辨矣。」另，余嘉錫《四庫提要辨證》卷五《孤臣泣血録》：「《北盟會編》卷一百引《小臣孤憤録》總敘云：『是年夏四月一日，太上皇帝、靖康皇帝北狩，五月一日上即位於南京，九月遂幸揚州。某待罪江上，得太學生丁特起所著《孤臣泣血録》，又從諫官袁彦範得《痛定録》、《武廣嘗膽録》，已而復有人致李綱《傳信録》及《太學擇術齋記》、《史略》者，乃取諸人所録，編而次之。』是此書初出之時，著述之家已加援用，未嘗疑其依託，且不獨見採於徐夢莘而已。《會編》卷八十六引《遺史》趙甡之撰曰：『邦昌命董逌諭諸生，慰勞備至，巡齋宣佈邦昌之意。蓋自圍閉，諸生困於虀鹽，多有疾病，迨春尤甚，日死不下數十人者。邦昌具知，乃用撫諭之使，又命選醫官十人，於諸齋日逐看候，人人給藥餌之資。由是諸生感悦，故《泣血》等諸書，太學諸生所記，其間不無爲邦昌抆拭其事者。』是其敘事之不能盡符公論，時人固已言之矣。《建炎以來繫年要録》於此書引用亦多，皆署名丁特起，然則非僞撰也。樓鑰《攻媿集》卷八十五《先妣行狀》云：「及見宣和盛時暨靖康間事，言之皆有端緒，如《痛定》、《泣血》等書，間能指其不然者。』可見其書在當時已盛行，雖閨房之中亦熟知其得失矣。《要録》卷一云：『太學生徐揆與諸生丁特起等各爲書，欲遺二帥，留守司不許。特起，合肥人。』又卷九十二云：『紹興五年八月貴州文學丁特起特差鼎州龍陽縣尉。』是特起之里貫仕履，皆有可徵，《提要》云不知何許人，失之不詳考也。《書録解題》卷五云：『《孤臣泣血録》三卷，拾遺一卷，丁特起撰。』今本只一卷，不知是否完本。」今按，此書亦名《靖康紀聞》，一卷。自序云：

《紀聞》者，紀靖康元年中事也。春正月五日，金人擁兵犯京城。二月十二日退師，秋九月陷太原，冬十月陷真定，繼陷滑州等郡縣。十一月二十五日，擁兵再犯京城，閏十一月二十五日陷京師。明年春正月十日，邀皇帝出郊。二月六日，廢帝。九日，邀太上皇帝、皇后、太子、諸王、公主、嬪妃等郊外。三月七日，改僞楚，立張邦昌，僭號。夏四月一日退師，擁二帝北去。四日，邦昌僞赦。九日，册命元祐皇太后。十一日，元祐皇太后垂簾聽政，邦昌復避位，收僞赦。五月一日，皇弟康王即位於南京，改元建炎，大赦天下。孤臣特起，自春徂夏，適在京師，初迫桂王，嘗爲西樞門下客，頗得其事。繼遊函關，與同舍郎講問尤詳悉，痛二帝之播遷，憫王室之顛覆，咎大臣之誤國，傷金戎之强盛。事有不可概舉者，大懼天下後世或失其傳，無以激忠臣義士之心，無以正亂臣賊子之罪，無以知吾君仁聖憂勤而罹此不幸之實，因列日以書之。起元年十一月，至明年五月一日，目擊而親聞者，罔敢違誤。其間褒貶，允協公議，非敢徇私臆説也。盟於天，質於地，告於祖宗之靈，斯言無愧。如其青史，請俟來哲。宋孤臣丁特起泣血謹書。（《靖康紀聞》卷首，學津討原本。）

韋承

韋承，始末未詳。

《甕中人語》一卷，存。①

王養正

王養正，始末未詳。

《圍城雜記》一卷。宋晁公武《郡齋讀書志》卷六《雜史類》著録：「録靖康末女真再犯都城事。」②

---

① 崔文印箋證《靖康稗史箋證·甕中人語》，中華書局一九八八年，第四四頁。

② 孫猛校正，按云：「此書不見諸目，養正亦不詳其行事。」上海古籍出版社二〇〇六年，上册第二七四頁。

孫偉

孫偉字奇甫，七澤（今湖北）人①。靖康中，官侍郎。

《靖康野史》。宋徐夢莘《三朝北盟會編》卷一〇〇引孫偉《靖康野史》：

靖康元年閏十一月，金戎陷京師，駐軍南郊，聲言欲縱兵洗城。靖康皇帝爲中國生靈，屈己出幸其軍，虜酋劫以北狩。尋以僞命檄京城留守知樞密院孫傅、京城守禦使簽書樞密院張叔夜，以二年二月七日，集在京文武臣寮一命以上於秘書省，連名書牒，請立故太宰張邦昌爲君。傅等祈哀虜酋，申敘國人左袒之意，往返六七，竟執傅、叔夜於軍中，下開封府行其事。其令曰：日集者親録官封名氏，有異意者送軍中斬首以徇。府尹王時雍奉其令，作大卷，以次授坐人。御史中丞秦檜願至軍中論列，衆始愕然。是時集者數千人，檜既行，大將范瓊亦挾僞命以佐時雍，衆乃噤默奉令。虜酋因具牒作僞詔，册命邦昌僭即皇帝位，國號大楚，奉金戎正朔，稱天會五年三月七日。某嘗以侍郎陪郊祀朝元正，宣和六年元會，大官下食料至八千員，古今朝請之盛所未有也。雖大臣黷貨，宦寺分權，禮義消亡，廉恥廢缺，法度崩弛，風俗敗壞，衰亂之形見已久矣，然未至一日中文

① 漢司馬遷《史記》卷一一七《司馬相如傳》引《子虛賦》：「臣聞楚有七澤，嘗見其一，未睹其餘也。」中華書局一九八五年，第三〇〇三頁。

武士庶千人皆如達奚珣輩，惜一死而捨大義也。意爲時雍、瓊脇制，有不能伸者。是時某蒙恩賜告聞於江上，私竊怪之，每遇靖康二年二月在朝之士必問焉。建炎二年，客鼎州郡人朝請大夫鍾翺曰：是日時雍以大卷轉相授，皆屏氣書名惟謹，其間亦有飲泣悲吁者，第不敢吐一辭也。忽下坐一諫士面目嚴冷者厲聲曰：二百年趙氏天下，豈可付他姓？吾乃異意者，請如所令。其右一汴士大慟曰：吾請同行！時雍詰之，自列名氏曰：奉直大夫寇庠、朝請郎高世彬。所以志也。紹興二年，宜州遇浙東徐餞言，大夫張僅者堂吏也。是日密署秘書省所集姓名，次爲一編，緘於篋中。乃取平生所受官爵告牒，悉投於火，自爲布衣。五月，聞今皇帝即位於南都，拏舟東下，欲上其編，未果而病卒。又遇龍眠李覺知庠，爲山東人，强毅倖直，非碌碌者。於是質以所聞，爲無疑矣。向使檜之忠憤兼善座人，則庠、世彬必將越衆應之，數千人亦必從而和之，使壯士擒瓊，智士殺時雍，然後羣譟斬南薰門而出，俱詣軍中；又使辯士以禮義廢興曉虜酋，彼雖悍强，豈敢殺數千忠義以楚易宋邪？檜之名壓嵇紹千萬人矣。然則庠、世彬、僅，雖不死節，其志亦可嘉也。殆聖人所謂狷者已矣。某泣血謹記，以俟太史採擇焉。

宋孫偉《上靖康死節之士劄子》：

伏見十月二十五日，金人陷黄州，知州趙令宬執在軍中累日，欲命以僞官，驅之北去。令宬極口詆罵，卒至遇害。鯁烈之氣，至死不屈，行道之人皆言之。或者欲蓋從賊渡江之愆，乃云令宬城降；又謂已污僞命。然而賊南去之初，有過黄州城，見令宬遺骴委於道左；又有同時在軍中得出者，能言令戭遇害時事，皦如白日，著不可誣。但以令戭初乞移治武昌，而武昌乃鄂之屬縣邑，鄂隸湖北，黄隸淮西，朝旨既下，令戭未嘗關白兩路監司，此乃令戭不習爲吏之過，過亦小矣。謂令戭棄城納款，非也。令戭既被旨徙帑藏，過武昌，未訖事間，聞寇至，復提武昌兵丁北渡黄州迎敵，不忠義者能之乎？兼令戭靖康初通判鄂州，邸吏報僞楚遣使肆赦，守將欲遁去，令戭遂盟僚佐，俟其至即殺使者，焚其書，閉關自守。激揚之氣，坐客股栗，鄂人悉知之。嘗聞熙寧中，邕州守將蘇緘罵賊遇害，神宗皇帝贈以節度使，廟食其州，嶺南父老至今能道其事。自頃國家多難以來，如令戭之死節者無幾人。今令戭盡室皆亡，雖推恩無人可授。若用蘇緘故事，實爲無窮勸矣。又伏見金人渡武昌，入洪州，江西郡縣聞風畏怖，往往遂失臣節，獨分寧知縣陳敏識與士民以死相誓，斬其傳檄之人，併力拒守，至今不下。十二月間，土豪羅氏觀望旁近事勢，聚群不逞，欲殺敏識以附賊，敏識摘發其姦，悉擒首惡而誅之，精誠勁挺，與秋霜争嚴，張巡之儔也。往年安陸令陳規、公安令程千秋，皆以禦寇論功，擢領方面，敏識之功實又倍之。今洪州未有守，臣謂宜使知洪州。（宋徐夢莘《三朝北盟會編》卷一三三，上海古籍出版社二〇〇八年，第九六六頁。）

王若沖

王若沖，始末未詳。宋徽宗内侍，宦官之能文者。

《北狩行録》一卷，存。亦名《太上道君北狩行録》。宋陳振孫《直齋書録解題》卷五《雜史類》著録，原題「蔡鞗、王若沖撰」。另，清紀昀等《四庫全書總目》卷五二《史部雜史類》亦著録：「是書卷末云：『北狩未有行紀，太上語王若沖曰：一自北遷，於今八年，所履風俗異事，不謂不多，深欲紀録，未得其人。詢之蔡鞗，以爲學問文采無如卿者，爲予記之』云云。則是此書爲若沖所作。惟是《宋史・藝文志》亦以此書爲蔡鞗撰，疑不能明。或鞗述其事，而或沖潤色其文歟？馬端臨《文獻通考》載是書，亦並列二人之名。是時去靖康百餘年，當尚見舊本。獨其以『鞗』爲『條』，則刊本之誤。按《宋史》，鞗於是時久已流竄嶺南，未嘗從徽宗入金也。」另，余嘉錫《四庫提要辨證》卷五《北狩行録》云：「余曾將《宋史・藝文志》徧檢數過，並無此書，不知《提要》何以云然？《通考》卷一百九十七雖作蔡條、王若沖撰，然《書録解題》卷五正作蔡鞗、王若沖，則《通考》『條』字自是傳寫之誤。宋熊克《中興小曆》卷十七云：『是歲原注：紹興三年道君在五國城，一日諭王若沖曰：一自北遷，於今八年，所履風俗異事多矣，深欲著録，未有其人，詢之蔡鞗，以爲無如卿者，高居山東躬耕之餘，爲予記之，善惡必書，不可隱晦，將爲後世之戒。』與本書合。又卷十八云：『甲子原注：紹興五年夏四月也，道君皇帝崩於五國城。先是，道君嘗命隨行王若沖録北遷事跡，未克成書。丙寅，淵聖命若沖以謂先王嘉言善行，不可無紀，乃許隨行官吏，各具見聞，送若沖編修，仍令蔡鞗提點。未幾書成，即所謂《太上道君北狩行録》是也。』提點猶之監修，其銜名當居纂修之上，諸本或題蔡鞗，或並題二人之名者，以此《提要》以爲鞗述其事而若沖潤色之者，非也。《宋會要》第六十四册《職官》七云：『徽宗政和五年二月十四日，内侍王若沖管勾左右春坊事。』《靖康要録》卷十五云：『御批令王若沖、邵章成原注：按當作邵成章衛護皇太子赴宣德門議事。』《北盟會编》卷六十五云：『侍御史胡舜陟上言，今大臣皆非其人，唐恪、聶昌尤務爲奸，恪之智慮，但長於交結内侍盧端、王若沖，與之密交。』書中敘事有内侍王若沖，則其人蓋宦官之能文者。」

曹勳

曹勳字功顯，陽翟（今河南禹州）人。宣和五年進士。建炎南渡後，官至昭信軍節度使。①

《北狩見聞録》一卷，存。清紀昀等《四庫全書總目》卷五一《史部雜史類》著録：「是編首題『保信軍承宣使知閤門事兼客省四方館事臣曹勳編次』，蓋建炎二年七月初至南京時所上。其始於靖康二年二月初七日，則以徽宗之入金營，惟勳及姜堯臣、徐中立、丁孚四人得在左右也。所記北行之事，皆與諸書相出入。惟述密齎衣領御書及雙飛蛺蝶金環事，則勳身自奉使，較他書得自傳聞者節次最詳。末附徽宗軼事四條，亦當時所並上者。紀事大都近實。足以證《北狩日記》諸書之妄，且與高宗繼統之事尤爲有關。雖寥寥數頁，實可資史家之考證也。」

① 《宋史》卷三七九《曹勳傳》，中華書局一九七七年，第一一七〇〇頁。

趙子砥

趙子砥，宗室子，官鴻臚寺丞。靖康二年（金天會五年、一一二七年），從二帝北行。建炎二年，自燕山遯歸，持徽宗御札謁高宗於揚州，仍命以故官。已而賜對稱旨，命知台州，卒。①

《燕雲録》一卷，存。清紀昀等《四庫全書總目》卷五二《史部雜史類存目》著録：「子砥在金，嘗密刺其國事，備知情狀，又與續歸之楊之翰互相參證。所述金事，一曰陷没宗室從官，二曰陷没百姓，三曰金人族帳所出與設官之實，四曰政事之紀，五曰虚實之情，六曰南北離潰之情。皆據所見聞，與《金史》或同或異，至其末稱金人必不可和，則其後驗如操券，可謂真得其虚實矣。」今按，元邵桂子《雪舟脞語》著録「趙子砥《北歸録》」②，當是一書。

宋趙子砥《自燕山歸奏》：

金人講和以用兵，我國斂兵以待和。邇來遣使數輩，皆不得達。劉彦宗云「金國只納楚使，焉知復有宋也」，是則吾國之與金國勢不兩立，其不可講和明矣。往者契丹主和議，女真主用兵，十

① 宋徐夢莘《三朝北盟會編》卷九八引宋趙子砥《燕雲録》，上海古籍出版社二〇〇八年，第七二三頁。今按，事跡亦見《宋史》卷二四七《宗室傳》四。

② 元陶宗儀《説郛》卷五七，説郛三種本，上海古籍出版社一九八八年，第八七〇頁。

餘年間竟滅契丹。今復蹈其轍。譬人畏虎，啗虎以肉，食盡終必噬人。若設陷穽以待之，然後可以制虎矣。（宋李心傳《建炎以來繫年要録》卷一七「建炎二年八月」，中華書局一九八八年，第三四六頁。）

宋高世則《書趙子砥〈燕雲録〉》：

靖康初，洛陽城陷，成皋人有詩云：「藝祖憲章誰遺迴，門門户户有人開。清晨山後九州没，日落河頭萬騎來。地近蓬蒿堆百骨，巷無人跡長蒼苔。可憐司馬碑猶卧，誰奏伊公一笛哀。」（宋徐夢莘《三朝北盟會編》卷一〇〇，上海古籍出版社二〇〇八年，第七三九頁。）

傅雱

傅雱，始末未詳。建炎元年（金天會五年、一一二七年）六月，以宣議郎特遷宣教郎，充大金通問使。①

《建炎通問録》一卷，殘存。清紀昀等《四庫全書總目》卷五二《史部雜史類存目》著録：「此録即所述奉使之事。《文獻通考》載此書，稱宣教郎傅雱撰，建炎初李丞相所進，蓋李綱以其書上於朝也。書終以館伴李侗之語，其文未畢。《北盟會編》一百十卷所載，缺處亦同。蓋後人從徐

① 宋李心傳《建炎以來繫年要録》卷六，中華書局一九八八年，第一六〇頁。

氏書中録出也。」

楊應誠

楊應誠，始末未詳。宣和四年，知婺州①。建炎改元，請使高麗，圖迎二帝②。授浙東路馬步軍都總管。二年三月，假刑部尚書，充大金、高麗國信使③；十月，還自高麗④。

《建炎假道高麗録》一卷。宋陳振孫《直齋書録解題》卷五《雜史類》著録：「取道遼東，奉使金虜，不達而還。」

滕茂實

滕茂實字秀穎，杭州臨安（今浙江杭州）人。政和八年進士，官至奉議郎。靖康元年（金天會四年、一一二六年），假工部侍郎從使金國被留，初囚於雲中，後遷代州。聞欽宗將至，自爲哀詞，

---

① 《宋史》卷一八八《兵志》二，中華書局一九七七年，第四六三〇頁。

② 《宋史》卷三七二《翟汝文傳》，中華書局一九七七年，第一一五四四頁。

③ 《宋史》卷四八七《外國傳》三，中華書局一九七七年，第一四〇五〇頁。今按，原作「乃以應誠假刑部尚書高麗國信使」，此從《宋史》卷二五《高宗紀》，第四五五頁。

④ 《宋史》卷二五《高宗紀》，中華書局一九七七年，第四五七頁。

篆「宋工部侍郎滕茂實墓」九字授友人。欽宗及郊，具冠幘迎謁，拜伏號泣。金人迫令易服，不從。請從舊主共行，不許，留於雁門，遂憂憤成疾，卒於天會六年（建炎二年）。南宋贈龍圖閣直學士，謚忠節。①

《滕秀穎詩集》。《中州集》卷一〇《滕奉使茂實》：「庚子春，自山東還鄉里，值鄉先生雁門李鍾秀挺，求秀穎詩文。鍾秀云：『喪亂以來，家所藏書，焚蕩都盡。避兵山中民家，偶於破箱中得秀穎詩一編，紙已敗壞。前有序，秀穎自作，可辨者百餘字，大略言能安於死生之分，而不能忘感慨不平之氣。』又曰：『蘇屬國牧羊海上，而五言詩之作自此始，予敢援以爲例。後敘是筆吏林泉野老彦古，年七十八，手録三滕始末，號東陽滕秀穎《鳳山思遠記》者。詩數百首，可讀者什六七。《臨終》一詩，缺三五字而已。非筆吏此集，則秀穎之事，無以見世。予意先生名節，凜然不愧古人。其文字言語，宜有神物護持，雖埋没之久，而光明發見，决有不可揜焉者，因備述於此，亦使彦古之名託之而不腐云。』」

① 《中州集》卷一〇《滕奉使茂實》，中華書局上海編輯所一九六二年，第五〇一頁。今按，原作「東陽」人，此從《宋史》卷四四九《滕茂實傳》，中華書局一九七七年，第一三二三頁。

郭元邁

郭元邁，吴人。建炎二年，以上舍應募奉使，補右武大夫、和州團練使，與魏行可充河北金人軍前通問使副，被留不遣。元邁不肯髡髮换官，卒於河北。①

《奉使詩集》。宋陳造《跋郭元邁北中詩卷後》：

郭公，忠烈士也。方國步之艱，請於朝，使不測之虜，畢命絶漠。羝未乳，雁不度，隻影自顧，與漢節偶，政復鐵心石腸，恐不可一朝居，而形於詩筆，語工律嚴，蕭散之趣，邁往之氣，不可湮没。公，忠烈士也，所養又如此。夫詩之道深矣，士以之傺患難、甘憂虞，蓋有助焉。《三百篇》所載，多賤臣羈客幽憂無聊之辭，而遭讒畏禍者之作，皆悲不失正，怨不至怒，刺譏其時而非誹也。蓋其得於詩也深，故能安於無可奈何，而爲致命遂志之君子，亦豈苟然。郭公之於詩，蓋當求之古。（《江湖長翁集》卷三一，文淵閣四庫全書本。）

洪　皓

洪皓字光弼，饒州鄱陽（今江西鄱陽）人。政和五年進士。建炎三年（金天會七年、一一二九

① 《宋史》卷四四九《忠義傳》，中華書局一九七七年，第一三二二五頁。

年），以徽猷閣待制假禮部尚書，爲大金通問使。既至，迫仕劉豫，不從，遂流遞冷山。陳王完顔希尹聘其教授子弟，因無紙，取樺葉寫《論語》、《孟子》、《大學》、《中庸》傳之，時謂樺葉四書。或謂二年不給衣食，盛夏衣粗布，寒冬燃馬矢。天眷三年，至燕京，宇文虚中薦授職官，不受。紹興十三年（金皇統三年、一一四三年），宋金和議成，得赦南歸，留金凡十五年。後以忤秦檜貶官，輾轉外任。紹興二十五年卒，年六十八。久之，復徽猷閣學士，謚忠宣。①

《金國機事》。宋洪適《盤洲文集》卷七四《先君行狀》：「先君問行廛市，物色牒者得趙德，書機事數萬言，藏故絮中以歸。曰：『順昌之役，虜震懼喪魄，燕之珍器重寳悉徙以北，意欲捐燕以南棄之。王師亟還，自失機會。雖再躪河南，後必更戍。』具以悟室問答語、兩宫、諸王、主所居報上。是歲紹興十年也。」今按，所謂「書機事數萬言」，當以藝文書目視之。

《帝王通要》五卷。

《姓氏指南》十卷。

《金國文具録》一卷。以上宋洪適《盤洲集》卷七四《先君行狀》著録。

宋洪皓《進金國文具録劄子》：

臣所編《金國行事》，以其仿中國之制而不能力行，徒爲文具，故號爲《文具録》。謹繕寫成二

① 《宋史》卷三七三《洪皓傳》，中華書局一九七七年，第一一五五七頁。

册，本欲今日朝見進呈，爲臣連日抱病，不曾前期投下牓子，不獲俯伏闕庭，投進干冒宸嚴，臣無任戰慄俟命之至。（《鄱陽集》卷四，文淵閣四庫全書本。）

宋洪皓《跋金國文具録劄子》：

臣拘縶絶域十有五年，凡所見聞，亦嘗計録。比聞孟庾南還，發篋得其狀稿，幾沮歸計，應有書籍悉被斂留。臣之所編，若緊切者，懲艾焚毁，獨存此書。其官制禄格封蔭謚諱，皆出宇文虚中，參用國朝及唐法制而增損之，臣輒舉其廢置施設之略。近歲左右司侍郎不除，却置外郎各一人。六部初置吏、户、禮三侍郎位，正四品，後置三尚書，仍兼兵、刑、工，位正三品。又增三侍郎，升諸司郎中爲從五品，添置外郎。其後六部皆置尚書。國史院置監修，以宰相兼領。御史大夫、翰林承旨皆闕不除。國子監舊在燕，官亦不設。秘書省今在燕洪法寺，監、少丞、郎皆備。中丞唯堂訟牒，若斷獄會法。或春水秋山，從駕在外，衛兵物故，則掌其骸骼，至國則歸其家。諫官並以他官兼之，與臺官皆備員，不彈擊，鮮有論事者。外道雖有漕使，亦不刺舉，故官吏贓穢，略無忌憚。其侍權勢者恣情公行，民不堪命。左右丞相以見有人故，以侍中中令居其下，仍爲兼職。兩省侍郎亦虚位，以左右丞皆有見任，仍列其上。參政初亦闕官，故在從二品。後雖置二員，却稱參知執政猛安謀克，以管女真户爲上，雜以漢人爲下。都事令史，多以登進士者爲之，預其選者，人以爲榮。凡丁家難者，不以文武高下，未滿百日，皆差監關税州商税院鹽鐵場，一年爲任，謂之優饒。其税課倍增者，謂之得籌。每一籌轉一官，有歲中八九遷者。近始有止，法不得過三官。富者擇課額少處受之，或以家財貼納，只圖遷轉。其不欲遷者，於課利多處除，歲額外公然分之。每歲輪差，參知一員，至燕集注。五品以下陞陟，皆由都事令史好惡。其有負犯者，不責降，只差監鹽場，課額雖登，出賣甚遲，雖任滿去官，非賣盡不得仕，至有十年不調者，無與轉一官。以二十五月爲任，將滿即改除，並不待闕，亦無選人。南州縣選人，初用舉官陞改，近以舉者受賂，遂廢不行。本朝士人有帶職，自大觀文至直秘閣，皆謂之貼職。若換授者，不問高下，於階官上只加一資，既無職名，惟重階官，以三品爲高。六曹郎官，舊依遼例皆稱尚書，故以侍郎爲重。今則自侍郎以下，只呼階官，而不稱其職。明經童子兩科，仕止於州司候、縣主簿。任子之法，一品於閤門承應，三品内供奉，五品供奉班，不限人數，亦無年限，並補右職，皆與監當。本朝人换官，以進士爲上，奏蔭次之，軍功與他出身最下，皆入雜班傔使。初，三品以上俸，不分正從。虚中既在翰林，乃誘后舅都檢點乞增正品俸，比從品增三分之一。點檢既出，復仍舊制。近聞一品二品復增正俸，則三品亦例增矣。麯每秤折錢三千。直省官主供過筆札，皆用明經童子登科者爲之。引接用衙校、牽櫳傔從多用燕卒。當職官多取其直而蠲其役。一卒役一歲往來六七千里，貧者甚苦之，出錢七八千乃免。廟諱尤嚴，不許人犯。嘗有一武弁經西元帥投牒，誤斥其諱，杖背流遞。武元初，只諱旻，後有申請云：旻，閔也。遂並閔而諱之。自泗至会寧驛舍地里，謾具於後。其他不可縷陳，聊述梗槩，以備一覽，臣無任昧死。（《鄱陽集》卷四，文淵閣四庫全書本）

宋洪適《題金國文具録》：

右《金國文具録》一卷。賈生五餌，計亦匪疏；尚父六韜，愧未能習。以今概古，非人力之所能致。宇文氏既爲葩其書力，强先君同污新秩，初有翰林直學士之命，又有中京副留守之命，最後有承德郎留司判官之命，先君以死自誓，文章銜袖，至於再三，卒拒不受。王春二月，家弟遵、邁，接踵召對，上謂先君與宇文虚中同時作使，宇文受僞命，先君獨執節不屈，且道秦檜毁隔之説，所以不得大用。嗚呼！淵衷不忘，舊編具在。攬涕涉筆，存之左方。（《盤洲文集》卷六二，文淵閣四庫全書本。）

《松漠紀聞》二卷，存。亦名《金國聞見録》①。清紀昀等《四庫全書總目》卷五一《史部雜史類》著録：「此書乃其所紀金國雜事。始於留金時，隨筆纂録，及歸，懼爲金人搜獲，悉付諸火。既被譴謫，乃復追述一二，名目《松漠紀聞》。尋有私史之禁，亦秘不傳。紹興末，其長子適始校刊爲正、續二卷。乾道中，仲子遵又增補所遺十一事。明代吴琯嘗刻入《古今逸史》中，與此本字句間有異同，而大略相合。皓所居冷山，去金上京會寧府才百里，又嘗爲陳王延教其子，故於金事言之頗詳。雖其被囚日久，僅據傳述者筆之於書，不若目擊之親切。中間所言金太祖、太宗諸子封號，及遼林牙達什北走之事，皆與史不合。又不曉音譯，往往訛異失真。然如敘太祖起兵本末，則《遼史·天祚紀》頗用其説。其『熙州龍見』一條，《金史·五行志》亦全採之。蓋以其身在金庭，

① 宋徐夢莘《三朝北盟會編》卷一六六，上海古籍出版社二〇〇八年，第一一九七頁。

故所紀雖真贋相參，究非鑿空妄説者比也。」

宋洪適《松漠紀聞跋》：

右《松漠紀聞》正續二卷。先君銜使十五年，深厄窮漠，耳目所接，隨筆纂録。聞孟公庾發篋汴都，危變歸計，創艾而火其書，秃節來歸。因語言得罪柄臣，諸子佩三緘之戒，循陔侍膝，不敢以北方事置齒牙間。及南徙炎荒，視膳餘日，稍亦談及遠事。凡不涉今日强弱利害者，因操牘記其一二。未幾，復有私史之禁，先君亦枕末疾，遂廢不録。及柄臣蓋棺，弛語言之律，而先君已齎恨泉下。鳩拾殘稿，僅得數十事，反袂拭面，著爲一篇，或可廣史氏異聞云爾。紹興丙子夏，男適謹書。（《松漠紀聞》卷末，文淵閣四庫全書本。今按，「或可廣史氏異聞云爾」句原脱，據《盤洲文集》卷六二所收補。）

宋洪遵《松漠紀聞補遺跋》：

先忠宣《松漠紀聞》，伯兄鋟板歙越。遵來守建業，又刻之。暇日搜閲故牘，得北方十有一事，皆曩歲侍親傍聞之者，目曰「補遺」，附載於此。乾道九年六月二日，第二男資政殿大學士左中大夫知建康府江南東路安撫使兼行宫留守遵謹書。（《松漠紀聞》卷末，文淵閣四庫全書本。）

《春秋紀詠》三十卷。宋趙與時《賓退録》卷二：「洪忠宣著《春秋紀詠》三十卷，凡六百餘篇。《石碏大義滅親》：『惡吁及厚篤忠純，大義滅私遂滅親。後代姦邪殘骨肉，屢援斯語陷良臣。』」宋洪適《盤洲集》卷七四《先君行狀》：「宣政間，春秋之學絶。先君獨窮遺經，貫穿三傳，在泠山摘褒貶微旨，作詩千篇。北人傳鈔誦習，欲刻板於燕，先君弗之許。」另，明葉盛《菉竹堂書目》卷一著録「《春秋洪皓紀詠》六册」，《永樂大典》亦見引録，明代尚存。

宋洪皓《春秋紀詠序》：

董生有言：有國者不知《春秋》，前有讒而不見，後有賊而不知。爲人臣不知《春秋》，守經事不知其宜，遭變事不知其權，是則《春秋》經世學者所當知也。啖氏有言：《春秋》之文，簡易如天地，著明如日月。三傳互失經旨，後人不識宗本，因傳迷經，因疏迷注，是則《春秋》奥義，學者未易明也。柳子有言：説《春秋》者，百千其人矣。其爲書，處則充棟宇，出則汗牛馬。窮老盡氣，莫得而本。是則《春秋》衆説，學者患其繁也。僕幼好此書，深求其意，孜孜講肆，星竊文言於賢關，録録攝承久，徒勞於仕路，耽於坐穩，困於賓談，學殖荒蕪，詞源散骳。念熙寧、政和之際，斯文具存，逮靖康、建炎之間，兹科復設。時雖用武，主寔右文，增置絳帳之員，振發青衿之志，尚慮聖經深秘，傳訓異同，注惑顓門，疏迷捷徑，諸家解釋，横議紛紜。嘗欲删其繁辭，繹以成説，俄踵厄運，薦遭閔凶，殘喘苟延，宿心遂負。既出疆以結好，尋屬盟寒，復除館以絷留。患逾内熱，蹣跚度日，荏冉終星。學習譊譊，徒騷心而揚耳；書空咄咄，漫思以古傷今。倏過始衰之年，方恥無聞之畏。召兹塊魄，收厥桑榆，景行前人，日哦古記。經必究其褒貶，未免闕疑；傳須考其依違，寧忘糾謬。注疏闊略，經史旁通，僅成千篇，皆以四句。恨典籍之甚少，慚聞見之無多，聊啓規項之端，莫明筆削之意。言關美刺，庶率循於舊章；體乏風騷，應見嗤於流俗。蓋貴耳賤目，常人之情。而尊古卑今，學者之病。説詩聞禮，謂高第之階。予觀史修經，期後世之知，我將聖尚，爾蠢愚謂何？玄紅之苦，揚雄、劉子駿礽亦致誚；詩史之窮，杜甫、王昌齡輒敢求疵。雖不知量，遑恤爾謗？姑欲貽於佩韘，何庸示於縉紳？前執政宇文公大名鏗鍧，英辭温潤，喜《易》而作傳。南紀宗師，採魯史以立言；北方矜式，纔聞後進之詠。亟辨先朝之誣，制序訓名，殆將托於不朽；斷疑傳信，固可則之無窮，請俟他年，別爲集解。（宋佚名《國朝二百家名賢文粹》卷一五二，續修四庫全書本，上海古籍出版社影印。）

《鄱陽集》四卷，存。《宋史》本傳稱有文集「五十卷」，其子洪適《盤洲集》卷七四《先君行狀》謂「有文集十卷」，撰於北方，刻於新安。宋陳振孫《直齋書録解題》卷一八《別集類》著録「十卷」。清紀昀等《四庫全書總目》卷一五七《集部別集類》亦著録：「皓建炎中擢徽猷閣待制，假禮部尚書，爲大金通問使，龔璹副之。後璹仕劉豫，皓獨不屈節，遂流遞冷山，居雪窖中。陳王悟室甚敬禮之，使教諸子八人。集中所稱彦清、彦亨、彦隆、彦深者，皆悟新子也。皓所作詩亦於此時爲多。及兀术殺悟室，遷皓雲中，至紹興十二年始歸國，留金首尾凡十五年。後爲秦檜所嫉，安置英州，皓詩所謂『六十之年入瘴鄉』是也。居九年，始内徙，行至南雄州卒。……其集久不傳，今從《永樂大典》所載裒輯編次，共爲四卷。凡其始奉使時途次所經，及還居冷山，以及歸國後南竄之作，有年月可考者，悉以年月排比。或年月不可考而確知其爲奉使後作、歸國後作、南遷後作者，亦皆以類相從；其不知作於何時者，則別綴於後，而以適跋語附焉。皓大節凜然，照映今古，雖不必以文章爲重，然其子適、邁、遵承藉家學，並掇詞科，著述紛綸，蜚聲一代，淵源有自，皓實開之。迄今年代迢遥，篇章散佚，幸得遭逢聖世，搜羅遺逸，復光耀於蠹蝕之餘，斯亦忠義之氣不可泯没，待昌期而自發其光者矣。」

宋洪適《鄱阳集跋》：

先君以建炎已酉出疆，時年四十有二矣。平生著書多，悉留檇李。庚戌之春，厄於兵燼，無一存者。紹興癸亥，還朝入直玉堂，不旬日領鄉郡。去明年而遭祖母之喪，服除未幾，有嶺表之謫。杜門避謗，不敢復爲文章。謫九年而即世，故手澤之藏於家者，唯北方所作詩文數百篇。謹位而敘之，以爲十卷，刻諸新安郡。未彙次者，猶有《春秋紀詠》千篇云。（《鄱阳集》卷首，文淵閣四庫全書本。）

《輶軒唱和集》三卷。宋陳振孫《直齋書録解題》卷一五《總集類》著録《輶軒集》「一卷」，云：「鄱陽洪皓、歷陽張邵、新安朱弁使金得歸，道間唱酬，邵爲之序。」

宋洪適《題輶軒唱和集》：

右《輶軒唱和集》三卷。紹興癸亥六月庚戌，先君及張公邵、朱公弁自燕還途中相唱酬者。中興以來，出疆者幾三十輩，或留或亡，得生渡盧溝而南者，三人而已。初，朔庭因赦宥許使者歸其鄉，諸公徼久縶，幸稍南，率占籍淮北，惟先君及二公以實告。既約和，於是淮以南者乃得歸。八月戊戌，先君至。辛丑，張公至。乙巳，朱公至。九月乙卯，先君以徽猷閣直學士入翰林。是月甲子，出爲鄉州。後四年，南遷。八年，薨。又三年，賜謚忠宣。張公以修撰秘閣主佑神觀。是年，出居明州。後六年，待制敷文閣。六年，爲池州。明年卒。朱公以直秘閣，亦主佑神觀。明年，卒。先君字光弼，饒州人。張公字才彦，和州人。朱公字少章，徽州人。（《盤洲文集》卷六二，文淵閣四庫全書本。）

張　邵

張邵字才彦，烏江（今安徽和縣）人。宣和三年進士。建炎元年，爲衢州司法參軍。三年（金天會七年、一一二九年），受命假禮部尚書、充通問使使金，以議論不屈被留。紹興十三年（金皇統三年、一一四三年），宋金和議成，邵與洪皓、朱弁南歸。遷秘閣修撰，後知除州。二十六年，卒，年六十一。①

《張邵文集》十卷。《宋史》卷三七三《張邵傳》著録「文集十卷」。

《輶軒唱和集》三卷。宋洪適《盤洲文集》卷六二《題輶軒唱和集》著録。清施國祁《吉貝居雜記》：「金熙紀皇統三年八月丁卯，詔歸朱弁、張邵、洪皓於宋。《張邵行狀》：癸亥二月六日，金人召説諭放還，使與洪公皓、朱公弁同歸。六月庚戌，三人俱軔於永平館，途中以詩倡和，目之

① 《宋史》卷三七三《張邵傳》，中華書局一九七七年，第一一五五五頁。

曰《輶軒倡和集》。七月七日至汴京，二公俾作集序。」①

朱弁

朱弁字少章，號觀如居士，亦號聘遊子，徽州婺源（今江西婺源）人。朱熹從父。建炎二年（金天會六年、一一二八年），以通問副使使金被留，迫其仕齊，堅拒。以使事未報，憂憤得目疾。其悒鬱不平之氣，盡發於詩，歲久成集。女真達官貴人多遣子弟就學，故得以文字往來，碑版篇詠流行北方者甚多。皇統三年，和議成，與洪皓、張邵南歸，居雲朔凡十七年。後爲秦檜所抑，僅轉奉議郎。紹興十四年（金皇統四年、一一四四年）卒。②

《書解》十卷。《宋史》卷三七三《朱弁傳》著録。

《通玄真經注》七卷，存。明正統《道藏》收。

《道言注》十二卷，存。《宋史》卷二〇五《藝文志》著録，作「《文子注》十二卷」。唐徐靈符、宋朱弁、元杜道堅注，明鍾惺集評。

① 羅振玉校補《雪堂叢刻》，北京圖書館出版社二〇〇〇年，第一册七〇〇頁。

② 宋朱熹《晦庵先生朱文公文集》卷九八《奉使直秘閣朱公行狀》，四部叢刊本；《中州集》卷一〇《朱奉使弁》，中華書局上海編輯所一九六二年，第五一四頁；《宋史》卷三七三《朱弁傳》，中華書局一九七七年，第一一五五一頁。

《曲洧舊聞》十卷，存。清紀昀等《四庫全書總目》卷一二〇《子部雜家類》著録。書作於滯留金國時，追述北宋遺事，故曰舊聞。

《續骫骳説》一卷。所謂骫骳，意猶枉曲。宋陳振孫《直齋書録解題》卷一一《小説家類》著録：「骫骳説者，以續晁無咎詞話。」元陶宗儀《説郛》卷三八涉及朱氏《續骫骳説》，且録《女真之讖》、《元宵詞》、《士氣》、《文章有法》、《參寥子》等五則，可略見其面目。

宋朱弁《續骫骳説序》：

予居東里，或有示予晁無咎《骫骳説》二卷。其大概多論樂府歌詞，皆近世人所無也。予不自揆，亦述所見聞以貽好事，名之曰《續骫骳説》。信筆而書，無有倫次，豈可仿佛前輩，施諸尊俎，只可爲掀髯捧腹之具。壬戌六年辛巳，騁遊子序。（元陶宗儀《説郛》卷三八《續骫骳説》，説郛三種本，上海古籍出版社一九八八年，第六四八頁。今按，壬戌指宋紹興十二年、金皇統二年、一一四二年。）

《風月堂詩話》二卷，存。《中州集》卷一〇《朱奉使弁》著録。

宋朱弁《風月堂詩話序》：

予在東里，於所居之東、小園之西有堂三楹，壁間多皇朝以來諸名卿畫像，而文籍中多與左、司馬、班、韓、歐、蘇數公相對。以其地無松竹，且去山水甚遠，而三徑閑寂，庭宇虚敞，凡過我門而滿吾座者，唯風與月耳，故斯堂也以「風月」得名。又予心空洞無城府，見人雖昧平生，必出肺腑相示，以此語言多觸忌諱而招悔吝。每客至，必戒之曰：「是間止可談風月，捨此不談，而泛及時事，請釂吾大白。」厥後山淵反覆，兵火肆虐，堂於兹時，均被赭垣之酷。風月雖存，賓客安往？予復以使事羈絆潔河，閲歷星紀，追思曩游風月之談，十僅省四五，乃纂次爲二卷，號《風月堂詩話》，歸詒子孫。異時幅巾林下，摩挲泉石，時取觀之，則曲洧風月，猶在吾目中也。庚申閏月戊子，觀如居士朱弁序。（《風月堂詩話》卷首，文淵閣四庫全書本。今按，庚申指宋紹興十年、金天眷三年、一一四〇年。其時朱弁仍滯留北方。）

《新鄭舊詩》一卷。《宋史》卷三七三《朱弁傳》著録。

《南歸詩文》一卷。《宋史》卷三七三《朱弁傳》著録。

《聘遊集》四十二卷。《宋史》卷三七三《朱弁傳》著録。聘遊者，朱氏之號，使金所作。

《輶軒倡和集》三卷。宋洪適《盤洲文集》卷六二《題輶軒唱和集》著録。

章　誼

章誼字且叟，建州浦城（今福建浦城）人。崇寧四年進士，累官端明閣學士、江南東路安撫大使、知建康府兼行宫留守。紹興四年（金天會十二年、一一三四年），以龍圖閣學士充軍前奉表通問使，給事中孫近副之。「至雲中，與粘罕、兀室論事，不少屈。金人諭亟還，誼曰：『萬里銜命，兼迎兩宫，必俟得請。』金人乃令蕭慶授書，並以風聞事責誼，誼詰其所自，金人以實告，乃還。

至南京，劉豫留之，以計得歸」①。著有《忠恪章公文集》二十卷②。

《奉使金國語録》一卷。宋晁公武《郡齋讀書志》卷五上著録：「誼録其報聘之語也。」

李子列

李子列，江口（今浙江平陽）人。建炎中，預鄉邑義社，出己資財禦敵有功，賜修武郎。

《李氏建炎備禦録》。宋樓鑰《書〈李氏建炎備禦録〉後》：

始余八九歲時，侍外祖汪少師、外祖母福國夫人、先妣安定郡夫人、季舅江州赴奉川任氏慶集。江口秉義李君及王夫人邀過其家，隱然巨室，猶記及見雙椿芝蘭之盛。既長，始知二老人康適，由長子修武子列一力幹蠱，才智絶人，孝養備至。秉義自六十歲即以家事付之，一絲不掛。時已近八十，略無老人衰憊之氣，壽至八十八而終，侍御王公誌其墓。先是，建炎三年，吾鄉被兵禍最酷，遠如昌國，顓顓獨居一海中，亦遭焚燬。時高宗南巡永嘉，奉川爲孔道，敵勢方張。承平既久，人不知兵，望風奔散，而邑境獨全。嘗以問諸父洎故老，則曰：此李君子列之力也。邑有義社，素號趫勇，邑官召人士議事，皆已竄伏山谷。君所居去邑一舍，令馳檄使自備餱糧，從便控

① 《宋史》卷三七九《章誼傳》，中華書局一九七七年，第一一六八五頁。
② 宋晁公武《郡齋讀書志》卷五上，文淵閣四庫全書本。

扼，而數百人已列庭下。君延致其長，自任館穀之責，椎牛釃酒以勞勉之。衆皆感奮，遠近來歸，隨即撫定。軍聲既振，寇望風而卻，麾衆追躡，得其數級而還。事定，又出私藏犒之。方是時，虛張功閥冒賞射利者甚衆，君不自言，賞亦不及。逮今將八十年，李氏之貲産雖寖不及舊，而陰德必報，文風大興。君有九子，長過庭蚤入太學得官，亦轉爲丞矣。第四子迪功充庭，是生六子，長曰元白，授學於舒元彬璘，歸以誨諸弟，今爲上舍生。諸弟與其羣從入太學、預鄉書者已五六人。元白長子亦入學。次以制中開禧元年進士第，鄉里莫不歆豔，盛矣！一日迪功理故書，盡得修武備禦時支犒總目，手澤具存，欲以顯揚先人之烈，俾鑰序其後。詳已見於張公仲房所作行狀矣。抑聞之，衣冠南渡，所在顛躓者非一。鑰親見王信州正夫從言時侍二親，避地南來，伥伥然無所歸，寄命一航。聞有義勇所聚，遂投之。衆見其北音，遽曰此姦細也，欲戕之，舉室不知所爲。忽一士人攘臂曰：毋害善良！此士大夫之族也。問知其爲三槐家，益善遇之，則子列也。且曰：微子列，吾家無噍類矣。又聞秉義嘗慶壽，百客皆集，有壻劉氏獨不至，子列欲盡親歡，以此爲歉。問之，則以官逋三數百千，方繫於有司，不可脱也。即具舟載錢如所負之數輸之官，取壻以歸。大率高誼宏略如許。然則李氏之興，殆未艾也。今方多事，思得疏財好義、徇公忘私如修武君者，豈易得哉！故慨然爲之書。（《攻媿集》卷七四，叢書集成初編本，中華書局一九八五年。）

李正民

李正民，始末未詳。靖康中，以徽猷閣待制知陳州奉使女真軍營議事①。建炎四年，以中書舍人爲兩浙、湖南、江西撫諭使②。紹興十年，金人叛盟來攻，以知淮寧府降③。十二年，金人歸之④。嘗著《大隱文集》三十卷⑤。

《己酉航海記》。宋徐夢莘《三朝北盟會編》卷首《書目》著録。今按，己酉指建炎三年。所記當是宋高宗爲擺脱金人追擊，由海路逃難事。

劉筍

劉筍字子卿，東光（今河北東光）人⑥。忠肅公劉摯諸孫，建炎中知盱眙軍。

① 宋徐夢莘《三朝北盟會編》卷二〇八，上海古籍出版社二〇〇八年，第一五〇二頁。
② 《宋史》卷二六《高宗紀》，中華書局一九七七年，第四七五頁。
③ 《宋史》卷二九《高宗紀》，中華書局一九七七年，第五四三頁。
④ 《宋史》卷三〇《高宗紀》，中華書局一九七七年，第五五六頁。
⑤ 《宋史》卷二〇八《藝文志》七，中華書局一九七七年，第五三七九頁。
⑥ 原作東平人。今按，《宋史》卷三四〇《劉摯傳》作「永静東光人」，從之。中華書局一九七七年，第一〇八四九頁。

《亂華編》三十三卷。宋陳振孫《直齋書録解題》卷五著録：「知盱眙軍東光劉荀子卿編。其前有小序數語云：『方敬塘割幽燕遺契丹之日，孰知爲本朝造禍之原哉？逮王安石創新法，爲鬬國之謀，又孰知紹述者召禍之酷哉？』所集雜史傳記，近三十種。荀，忠肅丞相諸孫也。」另，宋李心傳《建炎以來繫年要録》卷一三四紹興十年「詔杖脊黥隸瓊州」注：「《亂世編》有靖康陷敵皇族數。」所謂《亂世編》，當即《亂華編》。

《建炎德安守禦録》三卷。《宋史》卷二〇七《藝文志》著録。

王　毖

王毖，始末未詳。靖康中，以河東轉運判官從張孝純守太原，城破被俘。

《河東轉運王毖陷虜後家書》。宋魏了翁《跋河東轉運王毖陷虜後家書》：「我有謁於余者，曰寓雅之百丈戚里王萬榮。余進而揖之，曰：『雅人安有戚里者邪？』曰：『我駙車晉卿之後，以靖康避地至此。我從祖毖爲河東漕，既摯於虜，數寓家訊，今真蹟尚存。』且屬余書其後。嗚呼！靖康之禍烈矣！欽廟爲第九世，即位之年當本朝一百六十六年，抑所謂陽九百六者乎？太原之歸職方最後而最先失，帥臣張孝純及轉運公盡力守城，凡九閲月，卒與城俱陷。其時張克戩死於汾，霍安國死於懷，之二人尚得獨生。或曰：『陵乎？漢烏取諸！』曰：『不然。天盡道窮，俛首於虜，謂陵可也；不忘君父，志在復還，陵烏乎然？虜既款我，盟載久愆，有志莫遂，自肖厥象，遺其子孫，以示必死，此其心皦如白日，陵烏乎然？」余嘗反覆公之心畫，雖惜其不死，而重矜其區區之心，故書之以慰其子孫之思云。（《鶴山集》卷五九，文淵閣四庫全書本。）

宋何烈《靖康小史》：

初，太原之圍自乙巳十二月至丙午九月初三日方破，緣兵困糧盡，援兵不接。城中殺人而食，困餓死者十將八九，守禦人所食草木根及煮衣甲皮。至是始困，故賊得乘困破之。居人及守禦向敵死者無數。城破，守臣張孝純持刀欲自盡，左右侍兵抱持奪去，爲番人擒虜。惟通判王逸誓不屈賊，登閣抱太宗御容，令人縱火而死。太原陷時，又有轉運判官王毖、提舉常平單孝忠，亦死於難。後因毖家人自言，贈正議大夫。詞曰：「頃以才選，轉漕河東，而奚虜之衆，長圍太原，身與帥臣，攖城固守。王略不贍，卒爲賊圖。將軍生降，方安右校之位；少從前死，不隨屬國之歸。」程俱詞也。（宋徐夢莘《三朝北盟會編》卷五三引，上海古籍出版社二〇〇八年，第四〇一頁。）

何　烈

何烈，始末未詳。建炎中，嘗以進士對省試策。①

① 《宋史》卷三七八《衛膚敏傳》：「會膚敏知貢舉，有進士何烈對省試策，謬稱臣，諫官李處遯乞正考官鹵莽之罪，以集英殿修撰提舉洞霄宫。」中華書局一九七七年，第一一六六四頁。

《靖康拾遺録》一卷，存。宋陳振孫《直齋書録解題》卷五《雜史類》著録：「何烈撰，又名《草史》。」亦名《靖康小史》。另，清紀昀等《四庫全書總目》卷五二《史部雜史類存目》亦著録：「考《東都事略》載靖康元年閏十一月癸巳，迎土牛以借春，不言其故。是書則謂去年十二月立春回，術者以爲大忌，因於是月借春。此類頗足以考故事。又《東都事略》載王雲以靖康元年二月使金，十月重使金，而是書則謂九月再遣雲使金，亦可以考異。惟是書大旨在責宋不於太原未下之前，早割三鎮與金，致有青城之禍。考《宋史》稱靖康元年十月，金人遣楊天吉、王汭來，欲割三鎮，朝廷以三鎮税數遣王雲同汭行。則是下太原之後，金何嘗不仍以割三鎮要和，宋又何嘗不以三鎮税數與之？然終無解於汾、澤之攻陷。則此書割地請和之説，仍誤國之餘唾矣。」

王　繪

王繪，仲通子，出處不詳。靖康末，仲通以拱衛大夫平海軍承宣使死燕山。紹興三年，繪以武德郎遷閤門宣贊舍人，添差紹興府兵馬鈐轄①。四年（金天會十二年、一一三四年），以和議未成，遣魏良臣使金，繪副之。

① 宋李心傳《建炎以來繫年要録》卷六四「紹興三年四月壬子」：「繪，仲通子也。上以其父使金不屈而死，故録之。」中華書局一九八八年，第一〇九七頁。

《紹興甲寅通和録》一卷，存。宋陳振孫《直齋書録解題》卷五《雜史類》著録「《紹興講和録》二卷，無名氏。」或即此書。另，清紀昀等《四庫全書總目》卷五二《史部雜史類存目》亦著録：「是時金軍壓境，朱勝非尚主和議，趙鼎頗不以爲然。良臣等行至天長，僅達國書而還。繪因備録其事，蓋鄙勝非等之無謀也。繪父名仲通，宣和中爲平海軍承宣使。以書抵蔡攸，力言用兵有十不可。其書附載卷末，蓋其父子皆有度時之識云。」

楊汝翼

楊汝翼，始末未詳。

《順昌戰勝破賊録》一卷，存。題原作《順昌戰勝録》，此從宋徐夢莘《三朝北盟會編》卷二〇一「紹興十年」引録。清紀昀等《四庫全書總目提要》卷五二《史部雜史類》著録：「宋楊汝翼撰。紹興十年，劉錡順昌之戰，汝翼適在軍中，因紀其事。末附順昌倅汪若海劄子，所言亦大概略同。」

何鑄

何鑄字伯壽，餘杭（今浙江杭州）人。政和五年進士。紹興十二年（金皇統二年、一一四二年），以端明閣學士奉使金國，終於資政閣學士。①

《奉使雜録》一卷。宋陳振孫《直齋書録解題》卷七《傳記類》著録：「使金所録禮物名銜、表章之屬。」

鄭　樵

鄭樵字漁仲，興化軍莆田人（今福建莆田）。好著書，不爲文章，官樞密院編修官。宋高宗幸建康，命以《通志》進，會病卒，年五十九。

《金國正隆官制》。《宋史》卷四三六《儒林傳》：紹興中，「請修金正隆官制，比附中國秩序，因求入秘書省繙閲書籍。」

周　南

周南字南仲，平江（今江蘇蘇州）人。從葉適講學，頓悟捷得。爲文詞，雅麗精切，而達於時用，每以世道興廢爲己任。南端行拱立，尺寸有程準。自賜第授文林郎，以言忤當路，終身不進

① 《宋史》卷三八〇《何鑄傳》，中華書局一九七七年，第一一七〇七頁。

官。①

《戊午議和録》。宋周南《戊午議和録跋》：右，紹興八年戊午議和，自趙忠定罷相，曾、胡二公讜言得罪，至次年己未下詔曉告四方。和議初成，本末歲月未甚遠，日月先後鮮有能知者。暇日搜討舊聞，録諸楮中，姑備遺忘，題爲《戊午議和録》。周山房書。（《山房集》卷五，文淵閣四庫全書本。）

《書隖叢録》。宋周南《書隖叢録跋》：乙丑歲，余憂居讀靖康以來雜記，得數百事，間有太史氏之所不録者，抄置楮中，不復詮次，題爲《書隖叢録》。余老矣，東觀、蘭臺夢想，才命所不易到，姑識遺忘而已。周南仲書。（《山房集》卷五，文淵閣四庫全書本。）

汪　藻

汪藻字彦章，德興（今江西德興）人。崇寧二年進士，歷官顯謨閣學士、左太中大夫，封新安郡侯。紹興二十四年卒。藻學問博贍，爲南渡後詞臣冠冕。著有《浮溪集》六十卷，今存三十六卷。②

① 《宋史》卷三九三《周南傳》，中華書局一九七七年，第一二〇一二頁。
② 《宋史》卷四四五《文苑傳》，中華書局一九七七年，第一三一三〇頁。

《奝夷謀夏録》七卷。或名《金人請盟叛盟本末》。宋陳振孫《直齋書録解題》卷五《雜史類》著録。另，宋晁公武《郡齋讀書志》卷六《雜史類》亦著録：「《金人背盟録》七卷，皇朝汪藻編，記金人叛契丹，迄於宣和乙巳犯京師，多採《北遼遺事》。」

鄭剛中

鄭剛中字亨仲，號北山，又號觀如，婺州金華（今浙江金華）人。紹興二年進士，授温州軍事判官，秦檜薦於朝。金歸所占地，檜遣爲宣諭司參謀官，及還，累除四川宣撫副使。治蜀有方，奏蠲雜徵，屯兵營田。檜怒其專擅，一再貶責。二十四年，卒，年六十七。著有《北山集》等傳世。①

《西征道里記》一卷，存。宋鄭剛中《西征道里記序》：紹興乙未，上以陝西初復，命簽書樞密樓公諭以朝廷安輯混貸之意，某以秘書少監被旨參謀。是役也，審擇將帥，屯隸軍馬，經畫用度，詢訪疾苦，振恤隱孤，表揚忠義，公皆推行如上意。故其本末次序，屬吏不敢私録，至於所過道里，則集而記之。雖搜覽不能周盡，而耳目所及，亦可以驗遺蹤而知往古，與夫兵火凋落之後人事興衰，物情向背，時有可得而窺者。以其年四月二十二日舟出北關，六月二十

---

①《宋史》卷三七〇《鄭剛中傳》，中華書局一九七七年，第一一五一二頁。

四日至永興，七月十三日進至鳳翔。越三十七日，府告無事，公率官吏以歸，水陸凡六十驛，往來七千二百里。本計七千一百九十里。汜水以未至縣十里，河水南侵，自嬰子坡移路旁山，回程衍十里。右通直郎、尚書户部員外郎李若虚，參議；左朝請大夫、新差知吉州軍州事江少虞，左朝請郎、新除陝西轉運副使姚焯，機宜；右從事郎、新湖州德清縣主簿樓垍，書寫機宜文字；左朝奉郎、行大理寺丞王師心，右奉議郎、監行在榷貨務閻大鈞，右宣教郎、前温州平陽縣丞郭子欽，幹辦；左朝散郎、主管台州崇道觀李孝恭，提舉錢糧；右承直郎、前江西提刑司幹辦公事穆平，左承直郎、新泉州永春縣丞王晞韓，右文林郎、前監潭州南嶽廟曹雲，右迪功郎、新潭州善化縣主簿宋有，右從事郎葉光，準備差遣；右文林郎、前建州建陽縣尉李若川，點檢醫藥飯食。凡一十五員。左宣教郎試秘書少監充樞密行府參謀鄭某序。（《北山集》卷一三，文淵閣四庫全書本。）

万俟卨

万俟卨字元忠，開封陽武（今河南原陽）人。登政和二年上舍第。紹興十二年，拜參知政事，充金國報謝使①。二十五年，同中書門下平章事，致仕。卒年七十五，謚忠靖。史稱「卨始附檜，爲言官，所言多出檜意；及登政府，不能受鉗制，遂忤檜去。檜死，帝親政，將反檜所爲，首召

---

①《宋史》卷三〇《高宗紀》，中華書局一九七七年，第五五六頁。

卨還。卨主和固位，無異於檜，士論益薄之」①。

《回鑾事實》十册，殘存一卷。清紀昀等《四庫全書總目提要》卷五二《史部雜史類存目》著録：「紹興十二年，宣和太后至自金，卨新爲參知政事，紀事頌功，稱爲千載一時之榮遇。蓋貢腴之詞，非其事實也。」

宋万俟卨《皇太后回鑾事實序》：臣聞聖人之理天下也，必以至德要道爲先。唯其體純孝之性於自然，謹欽愛之誠，而不匱烝烝翼翼造次靡違，則上可以格於神明，下可以刑於海隅。天之丕應也，如形聲之相隨也；事有至難也，若符契之必合。瑞慶大來，光映史册矣。恭惟皇帝陛下，法姚虞之盡善盡美，邁湯后之克寬克仁。爰自即位以來，慨念慈闈夐有封疆之阻，未明而興，當食以歎，履至尊之祚，有萬乘之貴，而未嘗一日以爲歡也。大謀長算，時出宸慮，講信修睦，斷以不疑，不憚謙辭厚幣之勞，以冀承顔問膳之樂，聘使交馳，閲十六載矣。至於恭上册寶，以伸南陔之思，宏建殿宇，以崇長樂之奉。自惟鑾輿器用之屬，與左右供奉之人前期趣辦，罔不畢具。然後申遣信臣，益加勤請。天啓隣國之意，悉如聖心，騩馭旋歸，丕受四海九州之養，閎休茂烈，焜燿今古，載籍所傳，未之有也。繄聖孝之至格於神明，上帝溥臨，默垂孚祐，克濟登兹於皇懿哉！顧念太史之官，以論撰爲職，國有大慶，所當備書，矧嘗下明詔俾之緒纂，而因仍積歲曠，弗置員紬

① 《宋史》卷四七四《姦臣傳》四，中華書局一九七七年，第一三七七一頁。

繹之功，蔑如莫著。臣屬奉訓言，典司事領，遂與修撰臣允忠等，博求本末，趣就編摩，累月之間，修章粗立。凡宣諭大臣之聖語，堅明和好之遠圖，肇正鴻名，導迎翟輅，典章之盛，容衛之美，褒榮之及三世，顯寵之被一同，歲時用度之凡目，姻族資蔭之等差，下逮參裁禮制之官、服勞閨閣之吏，增秩受賜，各以類陳。而前後臣僚揄揚抃蹈之辭，亦無不具載。起自建炎丁未迎請之初，訖於紹興壬戌還御慈寧之始，以年月次之，分爲十册，稽探事實，略已詳盡，輒諏日拜章塵於御府。昔鄭國城潁之詩，固非全美，而唐室元和之頌，或有飾詞，比之聖朝，誠不可並世而語。唯是張官置局，徒費廩食，而潤色非工，不可以仰副隆指，進退慚惕，若無所容。然竊謂慈寧上壽，及此良月，宗社保磐石之安，陛下擁如川之福，怡色愉聲，奉承太母，冬温夏清，彌億萬年，喜氣溢於九重，歡謠洽於四海。表則是書，推之陛下孝治之孚，以迪今日之懿，自我作古，貽之方來，甚盛德之舉，不其偉歟！臣等區區草木之微，得託名篇秩，附天地以不朽，實千載一時之榮遇。惟陛下矜其淺陋，而賜採擇焉，臣不勝幸甚。紹興二十六年冬十月十八日，左宣奉大夫守尚書右僕射同中書門下平章事兼提舉實録院詳定一司敕令陽武郡開國侯食邑一千九百户食實封七百户臣万俟卨謹序。（宋徐夢莘《三朝北盟會編》卷二一三，上海古籍出版社二〇〇八年。）

張浚

張浚字德遠，漢州綿竹（今四川綿竹）人。入太學，中進士第。靖康初，爲太常簿。高宗即位，馳赴南京。紹興三十二年，除少傅、江淮東西路宣撫使，進封魏國公。孝宗時，爲主上信任，人望甚重。隆興二年卒，贈太師，謚忠獻。著有文集十卷、奏議二十卷等。①

《金虜遺録》。宋張浚《奏進〈金虜遺録〉狀》：

臣契勘，去冬有在淮上得虜遺篋衣物者，内有文字一編。臣近傳寫到，其間所調兵數與器甲之屬，一一詳備。竊恐或可備睿覽，謹繕寫上進，題曰《金虜遺録》。其字畫不無訛差。伏乞聖慈，特賜睿照。（《永樂大典》卷一〇八七六虜字韻，中華書局一九九八年，第四四六八頁。）

徐宗偃

徐宗偃，衢州江山（今浙江江山）人。紹興末，累官右朝奉郎、通判楚州②。三十一年，言者劾其妄傳制置司之命清野，責監無爲軍在城商税務。次年，復官，從其請，與宮觀③。

《兩淮紀實》。宋李心傳《建炎以來繫年要録》卷一九一「紹興三十一年七月」：丙戌，右朝奉郎通判楚州徐宗偃獻書宰執言：　山陽俯臨淮海，清河口去郡五十里，實南北必争之地。我得之則

① 《宋史》卷三六一《張浚傳》，中華書局一九七七年，第一一二九七頁。
② 宋李心傳《建炎以來繫年要録》卷一八八「紹興三十一年」，中華書局一九八八年，第三一五三頁。
③ 宋李心傳《建炎以來繫年要録》卷二〇〇「紹興三十二年」，中華書局一九八八年，第三三八二頁。

可以控制山東；一或失守，彼即長驅先據要害，深溝高壘，運山東累年積聚，調發重兵，使兩淮動摇，我將何以捍禦？自北使奏請，意欲敗盟，人情洶懼，莫知死所。及朝廷除劉錡爲五路制置，分遣兵馬渡江，邊陲肅静，民賴以安。山東之人，日有歸附之意。如沿淮一帶自北而來者，晝夜不絶，不容止約。若朝廷速遣大兵，且命劉錡，或委本州守貳，選差有心力人，明示德音，誘以官爵，謂得一州或得一縣，與補是何官資，使之就守其地；其餘招誘自百人千人至萬人，受賞有差，將見一呼響應，山東悉爲我有。若大軍未至，彼懷疑貳心，未肯就招，招之亦未必能守，適足以貽邊患。至於合肥、荆襄，命大將分占形勢，覘邏其實，隨機應變，以爲進討之計，恢復中原，可立而待。先是，漣水縣弓手節級董臻者，私渡淮，見宗偃，言山東之人，久困暴斂，日欲歸正，若士馬一動，悉皆南來。宗偃出己俸厚贈之。是月初，臻果率老幼數百人來歸。宗偃言於朝。未至，會知樞密院事葉義問遺武翼郎焦宣來諭意，俾招收之。守臣王彦融怒不自己出，乃言臻不願推恩。宗偃因遺義問書，言旬日以來，渡淮之人，晝夜不止，漣水爲之一空。臨淮縣民，亦源源而來不絶。泗州兩遣人諭盱眙，令關報本州約回，然有死不肯復去，計其家屬之數，幾萬人矣。理宜優恤，多方存拊，濟其乏絶。然非有大軍彈壓，得之亦不爲用。兼慮對境别生事端，卻貽邊患。且小人喜亂，利於一時剽掠，或先事輕舉，有害大計。乃補臻承節郎，仍令淮東副總管李横，以鎮江都統司兩將之兵，往楚州屯駐。（文末注云：此並據宗偃紀實修入。宗偃申董臻歸正，在此月十一日壬午。焦宣至楚州，在十三日甲申，今聯書之。中華書局一九八八年，第三一九六頁。）

馮忠嘉

馮忠嘉，始末未詳。

《海道記》。《宋史》卷二〇三《藝文志》二著録。另，宋李心傳《建炎以來繫年要録》卷一百八十六「紹興三十年九月」：「己丑，左武大夫忠州防禦使新淮南西路馬步軍副總管兼知黄州李寶改添差兩浙西路副總管，平江府駐劄，兼副提督海船。時浙西及通州皆有海舟兵，稍合萬人。詔平江守臣朱翌提督，言者請擇武臣有勇略知海道者副之。寶先除知黄州，未行，乃有是命。尋以解帶恩陞宣州觀察使，寶乞於沿江州縣招水軍效用千人。詔許三百。又請器甲弓矢，及乞鎮江軍中官兵曹洋等五十人自隸，皆從之。」注引馮忠嘉《海道記》云：「紹興庚辰，金主亮謀入犯，大治舟師高密，欲陰從海道徑襲浙江。諜者得其實以聞。上召宰臣，問以備禦。方紬繹未及對，上遽曰：『卿等無先定謀耶？朕自議和之始，逮今二十年，寢食不忘此敵，故練兵擇將，修車馬，輯船艦，江淮荆蜀，備已全具，此卿等所共知。惟是海道，朕亦有以處之，顧衆意何如耳。』宰臣再拜懇請，上曰：『帶御器械李寶往嘗陷敵，自拔身循海道來歸，召對慰撫，詢以此中事，歷歷如數一二，且其器局方重，出語忠壯，以一介羈旅，脱然還朝廷，陞殿陛，對萬乘，無分毫沮懾，此必能辦事者。今以爲宣州觀察使，總管淮西，兼知黄州。乘未發，卿等爲朕亟留計之。』翌日，對便殿，果如上旨，改授浙西路馬步軍副總管，平江府駐劄。且令與其守臣督護海船，爲捍敵計。按忠嘉所云，恐不無潤飾。今併附此。實轉觀察，在此月丁酉；乞招軍等，在己亥，今併書之。」

員宗興

員宗興字顯道，仁壽（今四川仁壽）人。未第時讀書九華山，因以自號。用薦除教授，召試擢著作郎，國史院實録檢討。乾道中，疏劾貴倖，中讒奉祠去，僑居潤州以終。著有《九華集》傳世。①

《采石戰勝録》一卷，存。清紀昀等《四庫全書總目》卷五二《史部雜史類》著録：「所記乃虞允文督師江上，拒破金海陵王之事，大致與史文相出入。」

《西陲筆略》一卷，存。

蹇駒

蹇駒字少劉，潼川（今四川三臺）人。虞允文門下士，時爲省幹。

《采石瓜洲斃亮記》一卷。亦名《乾道采石斃亮記》、《虞尚書采石斃亮記》②。今按，宋金采石

---

① 宋李心傳《九華集序》，見《九華集》卷首，文淵閣四庫全書本。
② 宋徐夢莘《三朝北盟會編》卷二四一，上海古籍出版社二〇〇八年，第一七三二頁。

之役，時在紹興三十一年（金正隆六年、一一六一年）。海陵王完顔亮之斃，系女真内訌所致，而非宋人之功。

宋洪適《賀誅完顔亮表》：

明詔出車，憺英威於毳幕；元凶染鍔，佈吉語於藁街。喜匝幅圓，事超簡策。中賀。竊以陽九厄於百六會，否終則傾；運一變者三十年，惡周必復。國贅斿於昔者，胡扛鼎以狺然。若聖與仁，不忍干戈之用；以大事小，屢捐玉帛之珍。悔禍有期，叛盟在彼。一介到闕，謂割地之請爲必從；兩宫蒙塵，豈戴天之讎而不報？雷霆震怒，日月耀兵。雖邊捷之交馳，偶淮師之小衄。致令對壘，直欲涉江。蓋瓜步既應童謠，那無天道；恐棘門或如兒戲，將屈帝尊。孰知呼吸之間，已得分務之報。禍胎殄絶，殺氣澄清。詎容去腹以實鹽，政可漆頭而爲器。示猾夏四夷之戒，尉在天九廟之靈。淝水之敗苻堅，尚猶亡國；澶淵之滅撻覽，永斷侵疆。俟猛將之犁庭，治舊京而迎蹕。役無再舉，慶不一書。恭惟皇帝陛下睿斷有爲，廟謨必勝。坐料目中之虜，迄成機上之屠。殲厥渠魁，斯足攄高文之憤；禪於姑衍，何止歸鄆讙之田？臣文既無以磨崖，武又不能略地。距躍三陌，竊同折屐之歡；臚句九賓，願上奉觴之壽。（《盤洲文集》卷三七，文淵閣四庫全書本。）

宋得軒漫叟《采石瓜洲斃亮記序》：

昔唐裴晉公平淮西，而韓昌黎爲之碑，柳柳州爲之雅，其功業文章，輝映簡册，曠古鮮儷，迄未有繼之者。惟我宣諭尚書虞公當采石瓜洲之戰，以偏師嬰賊全鋒，遂能大破虜兵，使自屠戮，坐復兩淮之地，功業顯著，見於尚書之除命矣。議者跡其事，謂不當在平蔡功下。潼川蹇公少劉省幹，乃尚書公門下士，尚虞四方萬里之遠，未盡周知，就爲紀次之。其文質實典雅，筆勢遠軋韓柳，蓋與夫靡曼不根者去萬萬矣。或曰蜀人素不武，此以風聲氣習言也。禮不云乎，儒以忠信爲甲胄，禮義爲干櫓；傳不聞乎，一賢制千里之難，一士止百萬之師。僕於尚書公得之矣。馮持約秀才得此副本，施於剞劂，以廣其傳。異時吾蜀士大夫激昂奮勵，以赴功名之會，書名竹帛，勒功鼎彝，實尚書公爲之權輿云。隆興改元昭陽協洽秋七月既望，得軒漫叟書。（《采石瓜洲斃亮記》卷首，叢書集成初編本，中華書局一九八五年。）

清陸烜《采石瓜洲斃亮記跋》：

閲古人傳記外志，最苦史筆庸下。若此乃鐵中錚錚者。《金史·海陵紀》：甲午，會舟師於瓜州渡，期以明日渡江。乙未，浙西兵馬都統制完顔元宜等反，帝遇弑。以此咨補之，不啻左氏之傳《春秋》也。是書向無刊本，傳鈔謬誤甚多，偶於馬雲衢齋頭借得善本，云從南宋太廟前尹家鋪行本影摹而得者。讎勘精良，爰即以付削氏。又余嘗見虞允文手書鈎堂帖，吳匏庵跋謂采石之戰，日星晦蒙，江水震蕩，功烈赫然，疑其平日爲人有喑啞叱咤千人皆廢之狀。乃觀其手帖，詞語詳雅，氣象雍容，乃真一書生耳。暇日憶此帖，復快讀此書，犀觥爲之頓盡。乾隆戊子九月十三日，梅谷陸烜識。（《采石瓜洲斃亮記》卷末，叢書集成初編本，中華書局一九八五年。）

宋翊

宋翊，始末未詳。

《金亮本末》。宋李心傳《建炎以來繫年要録》卷一八三「紹興二十有九年」（歲次己卯、金海陵王正隆四年、一一五九年）：十二月丙子，「金國賀正旦使施宜生、副使耶律翼見於垂拱殿。以諒闇故，命坐賜茶，正侍郎觀察使以上皆與。上服素黄袍黑帶，供張皆用素黄，衛士常服，去銀鵝對鳳，侍坐者錦墩易以紫素。既見，命大臣就驛賜燕，不用樂，辭亦如之。時吏部尚書張燾奉詔館客，宜生素聞其名，畏慕之。一見，顧翼曰：「是使南朝不拜詔者也。」宜生，閩人，燾以首丘桑梓語之，宜生敬燾，頗漏敵情。燾密奏之，且言宜早爲之備。上深然其説。亮又隱畫工於中，即使密寫臨安之湖山城郭以歸。既則繪爲屏，而圖己之像，策馬於吴山絶頂。後題以詩，有立馬吴山第一峰之句。蓋亮所賦也。」注云：「此據《金亮本末》增修。宋翌云：『此詩翰林修撰蔡珪作，詭曰御製。』按世傳亮詞句頗多，未必珪作也。王敦詩作王之望文集序曰：『亮贈其相温都詩曰「一醉吴山頂上峰」，與此小異。』」又，卷一九六「紹興三十有二年」（歲次壬午、金世宗雍大定二年、一一六二年）：「先是，金主褒入中都居之，且告於太廟。以父晉王故名宗輔，非帝王所稱，改曰宗堯，追謚宗堯曰簡肅皇帝，廟號懿宗。母曰欽慈皇太后。追尊東昏王曰武靈皇帝，廟號閔宗。降故主亮爲海陵王，謚曰煬，亮后徒單氏爲海陵夫人。祧德宗宗幹神主。祔懿宗神主於太廟。改通天門爲應天門。以威勝統軍勸農使耶律阿里爲平章政事，廢參知政事敬嗣暉爲庶人，工部尚書蘇保衡遷尚書右丞，太府兼權左司郎中魏子平爲户部侍郎，大興尹李天吉爲刑部侍郎，修起居注鄭子聃復爲翰林修撰。」注云：「此以宋翊《金亮本末》、張棣《金記》參修。」

晁公忞

晁公忞，始末未詳。

《**金人敗盟記**》。此記述正隆末海陵王大舉南侵事。宋徐夢莘《三朝北盟會編》卷首《書目》著録，編中屢見引録。

趙　晟

趙晟，始末未詳。紹興末，爲鄂州副都統制軍統領官，號趙大斧，以能用大斧得名。①

《**京西戰功録**》。宋徐夢莘《三朝北盟會編》卷首《書目》著録，卷二三九引録。

① 宋徐夢莘《三朝北盟會編》卷二三九，上海古籍出版社二〇〇八年，第一七二〇至一七二二頁。

韓元吉

韓元吉字無咎，開封雍丘（今河南杞縣）人。建炎南渡後，歷仕州縣，繼召入京，權中書舍人。紹興中，嘗奉使金國。累遷吏部尚書，封潁川郡公。歸老南澗，因以爲號，著有《南澗甲乙稿》等。①

《朔行日記》一卷。《宋史》卷二〇三《藝文志》著録，作「《金國生辰語録》一卷」。

宋韓元吉《書〈朔行日記〉後》：

嗚呼！靖康之禍，吾及之也，尚忍趨庭而見於敵哉？然吾嘗念之，中原陷没滋久，人情向背，未可測也。傳聞之事，類多失實。朝廷遣偵伺之人，捐費千金，僅得一二。異時使者率畏風埃，避嫌疑，緊閉車内，一語不敢接，豈古之所謂覘國者哉？故自渡淮，凡所以覘敵者，日夜不敢忘，雖駐車乞漿，下馬盥手，遇小兒婦女，率以言挑之。又使親故之從行者，反復私焉。往往遂得其情，然後知中原之人怨敵者故在，而每恨吾人之不能舉也。歸因爲聖主言，敵之强盛，幾五十年矣。臣有知其不能久者，特以人心不附而已。是將何時可附，顧思所以圖之，合謀定算，養威蓄力，以俟可乘之釁，不必規小利，以觸其幾也。上深以爲然，蓋不敢廣也。淳熙改元，出守婺女。

① 清紀昀等《四庫全書總目》卷一六〇《集部别集類》，中華書局一九九七年，第二一四六頁。

夏曝書，見《朔行日記》，因書其後，以明吾志之非苟然耳。無咎記。（《南澗甲乙稿》卷一六，叢書集成初編本，中華書局一九八五年。）

魏杞

魏杞字南夫，壽春（今安徽壽縣）人。紹興十二年進士，累遷宗正少卿。隆興二年（金大定四年、一一六四年），以通問使奉使金國，不辱使命，由庶官一歲至相位。淳熙十二年卒，謚文節。①

《隆興奉使事實》。宋樓鑰《書魏丞相奉使事實》：

隆興二年，金以兵壓境，朝廷選使。右丞相壽春魏公時在淮東宣諭司議幕，見大夫無可使者，召對便殿，遂授使節。敵勢方張，事變叵測，所謂飛矢在上，行人在下。而公握節抗議，動中事機，氣勁詞直，要約遂定，迄今三十年，邊境晏然，厥功茂矣。此書所載，皆其實跡也。方來歸時，鑰適在都下，士大夫皆謂必有醲賞殊渥，迎勞境上，以寵其至。至則論賞如格，與平時泛使無異，公亦退然即司宗官次而不自言。久之而後爲右史，又久之僅遷左螭，亦以序進而已。蓋平時壽皇鋭意恢復中原，紹祖宗之大烈，敵未退聽，嘗詔公盡以禮物授督府爲犒軍費，雖卒就和議，聖意不以自安也。公既登從班，典銓繽綸，封駁相繼，上眷日隆，一歲九遷。乾道元二間，以夕郎攝大

① 《宋史》卷三八五《魏杞傳》，中華書局一九七七年，第一一八三一頁。

夫，徑除同知樞密院兼參知政事。不數月，參預爲真，是冬遂登揆路。宰相代天理物，固非賞功之官。公之大用，君臣遇合，殆不以使事至此也。制麻初放，賀版如織。有客歷叙奉使大節，既而曰逮茲登用，咸謂疇庸。在宵人竊謂其不然，待丞相不幾於太淺：使蘇中郎亶典屬國，固難酬抗匈奴之功；然富韓公卒爲大臣，豈專以使契丹之故？公讀之以爲佳，公之意可知矣。元豐中，裕陵命蘇魏公纂修南北通和以來國信文字，賜名《華夷魯衛信録》，仍别録一本付樞庭，聖謨遠矣。中更喪亂，書遂不全。嗚呼！攄高文之宿憤，必有任其責者，於此書尚有考焉。（宋樓鑰《攻媿集》卷七〇，叢書集成初編本，中華書局一九八五年。）

宋朱熹《書壽皇批答魏丞相奉使劄子》：

臣熹以隆興初元召對垂拱，妄論講和非策，適契上指。其後乃聞諸公率定盟約，竊意一時君臣之計，必有甚不得已者。今得仰窺壽皇聖帝詔，報丞相壽春公出疆請事，於是信其不誣，而壽春公志節之偉，謀慮之精，於此亦可見矣。公子熊夢示臣此軸，適當奉諱之後，奉玩摧裂，涕血交頤，敢拜手稽首而書其下方。（《晦庵集》卷八三，文淵閣四庫全書本。）

宋朱熹《跋魏丞相使虜帖》：

内修政事，外攘夷狄，復文武之境土，會諸侯於東都，此壽皇帝當日之本心也。屈己和戎，豈其獲已？然非丞相壽春公之深謀壯節，猶幾不足以成之，豈興事造功之果爲不易耶？公之子熊夢出此宸翰以示臣熹，適當奉諱之後，捧玩摧裂，涕泗交零，謹拜手稽首而識其下方云。（《晦庵續集》卷四，文淵閣四庫全書本。）

宋周必大《跋壽皇御批魏杞講和時奉使奏劄》：

魏絳勸晉侯和諸戎狄，左氏美之，丞相壽春公得非苗裔與何？隆興和戎，復出其手也。雖然，山戎納虎豹之皮而請盟，爲力易耳。公當狄師在境，親冒矢石，間關通問，然後得其要領，視古爲難。故晉僅賜金石之樂，而公乃藏雲漢之章，其輕重亦不侔矣。後三十年，公之子通判潭州熊甍，湖南轉運司幹辦公事驥稱出此軸示臣，周某敬題其後。紹熙癸丑三月二十八日。（《文忠集》卷一九，文淵閣四庫全書本。）

雍希稷

雍希稷字堯佐，籍里未詳。嘗仕爲左奉議郎。隆興二年（大定四年、一一六四年），以禮物官從編修胡昉、閤門祇候楊由義，奉使金國軍前，審議海泗唐鄧等事，不屈而歸。①

《隆興奉使審議録》一卷。宋陳振孫《直齋書録解題》卷七《傳記類》著録：「所記抗辯應對之語，多出由義。」

① 宋陳振孫《直齋書録解題》卷七《傳記類》，中華書局一九七七年，第一九八頁。

明廷傑

明廷傑，始末未詳。紹興中，在魏國公張浚幕府，官從政郎。

《吴武安保蜀功績録》。宋張發《吴武安功績記序》：

忠烈吴武安公，中興名將。其撫養士卒似吴起，其勤儉精力似陶侃，違令必戮似孫武子，憂國遠計不倖近功似趙充國，身殁之日，知與不知，莫不流涕，又似李廣與羊祜也。是以能勝所難勝，守所難守，以保全蜀。使有數年之壽，則中原之復可幾也。方其薨也，其長子未冠，而二季尤幼。胡宣撫爲行狀，不詢其子，使二舊吏立供爲之墓誌，又據行狀而言，是以如是之不詳。乾道乙酉，予既作補遺志，其大者凡數十事，以遺其少子。參議且類宸翰詔命碑鏤爲一集，目之曰《保蜀忠勤録》，庶備國史異時採擇，因使蜀士大夫知本末，而後之爲大將者有所矜式。書成人喜讀之，薦紳傳道，已滿四川，然意尚有遺也。近得明庭傑從政所撰《功績記》，文實語詳，果有未聞知者。詢其來由，則云方忠烈用兵，渠在張魏公幕府，親所聞見，宣撫司參議馮康國元通命記其事，是可信也。因鏤之集中，以補遺焉。岐下張發書。（宋徐夢莘《三朝北盟會編》卷一九五「紹興九年六月二十一日己巳吴玠薨」，上海古籍出版社二〇〇八年，第一四〇八頁。）

樓鑰

樓鑰字大防，鄞縣（今浙江奉化）人。隆興元年進士。乾道五年（金大定九年、一一六九年），以書狀官從汪大猷奉使金國。後官拜參知政事，除資政殿大學士，卒謚宣獻。①

《北行日録》二卷，存。宋陳振孫《直齋書録解題》卷七《傳記類》著録「一卷」，云：「參政四明樓鑰大防，乾道己丑待次温州教授，以書狀官從其舅汪大猷仲嘉使金紀行。」

范成大

范成大字至能，號石湖居士，吴郡（今江蘇蘇州）人。紹興二十四年進士。乾道六年（金大定十年、一一七〇年），奉使金國。後拜參知政事，進資政殿大學士，卒謚文穆。②

《攬轡録》一卷，存。宋陳振孫《直齋書録解題》卷七《傳記類》著録：「乾道六年使金所記見聞。」

宋胡銓《送范至能使金序》：

① 《宋史》卷三九五《樓鑰傳》，中華書局一九七七年，第一二〇四五頁。

② 《宋史》卷三八六《范成大傳》，中華書局一九七七年，第一一八六七頁。

紹興戊辰，太常少卿方庭碩使北虜，展陵寢。先是，諸陵皆遭發，哲宗皇帝至暴骨，庭碩解衣裹之，惟昭陵如故。庭碩歸奏，太上皇帝涕下霑襟，悲動左右。時相大怒，劾庭碩奉使無狀，請竄斥，有旨除廣東提刑。到官不踰月，以瘴死。自是出疆者不敢復言陵寢矣。隆興改元冬，某被召賜對，首及庭碩語，上大感悟，奮然有恢復意，亟議遣使問發陵之故，會時相方主和議而止。然側聞至尊割心嘗膽，志未嘗一日不馳於伊吾之北也。乾道庚寅夏五月，某以温陵守奏事，上喟然曰：「朕復仇雪耻，此志决矣。」某奏云：「陛下此舉已遲。」上默然。及是，詔丞相選才識有經學通達國體者一人，持節以往，以申請陵之思。由是范侯成大自起居郎兼侍讀、資政殿學士往使。某曰：昔班定遠歎不得生入玉門關，李太白入蜀作《蜀道難》，其詞云「蜀道之難難於上青天」。自今觀之，玉門在酒泉郡之西，距中原未遠也，蜀道，唐之内郡，而二子已愁蹙若不堪其憂；况使絶域，邈在萬里外，道阻且長，不啻身熱頭痛之阪，斧冰作糜之境，而又有羊肸司宫之憂，子木中甲之虞，而一切不顧，談笑就車，雖古烈丈夫，其能遠過也哉？然見士不通達國體，何補於時？序以識别，且以見宰相之知人云。（《胡澹庵先生文集》卷一六，宋廬陵四忠集本。）

清施國祁《吉貝居雜記》：

宋范成大《攬轡録》：金本無年號，自阿骨打始有天輔之稱。今四十八年。小本麻通具百二十歲相屬。某年生而四十八歲，以前無年號，乃取遼以足之。重熙四年，清寧、咸雍、大康、大安各十年，壽昌六年，乾統十年，天慶四年，收國二年，以接於天輔。按岳珂《愧剡録》引范録，取遼二字作僎造，故珂按此年號皆遼故名。女真世奉遼正朔，又滅遼而代之，以其紀年爲麻，固其所也。豈范未之見耶？今刻本乃作取遼，殆後人所改歟？石湖於大定十年庚寅來使，上溯天會癸卯，得四十八年；更上推重熙辛卯，下迄天慶甲午，以至天輔壬寅，計七十有二年，方合百二十年之數。（羅振玉校補《雪堂叢刻》，北京圖書館出版社影印二〇〇〇年，第一册七〇三頁。）

丘　峹

丘峹，始末未詳。

《使北詩》。宋楊萬里《跋丘宗卿侍郎見贈使北詩一軸》：

太行界天三千里，清晨跳入寒窗底。黄河動地萬壑雷，卻與太行相趁來。青崖顛狂白波怒，老夫驚倒立不住。乃是丘遲出塞歸，贈我大軸出塞詩。手持漢節捉秋月，弓掛天山鳴積雪。過故東京到北京，淚滴禾黍枯不生。誓取敵頭爲飲器，盡與黎民解魋髻。詩中哀怨訴阿誰，河水嗚咽山風悲。中原萬象聽驅使，總隨詩句歸行李。君不見晉人王右軍，龍跳虎卧筆有神。何曾哦得一句子，自哦自寫傳世人。君不見唐人杜子美，萬草千花句何綺。衹以詩傳字不傳，却羨别人雲落紙。莫道丘遲一軸詩，此詩此字絶世奇。再三莫遣鬼神知，鬼神知了偷卻伊。（《誠齋集》卷三〇，文淵閣四庫全書本。）

姚　憲

姚憲字令則，諸暨（今浙江諸暨）人。乾道八年（金大定十二年、一一七二年），奉使金國。淳熙元年，拜參知政事，尋居住南康軍。①

《乾道奉使録》一卷。宋陳振孫《直齋書録解題》卷七《傳記類》著録：「乾道壬辰使金日記。」

周　煇

周煇字昭禮，泰州（今江蘇泰州）人。生於北宋末。家藏故書萬卷，父子自相師友。淳熙四年（金大定十七年、一一七七年），年屆五十，從敷文閣待制張子政使金。晚居杭州清波門之南，終生未仕。②

《北轅録》一卷，存。

---

① 《宋史》卷三四《孝宗紀》，中華書局一九七七年，第六五七至六五八頁。

② 劉永翔《清波雜誌校注·前言》，中華書局一九九四年，第一至三頁。

萬鍾

萬鍾，始末未詳。淳熙十四年（金大定二十七年、一一八七年）八月，奉使金國賀正旦。《北征記》。宋周必大《文忠集》卷一七二《思陵録》上：淳熙十四年八月：「中使梁彬持金國廟諱一紙來傳旨云：『宗是其諱。適來所説太上廟號，未須行出，别擬一字，向來固嘗及此。』上不以爲疑，今復有此宣諭。内引賀金國正旦使萬鍾、趙不踖其回書曰：『文杓叶運，肇開歲律之祥；信使來同，敦講世和之好。爰書辭而申祝，粲幣物以陳儀併職朕勤，惟深欣懌。』鍾等初出使，既得宣諭，一切如舊。於是沿路及燕京賜宴，聽樂簪花用吉禮，謹嘗致懇接伴，令爲控免。路中得其禮部不許之符，遂持歸爲信。又獻《北征記》一册。」

鄧儼

鄧儼，出處不詳，登進士第。淳熙十六年（金大定二十九年、一一八九年），從使金國。①

《奉使執禮録》一卷。宋陳振孫《直齋書録解題》卷七《傳記類》著録：「中書舍人莆田鄭僑惠叔使金賀正，會其主雍病篤，欲令於閤門進國書，僑不可。已而雍殂，遂回。」

① 宋陳振孫《直齋書録解題》卷七《傳記類》，叢書集成初編本，中華書局一九八五年，第一九九頁。

宋周必大《淳熙戊申國書跋》：

淳熙十五年十一月五日丙申，遣中書舍人鄭僑及武臣張時修充金國賀正使副。明年正月二日，葛王殂，僑等不能成禮而回。二月二日壬戌，適值光宗受禪，九月己巳，僑等入見。上深患之，令將元國書徑納丞相收，不必再奏禮物等。國信所自令發付，所屬亦不敢奏，將從官尚謂不開陳常例使副轉官。嘉泰甲子重陽日。（《文忠集》卷四六，文淵閣四庫全書本。）

倪　思

倪思字正甫，湖州歸安（今浙江湖州）人。乾道二年進士，官至寶文閣學士，卒謚文節。①

《重明節館伴語録》一卷，存。清紀昀等《四庫全書總目》卷五二《史部雜史類》著録：「此書據《永樂大典》標題，乃思《承明集》之一篇。蓋紹熙二年（金明昌二年、一一九一年）七月，金遣完顔兗、路伯達來賀重明節，思爲館伴。因紀一時問答之詞、饋送之禮。考宋制，凡奉使、伴使皆例進語録於朝。馬永卿《嬾真子》記蘇洵與二子同讀富鄭公《使北語録》，則自北宋已然。此其偶存之一也。時金强宋弱，方承事不遑，而序謂北人事朝廷方謹，遣使以重厚爲先，已爲粉飾。其他虚誇浮誕，不一而足。上下相欺，苟掩耳目，亦可謂言之不怍矣。」

① 《宋史》卷三九八《倪思傳》，中華書局一九七七年，第一二一一三頁。

宋倪思《重明節館伴語録序》：

左丘明傳《春秋》，載列國應對賓客之辭甚詳。蓋事之委曲，非文辭不足以宣其義理所在。强者屈而弱者伸，則威力有所不行，豈不甚可貴哉？中興講和好，務大體厭生事，於是館伴、接伴與夫使虜，皆有語録。而虜亦仰體聖朝兼愛南北之意，懼其臣以口語輕啓釁端，故正使皆用同姓椎魯之人，相與應對，不過唯喏；輔行多中原士族，或黠而稍知文義。朝廷則以閤門賓贊、習於儀範、謹於言行者爲之對，故亦無自妄發。當紹熙初，虜之事朝廷方謹，選使尤以重厚爲先，而朝廷亦重於伴客之選，故思以掖垣備數，與虜使周旋半月，不過寒暄勞問而已。畢事，以語録上。其書本不足存，然公見之儀、私覿之禮皆斟酌舊典，無過弗及之，患後之求諸故府者，或有考焉。嘉定己卯二月，景迂老人倪思序。（《永樂大典》卷一一三一二館字韻引倪思《承明集》，中華書局一九八八年，第五册四八一一頁。）

《北征録》七卷。《宋史》卷二〇三《藝文志》著録。

鄭汝諧

鄭汝諧字舜舉，號東谷，處州（今浙江麗水）人。嘗權吏部侍郎①，官浙東安撫使②。紹熙三年（金明昌三年、一一九二年）九月，奉使賀金正旦③。著有《東谷易翼傳》等。

《聘燕録》。宋尤袤《遂初堂書目·地理類》著録。

趙伯驌

趙伯驌字希遠，宋太祖七世孫，自號無隱居士。官至和州防禦使、提舉佑神觀，贈少師。著有詩詞二十卷。孝宗朝，嘗以國信副使奉使金國。

《使北本末》。宋樓鑰《跋趙希遠使北本末》：

漢武帝得人之盛，史贊有曰：「奉使則張騫、蘇武。武之執節，千古所仰。若騫者，往來匈奴十餘年，謂其勤勞則可，然竟不得月氏要領，猶之可也。奉使有指，而多取外國奇物；失侯之後，

---

① 宋樓鑰《攻媿集》卷二八《繳鄭汝諧除權吏部侍郎》，叢書集成初編本，中華書局一九八五年，第三八七頁。
② 《宋史》卷四一〇《沈焕傳》，中華書局一九七七年，第一二三三八頁。
③ 《宋史》卷三六《光宗紀》，中華書局一九七七年，第七〇四頁。

益言所聞於他國者以蕩上心，帝之黷武以至虚耗，㝠實啓之，殆漢之罪人也。」少師以皇族之彦，孝宗妙選副國信使。上方鋭意恢拓，别持一書，前此未有。而公遇事詳審，抗節不撓，既深得虜使之體。迨其歸奏，力陳遵養之説，上意雖無封狼居胥之快，而察公之忠誠，南北信誓，守之愈堅。三復遺編，手澤粲然，敬歎不已。既得周文忠公爲隧碑以發揚之，謹書卷末，以慰二賢嗣之孝思云。（宋樓鑰《攻媿集》卷七五，叢書集成初編本，中華書局一九八五年。今按，原署趙晞遠撰，此從宋周必大《和州防禦使贈少師趙公神道碑》。）

宋周必大《和州防禦使贈少師趙公神道碑》：

乾道六年，金國遣耶律子敬、張僅來賀會慶節。伯驌假泉州觀察使知閤門事，充接送伴副使者。聞公議論激昂，甚加敬憚。初，孝宗鋭欲恢復，用宿將李顯忠、邵宏淵大舉北伐，雖二將不咸，王師自潰，然威靈所加，中原多響應者，敵由是委曲求和。上亦思蓄鋭再舉，姑從之。當時敵求海泗，我若求鞏洛，如鄭璧假許田於理爲長，况彼以太上爲兄，書儀一用敵國，歲幣復損十萬，已計其大，豈計受書細禮，此自謀臣欲速無遠慮之失也。是夏，上命起居舍人范成大充泛使議二事，金許還奉徽宗及欽宗梓宫，至於受書亦無峻拒意。尋遣中書舍人趙雄賀金主生日，選公爲副。南渡宗室北使自公始。十一月己巳某夜，直玉堂大璫霍汝弼出御札云：「生辰使兼賫國書一封，理會受書，卿可擬進。」立具草付弼，明言尊卑分定，或校等威，叔姪情親，豈嫌坐起。上批付宰執商議二劄，併得家藏。後四日召見，褒諭云：「卿能道朕心中事。」因宣示成大所携回書，讀訖奏：「臣不知彼説陵寢，豈可正及受書？」上謂難爲辭。奏云：「容臣與宰執謀，别作意度。」退至都堂而商議之，批已先下，某添一聯云：「惟列聖久安之陵寢，既難一旦而輒遷，則靖康未返之衣冠，詎敢先期而獨請？」宰執難之。七年正月，雄等行。壬辰，宰執謂予，對境果移文問二事，毋如悔不用君言。予云：「宜雄未出境，宜易國書而徼。對境所問附賀生辰使副，仍録本付雄等，前吕夷簡不使富弼知書意也。」諸大夫以爲然，奏遣密院，使臣追及雄等於盱眙，敵自此始無説。公與雄陛辭，上以賀書授雄，别緘授公。敵遣盧璣、烏凌噶仲傑接伴，知持禮，特用宗室待遇加厚。父老亦歎曰：「此我家天族也。」老嫗有流涕奉壺漿者。至保州，駟公率官屬望國初先塋御莊，悽愴稽首，人爲動色。公與璣輩在道誠意相孚，璣問此行無他求否？公及别緘。璣必問盱眙之檄，喜公無隱，亦頗通情。嘗詰公，南朝移司馬屯金陵，似將遷都；又濠州人夜劫静安鎮馬，殺死軍兵，無乃求釁，有諸乎？先是，盱眙守龔鋈禁止騎兵作過，人犯者必斬。公携印榜示璣，且謂渝盟不在移屯動觀聽。璣等皆冰釋。暨入見，雄與公各進國書，入辭亦各授答書。公再三奏從違。其宣徽使敬嗣暉傳命云：已載書中。勞還，上悦，自武翼郎超轉武翼大夫，俄陞本路副總管。（《文忠集》卷七〇，文淵閣四庫全書本。）

趙汝愚

趙汝愚字子直，漢恭憲王元佐七世孫，居饒州餘干（今江西餘干）。早有大志，擢進士第一，爲孝宗所知。累遷直學士、制置四川兼知成都府。紹熙二年，召爲吏部尚書。四年，拜知樞密院事。後爲韓侂胄所忌，誣之結黨，謀危社稷，遂罷政，永州安置。慶元二年正月，至衡州病作，卒。侂胄誅，復原官，謚忠定，追贈有加。①

《隆興以後聘使儀禮》。宋趙汝愚《乞編類隆興以後聘使儀禮疏》：

臣等竊惟行人之官，責任甚重，欲求稱職，必在擇人，人固須才，事當有據。嘗考《周禮》，行人之職掌賓客之禮儀，名位尊卑，皆有禮籍，禮俗政事，自爲一書。神宗皇帝嘗以遼國和好，盟誓、聘使、禮幣儀式皆無考據，始命蘇頌修成一書，名曰《華夷魯衛録》。今兩國通好，姑務息民，凡所遣之使人，皆是臨時選擇，事非素習，初匪世官，或有疑慮，責成吏手，安危所繫，事體非輕。欲望聖慈特命儒臣，自隆興以後聘使往來之禮、吉凶慶吊之儀，編類成篇，以爲準式。使已用之文粲然可睹，後來之事酌之而行，可以息争端，可以定疑慮。今後遇遣國信使副及接送館伴使，各授一編，使之檢用，誠非小補。（明楊士奇等《歷代名臣奏議》卷一一〇，文淵閣四庫全書本）

陳師恭

陳師恭，始末未詳。

---

①《宋史》卷三九二《趙汝愚傳》，中華書局一九七七年，第一一九八一頁。

《滕户曹守台州事實》。宋朱熹《跋滕户曹守台州事實》：

始予以事至台州，州人士君子爲予道滕公城守時事甚悉，予心竊獨壯之，而不及訪其文字。數年之間，時往日來於中不忘也。今從公孫仲宣、仲宣得此編而讀之，乃知公平生大節，類皆卓犖奇偉如此，非獨守台一事爲可稱也。但守台事有陳師恭之記，守南都事有程千秋之記，故其謀畫之奇、節制之密，皆焯焯在人耳目。至其守蔡、陳、鄂，功亦不細，而莫有能言其事者。千秋又記其説大元帥部西北之兵以迎二聖，檄東南之衆以討邦昌，皆切事機、適形便。而建炎初元所論五事，與賀公所狀因論事而送吏部，争建都而遭讒毁，則意必亦有卓絶切至之論，而世莫得而語其詳焉。然行狀又言公有奏議十餘卷，與政府書三十篇，則是數説者必已具於其間矣。夫已不用於當時，若又不傳於後世，則是遂將泯没於無聞，豈不可惜也哉？今太史氏方將網羅天下放失舊聞，以著中興君臣一時之盛，是必既有任其責者。二君其求諸家書，以附此録而往獻焉，則九原有知，其亦足以少慰也夫。紹熙二年秋九月壬子，鴻慶外史朱熹書。（《晦庵先生朱文公文集》卷八二，四部叢刊本。）

程千秋

程千秋，始末未詳。建炎中，爲公安縣令，率衆抗擊金兵，「以禦寇論功，擢領方面」①。

《滕户曹守南都事實》。宋朱熹《跋〈滕户曹守台州事實〉》著録。

俞庭椿

俞庭椿，始末未詳。嘗著《周禮復古編》三卷。

《北轅録》。宋黄震《跋俞奉使庭椿北轅録》：

奉使俞公，身入京洛，歷覽山川，訪問故老，歸而録之，慷慨英發，意在言外。而中原之故老皆我宋之遺黎，一一能爲奉使公吐情實，亦足見忠義人心之所同，覽之不覺流涕。或者因以忠信行蠻貊褒之，是置中原於度外、棄赤子爲龍蛇也。嗚呼！豈奉使公作録本心哉？（宋黄震《黄氏日鈔》卷九一，文淵閣四庫全書本。）

---

① 宋徐夢莘《三朝北盟會編》卷一三三引宋孫偉《劄子》，上海古籍出版社二〇〇八年，第九六六頁。

劉平國

劉平國，始末未詳。嘗爲郡學教授。

《永嘉守禦録》。宋葉適《題守禦録》：

右劉教授《永嘉守禦録》，錢君德載刻於州學。往歲王師北伐，德載與劉平國援此諗其守，謀增陴浚隍，豫儲擬以待非常。既虜復請和，事亦已，然君之志不可誣也。今遂刊佈其書，甚善。不惟郡人當安不忘危，且使無寓人修墻屋，猶知任拒守之責，而況於保障扞禦之臣乎！（《水心集》卷二九，文淵閣四庫全書本。）

鄭域

鄭域字中卿，號松窗，三山（今福建福州）人。慶元二年（金承安元年、一一九六年），從張貴謨使金。

《燕谷剽聞》。清沈雄《古今詞話》卷下《吴彦高［春從天上來］》著録①。

① 唐圭章《詞話叢編》，中華書局一九九六年，第一册七八八頁。

曾無媿

曾無媿字三英，蘭溪（今浙江蘭溪）人①。第進士。嘗蒙有司薦之，「無遇而歸」，遂「閉門下帷三十年」。

《南北邊籌》。宋周必大《曾無媿三英南北邊籌序》：

高宗南渡之初，北虜方强，未暇吊伐，士大夫日夜爲防守江淮計。是時右正言吕祉獻言最切，後以直龍圖閣帥金陵，遂與僚屬吴若、陳克著《東南防守利便》三卷上之，事既詳實，文亦條暢。蓋若、克皆文士，而祉則以功名自許者也。紹興辛巳，完顔亮叛盟。明年孝宗即位，鋭意恢復，不但守淮防江。時則有尚書郎臨川吴曾著《南北征伐編年》二十三卷，起三國，終五代，凡古今形勢，師旅勝負，該貫無遺。仍集當時君臣議論，爲《分門事類》一十二卷，其相謀相應、攻守通好，可指諸掌，視祉之書益加詳焉。今臨江曾君三英復爲《南北邊籌》十八篇：南之攻北，其事有九，諸葛亮、紀瞻、褚裒、桓温、劉裕、宋文帝、陳顯達、沈慶之、吴明徹是也；北之圖南，其事亦九，曹操、魏明帝、羊祜、苻堅、拓跋太武、孝文、元英、邢巒、北齊是也。人爲一論，論指一事，皆援昔以證今，因跡以求心，即成而究敗，考古可謂勤，而用志可謂切矣。他日上之樞

① 宋周必大《曾無媿三英南北邊籌序》有「蘭溪曾無媿」語。

庭，必有運良、平之籌者；傳之良將，必有合孫、吴之法者。苟非其人，道不虚行，豈特刻舟記劍、按圖索馬而已哉？嘉泰元年二月旦。（《文忠集》卷五四《平園續稿》一四，文淵閣四庫全書本。今按，嘉泰元年即金章宗泰和元年、一二〇一年。）

宋楊萬里《曾無媿南北邊籌後序》：

蘭溪曾無媿閉門下帷三十年，鑽敗素，瑚俊語，對古義，以應明有司之求。亦既蒙有司薦之，詣太常矣，無遇而歸。人皆知其爲名進士也，予曰：「是淺之爲知曾子者也，所謂知我如此，不幾於罵者歟？」或曰：「何如斯可謂知曾子矣？」曰：「吾嘗見其《南北邊籌》之書矣，其於秦漢三國二晉宋齊梁陳魏周隋氏之史，若木蠹蟻，不穴不止，若燭炳幽，不覩不休。其君臣之良若窳也，其地利之堅若瑕也，其國勢之競若羸也，其兵制之銛若頓也，如身詣其國，目眂其時，手執其事，而心晝其策，無俟於胥詬而逆折其枉直，無逢於相角而前料其捷北也。爲人謀國者，可不置此書一通於坐右乎？異時孝宗皇帝英武於鑠，慨然有叱開四方、混一兩儀之志。仄席奇傑，寤寐策謀，使見此書，當拊髀而歎曰：『朕獨不得與此人同時哉！』又曰：『公等皆安在？何相見之晚也。』然則曾子之爲士也，名進士而已耶？」（《誠齋集》卷八四，文淵閣四庫全書本。）

趙萬年

趙萬年字方叔，長溪（今福建長溪）人。慶元武舉，爲襄陽制置司幹辦官。開禧二年（泰和六年、一二〇六年），金兵圍襄陽，宣帥諸司相繼遁，萬年繕兵峙糧，力贊招撫趙淳爲死守計，相拒九十餘日，金兵遁出，以功進武德大夫。著有《襄陽守城録》及《稗幄集》。

《襄陽守城録》一卷，存。清紀昀等《四庫全書總目》卷五二《史部雜史類存目》著録：「宋趙萬年撰。萬年里籍未詳。開禧二年，金兵二十萬圍襄陽，趙淳新知府事，以萬餘人禦之。自十一月至次年二月，大戰者十二，水陸攻劫者三十有四，措置多方，出奇制勝，金兵竟解去。萬年時爲幕僚，詳録其事，後附戰具諸法甚詳。惟文多殘闕，不盡可辨，爲足惜耳。」另，余嘉錫《四庫提要辨證》卷五《史部》：「《宋詩紀事》卷七十七據《石倉詩選》録萬年詩二首，亦不詳其里籍。《乾隆一統志》卷三百二十四《福建福寧府人物》云：『趙萬年字方叔，長溪人。慶元武舉，爲襄陽制置司幹辦官。開禧二年，金人圍襄陽，宣帥諸司相繼遁，萬年繕兵峙糧，力贊招撫趙淳爲死守計，相拒九十餘日，賊遁出。以功進武德大夫，有《守城録》及《稗幄集》。』……黄國瑾《訓真書屋遺稿・稗幄集跋》云：『《稗幄集》一卷，宋趙萬年撰。萬年有《守城録》，《提要》入存目中。據此書魏了翁序稱《守城》、《稗幄》二録，則兩書本並行，《提要》但有《守城録》而無此編，蓋散失也。明萬曆戊午吴仕訓曾刻之，此鈔即從仕訓刻本過録，是怡親王府藏書，國初寫本。《提要》稱萬年里籍未詳，今據諸序，知爲福建長溪人，慶元丙辰進士。開禧二年，皇甫斌、唐鄧之敗，金人進圍襄陽。萬年時以制幹佐都統趙淳守城，策先據南萬、關山、大旺三山形勝，遏金人糧道。以弱制强，卒解城圍。集分文類詩類，皆是年十二月至次年二月危城中作，末附《誅吕始末紀》。副都統魏友諒輕敵致敗，總管吕渭孫謀奪友諒官。萬年設計緩渭孫，故友諒得誅渭孫以弭亂。宋師敗挫之餘，自相殘躪，萬年外籌禦侮，内息鬩牆，厥功甚偉。以裨幄名集，蓋因集中條具便宜有「仰裨帷幄」之語，鶴山目擊其艱難之狀，謂微制幹周旋其間，趙侯不能獨濟。可見所紀非妄自張大，《宋史》不爲立傳，此編又未著録，惜哉！」今案守襄陽之趙淳，《宋史》亦無傳，不獨萬年而已。寧宗本紀記襄陽事亦甚略。《續宋編年資治通鑑》卷十三云：「開禧二年十一月乙未，金人游騎渡漢，辛丑圍襄陽府。先是，金將至，趙淳焚樊城而憂悸成疾，賴諸將協力守禦，城得以完。」可見趙淳直一恇怯無謀之人，强兵壓境，而使如此人爲帥，若無人爲之運籌帷幄，雖諸將協力，必無救於敗亡。萬年之功，於斯大矣。《守城録》蓋以淳爲主將，不能不歸功於淳耳。了翁序不見於《鶴山大全集》，蓋偶失收。今《守城録》已刻入《粤雅堂叢書》，而《裨幄集》則絶未之見，不知猶有傳本否也。」

宋趙萬年後記：

右件措置皆可法。昔韋孝寬之守玉壁僅六旬，劉信叔之守順昌幾二旬，如毁土山、焚攻具，出兵接戰，不過一二五次而止。今襄陽圍之閲月，初無寸兵尺鐵之援，以萬餘卒抗二十萬狂悍之虜，大戰一十二，水陸攻劫三十四，比之二公，事難而功倍之。然公有韋劉之心，故能保全襄陽。後之守者，惟高斯城、深斯池，器械一一皆備。苟無我公忠赤之心，亦未易以言守。開禧三年三月既望謹誌。（宋趙萬年《襄陽守城録》卷末，叢書集成初編本，中華書局一九八五年。）

無名氏題識：

按史，開禧用兵，止載畢再遇戰有功而詳其事，趙淳止有焚樊城而遯之計，魏友諒突圍而去事，今幕客記注乃若此，豈史臣多遺逸，而不及見此耶？抑誇張失真而不之取耶？皆不可考也。（宋趙萬年《襄陽守城録》卷末，叢書集成初編本，中華書局一九八五年。）

程卓

程卓字從元，徽州休寧（今安徽休寧）人，大昌從子。淳熙十一年進士，歷官同知樞密院事，封新安郡侯，贈特進資政殿大學士，卒後謚正惠。①

《使金録》一卷，存。清紀昀等《四庫全書總目》卷五二《史部雜史類》著録：「嘉定四年（金大安三年、一二一一年），卓以刑部員外郎同趙師巖充賀金國正旦國信使，往返凡四閲月。是書乃途中紀行所作，於山川道里及所見故跡，皆排日載之。中間如順天軍廳梁題名、光武廟石刻詩句之類，亦間可以廣見聞。然簡略太甚，不能有資考證。」

① 清紀昀等《四庫全書總目》卷五二《史部雜史類》，中華書局一九九七年，第七二九頁。

余嶸

余嶸字景瞻，龍遊（今浙江龍游）人。嘗仕爲尚書户部郎。嘉定四年，奉使金國賀生辰，會有韃寇，行至涿州定興縣而回。①

《使燕録》一卷。宋陳振孫《直齋書録解題》卷七《傳記類》著録。

趙與袞

《辛巳泣蘄録》一卷，存。清紀昀等《四庫全書總目》卷五二《史部雜史類》著録：「宋趙與袞撰。與袞，宗室子，官蘄州司理、權通判事。寧宗嘉定十四年，金兵圍蘄州，與袞偕郡守李誠之拒守。時朝命權殿前司職事馮榯將兵應援，榯逗遛不進。誠之等竭力捍禦，凡二十五日而城陷。誠之及其僚佐家屬皆死之，與袞全家十五人亦並殁於難，僅以身免。其後事定，乃爲是録，具詳被兵始末、同時與難諸人。朝廷褒贈誠之等勘狀、告詞，一一備録。按與袞，《宋史·李誠之傳》作『與裕』，蓋『袞』轉爲『褣』，因訛爲『裕』。又載『與袞率民兵百餘人奪關外出』云云，與是編所言『單身出城，及於積屍中死而復活，夜半奔從南門』之語，俱有異同。且十五人作十六人，其數

---

① 宋陳振孫《直齋書録解題》卷七《傳記類》，叢書集成初編本，中華書局一九八五年，第一九九頁。

亦不相合。疑十五人之數，當以自叙爲據，其奪闕外出，則自叙諱之也。」

宋曹彦約《跋泣蘄録後》：

李茂欽（誠之）死守蘄城，併毁其家，立志最堅，受禍最慘。或罪其志有餘而才不足，則亦苛矣。武定軍入城，反爲郡祟，金陵軍及境，不卹郡急，池軍怯而不進，雖有張巡、許遠之才，不得霽雲、萬春之助，決不能以千人之力守九里之郭，卻數萬騎之虜矣。韓昌黎論巡、遠事，以爲當是時棄城而圖存者不可一二數，擅强兵坐而觀者相環也。不追議此，而責二公以死守，亦見其自比於逆亂，設淫辭而助之攻也。私意妄論，從古則然，要之久而自定。昌谷曹某讀《泣蘄録》，爲之涕零。嘉定辛巳八月二日書。（《昌谷集》卷一七，文淵閣四庫全書本。）

鄒伸之

鄒伸之，始末未詳。宋理宗紹定六年（金哀宗天興二年、一二三三年），假朝奉大夫、京湖制置使參議官奉使蒙古，協議夾擊女真事。

《使北日録》一卷。存。清紀昀等《四庫全書總目》卷五二《史部雜史類存目》著録：「理宗紹定六年癸巳，史嵩之爲京湖制置使，與蒙古會兵攻金。案是時尚未建大元之號，故史仍以國名爲稱。會蒙古遣王檝來通好，因假伸之朝奉大夫、京湖制置使參議官往使。以是歲六月，偕王檝自襄陽啓行，至明年甲午二月，始見蒙古主於行帳。尋即遣回，以七月抵襄陽。計在途者十三月。因取所聞見及往復問答編次紀録，以爲此書。案《宋史·理宗本紀》：宋與大元合圍汴京。案此大元爲史臣追書之詞。金主奔蔡州，大元再遣使議攻金，史嵩之以鄒伸之報謝，蓋即此事。特《宋史》稱王檝來議攻金，而此録只言通好。又，《宋史》載伸之出使在紹定五年十二月，而此録實以六年六月出疆。皆當以此録所紀爲得其實。時孟珙已會蒙古滅金，廷議遂欲出師取河南。蒙古復遣王檝來責敗盟，因再進伸之二秩，遣之報謝。史載同使爲李復禮、喬仕安、劉溥等，據此録皆先曾副行之人。復禮假京西路副總管，溥假京西兵馬都監，仕安以東南第七正將神勁馬軍統制充防護官。其官爵亦史所未詳云。」

陳　郁

陳郁字仲文，號藏一，臨川（今江西臨川）人。理宗朝充緝熙殿應制、東宫講堂掌書。始末略見其子世崇《隨隱漫録》，載度宗贊郁像有「文窺西漢，詩到盛唐」之語，寵奬甚至。岳珂序稱其閉户終日，窮討編籍，足不蹈毀譽之域，身不登權勢之門。①

《文俘集》。宋陳郁《文俘集》題識：

甲午歲端平元年七月八日，我師克復彭城，麾下洪福得亡金人手鈔詩册。王貴叔之客即彭城舊

① 清紀昀等《四庫全書總目》卷一二二《雜家類·藏一話腴》，中華書局一九九七年，第一六二三頁。

歸朝人漣水教官孟格承之也，見之曰：「某鄉友趙禎之筆澤。」承之因言詩家名字爵里。余於其中得一二篇，乃知河朔幽燕渾厚之氣，至此散矣。因録於後。

李國棟夏卿《感懷》云：「東金西木兩睽違，由此生男不足依。但願相忘不相顧，莫言誰是復誰非。幾家能用三牲養，千古空傳五彩衣。一把殘骸著無處，不歸溝壑欲誰歸。」自注：「《珞琭子》曰：『東金西木，定生五逆之男。』僕命庚申日甲申時，政爲此耳。」

梁詢誼仲經甫，絳州人，《哀遼東》一首雲：「守臣肉食頭如雪，夜半群胡登雉堞。十萬人家無孑遺，馬蹝殷染衣冠血。珠玉盈車宮殿焚，娟娟少女嬪膻葷。路逢人語辛酸事，骨痛心摧不忍聞。我今來作遼陽客，入境臨風吊冤魂。遼水無聲遼地空，蕭蕭暮雨天垂泣。青綾慣睡直承明，編裘縵胡不稱情。見説豺狼當路立，自憐烏鵲繞枝驚。安邊計策無何有，憂國形骸太瘦生。何日凱還思舊職，不才猶可薦咸英。」

史舜元《哀王旦》一首云：「八月風高胡馬壯，胡兒彎弓向南望。鐵門不鎖犯孤城，失我堂堂仁勇將。將軍之起本儒臣，緯武經文才過人。墨磨楯鼻掃千字，箭射戟牙驚六軍。憶昔同時初上疏，明日東華聽宣諭。我從金轂東巡邏，公總干戈練征戍。三月和兵好始修，胡兵一夜襲通州。練衣出郭雖頻戰，氈帳沿河未肯休。將軍盡出兵如水，燒胡之車破胡壘。倒戈棄甲十萬人，亂轍靡旗三百里。金甲煌煌金印光，詔書命我守昆陽。然知人有百夫勇，可奈倉無一日糧。叛臣暗作開門策，一虎翻爲群犬獲。胸中氣憤暴雷聲，頷下須張蝟毛磔。將軍雖死尚如生，萬里遥傳忠義名。昔聞陝右段忠烈，今是常山顔杲卿。棟折榱崩從短氣，平生況切同年義。試歌慷慨一篇詞，定灑英雄千古淚。」

余於《感懷篇》著其無父子之道，亡國之本也。於《哀遼東》、《哀王旦》篇著其敗亡之跡，以見天道之好還也。因名其集曰《文俘》而歸之云。（宋陳郁《藏一話腴》内編卷下，適園叢書本。今按，甲午歲即金天興三年、一二三三年，是年金亡。）

文惟簡

文惟簡，燕山人。第進士，似由金入宋「歸正人」。

《虜庭事實》一卷，殘存。①

陳　準

陳準，始末未詳，似南宋奉使金國者。

---

① 元陶宗儀《説郛》卷五五，説郛三種本，上海古籍出版社一九八八年，第二五六三頁。

《北風揚沙録》一卷，殘存。①

苗耀

苗耀，始末未詳，似由金入宋「歸正人」。《神麓記》一卷，殘存。宋徐夢莘《三朝北盟會編》、宋李心傳《建炎以來繫年要録》屢見徵引。李澍田等拾掇殘篇，輯入《金史輯佚》②。所記女真起源與金國内訌事，爲史家所重。

楊堯弼

楊堯弼，始末未詳。嘗仕齊國，爲迪功郎。阜昌八年（金天會十五年、宋紹興七年、一一三七年），劉豫將伐宋，命堯弼乞師於金，以他故辭。金廢劉豫後，歸南宋，改官右從政郎。③《僞豫傳》一卷，存。宋陳振孫《直齋書録解題》卷五《僞史類》著録「《逆臣劉豫傳》一卷」，謂楊克弼與楊載合撰。另，宋徐夢莘《三朝北盟會編》卷一八一引録，作楊堯弼撰。清紀昀等《四

---

①《説郛》卷五五，説郛三種本，上海古籍出版社一九八八年，第二五六九頁。今按，書中有「本朝建隆二年，始遣使來貢方物名馬貂皮」語，建隆乃宋太祖年號，又稱爲「本朝」，則系宋人所作。

② 長白叢書，吉林文史出版社一九九〇年，第一七頁。

③《三朝北盟會編》卷一八一引「右從政郎楊堯弼作《僞豫傳》」，上海古籍出版社二〇〇八年，第一三〇八頁。

庫全書總目》卷六四《史部傳記類存目》亦著録：「宋楊克弼撰，述劉豫降金僭號始末。其序稱，以豫逆臣，不當稱僞齊，故削其國號而名稱之，以示貶也。傳中載豫阜昌八年遣宣義郎楊克弼乞師大金，克弼他辭，乃改差韓元美。是克弼亦嘗仕豫，豫廢後乃復歸宋耳。陳振孫《書録解題》作《逆臣劉豫傳》，楊堯弼、楊載等撰。與此本不同。克、堯字形相近，未知孰是也。」今按，此從《三朝北盟會編》，作楊堯弼。此外，亦有《僞齊録》二卷，不著撰人，内容略同，另輯入金與齊國詔令檄文，更爲詳實，當是後人增補。又有《劉豫事跡》一卷，亦不著撰人，或後人傳鈔而削其序，以至失載撰者姓名。

宋楊堯弼《僞豫傳序》：

謹按《春秋》大法，聖人書於經，褒貶善惡彰著，以昭示後世臣子之觀戒。若諸侯之善，如美齊桓晉文，有翊輔周室之力，成五霸之功，則書爵以尊之；卿大夫之忠賢，如魯季子來歸，有歸國之忠。齊高子來盟，仲孫省難存恤，鄭國字而賢之。宋孔父正色於朝，司城司馬死節之義，書官以貴之。褒而美之，以代其賞，樂道人之善也。楚子爵僭稱武王，其後縣大夫皆僭稱公。聖人書經，善則稱子，惡則稱人，而正淩僭也。如楚人圍宋，楚人滅庸，貶而罪之，以代其罰。衛州籲齊無知，弑君自立，翬弑隱公，宋萬弑君，皆書名以賤之。削去官稱，除去氏族，以示誅絶，彰暴罪惡於萬世。今豫雖廢，得免萬死爲幸，然尚稱僞齊。若不誅絶，何以昭示懲戒？當削去僭號，貶其官，除其姓氏，作《僞豫傳》，以爲亂臣賊子之戒云。（宋徐夢莘《三朝北盟會編》卷一八一，上海古籍出版社二〇〇八年，第一三〇八頁。）

清末民初繆荃孫《僞豫録跋》：

右《僞齊録》二卷，無撰人，《北盟會編》以爲楊堯弼，今從之。書的系南宋高宗時人撰，中有趙構注『指斥御名』四字可證。此徐星伯先生治樸學齋鈔本，訛錯尚多，别無他本可校，先以付梓。江陰繆荃孫跋。（《僞齊録》卷末，藕香零拾本，中華書局一九九九年。）

清朱彝尊《劉豫事跡跋》：

《劉豫事跡》一卷，不知誰氏所輯，予鈔自倦圃曹氏。按豫祖塋在阜城縣南十二里，元初尚謂之御莊，石馬存焉，見王惲《秋澗集》。惲述陳教授言，豫未貴時，一日顧見一白龍現婦翁家大鏡中，但無鱗與角耳。後翁亦見此，乃以女妻之，貲藉甚厚。及生二子，以鱗角名之。或者謂一子長，豫當大貴，後果然。惲詩有云：「公昔此讀書，葱鬱見佳氣。尚有書帶草，碧色映階砌。空餘一字詠，流播傳後世。」是直以書生目之矣。此事跡所未載，附書於後。噫！豫一叛臣，其書可以不録。然《安禄山事跡》，姚汝能述之，存其書，亦足爲後鑑也。秀水朱彝尊書。（宋佚名《劉豫事跡》卷末，學海類編本，揚州廣陵書社二〇〇七年，第二册一一〇四頁。）

《歸朝録》一卷。原作《二楊歸朝録》，與楊載合撰。宋陳振孫《直齋書録解題》卷七《傳記類》著録：「紹興八年，所與達賚、烏珠書，時僞齊初廢也，末有探報金事數十條。」

楊　載

楊載，始末未詳。嘗仕爲齊大總管府屬官，後南下歸宋。

《僞豫傳》一卷，存。宋陳振孫《直齋書録解題》卷五《僞史類》著録。

《歸朝録》一卷。宋陳振孫《直齋書録解題》卷七《傳記類》著録。

張　匯

張匯字東卿，兗州（今山東兗州）人。宣和間，隨父官保州。紹興十年（金天眷三年、一一四〇年），歸南宋，授從事郎。

《金國節要》三卷，殘存。亦名《金虜節要》。宋陳振孫《直齋書録解題》卷五《僞史類》著録：「《金國節要》三卷，右從事郎兗人張匯東卿撰。宣和隨父官保州，陷金十五年，至紹興十年歸朝。」另，宋徐夢莘《三朝北盟會編》屢見引録。李澍田等拾綴殘篇，收入《金史輯佚》①。

① 《長白叢書》四集，吉林文史出版社一九九〇年。

張棣

張棣，始末未詳。嘗仕金，淳熙中南下「歸明」①。紹興十九年（金天德元年、一一四九年），以右承議郎知新州提舉荆湖北路常平茶鹽公事，卒。②

《金圖經》一卷，存。亦名《金國志》、《金國記》、《金虜志》、《金虜圖經》等。宋陳振孫《直齋書録解題》卷五《僞史類》著録「二卷」。另，清紀昀等《四庫全書總目》卷五二《史部雜史類》亦著録：「自京邑至族帳、部曲，凡十七門。陳振孫《書録解題》曰：『淳熙中，歸正人張棣撰，記金事頗詳。』振孫又言：『又一卷，不著名氏，似節略張棣書。其末又雜録金主亮以後事。』此本僅一卷，不署棣名，疑即陳氏所稱節本也。」

《正隆事跡記》一卷，存。清紀昀等《四庫全書總目》卷五二《史部雜史類》著録：「書中但稱歸正官，蓋自金入宋之後述所見聞也。所記皆金海陵煬王之事。始於初立，終於瓜洲之變，凡十有二年。煬王凡三改元，但稱正隆，要其終也。大抵約略傳聞，疏漏殊甚。末附録世宗立後事數條，亦殊草略，不足以爲信史也。」今按，《宋史》卷二〇三《藝文志》著録「張棣《金亮講和事

① 宋陳振孫《直齋書録解題》卷五《僞史類》，叢書集成初編本，中華書局一九八五年，第一三五頁。
② 宋李心傳《建炎以來繫年要録》卷一六〇，中華書局一九八八年，第二五九六頁。

跡》一卷」，書題與史事不合，或即《正隆事跡記》，俟考。

辛棄疾

辛棄疾字幼安，號稼軒，歷城（今山東濟南）人。少師蔡松年，與党懷英同學。耿京聚兵山東反金，辛爲掌書記。紹興三十二年（金大定二年、一一六二年），率部渡江，奉表歸宋。高宗召見，授承務郎，累遷浙東安撫使，加龍圖閣待制，樞密院都承旨。開禧三年卒，年六十八，謚忠敏。①

《稼軒詞》四卷，存。清紀昀等《四庫全書總目》卷一九八《集部詞曲類》著録：「其詞慷慨縱横，有不可一世之概，於倚聲家爲變調；而異軍特起，能於剪紅刻翠之外，屹然别立一宗，迄今不廢。觀其才氣俊邁，雖似乎奮筆而成，然岳珂《桯史》記棄疾自誦［賀新涼］、［永遇樂］二詞，使座客指摘其失，珂謂［賀新涼］詞首尾二腔語句相似，［永遇樂］詞用事太多，棄疾乃自改其語，日數十易，累月猶未竟，其刻意如此云云，則未始不由苦思得矣。《書録解題》載《稼軒詞》四卷，又云：『信州本十二卷，視長沙本爲多。』此本爲毛晉所刻，亦爲四卷，而其總目又注原本十二卷，殆即就信州本而合併之歟？其集舊多譌異，如二卷内［醜奴兒近］一闋，前半是本調，殘闕不全，自『飛流萬壑』以下，則全首系［洞仙歌］，蓋因［洞仙歌］五闋即在此調之後，舊本

① 《宋史》卷四〇一《辛棄疾傳》，中華書局一九七七年，第一二一六一頁。

遂誤割第一首以補前詞之闕，而五闋之［洞仙歌］遂止存其四。近萬樹《詞律》中辨之甚明，此本尚未及訂正。其中『歎輕衫帽幾許紅塵』句，據其文義，『帽』字上尚有一『脱』字，樹亦未經勘及，斯足證掃葉之喻矣。今並詳爲勘定。其必不可通而無别本可證者，則姑從闕疑之義焉。」

宋范開《稼軒詞序》：

器大者聲必閎，志高者意必遠。知夫聲與意之本原，則知歌詞之所自出。是蓋不容有意於作爲，而其發越著見於聲音言意之表者，則亦隨其所蓄之淺深，有不能不爾者存焉耳。世言稼軒居士辛公之詞似東坡，非有意於學坡也，自其發於所蓄者言之，則不能不坡若也。坡公嘗自言，與其弟子由爲文□多，而未嘗敢有作文之意，且以爲得於談笑之間，而非勉强之所爲。公之於詞亦然。苟不得之於嬉笑，則得之於行樂；不得之於行樂，則得之於醉墨淋漓之際。揮毫未竟，而客争藏去。或閑中書石，興來寫地，亦或微吟而不録，漫録而焚稿，以故多散逸。是亦未嘗有作之之意，其於坡也，是以似之。雖然，公一世之豪，以氣節自負，以功業自許，方將斂藏其用以事清曠，果何意於歌詞哉，直陶寫之具耳。故其詞之爲體，如張樂洞庭之野，無首無尾，不主故常；又如春雲浮空，卷舒起滅，隨所變態，無非可觀。無他，意不在於作詞，而其氣之所充，蓄之所發，詞自不能不爾也。其間固有清而麗、婉而嫵媚，此又坡詞之所無，而公詞之所獨也。昔宋復古、張乖崖方嚴勁正，而其詞乃復有濃纖婉麗之語，豈鐵石心腸者類皆如是耶？開久從公遊，其殘膏賸馥，得所霑焉爲多。因暇日裒集冥搜，才逾百首，皆親得於公者。以近時流佈於海内者率多贋本，吾爲此懼，故不敢獨閟，將以袪傳者之惑焉。淳熙戊申正月元日，門人范開序。（鄧廣銘《稼軒詞編年箋注》附録，上海古籍出版社一九七八年。）

宋劉克莊《稼軒詞序》：

自昔南北分裂之際，中原豪傑率陷没殊域，與草木俱腐。雖以王景略之才，不免有失身苻氏之愧。迄建炎省方畫淮而守者，百三十餘年矣。其間北方驍勇自拔而歸，如李侯顯忠、魏侯勝，士大夫如王公仲衡、辛公幼安，皆著節本朝，爲名卿將。辛公文墨議論尤英偉磊落。乾道、紹熙奏篇及所進《美芹十論》、上虞雍公《九議》，筆勢浩蕩，智略輻湊，有《權書》《衡論》之風。其策完顔氏之禍，論請絶歲幣，皆驗於數十年之後。符離之役，舉一世以咎任事將相，公獨謂張公雖未捷，亦非大敗，不宜罪去。又欲使李顯忠將精鋭三萬出山東，使王任、開趙、賈瑞輩領西北忠義爲前鋒。其論與尹少稷、王瞻叔諸人絶異。烏呼，以孝皇之神武，及公盛壯之時，行其説而盡其才，縱未封狼居胥，豈遂置中原於度外哉？機會一差，至於開禧，則向之文武名臣欲盡，而公亦老矣。余讀其書而深悲焉。世之知公者，誦其詩詞，而以前輩謂有井水處皆倡柳詞，余謂耆卿直留連光景，歌詠太平爾。公所作大聲鞺鞳，小聲鏗鍧，横絶六合，掃空萬古，自有蒼生以來所無。其穠纖綿密者，亦不在小晏秦郎之下，余幼皆成誦。公嗣子故京西憲稏，欲以序見屬，未遣書而卒。其子肅，具言先志。恨余衰憊，不能發斯文之光焰，而姑述其梗概如此。（鄧廣銘《稼軒詞編年箋注》附録，上海古籍出版社一九七八年。）

宋劉辰翁《稼軒詞序》：

詞至東坡，傾蕩磊落，如詩如文，如天地奇觀，豈與群兒雌聲學語較工拙？然猶未至用經用史，牽雅頌入鄭衛也。自辛稼軒前，用一語如此者，必且掩口。及稼軒横豎爛漫，乃如禪宗棒喝，頭頭皆是；又如悲笳萬鼓，平生不平事，並盡卮酒，但覺賓主酣暢，誤不暇顧。詞至此，亦足矣。然陳同父效之，則與左太沖入群媪相似，亦無面而返。嗟乎，以稼軒爲坡公少子，豈不痛快靈傑可愛哉？而愁髻齲齒作折腰步者，闇然笑之。《敕勒之歌》拙矣，「風吹草低」之句，與「大風起」句高下相應，知音者少。顧稼軒胸中今古，止用資爲詞，非不能詩，不事此耳。斯人北來，喑嗚鷙悍，欲何爲者？而讒擯銷沮，白髮横生，亦如劉越石陷絶失望。花時中酒，託之陶寫，淋漓慷慨，此意何可復道？而或者以流連光景、志業不終恨之，豈可向癡人説夢哉！爲我楚舞，吾爲若楚歌，英雄感愴，有在常情之外，其難言者，未必區區婦人孺子間也。世儒不知哀樂，善刺人，及其自爲，乃與陳後山等。嗟哉偉然，二大夫無異。吾懷此久矣，因宜春張清則取《稼軒詞》刻之，復用吾請。清則少遊杭浙，有奇志逸氣，必能仿佛爲此詞者。（鄧廣銘《稼軒詞編年箋注》附録，上海古籍出版社一九七八年。）

明李濂《批點稼軒長短句序》：

稼軒辛忠敏公幼安，歷城人也。少與党懷英同師蔡伯堅。筮仕，決以著，懷英得坎，因留事金；稼軒得離，遂浩然南歸。紹興末，屢立戰功。嘗作《九議》暨《美芹十論》上之，皆切中時務。累官兵部侍郎、樞密都承旨。晚年解印綬歸，僑寓鉛山之期思，帶湖瓢泉，渚煙溪月，稼軒吟嘯於其間，亦樂矣哉。今鉛山縣南二里許，有《稼軒書院》，而分水嶺下，厥墓在焉。余家藏《稼軒長短句》十二卷，蓋信州舊本也，視長沙本爲多。序曰：「稼軒有逸才，長於填詞，平生與朱晦庵、陳同父、洪景盧、劉改之輩相友善。晦庵《答稼軒啓》有曰：『經綸事業，股肱王室之心；游戲文章，膾炙士林之口。』劉改之氣雄一世，其寄稼軒詞有曰：『古豈無人，可以似吾稼軒者誰？』後百餘年，邯鄲張埜過其墓，而以詞酹之曰：『嶺頭一片青山，可能埋得凌雲氣？』又曰：『謾人間留得，陽春白雪，千載下，無人繼！』觀同時之所推獎，異代之所追慕，則稼軒人品之豪，詞調之美，概可見已。晦庵之没也，時黨禁方嚴，稼軒獨爲文哭之。卒之日，家無餘財，僅遺平生著述數帙而已。烏虖賢哉！」長短句凡五百六十八闋，余歸田多暇，稍加評點，間於登臺步瓏之餘，負耒荷鋤之夕，輒歌數闋，神爽暢越，蓋超然不覺塵思之解脱也。惜乎世鮮刻本。開封貳郡歷城王侯詔，讀而愛之，曰：「余忝爲稼軒鄉後進，請壽諸梓，願惠一言以爲觀者先。」」聊摭稼軒之取重於當時後世者如此。其中妙思警句，則評附本篇云。嘉靖丙申春二月嵩渚山人李濂川父書於碧雲精舍。（鄧廣銘《稼軒詞編年箋注》附録，上海古籍出版社一九七八年。）

《稼軒集》。《宋史》卷四〇一《辛棄疾傳》著録：「棄疾雅善長短句，悲壯激烈，有《稼軒集》行世。」今按，鄧廣銘輯校《辛稼軒詩文鈔存·弁言》：「稼軒生平著述，僅長短句數百首流傳至今，且傳誦極廣。其詩文諫稿等曾膾炙宋季士林之口者，明初所修《永樂大典》及《歷代名臣奏議》中均有所收録，知其時必尚流佈於世，而嗣此之後，舉公私藏書之家俱不復著録辛集之名，清代纂輯四庫全書，亦僅於浙江鮑士恭家採獲《美芹十論》一卷，則辛集之亡佚當在有明中葉也。清嘉慶間法式善、辛啓泰於《永樂大典》及方志、類書中加以輯録，凡得奏議及其他雜文三十一篇，詩一百十一首，長短句五十首，益以辛啓泰所撰《稼軒年譜》，彙編爲《稼軒集鈔存》，刻以行世。此雖略慰一時學者慕望之心，而於《宋史》稼軒本傳所曾道及之祭朱子文及高宗親征詔草跋，與夫鮑士恭家藏《美芹十論》卷末所附之上光宗疏、論江淮疏，猶俱從闕如，則知其搜討所得，以視其所未得者，蓋什一之於千百而已。」

清法式善《稼軒集鈔存序》：

萬載辛子敬甫，奇士也。嘗攜一硯來游京師，禮邸汲修主人雅愛重之，薦以館，不就。與予議論古今上下，輒以宋辛忠敏公著作散佚爲念。予嘗於《播芳大全文粹》、《鐵網珊瑚》、各郡縣志、宋人詩話諸書録出稼軒詩文十餘首，敬甫並詞刻之，冠以所編《年譜》，殿尾則反復千餘言，辨述作之真僞是非，既詳且盡，而益求所謂《稼軒集》者不已。會朝廷開唐文館，予效編纂之役，約同事見公詩文胥簽識，補從前陋略。金匱孫平叔編修適亦以是諉予，蓋其識敬甫有日矣。忠敏之在當時也，陳同父謂與朱子、子師同係四海之望，至謝疊山則直以聖賢之學歸之。公豪邁英爽過東坡，乃於朱子、南軒諸賢尊崇悦服，違禁忌不顧，此非篤於道、得於心者不能也。豈特節義文章爲不朽哉？兹從《永樂大典》各韻中採得詩文及詞若干首，皆世所未有。敬甫彙前編，統名曰《稼軒集鈔存》，刻以行世，足以慰天下學者慕望之心，而其心則尚未有已也。敬甫先世出東平，於公爲別派，合併書之。嘉慶十五年七月朔日，日講起居注官唐文館總纂官左春坊左庶子梧門法式善拜手序。（鄧廣銘輯校《辛稼軒詩文鈔存》附編《雜録》四，古典文學出版社一九五七年。）

清辛啓泰《編輯稼軒集鈔存記》：

忠敏公《稼軒集》，史莫詳卷數，刻本既亡，各體文字流傳殊少。新城王氏僅於《後村詩話》見其詩一首，四庫全書有《美芹十論》、詞四卷，外間亦不多得。啓泰曾從法時帆先生借汲古閣詞本，於楊蓉裳員外重刻之，附以詩十首，文二首，將藉以求全集也。既欲購唐荆川《史纂右編》鈔録十論，適時帆先生有撰集唐文之役，孫平叔太史亦雅以公文字爲汲汲，相與集散篇於《永樂大典》中，得奏議及駢體文共二十八篇，古今體詩一百十首，較前已十倍過之，而史所謂思陵詔跋、朱子祭文皆不及見。且此所得長短句凡五十首多出四卷外，則全集遺佚不少也。庚午，啓泰教習期滿，冒暑往來二先生家，次第鈔録其稿。適南旋，鋟板於豫章，因合前刻編次之，統名曰《稼軒集鈔存》。又雜採各集中有關於公者，附録以備覽。竊維公全集，靈爽凴之，世必有寶而藏之者。顧文章之出，待時抑待人，好古闡幽如二先生，誠足感也已。嘉慶十六年春仲，萬載後學辛啓泰謹誌。（鄧廣銘輯校《辛稼軒詩文鈔存》附編《雜録》四，古典文學出版社一九五七年。）

韓　玉

韓玉，鄉貫失載。北方之豪，與南宋政要張浚關係密切。隆興初（金大定三年、一一六三年），挈家南歸，授京秩江淮都督府計議軍事。其兄磷猶在北方，謀反金，事泄遇害①。乾道二年，添差通判隆興府，以故勒停，送柳州羈管。後起復，授右承務郎、軍器少監，兼提點御前軍器所。②

《東浦詞》一卷，存。宋陳振孫《直齋書録解題》卷二一《歌詞類》著録，現存明毛晉《宋六十家詞》本。

陳文中

陳文中字文秀，宿州符離（今安徽宿州）人。明大小方脈，於小兒痘診尤精妙。金亡之際入

---

① 宋葉紹翁《四朝聞見録》丙集「司馬武子忠節」述司馬樸使金被留，生子名通國，「通國有大志，嘗結北方之豪韓玉舉事，皆未得要領。隆興初（今按，原誤作紹興初），玉挈家以南，授京秩江淮都督府計議軍事，其兄磷猶在敵中，以弟故與通國善。」其時，正值張浚籌措北伐，遂鼓倡用兵。隆興二年，孝宗與輔臣論及歸正人，「因語『（劉）蘊古誕妄，亦韓玉、高禹之徒，信用之必大誤國事』。湯思退等曰：『此徒多欲結約，爲國生事，誠不逃聖鑒。』」見清徐松等輯《宋會要輯稿·兵》十五，中華書局二〇〇六年，第七〇二三頁。

② 《宋史》卷一六五《職官志》，中華書局一九七七年，第三九二一頁。

宋，寓漣水十五年，仕爲和安郎判太醫局兼翰林良醫。①

《陳氏小兒病源方論》四卷，存。宋鄭全《陳氏小兒病源方論序》：

嘗聞范文正公之言曰：「不爲宰相，當爲良醫。」夫以宰相之尊，豈醫者之卑所事同日語！反而思之，宰相以道濟天下，醫者以術濟斯人，其位望雖不同，其存心於濟人一也。余見世之所謂醫者，以病試藥，以藥試人，比比皆是，間有一劑而愈者，出於幸也，孰能收萬全之效乎？淳祐庚戌，來遊漣水，所見醫者惟陳公文秀一人而已。陳公明大小方脈，於小兒瘡疸疹尤造其妙。漣水自守將蕭宣使以下，與夫時官富民之家，多以疾篤爲憂，群醫環視縮手無措，而公獨優悠和緩，隨證施治，皆收奇功。至於閭閻細民以急告者，公不以其家之窘窶，匍匐往救，所賴以全活者不可枚舉。公又慮目之所不見、力之所不及者，必罹夭枉之禍，於是圖其形狀，别其證候，跡其方論，釐爲一卷，名爲《小兒病源方論》，板而行之，其意欲使天下後世俱受其惠。吁！陳公之心，其文正公之心乎？公姓陳，名文中，字文秀，宿之符離人也。金亡歸宋，處漣水十五年。漣人無小大、識與不識，皆稱之爲宿州陳令。居維揚，醫道盛行，有子業儒，呼盧喝六之報，其在是乎？余得其書，味之不釋手，嘉其用心古而擇術精，故敘所見於卷末。時寶祐甲寅，漣水户曹鄭全子英序。

（《陳氏小兒病源方論》卷首，上海科學技術出版社二〇〇三年。）

---

① 《古今圖書集成·藝術典》卷五二八《醫部醫術名流列傳》，中華書局等一九八五年，第四六册五六七五五頁。

《陳氏小兒痘疹方論》一卷，存。宋陳文中《陳氏小兒痘疹方論序》：

嘗謂小兒病證雖多，而痘疹最爲重病。何則？痘疹之病，疑似之間難辨，投以他藥，不唯無益，抑亦害之。況小兒所苦，非若大人能言受病之狀，乃知畏惡之由焉。父母者，惟之知，子病急於得藥；醫者失察，用藥差舛，鮮有不致夭横者。文中每思及此，惻然於心，因取家藏已驗之方集爲一卷，名之曰小《兒痘疹方論》，刻梓流佈，以廣古人活幼之意，顧不韙歟！和安郎判太醫局兼翰林良醫陳文中謹書。（《陳氏小兒病源痘疹方論》卷首，上海科學技術出版社二〇〇三年。）

明薛己《校注陳氏小兒痘疹方論序》：

嘗謂醫之分析，雖有内外、大小之殊，要其理初不異，特在人化裁之耳。至如痘疹、癰疽尤其相類，而治亦相通焉者。蓋其始而發出，中而成膿，終而收厭，彼此一致，故東垣先生合二者而論之，必皆明托裏、疏通、和榮衛三法，良有以也。及陳氏之書，又以心得發明虚實、寒熱，蓋契經旨而超諸家者矣，觀涼膈散之治實熱，白術散之治虚熱，異功散之治虚寒，木香散之治虚弱，分別表裏，察色辨形兼得之矣。但已上治法又須見證便施，若延緩，反多致誤，學者不可不知。僕幸私淑先哲，亦時獲驗，敢爲校注重梓。尚多得失，幸同志校正云。嘉靖庚戌九月吉旦，奉政大夫太醫院院使後學薛己謹序。（《陳氏小兒病源痘疹方論》卷首，上海科學技術出版社二〇〇三年。）

《幼幼新書》。淳祐中，與保安翰林醫正鄭惠卿合編。①

馬居易

馬居易，始末未詳。或金亡入宋士人。

《漢隸分韻》七卷，存。清紀昀《四庫全書總目》卷四一《經部小學類》著録：「不著撰人，亦無時代。考其分韻，以一東、二冬、三江等標目，是元韻，非宋韻矣。其書取洪適等所集漢隸，依次編纂；又以各碑字跡異同，縷列辨析。考吾丘衍《學古編》有合用文集品目一門，其第七條隸書品中，列有《隸韻》兩册。麻沙本，與《隸韻》爲一副刊案此《隸韻》謂劉球碑本《隸韻》十卷，字體不好。以其册數少，乃可常用之，故列目於此云云，疑即此本。顧藹吉《隸辨》序稱：別有《漢隸分韻》，字既乖離，跡復醜惡。其詆諆此書，與吾丘衍略同。然二人第以書跡筆法論耳，要其比校點畫，訂正舛互，亦有足資考證者。前人舊本，寸有所長，要未可竟從屏斥也。」另，民國孫德謙《金史藝文略·經部字書類》亦著録，有云：「分韻與大定（今按，當作正大）六年王文鬱《平水韻》略同，不用《禮部韻略》，則居易當是金人，非宋人。」② 今按，余嘉錫《四庫提要辨證》

---

① 《古今圖書集成·藝術典》卷五二八《醫部醫術名流列傳》，中華書局等一九八五年，第四六册五六七五五頁。

② 《遼金元藝文志·金藝文志》，商務印書館一九五六年，第八五頁。

卷二《經部》：「《宋史·藝文志》小學類有馬居易《漢隸分韻》七卷，數與今本合，則是書乃居易所著也。惟分韻與正大六年王文郁《平水韻略》同，不用《禮部韻略》，則居易當是金人，非宋人矣。遼、金人著述，往往有南宋覆本，如遼釋行均《龍龕手鑒》、金成無已《傷寒論》皆是。不然，元人所著不得收入《宋史》。或曰金人著述，《宋史》誤作宋人，此外有可徵乎？曰成無已《傷寒論》前有金皇統元年嚴器之序，《宋史》既誤爲器之所著，又誤以爲宋人，此書亦猶是也。」

宇文懋昭

宇文懋昭，淮西人。自稱「偷生淮浦，竊禄金朝」，後「歸正」入宋，改授承事郎、工部架閣。端平元年（天興三年、一二三三年），進《大金國志》。

《大金國志》十四卷，存。元蘇天爵《滋溪文稿》卷二五《三史質疑》：「葉隆禮、宇文懋昭爲遼、金國志，皆不及見國史，其説多得於傳聞。蓋遼末金初稗官小説中間失實甚多，至如建元改號，傳次征伐，及將相名字，往往杜撰，絶不可信。」另，清紀昀等《四庫全書總目》卷五〇《史部別史類》著録：「舊本題宋宇文懋昭撰。前有端平元年《進書表》一通，自署『淮西歸正人改授承事郎工部架閣』，而不詳其里貫。《表》中有『偷生淮浦，少讀父書』等語，亦不知其父何人也。書中取金太祖至哀宗九主一百十七年事跡，裒集彙次。凡紀二十六卷、開國功臣傳一卷、文學翰苑傳二卷、雜録三卷、雜載制度七卷、《許亢宗奉使行程録》一卷。似是雜採諸書，排比而成。所稱義宗即哀宗，《金史》謂息州行省所上謚，而此則云金遺臣所上，與史頗不合。又懋昭既降宋，即當以宋爲内詞。乃書中分注宋年，又直書康王出質，乃列北遷宗族於獻俘。殊爲失體，故錢曾《讀書敏求記》嘗稱爲無禮於君之甚者。然其可疑之處，尚不止此。詳悉檢勘，紕漏甚多。如《進書表》題『端平元年正月十五日』，而金亡即在是月十日，相距僅五日，豈遽能成書進獻？又紀録蔡州破事如是之詳，於情理頗不可信。又端平正當理宗時，而此書大書宋寧宗太子不得立，立其侄爲理宗。於濟邸廢立，略無忌諱。又生而稱謚，舛謬顯然。又懋昭以金人歸宋，乃於兩國俱直斥其號，而獨稱元兵爲大軍，又稱元爲大朝，轉似出自元人之辭，尤不可解。又《開國功臣傳》僅寥寥數語，而《文學翰苑傳》多至三十二人。驗其文皆全録元好問《中州集》中小傳，而略加删削。考好問撰此書時，在金亡之後，原序甚明。懋昭更不應預襲其文。凡此皆疑竇之極大者。其他如愛王作亂等事，亦多輕信僞書，冗雜失次。恐已經後人竄亂，非復懋昭原本，故牴牾若此。然其首尾完具，間有與《金史》異同之處，皆足以資訂證。所列制度服色，俱頗該備，亦能與《金史》各志相參考，故舊本流傳能至今不廢。今亦著其僞，而仍録其書焉。」今按，余嘉錫《四庫提要辨證》卷五《大金國志》：「此書之爲僞作無待言，然提要所指摘，亦尚未盡。李慈銘《郇學齋日記》癸集下云：『閲《大金國志》，此書前人多疑之，余謂實僞作也。宇文懋昭之名，亦是景譔，蓋是宋元間人鈔撮諸紀載，間以野聞里説，故多荒謬無稽，複沓冗俗。而亦時有遺聞佚事，爲史所未及。其載世宗之荒淫，章宗之衰亂，世宗有元悼太子允升，因謀害晉王允猷，事發叛亡。章宗誅鄭王允蹈，後其子愛王大辨以大通節度使據五國城以叛，屢敗國兵。及章宗母爲宋徽宗子鄆王楷之女，又有鄭宸妃爲宋華原郡王鄭居宗之曾孫女，皆委巷傳聞，絶無其事。又載明昌二年三月拜經童爲相。經童，僧童也。是不知胥持國由五經童子科出身，但聞當時有經童作相、監女爲妃之説，妄以經童爲僧童，尤作僞之顯證。至謂元韃靼其先與女真同類，皆靺鞨之後，别有朦骨國亦曰蒙兀，在女真東北，人不火食，夜中能視，金末漸强，自稱祖元皇帝，其後韃靼乃自號大蒙古國。然二國居東西，兩方相望，凡數千里，不知何以合爲一名，其語尤荒謬。蓋是南人全不知東北邊事者，謬傳妄説。所云朦骨，似即俄羅斯也。其言愛王搆兵，與北朝通，定約以國家初起之地及故遷封疆，自溝内以北歸之於北，溝南則爲己有，累歲结謀用兵，愛王無分毫得也。章宗太和四年六月，愛王發疾卒。其子雄三大王立，北朝約以進兵，雄畏懼而從。疑當日西北有假鄭王子孫之名，嘯聚擾邊，蒙古陰與之通，伺釁而發，故一聞衛庄之立，遂致興兵入犯，此書與張希顔《南遷録》所以異説滋紛耳。』頗可以與《提要》互證，故録之。」

宋宇文懋昭《經進大金國志表》：

臣懋昭上言，竊惟紀外國之歷年，簡書具在；考累朝之文館，事跡難磨。爰輯遺聞，少裨淵覽。伏念臣偷生淮浦，竊禄金朝，少讀父書，因獲清流之選；日親文苑，粗知載記之詳。跡其所以興亡，是以可爲鑒戒。其金國志，起自武元天輔，至於義宗，九主百一十七年，裒集成編，卷分條别。本其初興之地，勢局一隅，肆此兼併之謀，志吞四海。饕淫日積，篡弑相仍，雖運數之使然，亦事機之適爾。獨世宗寬厚，遂得「小堯舜」之稱。然泰和荒昏，已階周幽厲之釁，日斜西峰，數到盡頭，皇天從而降災，聖明爲之啓運。臣誠惶誠懼，頓首頓首。恭惟皇帝陛下道包文武，德運聖神，新天開地辟之規模，奮雷厲風飛之氣勢。奏蔡城之凱，人睹漢官威儀；清關洛之塵，民快唐家日月。皇靈遠被，天意交歸。由江漢而出師，願見舊時天子；從淮西而入覲，永作皇家老臣。臣干冒天威，無任激切屏營之至。臣所輯《大金國志》，謹隨表上進以聞。臣惶懼惶懼，頓首頓首，昧死謹言。宋端平元年正月十五日，淮西歸正人、改授承事郎工部架閣臣宇文懋昭上表。

（《大金國志》卷首，中華書局一九八六年。）

張師顔

張師顔，始末未詳。

《南遷録》一卷，存。清紀昀等《四庫全書總目》卷五二《史部雜史類》著録：「舊題金通直郎秘書省著作郎騎都尉張師顔撰。紀金愛王大辨叛據五國城，及元兵圍燕、貞祐遷都汴京之事。按《金史》世宗太子允恭生章宗，而夔王允升最幼。今此書乃作長子允升、次允猷、次允植。允升、允猷以謀害允植被誅，而允植子得立爲章宗。世次俱不合。又稱章宗被弑，磁王允明立爲昭王。磁王乂被弑，立濰王允文爲德宗。德宗殂，乃立淄王允德爲宣宗。與史較，多一代，尤不可信。至《金史》鄭王允蹈誅死絶後，不聞有愛王大辨其人。所稱天統、興慶等號，《金史》亦無此紀年。舛錯謬妄，不可勝舉。故趙與時《賓退録》、陳振孫《書録解題》皆斷其僞。振孫又謂『或云華岳所作』，岳即宋殿前司軍官，嘗作《翠微同征録》者。今觀其書所言，亂金國者章宗、大辨，皆趙氏所自出。又謂『大辨初生，其母夢一人乘馬持刀，稱南紹興主遣來』云云。蓋必出於宋人雪憤之詞，而又假造事實以證佐之，故其牴牾不合如此。或果出岳手，未可知也。羅大經《鶴林玉露》以遺秦檜南還事見此書所載張大鼎疏，而證其可信，未免好異。然《金史》所載，宣宗見浮碧池有狐相逐而行，遂決南遷之計，其事實本此書。不知元時修史者，又何所見而採用之也？」

佚名

《請盟録》。宋趙彦衛《雲麓漫鈔》卷七：「《請盟録》載女真用兵之法：戈爲前行，號曰硬軍；人馬皆全甲，刃棓自副，弓矢在後，非在五十步内，不射；弓力不過七斗，箭鏃至六七寸，形如鑿，入不可出，人攜不過百枚。其法，什伍百皆有長，伍長擊柝，什長執旗，百長挾鼓；千人將，則旗幟金鼓悉備；伍長戰死，四人皆斬，什長戰死，伍長皆斬，百長戰死，什長皆斬；能同負戰没之屍以歸者，則得其家資。凡將軍皆自執旗，衆視所向而趨之，自軍帥至步卒，皆自馭，無從者。軍行大會，使人獻策，主帥聽之，有中者爲特獎其事。師還，又會，問有功者，隨高下與之金，人以爲薄，復增之。」今按，從題目看，似記北宋使者與女真協議夾擊遼國事。

《平燕録》。宋徐夢莘《三朝北盟會編》卷一六「宣和五年四月十七日庚子」引録。

《使北録》。宋徐夢莘《三朝北盟會編》卷首《書目》著録。

《靖康野録》一卷。宋陳振孫《直齋書録解題》卷五《雜史類》著録。今按，宋徐夢莘《三朝北盟會編》卷一〇〇引孫偉《靖康野史》，「録」與「史」一字之差，未知異同，俟考。

《呻吟語》一卷，存。宋佚名《呻吟語跋》：《呻吟語》二十頁，先君子北狩時，就親見確聞之事，徵諸某公《上京劄記》、鈍者《燕山筆記》、虜酋蕭慶《雜録》，編年紀事，屢筆屢删，以期傳信。未及定本，遽而厭世。不肖又就《燕人麈》所載可相發明者，件繫其下，亦以承先志云。（崔文印《靖康稗史箋證・呻吟語》，中華書局一九八八年，第二四二頁。）

《開封府狀》一卷，存。①

《靖康皇族陷虜記》一卷。宋徐夢莘《三朝北盟會編》卷九九引録。另，宋李心傳《建炎以來繫年要録》卷一三四紹興十年「詔杖脊黥隸瓊州」注：「《亂世編》有《靖康陷敵皇族數》」。今按，亦名《悲喜記》。宋陳振孫《直齋書録解題》卷五著録「一卷」，云：「圍城中人作書與所親曰中美知府者，具述喪亂本末。自稱名曰暘，皆不知何人也。」又有隨齋批注：「嘗見一書，名《皇族陷虜記》，中間載秘書少監趙暘與姚太守書云云，雖無中美之稱，恐即此書也。」

《京師記聞》。宋徐夢莘《三朝北盟會編》卷首《書目》著録。

---

① 崔文印《靖康稗史箋證・開封府狀》，中華書局一九八八年，第八九頁。

《阿計替傳》一卷，存。傳謂「阿計替本姓朱氏，名得成，棣州人。今見爲滑州宣德使云」。今按，金王棣成《青宫譯語》云：「天會五年三月二十八日午，國相左副元帥名粘没罕、皇子右副元帥名斡不離命王成棣隨珍珠大王名設野馬，國相長子、千户國禄、千户阿替紀，押宋韋妃康王之母、邢妃康王之妻、朱妃鄆王之妻、富金、環環兩帝姬康王之妹、相國王趙梃、建安王趙模等先至上京，護兵五百。」未知此「阿替紀」與彼「阿計替」是否有涉，俟考。

《小臣孤憤野録》。宋佚名《小臣孤憤野録總敘》：

政和中，邊臣導遼人李良嗣、李善慶歸於京師。宣和初，女真執遼主疆吏來告。詔以大中侍童貫爲河北河東宣撫使，經略北鄙，蔡攸輔行。四年十月，遼蕭后稱藩於我。時女真滅遼，遂稱金國，十月入幽州。貫欲以爲己功，而废格手詔。十一月我師入幽州，制詔升幽州建燕山府。後二年，女真陷忻、代州、太原府，遂渡盟津，犯京師。明年三月七日，金人劫立僞楚。是年夏四月一日，太上皇帝、靖康皇帝北狩。五月一日，上即位於南京；九月，遂幸揚州。某待罪江上，得太學生丁特起所著《孤臣泣血録》，又從諫官袁彦範得《痛定録》、武廣《嘗膽録》。已復有人致李綱《傳信録》，及太學《擇術齋記》、《史略》者，荒誕參錯，而使疑者滋惑之。大抵不能悉著姦臣蔽主誤朝之實，使忠義者日夜痛心疾首，大懼歲月寖遠，是非混淆，恐後世不免以爲訕也。某老矣，不能從志士仁人復不共戴天之讎，刷四海九州之恥，區區孤憤，無所控愬，乃取諸人所録，以日繫月，編而次之。其事則因於舊，其辭則紀以實，記事非敢私爲之。以俟他日太史網羅放失云耳，題曰《小臣孤憤野録》云。（宋徐夢莘《三朝北盟會編》卷一〇〇，上海古籍出版社二〇〇八年，第七三九頁。）

《南渡録》一卷，存。

《竊憤録》一卷，存。清紀昀等《四庫全書總目》卷五二《史部雜史類》著録：「此二書所載，語並相似，舊本或題無名氏，或並題辛棄疾撰。蓋本出一手所僞託。故所載全非事實。按金太宗建號天會，十三年崩。熙宗襲舊號，兩年乃改元，故天會止於十五年。天輔乃金太祖年號，止於七年。此録既誤以天輔爲太宗年號，又妄謂天輔十七年改元天眷。乖謬殊甚。金太宗生日在十月，名天清節。金熙宗生日在正月，名萬壽節。此録記天輔十一年徽、欽二帝在雲州，正月值金主生日作宴。是徒聞金主生日有在正月者，而不知朝代之不合也。金太宗天會五年三月，以宋二帝至燕，十月徙之中京。六年七月，徙之上京。八月，以見太祖廟，封徽宗爲昏德公，欽宗爲重昏侯。十月徙之韓州。熙宗天會十四年，昏德公薨。皇統元年，改昏德公爲天水郡王，重昏侯爲天水郡公，事並見《金本紀》。是天水之封，實在徽宗殁後。此録乃云『靖康二年五月至燕京，見金主封太上爲天水郡公，帝爲天水郡侯。後徙安肅軍，又徙雲州。天輔十一年三月，徙西漢州。十四年，徙五國城。』核以正史，無一不謬且妄。夫二帝不能死社稷，舉族北轅，其辱固甚。亦何至卑污苟賤，如録所云云。且金朝開國，具有規模。野利亦何至面人之祖，淫其女孫，如所謂醜惡之聲，二帝共聞者耶！此必南北宋間亂臣賊子不得志於君父者，造此以洩其憤怨。斷斷乎非實録也。」另，余嘉錫

《四庫提要辨證》卷五《史部》案云：「馮舒《詩紀匡謬》云：『宋人《竊憤録》一書，記徽欽北狩事，容齋極辨其妄。案徧考《容齋五筆》無論《竊憤録》語，不知馮氏何以然云。萬曆末年，郡中人從嚴氏鈔本鬻之，本無撰人。余邑有吴君平者，妄增辛棄疾三字於卷首。余問之曰：此從何來？君平曰：世人不知書，若無名氏，便爾見忽，故借重稼軒。此僅可欺不知者，如公自不必怪也。』然則此書所載，雖非事實，而其書本無名氏，初非僞託。其題辛棄疾之名，特吴某所妄增，不得以此併歸罪於作者也。至《南渡録》亦並署辛棄疾，則馮舒所未言，疑後人又師吴某之故智而爲之耳。」另，元邵桂子《雪舟脞語》：「靖康徽宗北狩，記其事者有《泣血録》、《避戎夜話》、《靖康野史》、《朝野僉言》、趙子砥《北歸録》、曹勳《北狩録》、《天會録》、《靖康小史》、《痛定録》、《嘗膽録》、《竊憤録》，覽之使人涕泗滂沱，不意後人復哀後人也。」①

《中興禦侮録》二卷，存。清紀昀等《四庫全書總目》卷五二《史部雜史類存目》著録：「不著撰人名氏。紀宋南渡後與金人搆兵及和議之事。書中稱高宗爲太上皇帝，蓋孝宗時人所作。《宋史·藝文志》載此書，作一卷。而此本實二卷，疑後人所分析也。書中於金人初起事跡記載頗略。自乾道元年魏杞使至於紹興三十二年金海陵王南侵，及孝宗初年張浚出兵撓敗始末，則節目具詳。自乾道元年魏杞使回，和議既成以後，則不復具載。前後皆繫日編次，於朝廷拜罷、禋祀諸大事，亦間及焉。似從日

① 元陶宗儀《説郛》卷五七，説郛三種本，上海古籍出版社一九八八年，第八七〇頁。

曆、國史諸書節採而成。中間如劉彦宗在遼官僉書樞密院事，國破降金，未嘗事宋，而稱爲吾叛臣，金世宗由東京留守即位，而以爲燕京，此類皆爲失實。知爲鄰國傳聞，不盡實録也。」

《僞楚録》二卷。宋陳振孫《直齋書録解題》卷五《僞史類》、宋徐夢莘《三朝北盟會編》卷首《書目》著録。

《僞楚續録》。宋徐夢莘《三朝北盟會編》卷首《書目》著録。

《維揚巡幸記》。宋徐夢莘《三朝北盟會編》卷首《書目》著録。

《紹興講和録》。宋徐夢莘《三朝北盟會編》卷首《書目》著録。

《金中雜書》。宋李心傳《建炎以來繫年要録》卷一三〇「紹興九年七月己亥」（金天眷二年、一一三九年）引録。

《淮西從軍記》一卷，存。清紀昀等《四庫全書總目》卷五二《史部雜史類存目》著録：「不著撰人名氏。據書中所言，蓋劉錡幕客也。敘錡自紹興十年春赴東都留守，中途戰於順昌，十一年戰於柘臯，及張俊、楊沂中濠州之敗，錡全軍得歸事。」今按，宋紹興十年，即金天眷三年（一一四〇）。

《館伴日録》一卷。宋陳振孫《直齋書録解題》卷七《傳記類》著録，時在紹興二十四年（金貞元二年、一一五四年）。

《煬王江上録》一捲，存。清紀昀等《四庫全書總目》卷五二《史部雜史類》著録「一卷」，云：「不著撰人名氏。叙宋内侍梁漢臣爲金人所得，謀欲弱金事。所載漢臣勸金主都燕山，營汴梁，開海口，進兵采石，退至瓜洲，爲其下所害諸事，皆首尾畢具。觀其『煬王』之稱，當爲金人所撰，故虞允文拒守之事，略不一言也。」另，李澍田等拾掇殘篇，輯入《金史輯佚》，謂「後人考證該書，係李大諒所撰」①。李大諒，宋叛將成之子，嘗撰《征蒙記》。今按，余嘉錫《四庫提要辨證》卷五《煬王江上録》：「此書載入《三朝北盟會編》卷二百四十三，其叙采石之戰略云：『亮駐兵和州，兩岸相對，欲謀渡江。是日淮東劉兩府錡擁兵淮楚，舍人虞允文督張振將建康龍灣采石軍船分佈上下流。』又云：『張振、王琪、虞允文督催措置，防守江岸。時十一月八日，虜主臨江西岸築壇，遣奉國大將軍乞伏赤朱押戰船一千餘只，出揚林口，沿江擺佈。虜主臺上用黄旂一剌，千餘隻戰船擺爲一字，直趨東岸而進。張振登山，見賊船指東采石岸進，用諸軍號帶旂指使諸軍戰船及艨艟鬬艦海鰍等船出岸西，兩勢包掩，鼓聲震天，飛箭如雨，旌旂盈江，喊聲如雷。兩勢掩擊，戰士奮勇，争先鏖戰，艨艟戰艦，江上逆水如飛。虜船低小，盡没於江，活捉番賊不知其數，跳水死者千餘人。虜船千餘隻走西岸，諸軍踏東船趕殺。』其叙虞允文拒守之事如此，安得謂之略不一言，豈四庫所收之本有删節耶？其書稱亮曰『虜主』，稱宋曰『大宋』，亦非金人之詞也。」

《完顔亮史記》。明楊士奇《文淵閣書目》卷六《史附》著録「一部一册」，未著撰人。以直呼

① 宋徐夢莘《三朝北盟會編》卷二四三引《煬王江上録》，上海古籍出版社二〇〇八年，第一七四四頁。

海陵王之名，當出自南宋人手筆。

《開禧通問録》一卷。《宋史》卷二〇三《藝文志》著録。

《開禧持書録》二卷。《宋史》卷二〇三《藝文志》著録。

《開禧通問本末》一卷。《宋史》卷二〇三《藝文志》著録。

《金國行程》十卷。宋晁公武《郡齋讀書志》卷六《雜史類》著録。

《虜都驛程録》。宋尤袤《遂初堂書目·地理類》著録。今按，宋趙彦衛《雲麓漫鈔》卷八《御寨行程》有説。然趙氏未嘗使金，或從此類著述鈔出。

《燕北金疆地里記》。宋尤袤《遂初堂書目·地理類》著録。

《女真實録》。宋尤袤《遂初堂書目·地理類》著録。

《北虜方言》。宋尤袤《遂初堂書目·地理類》著録。

《評議虜中録》。宋尤袤《遂初堂書目·地理類》著録。

《雜記金國事》。宋尤袤《遂初堂書目·地理類》著録。

《金國世系》。宋尤袤《遂初堂書目·地理類》著録。

《金馬統志》。宋尤袤《遂初堂書目·地理類》著録。

《金國刑統》。宋尤袤《遂初堂書目·地理類》著録。

第三章　金代藝文校訂

自清以降，學者以《金史》缺志藝文，遂紛紛補修，如倪燦《補遼金元藝文志》（倪志）、金門詔《補遼金元藝文志》（金志）、錢大昕《補元史藝文志·金藝文附》（錢志）①、龔顯曾《金藝文志補録》（龔志）等。民國孫德謙《金史藝文略》（孫志）繼之②，成就金代藝文補志大全。

這些補志蓽路藍縷，有開創之功。然而，由於僅從《金史》、《中州集》及少量書志題跋搜集信息，去除重收誤收，輯入的書目不過二百種左右，未能全面反映金代藝文的面貌。究其實，仍是内心深處以爲北方「夷狄」無藝文，不過爾爾。凡涉金之紀元，無不注以宋之紀元，仿佛不如此，則不足以表明以宋爲華夏正統、金乃北方夷狄之立場。在清代學者看來，只有加上那樣一些注，才能使人讀得懂。而且，這種作法幾爲傳統，即使今天仍在沿用。如具體剖析諸志存在的問題，有些源自封建士大夫偏見，如錢志不收小説戲曲等通俗文藝，其他繼之效仿，墨守陳規；有些則是漫不經心。那些補志雖爲私家著述，或囿於識力，淺嘗輒止；或用功不勤，人云亦云，程度不同地染

① 以上三種補志見叢書集成初編本，中華書局一九八五年。
② 以上二種補志見《金史藝文志》，商務印書館一九五八年。

上官差因循苟且習氣，使著録的書目信息多不完整，甚至謬誤迭出，客觀上起到坐實金代藝文淺陋無足稱的消極之論。以諸補志影響廣泛，故立章節辯之。

一、著録醫籍或舛訛不堪。金代醫學發達，著述亦多，以其專業性强，諸家補志概未深究，致使問題猶如一盆麵糊，混沌不清。

何若愚著述。錢志「子部醫書類」、倪志「子部醫方類」、金志「子部醫家類」均著録《流注指微論》三卷、《指微賦》一卷，歸入元。清紀昀等《四庫全書總目》卷一〇五《子部醫家類》亦如之。［日］丹波元胤《中國醫籍考》卷二二《明堂經脈》另尋依據，云：「考賦中有范九思療咽於江夏聞見言希之語，蓋范宋嘉祐中人。然則此非南唐人所撰者。提要以爲元人，當又有所據。」今按，嘉祐，宋仁宗年號，金人著述引北宋人語屢見不鮮，不當以此作爲判斷時代的依據。至於南唐，指何氏鄉籍，而非五代國名。清董濤《曲陽金石録》收金人《南唐令耶律某等黄山題名》，按曰：「《金史·地理志》無南唐縣。南行唐，俗每省作南唐縣。」①遼時隸檀州，金時屬真定。民國陳漢章《遼史索隱》云：「漢、晉志本作『南行唐』，《魏志》去『南』字。故城在今行唐縣北，魏移今治。」②

① 石刻史料新編本，臺北新文豐出版公司一九八六年，第三輯二四册四六三頁。
② 張修桂、賴青壽《遼史地理志匯釋》，安徽教育出版社二〇〇一年，第一七四頁。

何若愚字公務，以針灸名世。金閻明廣《流注指微針賦序》云：「近於貞元癸酉年間，收何公所作《指微針賦》一道，敘其首云：『皆按《指微論》中之妙理，先賢秘隱之樞機，復增多事，凡一百餘門，悉便於討閱者也。』」因此，元陶宗儀《輟耕録》卷二四《歷代醫師》列之於金。所謂貞元癸酉，指海陵王貞元元年（一一五三）。入元後，成宗嘗以「元貞」（一二九五）紀元，而元貞歲無「癸酉」。諸志不考，竟將「貞元」當作「元貞」，一誤再誤。

劉守真著述。一是錢志「子部醫書類」著録十一種、四十三卷：《傷寒直格》三卷、《後集》一卷、《續集》一卷、《別集》一卷；《運氣要旨論》一卷；《精要宣明論》五卷；《治病心印》一卷；《河間劉先生十八劑》一卷；《素問要旨》八卷；《原病式》二卷；《宣明論方》十五卷；《傷寒標本心法類萃》二卷；《傷寒直格論方》三卷；《傷寒醫鑒》一卷。今按，《傷寒直格》有方有論，亦稱《傷寒直格方》、《傷寒直格方論》。錢志未檢原書，不知所以然，遂重複著録。所謂《後集》、《續集》、《別集》，實爲劉洪《傷寒心要》、馬宗素《傷寒醫鑒》、常仲明《傷寒心鏡》（亦名《張子和心鏡》、《治法心要》），後人輯入《河間六書》。清錢曾《讀書敏求記》卷三《子部傷寒》云：「仲景傷寒書，金河間劉守真深究其旨，著爲直格，便於習醫者要用。臨川葛雍仲穆校刊之，附以劉洪《傷寒心要》爲『後集』，馬宗素《傷寒醫鑒》爲『續集』，張子和《心鏡》爲『別集』。於是河間之書燦然可觀矣。」其中，「張子和《心鏡》」，當作常仲明《張子和心鏡》。至於《傷寒醫鑒》，錢志既歸屬謬誤，又重複著録。

又，《運氣要旨論》，亦稱《内經運氣要旨論》、《素問要旨論》，即《素問要旨》。今按，原書三卷，由守真弟子馬宗素重編，增至八卷。至於「一卷」者，或鈔誤，或節略。

又，《治病心印》、《河間劉先生十八劑》。今按，這些書目多源自明人著録，無所依據，大抵後人僞托，非劉氏原著。

又，《傷寒標本心法類萃》。今按，清紀昀等《四庫全書總目》卷一〇四《子部醫家類》著録：「上卷分别表裏，辨其緩急。下卷則載所用之方。其中『傳染』一條，稱雙解散、益元散皆爲神方。二方即完素所製，不應自譽至此。考完素《原病式序》，稱『集傷寒雜病脈證方論之文，目曰《醫方精要宣明論》』。今檢《宣明論》中已有《傷寒》二卷，則完素治傷寒法已在《宣明論》中，不别爲書。二書恐出於依託。然流傳已久，姑存之以備參考焉。」既已考察清楚，則不當著録。

又，《精要宣明論》，自序作《醫方精要宣明論》，亦稱《黄帝素問宣明論方》、《宣明論方》、《宣明論》。原書三卷，後人增至十五卷。今按，《四庫全書總目》卷一〇四《子部醫家類》著録：「考《原病式自序》云：作《醫方精要宣明論》一部，三卷十萬餘言。今刊入《河間六書》者，乃有十五卷。其二卷之菊葉法、薄荷白檀湯；四卷之妙功藏用丸、十二卷之蓽澄茄丸、補中丸、楮實子丸，皆注『新增』字。而七卷之信香十方、青金膏，不注『新增』字者，據其方下小序，稱灌頂法王子所傳，並有偈咒。金時安有灌頂法王？顯爲元、明以後之方，則竄入而不注者，不知其幾矣。卷增於舊，殆以是歟？」

又，《原病式》一卷。今按，著録書名須用全稱，當作《素問玄機原病式》。而如此節略，不惟失之完整，也難以通曉。劉完素自序云：「今特舉二百七十七字，獨爲一本，名曰《素問玄機原病式》。遂以比物立象，詳論天地造化自然之理，二萬餘言。」① 《四庫全書總目》卷一〇三《子部醫家類》著録「一卷」，與之相符。現存各版本皆如此。錢氏未檢原書，既擅改書名，又誤作「二卷」。

二是倪志「子部醫方類」著録十種、三十七卷，同錢志的問題類似，差别是增出《素問玄機氣宜保命集》三卷，明人李時珍考爲張元素撰，錢志及《四庫全書總目》均從其説，幾爲定論。今按，金人錦溪野老《三消論跋》云：「因麻徵君寓汴梁暇日，訪先生後裔，或舉教醫學者，即其人矣。徵君親詣其家，求先生平昔所著遺書，乃出《三消論》、《氣宜》、《病機》三書，未傳於世者。」② 麻徵君即麻九疇，金末名士。在這裏，「《三消論》、《氣宜》、《病機》三書」系劉完素「所著遺書」，言之明确。《病機》即《素問玄機原病式》；《氣宜》指《素問玄機氣宜保命集》，金末楊威校訂刊印，序謂「乃劉高尚守真先生之遺書稿也」。至於李氏之「考」，僅隻言片語，即斷爲「誤作」、「僞撰」、「傅會」，未免鑿空。

---

① 金刘完素《素問玄機原病式》卷首，叢書集成初編本，中華書局一九八五年，第五頁。

② 金張從政《儒門事親》卷一三，叢書集成初編本，中華書局一九八五年，第七六五頁。

三是金志「子部醫家類」、龔志「子部醫家類」，各自著録多寡不同，大抵未脱錢、倪二志窠臼。孫志「子部醫家」又補入《六經傳變直格》等，不問來源，即所謂有聞必録。

張元素著述。 倪志「子部醫方類」著録《潔古注叔和脈訣》十卷，《病機氣宜保命集》四卷，注曰：「一名《治法機要》」；《潔古珍珠囊》一卷；《東垣十書》二十五卷，注曰：「後人所輯」；《東垣試效方》九卷，注曰：「後人所輯」。錢志「子部醫書類」增出《潔古本草》二卷、《潔古老人醫學啓源》三卷；另於李嗣慶名下繫以《醫學啓元》，龔志、倪志如之。今按，倪志著録《潔古珍珠囊》，注曰：「後人易其書爲韻語，以便誦習，謂之《東垣珍珠囊》，非原書也。」既是後人所易，又非原書，不當著録。清施國祁《吉貝居雜記》云：「若俗所傳《珍珠囊》，則又明之門人私出己見，僞託潔古，以張大其説耳。」①

又，《潔古老人醫學啓源》。今按，這部「啓源」與《醫學啓元》實同一書，當作「啓元」。《金史》卷一三一《方伎傳》「李嗣慶」名下不載此目，其説無據。至金末，李杲爲先師潔古著述付梓，邀名士張建爲序，以書與序流傳至今，問題也就清楚了。

又，孫志「子部醫家類」著録《潔古雲岐針法》。今按，潔古，張元素號；雲岐，元素之子張璧號。元人杜思敬尊崇張氏父子，因摘録潔古、雲岐及海藏王好古等醫家著述有關「針法」内容，

---

① 羅振玉校補《雪堂叢刻》，北京圖書館出版社二〇〇〇年，第一册七二〇頁。

集爲一書，收入《濟生拔粹方》「針灸篇」。後來書賈從中抽出刊印，署以潔古，託名謀利。又，《東垣十書》。今按，東垣，乃金末醫家李杲號，師從潔古。所謂《東垣十書》，系明人彙編的一部醫學叢書，其中也收有元人醫籍，不當於潔古名下著録。

張從正著述。 錢志「子部醫書類」著録《汗下吐法》，注曰：「有六門二法之目」；《治病撮要》一卷；《傷寒心鏡》一卷；《秘録奇方》二卷；《儒門事親》十五卷；《張氏經驗方》二卷；《直言治病百法》二卷；《十形三療》三卷；《雜記》一卷。倪志、金志、龔志、孫志或增出《傷寒心鏡》一卷、《治法雜論》一卷。今按，各家著録歧異不大，而謬誤紛出：一是「汗下吐法」系張從正醫學思想與臨床實踐的總結，《儒門事親》述之甚詳，而非醫籍名稱。至於「六門二法」，當作「三法六門」，亦非書名。二是《傷寒心鏡》，即《張子和心鏡》，常仲明撰。三是一些著述或有别稱，如《治法撮要》亦作《治病撮要》、《撮要圖》，《秘録奇方》又稱《世傳神效方》，《治法雜論》或名《治法心要》。問題在於，各家脱離著述本身，而被醫書稱名迷住眼，未檢原書，誤入歧途。四是張從正並非《儒門事親》的唯一著者。這部醫籍體現了他的醫學思想，也是他與友人精誠合作的結果。其中之一爲徵君麻九疇，字知幾，易州人。幼聰穎，時人目爲神童。貞祐南渡，讀書北陽山中，博通五經，尤長《易》、《春秋》。正大四年，趙秉文等名流連章舉薦，特賜進士第，授太常寺太祝，權太常博士，俄遷應奉翰林文字。其天資野逸，高蹇自便，自度終不能與世合，未幾謝病去。晚年喜醫，同張從正遊，具體參與了《儒門事親》的撰述。元初張德輝《儒門事親引》

云：「議者咸謂非宛丘（從正）之術，不足以稱徵君之文；非徵君之文，不足以弘宛丘之術。所以世稱二絶，而尤爲難得歟。」另一位是常用晦，字仲明，平山人。少業科舉，有聲場屋。游河南，與麻知幾同受業張從正門下，亦師亦友。金亡後，嘗爲真定府學教授。《遺山先生文集》卷二四《真定府學教授常君墓銘》云：「國醫宛丘張子和推明黄岐之學，爲説累數十萬言，求知己爲之潤文，君頗能探微旨。」五是《儒門事親》僅三卷，系張從正著述之一，入明後演爲張氏著述及雜入他人著述的總稱。清潘祖蔭《滂喜齋藏書記》卷二云：「四庫著録，總名之曰《儒門事親》十五卷，失其實矣。雖以錢竹汀之博洽，而《補元史藝文志》亦語焉未詳也。」此外，《治病撮要》、《秘録奇方》、《直言治病百法》、《十形三療》、《雜記》、《治法雜論》等，已包括在以「儒門事親」命名的醫籍彙編内，而錢志又重複著録。

李杲著述。錢志繫之元，著録《辨惑論》三卷、《蘭室秘藏》六卷（或作五卷）、《脾胃論》三卷、《東垣試效方》九卷、《内外傷寒辨》三卷、《用藥法象》一卷、《傷寒會要》、《醫學發明》九卷等。倪志如之，且以《東垣十書》二十五卷總括；龔志如之，作「十册二十卷」，並增出《珍珠囊指掌補遺藥性賦》四卷。孫志又增出《飲食勞倦傷論》、《藥性賦》二卷、《校評崔真人脈訣》一卷、《治法機要》三卷（亦名《活法機要》）、《此事難知》二卷、《外科精義》二卷等。今按，清施國祁《吉貝居雜記》云：壬辰中，李杲與元好問「同官圍城，繼或同被拘管，後復同爲嚴氏禮接，其爲金人無疑。元官修《金史》不載此人，已屬漏略。明官修《元史》取以補冠方技，似也欠當，備載元醫如朱震亨、王好古、吕復、王履、滑壽輩方合，乃匆匆不加博採，止立一傳，則杲竟爲元人，且全鈔元（遺山）引，不詳生卒，史文無此體裁，尤爲草率。宋（濂）、王（褘）二公平日著作，非不知杲爲金人，奈克於日月，以致如此，而東垣蒙冤終古矣。」①

又，《辨惑論》。今按，此「論」與《内外傷寒辨》實同一書。清耿文光《萬卷精華樓藏書記》卷八〇《醫家類》著録：「《辨惑論》三卷、《内外傷寒辨》三卷，恐是一書，而誤分爲二。《内外傷辨惑》乃辨内癥外癥之不同，妄人增一『寒』字，竹汀不察，依様録之。醫家書人不經意往往如此。」

又，《校評崔真人脈訣》。今按，清周中孚《鄭堂讀書記》卷四二著録，謂宋道士崔嘉彦撰，諸書志俱未載，引元陶宗儀《南村輟耕録》云：「以《難經》於『六難』專言沉浮、『九難』專言遲數，故用爲宗，以統七表八裏而總萬病云云，即指此書。則其來已久，宋人偶失載，倪氏又失於補入也。其書皆四言，李東璧《瀕湖脈學》全載之，知此篇非苟作者。明人編東垣《十書》，取以冠首，且題李杲校評云。」所謂「校評」，是否出自李杲之手，無可徵信。

又，《珍珠囊指掌補遺藥性賦》。今按，此系東垣《珍珠囊》與《藥性賦》兩書之合編。清紀昀等《四庫全書總目》卷一〇五《子部醫家類》著録：「考《珍珠囊》爲潔古老人張元素著，其書久

① 羅振玉校補《雪堂叢刻》，北京圖書館出版社二〇〇〇年，第一册七二二頁。

已散佚。世傳東垣《珍珠囊》，乃後人所僞託，李時珍《本草綱目》辨之甚詳。是編首載寒、熱、温、平四賦，次及用藥歌訣，俱淺俚不足觀。蓋庸醫至陋之本，而亦託名於杲，妄矣。」

又，《此事難知》。今按，此乃王好古裒輯，述李杲傷寒證治。王氏自序稱：「得師不傳之秘，句儲月積，浸就篇帙。」①《四庫全書總目》卷一〇四《子部醫家類》著録：「今本《東垣十書》竟屬之杲，殊爲謬誤。考明李濂《醫史》，亦以是書爲杲作，則移甲爲乙，已非一日矣。」

又，《治法機要》。今按，明殷仲春《醫藏書目·正法函目》「濟生拔萃」作《活法機要》。孫志著録：「補遼金元、補元史兩志，於《病機氣宜保命集》下皆注『一名《治法機要》』，爰立其目。惟治法，《補元史志》作『活法』。至《儀顧堂題跋·書元槧濟生拔萃方後》云：東垣之《活法機要》，今皆不傳。則『治法』固有作『活法』者。」所謂「今皆不傳」，未及見也。

又，《外科精義》。今按，此書爲元御藥院太醫齊德之撰作，如檢原書，即可明瞭。《四庫全書總目》卷一〇四《子部醫家類》著録：「德之此書，務審病之所以然，而量其陰陽强弱以施療，故於瘍科之中最爲善本。書中無一字及李杲，李杲平生亦不以外科著。原本附《東垣十書》之末，蓋坊刻雜合之本，取以備十書之數，與所載朱震亨書均爲濫入。孫一奎《赤水玄珠》引之，竟稱《東垣外科精義》，不考甚矣。」

---

①《此事難知》卷首，叢書集成初編本，中華書局一九八五年。

王好古著述。倪志「子部醫方類」、錢志「子部醫書類」俱歸入元。今按，王好古字進之，號海藏，趙州人。性明敏，通經史，好醫方。以進士及第，仕爲本州教授。先是，同東垣李杲同遊潔古老人張元素之門，後復師東垣，精研諸家醫書。金亡後，杜門養拙，惟以傳播醫學爲使命。元杜思敬《濟生拔粹方序》云：「昔嘗聞許文正公語及近代醫術，謂潔古之書，醫中之王道。服膺斯言，未暇尋繹。潔古者，張元素也，潔古其號也。雲岐子璧，其子也；東垣李杲明之、海藏王好古進之，宗其道者也；羅天益謙夫，紹述其術者也，皆有書行於世。」①可見，在元代醫家那裏，王好古與李杲是同以潔古弟子相提並論的。

又，《此事難知》。自序署「至大改元秋七月二十有一日」。所謂至大，當是「正大」之刊誤。金末時，王氏已卓有成就，號海藏老人，而「至大」去「正大」八十餘年，有悖實際。

又，《醫壘元戎》。自跋云：「是書已成於辛卯，至丁酉春，爲人陰取之，元稿已絶，更無餘本。」②後追憶復完。辛卯，正大八年（一二三一）；丁酉，蒙古太宗九年（一二三七）。

又，《伊尹湯液仲景廣爲大法》，亦名《醫家大法》。自序署「甲午夏六月」，即天興三年（一二三四），是年金亡。

---

① 《濟生拔粹方》卷首，涵芬樓影印本。
② 《醫壘元戎》卷末，文淵閣四庫全書本。

又，《陰證略例》。自跋云：「予作《陰證論》一書，其本有三，有多寡之異焉，非固如是之不同也。」最後第三本，「自壬辰至丙申，幾五載，而復增隨條並藥後斷例」①。壬辰，金天興元年（一二三二）；丙申，蒙古太宗八年（一二三六）。至癸卯歲（蒙古太宗乃馬真后稱制二年、一二四三年），金末名士麻革爲序，且引金人滹南遺老王若虚贊曰：「世所未聞。」

又，《湯液本草》。自序謂成於丙午夏、刊於戊申夏。丙午，蒙古定宗元年（一二四六）；戊申，定宗三年。不久，海藏老人離開了人世。

二、著録史籍或脱離實際。女真重修史，自熙宗已建立起相應的制度與機構；至大定，那些制度與機構相當完備了。如設國史院，職官有「監修國史，掌監修國史事。修國史，掌修國史，判院事。同修國史二員。編修官，正八品，女真、漢人各四員。檢閲官，從九品」。其中，女真、漢人各五員②。當時，國史包括實録、日曆、起居注等。有金一代，監修之職極爲榮耀，由女真首輔大臣充任，如完顔宗弼、完顔勖、紇石烈良弼、夾谷清臣、完顔守道、完顔匡、徒單鎰等等。實際修纂則有「修國史」、「同修國史」及「編修」等。所謂檢閲官，即鈔寫書吏。定稿後，先由漢字譯成契丹字，再轉譯女真字。明昌二年，章宗「諭有司，自今女真字直譯爲漢字，國史院專寫契丹字

① 《陰證略例》卷末，叢書集成初編本，中華書局一九八五年。
② 《金史》卷五五《百官志》，中華書局一九七五年，第一二四五頁。

者罷之」①。

一、各朝實録。當政皇帝总結前朝經驗，以首輔大臣監修，史官預修。「天子動静則有起居注，百司政事則具於日曆，合而修之曰實録。有實録方可爲正史」②。其間或人事變遷，監修及預修者亦隨之更迭。因此，官修國史非一人一時所爲。而諸志無所考究，謬誤迭出。

《太祖實録》。倪志「史部國史類」著録：「宗弼修，皇統八年進」；錢志「史部實録類」、龔志「史部實録類」如之；金志「史部實録類」作「完顔勖撰，皇統八年宗弼進」；孫志「史部」謂完顔勖撰。今按，皇統二年，宗弼以丞相「兼監修國史」③。此後，完顔勖以尚书左丞「同監修國史」④，皇統八年修成。《金史》卷四《熙宗紀》作「宗弼進《太祖實録》」，《金史》卷六六《完顔勖傳》則謂勖「奏上《太祖實録》二十卷」，當是二人共同奏進。而與修者多爲亡遼士人，如王樞「仕國朝，直史館」⑤；韓昉以翰林學士兼太常卿「修國史」⑥；耶律紹文奉命「編修國史」⑦。

① 《金史》卷九《章宗紀》，中華書局一九七五年，第二一八頁。
② 元蘇天爵《滋溪文稿》卷二五《三史質疑》，中華書局一九九七年，第四二五頁。
③ 《金史》卷七七《宗弼傳》，中華書局一九七五年，第一七五五頁。
④ 《金史》卷六六《完顔勖傳》，中華書局一九七五年，第一五五九頁。
⑤ 《中州集》卷九《王内翰樞》，中華書局上海編輯所一九六二年，第四四〇頁。
⑥ 《金史》卷一二五《文藝傳》，中華書局一九七五年，第二七一四頁。
⑦ 《金史》卷四《熙宗紀》，中華書局一九七五年，第七二頁。

海陵篡立後，以平章政事蕭裕監修國史，謂曰：「太祖以神武受命，豐功茂烈，光於四海，恐史官有遺逸，故以命卿」①。又有所補修。其時，蕭永祺②、王競爲修國史③，新科進士張莘卿亦在史館，「與修太祖、睿宗實録」④。

《太宗實録》。倪志著録：「泰和九年，尚書右丞相監修國史紇石烈良弼進」，龔志如之。金志著録：「紇石烈良弼、張景仁、曹望之、劉仲淵等同修」。錢志作「大定七年，右丞相監修國史紇石烈良弼進」。孫志謂「右丞監修國史紇石烈良弼撰」。今按，《太宗實録》非成於章宗朝，且泰和歷時八年，無「九年」。《金史》卷六《世宗紀》：大定七年，「尚書右丞相監修國史紇石烈良弼進《太宗實録》，上立受之」。另，《金史》卷八八《紇石烈良弼傳》所記與之合：「《太宗實録》成，賜良弼金帶、重綵二十端，同修國史張景仁、曹望之、劉仲淵以下賞賜有差。」

《太宗實録》之修，歷經坎坷。一是太宗子孫因皇權回落太祖世系，心有不甘，屢預反叛，幾爲熙宗、海陵兩朝斬盡殺絶，這對太宗評價及實録修纂不能不造成消極影響；二是兩朝君主在位各十餘年，相繼被弒，引發了政局動蕩，修史亦遭延宕，迄世宗朝方修畢。其間，涉及修國史、同

---

① 《金史》卷一二九《佞倖傳》，中華書局一九七五年，第二七九〇頁。

② 《金史》卷一二五《文藝傳》，中華書局一九七五年，第二七二〇頁。

③ 《金史》卷一二五《文藝傳》，中華書局一九七五年，第二七二三頁。

④ 金黄久約《朝散大夫鎮西軍節度副使張公神道碑》，見《金文最》卷八六，中華書局一九九〇年。

修國史、編修者甚多，如完顏把荅①、完顏京②、胡礪③、王競④、圓福奴⑤、傅慎微、徒單温、移剌熙⑥、温迪罕締達等等⑦。後來，胡礪、王競作古，徒單温、移剌熙載另有任用，僅張、曹、劉等以修畢者獲賞賜。

《睿宗實録》。倪志、金志、錢志俱著録「大定十一年紇石烈良弼進」。龔志作「尚書左丞相紇石烈良弼等修」。孫志謂「紇石烈良弼撰」。今按，睿宗指宗輔，世宗之父，未嘗登帝位，以子貴而入世系。紇石烈良弼以尚書左丞相監修國史，修成奏進，《金史》卷六《世宗紀》、《金史》卷八八《紇石烈良弼傳》俱有記載，計「十卷」⑧。當時，張景仁以「修國史」領修，張莘卿、温蒂罕締

① 《金史》卷七三《希尹傳》，中華書局一九七五年，第一六八六頁。

② 《金史》卷七四《完顏京傳》，中華書局一九七五年，第一七〇八頁。

③ 《金史》卷一二五《文藝傳》，中華書局一九七五年，第七二二頁。

④ 《金史》卷一二五《文藝傳》，中華書局一九七五年，第二七二三頁。

⑤ 《金史》卷五《海陵紀》，中華書局一九七五年，第一〇〇頁。

⑥ 《金史》卷一二八《循吏傳》：大定初，傅慎微與徒單温、移剌熙載俱同修國史。中華書局一九七五年，第二七六三頁。

⑦ 《金史》卷一〇五《温迪罕締達傳》，中華書局一九七五年，第二三一二頁。

⑧ 元蘇天爵《滋溪文稿》卷二五《三史質疑》，中華書局一九九七年，第四二二頁。

達①、耶律履等皆爲編修②。

《熙宗實録》。倪志缺録。錢志著録，未涉修纂人。金志作鄭子聃撰，龔志、孫志如之。今按，《金史》卷八八《完顔守道傳》：大定二十年，「修《熙宗實録》成，帝因謂曰：『卿祖谷神，行事有未當者，尚不爲隱，見卿直筆也。』」所謂谷神，指女真開國元勳完顔希尹。所謂直筆者，非「執筆」，完顔守道以丞相監修國史，處置得當，甚合世宗意，因有是語。而鄭子聃以翰林侍講學士「兼修國史」，不過是諸多與修史官之一，不當作爲個人著述。

《海陵實録》。倪志、金志、錢志、龔志著録，失注修纂人。孫志作鄭子聃撰。今按，海陵王被弑後貶爲「庶人」，多所否定。大定八年，世宗謂宰臣曰：「海陵時，修起居注不任直臣，故所書多不實。可訪求得實，詳而録之。」③後來，賈益謙對此頗有微詞：「我聞海陵被弑而世宗立，大定三年，禁衛能暴海陵蟄惡者，輒得美仕，故當時史官修實録多所附會。」④元好問《故金尚書右丞耶律公神道碑》云：

① 《金史》卷七二《毂英傳》：「史臣上太宗、睿宗實録，上曰：『當時舊人親見者，惟毂英在。』詔修撰温迪罕締達往北京就其家問之，多更定焉。」中華書局一九七五年，第一六六三頁。

② 《金史》卷九五《移剌履傳》，中華書局一九七五年，第二〇九九頁。

③ 《金史》卷六《世宗紀》，中華書局一九七五年，第一四三頁。

④ 《金史》卷一〇六《賈益謙傳》，中華書局一九七五年，第二三三六頁。

世宗朝，御史大夫張景仁領國史，公（耶律履）爲編修，受詔修《海陵實録》。他日，世宗問侍臣：「海陵弑熙宗，血濺於面，霑及衣袖。景仁何爲隱而不書？」或曰：「景仁事海陵，頗被任使，故爲諱之。」世宗作色曰：「朕不謂景仁乃有是心。」公曰：「臣與景仁嘗有隙，必不妄爲蓋蔽。然景仁未嘗有是心也。」世宗曰：「景仁與卿何隙？」曰：「臣以小字爲史掾，景仁以漢文爲史官。予奪之際，意多不相叶，且謂臣藏匿《遼史》，秩滿，移文選部，使不得調，此私隙也。今對上問，公言也。臣不敢以私害公。」世宗又曰：「隋煬帝弑逆，血濺於屏，史亦書之。卿謂景仁無是心，何不如《隋史》書之？」曰：「煬帝自諱其惡，故史臣不載之《帝紀》，而詳見於他傳，此所謂暗而章者也。海陵以廢昏爲辭，明告天下，居之不疑，此不同也。且與之弑君而不辭，血濺之罪，雖不書可也。」世宗怒遂解。①

可見，張景仁以「修國史」領修，耶律履等爲史掾編修。至於鄭子聃，世宗嘗曰：「修《海陵實録》，知其詳無如子聃者，蓋以史事專責之也。」② 然亦是諸多與修者之一。

世宗朝先後修成《太宗實録》、《熙宗實録》、《海陵實録》及《睿宗實録》等，史筆人才輩出。

---

① 元蘇天爵《元文類》卷五七，上海古籍出版社一九九三年，第七五〇頁。

② 《金史》卷一二五《文藝傳》，中華書局一九七五年，第二七二六頁。

以上所舉之外，還有「監修國史」紇石烈良弼①、完顔守道；「同修國史」孛术魯阿魯罕等②；編修劉瞻③、許安仁④、宗璧⑤、徒單鎰、夾谷衡等⑥。另，党懷英歷仕世宗、章宗、衛紹王三朝，由「編修」到「修國史」⑦，幾乎終生與修史相伴。

《世宗實録》。倪志著録：「明昌四年，守尚書右丞監修國史完顔匡等進」。龔志如之。金志著録：「承安三年，尚書右丞完顔匡進。」錢志作「明昌四年，國史院進」。孫志謂「尚書左丞完顔匡撰」。今按，《金史》卷一一《章宗紀》：明昌四年，「國史院進《世宗實録》，上服袍帶，御仁政殿，降座，立受之」。元蘇天爵《滋溪文稿》卷二五《三史質疑》云：「《世宗實録》適當章宗承平好文，事最周詳。」當時，徒單克寧⑧、夾谷清臣⑨、内族襄等相繼爲監修⑩；修國史、同修國史有

① 《金史》卷八八《紇石烈良弼傳》，中華書局一九七五年，第一九五一頁。
② 《金史》卷九一《孛术魯阿魯罕傳》，中華書局一九七五年，第二〇二四頁。
③ 《中州集》卷二《劉内翰瞻》，中華書局一九七五年，第八〇頁。
④ 《金史》卷九六《許安仁傳》，中華書局一九七五年，第二一三二頁。
⑤ 《金史》卷九九《徒單鎰傳》，中華書局一九七五年，第二一八六頁。
⑥ 《金史》卷九四《夾谷衡傳》，中華書局一九七五年，第二〇九二頁。
⑦ 《金史》卷一二五《文藝傳》，中華書局一九七五年，第二七二六頁。
⑧ 《金史》卷九二《徒單克寧傳》，中華書局一九七五年，第二〇五〇頁。
⑨ 《金史》卷九四《夾谷清臣傳》，中華書局一九七五年，第二〇八四頁。
⑩ 《金史》卷九四《内族襄傳》，中華書局一九七五年，第二〇八五頁。

張汝霖①、移剌履②、徒單鎰③、張行簡④、耿端義⑤、蒲察思忠等⑥；編修有高霖⑦、朱瀾⑧、魏摶霄⑨、張昌祚⑩、完顏寓等⑪。

《顯宗實録》。錢志著録：「泰和三年，左丞完顏匡等進。」龔志如之。倪志、金志、孫志缺録。今按，元蘇天爵《滋溪文稿》卷二五《三史質疑》謂金之九朝實録包括「顯宗」，計「十八卷」。這是關於《顯宗實録》的較早記載。至於錢志著録，出自《金史》卷一一《章宗紀》：泰和三年，

---

① 《金史》卷八三《張汝霖傳》，中華書局一九七五年，第一八六七頁。
② 《金史》卷九五《移剌履傳》，中華書局一九七五年，第二一〇〇頁。
③ 《金史》卷九九《徒單鎰傳》，中華書局一九七五年，第二一八六頁。
④ 《金史》卷一〇六《張行簡傳》，中華書局一九七五年，第二三三〇頁。
⑤ 《金史》卷一〇一《耿端義傳》，中華書局一九七五年，第二二三四頁。
⑥ 《金史》卷一〇四《蒲察思忠傳》，中華書局一九七五年，第二三〇〇頁。
⑦ 《金史》卷一〇四《高霖傳》，中華書局一九七五年，第二二八九頁。
⑧ 朱瀾《十方大天長觀普天大醮瑞應記》自署，見《宫觀碑誌》，明正統《道藏》本，文物出版社等一九九四年，第一九册七一九頁。
⑨ 魏摶霄《十方大天長觀玄都寶藏碑銘》自署，見《宫觀碑誌》，明正統《道藏》本，文物出版社等一九九四年，第一九册七一一頁。
⑩ 《（民國）獻縣志》卷一八《故實志》所録《題獻陵梁氏成趣園》，歷代石刻史料彙編本，北京圖書館出版社二〇〇〇年，第一三册一〇七一頁。
⑪ 《金史》卷一〇四《完顏寓傳》，中華書局一九七五年，第二三〇一頁。

「尚書左丞完顔匡等進《世宗實録》，上降座，立受之。」而改「世宗」爲「顯宗」，或因體例所限，未予説明。清施國祁《金史詳校》卷二「章宗紀」三「進《世宗實録》」條校曰：「『世』當作『顯』，案《考異》云『一事重出』，非也。」施先生所言頗是。所謂顯宗，世宗之子、章宗之父，一生爲太子儲君，未及登位而薨，後以子貴而入世系。章宗效《睿宗實録》例，命國史院修纂。以上所舉章宗朝諸史官，或與修「顯宗」實録。

《章宗實録》。倪志著録：「興定四年九月，國史院王若虛修進。」金志亦著録：「興定四年，尚書右丞高汝礪監修，參知政事張行信、王若虛等同修。」錢志作「興定四年，高汝礪、張行簡進」。孫志凡二見：一是「章宗實録》一百卷、《事目》二十卷，趙秉文撰」，附趙氏奏進表；二是正大初「王若虛撰」。今按，《章宗實録》凡兩修，一在衛紹王大安中，徒單鎰以尚書右丞相「監修國史」①，孫鐸以尚書左丞「兼修國史」②；崇慶時，參政梁瑝兼修③，張行簡同修，木甲氏以禮

① 《金史》卷九九《徒單鎰傳》，中華書局一九七五年，第二一八九頁。
② 《金史》卷九九《孫鐸傳》，中華書局一九七五年，第二一九四頁。
③ 《金史》卷一〇七《張行信傳》：「左丞汝礪已充兼修，宜令參知政事行信同修如行簡例」。中華書局一九七五年，第二三六八頁。

部員外郎兼著作郎爲編修等①。一是宣宗興定初重修，同修國史有高汝礪、張行信②、李復亨③、赤盞尉忻④、趙秉文⑤、楊雲翼等⑥，編修官有吕卿雲⑦、王仲元⑧、王若虚⑨、王彪⑩、張邦直⑪、申

① 《（民國）重修滑縣志》卷六《金石録》所載《崇慶元年崇福禪院敕牒碑》，中國方志叢書本，臺北成文出版社一九七〇年。

② 《金史》卷一〇七《張行信傳》：「左丞汝礪已充兼修，宜令參知政事行信同修如行簡例」。中華書局一九七五年，第二三六八頁。

③ 《金史》卷一〇〇《李復亨傳》，中華書局一九七五年，第二二一八頁。

④ 《金史》卷一一五《赤盞尉忻傳》，中華書局一九七五年，第二五三二頁。

⑤ 《金史》卷一一〇《趙秉文傳》，中華書局一九七五年，第二四二七頁。

⑥ 《金史》卷一一〇《楊雲翼傳》，中華書局一九七五年，第二四二二頁。

⑦ 《金史》卷一一《章宗紀》，中華書局一九七五年，第二五五頁。

⑧ 清張金吾《金文最》卷五六《集議德運省劄》，中華書局一九九〇年。

⑨ 《遺山先生文集》卷一九《内翰王公墓表》，四部叢刊本。

⑩ 金劉祁《歸潛志》卷五，中華書局一九八三年，第四三頁。

⑪ 《歸潛志》卷五，中華書局一九八三年，第四三頁。

萬全①、酈掖②、孫德華③、馬天來④、張本⑤、白華⑥、馮延登⑦、馬季良等⑧。興定四年草成。元蘇天爵《滋溪文稿》卷二五《三史質疑》揭示了重修原因：「章宗之事，方分撰述，而衛王被弑，國亦南徙。宣宗怨其捨己立叔，棄其稿於燕曰：『俟還都爲之未晚。』在汴諸公復以爲請，始撰述之。時中原新經大亂，文籍化爲灰燼，故其書尤疏略。諸大臣子孫多死於兵，僅著數十傳而已。」

《衛王事跡》。倪志著録：「興定五年進。」錢志亦著録，引「蘇天爵謂《衛王實録》竟不及爲」。龔志、孫志如之。金志未著録。今按，《金史》卷一六《宣宗紀》：興定五年，「撰故衛王事跡，如海陵庶人例」。乃頒制命，而非修成。《中州集》卷九《賈左丞益謙》云：

哀宗即位，史官乞因《宣廟實録》，遂及衛紹王。初，虎賊既弑逆，乃立宣宗。宣宗之人，至謂衛王失道，天命絶之，虎實無罪，且於主上有推戴之功。獨張信甫上章言虎賊大逆不道，當用宋

①《歸潛志》卷五，中華書局一九八三年，第四五頁。
②《（正德）臨漳縣志》卷八，天一閣藏明代方志選刊續編本，上海書店一九八九年。
③《遺山先生文集》卷二二《御史孫公墓表》，四部叢刊本。
④《中州集》卷七《馬編修天來》，中華書局上海編輯所一九六二年，第三六〇頁。
⑤元耶律楚材《湛然居士文集》卷九《再用張敏之韻》：「登科年甫冠，修史鬢初蒼。」中華書局一九八六年，第二〇二頁。
⑥《遺山先生文集》卷一《送欽叔內翰並寄劉達卿郎中白文舉編修》，四部叢刊本。
⑦《遺山先生文集》卷一九《國子祭酒權刑部尚書內翰馮公神道碑銘》，四部叢刊本。
⑧《金史》卷一五《宣宗紀》，中華書局一九七五年，第三三八頁。

文帝誅傅亮、徐羡之故事，奏章不報。爾後舉朝以大安崇慶之事爲諱。及是，謂亨甫大安中嘗拜御史中丞，宜知衛王事，乃差編修官一人就訪之。亨甫知其旨，謂來者言：「知衛王莫如我。然我聞海陵被弒，而世宗皇帝立。大定十三年，禁衛能暴海陵蟄惡者得美仕。史官修實録，誣其淫毒狼驁，遺臭無窮。自今觀之，百可一信耶？衛王勤儉，慎惜名器，較其行事，中材不能及者多矣。」所謂「差編修官一人就訪之」，亦非修成。而元好問《故金漆水郡侯耶律公墓誌銘》云：「正大初，予爲史院編修官。當時九朝實録已具，正書藏秘閣，副在史院。壬辰喋血之後，又復與《遼書》等矣。」①「九朝實録」，雖與金代帝紀相符，卻似是而非。如哀宗自縊，與國俱亡，實録未及修。元蘇天爵《滋溪文稿》卷二五《三史質疑》云：「正大末，義宗東幸，元好問爲史官，言於宰相，請以九朝小本實録馱以一馬隨駕。豈以太祖、太宗、睿宗世宗父，實録十卷、熙宗、海陵、世宗、顯宗章宗父，實録十八卷、章宗、宣宗爲九朝乎？」則衛王實録「竟不及爲」。故王鶚於中統初以翰林學士承旨「定奪」《金史》綱目時，謂衛王、哀宗兩朝「實録闕」②。因此，元末修《金史》，以衛紹王「身弒國蹙，記注亡失，南遷後不復紀載」，「求大安、崇慶事不可得」③，遂草草了事。

① 元蘇天爵《元文類》卷五一，上海古籍出版社一九九三年，第六六〇頁。
② 元王惲《玉堂嘉話》卷八，叢書集成初編本，中華書局一九八五年，第九〇頁。
③《金史》卷一三《衛紹王紀》，中華書局一九七五年，第二九八頁。

這與《金史·衛紹王紀》疏略不堪的情況吻合。

《宣宗實録》。倪志著録：「正大五年，王若虚修進。」龔志如之。錢志著録，失注撰修人。孫志作「王若虚撰」。金志缺録。今按，正大元年，赤盏尉忻以「通奉大夫尚书右丞兼修國史」①。當時，「王翰林從之在史院領史事，雷翰林希顔爲應奉兼編修官，同修《宣宗實録》。二公由文體不同，多紛争，蓋王平日好平淡紀實，雷尚奇峭造語也」②。此外，見諸文獻，編修還有李獻能、中萬全、張本、元好問等。正大五年，「進《宣宗實録》」③。

二、各朝起居注。自太宗、熙宗兩朝，已見修起居注。至海陵時，愈加重視，所任皆親信。迄世宗朝，制度漸趨完備，設記注院及職官，「掌記言、動。明昌元年，詔毋令諫官兼或以左右衛將軍兼。貞祐三年，以左右司首領官兼，爲定制」④。所謂左右司首領官，即尚書省左右司郎中「兼帶修起居注官」⑤。如果説實録系當政皇帝爲前朝所修，那麽，起居注則是當政皇帝自修。修起居

① 金光平、金啓孮《女真語言文字研究·女真進士題名碑譯釋》，見《内蒙古大學學報》一九六四年第一期。今按，赤盞尉忻字大用，上京人，《金史》卷一一五有傳。
② 金劉祁《歸潛志》卷八，中華書局一九八三年，第八九頁。
③ 《金史》卷一七《哀宗紀》，中華書局一九七五年，第三八一頁。
④ 《金史》卷五六《百官志》，中華書局一九七五年，第一二八〇頁。
⑤ 《金史》卷五五《百官志》，中華書局一九七五年，第一二一七至一二一八頁。

注如同修實録，亦非一人一時所爲。金代九朝君主，除太祖外，其他各朝均有起居注。清人稱「金記注官最得職」①。

《太宗起居注》。諸補志缺録。今按，修起居注之制始於太宗朝。如程寀，析津人，遼進士。「天輔七年，太祖入燕，授尚書都官員外郎、錦州安昌令，累加起居郎，爲史館修撰」②。該年八月，太祖阿骨打薨，因此，「累加起居郎」當在太宗朝。此外，還有寧獬，天會十年仕爲「中散大夫起居郎同知涿州軍州事」③。其時大金王朝尚處於草創階段，初設修起居注，既無制度，亦少職官。

《熙宗起居注》。諸補志缺録。今按，熙宗朝亦見修起居注，如移剌温，亡遼横帳人，工契丹小字，「累遷左諫議大夫兼修起居注」④。

《海陵起居注》。倪志、錢志缺録。金志著録，作《天德起居注》：「天德三年，翰林待制宗敘

① 清趙翼《二十二史劄記》卷二八，新世紀萬有文庫本，遼寧教育出版社二〇〇〇年，第四九八頁。
② 《金史》卷一〇五《程寀傳》，中華書局一九七五年，第二三〇七頁。
③ （同治）《畿輔通志》卷一四〇《金石》引金李端謀《智度寺邑人供塔銘》，上海古籍出版社一九九一年，第五四五四頁。
④ 《金史》卷八二《移剌温傳》，中華書局一九七五年，第一八四七頁。

修。」龔志、孫志如之。今按，海陵朝修起居注者，自天德迄正隆，見於記載如郭長倩①、楊伯雄②、高懷貞③、納和椿年④、張仲軻⑤、敬嗣暉⑥、蕭彭哥⑦、高藥師⑧、鄭子聃⑨、劉元真等等⑩。海陵爲樹立儉樸形象，「或服補綴，令記注官見之」⑪。海陵起於弒君，終於被弒，貶爲「庶人」，記注或亡失。大定六年，世宗謂右丞相、監修國史紇石烈良弼曰：「海陵時，記注皆不完。人君善惡，爲萬世勸戒，記注遺逸，後世何觀？其令史官旁求書之。」⑫一方面，海陵朝「修起居注不任

① 《金史》卷一二五《文藝傳》，中華書局一九七五年，第二七二〇頁。
② 《金史》卷一〇五《楊伯雄傳》，中華書局一九七五年，第二三一七頁。
③ 《金史》卷一二九《佞幸傳》，中華書局一九七五年，第二七八九頁。
④ 《金史》卷八三《納和椿年傳》，中華書局一九七五年，第一八七二頁。
⑤ 《金史》卷一二九《佞幸傳》，中華書局一九七五年，第二七八一頁。
⑥ 《金史》卷九一《敬嗣暉傳》，中華書局一九七五年，第二〇二八頁。
⑦ 《金史》卷五《海陵紀》，中華書局一九七五年，第九八頁。
⑧ 《金史》卷一二九《佞幸傳》，中華書局一九七五年，第二七九三頁。
⑨ 宋張棣《金圖經·族帳部曲録》，見李澍田等《金史輯佚》，吉林文史出版社一九九〇年，第九六頁。
⑩ 宋張棣《正隆事跡》，見李澍田等《金史輯佚》，吉林文史出版社一九九〇年，第二二六頁。
⑪ 《金史》卷五《海陵紀》，中華書局一九七五年，第一一七頁。
⑫ 《金史》卷八八《紇石烈良弼傳》，中華書局一九七五年，第一九五一頁。

直臣，故所書多不實」①；另一方面，世宗令史官補修，或有所篡改，即所謂「海陵被弑，諸公逢迎，極力詆毁，書多醜惡」②。至於「天德起居注」，當作「海陵起居注」，與修者非宗敘一人。

《世宗起居注》。倪志、錢志缺録。金志著録：「大定七年，詔紇石烈良弼、石琚、楊邦基、夾谷衡等同修。」龔志、孫志如之。今按，此説不惟掛一漏萬，亦與當時修起居注制度不符。修起居注者，每日橐筆從駕，記録皇帝「起居」言行。世宗在位近三十年，與修者甚多，如楊邦基③、楊伯仁④、張汝弼⑤、移剌子敬⑥、劉仲誨⑦、移剌道⑧、賈少沖⑨、粘割斡特剌⑩、王天祺⑪、徒單

---

① 《金史》卷六《世宗紀》，中華書局一九七五年，第一四三頁。
② 元蘇天爵《滋溪文稿》卷二五《三史質疑》，中華書局一九九七年，第四二三頁。
③ 《金史》卷九〇《楊邦基傳》，中華書局一九七五年，第二〇〇七頁。
④ 《金史》卷一二五《文藝傳》，中華書局一九七五年，第二七二四頁。
⑤ 《金史》卷八三《張汝弼傳》，中華書局一九七五年，第一八六九頁。
⑥ 《金史》卷八九《移剌子敬傳》，中華書局一九七五年，第一九八八頁。
⑦ 《金史》卷七八《劉仲誨傳》，中華書局一九七五年，第一七七三頁。
⑧ 《金史》卷八八《移剌道傳》，中華書局一九七五年，第一九六七頁。
⑨ 《金史》卷九〇《賈少沖傳》，中華書局一九七五年，第二〇〇〇頁。
⑩ 《金史》卷九五《粘割斡特剌傳》，中華書局一九七五年，第二一〇七頁。
⑪ 《金史》卷五《世宗紀》，中華書局一九七五年，第一四〇頁。

鎰①、夾谷衡②、移剌傑③、党懷英④、崇璧等等⑤。另，大定之前，皇帝與宰臣議事，記注官不得預聞。大定十二年，世宗諭曰：「史官記人君善惡，朕之言動及與卿等所議，皆當與知，其於記録無或可隱。可以朕意諭之。」遂形成制度，「置史官於左右，言動必書，所以儆戒人君，庶幾有所畏也」⑥。

《章宗起居注》。倪志、錢志缺録。金志著録：「守貞等修。」龔志、孫志如之。今按，《金史》卷七三《完顔守貞傳》：章宗即位，「守貞與修起居注張暐奏言：『唐中書門下入閣，諫官隨之，欲其預聞政事，有所開説。又起居郎、起居舍人，每皇帝視朝，左右對立，有命則臨階俯聽，退而書之，以爲起居注。緣侍從官每遇視朝，正合侍立。自來左司上殿，諫官、修起居注不避，或侍從官除授及議便遣，始令避之。比來一例令臣等回避，及香閤奏陳言文字，亦不令臣等侍立。則凡有聖訓及所議政事，臣等無緣得知，何所記録，何所開説？似非本設官之義。若漏泄政事，自有不

① 《金史》卷九九《徒單鎰傳》，中華書局一九七五年，第二一八六頁。

② 《金史》卷九四《夾谷衡傳》，第二〇九二頁。

③ 《金史》卷七《世宗紀》，第一六九頁。

④ 《（同治）畿輔通志》卷一四〇《金石志》著録《重修文宣王廟記》，署大定二十五年「承德郎充翰林修撰同知制誥兼修起居注國史院編修官」党懷英篆額。上海古籍出版社一九九一年，第五四五五頁。

⑤ 《金史》卷八《世宗紀》，中華書局一九七五年，第一九五頁。

⑥ 《金史》卷七《世宗紀》，中華書局一九七五年，第一六九頁。

密罪。』上從之。」可見，守貞以左丞奏修起居注事，而非修撰。

章宗朝修起居注制度有所變化。一是强化記注院地位。明昌元年，「以有司言，登聞鼓院同記注院，勿有所隸」①；二是終止了乃祖所定制度。明昌四年，「敕自今御史臺奏事，修起居注並令回避」②；三是提高了選拔與修者的素質要求。泰和三年，「詔選聰明方正之士爲修起居注」③，一時聞人如張暐④、完顔烏者⑤、夾谷守中等皆入選⑥。

元末時，《章宗起居注》仍有部分稿本流傳。元趙汸《東山存稿》卷五《書趙郡蘇公所藏經史遺事後》：

翰林學士張行簡《起居注草稿》，起明昌六年正月朔，止三月十五日，後有張公題識及部數，脱稿提空式。今趙郡蘇公通輯爲一卷而藏之。……《起居注》記章宗言動甚詳，其禮儀、國用、除罷、聘好，可備參考。所云禮部尚書張（空其名）爲讜直官重勘鎬王獄者，乃張公之父諱，故下文

① 《金史》卷九《章宗紀》，中華書局一九七五年，第二一六頁。
② 《金史》卷一〇《章宗紀》，中華書局一九七五年，第二二八頁。
③ 《金史》卷一一《章宗紀》，中華書局一九七五年，第二六一頁。
④ 《金史》卷一〇六《張暐傳》，中華書局一九七五年，第二三二七頁。
⑤ 《金史》卷八三《張汝霖傳》，中華書局一九七五年，第一八六七頁。
⑥ 《金史》卷一二一《忠義傳》，中華書局一九七五年，第二六四二頁。

書名字皆闕。其右體新史言，允中之獄，成於宰相無將妄想之奏，朝臣惟曹利用乞貸其死，而章宗不從，則猶有未厭人心者。時張公已罷兼職，不及記覆治何狀。不然，尚書當時名士，以讜直舉，豈得默默無一言邪？張公自言「以明昌三年閏二月兼記注，凡三十九日」，而本傳不書，《百官志》亦不言起居注嘗用學士兼，則闕文多矣。且當時左右有簪筆之臣，纂修有實録之篇，史官不爲虚設，而典籍散失如此，良可惜哉！

《衛紹王起居注》。諸補志缺録。今按，《金史》卷一三《衛紹王紀》：「身弑國蹙，記注亡失，南遷後不復紀載。」所謂記注亡失，原本有之，如女奚烈守愚除修起居注①，納坦謀嘉以翰林修撰兼修起居注②。

《宣宗起居注》。諸補志缺録。今按，宣宗朝修起居注如故，許古以左司員外郎兼起居注③、王良臣以參議官修起居注④。同時，還恢復了世宗朝有關制度。平章政事抹然盡忠言：「記注之官，

① 《金史》卷一二八《循吏傳》，中華書局一九七五年，第二七六九頁。
② 《金史》卷一〇四《納坦謀嘉傳》，中華書局一九七五年，第二二八七頁。
③ 《金史》卷一〇九《許古傳》，中華書局一九七五年，第二四一四頁。
④ 《金史》卷一五《宣宗紀》，中華書局一九七五年，第三四〇頁。

奏事不當回避，可令左右司官兼之。」①宣宗以爲然，遂「爲定制」②。貞祐南渡後，因國力衰竭，不得不減省職官，因而未見專職修起居注者。

《哀宗起居注》。諸補志缺録。今按，哀宗在位十年，雖國祚危在旦夕，未見更改前朝制度，元好問即以「尚書省左右司員外郎兼修起居注」③。金亡後，一些名士紛紛補修，如元好問《壬辰雜編》、劉祁《歸潛志》、王鶚《汝南遺事》、楊奐《天興近鑒》等，爲補哀宗朝事跡提供了詳實資料。

三、修纂《遼史》。有金一代，兩修《遼史》，一成於皇統八年。倪志「史部正史類」著録「金蕭永祺《遼紀》三十卷、《志》五卷、《傳》四十卷」。金志、錢志、孫志如之。龔志作「耶律固撰」。今按，《遼史》屬正史，由國史院修纂。遼亡後，契丹士人耶律固奉詔譯書，官至廣寧尹。「作《遼史》未成，永祺繼之」④。而繼之者不止永祺一人。《金史》卷八九《移剌子敬傳》：「皇統間，特進移剌固修《遼史》，辟爲掾屬，《遼史》成，除同知遼州事。」

二成於泰和七年。倪志著録「陳大任《遼史》」，錢志、龔志、孫志如之。金志作「党懷英《遼

① 《金史》卷一〇一《抹然盡忠傳》，中華書局一九七五年，第二二二九頁。
② 《金史》卷五六《百官志》，中華書局一九七五年，第一二八〇頁。
③ 元駱天驤《類編長安志》卷一〇《石刻》著録《金朝列大夫武騎尉賜紫金魚袋文儒武君墓碑》，署「前中順大夫尚書省左右司員外郎兼修起居注賜紫金魚袋元好問［銘］」。中華書局一九九〇年，第三二三頁。
④ 《金史》卷一二五《文藝傳》，中華書局一九七五年，第二七二〇頁。

史》，陳大任繼修」。今按，章宗即位後，「命參知政事移剌履提控刊修《遼史》」①。党懷英「與鳳翔府治中郝俣充《遼史》刊修官，應奉翰林文字移剌益、趙渢等七人爲編修官。凡民間遼時碑銘墓誌及諸家文集，或記憶遼舊事，悉送上官」②。其間，或人事變遷，預修者亦有所調整。泰和元年，「增修《遼史》編修官三員，詔分紀、志、傳刊修官，有改除者以書自隨」③。泰和六年，党懷英致仕，「敕翰林直學士陳大任以本職專修《遼史》」④。此外，賈鉉⑤、蕭貢等亦先後預修⑥。「當時去遼不遠，文籍必有存者，猶數敕有司搜訪事跡。其書又經党懷英、趙渢、王庭筠諸名士之手。章宗屢嘗促之，僅二十年，陳大任始克成編」⑦。

《遼史》屢經刊修，却因德運繼統問題歧議而未付梓，「金尚書省會官集議德運所存案牘之文」⑧《大金德運圖説》記載清楚。另，金元好問《灤水郡侯耶律公墓誌銘》云：「泰和中，詔修

① 《金史》卷九《章宗紀》，中華書局一九七五年，第二一二頁。
② 《金史》卷一二五《文藝傳》，中華書局一九七五年，第二七二六頁。
③ 《金史》卷一二五《文藝傳》，中華書局一九七五年，第二七二七頁。
④ 《金史》卷一二《章宗紀》，中華書局一九七五年，第二七七頁。
⑤ 《金史》卷九九《賈鉉傳》，中華書局一九七五年，第二一九一頁。
⑥ 《金史》卷一〇五《蕭貢傳》，中華書局一九七五年，第二三二〇頁。
⑦ 元蘇天爵《滋溪文稿》卷二五《三史質疑》，中華書局一九九七年，第四二一頁。
⑧ 清紀昀等《四庫全書總目》卷八二《史部政書類》，中華書局一九九七年，第一〇九〇頁。

《遼史》。書成，尋有南遷之變，簡册散失，世復不見。」①然此説不確，或因戰亂而未及檢閲。元蘇天爵《滋溪文稿》卷二五《三史質疑》引陳大任《遼史》云：「周殿前都點檢趙匡胤廢其主自立。今修《宋史》，用是例歟？別有説歟？」則當時金修《遼史》猶存。凡此種種説明，諸補志脱離金代修史制度，不少説法或失之臆測，與實際牴牾。

三、著録書目或不求甚解。諸補志於金代文獻似不甚熟悉，著録頗草率。如《太祖女真大字》、《熙宗女真小字》。倪志、錢志缺録，金志「經部小學類」著録「完顔希尹撰」，龔志謂「完顔師尹」。惟孫志近之：《字書》，完顔希尹撰；《女真小字》，熙宗撰。今按，所謂師尹，當作希尹。《金史》卷七三《完顔希尹傳》：「金人初無文字，國勢日强，與鄰國交好，迺用契丹字。太祖命希尹撰本國字，備制度。希尹乃依仿漢人楷字，因契丹字制度，合本國語，製女真字。天輔三年八月，字書成，太祖大悦，命頒行之。」此外，還有耶魯，亦作葉魯。天會三年，奉詔赴上京教授女真字②。明昌五年，「以葉魯、谷神（希尹）始製女真字，詔加贈封，依倉頡立廟盩厔例，祠於上京納里渾莊，歲時致祭」③。則女真大字系完顔希尹、葉魯等人所製。至於《女真小字》，乃熙宗完

① 元蘇天爵《元文類》卷五一，上海古籍出版社一九九三年，第六六〇頁。
② 《金史》卷三《太宗紀》，中華書局一九七五年，第五三頁。
③ 《金史》卷一〇《章宗紀》，中華書局一九七五年，第二三一頁。

顔亶撰作。《金史》卷四《熙宗紀》：天眷元年，「頒女真小字」；皇統五年，「初用御製小字」，與希尹等所製大字並行使用。

又，女真字譯書。金志史部「正史類」著録《史記譯解》、《西漢書譯解》；「雜史類」著録《女真字貞觀政要》；子部「雜家類」著録《女真字白氏策林》，俱歸徒單鎰。龔志史部「正史類」、「故事類」如之。倪志、錢志、孫志缺録。今按，這些著録多不確，一是書名妄加「解」字，二是譯者乃徒單子温。《金史》卷九九《徒單鎰傳》：「大定四年，詔以女真字譯書籍。五年，翰林侍講學士徒單子温進所譯《貞觀政要》、《白氏策林》等書。六年，復進《史記》、《西漢書》，詔頒行之。」諸志檢閲未悉心，以爲徒單鎰傳所載，即想當然歸其名下。

又，錢志「經部譯語類」著録《女真字盤古書》、《女真字家語》、《女真字太公書》、《女真字伍子胥書》、《女真字孫臏書》、《女真字黄氏女書》、《女真字百家姓》、《女真字母》等七種，未注出處。龔志如之。今按，此説鈔自明楊士奇等《文淵閣書目》，尚遺《賢能言語傳》、《孔夫子書》、《孔夫子游國章》、《十八國鬥寶傳》、《海錢公書》、《善御書》、《武子受書》、《哈答咩兒于》等八種。另，女真文字創立後，至明代仍沿用。而楊士奇未言何時所譯，錢志即貿然著録，似有不妥。

又，《道德經全解》六卷。倪志、金志缺録。錢志「子部道家類」著録「時雍」撰。龔志如之。今按，「全解」現存明正統《道藏》本，卷首載正隆六年時雍序云：「故人郤去華，自真定復歸於亳，出《道德全解》示僕，莫知名氏。」則當時撰者姓名已佚，而錢氏未檢原書，將序文撰者當作

「全解」撰者。龔氏如之，以訛傳訛。

又，趙學士《老子集解》四卷、《老子全解》二卷。錢志「子部道家類」著録。今按，所謂「集解」四卷與「全解」二卷，實同書異名，編卷不同而已，當作《道德真經集解》。至於趙學士，指金代名儒趙秉文，而錢志不知何許人。孫德謙《金史藝文略·子部》著録云：

此書刻入《小萬卷樓叢書》。錢培名作跋云：「《道德真經集解》四卷，從《道藏》鈔出，原題趙學士句解，不著名字。解中有『趙秉文曰』、『秉文獨異之』云云。按《金史·趙秉文傳》，興定元年授侍讀學士，晉禮部尚書，仍兼侍讀學士。此題趙學士，其爲秉文無疑。本傳及元遺山《閑閑老人神道碑》述秉文所著，有《易叢説》、《中庸説》、《揚子發微》、《太玄箋贊》、《文中子類説》、《南華略識》、《列子補注》、《删集論語解》、《資暇録》諸書，獨不及《道德經》，蓋偶失之。《道德經》注者既多，注本經文亦參差互異，趙氏出入諸家，無所偏主，其所引如開元、政和陸希聲、司馬君實、吕惠卿諸注，皆存《道藏》；僧肇羅什、王雱遺説，亦見諸家援引。惟葉石林《老子解》，僅見於《直齋書録解題》；劉巨濟《老子注》，僅見於《郡齋讀書志》，今並失傳，而趙氏頗及之，亦可見其採輯之博。金源人著述，傳世頗希，趙氏此書，亦簡質近古，故校以授梓。考《歸潛志》謂秉文上至六經解、外至浮屠莊老、醫學丹訣，無不究心。其所著有《太玄解》、《老子解》。」則錢氏據《道藏》趙學士句解，而斷爲秉文作，得劉祁説，益可信矣。余故節録錢氏跋文，而並爲證成之。①

又，《草韻》十册。倪志、金志缺録。錢志「經部小學類」著録「張天錫、趙昌世撰」。龔志如之。孫志作《草書韻會》，張天錫撰，引明趙崡《石墨鐫華》所載趙秉文序云：「若《補元史藝文志》著《草韻》十册，題張天錫、趙世昌同撰，當别有依據矣。」今按，書名《草韻》當作《草書韻會》，現存日本覆刻明洪武本，全帙五卷二册，署張天錫撰，前有趙秉文引，後有完顔璹跋，均撰於正大間，與「趙昌世」無涉。錢、龔二志人云亦云。孫志雖近之，以未見原書，語焉兩可。

又，《續屏山杜氏春秋遺説》八卷。倪志「經部」題元敬鉉撰。錢志如之。龔志謂「敬鉉從孫儼編」。孫志「經部春秋」歸入金，云：「屏山先有是書，而敬鉉賡續之耳。考《歸潛志》卷一，純甫初爲詞賦學，後讀《左氏春秋》，大愛之。又云：爲文法莊周左氏，故其詞雄奇簡古。知純甫長於《左氏傳》矣。」今按，以上所舉，一書三説，皆不明撰者所致。敬鉉字鼎臣，易州人，興定五年詞賦進士，釋褐郟城簿，改白水令。尚書左丞張行信以次女嫁之②。壬辰後，依保定萬户張

① 商務印書館《遼金元藝文志》，一九五八年，第一三二頁。

② 金趙秉文《滏水集》卷一二《尚書左丞張公神道碑》，叢書集成初編本，中華書局一九八五年，第一七二頁。

柔①。遺山與之同年，有詩云：「三十餘年老兄弟，此回情話獨難忘。」②後以博學老儒召爲燕京路副提舉學校官。嘗讀書太寧山，學者因稱太寧先生云③。至於敬氏時代歸屬，入金或入元，仁者見仁。而書目著録，惟明孫能傳等《内閣藏書目録》卷二《經部》詳而有徵：「太寧先生敬氏《春秋備忘遺説》二册。敬鉉續杜屏山遺説，從孫敬儼編。内曲折辯論，扶持左氏，罔敢訂砭，爲左氏設也，凡八卷。」所謂杜屏山，李屏山之誤歟？

又，《金國文具録》。孫志「史部雜史」著録：「無撰人，見尤袤《遂初堂書目・雜史類》。」今按，宋使洪皓使金被留，嘗撰《金國文具録》，後遇赦歸國，進獻朝廷。尤氏所録與洪氏所獻，兩者同名，當是一書。尤氏學識淵博，偶失之考。

又，東陽滕秀穎《鳳山思遠記》。龔志「史部傳記類」著録，注曰：「記三滕始末。」今按，秀穎，宋使滕茂實字。《中州集》卷一〇《滕奉使茂實》云：「庚子春，自山東還鄉里，值鄉先生雁門李鍾秀求秀穎詩文。鍾秀云：『喪亂以來，家所藏書，焚蕩都盡。避兵山中民家，偶於破箱中得秀穎詩一編，紙已敗壞。前有序，秀穎自作，可辨者百餘字，大略言能安於死生之分，而不能忘感

① 元魏初《青崖集》卷五《故總管王公神道碑銘》，文淵閣四庫全書本。
② 《遺山先生文集》卷九《與同年敬鼎臣宿順天天寧寺僧舍》，四部叢刊本。
③ 元吴澄《吴文正公文集》卷一一《春秋備忘序》，文淵閣四庫全書本。

慨不平之氣。』又曰：『蘇屬國牧羊海上，而五言詩之作自此始，予敢援以爲例。』後敘是筆吏林泉野老彦古，年七十八，手録三滕始末，號《東陽滕秀穎鳳山思遠記》者。」據此，《鳳山思遠記》系滕氏詩編之「後敘」，由「林泉野老彦古」撰；該記爲「三滕始末」文題，而非藝文書目。

又，移剌慥《大定律例》十二卷。金志「史部法令類」著録《皇統制條大定律例》。倪志缺録。龔志作《皇統制條》、《大定重修制條》十二卷。孫志謂《大定律例》十二卷。今按，《金史》卷四五《刑志》云：

（大定十七年）上以《正隆續降制書》多任己意，傷於苛察；而與皇統之制並用，是非淆亂，莫知適從，奸吏因得上下其手，遂置局，命大理卿移剌慥總中外明法者共校正。乃以皇統、正隆之制及大定《軍前權宜條理》、《後續行條理》，論其輕重，删繁正失。制有闕者，以律文足之。制、律俱闕及疑而不能決者，則取旨畫定。《軍前權宜條理》内有可以常行者亦爲定法，餘未應者亦别爲一部存之。參以近所定徒杖減半之法，凡校定千一百九十條，分爲十二卷，以《大定重修制條》爲名，詔頒行焉。

史載重修原委清楚，當作「移剌慥等《大定重修制條》十二卷」，以準確反映「命大理卿移剌慥總中外明法者共校正」的内涵。

又，《孔氏實録》一卷。龔志「史部傳記類」列「孔元措《孔氏祖庭廣記》」後，云：「《四庫附存目》採集《永樂大典》本。末一條云：『大蒙古國領中書省耶律楚材奏准皇帝聖旨於南京，特取襲封孔元措令赴闕里奉祀」。此書或即元措所撰歟?」今按，《孔氏實録》十二卷，元施澤之撰。而《祖庭廣記》纂者孔元措，乃孔子五十一世孫，明昌元年襲封衍聖公，承安二年詔兼曲阜縣令。金亡後，仍襲封衍聖公①。其《祖庭廣記》十二卷，正大四年付梓，壬寅歲再印，題記云：「大蒙古國領中書省耶律楚材奏准皇帝聖旨，於南京特取襲封孔元措，令赴闕里奉祀，來時不能挈負《祖庭廣記》印板，今謹增補校正重開，以廣其傳。壬寅年五月望日。」② 壬寅，蒙古太宗乃馬真后稱制元年（一二四二）。至於《孔氏實録》「大蒙古國領中書省耶律楚材奏准」云云，實傳鈔舛訛，移甲付乙而已。

又，張行簡《改定太乙新曆》。倪志「子部天文類」著録。錢志、孫志如之。龔志「太乙」作「太一」，另著録《太乙新曆》：「無名氏上進，楊雲翼參訂。」今按，張行簡預校曆事有二：一是明昌中，「司天臺劉道用改進新曆，詔學士院更定曆名，行簡奏乞覆校測驗，俟將來月食無差，然後賜名。詔翰林侍講學士党懷英等覆校」；二是泰和六年，「秘書監進《太一新曆》，詔行簡校之」③。其時行簡爲禮部尚書，「司天臺」隸之，前此又嘗兼任「提點」，因奉詔校驗。可見，文獻

① 《金史》卷一〇五《孔元措傳》，中華書局一九七五年，第二三一二頁。
② 清陸心源《皕宋樓藏書志》卷二六，續修四庫全書本，上海古籍出版社影印。
③ 《金史》卷一〇六《張行簡傳》，中華書局一九七五年，第二三三二頁。

所記，並無「改定」事。另，當時預校者亦非張氏一人，張氏、党氏之外，還有楊氏。《遺山先生文集》卷一八《内相文獻楊公神道碑銘》：「有以《太一新曆》上進者，尚書省檄公（楊雲翼）參訂，摘其不合者二十餘條，曆家稱焉。」至於「太乙」，當作「太一」，史傳、碑銘記載明確。這些著録將簡單問題複雜化，均屬檢閲漫不經心。

又，張守愚《平遼議》三卷。倪志「子部兵書類」著録「三篇」。錢志、龔志、孫志改作「三卷」。今按，《金史》卷一〇《章宗紀》：承安元年，「國子學齋長張守愚上《平邊議》三篇，特授本學教授，仍以其議付史館。」三家書志之誤，皆未悉心檢閲所致。

又，《象數雜説》。倪志「經部易類」及金志、錢志、龔志著録，俱歸趙秉文名下。今按，此説無據，《金史》卷一一〇《楊雲翼傳》記載明確，爲楊氏所著。另，倪志「子部五行類」著録楊雲翼《氣數雜説》，孫志如之，云：「此書當即《象數雜説》。《補遼金元藝文志》載之，故據以著録。」《氣數雜説》之「氣」，乃「象」字誤。既知有誤，仍重複著録。

又，李純甫《西方父教》。金志「子部釋家類」著録：「純甫解上二經（《楞嚴經解》、《金剛經解》），統數十萬言，號西方父教。」龔志作《西方文教》。倪志「子部儒家類」又著録《中國心學》。今按，「父」乃「文」之誤。金劉祁《歸潛志》卷一：「又解《楞嚴》、《金剛經》、《老子》、《莊子》，又有《中庸集解》、《鳴道集解》，號爲『中國心學、西方文教』數十萬言。」所謂中國心學，指老莊與儒家之學，如《老子》、《莊子》之解及《中庸集解》；所謂西方文教，指西來佛教，如

《楞嚴經》、《金剛經》之解及屏山《鳴道集解》。因此，無論「西方文教」，或是「中國心學」，俱非經籍書目。

又，張特立《集説》。倪志「子部儒家類」著録，歸入金。錢志「經部易類」作《易集説》，歸入元。龔志又作《周易集説》。孫志謂「此書疑即《易集説》，今從（倪氏）《補遼金元藝文志》」。今按，所謂《集説》，《元史》卷一九九《隱逸傳》作《易集説》，則是漏鈔「易」字。此外，錢志又著録《張氏易解》十卷，注曰：「見王惲《秋澗集》。」另，孫志「經部」亦著録：「其爵里名字無可考。見（錢氏）《補元史藝文志》。」所謂張氏，當指張特立，金、元兩史俱有傳。其《易解》即《易集説》。金末元初，以《易》學名世張氏者，文獻所及，惟張特立一人。元李簡《學易記序》云：「歲在壬寅（蒙古太宗乃馬真后稱制元年、一二四二年）春三月，予自泰山之萊蕪，挈家遷東平，時張中庸（特立）、劉佚庵（肅）二先生與王仲徽輩，方集諸家《易》解而節取之，一相見，遂得廁講席之末，前後數載，凡讀六七過，其書始成。」①

又，岳熙載《天文精義賦》三卷、《天文祥異賦》一卷、《天文主管釋義》三卷。錢志「子部天文類」著録，撰者注爲「金司天大夫」。龔志、孫志如之。今按，清錢曾《讀書敏求記》卷三著録《天文主管釋義》，李泰撰。另，清紀昀等《四庫全書總目》卷一〇七著録《天文精義賦》，作「四

① 清顧嗣立《元詩選》癸集之甲，中華書局二〇〇一年，第二八頁。

卷」，云：「舊題管勾天文岳熙載撰並集注，而不著其時代。案注中多引《宋史·天文志》，當爲元末人。」而諸補志未經考證，失之輕率。

又，《金源郡王完顏勖諫表》。金志「集部表類」著録。今按，《金史》卷六六《完顏勖傳》引大定二十年詔曰：「太師勖諫表詩文，甚有典則，朕自即位，所未嘗見。其諫表可入實録，其《射虎賦》詩文等篇什，可鏤板行之。」所謂「諫表可入實録」，指義明確，非裒集付梓。至於《射虎賦》詩文等篇什鏤板，當是詩文集，並包括那些諫表。另，金志「集部詩集類」著録《金源郡王完顏勖詩集》，亦理解片面，有「詩」無「文」，未得史載要領。

又，王嚞《全真前後韜光集》。龔志「子部道家類」著録，且另著録《全真集》十三卷、《重陽集》、《重陽教化集》三卷、《分梨十化集》二卷、《金關玉鎖訣》一卷、《重陽採丹陽二十四訣》一卷等。今按，如此著録，問題有三：一是《全真前後集》與《全真集》實同一書。金秦志安《金蓮正宗記》卷二《重陽王真人》云：「東海西秦，勸化道俗，長歌短詠，殆千餘首，目之曰《全真前後集》，並《雲中録》，明鉛汞坎離之説，盛行於世。又答登州道衆書詩及十九枝圖。」重陽卒後，印行二次，一爲大定二十三年，弟子馬鈺倡議京兆道衆聚財雕版，「分爲《全真前後集》傳於世，玉峰老人胡光謙爲之傳」①；大定二十八年，弟子劉處玄令門徒化緣付梓，編爲九卷，不分「前後」，寧海學正范懌爲之序。所謂「十三卷」，系弟子整理續編，流傳至今。可見，從《全真前後集》到《全真集》，因編輯有别而發生了版本、名稱變化。至於《韜光集》，僅見元代道士著録②，或即《金蓮正宗記》所謂「答登州道衆書詩及十九枝圖」？以其遺佚，不可考也。

二是《重陽集》。龔志注云：「分爲上曰《下手遲》、中曰《分梨十化》、下曰《好離鄉》，類皆玄談妙理，共三百餘篇。」所謂重陽集，由「注云」可知，當作《全真教化集》，乃重陽度化丹陽的詩詞唱和之作。全書三帙三卷，總序三篇之外，每帙另有引文一篇，今存明正統《道藏》本。

三是《金關玉鎖訣》、《重陽採丹陽二十四訣》各一卷。這兩「訣」皆述内丹修煉事，未見重陽弟子著録，或是《雲中録》中篇章，即《金蓮正宗記》所謂「明鉛汞坎離之説」。後來遺佚，僅存兩「訣」，雖各自篇幅短小，仍編卷以湊成數。另，「採」字刊誤，當作「授」字。

又，譚處端《水雲前後集》。龔志「子部道家類」著録：「長真子譚處端撰，范懌序。又有《語録》，見《道書全集》。」另，「集部别集類」又著録《水雲集》、「羽士譚處端」撰。今按，長真

① 金劉祖謙《終南山重陽祖師仙跡記》，見元李道謙《甘水仙源録》卷一，明正統《道藏》本，文物出版社等一九九四年，第一九册七二六頁。

② 元陳致虚《上陽子金丹大要列仙志》：「乃以純陽所授秘訣五篇盡付七人，有《全真前後集》、《韜光集》、《雲中集》、《分梨十化説》行於世。」明正統《道藏》本，文物出版社等一九九四年，第二四册七五頁。今按，所謂《雲中集》，當是《雲中録》。

卒後，其集在金凡三刻，范懌父子等相繼爲序，未涉「前後」①。此外，金秦志安《金蓮正宗記》卷四《長真譚真人》、元劉天素《金蓮正宗仙源像傳・長真子》、元完顔崇實《白雲仙表・長真真君》亦如此。惟元趙道一《歷世真仙體道通鑑續編》卷二《譚處端》作《水雲前後集》②，不知所據。另，錢志「集部別集類」著録《水雲集》三卷，歸入元，不考尤甚。

又，完顔綱《類編陳言文字》二十卷。倪志「集部表奏類」著録。今按，《金史》卷九八《完顔綱傳》：泰和四年，「詔綱與喬宇、宋元吉編類陳言文字。綱等奏，『凡關涉宫庭及大臣者摘進，其餘以省臺六部各爲一類』，凡二十卷。」則奉詔者不獨完顔氏。

又，《蘭泉集》。金志「集部別集類」吕中孚名下著録《蘭泉集》、《清漳集》。今按，《中州集》卷七《吕中孚》：「累舉不第，以詩文自娱，有《清漳集》行於世。」至於《蘭泉集》，系蘭泉先生張建著。在《金史》卷一二六《文藝傳》中，吕、張二人事跡相聯，金氏或一時看走眼，隨手鈔誤。此後又著録張建《蘭泉老人集》。則是訛誤在先，重複繼之。

又，《王敏夫集》。倪志「集部別集類」著録。錢志、龔志如之，又增出《許蜕詩集》。今按，

---

① 《水雲集》卷首載范懌序，卷末載范某及無名氏後序，明正統《道藏》本，文物出版社等一九九四年，第二五册八四五頁、八四六頁。

② 明正統《道藏》本，文物出版社等一九九四年，第五册四二三頁。

《中州集》卷九《王敏夫》：「五臺人，作詩工於賦物，甚爲趙宜之所稱。雁門前輩中有許蛻子遷，以《武皇廟》詩著名。又《酒渴》後四句云：『眼底恨無雲夢澤，胸中疑有沃焦山。南窗花影三竿日，指點銀瓶照病顔。』有集傳河東，往往稱此。」據文意，有集傳河東者，指許蛻。集中之《武皇廟》、《酒渴》二詩，均出自許蛻手筆，爲時人所稱。至於《王敏夫集》，小傳未涉，出處不明。

又，《陳規章奏》、《許古章奏》。金志「集部奏疏類」、龔志「集部雜著類」著録。今按，陳規與許古，《金史》俱立傳，俱擢明昌五年詞賦進士，俱官諫臺，以直言稱，俱好爲詩書，或有奏章結集行世。除陳規「諫表」有説，陳、許「奏章」未見記載。另，金志「集部别集類」著録韓昉《韓昉表》、韓玉《應制集》、虞仲文《虞仲文詩》；龔志「經部小學類」著録毛麾《平水韻》等等，亦屬此類，俱牽强傅會。

又，《樗軒居士集》。龔志「集部别集類」著録，注曰：「越王允常子，世宗孫。」另，又著録《如庵小稿》六卷，云：「金志别載樂府、詩一百首，又三百首《如庵小稿》詩。」所著録兩書之間又插入完顔永成《樂善老人集》，或以爲《樗軒居士集》與《如庵小稿》分屬兩人。今按，《中州集》卷五《密國公璹》：「所居有樗軒，又有如庵。自號樗軒老人，其詩號《如庵小稿》。」未見以「樗軒」名其集。

又，元好問《金源野史》。金志「史部雜史類」著録，孫志如之。今按，此説源自元郝經《陵川集》卷三五《遺山先生墓銘》：「往來四方，採摭遺逸，有所得，輒以寸紙細字親爲記録，雖甚醉不忘於是，雜録近世事至百餘萬言，捆束委積，塞屋數楹，名之曰野史亭，書未就而卒。」所謂野史，系亭之名，元氏所著，乃《壬辰雜編》、《金源名臣言行録》等。

又，《中州元氣》十册。錢志《集部詞曲類》著録，歸入元。今按，書名當作《中州元氣集》。明孫能傳等《内閣藏書目録》卷五《樂律部》著録：「《中州元氣集》四册，不全。莫詳編集姓氏，皆古樂府詞曲也，凡十册，今闕其六。」另，明楊士奇等《文淵閣書目》卷一〇、明錢溥《秘閣書目·詩辭》、明葉盛《菉竹堂書目》卷四等亦著録。所謂中州元氣，指中州道統文脈，與《中州集》冠名的内涵一致。該集收金及金元易代之際作品，《永樂大典》屢見徵引，編者當是金末士人。如「文」有雷淵《竹閣寺記》①，「詩」有劉瞻《絶句》、《墨梅》②；王庭筠《題張家鋪》、《偶作》、《絶句》二首③；劉昂《失題》、《讀山谷詩》④；李純甫《送蕭晉卿西行》⑤；麻九疇《紅梅》五首⑥；房皞《紅梅》⑦；李章《讀太白詩》六首、《讀過齋詩》、《雜詩》三首、《絶句》三首、《漫

① 《永樂大典》卷一三八二四寺字韻引《中州元氣集》，中華書局一九九八年，第六册五九二一頁。
② 《永樂大典》卷九〇三詩字韻、卷二八一三梅字韻，中華書局一九九八年，第九册八五六五頁、第二册一五〇四頁。
③ 《永樂大典》卷一四五七六鋪字韻、卷九〇三詩字韻，中華書局一九九八年，第七册六四七二頁、第九册八五六五頁。
④ 《永樂大典》卷二八一三梅字韻、卷九〇三詩字韻，中華書局一九九八年，第二册一五〇四頁、第九册八五六五頁。
⑤ 《永樂大典》卷八六二八行字韻，中華書局一九九八年，第四册三九八四頁。
⑥ 《永樂大典》卷二八〇九梅字韻，中華書局一九九八年，第二册一四六二頁。
⑦ 《永樂大典》卷二八〇九梅字韻，中華書局一九九八年，第二册一四六二頁。

成》、《東湖曲》、《寄王鼎玉》等等①，《中州集》均失收。至於「皆古樂府詞曲」，既未見實例，也同以上所舉不合。

四、著録標準或雜亂無章。一是不論真僞，聞疑存疑。如《續古今考》九卷，龔志「子部小説家類」著録：「題元好問，蓋後人僞託也。」孫志「子部雜家」亦著録：「書非好問作，然《提要》於雜家附存其目，故今亦聞疑載疑云。」今按，清紀昀等《四庫全書總目》卷一二六《子部雜家類》：

此編莫省所自來。前有永樂四年解縉序，詞意凡鄙，殊不類縉文。其《論晉書》以十六國爲載記，不若《東都事略》以遼金夏爲附録，決非金人之言。中間屢引《困學紀聞》、《文獻通考》。案王應麟生於宋寧宗嘉定十四年辛巳，其作《困學紀聞》，據袁桷序，應麟時年五十餘歲，當在咸淳末年，好問卒於憲宗七年丁巳，即宋理宗寶祐五年，是《困學紀聞》書成在其殁後二十年。《通考》雖成於宋末元初，其刊行於世，則在元英宗至治二年，在好問殁後又六十餘年，皆不應預爲徵引。至解《論語》「有婦人焉」，引來集之《樵書》，又引顧炎武語，皆明末國初之人。解《中庸》「屋漏」引陳司業之説，今見陳祖範《經咫》中，祖範薦舉經學，賜國子監司業銜，事在乾隆十六年。

① 《永樂大典》卷九〇三詩字韻、卷二二六三湖字韻、卷一四三八三寄字韻，中華書局一九九八年，第九册八五六四頁、第一册七五二頁、第七册六二九七頁。

則此書直近時人所爲，本可不著於録，以其託名古人，一故存而辨之，不使售欺焉。於是，聞疑存疑竟成爲著録規矩。如所聞之「疑」未能排除，存疑俟考，可聊備一説。而所「疑」既已冰釋，則應删除，以免是非混淆。

又，張師顔《南遷録》。錢志「史部雜史類」著録，署銜「金秘書省著作郎」①。龔志則作《金人南遷録》，《四庫全書總目》卷五二謂之「舛錯謬妄，不可勝舉」，仍歸金人書目。今按，《南遷録》非出自金人。一是自署銜名與史不合。金有秘書監而無秘書省。二是自序稱「大定甲戌冬，六飛南邁，新宅大都於宣武」。所謂「新宅大都」，發生在海陵貞元初，而非世宗大定時；另，「新宅」應指燕京，稱中都。至於「大都」，已是蒙古建國後的變化，透出書成於南宋與元並峙時期。三是章宗即位後，宫廷大亂，十幾日之内弑二君、立二帝。如此杜撰，超越想象。四是愛王大辨以父被殺而反叛，及女真遂發兵征討，述之雖詳，而《金史》卷八五《世宗諸子》涉及：「貞祐三年，太康縣人劉全嘗爲盜，亡入衛真界，詭稱愛王。所謂愛王，指石古乃。石古乃實未嘗有王封，小人妄以此目之。」五是選舉策問試題「泰和荒怠，群才不收，兵革紛攘，文字亦息，遂使四方之士懷才抱藝而不獲申，或陸沉於草野，或奔仕於境外」云云，必出自南宋小説家之手，露出摩仿金

① 清錢大昕《十駕齋養新録》卷八《南遷録》有所修正，云：「以《金史》紀傳校之，全不相應，大約南宋好事者妄作。」上海書店出版一九八三年，第一九三頁。

初選舉故事的痕跡①。六是年號與史載牴牾。如「天統」、「天定」等，聞所未聞。至於「大定甲戌」、「泰和十四年」，説明著者多少了解金之紀元。然而，大定無「甲戌」，泰和歷時僅八載，何來「十四年」？七是「天定」五年五月，朝廷諸大臣奉敕集議南遷，議者包括「樞密承旨提舉軍器完顔宗魯」、「樞密烏陵用章」、「右僕射聶希古」、「秘書監兼中書舍人俞憲之」等等。而這些議者及其官職在《金史》及金人著述裏難覓蹤影，不過子虚烏有。八是貞祐南遷，本是女真君主仓惶逃竄，而車駕離京竟駐大名凡數月。如此等等，從大事到細節，無不離譜，不過借用「世宗」、「章宗」等女真帝王的廟號，演繹出一部「戲説」大金秘史。因此，自宋迄元，學者多斷其僞。如宋趙與時《賓退録》卷三云：「近歲金虜爲韃靼所攻，自燕奔汴，有《南遷録》一编，盛行於時，其實僞也。」宋陳振孫《直齋書録解題》卷五《僞史類》云：「疑非北人語」，「歲月皆牴牾不合」。宋李心傳《建炎以來朝野雜記》乙集卷一九《女真南徙》云：「近傳《南遷録》事，悉差誤，蓋南人僞爲之，今不取。」元蘇天爵《滋溪文稿》卷二五《三史質疑》云：「遼末金初，稗官小説中間失實甚多，至如建元改號、傳次征伐及將相名字，往往杜撰，絶不可信。如張師顔《南遷録》，尤爲紕繆。」

① 《金史》卷一二七《隱逸傳》：天會四年，金兵破真定，拘籍境内進士試安國寺，「策問『上皇無道、少帝失信』，舉人承風旨，極口詆毁」云云。中華書局一九七五年，第二七四八頁。

二是考訂粗疏，混入非金人書目。如李純甫《成都大悲寺集》三卷。孫志「子部釋家」著録：「見《國史經籍志》」。今按，明焦氏《國史經籍志》未涉金人李純甫，其説源自《宋史》卷二〇五《藝文志》，有李之純《成都大悲寺集》二卷、《成都大悲寺記》二卷。然此「之純」爲名，字端伯，滄州無棣人，北宋進士，嘗出仕成都①，因撰作兩部關於大悲寺的著述。而金之「之純」爲字，名純甫。如此著録，不分名、字，將宋、金兩「之純」混爲一人。

又，斡道沖《周易卜筮斷》、《論語小義》。龔志經部「易類」、「四書類」著録。今按，斡道沖字宗聖，先世靈武人，後歸附西夏，居興州（今寧夏銀川），掌修國史，學識廣博，亦通夏文。西夏乾祐二年（金大定十一年、一一七一年），擢中書令，再進國相②。可見，斡道沖所著乃西夏藝文。

又，《大遼古今録》、《大遼事跡》。龔志「史部雜史類」、孫志「史部雜史類」著録：「皆金時高麗所進」。今按，此説出處不明。既謂金時高麗所進，當是高麗人所撰或高麗國所藏遼人著述，不當以此作爲著録依據。

又，王繪《甲寅通和録》。孫志「史部雜史」著録：「太常卿濟南王繪質夫撰。天會二年進士，

① 《宋史》卷三四四《李之純傳》，中華書局一九七七年，第一〇九四一頁。

② 元虞集《雍虞先生道園類稿》卷一五《故西夏相斡公畫像贊》，元人文集珍本叢刊本，臺北新文豐出版公司影印。

《中州集》有傳，此書不載。《提要》著録一卷，於『甲寅』上有『紹興』二字，稱宋王繪撰。然施國祁《史論五答》有云：『王繪《甲寅通和録》載李聿興言本朝制度，多是宇文相公所定，真所喜歡，時復支賜，宅舍都滿。』宇文相公者，當謂宇文虛中也。則觀其所言，似非宋人矣。」今按，宋、金各有名王繪者。《甲寅通和録》爲宋人王繪撰。清紀昀等《四庫全書總目》卷五二《史部雜史類》著録：紹興四年（天會十二年、一一三四年），宋以和議未成，遣魏良臣使金，王繪副之。「是時金軍壓境，朱勝非尚主和議，趙鼎頗不以爲然。良臣等行至天長，僅達國書而還。繪因備録其事，蓋鄙勝非等之無謀也。繪父名仲通，宣和中爲平海軍承宣使。以書抵蔡攸，力言用兵有十不可。其書附載卷末，蓋其父子皆有度時之識云。」至於以「宇文相公」之稱作爲「似非宋人」證據，亦過牽强。宇文氏在宋、金兩史各有傳，《宋史》：以忠被誣死。《金史》：以才負謗死。宇文氏以涉嫌謀逆被殺，在宋成爲英雄。宋人尊稱之「相公」，當屬正常。

又，《北風揚沙録》一卷。倪志「史部雜史類」著録，未涉撰人。孫志「史部」著録，云：「顧其末言『本朝建隆二年，始遣使來貢方物名馬貂皮』，考建隆宋太祖年號，而又稱爲『本朝』，則系宋人所作。然（倪氏）《補遼金元藝文志》則附金末，今從之。」今按，建隆，宋太祖年號。宛委山堂本《説郛》卷五五載陳準《北風揚沙録》，歸宋人著述。從書名看，當是南宋奉使金國者，與「本朝」語意相符，不當附「金末」。

又，張棣《金國志》二卷。龔志「史部雜史類」著録；另著録《金國志》一卷、《金圖經》一卷，歸「無名氏」。今按，張棣嘗仕金，淳熙中南下「歸正」。紹興十九年，以右承議郎知新州提舉荆湖北路常平茶鹽公事①。所謂《金國志》，亦名《金國記》、《金虜志》、《金虜圖經》、《金圖經》。清紀昀等《四庫全書總目》卷五二《史部雜史類》著録：「陳振孫《書録解題》曰：『淳熙中歸正人張棣撰。記金事頗詳。』振孫又言：『又一卷，不著名氏，似節略張棣書。其末又雜録金主亮以後事。』此本僅一卷，不署棣名，疑即陳氏所稱節本也。」

又，張匯《金國節要》三卷。龔志「史部雜史類」著録。今按，此書亦名《金虜節要》。撰者張匯字東卿，兗州人。宣和間，隨父官保州，靖康後滯留北方。紹興十年（金天眷三年、一一四〇年），南下「歸朝」，授從事郎②。

又，《煬王江上録》一卷。龔志「史部雜史類」著録，孫志如之，皆謂「金人所撰」，與清紀昀等《四庫全書總目》卷五二《史部雜史類》著録：「敘宋内侍梁漢臣爲金人所得，謀欲弱金事。所載漢臣勸金主都燕山，營汴梁，開海口，進兵采石，退至瓜洲，爲其下所害諸事，皆首尾畢具。觀其煬王之稱，當爲金人所撰。故虞允文拒守之事，略不一言也。」今按，余嘉錫《四庫提要辨證》卷五《史部别史類存目》詳引録中所涉「虞允文拒守之事」，云：「安得謂之『略不一言』，豈四庫

① 宋李心傳《建炎以來繫年要録》卷一六〇，中華書局一九八八年，第二五九六頁。

② 宋陳振孫《直齋書録解題》卷五《僞史類》，叢書集成初編本，中華書局一九八五年，第一三五頁。

所收之本有删節耶？其書稱亮曰虜主，稱宋曰大宋，亦非金人之詞也。」余先生之説頗是。

又，韓玉《東浦詞》一卷。宋陳振孫《直齋書録解題》卷二一《歌詞類》著録。清黄稷虞《千頃堂書目·集部詞曲類》亦著録：「韓玉字温甫，北平人，鳳翔府判官。」倪志、金志、龔志如之。今按，宋、金各有韓玉字温甫者，皆出自北方，而諸志不考，混爲一人。金之韓玉，因誣以謀反，囚禁而死，《金史》有傳。宋之韓玉，原系「北方之豪」①，後南下「歸正」。其時，張浚正籌措北伐，遂鼓倡用兵。隆興二年，孝宗與輔臣論及歸正人，「因語『（劉）藴古誕妄，亦韓玉、高禹之徒，信用之必大誤國事』。湯思退等曰：『此徒多欲結約，爲國生事，誠不逃聖鑒。』」② 乾道二年，添差通判隆興府，以故勒停，送柳州羈管。後起復，授右承務郎、軍器少監，兼提點御前軍器所③。至於《東浦詞》，現存明毛晋《宋六十家詞》本，所收多爲這位「歸正人」與南宋名流的唱合之作，吟詠那裏的山川風物，與金人韓玉毫不相干。

又，宇文懋昭《大金國志》四十卷。龔志「史部雜史類」著録。孫志引清錢曾《讀書敏求記》云：「宇文懋昭於端明元年表上所輯《大金國志》。懋昭竊禄金朝，爲淮西歸正人，宋改授承事郎

① 宋葉紹翁《四朝聞見録》丙集《司馬武子忠節》，中華書局一九九七年，第九九頁。
② 清徐松等輯《宋會要輯稿·兵》十五之十四，中華書局二〇〇六年，第七〇二三頁。
③《宋史》卷一六五《職官志》，中華書局一九七七年，第三九二一頁。

工部架閣。其所載誓書下直書差康王出質，且詳列北遷宗族，等於獻俘，可謂無禮於其君者矣。敢於表上其書，而端平君臣竟漫至不省，何也？」按曰：「此書今有刊本，以錢氏『竊禄金朝』諸語，則其書固在金時作也，故目録家皆題爲金。」今按，所謂「竊禄金朝」諸語，不足以證明「其書固在金時所作」。余嘉錫《四庫提要辨證》卷五《史部別史類》引李慈銘《郇學齋日記》癸集下云：「閲《大金國志》，此書前人多疑之，余謂實僞作也。宇文懋昭之名亦是景譔，蓋是宋元間人鈔撮諸紀載，間以野聞里説，故多荒謬無稽，復沓冗俗。而亦時有遺聞佚事，爲史所未及。」

又，《蒙古備録》。龔志「史部雜史類」著録，歸「無名氏」。今按，此説出處不明。南宋名將孟珙嘗與蒙古統帥那顔倴盞會商，「約爲兄弟」①，共同夾擊女真，著有《蒙韃備録》。韃，古代指北方游牧民族；南宋稱蒙古爲韃人、蒙韃。兩書之名微異，無實質區別，當是同一書。

又，陳文中《小兒痘診方論》一卷。孫志「子部醫家」著録，附其自序，署銜「和安郎判太醫局兼翰林良醫」。今按，陳氏署銜系兩宋太醫職官名目，與金代醫官無涉。《古今圖書集成·藝術典》卷五二八《醫部醫術名流列傳》：「陳文中字文秀，宋宿州人，爲和安郎判太醫局兼翰林良醫。明大小方脈，於小兒痘診尤精妙。淳祐中，與保安翰林醫正鄭惠卿同編《幼幼新書》，又著《小兒病方論》一卷。」陳氏著述流傳至今，有序有跋，記載清楚，同以上所引契合。

① 《宋史》卷四一二《孟珙傳》，中華書局一九七七年，第一二三七二頁。

又，移刺楚材《湛然居士文集》三十五卷。龔志「集部別集類」著録：「見焦氏《經籍志》，與耶律楚材分爲二人。耶律楚材隸於元人，此又收入金人，殊爲失考，已爲錢氏所譏。蓋漢字書曰耶律，契丹字書曰移刺，二人實即一人也。按楚材爲金尚書右丞履之子，元太宗拜中書令，追封廣寧王，謚文正，故附録焉。」今按，焦氏《國史經籍志》將「耶律楚材」與「移刺楚材」分作二人，反映了那個時代的學風。耶律、移刺，遼、金兩史互見，系契丹同一姓氏的漢語音譯，字無定形。至於「附録」《湛然居士文集》，失之隨意；又謂「三十五卷」，鈔自錢志，與實際不符。癸巳歲（蒙古太宗五年、一二三三年），中書省都事宗仲亨輯爲九卷，後人增補五卷，合計十四卷①。現存版本皆源於此。

又，王鶚《汝南遺事》。倪志「史部地理」著録，龔志列於「史部雜史」。今按，問題不在於書目分類，而在於撰者時代歸屬。王鶚字百一，曹州東明人，金哀宗正大元年詞賦狀元，釋褐翰林應奉文字，授尚書省右司都事，遷翰林修撰。入元後，官至翰林學士承旨，制誥典章，多所裁定。至元十年卒，謚文康，《元史》有傳。

① 金末元初王鄰《湛然居士文集序》：「外省官府得《居士文集》古律詩、雜文五百餘首，分爲九卷。」是爲宗仲亨輯本；後人又補輯五卷，續於卷九之後。另，清芳郭無名人《湛然居士文集後序》：「錢氏《補元史藝文志》著録《湛然集》三十五卷。又中書都事宗仲亨所輯文集止十四卷。此宗氏輯本，其三十五卷之集，則予未之見也。」中華書局一九八六年。

又，竇漢卿《標幽賦》二卷。龔志「子部醫家類」著録，作「金太師竇漢卿撰」。今按，竇默字自聲，初名傑字漢卿，廣平肥鄉人。金亡之際，南渡河依母族吴氏，遇名醫李浩，授以銅人針法。後避亂走荆湖，北歸隱於大名，與姚樞、許衡講習。蒙古藩王忽必烈居潛邸，聞其名，召至左右。中統元年，授翰林侍講學士。至元十七年，加昭文館大學士，卒贈太師，《元史》有傳。所謂「金太師」云云，不考尤甚。

又，王磐、徐世隆《大定治績》二卷。倪志「史部雜史類」著録：「至元二年進呈，凡一百八十餘章。」今按，《大定治績》鈔自《世宗實録》，以資蒙古汗王治世之鑒，編者俱由金入元士人。王磐字文炳，廣平永年人。正大四年經義進士。金末避兵亂，入淮襄，北歸後官至翰林直學士，《元史》有傳；徐世隆字威卿，陳州西華人，正大四年詞賦進士。金亡後，奉母北渡河。中統元年，授燕京等路宣撫使，累官翰林侍講學士兼太常卿，《元史》有傳。

又，徒單公履《張侯言行録》。孫志「史部」著録，以清莊仲方《金文雅》列之《作者姓名考略》，「故附著於此」。今按，徒單公履字雲甫，遼海女真人，金末經義進士。「學問該貫，善持論，世以通儒歸之」①。金亡仕元，《元史》稍見記載，至元十三年官翰林侍講學士②。所撰《書張侯言

① 元王惲《秋澗集》卷五九《碑陰先友記》，四部叢刊本。
② 《元史》卷九《世祖紀》，中華書局一九八三年，第一八二頁。

行録後》①，系「録」之跋，而非「録」之撰者，且《張侯言行録》是否藝文書目，亦當考證。

又，白樸《天籟集》二卷。倪志「集部詞曲類」著録，龔志如之。今按，白樸字太素，號蘭谷，原名恒字仁甫，隩州人，白華之子。金亡之際方七歲，遭壬辰汴京圍城之難，倉惶失母，賴遺山收養，挈之北渡。國亡家破的遭遇，使其終生有滿目山川之歎，遂不謀仕。至元十七年徙金陵，大德十年寓揚州，當以元人視之。

又，敬儼《國朝憲章》十五卷。龔志「史部職官類」著録。今按，敬儼字威卿，金末元初名士鉉之從孫，仕宦通達，累官中書平章政事，《元史》有傳。然從祖敬鉉尚且由金入元，其從孫何以爲金人？

又，劉因著述。孫志「經部」、「子部」分別著録《易繫辭説》、《四書精要》、《四書語録》、《希聖解》等，云：「自來著録家皆編列元人，不知因從祖國寶嘗登興定進士第，官終樞密院經歷，其父又守志不仕，則因當入金爲是。近見莫子偲《經眼録·静修先生文集》，題金劉因撰，今從其例，並以《四書精要》諸書，俱載於金，而附其説於此。」今按，劉因字夢吉，號静修，保定容城人。金亡十餘年方出生，《元史》有傳。其父劉述字繼先，金末名士，遺山有《寄劉繼先》詩。然以父「守志不仕」，而斷其子「入金爲是」，未免牽强。

① 元蘇天爵《元文類》卷三八，上海古籍出版社一九九三年，第四七七頁。

又，房琪《河汾諸老詩集》八卷。倪志「集部總集類」著録，龔志如之，云：「編者非出金人之手，本不當羼入，惟諸老詩俱金人著作，《全金詩》亦登之。倪志既繫之金，故從之。」今按，房琪，平陽人，元大同路儒學教授。所謂河汾諸老，包括曹之謙、麻革、段成已等金末元初八位詩人，所輯詩集鋟版於皇慶二年。倪志著録已屬謬誤，龔志又曲爲辯解。如循此例，則清人郭元釪《全金詩增補中州集》、張金吾《金文最》亦當著録。

又，梁有修《續神仙傳》二十卷。清錢謙益《絳雲樓書目》卷一《史傳記類》著録「沈玢《續神仙傳》」注：「金源學士梁有修《續神仙傳》二十卷，見《金臺集》。」孫志「子部道家」如之。今按，元迺賢《金臺集》卷一《寄南城梁九思先生》注：「先生名有，平章梁文節公之孫。世居幽州，不求聞達，教授生徒百餘人，奉母至孝。天曆間，奉敕河南北録金石三萬餘通上進。其副本今類爲二百卷，曰《文海英瀾》。又修《續列仙傳》二十卷。」則梁氏名「有」，字「九思」，「修」指修纂。所謂天曆（一三二八），系元文宗年號，去金亡近百年。可見梁先生是位元人，與「金源學士」無涉。

又，齊伯顔《大定編制》四卷。孫志《金史藝文略·子部法家類》著録。今按，此説源自《同治畿輔通志》卷一三五《藝文》：「齊伯顔字士元，任丘人，官中順大夫知泰州事。」然所據不明。所謂大定，非指金世宗年號，也與「法家類」無涉。「大定者，以年、月、日、時錯綜佈算，成千百十零，加入奇偶數，而分元、會、運、世。年符元，月符會，日符運，時符世。看上下生剋何如，以定其吉凶，此書之大凡也」①。而方志修纂者以爲「大定」年間之「編制」，遂將著者歸入金。

又，《萬壽道藏經目録》十卷。錢志「子部釋道類」、孫志「史部簿録類」均著録，歸入金。今按，明昌中，章宗敕修道藏，名《玄都寶藏》②；金亡之際，經版多損毁，全真道士披雲宋德方遵丘處機遺囑，讎校補遺，亦名《玄都寶藏》③。而《萬壽道藏》系北宋政和間修纂，由道士奉敕搜訪遺書，校訂付梓，徽宗賜名「萬壽」。宋、金道藏卷帙浩瀚，各有目録。金李鼎《玄都至道披雲真人宋天師祠堂碑銘並引》云：「若夫三洞三十六部之零章，四輔一十二義之奥典，仁卿藏經碑文云：『真人參校政和、明昌目録之始，至工墨裝褾之畢手，其於規度旋斡，靡不編録，讀之一過，見其間補完亡缺，搜羅遺逸，直至七千卷焉。』」④所謂政和、明昌目録，分别指宋人「政和」《萬壽道藏》目録與金人「明昌」《玄都寶藏》目録。又，佚名《浄髪須知》二卷。錢志「子部釋道類」著録。孫志如之，云：「無撰人，(錢氏)《補元史藝文志》列《金萬壽道藏目録》後，則是金人所

① 清錢曾著，管庭芬、章鈺校證《讀書敏求記校證》卷三之中，上海古籍出版社二〇〇七年，第二八七頁。

② 金魏摶霄《十方大天長觀玄都寶藏碑銘》，見《宫觀碑誌》，明正統《道藏》本，文物出版社等一九九四年，第一九册七一七頁。

③ 元商挺《玄都至道崇文明化真人道行碑》，見《道家金石略》，文物出版社一九八八年，第六一三頁。

④ 陳垣等《道家金石略》，文物出版社一九八八年，第五四七頁。

作也。」今按，所謂「金」《萬壽道藏目録》，其謬已述，即使不誤，以列其「後」作爲朝代歸屬依據，而不是弄清那部「須知」的來龍去脈，過於牽强。

又，金志「經部」著録王弼、韓康伯《易經注》；孔安國《尚書傳注》；《毛鄭詩經》，毛萇注；杜預《左傳注》；孔穎達《禮記疏》；《鄭賈周禮記疏》，鄭玄注、賈公彦疏；唐玄宗《孝經注》等一批金朝刊印的前代著述，注爲「天德三年，國子監印定」。龔志如之。今按，金代藝文指金人著述，或當時修纂的史籍、典章等有關文獻。這應是著録的基本原則。或許諸志以爲金代藝文傳世稀少，即使有違常識，也不肯割愛。問題是，如此著録，已無標準可言。

三是以文章充書目，與體例殊乖。金志「史部雜史類」著録完顔勖《熙宗尊號册文》；「集部賦類」著録完顔勖《東狩射虎賦》、施宜生《一日獲三十六熊賦》、鄭子聃《不貴異物民乃足賦》、徒單鎰《漢武中興賦》；「集部碑類」著録韓昉《金太祖睿德神功碑》。龔志「集部雜著類」增補鄭子聃《憂國如饑渴論》、孟宗獻《金丹賦》、王琢《中聖人賦》、郭伯英《香山賦》。孫志「史部」增補潘希孟《宣宗哀册》、《宣宗玉册》；「子部」增補徒單鎰《學之急》、《道之要》二篇，等等。今按，碑銘哀册、詞賦諫疏，俱屬不同體裁的文章，而非藝文書目。其中，施宜生《一日獲三十六熊賦》，乃遼代選舉賦題，宋人藉以傅會。宜生在宋已取功名，入金後官至翰林學士，未聞再預選舉。

至於鄭子聃《不貴異物民乃足賦》、《憂國如饑渴論》，系正隆二年御試題①，而作此程文者多矣。

又，《承安庚申登科記》。孫志「史部」著録：「無撰人。李俊民《莊靖集》有跋一篇，謂『余閲《承安庚申登科記》三十三人後，獨與高平趙楠庭幹二人在』。所記者止經義榜，其首列俊民名者，知是歲俊民爲經義狀元也。」今按，《承安庚申登科記》指承安五年經義榜進士名録，僅李俊民等三十三人姓名及各自鄉貫，由禮部頒佈。以一届言之，即所謂「報榜帖」，不過數百字，難以視作藝文書目。

又，金志「子部藝術類」、龔志「子部藝術類」俱著録《衍慶宫功臣圖像》、《徒單克寧圖像》。今按，以上所舉，俱爲單幅「圖像」，非若「圖籍」，當入金代畫録。如歸藝文，似有湊數之嫌。

五、新近補志或失之考訂。 雒竹筠、李新乾二位先生以清錢大昕《元史藝文志》爲基礎，增訂而成《元史藝文志輯本》②（以下簡稱輯本）。其《略例》之二云：「錢氏視元代小説戲曲爲俚俗之物，不予著録，皆擯斥藝文之外，故此元一代著述缺漏實多。」由此補入小説戲曲書目，使一代藝文趨於完備，令人耳目一新。然而，由於種種原因，輯本屢見疏失，以其涉及金代藝文，故而論之。

① 《金史》卷一二五《文藝傳》，中華書局一九七五年，第二七二五頁。

② 北京燕山出版社一九九九年。

一是混入不少金人書目。錢氏爲《元史》補修藝文志，每部類項下先著録遼金，繼之以元，自爲一體。而輯本專收元代藝文，其《略例》之四云：「别目有收宋、金、明人誤爲元人者，予以删汰，不作説明。」實際却未遵守自己的約定。如馬宗素《新刊圖解素問要旨論》八卷；《傷寒醫鑒》一卷，存；《續集傷寒醫鑒》一卷，存（卷十）。今按，《新刊圖解素問要旨論》亦稱《素問要旨論》，金人劉完素原著三卷，後經馬宗素重編，增至八卷。另，《傷寒醫鑒》即《續集傷寒醫鑒》，系劉氏《傷寒直格方》「續集」，而非《傷寒醫鑒》「續集」。馬宗素，劉完素弟子，元陶宗儀《輟耕録》卷二四《歷代醫師》列於「金」。

又，鎦洪《後集傷寒心要論》一卷，存（卷十）；《後集傷寒心要》一卷（卷十四），存。今按，「鎦」乃「劉」字之異體。劉洪，金之名醫。《後集傷寒心要論》與《後集傷寒心要》實爲同一書，即《傷寒心要》。所謂「後集」，系《傷寒直格方》之「後集」，而非《傷寒心要》之「後集」。

又，張璧《雲岐子保命集論類要》三卷、《雲岐子七表八裏九道脈訣論並治法》一卷、《雲岐子論經絡迎隨補瀉法》一卷（卷十）。今按，張璧號雲岐子，張元素之子，亦金之名醫①。所謂《雲岐子七表八裏九道脈訣論並治法》，乃張元素《注叔和脈訣》之節略。另，《雲岐子論經絡迎隨補瀉法》爲《潔古雲岐針法》首篇題目，元杜思敬輯。杜氏尊崇張元素父子，故於《濟生拔粹方》「針

① 《古今圖書集成·藝術典》卷五二九《醫部名家列傳》，中華書局等一九八五年，第四六册五六七五八頁。

灸篇」摘録張元素父子及王好古著述有關内容，輯爲一卷，後人附會，署以潔古或雲岐子著。

又，張謙《新校地理新書》十五卷（卷十一），存。注云：「金明昌刻本。」今按，張謙自序署「明昌壬子歲」①，即金章宗明昌三年，時代甚明，不當入元。

又，時雍《道德真經全解》二卷，存（卷十四）。今按，時雍系「全解」序撰者，而非「全解」撰者。其序有云：「故人郤去華，自真定復歸於亳，出《道德全解》示僕，莫知名氏。」② 文末署以「正隆四年」，則是書與元代藝文無涉。

又，孫不二《元君法語》一卷、《元君傳述丹道秘書》三卷（卷十四）。今按，孫不二，號清浄散人，馬鈺之妻。善翰墨，工吟詠③。大定九年，馬出家後，孫亦入道，全真祖師王重陽訓以名號。大定二十二年卒。據此，孫道姑乃金人。

又，劉處玄《黄帝陰符經注》一卷，存；《黄庭内景經注》一卷，存；《無爲清静長生真人至真語録》一卷，存（卷十四）。今按，劉處玄號長生子，大定九年入全真教，師從王重陽。泰和三年卒，年五十七，亦金人。

---

① 清張金吾《金文最》卷三八，中華書局一九九〇年。

② 《道德真經全解》卷首，明正統《道藏》本，文物出版社等一九九四年，第一二册五八三頁。

③ 金秦志安《金蓮正宗記》卷五《清浄散人》，明正統《道藏》本，文物出版社等一九九四年，第三册三六四頁。

又，趙學士《老子集解》四卷、《老子全解》二卷（卷十四），注云：「趙學士撰，佚，見錢志」。今按，所謂「集解」四卷與「全解」二卷，不過同書異名、編卷有别而已。書名當作《道德真經集解》，撰者系金代名士趙秉文，以其嘗仕爲翰林學士承旨，因稱趙學士。民國孫德謙《金史藝文略·子部》著録並有説①。

又，譚處端《水雲集》三卷（卷十六）。注云：「處端字東牟，號長真子。卷首有大定十一年范懌德裕序。」今按，卷首「大定」云云，時代甚明。所謂「東牟」，系鄉貫，其字「通正」②。

又，郝大通《太古集》一卷（卷十六）。今按，郝大通號廣寧子，大定七年入全真道，崇慶元年卒③。所著《太古集》「十五」卷，今存「四卷」，而非「一卷」④。

二是錢志訛誤，一仍其舊。如李杲《太醫院補遺本草歌訣雷公炮製》八卷，存（卷十）。注云：「題李杲撰，明余應奎補遺。」此書亦名《雷公炮製藥性賦》，即《珍珠囊補遺藥性賦》。所謂

① 商務印書館《遼金元藝文志》一九五八年，第一三二頁。

② 金秦志安《金蓮正宗記》卷四《長真譚真人》，明正統《道藏》本，文物出版社等一九九四年，第三册三五頁。

③ 元徐琰《廣寧通玄太古真人郝宗師道行碑》，明正統《道藏》本，文物出版社等一九九四年，第一九册七三九頁。今按，金秦志安《金蓮正宗記》卷五《廣寧郝真人》謂「享春秋者八十有四」，而未言年代。同前第三册三六四頁；元李道謙《七真年譜》作「壬申春」，誤歸蒙古初入中原之後，「是年十二月三十日，廣寧真人昇仙於寧海州先天觀，春秋七十三」。壬申，指金衛紹王崇慶元年。同前第三册三八五頁。

④ 金馮璧、范圓曦等序，見《太古集》卷首，明正統《道藏》本，文物出版社等一九九四年，第二五册八六五頁。

雷公炮製，大抵醫家僞託傳説，雷公問道，黄帝授之，以張揚神效，且假以東垣之名，以速售其方。再如《醫方便儒》一卷，注云：「有傳鈔本。明喬山堂刊本三卷。」亦屬依據不明，真僞不辨。

又，《新刊風科集驗名方》二十八卷，趙大中、趙素等編撰，存；《新刊風科本草》三卷（卷十），趙素撰，注云：「首有《風科集驗方》諸序，編修者署名全同，此别爲一本，鈔本。」今按，這部名方原由金代北京太醫趙大中奉敕編修，後傳入荆襄。所謂續添，系元人左斗元校讎增補，其序言之明確①。至於《新刊風科本草》，大抵書賈從《新刊風科集驗名方》抽出有關内容，另立新名。

又，丘處機《鳴道集語録》一卷，佚；《高上玉皇本行集經注解》三卷，存；《丘祖全書》一卷，存（卷十四）；《長春子稿》，佚（卷十六）。以下分述之：

《鳴道集語録》一卷。今按，從名目看，似有捏造之嫌。秦志安《金蓮正宗記》卷四《長春丘真人》：「所有歌詩、雜説、書簡、論議、真言、語録，曰《磻溪集》、《鳴道集》、《西遊記》，近數千首行於世。」②陳時可《長春真人本行碑》：「有《磻溪》、《鳴道》二集行於世云。」③秦爲丘之再

① 元左斗元《風科集驗名方序》，見清陸心源《皕宋樓藏書續志》卷四，續修四庫全書本，上海古籍出版社影印，第七一四頁。

② 明正統《道藏》本，文物出版社等一九九四年，第三册三六〇頁。

③ 元李道謙《甘水仙源録》卷二，明正統《道藏》本，文物出版社等一九九四年，第一九册七三五頁。

傳弟子，陳乃丘之方外友，所言可信。所謂語録，《西遊記》記録若干，是否即此？語焉不詳；另有《丘祖語録》，或名《長春真人語録》，系明人輯本，是否即此？亦未考也。

《高上玉皇本行集經注》三卷。今按，此書亦稱《皇經集注》，有明萬曆間周玄貞集注十卷本，卷首載所謂丘處機序，自署「長春輔化明應真君臣丘處機頓首百拜」①。蒙古成吉思汗嘗賜丘道士「神仙」之號，禮敬有加，然未見「輔化明應真君」之封，且丘氏不至於自矜炫耀如此，大抵爲明人託名以售其書。

《長春子稿》。今按，金末元初全真文獻未見涉及，錢志著録缺乏依據，輯本亦失於考證。

《丘祖全書》。今按，這部全書包括：《丘祖本傳》；《丘祖語録》及永樂十三年潘静觀後序；《證道篇》等三部分，均爲明代道士輯纂或撰述，文筆拙劣不堪，却統署以「丘長春真人著」②，不過是借丘祖之名，塞入自家私貨。

又，《金國官制》一卷（卷六）。今按，此書似宋人所爲。紹興中，樞密院編修官鄭樵嘗「請修金正隆官制，比附中國秩序，因求入秘書省繙閱書籍」③。南宋書目家陳振孫《直齋書録解題》、尤

---

① 《皇經集注》卷首，明正統《道藏》本，文物出版社等一九九四年，第三四册六三〇頁。

② 明李拱辰輯《丘祖全書》，藏外道書本，巴蜀書社一九九四年，第一一册二九〇頁。

③ 《宋史》卷四三六《儒林傳》，中華書局一九七七年，第一二九四四頁。

袤《遂初堂書目》、晁公武《郡齋讀書志》等，各著録不少類似書目。

又，李處一《西嶽華山志》一卷（卷八），佚。今按，所謂李處一，當作王處一，字子淵，號金蓮逸士。現存明正統《道藏》本，卷首載劉大用序，撰於「大定癸卯十二月壬申」。癸卯，金世宗大定二十三年。

又，張天錫《草書韻會》五卷（卷十二）。今按，張天錫亦名錫，字君用，號錦溪老人，河中人。尤善草書大字，章宗諸殿宇扁皆其筆，官至機察①。金哀宗天興二年秋，汝州梁皋作亂，天錫奉旨召兵討之，以撫諭爲名詒皋軍，皋知朝廷圖己，陰爲之備，隱毒於食而死之②。

又，宋兗《紫陽遺稿》二卷（卷十五），佚；楊奐《遠山遺稿》二卷附録二卷，存。注：「《適園》本作《紫陽遺稿》，原集六十卷，散佚，此明嘉靖宋廷佐輯本。」今按，這兩條鈔自錢志卷四《集類》：「楊奐《還山集》六十卷，今存二卷。《紫陽集》八十卷。」所謂《紫陽集》，當從宋趙復《楊紫陽文集序》、元姚燧《紫陽先生文集序》而來，實即《還山集》。元好問《故河南路課税所長官兼廉訪使楊君神道碑》稱一百二十卷，指家藏手稿；《元史》本傳作六十卷，指付梓刊本。楊卒後五十年方刻印，其間遺佚不少。錢志以爲楊氏文集兩種，輯本又將前者姓氏與後者書名鈔錯。

① 元陶宗儀《書史會要》卷八，二十五史外人物總傳要籍集成本，齊魯書社二〇〇〇年，第一五〇五頁。
② 《金史》卷一二三《忠義傳》，中華書局一九七五年，第二六九〇頁。

三是增補屢見疏失。如張特立《歷年繫事記》（卷五），注云：「特立字文舉，世祖賜號中庸先生，山東東明縣人。泰和六年進士，官洛陽令。明洪武六年卒，年七十五。」今按，張特立於《金史》「循吏」、《元史》「隱逸」俱有傳。入金或入元，仁者見仁。問題在於，以泰和六年（一二〇六）計，至洪武六年（一三七三），跨越金、元、明三朝，歷時一百六十餘年，有悖實際。金亡後，張氏隱於鄉，教授生徒，卒於蒙古建元之初。

又，梁陟、王萬慶等《九經講義》（卷三）。注：「《金補志》載，太宗命梁陟、王萬慶、趙著等釋。」今按，梁陟等釋經事，見於《元史》卷一四六《耶律楚材傳》：「召名儒梁陟、王萬慶、趙著等，使直釋九經，進講東宮。又率大臣子孫，執經解義，俾知聖人之道。」梁陟、王萬慶、趙著三人俱金末名儒，金亡入元。所謂直釋，即用「白話」詮釋文字，貫穿義理，以使初入中原的蒙古太子及大臣子孫易於理解漢語經典。而「講義」未見形成書稿，不過「執經解義」而已。

又，薛致玄《道德真經藏室纂微開題科文疏》五卷，存；《道德真經藏室纂微開題科文疏》五卷《手鈔》二卷，存。注：缺《手鈔》上卷；《纂微手鈔》二卷，存。注：原缺上卷（卷十四）。今按，薛致玄，號太霞，金末元初道士，學問該通，當時譽爲羽流宗匠。其《道德真經藏室纂微開題科文疏》亦名《科文義疏》，原作十卷，現存五卷。另，《道德真經藏室纂微開題科文疏》五卷《手鈔》二卷，從書名看，後者比前者增出「《手鈔》二卷」，實爲同書之不同版本；《纂微手鈔》即《手鈔》，亦稱《纂微開題》，全稱《道德真經藏室纂微手鈔》，原上下二卷，明正統《道藏》本僅存下卷。如此著録，猶如零亂堆砌，既無考訂，又涉重複，且失注《總章夾頌》二卷，金末名士李庭《道德真經藏室纂微開題科文疏序》有説①。

又，康曄《澮軒文集》（卷十五）。注：「曄字韞之，山東高唐州人，贈詞科祭酒。」今按，此注雖寥寥數字，却是舛訛紛紜。康曄字「顯之」，號澮軒，高唐人。嘗師從復軒先生閻詠，登金哀宗正大元年「詞賦」進士第，釋褐鄭州司候。金亡北歸，東平萬户嚴忠濟請爲「祭酒」，主儒林師席，四方學者雲集②。元好問《别康顯之》以「玉川文字五千卷，鄭監才名四十年」譽之③。所著《澮軒文集》，元閻復《鄉賢祠記》涉及。

四是著録標準不清。如「集部詞總集類」著録《宋金元明十六家詞》十七卷、《宋金元明人詞》、《宋元明三十三家詞》五十三卷、《宋元明六家詞》六卷、《宋元明八家詞》九卷，及明吴訥編《百家詞》一百三十二卷、董氏康輯《南詞》十六卷、彭元瑞輯《汲古閣未刻詞》二十七卷、王鵬運輯《四印齋所刻詞》六十六卷，等等。今按，從内容看，這些詞總集所輯元詞比例不大；從時代看，多編纂於明清，或時代更晚，是否元代藝文？

① 金薛致玄《道德真經藏室纂微開題科文疏》卷首，明正統《道藏》本，文物出版社等一九九四年，第一三册七二七頁。
② 元閻復《鄉賢祠記》，見《（光緒）高唐州志》卷八《著述》，中國地方志集成本，鳳凰出版社二〇〇四年。
③ 清施國祁《元遺山詩集箋注》卷九，四部精要本，上海古籍出版社一九九三年，第一一一頁。

又，《宋南渡十將傳》不分卷（卷七），注：「雒竹筠先生稿有元刊本」；葉禮隆《契丹國志》二十七卷（卷五），注：「北圖藏元刻本」；《北風揚沙録》（卷五），不著撰人，佚。注：「錢志注：記金國始末」等等。著録的依據似乎是「元刊」。今按，這些著述均出自宋人之手，如以「元刊」作爲著録標準之一，那麽輯本遺逸尚多。至於《北風揚沙録》，撰者陳準，似南宋奉使金國者，僅元陶宗儀《説郛》收有殘編，以此作爲「元刊」，似乎亦通。

又，曹之謙《兑齋集》一卷、楊雲鵬《陶然集》一卷（卷十五），俱注爲「存，有《元詩選》本」。今按，《兑齋集》全稱《兑齋曹先生文集》，元王惲爲之序：「所可惜者，古文雜詩僅三百首。蓋先生年方不惑，瞑廢於家，又爲人慎許可，片言隻字，不輕付人。」①後來遺佚；《陶然集》亦屬此類。金元好問序謂「客居東平將二十年，有詩近二千首」②。清顧嗣立《元詩選》所輯曹、楊二人零什殘篇，源自《河汾諸老詩集》及山經地志。因此，以《元詩選》證明那些詩集存在，且以版本目之，過於簡單。

又，董解元《西廂記》諸宫調（卷十九），著録不同版本十種。今按，關於董解元所處時代，

① 《秋澗集》卷四二，四部叢刊本。

② 《遺山先生文集》卷三七，四部叢刊本。

學界比較傾向於金章宗時人。元鍾嗣成《録鬼簿》卷上列「前輩已死名公有樂府行於世者」之首①。解元，或指鄉試榜首；或自擬尊稱，兩宋書會才人往往如此。輯本「集部曲類」以「金曲」開篇，却將元人王伯成《天寶遺事》諸宮調遺棄在外，尤爲不倫。

① 中國古典戲曲論著集成本之二，中國戲劇出版社一九八〇年，第一〇三頁。

第四章　金代藝文新編

經部

易類

《易解》。雷思撰。

《程楊易傳注》。楊庭秀撰。

《易説》。吕豫撰。

《易略釋》。袁從義撰。

《易藂説》十卷。趙秉文撰。

《學易記》數百卷。馮延登撰。

《易集解》十卷。張特立撰。

《易學集説》。亦名《王氏纂玄》。王天鐸撰。

《易解》。亦名《庸齋直解》。薛玄撰。

書類

《尚書無逸直解》。趙秉文撰。

《尚書要略》。吕造撰。

《尚書義粹》三卷。王若虚撰。

禮類

《大戴礼辨》一卷。馬定國撰。

《周禮辨》。楊雲翼撰。

《大學補》。武天佑撰。

《大學解》。趙秉文撰。

《中庸集解》。李純甫撰。

《中庸説》一卷。趙秉文撰。

《中庸注》。薛玄撰。

《祀典樂志辨》三十卷。趙侃撰。

《律曆禮樂雜説》三十卷。杜瑛撰。

春秋類

《春秋紀詠》三十卷。宇文虛中撰。

《春秋傳》。馬定國撰。

《左氏賦》。楊雲翼撰。

《明三傳例》八卷。敬鉉撰。

《春秋備忘》三十卷。敬鉉撰。

《春秋地理源委》十卷。杜瑛撰。

《春秋握奇圖》一卷。表佚論存，利鑾孫撰。

孝經類

《孝經直解》。耶律履撰。

《孝經傳》。白賁撰。

《直解孝經注》。奥屯忠孝撰。

《孝經圖解》。林起宗撰。

語孟類

《删集論語解》十卷。趙秉文撰。

《論語辨惑》四卷，存。王若虚撰。

《删集孟子解》十卷。趙秉文撰。

《刺刺孟》。劉章撰。

《語孟旁通》八卷。杜瑛撰。

《語孟學庸圖》。林起宗撰。

經類

《六經考》。馬定國撰。

《五經辨惑》二卷，存；《四書集注辨》。王若虚撰。

《經史疏》十卷。寇才質撰。

《經史撮要》。武天佑撰。

譯文類

《女真字易經》。

《女真字書經》。

《女真字孝經》。

《女真字禮經》。

《女真字春秋》。

《女真字詩經》。

音韻字書類

《女真大字書》。完顏希尹、耶魯、訛離剌等製。

《女真小字書》。完顏亶製。

《五音集韻》。荆璞撰。

《重修增廣類玉篇海》。王太撰。

《增修累音引證羣籍玉篇》三十卷，存。邢準撰。

《五音篇》十五卷，存；《切韻指玄論注》；《切韻澄鑒圖》；《切韻滿庭芳》；《切韻指迷頌》。

韓孝彦撰。

《鐘鼎集韻》。党懷英撰。

《重編改併五音篇海》十五卷，存。亦稱《改併五音類聚四聲篇海》，簡稱《四聲篇海》；《改併五音集韻》十五卷，存。韓道昭撰。

《新刊韻略》五卷，存。王文郁撰。

《草書韻會》五卷，存。張天錫撰。

《左氏韻語》。公孫昂霄撰。

《四聲等子》一卷，存。佚名撰。

史部

實録類

《始祖實録》三卷。或稱《先朝實録》、《祖宗實録》。完顏勖、耶律迪越等預修。

《太祖實録》。完顏勖、圓福奴、完顏宗憲、完顏思敬、韓昉、蕭仲恭、程寀、蕭永祺、耶律紹文、耶律迪越、蕭裕、祝簡、王樞、張莘卿、武明甫等預修。

《太宗實録》。圓福奴、完顔宗憲、完顔思敬、紇石烈良弼、徒單子温、温迪罕締達、傅慎微、移剌熙載、王兢、劉瞻、劉仲淵、曹望之、張景仁、武明甫等預修。

《熙宗實録》。完顔思敬、完顔宗璧、完顔守道、夾谷衡、徒單鎰、鄭子聃、張汝霖、武明甫、許安仁等預修。

《海陵實録》。完顔思敬、孛朮魯阿魯罕、張景仁、耶律履、鄭子聃、武明甫等預修。

《睿宗實録》十卷。紇石烈良弼、温迪罕締達、張莘卿等預修。

《世宗實録》。内族襄、完顔匡、張行簡等預修。

《顯宗實録》十八卷。完顔匡等預修。

《章宗實録》。納坦謀嘉、高汝礪、孫鐸、趙秉文、王若虚、梁瑭、張行信、武天常、酈復亨、王仲元、馬天來、王彪等預修。

《宣宗實録》。赤盞尉忻、王若虚、雷淵、馬天來、李獻能、申萬全、張本、元好問等預修。

起居注類

《太宗起居注》。程寀、寧獬等預修。

《熙宗起居注》。宗敘、移剌温、高懷貞、納合椿年、敬嗣暉、蕭彭哥、高藥師等預修。

《海陵起居注》。納和椿年、完顔宗敘、高藥師、蕭彭哥、楊伯雄、鄭子聃、劉元真等預修。

《世宗起居注》。楊邦基、移剌子敬、楊伯仁、張汝霖、張汝弼、劉仲誨、移剌道、賈少沖、王天祺、移剌傑、党懷英、粘割斡特剌、徒單鎰、夾谷衡、宗璧等預修。

《章宗起居注》。張暐、張行簡、完顔烏者、夾谷守中等預修。

《衛紹王起居注》。女奚烈守愚、納坦謀嘉等預修。

《宣宗起居注》。許古、王良臣等預修。

《哀宗起居注》。張汝明、元好問等預修。

當代雜史類

《大金吊伐録》四卷，存。

《天會録》。

《上京劄記》。

《燕人麈》。

《雛鳳清聲》。

《屯翁日録》。

《聖院劄記》。劉同壽撰。

《青城秘録》。克錫撰。

《行營隨筆》。高有功撰。
《毳幕閑談》。趙士先撰。
《辛齋隨筆》。李東賢撰。
《南征録彙》，存。李天民撰。
《宋俘記》四卷，殘存。可恭撰。
《青宫譯語》，殘存。王昌遠撰。
《雜録》。蕭慶撰。
《燕山筆記》。鈍者撰。
《征蒙記》一卷。李大諒撰。
《蒙古行程録》。王大觀撰。
《大金武功記》。宗憲撰。
《天德陝西行事》。孛术魯阿罕撰。
《世宗征淮録》一卷。
《明昌事實》。
《章宗飛龍記》。
《北方兵志》。許古撰。

《貞祐紀聞》。郝俌撰。
《中興事跡》。完顔孛迭撰。
《天興近鑒》三卷。楊奂撰。
《壬辰雜編》。元好問撰。
《金源名臣言行録》。元好問撰。
《天興墨淚》。
《金源末運録》。

遼史類

「皇統」《遼史》七十五卷。移剌固、移剌子敬、蕭永祺等預修。
「泰和」《遼史》。移剌履、党懷英、郝俣、移剌益、趙渢、王庭筠、陳大任、賈鉉、耶律履、張檝、蕭貢等預修。
《北遼遺事》二卷。殘存。或名《金人亡遼録》、《遼國遺事》。史願撰。
《遼禮儀志》。陳大任撰。
《遼誥敕》一卷。
《遼朝雜禮》。

編年類

《興亡金鏡録》一百卷。傅慎微撰。

《補南北史志書》六十卷；《燕王墓誌辨》一卷。蔡珪撰。

《瑤山往鑒》。楊伯雄撰。

《校補兩漢策要》十二卷，存。常彦修校補。

《十七史要覽》五十卷。李晏撰。

《注史記》一百卷。蕭貢撰。

《續資治通鑒》。楊雲翼撰。

《龜鏡萬年録》。趙秉文、楊雲翼奉詔撰。

《貞觀政要申鑒》。趙秉文撰。

《歷年繫事記》。張特立撰。

《正統書》六十卷。楊奂撰。

《帝王鏡略》。元好問撰。

《經史要論》三十卷；《三代治本》五卷；《唐編年》二十卷。陳庚撰。

譯文類

《史記》；《西漢書》；《貞觀政要》；《白氏策林》。徒單子温譯。

《女真字諸葛孔明傳》。

《女真字舊唐書》。耶律履譯。

《女真字新唐書》。

《女真字國史》。國史院譯。

政書類

《大金德運圖説》一卷，存。尚書省會官集議德運所存案牘文。

地理類

《補正水經》三卷。蔡珪撰。

《鹽池記》一卷。梁肅撰。

《河防通議》。

《西北諸地馬步軍編册》。殘存。

《西北毛克下正軍編册》。殘存。

《龍角山記》。

《河洛遺稿》一卷。杜仁傑撰。

方志類

《天會州郡志》。

《正隆郡志》。

《金國地志》。劉迎撰。

《大定職方志》。

《金國疆域圖》。

《集禮地志》。

《南北對鏡圖》。

《燕北金疆地里記》。

《燕京記》。

《遵化圖志》。

《沃州圖經》。

《獲鹿圖經》。

《中山圖經》。

《無極圖經》。

《保州志》。

《晉陽志》十二卷。蔡珪撰。

《太原府圖籍》。

《大同府記》。

《宣德圖經》。

《五臺縣志》。

《平遙圖經》。

《澤州圖經》。

《澤州圖記》。李俊民撰。

《晉城圖經》。

《陽城縣圖經》。

《霍州圖經》。

《石州圖經》。

《解州圖經》。

《河中府地志》。

《河東圖經》。

《潞城圖經》。

《平陽府圖經》。

《汾州圖經》。

《忻州圖經》。

《交城圖經》。

《浮山圖經》。

《稷山圖經》。

《衛州圖經》。

《登封圖經》。

《修武地志》

《汲郡圖志》。王天鐸撰。

《確山縣志》。

《襄縣圖經》。

《清豐圖經》。

《齊記補》。李餘慶撰。

《益都圖志》。

《濟南圖經》。

《長清圖記》。

《濟州郡志》。

《萊蕪圖經》。鍾離修撰。

《鄒縣圖經》。

《滕縣圖經》。

《長安圖經》，存。

《盧氏圖經》。

《延安志》。

《門山圖經》。

《鄜洛圖經》。

《保安志》。

官志選舉類

《天眷新官制》。韓昉、宇文虚中等領修。

《河南北官通制格》。蕭皟等制。

《皇統换官格》。

《皇制》。張浩制。

《正隆官制》；《大定官制》。石琚等制。

《世襲猛安謀克遷授格》。

《銓注縣令丞簿格》。

《明昌官制新格》。

《科舉法》。

《策論進士及承蔭人試弓箭格》。

《贍學養士法》。

《更定瘞敘法》。

《泰和武舉式》。

《職官追贈法》。

《總格》。

法令類

《皇統制》。

《正隆續降制書》。

《軍前權宜條理》及《續行條理》。

《大定重修律例》十二卷。亦作《大定重修制條》。移剌慥等修。

《重校詳定名例》。孫鐸、王寂、董師中等詳定重校。

《明昌律義》及《敕條》。完顏守貞、尼庬古鑑、奥屯忠孝、完顏撒剌、張嗣、李庭義、麻安上、閻公貞、李敬義、賈鉉、董師中等校定重修。

《明昌更定律令》。王擴等更定。

《承安律義》。

《泰和律義》三十卷。

《新定泰和律令敕條格式》五十三卷。亦名《泰和律令格式》、《太和律令》。内族襄、蕭貢、邢德貞等預修。

《士民須知》。

《刑名歌括》；《删注刑統賦》。李元佐撰。

《州縣聽訟條約》。楊庭秀撰。

《十二訓》。路鐸撰。

《百里指南》。趙秉文撰。

禮儀類

《天眷儀制》。

《金纂修雜録》四百餘卷。

《儀禮》。李炳、蒙括仁本、喬宇等詳定。

《新編詔誥章表機要》四卷，存。郭明如撰。

《疊代世範》。張珍撰。

《大金集禮》四十卷，存。亦稱《大金儀禮》。張暐等修纂。

《禮例纂》一百二十卷；《清臺記》；《皇華記》；《戒嚴記》；《爲善記》；以上張行簡撰；《自公記》。張暐與其子行簡私著。

《校大金禮儀》。楊雲翼校。

《祔享親祀儀》。張行信等修纂。

《國朝婚禮》。

《婚書》。

政務類

《陳言文字》二十卷。完顔綱、喬宇、党懷英、張行簡、宋元吉等編類。

《綸言集》。宇文粹中、宇文虚中合撰。

《南宋欲進取事跡》。酈瓊撰。

《貞元鈔引法》。蔡松年撰。

《什一税法條式》三十二件、《隨法申明》二十二件。馮長寧、許伯通等刪修。

《諸律刑統疏議》。

《阜昌敕令格式》。

《五等税法》。

《貢舉程試條理格法》。

《總計録》。

《差定賦役條理》。張弘信等十三人。

《初政録》。范拱撰。

《四朝聖訓》。楊庭秀類集。

《大定己亥榜程卷》。

《平邊議》。張守愚撰。

《大定遺訓》。史公奕進。

《君臣政要》。趙秉文、楊雲撰。

《白雲時議》。房皡撰。

遊記類

《西湖行記》。蕭貢撰。

《北遷録》；《遼東行部志》一卷，存；《鴨江行部志》一卷，殘存。王寂撰。

《鴨江行記》。閻長言撰。

《紫陽先生東遊記》一卷，圖佚記存；《北見記》三卷。楊奐撰。

傳記譜牒類

《歷代帝王纂要譜》。

《契丹國九主年譜》一卷。存。

《女真譜牒》。完顔阿離合懣、完顔斜葛同修。

《重修女真玉牒》。

《聞喜裴氏家譜》。裴再興修。

《續編祖庭廣記》；《孔氏族譜》。孔瓌撰。

《續祖庭廣記》。孔璪撰。

《唐李氏薛王世系圖》。李粲撰。

《元勳傳》十卷。韓玉撰。

《屏山故人外傳》。李純甫撰。

《歷代登科記》。孫鎮撰。

《曹南商氏千秋録》。商衡撰。

《東平賈氏千秋録》。

《雲萍小録》。李獻能撰。

《續孔氏族譜》；《祖庭廣記》十二卷，存。孔元措撰。

《登科記》。李世弼撰。

《家塾記》。魏思廉撰。

《陶淵明年譜》。楊奂撰。

《南冠録》。元好問撰。

《李氏家譜》。李俊民撰。

《東阿鄉賢記》。張仲可撰。

《傅氏家傳》。

姓氏類

《女真郡望姓氏譜》二卷。完顔勖撰。

《五聲姓譜》五卷。蕭貢撰。

《述姓譜》。勾龍瀛撰。

子部

諸子類

《論道編》。董文甫撰。

《揚子發微》一卷。亦名《法言微旨》；《太玄箋贊》六卷；《文中子類説》一卷。亦名《中説類解》。趙秉文撰。

《道學發源》。傅起等撰。

《皇極經世圖説》；《聖賢心學編》。薛玄撰。

《皇極引用》八卷；《皇極疑事》四卷；《極學》十卷。杜瑛撰。

《列子章句》。袁從義撰。

《列子賦》。楊雲翼撰。

《列子補注》一卷。趙秉文撰。

《老子解》；《莊子解》。李純甫撰。

《莊子略解》。袁從義撰。

《莊子賦》。楊雲翼撰。

《韓子辨》十卷。楊奂撰。

《沖虛至德真經四解序》二十卷，存。高守元撰。

《道德真經全解》六卷，存。

《道德真經取善集》十二卷，存。李霖撰。

《道德真經四子古道集解》十卷，存。寇才質撰。

《道德真經集解》四卷。存。趙秉文撰。

《道德經解》；《陰符經論説》。薛玄撰。

《北新子》。馬餌撰。

譯文類

《女真字論語》。

《女真字孟子》。

《女真字老子》。

《女真字揚子》。

《女真字文中子》。

《女真字劉子》。

《女真字莊子》。

天文類

《大明曆》。司天楊級造。

《重修大明曆》。司天監趙知微重修。

《乙未曆》；《揲蓍説》。耶律履撰。

《天象傳》。司天臺長行張翼進。

《五星聚井辨》；《懸象賦》。楊雲翼撰。

《校正天文主管》一卷，存。武亢撰。

《天文占書類要》四卷，存。陳賡撰。

算術類

《象數雜説》；《勾股機要》。楊雲翼撰。

《彭氏如積法》。彭澤撰。

《如積釋瑣細草》。元好問撰。

《測圓海鏡細草》十二卷，存；《益古衍段》三卷，存。李治撰。

《鈐經》。石道信撰。

《如積釋鎖》。劉汝諧撰。

《兩儀群英集臻》。李德載撰。

《算經》。

《復軌》。

《乾坤括囊》。劉大鑒撰。

《照膽》。李文一撰。

金石藝術類

《石鼓辨》。馬定國撰。

《續金石遺文集録》六十卷；《金石遺文跋尾》十卷；《古器類編》三十卷。蔡珪撰。

《金石遺文》千餘卷。蒲散毅夫纂輯。

《碣石志》。吕貞幹撰。

《入品法書名畫集》五五〇卷。王庭筠、張汝方品第纂輯。

《雪溪堂帖》十卷。王庭筠、張汝方纂輯。

《黄山草書》。趙渢撰。

《琴辨》。苗秀實撰。

《硯纂》八卷。楊奐撰。

《故物譜》。元好問撰。

《國朝名公書》。

類書類

《蕭閑親録》。蔡鬆年撰。

《增廣分門類林雜説》十五卷，存。王朋壽撰。

《和蒙求》。王平仲撰。

《次韻蒙求》。王琢撰。

《韻類忠節事編》；《群書會要》。鄭時昌撰。

《十七史蒙求》。吴庭秀撰。

《重新補添分門字苑撮要》，殘存十卷。

數術類

《地理新書》十五卷，存。畢履道撰。

《地理新書》十五卷，存。張謙撰。

《地理指掌圖注》。暢訥撰。

《大六壬玉連環一字訣》，存。徐次賓撰。

《六壬祛惑鈐》六卷。張居中撰。

雜著類

《蕭閑雜録》。蔡松年撰。

《濟陽雜記》。宇文虛中撰。

《蘐辨》十卷。王庭筠撰。

《無隱論》。許安仁撰。

《言志》；《永言集》；《寧儉諺語》。武天和撰。

《蕭氏公論》二十卷。蕭貢撰。

《屏山贅談》；《鳴道集説》五卷，存。李純甫撰。

《積年雜説》。楊雲翼撰。

《資暇録》十五卷。趙秉文撰。

《李氏雜著》。李仝撰。

《歸潛志》十四卷，存；《處言》四十三篇。劉祁撰；《大唐傳載摘勝》一卷，存。劉祁輯。

《橘軒雜録》。張澄撰。

《概言》十卷；《還山敎學志》。楊奂撰。

《東齋默志》三卷；《通融賦説》三卷；《麟臺雜著》七卷。徐之綱撰。

《思淵子藏書目録》。王天鐸撰。

《塢西漫録》十二卷；《嵩隱談露》五卷。陳賡撰。

《經子説》一卷；《典故》三卷；《史説》一卷。杜瑛撰。

《事言補》三卷。楊弘道撰。

《壁書叢削》十二卷；《敬齋雜著》；《泛説》四十卷；《敬齋古今黈》八卷，存。李治撰。

《歐蘇手簡》四卷。存。杜仁傑輯。

《志學指南圖》；《心學淵源圖》；《小學提辭發明》；《魯庵家説》。林起宗撰。

《俗言》。王照撰。

《律身日録》。陳規撰。

《蘧然子故書》。趙滋撰。

《市人日歷》。

醫家類

《傷寒論注釋》十卷，存；《傷寒明理論》三卷，存；《傷寒論方》一卷，存。成無己撰。

《附廣肘後方》八卷，存。楊用道校補。

《傷寒纂類》四卷；《考證活人書》三卷；《傷寒論》三卷；《針經》一卷。李嗣慶撰。

《流注指微論》三卷；《流注指微針賦》一卷，存。何若愚撰。

《子午流注針經注》三卷，存；《流注經絡井滎圖説》。閻明廣撰。

《傷寒類證》三卷，存。亦名《通玄類證》。宋雲公撰。

《集注難經》五卷。紀天錫撰。

《素問要旨論》八卷，存。劉完素原著、馬宗素增補；《宣明論方》三卷，存。《素問玄機原病式》一卷，存；《素問病機氣宜保命集》三卷，存；《傷寒直格方》三卷，存；《三消論》一卷，存。劉完素撰。

《補注銅人腧穴針灸圖經》五卷，存。平水閑邪聵叟補注。

《醫學啓源》三卷，存；《難經解》二十四卷，存；《注叔和脈訣》十卷，存；《臟腑標本藥式》一卷，存；《醫方》三十卷。張元素撰。

《醫鏡》五〇篇；《傷寒片玉集》三卷。盧昶撰。

《雲庵妙選方》。袁從義撰。

《儒門事親》三卷，存。張從正等撰；《直言治病百法》二卷，存；《十形三療》三卷，存。張從正撰。

《吴氏傷寒辨疑論》。吴敏修撰。

《傷寒醫鑒》，存。馬宗素撰。

《素問疑難注》二十卷；《本草歌括》一卷；《傷寒歌括》一卷；《算術》一卷；《王輔之文集》。王翼撰。

《秘來丹訣》。儀師顔撰。

《内外傷辨惑論》三卷，存；《蘭室秘藏》三卷，存；《脾胃論》三卷，存；《東垣試效方》九卷，存；《李氏脈訣指掌病式圖説》一卷，存；《醫學發明》一卷，存；《用藥法象》一卷，存；《傷寒會要》。李杲撰。

《元氏集驗方》。元好問撰。

《醫壘元戎》十二卷，存；《陰證略例》一卷，存；《湯液本草》三卷，存；《此事難知》二卷，存；《伊尹湯液仲景廣爲大法》四卷，存；《海藏癍論萃英》一卷，存；《瘵癰疽耳眼本草要鈔》九卷；《仲景詳辯》一卷；《活人節要歌》。亦稱《治人節要歌括》；《三備集》；《光明論》；《標本論》；《小兒吊論》；《傷寒辨惑論》；《辨守真論》；《十二經藥圖解》；《解仲景一集》；《本草實録》。王好古撰。

《風科集驗名方》二十八卷，存。趙庸撰。

《重修證類本草》三十卷，存。張存惠校訂。

《傷寒心要》一卷，存。劉洪撰。

《傷寒心鏡》一卷，存。亦名《張子和心鏡》、《治法心要》。常用晦撰。

《雲岐子保命集論類要》二卷，存。亦名《保命傷寒論》、《保命傷寒集》、《雲岐子保命集》；《雲岐子論經絡迎隨補瀉法》一卷，存。《醫學新説》；《叔和百問》；《脈談》。張璧撰。

《素問注》。封仲堅撰。

《傷寒鈐法》十卷；《素問玄鉤》；《仲景或問》；《諸藥論》。李浩撰。

《增補産育寶慶方》二卷，殘存。冀致君增補。

道家類

《太上玉華洞章拔亡度世昇仙妙經》一卷，存。杜長春撰。

《金關玉鎖訣》一卷，存；《重陽授丹陽二十四訣》一卷，存；《五篇靈文》一卷，存；《重陽立教論》一卷，存。亦稱《重陽立教十五論》；《重陽教化集》三卷，存。《重陽全真集》九卷，存。《雲中録》。王嚞撰。

《太微仙君功過格》一卷，存。又玄子撰。

《洞元金玉集》十卷，存；《漸悟集》二卷，存；《丹陽神光燦》一卷，存；《重陽分梨十化集》二卷，存；《精微集》；《摘微集》；《三寶集》；《行化集》。馬鈺撰。

《丹道秘書》一卷，存；《元君法語》一卷，存。孫不二撰。

《長真語録》；《水雲集》三卷，存。譚處端撰。

《太上老君説常清静經注》一卷，存；《黄帝陰符經注》一卷，存；《太上太清天童護命妙經注》一卷，存；《上清太玄鑒戒論》一卷，存；《上清太玄九陽圖》一卷，存；《上清太玄集》十卷，存。侯善淵撰。

《西嶽華山志》一卷，存。王處一（金蓮逸士）撰。

《明源集》。段光普撰。

《閻公大師遺稿》。閻德源撰。

《大金玄都寶藏》六千四百五十五卷。孫明道奉敕修纂；《大金玄都寶藏目録》。孫明道等修纂。

《侯大中詩集》。侯大中撰。

《晉真人語録》一卷，存。晉真人撰。

《太上老君説清静經頌注》一卷，存；《全道集》。劉通微撰。

《鳴真集》一卷，存。玄虚子撰。

《黄庭内景玉經注》一卷，存；《黄帝陰符經注》一卷，存；《長生真人至真語録》一卷，存；《仙樂集》五卷，存；《太虚集》；《盤陽集》；《同塵集》；《安閑集》；《修真集》；《道德經注》。劉處玄撰。

《應緣集》。劉真一撰。

《混成篇》。趙抱淵撰。
《丹陽真人語録》一卷，存。王頤中撰。
《直言易悟集》。劉若夷撰。
《玄真集》。張信真撰。
《玄通集》。王志達撰。
《仙梯集》。趙悟玄撰。
《三教入易論》一卷；《示教直言》一卷；《解心經》一卷；《救苦經解》一卷；《周易參同契簡要釋義》一卷，存；《太古集》四卷，存。原十五卷，明正統《道藏》本僅存四卷。郝大通撰。
《雲光集》四卷，存；《清真集》；《顯異録》。王處一（玉陽真人）撰。
《草堂集》一卷，存。王丹桂撰。
《大丹直指》二卷，存；《攝生消息論》一卷，存；《鳴道集》；《磻溪集》六卷，存。丘處機撰。
《錦溪集》。韓錦溪撰。
《破迷集》。姚玹撰。
《天遊集》。陶彦明撰。

《和光集》三卷。董守志撰。

《長安集》；《碧虚語録》。楊明真撰。

《大方集》。郎志清撰。

《思玄集》。趙九淵撰。

《清虚集》。薛知微撰。

《離峰老人集》二卷，存。于道顯撰。

《洞淵集》五卷，存；《元始天尊説太古經》一卷，存。長筌子撰。

《諸仙降批詞頌珠璧集》。

《天生經頌解》一卷，存；《會真文集》五卷，存。王吉昌撰。

《啓真集》三卷，存。劉志淵撰。

《江月集》。蔡真人撰。

《圓通集》二卷。白自然撰。

《王元粹詩集》。王元粹撰。

《玉陽内傳》；《范無生本行》；《女真戒律》。孫道古撰。

《煙霞録》；《繹仙傳》；《婺仙傳》；《金蓮正宗記》五卷，存；《林泉集》二十卷。秦志安撰。

《會仙録》；《隨應録》；《總仙録》。劉道寧撰。
《玄都寶藏》，宋德方主修，秦志安、李志全、毛養素、邢志舉等預修；《樂全集》。宋德方撰。
《悟真集》二卷，存。李通玄撰。
《無相集》。張志謹撰。
《洪鐘集》。于慶善撰。
《清和真人北遊録》四卷，存。段志堅編；《葆光集》三卷，存。尹志平撰。
《虚静子文集》。虚静子撰。
《陰符經集解》三十卷；《心庵爲政九要》。趙素撰。
《長春真人西遊記》二卷，存；《又玄集》二十卷。李志常撰。
《真仙直指語録》二卷，存；《諸真内丹集要》三卷，存。玄全子撰。
《地原經》。李志方撰。
《酎泉集》三十卷；《修真文苑》二十卷。李志全撰。
《盤山棲雲王真人語録》一卷，存。王志謹撰。
《纂微開題》一卷，存。全稱《道德真經藏室纂微手鈔》，原上下二卷，明正統《道藏》本僅存下卷；《總章夾頌》二卷；《科文義疏》五卷，存。薛致玄撰。
《道德經總章》；《周易直解》；《南華解義》；《沖虚斷章》；《雲山集》八卷，存。姬志真撰。

《凝陽董真人遇仙記》一卷，存。禄昭聞撰。

釋家類

《清慧師偈》。釋清慧撰。

《示衆廣語》；《游方勘辯頌》；《古偈贊》。釋道詢撰。

《繼善集》。張浄宇撰。

《趙城藏》，存。弘教大師崔法珍等雕造。

《百法顯義鈔》；《刪補舞陽鈔》。釋覺悟撰。

《重修薄伽藏教》。釋慈慧重修。

《體公禪師語録》；《華嚴規兼帶集》。釋覺體撰。

《續清涼傳》二卷，存。釋明浄等雕造。

《開堂諸録》。釋了奇撰。

《開性和尚語録》三編；《燕京潭柘山寺規則》。釋開性撰。

《寶公頌古》；《林溪語録》。釋寶公撰。

《頌古百篇》；《拈古百篇》；《禪説金剛經注》；《證道歌注》；《金臺録》；《真心真説》；

《修行十法門》。釋政言撰。

《法門寺大藏經》。釋義高重修。

《朝宗禪林記》。李演撰。

《典内外篇》。武天和撰。

《金剛般若經注》。張珣注。

《楞嚴經解》；《金剛經解》；《屏山翰墨佛事》。李純甫撰。

《佛説楊氏鬼繡紅羅化仙哥寶卷》。

《禮念彌陀道場懺文》十卷，存。王子成撰。

《南華略釋》一卷；《心經注》。趙秉文撰。

《評唱天童覺和尚頌古從容庵録》六卷，存。亦名《從容庵録》；《唱評天童覺和尚拈古請益録》二卷，存。亦名《請益録》；《萬壽語録》；《釋氏新聞》；《通玄百問》一卷，存。玉虚玄通庵圓通大禪師設問，摩訶菩提蘭若萬松和尚仰答，龍巖林泉老人頌；《祖燈録》六十二卷；《浄土語録》；《仰山語録》；《洪濟語録》；《藥師金輪觀音道場》；《鳴道集辯説》；《心經風鳴》；《禪悦法喜集》；《萬松和尚文集》。釋行秀撰。

《僧道納粟多寡與都副威儀及監寺等格》。釋廣惠等修纂。

《歸樂集》；《退休集》；《清涼集》；《相禪師語録》。釋弘相撰。

《火山瑩禪師詩集》。釋寶瑩撰。

《注華嚴經題法界觀門頌》二卷，存。亦名《華嚴法界觀通玄記頌注》。宋釋本嵩述頌、金釋宗湛集解。

《貫花標月集》；《禪苑蒙求瑤林》三卷，存。釋志明撰。

《太原昭禪師語録》。釋昭公撰。

《木庵詩集》。釋性英撰。

《暠和尚頌古》。暠和尚撰。

《彌陀偈》。釋德普撰。

《白蓮集》。釋廣恩撰。

《升堂語録》；《解道德經》；《徽澄和尚文集》。釋徽澄撰。

《空際語録》；《歸雲集》。釋志宣撰。

《雜毒海》。釋印簡撰。

《觀音偈》一卷，存。劉居士撰。

《佛説楊氏鬼繡紅羅化仙哥寶卷》。佚名撰。

《邛山偈》一卷，存。

小説類

《孫氏小説》。孫九鼎撰。

《黄華集録》。王庭筠撰。

《百斛珠》。楊圃祥撰。

《復軒筆録》。閻長言撰。

《續夷堅志》四卷，存。元好問撰。

《才人隱語》。劉子才輯。

講唱文藝類

《劉知遠諸宮調》，殘存。亦名《劉知遠傳》。

《西廂記諸宮調》，存。董解元撰。

《崔韜逢雌虎》；

《鄭子遇妖狐》；

《井底引銀瓶》；

《離魂倩女》；

《謁漿崔護》；

《雙漸豫章城》；

《柳毅傳書》。

院本雜劇類

和曲院本：《月明法曲》、《鄆王法曲》、《燒香法曲》、《送使法曲》、《上墳伊州》、《燒花新水》、《熙州駱駝》、《列良瀛府》、《病鄭逍遥樂》、《四皓逍遥樂》、《四酸逍遥樂》、《賀貼萬年歡》、《拼麈降黃龍》、《列女降黃龍》。

上皇院本：《壺春堂》、《太湖石》、《金明池》、《戀鼇山》、《六變妝》、《萬歲山》、《打草陣》、《賞花燈》、《錯入内》、《問相思》、《探花街》、《斷上皇》、《打球會》、《春從天上來》。

題目院本：《柳絮風》、《紅索冷》、《牆外道》、《共粉淚》、《楊柳枝》、《蔡消閑》、《方偷眼》、《呆太守》、《畫堂前》、《夢周公》、《梅花底》、《三笑圖》、《脱布衫》、《呆秀才》、《來年期》、《賀方回》、《王安石》、《斷三行》、《競尋芳》、《雙打梨花院》。

霸王院本：《悲怨霸王》、《范增霸王》、《草馬霸王》、《散楚霸王》、《三官霸王》、《補塑霸王》。

諸雜大小院本：《喬托孤》、《旦判孤》、《計算孤》、《雙判孤》、《百戲孤》、《哨咕孤》、《燒棗孤》、《孝經孤》、《菜園孤》、《貨郎孤》、《合房酸》、《麻皮酸》、《花酒酸》、《狗皮酸》、《還魂酸》、

《别離酸》、《三纏酸》、《謁食酸》、《三梾酸》、《哭貧酸》、《插撥酸》、《酸孤旦》、《毛詩旦》、《老孤遣旦》、《纏三旦》、《禾哨旦》、《哮賣旦》、《貧富旦》、《書櫃兒》、《紙襴兒》、《蔡奴兒》、《剁毛兒》、《喜牌兒》、《卦册兒》、《繡箧兒》、《粥碗兒》、《似娘兒》、《卦鋪兒》、《師婆兒》、《教學兒》、《雞鴨兒》、《黄丸兒》、《棱角兒》、《田牛兒》、《小丸兒》、《醜奴兒》、《病襄王》、《馬明王》、《鬧學堂》、《鬧浴堂》、《寬布衫》、《泥布衫》、《趕湯瓶》、《紙湯瓶》、《鬧旗亭》、《芙蓉亭》、《壞食店》、《鬧酒店》、《壞粥店》、《莊周夢》、《花酒夢》、《蝴蝶夢》、《三出舍》、《三入舍》、《瑶池會》、《八仙會》、《蟠桃會》、《洗兒會》、《藏鬮會》、《打五臟》、《蘭昌宫》、《廣寒宫》、《鬧結親》、《倦成親》、《强風情》、《大論情》、《三園子》、《紅娘子》、《太平還鄉》、《衣錦還鄉》、《四論藝》、《殿前四藝》、《競敲門》、《都子撞門》、《呆大郎》、《四酸擂》、《問前程》、《十樣錦》、《長慶館》、《癩將軍》、《兩相同》、《競花枝》、《五變妝》、《洪福無疆》、《白牡丹》、《赤壁鏖兵》、《窮相思》、《金壇謁宿》、《調雙漸》、《官吏不和》、《鬧巡鋪》、《判不由己》、《大勘刀》、《同官不睦》、《鬧平康》、《趕門不上》、《賣花容》、《同官賀授》、《無鬼論》、《四酸諱偌》、《鬧棚闌》、《雙藥盤街》、《鬧文林》、《四國來朝》、《雙捉婿》、《酒色財氣》、《醫作媒》、《風流藥院》、《監法童》、《漁樵問話》、《鬭鵪鶉》、《杜甫遊春》、《鴛鴦簡》、《四酸提猴》、《滿朝歡》、《月夜聞箏》、《鼓角將》、《鬧芙蓉城》、《雙門醫》、《張生煮海》、《賒饅頭》、《文房四寶》、《謝神天》、《陳橋兵變》、《雙揭榜》、《蒙啞質庫》、《雙福神》、《院公狗兒》、《告和來》、《佛印燒豬》、《酸賣倈》、《琴劍書箱》、《花前飲》、《五鬼聽琴》、《白雲庵》、《迓鼓二郎》、《壞道場》、《獨腳五郎》、《賣花聲》、《進奉伊州》、《錯上墳》、《醫五方》、《打五鋪》、《拷梅香》、《四道姑》、《隔簾聽》、《硬行蔡》、《義養娘》、《呫師姨》、《論秋蟬》、《劉盼盼》、《牆頭馬》、《刺董卓》、《鋸周樸》、《四柏板》、《大論談》、《捧龍舟》、《擊梧桐》、《淳藍橋》、《入桃園》、《雙防送》、《海棠春》、《香藥車》、《四方和》、《九頭頂》、《鬧元宵》、《趕村禾》、《眼藥孤》、《兩同心》、《更漏子》、《陰陽孤》、《提頭巾》、《三索債》、《防送哨》、《偌賣旦》、《是耶酸》、《怕水酸》、《回回梨花院》、《晉宣成道記》。

院幺：《海棠軒》、《海棠園》、《海棠怨》、《海棠院》、《魯李王》、《慶七夕》、《再相逢》、《風流婿》、《王子端捲簾記》、《紫雲迷四季》、《張與夢楊妃》、《女狀元春桃記》、《粉牆梨花院》、《妮女梨花院》、《龐方温道德經》、《大江東注》、《吴彦舉》、《不抽關》、《不掀簾》、《紅梨花》、《玎瑺天賜》、《暗姻緣》。

諸雜院爨：《鬧夾棒六麽》、《鬧夾棒法曲》、《望瀛法曲》、《分拐法曲》、《送宣道人歡》、《逍遙樂打馬鋪》、《撦彩延壽樂》、《諱老長壽仙》、《夜半樂打明皇》、《歡呼萬里》、《山水日月》、《集賢賓打三教》、《打白雪歌》、《地水火風》、《夜深深三磕胞》、《佳景堪遊》、《琴棋書畫》、《喜遷鶯剁草鞋》、《太公家教》、《十五郎》、《滕王閣鬧八妝》、《春夏秋冬》、《風花雪月》、《上小樓兗頭子》、《噴水胡僧》、《打注論語》、《恨秋風鬼點偌》、《詩書禮樂》、《論語謁食》、《下角瓶大醫淡》、《再遊恩地》、《累受恩深》、《送羹湯放火子》、《擂鼓孝經》、《香茶酒果》、《船子和尚四不犯》、《徐演黃河》、

《單兜望梅花》、《皇都好景》、《四偌大提猴》、《雙聲迭韻》、《上皇四軸畫》、《三偌一卜》、《調猿卦鋪》、《倬刀饅頭》、《河轉迓鼓》、《背箱伊州》、《酒樓伊州》、《蓑衣百家詩》、《埋頭百家詩》、《偷酒牡丹香》、《雪詩打樊噲》、《抹麥長壽仙》、《四偌賣諢》、《四偌祈雨》、《松竹龜鶴》、《王母祝壽》、《四偌抹紫粉》、《四偌劈馬樁》、《截紅鬧浴堂》、《和燕歸梁》、《蘇武和番》、《羹湯六麼》、《河陽舅舅》、《偌請都子》、《雙女賴飯》、《一貫質庫兒》、《私媒質庫兒》、《清朝無事》、《豐稔太平》、《一人有慶》、《四海民和》、《金皇聖德》、《皇家萬歲》、《背鼓千字文》、《變龍千字文》、《摔盒千字文》、《錯打千字文》、《木驢千字文》、《埋頭千字文》、《講來年好》、《講聖州序》、《講樂章序》、《講道德經》、《神農大説藥》、《食店提猴》、《人參腦子爨》、《斷朱温爨》、《變二郎爨》、《講百果爨》、《講百花爨》、《講蒙求爨》、《講百禽爨》、《講心字爨》、《變柳七爨》、《三跳澗爨》、《打王樞密爨》、《水酒梅花爨》、《調猿香字爨》、《三分食爨》、《煎布衫爨》、《賴布衫爨》、《雙楪紙爨》、《謁金門爨》、《跳布袋爨》、《文房四寶爨》、《開山五花爨》。

衝撞引首：《打三十》、《打謝樂》、《打八哥》、《錯打了》、《錯取鬼》、《説狄青》、《憨郭郎》、《枝頭巾》、《小鬧摑》、《鶯哥》、《貓兒》、《大陽唐》、《小陽唐》、《歇貼韻》、《三般尿》、《大驚睡》、《小驚睡》、《大分界》、《小分界》、《雙雁兒》、《唐韻六貼》、《我來也》、《情知本分》、《喬捉蛇》、《鐺鍋釜灶》、《代元保》、《母子御頭》、《嘴苗兒》、《山梨柿子》、《打淡的》、《一日一個》、《村城詩》、《胡椒雖小》、《蔡伯喈》、《遮截架解》、《窄磚兒》、《三打步》、《穿百倬》、《盤棒子》、《四魚名》、《四坐山》、《提頭帶》、《天下樂》、《四怕水》、《四門兒》、《説古人》、《山麻秸》、《喬道場》、《黄風蕩蕩》、《貪狼觀》、《通一母》、《串梆子》、《拖下來》、《啞伴哥》、《劉千劉義》、《歡會旗》、《生死鼓》、《搗練子》、《三群頭》、《酒槽兒》、《浄瓶兒》、《賣官衣》、《苗青根白》、《調笑令》、《鬥鼓笛》、《柳青娘》、《論句兒》、《請車兒》、《身邊有藝》、《調劉袞》、《霸王草》、《難古典》、《左必來》、《香供養》、《合五百》、《奶奶嗔》、《一借一與》、《已巳己》、《舞秦始皇》、《學像生》、《支道饅頭》、《打調劫》、《驢城門白守》、《呆醜》、《定魂刀》、《説罰錢》、《年紀大小》、《打扇》、《盤蛇》、《相眼》、《告假》、《捉記》、《照淡》、《蒙啞》、《投河略通》、《調賊》、《多筆》、《僉押》、《扯狀》、《羅打》、《記水求楞》、《燒奏》、《轉花枝》、《計頭兒》、《長嬌憐》、《歇後語》、《蘆子語》、《回且語》、《大支散》。

拴搐豔段：《襄陽會》、《驢軸不了》、《抛繡球》、《鞭敲金鐙》、《門簾兒》、《天長地久》、《眼藥裹》、《衙府則例》、《金含楞》、《天下太平》、《歸塞北》、《春夏秋冬》、《鬥百草》、《叫子蓋頭》、《大劉備》、《石榴花詩》、《啞漢書》、《説古棒》、《唱拄杖》、《日月山河》、《胡餅大》、《嘴揾地》、《屋裹藏》、《罵吕布》、《張天覺》、《打論語》、《十果頑》、《十般乞》、《還故里》、《劉金帶》、《四草蟲》、《四廚子》、《四妃豔》、《望長安》、《長安住》、《罵江南》、《風花雪月》、《錯寄書》、《睡起教住》、《打婆束》、《三文兩撲》、《大對景》、《小護鄉》、《少年游》、《打青提千字文》、《酒家詩》、《三拖旦》、《睡馬杓》、《四生厲》、《喬唱譚》、《桃李子》、《麥屯兒》、《大菜園》、《喬打聖》、《杏湯來》、

《謝天地》、《十隻脚》、《請生打納》、《建成》、《縛食》、《球棒豔》、《破巢豔》、《開封豔》、《鞍子豔》、《打虎豔》、《四王豔》、《蝗蟲豔》、《撅子豔》、《七捉豔》、《修行豔》、《般調豔》、《棗兒豔》、《鑾子豔》、《快樂豔》、《慈烏豔》、《眼裏喬》、《訪戴衆半》、《陳蔡》、《范蠡》、《扯休書》、《鞭塞》、《金鈴》、《感吾智》、《諸宮調》、《杴杦掃竹》、《雕出板來》、《套靴》、《舌智》、《俯飯》、《釵髪多》、《襄陽府》、《仙哥兒》。

打略拴搐：《星象名》、《果子名》、《草名》、《軍器名》、《神道名》、《燈火名》、《衣裳名》、《鐵器名》、《書集名》、《節分名》、《虀菜名》、《縣道名》、《州府名》、《相撲名》、《法器名》、《樂人名》、《草名》、《軍名》、《門名》、《魚名》、《菩薩名》。

賭撲名：《照天紅》、《著棋名》、《滾骰子》、《琴家弄》、《悶葫蘆》、《握龜》。

官職名：《説駕頑》、《敲待制》、《上官赴任》、《押剌花赤》。

飛禽名：《青鴇》、《老鴉》、《廝料》、《鷹鷂雕鶻》。

花名：《石竹子》、《調狗》、《散水》。

吃食名：《廚難偌》、《蘑菇菜》。

佛名：《成佛板》、《爺娘佛》。

難字兒：《盤驢》、《害字》、《劉三》、《一板子》。

酒下拴：《數酒》、《三元四子》。

唱尾聲：《孟姜女》、《遮蓋了》、《詩頭曲尾》、《虎皮袍》。

猜謎：《杜大伯》、《大黄》。

和尚家門：《秃醜生》、《窗下僧》、《坐化》、《唐三藏》。

先生家門：《入口鬼》、《則要胡孫》、《大燒餅》、《清閑真道本》。

秀才家門：《大口賦》、《六十八頭》、《拂袖便去》、《紹運圖》、《十二月》、《胡説話》、《風魔賦》、《療丁賦》、《捧著駱駝》、《看馬胡孫》。

列良家門：《説卦彖》、《由命賦》、《混星圖》、《柳簸箕》、《二十八宿》、《春從天上來》。

禾下家門：《萬民快樂》、《咬得響》、《莫延》、《九斗一石》、《共牛》。

大夫家門：《三十六風》、《傷寒賦》、《合死漢》、《馬屁勃》、《安排鍬钁》、《三百六十骨節》、《撒五穀》、《便癰賦》。

卒子家門：《針兒線》、《甲仗庫》、《軍鬧》、《軍敗》。

良頭家門：《方頭賦》、《水龍吟》。

邦老家門：《腳言腳語》、《則是便是賊》。

都子家門：《後人收》、《桃李子》、《上一上》。

孤下家門：《朕聞上古》、《刁包待制》、《絹兒來》。

司吏家門：《罷筆賦》、《事故榜》。

仵作家門：《一遍生活》、《受胎成氣》。

諸雜砌：《模石江》、《梅妃》、《浴佛》、《三教》、《姜武》、《救駕》、《趙娥娥》、《石婦吟》、《變貓》、《水母》、《玉環》、《走鸚哥》、《上料》、《瞎腳》、《易基》、《武則天》、《告子》、《拔蛇》、《鹿皮》、《新太公》、《黄巢》、《恰來》、《蛇師》、《没字碑》、《臥草》、《衲襖》、《封碑》、《鋸周樸》、《史弘肇》、《懸頭梁上》。

集部

《滕秀穎詩集》。滕茂實撰。

《東山樂府》；《東山集》十卷。吴激撰。

《濟陽文集》；《宇文肅愍公文集》。宇文虚中撰。

《蒙城集》。高士談撰。

《睡軒先生集》。趙晦撰。

《雲館二星集》。李任道輯録。

《齊國文集》十卷。劉豫撰。

《張安簡文集》。張孝純撰。

《韓昉文集》。韓昉撰。

《完顏太師集》。完顏勗撰。

《蕭閑老人文集》。蔡松年撰；《蕭閑老人明秀集注》六卷，殘存前三卷。蔡松年撰、魏道明注。

《雪嵓老人集》。田秀實撰。

《成真集》、《通理集》。何宏中撰。

《長谷集》。張中孚撰。

《霖堂集》。朱之才撰。

《薺堂集》。馬定國撰。

《詩説》；《嗚嗚集》。祝簡撰。

《南榮集》。劉跡撰。

《南遊集》；《北歸集》。張斛撰。

《荆山集》。吕恭撰。

《華表山人集》。張浩撰。

《三住老人集》。施宜生撰。

《王無競文集》。王競撰。

《攖寧居士集》。劉瞻撰。

《翟永固文集》。翟永固撰。
《漆園集》。李之翰撰。
《孫内翰集》。孫九鼎撰。
《詞林體驗》。孫九疇撰。
《野谷集》。張中彦撰。
《沾山集》。吕宗禮撰。
《邊供奉集》。邊元鼎撰。
《竹堂集》。張公藥撰。
《泫水集》。晁會撰。
《龍南集》。楊宗興撰。
《金山牧河蘭若集》二卷。李信道撰。
《寂照居士集》。郭用中撰。
《無可居士文集》五十五卷。蔡珪撰。
《退翁詩集》。王礎撰。
《曹户部詩集》三十卷。曹望之撰。
《張莘卿文集》十卷。張莘卿撰。

《鄭子聃文集》。鄭子聃撰。
《張景仁文集》。張景仁撰。
《雞肋集》五卷。姚孝錫撰。
《山長林語》。劉迎撰。
《虚静居士集》。孟宗獻撰。
《崑崙集》。郭長倩撰。
《義谷集》。張仲偉撰。
《楊伯仁文集》。楊伯仁撰。
《注太白詩》。王繪撰。
《錦溪集》。杜佺撰。
《西喦集》。劉汲撰。
《遯齋先生詩集》。王元節撰。
《蓮峰真逸詩稿》。喬扆撰。
《龍山集》。劉仲尹撰。
《曲全子詩集》。王寀撰。
《陶丘先生文集》。商休復撰。

《雷司直奏牘》；《學易先生詩集》。雷思撰。

《濟川詩集》。宋楫撰。

《梁公奏稿》。梁襄撰。

《玉峰散人集》。趙可撰。

《張汝爲詩集》。張汝爲撰。

《莘國公詩集》。張汝霖撰。

《坡軒集》。酈權撰。

《耶律文獻公集》。耶律履撰。

《平水老人詩集》十卷。毛麾撰。

《姑汾漫士集》。王琢撰。

《東皋集》。桑之維撰。

《中庸集》。完顔金紫公撰，名佚。

《拙軒集》六卷，存。王寂撰。

《王元德文集》四十卷。王元德撰。

《南麓詩集》。任詢撰。

《清漳集》。吕中孚撰。

《潁川詩話》。范墀撰。

《白雲集》。馮子翼撰。

《郝内翰俣集》。郝俣撰。

《孔璪集》一卷。孔璪撰。

《朱宫教集》。朱瀾撰。

《小雪堂詩話》；《小雪堂文集》。文商撰。

《黄山集》。趙渢撰。

《遊仙野人集》二十卷。李晏撰。

《史明府詩集》一卷。史旭撰。

《渭濱野叟集》。景覃撰。

《風露集》。劉震亨撰。

《浚水老人集》。王世賞撰。

《秋山應制詩稿》；《黄華先生文集》四十卷。王庭筠撰。

《李道源先生陰德記》一卷；《漳川集》。董師中撰。

《東巖集》三卷。元德明撰。

《樂善老人集》。完顔永成撰。

《許文簡公文集》。許安仁撰。
《丹源釣徒集》。李仲略撰。
《狂愚集》二十卷。李愈撰。
《鼎新詩話》。魏道明撰。
《國朝百家詩略》。魏道明輯。
《張仲揚詩集》。張著撰。
《翟師軻文集》。翟師軻撰。
《盤溪居士詩集》。張庭玉撰。
《丹華老人詩集》。張汝方撰。
《張汝翼詩集》。張汝翼撰。
《張汝猷詩集》。張汝猷撰。
《劉左司文集》。劉中撰。
《成趣小集》。梁瓚編次。
《田轉運賦集》。田特秀撰。
《高憲詩集》。高憲撰。
《常山集》。周昂撰。

《党學士詩集》；《竹溪先生文集》十卷。党懷英撰。

《刁涇州集》。刁白撰。

《晦叟先生集》。楊庭秀撰。

《虚舟居士集》。路鐸撰。

《田紫芝詩集》。田紫芝撰。

《弘道集》。徒單鎰撰。

《王萬鍾集》。王萬鍾撰。

《高庭玉詩集》。高庭玉撰。

《孫鐸詩集》。孫鐸撰。

《復軒集》。閻長言撰。

《蒲察鄭留奏稿》。蒲察鄭留撰。

《人倫大統賦》二卷，存；《張禮部文集》十卷。張行簡撰。

《淡軒遺稿》。史肅撰。

《默翁先生文集》二十卷。龐鑄撰。

《許蜕詩集》。許蜕撰。

《松堂集》。張邦彦撰。

《韋齋集》。張琚撰。
《盧洵集》。盧洵撰。
《渭上翁文集》十卷。蕭貢撰。
《屏山内稿》；《屏山外稿》。李純甫撰。
《女幾樵人集》。劉昂霄撰。
《東坡樂府選》。孫鎮撰。
《蓬門先生集》十卷。劉從益撰。
《楊文獻公集》。楊雲翼撰。
《洹水集》。史公奕撰。
《愚軒集》。趙元撰。
《胥鼎詩文集》。胥鼎撰。
《西溪老人集》。秦略撰。
《陳御史文集》。陳規撰。
《拙軒詩集》。張行信撰。
《增補國朝百家詩略》。商衡增補。
《雷希顏文集》。雷淵撰。

《申百勝詩集》。申萬全撰。

《耐辱居士集》二十卷。趙思文撰。

《明昌辭人雅制》。趙秉文輯；《滏水集》二十卷，存；《閑閑外集》。趙秉文撰。

《雙鳳集》。李汾撰。

《麻九疇文集》。麻九疇撰。

《雲巖先生文集》。孟澤民撰。

《横溪集》二十卷。馮延登撰。

《寶章小集》；《如庵小稿》。完顔璹撰。

《怡閑吟稿》。紇石烈通甫撰。

《李獻能詩集》。李獻能撰。

《柳溪先生集》。劉鐸撰。

《青峰詩話》、《王鬱集》。王鬱撰。

《天倪集》。李獻甫撰。

《蘭泉先生文集》，殘存。張建撰。

《松庵集》。馮璧撰。

《張吏部文集》。張正倫撰。

《滹南詩話》三卷，存；《慵夫集》若干卷；《滹南遺老集》四十五卷，存。王若虚撰。

《丹崖集》。邢安國撰。

《玉峰遺稿》。魏璠撰。

《訥庵詩集》。張本撰。

《相臺詩話》三卷。樂著撰。

《寓齋集》；《茅亭詩》。白華撰。

《卷瀾集》三卷。曹珏撰。

《泰山雅詠》。劉祁輯纂；《渾源劉氏傳家集》；劉祁編次；《神川遯士集》二十二卷。劉祁撰。

《二妙集》八卷，存。段克己、段成己撰。

《遯庵文集》。段克己撰。

《青峰詩集》。王無咎撰。

《橘軒詩集》。張澄撰。

《還山集》一百二十一卷。楊奂撰。

《王澤民詩集》。王澤民撰。

《校定李長吉詩集》四卷，存。吕鯤校定；《龍山小集》。吕鯤撰。

《杜詩學》；《東坡詩雅》三卷；《錦機》一卷；《詩文自警》十卷。元好問撰；

《中州集》十卷，存；《中州樂府》一卷，存。元好問輯纂；《唐詩鼓吹》十卷，存。元好問編次；《東坡樂府集選》。元好問輯纂；《元遺山詩集》二十卷，存；《遺山樂府》三卷，存。或作四卷、五卷，内容略有差異；《遺山先生文集》四十卷，存。元好問撰。

《静直先生遺稿》。郝思温撰。

《石泉集》，殘存。張宇撰。

《貽溪先生文集》，殘存。麻革撰。

《陶然集詩》。楊鵬撰。

《莊靖集》十卷，存。李俊民撰。

《淡軒文集》。康曄撰。

《安閑老人文集》。賈持謙撰。

《淡軒文集》三十卷。陳庾撰。

《兑齋曹先生文集》，殘存。曹之謙撰。

《澮遊集》。王萬慶撰。

《金詔赦録》；《金代文章》。馮渭纂輯；《常山集》。馮渭撰。

《澮然先生文集》。張鼎撰。

《西巖文集》。趙衍撰。

《樗庵集》。吴仲傑撰。

《新軒樂府》。張伯逌撰。

《函谷道人集》三卷。撒舉撰。

《恒齋先生文集》。王良臣撰。

《葵軒小稿》。張葵軒撰。

《敝帚集》十卷；《默軒集》二十卷。陳賡撰。

《遺安郭先生文集》。郭鎬撰。

《適意集》。薛玄撰。

《緱山先生文集》十卷。杜瑛撰。

《陳季淵詩集》。陳邃撰。

《小亨集》六卷，存。楊弘道撰。

《白雲子集》，殘存。房皥撰。

《楊威文集》。楊威撰。

《菊軒文集》。段成己撰。

《敬齋樂府》；《敬齋文集》四十卷。李治撰。

《寓庵集》八卷，存；《詩材群玉山集》三十卷；《寓庵詞》一卷，存。李庭撰。

《逃空絲竹集》；《善夫先生集》。殘存。杜仁傑撰。

《雪巖文集》。宗經撰。

《興教寺題詠集》。

《承安樂府》。

《中州元氣集》。

《國朝名公書》。

附録

一　現存金代藝文書目

經部

利鑾孫《春秋握奇圖》一卷。四庫全書存目叢書本。

王若虚《論語辨惑》四卷。叢書集成初編本。

高守元《沖虚至德真經四解序》二十卷。續修四庫全書本。

李霖《道德經取善集》十二卷。續修四庫全書、明正統《道藏》本。

寇才質《道德真經四子古道集解》十卷。明正統《道藏》本。

趙秉文《道德真經集解》四卷。明正統《道藏》本。

邢凖《增修累音引證羣籍玉篇》三十卷。中華再造善本叢書本。

韓孝彦《五音篇》十五卷。文淵閣四庫全書本。

韓道昭《重編改併五音篇海》十五卷。續修四庫全書本；《改併五音集韻》十五卷。文淵閣四庫全書本。
張天錫《草書韻會》五卷。大連圖書館藏日本覆刻明洪武本。
王文鬱《新刊韻略》五卷。續修四庫全書本。
佚名《四聲等子》一卷。叢書集成初編本。

史部

佚名《大金吊伐録》四卷。叢書集成初編本。
史願《北遼遺事》，殘存。長白叢書《金史輯佚》本。
可恭《宋俘記》，殘存。崔文印《靖康稗史箋證》本。
王昌遠《青宫譯語》，殘存。崔文印《靖康稗史箋證》本。
李天民《南征録匯》，殘存。崔文印《靖康稗史箋證》本。
常彦修等《校補兩漢策要》十二卷。清光緒戊戌上海古香閣石印本。
王寂《遼東行部志》一卷；《鴨江行部志》一卷。遼海叢書本、續修四庫全書本。
佚名《龍角山記》一卷。明正統《道藏》本。
佚名《長安圖經》一卷。元李好文《長安志圖》卷上，宋元方志叢刊本。

張暐等《大金集禮》四十卷。叢書集成初編本、文淵閣四庫全書本。
張行簡《人倫大統賦》二卷。叢書集成初編本。
佚名《大金德運圖説》一卷。文淵閣四庫全書本。
郭明如《新編詔誥章表機要》四卷。續修四庫全書本。
孔元措《祖庭廣記》十二卷。叢書集成初編本、文淵閣四庫全書本。

子部

李純甫《鳴道集説》五卷。中國子學名著集成珍本初編本。
李治《測圓海鏡細草》十二卷；《益古衍段》二卷。續修四庫全書本、叢書集成初編本。
武亢《校正天文主管》一卷。文淵閣四庫全書本。
成無己《傷寒論注》十卷。愛日精廬叢書本；《傷寒明理論》三卷；《傷寒論方》一卷。文淵閣四庫全書本、叢書集成初編本。
楊用道《附廣肘後方》八卷。明正統《道藏》本。
何若愚《流注指微針賦》一卷。人民衛生出版社一九八三年。
閻明廣《子午流注針經》三卷。人民衛生出版社一九八三年。
宋雲公《傷寒類證》三卷。明虞山人趙開美校刊本。

劉完素《素問玄機原病式》一卷。文淵閣四庫全書本、叢書集成初編本；《素問病機氣宜保命集》三卷。文淵閣四庫全書本、叢書集成初編本；《宣明論方》三卷。叢書集成初編本、文淵閣四庫全書本；《傷寒直格方》三卷。叢書集成初編本、文淵閣四庫全書本；《素問要旨論》八卷。續修四庫全書本；《三消論》一卷。見金張從政《儒門事親》卷一三，叢書集成初編本。

佚名《補注銅人腧穴針灸圖經》五卷。中國醫學大成續集本。

張元素《醫學啓源》三卷。續修四庫全書本；《難經解》二十四卷；《注叔和脈訣》十卷。海外回歸中醫善本古籍叢書本。

馬宗素《傷寒醫鑒》一卷。叢書集成初編本。

張從正《儒門事親》三卷；《直言治病百法》二卷；《十形三療》三卷。北京大學圖書館藏元中統合刊本。

李杲《内外傷辨惑論》三卷。文淵閣四庫全書本、叢書集成初編本；《蘭室秘藏》三卷。文淵閣四庫全書本、叢書集成初編本；《脾胃論》三卷。文淵閣四庫全書本、叢書集成初編本；《東垣試效方》九卷；《李氏脈訣指掌病式圖説》一卷。古今醫統正脈全書本；《醫學發明》一卷，續修四庫全書本；《用藥法象》一卷。

王好古《醫壘元戎》十二卷。文淵閣四庫全書本、叢書集成初編本；《陰證略例》一卷。叢書集成初編本、續修四庫全書本；《湯液本草》三卷。叢書集成初編本；《此事難知》二卷。叢書集成初編本；《伊尹湯液仲景廣爲大法》四卷。明嘉靖鈔本；《海藏癍論萃英》一卷，叢書集成初編本。

趙庸《風科集驗名方》二十八卷。海外回歸中醫善本古籍叢書（續）本。

張存惠《重修證類本草》三十卷。四部叢刊本、文淵閣四庫全書本。

劉洪《傷寒心要》一卷。文淵閣四庫全書本、叢書集成初編本。

常用晦《傷寒心鏡》一卷。文淵閣四庫全書本、叢書集成初編本。

張璧《雲岐子保命集論類要》二卷、《雲岐子論經絡迎隨補瀉法》一卷。叢書集成初編本。

崔法珍等《趙城金藏》殘存五六〇〇餘卷。國家圖書館及西藏薩伽北寺藏。

王子成《禮念彌陀道場懺文》十卷。臺北白馬精舍印經會刊日本《續藏經》本。

釋行秀《評唱天童覺和尚頌古從容庵録》六卷；《唱評天童覺和尚拈古請益録》二卷；《通玄百問》一卷。臺北白馬精舍印經會刊日本《續藏經》本。

釋志明《禪苑蒙求瑤林》三卷。臺北白馬精舍印經會刊日本《續藏經》本。

釋宗湛《注華嚴經題法界觀門頌》二卷。中華書局《中華大藏經》本。

佚名《觀音偈》一卷，存。國家圖書館藏金刻本。

佚名《邙山偈》一卷，存。國家圖書館藏金刻本。

杜長春《太上玉華洞章拔亡度世昇仙妙經》一卷。明正統《道藏》本。

王嚞《金關玉鎖訣》一卷；《重陽授丹陽二十四訣》一卷；《重陽立教論》一卷；《重陽教化集》三卷；《重陽全真集》九卷。明正統《道藏》本；《五篇靈文》一卷。藏外道書本。

馬鈺《洞元金玉集》十卷；《漸悟集》二卷；《丹陽神光燦》；《重陽分梨十化集》二卷。明正統《道藏》本。

孫不二《丹道秘書》一卷；《元君法語》一卷。藏外道書本。

譚處端《水雲集》三卷。明正統《道藏》本。

侯善淵《太上老君説常清静經注》一卷；《黄帝陰符經注》一卷；《太上太清天童護命妙經注》一卷；《上清太玄鑒戒論》一卷；《上清太玄九陽圖》一卷；《上清太玄集》十卷。俱見明正統《道藏》本。

郝大通《周易參同契簡要釋義》一卷；《太古集》四卷。明正統《道藏》本。

王處一《西嶽華山志》一卷。明正統《道藏》本。

劉處玄《黄庭内景玉經注》一卷；《陰符經注》一卷；《長生真人至真語録》一卷；《仙樂集》五卷。俱見明正統《道藏》本。

王處一《雲光集》四卷。明正統《道藏》本。

丘處機《攝生消息論》一卷。叢書集成初編本；《大丹直指》二卷。明正統《道藏》本；《磻溪集》六卷。明正統《道藏》本。

又玄子《太微仙君功過格》。明正統《道藏》本。
晉真人《晉真人語録》一卷。明正統《道藏》本。
劉通微《太上老君説清静經頌注》一卷。明正統《道藏》本。
玄虚子《鳴真集》一卷。明正統《道藏》本。
玄全子《真仙直指語録》二卷；《諸真内丹集要》三卷。明正統《道藏》本。
王丹桂《草堂集》一卷。明正統《道藏》本。
王頤中《丹陽真人語録》一卷。明正統《道藏》本。
王吉昌《天生經頌解》一卷；《會真集》五卷。明正統《道藏》本。
劉志淵《啓真集》三卷。明正統《道藏》本。
于道顯《離峰老人集》二卷。明正統《道藏》本。
長筌子《洞淵集》五卷；《元始天尊説太古經》一卷。明正統《道藏》本。
秦志安《金蓮正宗記》五卷。明正統《道藏》本。
尹志平《清和真人北遊録》四卷；《葆光集》三卷。明正統《道藏》本。
李志常《長春真人西遊記》二卷。明正統《道藏》本。
王志謹《盤山棲雲王真人語録》一卷。明正統《道藏》本。
薛致玄《道德真經藏室纂微手鈔》原二卷，殘存下卷；《道德真經藏室纂微開題科文疏》五卷。明正統《道藏》本。

姬志真《雲山集》八卷。明正統《道藏》本。

禄昭閭《凝陽董真人遇仙記》一卷。明正統《道藏》本。

王朋壽《增廣分門類林雜説》十五卷。續修四庫全書本。

佚名《重新補添分門字苑撮要》殘存十卷。國家圖書館藏金刻本。

元好問《續夷堅志》四卷。中華書局一九八六年。

劉祁《歸潛志》十四卷。中華書局一九八三年；《大唐傳載摘勝》一卷。遼寧省人民圖書館藏羅振玉藏鈔本。

佚名《劉知遠諸宫調》原十二卷，殘存五卷。續修四庫全書本。

董解元《西廂記諸宫調》八卷。上海古籍出版社一九八四年。

杜仁傑《歐蘇手簡》四卷。存。北京大學圖書館藏日本刻本。

張謙《地理新書》十五卷。續修四庫全書本。

徐次賓《大六壬玉連環一字訣》一卷。北京大學圖書館藏清宣統三年鈔本。

集部

蔡松年撰、魏道明注《明秀集》六卷，殘存前三卷。四印齋所刻詞本。

王寂《拙軒集》六卷。文淵閣四庫全書本、叢書集成初編本。

趙秉文《滏水集》二十卷。叢書集成初編本、四部叢刊本。

王若虚《滹南詩話》三卷。叢書集成初編本；《滹南遺老集》四十五卷。叢書集成初編本。

楊奂《還山遺稿》殘存二卷。中國地方志集成本、叢書集成續編本。

元好問《中州集》十卷、《中州樂府》一卷。宋元版漢籍影印叢書本、明汲古閣刊本；《唐詩鼓吹》十卷。四庫全書存目叢書本；《元遺山詩集》二十卷。四部精要本；《遺山樂府》三卷。彊村叢書本；《遺山先生文集》四十卷。四部叢刊本。

李俊民《莊靖集》十卷。山右叢書本、文淵閣四庫全書本。

楊弘道《小亨集》六卷。文淵閣四庫全書本。

段克己、段成己《二妙集》八卷。文淵閣四庫全書本、山右叢書本。

李庭《寓庵集》八卷。藕香零拾本。

李庭《寓庵樂府》一卷。彊村叢書本。

二 現存金代版刻書目

經部

《周禮》十二卷。漢鄭玄注；唐陸德明《釋音》一卷。北京圖書館編《北京圖書館古籍善本書目·經部》著録「金刻本」。

《增修累音引證群籍玉篇》三十卷。國家圖書館藏金刻本，收入中華再造善本叢書。

《泰和五音新改併類聚四聲篇》十五卷，殘存。①

《崇慶新雕改併五音集韻》十五卷。北京圖書館編《中國版刻圖録》著録「金版」，存一卷至十二卷。今按，寧忌浮《校訂五音集韻前言》：「《改併五音集韻》現存約有百部，藏於七十餘家圖書館。百部書可歸納爲七種版本：崇慶新雕本、至元新雕本、成化庚寅重刊本、弘治甲子重刊本、正德乙亥重刊本、萬曆己丑重刊本和明翻刻崇慶本。《崇慶新雕改併五音集韻》是昌黎子（韓道昭）在世時刻本，然缺入聲三卷，又字跡多漫漶不清，刻印粗疏，魯魚亥豕，觸目即是。《至元己丑新

① 寧忌浮《字典史上的一塊豐碑——〈四聲篇海〉》，《辭書研究》一九八七年第一期。

雕改併五音集韻》亦多殘損不清，它對崇慶本的錯誤很少訂正。《大明成化庚寅重刊改併五音集韻》爲足本，是弘治、正德、萬曆諸本之祖本。《康熙字典》所引、《四庫全書》所收即此一系版本。」①《新刊韻略》五卷。王文鬱編纂，正大六年平水刊本，續修四庫全書影印。

史部

《史記》一百三十卷。清季振宜《季滄葦藏書目・史部》著録「金版《史記》一百三十卷」。未見，待訪。

《貞觀政要》。清于敏中《天禄琳琅書目》卷三著録：「書前有大定己丑八月進士唐公弼序，稱南京路都轉運使梁（肅）公出公府之資命工鏤板。……此本字宗顔體，刻印精良，與宋版之佳者無異。藏書家知崇宋本，而金版多未之及，蓋緣流傳實少，耳目罕經。似此吉光片羽，真爲希世之寶也。」未見，待訪。

《舊五代史》。承安四年，南京路都轉運司刊印。張秀民《中國印刷史》：「明謝在杭、陳第曾藏原本。解放前商務印書館重價徵求未得。」②未見，待訪。

① 寧忌浮《校訂五音集韻》卷首，中華書局一九九二年，第六頁。
② 上海人民出版社一九八九年，第二五〇頁。

《資治通鑒》。清楊紹和《海源閣藏書目・史部》著録「金本《資治通鑒》百廿卷、五十册一函」。未見，待訪。

《新編詔告章表機要》四卷。金郭明如撰。明葉盛《菉竹堂書目》卷二著録「郭明如《集詔誥章表》一册」。續修四庫全書影印。

《孔氏祖庭廣記》十二卷。金孔元措撰，正大四年刊行。壬寅歲（蒙古太宗乃馬真后稱制元年、一二四二年），「增補校正，重開以廣其傳」①，實爲金刻遞修，叢書集成初編本。

子部

《壬辰重改證吕太尉經進莊子全解》。宋吕惠卿撰。國家圖書館藏金刻本。北京國家圖書館編《中國板刻圖録》著録：「觀其紙墨版式刀法，當是金時平水重翻北宋本。壬辰爲金世宗大定十二年，即宋孝宗乾道八年。此書除張掖黑水城出北宋殘本外，此爲傳世最古之本。楊氏海源閣舊藏，《楹書偶録》定爲宋本，恐不確。」②

---

① 《孔氏祖庭廣記》卷一二「後跋」，叢書集成初編本，中華書局一九八五年，第一五六頁。今按，林申清《宋元書刻牌記圖録》著録「孔元措蒙古壬寅刻《祖庭廣記》」並附圖，北京圖書館出版社一九九九年，第七七頁、九九頁。

② 文物出版社一九六〇年，第一册四九頁。

《廣齋雲録》八卷、後集一卷。宋李獻民撰。北京圖書館編《中國版刻圖録》著録《南豐曾子固先生集》，謂「版式、刀法、紙墨，與潘氏滂喜齋舊藏《雲齋廣録》如出一轍，蓋同爲金中葉平水坊本。」文物出版社一九六〇年，第一册四九頁；另，張麗娟、程有慶《宋本》亦著録：「宋李獻民撰。藏臺灣省中央圖書館。十五行二十五字，後集十四行二十五字，白口，單黑魚尾，左右雙邊。潘氏滂熹齋舊藏本。」江蘇古籍出版社二〇〇二年，第一五七頁。

《新雕文酒清話》殘卷。俄羅斯科學院東方研究所聖彼得堡分所、中國社會科學院民族研究所《俄藏黑水城文獻》，上海古籍出版社一九九七年，第四册四四九頁。

《六壬課秘決》殘卷。俄羅斯科學院東方研究所聖彼得堡分所、中國社會科學院民族研究所《俄藏黑水城文獻》，上海古籍出版社一九九七年，第四册三四一頁。

《新雕注疏珞碌子三命消息賦》三卷。宋李仝注、東方明疏。國家圖書館藏「金刻本」，收入中華再造善本叢書。

《新雕李燕陰陽三命》二卷。國家圖書館藏「金刻本」，與《新雕注疏珞琭子三命消息賦》裝訂同一册。

《重校正地理新書》十五卷。清莫友芝《宋元舊本書經眼録》卷二著録「金刻本」，國家圖書館藏「清影金鈔本」四册。

《增廣分門類林雜説》十五卷。金王朋壽撰。清陸心源《皕宋樓藏書志》卷二六著録，續修四庫全書影印。

《重編補添分門字苑撮要》十卷。金佚名撰。國家圖書館藏「金刻本」。北京國家圖書館編《中國板刻圖録》著録：「全書分類編次，從各書中摘録歷代事實，後附散對，備科場獺祭之用。原書卷數與編輯人均無考。存十卷。覯紙墨刀法與刻工稱謂，知是平水刻本。」①

《黄帝内經素問注》。唐王冰注、宋林億等校正、孫兆改誤。國家圖書館藏「金刻本」。今存平水坊本十三卷，即卷三至卷五、卷十一至卷十八，收入中華再造善本叢書。

《新刊素問入式運氣論奥》三卷、《黄帝内經素問遺篇》一卷。宋劉温舒撰。國家圖書館藏金刻本，收入中華再造善本叢書。

《續附經驗奇方》。大定十二年重刻，現藏遼寧省人民圖書館。②

《補注銅人腧穴針灸圖經》五卷。北宋王惟一奉詔撰爲三卷，入金後補注，增至五卷，大定丙午「書軒陳氏印行」。現存清末貴池劉世珩影金本，收入中國醫學大成續集。

《本草集方》八卷。民國張允亮《故宫善本書目》卷二《天禄琳琅録外書目》著録「金刻本」八卷，即卷一至卷三、卷五至卷九，現藏臺北故宫博物院。未見，待訪。

---

① 文物出版社一九六〇年，第一册五〇頁。

② 《中國印刷史》，上海人民出版社一九八九年，第二五四頁。

《趙城金藏》殘存五六〇〇餘卷。崔法珍等雕造。國家圖書館及西藏薩伽北寺藏。

《成唯識論了義燈鈔科文》一卷。醴州乾明院阜昌丁巳（阜昌八年、天會十五年）刊本，現藏山西省圖書館。

《攝大乘論釋》。隋釋達摩笈多譯；《大周刊定衆經目録》。唐釋明佺撰。北京圖書館編《中國版刻圖録》著録：金刻本，運城。此藏自來公私書目俱未著録，出自趙城金藏。文物出版社一九六〇年，第一册第四八頁。

《止觀輔行傳弘決》。唐釋湛然撰。北京圖書館編《中國版刻圖録》著録：金刻本，運城。出自趙城金藏。

《佛説月燈三昧經》十一卷，存。高齊釋耶連提耶舍譯。楊繩信《中國版刻綜録》著録「解州天寧寺開雕大藏經版會刊金藏本」。陜西人民出版社一九八七年，第一九頁。

《觀音偈》一卷、《邙山偈》一卷。兩書撰者名佚，裝訂同一册，國家圖書館藏金刻本，收入中華再造善本叢書。

《佛説壽生經》殘卷。俄羅斯科學院東方研究所聖彼得堡分所、中國社會科學院民族研究所《俄藏黑水城文獻》，上海古籍出版社一九九八年，第五册第三二六頁。

《道德寶章》。北宋葛長庚撰。清楊紹和《楹書偶録》卷三著録「金本」一卷一册，「金正大戊子平水中和軒王宅重刊本」。

集部

《南豐曾子固先生集》三十四卷。宋曾鞏撰。國家圖書館藏金刻本，收入中華再造善本叢書。

《丹淵集》四十卷、拾遺二卷、附録一卷。北宋文同撰。清楊紹和《楹書偶録》卷五著録「金泰和間從宋慶元四年戊午家誠之邛州本重梓本」。

《集注分類東坡先生詩》。南宋王十朋撰。《中國古籍善本書目·集部別集類》著録「金刻本」，存卷一五第十五至二十共六頁。現藏西安市文物管理委員會。

《明秀集》六卷，現僅存前三卷。金蔡松年撰、金魏道明注。國家圖書館藏金刻本，收入四印齋所刻詞、中華再造善本叢書。

《滏水集》。清楊紹和《楹書偶録》卷四著録「影金精鈔本《滏水文集》二十卷八册」。未見，待訪。

《棲霞長春子丘神仙磻溪集》三卷。金丘處機撰。國家圖書館藏金刻本，收入北京圖書館古籍珍本叢刊、中華再造善本叢書。

《劉知遠諸宫調》。撰者名佚。國家圖書館藏金刻本。原書十二卷，存五卷四十二頁。收入中華再造善本叢書。

附一：蒙古刻本

《尚書注疏》二十卷。漢孔安國、唐孔穎達撰，唐陸德明釋文。北京圖書館編《北京圖書館古籍善本書目・經部》著録「蒙古刻本」。

《新雕尚書纂圖》一卷。北京圖書館編《北京圖書館古籍善本書目・經部》著録「蒙古刻本」，卷三至六配清影蒙古鈔本，附《尚書注疏》後，同裝訂爲「八册」。

《太清風露經》一卷。無住真人撰。國家圖書館藏蒙古太宗九年至乃馬真后稱制三年宋德方等刻道藏本，收入中華再造善本叢書。

《校定李長吉詩集》四卷。唐李賀撰，金吕鯤校定。國家圖書館藏丙辰歲（蒙古憲宗六年）趙衍刊刻本，收入中華再造善本叢書。

附二：南宋刻本

《經史證類備急本草》三十一卷。宋唐慎微撰。國家圖書館藏宋嘉定四年劉甲刻本，收入中華再造善本叢書。

《重修政和經史證類備用本草》三十卷。宋唐慎微撰、寇宗奭衍義。國家圖書館藏蒙古定宗四年張存惠晦明軒刻本，收入中華再造善本叢書。

《傷寒明理論》三卷、《傷寒明理方》一卷。金成無己撰。國家圖書館藏宋刻本，收入中華再造善本叢書。

三 兩宋涉金藝文書目

《燕雲奉使録》一卷，残存。趙良嗣撰。

《茅齋自敘》一卷，殘存。馬括撰。

《宣和使金録》一卷。連南夫撰。

《宣和乙巳奉使金國行程録》一卷，存。鍾邦直撰。

《入燕録》。王安中撰。

《陷燕記》一卷。賈子莊撰。

《陷燕記》一卷。許采撰。

《南歸録》一卷。沈琯撰。

《山西軍前奉使録》。李若水撰。

《北紀》一卷，殘存。范仲熊撰。

《河東逢虜記》。陶宣幹撰。

《靖康奉使録》一卷。鄭望之撰。
《避戎夜話》一卷，存。石茂良撰。
《朝野僉言》二卷。夏少曾撰。
《朝野僉言後序》一卷，存；《德安守城録》；《攻守方略》。陳規撰。
《靖康傳信録》三卷，存。李綱撰。
《靖康録》一卷。朱邦基撰。
《靖康遺録》一卷。沈良撰。
《金人犯闕記》一卷。方冠撰。
《孤臣泣血録》三卷補遺一卷，存一卷。丁特起撰。
《甕中人語》一卷，存。韋承撰。
《圍城雜記》一卷。王養正撰。
《靖康野史》。孫偉撰。
《靖康拾遺録》一卷，存。何烈撰。
《北狩行録》一卷，存。亦名《太上道君北狩行録》。王若沖撰。
《北狩見聞録》一卷，存。曹勳撰。
《燕雲録》一卷，存。趙子砥撰。

《建炎通問録》一卷，殘存。傅雱撰。

《建炎假道高麗録》一卷。楊應誠撰。

《滕秀穎詩集》。滕茂實撰。

《奉使詩集》。郭元邁撰。

《金國機事》；《帝王通要》五卷；《姓氏指南》十卷；《金國文具録》一卷；《春秋紀詠》三十卷；《鄱陽集》四卷，存。洪皓撰；《輶軒唱和集》三卷。洪皓、朱弁、張邵撰。

《張邵文集》十卷。張邵撰。

《書解》十卷；《通玄真經注》七卷，存；《道言注》十二卷，存。朱弁注；《曲洧舊聞》十卷，存；《續骫骳説》一卷；《風月堂詩話》二卷，存；《新鄭舊詩》一卷；《南歸詩文》一卷；《聘遊集》四十二卷。朱弁撰。

《奉使金國語録》一卷。章誼撰。

《李氏建炎備禦録》。李子列撰。

《己酉航海記》。李正民撰。

《亂華編》三十三卷；《建炎德安守禦録》三卷。劉荀撰。

《河東轉運王崧陷虜後家書》。王崧撰。

《紹興甲寅通和録》一卷，存。王繪撰。

《順昌戰勝破賊録》一卷，存。楊汝翼撰。
《奉使雜録》一卷。何鑄撰。
《金國正隆官制》。鄭樵撰。
《戊午議和録》；《書隖叢録》。周南撰。
《裔夷謀夏録》七卷。或名《金人請盟叛盟本末》。汪藻撰。
《西征道里記》一卷，存。鄭剛中撰。
《回鑾事實》十册，殘存一卷。万俟卨撰。
《金虜遺録》。張浚撰。
《兩淮紀實》。徐宗偃撰。
《海道記》。馮忠嘉撰。
《采石戰勝録》一卷，存；《西陲筆略》一卷，存。員宗興撰。
《采石瓜洲斃亮記》一卷。亦名《乾道采石斃亮記》、《虞尚書采石斃亮記》。蹇駒撰。
《金亮本末》。宋翊撰。
《金人敗盟記》。晁公忞撰。
《京西戰功録》。趙晟撰。
《朔行日記》一卷。韓元吉撰。

《隆興奉使事實》。魏杞撰。
《隆興奉使審議録》一卷。雍希稷撰。
《吴武安保蜀功績録》。明廷傑撰。
《北行日録》二卷，存。樓鑰撰。
《攬轡録》一卷，存。范成大撰。
《使北詩》。丘崈撰。
《乾道奉使録》一卷。姚憲撰。
《北轅録》一卷，存。周煇撰。
《北征記》。萬鍾撰。
《奉使執禮録》一卷。鄧儼撰。
《重明節館伴語録》一卷，存；《北征録》七卷。倪思撰。
《聘燕録》。鄭汝諧撰。
《使北本末》。趙伯驌撰。
《隆興以後聘使儀禮》。趙汝愚撰。
《滕户曹守台州事實》。陳師恭撰。
《滕户曹守南都事實》。程千秋撰。

《北轅録》。俞庭椿撰。
《永嘉守禦録》。劉平國撰。
《燕谷剽聞》。鄭域撰。
《南北邊籌》。曾無媿撰。
《襄陽守城録》一卷，存。趙萬年撰。
《使金録》一卷，存。程卓撰。
《使燕録》一卷。余嶸撰。
《辛巳泣蘄録》一卷，存。趙與褰撰。
《使北日録》一卷。存。鄒伸之撰。
《文俘集》。陳郁撰。
《虜庭事實》一卷，殘存。文惟簡撰。
《北風揚沙録》一卷，殘存。陳準撰。
《神麓記》一卷，殘存。苗耀撰。
《僞豫傳》一卷，存；《歸朝録》一卷，原作《二楊歸朝録》。楊堯弼、楊載撰。
《金國節要》三卷，殘存。亦名《金虜節要》。張匯撰。
《金圖經》一卷，存。亦名《金國志》、《金國記》、《金虜志》、《金虜圖經》等。

《正隆事跡記》一卷，存。張棣撰。

《稼軒詞》四卷，存；《稼軒集》。辛棄疾撰。

《東浦詞》一卷，存。韓玉撰。

《陳氏小兒病源方論》四卷，存；《陳氏小兒痘疹方論》一卷，存；《幼幼新書》。陳文中撰。

《漢隸分韻》七卷，存。馬居易撰。

《大金國志》十四卷，存。宇文懋昭撰。

《南遷録》一卷，存。張師顔撰。

《請盟録》。

《平燕録》。

《使北録》。

《靖康野録》一卷。

《呻吟語》一卷，存。

《開封府狀》一卷，存。

《靖康皇族陷虜記》一卷。

《京師記聞》。

《阿計替傳》一卷，存。

《小臣孤憤野録》。
《南渡録》二卷，存。
《竊憤録》二卷，存。
《中興禦侮録》二卷，存。
《僞楚録》二卷。
《僞楚續録》。
《維揚巡幸記》。
《紹興講和録》。
《金中雜書》。
《淮西從軍記》一卷，存。
《館伴日録》一卷。
《煬王江上録》一卷，存。
《完顔亮史記》。
《開禧通問録》一卷。
《開禧持書録》二卷。
《開禧通問本末》一卷。

《金國行程》十卷。

《虜都驛程録》。

《燕北金疆地里記》。

《女真實録》。

《北虜方言》。

《評議虜中録》。

《雜記金國事》。

《金國世系》。

《金馬統志》。

《金國刑統》。

四　金代藝文實物圖影

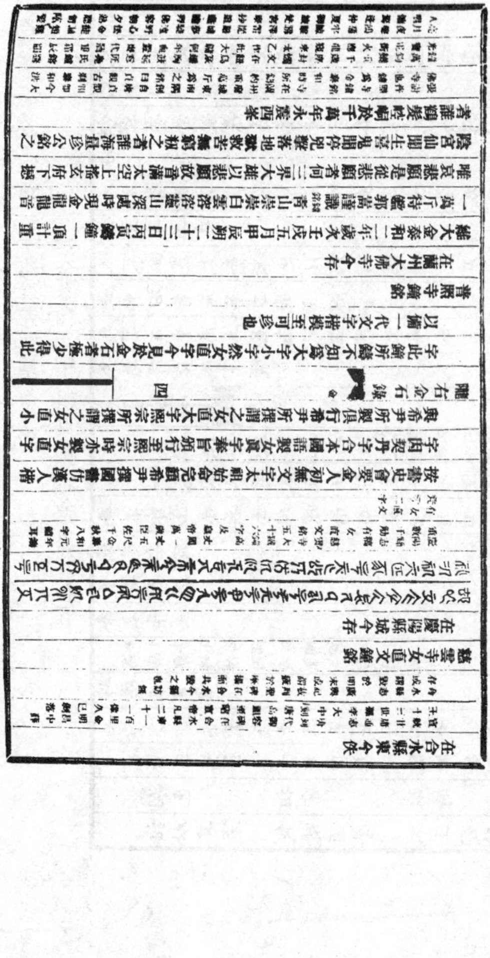

圖一　大金得勝陀頌碑陰女真字譯文
金大定戊申，輯自《滿洲金石志》卷三

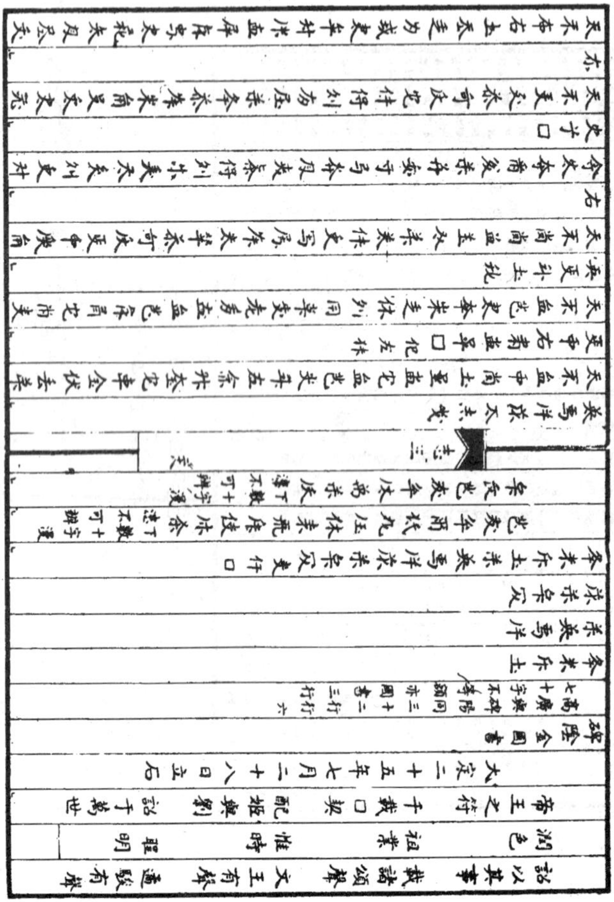

圖二　慈雲寺女真文鐘銘

金泰和元年，輯自《隴右金石録》卷五

詔以其事　載諸頌聲　文王有聲　遹駿有聲

淵色　祖業　惟時　聖明

帝王之符　千載口契　配姬與劉　詔于萬世

大定二十五年七月二十八日立石

碑陰金國書

高廣與碑陽同三十二行行六七十字不等額亦國書三行

下數十字漫漶不可辨

下數十字漫漶不可辨

增修絫音引證羣籍玉篇
滄州清池縣邢準編并序
夫依類象形謂之文形聲相益謂之字昔者黄帝因觀
鳥跡迺命史官沮誦蒼頡體之以制六書由是文籍始
生所以録言紀事存往明來者也聖作明述同源共流
代代相沿有益無損周宣之時史籀首作大篆秦始之
際程邈改爲隸書自後記事者彌繁於古有聲者皆製
之字增多於舊不啻萬數浩博混淆莫可尋究至梁大
同中博士顧野王始撰玉篇三十卷以總括之然點畫
縷分偏傍區别而釋文音義未極詳備故集韻省篇塌
本餘文龍龕龕玉會玉川篇奚韻類篇等書出焉其收
字又頗不同猶無統紀逮我
聖朝彌文煥著韻學尤工是以汶陽王太集上數家篇
韻總之爲一庶乎詳而不雜條然不紊抑又祕祥等八

圖三　增修累音引證群籍玉篇二十八卷
金邢準撰，金大定二十八年制本，輯自《中華再造善本叢書》

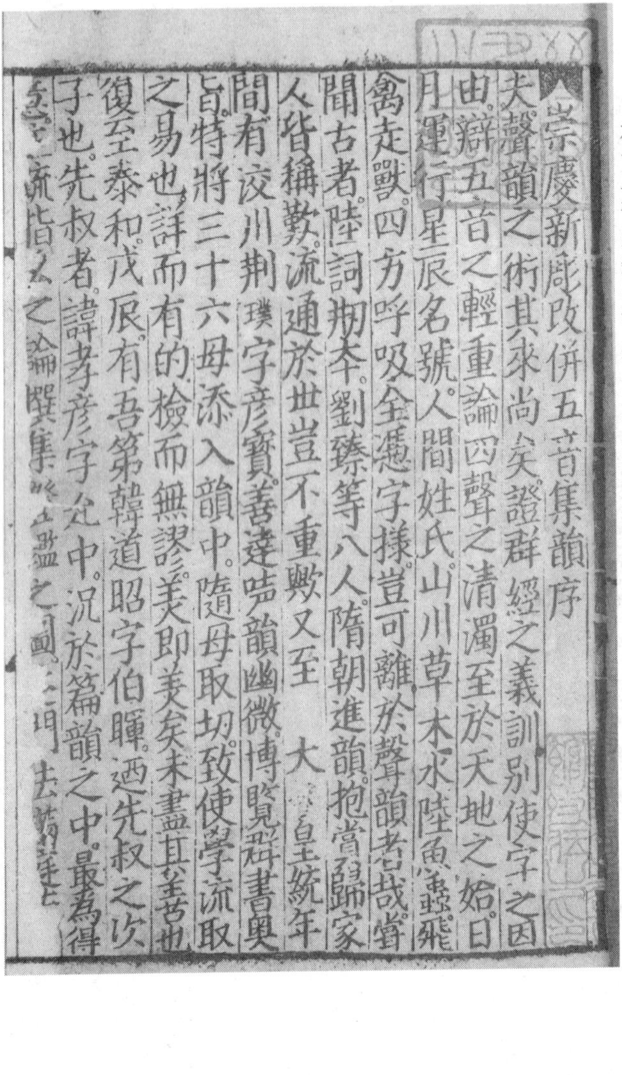

崇慶新彫改併五音集韻序

夫聲韻之術其來尚矣證群經之義訓别使字之因由辯五音之輕重論四聲之清濁至於天地之始日月運行星辰名號人間姓氏山川草木水陸魚蟲飛禽走獸四方呼吸全憑字様豈可離於聲韻者哉嘗聞古者陸詞切本劉臻等八人隋朝進韻抱嘗歸家人皆稱數流通於世豈不重歟又至　大金皇統年間有洨川荆璞字彦寶善達声韻幽微博覽群書奥旨特將三十六母添入韻中隨母取切致使學流取之易也詳而有的撿而無謬美即美矣未盡其善也復至泰和戊辰有吾第韓道昭字伯暉迺先叔之次子也先叔者諱孝彦字允中況於篇韻之中最為得[illegible]

圖四　崇慶新雕改併五音集韻十五卷

存十二卷，韓道昭撰，崇慶元年荆珍刻本，輯自《中國國家圖書館古籍珍品圖録》

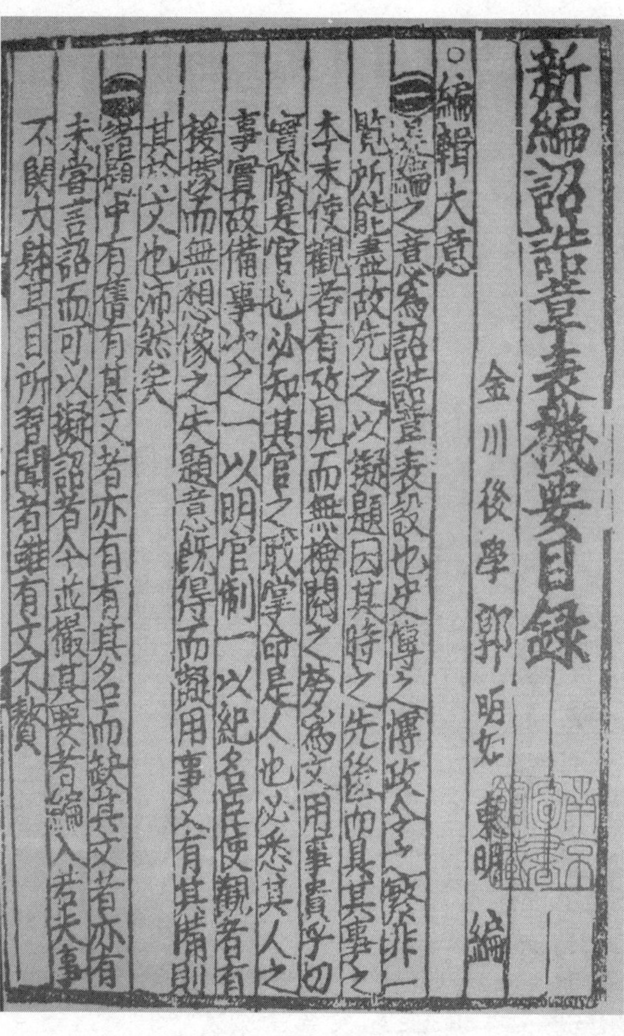

新編詔誥章表機要目録

金川後學郭明如編

○編輯大意

一 是編之意必為詔誥章表設也史傳之博政令之繁非一覽所能盡故先之以擬題因其時之先後而具其事之本末使觀者有攷見而無檢閱之勞為文用事貴乎切實除是官也必知其官之職掌命是人也必悉其人之事實故備事必之一以明官制一以紀名臣使觀者有援據而無想像之失題意既得而擬用事又有其備則其於文也沛然矣

一 詔誥中有舊有其文者亦有有其名而缺其文者亦有未嘗言詔而可以擬詔者今並撮其要者編入若夫事不關大體耳目所習聞者雖有文不贅

圖五　新編詔誥章表機要四卷
金郭明如撰，金刻本，輯自《中華再造善本叢書》

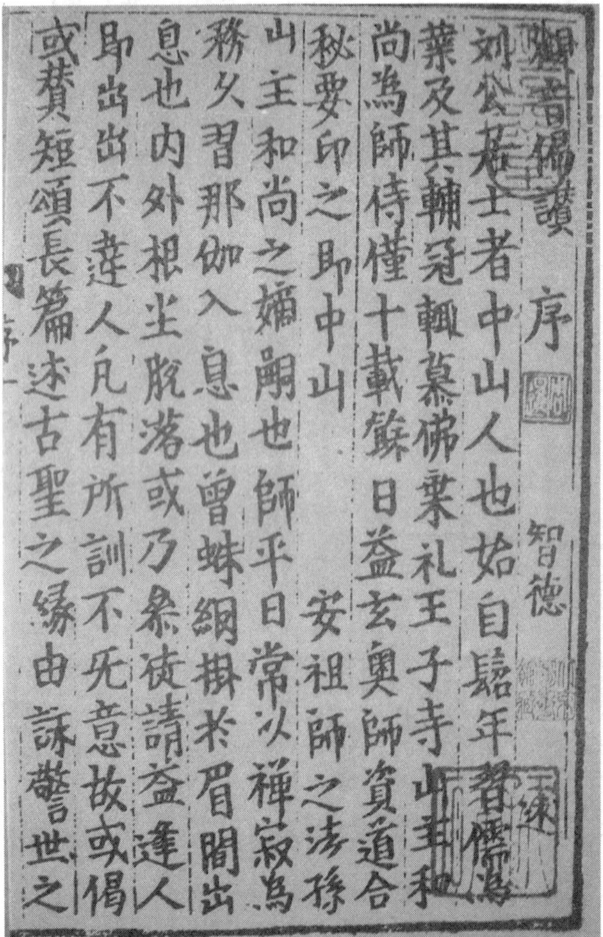

觀音偈讚序　智德

劉公居士者中山人也始自髫年習儒爲
業及其輸冠輒慕佛乘礼王子寺山主和
尚爲師侍僅十載餘日益玄奧師資道合
秘要印之即中山　安祖師之法孫
山主和尚之嫡嗣也師平日常以禪寂爲
務久習那伽入息也曾蛛網掛於眉間出
息也内外根塵脱落或乃彖徒請益達人
即出出不違人凡有所訓不死意故或偈
或贊短頌長篇述古聖之緣由詠警世之

圖六　觀音偈贊一卷

金劉居士撰，金刻本，輯自《中華再造善本叢書》

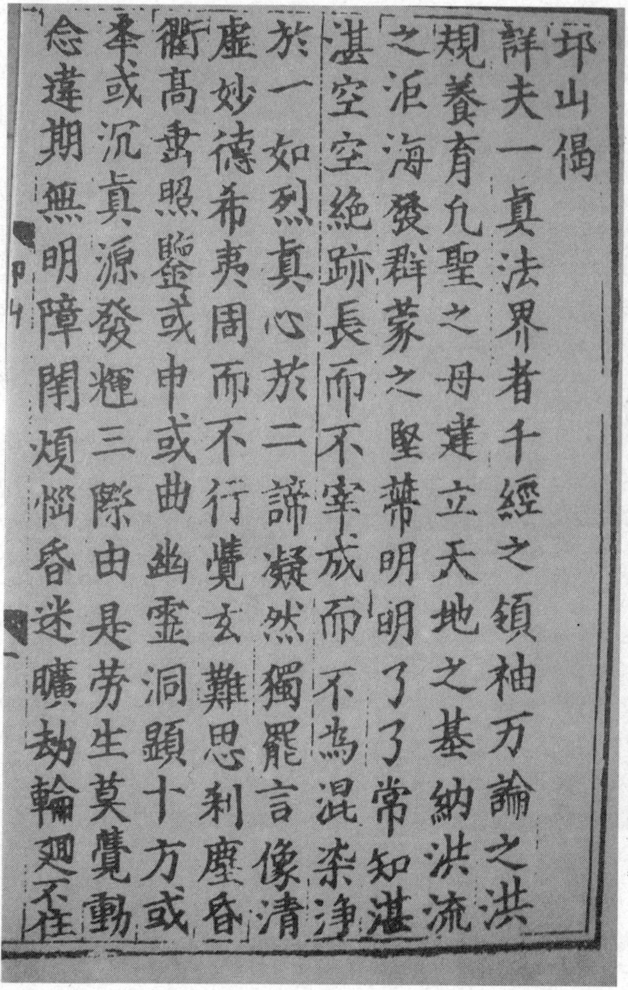

邙山偈

詳夫一眞法界者千經之領袖万論之洪規養育凡聖之母建立天地之基納洪流之洎海發群蒙之堅蔕明明了了常知湛湛空空絶跡長而不宰成而不爲混染淨於一如烈眞心於二諦凝然獨罷言像清虚妙德希夷周而不行覺玄難思剎塵昏衢高垂照鑒或中或曲幽靈洞顯十方或舉或沉眞源發煇三際由是勞生莫覺動念違期無明障閉煩惱昏迷曠劫輪迴不住

圖七　邙山偈一卷

金佚名撰，金刻本，與《觀音偈贊》同裝一冊，輯自《中華再造善本叢書》

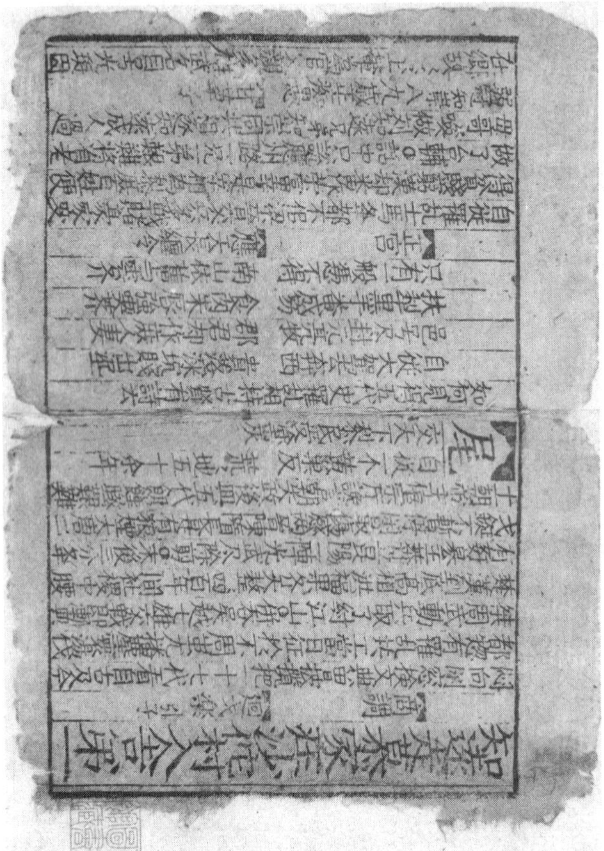

圖八　劉知遠諸宮調十二卷
存五卷四十二頁，金刻本，輯自《中國國家圖書館古籍珍品圖録》

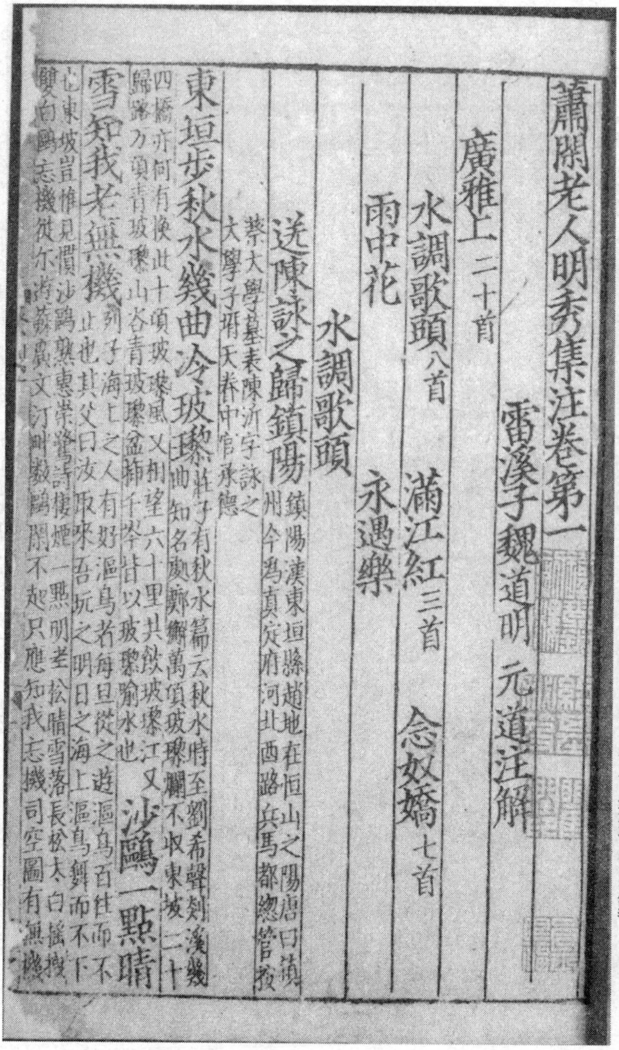

圖九　蕭閑老人明秀集注六卷
金蔡松年撰、金魏道明注，金刻本，輯自《中國國家圖書館古籍珍品圖録》

蕭閑老人明秀集注卷第一
雷溪子魏道明　元道注解
廣雅上　二十首
水調歌頭八首　滿江紅三首　念奴嬌七首
雨中花　永遇樂
水調歌頭
送陳詠之歸鎮陽　鎮陽漢東垣縣趙地在恒山之陽唐曰鎮州今爲真定府河北西路兵馬都總管教
蔡大學墓表陳沂字詠之大學子將天眷中官承德
東垣步秋水幾曲冷玻瓈　莊子有秋水篇云秋水時至劉希聲刻溪幾曲知名處鄭解萬頃玻瓈闌不收東坡二十四橋亦何有換此十頃玻瓈風又相望六十里共斂玻瓈江又歸路乃負青玻瓈山谷青玻瓈盆插千峯皆以玻瓈喻水也　沙鷗一點晴
雪知我老無機　列子海上之人有好漚鳥者每旦從之遊漚鳥百住而不止也其父曰汝取來吾玩之明日之海上漚鳥舞而不下心東坡豈惟見慣沙鷗熟惠崇鷺鷥詩使煙一點明若松晴雪落長松太白盛搜雙白鷗忘機狎尔汝蘇黄文汀州數鷗閑不起只應知我忘機司空圖有無機

棲霞長春子丘神仙磻溪集卷第三
詞
無俗念 十二首 亦名酹江月
居磻溪
孤身蹭蹬泛秦川西入磻溪鄉域曠谷巖前
幽澗畔高鑿雲龕棲跡煙火俱無簞瓢不置
日用何曾積飢餐渴飲逐時村巷求覓 選
甚冷熱殘餘填腸塞肚不假珍羞力好弱將
來餬口過免得庖廚勞役壯貫皮囊熏蒸關

圖十 棲霞長春子丘神仙磻溪集三卷
金丘處機撰，金刻本，輯自《中國國家圖書館古籍珍品圖録》

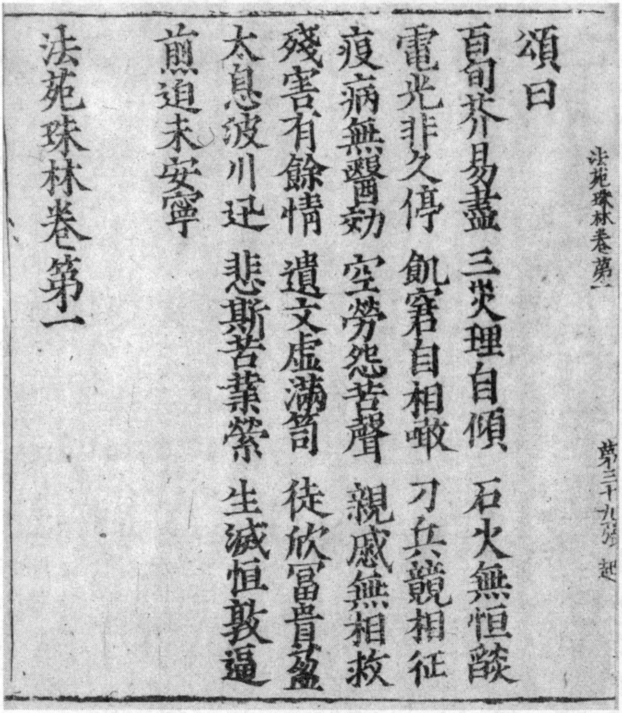

法苑珠林卷第一　　第三十九張　起

頌曰

百刧芥易盡　三灾理自傾　石火無恒焰

電光非久停　飢窮自相噉　刀兵競相征

疫病無醫効　空勞怨苦聲　親戚無相救

殘害有餘情　遺文虚滿笥　徒欣冒貴盈

太息波川逝　悲斯若葉縈　生滅恒敦逼

煎迫未安寧

法苑珠林卷第一

圖十一　法苑珠林一百卷

金崔法珍募刻大藏本，輯自《中國國家圖書館古籍珍品圖録》

圖十二　新雕注疏珞琭子三命消息賦三卷
宋李仝注、東方明疏，金刻本，輯自《中華再造善本叢書》

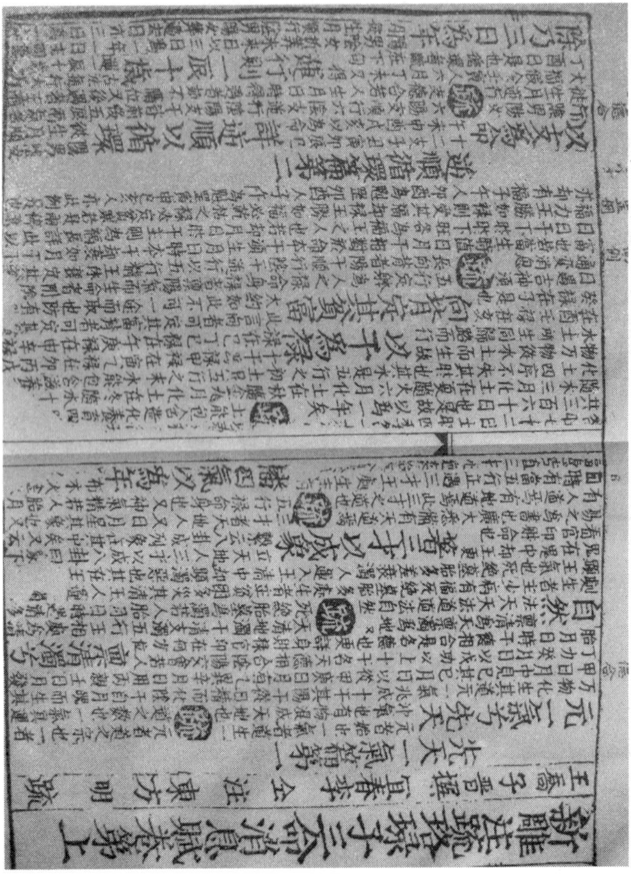

圖十三　黄帝内經素問二十四卷亡編一卷

存十三卷，唐王冰注、宋林億等校正、孫兆改誤，金刻本，輯自《中國國家圖書館古籍珍品圖録》

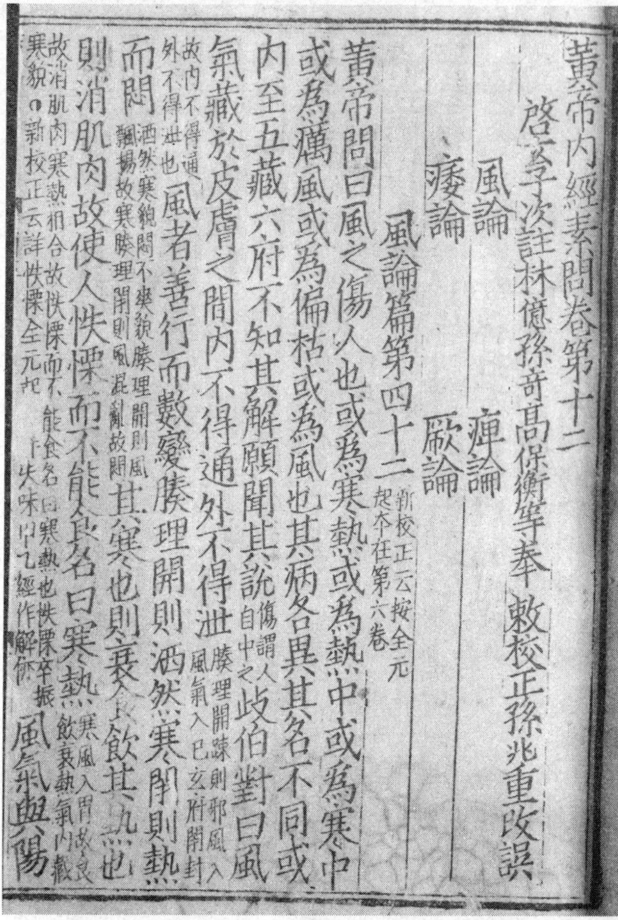

黄帝内經素問卷第十二

啓玄子次註林億孫奇高保衡等奉　勑校正孫兆重改誤

風論　痺論

痿論　厥論

風論篇第四十二　新校正云按全元起本在第六卷

黄帝問曰風之傷人也或爲寒熱或爲熱中或爲寒中或爲癘風或爲偏枯或爲風也其病各異其名不同或内至五藏六府不知其解願聞其説 傷謂人自中之 岐伯對曰風氣藏於皮膚之間内不得通外不得泄 腠理開疎則邪風入風氣入已玄府閉封故内不得通外不得泄也 風者善行而數變腠理開則洒然寒閉則熱而悶 洒然寒貌悶不爽貌腠理開則風飄揚故寒腠理閉則風混亂故悶 其寒也則衰食飲其熱也則消肌肉故使人怢慄而不能食名曰寒熱 寒風入胃故食飲衰熱氣内藏故消肌肉寒熱相合故怢慄而不能食名曰寒熱也怢慄卒振寒貌○新校正云詳怢慄全元起本作失味甲乙經作解㑊 風氣與陽

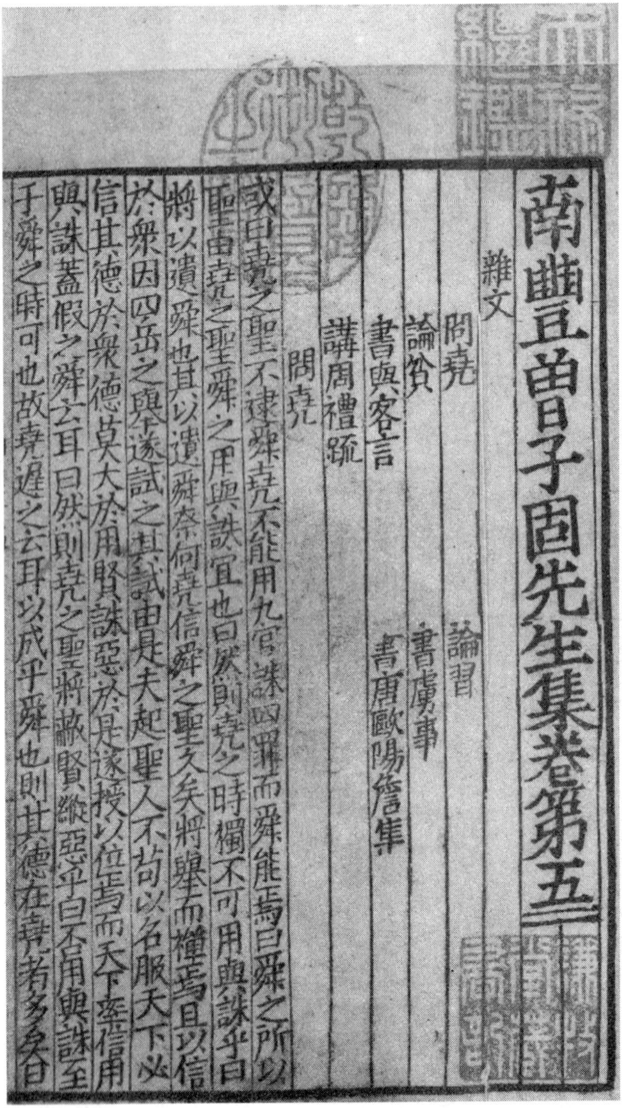

南豐曾子固先生集卷第五

雜文

問堯　論習

論貧　書虞事

書與客言　書唐歐陽詹集

講周禮疏

問堯

或曰堯之聖不逮舜堯不能用九官誅四罪而舜能焉曰舜之所以聖由堯之聖舜之用與誅宜也曰然則堯之時獨不可用與誅乎曰將以遺舜也其以遺舜奈何堯信舜之聖久矣將舉而禪焉且以信於衆因四岳之舉遂試之其試由是夫起聖人不苟以名服天下必信其德於衆德莫大於用賢誅惡於是遂授以位焉而天下莫信用與誅蓋假之舜云耳曰然則堯之聖將蔽賢縱惡乎曰不用與誅至于舜之時可也故堯遲之云耳以成乎舜也則其德在堯者多矣曰

圖十四　南豐曾子固先生集三十四卷

宋曾鞏撰，金刻本，輯自《中國國家圖書館古籍珍品圖録》

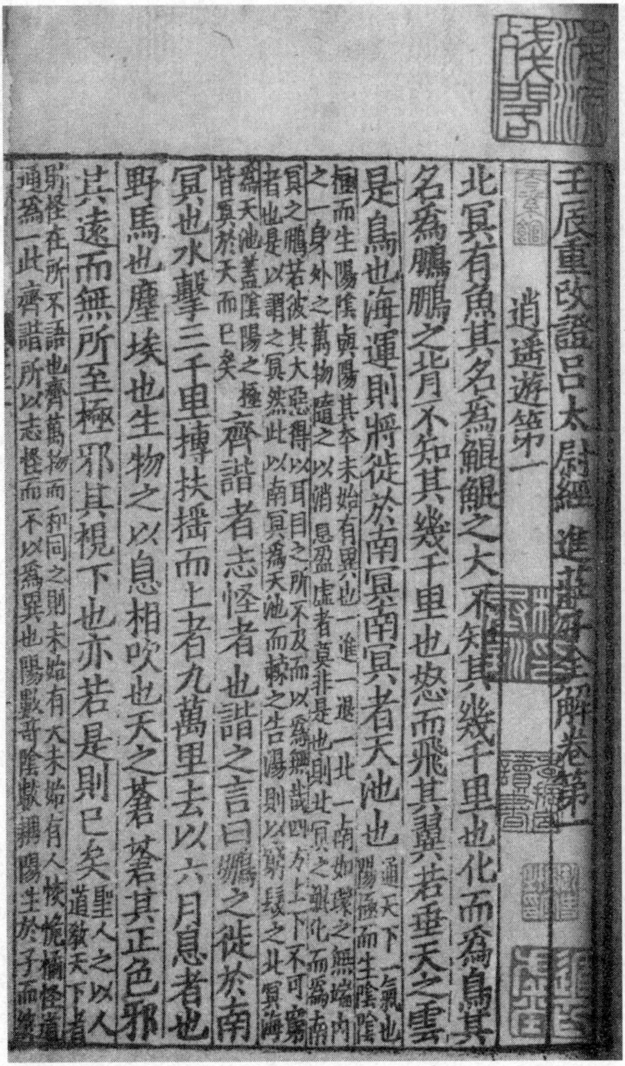

圖十五　壬辰重改證吕太尉經進莊子全解十卷

宋吕惠卿撰，金刻本，輯自《中國國家圖書館古籍珍品圖録》

壬辰重改證吕太尉經進莊子全解卷第一

逍遥遊第一

北冥有魚其名爲鯤鯤之大不知其幾千里也化而爲鳥其名爲鵬鵬之背不知其幾千里也怒而飛其翼若垂天之雲是鳥也海運則將徙於南冥南冥者天池也（通天下一氣也陽極而生陰陰極而生陽陰與陽其本未始有異也一進一退一北一南如環之無端內之一身外之萬物隨之以消息盈虛者莫非是也則北冥之鯤化而爲南冥之鵬若彼其大惡得以耳目之所不及而以爲無哉四方上下不可窮者也是以謂之冥然此以南冥爲天池而繼之告湯則以窮髮之北冥海爲天池蓋陰陽之極皆冥於天而已矣）齊諧者志怪者也諧之言曰鵬之徙於南冥也水擊三千里摶扶摇而上者九萬里去以六月息者也野馬也塵埃也生物之以息相吹也天之蒼蒼其正色邪其遠而無所至極邪其視下也亦若是則已矣（聖人之以人道教天下者所怪在所不語也齊萬物而和同之則未始有大未始有人彼詭譎怪道通爲一此齊諧所以志怪而不以爲異也陽數奇陰數耦陽生於子而終

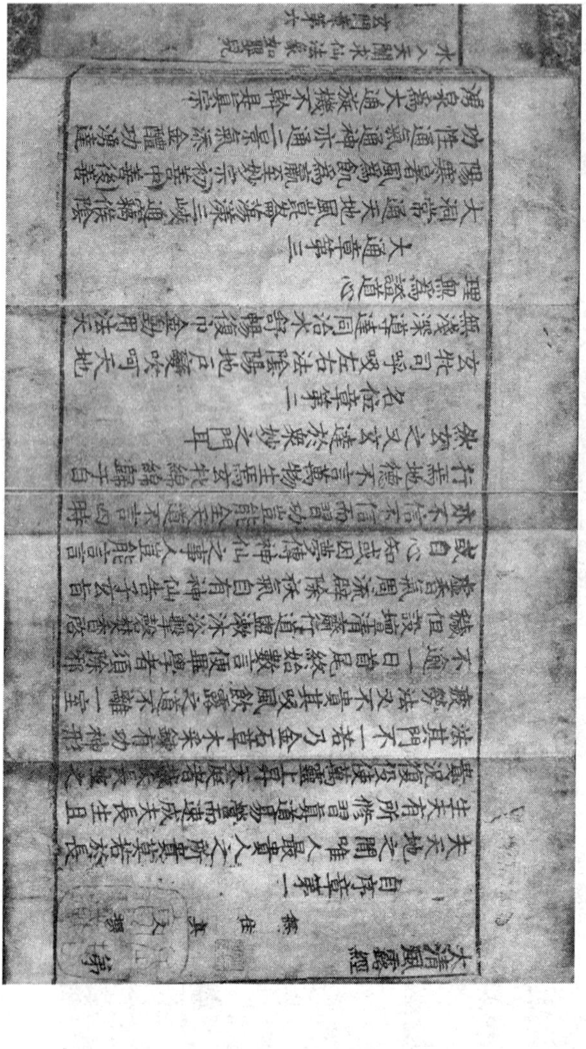

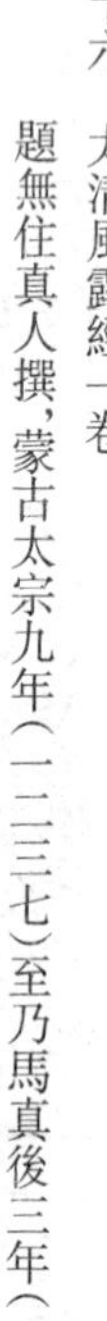

圖十六　太清風露經一卷

題無住真人撰，蒙古太宗九年（一二三七）至乃馬真後三年（一二四四）宋德方等道藏本，輯自《中國國家圖書館古籍珍品圖録》

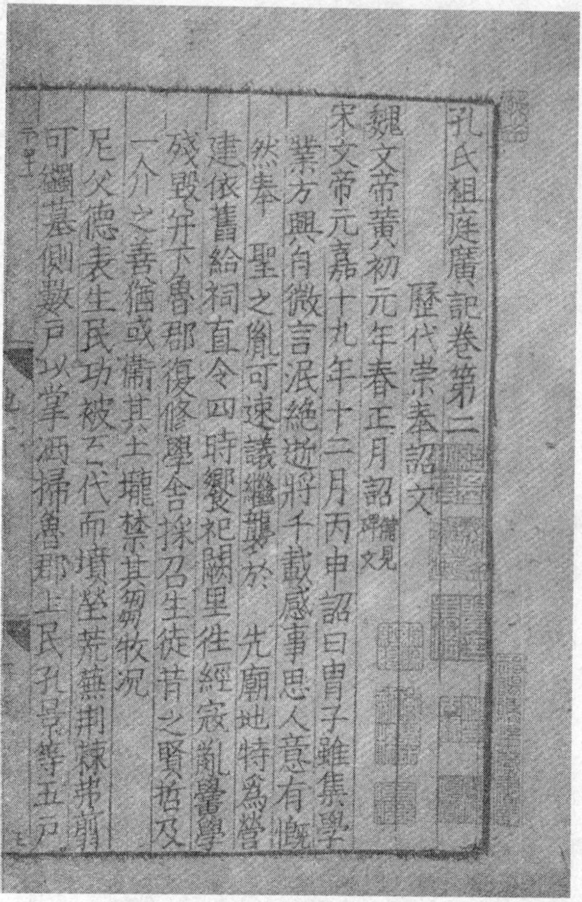

孔氏祖庭廣記卷第二

歷代崇奉詔文

魏文帝黃初元年春正月詔備見碑文

宋文帝元嘉十九年十二月丙申詔曰胄子雖集學業方興自微言泯絶逝將千載感事思人意有慨然奉　聖之胤可速議繼襲於　先廟地特爲營建依舊給祠直令四時饗祀闕里往經寇亂黌學殘毁并下魯郡復修學舍採召生徒昔之賢哲及一介之善猶或衛其丘壠禁其芻牧况尼父德表生民功被百代而墳塋荒蕪荊棘弗翦可蠲墓側數戶以掌灑掃魯郡上民孔景等五戶

圖十七　孔氏祖庭廣記十二卷

金孔元措撰，蒙古太宗乃馬真後元年（一二四二）孔氏刻本，輯自《中國國家圖書館古籍珍品圖録》

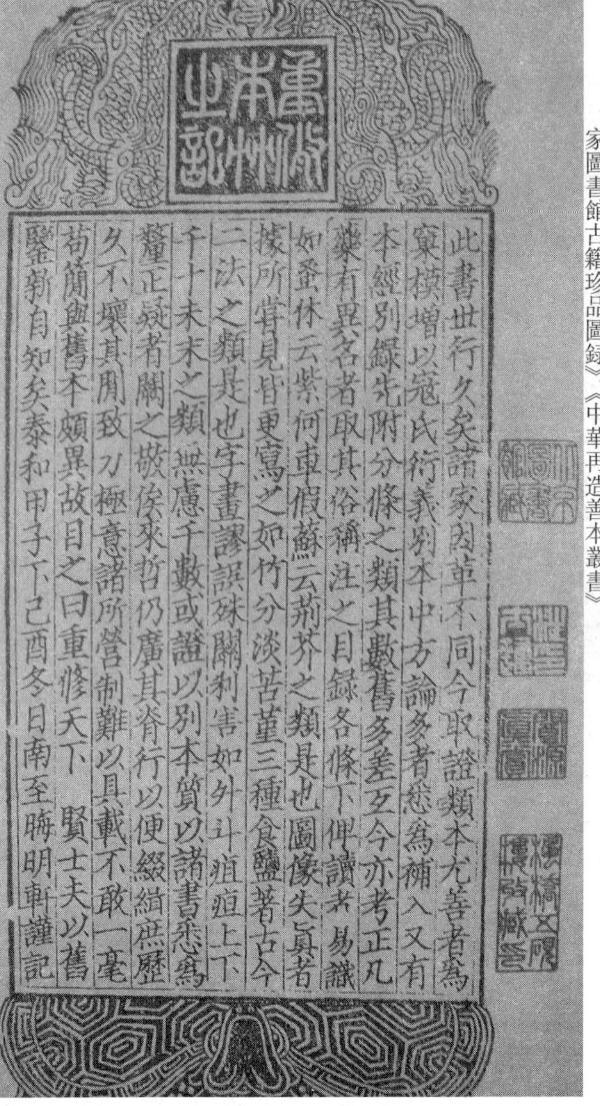

重修本草之記

此書世行久矣，諸家因革不同，今取證類本尤善者爲窠模，增以寇氏衍義，别本中方論多者悉爲補入。又有本經别録先附分條之類，其數舊多差互，今亦考正。凡藥有異名者，取其俗稱注之目録各條下，俾讀者易識，如蚤休云紫河車、假蘇云荊芥之類是也。圖像失眞者，據所嘗見皆更寫之，如竹分淡苦菫三種、食鹽著古今二法之類是也。字畫謬誤，殊關利害，如升斗、疽疸、上下、千十、未末之類，無慮千數，或證以别本，質以諸書，悉爲釐正，疑者闕之，敬俟來哲。仍廣其脊行，以便綴緝，庶歷久不壞。其用致力極意，諸所營制，難以具載，不敢一毫苟簡，與舊本頗異，故目之曰重修。天下 賢士夫以舊鑒新，自知矣。泰和甲子下己酉冬日南至晦明軒謹記

圖十八　重修政和經史證類備用本草三十卷

宋唐慎微撰、宋寇宗奭衍義，蒙古定宗四年（一二四九）平陽張存惠晦明軒刻本，輯自《中國國家圖書館古籍珍品圖録》、《中華再造善本叢書》

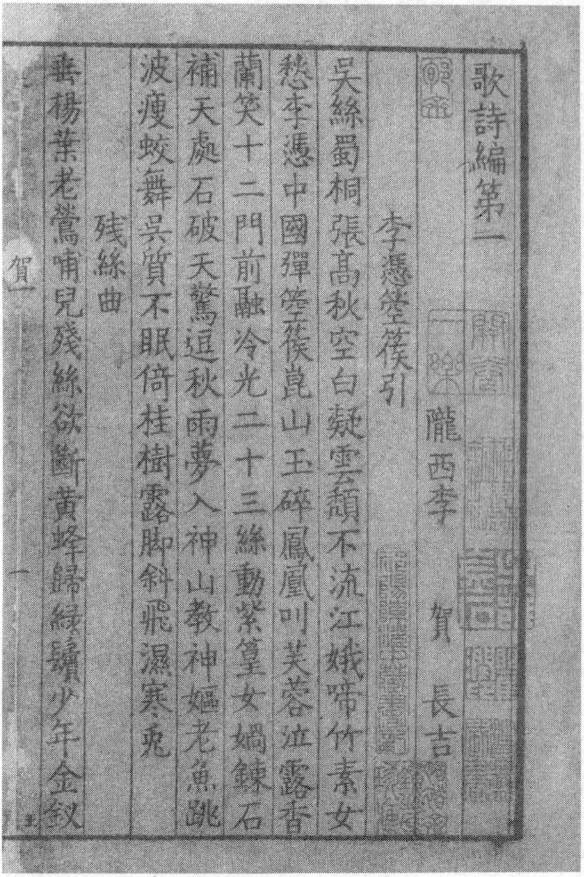

圖十九　歌詩編四卷
唐李賀撰、金呂鯤校定，蒙古憲宗六年（一二五六）趙衍刻本，輯自《中國國家圖書館古籍珍品圖録》

歌詩編第一
隴西李賀長吉
李憑箜篌引
吳絲蜀桐張高秋空白凝雲頹不流江娥啼竹素女
愁李憑中國彈箜篌崑山玉碎鳳凰叫芙蓉泣露香
蘭笑十二門前融冷光二十三絲動紫皇女媧鍊石
補天處石破天驚逗秋雨夢入神山教神嫗老魚跳
波瘦蛟舞吳質不眠倚桂樹露脚斜飛濕寒兔
殘絲曲
垂楊葉老鶯哺兒殘絲欲斷黃蜂歸綠鬢少年金釵
賀一　一

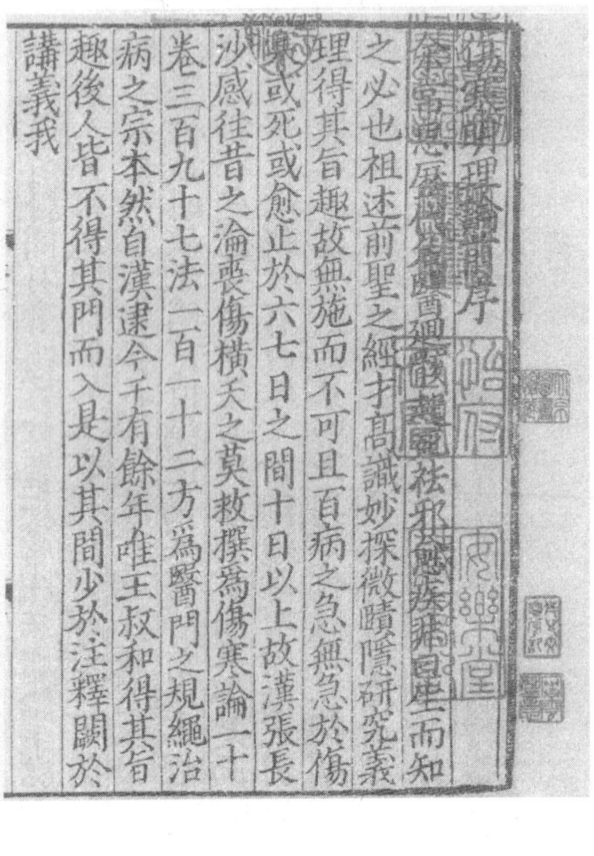

之必也祖述前聖之經才高識妙探微賾隱研究義
理得其旨趣故無施而不可且百病之急無急於傷
寒或死或愈止於六七日之間十日以上故漢張長
沙感往昔之淪喪傷横夭之莫救撰爲傷寒論一十
卷三百九十七法一百一十二方爲醫門之規繩治
病之宗本然自漢逮今千有餘年唯王叔和得其旨
趣後人皆不得其門而入是以其間少於注釋闕於
講義我

圖二十　傷寒明理論三卷、傷寒明理方一卷

金成無己撰，南宋景定辛酉刻本，輯自《中華再造善本叢書》

圖二十一　銅坐龍

高一九·六厘米、重二一·一公斤，一九七四年出土於哈爾濱市阿城區，輯自《金源文物圖集》，哈爾濱出版社二〇〇一年

圖二十二　山西稷山馬村金段氏墓群親劇磚雕一
二號墓出土，《中國大百科全書》(戲曲曲藝)，中國大百科全書出版社一九八三年，彩圖插頁四

圖二十三　山西稷山馬村金段氏墓群親劇磚雕二四號墓出土，《中國大百科全書》（戲曲曲藝），中國大百科全書出版社一九八三年，彩圖插頁五

五　參考書目版本備覽

遼史　元脱脱等修纂　中華書局一九八三年

金史　元脱脱等修纂　中華書局一九七五年

宋史　元脱脱等修纂　中華書局一九七七年

元史　明宋濂等撰　中華書局一九八三年

高麗史　［高麗］鄭麟趾撰　四庫全書存目叢書本，齊魯書社一九九六年

建炎以來繫年要録　宋李心傳撰　中華書局一九八八年

三朝北盟會編　宋徐夢莘撰　上海古籍出版社二〇〇八年

續資治通鑑長編　宋李燾撰　上海古籍出版社一九八六年

續資治通鑑　清畢沅撰　中華書局一九七九年

二十二史劄記　清趙翼撰　叢書集成初編本，中華書局一九八五年

二十二史考異　清錢大昕撰　叢書集成初編本，中華書局一九八五年

金史詳校　清施國祁撰　二十四史訂補本，書目文獻出版社一九九六年

松漠紀聞　宋洪皓著　叢書集成初編本，中華書局一九八五年

續夷堅志　金元好問著　中華書局一九八六年
歸潛志　金劉祁著　中華書局一九八三年
祖庭廣記　金孔元措撰　叢書集成初編本，中華書局一九八五年
敬齋古今黈　金李治撰　中華書局一九九五年
汝南遺事　元王鶚著　叢書集成初編本，中華書局一九八五年
大金集禮　金張暐等撰　叢書集成初編本，中華書局一九八五年
大金吊伐録　金佚名編　中華書局二〇〇一年
大金詔令釋注　董克昌主編　黑龍江人民出版社一九九三年
文獻通考　元馬端臨撰　浙江古籍出版社一九八八年
續文獻通考　明王圻撰　現代出版社一九九一年
續文獻通考　清紀昀等纂　浙江古籍出版社一九八八年
續通典　清紀昀等纂　浙江古籍出版社一九八八年
金石續編　清陸耀遹撰　歷代碑誌叢書本，江蘇古籍出版社一九九八年
金石萃編　清王昶撰　歷代碑誌叢書本，江蘇古籍出版社一九九八年
八瓊室金石補正　清陸耀遹撰　歷代碑誌叢書本，江蘇古籍出版社一九九八年
八瓊室金石補正續編　清陸繼煇撰　續修四庫全書本，上海古籍出版社影印

山右石刻叢編　清胡聘之輯　歷代碑誌叢書本，江蘇古籍出版社一九九八年

山左金石志　清畢沅、阮元撰　歷代碑誌叢書本，江蘇古籍出版社一九九八年

常山貞石志　清沈濤撰　歷代碑誌叢書本，江蘇古籍出版社一九九八年

匋齋藏石記　清端方撰　歷代碑誌叢書本，江蘇古籍出版社一九九八年

中州金石記　清畢沅撰　歷代碑誌叢書本，江蘇古籍出版社一九九八年

中州金石考　清黄叔璥撰　歷代碑誌叢書本，江蘇古籍出版社一九九八年

寰宇訪碑録　清孫星衍等撰　歷代碑誌叢書本，江蘇古籍出版社一九九八年

滿洲金石志　民國羅福頤輯　歷代碑誌叢書本，江蘇古籍出版社一九九八年

陝西金石志　民國武樹善撰　歷代碑誌叢書本，江蘇古籍出版社一九九八年

隴右金石志　民國張維撰　歷代碑誌叢書本，江蘇古籍出版社一九九八年

道家金石略　陳垣等編纂　文物出版社一九八八年

俄藏黑水城漢文非佛教文獻整理與研究　孫繼民等著　北京師範大學出版社二〇一二年

同治畿輔通志　文淵閣四庫全書本

雍正河南通志　文淵閣四庫全書本

乾隆陝西通志　文淵閣四庫全書本

雍正山東通志　文淵閣四庫全書本
成化山西通志　四庫全書存目叢書本，齊魯書社本一九九六年
雍正山西通志　文淵閣四庫全書本
光緒山西通志　中華書局一九九〇年
光緒順天府志　北京古籍出版社一九八七年
日下舊聞考　清于敏中等編纂　北京古籍出版社一九八三年
大明一統志　明李賢等撰　三秦出版社一九九〇年
讀史方輿紀要　清顧祖禹撰　中華書局二〇〇五年
中國歷史地圖集　譚騏驤主編　中華地圖學社一九七五年
中國古方志考　張國淦著　中華書局所一九六二年
中州集　金元好問編　中華書局上海編輯所一九六二年
谷音　元杜本輯纂　文淵閣四庫全書本
河汾諸老詩集　元房祺輯纂　文淵閣四庫全書本
金文最　清張金吾編纂　中華書局一九九〇年
全金詩增補中州集　清郭元釪編　上海古籍出版社一九九三年
全金元詞　唐圭璋編　中華書局一九九四年

全金詩　薛瑞兆等編纂　南開大學出版社一九九五年
全遼文　陳述輯校　中華書局一九八二年
全遼詩話　蔣祖怡等整理　岳麓書社一九九二年
全宋文　曾棗莊主編　上海辭書出版社等二〇〇六年
元文類　元蘇天爵編　上海古籍出版社一九九三年
元詩選　清顧嗣立編　中華書局一九八七至二〇〇二年
全元文　李修生主編　江蘇古籍出版社一九九七至二〇〇一年
全元散曲　隋樹森編　中華書局一九九一年
明秀集　金蔡松年著　四印齋所刻詞本，上海古籍出版社一九八九年
拙軒集　金王寂著　叢書集成初編本，中華書局一九八五年
鳴道集説　金李純甫著　中國子學名著集成珍本初編本，中國子學名著集成編印基金會印行
滏水集　金趙秉文著　叢書集成初編本，中華書局一九八五年
滹南遺老集　金王若虚著　叢書集成初編本，中華書局一九八五年
遺山先生文集　金元好問著　四部叢刊本
元遺山詩集箋注　清施國祁箋　四部精要本，上海古籍出版社一九九三年

元好問全集　姚奠中主編　山西人民出版社一九九〇年
遺山樂府校注　金元好問著　趙永源校注　鳳凰出版社二〇〇六年
莊靖集　金李俊民著　叢書集成續編本，上海書店一九九四年
小亨集　金楊弘道著　文淵閣四庫全書本
還山遺稿　金楊奐著　叢書集成續編本，上海書店一九九四年
寓庵集　金李庭著　藕香零拾本，中華書局一九九九年
二妙集　金段成己等著　文淵閣四庫全書本
西廂記諸宮調　董解元著　上海古籍出版社一九八四年
劉智遠諸宮調　金佚名著　續修四庫全書本，上海古籍出版社影印
湛然居士文集　元耶律楚材著　中華書局一九八六年
魯齋遺書　元許衡著　文淵閣四庫全書本
陵川集　元郝經著　文淵閣四庫全書本
紫山大全集　元胡祗遹著　文淵閣四庫全書本
秋澗先生大全集　元王惲著　四部叢刊本
牧庵集　元姚燧著　四部叢刊本
青崖集　元魏初著　四庫珍本叢書本

書名	著者	版本
靜修先生文集	元劉因著	四部叢刊本
西巖集	元張之翰著	文淵閣四庫全書
滋溪文稿	元蘇天爵著	中華書局一九九七年
榘庵集	元同恕著	四庫珍本叢書本
趙孟頫集	元趙孟頫著	浙江古籍出版社一九八六年
元朝名臣事略	元蘇天爵撰	中華書局一九九六年
困學齋雜録	元鮮于樞撰	叢書集成初編本，中華書局一九八五年
南村輟耕録	元陶宗儀撰	中華書局一九八〇年
書史會要	元陶宗儀撰	齊魯書社二〇〇〇年
補遼金元藝文志	清倪燦撰	叢書集成初編本，中華書局一九八五年
補三史藝文志	清金門詔撰	叢書集成初編本，中華書局一九八五年
補元史藝文志	清錢大昕撰	叢書集成初編本，中華書局一九八五年
補遼金元藝文志	清盧文弨撰	金史藝文志本，商務印書館一九五八年
金藝文志補録	清龔顯曾撰	金史藝文志本，商務印書館一九五八年
金史藝文略	民國孫德謙撰	金史藝文志本，商務印書館一九五八年
宋史藝文志考證	陳樂素著	廣東人民出版社二〇〇二年

元史藝文志輯本　雒竹筠、李新乾纂北京燕山出版社一九九九年
中國歷代藏書史　徐淩志主編　江西人民出版社二〇〇四年
中國國家圖書館古籍珍品圖録任繼愈主編　北京圖書館出版社一九九九年
中國版刻圖録　北京圖書館編　文物出版社一九六〇年
中國版刻綜録　楊繩信編著　陝西人民出版社一九八七年
宋元書刻牌記圖録　林申清編著　北京圖書館出版社一九九九年
北京圖書館古籍善本書目　書目文獻出版社一九八七年
四庫全書總目　清紀昀等撰　中華書局一九九七年
四庫提要辨證　余嘉錫著　中華書局一九八〇年
郡齋讀書志　宋晁公武撰　上海古籍出版社二〇〇六年
遂初堂書目　宋尤袤撰　叢書集成初編本，中華書局一九八五年
直齋書録解題　宋陳振孫撰　叢書集成初編本，中華書局一九八五年
明代書目題跋叢刊　書目文獻出版社一九九四年
國史經籍志　明焦竑輯　叢書集成初編本，中華書局一九八五年
文淵閣書目　明楊士奇等編　叢書集成初編本，中華書局一九八五年
菉竹堂書目　明葉盛編　叢書集成初編本，中華書局一九八五年

世善堂藏書目録　明陳第編　叢書集成初編本，中華書局一九八五年
汲古閣珍藏秘本書目　明毛扆編　叢書集成初編本，中華書局一九八五年
絳雲樓書目　清錢謙益撰　叢書集成初編本，中華書局一九八五年
述古堂藏書目　清錢曾撰　叢書集成初編本，中華書局一九八五年
讀書敏求記　清錢曾撰　叢書集成初編本，中華書局一九八五年
孫氏祠堂書目　清孫星衍撰　叢書集成初編本，中華書局一九八五年
千頃堂書目　清黄虞稷撰　上海古籍出版社二〇〇一年
越縵堂讀書記　清李慈銘著　上海書店出版社二〇〇〇年
十駕齋養新録　清錢大昕撰　上海書店出版社一九八三年
皕宋樓藏書志　清陸心源撰　續修四庫全書本，上海古籍出版社影印
鄭堂讀書記　清周中孚撰　續修四庫全書本，上海古籍出版社影印
愛日精廬藏書志　清張金吾撰　續修四庫全書本，上海古籍出版社影印
曝書雜志　清錢泰吉撰　續修四庫全書本，上海古籍出版社影印
鐵琴銅劍樓藏書目録　清瞿鏞撰　續修四庫全書本，上海古籍出版社影印
滂喜齋藏書記　清潘祖蔭撰　續修四庫全書本，上海古籍出版社影印
宋元舊本書經眼録　清莫友芝撰　續修四庫全書本，上海古籍出版社影印

楹書偶録　清楊紹和撰　續修四庫全書本，上海古籍出版社影印
儀顧堂題跋　清陸心源撰　續修四庫全書本，上海古籍出版社影印
拜經樓藏書題跋　清吴壽暘撰　續修四庫全書本，上海古籍出版社影印
嘉業堂藏書志　繆荃孫等撰　復旦大學出版社一九九七年
書林清話　葉德輝撰　中華書局一九八七年
訂補海淵閣書目五種　王紹曾等訂補　齊魯書社二〇〇二年
古今醫統　明徐春甫撰　安徽科學技術出版社一九九五年
醫史　明李濂撰　續修四庫全書本，上海古籍出版社影印
中國醫籍考　[日]丹波元胤撰　人民衛生出版社一九八三年
中國醫學通史　李經緯等撰　人民衛生出版社二〇〇〇年
劉守真全集　人民衛生出版社一九九八年
金元四大家醫學全書　天津科學技術出版社二〇〇八年
七真人年譜　元李道謙撰　明正統道藏本，文物出版社等一九九四年
甘水仙源録　元李道謙撰　明正統道藏本，文物出版社等一九九四年
終南山祖庭内傳　元李道謙撰　明正統道藏本，文物出版社等一九九四年
金蓮正宗記　金秦志安撰　明正統道藏本，文物出版社等一九九四年

長春道教源流　清陳教友撰　藏外道書本，巴蜀書社一九九四年
南宋初河北新道教考　陳垣撰　中華書局一九八九年
中國道教史　卿希泰主編　四川人民出版社一九九二年
道藏提要　任繼愈主編　中國社會科學出版社一九九五年
佛祖通載　元釋念常撰　江蘇廣陵古籍刻印社一九九三年
補續高僧傳　明釋明河撰　高僧傳合集本，上海古籍出版社一九九五年
新續高僧傳　民國喻謙撰　高僧傳合集本，上海古籍出版社一九九五年
佛典精解　陳士强撰　上海古籍出版社一九九二年
中國佛教史　任繼愈主編　中國社會科學出版社一九八五年
中國佛教文化史　孫昌武著　中華書局二〇一〇年
校訂五音集韻　寧忌浮校訂　中華書局一九九二年
中國數學通史　李迪撰　江蘇教育出版社一九九九年
中國數學史大系　吴文俊主編　北京師範大學出版社二〇〇〇年
王國維戲曲論文集　王國維著　中國戲劇出版社一九八四年
宋元雜劇考　胡忌著　古典文學出版社一九五七年
金源文物圖集　鮑海春等主編　哈爾濱出版社二〇〇一年

後記

這部《敘録》原計劃在我的另一項目《金代文學文獻集成》結項後啓動，由於從事教學與科研的任務要求而提前了。我曾以爲《敘録》規模較小，似乎容易，没想到竟耗時八年，三易其稿，方得以付梓。

這兩個項目交叉進行，令我如身陷囹圄，備嘗艱辛。然而，《敘録》以《集成》爲依託，獲得了比較厚實的基礎；同時，圍繞《敘録》的一系列思考也加深了我對金代文學的理解，並解決了《集成》存在的若干問題。兩者孰先孰後，無所謂得失，而兩者相輔相成，却成就了自己爲金代歷史研究鋪墊路石的夢想。因此，這部《敘録》如能爲學界提供稍許參考，我將感到由衷的愉悦。

責編張耕先生是中華書局的資深編審，主動發現並促成出版，其間商訂體例，推敲文字，爲之付出了心力，這是應當説明並致以謝意的。至於校正謬誤、補充遺闕，尚待時賢不吝賜教。

著者

二〇一三年十月十二日於金源故地

金代藝文書名索引

D

H

J

M

N

P

Q

R

S

T

X

Y

Z

金代藝文著者索引

E

F

G

H

S

T

W

X

Y

Z